國家社科基金重大項目《巴蜀全書》（10@zh005）
四川省重大文化工程《巴蜀全書》（川宣〔2012〕110號）

全蜀藝文志 上

（明）楊　慎　編
劉　琳　王曉波　點校

項目策劃：高慶梅
責任編輯：高慶梅
責任校對：袁　捷
封面設計：經典記憶文化　鄒小工
責任印製：王　煒

圖書在版編目（CIP）數據

全蜀藝文志 / 劉琳，王曉波點校．— 成都：四川大學出版社，2021.12
（巴蜀全書）
ISBN 978-7-5690-5202-2

Ⅰ．①全… Ⅱ．①劉… ②王… Ⅲ．①藝文志－中國－明代 Ⅳ．① Z812.48

中國版本圖書館 CIP 數據核字（2021）第 244134 號

書　名	全蜀藝文志
編　者	楊　慎
點　校	劉　琳　王曉波
出　版	四川大學出版社
地　址	成都市一環路南一段 24 號（610065）
發　行	四川大學出版社
書　號	ISBN 978-7-5690-5202-2
印　刷	成都東江印務有限公司
成品尺寸	185mm×260mm
印　張	62
字　數	1596 千字
版　次	2022 年 1 月第 1 版
印　次	2022 年 1 月第 1 次印刷
定　價	680.00 圓

◆版權所有◆侵權必究◆

◆ 讀者郵購本書，請與本社發行科聯繫。
　電話：(028)85408408/(028)85401670/
　(028)86408023　郵政編碼：610065
◆ 本社圖書如有印裝質量問題，請寄回出版社調換。
◆ 網址：http://press.scu.edu.cn

四川大學出版社
微信公衆號

《巴蜀全書》編委會

總　編　纂：舒大剛

副　總　編　纂：萬本根　彭邦本　王嘉陵　郭　齊
　　　　　　　　楊世文　王智勇　吳洪澤　尹　波

總編纂助理：李冬梅

總集類主編：吳洪澤

《巴蜀全書》評審組

組　長：項　楚

副組長：譚繼和　胡昭曦　羅仲平

成　員：趙振鐸　龍　晦　林　向　龍顯昭　李遠國
　　　　祁和暉　蔡方鹿　舒大剛　譚　平　郭　齊
　　　　楊世文　粟品孝

《巴蜀全書》 出版說明

　　《巴蜀全書》是收録和整理巴蜀歷史文獻的大型叢書。該項工作二〇一〇年一月經由中共四川省委常委會議批准爲四川省重大文化工程；同年四月又獲國家哲學社會科學規劃辦公室批准，列爲國家社科基金重大委託項目。該計劃將對現今四川省、重慶市及其周邊亦屬傳統"巴蜀文化"區域内的各類古典文獻進行系統調查、整理和研究，實現對巴蜀文獻有史以來規模最大、體例最善、編纂最科學、使用最方便的著録和出版。

　　《巴蜀全書》編纂工程，將收集和整理自周秦以下至民國初年歷代巴蜀學人撰著的重要典籍以及其他作者撰著的反映巴蜀歷史文化的作品，編纂彙集成巴蜀文獻的大型叢書。主體工作將分"巴蜀文獻聯合目録""巴蜀文獻精品集萃""巴蜀文獻珍本善本"三大類型，計劃對兩千餘種巴蜀文獻編製聯合目録和撰寫内容提要，對五百餘部、二十餘萬篇巴蜀文獻進行精心校點或注釋、評析，對百餘種巴蜀善本、珍本文獻進行考察和重版。

　　通過編纂《巴蜀全書》，希望打造出巴蜀文化的"四庫全書"，爲保存和傳播巴蜀歷代的學術文化成果，促進當代"蜀學"振興與巴蜀文化建設，奠定堅實的文獻基礎；爲提升中華民族的文化自覺和文化自信，建設文化强國貢獻力量。

《巴蜀全書》 編纂領導小組

整理巴蜀文獻　傳承優秀文化
——《巴蜀全書》前言

舒大剛　萬本根

中華民族，多元一體；中國文化，群星璀璨。在祖國大西南，自古就傳承着一脉具有深厚歷史底蘊和鮮明個性的文化，即巴蜀文化。巴蜀地區山川秀麗，物産豐富，自古號稱"陸海""天府"；巴蜀文化源遠流長，內涵豐富，是古代長江文明的源頭，與"齊魯文化""荆楚文化""吴越文化"等同爲中華文化之瑰寶。整理和研究巴蜀文化的載體——巴蜀文獻，因而成爲研究中國歷史和中華文化不可或缺的內容。

一、綜覽巴蜀文化　提高文化自覺

巴蜀地區氣候宜人，資源豐富，是人類早期的發祥地之一。考古發現，這裏有距今二百零四萬年的"巫山人"，有距今三萬五千年的"資陽人"。這裏不僅有大禹治水、巴族廩君、蜀國五主（即蠶叢、柏灌、魚鳧、杜宇、開明五個王朝）等優美動人的歷史傳説，也有寶墩文化諸古城遺址、三峽考古遺址、三星堆遺址、金沙遺址、小田溪遺址、李家壩遺址等重大考古發現。商末周初，庸、蜀、羌、髳、微、盧、彭、濮，以及勇鋭的巴師，曾參與武王伐紂。春秋戰國，巴濮楚鄧、秦蜀苴羌，雖互有戰伐，亦相互交流。秦漢以降，巴蜀的地利和物産，更是抵禦强侮、周濟天下、維護祖國統一、實現持久繁榮的戰略屏障和天然府庫。

在祖國"多元一統"的文化格局中，巴蜀以其豐富的自然和人文資源，哺育出一批又一批傑出人物和文化精英，既有司馬相如、王褒、嚴遵、揚雄、陳壽、常璩、陳子昂、趙蕤、李白、蘇軾、張栻、李心傳、魏了翁、虞集、楊慎、唐甄、李調元、楊鋭、劉光第、廖平、宋育仁、謝無量、郭沫若、巴金等文化巨擘，也有朱之洪、張瀾、謝持、張培爵、吴玉章、楊庶堪、黄復生、尹昌衡、鄒容、熊克武、朱德、劉伯承、聶榮臻、陳毅、趙世炎、鄧小平等革命英傑，他們超拔倫輩，卓然振起，敢爲天下先，勇爲蒼生謀，創造了輝煌燦爛的思想文化，也推動了中國社會的歷史巨變，演繹出一幕幕驚心動魄的歷史大劇。

歷代巴蜀學人在祖國文化的締造中，成就良多，表現突出，許多文化人物和文明成果往往具有先導價值。巴蜀兒女鋭意進取的創新精神，使這種創造發明常常居於全國領先地位，成爲祖國文化寶庫中耀眼的明珠。

在傳統思想、文化和宗教領域，中國素號"三教互補"，"儒""釋""道"交互構成中華思想文化的主要內容，而儒學是其主幹。從漢代開始，巴蜀地區的儒學就十分發達，西漢蜀守文翁在成都創建當時全國首個郡國學校——石室學宮，推行"七經"教育，實行儒家教化，遂使蜀地民風丕變，並化及巴、漢，促成中國儒學重要流派——"蜀學"的形成，史有"蜀學比於齊魯"之稱。巴蜀地區是"仙道"派發源地，東漢張陵在蜀中創立"天師道"，中國道教正式誕生。東漢佛教傳入中國後，四川也是其重要傳播區域。

巴蜀"易學"源遠流長，大師輩出。自漢胡安（居邛崍白鶴山，以《易》傳司馬相如）、趙賓（治《易》持論巧慧，以授孟喜）、嚴遵（隱居成都，治《易》《老》）、揚雄（著《太玄》）而下，巴蜀治《易》之家輩出。晉有范長生（著《周易蜀才注》），唐有李鼎祚（著《周易集解》），宋有蘇軾（著《東坡易傳》）、房審權（撰《周易義海》）、張栻（著《南軒易說》）、魏了翁（撰《周易集義》《周易要義》）、李石（著《方舟易說》）、李心傳（著《丙子學易編》），元有趙采（著《周易程朱傳義折衷》）、黃澤（著《易學濫觴》）、王申子（著《周易輯說》），明有來知德（撰《周易集注》）、熊過（著《周易象旨決錄》），清有李調元（著《易古文》）、劉沅（撰《周易恒解》），皆各撰易著，發明"四聖"（伏羲、文王、周公、孔子）之心。巴蜀易學，普及面廣，自文人雅士、方術道流，以至引車賣漿之徒、箍桶織履之輩，皆有精於易理、善於測算者。理學大師程頤兩度入蜀，得遇奇人，遂有感悟，因生"易學在蜀"之嘆。

巴蜀"史學"名著迭出，斐然成章。陳壽《三國志》雅潔典要，名列"前四史"；常璩《華陽國志》體大思精，肇開方志體；譙周《古史考》，開古史考證之先聲；蘇轍《古史》，成舊史重修之名著。至於范祖禹（撰《唐鑑》，助司馬光修《通鑑》）、李燾（撰《續資治通鑑長編》）、王偁（撰《東都事略》）、李心傳（撰《建炎以來繫年要錄》及《朝野雜記》《宋會要》），更是宋代史學之巨擘，故劉咸炘有"唐後史學莫隆於蜀"之說。

蜀人"好文"，巴蜀自古就是歌賦詩詞的沃壤。禹娶塗山（今重慶南岸真武山，常璩《華陽國志·巴志》、酈道元《水經注·江水一》），而有"候人兮猗"的"南音"，周公、召公取之"以爲《周南》《召南》"（《呂氏春秋·音初》）。西周江陽（今瀘州）人尹吉甫亦善作詩，《詩經》傳其四篇（曹學佺《蜀中廣記》卷九一）。"文宗自古出巴蜀"，"漢賦四家"，司馬相如、揚雄、王褒居其三。陳子昂、李太白首開大唐雄健浪漫詩風，五代後蜀《花間集》與北宋東坡詞，開創宋詞婉約、豪放二派。"三蘇"（蘇洵、蘇軾、蘇轍）父子，同時輝耀於"唐宋八大家"之林；楊慎著作之富，位列明代儒林之首。"自古詩人例到蜀"，漢晉唐宋以及明清，歷代之遷客騷人，多以巴蜀爲理想的避難樂土，而巴蜀的山水風物又豐富其藝情藻思，促成創作高峰的到來。杜甫、陸游均以巴蜀爲第二故鄉，范成大、王士禎亦寫下千古流芳的《吳船錄》和《驛程記》。洎乎近世，郭沫若、巴金，蔚爲文壇宗匠；蜀謳川劇，技壓梨園群芳。

"三蘇"父子既是文學大家，也是"蜀學"領袖；綿竹張栻，不僅傳衍南宋"蜀學"之道脉，而且創立"湖湘學派"之新範。明末唐甄撰《潛書》，斥責專制君主，提倡民本思想，被章太炎譽爲"上繼孟、荀、陽明，下啓戴震"的一代名著。晚清廖平撰書數百種，區分今學古學，倡言託古改制。錢基博、范文瀾俱譽其爲近代思想解放之先驅。新都吳虞，批判傳統道德，筆鋒犀利，被胡適譽爲"思想界的清道夫"。

在科技領域，秦蜀守李冰開建的都江堰，是至今還在使用的人類最古老的水利工程；漢代臨邛人民，開創了人類歷史上最早使用天然氣煮鹽的記錄。漢武帝徵閬中落下閎修《太初曆》，精確計算回歸年與朔望月，是世界上首部"陰陽合曆"的範本。楊子建《十產論》異胎轉位術領先歐洲五百年。北宋唐慎微《證類本草》，將本草學與方劑學相結合，是世界上第一部大型藥典和植物志。王灼《糖霜譜》詳錄蔗糖製作工藝，是世界上有關製糖技術的首部專書。南宋秦九韶《數學九章》，將中國數學推向古代科學頂峰，其"大衍求一術""正負開方法"俱領先西方世界同類算法五百年。

至於巴蜀地區的鄉村建設和家族文化，也是碩果累累，佳話多多。他們或夫婦齊名、比翼雙飛（司馬相如與卓文君，楊慎與黃娥）；或兄弟連袂，花萼齊芳（蘇軾、蘇轍，蘇舜欽、蘇舜元，李心傳、李道傳、李性傳等）。更有父子祖孫，世代書香，奕世載美，五世其昌：閬中陳省華及其子堯佐、堯叟、堯咨等，"一門二相，四世六公，昆季雙魁多士，仲伯繼率百僚"（霍松林語）；眉山蘇洵、蘇軾、蘇轍及子孫輩過、籥，並善撰文，號稱"五蘇"；梓州蘇易簡及其孫舜欽、舜元，俱善詩文，號稱"銅山三蘇"；井研李舜臣及其子心傳、道傳、性傳，俱善史法、道學，號稱"四李"；丹稜李燾與其子壁、𡎚，俱善史學、文學，時人贊"前有三蘇，後有三李"。降及近世，雙流劉沅及其孫咸滎、咸炘、咸燡，長於經學、道學與史學，號稱"槐軒學派"。如此等等，不一而足。

綜觀巴蜀學術文化，真可謂文章大雅，無奇不有！其先於天下而創者，則有導夫先路之功；其後於天下而作者，則有超邁古今之效！先天後天，不失其序；或創或繼，各得其宜。

二、整理巴蜀文獻　增強文化自信

歷史上的四川，既是文化大省，也是文獻富省。巴蜀上古歷史文化，在甲骨文、金文和《尚書》《春秋》等華夏文獻中都有記錄，同時巴蜀大地還孕育形成了別具特色的"巴蜀文字"。秦漢統一後，歷代巴蜀學人又爲我們留下了汗牛充棟、豐富多彩的古典文獻。唐代中後期（約八世紀初），成都誕生了"西川印子"，北宋初期（十世紀後期）又出現了"交子雙色印刷術"，標誌着雕版印刷的產生、成熟和創新，大大推動了包括巴蜀文獻在內的古典文獻的保存與傳播。據不完全統計，歷史上產生的巴蜀古文獻不下萬餘種，現在依然存世的也在五千種以上。

巴蜀文獻悠久綿長，影響深遠，上自先秦的陶字、金文，下迄漢晉的竹簡、石刻，以及唐刻、宋槧、明刊、清校，經史子集，三教九流，歷歷相續不絶，熠熠彪炳史册。

巴蜀文獻體裁多樣，内容豐富，舉凡政治之興替、經濟之發展、文化之繁榮、兵謀之奇正、社會之變革，以及思想學術之精微、高人韻士之風雅、地理民族之風貌、風俗習慣之奇特，都應有盡有，多彩多姿。它們是巴蜀文化的載體，也是中華文明的重要表徵。

對巴蜀文獻進行調查整理研究，一直是歷代巴蜀學人的夢想。在歷史上，許多學人曾對巴蜀文獻的整理和刊印付出過熱情和心血，編纂有各類巴蜀總集、全集和叢書。《漢書·藝文志》載"揚雄所序三十八篇：《太玄》十九、《法言》十三、《樂》四、《箴》二"。或許是巴蜀學人著述的首次彙集。五代的《花間集》和《蜀國文英》，無疑是輯錄成都乃至巴蜀作品的最早總集。宋代逐漸形成了"東坡七集"（蘇軾）、"欒城四集"（蘇轍）、"鶴山大全集"（魏了翁）等個人全集，以及《三蘇文粹》《成都文類》等文章總集。明代出現楊慎的個人全集《升庵全集》和四川文章總集《全蜀藝文志》。入蜀爲官的曹學佺還纂有類集巴蜀歷史文化掌故而成的資料大全——《蜀中廣記》。清代，李調元輯刻以珍稀文獻和巴蜀文獻爲主的《函海》，可視爲第一部具體而微的"巴蜀文獻叢書"。近代編有各類"蜀詩""蜀詞""蜀文"和"川戲"等選集。這些都爲巴蜀文獻的系統編纂、出版做出了有益嘗試。

二十世紀初，謝無量曾提出編纂《蜀藏》的設想，因社會動盪而未果。胡淦亦擬編《四川叢書》，然僅草成"擬收書目"一卷。一九八三年中共中央《關於整理我國古籍的指示》下達，國家成立"全國古籍整理出版規劃領導小組"和"全國高等院校古籍整理工作委員會"，四川也成立了"四川省古籍整理出版規劃小組"，製定出《四川省古籍整理出版規劃》（一九八四——一九九〇）。可惜這個規劃並未完全實施，巴蜀文獻仍然處於分散收藏甚至流失毀損的狀態。

二〇〇七年初，國務院下發《關於進一步加強古籍保護工作的意見》，全國各省紛紛編纂地方文獻叢書。四川大學和四川省社科院的學人再度激起整理鄉邦文獻的熱情，向四川省委、省政府提交"編纂《巴蜀全書》，振興巴蜀文化"的建議，四川省委、省政府再度將整理巴蜀文獻提到議事日程。經過多方論證研究，二〇一〇年一月中共四川省委常委會議批准"將四川大學申請的《巴蜀全書》納入全省古籍文獻整理規劃項目"；四月又獲得國家哲學社會科學規劃辦公室批准，將《巴蜀全書》列爲"國家社科基金重大委託項目"。千百年來巴蜀學人希望全面整理鄉邦文獻的夢想終於付諸實施。

三、編纂《巴蜀全書》　推動文化自强

《巴蜀全書》作爲四川建省以來最大的文獻整理工程，將對自先秦至民國初年歷代巴蜀學人的著作或内容爲巴蜀文化的文獻進行全面的調查收集和整理研究，並予以出版。本工程將採取以下三種方式進行：

一是編製《巴蜀文獻聯合目錄》。古今巴蜀學人曾經撰有大量著作，這些文獻在歷

經了歷史的風風雨雨後，生滅聚散，或存或亡，若隱若現，已經面目不清了。該計劃根據"辨章學術，考鏡源流"的旨趣，擬對巴蜀文獻的歷史和現狀進行全面普查和系統考證，探明巴蜀文獻的總量、存佚、傳承和收藏情況，以目錄的方式揭示巴蜀文獻的歷史和現狀。

二是編纂《巴蜀文獻精品集萃》。巴蜀文獻，汗牛充棟，它們是研究和考述巴蜀歷史文化的重要資料。對這些文獻，我們將採取三種方式處理：首先，建立"巴蜀全書網"，利用計算機和網絡技術對現存巴蜀文獻進行掃描和初步加工，建立"巴蜀文獻全文資料庫"，向讀者和研究者提供盡可能集中的巴蜀文化資料。其次，本着"去粗取精，古爲今用"的宗旨，按照歷史價值、學術價值、文化價值"三結合"的原則，遵循時間性、代表性、地域性、獨特性"四統一"的標準，從浩繁的巴蜀古籍文獻中認真遴選五百餘種精品文獻，特別是要將那些在中華傳統文化體系中具有首創性和獨特性的巴蜀古籍文獻彙集起來，進行校勘、標點或注釋、疏證，挖掘其中的思想內涵和治蜀經驗，爲當代社會、經濟、政治、文化建設服務。第三，根據巴蜀文化的歷史實際，收集各類著述和散見文獻，逐漸編成儒學、佛學、道教、民族、地理等專集。

三是重版《巴蜀文獻珍本善本》。成都是印刷術發祥地，巴蜀地區自古以來的刻書、藏書事業都很發達，曾產生和收藏過數量衆多的珍本、善本，"蜀版"書歷來是文獻家收藏的珍品。這些文獻既是見證古代出版業、圖書館業發展的實物，也是進行文獻校讎的珍貴版本，亟待開發，也需要保護。本計劃將結合傳統修復技藝和現代印刷技術，對百餘種巴蜀文獻珍稀版本進行修復、考證和整理，以古色古香的方式予以重印。

通過以上三個系列的研究，庶幾使巴蜀文獻的歷史得到彰顯，內涵得到探究，精華得到凸顯，善本得到流通，從多個角度實現對巴蜀文獻的當代整理與再版。

盛世修書，傳承文明；蜀學復興，文獻先行。"《巴蜀全書》作爲川版的'四庫全書'，蘊含着歷代巴蜀先民共同的情感體驗和智慧結晶，昭示着今天四川各族人民共有的文化源流和精神家園。"（《巴蜀全書》編纂領導小組會議文件。下同）《巴蜀全書》領導小組要求，"我們一定要從建設中華民族共有精神家園、打牢四川人民團結奮鬥共同思想基礎的高度，來深刻認識《巴蜀全書》編纂出版工作的重大意義。特別要看到，這不是一件簡單的古籍整理出版工作，而是一件幾百年來巴蜀學人一直想做而沒有條件做成的文化盛事，是四川文化傳承史上的重要里程碑"。無論是中國古代的文化發展，還是世界近世的文明演進，都一再證明：任何一次大的文化復興活動，都是以歷史文獻的系統收集整理爲基礎和先導的。我們希望通過對巴蜀文獻的整理出版，給巴蜀文化的全面研究和當代蜀學復興帶來契機，爲"發掘和保護我國豐厚的歷史文化遺產，提升我國文化軟實力，推動中華優秀傳統文化走向世界"做一些基礎性工作。

有鑒於此，《巴蜀全書》領導小組明確要求，要廣泛邀請省內外專家學者參與編纂，共襄盛舉。這一決策，實乃提高《巴蜀全書》學術水準和編纂質量的根本保障。領導小組還希望從事此項工作的學人，立足編纂，志在創新，從文獻整理拾級而上，自編纂而研究，自研究而弘揚，自弘揚而創新，"利用編纂出版《巴蜀全書》這個載體，進一步健全研究巴蜀傳統文化的學術體系，以編促學、以纂代訓，大力培養一批精通蜀學的科研帶頭人和學術新人"。可謂期望殷切，任務艱巨，躬逢其盛，能不振起？非曰能之，惟願學焉。

希望《巴蜀全書》的編纂能爲巴蜀文化建設和"蜀學"的現代復蘇擁篲前趨，掃除蓁蕪；至於創新發展，開闢新境，上繼前賢，下啟來學，固非區區之所能。謹在此樹其高標，以俟高明云爾！

二〇一四年五月
二〇一七年十二月修訂

修訂版補記

劉　琳　王曉波

　　本書的初版是在2003年5月，由北京綫裝書局出版，至今已過去18年。此次納入《巴蜀全書》，由四川大學出版社出版，我們對初版作了較大的修訂。大致統計，修改了正文標點300餘處，改正正文訛、脱、衍、倒230餘處，改動正文的分段48處。修改得最多的是校記，共計800餘條，其中有大量的考証，有的條文達二三百字。此外，本書末附録的《引用書目》也有所增補。

　　特別值得指出的是，本書卷四七所録元代揭傒斯所作的《賜修蜀堰碑》。原文之末本有200餘字的頌文，見於《揭文安公文集》卷一二。《全蜀藝文志》嘉靖、萬曆二本脱去此頌，而雍正《四川通志》卷一三上乃直以嘉靖本《全蜀藝文志》之下一篇元代無名氏所撰《廣祐英惠王父子碑銘》，作爲揭傒斯文之頌。嘉慶朱雲焕本以下各本皆從之。我們校點的《全蜀藝文志》初版考之不深，誤從雍正《四川通志》，僅將揭傒斯的原頌文附録於校記之中。此次修訂，作了改正。

　　通過這次對初版的補充修正，本書的學術質量雖有所提高，但缺點錯誤肯定還是不少，衷心希望讀者指正。

二〇二一年十二月

前　　言

一

《全蜀藝文志》是明代楊慎所編的一部有關四川的詩文選集。

楊慎（一四八八——一五五九），字用修，號升庵，四川新都人。他的故居就在今新都名勝桂湖邊上，現在那裏還有楊升庵祠。其父楊廷和爲明武宗、世宗兩朝宰相。武宗正德六年，楊慎以狀元及第，授翰林修撰。世宗即位，改經筵講官。當時朝廷内掀起了一場名爲"大禮議"的政治鬥争。明世宗是明武宗的堂弟、明孝宗的侄子，明世宗主張尊其生父興獻王爲皇考、興獻皇帝，繼承血統，得到一批新貴的擁護；而以楊廷和爲首的一批舊臣則主張繼承皇統，尊孝宗爲皇考，稱興獻王爲皇叔父。楊慎站在他父親一邊，與朝臣二百餘人跪於左順門前哭諫。世宗震怒，爲此下獄者百餘人，杖死者十餘人，楊慎也被充軍雲南永昌（今保山市）。時在嘉靖三年，楊慎三十七歲。此後三十五年都在流放中度過。至嘉靖三十八年七十二歲時，卒於永昌。

楊慎博學高才，是中國古代著名的學者。《明史》本傳説："明世記誦之博，著作之富，推慎第一。"據記載，其著述多達四百餘種，已經整理成書、見於著録的也有二百餘種。《全蜀藝文志》就是其中影響較大的一種。

楊慎在其漫長流放生涯中曾經有七次返蜀。嘉靖十八年他第五次返蜀，二十年四川巡撫劉大謨發起重修《四川總志》，遂禮聘楊慎與鰲屋人王元正（字舜卿）、遂寧人楊名（字實卿）擔任編纂工作。開局於成都城東静居寺宋濂、方孝孺祠。楊名修《建置》《山川》等志，王元正修《名宦》《人物》等志，楊慎修《藝文志》。《藝文志》"始事以八月乙卯（初二）日，竣事以九月甲申（初一），自角匭軫，廿八日以畢"。據楊慎説，他曾"屬鄉進士劉大昌、周遜校正而付之梓人"（以上見楊慎《全蜀藝文志序》），則似乎曾刊印過單刻本。《四川總志》初稿完成後，劉大謨對楊名、王元正所修的部分不甚滿意，於是又囑按察司副使周復俊、僉事崔廷槐統一體例，調整門目，筆削内容，重加編定，"而《藝文志》則悉仍升庵之舊，未之能易焉"（崔廷槐《四川總志後序》）。這部修定過的《四川總志》刊於嘉靖二十四年。《總志》僅十六卷，而以楊慎所編《藝文志》六十四卷附於其後，别題爲《全蜀藝文志》。

二

　　《全蜀藝文志》收錄詩文一千八百七十三篇，有名氏的作者六百三十一人。本書選錄的範圍以與蜀有關爲準，而不論作者是否蜀人，但"若蜀人作僅一篇傳者，非關於蜀亦得載焉"；"諸家全集，如杜與蘇，盛行於世者，祇載百一"（楊慎《全蜀藝文志序》）。所收詩文以唐宋爲最多。明人的作品收得很少，僅九十餘篇，包括他父親的詩文三篇。他說："同時年近諸大老之作，皆不敢錄，以避去取之嫌。"

　　全書詩文按文體編排，篇次則以作者的時代先後爲序。前五十卷的文體門類大體沿襲《成都文類》，但"詩"中增加了"詩餘"（即詞）一類；後十四卷世家、傳、碑目、譜、跋、赤（尺）牘、行記、題名等則爲楊慎新添。

　　楊慎之所以能在短短的二十八天之中輯錄到這樣多的作品。這主要是有他父親原來所收集的材料作爲基礎。他在本書序言中說："先君子在館閣日，嘗取袁說友所著《成都文類》、李光所編《固陵文類》，及成都丙丁兩記（按：指范成大《成都古今丙記》、胡元質《成都古今丁記》）、《輿地紀勝》一書，上下旁搜，左右采獲，欲纂爲《蜀文獻志》而未果也。悼手澤之如新，悵往志之未紹……乃檢故籢，探行篋，參之近志，復采諸家。……支郡列邑，各以乘上。又得漢太守《樊敏碑》於蘆山，漢孝廉《柳莊敏碑》於黔江。……唐宋以下，遺文墜翰，駢出橫陳，實繁有旿，乃博選而約載之。"

　　我們這一次在點校時追索各篇的材料來源，也證實了本書的取材主要是以下幾個方面：一是《成都文類》；二是《固陵文類》；三是《文苑英華》；四是唐宋人文集；五是《輿地紀勝》與《方輿勝覽》；六是地方志，包括上述成都丙、丁兩記，元費著在宋《慶元成都志》基礎上重修的《至正成都志》，以及明代四川地方志。書中的碑刻、題記大概都是出自明代地方志。

　　以上取材來源當中，有好些書現已失傳，這就使得《全蜀藝文志》一書具有很高的文獻價值。據我們統計，在本書所收的一千八百餘篇詩文中，有三百五十餘篇不見於其前的文獻，換句話說，這三百五十多篇詩文全靠了《全蜀藝文志》纔得以保存下來。

　　這裏特別值得一提的是李光所編的《固陵文類》。"固陵"是夔州的別稱，《全蜀藝文志》中所收有關夔州地區的詩文特別多，僅次於成都地區，就因爲當時有《固陵文類》這部現成的書可資採擷。可惜這部書久已失傳，李光是什麼人我們也一無所知，我們遍查宋、元、明三朝的書目，也未見著錄。博通蜀中掌故的曹學佺在《蜀中廣記》卷二一曾兩處引錄《固陵文類》，其中有一處所引不見於《全蜀藝文志》，可能他也見過此書。《蜀中廣記》卷九七《著作記》中雖未提及此書，但却記載有："《固陵集》二十卷，宋廣都費士戣達可著。嘉定中爲夔守，編集管內山川、建置碑文、記、頌爲二十卷，多半夔門之書，在旁縣者十之二三。"宋王象之《輿地碑記目》卷四《夔州碑記》中也記載有"《固陵集》，費士戣編"。四川師範大學王文才教授在所著《楊慎學譜》（上海古籍出版社一九八八年版）中認爲《固陵集》就是《固陵文類》，很有道理。大概是費士戣領銜，而實際編者爲李光。《全蜀藝文志》錄自此書的夔州詩文絶大部分都不見於其他文獻，這些詩文對於我們了解宋代特別是南宋時期夔州地區的政治、軍事、經濟、文化、風俗等等提供了不少寶貴資料。僅從這一點來説，我們也應該感謝楊升庵。

《全蜀藝文志》之所以具有很高的文獻價值，還在於楊慎選錄詩文的標準與一般詩文選集有所不同。一般詩文選集主要從文學的角度來進行選擇，而楊慎的視野則更爲廣闊，他更注意於詩文的史料價值，也就是説，他更注意從史志的角度來選文。因此，在此書中選入了不少爲一般詩文選家不屑於選錄的似乎很"另類"的、却又非常重要的文章。例如范成大的《益州古寺名畫記》（此文很可能是范成大《成都古今丙記》的一部分），其中開列了淳熙間仍保存於大慈寺的唐宋名畫，完完全全是一篇賬單式的文字。它雖無文彩可言，但却是四川古代繪畫藝術史上的一篇重要資料。像這樣的例子還不少。

我們再以《全蜀藝文志》與《成都文類》比較。《成都文類》也有很高的文獻價值，但選文的標準仍然沒有擺脱傳統的框框，即主要以文學的標準來選文，這從袁説友的書序可以看出。單就這一點來説，袁説友的眼光顯然比不上楊慎。我們在前面已談到，《全蜀藝文志》較之《成都文類》，增加了世家、傳、碑目、譜、跋、行記、題名等文體，這説明前者收文的範圍較之後者更爲廣泛。在這些文體下所收錄之文，多是珍貴的四川史資料。如卷五三至卷五七所收的費著七譜，即：《氏族譜》《器物譜》《箋紙譜》《蜀錦譜》《錢幣譜》《楮幣譜》《歲華紀麗譜》，系統地紀錄了宋代成都的士家大族，新獲文物，箋紙的名品，蜀錦的生產與花色，錢幣的鑄造與流通，紙幣的發展與發行，以及歲時節日的盛況，對研究宋代四川的社會、經濟、文化、風俗具有重要的價值。成都是世界紙幣的發源地，而《楮幣譜》則是系統介紹四川紙幣的一篇寶貴文獻。

總之，《全蜀藝文志》一書以其文獻價值，使它在中國的傳統文化寶庫中佔有一席之地。對於研究四川的歷史與文化來説，這是一部案頭須備的基本典籍。

此書也還存在不少缺點和錯誤。主要缺點是所收地域除了成都和夔州外，其他地區的詩文未能廣泛蒐輯。主要錯誤是誤題作者和誤收非蜀之文。前者如卷八《劍門》詩，薛逢作，而誤題爲李商隱；卷三十七《顔魯公祠堂記》，唐庚作，而誤題爲馬存；卷四十三《破吐蕃露布》，王應麟作，而誤題爲韋皋。後者如卷三崔瑗《灌令歌》誤以"汲"爲"灌"，汲縣在今河南，非四川之灌縣（今都江堰市），因而誤收。又如卷十二《同群公秋登琴臺》詩，此乃宓子賤琴臺，在山東，非司馬相如琴臺，不應收；卷三十四李德裕《懷崧樓記》，此樓在滁州，亦與蜀無關。但這些缺點錯誤都衹是大醇小疵，瑕不掩瑜。楊慎身處流放之中，在短短二十八天之中能編出這樣一部書，已經是很不容易的了，我們沒有理由苛求於他。

三

　　關於《全蜀藝文志》的版本，前面我們已經簡略介紹了嘉靖刻本的情況，由楊慎委託劉大昌、周遜校正的單刻本未見傳世，其詳已不可得知，也可能並未刊行。現在我們所能看到的最早的版本，祇有附在嘉靖《四川總志》後的嘉靖二十四年刻本。這個本子刻工粗劣，校讎草索，錯字極多，從校勘的角度看，實在算不上善本；但傳世極少，所謂物以稀爲貴。

　　至萬曆末，四川巡按吳之皡、督學杜應芳重修《四川總志》，其時《全蜀藝文志》嘉靖刻板已殘闕漫漶，吳、杜乃收購舊本，湊足全書，於萬曆四十七年附刻於萬曆《四川總志》之後。這就是《全蜀藝文志》萬曆刻本（以上參萬曆《四川總志》吳之皡、杜應芳序）。這個版本對嘉靖本略有校正，但也增加了一些新的訛誤。

　　明代的上述兩個刻本流傳不廣，又經明清之際的戰亂，傳世更稀。清乾隆中修《四庫全書》，下詔各地獻書，結果也沒有收到兩個明刻本，乃祇能以"兩淮馬裕家藏本"作爲底本收入《四庫全書》。這個本子實際上是嘉靖刻本的一個傳抄本，而且有多處闕漏，文字的訛誤也在在皆是，四庫館臣又多以意妄改，因此在《全蜀藝文志》現存的各種版本中，四庫本乃是最劣的一個本子。最爲奇怪的是，四庫館臣竟全然不知此書爲楊升庵所編，在《四庫全書總目》中題"明周復俊撰"，而隻字未及楊慎，當是率意轉抄抄本而未加審查。

　　又過了十多年，至嘉慶初，江陵人朱雲煥（字遐塘）在成都潛溪書院任山長，此書院正好就是楊慎編《全蜀藝文志》時所在的靜居寺舊址，朱雲煥大約有感於此，遂購得此書幾種抄本，組織諸生分任校勘，於嘉慶二年刊印，是爲讀月草堂本（以上參見俞廷舉序及譚言藹跋）。此本的底本顯然是源自萬曆刻本，經過校勘改正了不少錯字，同時又將原書的一些卷一卷分爲二卷或三卷。總的來説，此本優於四庫本，但由於諸生的學力有限，參校的書籍不廣，因此校勘還是比較粗疏。

　　嘉慶十二年，曾經參與讀月草堂本校勘的安岳譚言藹等人又就原板重加校讎修補，但未及刊行。直到二十二年始由張汝傑重刊於樂山。此本的正文實際上還是用讀月草堂舊板，而有所修補，並將譚言藹的校記補刻於書眉（以上見譚言藹《重校全蜀藝文志跋》及《又跋》）。譚校雖然不多，但大體尚稱有理有據。

　　光緒三十一年，安岳鄒蘭生又以嘉慶二十二年刻本爲底本重刊於安岳，並據譚氏校語直接改正正文，此外無所進步，流布亦稀。

　　至民國三年，成都昌福公司又有鉛字排印本，作爲"蜀藏"之一。其底本仍爲讀月草堂本，並未採用譚言藹校，錯字亦多，殊無足取。

四

　　鑒於《全蜀藝文志》是一部重要的古籍，而迄今又沒有一種比較令人滿意的版本，因此我們早就有意對此書進行整理校點。這項工作從二十世紀八十年代就已開始，中間由於種種原因陷於停頓，直到現在纔得以完成。

　　關於校點的體例，有以下幾點需要說明：

　　一、本書以嘉靖二十四年刻本爲底本。雖然此本校勘草草，錯字很多，但畢竟是一個祖本或準祖本，最爲接近原貌，因此仍用作底本。

　　二、本書參校了傳世的各種版本，包括：萬曆四十七年刻本（簡稱"萬曆本"）；影印文淵閣《四庫全書》本（簡稱"庫本"）；嘉慶二年朱雲焕校刻讀月草堂本（簡稱"朱本"）；嘉慶二十二年譚言藹重校、張汝傑重刻本（底本與朱本同，譚氏校語簡稱"譚校"）；光緒三十一年鄒蘭生刻本（簡稱"鄒本"）；民國三年成都昌福公司鉛印本。除此之外，還廣泛參校各家文集及經、史、子各部有關的書籍，共計三百七十餘種（詳見"引用書目"）。

　　三、原書輯錄之文未分段，此次整理均按文章内容分段，加以標點。

　　四、凡底本文字可通者，均以底本爲準，對他本他書之異文不采取一一羅列的方式，祇對具有參考價值或較底本爲勝的異文出校列舉，必要時加按考辨。底本文字確有訛脱衍倒及其他錯誤者，則據他本他書或據文意予以改正並出校説明。

　　五、對底本的其他錯誤或疑誤之處，根據不同情況分別處理。如誤題作者，則逕予改正並出校辯明；作者可疑，則保留原文，加按説明；誤收之文，也不動原文，而指出其誤；所輯詩文時或删節不當，則予以補全。

　　六、本書校記中引用之書一般不注明版本，讀者可查閲書末"引用書目"。

　　七、原書中多有體例不統一之處，有的我們已作了適當改動，以求一致，如詩文作者不署本名而稱字號者均改爲本名，明蜀獻王原稱"獻園"，改爲"明蜀獻王"之類。但其他無關緊要者多仍其舊。

　　本書在前期準備階段，方北辰、祝尚書、劉文剛、黄錦君等同志曾參加過一部分初點、校對版本等工作；四川省圖書館、四川大學圖書館、北京大學圖書館、四川大學古籍所、綫裝書局、四川師範大學巴蜀文化研究中心等單位也給了我們很大支持，在此謹表示衷心感謝。

　　本書肯定還有很多缺點錯誤，切盼方家和讀者不吝賜教。

劉　琳　王曉波

二〇〇三年五月於四川大學

全蜀藝文志序

楊　慎

　　余嘗讀左太冲賦《蜀都》云："江漢炳靈，世載其英。蔚若相如，皭若君平。王褒曄曄而秀發，揚雄含章而挺生。"自漢而下，文章之盛，無出於四子矣。然豈徒四海考雋，遊談爲譽哉。文之傳，事之傳也，去今千七百年，而談漢事如昨日，繄四子之文也。文乎文乎，其可諼乎！若夫陳子昂懸文宗之正鵠，李太白曜風雅之絕麟，東坡雄辯則孟氏之鋒距，邵庵詩律比漢廷之老吏。繼炳靈而躡踪，感掞藻而騁轡，與爲多矣。況子安、少陵，薄遊遍乎三巴；石湖、放翁，篇詠洎於百濮。其原本山川，極命草木，亦楚材晉用，秦渠韓利矣。

　　先君子在館閣日，嘗取袁說友所著《成都文類》、李光所編《固陵文類》，及成都丙丁兩記、《輿地紀勝》一書，上下旁搜，左右采獲，欲纂爲《蜀文獻志》而未果也。悼手澤之如新，悵往志之未紹，罪謫南裔，十有八年。辛丑之春，值捧戎徵，暫過故都。大中丞東皋劉公禮聘舊史氏玉壘王君舜卿、方洲楊君實卿編錄全志，而謬以藝文一局委之慎。乃撿故篋，探行篋，參之近志，復采諸家。擇其菁華，襭其繁重，拾其遺逸，翦彼稂秕。支郡列邑，各以乘上。又得漢太守《樊敏碑》於蘆山，漢孝廉《柳莊敏碑》於黔江，文無錯訛，刻猶古劌。東皋公喜曰："漢碑之傳於今，中原亦掃迹矣，乃今得兹於遠邦，不謂斯舉之獲乎！"唐宋以下，遺文墜翰，駢出橫陳，實繁有眳，乃博選而約載之。爲卷尚盈七十。中間凡名宦遊士篇詠，關於蜀者載之；若蜀人作僅一篇傳者，非關於蜀亦得載焉，用程篁墩《新安文獻志》例也。諸家全集，如杜與蘇，盛行於世者，祇載百一，從呂成公《文鑒》例也。同時年近諸大老之作，皆不敢錄，以避去取之嫌，循海虞吳敏德《文章辨體》例也。

　　開局於靜居寺宋、方二公祠，始事以八月乙卯日，竣事以九月甲申，自角匭軫，廿八日以畢。食時而成，既愧劉安之捷；懸金以市，又乏《呂覽》之精。乃屬鄉進士劉大昌、周遜校正，而付之梓人。

　　昔漢代文治，興之者文翁。禮殿之圖，後世建學仿焉；七十子之名，馬遷之立傳徵焉。當時號爲西南齊魯，岷峨洙泗。文之有關於道若此，文翁之功不可誣也。繼文翁而作者，今之皋翁歟！獨愧慎華顛白粉，舊殖荒落，不足以揚四子之芬，而成一邦之史也。恕其不敏，補其未備，尚有冀吾黨之助焉。

　　嘉靖辛丑九月十五日，博南山戍成都楊慎序。嘉靖刻本。又見萬曆刻本、嘉慶刻本。《升庵文集》卷二題作《四川總志序》。

全蜀藝文志序

俞廷舉

余嘗與天下士論古今真大才子，得三人：一曰唐太白，一曰宋東坡，一曰明升庵。才皆天縱，殆文苑中之生知安行者，是以天骨開張，橫縱自如，冠絕當代。此外諸家，雖多雕龍繡虎，煉石補天，然皆藉人工學力而成，並非天才。是又所謂學知利行，困知勉行者，其不及三子明甚。然三子皆産於蜀，得毋岷峨江漢之鍾靈獨異歟？

升庵以翩翩公子生相門，金殿傳臚，爲天下第一人，較李、蘇爲得意。尤西堂《登科記》以太白天上及第，謂狀元中以有太白重，太白不以狀元重。然則升庵豈非狀元中以有其人爲重者哉！學問淵博，平生著作如林，大小凡三四百種，古今著述，從無如此富者。惜其書湮没，今多不傳，而所傳者《升庵文集》《外集》數種而已。近李雨村《函海》采取升庵一二十種，究屬全豹一斑。昔與查鐵橋中丞論及升庵著書之富，欲一網收盡爲快，中丞極力采訪，所得亦不過百種，然皆未付梓而卒，終爲恨事。

丙辰夏，余偶來成都，朱遐唐①以重刊升庵《全蜀藝文志》問序於余。余讀之，卷帙浩繁，各體具備，不啻《昭明文選》。康對山《武功志》以少勝，升庵此志以多勝，各極其妙，皆名元名志，紙貴洛陽者也，何今日卒不多覯！遐唐曰：此書湮没已久，今所得皆係抄本，搜羅校正，越三寒暑始蕆事。噫，此心亦良苦矣！

李穆堂曰：凡能拾人遺文殘稿，而代存之者，功德當與哺棄兒、埋枯骨同。夫以本地之文獻，本地之人，尤當愛惜而表章之。如司馬長卿、揚子雲、太白、東坡，以及子安、少陵、石湖、放翁諸公，昭昭在人耳目，名山石渠，是處皆有其書，不患無傳。若遷客騷人，隱逸緇黃輩，名位未著人間，其所作零星碎錦，片羽只光，必附青雲乃顯者，不得是刻，不幾湮没弗傳乎？噫，亦幸矣！使升庵諸公聞之，固未有不鼓掌稱快者。然蜀之賢士大夫多矣，百餘年來，何以任其湮没，不聞續刻於前，而必俟我遐唐，始得重刻一新，噫，亦甚危矣！使升庵諸公聞之，又未有不喟然嘆者乎？如是，則遐唐今日之功德，寧有涯哉！

或曰：人非窮愁，不能著書，使當日升庵得志天下，不致謫戍永昌，則此書固不能成。即使今日遐唐得志於蜀，不致設帳潛溪，則此書又何能傳？甚矣，人之生於憂患，不徒一端爲然也。然則天生遐唐，使不得志於時，而僅以山長鳴高、著述爲業者，其在斯乎！其在斯乎！

時嘉慶元年歲次丙辰清和月，桂林石村愚弟俞廷舉書於錦城之修竹軒。嘉慶補刊本

---

① 即朱遐塘，下同。

重校全蜀藝文志跋

譚言藹

蜀乘舊稱明嘉靖中巡撫劉東皐大謨所修爲最善，司其事者，實維鰲屋王舜卿元正，遂寧楊實卿名，暨新都楊用修三太史也。三君子皆以直言謫戍，大節昭然，而方洲、升庵二楊子尤負重名，詳具《明史》本傳。凡所著述，匪特書以人重，即其學其才，皆足高視一代者也。顧所修志，今佚不傳，而《藝文》一志，出升庵手，前賢謂其可以別行者，蜀中亦無刊本。

江陵朱遯塘先生，由鄉舉令永寧，坐註誤去官，當事延爲潛溪書院山長者十餘年。博學嗜古，老而不厭，購得鈔本，亟爲校梓。此志之成也，於静居寺宋、方二公祠。今宋以墓遷，故建專祠、辟書院，而别祠趙清獻、方正學二賢於講堂右。自嘉靖辛丑迄嘉慶丁巳，閲二百五十七年，而《藝文志》重刊於此，毋亦有數存邪？先生之殁今四年，子亦没，諸孫幼，板遂庋置。綿竹唐張友、犍爲張汝傑兩明經、金堂陳一津、達紀兩文學，方將仿畢昇活字法，大輯娜嬛宛委，爲藝林啓偉觀，而以《藝文志》傳布未廣，懼没先生之苦心也，先取其板，再讎而印行之，藹亦與焉。

夫升庵博洽，爲勝朝冠，此書雖藍本成都、固陵兩《文類》，而網羅放失，賅備靡遺。讀書未到康成處，乃敢議漢儒，慎矣。然升庵職此志，在謫戍暫歸時，聞諸先老，凡廿有八日而畢，不攜簏，不檢籍，取之腹笥，蔚爲巨編，其間應不無小舛。矧轉相傳寫，烏馬遞成，魯魚迭出。先生重刊時，嘗嘆竭一人之心思目力，掃葉愈多。藹從先生遊日淺，昔濫名校字中，無能爲役，今固非敢犯不韙，以蚍蜉之撼，妄擬《正揚》。而中如《破吐蕃露布》，實王應麟所擬，誤題韋皐；陸游《牡丹譜》，本集實三篇，後兩篇誤合爲一。此類則證據之可尋，有待讎正，而亦先生宿志也。乃獻其愚者一得，從諸君後，共爲檢校修補，又得若干字。其舊仍鈔本脱誤，難於增改者，刊附卷末。第迫於秋賦，日力不給，凡耳目所限，尤望博雅君子匡所不逮，於以還升庵太史之舊觀，而成遯塘先生之盛舉，則幸甚！

嘉慶十有二年、歲在强圉單閼，秋七月，安岳譚言藹跋。嘉慶重刊本

又 跋

譚言藹

　　此書丁卯七月所校，粗得崖略，未及刊正印行。秋闈撤棘，唐君子群、陳君協五俱登賢書，言藹亦忝附驥。戊辰偕下第，或歸或留，事遂中輟。己巳冬初，藹奉慈諱回籍，讀禮之餘，未暇及也。昔日同志，風流雲散，蓋尚有過夏未歸者。今秋君偉張君信來，告其尊人履堂州司馬訃，兼索志文，其家玉田孝廉希珝執訊及此，遂令門人就當日簡端所記，倉猝鈔付來信。未備者多，祈博雅君子正之。辛未季秋，言藹又記。

嘉慶重刊本

全蜀藝文志序

鄒蘭生

《全蜀藝文志》者，前明殿撰楊升庵先生所輯也。嘉慶時，朱君遐塘曾刻於嘉定，魯魚亥豕，不可卒讀，蘭久引爲憾事。同治末，隨先君□亭公廣東連平任所，即有志改訂，然猶嫌未備。光緒中，筮仕東粵，奉檄驅馳，簿書之餘，迄未訂正詳明。刻官經被議，始克償夙志，竊滋愧矣。

蘭自知學淺才疏，不堪問世，惟服膺前哲，於義利之辨甚明，不謂求全得毀，竟有出人意外，不可不略陳梗概也。光緒二十九年，蘭奉準部咨，補授合浦知縣。三十年二月任事，舉凡清監羈結詞訟，嚴緝匪徒，整頓稅契，日夕勤奮，未敢少安。五月，西安李本府崇洸來守廉郡，因供張未能洽意，公事便多挑剔，遂始有不安其位之思。如奉發取保，追繳罰款，硝磺職商鄺瑞圖也，失足落水淹斃。蘭驗明詳報，批云："有無不實不盡，本府無從查考。"所謂不實不盡者，以鄺瑞圖非失足淹斃耶？抑淹斃者非鄺瑞圖其人耶？鄉紳辦團，領槍軍械局，鐫有北海局名，旋據乾體局紳稟請轉售。蘭以北海局所領之槍，既經鐫刻局名，原恐流入賊手，備日後稽核起見，何能改發，自紊定章，則又斥爲膠柱鼓瑟。審定要犯馮子糠等，錄供稟辦，又批飭酌從末減，以刑殘其肢體，使成殘疾。不知擅用非刑，例應革職，不查例而爲此言耶？抑知之故以相陷耶？八月廿五日，縣屬白沙失電線五十八度，本府電稟，指爲蘭任內之事，致記大過三次。查蘭先於七月交卸，事已匝月，尚欲以此誣陷，幸電局查知，代請更正。而尤以委審犯官王之湘一案，駁詰尤多。始飭追贓，蘭以贓無人證，無從訊追，本府則批謂："據請提質，無非爲該革員開脫地步，應不準行。"及在監患病，又指爲捏報不實；行將交替，竟斥爲有心祖縱。查犯官王之湘始終收監，並未開釋，事因本府提訊時，碰頭不服，哄堂大鬧，無所洩憤，欲以此中傷。蘭窺其已有成見，適下鄉病暑，稟請回省就醫，旋即交卸。經豐潤張巡撫飭司行查得實，其批示有："鄒令辦事並無不合，《書》曰'同寅協恭'，願與該守勉之。"不意李本府因此懷恨，而究無如張公何也。本年三月，調潮回省，始在西林制軍處任意誣蔑，不陷不休。乃以辦事乖方，操守難信，被劾落職。竊上列各款，何人乖方，不值有識之一噱。而遇事不肯唯隨，尚欲以"難信"字樣，曲爲訛毀，始知古人忠而被謗，信而見疑，同一致概。

今者時局多艱，不才見棄，切切仰首伸眉，論列是非，不亦多見其不知量耶？所以隱忍含垢，商量舊學，而不敢憚勞者，竊夙志有未償，恨前賢遺編不傳於後也。爲是廣徵群集，求正原書，始克校論精詳，用成升庵先生完書。急付手民，以公同志。風庭掃葉，舛誤仍多，海內通人若能考正而指示之，則尤幸甚。

光緒三十有一年歲在旃蒙大荒落，安岳鄒蘭生序。光緒刻本

目錄

上 册

全蜀藝文志卷之一 1
 賦一 1
  蜀都賦 .... （漢）揚　雄 1
  蜀都賦 .... （晉）左　思 4
  辯蜀都賦 .... （宋）王　騰 6
  玄武山賦並序 .... （唐）王　勃 9
  萬里橋賦以"殊鄉絕邑,行役路偏"爲韻。.................. （唐）陸　肱 10
  擊甌賦並序 .... （唐）張　曙 11
  畫桐華鳳扇賦並序 .... （唐）李德裕 12
  五丁力士開蜀門賦以"蠻國廓開,遂通人俗"爲韻。............ （唐）陳山甫 12
  茅茨賦 .... （唐）朱桃椎 13
  長樂花賦並序 .... （唐）蘇　頲 13
  題橋賦以"望在雲霄,居然有異"爲韻。...................... （唐）李　遠 14
  花蕚樓賦以"花蕚樓賦一首並序"爲韻。.................... （唐）范崇凱 15
  梓潼神鼎賦以"靈瑞珍寶出"爲韻。........................ （唐）盧　庚 16
  仁壽鏡賦並序 .... （唐）史　翶 17
  蜀江春日文君濯錦賦 .... （唐）張　何 18

全蜀藝文志卷之二 19
 賦二 19
  灧澦堆賦 .... （宋）蘇　軾 19
  巫山賦 .... （宋）蘇　轍 19
  鑿二江賦 .... （宋）狄遵度 20
  述賢亭賦並序 .... （宋）閻　苑 21
  北客賦 .... （宋）趙奭之 22
  神女廟賦 .... （宋）晁公遡 23
  朝山堂賦 .... 前　人 24
  八陣臺賦並序 .... （宋）劉望之 25
  灧澦堆賦 .... （宋）薛　紱 26
  資州獻白龜賦以"泰平將洽,神物效靈"爲韻。.............. （唐）獨孤申叔 26

枸杞賦並引	(宋)史子玉	27
對青竹賦	(宋)黃庭堅	28
苦笋賦	前 人	29
憫相如賦	(宋)楊天惠	29
憫相如賦	(宋)鄭少微	30
苦櫻賦並序	(宋)何 耕	31
八陣圖賦	(元)楊維禎	31
連雲棧賦	(明)楊廷宣	32

全蜀藝文志卷之三 36

詩 36
風 謠 36

鹽叢國詩四章	(漢)古 辭	36
譙君黃頌	(漢)無名氏	37
大度亭民謠出《益部耆舊傳》。王忳事見《後漢書》。		37
陳紀山頌		37
嚴王思頌		37
柳琮歌		38
豐年歌		38
益部語		38
益部謠		38
樊守歌《益部耆舊傳》		38
去思歌		39
灌令歌鍾岏《良吏傳》		39
刺李盛謠		39
巴郡謠		39
思治詩		40
李都護歌《江表傳》		40
三節婦歌		40
王稚子歌	(漢)古 辭	40
河內謠		41
淫豫歌《樂府》		41
灩澦歌《水經注》		41
附:灩澦歌	(梁)簡文帝	41
灩澦歌		41
龍床灘謠《圖經》		42
峽中行者歌		42

黃牛歌	42
附：李白詩	42
撥穀歌	42
先民謠	43
廉叔度歌	43
後漢時蜀中童謠	43
晉太康末蜀中童謠	43
唐咸通末成都童謠	44
梁太祖時蜀中謠	44
無　題	44
鸑官謠《蜀檮杌》	44
張王二公歌《宋朝類苑》。張詠、王晦叔。	45
蜀帥歌	45
成都謠頌	45
土軍謠	45

全蜀藝文志卷之四 …… 46

詩 …… 46

楚　辭 …… 46

九　懷 …… 46

懷東坡先生辭 ……（宋）楊萬里 48

全蜀藝文志卷之五 …… 49

詩 …… 49

都　邑 …… 49

蜀國弦	（梁）簡文帝 49
蜀道難	前　人 49
蜀道難	（梁）劉孝威 49
蜀道難	（陳）陰　鏗 50
蜀道難	（唐）張文琮 50
蜀道難	（唐）李　白 50
龍　州	前　人 51
巴　州	前　人 51
成　都	（唐）蕭　遘 51
賦得蜀都	（唐）褚　亮 51
成都府	（唐）杜　甫 52
上皇西巡南京十首	（唐）李　白 52

夔州歌絕句十首取七	（唐）杜 甫	52
成都曲	（唐）張 籍	53
井 絡	（唐）李商隱	53
中元甲子以辛丑駕幸蜀	（唐）羅 隱	53
蜀中三首	（唐）鄭 谷	53
錦城曲	（五代）溫庭筠	54
新都行	（五代）歐陽詹	54
益昌行並序	前 人	54
蜀國弦	（唐）李 賀	55
蜀國偶題	（唐）錢 珝	55
黔中書懷	（唐）竇 群	55
成 都	（宋）楊 億	55
成 都	（宋）劉 筠	55
成 都	（宋）錢惟演	56
悼蜀詩	（宋）張 詠	56
成都書事百韻詩並序	（宋）薛 田	57
成 都	（宋）宋 祁	58
成都行	（宋）陸 游	59
夢至成都悵然有作二首	前 人	59
雪中懷成都	前 人	59
成都書事	前 人	59
涪 州	前 人	59
涪 州	（宋）馬提幹	60
涪 州	（宋）宋 翰	60
彭山縣君居	（宋）文 同	60
廣 安	（宋）何志熙	60
蜀國弦	（明）劉 基	61

全蜀藝文志卷之六 ·· 62

  詩 ·· 62

城郭　　樓閣		62
奉和嚴中丞西城晚眺	（唐）杜 甫	62
上白帝城	前 人	62
蜀城春望	（唐）崔 塗	62
覽蜀宮故城作	（宋）宋 祁	63
觀古魚鳧城在溫江縣北十五里，有小院。	（宋）孫松壽	63
白帝城	（宋）宋 肇	63

白帝城	（宋）曾慥 63
白帝城	（宋）陳謙 63
登成都白兔樓	（晉）張載 63
登錦城散花樓	（唐）李白 64
白帝城最高樓	（唐）杜甫 64
晚夏登張儀樓呈院中諸公	（唐）段文昌 64
奉陪段相公晚夏登張儀樓	（唐）姚向 65
奉陪段相公晚夏登張儀樓	（唐）溫會 65
奉陪段相公晚夏登張儀樓	（唐）楊汝士 65
奉陪段相公晚夏登張儀樓	（唐）李敬伯 65
奉陪段相公晚夏登張儀樓	（唐）姚康 65
散花樓	（唐）張祜 66
趙王樓詩並序	（唐）樊宗師 66
北樓	（宋）宋祁 67
西樓夕坐	前人 67
陪孫之翰太博登成都樓	（宋）張俞 67
散花樓	（宋）喻汝礪 67
樓上醉歌	（宋）陸游 68
芳華樓賞梅	前人 68
犍爲江樓	（宋）范成大 68
西樓獨上	前人 68
西樓秋晚	前人 68
冬至日銅壺閣落成	前人 69
萬景樓在漢嘉城中山上，登覽勝絶，殆冠西州。予令畫工作圖以歸。山谷來遊時，但有安樂園，未有此樓也。	前人 69
別後寄題漢嘉月榭陸務觀所作。	前人 69
制勝樓	（宋）王延禧 69
制勝樓	（宋）李燾 70
登制勝樓次韻	（宋）閻蒼舒 70
白雲樓	（宋）程之才 70
仁壽寺閣	（宋）程師孟 70
合州望黔樓	（宋）義光 71
彭州南樓	（宋）文同 71
歸雲閣	（明）安磐 71

全蜀藝文志卷之七 72
　詩 72

宮　苑 ··· 72
宣華苑宮詞 ··（前蜀）王　衍 72
宮詞一百首 ··（後蜀）花蕊夫人 72
　　其　一 ·· 72
　　其　二 ·· 72
　　其　三 ·· 72
　　其　四 ·· 73
　　其　五 ·· 73
　　其　六 ·· 73
　　其　七 ·· 73
　　其　八 ·· 73
　　其　九 ·· 73
　　其　十 ·· 73
　　其十一 ·· 73
　　其十二 ·· 74
　　其十三 ·· 74
　　其十四 ·· 74
　　其十五 ·· 74
　　其十六 ·· 74
　　其十七 ·· 74
　　其十八 ·· 74
　　其十九 ·· 74
　　其二十 ·· 74
　　其二十一 ·· 75
　　其二十二 ·· 75
　　其二十三 ·· 75
　　其二十四 ·· 75
　　其二十五 ·· 75
　　其二十六 ·· 75
　　其二十七 ·· 75
　　其二十八 ·· 75
　　其二十九 ·· 75
　　其三十 ·· 76
　　其三十一 ·· 76
　　其三十二 ·· 76
花蕊夫人逸詩 ·· 76
　　其　一 ·· 76

其　　二	77
其　　三	77
其　　四	77
其　　五	77
其　　六	77
其　　七	77
其　　八	77
其　　九	77
其　　十	77
其十一	77
其十二	78
其十三	78
其十四	78
其十五	78
其十六	78
其十七	78
其十八	78
其十九	78
其二十	78
其二十一	79
其二十二	79
其二十三	79
其二十四	79
其二十五	79
其二十六	79
其二十七	79
其二十八	79
其二十九	79
其三十	80
其三十一	80
其三十二	80
其三十三	80
其三十四	80
其三十五	80
其三十六	80
其三十七	80
其三十八	80

其三十九	80
其四十	81
其四十一	81
其四十二	81
其四十三	81
其四十四	81
其四十五	81
其四十六	81
其四十七	81
其四十八	81
其四十九	81
其五十	82
其五十一	82
其五十二	82
其五十三	82
其五十四	82
其五十五	82
其五十六	82
其五十七	82
其五十八	82
其五十九	82
其六十	83
其六十一	83
其六十二	83
其六十三	83
其六十四	83
其六十五	83
其六十六	83
今補入宮詞三首	83
晚步宣華舊苑	（宋）范成大 84

全蜀藝文志卷之八 …… 85

詩

江　山上　附池沼　堤堰　橋梁	85
登峨眉山	（唐）李　白 85
觀元丹丘坐巫山屏風	前　人 85
荊門浮舟望蜀江	前　人 86

陪李七司馬皂江上觀造竹橋	(唐)杜　甫	86
野望	前　人	86
野望因過常少仙	前　人	87
春日江村	前　人	87
奉觀嚴鄭公廳事岷山沱江畫圖十韻	前　人	87
閬水歌	前　人	87
偶宴西蜀摩訶池	(唐)暢　當	87
晦日益州北池陪宴	(唐)司空曙	88
題龍華山	(宋)郭　震	88
富順監中巖	(宋)岑象求	88
嘉陵江	(唐)薛　逢	88
登郡前山	(唐)羊士諤	88
遊西湖	(唐)房　琯	89
雲頂山	(宋)王　雍	89
金雞關六言	(唐)姚　孼	89
南昌灘在達州	(唐)元　稹	89
劍門	(唐)薛　逢	90
錦江春望	(唐)高　駢	90
斛石山曉望寄呂侍御	(唐)薛　濤	90
斛石山書事	前　人	90
遊青城山六言	(唐)李　真	91
題丹景山金華宮	(前蜀)太后徐氏	91
丹景山	(前蜀)太妃徐氏	91
漢州三學山看聖燈	(前蜀)太后徐氏	92
漢州三學山看聖燈	(前蜀)太妃徐氏	92
殘冬客次資陽江	(宋)王　巖	92
過摩訶池二首	(宋)宋　祁	92
春日出浣花	前　人	93
憶浣花泛舟	前　人	93
避暑江瀆池	前　人	93
房公西湖	(宋)蘇　轍	93
錦江思	(宋)李　新	93
合江舟中作	(宋)晁公遡	94
沱江	(宋)劉望之	94
浣花溪	(宋)馮　俌	94
靈泉山中	(宋)楊　甲	94
寒食遊學射山	前　人	94

富順西湖	（宋）程　驤	95
遊大隋山	（宋）郭　印	95
岑公洞	前　人	95
摩訶池　梁蕭摩訶所浚	（宋）陸　游	95
夏日過摩訶池	前　人	96
離堆行　沿江有兩崖中斷，相傳秦李太守鑿此以分江水；又傳李鎖孽龍於潭中，今有伏龍觀在潭上。蜀旱，支江水涸，即遣官致祭，壅都江水以自足，謂之攝水，無不應。民祭賽日率以羊，歲殺四五萬計。	（宋）范成大	96
戲題索橋　陸游詩："度索臨千仞，梯山躡半空。"	前　人	96
再題青城山	前　人	96
蜀州西湖荷花正盛開。"水月"，登舟亭也。湖陰亭外別有白蓮，尤奇。蜀中無芰，至此始見之。	前　人	97
中巖去眉州一程，諾詎羅尊者道場。相傳昔有天台僧，遇病僧，與之木鑰匙，云："異時至眉州中巖，扣石筍，當再相見。"後果然。今三石屹立如樓觀，前兩樓純紫石，一樓蘿蔓被之。傍有寶瓶峰，甚端正。山半有喚魚潭，慈姥龍所居。世傳雁蕩大小龍湫，亦諾詎羅道場，豈化人往來無常處耶？	前　人	97
玻瓈江一首戲效陸務觀作	前　人	97
凌雲九頂即大石佛處。初登山時，巖壁上悉劚爲小佛，不知其數。山前佛頭灘受雅江之衝，最爲艱險。	前　人	97
戲題方響洞　漢嘉廣福院中水洞，有聲琅然，莫知其所在。舊名丁東水，山谷易今名，且題詩云："古人名此丁東水，自古丁東直至今。我爲改爲方響洞，要知山水有清音。"	前　人	98
寶現溪　雙溪合而一，既出巖竇，散爲此溪。叢三藏自西域歸，過溪，見兩石子鬭，攬得其一，今藏黑水寺。石上有一目，端正透底，溪以此得名。	前　人	98
婆羅平	前　人	98
七寶巖　大峨絕頂。白水寺已在山半，由白水陟上至巖，又六十里。	前　人	98
題蜀山圖	（明）馬德華	99
劍閣圖	（明）王景彰	99
雪山天下高	（明）周洪謨	99
眉山天下秀	前　人	99
瞿唐天下險	前　人	100
巫山天下奇	前　人	100
觀九頂山	（明）王　傅	100
劍閣圖爲王公濟進士題	（明）李東陽	100
少岷山歌	（明）鄭善夫	101
劍閣行寄總制都憲彭公濟物	（明）孫太初	101

全蜀藝文志卷之九 …………………………………………………… 102
　詩 ……………………………………………………………………… 102
　　江　山下　附池沼　堤堰　橋梁 ……………………………… 102
　　巫山高 ………………………………………………（齊）虞　羲 102
　　同　前 ………………………………………………（齊）劉　繪 102
　　同　前 ………………………………………………（梁）元　帝 102
　　同　前 ………………………………………………（梁）王　泰 102
　　同　前 ………………………………………………（梁）范　雲 103
　　同　前 ………………………………………………（陳）蕭　詮 103
　　同　前 ………………………………………………（唐）鄭世翼 103
　　同　前 ………………………………………………（唐）凌　敬 103
　　同　前 ………………………………………………（唐）李元操 103
　　同　前 ………………………………………………（唐）盧照鄰 104
　　巫山高 ………………………………………………（唐）閻立本 104
　　同　前 ………………………………………………（唐）喬知之 104
　　同　前 ………………………………………………（唐）沈佺期 104
　　同　前 ………………………………………………（唐）張九齡 105
　　同　前 ………………………………………………（唐）皇甫冉 105
　　同　前 ………………………………………………（唐）李　端 105
　　同　前 ………………………………………………（唐）張循之 105
　　同　前 ………………………………………………（唐）李　沈 105
　　同　前 ………………………………………………（唐）李　賀 106
　　同　前 ………………………………………………（唐）陳　陶 106
　　同　前 ………………………………………………（唐）羅　隱 106
　　巫山高並序 …………………………………………（宋）范成大 106
　　後巫山高一首 ……………………………………………… 前　人 107
　　初入巫峽 …………………………………………………… 前　人 107
　　瞿唐行 ……………………………………………………… 前　人 107
　　嘲峽石並序 ………………………………………………… 前　人 108
　　十二峰詩 ……………………………………………（宋）閻伯敏 108
　　　望霞峰 ……………………………………………………………… 108
　　　翠屏峰 ……………………………………………………………… 108
　　　朝雲峰 ……………………………………………………………… 108
　　　松巒峰 ……………………………………………………………… 108
　　　集仙峰 ……………………………………………………………… 109
　　　聚鶴峰 ……………………………………………………………… 109
　　　淨壇峰 ……………………………………………………………… 109

上升峰	109
起雲峰	109
栖鳳峰	109
登龍峰	109
聖泉峰	109

巫山十二峰古風二十五韻 (宋)袁説友 109
次　韻 (宋)錢　鍪 110
次　韻 (宋)毋丘恪 110
次　韻 (宋)黄人傑 111
客有自成都來者，傳制帥華學尚書年丈巫山詩，輒次韻奉寄 (宋)許及之 112
次　韻 (宋)丁　逢 112
次　韻 (宋)閭丘泳 113
次　韻 (宋)張　繽 113
次　韻 (宋)李嘉謀 114
廣溪峽 (唐)楊　炯 114
天　池 (唐)杜　甫 115
峽中山 (唐)盧　象 115
過巫峽 (唐)李　頻 115
巫　峽 (唐)曹　松 115
望巫山 (唐)張　喬 115
巫山神女廟 (唐)劉禹錫 116
酬人貽巴峽圖 (唐)薛　濤 116
巫　山 (宋)曾　慥 116
離巫山晚泊棹石灘下 (宋)李　豸 116
入　峽 (宋)蘇　軾 116
入　峽 (宋)蘇　轍 117
峽　口 (宋)宋　肇 117
瞿唐峽 (宋)陳　謙 117
瞿唐峽二首 (宋)李　石 117
峽　中 前人 118
峽山古調詩 (宋)杜　曾 118
雲安下偶成 (宋)邵　博 118
泊雲安下，大風驟雨，作柏梁體一篇 前人 118
雲安龍脊灘 (宋)楊　濟 119
至瞿唐關，戲用山名以成一絶 (宋)王十朋 119
雲安下巖 (宋)杜東之 119
下巖避暑留題 (宋)楊　邁 119

下　　巖並序	(宋)黄庭堅	120
又		120
按部留小詩,命男明復同賦	(宋)郭　印	120
又	(宋)郭明復	120
僕既與子應賦觀瀑詩矣,頃之雨定,瀑水疏爲水簾,驚變態之不窮也,復記以詩	(宋)張　灝	121
巖下觀瀑,早晚異狀,子文有詩,輒次其韻	(宋)何　麒	121
水　　簾	(宋)虞大博	121
遊卧龍山	(宋)丁　謂	121
出郊題瀼東人家屋壁二絶	(宋)馮時行	122
到夔州	(宋)曾　慥	122
夔　　州	(宋)冉居常	122
夔州歌簡晁子西	(宋)王從道	122
清江曲送宋尚德自峽中回	(明)詹　同	123
長江萬里圖	(明)楊　基	123
峽中作	(明)安　磐	123

全蜀藝文志卷之十 ………………………………… 124

詩 ……………………………………………………… 124

學　校 ………………………………………………… 124

題石室	(唐)裴　鉶	124
益州州學聖訓堂詩	(宋)何　郯	124
復修府學故事	(宋)韓　絳	125
過府學遂謁文公堂	(宋)喻汝礪	125
府學十詠	(宋)李　石	125
禮　殿		125
石　室		126
殿柱記		126
左右生題名 或云:江陽、寧蜀、遂寧、晉原。以《晉志》考之,江陽,蜀置此郡,寧蜀、遂寧、晉原、皆是宣武平蜀後置。		126
禮殿晉人畫		127
齊人畫禮器		127
黄筌畫屏		128
古柏二首		128
秦城二絶		128
石經堂		129
雲安監勸學詩並序	(宋)王日肇	129

泮林釋奠，偶緣攝事，遂獲充員。竊觀禮文樂奏之盛，不勝欣嘆，輒成小詩，奉呈僚友 ……………………………………………………………………… （宋）陳 邕 131
夔州試院呈諸公二首 ……………………………………………………… （宋）冉居常 131
次韻盧彥德學宮詩 ………………………………………………………… （宋）楊 輔 132

全蜀藝文志卷之十一 …………………………………………………………………… 133

詩 ……………………………………………………………………………………… 133

陵 廟 ……………………………………………………………………………… 133
謁先主廟 …………………………………………………………………… （唐）杜 甫 133
蜀 相 ……………………………………………………………………………… 前 人 133
蜀先主廟漢末謠："黃牛白腹，五銖當復。" …………………………… （唐）劉禹錫 133
謁先主廟絕句三首 ………………………………………………………… （唐）張 儼 134
武侯祠 ……………………………………………………………………… （唐）武少儀 134
祠祭畢題臨淮公舊碑 ……………………………………………………… （唐）楊嗣復 134
和 …………………………………………………………………………… （唐）楊汝士 134
巫山廟 ……………………………………………………………………… （唐）崔 塗 135
題濟順王祠在劍州 ………………………………………………………… （唐）王 鐸 135
謁江瀆廟 …………………………………………………………………… （宋）喻汝礪 135
題先主廟 …………………………………………………………………… （宋）晁公遡 135
拜張忠定公祠二十韻 ……………………………………………………… （宋）陸 游 136
謁白帝廟 …………………………………………………………………… （宋）張 俞 136
題白帝廟 …………………………………………………………………… （宋）元不伐 136
白帝廟 ……………………………………………………………………… （宋）楊安誠 137
白帝祠 ……………………………………………………………………… （宋）冉居常 138
武侯新祠復用前韻 ………………………………………………………… （宋）王十朋 138
武侯祠 ……………………………………………………………………… （宋）張 震 138
經秦皇墓 …………………………………………………………………… （宋）魯 交 138
花卿冢行 …………………………………………………………………… （宋）謝 翱 139
孟蜀李夫人詞 ……………………………………………………………………… 前 人 139
過漢武陵 …………………………………………………………………… （明）劉成穆 139

全蜀藝文志卷之十二 …………………………………………………………………… 140

詩 ……………………………………………………………………………………… 140

亭 館上 …………………………………………………………………………… 140
臨水亭 ……………………………………………………………………… （唐）閭丘均 140
滕王亭子 …………………………………………………………………… （唐）杜 甫 140
題柏大兄弟山居屋壁二首 ………………………………………………………… 前 人 140

卜　居	前　人	141
西　郊	前　人	141
田　舍	前　人	141
嚴中丞枉駕見過嚴自東川除西川，敕令兩川都節制。	前　人	141
寄題杜二錦江野亭	（唐）嚴　武	141
同群公秋登琴臺	（唐）高　適	142
揚子雲墨池即草玄所	（宋）宋　祁	142
司馬相如琴臺	前　人	142
題琴臺	（宋）田　況	142
江瀆亭	（宋）宋　祁	142
夏日江瀆亭小飲	前　人	143
錦亭晚矚	前　人	143
高亭駐眺招宮苑張端臣	前　人	143
和浣花亭	（宋）葛　琳	143
遊彌牟王氏園	（宋）文　同	144
張少愚書院	前　人	144
劍州東園	前　人	144
鹽亭縣永樂山叩雲亭	前　人	144
致爽軒	（宋）趙汝愚	145
錦屏山暮景	（宋）喻汝礪	145
西園辨蘭亭	（宋）呂大防	145
和	（宋）李大臨	145
和	（宋）李之純	145
萬里橋西有僧居曰"聖果"，後瀕錦江，有修竹數千竿，僧辯作亭於竹中。予與諸公自橋乘舟溯流過之，因名亭曰"萬里"，蓋取其發源注海，與橋名同而實異，因作小詩以識之	（宋）呂大防	146
運司園亭詩並序	（宋）章　粢	146
西　園		146
玉溪堂		146
雪峰樓		146
海棠軒		146
月　臺		146
翠錦亭		147
潺玉亭		147
茅　庵		147
水　閣		147
小　亭		147

同前 ………………………………………………（宋）許　將 147
　　　　西　園 ……………………………………………………… 147
　　　　玉溪堂 ……………………………………………………… 147
　　　　雪峰樓 ……………………………………………………… 148
　　　　海棠軒 ……………………………………………………… 148
　　　　月　臺 ……………………………………………………… 148
　　　　翠錦亭 ……………………………………………………… 148
　　　　潈玉亭 ……………………………………………………… 148
　　　　茅　庵 ……………………………………………………… 148
　　　　水　閣 ……………………………………………………… 148
　　　　小　亭 ……………………………………………………… 148
　　　同前 ………………………………………………（宋）豐　稷 149
　　　　西　園 ……………………………………………………… 149
　　　　玉溪堂 ……………………………………………………… 149
　　　　雪峰樓 ……………………………………………………… 149
　　　　海棠軒 ……………………………………………………… 149
　　　　月　臺 ……………………………………………………… 149
　　　　翠錦亭 ……………………………………………………… 149
　　　　潈玉亭 ……………………………………………………… 149
　　　　茅　庵 ……………………………………………………… 150
　　　　水　閣 ……………………………………………………… 150
　　　　小　亭 ……………………………………………………… 150
　　　同前 ………………………………………………（宋）孫　甫 150
　　　　西　園 ……………………………………………………… 150
　　　　玉溪堂 ……………………………………………………… 150
　　　　雪峰樓 ……………………………………………………… 150
　　　　海棠軒 ……………………………………………………… 151
　　　　月　臺 ……………………………………………………… 151
　　　　翠錦亭 ……………………………………………………… 151
　　　　潈玉亭 ……………………………………………………… 151
　　　　茅　庵 ……………………………………………………… 151
　　　　水　閣 ……………………………………………………… 151
　　　　小　亭 ……………………………………………………… 151
　　　冠鼇亭綿竹 …………………………………………（宋）周敦頤 152

全蜀藝文志卷之十三 ……………………………………………… 153
　　詩 …………………………………………………………………… 153

亭　館下		153
賦雙流郭信可隱居詩十一首	（宋）何　耕	153
雲　溪		153
浮翠橋		153
寒碧亭		153
遠色閣		153
假　山		154
蓮　塘		154
蘭　坡		154
龍　淵		154
虛　舟		154
忘機臺		154
和光亭		154
新都驛遠平軒	（宋）劉望之	155
露香亭	（宋）王　灼	155
信相院水亭	（宋）馮時行	155
從何使君父子遊墨池分韻得"名"字	（宋）李　燾	155
題新繁勾氏盤溪	（宋）勾昌泰	156
簡州東溪碧波亭	（宋）姚　塾	156
三峽堂二首	（宋）宋　肇	156
題三峽堂	（宋）張　縯	156
諸丈屢示前章再次韻	前　人	157
題三峽堂	（宋）郭明復	157
題巫山瞻華亭	（宋）鄧諫從	157
江郊亭新成賦詩二十三韻	（宋）楊咸亨	157
次　韻	（宋）單　夔	158
次韻何漕司小紅翠亭二首	（宋）劉士季	158
控巴臺詩	（宋）何　異	159
次韻控巴臺詩	（宋）李　訦	159
續和漕司高齋韻	（宋）薛　紱	159
紅梅閣	（宋）韓　駒	159
題紅梅閣	仙　女	160
遊草堂	（明）陳南賓	160
賦四亭詩四章	（明）何景明	160

全蜀藝文志卷之十四 ……………………………………………… 161
　詩 …………………………………………………………………… 161

寺　觀	……………………………………………………………	161
遊三學山	………………………………………… （隋）僧智炫	161
遊梵宇三學寺	……………………………………… （唐）王　勃	161
玄武山聖泉有序	…………………………………………… 前　人	161
附：和前韻	………………………………………… （明）余子俊	162
又和前韻	…………………………………………… （明）楊　春	162
望牛頭寺	…………………………………………… （唐）杜　甫	163
玉臺觀滕王造	……………………………………………… 前　人	163
暮登四安寺鐘樓寄裴十	……………………………………… 前　人	163
題武擔寺西臺詩	……………………………………… （唐）段文昌	163
同　前	……………………………………………… （唐）姚　向	163
同　前	……………………………………………… （唐）溫　會	164
同　前	……………………………………………… （唐）楊汝士	164
同　前	……………………………………………… （唐）李敬伯	164
同　前	……………………………………………… （唐）姚　康	164
西蜀净衆寺松溪八韻兼寄小筆崔處士	…………………… （唐）鄭　谷	164
渠州汧江寺	…………………………………………………… 前　人	165
題凌雲寺	…………………………………………… （唐）司空曙	165
靈燈寺	……………………………………………… （唐）薛　能	165
武擔山寺	…………………………………………… （唐）蘇　頲	165
利州北佛龕前重於去歲題處作	………………………………… 前　人	165
渠州冲相寺	………………………………………… （唐）崔　塗	166
宿成都松溪院	……………………………………… （唐）李　洞	166
題岳池縣集虛觀	…………………………………… （唐）呂洞賓	166
留題飛雲道院	……………………………………………… 前　人	166
凌雲寺二首	………………………………………… （唐）薛　濤	167
題仙居觀	………………………………………… （前蜀）杜光庭	167
題鴻都觀	…………………………………………………… 前　人	167
題都慶觀	…………………………………………………… 前　人	167
聖母山祈雨詩並序	………………………………… （宋）潘　洞	167
集海雲鴻慶院	……………………………………… （宋）宋　祁	168
再遊海雲寺作	……………………………………………… 前　人	168
遊昭覺寺	…………………………………………… （宋）范　鎮	168
净衆寺新禪院	……………………………………………… 前　人	168
新繁縣顯曜院	……………………………………… （宋）梅　摯	169
和　韻	……………………………………………… （宋）王　益	169
留題重光寺羅漢院贈憲上人	………………………… （宋）梅　摯	169

| 和 …………………………………………………………………………（宋）王　益 169 |
| 留題清涼院 ………………………………………………………………前　人 169 |
| 和 …………………………………………………………………………（宋）梅　摯 170 |
| 送戴蒙赴成都玉局觀將老焉 …………………………………………（宋）蘇　軾 170 |
| 護國寺詩 …………………………………………………………………（宋）張商英 170 |
| 外大父丞相初登科，爲雒縣主簿，經攝垍窑鎮稅官，留詩護國寺中。令狐監征録以見寄，謹再拜追和而記其後 ……………………………………（宋）何　麒 170 |
| 題雙流保國觀古柏 ………………………………………………………（宋）胡宗師 170 |
| 清曉坐四天王院 …………………………………………………………（宋）喻汝礪 171 |
| 龍華大像蓋冀國夫人所作，因成兩絶 …………………………………（宋）何　耕 171 |
| 普通山距府東十數里，青州禪師洪杲道場也。自龍華歸，過之。棟宇頽落，僧徒鄙野，良爲可惜。是夜，雨大作，因書所聞所見爲長韻 …………前　人 171 |
| 青羊宫按：趙閲道《成都記》載，宫乃老子乘青羊降其地，今有臺存焉。 …………前　人 172 |
| 暇日與陳楚材遊四天王寺，見五髻文殊畫像於廡下，剥落可惜，遂以告羅宗約參議，遷之正法禪院，俾長老惠公龕而祠之。爲詩十四韻書其事 ……前　人 172 |
| 登道觀 ……………………………………………………………………（宋）張　浚 172 |
| 遊三井觀 …………………………………………………………………（宋）陸　游 172 |
| 觀華嚴閣萬僧會齋 ………………………………………………………前　人 173 |
| 飯昭覺寺抵暮乃歸 ………………………………………………………前　人 173 |
| 謁凌雲大像 ………………………………………………………………前　人 173 |
| 光相寺 ……………………………………………………………………（宋）范成大 173 |
| 曉詣三井觀 ………………………………………………………………前　人 174 |
| 題鶴鳴化上清宫 …………………………………………………………（宋）文　同 174 |
| 青城山丈人觀 ……………………………………………………………前　人 174 |
| 蒼溪山寺 …………………………………………………………………前　人 174 |
| 資州路東津寺寺有古佛殿，唐乾寧元年所建。 ………………………（宋）范祖禹 174 |
| 遊長松寺，宿石門僧舍，以"石門霜露白"爲韻，得"露"字 ………（宋）楊　甲 175 |
| 登安福浮屠，以"高標跨蒼天"爲韻，得"跨"字 ……………………前　人 175 |
| 宿安静觀 …………………………………………………………………前　人 175 |
| 朱真人祠 …………………………………………………………………前　人 176 |
| 遊呪土寺西臺 ……………………………………………………………（宋）蒲　瀛 176 |
| 夏日過莊嚴寺，僧索詩，爲留三絶，拉舍弟同賦 ……………………（宋）晁公休 176 |
| 雲安玉虚觀南軒感事偶書五首 …………………………………………（宋）杜柬之 176 |
| 至自雲安題净戒院二首 …………………………………………………前　人 177 |
| 題草堂寺 …………………………………………………………………（宋）黄君瑞 177 |
| 題西門外笮橋下觀音院 …………………………………………………（宋）仲　昂 178 |
| 遊定林院 …………………………………………………………………（宋）岑象求 178 |

遊金泉觀	（宋）李　宏 178
下巖寺	（宋）郭　印 178
過玄天觀	（明）朱友垓 178
題玄天觀	（明）張三丰 179
吳永齡千戶許載酒請州佐秦侯及諸友遊西巖寺，久不踐約，秦以詩戲速之，依韻同作	（明）吳伯通 179
宿玉蟾寺	（明）吳廷舉 179
過千佛巖和察罕廉訪韻	（明）劉成穆 179

全蜀藝文志卷之十五 180

詩 180

懷古 180

八陣圖見《唐語林》。	（晉）桓　溫 180
蜀四賢詠	（劉宋）鮑　照 180
登琴臺	（梁）簡文帝 180
蜀城懷古	（唐）劉希夷 181
巫山懷古	前　人 181
白帝懷古	（唐）陳子昂 181
陳拾遺故宅	（唐）杜　甫 181
漢州月夕遊房太尉西湖	（唐）李德裕 182
重題	前　人 182
奉和	（唐）鄭　澣 182
重題	前　人 182
奉和	（唐）劉禹錫 183
重題	前　人 183
房公舊竹亭聞琴，緬慕風流，神期如在，因重題此作	（唐）李德裕 183
奉和	（唐）鄭　澣 183
奉和	（唐）劉禹錫 183
經杜甫舊宅	（唐）雍　陶 184
觀八陣圖	（唐）劉禹錫 184
詠張柬之柬之曾爲蜀州刺史，今崇慶州也。	（唐）皇甫澈 184
詠鍾紹京紹京曾謫守蜀州。	前　人 184
武　擔《蜀事補亡》	（宋）宋　京 185
龜　化《蜀事補亡》	前　人 185
禮　殿《蜀事補亡》	前　人 185
石　室《蜀事補亡》	前　人 185
玉　局《蜀事補亡》	前　人 185

嚴　　真《蜀事補亡》	前　　人	186
琴　　臺《蜀事補亡》	前　　人	186
墨　　池《蜀事補亡》	前　　人	186
書　　臺《蜀事補亡》	前　　人	186
草　　堂《蜀事補亡》	前　　人	187
訪　古	（宋）房　偉	187

遊山上廢寺，有段文昌種松，石刻云："乾坤毀則無以見寺，寺不可毀，四松其遠乎！"寺今廢，木亦亡矣，感而賦之 …………………（宋）楊　甲 187

八陣磧	（宋）蘇　軾	187
八陣磧	（宋）蘇　轍	188
灘石八陣圖行	（宋）王剛中	188
觀八陣圖有感	（宋）李興宗	188
奉陪安撫大卿登八陣臺，覽觀忠武侯諸葛公遺像，偶成長句	（宋）張　縯	189

巨野李訛謁丞相祠，登開濟堂，俯八陣圖，睹新帥張卿與侍郎林公舊題倡和，皆慨想當時英烈，嘆誦久之。惟瀼東流，嚙城入江，且爲民病，願以不能轉石者一轉兹水，輒借韻賦之 …………………（宋）李　訛 189

八陣圖	（宋）陳　謙	190
遊東屯	（宋）關耆孫	190
三月晦遊東屯拜少陵像	（宋）陳　邕	191
題臥龍	（宋）查　籥	191
訪蘇黃遺墨	前　　人	191
傷廢國詩	（宋）蜀僧遠公	192
詠　古	（明）周洪謨	192
揚　雄	（明）戴　錦	192
東溪驛	（明）劉　瑞	192

全蜀藝文志卷之十六 …………………………………………… 193

詩 ……………………………………………………………… 193

紀　行 ………………………………………………………… 193

琵琶峽	（梁）簡文帝	193
遂州南江	（唐）陳子昂	193
宿空舲峽青樹村浦	前　　人	193
再使蜀道	（唐）張　說	194
下江向夔州	前　　人	194
蜀道後期	前　　人	194
曉行巴峽	（唐）王　維	194
赴犍爲經龍閣道	（唐）岑　參	194

初至犍爲作	前　人	195
早上五盤嶺	前　人	195
自巴東舟行經瞿唐峽，登巫山最高峰，晚還題壁	（唐）李　白	195
宿巫山	前　人	195
早發白帝城	前　人	196
桔柏渡在昭化	（唐）杜　甫	196
飛仙閣	前　人	196
利州南渡	（唐）温庭筠	196
雲　安	（唐）李群玉	196
遊　蜀	（唐）鄭　谷	197
題嘉陵驛	（唐）武元衡	197
駱谷行	（唐）章孝標	197
春日遊嘉陵江	（唐）劉　滄	197
宿蒼溪館	前　人	197
曉　發	（唐）唐　求	198
舟行夜泊夔州	前　人	198
發邛州寄友人	前　人	198
過黄牛峽	（唐）張　蠙	198
入　蜀	（唐）劉　叉	198
赴資陽，經嶓峽，漢水所出，元和三年已授此官	（唐）羊士諤	199
題劍門	（唐）李德裕	199
出蜀門	（唐）歐陽詹	199
初入漢州	（前蜀）韋　莊	199
蒼溪縣寄揚州兄弟	（唐）元　稹	199
題天迴驛	（前蜀）太后徐氏	200
題天迴驛	（前蜀）太妃徐氏	200
萬　州自此後登陸，州號南浦郡。	（宋）范成大	200
邟邡驛大雨	前　人	200
遂寧府始見平川喜成短歌	前　人	201
新津道中	前　人	201
峨眉縣縣出符文布，婦女人人績麻，且行且觀。田家束蒿燃於門口，爲香氣以迎客。	前　人	201
過江津縣睡熟不暇稍船	前　人	201
夔門即事自東川入峽路至恭州，便有夔俗。夾岸山悉庳小。入夔界，山皆傑然連三峽。夔水不可飲，取之卧龍十里之外。雲安麴米春，自唐以來稱之，今夔酒乃下。	前　人	201
刺瀆淖並序	前　人	202
涪州江險不可泊，入黔江艤舟	前　人	202

什邡道中	(宋)文　同	202
過朝天嶺	前　人	203
月夜船行入資州	(宋)范祖禹	203
過瀘江亭	(宋)虞允文	203
夔州一首	(宋)郭　印	203
發成都	(宋)劉望之	203
廣都道中作	(宋)李　新	204
琅璫驛今之上亭鋪。	(宋)姚清叔	204
暑行憩新都驛	(宋)陸　游	204
早發新都驛	前　人	204
自漢州之金堂過沈氏竹園小憩，坐間微雨	前　人	204
馬上微雨	前　人	204
彌牟鎮驛舍小酌	前　人	205
九月十日如漢州，小獵於新都彌牟之間，投宿民家	前　人	205
自廣漢歸，宿十八里草市疑即今藍家店以東也。	前　人	205
過笮橋，道中龍祠小留	前　人	205
玻璃江眉州共飲亭。	前　人	206
瑞草橋道中作在眉州。	前　人	206
豐橋旅舍作在西門。	前　人	206
柳林酒家小樓	前　人	206
自仁壽回成都	(元)虞　集	207
過黃陵廟	(元)李　材	207
山　行	(明)胡子昭	207
永寧道中	(明)吳伯通	207
秋林驛	(明)楊廷和	208
鹽亭縣	前　人	208
鹽亭道中	前　人	208
隆山道中	前　人	208
猿山道中	前　人	208
百節驛八十里	(明)劉　瑞	209
松坎驛二首	前　人	209
播南吟七首	前　人	209
舟　曉	(明)朱　琉	209

全蜀藝文志卷之十七 ……………………………………… 210
　詩 ……………………………………………………………… 210
　　時　序 ……………………………………………………… 210

仲春郊外	（唐）王　勃 210
奉和鄭公軍城早秋	（唐）杜　甫 210
中秋夜聽歌聯句	（唐）武元衡 210
早秋西亭宴徐員外	前　人 211
競渡曲	（唐）僧　鸞 211
蜀中春雨	（唐）鄭　谷 211
和蜀縣段明甫秋成望歸朝	（唐）錢　起 211
蜀城春望	（唐）崔　塗 212
好時節	（唐）元　稹 212
成都遨樂詩	（宋）田　況 212
元日登安福寺塔	212
二日出城	212
五日州南門蠶市	213
上元燈夕	213
二十三日聖壽寺前蠶市	213
二十八日謁生禄祠遊净衆寺	213
二月二日遊江會寶曆寺	213
八日大慈寺前蠶市	213
寒食出城	213
開西園	214
三月三日登學射山	214
九日大慈寺前蠶市	214
二十一日遊海雲山	214
三月十四日大慈寺建乾元節道場	214
乾元節	214
四月十九日泛浣花溪	214
伏日會江瀆池	214
七月六日晚登大慈寺閣觀夜市	215
七月十八日大慈寺觀施盂蘭盆	215
重陽日州南門藥市	215
冬至朝拜天慶觀會大慈寺	215
次韻和季長學士正月二十八日出郊見寄之什	（宋）宋　祁 215
九日宴射	前　人 216
十日宴江瀆亭	前　人 216
九日藥市作	前　人 216
七　夕	（宋）范　鎮 216
踏　青	（宋）梅　摯 217

自　和	前　人	217
鹿鳴燕	（宋）范成大	217
三月二日北門馬上	前　人	217
遊海雲寺唱和詩	（宋）吳仲復	217
和　韻	（宋）范純仁	218
和　韻	（宋）勾士良	218
夔冬暖，雪不到地，唯山高處盡白，它皆霏雨而已	（宋）宋　肇	218
晚　晴	前　人	218
中秋對月，用昌黎先生《贈張功曹》韻以呈同官	（宋）王十朋	219
上巳從史巫山祓飲江皋	（宋）李　熹	219
踏　磧	（宋）張　晉	219
次　韻	（宋）宇文紹莊	219
次　韻	（宋）費士戣	220
官舍苦雨	（宋）黃人傑	220
上元竹枝歌和曾大卿	（宋）冉居常	220
元　宵	（宋）彭　永	220

全蜀藝文志卷之十八 …… 221

詩 …… 221
　題　詠上 …… 221
　　石　硯 …… （唐）杜　甫 221
　　夔　硯並序 …… （宋）王十朋 221
　　石笋行 …… （唐）杜　甫 221
　　梅　雨 …… 前　人 222
　　江頭五詠 …… 前　人 222
　　　丁　香 …… 222
　　　麗　春 …… 222
　　　梔　子 …… 223
　　　鸂　鶒 …… 223
　　　花　鴨 …… 223
　題巴州光福寺楠木見《唐詩紀事》。 …… （唐）嚴　武 223
　中秋夜錦樓望月 …… （唐）武元衡 223
　同　前得"清"字。 …… （唐）王良會 224
　同　前得"濃"字。 …… （唐）柳公綽 224
　同　前得"蒼"字。 …… （唐）張正壹 224
　同　前得"來"字。 …… （唐）徐　放 224
　同　前得"前"字、"秋"字二篇。 …… （唐）崔　備 224

浪淘沙	（唐）劉禹錫	225
織錦曲	（唐）王　建	225
錦二首	（唐）鄭　谷	225
擢第後入蜀，經羅村，路見海棠盛開偶題	前　人	225
海　棠	前　人	226
詠海棠	前　人	226
倚檻大慈寺樓詠落葉	（唐）侯繼圖	226
木蓮樹生巴峽山谷間，巴民亦呼爲黄心樹。大者高五丈，涉冬不凋。身如青楊，有白文。葉如桂，厚大無脊。花如蓮，香色艷膩皆同，獨房蕊有異。四月初始開，自開迨謝，僅二十日。忠州西北十里有鳴玉溪，生者穠茂尤異。元和十四年夏，命道士毋丘元志寫。惜其遐僻，因題三絶句云	（唐）白居易	227
山石榴寄元九	前　人	227
紫躑躅	（唐）元　稹	227
山枇杷	前　人	228
門前柳	（唐）崔　珏	228
武侯廟古柏	（唐）李商隱	228
題籌筆驛	前　人	229
題籌筆驛	（唐）薛　逢	229
題籌筆驛	（唐）羅　隱	229
題風箏	（唐）高　駢	229
西川座上聽金五雲唱歌	（唐）陳　陶	229
誌峽船具詩並序	（唐）王　周	230
梢		230
艣		231
戕		231
百丈		231
金盤草詩生寧江巫山南陵林木中。	前　人	231
露青竹杖歌	（唐）顧　況	232
竹枝九首	（唐）劉禹錫	232
竹　枝	（唐）白居易	233
竹　枝	（五代）孫光憲	233
巫山竹枝二首附	（宋）李　巪	233

全蜀藝文志卷之十九 …… 234

詩 …… 234

　題　詠下 …… 234

　　竹　枝並序 ……（宋）蘇　軾 234

竹枝	(宋)蘇　轍	235
巴女謠	(唐)于　鵠	235
蜀箋	(宋)文彥博	235
萬蝶花	(宋)蘇　轍	235
蜀地海棠	(宋)宋　祁	236
《英》《韶》在前,徒矜《下里》之曲;《風》《雅》未喪,豈繫擊轅之音?不圖綴綺靡之辭,抑將導敦厚之旨耳。海棠雖盛於蜀,人不甚貴。因暇偶成五言百韻律詩一章,四韻詩一章附於卷末。知我者無加焉	(宋)沈　立	236
海棠	(宋)石延年	237
答朱公綽牡丹詩	(宋)宋　祁	238
新繁縣東湖瑞蓮歌	(宋)王　益	238
和	(宋)梅　摯	238
蜀箋二軸獻太傅同年葉兄	(宋)司馬光	239
望日與諸公會於大慈,聞海雲山茶、合江梅花開,遂相邀同賞。雖無歌舞,實有清歡,因成拙詩奉呈	(宋)王　覿	239
蜀花以狀元紅爲第一,金陵東御園紫繡毬爲最	(宋)范成大	239
紫荷車峽山此藥甚多。	前　人	239
錦帶花東南甚珍此花,峽中蔓生山谷。	前　人	239
寶相花	前　人	240
太平瑞聖花	前　人	240
垂絲海棠	前　人	240
十一月十日海雲賞山茶	前　人	240
清明日試新火,作牡丹會蜀人以洛中千葉種爲京花,單葉爲川花。	前　人	240
謝人寄蒙頂新茶	(宋)文　同	240
二色芙蓉	前　人	241
孫知微畫	前　人	241
玉局洞石恪畫天仙四壁	(宋)喻汝礪	241
錦屏山暮景	前　人	241
題中巖	(宋)馮時行	242
題龍巖寺石刻文與可墨竹	(宋)程壬孫	242
同前	(宋)李　新	242
蜀酒歌	(宋)陸　游	242
偶過浣花感舊遊戲作	前　人	243
浣花賞梅	前　人	243
蜀苑賞梅	前　人	243
席上作	前　人	243

故蜀別苑在成都西南十五六里,梅至多。有兩大樹夭矯若龍,相傳謂之梅龍。予初

| 至蜀,嘗爲作詩,自此歲常訪之,今復賦此 | 前　人 | 243 |

綿州録參廳觀姜楚公畫鷹,少陵爲作詩者⋯⋯⋯⋯⋯⋯⋯⋯⋯⋯⋯⋯ 前　人 244

龍　挂 ⋯⋯⋯⋯⋯⋯⋯⋯⋯⋯⋯⋯⋯⋯⋯⋯⋯⋯⋯⋯⋯⋯⋯⋯⋯⋯⋯ 前　人 244

銅馬歌 ⋯⋯⋯⋯⋯⋯⋯⋯⋯⋯⋯⋯⋯⋯⋯⋯⋯⋯⋯⋯⋯⋯⋯⋯ （宋）王　灼 244

張飛刁斗上有八分,飛所書也。⋯⋯⋯⋯⋯⋯⋯⋯⋯⋯⋯⋯⋯ （宋）張士瓌 245

杜　鵑 ⋯⋯⋯⋯⋯⋯⋯⋯⋯⋯⋯⋯⋯⋯⋯⋯⋯⋯⋯⋯⋯⋯⋯⋯ （宋）宋　肇 245

次韻袁升之遊海雲寺鴻慶院山茶之什 ⋯⋯⋯⋯⋯⋯⋯⋯⋯⋯ （宋）蒲　瀛 245

梅林分韻詩有序 ⋯⋯⋯⋯⋯⋯⋯⋯⋯⋯⋯⋯⋯⋯⋯⋯⋯⋯ （宋）馮時行等 245

　得"舊"字 ⋯⋯⋯⋯⋯⋯⋯⋯⋯⋯⋯⋯⋯⋯⋯⋯⋯⋯⋯⋯ （宋）杜謹言 246

　得"時"字 ⋯⋯⋯⋯⋯⋯⋯⋯⋯⋯⋯⋯⋯⋯⋯⋯⋯⋯⋯⋯ （宋）李流謙 246

　得"愛"字 ⋯⋯⋯⋯⋯⋯⋯⋯⋯⋯⋯⋯⋯⋯⋯⋯⋯⋯⋯⋯ （宋）吕及之 246

　得"酒"字 ⋯⋯⋯⋯⋯⋯⋯⋯⋯⋯⋯⋯⋯⋯⋯⋯⋯⋯⋯ （宋）宇文師獻 247

　得"陶"字 ⋯⋯⋯⋯⋯⋯⋯⋯⋯⋯⋯⋯⋯⋯⋯⋯⋯⋯⋯⋯ （宋）楊大光 247

　得"彭"字 ⋯⋯⋯⋯⋯⋯⋯⋯⋯⋯⋯⋯⋯⋯⋯⋯⋯⋯⋯⋯ （宋）于　格 247

　得"澤"字 ⋯⋯⋯⋯⋯⋯⋯⋯⋯⋯⋯⋯⋯⋯⋯⋯⋯⋯⋯⋯ （宋）僧寶印 247

　得"今"字 ⋯⋯⋯⋯⋯⋯⋯⋯⋯⋯⋯⋯⋯⋯⋯⋯⋯⋯⋯⋯ （宋）楊　凱 248

　得"作"字 ⋯⋯⋯⋯⋯⋯⋯⋯⋯⋯⋯⋯⋯⋯⋯⋯⋯⋯⋯⋯ （宋）吕商隱 248

　得"梅"字 ⋯⋯⋯⋯⋯⋯⋯⋯⋯⋯⋯⋯⋯⋯⋯⋯⋯⋯⋯⋯ （宋）馮時行 248

　得"花"字 ⋯⋯⋯⋯⋯⋯⋯⋯⋯⋯⋯⋯⋯⋯⋯⋯⋯⋯⋯⋯ （宋）吕凝之 248

沈黎使君與客飲王建梅林,分韻作詩。過沉犀以詩相示,闕"樹"字,令漢廣補之

　 ⋯⋯⋯⋯⋯⋯⋯⋯⋯⋯⋯⋯⋯⋯⋯⋯⋯⋯⋯⋯⋯⋯⋯⋯⋯ （宋）樊漢廣 249

　得"下"字 ⋯⋯⋯⋯⋯⋯⋯⋯⋯⋯⋯⋯⋯⋯⋯⋯⋯⋯⋯⋯ （宋）施晉卿 249

馮先生訪梅於成都西郊,同遊十五人分韻哦詩,而積不與,翌日先生分"僧"字,屬

　積作之 ⋯⋯⋯⋯⋯⋯⋯⋯⋯⋯⋯⋯⋯⋯⋯⋯⋯⋯⋯⋯⋯⋯ （宋）張　積 249

　得"詩"字 ⋯⋯⋯⋯⋯⋯⋯⋯⋯⋯⋯⋯⋯⋯⋯⋯⋯⋯⋯⋯ （宋）吕宜之 249

賦成都碧雞坊李氏石君事見《成都古今記》中。蓋湖石之最大而奇者,著名舊矣。

　 ⋯⋯⋯⋯⋯⋯⋯⋯⋯⋯⋯⋯⋯⋯⋯⋯⋯⋯⋯⋯⋯⋯⋯⋯⋯ （宋）孫松壽 250

雁　詩 ⋯⋯⋯⋯⋯⋯⋯⋯⋯⋯⋯⋯⋯⋯⋯⋯⋯⋯⋯⋯⋯⋯ （宋）朱　乘 250

彌牟鎮孔明八陣圖詩 ⋯⋯⋯⋯⋯⋯⋯⋯⋯⋯⋯⋯⋯⋯⋯⋯⋯ （宋）王剛中 250

題陳去非王摩詰嘉陵圖 ⋯⋯⋯⋯⋯⋯⋯⋯⋯⋯⋯⋯⋯⋯⋯⋯ （宋）王安中 251

邛州青霞嶂青霞嶂與石城山相連。 ⋯⋯⋯⋯⋯⋯⋯⋯⋯⋯⋯ （宋）張　愈 251

萬安驛 ⋯⋯⋯⋯⋯⋯⋯⋯⋯⋯⋯⋯⋯⋯⋯⋯⋯⋯⋯⋯⋯⋯ （宋）張　縯 251

題柯敬仲畫 ⋯⋯⋯⋯⋯⋯⋯⋯⋯⋯⋯⋯⋯⋯⋯⋯⋯⋯⋯⋯ （元）虞　集 251

題商德符蜀山圖 ⋯⋯⋯⋯⋯⋯⋯⋯⋯⋯⋯⋯⋯⋯⋯⋯⋯⋯⋯⋯ 前　人 252

蜀人鎦夢良效楊補之掀篷圖 ⋯⋯⋯⋯⋯⋯⋯⋯⋯⋯⋯⋯⋯⋯⋯ 前　人 252

題王庶山水 ⋯⋯⋯⋯⋯⋯⋯⋯⋯⋯⋯⋯⋯⋯⋯⋯⋯⋯⋯⋯⋯⋯ 前　人 252

題秋日蜀棠 ⋯⋯⋯⋯⋯⋯⋯⋯⋯⋯⋯⋯⋯⋯⋯⋯⋯⋯⋯⋯⋯⋯ 前　人 252

酒肆	（明）晏鐸	253
詠柳邊驛前棕樹	（明）劉成德	253
毘橋兩渡	（明）盧雍	253
桂湖夜月	前人	253

全蜀藝文志卷之二十 …… 254

詩 …… 254

贈送上 …… 254

別袁昌州	（梁）江總	254
贈薛播州十四首	（隋）楊素	254
送宋休遠之蜀	（唐）張說	255
杜少府之任蜀州	（唐）王勃	255
重別薛升華	前人	256
艷情代郭氏答盧照鄰	（唐）駱賓王	256
送殷大入蜀	（唐）陳子昂	257
送金竟陵入蜀	（唐）崔信明	257
淮南臥病，書懷寄蜀中趙徵君蕤	（唐）李白	257
江上寄巴東故人	前人	257
送友人入蜀	前人	258
送友人內江范崇凱	前人	258
贈兄崇凱	（唐）范元凱	258
寄柏學士林居	（唐）杜甫	258
寄常徵君	前人	259
贈花卿	前人	259
人日寄杜二拾遺	（唐）高適	259
送梓州李使君	（唐）王維	259
送嚴秀才還蜀	前人	259
送大理正攝御史判涼州別駕	（唐）苑咸	260
送姚評事入蜀，各賦一物，得卜肆	（唐）張九齡	260
賦得《青城山歌》送楊、杜二郎中赴蜀軍	（唐）錢起	260
送裴頔侍御使蜀	前人	260
送友人入蜀	前人	260
送張郎中還蜀歌	（唐）盧綸	261
送密秀才吏部駁放後歸蜀	（唐）權德輿	261
成都送嚴十五之江東	前人	261
送人赴黔中	前人	262
送柳侍御裴起居	（唐）武元衡	262

送李正字歸蜀	前　人 262
送溫況遊蜀	前　人 262
送柳震歸蜀	（唐）司空曙 262
送夔州班使者	前　人 263
送崔校書赴梓幕	前　人 263
送龍州樊使君	（唐）許　棠 263
送友人尉蜀中	前　人 263
蜀中將迴留辭韋相公	（唐）歐陽詹 263
奉和淮南李相公《早秋即事》，寄成都武相公	（唐）劉禹錫 264
始至雲安，寄兵部韓侍郎、中書白舍人。二公近曾遠守，故有屬焉	前　人 264
送任侍郎黔中充判官	（唐）劉長卿 264
贈黔府王中丞楚	（唐）孟　郊 265
送蜀客	（唐）張　籍 265
送客遊蜀	前　人 265
貽蜀五首並序	（唐）元　稹 265
病馬詩寄上李尚書	265
李中丞表臣	266
盧評事子蒙	266
張校書元夫	266
韋兵曹臧文	266
贈吳士則	前　人 266
贈薛濤	前　人 267
寄薛濤	前　人 267
送武士曹歸蜀士曹即武中丞兄。	（唐）白居易 267
送蕭處士遊黔南	前　人 267
自京將赴黔南	（唐）竇　鞏 268
送友人遊蜀	（唐）賈　島 268
送朱休歸劍南	前　人 268
送李餘及第歸蜀	前　人 268
送雍陶及第歸成都寧覲	前　人 269
送李評事使蜀	（唐）王　建 269
寄蜀中薛濤校書	前　人 269
送從舅成都丞廣南歸蜀	（唐）李　端 269
送何兆下第還蜀	前　人 269
西蜀送許中庸歸秦赴舉	（唐）陳　羽 270
梓州與溫商夜別	前　人 270
送李餘及第歸蜀	（唐）姚　合 270

送雍陶歸蜀	前 人	270
送林立歸蜀	前 人	271
送任畹及第歸蜀中覲親	前 人	271
送崔珏往西川	（唐）李商隱	271
寄成都高、苗二從事	前 人	271
寄成都高、苗二從事，是時二公從事商隱座主府	前 人	271
送蜀客	（唐）張 祜	271
送人歸蜀	前 人	272
送楊秀才遊蜀	前 人	272
送李長史歸涪州	前 人	272
閩中送任畹端公還京任畹，蜀人。	前 人	272
贈蜀將一首蠻入成都，頻著功勞。	（唐）溫庭筠	273
奉和門下相公《送西川相公兼領相印出鎮全蜀》詩十八韻	（唐）杜 牧	273
送人入蜀	（唐）李 遠	273
賀裴庭裕登第	（唐）李 搏	274
又戲贈裴庭裕	前 人	274
答李搏	（唐）裴庭裕	274
寄王播侍御史求蜀箋	（唐）鮑 溶	274
送馬向遊蜀	（唐）徐 凝	274
旅次遂州遇裴晤員外謫居，因寄	（唐）鄭 谷	275
送夏侯審遊蜀	（唐）耿 湋	275
送李餘及第歸蜀	（唐）朱慶餘	275
送壁州劉使君	前 人	275
將歸蜀，留獻恩地僕射二首	（唐）姚 鵠	275
送李潛歸綿州覲省	前 人	276
寄雍陶先輩	前 人	276
龍州韋郎中先夢六赤，後因打葉子以詩上六赤者，骰子六枚皆四紅也。打葉子，今之紙牌。	（唐）李 洞	276
送東宮賈正字之蜀	前 人	276
送西川梁常侍之新築龍山城並錫賚兩川刺史及部落酋長等	（唐）薛 逢	277
送西川杜司空赴鎮	前 人	277
送人遊蜀	（唐）馬 戴	277
送友人遊蜀	（唐）張 喬	278
蜀中上王尚書	（唐）章孝標	278
送友人歸邛州	（唐）唐 求	278
邛州水亭夜讌送顧非熊之官	前 人	278
贈弟洎	（後唐）韓 浦	278

贈段文昌	（唐）無名氏	279
送李少府之臨邛	（唐）釋無可	279
送杜司馬再遊蜀中	前　人	279
上韋相公	（唐）薛　濤	279
上蜀相周庠	（前蜀）黃崇嘏	280

全蜀藝文志卷之二十一 …………………… 281

詩 …………………… 281
贈　送下 …………………… 281

韓太丞同守成都三首	（宋）范　鎮	281
送鈐轄館使王公	（宋）程　戡	281
程密學知益州	（宋）宋　祁	281
蜀道篇送別府君吳龍圖	（宋）郭祥正	282
贈廣都寓舍賢婦二喻詩	（宋）頓　起	282
上席帥	（宋）喻汝礪	283
送孫正忠臣移成都小漕	（宋）楊天惠	283
送吏部尚書張公帥成都詩並序	（宋）朱　翌	283
贈李戩	（宋）文彥博	285
送錢駕部知邛州	（宋）梅堯臣	286
寄黎眉州	（宋）蘇　軾	286
嘉州寄左綿王虞部	（宋）石　介	286
胭脂板浣花箋寄合州徐文職方	前　人	286
楊山人歸綿竹	（宋）文　同	287
寄彰明任光祿遵聖	前　人	287
金牛相別呈誠之	前　人	287
臨別成都帳飲萬里橋贈譚德稱	（宋）陸　游	288
涪江泛舟送韋班歸京	（唐）杜　甫	288
送朱元晦	（宋）張　栻	288
酬贈王益舜良殿丞	（宋）梅　摯	289
到夔門呈王待制	（宋）李　石	289
送虞伯生使蜀	（元）吳成季	289
代祀西嶽答袁伯長、王繼學、馬伯庸三學士	（元）虞　集	289
家兄孟修父輸賦南還	前　人	290
雪山圖爲劉伯溫監憲賦	前　人	290
賜楊旭員外歸蜀省墓	（明）寒義	290
留別京師諸友	（明）牟　倫	290
寄楊留耕先生	（明）李東陽	291

彭總制濟物西平十詠	（明）侯啓忠 291
寄寄庵子 寄庵子，張鵬也，洪雅人。	（明）李夢陽 292
送吕廣文四川衡聘	前　人 293
送五清先生赴浙江提學歌	（明）何景明 293
送楊殿之朝正	（明）徐文華 294
送田國用鎮撫還蜀	（明）陶　驥 294
正初承陳玉泉代巡，邀飲青羊宫，柬此奉謝	（明）雷　賀 294
元日院中登樓自憇	前　人 294
留别陳玉泉巡按	前　人 295

全蜀藝文志卷之二十二 …… 296

詩 …… 296

雜　賦 …… 296

白頭吟 與《櫂歌》同調。	古　辭五解 296
酬宇文少府贈桃竹書筒	（唐）李　白 296
成都爲客作	（唐）田　澄 297
蜀人爲南蠻俘虜四首	（唐）雍　陶 297
蜀城戰後感事	前　人 297
蜀中經蠻後寄雍陶	（唐）馬　乂 298
獨　愁	（唐）李崇嗣 298
東郊詩	（宋）郭　震 298
資州宴行營回將詩	（唐）羊士諤 298
題鄭處士隱居	（唐）唐　求 299
浣溪女	（宋）陸　游 299
和范舍人永康青城道中作	前　人 299
遊華山張超谷	（宋）魯　交 299
邛州東園晚興	（宋）文　同 300
國朝自建隆至大中祥符七年垂五十載，謝頤素始奏名，甫官太守	（宋）陳逸賞 300
山　居	（宋）張孝祥 300
代祀西嶽至成都作	（元）虞　集 300
大　祀	（明）蹇　義 300
早朝應制	前　人 301
折楊柳	（明）晏　鐸 301
臨　難 一首紀之，以見不挫之志云。	（明）胡子昭 301
大同行	（明）安　磐 301
與蕭紀	（梁）元　帝 302

答元帝	（梁）蕭圓正 302
峨眉老人別子歌	（宋）謝　翱 302
南充紀侯廟	無名氏 302

全蜀藝文志卷之二十三 ………… 303

詩 ………… 303
道　釋附無名石刻二首 ………… 303

峨眉山月歌送蜀僧晏入中京	（唐）李　白 303
贈僧行融	前　人 303
燕子龕禪師	（唐）王　維 303
贈蜀僧閭丘師兄	（唐）杜　甫 304
送僧自吳遊蜀	（唐）盧　綸 304
送少微上人入蜀	前　人 304
送定法師歸蜀	（唐）楊巨源 304
喜鸞公自蜀歸	（唐）李　洞 305
贈龐煉師女人	前　人 305
錦城秋寄懷弘播上人	前　人 305
弔草堂禪師	前　人 305
送僧鸞歸蜀寧親	（唐）張　喬 306
送陰先生歸蜀	（唐）張　籍 306
漫天嶺贈僧	（唐）元　稹 306
訪　仙平都山	（唐）呂洞賓 306
至真觀三言詩	（後唐）杜仁傑 306
臨刑詩	（前蜀）楊　勛 307
僞蜀丁元和詩	307
戲仙亭	（宋）張商英 307
聯句詠小桃源	（宋）龍　旦 308
還丹歌	（前蜀）爾朱先生 308
蘇幕遮紹興間	（宋）韓仙姑 308
夔州羅氏園	無名道士 308
望江南	（清）源真君 308
贈張浚入蜀	（宋）郭　奕 309
閑閑宗師和前韻，期望過當，復用韻以謝	（元）虞　集 309
仁壽寺僧報更生佛祠前生瑞竹，有懷故園	前　人 309
寄青城道士	前　人 310
贈道人簡天碧畫士	前　人 310
重贈簡畫士	前　人 310

張道士蜀山圖	前　人 310
悟空贊三首	（元）趙世延 310
祥符訪張三丰	（明）胡　濙 311
附：無名石刻二首	311
度世古玄歌後周至真觀小蠻橋下抇得石碑。	311
蜀道觀中鑿井得一碑，刻文似賦似贊。有隱士言，是漢時陰真人所著煉丹法，雜著於子玉碑	311

全蜀藝文志卷之二十四 …… 312

詩 …… 312

哀　輓附鬼謠 …… 312

哀嚴鄭公	（唐）杜　甫 312
嚴孝子墓作	（唐）劉　灣 313
賈島墓	（唐）鄭　谷 313
蘇明允輓詩	（宋）歐陽修 313
予昔遊雲臺觀，謁希夷先生陳摶祠堂，緬想其人，今追作此詩	（宋）宋　祁 313
憐制置張珏珏，蜀之健將，與昝萬壽齊名。昝降，張獨不降。行朝擢授制閫，未知得拜命否。蜀雖糜碎，珏竟不降，爲左右所賣，珏覺而逃，被囚入北，不肯屈。後不知何如。	（宋）文天祥 314
輓四川制置使知重慶府張公珏此宋末十忠之一。	（元）劉　壎 314
輓蜀帥張公珏按：蜀夔州路有十五州、三十九縣，重慶府在夔州路，古巴國，秦置巴郡，劉璋爲永寧郡，先主爲巴東郡，唐渝州，又南平郡，宋朝光宗潛邸，升爲府。	（元）劉麟瑞 315
輓綿漢簡州諸公綿、漢、簡，並屬成都府路。綿州，漢廣漢涪縣。先主分立梓潼郡。西魏置潼州，隋改綿州。唐改金山郡、巴西郡，復綿州。宋朝因之。漢州，漢蜀郡分爲廣漢，西漢新都國，宋、齊廣漢郡。後周廢之。唐立漢州，又漢陽軍，復漢州。宋因之。簡州，漢武分蜀郡牘爲郡。西魏置資州，隋置簡州。唐置簡州，又改陽安郡，復爲簡州。宋因之。	前　人 315
輓四川制帥陳公隆之成都十六州、六十一縣。成都府，梁州域，古蜀國。秦置蜀郡，漢曰益州。晉改成都國，宋、齊並益州。唐改成都府，趙宋因之。	前　人 316
弔曹將軍友聞	（宋）安如山 316
張萬戶夫人貞節	（元）貢師泰 317
費烈女吟《明氏實録》	（明）劉　堪 317
弔鄒汝愚卒石城	（明）陳獻章 317
亡弟材同梅山書屋	（明）席　春 317
大司馬梧山李公	（明）徐文華 318
哭張士元有引	（明）安　磐 318
哭毛用成同年有序	前　人 318
鬼　謠	318

全蜀藝文志卷之二十五 …… 320
　詩　餘 …… 320
　　菩薩鬘今本作"蠻"，非。菩薩鬘，驃國舞女髻飾也。 ……（唐）李　白 320
　　憶秦娥 …… 前　人 320
　　清平樂 ……（前蜀）韋　莊 321
　　河　傳 …… 前　人 321
　　　其　二 …… 321
　　女冠子 ……（五代）牛　嶠 321
　　菩薩蠻 …… 前　人 321
　　河瀆神 ……（五代）張　泌 321
　　江城子 …… 前　人 322
　　巫山一段雲 ……（前蜀）毛文錫 322
　　玉樓春避暑摩訶池上作。 ……（後蜀）孟　昶 322
　　臨江仙 ……（五代）牛希濟 322
　　　其　二 …… 322
　　後庭怨建隆中，旭川築城，掘得石刻，蓋唐人語也。 ……（唐）無名氏 323
　　黄鐘樂 ……（前蜀）魏承班 323
　　臨江仙 ……（後蜀）閻　選 323
　　巫山一段雲 ……（前蜀）李　珣 323
　　　其　二 …… 323
　　戚　氏此詞始終指意，言周穆王賓於西王母之事。 ……（宋）蘇　軾 324
　　愁倚欄三榮道上賦 ……（宋）程　垓 324
　　漁家傲彭門道中早起 …… 前　人 324
　　　其　二 …… 325
　　臨江仙合江放舟 …… 前　人 325
　　　其　二 …… 325
　　瑞鷓鴣瑞香 …… 前　人 325
　　好事近資中道上無雙堠感懷作 …… 前　人 325
　　滿江紅浣花因賦 ……（宋）京　鏜 326
　　洞仙歌重九藥市 …… 前　人 326
　　鷓鴣天葭萌驛作。即今之施店。 ……（宋）陸　游 326
　　水龍吟榮南作 …… 前　人 326
　　沁園春三榮橫溪閣小宴 …… 前　人 327
　　木蘭花慢夜登青城山玉華樓 …… 前　人 327
　　蘇武慢唐安西湖，今之崇慶州。 …… 前　人 327
　　蝶戀花離小益作 …… 前　人 328
　　臨江仙離果州作 …… 前　人 328

漢宮春張園賞海棠作。園故蜀燕王宮也。	前　人	328
月上海棠成都城南，有蜀王舊苑，多梅花，皆二百餘年古木。	前　人	328
柳梢青故蜀燕王宮海棠之盛，爲成都第一，今屬張氏。	前　人	329
齊天樂左綿道中	前　人	329
其二三榮人日遊龍洞作		329
桃源憶故人並序	前　人	329
風入松	前　人	330
水龍吟	前　人	330
江月晃重山芳華樓雪	前　人	330
虞美人詠虞美人草	（唐）無名氏	330
虞美人和前題	（宋）黃大輿	331
水調歌頭	（宋）范成大	331
海棠詞	前　人	331
水調歌頭題劍閣	（宋）崔與之	332
賀新郎代妓送太守	（宋）盧申之	332
浣沙溪瑞香	（宋）張孝祥	332
浣沙溪餞鄭憲	前　人	333
賀新郎	（宋）文及翁	333
鳳栖梧題劍門驛	（宋）盧　氏	333
謁金門	（宋）李好義	333
巫山十二峰詞	（元）趙孟頫	334
蘇武謾至正八年夏和虞道園	（元）張伯雨	335

全蜀藝文志卷之二十六 …… 336
　詔策　敕文　敕 …… 336
　　漢先主封張飛策 …… 336
　　封馬超策 …… 336
　　許靖策 …… 336
　　後主告諭伐魏詔 …… 337
　　後主復諸葛亮丞相策 …… 338
　　唐僖宗賜高駢築羅城詔 …… 338
　　王衍試制科策文乾德四年 …… 339
　　孟昶勸農桑詔明德元年十二月 …… 339
　　宋太祖納降蜀主敕 …… 340
　　仁宗賜程琳收獲劫盜逃兵獎諭詔 …… 340
　　仁宗賜王礥父老借留獎諭詔 …… 340
　　仁宗賜程戡修城池獎諭詔 …… 341

仁宗賜張方平父老借留獎諭詔	341
英宗賜趙抃父老借留獎諭詔	342
高宗賜王剛中訓諭詔	342
孝宗賜晁公武獎諭詔	343
孝宗賜范成大獎諭詔	343
孝宗贈蘇軾爲太師敕	344
諭御史大夫丁玉敕洪武	344
又	344
諭參政張紞右參政韓鏞洪武	345

全蜀藝文志卷之二十七 … 346

表　疏　狀 … 346

上漢帝表	（蜀漢）先　主	346
辭先主表	（蜀漢）孟　達	347
臨發漢中上後主疏	（蜀漢）諸葛亮	347
乞伐魏疏	前　人	348
乞立諸葛亮廟表	（蜀漢）習　隆	349
上襲魏疏	（蜀漢）蔣　琬	349
諫後主疏	（蜀漢）譙　周	349
進諸葛氏集表	（晉）陳　壽	350
夔州謝上表爲柏都督。	（唐）杜　甫	351
夔州論利害第一表	（唐）劉禹錫	352
夔州論利害第二表	前　人	352
謝政刑箴表	（唐）韋　皋	353
代李侍郎賀收成都府表	（唐）呂　溫	353
請築羅城表	（唐）高　駢	354
又　表	前　人	354
爲蜀王建草斬陳敬瑄田令孜表	（前蜀）馮　涓	355
上王建疏	前　人	355
上災異疏	（前蜀）李道安	355
賀江神移堰箋	（前蜀）杜光廷	356
王衍降表	（前蜀）李　昊	356
諫用兵疏	（後蜀）田　淳	357
孟昶降表	（後蜀）李　昊	357
奏破施州譚汝翼狀	（宋）林　栗	358
乞褒贈江公望張庭堅等疏	（宋）呂好問	359

全蜀藝文志卷之二十八 ·· 360
　書　箋 ··· 360
　　與王商書 ·· （蜀漢）秦　宓 360
　　與劉璋箋 ·· （蜀漢）法　正 360
　　與諸葛亮書 ··· （蜀漢）馬　良 361
　　獄中與諸葛亮書 ·· （蜀漢）彭　羕 362
　　答張駿勸稱藩書 ·· （晉）李　雄 363
　　再與蕭紀書 ··· （梁）元　帝 363
　　爲人與蜀城父老書二首 ··· （唐）王　勃 363
　　　又 ·· 364
　　爲河東公上西川相國京兆公書 ··· （唐）李商隱 365
　　報坦綽書 ·· （唐）牛　蔚 366
　　上王建求賢書 ·· （前蜀）許　寂 367
　　梁聘書 ·· （後梁）太　祖 367
　　　別　幅 ·· 368
　　蜀答聘書 ·· （前蜀前主）王　建 368
　　　謝信物書 ·· 369
　　奏記王建興用文教 ·· （前蜀）王　鍇 369
　　諫孟昶書 ·· （後蜀）幸寅遜 371
　　與孟昶書 ·· （石晉）高　祖 371
　　蜀主孟昶結河東蠟彈書 ··· 372
　　賀遂寧張舍人啓名震 ·· （宋）晁公遡 372
　　謝魏師鶴山啓 ·· （宋）李　劉 372

全蜀藝文志卷之二十九 ·· 374
　書 ·· 374
　　上蜀帥韓密諫書 ·· （宋）范　鎮 374
　　上田密諫書 ··· （宋）張　俞 375
　　上蜀帥書 ·· 前　人 375
　　答吳職方書 ··· 前　人 376
　　上吳大尹書 ··· （宋）楊天惠 377
　　上制置使書 ··· （宋）黃　源 378
　　上汪制置書 ··· （宋）王　咨 379
　　答李悅之榜雲安尉廳後小堂曰"馮公"書 ··· （宋）馮時行 381
　　上夔漕費達可論調田軍書 ·· （宋）杜東之 381

全蜀藝文志卷之三十 384
  序　志序 384
    《華陽國志》序述 ......（晉）常　璩 384
    唐《成都記》序 ......（唐）盧　求 387
    《蜀檮杌》序 ......（宋）張唐英 390
    《蜀檮杌》後序 ......（宋）陸昭迴 390
    《成都古今集記》序 ......（宋）趙　抃 391
    《成都古今集記》序 ......（宋）范百祿 392
    《華陽國志》後序 ......（宋）呂大防 392
    重刊《華陽國志》序 ......（宋）李　𡐛 393
    《續成都古今集記》序 ......（宋）王剛中 394
    《成都古今丙記》序 ......（宋）范成大 394
    《成都古今丁記》序 ......（宋）胡元質 395
    《成都文類》序 ......（宋）袁說友 395
    《成都志》序 ......（元）費　著 396
    《四川成都志》序 ......（明）彭　韶 396
    序《酆都志目錄》 ......（明）楊孟瑛 397
    《夔州府志》序 ......（明）劉　瑞 398

下　册

全蜀藝文志卷之三十一 399
  序 399
  集　序 399
    《陳氏集》序 ......（唐）盧藏用 399
    《李翰林集》序 ......（唐）魏　顥 400
    《易龍圖》序 ......（宋）陳　摶 401
    《輿地紀勝》序 ......（宋）李　埴 402
    《路史》別序 ......（宋）費　輝 403
    《黃帝素問靈樞集注》序 ......（宋）史　崧 404
    《二江先生文集》序 ......（宋）馬　涓 404
    《王君禮詩集》序 ......（宋）楊天惠 405
    代作集府尹石刻序 ...... 前　人 406
    《鶴山師友雅言》序 ......（宋）游　似 407
    《鶴山師友雅言》序 ......（宋）稅與權 407
    《周易折衷》序 ......（元）趙　采 408
    《運氣新書》序 ......（元）吳　澄 409

《莊子正義》序	前　人 410
《六經補注》序	前　人 410
《事韻擷英》序	前　人 411
《篆書》序	前　人 411
《鶴山雅言》序	（元）魏文彝 411
《釋奠儀注》序	（元）張　翚 412
《草書集韻》序	（明）蜀惠王 412

全蜀藝文志卷之三十二 …………………………………… 414

序下 …………………………………………………………… 414

贈送　遊覽 …………………………………………… 414

入蜀紀行詩序	（唐）王　勃 414
晚秋遊武擔山寺序	前　人 414
綿州北亭群公宴序	前　人 415
宴梓州南亭詩序	（唐）盧照鄰 416
七日綿州泛舟詩序	前　人 416
送遂州紀參軍序	（唐）孫　逖 417
送王侍御赴劍南序	（唐）陶　翰 417
送孟大入蜀序	前　人 417
送張玄武序	（唐）元　結 418
送李彝宰新都序	（唐）任　華 418
送張都督赴嘉州序	（唐）于　邵 419
德政序	（前蜀）鄭　藝 419
送彭學士序 彭名乘，華陽人。	（宋）范　鎮 423
送馮樞密還朝詩序	前　人 423
送益牧王密學朝覲序	（宋）張　俞 424
送趙大資再任成都府詩序	（宋）文　同 425
代送席帥序	（宋）楊天惠 426
送成都席帥序	（宋）王　賞 426
送符制置被召序	（宋）何　耕 427
送牟秉常先生序	（明）周洪謨 428

全蜀藝文志卷之三十三 …………………………………… 430

記甲 …………………………………………………………… 430

南門記 | （唐）張延賞 430
創築羅城記 | （唐）王　徽 430
創築羊馬城記 | （後唐）李　昊 433

城池記	（明）安　磐	436
梓潼移江記	（唐）孫　樵	437
龍多山記	前　人	438
導水記	（宋）吳師孟	439
淘渠記	（宋）席　益	440
後溪記	（宋）李　新	441
梓州中江縣新堤記	（宋）文　同	441
梓州永泰縣重建北橋記	前　人	442
通惠橋記	（宋）袁　輝	443
萬里橋記	（宋）劉光祖	444
駟馬橋記	（宋）京　鏜	445
王公堤記	（宋）韓已百	446
灌縣治水記	（明）盧　翎	446
景川曹侯開道浚川記	（明）陳南賓	447
渠縣重修琅琊四橋記	（明）吳伯通	448
中江縣余嶺新道記	（明）張　翀	449
平蠶頤灘記	（明）安　磐	450
城東新泉記	（明）黃景夔	451

全蜀藝文志卷之三十四 …………………………………………………… 452
　　記乙 ………………………………………………………………… 452

唐興縣客館記	（唐）杜　甫	452
夔州刺史廳壁記	（唐）劉禹錫	453
懷嵩樓記	（唐）李德裕	453
望雪樓記	（唐）鄧　裒	454
益州重修公宇記	（宋）張　詠	455
蜀州重修大廳記	（宋）呂　陶	457
新建備武堂記	前　人	458
銅壺閣記	（宋）吳　拭	459
重修西樓記	（宋）吳師孟	460
錦官樓記	（宋）呂大防	460
辯蘭亭記	前　人	461
分弓亭記	（宋）范　薯	462
籌邊樓記	（宋）陸　游	462
惜陰亭記	（宋）京　鏜	463
都大茶馬司新建簽廳架閣記	（宋）楊天惠	463
轉運司爽西樓記	（宋）李　石	464

鈐轄廳東園記	(宋)李良臣 465
雙流縣令題名記	(宋)楊天惠 466
漢州三賢堂記	(宋)侯午仲 467
新繁縣三賢堂記	(宋)樊汝霖 468
雙流逍遙堂記	(宋)李　燾 469
將相堂記	(宋)閻蒼舒 469
相墨堂記	(宋)何　鏐 470
四賢閣記	(宋)黃庭堅 472
夔州都督府記	(唐)李貽孫 473
制勝樓記	(宋)董　鉞 474
夔州重葺三峽堂記	(宋)宋　肇 475
開濟堂小記	(宋)何耆仲 476
雲安橘官堂記	(宋)李　垣 476
漕司高齋堂記	(宋)費士戣 477
重修鹽亭縣廨宇記	(宋)李　駿 478
巴川社倉記	(宋)度　正 478
長寧重建縣廳記	(明)周洪謨 480
中江重建縣廳記	前　人 480

全蜀藝文志卷之三十五 …… 482

記丙 …… 482

禮殿柱記 …… 482

附：周公禮殿記見史子堅《隸格》 …… 482

益州夫子廟碑記 …… (唐)王　勃 483

大唐益州大都督府新都縣學先聖廟堂碑文並序 …… (唐)楊　炯 488

全蜀藝文志卷之三十六 …… 493

記丁 …… 493

進士題名記	(宋)田　況 493
經史閣記	(宋)呂　陶 493
御書大成殿額記	(宋)席　益 494
府學石經堂圖籍記	前　人 495
石經始末記	(宋)范成大 496
修成都府府學記	(宋)馮時行 497
大成井記	(宋)李　石 498
修學記	(宋)楊　甲 498
新修四齋記	(宋)李　燾 499

重修至聖文宣王廟記	（宋）蒲宗孟 502
重建州學記	（宋）徐粹中 504
補夔州大晟樂記	（宋）張　震 505
黔江修學記	（宋）竇　敷 505
大貢院記	（宋）關耆孫 506
成都贍學田記	（元）羅　壽 507
廟學門記	（元）鮮　瑢 508

全蜀藝文志卷之三十七 ……509

記戊 ……509

黃陵廟記節文	（蜀漢）諸葛亮 509
諸葛武侯廟記	（唐）呂　溫 509
諸葛武侯祠堂記	（唐）裴　度 510
忠武侯祠堂記附	（宋）張　震 512
移建武侯祠記	（宋）王十朋 513
城隍廟記	（唐）段全緯 514
南瀆大江廣源公廟記	（唐）李景讓 514
新修江瀆廟碑記	（宋）蘇德祥 515
郫縣蜀叢帝新廟碑記	（宋）張　俞 517
大禹廟記	（宋）計有功 518
創建有夏皇祖廟記	（宋）張　玠 520
杜宇鼈靈二墳記	（宋）陳　皋 521
靈泉縣聖母堂記	（宋）蘇　恽 521
新繁縣新建靈應廟記	（宋）周良翰 522
神女廟記	（宋）馬永卿 524
丞相平襄侯廟記	（宋）徐閌中 526
重修先主廟記	（宋）任　淵 527
張飛廟記	（宋）安剛中 528
白帝廟辯誣記	（宋）張　珖 529
孝感廟記	（宋）鄭少微 530
南康郡王廟記	（宋）張　縯 531
麋棗堰劉公祠堂記	（宋）何　涉 532
麋棗堰記	（宋）楊　甲 533
忠節廟記	（宋）李　駒 533
文翁祠堂記	（宋）宋　祁 534
學射山仙祠記	（宋）文　同 536
郫縣漢大司空何公祠堂記	（宋）侯　溥 537

范文正公祠堂記	（宋）家安國 538
張忠定公祠堂記	（宋）楊天惠 539
張忠定公祠堂記	（宋）王剛中 540
華陽趙侯祠堂記	（宋）楊天惠 541
韓忠憲公祠堂記	（宋）閻 灝 542
司馬溫公祠堂記	（宋）張行成 543
寇萊公祠堂記	（宋）鄭 銓 544
顔魯公祠堂記	（宋）唐 庚 545
賈浪仙祠堂記	（宋）龔 鼎 546
新建宋丞相魏國張公父子祠堂碑記	（明）楊廷和 546
四川制置安公生祠記	（宋）魏了翁 547
連帥濟南王公生祠記	（宋）陸 游 550

全蜀藝文志卷之三十八 ... 551

記己 ... 551

至真觀記	（隋）辛德源 551
再修大慈寺普賢菩薩記	（唐）韋 皋 553
寶園寺傳授毗尼新疏記	前 人 554
鸚鵡舍利塔記	前 人 556
寶曆寺記	前 人 556
菩提寺置立記	（唐）段文昌 557
資福院記	（唐）李德裕 558
新修福成寺記	（唐）劉禹錫 560
夔州始興寺移鐵像記	前 人 561
汶川縣唐威戎軍製造天土殿記	（唐）元友諒 561
德陽龜勝山道場記	（唐）鄭宗經 562
修玉局觀記	（宋）彭 乘 563
天慶觀五嶽真君殿記	前 人 565
金繩院記	（宋）楊 億 566
覺城禪院記	（宋）王 曙 567
聞思三法資修記	（宋）晁 迥 568
重修昭覺寺記	（宋）李 畋 569
崇道觀道藏記	（宋）范 鎮 571
四菩薩閣記	（宋）蘇 軾 573
大聖慈寺大悲圓通閣記	前 人 573
金堂縣慶善院大悲閣記	（宋）黃庭堅 574
邛州鳳凰山新禪院記	（宋）文 同 575

新建五符幢記	前　人	576
茂州汶川縣勝因院記	前　人	578
聖興寺護净門屋記	（宋）李大臨	578
壽寧院記	（宋）侯　溥	579
靈泉縣瑞應院祈雨記	前　人	580
大中祥符禪院記	（宋）吳師孟	581
嘉祐禪院記	（宋）馮　京	582
天寧寺轉輪藏記	（宋）吳　拭	582
利州綿谷縣羊摸谷仙洞記	（宋）文　同	583
朱真人石洞記	（宋）鄒敦仁	584
温江龍興寺無盡圓通會記	（宋）胡叔豹	584
金繩院五百羅漢記	（宋）姜如晦	585
新繁縣朱真人祠堂記	（宋）劉光祖	587
報恩寺佛牙樓記	（宋）馬永卿	588
峨眉山普光殿記	（明）蜀懷王	589

全蜀藝文志卷之三十九 …… 591
　記庚 …… 591

墨池準易堂記	（宋）何　涉	591
揚子雲宅辯碑記	（宋）高惟幾	592
漢州莊真君卜臺記	（宋）郭　印	593
李太白故宅記	（宋）楊　遂	593
杜工部草堂記	（宋）趙次公	595
重修杜工部草堂記附	（明）楊廷和	595
修夔州東屯少陵故居記	（宋）于　奐	596
淵樂堂記	（宋）楊天惠	597
合江園記	（宋）蔡　迨	598
勾氏盤溪記	（宋）李　石	599
盤溪記	（宋）范仲芑	600
望岷亭記	（宋）張　俞	600
合江亭記	（宋）呂大防	601
逸心亭記	（宋）章　詧	601
少休亭記	（宋）劉　涇	602
待鶴亭記	（宋）李流謙	602
劍州重陽亭記	（宋）吳師孟	604
劍州再建重陽亭記附	（明）康　海	604
漱玉巖記	（宋）喻汝礪	605

全蜀藝文志卷之四十 ········· 607
記辛 ········· 607
唐故翰林學士李君碣記 ········· （唐）劉全白 607
古柏記 ········· （宋）田　況 607
王稚子石闕記 ········· （宋）劉　涇 608
新繁古楠木記 ········· （宋）蒲咸臨 608
遊浣花記 ········· （宋）任正一 608
八陣圖記 ········· （宋）劉　昉 610
朐忍記 ········· （宋）李　燾 610
金魚堡記出皇華洲古碑 ········· （宋）安原白 611
嘯臺磨崖記 ········· （宋）李　燾 612
砌街記 ········· （宋）范　蓍 612
彭州胡氏三遇異人記 ········· （宋）文　同 613
西岷保障圖記 ········· （明）周洪謨 614

全蜀藝文志卷之四十一 ········· 615
記壬 ········· 615
前益州五長史真記 ········· （唐）李德裕 615
張益州畫像記 ········· （宋）蘇　洵 615
載酒亭群公畫像記 ········· （宋）范　鎮 616
大聖慈寺畫記 ········· （宋）李之純 617
楞嚴院畫六祖記 ········· （宋）文　同 618
彭州張氏畫記 ········· 前　人 618
文與可畫簀簹谷偃竹記 ········· （宋）蘇　軾 619
文湖州竹記 ········· （宋）呂元鈞 620
徙文湖州木石畫壁記 ········· （宋）楊天惠 620
莫侯畫像記 ········· 前　人 621
焦夫子碑記 ········· （宋）周　表 621
左右生圖記 ········· （宋）李　石 622
唐吳道子畫聖像記 ········· （元）尚佐均 623

全蜀藝文志卷之四十二 ········· 624
記癸 ········· 624
成都古寺名筆記 ········· （宋）范成大 624
蜀名畫記 ········· （元）費　著 627

全蜀藝文志卷之四十三 ……………………………………………………… 631

檄 難 牒 …………………………………………………………………… 631

諭巴蜀檄 ……………………………………………（漢）司馬相如 631

露布天下並班告益州文 …………………………（三國）魏明帝 632

檄蜀文 ………………………………………………（魏）鍾　會 632

爲東海王討成都王檄文 ……………………………（晉）孫　惠 634

爲郗鑒作檄李勢文 …………………………………（晉）庾　闡 634

數陳敬瑄十罪檄 ……………………………………（唐）楊師立 634

擬韋皋破吐蕃露布 …………………………………（宋）王應麟 636

代成都帥檄 …………………………………………（宋）邵　博 637

難蜀父老 ……………………………………………（漢）司馬相如 638

對蜀父老問 …………………………………………（唐）盧照鄰 639

回雲南牒 ……………………………………………（唐）高　駢 641

又 ……………………………………………………（唐）胡　曾 643

全蜀藝文志卷之四十四 ……………………………………………………… 646

箴 銘 贊 …………………………………………………………………… 646

益州牧箴 ……………………………………………（漢）揚　雄 646

官　箴 ……………………………………………（後蜀後主）孟　昶 646

講堂箴並序 …………………………………………（宋）韓　絳 646

觀政閣箴並序 ………………………………………（宋）呂大防 648

座右銘 ………………………………………………（宋）莊　遵 648

劍閣銘 ………………………………………………（宋）張　載 649

梓州惠義寺重閣銘並序 ……………………………（宋）楊　炯 649

三教銘 ………………………………………………（唐）張　說 650

棧道銘並序 …………………………………………（唐）歐陽詹 651

梓州兜率寺文塚銘並序 ……………………………（唐）劉　蛻 652

卜肆銘 ………………………………………………（唐）陸龜蒙 654

劍州重陽亭銘並序 …………………………………（唐）李商隱 654

鏡　銘 ……………………………………………（前蜀後主）王宗衍 655

蒙軒銘 ………………………………………………（宋）趙　抃 655

石室銘並序 …………………………………………（宋）宋右仁 656

金堂南山泉銘並序 …………………………………（宋）蒲國寶 656

月巖銘 ………………………………………………（宋）冉木震 657

丞相張公祠堂銘並序 ………………………………（宋）田　楸 657

有斐閣銘 ……………………………………………（宋）王　賞 658

泮宮達泉銘並序 ……………………………………（宋）柳夢弼 658

魚復扞關銘並序	（宋）李　垕 659
主一齋銘	（宋）張　栻 661
鏡硯銘	（宋）黃庭堅 661
古硯銘並序	（宋）唐　庚 662
泮池銘	（明）黃景夔 662
移建離堆山伏龍觀銘並序	（明）馮　伉 662
石室贊	（宋）鄭藏休 663
張尚書寫真贊	（宋）田　況 664
前　贊	664
後　贊	664
府學文翁畫像十贊	（宋）宋　祁 664
漢蜀郡太守廬江文公贊	665
司馬相如安長卿贊	665
王褒字子淵贊	665
莊遵字君平贊	665
張寬贊	665
李仲元贊	665
何武字君公贊	666
揚雄字子雲贊	666
後漢蜀郡太守高眹贊	666
宋蔣堂字希魯贊	666
蜀三賢畫像贊	（宋）張　俞 666
楊子雲	666
莊君平	667
李仲元	667
御製蘇軾贊並序	（宋）孝宗 667
張丰仙像贊	（明）蜀惠王 667
宋朝議大夫黎公錞贊	（明）吳　薦 668
宋右正言節愍張公庭堅贊	前　人 668
宋宣教郎畏齋游公桂贊	前　人 668
宋少保忠定安公丙贊	前　人 668
自贊	（明）吳伯通 669
益部方物贊	（宋）宋　祁 669
綠菜贊 石刻在蘆山縣古廟中。	（宋）黃庭堅 675

全蜀藝文志卷之四十五 …… 676
　頌 …… 676

浮屠頌並序	（唐）閻丘均 676
重宣此義而作頌云	（唐）李　巡 676
續爲頌	（唐）釋履空 677
至道聖德頌並序	（宋）劉　錫 677
默庵頌	（宋）宋　祁 680
解禪頌並序	（宋）司馬光 680
成都府學講堂頌並序	（宋）張　俞 680
西園圓通頌並序	（宋）趙　抃 681
和	（宋）周直孺 682
和	（宋）吳師孟 682
和	（宋）侯　溥 682
嘉祐油水頌	（宋）蘇　軾 683
贈成都六祖沙彌文信頌	（宋）黃庭堅 683
溫江縣二瑞頌並序	（宋）楊天惠 683
寂照庵頌	（宋）張　浚 684
紹興聖德頌並序	（宋）宇文仕 684
問道堂頌	（宋）盧　瑢 685
如是觀頌	前　人 685

全蜀藝文志卷之四十六 …… 686

碑　文上 …… 686

漢故領校巴郡太守樊府君碑	686
諸葛故壘立碣文	（晉）李　興 688
益州德陽縣善寂寺碑	（唐）王　勃 689
梓州郪縣兜率寺浮圖碑	前　人 692
梓州郪縣靈瑞寺浮圖碑	前　人 694
梓州玄武縣福會寺碑	前　人 696
梓州通泉縣惠普寺碑	前　人 699
彭州九隴縣龍懷寺碑	前　人 701

全蜀藝文志卷之四十七 …… 705

碑　文下 …… 705

唐左拾遺翰林學士李公新墓碑並序	（唐）范傳正 705
梓州射洪縣武東山陳居士碑	（唐）陳子昂 707
奉議郎張君説墓誌銘	（宋）無名氏 709
敷文閣學士通奉大夫致仕贈少師李文簡公神道碑	（宋）周必大 711
塗山古碑	（元）貫　元 719

賜修蜀堰碑 ··· （元）揭傒斯 720
　　廣祐英惠王父子碑銘 ··· （元）無名氏 723

全蜀藝文志卷之四十八 ··· 725
　論 説 辯 考 述 議 ··· 725
　　四子講德論 ··· （漢）王　褒 725
　　蜀山氏紀論 ··· （宋）羅　泌 728
　　八陣論 ··· （宋）李昭玘 731
　　八陣圖説 ··· （宋）范　蓀 734
　　五運六氣論 ··· （宋）王　炎 735
　　封建論 ··· （明）柳　稷 737
　　杜宇鱉令辨 ··· （宋）羅　泌 738
　　巴國考 ··· （宋）王象之 739
　　蜀國考 ··· 前　人 739
　　四川風俗形勝考 ··· 前　人 740
　　蜀山考 ··· 前　人 741
　　蜀水考 ··· 前　人 742
　　山川形勝述附 ··· （明）彭　韶 743
　　成都周公禮殿聖賢圖考 ··· （元）費　著 743
　　楊祖識謚議 ··· （宋）游　桂 745

全蜀藝文志卷之四十九 ··· 746
　雜　著一 ··· 746
　　文教詞語 ··· 746
　　即位告天文 ··· （蜀漢）先　主 746
　　與群下教 ··· （蜀漢）諸葛亮 746
　　諸葛武侯廟古柏文 ··· （唐）段文昌 747
　　誡子元膺文 ··· （前蜀）王　建 747
　　下蜀國教 ··· （後蜀）孟知祥 747
　　錄民詞按：此爲張忠定公詠作。 ····································· （宋）阮昌齡 748
　　錄二叟語 ··· （宋）何　耕 749

全蜀藝文志卷之五十 ··· 751
　雜　著二 ··· 751
　　弔文　誄　哀辭　祭文 ··· 751
　　弔紀信文 ··· （唐）盧藏用 751
　　白雲先生張少愚誄 ··· （宋）蒲　芝 751

樂善郭先生誄	(宋)楊天惠 752
房季文誄	前　人 753
寧　魂	(宋)張商英 754
祭王岐公文	(宋)范　鎮 756
祭李舍人文大臨	前　人 756
祭范蜀公文	(宋)蘇　軾 756
祭范蜀公文	(宋)苏　辙 757
代趙端明祭范蜀公文	(宋)馮　山 757
代許內翰祭李待制文	前　人 758
祭寶月大師宗兄文	(宋)蘇　轍 758
祭白帝廟文	(宋)何逢原 759
祭漢昭烈皇帝文	(明)蜀獻王 759
祭杜子美文	前　人 759
祭韞玉山文	前　人 760

全蜀藝文志卷之五十一 …… 761

雜　著三 …… 761

世家　傳 …… 761

黃楚望先生世家	(元)趙　汸 761
史母程氏傳	(元)袁　桷 768
皇明平蜀傳	(明)□　彝 769
韓娥傳	(明)劉惟德 770
清風先生傳	前　人 771

全蜀藝文志卷之五十二 …… 772

宋王象之輿地紀勝碑目 …… 772

成都府碑記	(宋)王象之 772
崇慶府碑記	774
眉州碑記	774
簡州碑記	775
嘉定府碑記	775
雅州碑記	776
威州碑記	777
茂州碑記	777
隆州碑記	777
永康軍碑記	778
石泉軍碑記缺	779

瀘州碑記	779
潼川府碑記	780
遂寧府碑記	781
順慶府碑記	781
資州碑記	782
普州碑記	783
合州碑記	783
榮州碑記	784
昌州碑記	785
渠州碑記	785
叙州碑記	786
懷安軍碑記	786
廣安軍碑記	787
長寧軍記錄文	787
富順監碑記	788
夔州碑記	788
開州碑記	789
施州碑記	789
達州碑記	790
忠州碑記	790
涪州碑記	791
重慶府碑記	792
黔州碑記	792
萬州碑記	792
梁山軍碑目	793
南平軍碑記	794
大寧監碑記	794
雲安軍碑記	795
興元府碑記	795
利州碑記	796
閬州碑記	796
隆慶府碑記	797
巴州碑記	798
蓬州碑記	800
附：金州碑記	801
大安軍碑記	801
劍門關碑記	802

龍州碑記 802

全蜀藝文志卷之五十三 803
譜 803
　氏族譜 .... （宋）羅 泌 803
　氏族譜一 .... （元）費 著 806
　　吳 氏 806
　　范 氏 806
　　郭 氏 807
　　李 氏 808
　　張 氏 809
　　宋 氏 809
　　勾 氏 810
　　常 氏 811
　　房 氏 811
　　呂 氏 812

全蜀藝文志卷之五十四 813
譜 813
　氏族譜二 .... （元）費 著 813
　　杜 氏 813
　　宇文氏 813
　　北劉氏 814
　　南劉氏 815
　　北郭氏 815
　　楊 氏 816
　　城南郭氏 816
　　施 氏 816
　　楊 氏 817

全蜀藝文志卷之五十五 818
譜 818
　氏族譜三 .... （元）費 著 818
　　郫縣何氏 818
　　王 氏 818
　　邵 氏 819
　　申 氏 819

詹　氏	819
張　氏	819
王　氏	820
楊　氏	820
張　氏	820
文　氏	820
新繁彭氏	820
周　氏	821
雙流宋氏	821
鄧　氏	822
張　氏	822
張　氏	823
郭　氏	823
梁　氏	823
李　氏	823
廣都費氏	824
馬　氏	825
張　氏	825
温江文氏	825
袁　氏	825
蹇　氏	825
新都沈氏	826

全蜀藝文志卷之五十六 ……827

譜 ……827
- 器物譜 ……（元）費　著　827
- 箋紙譜 ……前　人　833
- 蜀錦譜 ……前　人　834
- 紀錦裙附録 ……（唐）陸龜蒙　836
- 天彭牡丹譜 ……（宋）陸　游　837
  - 花品序第一 ……837
  - 花釋名第二 ……838
  - 風俗記第三 ……839
- 牡丹譜 ……（宋）胡元質　840
- 海棠記序 ……（宋）沈　立　841
- 海棠記 ……前　人　841
- 糖霜譜 ……（宋）洪　邁　842

全蜀藝文志卷之五十七 ·············· 843
譜 ······································· 843
錢幣譜 ······························· （元）費　著 843
楮幣譜 ······························· 前　人 845

全蜀藝文志卷之五十八 ·············· 848
譜 ······································· 848
歲華紀麗譜 ···························· （元）費　著 848

全蜀藝文志卷之五十九 ·············· 852
跋 ······································· 852
石經跋 ······························· （宋）胡元質 852
又 ································· （宋）張　縯 852
又 ································· （宋）宇文紹奕 853
漢巴郡太守樊君碑跋 ·················· （宋）趙明誠 854
樊敏碑跋 ····························· （宋）丘　常 855
樊敏碑跋 ····························· （宋）程　勤 855
跋蘆山縣樊敏碑 ······················ （明）李一本 856
何君閣道碑跋 ························· （宋）洪　适 856
唐夔州都督府記跋會昌五年 ············ （宋）歐陽修 857
後漢文翁石柱記跋 ····················· 前　人 857
後漢文翁學生題名跋 ··················· 前　人 857
跋漢巴官鐵量銘此盆色類丹砂。魯直石刻云："其一曰秦刀,'巴官三百五十戌,永平七年第二十七酉。'余紹興庚午歲親見之,今在巫山縣治。韓暉仲云。" ············ （宋）趙明誠 857
漢王稚子闕銘跋 ······················· 前　人 858
唐益州學館廟堂記跋 ··················· 前　人 858
漢車騎將軍馮緄碑跋碑在宕渠 ··········· 前　人 858
漢周公禮殿記跋 ······················· 前　人 859
漢馮使君墓闕銘跋 ····················· 前　人 859
跋東坡先生書 ························· （宋）王安中 860
題東坡字後 ··························· （宋）黃庭堅 860
題東坡墨迹 ··························· 前　人 860
跋古柏圖 ····························· （宋）陸　游 861
跋中和院東坡帖 ······················· 前　人 861
跋陵陽先生詩草 ······················· 前　人 861
跋東坡問疾帖 ························· 前　人 861

跋東坡詩草	前　　人 861
跋三蘇遺文	前　　人 862
跋東坡書髓	前　　人 862
跋闕著作行記	前　　人 862
跋先氏書巖	（元）虞　集 862
跋先氏書巖	（元）謝　端 863
跋宋太史楹銘	（明）蜀獻王 863
跋鮮于樞書諸葛表後	前　　人 863
跋釣魚城志後	（明）鄢　智 863
牟女打虎賦跋榮縣	（明）魏　瀚 864

全蜀藝文志卷之六十 …… 865
赤　牘 …… 865
　與周益州書周撫爲益州刺史，在永和三年。凡八則。…… （晉）王羲之 865
　與謝安書法帖不載，蜀中舊有石刻。…… 前　　人 866
　與某帖 …… （晉）王獻之 866
　與蕭紀書 …… （梁）元　帝 866
　與孫叔靜簡 …… （宋）蘇　軾 866
　答蜀僧幾演 …… 前　　人 867
　與巢元修 …… 前　　人 867
　答佛印禪師 …… 前　　人 867
　重答佛印 …… 前　　人 867
　與家復禮復禮眉州人 …… 前　　人 868
　黔中與人簡 …… （宋）黄庭堅 868
　答唐彥道 …… 前　　人 868
　答從聖使君 …… 前　　人 868
　與曹使君伯達 …… 前　　人 868
　黔中與人帖十五則，升庵臨。…… 前　　人 869

全蜀藝文志卷之六十一 …… 871
行　紀 …… 871
　入蜀記 …… （宋）陸　游 871

全蜀藝文志卷之六十二 …… 877
行　紀 …… 877
　吳船録 …… （宋）范成大 877

全蜀藝文志卷之六十三 882
行　紀 882
峨眉山行紀 ...... （宋）范成大 882

全蜀藝文志卷之六十四 888
行紀　題名鈴記、簡版附 888
胸脧縣鈴記 ...... （漢）扶　嘉 888
流江縣紀功題名 ...... （蜀漢）張　飛 888
新都縣真多山題名 888
鶴鳴山銘記李膺《益州記》 888
眉山象耳山題名舊有石刻，今亡。 ...... （唐）李　白 889
渠州冲相寺題名 ...... （唐）崔　塗 889
赤水縣龍多山唐人刻字在今合州 889
流溪縣鐵冠仙人鈴記 889
黎州西林寺壁間題 889
摩圍山唐人石刻土人謂天曰"圍"。 889
嘉州舊市鎮石闕九字 ...... （唐）李德裕 890
峨眉山普賢殿簡版 ...... （宋）太　宗 890
閬中台星巖題名 ...... （宋）司馬池 890
下巖行記 ...... （宋）蘇　軾 890
香山寺行記 ...... （宋）黃庭堅 890
卧龍行記 ...... 前　人 890
石笋上行記 ...... 前　人 891
卧龍行記 ...... （宋）劉均國 891
龍脊灘留題 ...... （宋）馮時行 891
香積院行記 ...... （宋）蔡　懌 892
祥雲寺行記 ...... （宋）劉　昉 892
報恩寺行記 ...... （宋）唐文若 892
卧龍行記 ...... （宋）王十朋 892
瞿唐關行記 ...... （宋）關耆孫 893
曲水留題 ...... （宋）李　燾 893
三峽堂行記 ...... （宋）呂商隱 893
侍郎閻公運使張公同遊卧龍紀行 ...... （宋）閻蒼舒 894
高齋題灩澦水則 ...... （宋）成　鏞 894
古書巖留題 ...... （宋）楊　輔 894
紀　異 ...... （宋）單　夔 894
州學留題 ...... 前　人 895

卧龍行紀 …………………………………………（宋）李　塾 895
　　江月亭留題 ………………………………………（宋）何　異 895
　　卧龍紀行 …………………………………………（宋）黄人傑 896

引用書目 ……………………………………………………………… 897
　　經　部 ……………………………………………………………… 897
　　史　部 ……………………………………………………………… 897
　　子　部 ……………………………………………………………… 900
　　集　部 ……………………………………………………………… 902

全蜀藝文志卷之一

賦一

蜀都賦

（漢）揚　雄

蜀都之地，古曰梁州，禹治其江。渟皋彌望，鬱乎青葱，沃野千里。上稽乾度，則井絡儲精；下按地紀，則坤宮奠位。東有巴賨，綿亘百濮。銅梁金堂，火井龍湫。其中則有玉石嶜岑，丹青玲瓏，邛節桃枝，石鱣水螭。南則有犍牂潛夷，昆明峨眉。絶限峋嶁，嵁巖亶翔。靈山揭其右，離堆被其東。於近則有瑕英菌芝，玉石江珠。於遠則有銀鉛錫碧，馬犀象僰。西有鹽泉鐵冶，橘林銅陵，邛連盧池，澹漫波淪。其旁則有期牛兕旄，金馬碧鷄。北則有岷山，外羗白馬。獸則麢羊野麋，羆犛貘貒，麏麇鹿麝，戶豹熊黄，獅胡蛫獲①，猿蝙蠷猱②，猶豰畢方。

爾乃衆山隱天，岎嶮迴叢，增巘重崒。坫石巇崔，投嵔崥塊，霜雪終夏。叩巖岭嶙，崇隆臨柴，諸徼嵬屼，五屼參差，湳山巖巖，觀山岑巖③，龍陽累峞。灌滎交倚，嶊崒崛崎。集嶮脇施，形精出偈，堪巇隱倚。彭門嶋岘，峒嶁碣岣，方彼碑池。嘶岬輙屛，礫乎岳岳，北屬崑崙泰極。

涌泉醴④，凝水流津，漉集成川。於是乎則左沈犁，右羗庭。漆水浮其匈，都江漂其涇。乃溢乎通溝，洪濤溶洗⑤，千溪萬谷，合流逆折，泌瀞乎爭降。湖潛排碣，反波

---

① 蛫：原作"雖"，據萬曆本、朱本改。按：《史記·司馬相如傳》引《上林賦》亦作"蛫"。此賦叙"獅胡"以下諸獸，多本《上林賦》。《説文》："蛫，如母猴，卬鼻長尾。"又云："雖，似蜥蜴而大。"此處獅胡、蛫、獲皆猿猴之屬，作"雖"則非其類，當以"蛫"爲是。
② 蠷猱：原作"獲猱"，據《史記·司馬相如傳》引《上林賦》改。前已有"獲"，不應重出。蠷，或作"蠼"。《説文》："蠼，禺屬"，"禺，母猴屬。"
③ 山：庫本及《古文苑》卷四、明鄭樸所編《揚子雲集》卷五録此賦均作"上"，似較勝。"觀上"謂觀坂（在都江堰旁）之上。
④ 涌泉醴：此句疑有脱字。
⑤ 洗：《古文苑》作"沈"。

逆濞,礫石洌巁。紛莈周溥,旋溺冤綏。頹慚博岸①,敵呷萃瀨。磴巖樘汾②,忽溶閎沛。逾宨出限,連混陁隧。鈤釘鐘涌,聲謹薄泙③。龍歷豐隆,潛潛延延④。雷抶電擊⑤,鴻康溢速⑥。遠乎長喻,馳山下卒。湍降疾流,分川並注,合乎江州。

於木則梗櫟,豫章樹榜,欅櫨櫸柙⑦,青稚雕梓,枌梧櫃櫪,槭楢木櫻⑧。朳信楫叢,俊幹湊集。柅㯽柣楬⑨,圯沈樘椅。從風推參,循崖撮捼。涇淫溶溶⑩,繽紛幼麈。泛閬野望,芒芒菲菲。

其竹則鐘龍笎箈,野篠紛邑,宗生族攢。俊茂豐美,洪溶岺葦。紛揚搔翕⑪,柯與風披⑫,夾江緣山,尋卒而起。結根才業⑬,填衍迴野。若此者,方乎數十百里。

於泛則汪汪漾漾⑭,積土崇堤。其淺濕則生蒼葭蔣蒲⑮,藿芧青蘋,草葉蓮藕,茱華菱根。其中則有翡翠鴛鴦,梟鸐鶬鷺,霍鴨鸇鵝⑯。其深則有猵獺沈鱓,水豹蛟蛇,黿鱣鼇黽,眾鱗鰛鱸。

爾乃其都門二九,四百餘閒。兩江珥其市,九橋帶其流。武擔鎮都,刻削成蒇。王基既夷,蜀侯尚叢。邛籠石屛⑰,岼岑倚從。秦漢之徙,元以山東⑱。是以隤山厥

---

① 慚:嚴可均《全漢文》卷五一作"嘶"。
② 樘:萬曆本、庫本、朱本、鄒本並作"撑"。汾:原作"汾汾",據《全漢文》刪。
③ 泙:原作"萍",萬曆以下各本作"泙",《古文苑》同,據改。
④ 潛潛:各本"潛"字不重,據《古文苑》補。
⑤ 抶:原作"扶",據《古文苑》改。
⑥ 溢:原作"濫",據朱本改。速:原作"遠",據《古文苑》改。《說文》新附:"溢,奄忽也。"故與"速"義同連用。
⑦ 櫸:原作"禪",據朱本、鄒本改。
⑧ 櫻:原作"稷",據庫本、朱本、鄒本改。
⑨ 㯽:原無,據《古文苑》補。
⑩ 溶溶:原不重,據《古文苑》補。
⑪ 翕:原作"合",據《古文苑》改。
⑫ 與:原作"興",據《古文苑》改。又《古文苑》此句作"與風披拖"。
⑬ 業:萬曆本、朱本、鄒本作"葉"。
⑭ 汪汪:原作"注注",據萬曆以下各本改。
⑮ 蔣:原作"荇",據萬曆以下各本及《古文苑》改。
⑯ 霍:朱本、鄒本作"鶴"。
⑰ 邛籠:《古文苑》作"併石"。章樵注引《後漢書·西南夷傳》:"汶山郡眾邑皆依山居止,累石爲室,高者至十餘丈,爲邛籠。"章樵之意謂"併石"即累石爲邛籠。楊慎蓋據此改"併石"爲"邛籠"。
⑱ 元:《文選·魏都賦》劉逵注引作"充",較勝。

饒，水貢其獲。苴竹浮流，龜鼈磧石，□蝎相救①，魚酌不收。鶑鷜鴒鶈，風胎雨㲉，衆物駭目，單不知所禦②。

爾乃其䔯③，羅諸圃㽝，緣畛黃甘，諸柘柿桃，杏李枇杷，杜梬栗椋，棠梨離支。雜以梃橙，被以櫻梅，樹以木蘭。扶林禽，爗般關。旁支何若，英絡其間。春杌楊柳，裹弱蟬秒，扶施連卷。柜猱蟷蛦，子䮂呼焉。

爾乃五穀馮戎，瓜瓝饒多。卉以部麻，往往薑梔。附子巨蒜，木艾椒蘺。蒟醬酴清，衆獻儲斯。盛冬育笋，舊菜增伽。百華投春，隆隱芬芳。蔓茗熒郁，翠紫青黃。麗靡螭燭④，若揮錦布繡，望芒兮無幅。

爾乃其人自造奇錦，紃繏縰繽，縿緣盧中。發文揚采，轉代無窮。其布則細都弱折，綿繭成衽。阿麗纖靡，避晏與陰。蜘蛛作絲，不可見風。箭中黃潤，一端數金。雕鏤釦器⑤，百伎千工。東西鱗集，南北並湊，馳逐相逢。周流往來，方轅齊轂。隱軫幽輯，埃敳塵拂。萬端異類，崇戎總濃。般旋闛齊喈楚⑥，而喉不感慨。萬物更湊，四時迭代。彼不折貨，我罔之械。財用饒贍，蓄積備具。

若夫慈孫孝子，宗厥祖禰，鬼神祭祀，練時選日，瀝豫齊戒。襲明衣⑦，表玄縠。儷吉日，異清濁。合疏明，綏離旅。乃使有伊之徒，調夫五味。甘甜之和，勺藥之羹。江東鮐鮑，隴西牛羊。糴米肥豬，麈麎不行。鴻狹馵乳，獨竹孤鶬。炮鴞被紕之胎，山麢髓腦，水遊之腴。蜂豚應雁，被鴆晨鳬。毃鷞初乳，山鶴既交。春羔秋貙，鱠鮫龜肴。秋田孺鷖，形不及勞。五肉七菜，朦獣腥臊。可以練神養血脉者⑧，莫不畢陳⑨。

爾乃其俗，迎春送冬⑩。百金之家，千金之公，乾池泄澳，觀魚於江。若其吉日嘉會，期於送春之陰，迎夏之陽。侯、羅、司馬、郭、范、晶、楊，置酒乎滎川之閑宅，設坐乎華都之高堂。延帷揚幕，接帳連岡。衆器雕琢，早刻將皇⑪。朱緑之畫，邠盼麗光。龍蛇蜿蜷錯其中，禽獸奇偉髦山林。昔天地降生杜鄠密促之君，則荆上亡尸之相，

---

① "龜鼈"二句：原作"龜鼈磧竹石蝎相救"，庫本刪"竹"字。按：以上三句，《古文苑》作"苴竹浮流龜鼈，竹石蝎相救"。章樵注："上文已有竹，不應舉竹石，疑是合爲'若'字。杜若，香草。蝎，蠚蟲。二者藥材，柔猛之性相濟，舉細微以見百物富羨。"譚校及鄒本據此改"竹石"作"若"（原注："一作石"）。按：此三句當有誤，章説亦似牽強。《藝文類聚》卷六一節録此賦有"苴竹浮流，龜鼈磧石"二句，姑據改。又"石"字既屬上句，則"蝎"上當脱一字。

② 知：原脱，據萬曆以下各本補。

③ 䔯：原作"裸"，據萬曆本、朱本、鄒本改。

④ 螭：原作"蠄"，據庫本及《古文苑》改。

⑤ 釦：原作"鉛"，《藝文類聚》亦作"鉛"，據萬曆本、朱本及《古文苑》改。

⑥ 此句疑有脱誤。

⑦ 襲：原作"龍"，據庫本、鄒本改。

⑧ 脉：原作"腄"，據《北堂書鈔》卷一四二改。

⑨ 陳：原脱，據萬曆以下各本及《古文苑》補。

⑩ 冬：原作"於"，據《古文苑》改。按："冬"與下"公""江"協韻。

⑪ 皇：原作"星"，據《古文苑》改。

厥女作歌，是以其聲呼吟靖領。激呦喝啾，户音六成。行夏低徊，胥徒入冥。及廟嚌吟，諸連單情。舞曲轉節，蹢躞應聲。其佚則接芬錯芳，襜袿纖延。蹢淒秋，發陽春。羅儒吟，吳公連。眺朱顔，離絳唇。眇眇之態，吚嘁出焉。若其遊息魚弋①，邵公之徒，相與如平陽，瀕巨沼②。羅車百乘，期會投宿。觀者方堤，行船競逐。偃衍撇曳，綿索恍惚。羅畏彌澥③，蔓蔓汋汋。龍睢睊兮眾布列，枚孤施兮纖繁出④。驚雉落兮高雄蹙，翔鷗挂兮奔縈畢⑤。俎飛膾沉，單然後别。

蜀都賦　　　　　　　　　　　　　　　　　　　　（晉）左　思

有西蜀公子者，言於東吳王孫曰：蓋聞天以日月爲綱，地以四海爲紀。九土星分，萬國錯跱。崤函有帝皇之宅⑥，河洛爲王者之里。吾子豈亦曾聞蜀都之事歟？請爲左右揚搉而陳之。

夫蜀都者，蓋兆基於上世，開國於中古。廓靈關而爲門，苞玉壘而爲宇。帶二江之雙流，抗峨眉之重阻。水陸所湊，兼六合而交會焉；豐蔚所盛，茂八區而庵藹焉。

於前則跨躡犍牂，枕轘交阯。經途所亘，五千餘里。山阜相屬，含溪懷谷。岡巒糾紛，觸石吐雲。鬱葐蒀以翠微，崛巍巍以峨峨。干青霄而秀出，舒丹氣以爲霞。龍池濊瀑濆其隈，漏江伏流饋其阿⑦。汨若湯谷之揚濤，沛若濛汜之涌波。於是乎邛竹緣嶺，菌桂臨崖。旁挺龍目，側生荔枝。布綠葉之萋萋，結朱實之離離。迎隆冬而不凋，常曄曄以猗猗。孔翠群翔，犀象競馳。白雉朝雊，猩猩夜啼。金馬騁光而絶景，碧鷄儵忽而曜儀。火井沈熒於幽泉，高焰飛煽於天垂。其間則有琥珀丹青，江珠瑕英，金沙銀鑠。符采彪炳，暉麗灼爍。

於後則却背華容，北指崑崙。緣以劍閣，阻以石門。流漢湯湯，驚浪雷奔。望之天迴，即之雲昏。水物殊品，鱗介異族。或藏蛟螭，或隱碧玉。嘉魚出於丙穴，良木攢於褒谷。其樹則有木蘭梃桂，杞櫹椅桐，楼梛樧樧。梗柟幽藹於谷底，松柏蓊鬱於山峰。擢修幹，竦長條。扇飛雲，拂輕霄。羲和假道於峻岐，陽烏迴翼乎高標。巢居

---

① 弋：原作"戈"，據《古文苑》改。
② 瀕：原作"穎"，萬曆以下各本及《古文苑》作"頻"。章樵注："頻疑是頫字，與俯同。一本作瀕字。"按：作"瀕"是。《文選·南都賦》李善注引此亦作"瀕"，據改。巨：原作"臣"，據萬曆以下各本改。
③ 畏：萬曆本、朱本作"胃"。《全漢文》嚴可均校云："一本作限。"按："畏"即"限"之借字。
④ 繁：原作"繫"，據《古文苑》改。"繁"即"繳"字。
⑤ 挂：原作"桂"，據庫本、《古文苑》改。
⑥ 皇：原作"王"，據《文選》卷四《蜀都賦》改。按：下句有"王"，字不當重，作"皇"是。
⑦ 阿：原作"河"，據萬曆本、庫本、朱本、鄒本及《文選》改。

栖翔，聿兼鄧林。穴宅奇獸，窠宿異禽。熊羆咆其陽，鵾鷃鴻其陰。猿狖騰希而競捷，虎豹長嘯而永吟。

於東則左綿巴中，百濮所充。外負銅梁於宕渠，內函要害於膏腴。其中則有巴菽巴戟，靈壽桃枝。樊以蒩圃，濱以鹽池。蠵蚭山栖，黿鼉水處。潛龍蟠於沮澤，應鳴鼓而興雨。丹砂赩熾出其坂①，蜜房郁毓被其阜。山圖采而得道，赤斧服而不朽。若乃剛悍生其方，風謠尚其武。奮之則賓旅，玩之則渝舞。銳氣剽於中葉，蹻容世於樂府。

於西則右挾岷山，湧瀆發川。陪以白狼，夷歌成章。坰野草昧，林麓黝儵。交讓所植，蹲鴟所伏。百藥灌叢，寒卉冬馥。異類衆夥，於何不育？其中則有青珠黃環，碧砮芒消。或豐綠荑，或蕃丹椒。藙蕪布濩於中阿，風蓮延蔓於蘭皋。紅葩紫飾，柯葉漸苞。敷蕊葳蕤，落英飄颻。神農是嘗，盧跗是料②。芳追氣邪，味蠲痾疹。

其封域之內，則有原隰墳衍，通望彌博。演以潛沫，浸以綿雒。溝洫脉散，疆里綺錯。黍稷油油，粳稻莫莫。指渠口以為雲門，灑滮池而為陸澤。雖星畢之滂沱，尚未齊其膏液。

爾乃邑居隱賑，夾江傍山。棟宇相望，桑梓接連。家有鹽泉之井，戶有橘柚之園。其園則有林檎枇杷，橙柿楟柟。樲桃函列，梅李羅生。百果甲宅，異色同榮。朱櫻春熟，素柰夏成。若乃大火流，涼風厲，白露凝，微霜結，紫梨津潤，樸栗罅發。蒲萄亂潰，石榴競裂。甘至自零，芬芳酷烈。其圃則有蒟蒻茱萸，瓜疇芋區。甘蔗辛薑，陽蓲陰敷。日往菲微，月來扶疏。任土所麗，衆獻而儲。其沃瀛則有攢蔣叢蒲，綠菱紅蓮。雜以蘊藻，糅以蘋蘩。總莖柅柅，裛葉蓁蓁。蕡實時味，王公羞焉。其中則有鴻儔鵠侶，鴛鷺鵁鶄。晨鳧旦至，候雁銜蘆。木落南翔，冰泮北徂。雲飛水宿，哮吭清渠。其深則有白黿命鼈，玄獺上祭。鱣鮪鱒魴，鯢鱧鯊鱨。差鱗次色，錦質報章。躍濤戲瀨，中流相忘。

於是乎金城石郭，兼匝中區。既麗且崇，實號成都。闢二九之通門，畫方軌之廣塗。營新宮於爽塏，擬承明而起廬。結陽城之延閣，飛觀樹乎雲中。開高軒以臨山，列綺窗而瞰江。內則議殿爵堂，武義虎威。宣化之闥，崇禮之闈。華闕雙邈，重門洞開。金鋪交映，玉題相暉。外則軌躅八達，里閈對出。比屋聯甍，千廡萬室。亦有甲第，當衢向術。壇宇顯敞，高門納駟。庭扣鐘磬，堂撫琴瑟。匪葛匪姜，疇能是恤？

亞以少城，接乎其西。市廛所會，萬商之淵。列隧百重，羅肆巨千。賄貨山積，纖麗星繁。都人士女，袨服靚妝。賈貿墆鬻，舛錯縱橫。異物崛詭，奇於八方。布有橦華，麪有桃榔。邛杖傳節於大夏之邑，蒟醬流味於番禺之鄉。輿輦雜沓，冠帶混並。累轂疊跡，叛衍相傾。誼譁鼎沸，則唐眎宇宙；囂塵張天，則埃壒曜靈。

閿閻之裏，伎巧之家，百室離房，機杼相和。貝錦斐成，濯色江波。黃潤比筒，籯金所過。侈侈隆富，卓鄭埒名。公擅山川，貨殖私庭。藏鏹巨萬，鈘槩兼呈。亦以

---

① 坂：原作"坡"，據萬曆本、庫本、朱本、鄒本及《文選》改。
② 跗：原作"附"，據庫本、朱本、鄒本、《文選》改。按：盧指盧人扁鵲，跗指俞跗，均古名醫。

財雄，翕習邊城。三蜀之豪，時來時往。養交都邑，結儔附黨。劇談戲論，扼腕抵掌。出則聯騎，歸從百兩。

若其舊俗，終冬始春，吉日良辰，置酒高堂，以御嘉賓。金罍中坐，殽核四陳。觴以清醥，鮮以紫鱗。羽爵既競，絲竹乃發。巴姬彈弦，漢女擊節。起西音於促柱，歌江上之飆厲。紆長袖而屢舞，翩躚躚以裔裔。合樽促席，引滿相罰。樂飲今夕，一醉累月。

若夫王孫之屬，邠公之倫，從禽於外，巷無居人。並乘驥子，俱服魚文。玄黃異校，結駟繽紛。西逾金堤，東越玉津。朔別期晦，匪日匪旬。蹴蹈蒙籠，涉躐寥廓。鷹犬倏眒，罻羅絡幕。毛群陸離，羽族紛泊。翕響揮霍，中網林薄。屠麖麇，剪旄麈。帶文蛇①，跨洞虎。志未騁，時欲晚。追輕翼，赴絕遠。出彭門之闕，馳九折之坂。經三峽之崢嶸，躡五岨之寒溎。戟食鐵之獸，射噬毒之鹿。皛貙氓於萋草，彈言鳥於森木。拔象齒，戾犀角，鳥鍛翮，獸廢足。殆而竭來相與，第如滇池，集於江州②。試水客，艤輕舟，娉江斐，與神遊。罩翡翠，釣鰋鮋。下高鵠，出潛虯。吹洞簫，發櫂謳。感鱣魚，動陽侯。騰波沸涌，珠貝泛浮。若雲漢含星，而光耀洪流。將饗燎者，張帟幕，會平原，酌清酤，割芳鮮，飲御酣，賓旅旋。車馬雷駭，轟轟闐闐。若風流雨散，漫乎數百里之間。斯蓋宅土之所安樂，觀聽之所踴躍也。焉獨三川，為世朝市？

若乃卓犖奇譎，倜儻罔已。一經神怪，一緯人理。遠則岷山之精，上為井絡。天帝運期而會昌，景福肸蠁而興作。碧出萇弘之血，鳥生杜宇之魄。妄變化於非常，嗟見偉於疇昔。近則江漢炳靈，世載其英。蔚若相如，皭若君平。王褒韡韡而發秀，揚雄含章而挺生。幽思絢道德，摛藻挨天庭。考四海而為雋，當中葉而擅名。是故遊談者以為譽，造作者以為程也。

至乎臨谷為塞，因山為障。峻阻塍，埒長城；豁險吞，若巨防。一人守隘，萬夫莫向。公孫躍馬而稱帝，劉宗下輦而自王。由此言之，天下孰尚？故雖兼諸夏之富有，猶未若茲都之無量也！

辯蜀都賦③

（宋）王　騰

人物習性，有忠有邪，有智有愚，出於才行，而不由土產。自趙諗狂圖，好事者類指以疵蜀人，蜀之衣冠含笑強顏，無與辯之者，余嘗切齒焉。及讀左思《賦》，見其薄蜀、陋吳、詿魏，以詿晉之君臣，苟售一時之聲價，而滅天下之忠義。晉之公卿，一口稱譽，風俗頹矣。士無特操，以陷西朝於五胡，

---

① 蛇：原作"跎"，萬曆本、朱本作"駝"，俱誤，據庫本、《文選》《成都文類》卷一改。
② 江州：原作"江洲"。按：據《六臣注文選·蜀都賦》劉逵注："江州在巴郡。"則此乃指巴郡之江州縣（今重慶市），字當作"州"，今改。
③ 題下原注："騰，宋人，以其與左思辯，故附見於此。"

卒貽萬世之愧。夫魏者，漢之賊也。原思之詞，似欲尊正統而黜偏方，然不顧正氣之淪溺。乃知蜀之橫被枉抑，其所由來者久矣，故作《辯蜀都賦》以申蜀人之憤氣。其商略土風，采攄人物，不該乎治亂興廢之變、邪正是非之理者，不在鋪布之限。非若前輩之詞，主於類聚山川，毛舉動植，以焕文彩之美觀，悦讀誦之利口而已。

辯疑先生核理儲思平①，欲折《蜀都》②，未繹其辭。客有東方者，過而問之曰："昔者太冲構十稔之意，搜三都之奇。文成示人，張華見推，士安序焉，盛傳於時。豈其猶有未盡，而夫子欲糾其所違？"先生曰："嘻！子未之知也。吾蜀立極之初，域民之始，井邑山川之秀，人物風俗之美，是則左思備言之矣。然而論列人材，詳明士類，第言文藻之華捘，不及蜀人之忠義，遂與吳俗，例加抑忌。非特没其實美，且沮之以橫議。川靈爲之扼腕，嶽鎮爲之憤氣。吾以此爲有遺恨，故申言其所以。

"夫品物流形，九土分敷，惟有蜀爲極險之區。羊腸繞其垠鍔，鳥道駕於至虛。行者却履以視棧，乘者投繩而鉤車。驗太白之所賦，蓋未髣其錙銖。實天限而地隔，故山峭而川迂。宜若與中夏否閉，而不通其車書也。然而朝宗之水，浩浩而南傾；內附之山，峨峨而東蹙。口呀雙劍，若邠岐虎唊之吻；尾拽二南③，乃咸雍金城之麓。以其有所附屬而不能自立，故命名者號之曰蜀。

"自西而東，昔本無途。金牛詐言，五丁是除。吾人由之，既艱且虞。一夫舉足，十夫荷儲。食黄白以骨立，卧冰藜而裂膚。蜀士遠於進取，蜀民疲於轉輸。嘆天閣之已邈，望秦隴以長吁。然且連綱之運應聲，穿領之牛繫路。陟長阪以猶及，繞大江而不誤。指日而物不緩期，按籍而民無逋戶。邊餉以需，上供有裕。悉陸海之攸產，飽神囷之所聚。

"五季之阨，王朴獻謀，謀先取蜀，以阜兵餱；餱足兵強，乃征方州。時乏遠御，朴言不酬。及我太祖，算如朴策。蜀定國富，次平諸國。蜀於是時，興王有力。嚮者孟氏，撫偏矜憐。惠愛其人，捐租五年。及我王師，宣威三川，卒無一夫東嚮而控弦。蓋傾心於正統，視私恩猶缺然。是使偽命牽羊，偏方銜璧。顧旍纛以涕泗，仆邃衢而思積④。感恩之意則誠，效順之心自直。豈若他邦之荞悍，怒螳臂於車軏。

"由古而來，可得而聞。李雄、劉闢、季連、公孫，因仍世難，割據坤靈。盜蜀而王，踵起而霸，類非蜀人。三國之際，異方鼎峙。若南若北，輔吳崇魏。惟我蜀人，不私非類。雖輔璋戴備以自國，猶謂吾君之子而卒臣劉氏。晉宋而下，南北風馬，南鬱屈以遊魂，北陸梁而騁駕。衣冠稽首於左衽，濟洛順風於氐霸。惟此西土，爰歸南化。豈赴弱以背強，蓋惡夷而即夏。迨蕭紀之不令，溯岷江而僭正。梁人召寇以救亂，魏氏懷姦而託信。彼實包藏，此惟附順。逆施不惠於宜都，内潰爰從於遲迴。豈瞻顧

---

① "平"字下，朱本、鄒本補一"聲"字。
② 折：原作"析"，據萬曆本、朱本、鄒本、《成都文類》卷一改。
③ 二：原缺，據《成都文類》補。庫本作"終"，朱本、鄒本作"西"，俱非。
④ 思：《成都文類》作"畏"，當是。

於北風①,蓋欽恭於王命。

"不惟蜀人不盜蜀都。歷代以來,亂離間起。在內在外,爲姦爲宄。董卓、桓氏、元載、朱泚、龐勛、劉闢、樊崇、韓遂,懷凶煽悖,言不詳記。試考譜牒,按其閭里,苟揮羿、涊之戈,悉匪岷嶓之士。

"在唐中弱,齊蔡幽併,諧結諸鄰,唇齒相因。叛主之師②,逐帥之黥,陸梁百年,不爲王臣。是亦何嘗連吾蜀民?帝室內訌,孽牙匪彝。震動萬乘,再狩於西。民與其帥,開關迓之。天王蒞止,百官六師。國用告乏,衆艱於飢。與其吏民,縑粟輸之。比其還歸,恬不知危。茲蓋處平則率理以奉京邑之靈,遭變則自完以待中原之睦。欲攜之則難叛,欲一之則易服。豈特文有餘而武不足邪?亦其天資正順而敦篤③。

"近者趙諗,圖結巴渠。包藏歷年,困於無徒。爰及吳儔,妖謀是趨。蜀人白發,遄服其誅。

"由是言之,蜀何負於君王歟?思徒見其鄰於西夷,遠於上國,誚丘壑之險,鄙方隅之僻,但分中外之質麗,不決正邪之名實,胡所據耶?

"成周之盛,四海同風。冠帶所加,古無比隆。淮徐連齊魯之軫而有夷,伊洛接豐鎬之都而有戎。方春秋之尊夏,視吳楚猶貉蟲。大周宗伯而不數,抑又矧於閩中?雖今俊乂之所出,在昔語言之不通。是則與我均爲遠服,安得妄論其異同!

"然而自差觀之:華陽黑水,別封畛於堯籍;岷山導江,歷經營於禹迹。秦氏剖符,李冰擁節。五政七賦,被自古昔。而四載所至,南止荊揚之域。荊揚之民,島夷卉服,矧又過此以往耶?百粵之取,始自漢武。郡國雖判,衣冠未楚。所謂粵人,無用章甫。常袞化之,士乃文舉。然則論淺深之時,較久近之序,烏可與蜀同日而語!

"王莽元舅,霍山冢勳。遺愛帝婿,林甫皇孫。許、李聯階於黼座,封、裴接棟於楓宸。既同心於肺腑,亦託體於親鄰。逞螟蟊之毒噬,爲虺蝮於君親。是則勢疏者未必孽惡,地近者未必誠純。我雖遠於國,而忠則邇也。

"高下既別,一凸一凹。太行成皋,三門二殽。或壯帝王之形勢,或資姦盜之枭然。或王路之攸梗,或伏兵之所交。正用之則亦在德枳,邪憑之則遂爲寇巢。吾人之心如砥,吾人之行如蝥。結亶美於一心,捐崎嶇於萬里。申、韓生於中土,不免爲僻學;鄭、衛作於中州,不免爲僻樂。九野同列於地,何獨非梁益之墟?四隅無私於天,曷常庚西南之角?

"況乎江行地脉,鮮決埽而敗岸;星直天狼,工弭姦而觸惡。肖此正氣,挺吾先覺。節以遇立,文非苟作。王褒明君臣之合,何武憤福威之削。張綱扼腕於跋扈,揚子甘心於寂寞。相如不數,子昂見却。謂誦述以阿諛,恐吾徒之貽怍。才高則委靡面靦,氣直則回邪膽落。彼徒嫉於西子,殊不慚其鄭璞。不意兒曹懵其志行之僻,反以居處僻我也!

---

① 北:原作"比",據萬曆以下各本改。
② 師:原作"帥",據上引改。按:本書所謂的"上引",指上一條引文中相關文獻。
③ 篤:原作"敦",據上引改。

"且圃植蕙而菜育，畦毓禾而莠生①。梟倫鳳族，蜒肖龍蟠。君子小人，常溷其間。古何邦而無佞，亦何地而無賢？龜蒙孔孟之攸宅，冀北唐虞之所營。宜丘門之不雜，何躧黨之橫行？鯀爲父而禹子，蔡爲弟而旦兄。導挺節而敦逆，奕推忠而杞姦。彼爲同屬以行異，況指一方而概言？

"吾請與子姑置遠近之殊，而摭正邪之辨。晉取之魏，魏取之漢。功非定亂，位實圖篡。思誠晉人，言諛而辯。辭抑蜀以黜吳，志借魏而佞晉。魏爲高廟之寇賊，蜀實中山之宗姓。不然，何故進亂世之姦雄，而沮先王之枝屬乎？況蜀以得賢而王，失賢而亡；魏以己篡而張，以人篡而戕。彼賦魏事，徒言刑罰之清平，何不言文若之殞命也②？彼言忠良之聚會，何不言三馬之食槽也？"

詞未及已，客奮而起："獲聞高義，欽服厥旨。"嘆草澤之空言，不能廷辯於天子。

玄武山賦 並序③ （唐）王　勃

玄武東山有道君廟，蓋仙人之別府也。長蘿巨樹，梢翳雲日。王子御風而遊，泠然而喜④，蓋懷霄漢之舉，而忘城闕之戀。思欲攀洪崖於烟道⑤，邀羨門於天路，仙師不存，壯志徒爾。俄而泉石移景，秋陰方積，松柏群吟，悲聲四起，背鄉關者無復顧向時之榮焉。嗚呼！有其道⑥，無其時，則知林泉有窮途之哭，煙霞有後時之嘆，不其悲乎！遂作賦曰：

陟彼山阿，積石峨峨。亭皋千里⑦，傷如之何！啓松崖之密蔭，攀桂山之崇柯。隔浮埃於地絡，披浩氣於天羅。爾其緑巘分徑，蒼岑對室，菌軒丹絢，蕙場翠密。俯泉石之清泠，臨風飆之瑟颲。仰紺臺而攜手，望清都而容膝。於是躡霞光於玉砌，步雲岊於金壇。懷妙童與玉女，想青螭及碧鸞。情恍恍而將逸，心回回而未安。見碧芳之晚晦⑧，知紫洞之宵寒⑨。既而霧昏千嶂⑩，烟迷四野。恨流俗以情多，痛飛仙之術寡。驅逸思於方外，蹈高情於天下。使蓬瀛可得而宅焉，何必懷於此山也。

---

① 毓：原作"疏"，據《成都文類》改。
② 殞：原作"殯"，據庫本、朱本、鄒本改。
③ 題下原無"並序"二字。《王子安集》卷一題作《遊廟山賦並序》，今據補"並序"二字。
④ 泠然而喜：原脱，據《王子安集》《文苑英華》卷一二七補。
⑤ 崖：原作"崔"，據萬曆本、庫本、朱本、鄒本及本集、《全唐文》卷一七七改。
⑥ 道：本集、《文苑英華》作"志"。
⑦ 亭皋：原作"亭亭"，據本集及《文苑英華》《全唐文》改。
⑧ 碧芳：上引作"丹房"。
⑨ 知：本集、《全唐文》作"忘"。
⑩ 嶂：原作"瘴"，據萬曆本、朱本、鄒本及本集、《文苑英華》《全唐文》改。

詞曰①：已矣哉！吾誰欺？林壑邊地②，烟霞失時。託宇宙兮此日③，俟虬鸞兮來期④，他鄉山水，只令人悲。

萬里橋賦 以"殊鄉絶邑，行役路偏"爲韻。　　　　　　　　（唐）陸　肱

萬里兮蜀郡隋都，二橋兮地角天隅。相去而如乖夷貊，曾遊而只在寰區。倚檻多懷，結長悲而莫極；憑川試望，思遠道以何殊？

昔者滄海朝宗，岷山發迹。斯觀理水之要，若啓鑿穴之役。逮夫東土爲揚⑤，西邦曰益。架長虹於兩地，客思迢迢；浩積水於千秋，江流脉脉。宇宙綿綿，今來邈然。結構應似，途程甚偏。將暫遊於楚岸，欲徑度於巴川⑥。目斷波中，過巫峰之十二；心馳路半，到荆門而五千。徒觀夫偃蹇東流，崢嶸二邑。揭華表以相效，刻仙禽而對立。俄驚迴復，潮生而夕月初明；孰敢爭先，帆去而秋灘正急。眇天末之殊方，有人間兮異鄉。顧盼而層陰動色，徘徊而浮柱生光。飾丹臒以雖同，彼臨淮海；度軒車而既異，此對銅梁。

古來幾許行人，曾遊此路？跨緑岸以長存，俯清流而下注。寧爲駐足之所⑦，莫問傷心之故。復有逆旅傷情，臨邛遠行。壯鬼製以靈蠱，壓江流而砥平。家本江都，羨波濤而自返；身留蜀地，偶萍梗以堪驚。涔迤歸遥⑧，飄流恨結。之子去兮揚桂棹，長卿還兮建龍節。既風月以相間，固音塵之兩絶。斯橋也，可以濟巨川之往來，不可以攜手而相別。

---

① 詞：本集、《文苑英華》《全唐文》作"亂"。
② 邊：上引作"逢"。
③ 此：上引作"無"。
④ 來：上引作"未"。
⑤ 揚：原作"陽"，據萬曆本、朱本、鄒本改。
⑥ 徑：原作"經"，原校："疑作徑。"據上引改。
⑦ 駐：原作"雜"，原校："疑作駐。"據上引改。
⑧ 涔：原作"珍"，據《文苑英華》卷四六改。《漢書·揚雄傳》："跖魂負涔。"注引服虔曰："涔，河岸之坻也。""涔迤"，言江岸曲折連綿，作"涔"是。

擊甌賦並序①　　　　　　　　　　　　　　　　　　　　　　　　（唐）張　曙

　　宋玉《九辯》曰："悼余生之不時。"今余不時也②。甲辰竄身巴南，避許潰師，郡刺史甚歡接。春一日，登郡東樓，下臨巴江，饌酒簇樂，以相爲娛。言間，有馬處士末至，善擊甌者。請即清讌，爰騁妙絶。處士審音以知聲，余審樂以知化。斯可以抑揚淫放，頓挫匏竹③，運動節奏，出鬼入神。太守請余賦之。余曰："不圖爲樂之至於斯④！"酒酣舐筆，乃爲賦云。

　　器之爲質兮白而貞，水之爲性兮柔而清。水投器而有象，器藉水而成聲。始因心而度曲，俄應手以徵情。莫不敲簫熠燼，撇捩縱橫。胡不自匏絲而起，胡不從金石而生？孰爲節奏，樂我生平？何彼穠矣，高樓燕喜。叩寂含商，窮玄咀徵⑤。拂綺井以連甍，送楓汀之靡迆。嵒隈有雪，彪咻而雕虎揚睛；潭上無風，捷獵而金虹跋尾。目運心語，波回浪旋。似欲奮而還駐，若將窮而復連。得不似驚沙叫雁，高柳鳴蟬？董雙成青瑣鸞飢，啄開珠網；穆天子紅韁馬解，踏破瓊田。睇眙衡盱，神清調古。既嗟嘆之不足，諒悲哀以爲主。誓不向單于臺畔，和塞葉胡笳；定不入宋玉筵中，隨齊竽楚舞。疾徐奮袂，曲折縈組。潺湲下隴底之泉，嗚咽上涔陽之櫓。鶯隔溪而對語，一浦花紅；猿裊樹以哀吟，千山月午。斯皆從有入無，妙動玄樞。灩颩則水心雲母，丁當則杖秒真珠。於是發春卉，駭靈姝。羞殺兮鈿箏金鐸，愁聞兮鬼嘯神呼。

　　時也，曲闋酒闌，烟迷霧隔。覽故步以躑躅，有餘聲而滴瀝。臨流而欲去依依，轉首而相看脉脉。太守曰："邁止良辰，好樂還淳。諷賦已勞於進牘，謳歌爲序其芳塵。"余乃歌曰："江風起兮江樓春，千里萬里兮愁殺人。樓前芳草兮關山道，江上孤帆兮楊柳津。是何覡我兮擊拊⑥，眷我兮慇懃。回首而漁翁鼓枻，凝眸而思婦霑巾。"

　　夫當筵一曲，人生一世，何紛揉乎是非？何顧慕乎隆替？飄纓宜入醉鄉來，自識天人之際。

---

① 擊甌賦：原作"擊甌樓賦"。按：此賦始見於宋史繩祖《學齋佔畢》卷二"唐遺文"條，云："唐末張曙，中和間舉進士，避難到巴州，宴於郡樓，坐中作《擊甌賦》，極精工。郡樓由是顯名，後人遂命之曰擊甌樓。"據此，賦題本無"樓"字。《全唐文》卷八二九錄此賦亦只作《擊甌賦》，是也。今據刪"樓"字。又，題下"並序"二字原無，亦據《學齋佔畢》補。
② "今余不時"四字原脱，據《學齋佔畢》補。
③ 挫：原作"剉"，據上引改。
④ 圖：原作"徒"，據萬曆以下各本及《學齋佔畢》改。
⑤ 徵：原作"祉"，據萬曆以下各本改。
⑥ 覡：原作"況"，據庫本、《學齋佔畢》改。

畫桐華鳳扇賦並序　　　　　　　　　　　　　　　　　　　　（唐）李德裕

　　成都夾岷江磯岸多植紫桐。每至春暮，一作"暮春"。有靈禽五色，小於玄鳥，來集桐華，以飲朝露。及華落，則烟飛雨散，不知其所往。有名工繢於素扇以償稚子，余因作小賦書於上者也。一作"書於扇上"。

桐始華兮綠江曙，粲鮮葩兮泣清露。樹曄曄兮霞舒，鳥爛爛兮星布。彼嘉桐兮貞且猗，當春暮兮英葳一作"發英"。蕤。豈鵷鶵兮一作"之"。珍族，久一作"又"。栖託乎瓊枝？彼零露兮甘且白，涵曉月兮灑鮮澤。豈青鳥之靈儔，常飲吮乎玉液？有嘉穀而不啄，有喬松而不適。獨美露而愛桐，非人間之羽翮。逮華落而春歸，忽雨散而川寂。悵丹穴之何遠，想瑤池而已隔。

爰有妙工，圖其麗容。宛宛兮若餐珠於芳蕊，飄飄兮疑振翠一作"羽"。於光風。感班姬之素扇，空皎潔兮如霰。亦有美人，增華點絢。雀伺蟬而輕鷙，南朝畫扇尤重蟬雀。女乘鸞而微眄。未若繢兹鳥一作"斯禽"。於珍箑①，動凉風於羅薦。非欲發長袂之清香，掩短一作"清"。歌之孤囀。庶玉女之提攜，列崑墟之玄一作"瑤"。譾②。

乃爲歌曰：東風一作"青春"。晚兮芳節闌，敷紫華兮蔭碧湍。美斯鳥一作紫禽。兮類鴻鸞，其體微兮容色丹。彼飛翔於霄漢，此藻繪於冰紈。雖清秋之已至，常愛玩而忘餐。

五丁力士開蜀門賦以"蠻國廓開，遂通人俗"爲韻。　　　　　　　（唐）陳山甫

　　伊山爲蜀，是曰蠻俗。惟天俾秦，厥生神人。拔長蛇而矗矗，闢廣岫之嶙峋③。在昔襃斜未通，羌僰異域，彼爲夷國。物產難究，封疆罕測。秦將欲廣其南、冠其北，張儀於是度其勢、量其力，假牛之計斯設，饋女之功是克。蜀王乃命力士，闢高山。貪功饕餮，忘④情險艱⑤。捫峰巒於日側，抉虺蜮於雲間。將以砥嶄崪，等躋攀。振衣而力抗千嶂，攘臂而威陵八蠻。俄而白日蕩搖，玄天忽霍。鬼哭神怨，風號霧廓。怒

---

① 繢：原作"繢"，據萬曆本、庫本、朱本、鄒本及《會昌一品集·別集》卷一、《文苑英華》卷一〇八改。

② 列：原作"則"，據萬曆本、朱本、鄒本及《文苑英華》《成都文類》卷一改。又注文"瑤"，原作"玹"，據《文苑英華》改。此篇正文、注文均抄自《文苑英華》。

③ "闢"上原有"而"字，據萬曆本、朱本、鄒本及《文苑英華》卷二九刪。此篇之正文、注文亦抄自《文苑英華》。

④ 忘：原作"志"，據讀月草堂本改。

⑤ 艱：原作"難"，據讀月草堂本改。

髮森植，雄心震躍。灑珠汗以雹散，瞪星眸而電落。將欲斷烟靄，排巖崿，謂巨靈之所拓①；蹂重林，迥絶壑，疑夏后之所鑿。

吁！可畏哉，砰轟若雷。虎視五嶽，鯨吞九垓。徒見其豁若谷，嶪若堆②，橫隱嶙，直崔嵬。大應心蹈，高隨手摧。江標峻棧之形，呀然地裂；闞闞高峰之色，騞若天開。

已而後患方啓，前心莫遂。喧閴兮乍進秦卒，邐迤而全收蜀地。道路無阻，關梁有備。旋聞五丁死而蠻黨移③，一徑通而秦人至。雖共工之勇，將觸也非雄；項籍之力，將拔也寧同？曾未若擊秀嶺，駭蒼穹。今古攸賴，華夷是通。羽毛鷙死以填谷，草樹驚摧而墮空。遂使鞭石之帝、移山之公，壯志難奪，莫不慕其英風。

茅茨賦　　　　　　　　　　　　　　　　　　　　（唐）朱桃椎

若夫虛寂之士，不以世務爲榮；隱遁之流，乃以閑居爲樂。故孔子達士，仍遭桀溺之譏；叔夜高人，乃被孫登之笑。況復尋山玩水，散志娛神，隱臥茅茨之間，志想青雲之外。逸世上之無爲，亦處物之高致。

若乃睹余庵室，終諸陋質。野外孤標，山旁迥出。壁則崩剥而通風，檐則摧頹而寫日。是時閑居晚思，景媚青春。逃斯澗谷，委此心神。削野藜而作杖，卷竹葉而爲巾。不以聲名爲貴，不以珠玉爲珍。風前引嘯，月下高眠。庭惟三徑，琴置一弦。散誕池臺之上，逍遥巖谷之間。逍遥兮無所託，志意兮還自樂。枕明月而彈琴，對清風而緩酌。望嶺上之青松，聽雲間之白鶴。用山水而爲心，玩琴書而取樂。谷裏偏覺鳥聲高，鳥聲高韻盡相調。見許毛衣真亂錦，聽渠聲韻宛如歌④。調弦乍緩急，向我茅茨集。時逢雙燕來，屢值遊蜂入。冰開綠水更應流，草長階前還復濕。吾意不欲世人交，我意不欲功名立。功名立也不須高，總知世事盡徒勞。未會昔時三個士，無故將身殞二桃。先生知足，離居盤桓。口無二價，日惟一餐。築土爲室，卷葉爲冠。斲輪之妙，齊扁同觀。

長樂花賦並序　　　　　　　　　　　　　　　　　　　（唐）蘇　頲

蜀太守庭際有紫華草，秋中始繁英露洗，冬早尚直本霜封。蕪雜大同於

---

① 謂：原作"謏"，據《文苑英華》改。
② 堆：原作"推"，據萬曆本、朱本、鄒本及《文苑英華》改。
③ 聞：原作"門"，據萬曆以下各本及《文苑英華》改。
④ 以上四句，"歌"與"調"不協韻，疑有誤。朱本、鄒本改"歌"爲"謠"。按：《成都文類》第二句作"聲高韻盡相調和"，疑是。

衆卉，盛衰小異於群物。余訝而未識，吏或告余曰："此長虞所賦蜀長樂花也。"故心暗賞焉。因口授書吏，遂墨而成作。恨不見古人所爲，得髣髴其旨爾。

夫長者，以短長之形度，其長者一作"則"。至美；夫樂者，以哀樂之類同，其樂者一作"則"。至喜。長也，樂也，吾安得而間之？嘉纖植之並用，偉令名兮在兹。徒見其豐族苯蓴①，高標璀璨。莖丹外而縞中，葉縹兮以紅貫。綴緑穎之重疊，索紫蕤之爛漫。迫而象之：君子其常，或微或章；聳危冠兮纓若綬，默退靜其何望？遠以意之：佳人欲翔，炫炫煌煌；重羅綺兮撲瑶翠，搴來思而未嘗。匪以幽兮自直，匪以直兮自藏；匪以晚兮自耀，匪以耀兮自強。文濁露之均灑，庇清舒之泛光。本無嫌於散地，甘有寓於殊方。

然則太液初滿②，上林新霽。芊茸灼爍，萬品千計。搖瑞色而函芝，雜奇葩而轉蕙。孰與夫玉堂金闕一作"閼"。之遍一作"偏"。賞，白日青雲一作"春"。之特麗？歲不與兮時向闌，風蕭蕭兮夜漫漫。賓遠鴻於沙塞，叫離鶴於江干。君曾不見：三月華矣，盡林間之槁木；千霜殞矣，赤庭下之枯蘭。懿此常度，陵於早寒。假春期而不采，一作"彩"。雖秋令而不殘。衡一作"衝"。雨霰之飛薄，任雲山之險艱。一作"難"。芳弗珍於霏靡，節常慕於檀欒。吾則知樹背之奚託，惟傾心之可安。如後凋之是貴，罔獨立其誰觀？

文學掾起而爲辭曰③：白露瀼瀼，何草不黄？紫花的的，一作"灼灼"。生君之堂。彼不伐兮秋自翳，時或珍兮君是惠。彤庭赫兮朱草駢，交屈軼兮友賓連。伊榛莽而荒薉，君曷爲兮賦旃？

題橋賦以"望在雲霄，居然有異"爲韻。 （唐）李　遠④

昔蜀郡之司馬相如，指長安兮將離所居。意氣而登橋有感，沉吟而命筆爰書。倘並遷鶯，將欲誇其名姓；非乘駟馬，誓不還於里閭。原夫別騎留連，鄉心顧望。銅梁杳杳以橫翠，錦水翩翩而逆浪。徘徊浮柱之側，睥睨長虹之上。神催下筆，俄聞風雨之聲；影落中流，已動龍蛇之狀。觀者紛紛，嗟其不群。染翰而含情自負，揮毫而縱

---

① 苯：原作"莽"，據《文苑英華》卷一四八、《全唐文》卷二五〇改。《文選·西京賦》："苯蓴蓬茸。"《廣韻》："苯蓴，草叢生也。"

② 然：原作"默"，據萬曆本、庫本、朱本、鄒本及《文苑英華》《全唐文》改。

③ 辭：萬曆以下各本及《全唐文》作"亂"。

④ 李遠：原題作"無名氏"，朱本、鄒本注："一作李求古。"據《文苑英華》卷四六、《全唐文》卷七六五改。《新唐書》卷六〇《藝文志四》："李遠，字求古。大中建州刺史。"

意成文。渥澤尚遥①，滴瀝空瞻於垂露；翻飛未及，離披且睹其崩雲。蓋以立誓無疑②，傳芳不朽。人才既許其獨出③，富貴應知其自有。潛生肸蠁之心，暗契縱橫之手。於是名垂要路，價重仙橋。離離迥出，一一高標。參差鳥迹之文旁臨一作"鄰"。彩檻，踊躍鵬搏之勢下視丹霄。

既而玉壘經過，金門寵異。方陪侍從之列，忽奉西南之使。乘輶電逝於遐方，建節風生於舊地。結構如故，高低可記。追尋往迹，先知今日之榮；拂拭輕塵，宛是昔時之字。想夫危梁蘚剥，漬墨蟲穿④。長含氣象，久滯風烟。幾遭凡目之見嗤，徒云率爾；終俟瓊姿之後至，始覺昭然。所謂題記數行，寂寥千載。何搦管而無惑⑤，如合符而終在。警後進而慕前賢⑥，亦丁寧而有待。

花萼樓賦 以"花萼樓賦一首並序"爲韻。　　　　（唐）范崇凱⑦

開元中歲，天子築宮於長安東郭，有以眷夫代邸之義。舊者中宮起樓，臨瞰於外，乃以"花萼相輝"爲名，蓋所以敦友悌之意也。銀榜天題，金扉御闕。俯盡一國，旁入萬里⑧。崇崇乎，實帝城之壯觀也。是時，海内賓薦之士咸遊仙署，馳神累日，以待問於有司。有司盛稱兹樓，並命賦之。小子庸蔽，敢同頌美。詞曰：

惟唐六代，盛德被於幽遐，彌玄都暨丹穴，掩扶海與流沙⑨。莫不推福祚之攸永，極威靈之所加。敦本既同夫羲軒之日，睦親又比乎棠棣之花。裂土苴茅以表慶，賜珪分瑞以聯華。信可以受無窮之祉，而保乂我皇家者哉！乃命有司浚池隍，繕城郭。將

---

① 尚：原作"向"，原校："疑作尚。"據萬曆本、朱本、鄒本、《全唐文》改。
② 蓋：《文苑英華》《全唐文》作"意"。
③ 許：原作"計"，據庫本、《文苑英華》《全唐文》改。
④ 漬：原作"清"，據《文苑英華》《全唐文》改。
⑤ 惑：庫本、朱本、鄒本、《文苑英華》《全唐文》作"感"。
⑥ "警"原作"驚"，"進"原脱，並據《文苑英華》《全唐文》、譚校改、補。
⑦ 按：此篇作者，《文苑英華》卷四九題作高蓋，並録同科進士所作同題之賦共五篇。此題范崇凱，當誤，應以《文苑英華》爲準。然楊升庵之誤亦有所由。《輿地紀勝》卷一五七資州人物門載："唐范崇凱，内江人，善屬文。明皇命賦花萼樓，賦成，入奏爲第一，京城傳録，爲之紙貴。其所居去縣十里，山、泉皆以花萼名。"《方輿勝覽》卷六三所載略同。又明徐應秋《玉芝堂談薈》卷二"歷代狀元"條："開元四年進士十六人，狀元范崇凱。"蓋范崇凱亦曾作《花萼樓賦》，然其文不傳，升庵誤以高蓋之文爲崇凱之文。
⑧ 入：《文苑英華》《全唐文》卷三九五作"分"。
⑨ 與：原作"於"，據上引改。

崇大壯之義，載考方中之作。繚垣牆周乎舊宮，設井幹而爲新閣。既準既繩①，已揆已度。望馳道而通禁林，走建章而抵長樂。攢畫栱以交映，列綺窗以相薄。金鋪搖吹以玲瓏，珠綴含烟而錯落②。飾以粉繪，塗之丹臒。飛梁迴繞於虹光，藻井倒垂乎蓮萼。信神明之保護，亦列仙之憑託。

於是乘輿，乃登夫翠輦而建華旒，鉤陳警道兮環衛周③。命期門使按蹕④，將有事乎娛遊。六龍驤首以啓路，八駿騰光而夾輈。且肅肅以穆穆，幸夫花萼之樓。然後層軒四敞，聖情周顧。遥窺函谷之雲，近識昆池之樹。綠野外^{疑作"初"}霽，入渭北之川原；青門洞開，覽山東之貢賦。亦以崇友悌之德，勸農桑之務，豈止唯臨鄠杜之郊，空指邯鄲之路而已哉！且壯麗難匹，光華匪一。馮禁掖以孤明，隱垂楊而半出。赫旷旷以宏敞，肅隱隱而靜謐。非匠氏之奇工、梓人之妙術，孰能至於是哉？

歲如何其歲之首，花萼樓兮對仙酒。願比華封兮，祝我聖君千萬壽！歲如何其歲始正，花萼樓兮開御營。願同吉甫兮，頌我聖君億載聲！蓋聖人去有欲，反無名。深宮皓素，高居穆清⑤。觀群方之樂業，朝諸侯而饗明。即知華夷欣慶，冠帶混並。均五氣之善，叶三光之精。

嗟乎！時難再得，歲不我與。迹已混於沉滯，心未齊於出處。此小子之所以瞻棟梁以自悲，仰雲霄而失序。

梓潼神鼎賦 以"靈瑞珍寶出"爲韻。　　　　　　　　　　　　　　（唐）盧庚

於戲！德包生植者，不能動彼天之道；瑞及飛走者，未能感無□之寶⑥。故知瑞之大者，下及無心之金石；德之深者，上合不言之玄造。我國家高選理物⑦，光天順人。膺景命，闡坤珍。由是函谷關旁，靈符出而啓聖；梓潼郡內，寶鼎光乎取新。此鼎者，聖人之大寶，有國之神器。量則弘深，體乃殊異。嶷如斷山之嶠^{一作"崇"}崒，屹若巨鼇之贔屓。峙其足者，可以象三德；虛其心者，將以含萬類。不汲而滿，不燃而沸。內烹飪以養賢，上歆雲而作瑞。應火木之卦，既調鹽梅；鏤山川之容，且禦魑魅。是鼎也，豈徒靈感，亦有款識⑧。不假凋鎪，宛然文字。實彼天之所錫，表吾君之至異。

---

① 準：原作"集"，據《文苑英華》《全唐文》改。
② 珠：原作"朱"，據上引改。
③ 警：原作"驚"，據庫本、《文苑英華》《全唐文》改。
④ 按：原作"接"，據《文苑英華》《全唐文》改。
⑤ 居：原作"名"，原注："疑作居。"按：萬曆本、朱本、鄒本、《全唐文》均作"居"，據改。
⑥ "無"下所缺一字，庫本作"價"，萬曆本、朱本、鄒本作"愛"，皆不可通。《文苑英華》卷八六作"一"，下注"疑"。姑仍從缺。
⑦ 理物：《文苑英華》《全唐文》卷三七五作"物理"。
⑧ 款：原作"疑"，據庫本、朱本、鄒本、《文苑英華》《全唐文》改。

啓五百代之昌符，成六萬年之寶位。與夫遷鼎郟鄏，卜代三十、卜年七百者，不可同日而議。宜書於册，於帝之庭，以合明應，以昭神靈。

士有聞而嘆曰：昔黄帝作寶鼎三，泰帝興神鼎一①，周之衰也，沈泗水而隱藏；漢之盛也，在汾陰而見出。未有能表聖壽之無疆②，應人文以純一作"終"。吉。竊亦欲負鼎於明主，啓心而獻術。若能使我徵於有商，豈見遺於今日！

仁壽鏡賦 並序　　　　　　　　　　　　　　　（唐）史　翩③

天寶初，有獻書闕下者言："巴蜀之間，有石鏡見於巖之半，'仁壽'之字，昭然可觀。"僕深奇之，因而爲賦。

主上恢大寶，闡鴻休。仁風揚而玄德布，壽星輝而皇化流。故得仙靈啓瑞，石鏡涵秋。無往不形，鑒乃倬於止水；有鼎而應，道可喻於虛舟。

懿夫！化自天鈞，質非鎔造。亭午光射④，靈朝曙早。來洞穴之九仙，對商山之四皓。炳崑岫之龍燭，倒風壇之竹掃。光能照乘，不遺罔象之珠；迹在幽巖，爲啓崆峒之道。動如秋水之澄，皎如寒雪之凝。駐清夜之圓月，挂長河之片冰。其形不由於拂拭，其勢豈假於鉤繩。君則無心，惟德之斯感；山非自爾，喜神之有憑。左猿吟，右虎嘯。萬籟相聒，群容必召。雖復晉有金飾之美，魏有銀華之妙，何如庸魅而野鹿羞窺⑤，愛舞而山雞自照？

昔之寫刑一作"形"。仁壽，見膽咸陽⑥。倚玟瑁而稱麗，挂珊瑚而益光。名傳歲月，事著縑緗。咸播美於千古，孰歸功於我皇？鏡爲之鑒，與明德之合符；石類於金，惟聖躬之初應。可以示後世之千葉，可以軌前王之萬乘。記事之簡，以光良史之書；頌美之詞，更動詩人之興。法天法地之謂仁，不騫不崩之謂壽。惟仁也，故能昭泰；惟壽也，故能長久。萬人咸識，鄙石室之仙經；六體自然，輕漢園之卧柳。我大君猶抑而不納，謙而不有。小人無益於補天，庶斯文之不朽。

---

① 泰帝興：原作"秦帝奠"，各本同，《文苑英華》亦同。譚校："'秦''奠'字疑有訛誤。《史記·封禪書》：'泰帝興神鼎一。'"按：譚校是，"秦帝奠"乃"泰帝興"之訛，據改。

② 表：原作"來"，原校："疑作表。"《文苑英華》同。按：萬曆本、朱本、鄒本徑作"表"，據改。

③ 此篇《文苑英華》卷八六收載，不題撰人名。楊慎蓋以《英華》前一篇《丹甑賦》下題史翩，遂以爲此篇亦史翩作。然《文苑英華》之例，作者承前者均作"前人"，而此篇下並無"前人"字樣，則未必爲史翩。清《歷代賦彙》卷五四收此文，署爲"唐闕名"，是也。

④ 光：原作"克"，原校"疑"。《文苑英華》卷八六同。據萬曆本、庫本、朱本、鄒本、《全唐文》卷四三九改。

⑤ 庸魅：《文苑英華》同。朱本、鄒本改作"辟魅"，亦無所據。

⑥ 膽：原作"瞻"，據庫本、鄒本、譚校、《全唐文》改。《太平御覽》卷三七六引《西京雜記》："秦有方鏡……秦始皇帝以照宫人，膽張心動者則殺之。"

蜀江春日文君濯錦賦

（唐）張　何①

　　粵若姑洗應律，勾芒御辰。雁橋風暖，犀浦花新。疊嶂縈郭，長楊映津。軒車照地，士女驚人。風土堪樂，山川可珍。歲時不殊於荆楚，形勝有類夫咸秦。晚景彌秀，晴江轉春。即有卓氏名姝，相如麗室，織回文之重錦，艷傾國之妖質。鳴梭静夜，促杼春日。布葉宜疏，安花巧密。寫庭葵而不欠，擬山鳥而能悉。繽縷嫌遲，嚬蛾慕疾②。乍離披而成段，或焕爛而成匹。言濯春流，鳴環乃出。

　　於是近深沉，傍清泚。朱顔始映，珍篋方啓。其始入也，疑芳樹影落澗中；少將安焉，若晴霞色照潭底。奪五雲，長風未散；泫一作"勝"。百花，微雨新洗。

　　爾乃曝林崖，出泉洞。遲日徐轉，和風緩送。稍辨迴鸞，全分舞鳳。戲蝶時繞，嬌鶯欲弄。乘春景而方收，俟王正而入貢。懿其彩色足重，鮮明可嘉。青爲禁柳，紅作宮花。能使衛尉縈障③，夫人飾車。郎官居而列宿，郡守衣而還家。若夫齊紈之與楚練，豈並細縠之與輕紗！

---

① 張何：原作"無名氏"，譚校："一作張何。"按：《文苑英華》卷一一九、《蜀中廣記》卷六七、《全唐文》卷四五七皆題作張何撰，云其爲"大曆中進士"，據補。

② 蛾：原作"哦"，據庫本、《文苑英華》《全唐文》改。"嚬蛾"謂皺眉，李白《任城縣廳壁記》："杼軸和鳴，機罕嚬蛾之女。"

③ 衛：原作"御"，原校："疑作衛。"據萬曆本、朱本、鄒本、《全唐文》改。按：衛尉指晉石崇。《世説新語·汰侈》："石崇作錦步障五十里。"

全蜀藝文志卷之二

賦二

灧澦堆賦　　　　　　　　　　　　　　　　　　　　（宋）蘇　軾

　　世以瞿唐峽口灧澦堆爲天下之至險，凡覆舟者皆歸咎於此石。以余觀之，蓋有功於斯人者。夫蜀江會百水而至於夔，瀰漫浩汗，橫放於大野。而峽之小大，曾不及其十一。苟先無以齟齬於其間，則江之遠來，奔騰迅快，盡銳於瞿唐之口，則其險悍可畏，當不啻於今耳。因爲之賦，以待好事者試觀而思之。

　　天下之至信者，唯水而已。江河之大與海之深，而可以意揣。唯其不自爲形而因物以賦形，是故千變萬化而有必然之理。掀騰勃怒，萬夫不敢前兮；宛然聽命，唯聖人之所使。予泊舟乎瞿唐之口，而觀乎灧澦之崔巍，然後知其所以開峽而不去者，固有以也。

　　蜀江遠來兮，浩漫漫之平沙。行千里而未嘗齟齬兮，其意驕逞而不可摧。忽峽口之逼窄兮，納萬頃於一杯。方其未知有峽也，而戰乎灧澦之下，喧豗震掉，盡力以與石鬭。勃乎若萬騎之西來，忽孤城之當道。鉤援臨衝，畢至於其下兮，城堅而不可取。矢盡劍折兮，迤邐循城而東去。於是滔滔汩汩，相與入峽①，安行而不敢怒。

　　嗟夫！物固有以安而生變兮，亦有以用危而求安。得吾說而推之兮，亦足以知物理之固然。

巫山賦　　　　　　　　　　　　　　　　　　　　　（宋）蘇　轍

　　過瞿唐之長江兮，蔚巫山之嵯峨。雲孤興其勃勃兮，北風慨其揚波。山嶔崟而直上兮，越至神女之所家。峰連屬以十二兮，其九可見而三不知。蹊遂蕪滅而不可陟兮，

---

① 相：原脱，據萬曆本、庫本、朱本、鄒本、《東坡文集》卷一補。

玄猿黄鹄四顾而鸣悲。览松柏之青青兮，纷其若江上之菰蒲。维其大之不可知兮，有挠云之修柯。蔓草蒙茸以下翳兮①，飞泉洁清而无沙。亭亭孤峰，其下丛木交错而不明兮，若有美人惨然而长嗟。敛手危立以右顾兮，舒目远望，恍然而有所怀。俨峨峨其有礼兮，盛服寂寞而无譁。临万仞之绝险兮，独立千载而不下颠。追怀楚襄之放意肆志兮，溯江千里而远来。离国去俗兮，徘徊而不能归。悲神女之不可以朝求而夕见兮，想游步之逶迟。筑阳台於江干兮，相氛气之参差②。惟神女之不可以求得兮，此其所以为神。湛洋洋其无心兮，岂其犹有怀乎世之人？朝云蔚其晨兴兮，暮雨纷以下注。变化倏忽不可测兮，俄为鸟而腾去。忽然而为人兮，佩玉锵以琅琅。爱江流之清波兮，安燕处乎高唐。彼蛟龙之多智兮，尚不可执以置罘。高丘深其苍苍兮，怳谁识其有无？

凿二江赋③

（宋）狄遵度

呜呼！吾闻鱼凫氏以降，秦太守之前，蜀之为国，不知几千万年④。方二江之害被兹土，以禹之功不是施兮，嗟後来亦奚言？彼民之昏溺兮，无乃得之於天？不能迁土而改宅兮，其流漂亦谁冤？劲崖挺以中亚兮，激狂澜而右旋。横鹜折走，莫知其所之兮，吼穹谷而下穿。蛟鼍鼋蟹呀以相濡兮，何允蠢而缘延！噆肤吮血沸以咀嚼兮，咸飫腐而饱膻⑤。萑蒲菱芡纷以相被兮⑥，污百顷之良田。土不艺而民无所食兮，孰与奏其艰鲜？

民之害固不可终极兮，历百千万世，天乃授之以贤。曰："噫！中国之无人⑦，遂使民至於此焉。天之生斯民兮，故使之食饱而居安。降巨蕾以漂之兮，天之意不然。水之性固就下善利兮决之则宣，浚九川而距四海亦奚艰？且九载之孜孜，民不惮苦而诉烦。盖因利而为利兮，劳之在先。不忍一勤其力兮，乃至鹜万世而害弗捐。胡不浚发其利源，剗削其害根？"

巨崖剖以罅裂兮，耆颓乾而陷坤。怒石奋以交墜兮，吁电走而雷奔。荡重渊以倾覆兮，丧百怪之精魂。云转雾溢盘薄蹩踏兮，注壑於其间。寂寥散漫肆以长往兮，若气散於坯浑。决其余以旁溉兮，居其侧数百顷皆膏腴之上珍。民降丘而下宅兮，若蚁

---

① 蔓：原作"曼"，据库本、朱本、邹本、《栾城集》卷一七改。下：原脱，据本集补。
② 相：原作"想"，据本集改。
③ 《皇朝文鉴》卷三题後有小序云："予始至蜀，询诸古之贤於蜀有功者，以为无出文翁上者，於是作《石室赋》。已而复闻有李侯者，於蜀有大功焉。二人者，用力於民，虽有劳逸，然参其功，亦其等耳，於是又为之赋。凿二江，使蜀之民知蜀之所以为蜀，皆二公之力乎！"
④ 知：原脱，据库本补。
⑤ 飫：原作"饮"，据《皇朝文鉴》改。按：《广韵·御韵》："飫，饱也，厌也。"此句"飫腐"与"饱膻"对举，作"飫"是。
⑥ 芡：原作"茨"，据库本、朱本、邹本、《皇朝文鉴》改。
⑦ 朱本、邹本"人"下有"兮"字。

聚而蜂屯。則幾年幾世之積害一日刷去兮,不啻捐芥而蕩塵。

嗚呼!蜀之爲國,非地之中。宜乎夷貊之雜處,魚鼈之與同。有李侯者至,然後別類於水物;有仲翁者至,然後同俗於華風。然則今所棟宇而處,衣冠而嬉,皆二公之所翳。若李侯之事,固所莫得而繼,彼仲翁之教,亦何憚而弗爲?

嗚呼!以禹之功,至大至神。括六合以横被,疇有存而勿論。胡兹爲害,獨不得聞?無乃力所不洎兮,抑亦遺其功於後人?而今而後,乃知民未得所欲,事或有不利,先世所未暇除去,聖人所未及裁制,苟有志於生民,皆吾人之所事。若曰兹事體大,必聖人而後爲,則小子也不敢與知。

述賢亭賦並序　　　　　　　　　　(宋)閻　苑

黃星既殞,火井重炎。孔明志在電掃荆揚,席卷許洛。布四頭八尾於平沙之上,乃昔人臨流感嘆之所。余慕其風烈而述其德業,因名斯亭曰"述賢"。

考其陣法,則方以八環一而爲九,馬隆遵之以破賊;圓以六包一而爲七,李靖遵之以平虜。蓋戰守處畫,部伍節制,所重者勝,所忽者敗。所以觀宏規者仰服,指奇蹤者稱美也①。且益州分應井絡,僻在坤維。而武侯以區區之蜀,蒞政至公,董武立信。貫許國之精誠,伸命世之勇略。令施竹帛②,不繽而温;律嚴斧鉞,不寒而慄。方其鷹揚上國,虎視中原,驍將聞風而奪心,壯士望塵而破膽。擁精鋭之衆者,堅壁受辱;稱骨鯁之臣者,仗節包羞。玩敵於股掌之上,措勝於談笑之間。比昔賢則過之,責斯人而備矣。余構亭於此,俾其登之者,識常山蛇勢,知天下奇才。壯雄圖之不朽,想英風而猶在。

嗚呼!天假其年,則禮樂攸興;天命有歸,則智力無用。大筆方篝,長星遽墜。陵谷已遷,尚有典刑。蠻夷雖化,不忘武備。況今夏賊干常,遼人稱號。冠帶遺民,雜窮髮之種③;漢唐故地,混茹毛之俗。而受鉞登壇,專長城之寄者,節制可忽耶?秘殿華閣,當方面之權者,勤勞可繼耶?

今步遊灘上,鑒前追往,作古賦以述其始終,使蠻人歲時歌之,不無感慨焉。雖然,孔明方躬耕之時,處布衣之賤,倘不遇三顧之主,安能縱七擒之酋?噫!自古英雄之士,時命不遇,其名湮滅而無聞者,惜哉!賦曰:

鼎分率土,姦賊陸梁。孔明布石於平沙之上,高步於大江之傍。志馳許洛,欲掃荆揚。按井字九宫之法,本河圖八卦之祥。縱横魚貫,曲折雁行。雖云蛇勢,實曰龍

---

① "所重"至"稱美也"四句:庫本作"所重者制勝而有餘,所忽者敗亡而莫救,此古名將所以稱美也。"
② 竹帛:庫本作"風雨"。
③ 窮髮:庫本作"穹廬"。

驥。其始也，荷寫誠於傾蓋，遂感激而褰裳。應雲龍之隱隱，信魚水之洋洋。其終也，酬三顧而不爽，縱七擒之所長。資一時之談笑，播千載而芬芳。況夫才兼管樂，政黜申商。曹氏父子襲申商法。蜀則冬日，魏則秋霜。蜀民暖於布帛，魏人困於豺狼。於是並聲東下，響應西方。折曹氏之牙角，挫仲達之鋒鋩。至今秦隴耻其巾幗，梁益詠乎《甘棠》。論高節，則勝栖巖之入夢，鄙負鼎之干湯。推治體，則蕭何爲政之咳唾，子產遺愛之粃糠。量行事，則用兵如晉文之示信，教民如周《誥》之成章。觀施設，則肩輿、羽扇以節金鼓，木牛、流馬以代梯航。遵節制，則馬隆以八陣用於晉，李靖以六花顯於唐。宜其斬王雙而走郭淮，殺張郃而辱宣王。

吁哉！飲渭之龍，隨天數而已没；吞吳之蛇，如寶氣而難藏。所以餘威遠震，遺迹尤彰。忠義撫劍而嘆息，英雄沾襟而感傷。戎夷懷德而縞素，士民追昔而蒸嘗。

余徘徊灘上，不見鵝鸛變變，龜蛇央央，但覺雙魂失宅，三甲負芒。瞿唐風急，起波聲之嗚咽；巫峽雨散，連天際以凄凉。縱使秦雲變色，魯日迴光，竟與草木同朽，皆無益於興亡。

宣和二年十月十五日，魏陵閻苑述。

北客賦　　　　　　　　　　　　　　　　　　（宋）趙奭之

北客宦遊巴楚，歷三峽之險，而抵永安故區。地勢近瘴，兩見盛夏。官居民廬，皆在山麓。鑿地數百尺而不及泉，故市無井，里無醫。客患之，而勉同市人。飲諸瀼水，而苦滓穢；引之澗谷①，而懼虺毒。俄有老叟謂客曰："漕府、廉臺有二井焉。泉冽而甘，盍往汲之？"客曰："使者之庭，閽人嚴守，而應接有時，其非羇旅所敢妄干。"叟莞爾而笑曰："子胡不采之風謡，質之行事？善利濟衆，初不禁也。"客於是拜其言，感其意，而往汲焉。迨今逾年，暑無瘴暍之苦，而得以安居。是使者之惠也，輒賦其事而抒素云。其辭曰：

北客伶俜，陟彼崔嵬。南遊巴楚，實仕於夔。歷白帝之區域，睨赤甲之嶮巇。瞰瀼瀩之出没，峙瞿唐之巍巍。觀楚國之絶塞，悼蜀宫之故基。客喟然嘆曰："昔窮兵百戰，用武之地也！"仰而無睹，但見林莽蓊鬱，屺岵崒嵂。巘雲潦烟，霾霽一色。三時豫和，炎夏爲厄。逢辰久安，用夏變貊。崴裹連邿，龍勢蛇迹。官府民廬，棧阜構麓。八家無井，而不能革。客患之，而同市人，臨瀼津，雜滓穢，汲黄齏②。洞泆之流，汩人精神。乃訪厓磡巉巖之下，臨嶙峋之曲。千人挈壺，百穴漱玉。清清泠泠，而冰敷雪沃。

---

① 澗：原作"間"，據萬曆本、朱本、鄒本改。
② "黄"下原有"大"字，據朱本、鄒本删。

未幾，有叟呼於列曰："子曾不知不毛之瀘，自此塗出。葶藶叢滋，虺蝮潛匿。炎毒之屬，而是生百疾；溪流可酌，而中有沙蝨。寔大梁之公子，胡不自衛，而反蹈其失？"客謀於叟："爲之奈何？貧如顏回，而有飲瓢之樂；曠如孺子，而有濯纓之歌。叟豈能溉我以甘露，濡其旱禾？"叟於是逡巡若避，赧然變色："僕遊塵世，安有神術？徒知夫西有漕府，東有廉臺。方布天子之仁澤，救民之旱災①。烏能秘一繘之清漾，坐視遊子之炎埃？"

客釋然解疑，僕僕駿馳。中涓歛袵下氣，以道使者之德音。自云："汲之引之，周浹旁及，而閽無夜閉。雖負年以逝濯，類抱甕而爲隧。請觀夫《易》卦曰：井養不窮兮，收而勿幕。又稽之老氏曰：幾於道兮，善利萬物。散爲四海之惠，不止匹夫之恤。噫！鼴鼠飲河，而不過滿腹；鷦鷯巢林，而不過一枝。苟足各有其極，雖多亦奚以爲？故蘭臺之風不及於甕牖，而楚子作賦；西江之水罔濟於轍鮒，而波臣見譏。"

客於是慨然感慨②，頽然下拜。明既能哲，佩以爲戒。信乎君子之淡以成交③，久而不壞。

神女廟賦　　　　　　　　　　　　　（宋）晁公遡

漢武帝既封泰山之五年，臨朝而嘆曰："朕念元元之民，未蒙休德，周覽中土，以施惠澤。而南方以遠，故獨弗及也，朕甚憫焉。"是冬，詔發佽飛、羽林之士，簡車騎之衆，盛清道之儀。天子御雕玉之輿，服龍文而駕魚目，擊蒲梢而驂躡雲。至於盛唐，望九疑，登天柱，薄樅陽而出，休於瑯琊。天子大悅，作《盛唐》《樅陽》之詩，命協律都尉延年歌之，以觴群臣。酒未半，天子戚然不懌。時東方朔、枚皋侍，因進曰："陛下不懌，臣敢請罪。"帝曰："朕適望瑯琊之上，忽然雲興，其氣甚異，因感高唐之事。聞楚陽臺之山，下有神女，旦爲朝雲，暮爲行雨，朕心慕之。異時諸方士嘗言：仙者非求人主，人主求之乃可致。今巡遊天下，冀一睹列仙之屬而莫獲焉。殆朕之德，不如楚王能有所遇也。是以不懌。"朔跪曰："楚王，諸侯耳，有臣宋玉，善爲微詞，感動神女，見夢於王。臣嘗笑之：玉安知神女！若臣者乃知之。"上意乃解。命謁者給朔札，使爲之賦。朔即獻辭曰：

徑西邦之綿邈兮，積閶風之崇基。繚玉埛以千里兮，右翠水而左瑤池。崐崙層峙以嵯峨兮，弱淵周流而逶迤。中龜臺之清都兮，崿洪敞而甚治。粲丹房與玄室兮，罨浮雲而上齊。諒豐隆列缺之矜工兮，斧雷霆而斲之。疏懸黎以代磶兮，瑩結綠而飾墀。虞淵倒景而下射兮，光反激以交馳。萃飛仙之遊邀兮，餌若英而咀瓊枝。戛叢霄之靈

---

① 朱本、鄒本"救"下有"斯"字。
② 慨然：朱本、鄒本"慨"字缺。按：此"慨"字與下"感慨"字重，當誤。
③ 交：原脱，據朱本、鄒本補。

璇兮，歌白雲而忘歸。狀愉樂而不可殫兮，非羽輪其莫窺。

帝九靈之少女兮，其名曰瑤姬。受素書於紫清兮，含洞陰之華滋。習玉瑛而厭處兮，乘回飆以長辭。狂章、大翳爲之奉轡兮，策蒼虯而駕白蜺。馭八景之玉轄兮，曳紛綸之雲旗。載靈氣而輕舉兮，竭鷥庚而鴻飛。涉巨溟之層波兮，將攝乎南箕。聆夢澤之雄爽兮，溔天水之相圍。介青丘而澶漫兮，奄高唐以冥迷①。忽意樂而延佇兮，彌絳節以徘徊。去丹笈授夫神禹兮②，靖九土而安柔祇。

下民懷斯遺烈兮，即石化而爲祠。象瓊光之華闕兮，騫辛夷以爲楣。矯藻棟以乘虹兮③，列药房而張薜帷。群峰連卷而十二兮，爛雲屏而揚輝。儼玉立而正中兮，貌渥飾而具宜。沐蘭澤而含若芳兮，被桂裳而繡衣。烱黼陛之豐麗兮，澹聯娟之修眉。肅容華之拱侍兮，紛環珮之陸離。神武蹲而抱關兮，夕夾陸以文貍。玄猿悲吟以度曲兮，女媧倚歌而舞馮夷。三足烏往來爲之使兮，訊東華之靈妃。迹逍遙乎中區兮，亮素節之靡移。

鼻祖祝融之裔子兮，竊息嫣以荊尸。蠱文夫人於前兮，後又奪鄖陽子之妻④。豹烏鼇掩而攘内兮⑤，蜂目暴竿而蒙瞽。黑要挾夏而與居兮，於莵盜邶而遂摯。世朋淫而上蒸兮，嘗見刺於湘纍。橫下臣縶宋玉兮，揆暴屬之不可規。稱先王常與靈遊兮，薦枕席而嬖私。今胡爲而復遇兮？意託諷於微詞。啟後世之瞽惑兮，誑魄化而爲芝。曰媚而服焉兮，則與夢期。宜聖覽之孔昭兮，獨超悟於昨非。屬皇荒德而慢神兮，禍源起乎龍漦⑥。悼衛蒯之失國兮，艾豭實發其亂機。屏宓妃而却玉女兮，幸後王之三思！

朝山堂賦

前　人

吾行半天下兮，閱重岨乎西南之坤。北有萬夫莫開之劍關兮，東有嶮過百牢之夔門。外聯六詔作屏兮，中貫三巴而爲垣。梯磴鉤連莫知其際兮，儼差差以峋峋⑦。遠宛延相屬而赴望兮，高蔽遮乎日星。臨以白帝之神秀兮，誠衆山之所尊。

---

① 冥迷：原作"冥述"，據庫本及晁公遡《嵩山集》卷一改。

② 去：庫本、朱本、鄒本作"弆"，《嵩山集》作"胠"。按："去"與"弆"同，藏也；胠，從旁打開，如《莊子·胠篋》之"胠"。此處作"胠"較合文意。

③ 乘虹：《嵩山集》作"垂虹"，較勝，此處乃是形容神廟棟宇狀若垂虹。

④ 鄖：原作"鄆"，據朱本、鄒本改。《左傳·昭公十九年》："楚子之在蔡也，鄖陽封人之女奔之。"此言楚平王事。

⑤ 掩：庫本作"淹"，朱本、鄒本作"掩"，均誤。按："豹烏"指楚靈王。《左傳·昭公十三年》："楚子之爲令尹也，殺大司馬蒍掩而取其室。"即此所謂"鼇掩"也。

⑥ 漦：原作"釐"，據庫本、朱本、鄒本改。按：漦即唾沫。《國語·鄭語》及《史記·周本紀》載：夏朝末年褒人之神化爲二龍出於王庭，夏王請其漦藏於木櫃。至周厲王開櫃，漦流於庭，宮女觸而有孕，生褒姒。幽王寵之，周遂衰。

⑦ 以：原無，據朱本、鄒本補。

有美一人眷顧此方兮①，謂柱下史之耳孫②。高四海以視營兮，時樹羽乎江濆③。屹三峽之鎮其穹然兮，翼山四面而駿奔。啓物色兮留之秘兮，欣所遇之畢陳。擇勝會以還縹緲之飛觀兮，廩老氣九州之傾。觀萬川猶知宗海兮，雖九土莫得而堙。則群峰之起伏綿延兮，至是而亦必有所臣矣。奚興感於此義兮，蹇顏堂而正名。憎負固之非無意兮，髮有時或上衝乎冠巾。惟漢中興已受天命兮，而成家乃欲爭帝而亡新。吾直欲鑱赤甲、白鹽之疊嶂兮，洗蒼藤翠木之幽昏。恐此復其偶然兮，綢繆牖户，以逆消侮予之下民。謹五更之鼓角兮聲悲壯，印殘夜之山月兮樓空明。諒身雖去國萬里兮，心未嘗一日忘君。

嗟乎，名堂之意高矣！爲慨然而賦之，尚庶幾起九原於東屯瀼西之詩人也。

八陣臺賦並序　　　　　　　　　　　　　　（宋）劉望之

余與客登夔子城，望八陣圖。感忠武侯之行事，恨世議者之弗獲於斯也，作賦以悲之。其詞曰：

矗孤臺之巋然，臨千步之沙場。石離離其班班，紛栖雁之未翔。山暝黑而更惡，水雖波而不揚。澹徙倚其不去，含鬱紆之内傷。

是何以使之然哉？客或告之：在漢之亡，有人超然，卧鄧南陽。甚似阿衡，樂未渠央。感大耳之至意，姑黽俛而徂征。又似子房，初未有意隆準之老也；及其既作，亦不能已，手胼足胝，夙夜赤子。忽一龍與一蛇，蓋亦未可以優劣計。大兵初來，雷電下空。璋屑小兒，孰嬰我鋒？駐師江郊，坐向必東。蒐我卒乘，取彼凶殘。中原有孤，憑陵宫垣④。我不往取，高帝在天。

衆謂卯金之不可相，而況夫子之賢也，運去道窮，嘔血繼之。非公實愚，愚者不知。自古聖賢，亦行其義。道之不濟，已知之矣。相夫子之所立，固已無窮而不貲。彼丕、操父子，烏雀犬彘之竊食，雖甚鬵而不害其驚疑⑤。愍世俗之隘陋，徒顧瞻而涕洟。請舉酒以酹公，混一笑於江瀨。

---

① 眷：原作"胃"，據庫本改。朱本、鄒本作"之"，《歷代賦彙》卷七八作"肯"。
② 謂：原作"胃"，據朱本、鄒本、《歷代賦彙》改。
③ 乎：原無，據朱本、鄒本補。
④ 垣：原作"牆"。按："牆"與上下句"殘""天"不叶韻。朱本、鄒本作"垣"，當是，據改。
⑤ 害：朱本、鄒本作"免"。

灩澦堆賦

(宋) 薛 綬

蜀江匯而赴峽，勢迫抑而騰掀。當江之衝，有堆屹然。爰停我橈，徘徊覽觀，有會余心。乃知大禹所以浚川而不去此者，匪特以殺水之怒，而四瀆之長，江存灩澦，河存砥柱，則聖人之意，亦將有所寓焉。

夫形而上者謂之道，形而下者謂之器。器者物之物，道者物之先。先乎物者，在人則存乎心者也。所以宰制乎萬物，豈一物所得而肩。彼堆斯江，彼柱斯河，在物之石，而器之下也。然洪水滔天不爲之移，狂濤卷空不爲之動。潦盡漲涸，岌乎峭堅。亘宇宙而長存，閱陵谷之變遷。而人之所以先乎物者，乃誘於知，乃逐於物。利之趨，如水斯下；欲之熾，如火斯然。曾莫得以止遏者，反茲石之不若，又安可不推其原？縱而忘反。茲固弗道；制之無方，愈蕩而偏。禁而絕之者，昧乎倫類；空而妙之者，荒無徑躔。

嗚呼！無廬而居，無畔而田，卒窮露而奚歸，寧耕穫而有年。曷不觀於茲堆乎？彼惟居其所者屹而固也，然後可以障狂隤之流川①。苟失其所而昧其居，吾知此心之不傳。其居伊何？則曰自天理雖微而難明②，實天命之固然。自視聽言動之間，以及於君臣父子之懿，物必有則，理不可遷。切而思之，講而明之，習而察之，謝無根之潢潦，挹有本之源泉。渺乎其微，深乎其淵。物有萬變，事有萬理，察乎其微者卓然而不可易，然後可以蔽乎天地而關乎聖賢。必真知也，而後其行也果；必力行也，而後其知也全。敬恭朝夕，奉而折旋。茲孔孟之所以不倦、不慍、不怍者，豈蹈白刃之勇者所可得而言？

嗚呼！人心之危匪石，而人欲之勝甚於水。吾觀茲堆，而有感於天則之嚴。是以憂講學之怠，而述之於篇。

資州獻白龜賦以"泰平將洽，神物效靈"爲韻③。

(唐) 獨孤申叔

皇帝在位十五載，西人獻異龜於王庭。匪青黑以飾體，特潔白而成形。融彩可嘉，且不淆於五色；呈祥有異，詎止齊乎四靈？蓋以我皇，行化無外，止戈偃武，人綏道泰。升至德於玄穹，降殊祥於神蔡。

且夫龜者，稟先知之異；白者，表司殺之方。豈天意興威於有截④，俾臣下受命而

---

① 隤：萬曆本、朱本、鄒本作"潰"。
② 則曰：原作"曰則"，據《歷代賦彙》卷二〇乙。朱本、鄒本無"則""自"二字。
③ 自此篇以下朱本、鄒本分爲卷二下。
④ 天意：原作"天異"，據《文苑英華》卷八四、《全唐文》卷六一七改。

無將。西土是生，寔西方而主義；被甲以至，猶帶甲以來王。不然，何以曤烏代切，净也。純容，皎素甲，皓霜華而浃洽；炯玉質，輝金精，凝雪彩之清貞①。泳靈沼而冰静，息太階之砥平②。足使孟津之鱗恥捷乎素鬣，越裳之雉羞奮於翹英。

矧乎禀殊姿，體異貌。陋三足之爲美，匪六眸以是效。其用也，或協聖人之心；其動也，克符知者之樂。然後知戲朝之虎不足徵，銜鉤之狼不足云③。一作"神"，蓋官韻。彼駒來思，徒稱皎皎；爾獸至止，虛擅諄諄。未若兹瑞，德無與鄰。應天之命，昭皇之仁。非櫝中之毀棄，不蓮上以因循。將順乃玄穹以呈其睨，曷思乎緑水而返其身？則彼寧王有遺元緒之屯④，又安得而比倫。嚮非我皇從道不咈，必將混於介族，詎得分爲理物？宜乎冠異紀，首靈篇，且無使其湮鬱。

枸杞賦並引

(宋) 史子玉

史子分教劍庠之明年，目眚逾月，廢卷默坐。客有告之曰："兹土之宜，杞根寔繁。產諸泮林，尤腴而美。揆之《本草》，明目養神，盍試其味？"尋命僮僕，則取之不竭。食之既厭，而昏者開，翳者解矣。於是作而嘆曰："是物也，不假種植，沾濡雨露，芬敷自榮，其功效足以回光返照如此；况出於輔之翼之、長之養之者，豈不足以備明時之采擇哉？"有感而爲之賦曰：

當春用事，肝怗勢而驕；厥火彌壯，用弗利乎眸。紫珍兮塵漫，望舒兮雲浮。熨之平之，濯之泠之。計屢施而罔功，書既展而復收。其誰巧運乎金鎞⑤，抑將乞諸其龍湫者也？客莞爾而笑曰："泮宮肮肮⑥，靈根萃止。匪藻匪芹，強名曰'杞'，或云'羊乳'，亦曰'狗忌'。其效伊何？未易殫紀。於以安神，於以輕體。至於瑩秋水之神而爛巖電之光，則又其效驗之細者也。子居是間，左抽右取，不費一錢。多取其數，餐厥英，還爾明。爲子之計，不亦近而易行乎？"應之曰："廣文一寒，飯噉不足。信如子言，載采盈掬。因以比離婁之目，且不負將軍之腹。豈不魚熊之兼得，又何必空糜乎廩禄？"

於是叱畦丁，戒僕夫，搜諸荆棘之場，探得榛莽之區。叢然而遂，油然而達。或

---

① 凝：原作"疑"，據萬曆本、朱本、鄒本、《文苑英華》《全唐文》改。
② 太：萬曆本、庫本、朱本、鄒本、《全唐文》作"泰"，二字通。
③ 銜：原作"御"，據《文苑英華》改。《宋書·符瑞志》上："有神牽白狼，銜鉤而入商朝。"
④ 《文苑英華》《全唐文》無"之屯"二字。按："元緒"謂龜（見《藝文類聚》卷九六引《異苑》）。《尚書·大誥》："寧王遺我大寶龜。"即此所謂"寧王有遺元緒"，疑無"之屯"二字是。
⑤ 鎞：原作"篦"，各本同。四川省圖書館藏嘉慶二十二年重刊本有趙熙眉批云："篦宜作鎞。"按：此說是。"鎞"用爲櫛髮具通作"篦"，然此處乃指古印度療目疾時刮眼之工具，不可作"篦"。《涅槃經》："有盲人爲治目故，造詣良醫，是時良醫即以金鎞刮其眼膜。"
⑥ 宫：原作"官"，據萬曆本、庫本、朱本改。

壓枝以駢出，或附趾而簪碧。隨取隨足，不耘不植。蔓延布滿，夭矯挺特①。有如蒙頂之苗，而槍之始露②；有如楚畹之香，而芽之方苴。至若仙杖飛空，髣髴驂鸞；壽榦通靈，時聞吠尨③。幸則高人逸士襲其馨而挹其味，不幸則樵夫野叟欒之棄而斧之戕也。

於是小摘薦至，大烹可期。錯落琉璃之碎，青葱雨露之滋。憫寒庖之屢空，笑盛饌之莫知。爇南山之煤，罌西澗之水，潔甄瓦缶，酌中火劑。登俎過熟，噴香霧之蒙茸；舉箸頓空，覺餘糁之滑美。混甘苦而爽口，逼寒涼而液齒。知再飯之幾加，陋八珍之鮮味。朝焉咀英，暮焉茹脆。曾不論乎韭薤，又何數乎蓴豉？殆不可無此君於一日，又何拘乎去家之一思？惜乎首陽之夫，貪采薇而遂足；商巖之老，厭啖芝而遂止。秦人之炙，夫何太俗？相如之渴，胡不嗜此哉！

已而心體舒逸，神情爽塏。湧真水於玉池，炯夜光於銀海。客不予欺，遂而謝之。荷神農之知音，悵《離騷》之偶遺。

雖則一草之微，無庸多談，感物悟理，斯有可觀。彼弗種而然，矧種之者乎？彼弗養而然，矧養之者乎？所以《菁莪》誦育才之樂，《棫樸》歌官人之能。行有枝葉，可使莠之亂苗；仁在乎熟，深懼茅塞子之心④。維杞維梓，扶而養之。一薰一蕕，疏而別之。自本自根，種而茂之。孝弟忠信，培而植之。師友淵源，灌而溉之。先王遺言，饜而飫之。散柯布葉，日積月長。摩厲青冥，直干霄漢。股肱心膂，無施不可。如此，則劍山之植物，豈但收近效於眸子瞭焉而已哉！

　　劍陽學官史子玉，校藝益昌，與予聯事。暇日出示所作《枸杞賦》，予讀數過，因思前輩文字，率不苟作。東坡賦茶而有取於骨鯁，山谷賦苦笋而有感於忠言。大概一物之微，一理寓焉，此騷人之所以深其思也。子玉之作，豈徒以詞藻相尚？欲使承學者因物悟理，自枝葉而見本根，其意婉哉！子玉刻之泮林，以為士子之勸。予謂士子，文所當重，而泮林之一草一木尤宜愛護云。開禧三年七月，益昌郡丞潼川謝艮跋。

對青竹賦

（宋）黃庭堅

　　余楚產也，閱東南之竹多矣，未嘗聞對青竹者也。嘉州僧從之包封見貽，藝之而成，乃初識之。惟範圍之內，有知之物一無窮，無知之物一無窮，一

---

① 挺特：朱本、鄒本作"時出"。
② 槍：原作"搶"，據《歷代賦彙》卷一一七改。按："槍"謂茶芽似槍。唐陸龜蒙《吳中苦雨》"茶槍露中擷"，是也。作"搶"誤。
③ 尨：原作"龐"，據庫本、《歷代賦彙》及譚校改。《詩經·野有死麕》："無使尨也吠。"注："尨，狗也。"
④ 茅塞子之心：朱本、鄒本作"茅之塞心"，疑是。

耳一目不能遍攬也，況六合之外者乎！感而賦之①。

竹之美於東南，以節不以文也。其在楚之西，鬱鬱葱葱，連山繚雲也。會稽之奇，材任矢石；蘄春之澤，夏簟簫笛；沅湘淚血，邛崍高節；慈竹相守，孝竹冬茁；慈姥嶰谷，笙竽笆篁；長石之山，一節可航，猶未極其瑰怪不常也。故吳楚無竹工，非無竹工，婦能織緝之器，兒能雞鶩之籠也。今夫筥筐簏筝，梜欏翰藩。巴船百丈，下漢爲笪。貴之則律呂汗簡，賤之則箕箒蒸薪。惟所逢遭，盡於斧斤②。

美哉斯竹，黃質黑章。如出杼軸，織文自當③。解甲稅枯，金碧其相。歲寒在躬，又免斯烹。彼其文章之種性，不可致詰。刳心而求之不可得，斸根而求之不可得。匪人匪天，有物有則。惟其與蓬蒿共盡而無憾，余亦不知白駒之過隙。

苦笋賦　　　　　　　　　　　　　　　　　　　前人

僰道苦笋，冠冕兩川。甘脆愜當，小苦而反成味；温潤縝密，多啖而不疾人。蓋苦而有味，如忠諫之可活國；多而不害，如舉士而皆得賢。是其鍾江山之秀氣，故能深雨露而飽風烟④。食肴以之啓道，酒客爲之流涎。彼桂玫之與夢丞⑤，又安得與之同年！蜀人曰：苦笋不可食，食之動痼疾，令人萎而瘠。予亦未嘗與之言⑥。蓋上士不談而喻；中士進則若信，退若眩焉⑦；下士信耳不信目，其頑不可鐫。李太白曰："但得酒中趣，勿爲醒者傳。"

憫相如賦　　　　　　　　　　　　　　　　　　（宋）楊天惠

祖重黎之洪懿兮，係中山之蟬聯。食岷峨之舊德兮，飲江漢之靈源。皇既私卿以多技能兮，卿又附益之以師友之傳。招湘君使侍書兮，麾蘭卿爲我驂。綜藝文之要妙兮，申劍術之雄妍。載而之四方，吾將鼓行諸公之間。視騎郎之多冗兮，義不辱於周旋。顧嚴、鄒之差强人意兮，聊步武於梁垣。惟才高之寡合兮，以其遭遇之難。靡歲

---

① 之：原無，據庫本、《宋黃文節公全集·正集》卷一二補。
② "竹之美"至"盡於斧斤"：原無，據本集補。
③ 自：原作"目"，據庫本、本集改。
④ 飽：《崇古文訣》卷三一載此文同。《宋黃文節公全集·正集》卷一二、《式古堂書畫彙考》卷一一、《蜀中廣記》卷六三等皆作"避"。
⑤ 桂玫之與夢丞：原作"桂斑之與夢求"，據《宋四家墨寶》《三希堂法帖》所載真迹改。本集此句作"彼桂斑之夢永"。
⑥ 言：真迹作"下"。
⑦ 若：真迹作"則"。

月於官學兮，嗟不耦而空還。徑千里而一歇兮，跂喬木於故山。

殆而竭來第如臨邛兮，存故人之間關。起握手相勞苦兮，意盡盡之拳拳①。彼污令之體苟兮，矜縟禮之闌單。慨非余心之所悅兮，矧駔儈之與同盤。強要卿以俱行兮，卿固已薄其所以然。擯使者於門兮，出告之以不閑。何隆初而殺終兮，卒俛首而從旃。彼遷虜何爲者兮？竊東向於肆筵。紛臭處之逼人兮，笑言訝以更歡。予意卿食不下咽兮②，奚宴安乎末歡？酒參半而奏音兮，四座寂以無喧。嗟輦下之遺直兮，固澳澁而不鮮。娙冶容而亡賴兮，猥自成乎哀彈。懿長離之文章兮，非鸞凰其誰匹，曷伴鳩以爲媒兮，即遊梟而接翼？棄朝陽之顯敞兮，集此榛莽之蒙密也。吐竹梧之芬馨兮，爭羶腥之餘啄也。度將雛以授意兮，吾固不審卿之所謂也。卿縱懷彼梟以好音兮，吾恐彼梟之終弗類也。既么麼又不材兮，曾何足以涸箕帚之役。決帷簿而夜奔兮，毀悅禓而不入。卿胡靦然不自喜兮，安受此蠱蝕？豈其不禁杯杓兮，悅沈冥而不自克？寧卿意之易敗兮，移氣體於終食？人固醉而誤、醒而悔兮，庸何傷於好德？怪卿初弗定此計兮，後又狂騖而不復。入不慚鄉杖者之善罵，出不羞賢牧伯之餘澤。厭儒衣之巨麗兮，襲隸人之褻服。雖雜作而忘劬兮，蔽泥水以爲飾。悵遷虜猶不堪其慚兮，卿獨何施施眉目？

始吾嘉卿之好音兮，殆將以禮乎自持。進有虞之雅操兮，紹尼父之聲詩。胡中道自絕於前修兮，乃陷而入於桑濮之爲？終吾偉卿之能賦兮，工譎諫而不怒。攝侈汰之瀾翻兮，卒歸之於王度。喑卿躬之不蚤正兮，尚何以禁切於人主？嗟乎！操行之不得兮，蹣終古而增污。挽天河以自湔兮，吾恐垢氛之不能去。

亂曰：邛山迤邐，邛水悠兮。日跳月踔，郵千秋兮。巋然遺宇，庇沈湫兮。浮魂蟄魄，尚想遊兮。我欲湮井，劃梧楸兮。死者可作，庶無尤兮。孰是人斯，而有是醜兮。倘俾來者，毋躍此垢兮。

憫相如賦

（宋）鄭少微

趎長卿之絕塵，眇下視於屈、宋。思眇眇以入微，辭蔚跂而易貢。騖八紘之津涯③，括動植而錯綜。擢篆籀於重泉，幹形聲而馨控。當其奮翼巴庸，前無古人。拾陑灰之斷簡④，搜屈壁之遺文。紛齊魯之老師，徒騁辯於説鈴。蛻筆土梗，鼻端運斤。專兔園之右席，麾鄒、枚於嚬呻。顧天西之櫟社，悵夜錦之未晨。念弦歌之石友，暢落魄於情親。夫何嫠人之艷艷兮，感熠燿之宵光。矖綺疏以託誠兮，佩徽音而曷忘？嗟

---

① 盡盡之：庫本作"懇懇而"。《成都文類》卷一此句作"意氣與之拳拳"。
② 予：原作"于"，據庫本、朱本、鄒本改。
③ 紘：原作"弦"，據庫本、朱本、《成都文類》卷一改。
④ 陑：朱本、鄒本作"阬"。

父母之不聰兮，昧彼都之丰臧。盼星河之照闌兮①，徑溯洄而往從。

縉紳先生，而爲此歟？凉德污行，既不勝誅。閭閻烈女，世未乏諸。足不下堂，步中瑀琚。紉幽蘭以爲裳兮，鈿美玉以爲車。豈無泳漢之遊女兮，亦有采桑之秋胡。秉周禮以律身兮，諒冰雪之難渝。裨化國之陰教兮，飾家道之權輿。爾弗安於正吉兮，蒙惡聲於簡書。

訪舊壚於故老，莽榛蕪之離離。智井乃貪泉之戒，修梧實曲木之規。渴者勿汲，暍者勿栖。噫嘻！余觸類取譬，操觚默惟。滔滔儒服，相遠幾希。搜處子者迷忠義之大閑，窺鄰牆者闇富貴之危機。斥雁幣之聘，媒妁之辭②。墻間之夫，河間之婦，等亡羊耳，未容勝負，又奚獨料理十日卜之與典午邪？

苦櫻賦並序　　　　　　　　　　　　　　　　　　（宋）何　耕

余承乏成都郡丞，官居舫齋之東，有櫻樹焉。本大實小，其熟猥多。鮮紅可愛，而苦不可食，雖鳥雀亦棄之。感而賦之。

始余至於官居，盼兹樹之特奇③。幹擁腫以上達，條扶疏而下披。蔭露井其有餘④，知封植之幾時？或告余以含桃，出饞涎而流頤。意薦廟之珍果，必甘滋之若飴。幸一熟之得嘗，指麥秋以爲期。忽春事之已晚，訝子結之獨遲。初瑣碎以破蕾，漸毓稠而著枝。聊攀摘以適口，乃苦澀而顰眉。類置膽於越國，異如薺於周詩。謝芳液之津津，空殷紅之纍纍。誤來集之衆鳥，誑無知之群兒。

感人事之大謬，爲累欷而齎咨。或名美而實乖，或表盛而裏虧⑤。或色厲而内荏，或迹公而情私。鵞翰假於鳳鳴，羊質混於虎皮。佞似聖以疇測，姦託儒而莫窺。莽恭儉以竊國，卬博辯以僵尸。談仁義其可樂，視所覆而舛馳。儼衣冠於民上，爲賈豎之不爲。方滔滔以皆是，奚一木之足悲！

八陣圖賦　　　　　　　　　　　　　　　　　　　（元）楊維禎

遐哉邈乎！蠶叢故墟。劍閣崢嶸兮，石棧縈紆。車不得而運兮，馬不得以驅。非王業之所基兮，徒抗險乎中都。帝中山之苗裔兮，乃猶厄此斗隅。黄星射乎宋野兮，强狙猣乎江之東。偉伏龍之感激兮，起左顧乎隆中。允識時之俊傑兮，吞餘子於一空。

---

① 盼：原作"眄"，據庫本、朱本、鄒本改。
② 朱本、鄒本"媒"上有"廢"字。
③ 盼：原作"眄"，據庫本、朱本、鄒本、《成都文類》卷一改。
④ 露井：庫本作"舫齋"。
⑤ 虧：原作"戲"，據萬曆本、庫本、朱本、鄒本、《成都文類》改。

圖八陣以用武兮，必先天而獨得。六十四之成算兮，本馬圖之全畫。三十二之岐分兮，妙陰陽之互宅。天地衝軸兮，風雲盤辟。龍飛鳥逝兮，蛇蟠虎翼。撓之無迹兮，運之無方。進退不愆兮，出沒靡常。奇不失於正正兮，怪不越於堂堂。伏至動於至靜兮，寓能柔於能剛。喻以常山之蛇勢兮，曾未測其望洋。巴之水兮，砯崖折壁；峽之濤兮，風霆礔礰。彼箕張而翼布兮，曾不轉其磈石。非神物之陰衛兮，孰萬夫之捍力？
　　想貔貅之對壘兮，指白羽之一麾。運縱擒於掌握兮，算不出於八奇。賊之望而走兮，甘巾幗之受雌。按渭濱之所屯兮，實鼎國之王師。自風后之有圖兮，肆獯蚩之赫伐。逮尚父之六羧兮，佐牧野之黃鉞。孫吳馬之剽掠兮，徒生靈之肉血。鄙敗事於腐儒兮，彼譙生其又何法？兹八陣之猶覺兮，軼軒皇與天老，曰流馬與木牛兮，又神機之所造。歔中營之告變兮，哀夫人之奪蠶。訖黃芒以當天兮，掩炎精之皛皛。
　　嗚呼！西望岷峨兮，南溯錦江。山川相繆兮，地老天荒。歌《梁父》兮醼吾觴，招謫仙兮呼子長。訪魚腹之砂磧兮，弔新都之戰場。雖武無用於今之時兮，亦以發吾文之氣剛。

連雲棧賦

（明）楊廷宣

　　己卯之歲，時方冬矣，臘云暮矣。余年過賈生，學慚董相。怔怔營營，內不自定。由是謀邁於行，載言北征。擔簦負笈，陟岵跋阻。攝穹崖，控青雲，扣天閶，順風而稱曰：

　　肇玄黃之既判兮，乃陽浮而陰橐。嗟大塊之茫茫兮，孰川排而山鑿？帝既設此靈險兮，余總卯聞乎棧閣。肆皇圖之廣運兮，都形勝乎燕漠。眇蠶叢之建國兮，隅星分乎井絡。連秦帶蜀方五百里兮，繚咸陽以為郭。阻褒斜之艮隆兮，擁岐嶷之巨壑。推隆理與替墜兮，亦概聞乎往索。良既策羽以絕望兮，委回祿以熛灼。何退身而鷙擊兮，思駕馭乎帝略。迄超漢而歷楚兮，遂用建夫三愘。陽中路以迴車兮，紛不爽於髮膚。白發嘆而長嗟兮，意深諷乎彼夫。憤俄圖之詭秘兮，誑金牛以為諛。憫玄帝之遵駕兮，忍蛾眉而西趨。侈御愛之仙蹕兮，瘁萬乘之玉軀。蓋其危也，足以駴駥巨麗；而其致也，不亦爲禦侮之天區？

　　夫山本其奧也，石備其崇也，水出其蒙也。盤岧突兀，岑崟嵂崒。澒洞深涯，蓊蔚苻鬱。天之所生也，地之所產，鳥不得而翔，獸不得而逸。四時變化，剛柔錯摩，交構乎其中，終始乎其內。其雲則黤黲黕黭，霭曇衣被。膚寸漸深，候於木末。遠視極黲，邇之則黯。薰於石礦，黢於深谷。靉靆淹留，氛氳隱天，幕幬屯需。落落寞寞，異於常態。其雨則津津汋汋，石潤林響，瀑布滴珠，滿壑盈瀨，霂濕霢霂。與地潛通，豁徑汪流。烟樹瀰濛，松膏林沐。淖濘跼躇，病於逆旅。其風則飄飄颯颻，轉山循谷，料峭霹發。颮颲批亢，巽二乘虛。峻峰高飈，平坻微颮。颸颸落木，寒颼切肌。石尤激射，打頭周回。延歷萬象，莫之可捕。其日則黯淡蔽虧，斜景過雲。東谷西隅①，窺於中天。曀景晦冥，翳嗜瞢難，未嘗昭晰。其風俗之所習，土地之所宜，余故得併吞其所經歷，包舉其所問答，而囊括其語焉。

於是有五德公子，導余以喬關兮，嵌雲路之龍樅。據巑岏之扼塞兮，羅萬象於景從。聳巑岏之崨嶫兮，怯衣繡之乘驄。盤七曲而腸迴兮，眴高目之眹矇。瞰龍江之窣窣兮，瀉白練之霓虹。余既登此絕嶺兮，瞠乎前覲，藐乎後視。拾級坎壈，連步錯睜。怔忡悸駭，倦臨色勃，久而後定。乃渡木閣，馳青橋。涉凌兢而惆悵兮，列御風而憑空。側身穿而撇捷兮，足秦法之重重。欐飛棟、巇巉崖兮，砣浮柱而增崇。截王孫之便給兮，磶磴礛而青蔥。靄雲樓與霧蜃兮，比朝暮之仙蹤。橋不足以為術兮，憫征夫之溟濛。傴鞠躬而進登兮，殆郭駝之形容。馳丹梯、下峻坂兮，擬抱甕之忡忡。亦既身倦而神罷兮，乃偃息乎崖②。慵慵未極也③，訊往路以前山兮，越馬道與武關。參嵯卷路，逼側狹隘。騎不得方，人不得比。吁嗟乎！其赤帝之所興，首咸陽以入關兮，降子嬰而要盟。羽不德而爭驅兮，適自茲以為兵，故稱名為劉壩兮，意非此莫之與京。因是以益遊乎奧屏兮，閱千古之芳林。

於是有凌煙大夫，挺瓊梧，負霄漢，迓余而言曰：“翳前林之蠢蠢兮，豈非皇華之岐嶷？”楸檜障以蔽天兮，鶗南溟之翼施旎。貔龍之蹇兮，雜邏糾會之標枝。蕩日月以扶疏兮，輇輪囷而參差。杞強梁而麗霄兮，樗擁腫而鴟夷。楊郔偈而膚敏兮，檉垂身而委隨。節美秀而喬修兮，紛篁鐘之陸離。目極望而攢眲兮，何摧唯而鬱伊。悲落木之蕭蕭兮，恣行人之漸炊。風雨晦而濤起兮，響萬壑之隆墀。余稔遊此窐窌兮，窺管天而冥疑④。馳豫樟之絕榦兮，駕鄧囿之平騎。悵梁棟之齷齪兮，雖牛山其何為？彼其衆夥之富：山桃、石榴、燃柿、苦李、小棗、樗奈、楂梨、樗栗。斂朱榮，秘生意，錯綜懸巖，潛隱乎其中，不可殫述。

由是逾三垡，窺姜嶺。山益進而巢岌，樹益窈而縱橫。憶岐豐之盛瑞，播攬德之美名。於是有綠衿使者，麗質修儀，且逡且巡。其氣也愒，其志也懍。狎獮直前，檃括以此山之靈：“昔寶雞之耀羽兮，託千里之峭嶂。惟樊籠之我求兮，窮巖夔而多縈。彼蒼鷹羅鷟，紛修羚兮屬玉交青。鵾鵜、駕鵝、晨風、子規、鸂鶒、鸕鷥、白練、沙雞，錦胸繡臆累黔啄兮，羌有萬而難併。鵲占歲而音妙兮，烏散聚而時鳴。鶴宿霧而懷寶兮，鳴呼類而為盟。雉招搖而曳尾兮，鳩思婦而藏聲。鸛獨立而不懼兮，鷫依稀而將迎。鴻漸遳而自得兮，雁遰北而從兄⑤。其他角毒之屬，又未可以須臾傾蓋而語，班荊而坐對也。聊舉虎豹群而晝哮兮，黃熊慢而遷延。狼跋胡而恣遊兮，豪猪放而盤

---

① 西隅：原脫，據萬曆本、庫本、朱本、鄒本及《歷代賦彙·補遺》卷三補。
② 庫本、《歷代賦彙·補遺》"崖"下有"中"字，當是。
③ 上引無"慵慵未極也"五字。
④ 窺管：朱本、鄒本作"管窺"。
⑤ 遰北：原作"遞北"，據朱本、鄒本改。按：作"遰北"是。《大戴禮記·夏小正》："九月……遰鴻雁。遰，往也。"

旋。猱媭媚而先後兮，巍兔逸而長便。狻猊茁而豐茸兮，麋鹿呦而雲眠。鼬鼯幻而躘躖兮，狐貉衛而自賢。"余因聽此，富儗上林，靡邁長楊。公子王孫，有智不能以施；劉磻羅穽，有術不能以張。王良何以歆趙主？造父何以駿周蹄？徒縻思於行李，嚬何補於攀躋！

既騁草凉之墟，復背東河之西。尖巒叉呀，隘若虎關。凌遲委蛇，下若扛鳥。崔嵬巀嶭，守若扼吭。宋代之賢所以遏元兵，而韃靼之雄終不能向南鄭而窺也，可不謂之壯哉！

天地設險，高則爲山，深則爲水。山之所峙，水之所流。余又見夫玄冥先生之爲費也。濺洶濤，泛濊濊。出崎嶇，走澶漲。隨余馬而奔流，諒余行而相望。岌岌乎，譎哉詭哉！滔滔乎，泓哉瀳哉！南通沔漢，北入汧渭。粵橐派之泛濫兮，觸礫碌之彷徨。經逶邐而迅駛兮，礜忿恚而鏗鏘。崒震電之憑怒兮，嶜萬夫之阿房。砥中流而潰潰兮，沸柱尋而滵湯①。儒幰蓋之澄澄兮，怳白鷺之翱翔。凛三軍之旋凱兮，搖甲冑之鐵裝。撼《韶》《濩》之夜噬兮，奮馮夷之擊鏜。灑雲根之溜篆兮，濯白玉之琳琅。邁蝌蚪之瀿潯兮，神太史之籀藏。三江駭而奔鯨兮，穀洛鬩而非常。瓠子決而訇湃兮，呂梁隘而飛浪。未有似此之崛岉翻溢，歷觸騰驤。

況其時也，竺寒凝嶺，沍凍呵僵。冰崖珠絡，雪巇瑶光。人思挾纊之主，屋存皸瘃之霜②。皓皓皚皚，堅堅强强。此亦過客之壯麗奇觀也。瀟灑拂鬱，滌汔賢腸。喜溢眉睫，樂忘故鄉。

已而望秦塞之渭縈，瞻太華之麗麓。水東去而長辭，翠漸微而山促。嗟乃平原之易地，豈非前代之雄都乎？余乃縶離懷於山水，寄餘情於巴蜀。障庚規之塵，窮阮宗之躅。薊門烟月，蘆溝曉昱。輝煌乎帝里，蓬萊乎京屋。

世態無常，天時又速。余於是復冬往而春來兮，殫未盡之芳踪。忽寒暄之易劑兮，訝風景之靡同。嵐開障麗，石潝灘渾。鯆鱔出没，鯨魜蠅龜。喁喁族族，別孕鯠鯤。獺入水而四捕，豹伺嵓而懷吞。余始驚夫昔者之遁，而今者之温。故夫路葐蒀以彌深，山爛漫而舒容。百和異香，徐來應風。蘅杜、茝蘭、綠蕙、幽蘿、蘼蕪、茵黃、山椒、蓀莨，有質無名，殆不可窮。藁本、射干、石芥、茈薑、温韭、香菜、赤根、水芹，豐蔚之盛，何其隆歟？若夫寶藏之興，太守夜懷。六奇反間，熠爗繁光。生乎古壙，類乎石國，則鳳山之產也。黑金巧冶，積薪而鼓，鍛煉成鋼。許子之所耕，而晉國之所賦。近代求猿，伐木披荊。又有夜光布網，網牽百里，則安山之奇也。玉版雲英，非濤非倫。燦如白雪，膩如滑肌。咸陽不足論其價，山陰不足供其資。西蜀賴焉，三秦給焉，則武關之藝也。

伊所居之棟宇兮，樹板屋以層甍。隨凸凹以僥倈兮，無風雨之暴傾。飯土鉶如上古兮，燃松膏以爲明。性剛勁以質樸兮，讓齊魯之莘英。挑雲水於上山兮，燒石田以

---

① 柱尋：朱本、鄒本作"狂怒"。
② 皸瘃：原作"貒瘃"。按："貒"乃小野猪，於此無義，當作"皸"。《漢書·趙充國傳》："將軍士寒，手足皸瘃。"顏注："文穎曰：'皸，坼裂也。瘃，寒創也。'"據改。

爲耕。播種稑以有秋兮，兼芋橡與蔓菁。其官府之所寓舍，則譙樓麗棟，盛鶴摇鈴。重門雙闕，井榦華桯①。黝堊壁飾，後寢前廳。無畜無害，庖食具精。勞乎遠人，達乎帝庭。其衣冠之耀，則禄不易常。用其武弁，間以流官。統以方面，毋暴毋忝。考其勤倦，撫其民人，而庇其所縣。

嗚呼！皇風清穆兮，四海無虞。山川奠安兮，草木茂殊。我生值此兮，何德之腴？余去故鄉千里兮，獨褋襀於兹嶼。以高山爲知己兮，以流水爲鍾期。以喬木爲朋友兮，以道路爲箴規。名不見成，功不可知。手胼足胝，化不轉移。揚雄爲之《解嘲》，崔駰爲之《達辭》。齊師幾北，卞玉屢齎。惟守道以自全，恐辱己而爲嗤。余故假息於姒狄之館，沉酗於吏部之酤。先生見而啁啁，使者候之以長吁。大夫腹非於其側，公子反脣而揶揄。噫嘻！何吾子之倥偬兮，勞不憚於僕痛。荷一往之足訴，庸再來之可乎？彼一握以爲笑，亦焉知吾之爲吾。匪區區之宦轍，抑以覽聖世之皇圖。未敢擬司馬之遊，不亦異博弈之徒？非聞子言，孰策余駑？言以足志，竊效漢儒。乃相與忘形，共賦於開山之途。

---

① 桯：原作"程"，據庫本、朱本、鄒本改。

全蜀藝文志卷之三

詩

　　文王之化，行乎江漢之域。"江有沱"，詠於二《南》之先。徵之《禹貢》，則岷山導江，江別爲沱。蜀人凡水皆稱江，江之慢流皆稱沱，至今猶然。原夫媵女之見，不出闚觀，此詩之興，即見而起。未有身在岐山，而遠取江沱；家奠鄘鄘，而遙詠岷蜀者也。是"江沱"之篇爲蜀詩之首無疑也。豈獨《東明》《臾邪》之名①，見於揚雄之《紀》；《中和》《樂職》之詩，始於王褒之作乎？今《志》所取，凡緣蜀而作者載之；其人爲蜀産而詩僅存一二者，亦載焉。其類十有九，於類之中又有類焉。其人則以世之先後爲序。當軸時棟、表儀里門者，咸不敢載，以附海虞吴先生《文章辨體》之例。

風　謡

蠶叢國詩四章　　　　　　　　　　　　　　　　　　　　　　　　　（漢）古　辭

　　川崖惟平，其稼多黍。旨酒嘉穀，可以養父。野惟阜丘，彼稷多有。嘉穀旨酒，可以養母。

　　惟月孟春，獺祭彼崖。永言孝思，享祀孔嘉。彼黍既潔，彼犧惟澤②。蒸命良辰，祖考來格。

　　日月明明，亦惟其夕③。誰能長生？不朽難獲。

---

　　① 東明：按：《北堂書鈔》卷一〇六引揚雄《蜀王本紀》，言蜀王妃不習水土，欲歸，蜀王乃作《東平之歌》以樂之。疑"東明"當作"東平"。
　　② 犧：原作"儀"，據《華陽國志·巴志》改。
　　③ 夕：原作"名"。按：《華陽國志》亦作"名"，然於此無義，且不叶韻。庫本、朱本、鄒本作"夕"，是，據改。此二句言日月雖光明，亦有黑暗的夜晚。

惟德實寶，富貴何常？我思古人，令聞令望。

譙君黃頌　　　　　　　　　　　　　　　　　　（漢）無名氏

　　巴郡譙君黃仕成、哀之世①，爲諫議大夫，數進忠言。後違避王莽，又不事公孫述。述怒，遣使齎藥酒以懼之。君黃嘆曰："吾不省藥乎？"其子瑛納錢八百萬，得免。國人作詩曰：

肅肅清節士，執德實固貞。違惡以授命，没世遺令聲。

大度亭民謠　出《益部耆舊傳》。王忳事見《後漢書》②。

信哉少林世無偶③，飛被走馬與鬼語。

陳紀山頌

　　巴郡陳紀山爲漢司隸校尉，嚴明正直。西虜獻眩王庭，試之，分公卿以爲嬉，紀山獨不視。京師稱之。巴人歌曰：

築室載直梁，國人以貞眞。邪娛不揚目，枉行不動身。姦軌僻乎遠，理義協乎民。

嚴王思頌

　　巴郡嚴王思爲揚州刺史，惠愛在民。每當遷官，吏民塞路攀轅，詔遂留之。居官十八年，卒，百姓若喪考妣。義送者齎錢百萬，欲以贍王思家。其子徐州刺史不受。送吏義崇不忍持還，乃散以爲食，食行客。巴郡太守汝南應季先善而美之，乃作詩曰：

乘彼西漢，潭潭其淵。君子愷悌，作民二親。没世遺愛，式鏡後人。

---

① 巴郡：原無，據《華陽國志·巴志》及後幾篇之例補。
② 後：原脱。按：王忳，東漢人，《後漢書》卷八一有傳，非《漢書》，據補。
③ 無偶：原作"爲遇"，於意不合，據《法苑珠林》卷九二、宛委山堂本《說郛》卷七二顏之推《還冤記》、又卷一一八下歐陽玄《睽車志》改。

柳琮歌①

《益部耆舊傳》云：柳琮字伯騫，蜀人，爲治中。其所拔進，皆世所稱。鄉里爲之語曰：

得黃金一笥，不如爲柳伯騫所識。

豐年歌

漢永建中，泰山吳資元約爲郡守，屢獲豐年。民歌之曰：

習習晨風動，澍雨潤乎苗。我后恤時務，我民以優饒。

益部語

任文公，閬中人，善天文。益部語曰：

任文公，智無雙。

益部謠

中郎將尹就伐羌，擾動益部，百姓諺曰②：

賊來尚可③，尹來殺我④。

樊守歌 《益部耆舊傳》

漢樊智遷爲蜀郡太守，秩滿，民歌之曰：

---

① 琮：朱本、鄒本作"宗"，下同。按：《華陽國志·蜀郡士女贊》作"宗"。
② 原本無小序，據朱本補，否則正文文義不明。此數語出《華陽國志·巴志》。
③ 賊：《華陽國志·巴志》作"虜"。
④ 來：上引作"將"。

樊守來，門夜開。持節去，憂惶懼。

去思歌

吳資遷去，民人思慕，又歌之曰：

望遠忽不見，惆悵嘗徘徊。恩澤實難忘①，悠悠心永懷。

灌令歌 鍾岏《良吏傳》②

崔瑗爲灌令③，開溝畎田，民賴其利，歌曰：

天降神明君，錫我慈仁父。臨民布德澤，恩惠施以序。穿溝廣溉灌，決渠作甘雨。

刺李盛謠

孝桓帝時，河南李盛仲和爲郡守，貪財重賦，國人刺之曰：

狗吠何諠諠，有吏來在門。披衣出門應，府記欲得錢。語窮乞請期，吏怒反見尤。旋步顧家中，家中無可與。思往從鄰貸，鄰人以言匱④。錢錢何難得，令我獨憔悴！

巴郡謠

漢安帝時，巴郡太守連失道，國人風之曰：

明明上天，下土是觀。帝選元后，求定民安。孰不可念，禍福由人。願君奉詔，惟德日親。

---

① 恩：原作"思"，據庫本、朱本、鄒本、《華陽國志·巴志》改。
② 岏：原作"玩"，據庫本改。《梁書》卷四九："岏字長岳……著《良吏傳》十卷。"
③ 灌令：按：《太平御覽》卷二六八引《崔氏家傳》云"崔瑗爲汲令"，下文錄此歌。考《後漢書·崔駰傳》附崔瑗傳亦云瑗爲汲縣令，不云爲灌縣令。何況漢代並無"灌縣"之名。今都江堰市之地，兩漢分屬郫縣、江原縣，明代始置灌縣。蓋楊慎所見之本誤汲爲灌，因而誤收入《全蜀藝文志》。
④ 匱：原作"遺"，不可通，據《華陽國志·巴志》（題襟館本）改。此謂欲向鄰人貸錢交稅，而鄰人言己亦已匱乏，無錢可貸。

思治詩

漢末政衰，牧守自擅，民人思治，作詩曰：

混混濁沼魚，習習激清流。温温亂國民，業業仰前修①。

李都護歌 《江表傳》

李嚴爲都護，用法深刻，人歌之曰：

難可狎，李鱗甲。

三節婦歌

永初中，廣漢、漢中羌反，虐及巴郡。有馬妙祈妻義、王元憒妻姬、趙蔓君妻華，夙喪夫，執恭姜之節②，守一醮之禮，號曰"三貞"。遭亂兵迫匿，懼見拘辱，三人同時自沉於西漢水而没死。有黄鳥鳴其亡處，徘徊焉。國人傷之，乃作詩曰：

關關黄鳥，爰集於樹。窈窕淑女，是繡是黼。惟彼繡黼，其心匪石。嗟爾臨川，邈不可獲。

王稚子歌③

（漢）古　辭

孝和帝在時，洛陽令王君，本自益州廣漢蜀人④。少行宦學，通五經論。明知法令，歷代衣冠。從温補洛陽令，化行致賢。外行猛政，内懷慈仁。移惡子姓名，五篇著里端。無妄發賦，念在理冤。清身苦體，宿夜勞勤。化有能名，遠近所聞。天年不

---

① 前：原作"有"，據朱本、鄒本、《華陽國志·巴志》改。

② 恭：庫本、朱本、鄒本作"共"，二字通。

③ 此首古樂府歌辭，全文見《宋書·樂志三》及《樂府詩集》卷三九，題作《雁門太守行》。此處係節錄，引自《後漢書·王涣傳》注。

④ 《宋書》無"蜀"字。

遂，早就奄昏。爲君作祠，安陽亭西。欲令後代，莫不稱傳。

河内謠

　　王渙爲河内令，商賈露宿，人開門卧。民歌之曰：
　王稚子，代未有。平徭役，百姓喜。

淫豫歌 《樂府》

　　李膺《益州記》云："灧澦堆，夏水漲，没數十丈，其狀如馬，舟人不敢進，故曰'灧澦'，又曰'猶與'，言舟子取途不决水脉，故猶豫也。"《樂府》作"淫豫"，《坤元録》作"尤豫"。
　　淫豫大如襆，瞿塘不可觸。《南史》。李白詩："五月不可觸，猿聲天上哀。"淫豫大如馬，瞿塘不可下。《樂府》淫豫大如鼈，瞿塘行舟絶。淫豫大如龜，瞿塘不可窺。《類要》

灧澦歌 《水經注》

　　灘頭白浡堅相持，倏忽淪没別無期。

附：灧澦歌　　　　　　　　　　　　　　　　（梁）簡文帝

　　灧澦大如馬①，瞿塘不可下②。金沙浮轉多，桂浦忌經過。鄭樵云：天下水之險者，惟蜀之瞿塘，廣西桂浦。此歌言行瞿塘者準灧澦，行桂浦者準金沙也。

灧與歌

　　《孝子傳》：庾子輿扶父柩過瞿唐，六月水泛，子輿禱而遂平。既過，泛溢如故。人歌之曰：

---

① "灧澦"句《樂府詩集》卷八六作"淫預大如服"。
② 下：上引作"觸"。

灔澦如牛本不通，瞿唐水退爲庚公。"灔澦"即"灔澦"字。

龍床灘謠 《圖經》

龍床如拭，濟舟必吉。龍床彷彿，濟舟必没。

峽中行者歌

《宜都山川記》云：峽中猿鳴至清，山谷傳響，泠泠不絕。行者歌之曰：
巴東三峽巫峽長，猿鳴三聲淚沾裳。巴東三峽猿鳴悲，猿鳴三聲淚沾衣。杜子美詩："聽猿實下三聲淚。"

黃牛歌

朝見黃牛①，暮見黃牛②。三朝三暮，黃牛如故。

附：李白詩

巫峽夾青天③，巴水流若兹。巴水行可盡④，青天無到時。三朝見黃牛⑤，三暮行太遲。三朝又三暮，不覺鬢成絲。

撥穀歌⑥

白帝城邊足風波⑦，瞿唐五月誰敢過？荊州麥熟繭成蛾，繰絲憶君頭緒多，撥穀飛

---

① 見：《水經注·江水》作"發"。
② 見：《水經注·江水》作"宿"。
③ 峽：《李太白文集》卷二○作"山"。
④ 行：本集作"忽"。
⑤ 見：本集作"上"。
⑥ 《李太白文集》卷四題作《荊州歌》。
⑦ 足：原作"是"，據庫本、朱本、鄒本、本集改。

嗚奈若何①！太白此詩，有樂府意，故附之風謠之後。

先民謠

岷皐之山②，江出其腹。帝以會昌，神以建福。《秦宓傳》引③

大饑不饑，蜀有蹲鴟。大旱不亂，蜀有廣漢。此四句見古碑。

廉叔度歌

《後漢書》曰：廉范字叔度，建初中爲蜀郡太守。成都民物豐衍，邑宇逼側。舊制禁民夜作，以防火災，而更相隱蔽，燒者日屬。范乃毀削先令，但嚴使儲水而已。百姓爲便，乃歌之曰：

廉叔度，來何暮？不禁火，民安作。平生無襦今五袴。

後漢時蜀中童謠

《後漢書·五行志》曰：世祖建武六年，蜀中童謠。是時公孫述僭號於蜀，時人竊言，王莽稱黄，述欲繼之，故稱白。五銖，漢家貨，明當復也。述遂誅滅。

黄牛白腹，五銖當復。

晉太康末蜀中童謠

江橋頭，闕下市④，成都北門十八子⑤。其後有李特割據之應。

---

① 若：本集作"妾"。
② 岷：《三國志·蜀書·秦宓傳》作"汶"。
③ 此四字原在題下，按：《三國志·蜀書·秦宓傳》所引者僅第一首，今移於此。
④ 闕：原作"關"，據《華陽國志·大同志》《魏書·李雄傳》改。"闕"謂城闕，"闕下市"指漢晉間成都城西南市橋門外之州市，作"關"誤。
⑤ 子：原作"字"，據朱本、鄒本、《魏書》改。"十八子"即"李"字。

唐咸通末成都童謡

《新唐書·五行志》曰：咸通十四年，成都有童謡。是歲，歲陰在巳，明年在午。巳，蛇也；午，馬也。

咸通癸巳，出無所之。蛇去馬來，道路稍開。頭無片瓦，地有殘灰。

梁太祖時蜀中謡

《五代史》曰：劉知俊初事梁太祖，後奔蜀。王建雖加寵待，然亦忌之，常謂近侍曰："劉知俊非爾輩能駕馭，不如早爲之所。"有嫉之者，於里巷間作此謡。知俊色黔，丑生。"梭繩"者，王氏子孫皆以"宗""承"爲名，故以此猜疑之，遂見殺於成都。

黑牛出圈①，梭繩斷。

無　題

五五復五五，五五逾重數。浮世若浮雲，真石一如故。與君相見時，杳杳非今土。右（上）詩見於羅城北門壞碑上，有乾符三年高駢名銜，餘字斷缺，莫知其爲何詩也。詞隱義閟，故附見民謡之末。

鬻官謡 《蜀檮杌》

韓昭爲王蜀僞相，鬻官如市，時有謡云：

嘉、眉、邛、蜀，侍郎骨肉。導江、青城，侍郎親情。果、閬二州，侍郎自留。巴、蓬、涪、壁，侍郎不惜。

---

① 出：原作"在"，據《舊五代史·梁書·劉知俊傳》改。

張王二公歌 《宋朝類苑》。張詠、王晦叔。

蜀守之良，先張後王。惠我赤子，俾無流亡。

蜀帥歌①

彦博輸田况②，程戡勝蔣堂。

成都謠頌

弘治初，洪鍾、屈銳爲按察司，折獄明敏，犴無留繫，民歌之曰：
洪不支鍋，屈不解擔。

土軍謠

正德初，流賊倡亂，取土官領兵③。所過殘虐，十倍於賊。巡按御史王綸舉奏去之。其謠云：
流賊來，梳梳我；土軍來，篦篦我。

---

① 按：原題作《又》，然此謠乃是贊田况、程戡，與《張王二公歌》題不合。朱本、鄒本改題爲《蜀帥歌》，今從之。惟朱本、鄒本題下注云"宋朝類苑"，查江少虞《宋朝事實類苑》並無此文，今删。按：此謠最早見於程頤《蜀守記》（見《二程文集》卷九），文中引成都謠言曰："彦博虧（原注：虧，猶言不如也。）田况，程戡勝蔣堂。"彦博指文彦博。

② 輸：朱本、鄒本作"勝"。

③ 土：原作"上"，據萬曆本、庫本、朱本、鄒本改。

全蜀藝文志卷之四

詩①

楚 辭

九 懷

《九懷》者，諫議大夫王襃之所作也。懷者，思也。言屈原雖見放逐，猶思念其君，憂國傾危而不能忘也。襃讀屈原之文，嘉其温雅，藻采敷衍，執握金玉，委之污瀆，遭世溷濁，莫之能識。追而愍之，故作《九懷》，以裨其詞。史官録第，遂列於篇。

極運兮不中，來將屈兮困窮。余深愍兮慘怛，願一列兮無從。乘日月兮上征，顧遊心兮鄗酆。彌覽兮九隅，彷徨兮蘭宮。芷閭兮藥房，奮揺兮衆芳。菌閣兮蕙樓，觀道兮從横。寶金兮委積，美玉兮盈堂。桂水兮潺湲，揚流兮洋洋。菁蔡兮踴躍，孔鶴兮回翔。撫檻兮遠望，念君兮不忘。怫鬱兮莫陳，永懷兮内傷。《匡機》②

天門兮地户，孰由兮賢者？無正兮溷厠，懷德兮何睹？假寐兮愍斯，誰可與兮寤語？痛鳳兮遠逝，畜鴳兮近處。鯨鱏兮幽潛，從蝦兮遊渚。乘虹兮登陽，載象兮上行。朝發兮葱嶺，夕至兮明光。北飲兮飛泉，南采兮芝英。宣遊兮列宿，順極兮彷徉。紅采兮驛衣，翠縹兮爲裳。舒佩兮綝纚，竦余劍兮干將。騰蛇兮後從，飛駏兮步旁。微觀兮玄圃，覽察兮瑶光。啓匱兮探筴，悲命兮相當。紉蕙兮永辭③，將離兮所思。浮雲兮容與，道余兮何之。遠望兮仟眠，聞雷兮闐闐。陰憂兮感余，惆悵兮自憐。《通路》

林不容兮鳴蜩，余何留兮中州？陶嘉月兮總駕，搴玉英兮自修。結榮茝兮逶逝，將去烝兮遠遊。徑岱土兮魏闕，歷九曲兮牽牛。聊假日兮相佯，遺光耀兮周流。望太乙兮淹息，紆余轡兮自休。晞白日兮皎皎，彌遠路兮悠悠。顧列孛兮縹縹，觀幽雲兮

---

① 原無此字，按前卷卷首楊慎按語，詩分十九類，楚辭應爲詩中之一類，今加"詩"字，以清門目。

② "匡機"及以下"通路"等，乃《楚辭·九懷》中各章之題，原當在章末。原本各作一行並與"九懷"平列，遂似十篇。朱本以此誤將前章之題置於後章之首。譚校云："疑當在前首之下，《楚辭》篇名，本皆於篇末也。後仿此。"鄒本從其説將題移於章末，較爲醒目，今仿之。

③ 辭：原作"詞"，據洪興祖《楚辭補注》卷一五改。

沉浮。鉅寶遷兮砏磤，雄咸雒兮相求。泆莽莽兮究志，懼吾心兮悁悁。步余馬兮飛柱，覽可與兮匹儔。卒莫有兮纖介，永余思兮怞怞。《危俊》

世溷兮冥昏，違君兮歸真。乘龍兮偃蹇，高回翔兮上臻。襲英衣兮緹緼，披華裳兮芳芬。登羊角兮扶輿，浮雲漠兮自娛①。握神精兮雍容②，與神人兮相胥。流星墜兮成雨，進瞵盼兮上丘墟。覽舊邦兮滃鬱，余安能兮久居？志懷逝兮心憯慄，紆余轡兮躊躇。聞素女兮微歌③，聽王后兮吹竽。魂悽愴兮感哀，腸回回兮盤紆。撫余佩兮繽紛，高太息兮自憐。使祝融兮先行，令昭明兮開門。馳六蛟兮上征，竦余駕兮入冥。歷九州兮索合，誰可與兮終生？忽反顧兮西囿，觀軫丘兮崎傾。橫垂涕兮泫流，悲余后兮失靈。《昭世》

季春兮陽陽，列草兮成行。余悲兮蘭生，委積兮從橫。江離兮遺捐，辛夷兮擠臧。伊思兮往古，亦多兮遭殃。伍胥兮浮江，屈子兮沈湘。運余兮念茲，心內兮懷傷。望淮兮沛沛，濱流兮則逝。榜舫兮下流，東注兮磕磕。蛟龍兮導引，文魚兮上瀨。抽蒲兮陳坐，援芙蕖兮為蓋。水躍兮余旌，繼以兮微蔡。雲旗兮電騖，儵忽兮容裔。河伯兮開門，迎余兮歡欣。顧念兮舊都，懷恨兮艱難。竊哀兮浮萍，泛淫兮無根。《尊嘉》

秋風兮蕭蕭，舒芳兮振條。微霜兮眇眇，病殀兮鳴蜩。玄鳥兮辭歸，飛翔兮靈丘。望溪兮滃鬱，熊羆兮呴嘷。唐虞兮不存，何故兮久留？臨淵兮汪洋，顧林兮忽荒。修余兮袿衣④，騎霓兮南上。乘雲兮回回，亹亹兮自強。將息兮蘭皋，失志兮悠悠。菸蘊兮徽黴，思君兮無聊。身去兮意存，愴恨兮懷愁。《蓄英》

登九靈兮遊神，靜女歌兮微晨。悲皇丘兮積葛，眾體錯兮交紛。貞枝抑兮枯槁，枉車登兮慶雲。感余志兮慘慄，心愴愴兮自憐。駕玄螭兮北征，曏吾路兮蔥嶺。連五宿兮建旄，揚氛氣兮為旌。歷廣漠兮馳騖，覽中國兮冥冥。玄武步兮水母，與吾期兮南榮。登華蓋兮乘陽，聊逍遙兮播光。抽庫婁兮酌醴，援匏瓜兮接糧。畢休息兮遠逝，發玉軔兮西行。惟時俗兮疾正，弗可久兮此方。寤辟摽兮永思，心怫鬱兮內傷。《思忠》

覽杳杳兮世惟，余惆悵兮何歸？傷時俗兮溷亂，將奮翼兮高飛。駕八龍兮連蜷，建虹旍兮威夷。觀中宇兮浩浩，紛翼翼兮上躋。浮溺水兮舒光，淹低徊兮京沚。屯余軍兮索友，睹皇公兮問師。道莫遺兮歸真⑤，羨余術兮可夷。吾乃逝兮南娭⑥，道幽路兮九疑。越炎火兮萬里，過萬首兮嶷嶷。濟江海兮蟬蛻，絕北梁兮永辭。浮雲鬱兮畫

---

① 漠：萬曆本、庫本、朱本、鄒本作"漠"。按：《楚辭補注》亦作"漠"，王逸注："或曰'浮雲漠'，漠，天河也。"

② 握：原作"掘"，據庫本、《楚辭補注》改。王逸注："握持神明，動容儀也。"

③ 微：原作"徵"，據朱本、鄒本、《楚辭補注》改。

④ 袿：原作"桂"，據萬曆本、庫本、朱本、鄒本、《楚辭補注》改。

⑤ 遺：庫本、《楚辭補注》作"貴"。洪興祖校云："貴一作遺。"

⑥ 娭：原作"娛"，據庫本、《楚辭補注》改。洪興祖補注："娭音熙。《大人賦》云：'吾欲往乎南娭。'"

昏，霾土忽兮塵塵。息陽城兮廣夏，衰色罔兮中怠。意曉陽兮燎寤，乃自詠兮在茲①。思堯舜兮襲興，幸咎繇兮獲謀。悲九州兮靡君，撫軾嘆兮作詩。《陶壅》

悲哉于嗟兮，心内切磋②。款冬而生兮，凋彼葉柯。瓦礫進寶兮，捐棄隨和。鉛刀厲御兮，頓棄太阿。驥垂兩耳兮，中坂嗟跎。蹇驢服駕兮，無用日多。修潔處幽兮，貴寵沙劇。鳳皇不翔兮，鶉鷃飛揚。乘虹驂蜺兮，載雲變化。鷦鵬開路兮，後屬青蛇。步驟桂林兮，超驤卷阿。丘陵翔儛兮，溪谷悲歌。神章靈篇兮，赴曲相和。余私娛兹兮，孰哉復加。還顧世俗兮，壞敗罔羅。卷佩將逝兮，涕流滂沱。《株昭》③

亂曰：皇門開兮照下土，株穢除兮蘭芷睹。四佞放兮後得禹，聖舜攝兮昭堯緒④。孰能若兮願為輔。

懷東坡先生辭⑤　　　　　　　　　　　　（宋）楊萬里

吹赤壁之月笛兮，瞻黃州之雪堂。彈湘妃之玉瑟兮，織天孫之錦裳。招先生其來歸兮，何必懷眉山之故鄉？歷九州而猶隘兮，誕寘祝融之汪。"祝融之汪"，謂南海也。《左傳》"尸諸雍氏之汪"，服虔注："停水曰汪，楚謂之汪，閩謂之洋⑥。"酌乳泉以當醴兮，飧荔子以爲糧。葺榕葉以作屋兮，託桄榔之蔭以爲堂。驅海濤以入硯滴兮，挽南斗文星於筆鋩。昌黎兮歐陽，視先生兮雁行。韞不洩兮忠憤，炯不掩兮文章⑦。乞鏡湖兮九關，營菟裘兮是邦⑧。予之來兮云暮，與先生兮相望。視履迹兮焉在⑨？問故宮兮就荒⑩。俯仰兮永懷，渺山川兮蒼蒼。

---

① 此句原作"乃息軫兮存茲"，據庫本、《楚語補注》改。按詠同診。王逸注："徐自省視，至此處也。"洪興祖校云："詠一作視，在一作存，自詠一作息軫，恐非。"

② 磋：原作"嗟"，據庫本、《楚辭補注》改。

③ 株：原作"袾"，據庫本、鄒本、《楚辭補注》改。"株昭"蓋取"亂曰"中"株穢除兮蘭芷睹""聖舜攝兮昭堯緒"二句意。《補注》云："一本篇目在'亂曰'之後。"

④ 昭：萬曆本、朱本、鄒本作"紹"。

⑤ 《誠齋集》卷四五題作《蘭陵令》。

⑥ "祝融之汪"句，本在文末，今據譚校本乙。

⑦ 炯：原作"烟"，據本集改。

⑧ 菟：原作"冕"，據庫本、朱本、鄒本、本集改。

⑨ 迹：原作"永"，據本集改。

⑩ 故：原作"放"，據庫本、朱本、鄒本、本集改。

全蜀藝文志卷之五

詩

都 邑

蜀國弦① （梁）簡文帝

銅梁指斜谷，劍道望中區②。通星上分野，作國下爲都③。雅歌因良守，妙舞自巴歈。陽城嬉樂盛，劍騎鬱相趨。五婦行難至，百兩好遊娛。牲祈望帝祀，酒酹蜀侯誅。江妃納重聘，卓女愛將雛④。停弦時繫爪，息吹治唇朱。脱衫湔錦浪⑤，回扇避陽烏。聞君握節返，賤妾下城隅。

蜀道難 前人

巫山七百里，巴水三回曲。笛聲下復高，猿啼斷還續。

蜀道難 （梁）劉孝威

玉壘高無極，銅梁不可攀。雙流逆巇道⑥，九坂澀陽關。鄧侯束馬度⑦，王生斂轡

---

① 《玉臺新詠》卷七題作《蜀國弦歌篇十韻》，《文苑英華》卷二〇一題作《蜀國吟》。
② 望：《文苑英華》作"臨"。
③ 國：《玉臺新詠》作"固"。
④ 卓：原作"貞"，據朱本、鄒本、《玉臺新詠》改。《文苑英華》作"真"。
⑤ 脱：《玉臺新詠》《文苑英華》均作"春"。
⑥ 逆：《劉庶子集》作"遂"，《藝文類聚·樂部》二作"迸"。
⑦ 束：庫本作"策"，本集云"一作策"。按：作"束"是。"鄧侯"指鄧艾，《三國志·魏書·鄧艾傳》載鄧艾伐蜀，"山高谷深……以氈自裹，推轉而下"，是非策馬之地。《管子·封禪》："束馬懸車，上卑耳之山。"謂山路險峭，將車馬綑束吊上山或吊下懸崖。

還。斂轡懼身尤，叱馭奉王猷。若吝千金重，誰爲萬里侯？戲馬吞珠界，揚舲濯錦流。沉犀厭怪水，掘鏡表靈丘。禺山金碧有光輝①，遷亭車馬尚輕肥②。彌想王褒擁節反③，更憶相如乘傳歸。君平、子雲闃不嗣，江漢英靈信已衰④。

蜀道難　　　　　　　　　　　　　　　　　　　　　　　（陳）陰鏗

王尊奉漢朝，靈關不憚遥。高岷長有雪，陰棧屢經燒。輪摧九折路，騎阻七星橋。蜀道難如此，功名詎可要！

蜀道難　　　　　　　　　　　　　　　　　　　　　　　（唐）張文琮

梁山鎮地險，積石阻雲端。深谷下寥廓，層巖上鬱盤。飛梁架絶嶺，棧道接危巒。攬轡獨長息，方知斯路難。

蜀道難　　　　　　　　　　　　　　　　　　　　　　　（唐）李白

噫吁嚱，危乎高哉！蜀道之難，難於上青天！蠶叢及魚鳧，開國何茫然！爾來四萬八千歲，不與秦塞通人烟。西當太白有鳥道，可以橫絶峨眉巔。地崩山摧壯士死，然後天梯石棧相鉤連。上有六龍迴日之高標，下有逆折衝波之回川⑤。黄鶴之飛尚不得過，猿猱欲度愁攀緣。青泥何盤盤，百步九折縈巖巒。捫參歷井仰脅息，以手撫心坐長嘆⑥。問君西遊何當還⑦？畏途巉巖不可攀。但見悲鳥號古木，雄飛呼雌繞林間⑧。又聞子規啼月落⑨，愁空山。蜀道之難，難於上青天，使人聽此凋朱顔。連峰去天不盈

---

① 禺：《藝文類聚》《成都文類》卷二作"嵎"。
② 尚：《藝文類聚》作"正"。按："遷"，疑當作"僊"。此二句，上句指王褒求金馬碧鷄事，此句指司馬相如題升僊橋事（見《華陽國志·蜀志》），"僊亭"即升僊橋之亭。
③ 反：《藝文類聚》《成都文類》均作"去"。
④ 信已衰：《藝文類聚》《樂府詩集》卷四〇作"已信稀"。
⑤ 逆折衝波：《李太白文集》卷三作"衝波逆折"。回：原作"流"，據本集改。
⑥ 心：本集作"膺"。
⑦ 當：本集作"時"。
⑧ 呼雌：本集作"雌從"。
⑨ 月落：本集作"夜月"。

尺，枯松倒挂倚絕壁。飛湍瀑流爭喧豗，峻崖轉石萬壑雷①。其峻也若此②，嗟爾遠道之人胡爲乎來哉！劍閣崢嶸而崔嵬，一夫當關，萬夫莫開。所守或匪人③，化爲狼與豺。朝避猛虎，夕避長蛇，磨牙吮血，殺人如麻。錦城雖云樂，不如早還家。蜀道之難，難於上青天，側身西望長咨嗟！

龍　州④　　　　　　　　　　　　　　　　　　　　　前　人

嵐光深院裏，傍砌水泠泠。野燕巢官舍，溪雲入古廳。日斜孤吏過，簾卷亂峰青。五色神仙尉，焚香讀道經。

巴　州⑤　　　　　　　　　　　　　　　　　　　　　前　人

巴水急如箭，巴船去若飛。十月三千里，郎行幾歲歸？

成　都　　　　　　　　　　　　　　　　　　　　　（唐）蕭　遘

月曉已聞花市合，江平偏見竹簰多。好教載取芳菲樹，剩照岷天瑟瑟波。

賦得蜀都　　　　　　　　　　　　　　　　　　　　（唐）褚　亮

列宿光輿井⑥，分土跨梁岷⑦。沈犀對江浦，馴馬入城闉。英圖多霸迹，歷選有名臣。連騎簪纓滿，含章詞賦新。得上仙槎路，無待訪嚴遵。

---

① 峻：本集作"冰"。
② 峻：本集作"嶮"。
③ 人：本集作"親"，下注："一作人。"
④ 朱本、鄒本下注："一作《與江油尉》。"按：此詩不見於《李太白文集》。
⑤ 《李太白文集》題作《巴女詞》。
⑥ 輿：《褚亮集》作"參"。
⑦ 土：本集及《初學記》卷二四引並作"芒"。

成都府

（唐）杜　甫

翳翳桑榆日，照我征衣裳。我行山川異，忽在天一方。但逢新人民，未卜見故鄉。大江東流去，遊子去日長。曾城填華屋，季冬樹木蒼。喧然名都會，吹簫間笙簧。信美無與適，側身望川梁。鳥雀夜各歸，中原杳茫茫。初月出不高，衆星尚爭光。自古有羈旅，我何苦哀傷！

上皇西巡南京 十首

（唐）李　白①

胡塵輕拂建章臺，聖主西巡蜀道來。劍壁門高五千尺，石爲樓閣九天開。

九天開出一成都，萬户千門入畫圖。草樹雲山如錦繡，秦川得及此間無？

德陽春樹似新豐，行入新都若舊宫。柳色未饒秦地綠，花光不減上林紅。

誰道君王行路難？六龍西幸萬人歡。地轉錦江成渭水，天迴玉壘作長安。

萬國同風共一時，錦江何謝曲江池？石鏡更明天上月，後宫親一作"新"。得照蛾眉。

濯錦清江萬里流，雲帆龍舸下揚州。北地雖誇上林苑，南京還有散花樓。

錦水東流繞錦城，星橋北掛象天星。四海此中朝聖主，峨眉山上一作"下"。列仙庭。

秦開蜀道置金牛，漢水元通星漢流。天子一行遺聖迹，錦城長作帝王州。

水綠天青不起塵，風光和暖勝三秦。萬國烟花隨玉輦，西來添作錦江春。

劍閣重關蜀北門，上皇歸馬若雲屯。少帝長安開紫極，雙懸日月照乾坤。

夔州歌絶句 十首取七

（唐）杜　甫

中巴之東巴東山，江水開闢流其間。白帝高爲三峽鎮，夔州險過百牢關②。

白帝夔州各異城，蜀江楚峽混殊名。英雄割據非天意，霸王併吞在物情③。

---

① 李白：原誤作"杜甫"，據萬曆本、庫本、朱本、鄒本及《李太白文集》卷七改。
② 夔州：朱本、鄒本作"瞿唐"。《杜工部集》卷一四下注："一作瞿塘。"
③ 王：朱本、鄒本、本集、《集注杜詩》卷三二作"主"。

赤甲白鹽俱刺天，閭閻繚繞接山巔。楓林橘樹丹青合，複道重樓錦繡懸。
瀼東瀼西一萬家，江南江北春冬花。背飛鶴子遺瓊蘂，相趁鳧雛入蔣牙①。
東屯稻畦一百頃，北有澗水通青苗。晴浴狎鷗分處處，雨隨神女下朝朝。
蜀麻吳鹽自古通，萬斛之舟行若風。長年三老長歌裏，白晝攤錢高浪中。
武侯祠堂不可忘，中有松柏參天長。干戈滿地客愁破，雲日如火炎天凉。

成都曲　　　　　　　　　　　　　　　　　　　　　　　　　（唐）張　籍

錦水近西烟水綠，新雨山頭荔枝熟。萬里橋邊多酒家，遊人愛向誰家宿？

井　絡　　　　　　　　　　　　　　　　　　　　　　　　　（唐）李商隱

井絡天彭一掌中，漫誇天設劍爲峰。陣圖東聚燕江口②，邊柝西懸雪嶺松。堪嘆故君成杜宇，可能先主是真龍。朅來爲報奸雄輩③，莫向金牛訪舊蹤。

中元甲子以辛丑駕幸蜀　　　　　　　　　　　　　　　　　　（唐）羅　隱

邪氣奔屯瑞氣移，清平過盡到艱危。縱饒犬彘迷常理，不奈豺狼幸此時。九廟有靈思李令，三川悲憶恨張儀。可憐一曲《還京樂》④，重對紅蕉教蜀兒。

蜀　中　三首　　　　　　　　　　　　　　　　　　　　　　（唐）鄭　谷

馬頭春向鹿頭關，遠樹平蕪一望閒。雪下文君沽酒市，雲藏李白讀書山。江樓酒恨黄梅後，村落人歌紫芊間。堤月橋烟好時景，漢庭無事不征蠻⑤。

---

① 蔣：原作"漿"，據庫本、朱本、鄒本、本集、《集注杜詩》改。《文選·蜀都賦》："攅蔣叢蒲。"王逸注云："蔣，菰名。"
② 燕江：無考，清朱鶴齡《李義山詩集注》卷二下謂"燕"當作"夔"，《全唐詩》卷五四○注云："一作夔。"朱本、鄒本徑改作"夔"，疑是。又《唐詩鼓吹》卷七作"烟"，亦通。
③ 朅：《李義山詩集》《全唐詩》作"將"。
④ 可：原作"不"，據庫本、朱本、鄒本、《羅昭諫集》卷三改。
⑤ 征：原作"經"，據庫本、《雲臺編》卷下改。

夜多無雨曉生烟①,草色嵐光日日新。蒙頂茶畦千點露,浣花箋紙一溪春。揚雄宅在唯喬木,杜甫臺荒絶舊鄰。却共海棠花有約,數年留滯不歸人。

渚遠江清碧簟紋②,小桃花繞薛濤墳。朱橋直指金門路,粉堞高連玉壘雲③。窗下斲琴翹鳳足④,波中濯錦散鷗群。子規夜夜啼巴樹,不並吳鄉楚國聞。

錦城曲 （五代）溫庭筠

蜀山攢黛留晴雪,簳笋蕨芽縈九折。江風吹巧剪霞綃,花上千秋杜鵑血。杜鵑飛入巖下叢,夜叫思歸山月中。巴水漾情情不盡,文君織得春機紅。怨魄未歸芳草死,江頭學種相思子。樹成寄與望鄉人,白帝荒城五千里。

新都行 （五代）歐陽詹

縹緲空中絲,蒙籠道傍樹。翻兹葉間吹,惹彼花上露。悠揚絲意去,苒蒻花枝往。何計脱纏綿?天長春日暮。

益昌行 並序 前 人

貞元年中,天子以工部郎中、興元少尹吳興沈公長源牧利州。其爲政五年,予旅遊由於利,睹人安俗阜,歆所以美,作詩一章。利州故益昌郡也,目曰《益昌行》。詩曰:

驅馬至益昌,倍驚風俗和。耕夫壟上謠,負者途中歌。處處川復原,重重山與河。人烟遍餘田,時稼無閑坡。問業一何修?太守德化加。問身一何安?太守恩懷多。賢哉我太守,在古無以過。愛人甚愛子,理邦如理家。雲雷既奮騰,草木遂萌芽。乃知良二千,德足爲國華。今時固精求,漢帝非徒嗟。四氣有青春,衆植佇揚葩。期當說霖雨⑤,天下同滂沱。

---

① 烟:庫本、本集作"塵"。
② 渚:原作"清",據上引改。
③ 堞:原作"蝶",據萬曆以下各本及本集改。
④ 斲:本集及《全唐詩》卷六七六作"斷"。
⑤ "期當"句:《歐陽行周文集》卷三、《文苑英華》卷二九三、《全唐詩》卷三四九均作"期當作説霖",當是。按:"説霖"即傅説霖雨。僞《尚書·説命上》:"若歲大旱,用汝作霖雨。"唐李繁《鄴侯外傳》:"雖夷吾騏驥、傅説霖雨,何可以及兹?"

蜀國弦　　　　　　　　　　　　　　　　　　　　　　　（唐）李　賀

楓香晚花靜，錦水南山影。驚石墜猿哀，行雲愁半嶺①。涼月生秋浦，玉沙鱗鱗光②。誰家紅淚客，不忍過瞿唐。

蜀國偶題　　　　　　　　　　　　　　　　　　　　　　（唐）錢　珝

忽憶明皇西幸時，暗傷潛恨竟誰知？佩蘭應語宮臣道："莫向金盤進荔枝。"

黔中書懷③　　　　　　　　　　　　　　　　　　　　　　（唐）竇　群

萬事非京國，千山擁麗譙。佩刀看日曬，賜馬傍江調。言語多重譯，壺觴每獨謠④。沿流如著翅，不敢問歸橈。

成　都　　　　　　　　　　　　　　　　　　　　　　　　（宋）楊　億

五丁力盡蜀川通，千古成都綠酎濃。白帝倉空蛙在井，青天路險劍爲鋒。漫傳西漢祠神馬，已見南陽起臥龍。張載勒銘堪作戒，莫矜函谷一丸封。

成　都　　　　　　　　　　　　　　　　　　　　　　　　（宋）劉　筠

鏤膚剽俗恣遊遨⑤，或得蹲鴟號富饒⑥。井絡共知天與險，蠶叢無奈世興妖。杜鵑積恨花如血，諸葛遺靈柏半燒。才似文園何足道，一生琴意祇成痟。

---

① 行：《李賀詩集》卷一作"竹"。
② 鱗鱗：本集作"粼粼"。
③ 書懷：《竇氏聯珠集》卷三、《全唐詩》卷二七一作"書事"。
④ 謠：原作"搖"，據本集、《唐詩紀事》卷三一、《瀛奎律髓》卷四三、《全唐詩》改。謠猶歌也。
⑤ 遊：原作"邊"，據《西崑酬唱集》卷上改。
⑥ 或：上引作"可"。

成　都

（宋）錢惟演①

武侯千載有餘靈②，盤石刀痕尚未平。巴婦自饒丹穴富，漢庭還責碧砮征③。雨經蜀市應和酒，琴到臨邛別寄情。知有忠臣能叱馭，不論雲棧更崢嶸。

悼蜀詩④

（宋）張　詠

蜀國富且庶，風俗矜浮薄。奢僭極珠貝，狂佚務娛樂。虹橋吐飛泉，烟柳閉朱閣。燭影逐星沉，歌聲和月落。鬭鷄破百萬，呼盧縱大噱。遊女白玉瑱，驕馬黃金絡。酒肆夜不扃，花市春漸作⑤。禾稼暮雲連，紈繡淑氣錯。熙熙三十年，光景倏如昨。天道本害盈，侈極禍必作。當時布政者，罔思救民瘼。不能宣淳化，移風復儉約。性情非方直，多為聲色著。從欲竊虛譽，隨俗縱貪攫⑥。蠶食生靈肌⑦，作威姿暴虐。佞罔天子聽，所利唯剝削。一方忿恨興，千里攘臂躍。火氣烘寒空，雪彩揮運鍔。無人能却敵，何暇施擊柝？害物黷貨輩，皆為白刃爍。瓦礫積臺榭，荊棘迷城郭。里第鎖苔蕪，庭軒喧燕雀。斗粟金帛市，束芻羅綺博。悲夫驕奢民，不能飽葵藿。朝廷命元戎⑧，帥師蕩凶惡。虎旅一以至，鴞巢一何弱！燎毛焰晶熒，破竹鋒熠爚。兵驕不可戢，殺人如戲謔。悼耄皆麗誅，玉石何所度？未能翦強暴，爭先謀剽掠。良民生計空，睗死心殞穫。四野搆豺狼，五畝孰耕鑿⑨？出師不以律，餘孽何由却？俾夫熾蜂蠆⑩，寡術能籠絡。邊陲未肅清，胡顏食天爵？世方尚奔競，誰復振蹇諤。黃屋遠萬里，九重高寥廓。時稱多英雄，才豈無衛、霍？近聞命良臣，拭目觀奇略。

---

① 惟演：原作"鼸"，據庫本、《西崑酬唱集》卷上改。按：庫本作"錢思公"，惟演卒謚曰思，時人亦稱思公。
② 餘：《西崑酬唱集》作"遺"。
③ 責：原作"負"，據《西崑酬唱集》改。
④ 按：《乖崖文集》卷二、《茅亭客話》卷六載此詩有長序，《成都文類》卷二及本書已刪去。
⑤ 漸作：本集、《茅亭客話》《成都文類》作"慚作"。
⑥ 俗：本集作"性"。
⑦ 肌：原作"飢"，據本集、《茅亭客話》改。
⑧ 命：原作"僉"，據上引改。
⑨ 此句之下，《茅亭客話》尚有"黔首不安堵，炎如居鼎鑊"二句。
⑩ 俾：本集作"鄙"。按：《茅亭客話》《皇朝文鑑》卷一四均作"俾"，不誤。

成都書事百韻詩 並序

(宋) 薛　田

　　金疁奧壤，玉壘名區。風物尚饒，曠古稱最。僕守兹職任，五年載至。初則木牛流馬，馳八使以均財；次則皂蓋朱幡①，奉一麾而作鎮。歷覽勝異，慷慨興懷。古人曰：非感發不可以言詩，非聲詩不可以導志。故言成志激，流爲美談。偶因公退，輒作《成都書事》七言一百韻。止陳乎益都事迹，罔暇以外景加諸。庶幾謬發於斐然，詎敢芳揚於作者？其詩曰：

　　混茫丕變造西阡，物象熙熙被一川。易覺錦城銷白日，難歌蜀道上青天。雲敷牧野耕桑雨，柳拂旗亭市井烟，院鎖玉溪留好景，坊題金馬促繁弦。風流鋪席堆紅豆，瀟灑門庭映碧鮮。表狀屢言同穎穗，敕書頻獎並生蓮。旋科杞樹炊香稻，剩種豌巢沃晚田。仁宅不隳由政立，議閫無取任情遷。民知禮遜蠶叢後，俗尚奢華逯古先。繞郭波濤來浩浩，歸朝歧路去綿綿。乍回黑水將成道，潛到青羊恐遇仙。靚女各攻翻樣繡，袨商兼制砑綾箋②。壚邊泛蟻張裙幄，江上鳴鼉簇彩船。石笋崚嶒衙對峙，琴臺恢闊寺相連。群葩艷裏珍禽語，百草香中瑞獸眠。喜趣必臻尤佇望，勝遊爭倦更遷延。早荷葉底蹲鷗伏，樱樹梢頭亂蝶穿。鹺發牢盆渾棄鹵，鐵資圜法免鈺鉛。豐饒物態寧殊越？美麗姝姬酷類燕。西海號雄彰傳記，南康詞健積銘鐫。良工手技高容學，妙隱丹方秘不傳。倚劍靈關凌絶頂，夢刀孤壘削危巔。金華巷陌遺三品，石鏡伽藍露一拳。信落荆州隨鼓枻，檢頒芝闕聽摇鞭。若量内地寒暄異，且在遐陬水陸全。渝舞舊云傳樂府，巴談誰曰繫言詮？九包綰就佳人髻，三鬧裝成子弟韉。欲辨坤維尋地理，纔臨益部認郊塵。文翁室暗封苔蘚，葛亮祠荒享豆籩。貨出軍儲推賑濟，轉行交子頌輕便。氣蒸蒟蒻根鬖潤，日罩梗枏樹影圓。藥市風光蟲蟄外，花潭遨樂鴞鳴前。聚源待擬求鳧氏，貯怨那能雪杜鵑？叢植森榮還蓊蔚，夾流湍迅迴潺湲。鮮明機杼知無算，細碎錐刀不啻千。合伴鴉鬟齊窈窕，對陪霓袖競翩翾。五門冷映岷峨雪③，千里爰疏灌畎泉。茂盛八紘宜得最，膏腴十道比俱偏。袁滋不到生無分，段相重來宿有緣。款召相如登兔苑，驟遷太白步花甎。葳蕤草木時爲瑞④，奇秀江山代産賢。曉後細風紅灼灼，夜中微雨碧芊芊。錦亭焰燭明觳障⑤，繡閣香毯暖熨氈。寶塔徘徊停隼旐，觀街雜沓擁輜軿。醶釅

---

① 幡：譚校作"旛"。按：《成都文類》卷二作"旛"，較勝。《漢書·景帝紀》："令長吏二千石車朱兩轓，千石至六百石朱左轓。"顔師古注引應劭曰："車耳反出，所以爲之藩屏，翳塵泥也。"

② 砑綾：原作"呀絞"，據庫本、朱本、鄒本改。周邦彦《片玉詞·虞美人》："砑綾小字夜來封。""砑綾"，即磨光之綾。"呀絞"無義，蓋形近致誤。

③ 冷：原作"泠"，據朱本、鄒本、《成都文類》改。岷：原作"眠"，據庫本、朱本、鄒本、《成都文類》改。

④ 葳：原作"藏"，據庫本、朱本、鄒本、《成都文類》改。

⑤ 觳：庫本、朱本、鄒本作"歌"。

引架家家郁，躑躅攀條處處妍。重愛魯儒提德柄，威降曹將董戎旃。歡謠少負賓人勇，長講多經楚客禪。似簇綺羅偏焕燿，如流車馬倍喧闐。楷機顯綽名堪録，題柱芬芳事莫捐。李特鋒鋩徒恃險，張儀規畫自持顛。鷹揚事業成悠久，烏合姦雄敗轉旋。漫向鼎分澄霸道，却當黿化驗都鄽。強貪楚滅悲傾轍，廣洽堯詢喜慕羶。側弁猖狂抛玉琕，歸鞍酩酊墜金鈿。氛埃屏息雲常覆，稼穡繁滋澤靡愆。睿聖宵衣垂乃睠，貴臣馳駟每傳宣①。石牛邁路加歆饗，江瀆隆區助潔蠲。避暑亭臺珍簟設，縱開池沼釣絲牽②。遮蠻帶礪長能固，捍蜀金湯遠益堅。何武甲科曾繼踵，嚴遵卜兆罕差肩③。儲書競印諸家集，博識咸修百氏箋。紙硾暮春臨岸漖，水樽春注截河壖。華嚴像閣涼堪愛，净衆松溪僻可憐。學射崔嵬横庵䨄，放生寬廣媚漪漣。薛庭嫩笋青籛籛，風檻新荷緑扇扇。守戍貔貅千萬騎，采莩簪笏兩三員。清江瀉執方流巺，大面盤形正壓乾。電掃谷風藏虎嘯，雷瞋官樹灑龍涎。邵占遇應星舒彩，欒噢端聆火撲燃。令範式驅民欪欪，咨謀疇倚道平平。性寒甘蔗猱偷齧，體膩芭蕉蠹莫沿。誌讀備興重掩卷，史看唐幸懶終篇。雕盤姹女呈酥作，水巷癡童颭紙鳶。初下鹿頭迷鄂杜，暫來犀浦誤伊瀍。變秦言語生皆會，戀土情懷死不悛。結厦斧斤宗簡易，入神丹鑊勵精專。柳堤夜月珠簾卷，花市春風繡幕褰。十縣版圖分户籍，一城牌肆繫民編。受辛滋味饒薑蒜，劇饌盤餐足鮪鱣。月季冒霜秋肯挫，荔支衝瘴夏宜然。幾番蘂箐鳴虛籟，是個園林噪懶蟬。蠢動乘時先養育，菁英屆候別陶甄。地丁葉嫩和嵐采，天蓼牙新入粉煎。平代啓閫聞繼岌④，監軍憑軾見劉焉。蕙蘭馥裛幽蹊畔，菱芡交鋪曲島邊。繒網晚晴誇蹴踘，畫繩寒食戲鞦韆。氤氲紫霧濛都邑，縹緲彤霞聚偓佺。螭伏自然銷劍戟，螻翻幾度起戈鋋。宦遊止嘆音塵闊，鄉飲何驚歲月遄。靈壽桃枝奇共結，金砂銀鑠貴相聯。埋輪昔按均輈命，叱馭今分太守權。徒爲行春飛皂蓋，詎能許國報青錢？政經旋考尤多僻，民瘼深求尚未痊。雖愧袴襦非叔度，且期毫墨有馮涓。俛遵廉察思從訓，克謹操修敢好畋？南市醉過攢幟隊，西樓歡坐列瓊筵。煩囂謹畏傷淳厚，慧黠周防近巧諞。重禄省心宜致寇，薄材莊貌若臨淵。扶危頗異巢居幕，勸善還同矢在弦。叨苾一麾康遠俗，等閑光景又三年。

成　都　　　　　　　　　　　　　　　　　　　　　（宋）宋　祁

風物繁雄古奧區，十年儈父巧論都。雲藏海客星間石，成都有一石，人傳嚴君平所辨星石，今在嚴真觀。花識文君酒處壚。兩劍作關屏對繞，二江聯派練平鋪。此時全盛超西漢，還有淵、雲抒頌無？

---

① 駟：原作"日"，據朱本、鄒本改。
② 開：原作"閑"，據《宋詩紀事》卷九改。
③ 嚴遵：原作"嚴真"，據《成都文類》改。
④ 岌：原作"笈"，據庫本、鄒本、《宋詩紀事》改。繼岌，即後唐李繼岌，見《舊五代史》卷五一。

成都行 　　　　　　　　　　　　　　　　　　　　　（宋）陸　游

倚錦瑟，擊玉壺，吳中狂士遊成都。成都海棠十萬株，繁華盛麗天下無。青絲金絡白雪駒，日斜馳遣迎名姝。胭脂褪盡見玉膚，綠鬟半脫嬌不梳。吳綾便面對客書，斜行小字密復疏。墨君秀潤瘦不枯，風枝雨葉蕭蕭殊。月浸羅襪清夜徂，滿身花影醉索扶。東來此歡墮空虛，坐悲星霜點鬢鬚。易求合浦千斛珠，難覓錦江雙鯉魚。

夢至成都悵然有作 二首 　　　　　　　　　　　　　　　　前　人

春城小陌錦城西，翠箔珠簾客意迷。下盡牙籌閑縱博，刻殘畫燭戲分題。紫氍毹暖帳中醉，紅叱撥驕花外嘶。孤夢凄涼身萬里，令人憎殺五更雞。

宦途元不羨飛騰，錦里豪華壓五陵。紅袖引行遊玉局，華燈圍坐醉金繩。階前汗血洮河馬，架上霜毛海國鷹。世事轉頭誰料得，一官南去冷如冰。

雪中懷成都 　　　　　　　　　　　　　　　　　　　　　前　人

憶在西川遇雪時，繡筵處處百花圍。烏絲闌展新詩就，油壁車連小獵歸。感事鏡鸞悲獨舞，寄書箏雁恨慵飛。愁多自是難成醉，不為天寒酒力微。

成都書事 　　　　　　　　　　　　　　　　　　　　　　前　人

劍南山水盡清暉，濯錦江邊天下稀。烟柳不遮樓閣斷，風花時逐馬頭飛。芼羹笋似稽山美，斫膾魚如笠澤肥。客報城西有園賣，老夫白首欲忘歸。

涪　州 　　　　　　　　　　　　　　　　　　　　　　　前　人

古壘西偏曉繫舟，倚闌搔首思悠悠。欲營丹竈竟無地，不見荔枝空遠遊。官道近江多亂石，人家避水半危樓。使君不用勤留客，瘴雨蠻烟我欲愁。

涪　州　　　　　　　　　　　　　　　　　　　　　　　　　　　（宋）馬提幹

地居襟喉重①，城依雉堞堅。東漸鄰楚分，南望帶夷邊。舟楫三川會，封疆五郡連。人烟繁峽內，風物冠江前。溪自吳公邑，園由妃子傳。許雄山共峻，馬援壩相聯。灘急群潴沸②，崖高落馬懸。石魚占稔歲，鐵櫃驗晴天。地暖冬無雪，人貧歲不綿。巖標山谷字③，觀塑爾朱仙。

涪　州　　　　　　　　　　　　　　　　　　　　　　　　　　　（宋）宋　翰④

錦繡洲猶在，熊羆夢已無。文風齊兩蜀，仙洞接三都。白石從天設，青崖見地圖。荔枝妃子國，不復曩時輸。

彭山縣君居　　　　　　　　　　　　　　　　　　　　　　　　（宋）文　同

公館靜寥寥，園亭景物饒。溪光明短彴，樹影蔭危譙⑤。山鳥忽雙下，池魚時一跳⑥。主人王事簡，文酒日逍遥。

廣　安⑦　　　　　　　　　　　　　　　　　　　　　　　　　　（宋）何志熙

欲説賓城好，先誇方物妍。金羹收稻後，紅臘落梅前。照坐梨偏紫，堆盤荔更鮮。雪藤尤異產，應不數花箋。

---

① "地居"句：《方輿勝覽》卷六一引此詩作"地據咽喉重"。
② 潴：上引作"猪"。
③ 巖標山谷字：原作"嚴標山谷字"，據上引改，謂黃山谷之題字。
④ 宋翰：原作"宋輪"，據《方輿勝覽》卷六一、《蜀中廣記》卷一九改。
⑤ 譙：原作"醮"，據庫本、朱本、鄒本、《丹淵集》卷八改。
⑥ 池：原作"時"，據本集改。庫本作"溪"。
⑦ 《錦繡萬花谷續集》卷一三"廣安軍"下錄此詩，注云："憲使（按：即提點刑獄）何志熙詠賓城景物之勝。"

蜀國弦

(明) 劉 基

　　胡笳拍斷玄冰結，湘靈曲終斑竹裂。爲君更奏《蜀國弦》，一彈一聲飛上天。蜀國周遭五千里，峨眉迢迢連玉壘。岷嶓出水作大江，地耆天浮戒南紀。舒爲五色朝霞暉，慘爲虎豹嘷陰霏①。翕爲千嶂雲雨入，噓爲百里雷霆飛。白鹽雪消春水滿，谷鳥相呼錦城暖。巴姬倚歌漢女和，楊柳壓橋花纂纂。銅梁翠氣通青蛉，碧鷄啼落天上星。山都號風寡鵠泣②，杜鵑嗚咽愁幽冥。商悲羽怒聽未了，窮猿三聲巫峽曉。瞿塘波浪翻九淵③，倒瀉流泉喧木杪。樓頭仲宣羈旅客，故鄉渺渺音塵隔。含悽更聽蜀國音，不待天明頭盡白。

---

① 嘷：原作"噪"，據朱本、鄒本、《誠意伯文集》卷一〇改。
② 鵠：上引作"狐"。
③ 波浪：上引作"噴浪"。

全蜀藝文志卷之六

詩

城郭　　樓閣

奉和嚴中丞西城晚眺　　　　　　　　　　　　　　（唐）杜　甫

汲黯匡君切，廉頗出將頻。直辭才不世，雄略動如神。政簡移風速，詩清立意新。層城臨暇景，絕域望餘春。旗尾蛟龍會，樓頭燕雀馴。地平江動蜀，天闊樹浮秦。帝念深分閫，軍須遠算緡。花羅封蛺蝶，瑞錦送麒麟。辭第輸高義，觀圖憶古人。征南多興緒，事業暗相親。

上白帝城　　　　　　　　　　　　　　　　　　　　前　人

城峻隨天壁，樓高更女牆。江流思夏后，風至憶襄王。老去聞悲角，人扶報夕陽。公孫初恃險，躍馬意何長！

蜀城春望　　　　　　　　　　　　　　　　　　　（唐）崔　塗

天涯憔悴身，一望一沾巾。在處有芳草，滿城無故人。懷材皆得路，失計自傷春。清鏡不堪照，鬢毛愁更新①。

---

① 此聯《衆妙集》《唐百家詩選》卷一七、《瀛奎律髓》卷一〇均作"青鏡不忍照，鬢毛應更新"。

覽蜀宮故城作　　　　　　　　　　　　　　　　　　（宋）宋　祁

國破江山老，人亡岸谷摧。鴛飛今日瓦，鹿聚向時臺。故苑猶霏雪，荒池但劫灰。賴遺糊處壤，闇記數殘枚。恨月窺林下，悲風覓隴來。依成狐獨速，失厦燕裴回。廢社纔存樹，陰垣自上苔。有情惟杜宇，長爲故王哀。

觀古魚鳧城　在溫江縣北十五里，有小院。　　　　　　（宋）孫松壽

野寺依修竹，魚鳧迹半存。高城歸野壠，故國靄荒村。古意憑誰問，行人漫苦論。眼前興廢事，烟水又黃昏。

白帝城　　　　　　　　　　　　　　　　　　　　　（宋）宋　肇

江雨霏霏白帝城，秋草未枯春草生。古來戰壘如雲橫，萬里瞿唐斷人行。至今三峽路崢嶸，時清不見更屯兵。荒涼廢堞沒春耕，但見牛羊日西平。

白帝城　　　　　　　　　　　　　　　　　　　　　（宋）曾　慥

白帝城頭路，逶迤一徑遥。高堂臨峽口，暴水没山腰。隔岸漁施網，横江鐵貫橋。神妃翻覆手，願賜雨連宵。

白帝城　　　　　　　　　　　　　　　　　　　　　（宋）陳　謙

漢家郡國奄方輿，天覆尊臨北斗居。躍馬建旌何草草，縮蛙緣井共區區。千年雲雨忘遺堞，萬里山河鎮卧廬。悽惻渭營生雨急，永安宮址最先墟。

登成都白兔樓　　　　　　　　　　　　　　　　　　（晉）張　載

重城結曲阿，飛宇起層樓。累棟出雲表，嶢櫱臨太虚。高軒啓朱扉，迴望暢八隅。西瞻岷山嶺，嵯峨似荆巫。蹲鴟蔽地生，原隰殖嘉蔬。雖遇堯湯世，民食恒有餘。鬱

鬱小城中，岌岌百族居。街衢紛綺錯，高甍夾長衢。借問揚子舍，想見長卿廬。程、卓累千金，驕奢擬五侯。門有連騎客，翠帶腰吳鉤。鼎食隨時進，百和妙且殊。披林采秋橘，臨江釣春魚。黑子過龍醢，果饌逾蟹蝑。芳茶冠六清，溢味播九區。人生苟安樂，茲土聊可娛。

登錦城散花樓　　　　　　　　　　　　　　（唐）李　白

日照錦城頭，朝光散花樓。金窗夾繡戶，珠箔縣瓊鉤。飛梯綠雲中，極目散我憂。一作"愁"。暮雨向三峽，春江繞雙流。今來一登望，如上九天遊。

白帝城最高樓　　　　　　　　　　　　　　（唐）杜　甫

城尖徑仄旌旆愁①，獨立縹緲之飛樓。峽坼雲霾龍虎睡②，江清日抱黿鼉遊。扶桑西枝封斷石，弱水東影隨長流。杖藜嘆世者誰子？泣血迸空迴白頭。南充韓士英曰："杜子美登白帝最高樓詩云：'峽坼雲霾龍虎臥，江清日抱黿鼉遊。'此乃登高臨深，形容疑似之狀耳。雲霾坼峽，山木蟠拏，有似龍虎之臥；日抱清江，灘石波蕩，有若黿鼉之遊。余因悟舊注之非。其云'雲氣陰黯，龍虎所伏；日光圓抱，黿鼉出曝'，真以爲四物矣。即以杜證杜，如'江光隱映黿鼉窟，石勢參差烏鵲橋'，同一句法同一解也。蘇子《赤壁賦》云：'踞虎豹，登虬龍，攀栖鶻之危巢，俯馮夷之幽宮。'亦是此意，豈真有烏鵲、黿鼉、虬龍、虎豹哉！"

晚夏登張儀樓呈院中諸公　　　　　　　　　（唐）段文昌

重樓窗戶開，四望斂烟埃③。遠岫林端出，清波城下迴。乍疑蟬韻促，稍覺雪風來。併起鄉關思，銷憂在酒杯。

---

① 仄：原作"異"，不通，朱本、鄒本、《杜工部集》卷一四作"昃"，亦非，今據《集注杜詩》卷三一改。仄，狹小。

② 睡：《杜詩詳注》作"臥"。

③ 斂：原作"劍"，據萬曆本、朱本、鄒本、《唐詩紀事》卷五〇、《全唐詩》卷三三一改。

奉陪段相公晚夏登張儀樓①   （唐）姚　向

秦相架群材，登臨契上臺。查從銀漢落②，江自雪山來。儷曲親流火，凌風洽小杯。帝鄉如在目，欲下盡徘徊。

奉陪段相公晚夏登張儀樓   （唐）温　會

危軒重疊開，訪古上徘徊。有舌嗟秦策，飛梁認楚材。雲霄隨鳳到，物象爲詩來。欲和關山意，巴歌調更哀。

奉陪段相公晚夏登張儀樓   （唐）楊汝士

從公城上來，秋近絶纖埃。樓古秦規在，江分蜀望開。遠山標宿雪，末席忝寒灰。陪賞今爲忝，臨歡敢訴杯！

奉陪段相公晚夏登張儀樓   （唐）李敬伯

層屋架城隈，賓筵此日開。文鋒摧八陣③，星分應三台。望雪煩襟釋，當歡遠思來。披雲霄漢近④，蹔覺出塵埃。

奉陪段相公晚夏登張儀樓   （唐）姚　康

登覽值晴開，詩從野思來。蜀川新草木，秦日舊樓臺。池影摇中座，山光接上臺。近秋宜晚景，極目斷浮埃。

---

① 原題作"同前"，據《全唐詩》卷三一改。以下四首並同。
② 查：《成都文類》卷二作"槎"，二字通。
③ 八陣：原作"八韻"，據《唐詩紀事》卷五〇、《全唐詩》卷三三一改。
④ 霄漢近：原作"霄近漢"，據萬曆本、庫本、朱本、鄒本、《唐詩紀事》《成都文類》卷二乙。

散花樓　　　　　　　　　　　　　　　　　　　　　（唐）張　祐

錦江城外錦江頭，迴望秦川上軫憂。正值血魂來夢裏，杜鵑聲在散花樓。

趙王樓詩並序① 　　　　　　　　　　　　　　　　　（唐）樊宗師②

綿之城，帝獦獢③，掀明威。彌石硝，馳涪瀨。左陵凌紅④，穟，簪天地。送行癸壬，且掬跎踢於西北，蟠紅頹青⑤。越王貞故爲樓⑥，重軒疊飛，門明窗蒙傘⑦。寒寒予始登，謂日月昏曉，可窺其背，雷電合，風雲遘，霜辛露酸，星辰介行，神鬼變化。草木顯⑧，繡髻御⑨，蓑芰皆可察極。既縈視其江帶⑩，又極視其土崗。斷暴遠近，山嶔嶔，若閩之東皇。天原開，見荆山，我可黄河⑪，矙然爲曲直。淚雨落，不可掩，因口其心曰：無害苦其目⑫，果星星過歸⑬。尚悲不能解，重爲詩以釋，益不可。顧謂郡中諸君，能無有意綴以華艷，其念蓄云。

危樓倚天門，如闉星辰宫。榱薄龍虎怪⑭，泂泂繞雷風。徂秋試登臨，大䨮屯喬

---

① 《唐詩紀事》卷三四錄此篇，題作《蜀綿州越王樓詩》。
② 樊宗師：原作"樊紹述"，下注"刺史"二字。按：紹述乃宗師字，今統一體例改爲名。樊宗師，元和間人，曾任綿州刺史，《新唐書》卷一五九《樊澤傳》有附傳。
③ 獢：《唐詩紀事》《全唐詩》卷三六九作"撅"。按："撅"與"揭"同，"獢"與"獦"同，未知孰是。樊宗師之文以晦澀著稱，此序亦多不可曉。
④ 左陵："陵"，原作"凌"，據《唐詩紀事》《蜀中廣記》卷九、《全唐詩》改。
⑤ 頹：原作"頳"，字書不見此字，今據《唐詩紀事》《全唐詩》改。
⑥ 貞故：原作"正欲"，據《唐詩紀事》《蜀中廣記》《全唐詩》改。綿州越王樓乃唐顯慶中太宗子越王貞爲刺史時所建。
⑦ 《唐詩紀事》無"明"字。
⑧ 顯：原作"頌"。按："頌"爲腮後，於此無義，今據《蜀中廣記》《全唐詩》改。
⑨ 御：《唐詩紀事》《全唐詩》作"衘"。
⑩ 既：原無，據《唐詩紀事》《蜀中廣記》《全唐詩》補。
⑪ 可：上引作"其"。
⑫ 苦：上引作"若"。目：《蜀中廣記》作"日"，《全唐詩》作"自"。
⑬ 果：《蜀中廣記》作"杲"，似以"若其日杲"爲句。
⑭ 此句《唐詩紀事》作"榱題薄龍怪"。

空①。不見西北路②，老懷益凋窮③。石瀨薄濺濺，土山杳穹穹④。昔人愴爲逝，所適酡顏紅。今我茲之來，猶校成歲功。畷田植科畝，遊圃歌芳叢。地財無叢厚⑤，入室安取豐。既乏富庶能，千萬慚文翁。

北　　樓　　　　　　　　　　　　　　　　　　　　　　　　（宋）宋　祁

少城西北之高樓，此地蒼茫天意秋。驚風白日忽已晚，落葉長年相與愁⑥。極塞雲物自慘澹，趨林烏雀時啁啾。纓上朔塵久不洗，安得手弄滄江流？

西樓夕坐　　　　　　　　　　　　　　　　　　　　　　　　　　　　前　人

炎氛隨日入，岑寂坐遙帷。倦鶩昏投浦，驚蟬夜去枝。桂華兼月破，槎影帶星移。珍重窗風好，羲人即此時⑦。

陪孫之翰太博登成都樓　　　　　　　　　　　　　　　　　　　（宋）張　俞

齦齦古之人，傷心《廣陵》廢。遂弦蕪城歌，半夜一揮涕。蕙紉隨草衰，藻黼歸塵翳。魂石斂丘封，歌堂從水逝。薰光杳沈滅，吞恨徒千歲。我懷吳蜀國，禍亂若符契。目覽臺殿墟⑧，心感君王世。干戈日馳逐，狼虎爭吞噬。山河寶天塹，城闕巍地肺。霸力不久炎，倏忽如焚薙。空餘萬雉城，岌倚寒雲際。麋鹿玩苹陰，狐狸栖棘衛。江漢含嗚咽，岷峨抱迢遞。荒村烟火遙，落日寒風厲。因知市朝人，自古悲興替。

散花樓　　　　　　　　　　　　　　　　　　　　　　　　　（宋）喻汝礪

濯錦江邊莎草濃，散花樓畔夭芙蓉。蜀山疊疊修門遠，誰把丹心問李鄘？唐討淮蔡，

---

① 空：原作"宫"，據《唐詩紀事》《蜀中廣記》《全唐詩》改。
② 北：原作"地"，據上引改。
③ 老：原作"考"，據鄒本、《蜀中廣記》改。
④ 穹穹：原作"窮窮"，據《唐詩紀事》《蜀中廣記》《全唐詩》改。
⑤ 叢：《蜀中廣記》作"聚"。
⑥ 落葉：朱本、鄒本、《成都文類》卷二作"落日"。
⑦ 羲人：朱本、鄒本、《成都文類》卷二作"羲皇"。
⑧ 墟：原誤置於下句"君王"下，據萬曆本、庫本、朱本、鄒本乙。

李廊籍帑藏以獻。由是諸道皆助軍費，自廊倡之。

樓上醉歌　　　　　　　　　　　　　　　　　　　　　　（宋）陸　游

我遊四方不得意，陽狂施藥成都市。大瓢滿貯隨所求，聊爲疲民起憔悴。瓢空夜靜上高樓，買酒卷簾邀月醉。醉中拂劍光射月，往往悲歌獨流涕。剗却君山湘水平，斫却桂樹月更明。丈夫有志苦難成，修名未立華髮生。

芳華樓賞梅　　　　　　　　　　　　　　　　　　　　　　　　前　人

素娥竊藥不奔月，化作江梅寄幽絶。天工丹粉不敢施，雪洗風吹見真色。出籬藏塢香細細，臨水隔烟情脉脉。一春花信二十四，縱有此香無此格。放翁年來百事惰，惟見梅花愁欲破。金壺列置春滿屋，寶髻斜簪光照坐。百榼淋漓玉罌飛，萬人辟易銀鞍過。不惟豪橫壓清臞，聊爲詩人洗寒餓。

犍爲江樓　　　　　　　　　　　　　　　　　　　　　　（宋）范成大

河邊堵立看歸篷，三老開頭暮欲東。漲水稠灘連峽内，淺山浮石似湘中。無人驛路榛榛草，有客江樓浩浩風。種落塵消少公事，賸裁新語寄詩筒。_{縣令師永錫同年能詩。}

西樓獨上　　　　　　　　　　　　　　　　　　　　　　　　　前　人

竹日駐微暑，松風生早秋。閑尋來處路，獨倚静中樓。老景驅雙轂，鄉心挽萬牛。相隨木上坐，脚底亦雲浮。

西樓秋晚　　　　　　　　　　　　　　　　　　　　　　　　　前　人

樓前處處長秋苔，俯仰璫杓又欲回。殘暑已隨涼燕去①，小春應爲海棠來。客愁天遠詩無託，吏案山橫睡有媒。晴日滿窗鳧鶖散，巴童來按鴨爐灰。

---

①　涼：庫本、《石湖居士詩集》卷一七作"梁"。

冬至日銅壺閣落成　　　　　　　　　　　　　　　　　　　　　　　　前　人

走遍人間行路難，異鄉風物雜悲歡。三年北户梅邊暖，萬里西樓雪外寒。已辦鬚霜供歲篇，仍拚髀肉了征鞍。故園雲物知何似？試上東樓直北看。

萬景樓 在漢嘉城中山上，登覽勝絕，殆冠西州。予令畫工作圖以歸。山谷來遊時，但有安樂園，未有此樓也。　　　　　　　　　　　　　　　　　　　　　前　人

左披九頂雲，右送大峨月。殘山剩水不知數，一一當樓供勝絕。玻璃、濯錦遥相通，指揮大渡來朝宗。川靈胥命各東去，我亦順流呼短蓬。詩無傑語慚風物，賴有丹青傳小筆。仍添書客倚欄看，令與山川相映發。龍鸞歸路繞烏尤，棟雲簾雨邀人留。若爲喚得涪翁起，題作西南第一樓。

別後寄題漢嘉月榭 陸務觀所作。　　　　　　　　　　　　　　　　　前　人

隱吏詩情卜築幽，同年同年，謂王子蒼①。惜別勸淹留。試傾萬景萬景，嘉州酒名。湖亭湖亭，明月湖也②，在州治前方，作旗亭月榭③，正直大峨，取太白"峨眉山月"之語以名。傍有一巖，景趣尤佳，子蒼欲作樓未果。酒，來看半輪江月秋。川路雖長猶共此，夜船空載且歸休。碧巖勝處頻回首，好事誰能更小樓。

制勝樓　　　　　　　　　　　　　　　　　　　　　　　　　　　（宋）王延禧

夔子城新築，長江便作壕。欲兼諸面敵，故起北樓高。即舊基仍峻，因時力不勞。青天纔咫尺，翠壁似周遭。近照東西瀼，遥分上下牢。百蠻歸指掌，三峽見秋毫。帝道方無外，皇威到不毛。三鉤閑夜鎖《圖經》：三鉤鎮置鎖水，即今舊州是也。八陣縱春遨。夔民每歲人日遊八陣磧。守土慚非稱，提兵亦繆叨。經營皆使指，備豫本戎韜。功乏爲山助，名加制勝褒。登臨欲吟咤，深愧杜陵豪。

---

① "同年"至"未果"，底本爲詩序，今據讀月本迻錄於下。
② 湖：原脱，據庫本、《石湖居士詩集》卷一八補。
③ 旗亭：原作"旌亭"，據上引改。

制勝樓　　　　　　　　　　　　　　　　　　　　　　　　（宋）李　燾

畫省容臺記並遊，相思相望幾登樓。路長久嘆音塵絕，事變還驚歲月流。合侍鈞天終雅奏①，却穿巴峽看橫舟。欲酬嘉惠須新語，老覺腸枯不奈搜。

登制勝樓次韻　　　　　　　　　　　　　　　　　　　　（宋）閻蒼舒

百牢關下古夔州，坐鎮休餘只倚樓。赤甲、白鹽齊意氣，葛巾羽扇獨風流。夜閑警柝拋金鎖，春樂熙臺醉玉舟。化國舒長公事少，眼中萬象固神搜。

白雲樓②　　　　　　　　　　　　　　　　　　　　　　（宋）程之才

鷙熊城郭繞蒼崖，萬疊烟嵐亦壯哉！平地窺覸心未愜，重樓徙倚眼初開。披襟風月爭新入，剖目江山破迴來。日落三峨知處所，雲浮雙闕欲崔嵬。胡床不愧庾公興，奕簟還思杜老才。更待攜衾盡清景，夜深欄檻逼昭回。

仁壽寺閣③　　　　　　　　　　　　　　　　　　　　　（宋）程師孟④

半天鐘鼓宴崢嶸，早晚晴陰景旋生。湖暖水香春載酒，月寒雲迥夜聞笙⑤。金鼇破海頭爭並，玉鷺排烟陣自橫。我是蓬萊東道主，倚欄先占日初明。

---

① 侍：朱本、鄒本作"待"。
② 按：《蜀中廣記》卷二一夔州府載有此詩之序，今迻錄於下。序云："漕舍據北山之麓，西園錦石堂又據漕舍之北，地勢最高。歲久且敝，因稍增築，代以重樓，名其上曰白雲樓，中曰秋濤閣，下曰山堂。登覽之勝，甲於一郡。於其成也，不可無記，輒吟詩一篇，爲作者前驅耳。"
③ 按：此題似不確。秦觀《淮海集》卷八有《蓬萊閣》詩，並附程師孟之次韻，即此詩。當題云《秦少游蓬萊閣次韻》。蓬萊閣在仁壽縣。《方輿勝覽》卷五三亦載此詩。
④ 程師孟：原作"程公闢"，按：公闢爲其字，此當署其名，因改。
⑤ 迥：《淮海集》作"白"。

合州望黔樓 　　　　　　　　　　　　　　　　　　　　　　　　　　（宋）羲　光

　　江上望黔樓，望中烟靄浮。微涼生戶牖，新雨過汀洲。遠岫千重疊，清波萬里流。此時何限興，回首寄群鷗。

彭州南樓 　　　　　　　　　　　　　　　　　　　　　　　　　　　（宋）文　同

　　百尺壓城端，飛檐欲上搏。湖光搖埤堄，山影轉欄干。秀野含春構①，喬林擁暮寒。回頭大岷雪，千仞玉巑岏②。

歸雲閣 　　　　　　　　　　　　　　　　　　　　　　　　　　　　（明）安　磐

　　山腰飛鳥回，樹杪泉聲落。尋幽醉不歸，更上歸雲閣。

---

① 春構：《丹淵集》卷五作"春煦"。"構"字當誤。
② 千仞：原作"十仞"，據朱本、鄒本及本集改。

全蜀藝文志卷之七

詩

宮　苑

宣華苑宮詞　　　　　　　　　　　　　　　　　　（前蜀）王　衍

輝輝赫赫浮玉雲，宣華池上月華春①。月華如水浸宮殿，有酒不醉真癡人。"玉雲"，王灼《碧雞漫志》作"五雲"②。

宮詞一百首　　　　　　　　　　　　　　　　　　（後蜀）花蕊夫人

其　一

五雲樓閣鳳城間，花一作"草"。木長新日月閑。三十六宮連內苑，太平天子住崑山。

其　二

會真廣殿約宮牆，樓閣相扶倚太陽。淨甃玉階橫水岸，御爐香氣撲龍床。

其　三

龍池九曲遠相通，楊柳牽絲兩岸風③。長似江南好風景④，畫船來往碧波中。

---

① 春：《蜀中廣記》卷四、《全唐詩》卷九作"新"。
② 《蜀中廣記》亦作"五雲"。按：作"五雲"是。五雲，五色之雲，古人以爲祥瑞。作"玉雲"無義。
③ 牽絲：庫本、朱本、鄒本、《成都文類》卷一五、《三家宮詞》作"絲牽"。
④ 江南：《三家宮詞》作"曲江"。

其　四

東内斜將紫氣通①，龍池鳳苑夾城中。曉鐘聲斷嚴妝罷，院院紗窗海日紅。

其　五

殿庭新立號重光②，島上亭臺盡改張。但是一人行從一作"幸"。處，黃金閣子鎖牙床。

其　六

安排諸院接行廊，水檻周回十里強。青錦地衣紅線一作"繡"。毯，盡鋪蘭麝一作"龍腦"。鬱金香。

其　七

夾城門與內門通，朝罷巡遊到苑中。每日日高祇侯處，滿堤紅艷立春風。

其　八

厨船進食簇時新③，侍坐一作"宴"。無非列近臣。日午殿頭宣索鱠，隔簾一作"花"。催喚打魚人。

其　九

立春日進內園花，紅蕊輕輕嫩淺霞。跪到玉階猶帶露，一時分一作"宣"。賜與宮娃。

其　十

三面宮城盡夾牆，苑中池水白茫茫④。只一作"直"。從獅子門前入，旋見亭臺繞岸傍。

其十一

離宮別院繞宮城⑤，金版輕敲合鳳笙。每夜一作"夜夜"。月明花樹底，傍池長有按

---

① 斜將：《成都文類》作"斜陽"，《三家宮詞》作"斜穿"。氣：朱本、鄒本、《成都文類》《三家宮詞》作"禁"。
② 庭：庫本、《三家宮詞》作"名"。
③ 船：朱本、鄒本下注"一作盤，是"。按：諸書所引多作"船"，更勝。王衍於龍躍池周及池心建宣華苑，周回十里，常宴於其間，故有厨船。
④ 白：原作"自"，據庫本、朱本、鄒本、《成都文類》《三家宮詞》改。
⑤ 繞：原作"達"，據上引改。

歌聲。

其十二

御製新翻曲子成，六宮纔唱未知名。盡將觱篥來抄譜，先按君王玉笛聲。

其十三

旋移紅樹斳青苔，宣使龍池更鑿開。展得綠波寬似海①，水心樓殿勝蓬萊。

其十四

修儀承寵住龍池，掃地焚香日午時。等候大家來院裏，看教鸚鵡念新一作"宮"。詩。一作"詞"。

其十五

六宮官職總新除，宮女安排入畫圖。二十四司分六局，御前相見錯相呼。

其十六

才人出入每相一作"參"。隨，筆研將行繞曲池。能向彩箋書大字，忽防御製寫新詩。

其十七

春風一面曉妝成，偷折花枝傍水行。却被內監一作"爐"，遙覷見，故將紅豆打黃鶯。

其十八

小毬場近曲池頭，宣喚勳臣試打毬。先向畫廊一作"樓"。排御幄，管弦聲動立浮油。

其十九

梨園弟子簇池頭②，小樂攜來候宴遊。試一作"旋"。炙銀一作"紅"。笙先按拍，海棠花下合《梁州》。

其二十

殿前排宴賞花開，宮女侵晨探幾回。斜望苑門遙舉袖，傳聲先一作"宣"。喚近臣來。

---

① 綠：原作"彩"，據《三家宮詞》改。
② 梨：原作"黎"，據庫本、朱本、鄒本、《三家宮詞》改。

其二十一

供奉頭籌不敢爭，上名一作"棚"。專喚近臣名①。內人酌酒爭一作"纜"。宣賜，馬上齊呼萬歲聲。

其二十二

殿前宮女總纖腰，初學乘騎怯又嬌。上得馬來纜似走②，幾回拋鞚抱一作"把"。鞍橋。

其二十三

自教宮娥學打毬，玉鞍初跨柳腰柔。上棚知是官家認，遍遍長贏第一籌。

其二十四

翔鸞閣外夕陽天，樹影花光遠接連。望見內家來往處，水門斜過罨一作"畫"。樓船。

其二十五

內人追逐采蓮時，驚起鳧鷗兩岸飛③。蘭棹把來齊拍水，並船相鬪濕羅衣。

其二十六

新秋女伴各相逢，罨畫船飛別浦中。旋折荷花伴歌舞，夕陽斜照滿衣紅。

其二十七

少年相逐采蓮回，羅帽羅衣巧製裁。每到岸頭長拍水，競提纖手出船來。

其二十八

早春楊柳引長條，倚岸緣牆一面高。"牆"一作"堤"。稱與畫船牽錦纜，暖風搓出彩絲條。

其二十九

婕妤生長帝王家，常近龍顏逐翠華。楊柳岸長春日暮，傍池行困倚桃花。

---

① 上名：朱本、鄒本、《成都文類》《三家宮詞》作"上棚"，較勝。注文"一作棚"原作"一作用"，"用"字無義，必是"棚"字之形訛，逕改。
② 似：《三家宮詞》作"欲"。
③ 鳧：《成都文類》《三家宮詞》作"沙"。

其三十

月頭支給買花錢，滿殿宮人近數千。遇著唱名多不語，含羞走一作"急"。過御床前。"數千"，一作"二千"。

其三十一

太虛高閣凌波殿①，背傍一作"倚"。宮牆面枕池。諸院各分娘子位②，羊車到處不教知。

其三十二

寒食清明小殿傍，彩樓雙夾鬭雞場。內人對御分明看，先賭紅羅十擔床。

熙寧五年，臣安國奉詔定蜀、楚、秦氏三家所獻書可入三館者，令令史李希顏料理之。其書多剝脫。得一敝紙，所書花蕊夫人詩，共三十二首，乃夫人親筆，而辭甚奇，與王建宮詞無異。建之辭自唐至今③，誦者不絕口，而此獨遺棄不見取，前受詔定三家書者又斥去之，甚爲可惜也。臣謹令令史郭祥繕寫入三館；而歸，日誦數篇於丞相安石。明日，與中書語及，而王珪、馮京願傳其本，於是盛行於時。夫人，僞蜀孟昶侍人，事具國史。臣安國謹題④。

花蕊夫人逸詩⑤

其 一

水車踏水上宮城，寢殿檐頭滴滴鳴。助得聖人高枕興，夜深長作遠灘聲⑥。

---

① 凌：《三家宮詞》作"臨"。
② 朱本詩後注："按《輟耕錄》，娘子，俗書也，當作孃，今通爲婦女之稱。"
③ 之辭：原無，據朱本、鄒本補。
④ 按：此跋之"安國"乃王安國（王安石弟，字平甫）。朱本此後續有按語云："《續湘山野錄》云文瑩親於平甫處得副本。王恭簡《續成都集記》纔二十八首，缺後四首。《鐵圍山叢談》：'宮詞百首，別本有全載者。'《苕溪漁隱叢話》：'花蕊逸詩六十六篇，近有好事者旋加搜索而續之。'"
⑤ 按：以下六十六首非花蕊夫人作。除上篇朱本按語所引《苕溪漁隱叢話》外，宋趙與旹《賓退錄》卷一亦云："又別有六十六篇者，乃近世好事者旋加搜索續之，語意與前詩相類者極少，誠爲亂真。"
⑥ 深：《三家宮詞》作"凉"。

其 二

平頭船子小龍床，多少神仙立御傍。旋刺篙竿令過岸，滿江春水蘸紅妝。

其 三

苑東天子愛巡遊，柳岸花堤枕碧流。新教內人工射鴨①，長將弓箭繞池頭。

其 四

羅衫玉帶最風流，斜插銀篦慢裹頭。閑向殿前騎御馬②，掉鞭橫過小紅樓。

其 五

沉香亭子傍池斜，夏日巡遊歇翠華。簾畔越盆盛凈水，內人手裏割銀瓜③。

其 六

薄羅衫子透肌膚，夏日初長板閣虛。獨自凭欄無一事，水風涼處讀文書。

其 七

金畫香臺出露盤，黃龍凋刻繞朱欄。焚修每遇三元日，天子親簪白玉冠。

其 八

六宮一例羅冠子，新樣交鐫白玉花。欲試淡妝兼道服，面前宣與唾盂家。

其 九

三月櫻桃乍熟時，內人相引看紅枝。回頭索取黃金彈，繞樹藏身打雀兒。

其 十

小小宮娥到內園，未梳雲鬢臉如蓮。自從配與夫人後，不使尋花亂入船。

其十一

錦城上起凝烟閣，擁殿遮樓一向高。認得聖人一作"顏"。遙望見，碧欄干映赭黃袍。

---

① 工：《三家宮詞》作"供"。
② "閑向"句：上引作"聞得殿前調御馬"。
③ 割：《三家宮詞》作"剖"。

其十二

大臣承寵賜新莊，梔子園東柳岸傍。每日聖恩親幸到，板橋頭是讀書堂。東院開府①，輔政餘暇，每到苑中。聖人特賜新莊，以修遊宴之所。

其十三

舞頭皆著畫羅衣，唱得新翻御製詞。每日內庭聞教隊，樂聲飛出到龍池。

其十四

春早尋花入內園，競傳宣旨欲黃昏。明朝隨駕遊鹽市②，暗使氈車就苑門③。

其十五

半夜船搖載內家，水門紅蠟一行斜。聖人正在宮中飲④，宣使池頭旋折花。

其十六

春日龍池小宴開，岸邊亭子號流杯。沉檀刻作神仙女，對捧金尊水上來。

其十七

慢梳鬟髻著輕紅，春早爭求芍藥叢。近日承恩移住處，夾城裏面占新宮。

其十八

別色宮司御輦家，黃衫束帶臉如花。深宮內苑參承慣，常從金輿到日斜。

其十九

日高房裏學圍棋，等候官家未出時。常爲一作"爲賭"。金錢爭路數，專憂女伴怪來遲。

其二十

樗蒲冷淡學投壺，箭倚腰身約畫圖。盡對君王稱妙手，一人來謝一人輸⑤。

---

① 開府：原作"開州"，據庫本改。
② 隨駕：《三家宮詞》作"駕幸"。
③ 就：上引作"籠"。
④ 正：原作"止"，據庫本、朱本、鄒本、《三家宮詞》改。
⑤ 謝：庫本、《全唐詩》卷七九八作"射"。

其二十一

慢揎羅袖指纖纖，學釣池魚傍水簾①。忍冷不禁還自去②，釣竿長一作"常"。被別人拈。

其二十二

宣徽院約池南畔，一作"岸"。粉壁紅窗畫不成。總是一人行幸處，徹宵聞奏管弦聲③。

其二十三

丹霞亭浸池心冷，曲沼門含水腳清。傍岸鴛鴦皆有對，時時出向淺沙行。

其二十四

楊柳陰中引御溝，碧梧桐樹擁朱樓。金陵城共滕王閣，畫向丹青也合羞。

其二十五

晚來隨駕上城遊，行到東西百尺樓。回望苑中花柳色，綠陰紅豔滿池頭。

其二十六

牡丹移向苑中栽，盡是藩方進入來。未到末春緣地暖，數般顏色一時開。

其二十七

明朝臘日官家出，隨駕先須點內人。回鶻衣裝回鶻馬，就中偏稱小腰身。

其二十八

盤鳳鞍韉一作"鞍鞯盤龍"。鬧色裝④，黃金腰胯一作"壓胯"。紫游韁。自從揀得真龍種，別置東頭小馬坊。

其二十九

翠輦每隨城畔出，內人相次簇池邊。嫩荷花裏搖船去，一陣香風送水仙。

---

① 簾：庫本、《三家宮詞》作"邊"。
② 冷：原作"令"，據庫本、朱本、鄒本、《三家宮詞》改。
③ 宵：原作"長"，據庫本、《三家宮詞》改。
④ 鬧：《全唐詩》作"閃"。

其三十

高燒紅蠟一作"燭"。點銀燈，秋晚花池景色澄。今夜聖人新殿宿，後宮相競覓祗承①。

其三十一

苑中排比宴秋宵②，弦管挣摐各自調。日晚閣門傳聖旨，明朝盡放紫宸朝。

其三十二

夜深飲散月初斜，無限宮嬪插亂花。近侍婕妤先過水，遥聞隔岸唤船家。

其三十三

宮娥小小艷紅妝，唱得歌聲繞畫梁。緣是太妃新進入，坐前頒賜小一作"彩"。羅箱。

其三十四

池心小樣釣魚船，入玩偏宜向晚天。挂得彩帆教便放，急風吹過水門邊。

其三十五

傍池居住有漁家，收網摇船到淺沙。預進活魚供日料，滿筐跳躍白銀花。

其三十六

秋晚一作"曉"。紅妝傍水行，競將衣袖撲蜻蜓。回頭瞥見宮中唤，幾度藏身入畫屏。

其三十七

御溝春水碧於天，宮女尋花入内園。汗濕紅妝行漸困，岸頭相唤洗花鈿。

其三十八

昭儀侍宴足精神，玉燭抽看記飲巡。倚賴識書爲録事，燈前時復錯瞞人。

其三十九

後宮阿監裹羅巾，出入經過苑囿頻。承奉聖顔憂誤失，就中長怕内夫人。

---

① 競：原作"近"，據《三家宫詞》改。朱本、鄒本作"見"。
② 宴：原作"晏"，據庫本、朱本、鄒本改。

其四十

管弦聲急滿龍池，宮女藏鉤夜宴時。好是聖人親捉得，便將濃墨掃雙眉。

其四十一

密室紅泥地火爐，內人冬日晚相呼。今宵駕幸池頭宿，排比椒房得暖無？

其四十二

三清臺近苑牆東，樓檻層層映水紅。盡日綺羅人度曲，管弦聲在半天中。

其四十三

高亭百尺立春一作"於"。風，引得君王到此中。床上翠屏開六扇，折枝花綻一作"檻花初綻"。牡丹紅。

其四十四

內人新一作"承"。寵賜新房，紅紙泥窗繞畫廊①。種得海柑纔結子，乞求自進與君王②。

其四十五

翡翠簾前日影斜，御溝春水浸成霞。侍臣向晚隨天步，共看池頭滿樹花。

其四十六

金碧闌干倚岸邊，卷簾初聽一聲蟬。殿頭日午搖紈扇，宮女爭來玉座前。

其四十七

嫩荷香撲釣魚亭，水面文魚作隊行。宮女競來池畔立，一作"看"。倚簾呼喚勿高聲。

其四十八

新翻酒令著詞章，侍宴初聞意却忙。宣使近臣傳賜本，總教諸院遍抄將。

其四十九

畫船花舫總新妝，進入池心近島傍。松柏鏤窗楠木版③，暖風吹過四圍香。

---

① 朱本、鄒本注云："《老學庵筆記》：'蜀人謂糊窗爲泥窗，非曾遊蜀者不解。'"
② 進：原作"過"，據萬曆本、庫本、朱本、鄒本改。《全唐詩》作"送"。又朱本、鄒本注云："《輟耕錄》：'世之曰乞求，蓋謂正欲如此也。然唐時已有此語。'"
③ 鏤：朱本、鄒本、《三家宮詞》作"樓"。

其五十

西毬場裏打毬回，御宴先從苑內開。宣索教坊諸伎樂，傍池催喚入船來。

其五十一

年初十五最風流，新賜雲鬟使上頭①。按罷《霓裳》歸院裏，畫樓雲閣總重修。

其五十二

春天睡起曉妝成，隨侍君王觸處行。畫得自家梳洗樣，相憑女伴把來呈。

其五十三

寢殿門前曉色開，紅泥藥樹間花栽。君王未起翠簾卷，宮女更番一作"一發宮人"。上直來。

其五十四

海棠花發盛春天，遊賞無時列御筵。繞岸結成紅錦帳，暖枝低拂畫樓船。

其五十五

晚日宮人外按回②，自牽驄馬出城隈③。御前接得高叉手，射得山雞喜一作"且"。進來。

其五十六

朱雀一作"蠍"。門高苑外開，毬場空闊淨一作"沒"。塵埃。預排白兔兼蒼狗，等候君王按鶻來。

其五十七

會仙觀裏玉清壇，新點宮人作女冠。每度駕來羞不出，羽衣初著怕人看。

其五十八

老人初教作道人，鹿皮冠子淡黃裙。後宮歌舞全拋擲，每日焚香事老君。

其五十九

法雲寺裏中元節，又是官家降誕辰。滿殿香花爭供養，內園先占得鋪陳。

---

① 使：朱本、鄒本注"一作始"，《全唐詩》作"便"。又朱本、鄒本注："《輟耕錄》：今世女子之笄曰上頭。"

② 晚日宮人：《三家宮詞》作"曉日宮人"。

③ 城：《三家宮詞》作"林"。

其六十

酒庫新修近水傍，撥醅初熟五雲漿。殿前供御頻宣索，一作"搜索"。進入花間一陣香。

其六十一

白藤籠掐白銀花，閣子門前一作"當"。寢殿斜。近被宮中知了事，每來隨駕使煎茶。

其六十二

金章紫綬選高班，每每東頭近聖顏。材藝足當恩寵別，只堪供奉一場間。

其六十三

安排竹柵與巴籬，養得新生鵓鴿兒。宣受內家教一作"專"。餵飼，花毛問著總皆知。

其六十四

內人深夜學迷藏，遍繞花叢水岸傍。乘興忽一作"或"。來山洞裏，大家尋覓一時忙。

其六十五

小院珠簾著地垂，院中排比不能一作"相"。知。羨他鸚鵡能言語，窗裏偷教鵓鴿兒。

其六十六

島樹高低約浪痕，島中斜日已一作"欲"。黃昏。樹頭木刻雙飛鶴①，颺起晴空映水門。

今補入宮詞三首

小雨霏微潤綠苔，石闌紅杏傍池開。一枝插向金瓶裏，捧進君王玉殿來②。
錦鱗躍水出浮萍，荇草牽風翠帶橫。恰似金梭擸碧沼，好題幽恨寫閨情。

---

① 木：原作"未"，據萬曆本、朱本、鄒本及《全唐詩》改。
② 按：此首乃宋王珪宮詞，見《華陽集》卷五。

鴛鴦瓦上忽然聲，晝寢宮娥夢裏驚。元是吾王金彈子，海棠窠下打流鶯。"鴛鴦瓦上"一首，趙與時《賓退錄》云"不知名"。李珣《瓊瑶集》以爲王衍宮人李玉篸作①。

晚步宣華舊苑　　　　　　　　　　　　　　　　　　　　（宋）范成大

喬木如山廢苑西，古溝臨水静鳴池②。吏兵悉率更番後，樓閣崔嵬欲暝時。有露冷螢猶照草，無風驚鵲自還枝③。歸來更了程書債④，目眚昏花燭穗垂。

---

① 按：此首，《唐詩紀事》卷四四收入王建宮詞百首中。
② 臨：《石湖居士詩集》卷一七作"疏"，當是。
③ 還：本集"遷"。
④ 程：本集作"塵"。

全蜀藝文志卷之八

詩

江　山　上　附池沼　堤堰　橋梁

登峨眉山　　　　　　　　　　　　　　　　　　　　（唐）李　白

蜀國多仙山，峨眉邈難匹。周流試登覽，絕怪安可悉①。青冥倚天闕②，彩錯疑畫出。泠然紫霞賞，果得錦囊術。雲間吟瓊簫，石上弄寶瑟。平生有微尚，歡笑自此畢。烟容如在顏，塵累忽相失。儻逢騎羊子，攜手凌白日。

觀元丹丘坐巫山屏風　　　　　　　　　　　　　　　　　　　　前　人

昔遊三峽見巫山，見畫巫山宛相似。疑是天邊十二峰，飛入君家彩屏裏。寒松蕭颯如有聲，陽臺微茫如有情。錦衾瑤席何寂寂，楚王神女徒盈盈③！盈盈咫尺如千里④，翠屏丹崖粲如綺。蒼蒼遠樹圍荊門⑤，歷歷行舟泛巴水。水石潺湲萬壑分，烟光草色俱氤氳。溪花笑日何年發？江客聽猿幾歲聞？使人對此心緬邈，疑入高丘夢彩雲⑥。

---

① 悉：原作"息"，據庫本、《李太白文集》卷一九改。
② 闕：上引作"開"，較勝。
③ 徒：原作"何"，據庫本、《李太白文集》卷二三改。
④ 本集此句作："高咫尺，如千里。"
⑤ 荊：原作"棘"，據萬曆本、庫本、朱本、鄒本、本集改。按："棘門"在今陝西咸陽縣東北，與詩意不合。
⑥ 高：原作"嵩"。譚校云："嵩當作高。《高唐賦》：'妾在巫山之陽，高丘之阻。'"按：四庫本《李太白文集》卷二二正作"高"，據改。

荆門浮舟望蜀江

前 人

春水月峽來，浮舟望安極？正見桃花流，依然錦江色。江色淥且明，茫茫與天平。逶迤巴山盡，遙曳楚雲行。雲照聚沙雁，花飛出谷鶯。芳洲却已轉，碧樹森森迎。流目浦烟夕，揚帆海月生。江陵識遥火，應到渚宮城。

陪李七司馬皂江上觀造竹橋①

（唐）杜　甫

伐竹爲橋結構同，襄裳不涉往來通。天寒白鶴歸華表，日落蒼龍見水中②。顧我老非題柱客，知君才是濟川功。合觀却笑千年事③，驅石何時到海東？

任愷《渠堰志》云："九㫯口堰，其源出於皂江，至郫之栅頭，別流爲温江口。曰九㫯口者，實兩江之匯也。"晏公《類要》云："郫江，一名皂里，今在新津。"㫯，音恭。

野　望

前 人

西山白雪三城戍，南浦清江萬里橋。海内風塵諸弟隔，天涯涕淚一身遥。唯將遲暮供多病，未有涓埃答聖朝。跨馬出郊時極目，不堪人事日蕭條。

《野望》詩："西山白雪三奇戍，南浦清江萬里橋。"按：《唐·地理志》：彭州導江縣有三奇戍。《韋皋傳》：遣大將陳洎等出三奇西南。《備邊録》所謂三奇營也。一本作"三年"，趙氏本作"三城"。當從舊本"三奇"爲是。潏水李氏云："老杜讀書破萬卷，不曾盡見所讀之書，則不能盡注。其間又用方言，如岸溉、土銼，乃黔、蜀人語，須是博聞多讀。"（《困學紀聞》）

---

① 《集注杜詩》卷二六、《集千家注杜工部詩集》卷八等"竹橋"下尚有"即日成，往來之人免冬寒入水，聊題短作簡李公"十九字。
② 蒼：本集作"青"。
③ 觀：原作"歡"，據萬曆本改。《集千家注杜工部詩集》卷一七"補遺"引宋蔡興宗《杜詩正異》云："'合觀'字謂聚觀橋成之速，而笑驅石之誕。諸本皆訛作'歡'，非也。"千年：原作"當時"，據萬曆本、朱本、鄒本及杜集諸本改。

野望因過常少仙　　　　　　　　　　　　　　　　　　　前　人

　　野橋齊度馬，秋望轉悠哉。竹覆青城合，江從灌口來。入村樵徑引，嘗果栗皺開。落盡高天日，幽人未遣迴。

春日江村　　　　　　　　　　　　　　　　　　　　　　前　人

　　種竹交加翠，栽桃爛漫紅。經心石鏡月，到面雪山風。赤管隨王命，銀章付老翁。豈知牙齒落，名玷薦賢中。

奉觀嚴鄭公廳事岷山沱江畫圖十韻　　　　　　　　　　　前　人

　　沱水臨中坐，岷山到北堂。白波吹粉壁，青嶂插雕梁。直訝杉松冷①，兼疑菱荇香。雪雲虛點綴，沙草得微茫。嶺雁隨毫末，川蜺飲練光。霏紅洲蘂亂，拂黛石蘿長。暗谷非關雨，丹楓不爲霜。秋成玄圃外②，景物洞庭傍。繪事功殊絕，幽襟興激昂。從來謝太傅，丘壑道難忘。

閬水歌　　　　　　　　　　　　　　　　　　　　　　　前　人

　　嘉陵江色何所似？石黛碧玉相因依。正憐日破浪花出，更復春從沙際歸。巴童蕩槳敧側過，水雞銜魚來去飛。閬中勝事可腸斷，閬州城南天下稀。

偶宴西蜀摩訶池　　　　　　　　　　　　　　　　　（唐）暢　當③

　　珍木鬱清池，風荷左右披。淺觴寧及醉，慢舸不知移。蔭竹簟光冷④，照流簪影

---

① 杉松：朱本、鄒本、《集注杜詩》卷二六作"松杉"。
② 成：朱本、鄒本作"城"，較勝。
③ 暢當：原作"暢甫"，據《唐詩紀事》卷二七改。按：暢當，《新唐書》卷二〇〇有傳。
④ 竹：原作"林"，據《唐詩紀事》改。

鼛①。胡爲獨羈者，雪涕向漣漪②？

晦日益州北池陪宴　　　　　　　　　　　　　　（唐）司空曙

臨泛從公日，仙舟翠幕張。七橋通碧水③，雙樹接花塘。玉燭收寒氣，金波隱夕光。野聞歌管思，水靜綺羅香。遊騎縈林遠，飛橈截岸長。郊原懷灞滻，陂涘寫江潢④。常侍傳花詔，偏裨問羽觴。豈令南峴首，千載播餘芳。

題龍華山　　　　　　　　　　　　　　　　　　（宋）郭　震

昔年曾到此山回，百鳥聲中酒一杯。最好寺邊開眼處，段文昌有讀書臺。出《古今詩話》。

富順監中巖　　　　　　　　　　　　　　　　　（宋）岑象求

瀟灑監城隈，聊驅俗駕回。世塵飛不到，山色翠成堆。

嘉陵江　　　　　　　　　　　　　　　　　　　（唐）薛　逢

借問嘉陵江水湄，百川東去爾西之？但教清淺源流在，天路朝宗會有期。

登郡前山　　　　　　　　　　　　　　　　　　（唐）羊士諤⑤

洛陽歸客滯巴東，處處山櫻雪滿叢。峴首當時爲風景，豈將官舍作池籠？

---

① 以上二句，《文苑英華》卷二一五、《全唐詩》卷二八八作"蔭篁流光冷，凝簪照影鼛"。
② 漣：原作"連"，據庫本、朱本、鄒本改。
③ 水：《司空曙集》《歲時雜詠》卷九作"沼"，《唐詩紀事》卷三〇作"澗"。
④ "陂涘"句：原作"陂漾寫江黃"，據本集、《歲時雜詠》改。
⑤ 姓名下原有注云："爲資州守。"

遊西湖①   （唐）房　琯

高流纏峻隅，城下緬丘墟。決渠信浩蕩，潭島成江湖。結宇依回渚，水中還可居②。三伏氣不蒸，四達暑自徂。同人千里駕③，鄰國五馬車。月出共登舟，風生隨所如。舉麾指極浦，欲極更盤紆。繚繞各殊致，夜盡情有餘。遭亂意不開，即理還暫袪。安得長晤語，使我憂更除。

雲頂山   （宋）王　雍

五色琉璃白晝寒，當年佛腳印㫋檀。藕絲織出三衣妙，貝葉經傳一偈難。夜看聖燈紅菡萏，曉驚飛石碧琅玕。更聞鸚鵡因緣塔，八十山僧試說看。

金雞關六言   （唐）姚　孳

邛笮兩關壁峙，蔡蒙四面屏開。雲捧峨眉月出，江滾平羌雪來。

南昌灘 在達州   （唐）元　稹

渠江明净峽逶迤，船到名灘拽篴遲。櫓窊動搖妨作夢④，巴童指點笑吟詩。畬餘宿麥黄山腹，日背殘花白水湄。物色可憐心莫恨，此行都是獨行時。

---

① 《唐詩紀事》卷一九、《全唐詩》卷一〇九題為《題漢州西湖》。
② 還：上引作"信"。
③ 自"同人"句以下，《全蜀藝文志》刪去，今據《唐詩紀事》《全唐詩》補全。
④ 窊：原作"窆"，庫本、朱本、鄒本作"叟"，均誤，今據《元氏長慶集》卷二〇、《全唐詩》卷三一七改。按：窊音苗，櫓窊即櫓臍，用以繫櫓之孔。

劍門　　　　　　　　　　　　　　　　　　　　　　　　（唐）薛　逢①

峭壁橫空限一隅，劃開元氣達洪樞。梯航百貨通邦計，鍵閉諸蠻屏帝都。西蹙犬戎威北狄，南吞荆郢制東吳。千年管鑰誰鎔範？只自先天造化爐。

錦江春望　　　　　　　　　　　　　　　　　　　　　（唐）高　駢

蜀江波影碧悠悠，四望烟花匝郡樓。不會人家多少錦，春來盡挂樹梢頭。

斛石山曉望寄吕侍御②　　　　　　　　　　　　　　　（唐）薛　濤

曦輪初轉照仙扃，旋擘烟嵐上杳冥。不得玄暉同指點，天涯蒼翠漫青青。

斛石山書事③　　　　　　　　　　　　　　　　　　　　前　人

王家山水畫圖中，意思都盧粉墨容④。今日忽登虛境望，步搖冠翠一千峰。

---

① 薛逢：原作"李商隱"。《方輿勝覽》卷六七"劍門關"下引此詩亦云李商隱作。清馮浩《玉溪生詩集箋注》卷三有此詩，題作《題劍閣詩》。馮浩箋注云："此刻劍閣石壁者，詩後一行上《題劍閣詩》，下李商隱。"並稱於劍門"搜録得之"。又云："及檢《薛逢集·題劍門先寄上西蜀杜司徒詩》，即此篇也，體格於薛極類。"按：《文苑英華》卷二六三收録此詩，題爲《題劍門先寄上西蜀司徒杜》，作者亦作薛逢，《全唐詩》卷五四八從之。是此詩爲薛逢作當無可疑。《方輿勝覽》之所以作李商隱詩，蓋因《文苑英華》此卷收薛逢詩三首之前，即爲李商隱二詩，以致《方輿勝覽》誤以爲李商隱。今據改。薛逢，兩《唐書》有傳。

② 斛石山：原作"石斛山"，題下原注："一作斛石山。"按：《薛濤詩》《萬首唐人絶句》卷六五、《全唐詩》卷八〇三均作"斛石山"，是，據改。《太平寰宇記》卷七二："學射山，亦名斛石山，在縣北十五里。"按：今名鳳凰山。吕侍御：原作"李侍御"，亦據本集、《萬首唐人絶句》《全唐詩》改。

③ 斛石山：原作"石斛山"，據《萬首唐人絶句》卷六五、《全唐詩》卷八〇三乙。

④ 思：原作"事"，據上引改。

遊青城山 六言　　　　　　　　　　　　　　　　（唐）李　真①

春凍曉轤露重，夜寒幽枕雲生。豈是與山無素，丈人著帽相迎。

題丹景山金華宮　　　　　　　　　　　　　（前蜀）太后徐氏②

碧烟紅霧撲人衣③，宿露蒼苔石徑危④。風巧解吹松上曲⑤，蝶嬌頻采臉邊脂。同尋僻境思攜手，暗指遥山學畫眉。好把身心清净處，角冠霞帔事希夷。

丹景山⑥　　　　　　　　　　　　　　　　　（前蜀）太妃徐氏⑦

丹景山頭宿梵宮，玉輪金輅駐遥空⑧。軍持無水注寒碧，蘭若有花開晚紅。武士盡排青嶂下，内人皆在講筵中。我家帝子傳王業，積善終期四海同。

---

① 姓名下原有注云："唐末仙人。"
② 原注："王建妻。"按：據後蜀何光遠《鑑誡録》卷五、《蜀檮杌》卷上載，王建納徐耕二女，姊爲淑妃，妹爲貴妃，貴妃生後主王衍。即衍立，尊妹貴妃爲順聖皇太后，姊淑妃爲翊聖皇太妃。《鑑誡録》卷五録二徐詩，此首題爲姊翊聖皇太妃作，《全唐詩》卷九、《全五代詩》卷五六從之。然《十國春秋》卷三八所載與《鑑誡録》《蜀檮杌》相反，謂後主立，尊徐氏姊賢妃爲順聖皇太后，妹淑妃爲翊聖皇太妃。《全蜀藝文志》此處署爲"太后徐氏王建妻"，未知是指姊或妹。
③ 碧烟：《鑑誡録》作"蒼烟"。撲：原作"樣"，據萬曆本、朱本、鄒本及《鑑誡録》改。
④ 蒼：《鑑誡録》作"沾"。
⑤ 松上曲：上引作"松外岫"，當誤。
⑥ 《全唐詩》卷九題作《和題丹景山至德寺》。
⑦ 原注"王建妾"。按：《鑑誡録》卷五録此詩亦爲徐氏姊翊聖太妃和妹順聖太后《題丹景山至德寺》之詩。
⑧ 輪：《鑑誡録》作"軒"。

漢州三學山看聖燈 （前蜀）太后徐氏①

虔禱遊魂境②，元妃夙志同。寶香焚靜夜③，銀燭炫遼空。泉漱雲根月，鐘敲樹杪風④。印金標聖跡，飛石顯神功。偶望天涯極⑤，臨看日腳紅⑥。猿來齋石上⑦，僧集講筵中⑧。頓覺超三界，渾疑證六通。願成修偃事⑨，社稷保延洪。

漢州三學山看聖燈 （前蜀）太妃徐氏⑩

聖燈千萬炬，旋向碧雲生⑪。細雨瀝不暗⑫，好風吹更明。磬敲金地響，僧唱梵天聲。若說無心法，此光如有情。

殘冬客次資陽江 （宋）王巖⑬

淡雲殘雪簇江天，策蹇遲回客興闌。持鉢老僧來咒水，倚船商女待搬灘。沙翹白鷺非真靜，竹映繁梅奈苦寒。阮籍莫嗟岐路異，舊山溪畔有魚竿。

過摩訶池 二首 （宋）宋祁

十頃隋家舊鑿池，池平樹盡但回堤。清塵滿道君知否？半是當年濁水泥。

---

① 《鑑誡錄》卷五題爲妹順聖太后作。
② 魂：《鑑誡錄》《全唐詩》卷一〇作"靈"。
③ 寶：上引作"玉"。
④ 樹：上引作"檜"。
⑤ 偶：上引作"滿"。
⑥ 臨看：上引作"平臨"。
⑦ 石：原作"室"，據朱本、鄒本、《鑑誡錄》《全唐詩》改。
⑧ 集：《鑑誡錄》作"坐"。
⑨ 事：《鑑誡錄》《全唐詩》作"化"。
⑩ 《鑑誡錄》卷五亦題翊聖太妃作。
⑪ 雲：《鑑誡錄》《全唐詩》卷一〇作"空"。
⑫ 瀝：《鑑誡錄》作"濕"。
⑬ 原注"宋初人"。按：《瀛奎律髓》卷二九錄此詩，注云："王巖，宋初人，隱居蜀川。"

池邊不見帛闌船，麥壠連雲樹繞天。百歲興衰已如此，争教東海不爲田？

春日出浣花　　　　　　　　　　　　　　　　　　　前　人

側蓋天長蕩曉扉，暖風纔滿使君旗。水通江渚容魚樂，草遍山梁報雉時。場雨滅塵盤馬疾，樓雲礙曲進觸遲。少陵宅畔吟聲歇，杜子美宅在浣花溪上。柳碧梅青欲向誰？

憶浣花泛舟　　　　　　　　　　　　　　　　　　　前　人

早夏清和在，晴江沿溯時。岸風搖鼓吹，波日亂旌旗。醉帝牽湘蔓，遊鬟撲絳蕤。樹來驚浦進，山失悟舟移。雅俗西南盛，歸舠東北馳。此歡那復得，拋恨寄天涯。

避暑江瀆池　　　　　　　　　　　　　　　　　　　前　人

溪淺容篙短，舟移覺岸長。烟稠芰荷葉，霞熱荔支房。枝疊參撾鼓，杯寒十饋漿。便成逃暑醉，官事底相妨？

房公西湖①　　　　　　　　　　　　　　　　　（宋）蘇　轍

酒壓郫筒憶舊酤，花傳丘老出新圖②。此行真勝成都尹③，直爲房公百頃湖。

錦江思　　　　　　　　　　　　　　　　　　　（宋）李　新

獨咏滄浪古岸邊，牽風柳帶緑凝烟。得魚且斫金絲鱠④，醉折桃花倚釣船。

---

① 此詩爲《送周思道朝議歸守漢州三絶》之一，見《欒城集》卷一五。
② 本集原注："漢中官酒蜀中推第一，趙昌畫花，模效丘文播，亦西川所無也。"
③ 此：原作"北"，據萬曆本、朱本、鄒本、本集改。
④ 鱠：原作"繪"，據萬曆本、庫本、朱本、鄒本、《跨鼇集》卷一一改。

合江舟中作 （宋）晁公遡

雲氣昏江樹，春流沒釣磯。如何連夜漲，似欲送人歸。亂石水聲急，片帆風力微。舟師且停櫓，白鷺畏人飛①。

沱　江 （宋）劉望之

尚勝三年謫，終慚萬里馴。極知行路澀，可忍在家貧？歲晚沱江綠，雲深錦樹新。相思肯如月②，夜夜只隨人。

浣花溪 （宋）馮 俌③

浣花溪邊濯錦裳，百花滿潭溪水香。寶奩散盡有霜戟，草秣匹馬不可當。當時濯衣只偶爾，豈似取履張子房。烈烈遽見敵此蜀，喪亂懷爾徒悲傷。年年春風媚楊柳，彩纜崦妠雲霞張。溪邊遊冶紅粉娘，了不識字空悠颺。采花蕩槳不歸去，暮隔烟水眠幽芳。

靈泉山中 （宋）楊　甲

何處長松寺，雨花雲外臺。山從百曲轉，路入九關回。老檜成龍盡，殘柯借鶴來。人間斤斧亂，風壑夜聲哀。

寒食遊學射山 前人

疾風吹沙天茫茫，日落未落原野黃。山空無人石碌碌④，路長馬飢石齧足。荒臺古

---

① 白鷺：《嵩山集》卷一〇作"鷗鷺"。
② 相思：朱本、鄒本作"愁心"。
③ 馮俌：原作"馬俌"，據《成都文類》卷三改。按：馮俌乃淳熙中成都郡丞，見范成大《吳船錄》卷上。
④ 石：原作"不"，據萬曆本、朱本、鄒本、《兩宋名賢小集》卷三七四改。

林翳雲族，何人刳嵒縛層屋？當時萬騎填山谷，至今拾寶多遺鏃。故國山川愁遠目，人世悲歡風雨速。凌高舉酒天爲甓，手攀巖樹扣雲樹①。何人唱我淒涼曲，興亡一眼冥冥錄，野水平蕪飛雁鶩。

富順西湖　　　　　　　　　　　　　　　　　　　　　　　（宋）程　驥

春風楊柳早藏鴉，秋水芙蕖晚著花。細數一年湖上景，天涯行客忍思家！

遊大隋山　　　　　　　　　　　　　　　　　　　　　　　（宋）郭　印

我聞大隋名，夢寐猶記錄。得檄天彭道，喜氣知可掬。出城六十里，崎嶇轉江曲。山門忽斗上，危步依筇竹。崩石帶烟雲，異草羅澗谷。寂鳥下窺人，纍猿時挂木。路窮纔見寺，金碧煥雙目。祖師古定光，燈冷無人續。開公生異世，大事如付囑。僧言山長陰，朝暮雲容蹙。兹辰爲我晴，疊岫堆濃綠。虛閣倚秋風，一洗塵土俗。舉手揖丹景，橫身跨白鹿。十年勞問訊，親到心始足。坐久燭漸微，借榻雲間宿。山寒寐不成，窗外泉鳴玉。

岑公洞　　　　　　　　　　　　　　　　　　　　　　　　　　前　人

岑公來避世，甲子十周年。隋末居此。夏屋虛巖谽，神芝結乳懸。木喬從古種，香杳至今傳②。寄香與客人，事見本傳。學道能堅忍，何人不得仙？

摩訶池　梁蕭摩訶所浚　　　　　　　　　　　　　　　　　　　（宋）陸　游

摩訶古池苑，一過一銷魂。春水生新漲，烟蕪没舊痕。年光走車轂，人事轉萍根。猶有宮梁燕，銜泥入水門。蜀宮中舊泛舟入此池，曲折十餘里。今府後門雖已爲平陸，然猶號水門。

---

① 樹：原作"木"，據萬曆本、朱本、鄒本改。
② 杳：《雲溪集》卷九作"信"。

夏日過摩訶池　　　　　　　　　　　　　　　　　　　　　前　人

烏帽翩翩白紵輕，摩訶池上試閑行。淙潺野水鳴空苑，寂歷斜陽下廢城。縱轡迎涼看馬影，袖鞭尋句聽蟬聲。白頭散吏元無事，却爲興亡一愴情。

離堆行 沿江有兩崖中斷，相傳秦李太守鑿此以分江水；又傳李鎖孽龍於潭中，今有伏龍觀在潭上。蜀旱，支江水涸①，即遣官致祭，壅都江水以自足，謂之攔水，無不應。民祭賽日率以羊，歲殺四五萬計。　　　　　　　　　　　　　　　　（宋）范成大

殘山狠石雙虎臥，斧迹鱗皴中鑿破。潭淵油油無敢唾，下有猛龍跧鐵鎖。自從分流注石門，西州杭稻如黄雲。刲羊五萬大作社，春秋伐鼓蒼烟根。我昔官稱勸農使，年年來激西江水。成都火米不論錢，絲管相隨看蠶市。款門得得酹清尊②，椒漿桂酒刪羶葷。妄欲一語神豈聞，更願愛羊如愛人。

戲題索橋 陸游詩："度索臨千仞，梯山蹋半空。"　　　　　　　　　前　人

織篾勻鋪面，排繩強架空。染人高曬帛，獵户遠張罿。薄薄難承雨，翻翻不受風。何時將蜀客，東下看垂虹。

再題青城山　　　　　　　　　　　　　　　　　　　　　前　人

萬里清遊不暇慵，雙旌換得一枝笻。來從井絡直西路，上到江源第一峰。海內閑身輸我佚，山中佳氣爲人濃。題詩試刻巖前石，付與他年蘚暈重③。

---

① 支：原作"久"，據《石湖居士詩集》卷一八改。
② 款：原作"疑"，據庫本、朱本、鄒本及本集改。
③ 蘚：原作"蘇"，據庫本、朱本、鄒本及《石湖居士詩集》卷一八改。

蜀州西湖荷花正盛開。"水月"，登舟亭也。湖陰亭外別有白蓮，尤奇。蜀中無芰①，至此始見之。　　　　　　　　　　　　　　　　　　　　　　　　　　　前　人

閑隨渠水來，偶到湖光裏。仍呼水月舟，徑度雲錦地。誰云不解飲②，我已荷香醉。湖陰玉嬋娟，復立紅妝外。何須東閣梅，悠然自詩思。驚風入午暑，水竹有秋意。采菱不盈掬，興與尊鱸會。遥知新津宿，魂夢亦清麗。

中巖去眉州一程，諸詎羅尊者道場。相傳昔有天台僧，遇病僧，與之木鑰匙，云："異時至眉州中巖，扣石笋，當再相見。"後果然。今三石屹立如樓觀，前兩樓純紫石③，一樓蘿蔓被之。傍有寶瓶峰，甚端正。山半有喚魚潭，慈姥龍所居。世傳雁蕩大小龍湫，亦諸詎羅道場，豈化人往來無常處耶？　　　　　　　　　　　　　　　　　　　　　　前　人

赤巖倚玲瓏，翠邏森戍削。岑蔚嵐氣重，稀間暑光薄。聊尋大士處，往扣洞門鑰。雙撐紫玉關，中矗翠雲崿。應供華藏海，歸坐寶樓閣。無法可示人，但見雨花落。不知龍湫勝，何似魚潭樂？夜深山四來，人静天一握。驚看松桂白④，月影到林壑。門前六月江，世界塵漠漠。寶瓶有甘露，一滴洗煩濁。挹天援斗杓，請爲諸君酌。

玻瓈江一首戲效陸務觀作　　　　　　　　　　　　　　　　　　　　　前　人

玻瓈江頭春淥深，別時沄沄流到今。祗言日遠易排遣，不道相思翻苦心。烏頭可白我可去⑤，菖花易青君易尋。人生若未免離別，不如碌碌無知音。

凌雲九頂即大石佛處。初登山時，巖壁上悉劚爲小佛，不知其數。山前佛頭灘受雅江之衝，最爲艱險。　　　　　　　　　　　　　　　　　　　　　　　　　　前　人

聊爲東坡載酒遊，萬龕迎我到峰頭。江摇九頂風雷過，雲抹三峨日夜浮。古佛臨

---

① 芰：庫本及《石湖居士詩集》卷一八作"菱"。
② 云不：原作"不云"，據庫本、本集乙。
③ 純：原作"繩"，據庫本、朱本、鄒本、《石湖居士詩集》卷一八改。
④ 松：原作"杯"，據庫本、本集改。
⑤ 烏：原作"鳥"，據庫本、朱本、鄒本、《石湖居士詩集》卷一八改。

流都坐斷，行人識路亦歸休。酣酣午枕眠方丈，一笑閑身始自由。

戲題方響洞 漢嘉廣福院中水洞，有聲琅然，莫知其所在。舊名丁東水，山谷易今名，且題詩云："古人名此丁東水，自古丁東直至今①。我爲改爲方響洞②，要知山水有清音。"
　　　　　　　　　　　　　　　　　　　　　　　　　　　　　　　前　人

隔凡冰澗不可越，衆真微步壺中月。徙倚含風玉佩聲，何須聽作蕤賓鐵。

實現溪 雙溪合而一，既出巖竇，散爲此溪。叢三藏自西域歸，過溪，見兩石子鬭，攬得其一，今藏黑水寺。石上有一目，端正透底，溪以此得名。
　　　　　　　　　　　　　　　　　　　　　　　　　　　　　　　前　人

粲粲罨畫沙③，鱗鱗麴塵水。朝陽相發揮，光景艷孔翠。寧聞雙溪號，但見縠文細。神魚不謀食，終日印潭底④。躍珠本具眼，聊共阿師戲。收藏更傳寶，一笑落第二。

婆羅平　　　　　　　　　　　　　　　　　　　　　　　　　　前　人

仙聖飛行此是家，路逢真境但驚呀。神農嘗外盡靈藥，天女散餘多異花。嵐雨逼衣寒似鐵，冰泉炊米硬於沙。峰頭事事殊塵世，缺甃跳梁笑井蛙。

七寶巖 大峨絕頂。白水寺已在山半，由白水陡上至巖⑤，又六十里。
　　　　　　　　　　　　　　　　　　　　　　　　　　　　　　　前　人

天如白玉甌，下覆白玉盤。晶光炫相射，我獨居兩間。正視不勝瞬，却立聊少安。但覺風浩浩，骨毛森以寒。神仙杳無處，寧論有塵寰？身輕一槁葉，兩腋如飛翰。同行攬我衣，何往何當還？稍留作詩去，奇哉此憑欄。

---

① 丁東：原作"東丁"，據庫本、朱本、鄒本、《石湖居士詩集》卷一八乙。
② 下"爲"字，《老學庵筆記》引作"名"。
③ 沙：原作"涉"，據庫本、《石湖居士詩集》卷一八改。朱本、鄒本作"溪"。
④ 潭：原作"渾"，據庫本、朱本、鄒本及本集改。
⑤ 由：原作"山"，據萬曆本、朱本、鄒本及《石湖居士詩集》卷一八改。

題蜀山圖　　　　　　　　　　　　　　　　　　（明）馬德華

翠壁蒼崖峭入天，雨餘草木帶春烟。錦江東去龍門險，劍閣西來鳥道懸。丞相舊圖沙磧裏，拾遺高興草堂前。回看匹馬經行處，似有猿聲到耳邊。

劍閣圖　　　　　　　　　　　　　　　　　　　（明）王景彰

劍閣雲棧高嵯峨，嘉陵江水揚清波。神肩鬼鑿閟幽閴①，秋風古道無人過。一朝日華忽西被②，宇宙淋漓蕩元氣。霆轟飈舉神龍逝，山川草木皆生意。乃知世道有晦明，蜀山萬仞如砥平。聖人在上四海清。

雪山天下高　　　　　　　　　　　　　　　　　（明）周洪謨

巨靈擘斷崑崙山，移來坤維參井間。內作金城障三蜀，外列碉碝居百蠻。自昔蠶叢始開國，千巖萬谷積寒雪。疑有五城十二樓，玉色玲瓏界天白。光連銀漢霏素虹，六月大暑飄寒風。俯見五嶽在平地，遙窺三島皆冥濛。此去石紐無幾許③，昔鍾靈秀生大禹。當時自此導江流，至今名垂千萬古。

眉山天下秀　　　　　　　　　　　　　　　　　　　前人

大峨兩山相對開，小峨迤邐中峨來④。三峨之秀甲天下⑤，何須涉海尋蓬萊。昔我登臨彩雲表，獨騎白鶴招青鳥。石龕石洞何參差，時遇仙人拾瑤草。丹厓瀑布連天河，大鵬圖南不可過。晝昏雷雨起林麓，夜深星斗棲巖阿。四時青黛如繡繪，岷嶓蔡蒙實相對。昔生三蘇草木枯，但願常出三蘇輩。

---

①　閴：原作"間"，據明沐昂編《滄海遺珠》卷二改。萬曆本、朱本、鄒本作"磵"，庫本作"閣"，皆非。

②　一：庫本作"今"。

③　幾：原作"巳"，據萬曆本、庫本、朱本、鄒本改。

④　來：原作"未"，據上引改。

⑤　三：原作"二"，據萬曆本、朱本、鄒本改。

瞿唐天下險　　　　　　　　　　　　　　　　　　　　　　　前　人

兩崖壁立何險巇！巴東大江如一絲①。杜宇神功渺何許？堯時餘燼誰復知？中流艷澦實挺特，如牛如馬夏秋月。怒濤掀天萬壑雷，巨旋觸石千層雪。湯湯東去幾洄灣，虎頭狼尾如連環。赤甲下映人鮓甕，黄牛高抗鬼門關。憶昔英雄割據日，插木爲梯上絶壁②。只今四海盡爲家，鎖江鐵柱存何益？

巫山天下奇　　　　　　　　　　　　　　　　　　　　　　　前　人

靈鼇一動海水翻，三山飄流無定根。岱輿忽失十二峰，萬里飛墮夔之門。仰挹銀漢洗青翠③，俯瞰長江似衣帶。地森玉笋青雲端，天開罨畫彩虹外。山間神女栖陽臺，芙蓉爲貌玉爲腮。如何朝暮弄雲雨，却使懷、襄相繼來？無乃宋玉善蠱惑，託爲怪誕荒淫説。只今高崖紫蔓間，惟有猿哀聲不絶。

觀九頂山　　　　　　　　　　　　　　　　　　　　　　　（明）王　傅

九頂峰巒插太清，西戎屏障倚長城。四時積雪舉頭見，千里秋毫入眼明。天簇蓮華朝白帝，地分鼇足奠蒼生。我來坐嘯情無限，要得憑高望帝京。

劍閣圖爲王公濟進士題④　　　　　　　　　　　　　　　　　（明）李東陽

岷峨山高連劍閣，峽門中開如鬼鑿。盤渦濺沫紛欲躍，石勢迎流鬭還却。驅車入山山路惡，水行孤舟陸雙屬。古來蜀道難於天，信美不及還家樂。揮毫作圖圖者誰？東吴老翁生好奇。胸蟠萬壑筆三峽，或有神助非人爲。昔從此地值奇客，直以賞識酬心期。江山無情歲月改，頭白再往失路岐。王郎年少今已壯，仰睇丹梯隔青嶂。遺縑斷墨空塵埃，我已爲子神悲愴。酒酣作歌歌始放，我懷崚嶒聲跌宕。君不見，江風卷

---

① 巴：原作"杷"，據萬曆本、庫本、朱本、鄒本改。
② 木：原作"丁"，據上引改。
③ 仰：原作"柳"，據庫本、朱本、鄒本改。
④ 《懷麓堂集》卷九題作《馬博士所贈王少參劍閣圖爲少參子公濟進士題》。

地山蹴空①，誰復壯遊如兩翁？

少岷山歌②　　　　　　　　　　　　　　　　　　　　　　　　　（明）鄭善夫

君不聞，少岷之山連胃婁，雄視西川十二州。青天萬古走蜒蜿，峰迴嶂轉無時休③。劍門、峨眉各失勢，白帝、鳥鼠俯之如浮漚。上有許由瓢，世人不得用，直挂月戶三千秋。蒙泉瀉天奔龍湫，巴溪湲湲學字流④。瀬騰入汶江，萬里滄溟收。山中老桂色不淬，芝草琅玕爛成綺。洞口長回聲利車，盤石但坐烟霞侶。宋有蘇長公，隋有劉仙子，采芝斫桂樹，長鑱亂雲裏。少岷山⑤，巉嶒不可攀。劉、蘇以後人跡復不到，乃有曾東石，架屋讀《易》於其間。平生負此滄海志，少年訪道青城山。上餐青城絕壁之流霞，下弄岷峨陰壑之潺湲。黃熊蒼兕不敢迫，猰㺄叫嘯情自歡。空谷無人行，蘭草復翻翻。曷來遊人世⑥，十載愁朱顏。吁嗟乎！青山信美，蒙泉亦可以洗君耳。君胡爲乎城市⑦？許由之瓢欲何俟？終南有捷徑，北山有俗軌。玄猿獨鶴，暖眼冷眼遙看爾。紅塵白馬有何益？柴桑不負陶彭澤。歸來乎，曾東石！

劍閣行寄總制都憲彭公濟物　　　　　　　　　　　　　　　　（明）孫太初⑧

老子輕裘豪且雄，挽弓射龍江水中。落日半壁翻江赤，巫峽明月啼猵狖。中原一髮渺何許，峨岷萬里來秋風。古云劍閣罪真宰，盜賊竊據今無同。地生度量固人力，全活民命天爲忠。健兒倒戈喜多夢，歸來散馬關之東。燕然銅柱亦細事，致君堯舜臣之功。野夫甘守西山餓，再見庶物回冲融，再見庶物回冲融⑨。

---

① 江風：原作"風江"，據本集乙。
② 少：《少谷集》卷三作"小"。下同。
③ 嶂：原作"嶂"，據庫本、朱本、鄒本、本集改。
④ 巴：原作"之"，據庫本、本集改。
⑤ 少：原作"小"，據庫本、朱本、鄒本改。
⑥ 人世：原作"世人"，據庫本、朱本、鄒本、本集乙。
⑦ 城：朱本、鄒本作"塵"。
⑧ 原注："太白山人。"
⑨ 此句之上，《太白山人漫稿》卷三有"庶幾乎"三字。

全蜀藝文志卷之九

詩

江　山下 附池沼　堤堰　橋梁

巫山高　　　　　　　　　　　　　　　　　　　　　　　　　　（齊）虞　羲

　　南國多奇山，荊巫獨靈異。雲雨麗以佳，陽臺重怨一作"千里"。思。忽言再可一作"可再"。得①，特美君王意。高唐一斷絕，光陰不可遲。

同　前　　　　　　　　　　　　　　　　　　　　　　　　　　（齊）劉　繪

　　高唐與巫山，參差鬱相望。灼爍在雲間，氛氳出雲一作"霞"。上。散雨收夕臺，行雲卷晨帳。出沒不易期，嬋娟似一作"以"。惆悵。

同　前　　　　　　　　　　　　　　　　　　　　　　　　　　（梁）元　帝

　　巫山高不窮，迴出荊門中。灘聲下濺石，猿鳴上逐風。樹雜山如畫，一作"盡"。林暗澗疑空。無因謝神女，一爲出房櫳。

同　前　　　　　　　　　　　　　　　　　　　　　　　　　　（梁）王　泰②

　　迢遞巫山好，一作"竦"。遠天新霽時。樹交涼去遠，草合影開遲。谷深流響咽，

---

① 再：原作"任"，據《文苑英華》卷二〇一改。
② 王泰：原作"梁王泰"，據《文苑英華》卷二〇一、《樂府詩集》卷一七改。按：王泰字仲通，《梁書》卷二一有傳。

峡近猿聲悲。只言雲雨狀，自有神仙期。

同　前　　　　　　　　　　　　　　　　　　　　　　　（梁）范　雲

巫山高不極，白日隱光暉。靄靄朝雲去，溟溟暮雨歸。巖懸獸無迹，林暗鳥疑飛。枕席竟誰一作"休"①薦，相望日一作"空"依依。

同　前　　　　　　　　　　　　　　　　　　　　　　　（陳）蕭　詮

巫山映巫峽，高高殊未窮。猿聲不辨處，雨色詎分空？懸巖下桂影，一作"月"。深澗響松風。别有仙雲起，時向楚王宮。

同　前　　　　　　　　　　　　　　　　　　　　　　　（唐）鄭世翼

巫山凌太清，岩嶤類削成。霏霏暮雨合，靄靄朝雲生。危峰入鳥道，深谷瀉猿聲。别有幽栖客，淹留攀桂情。

同　前　　　　　　　　　　　　　　　　　　　　　　　（唐）凌　敬②

巫岫鬱岩嶤，高高入紫霄。白雲間包石③，玄猿迥挂一作"挂迥"。條。懸巖激巨浪，脆葉殞驚飆。别有陽臺處，風雨共飄飄。一作"飄颻"。

同　前　　　　　　　　　　　　　　　　　　　　　　　（唐）李元操

荆門對巫峽，雲夢邇陽臺。燎火如奔電，墜石似驚雷。天寒秋水急，風静夜猿哀。

---

① 休：原作"空"，據《文苑英華》卷二〇一改。此篇及前後數篇均録自《文苑英華》。
② 凌敬：原作"陵敬"，據《文苑英華》卷二〇一改。凌敬，隋末唐初人，嘗爲竇建德國子祭酒，有文集十四卷，見《舊唐書》卷四七、卷五四。《唐詩紀事》卷三作"陵敬"，庫本、《全唐詩》卷三二作"陸敬"，均誤。
③ 間包：《文苑英華》同。庫本、《全唐詩》作"抱危"，《全唐詩》"抱"下注"一作間"，"危"下注"一作抱"。包：萬曆本、朱本、鄒本並作"抱"。

枕席無由薦，朝雲徒去來。

同　前　　　　　　　　　　　　　　　　　　　　　　（唐）盧照鄰

巫山望不極，望望下朝氛。莫辨啼猿樹，徒看神女雲。驚濤亂水脉，驟雨暗岑一作"峰"。文。霑裳即此地，況復遠思君。

巫山高　　　　　　　　　　　　　　　　　　　　　　（唐）閻立本①

君不見，巫山高高半天起，絕壁千尋畫相似。君不見，巫山磕匝翠屏開②，湘江碧水繞山來。綠樹春嬌明月峽，紅花朝覆白雲臺。臺上朝雲無定所，此中窈窕神仙女。仙女盈盈仙骨飛③，清容出沒有光輝④。欲暮高唐行雨送，今宵定入荊王夢。荊王夢裏愛穠華，枕席初開紅帳遮。可憐欲曉啼猿處，說道巫山是妾家。

同　前　　　　　　　　　　　　　　　　　　　　　　（唐）喬知之

巫山十二峰，參差互隱見。潯陽幾千里，周覽忽已遍。想像神女姿，摘芳共珍薦。楚雲何逶迤，紅樹日葱蒨。楚雲沒湘源，紅樹斷荊門。郢路不可見，況復夜聞猿。

同　前　　　　　　　　　　　　　　　　　　　　　　（唐）沈佺期

巫山峰十二，合沓一作"環合"。隱昭回。俯眺琵琶峽，平看雲雨臺。古槎天外倚，瀑水日邊來。何忽啼猿夜⑤，君王枕席開⑥。

---

① 閻立本：《文苑英華》卷二〇一作"閻復本"。
② 巫：原脫，據萬曆本、庫本、朱本、鄒本及《文苑英華》《全唐詩》卷三九補。
③ 仙女：原脫，據上引補。
④ 容：原作"谷"，據庫本、《文苑英華》《全唐詩》改。
⑤ 忽：庫本、《全唐詩》卷九六作"忍"。
⑥ 君王：《文苑英華》卷二〇一、《樂府詩集》卷一七、《蜀中廣記》卷二二、《全唐詩》卷一七均作"荊王"。

同　前　　　　　　　　　　　　　　　　　　　　　　　　（唐）張九齡

巫山與天近，烟景常青熒。此中楚王夢，夢得神女靈。神女去已久，白雲一作"雲雨"。空冥冥。唯有巴猿嘯，哀音不可聽。

同　前　　　　　　　　　　　　　　　　　　　　　　　　（唐）皇甫冉

巫峽見巴東，迢迢出半一作"半出"。空。雲藏神女館，雨到楚王宮。朝暮泉聲落，寒暄樹色同。清猿不可聽，偏在九秋中。

同　前　　　　　　　　　　　　　　　　　　　　　　　　（唐）李　端

巫山十二峰，皆在碧虛中。回合雲藏日，霏微雨帶風。猿聲寒過澗①，樹色暮連空。愁向高唐去②，清秋見楚宮。

同　前　　　　　　　　　　　　　　　　　　　　　　　　（唐）張循之③

巫山高不極，合沓一作"沓沓"。狀奇新。暗谷疑風雨，幽巖若鬼神。月明三峽曙，潮滿二江春。爲問陽臺客④，應知入夢人？

同　前　　　　　　　　　　　　　　　　　　　　　　　　（唐）李　沇

没天心⑤，開地脉，浮動凌霄拂藍碧。襄王睜眸望不及，似睹瑶姬長嘆息。巫妝不治獨西望，暗泣紅蕉抱雲帳。君王妬妾夢荆宮，虛把金泥印仙掌。江濤迅激如相助，

---

① 過澗：《才調集》卷九、《文苑英華》卷二〇一作"度水"，《樂府詩集》卷一七、《全唐詩》卷一七作"過水"。
② 去：《文苑英華》作"宿"，下注："一作望。"《樂府詩集》《全唐詩》正作"望"。
③ 《全唐詩》卷九九題下注："一作沈佺期詩。"
④ 客：《樂府詩集》卷一七作"夕"。
⑤ 没：《文苑英華》卷二〇一作"決"，《全唐詩》卷六八八作"抉"。

十二獰龍怒行雨。崑崙謾有通天路，九峰正在天低處。

同 前　　　　　　　　　　　　　　　　　　　　　（唐）李　賀

巫山叢碧高插天①，巴江翻瀾神曳烟②。楚魂尋夢風颼然，曉風飛雨生苔錢③。瑤姬一去一千年，丁香筇竹啼老猿④。古祠近月蟾桂寒，椒花墜紅濕雲間⑤。

同 前　　　　　　　　　　　　　　　　　　　　　（唐）陳　陶

玉峰青雲一作"靈"。十二枝，金母和雲賜瑤姬。花宮磊砢楚宮外，一作"列"。列仙一作"仙客"。八面星斗垂，秀色無雙怨三峽，春風幾夢襄王獵。青鸞不在懶吹簫，斑竹題詩寄江妾。飄飄散絲巴子天，苔裳玉轡紅霞幡。歸時白帝掩青瑣，瓊枝草草遺湘烟。

同 前　　　　　　　　　　　　　　　　　　　　　（唐）羅　隱

下壓重泉上千仞，香雲結夢西風緊。縱有精靈得往來，狄軛齲軒亦顛隕。嵐光巘巘雷隱隱，愁為衣裳恨為鬢。暮灑朝行何所之？江邊日月情無盡。珠零冷露丹墮楓⑥，細腰長臉愁滿宮。人生對面猶異同，況在千巖萬壑中！

巫山高 並序　　　　　　　　　　　　　　　　　　（宋）范成大

余舊嘗用韓无咎韻，題陳季陵《巫山圖》。考宋玉賦意，辨高唐之事甚詳。今過陽臺之下，復賦樂府一首。世傳瑤姬為西王母女，嘗佐禹治水，廟中石刻在焉⑦。

---

① 《昌谷集》卷四、《樂府詩集》卷一七此句作"碧叢叢，高插天。"
② 巴江：上引作"大江"。
③ 飛：《文苑英華》卷一〇一作"吹"。
④ 啼：上引作"號"。
⑤ 墜：上引作"墮"。
⑥ 珠：原作"殊"，據萬曆本、庫本、朱本、鄒本、《文苑英華》卷二〇一、《全唐詩》卷六六五改。
⑦ 石：原脫，據庫本、《石湖居士詩集》卷一六補。

濕雲不收烟雨霏，峽船作灘梢廟磯。杜鵑無聲猿叫斷，惟有飢鴉迎客飛。西真功高佐禹迹，斧鑿鱗皴倚天壁。上有瑶簪十二尖，下有黃湍三百尺。蔓花虬木風烟昏，蘚佩翠帷香火寒。靈斿飄忽定何許？時有行人開廟門。楚客詞章元是諷，紛紛餘子空嘲弄。玉色頮顏不可干，人間錯説高唐夢。

後巫山高一首① 前 人

凝真宫前十二峰，兩峰娟妙翠插空。餘峰競秀尚多有，白壁蒼崖無數重。秋江漱石半山腹，倚天削鐵荒行踪。造化鍾奇畫瑶瓏，真靈擇勝深珠宫。朝雲未罷暮雲起，陰晴竟日長冥濛。瑶姬作意送歸客，一夜收潦仍回風②。仰看館御飛槭過，回首已在虛無中。惟餘烏鴉作使者，迎船送船西復東。

初入巫峽 前 人

鑽火巴東岸，摐金峽口船。束江岸欲合，漱石水多漩。卓午三竿日，中間一罅天。偉哉神禹迹，疏鑿此山川。

瞿唐行 前 人

七月十九日至夔子，灩澦撒髮不可犯。是夜，水漲及山腹。詰旦視灩澦，則已在水中。土人云："此青草齊也，可以冒險而入。"遂鼓棹略其頂而過。郡中遣候兵立山上，每一舟平安，則摇幟以招後舟。白鹽、赤甲，皆峽口大山；黃嵌、黑石，皆峽中至險處。入峽，西岸有聖泉，舟人或向之疾呼曰："人渴也！"泉即迸下一杯許，復乾。余舟過甚急，未之試也。

川靈知我歸有程，一夜漲痕千丈生。中流擊槭洶作氣，夾岸簸旗呀失聲。不知灩澦在船底，但覺瞿唐如鏡平。鑿峽疏川狠石破，號山索飲飛泉驚。白鹽、赤甲轉頭失，黑石、黃嵌拚命輕。草齊增肥無泊處③，竹枝凝咽空餘情。人間險路此奇絶，客裏驚心吾飽更。劍閣翻成蜀道易，請歌范子《瞿唐行》。

---

① 《石湖居士詩集》卷一九此詩有序百餘字，此處删去。
② 潦：原作"繚"，據朱本、鄒本、本集改。
③ 齊：原作"薺"，據《石湖居士詩集》卷一九改。

嘲峽石 並序①　　　　　　　　　　　　　　　　　　　　前人

峽山江濱，亂石萬狀，極其醜怪，不可形容，舉非世間諸所有石之比。走筆戲題，且以紀異。

峽山狠無情，其下多醜石。頑質賈憎唾，傀狀發笑啞。麤類墳壤黃，沉漬鐵矢黑。或如溝泥涴，或似凍壁圻。堆疑聚廩粟②，陊若壞城甓。嵯牙鏤朽木，狼籍委枯骼。礧砢包蠃蚌，淋漓錮鉛錫。縱紋瓦溝隴，橫疊衣摺襞。鱗皴斧鑿餘，坎窞蹴踏力。云何清淑氣，孕此譎詭迹。我本一丘壑，嗜石舊成癖。端溪紫琳腴，洮河綠沈色。階冊截肪膩，泗磬鳴球擊③。嵌空太湖底，偶立韶江側。真陽劖千巖，營道剚寸碧。倦遊所閱多，未易一二籍。揭來茲山下，刺眼昔未覿。或云峽多材，奇秀鬱以積。絕代昭君村④，驚世屈原宅。東家兩兒女，氣足豪萬國。山石何重輕？奚暇更融液？我亦昧其言，作詩曉行客。

十二峰詩　　　　　　　　　　　　　　　　　　　（宋）閻伯敏

望霞峰

東皇君來流曉霞，暮看西北王母家。雲華夫人王母女，肯爲廟食留三巴？

翠屏峰

秋山黃落春山青，不識仙家雲錦屏。六銖天衣下拂石，香風馥郁朝真亭。

朝雲峰

山頭行雲自朝朝，陽臺暮色連雲霄。朝來暮去變雲雨，送老行客無回橈。

松巒峰

舟船搖搖大巫前，松間絲蘿望纏綿。屏風角轉恰匝背，心在山頭人倚船。

---

① "並序"二字原無，據《石湖居士詩集》卷一六補。
② 疑：原作"款"，據萬曆本、庫本、朱本、鄒本、本集改。
③ 鳴球：原作"鳴琳"，據庫本、鄒本、本集改。偽《尚書·益稷》："戛擊鳴球。"
④ 村：原作"材"，據萬曆以下各本及本集改。

集仙峰

緑蓑鞋繫青行纏①,束薪蘊火開山田。雲間仰聽仙佩響,蓬鬢拂掠燒畬烟。

聚鶴峰

望夫石女春復秋,巴歌楚舞隨遨頭。夜深九皋清唳響,仙禽亦替離人愁。

净壇峰

山頭枝枝竹掃壇,舟子《竹枝》歌上灘。炷香上廟擲杯珓,但乞如願舟平安。

上升峰

黄魔白馬功告成,雲華夫人朝玉京。禹后、夏后引音節②,高低峽船摇櫓聲。

起雲峰

釵頭嫋娜山花枝,裙尾舊纈山麻衣。朝隨雲起采薪去,暮趁女伴穿雲歸。

栖鳳峰

山頭鳳鳴求其凰,山前家家背鳳筐。竹花結實未忍食,刀耕火種五里香。

登龍峰

散而成章合爲龍,回風混合遊鴻濛。舟人上下神女供,俗妝鉛粉胭脂紅。

聖泉峰

靈源一派瑶池分,灑落掉石隨東奔。楚人但愛香溪水,溪邊爲有昭君村。

巫山十二峰古風二十五韻　　　　　　（宋）袁説友

平生磊瑰山林姿,一丘一壑貪成癖。寸峰拳石瞥眼過③,張皇攫覓惟憂遲。東南佳山多秀麗,就中所欠雄與奇④。飽聞巫山冠巴峽,奇峰十二相參差。昔年圖畫嘗一見,

---

① 繫:原作"緊",據《蜀中廣記》卷二二改。
② 禹后:朱本、鄒本作"虞后",《蜀中廣記》作"禹王"。按:"禹后""虞后"均非,禹后即夏后,巫山十二峰與舜無關,疑作"禹王"是。
③ "平生"至"瞥眼過":庫本作"平生酷嗜巖壑姿,奇峰怪石貪成癖。雲烟變幻瞥眼過"。平生:《東塘集》卷二作"巫山"。
④ "東南"二句:庫本作"東南名山半遊歷,就中所欠巫山奇"。

欲見此山無路之。扁舟西溯上三峽，千巖萬壑争追隨。終朝應接已不暇，心目洞駭俱忘疲。驀然鉦鼓高唐上，峰巒二六排旌旗。一峰霞彩迥在望①，一峰展翠開屏帷。望霞峰、翠屏峰。無心出岫雲吐色，偃蓋平巒松並枝。朝雲峰、松巒峰。仙蹤鶴駕羽衣近，壇石瑶臺閶闔低。集仙峰、聚鶴峰、净壇峰、上升峰。白雲一起鳳凰下，清泉四合蛟龍嬉。起雲峰、栖鳳峰、聖泉峰、登龍峰。群峰角立變態異，一一大巧乾坤爲。外堪擊拊試聲律，中含造化分四時。天下名山亦多矣，未有列岫奇如兹。九華一景固天巧，惜與江流相背馳。南北兩峰喧衆口，妝抹却恨同西施。何如此峰何限好，行行列列横江湄。烟雲漠漠出寸碧，風雨時時匀黛眉。舟人漁子謾回首，騷士墨客勞支頤。我來穿水入天去，貂裘章甫生塵緇。昂頭見此大奇特，躋攀不上空嗟嘻。吾將欲訪三島、登九疑，上蓬萊道山之壁，絶泰華、終南之嵋。飛梟去鳥嘯滄海，却來巫峽温前詩。

次　韻②　　　　　　　　　　　　　　　　　　　（宋）錢　鍪

文昌仙伯天人姿，愛山尋勝如書癡。忽摩台符歷參井，麾幢溯峽春遲遲。山靈川后總效職，萬壑千巖俱獻奇。就中巫山絶雄勝，插天紫翠相參差。神妃來下珮聲遠，駐此名地相安之。峰旋地轉自前後，屹立萬馬如追隨。兩山有川幻天巧，禹功到此神應疲。仰天照眼如匹練，舟行電掣翻雲旗。迅帆競惜峰巒過，艅艎望眼裳褰帷。懸崖下有欲落石，古木上有參天枝。龍登鶴聚仙既集，雲升雨暗天如低。從來三峽號至險，高牙穩泛如遊嬉。揚旌一覽天下勝，詞源倒峽知優爲。嘗聞奇觀天亦惜，遇賢輒與因其時。少陵寓此雖窮寂，妙語驚人多在兹。彫鎪萬象發天閟，衙官屈宋聲争馳。公今曳履星辰上，調元妙手行將施。天教來作東道主，歡聲和氣生江湄。公來頓覺雪山重，青城增氣連峨眉。首驅巫陽入新句，一洗前作堪解頤。英詞從此遍蜀道，迥出塵表無纖緇。常憂此地難久駐，轉首絶景成嗟嘻。直欲使拂素練、圖翠嶷，寫松巒起雲之狀，模翠屏、栖鳳之嵋。終朝誦公有聲畫，却來看此無聲詩。

次　韻　　　　　　　　　　　　　　　　　　　（宋）毋丘恪

縑素巧貌溪山姿，寶藏昔笑虎頭癡。何人夜半肽篋去？信爲羽化無疑遲。魏明不惜萬夫力，鑿山累土誇神奇。景陽突起芳林苑，縠城文石光參差。葉公好龍廣射虎，大方安能不笑之！至人於物特寓目，遠象過眼心弗隨。我公看山正如此，肯趁無窮脚

---

① 迥：原作"炯"，據本集改。
② 《宋詩紀事》卷五九題作《次袁尚書巫山十二峰二十五韻》，以下題爲《次韻》諸篇並同。

力疲。胸中五嶽鎮地軸，眼底三辰昭旂旗。輟由漢庭寵分鉞①，來撫蜀土初褰帷。巫山一覽窺妙處，寫入長歌賡《竹枝》。坐令十二峰增重，已覺氣壓嵩華低。太室、少室敢輩行，小孤、大孤何兒嬉。岱宗日觀峻徒爾，崑崙天柱高安為？出雲作雨均有是，泥金鏤玉彼一時。所謂造化一尤物，不在九華真在茲②。中山前言恐遂廢，公之妙論已四馳。半語猶存大公正，蟠胸經濟看設施。要令利澤均四海，無間山崖與水湄③。只今蒼生方屬望，休戚在公顰伸眉。願公更為天下重，所養自養觀諸頤。量陂誰復能澄撓，德表居然無磷緇。巖石巍巍具瞻在，孰不嘆仰聲噫嘻！又何必東望瀛、南望嶷，北有天後之劍嶺，西有雲表之峨嵋。與公高名並不朽，配以今日巫山詩。

次　韻　　　　　　　　　　　　　　　　　　　　　　　（宋）黃人傑

文昌老仙絕俗姿，愛山成癖非兒癡。胸中況自有丘壑，攬結瑰異常恐遲④。坤維謀略出分閫，江山致助爭出奇。尋幽選勝上巫峽，斷崖怪石懸參差。十二峰前弭征楫，枝藤直上窮所之⑤。雲烟變態千萬狀⑥，過眼神動驚天隨。人疑躋攀腳力盡，公自樂此良不疲。瑤華真妃似鳳駕⑦，風馬晝下揚旛旗。層巒好處起蒼壁，丹霞望門開赤帷。登壇定可拾瑤翠，卻老未應無玉芝。仰天一笑睨廖廓，俯視培塿丘陵低。頗疑遊龍出飛躍，恍若栖鳳猶娛嬉。喬松跨鶴遠近集，雲雨濟人朝暮為。壇維野翠有餘潤，泉拖修帛無窮時。一經昕睞便改觀，陽臺價重當由茲。惜哉牙纛不久駐，鵝首未轉檣烏馳。輕縑素練欲摹寫，畫師難著五彩施。筆端機杼始潛運，悠然寄興滄洲湄。章成密簡繡衣使，繡衣翰墨今白眉。珠酬玉唱兩相尚，三嘆盡解騷人頤。好刊蒼珉示千古，磨而不磷涅不緇。紛紛我輩小巫耳，健讀數過徒噫嘻。待從兩公奠西極、安南嶷，收關河百二之險，剗岷峨萬仞之嵋。大書有宋《中興頌》，東還更和巫山詩。

---

①　漢：原作"漠"，據萬曆本、朱本、鄒本、《宋詩紀事》卷五二改。又"輟"字，以上諸本作"擢"。按："輟"字不誤，輟，止也，宋人常言"輟某官"，謂停舊官而任新職。袁說友自戶部侍郎出任四川制置使，故云"輟由漢庭寵分鉞"。諸本不解"輟"意，乃改為"擢"。庫本此句作"文星仙伯寵分鉞"，更是率意妄改。

②　在：原作"住"，據譚校、《宋詩紀事》改。

③　間：庫本、《宋詩紀事》作"論"。

④　攬：原作"檻"，據朱本、鄒本、《宋詩紀事》卷五二改。

⑤　枝藤：朱本、鄒本作"杖藜"。

⑥　態：原作"熊"，據萬曆本、庫本、朱本、鄒本、《宋詩紀事》改。

⑦　鳳：原作"風"，據朱本、鄒本、《宋詩紀事》改。

客有自成都來者，傳制帥華學尚書年丈巫山詩，輒次韻奉寄①

(宋) 許及之

巖壑豈是鐘鼎姿，出處相較點與癡。我家浙東山水窟，閑窺壺中日月遲。坎蛙固守井底見，雁蕩斷云天下奇。坐想天柱高突兀，便覺穹障排參差。歸胡不歸歸未得，吾非故吾吾何之？南宦祝融常在眼，北征太行長相隨。每欲拓關令混一，其奈意廣憐庸疲。故人將指填巴蜀，大江揚舲張虹旗。紀行先要實古錦，及境始事褰赤帷。陽侯似知公得句，吳榜娄舞下折枝。有客傳誦《巫山高》，長安那復紙價低。襄王胡爲愛文賦？宋玉大似供戲嬉。山川本以靈雨祀，神明何乃褻瀆爲！牽牛織女謗自古，小姑彭郎訛一時。剩喜新篇有如此，洗空遺恨從今茲。蜀道誰云在天上？政譽已逐詩聲馳。世情嚮背南北阮，人物妍醜東西施。願君滄溟恢宇量，聽彼瓶甖居井湄。已爲下户代輸額，更要全蜀俱伸眉。西都父老久延頸，關外士卒寬張頤。訪尋恐有玄尚白，流落寧無素染緇？規橅所至欣濟濟，民俗定自臻嘻嘻。政成得政公何疑，無人風月鐫峨嵋。歸來要續《浯溪頌》②，吾上《中和》《宣布》詩③。

次　韻

(宋) 丁　逢

半雨半晴山弄姿，濕雲吹風不成癡。蘼蕪漸遍楚宮碧，蒲萄未漲巴江遲。西南大尹初涉境，山川效職加瑰奇。翠屏窺窗故娟妙，松巒映柁相參差。浮雲擊汰睨青壁，靈君一去今安之？吟情浩蕩陿宇宙，萬景敢云驕莫隨。當年楚境半天下，屢王醉夢方昏疲。珊珊玉佩赤帝女，星髦羽蓋蜺旌旗。錫符賜榮豈無意，侍臣託諷褰幬帷。尹今文采繼《騷》《雅》，夢得詩魂羞《竹枝》。吾行一百八盤上，鑽天但覺天雲低。荒荒

---

① 《涉齋集》卷四題作《次韻袁尚書同年巫山之什》。
② 續：原脱，據本集補。萬曆本、朱本、鄒本作"獻"，庫本作"著"。
③ 按：《涉齋集》所載此詩文字與此大異，今迻録於下：

我本山澤之癯姿，出處相較點與癡。生當浙東巖壑地，閑覺壺中光景遲。井蛙敢從海若語，雁蕩斷謂天下奇。一從天柱想突兀，便覺屏嶂排參差。盍歸乎來歸未得，今吾非故吾何之？南官祝融常在望，北征太行長相隨。幾欲拓關令混一，雖愧力乏猶忘疲。故人將指鎮巴蜀，大江揚舲張虹旗。經行先須實古錦，及境方要褰赤帷。陽侯似知公得句，吳榜自舞山折枝。有客忽傳《巫山高》，長安不復紙價低。陽臺從昔誇詞賦，大夫無乃姑戲嬉。山川合因雲雨祀，神明何得褻瀆爲！牽牛織女謗自古，小姑彭郎訛一時。三復新詩有如此，盡洗遺恨從今茲。蜀道雖云在天上，政譽已逐詩聲馳。世情嚮背南北阮，人物好醜東西施。願君滄溟恢宇量，聽彼瓶甖居井湄。已爲下户蠲逋賦，更要全蜀俱信眉。長安父老久延頸，關外饟餽寬張頤。寂寞恐有玄尚白，留落得無素染緇？規橅久矣欣濟濟，民俗定爾臻嘻嘻。公歸得政公何疑，勿爲風月鐫峨嵋。歸來要續《浯溪頌》，已賦《中和》《宣布》詩。

野驛虎豹怒，陰陰嶺樹猿猱嬉。危登險陟倦三伏，口呿背浹嗟胡爲？豈知舟行有奇觀，山靈秘惜留歸時。青簾白舫夙已具，芒鞿布韈將從茲。胸中丘壑未塵土，頭上歲月從驅馳。雖無勝具逐支、許，尚有樂趣同周、施。何當投劾便歸去，發船打鼓清江湄。更催尺一喚公觀，同看二六浮修眉。常山蛇陣想魚腹，建溪龍焙傾蟇頤。攤錢畫浪看三老，杖藜晚岸尋名緇。昔人汶嶺寄書帖，更歌蜀道先吁嘻。示若尹外岳牧、中丞疑，惠愛春江之赴滄海，清明秋月之挂峨岷。盡驅三峽波濤筆，第入《思齊》《訪落》詩。

次　韻

(宋) 閭丘泳

舟行觀山無定姿，篷底兀坐真兒癡。層崖複嶺正雜遝，平岡橫阜俄逶遲。晴嵐參天固競秀，深巖挺石尤多奇。遥岑浮眉緑點點，飛瀑懸劍鋒差差。飽聞巫山妙天下，今誦公詩如見之。蓬仙來應人間世，妙齡便有聲名隨。日談經術輔主聖，久領國計嗤駑疲。共推經邦濟川楫，暫建分陝元戎旗。百城聽令仰賜履，三邊制勝如籌帷。長江高唐神女峽①，萬里崑崙分一枝。峰巒森立入霄漢，塔廟選勝居高低。響山猿啼聲若嘯，迎棹鴉舞來如嬉。金母分界神靈職②，孰云朝暮陽臺爲③？琅函藥笈發天秘，贊禹治水唐虞時。英辭一洗千載陋，寫之琬琰宜自茲。人思傳本快先睹，蔡邕石經車馬馳。北暢威名被沙漠，西奠夷落連黔、施。帝遣雲軿鎮南極，祠宫姑寓江之湄。湘君時過鼓瑶瑟，宓妃豈復颭蛾眉。金闕已俾佐少廣，丹經孰授逾期頤？野人塵容粗知學，素守亦復涅不緇。竭來乘軺職飛輓，兩見祈穀歌《噫嘻》。疲氓崎嶇上轉粟，舊業荒落南窺疑。勞生屢已度劍棧，清遊頗念登峨岷。從今《崧高》雅頌手，那數韓子《南山》詩！

次　韻

(宋) 張　績

化工神偉開物姿，剗石萬仞不作癡。巍峰聳立威鳳舉，急峽怒流奔馬遲。隱然萬里形勝重，信矣四海遊觀奇。天開匹練勢巇嵥，雲擁列嶂青參差。輿圖悚視天設險，舟檝競與江東之。何年宇宙此盤據？遠攬泰華宜肩隨。胸吞雲夢蕩物表，眥決飛鳥忘神疲。元戎授任盛節制，列艦徑度羅旌旗。天香來時滿衣袖，講殿幾日辭書帷？詞源浩蕩春峽水，句律飄揚秋桂枝。天門有路穿水去，筆力到古群峰低。遠參退之賦山閜，

---

① 唐：原作"堂"，據庫本、朱本、鄒本、《宋詩紀事》卷五二改。
② 金：原作"今"，據萬曆本、朱本、鄒本、《宋詩紀事》改。按："金母"，西王母也，作"金"字是。
③ 云：原作"去"，據上引改。

下陋樊川娱水嬉①。"吾聞京城南，兹爲群山圍"，退之《南山》詩也。有神相宅理應爾，夢賦靡曼奚其爲？流轉不根憐已久，高詠取正今逢時。昔年飛輨忝將指，異境名言猶念兹。大篇巨軸窺勝賞，赤甲、白鹽神坐馳。有從絶唱發奇偉，衆作絢彩同彰施。德風草偃闔以外，觀頌下轉江之湄。寧須三年奏漢計，行復八采瞻堯眉。慈恩論契肯隔面，草堂枉駕欣解頤。我方卧雲書自伴，公詠入相衣宜緇。少須凋瘵盡摩撫，大賑廩粟歌《噫嘻》。潼、利告大歉，公方大舉荒政。會看丹詔來北闕，更上岷嶺登峨嵋。江山得助協嘉會，賷載歸寫《明良》詩。

次　韻　　　　　　　　　　　　　　（宋）李嘉謀

道人愛山出天姿，自謂計黠人嫌癡。獨遊名山看不足，每得勝處行爲遲。誰人能知物外賞，世上自有壺中奇②。一行作吏困汩没，便與好境相參差。脱兔投林今適願，窮猿得木吾何之？芒鞋竹杖恣如往，烟簑雨笠長相隨。青山愈好足力盡，此意未止駑駘疲。路逢行人説大尹，正見諭蜀揚旌旗。好賢招邀每虚席，問俗疾苦時褰帷。才華落落清廟器，詩筆粲粲珊瑚枝。胸吞楚澤八九盡，氣壓巫峽群山低。大峰連娟争媚嫵，蒼壁徙倚供遊嬉。巴東巴峽古所重，作雲作雨今胡爲？有情飛鳶送迎客，無數棹歌來去時③。昔日畫圖曾見者，何意忽此今逢兹？邇來豐碑在人口，已與流水争東馳。政用中和得大體，智出毫末非全施。不獨英聲流上國，已有詩卷傳江湄。狼烽長閑士鼓腹，耕隴不見愁生眉。都門髣髴記分袂，蜀道修阻常支頤。持謁見公敢論舊？撫髀顧我清無緇。樽俎頻開閑共語，歌謳聊與民同嘻。忽然晨日在東壁，但見山月來峨嵋。行吟何獨壯三峽，在處山靈來乞詩。

廣溪峽　　　　　　　　　　　　　　（唐）楊　炯

廣溪三峽首，曠望兼川陸。山路繞羊腸，江城鎮魚復。喬枝百丈偃，飛水千尋瀑。驚浪迴高天，盤渦轉深谷。漢氏昔云季，中原争逐鹿。天下有英雄，襄陽有龍伏。常山集軍旅，永安興板築。池臺忽已傾，邦家遽淪覆。庸才若劉禪，忠佐爲心腹。設險猶可存，當無賈生哭。

---

① 水：原作"入"，據庫本、朱本、鄒本改。
② 壺：原作"壼"，據庫本、《宋詩紀事》卷五二改。
③ 去：原作"立"，據庫本、朱本、鄒本改。

天　池　　　　　　　　　　　　　　　　　　　　　（唐）杜　甫

天池馬不到，嵐壁鳥纔通。百頃青雲杪，曾波白石中。鬱紆騰秀氣，蕭瑟浸寒空。直對巫山出，兼疑夏禹功。魚龍開闢有，菱芡古今同。聞道奔雷黑，初看浴日紅。飄零神女雨，斷續楚王風。欲問支機石，如臨獻寶宮。九秋驚雁序，萬里狎漁翁。更是無人處，誅茅任薄躬①。

峽中山②　　　　　　　　　　　　　　　　　　　（唐）盧　象

高唐幾百里，雲樹接陽臺。晚見江山霽，宵聞風雨來。雷從三峽起，天向數峰開。靈境信難見，輕舟那可迴？

過巫峽　　　　　　　　　　　　　　　　　　　　（唐）李　頻

擁棹向驚湍，巫山直下看。削成從地底，峻極出雲端③。暮雨晴歸少，啼猿渴下難。一聞神女去，風竹掃空壇。

巫　峽　　　　　　　　　　　　　　　　　　　　（唐）曹　松

巫山蒼翠峽通津，下有仙宮楚女真。不逐彩雲歸碧落，却爲暮雨撲行人。年年舊事音容在，日日誰家夢想頻？應是荆山留不住，至今猶得睹芳塵。

望巫山　　　　　　　　　　　　　　　　　　　　（唐）張　喬

溪疊雲深轉谷遲，暝投孤店草蟲悲。愁連遠水波濤夜，夢斷空山雨雹時。邊海故園荒後賣，入關玄鬢夜來衰。東歸未必勝羈旅，況是東歸未有期。

---

① 茅：原作"勞"，據朱本、鄒本、《九家集注杜詩》卷三二改。"誅茅"謂鏟除茅草以建屋。
② 《文苑英華》卷一六一、《全唐詩》卷一二二題作《峽中作》，"山"字疑誤。
③ 峻極出：《文苑英華》卷一六一作"聳出在"。

巫山神女廟 （唐）劉禹錫

巫山十二鬱蒼蒼，片石亭亭號女郎。曉霧乍開疑卷幔，山花欲謝似殘妝。星河好夜聞清佩，雲雨歸時帶異香。何事神仙九天上，人間來就楚襄王？

酬人貽巴峽圖① （唐）薛濤

千疊雲峰萬丈湖②，白波分去繞荊吳。感君識我枕流意，重示瞿唐峽口圖。

巫山 （宋）曾慥

巫山不可見，翠岫幾重重。雲外藏三島，江頭認九峰。淡烟迷暝色，疏雨浥秋容。目斷凝真路，松風傳暮鐘。

離巫山晚泊棹石灘下 （宋）李壘

黃昏風雨阻江濱，翠綰群峰暮色勻。一夜子規啼到曉，孤舟愁殺未歸人。

入峽 （宋）蘇軾

自昔懷清賞③，今茲得縱探。長江連楚蜀，萬派瀉東南。合水來如電，黔波綠似藍。餘流細不數，遠勢競相參。入峽初無路，連山忽似龕。縈紆收浩渺，蹙縮作淵潭。風過如呼吸，雲生似吐含。墜崖鳴窣窣，垂蔓綠毿毿。冷翠多崖竹，孤生有石楠。飛泉飄亂雪，怪石走驚驂。絕澗知深淺，樵童忽兩三。人烟偶逢郭，沙岸可乘籃。野戍荒州縣，邦君古子男。放衙鳴晚鼓，留客薦霜柑。聞道黃精草，叢生綠玉篸。盡應充食飲，不見有彭、聃。氣候冬猶暖，星河夜半涵。遺民悲昶、衍，舊俗接魚、蠶。版

---

① 《薛濤詩》題作《酬雍秀才貽巴峽圖》。
② 丈：上引作"頃"。
③ 清：《東坡全集》卷二八作"幽"。

屋漫無瓦，巖居窄似庵。伐薪常冒險①，得米不盈甔。嘆息生何陋，劬勞不自慙。葉舟輕遠溯，大浪固無諳②。羼鑠空相視，嘔啞莫與談。蠻荒安可駐？幽邃信難妉。獨愛孤栖鶻，高超百尺嵐。橫飛應自得，遠颺似無貪。振翮遊霄漢，無心顧雀鷁。塵勞世方病。局束我何堪！盡解林泉好，多爲富貴酣。試看飛鳥樂，高遁此心甘。

入　峽　　　　　　　　　　　　　　　　　　　　　（宋）蘇　轍

舟行瞿唐口，兩耳風鳴號。渺然長江水，千里投一瓢。峽門石爲戶，鬱怒水力驕。扁舟落中流，浩如一葉飄。呼吸信奔浪，不復由長篙。捩柁破潰旋，畏與亂石遭。兩山蹙相值，望之不容舠。漸近乃可入，白鹽最雄高。草木皆倒生，哀叫悲玄猱。白雲繚長袖，零露如飛毛。緬懷洚水年，慘蹙病有堯。禹益決岷水，屢與山鬼鏖。摧崗轉大石，破地疏洪濤。巉巉當道山，斬截肩尾銷。峭壁下無趾③，連峰斷修腰。破處不生草，上不挂鳥巢。水怪不盡戮，下有龍與鼇。遼哉千萬年，禹死遺迹牢。豈必見河洛，開峽斯已勞。

峽　口　　　　　　　　　　　　　　　　　　　　　（宋）宋　肇

萬里西南路，瞿唐據上游。峽分山對立，江合水爭流。蛟鰐從來患，風波自古愁。幾時飛兩槳，歸去滿帆秋④？

瞿唐峽　　　　　　　　　　　　　　　　　　　　　（宋）陳　謙

庸蜀諸羌水，荊吳萬里渾。不將崖約束，焉免壑崩奔？線引溫湯浦，觴浮雪水源。槎程疑欲盡，西望氣魂魂。氣魂魂，見《山海經》。

瞿唐峽二首　　　　　　　　　　　　　　　　　　　（宋）李　石

我行江南上峽來，繫舟夜泊雲雨臺。行到西川一萬里，杜鵑聲急桃花開。

---

① 伐：原作"代"，據庫本、朱本、鄒本、本集改。
② 無：本集作"嘗"。
③ 無：原脱，據《欒城集》卷一補。下無趾：萬曆本作"難下趾"。
④ 滿：原作"慢"，據《蜀中廣記》卷二一改。

花開歸去客在船，人道雲安有杜鵑。峽山無路續百丈，胡獼上樹拊連天。

峽　中　　　　　　　　　　　　　　　　　　　　　　　　　　前　人

峽水方中駐，歸舟溯蜀門。《竹枝》聲處處，梅藥雪村村。來去山蠻笑，啼號地主恩。幸然窮性命，不必賦《招魂》。

峽山古調詩　　　　　　　　　　　　　　　　　　　　　　（宋）杜　曾

濫觴岷山側，此江出岷山①。朝宗蓋自然。沸沸出幽竇，滔滔成巨川。深流疑徹地，遠勢欲浮天。萬石攢若鬬，一流瀉如懸。二蜀通貨博，三峽爲防堅。上下比入聲。難險，往來爭溯沿。衝高漬氣盛，轉急洶形圓。行人戒仲夏，招子尚耆年。主舟人謂之長年三老。風波雖滅裂，灘磧且叢駢。湍聲混蠻市，漲潤入畬田。傍臨股且栗，順下目無前。浮沫逢槎聚，垂瀑依岸穿。哀猿藏森上聲。聳，渴鹿聽潺湲。幽勝祠宇密，傾危村舍連。寒沙淹宿雨，暖激罩春烟。青蕪隨遠曲，白鳥戲輕漣。常經祇名利，舊隱多神仙。至清逃鮞鱓，極奧容鱘鱣。楚臣忠義鬱，屈、宋也。巫女威福專。巫山廟，人多祈祀。龍驤戰具敏，鯀嗣導功全。瞿唐千里暗，灔澦一丘偏。砥柱未足擬，呂梁誠浪傳。伊予非智者，被命徒勉旃。尺短紀列郡，寸進乘孤船。一步一竿探，百丈百夫牽。通夕但耿耿，終日惟乾乾。廢職罹罪罟，委命推化甄。寄言千金子，狂狷可問焉？

雲安下偶成　　　　　　　　　　　　　　　　　　　　　　（宋）邵　博

輕波颭鴨頭，小艇翔燕尾。風沙三十程，雲水一千里。雪盡晚寒輕，日長春睡美。汀蕪翹碧茅②，岸樹裹紅藥。江浮清鏡中，山入翠屏裏。蜀鳥已驚心，巴猿猶側耳。竹節數名灘，桃花驗新水。谷鶯歌尚慵，檣燕舞何喜。落日浪鎔金，殘花風翦綺。斯遊興最多，了不知行止。

泊雲安下，大風驟雨，作柏梁體一篇　　　　　　　　　　　　前　人

晴空赤日飛丹霞，扁舟春熱汗且呀。寒溫之候無乃差，朝猶挾纊暮著紗。祝融暴

---

① "江"下原衍"山"字，據庫本刪。
② 茅：譚校"疑作芽"。

横势莫加，骤将炎赫移韶华。东皇游冶穷豪奢，未终节序还其家。忽惊猛吹扬白沙，烟云四起相邀遮。空中轊辘鸣雷车，樅樅白雨悬乱麻。风师雨将相矜夸，千刀万槊争嚣譁。玄旌皂纛何纷葩，势摇两蜀掀三巴。须臾雨止雷停搰，苍云扫尽天无瑕。恍如脱兔离轻罝，回头已见羲轮斜。山开水静风色嘉，喜翔燕雀嬉鱼虾。红颠白倒纷残花，披张林叶舒草芽。阴阳变化谁咄嗟？风云乃尔相喧挐。大哉一气通幽遐，彼苍高远安能涯？倚峰吟望心目赊，碧云千里号归鸦。

云安龙脊滩 （宋）杨　济

洞庭老龙时出没，万斛舟航俱辟易。此龙脊背已铁石，肯逐时好作人日？我呼邦人来踏碛，恍然如见河图出。大巫鸡卜占云吉，小巫《竹枝》歌转激。飘石扬沙障江色，尘埃何处不相袭？摩挲石刻聊偃息，恐有老人来横笛。

至瞿唐关，戏用山名以成一绝 （宋）王十朋

取友要如山胜己，居官宜似地清廉①。边庭未静尚赤甲，鼎鼐欲调须白盐。

云安下岩 （宋）杜柬之

清江翻雪卷湖滩，晚泊岩扉暂解颜。夙有净缘逢寺喜，老无生理伴僧闲。残云已断独飞雨②，落日将沉却照山。半夜秋声惊客梦，一帘珠贝冷珊珊。

下岩避暑留题 （宋）杨　迈

古寺重来兴转添，舟中午暑正炎炎。野僧引客登山阁，稚子穿云放水簾③。热得清凉身暂健，老便闲静意难厌④。人间劫火方撩乱，法雨何如为普沾？

---

① 清廉：原作"青簾"，据朱本、邹本改。万历本作"青廉"。
② 独：朱本、邹本作"犹"。
③ 放：库本作"映"。
④ 老：《蜀中广记》卷二三作"懒"。

下　巖并序①　　　　　　　　　　　　　　　　　　　　　　　（宋）黄庭堅

唐末有劉道者，定州無極人。聞道於雲居膺禪師②，爲開巖第一祖，法號道微。自鑿石龕，曰："死便藏龕中，不用時日。"門人奉其命。二百年矣，來遊者題詩不可勝讀，莫能起此開巖者，故予作二篇表見之。其一用楊子安韻，其一用王定國韻。

空巖静發鐘磬響③，古木倒挂藤蘿昏。莫道蒼崖鎖靈骨，時應持鉢到諸村。

又

寺古松楠老，巖虚塔廟開。僧緣蠶麥去，官數荔枝來。石室無心骨，金鋪稱意苔。若爲劉道者，拽得鼻頭迴。

按部留小詩，命男明復同賦④　　　　　　　　　　　　　　　（宋）郭　印

地涉雲安境，山居燕子龕。簾垂看急溜，蓋偃得修楠。牢落前賢迹，光明有佛庵。幽禽知客至，一一解玄談。

又　　　　　　　　　　　　　　　　　　　　　　　　　　　（宋）郭明復

道人昔日來開山，山鬼悔泣門不關。一時梵宇借巖麓，千載絶景歸人間。松蘿鬱勃樹旌纛，水泉丁東鳴珮環。兩蘇寂寞涪翁死，杖履誰與同躋攀？

---

① 并序：原無，據《宋黄文節公全集·正集》卷六補。本集題作《萬州下巖》。
② 禪：原作"祥"，據萬曆本、朱本、鄒本改。雲居膺禪師即唐末僧道膺。
③ 磬：本集作"聲"，然任淵《山谷内集詩注》卷一四亦作"磬"。
④ 《蜀中廣記》卷二三題作《題雲安下巖》。

僕既與子應賦觀瀑詩矣，頃之雨定，瀑水疏爲水簾，驚變態之不窮也，復記以詩① （宋）張 灝②

朝來雨急飛瀑雄，黑雲壓屋江挂虹。晚來雨定瀑亦小，散作水縷鏘簾櫳。垂檐初似玉成綴，觸石但見珠跳空。嗟哉山泉一物耳，朝態暮狀不爾窮。乃知造物解戲人，千變萬化頃刻中。吾恐文章要如此，好把泉源驅筆鋒。

巖下觀瀑，早晚異狀，子文有詩，輒次其韻 （宋）何 麒③

瀑色清明氣猶雄，非烟非雲非白虹。兜羅綿光秀罘罳④，吠琉璃影搖簾櫳⑤。風吹銀潢灑蒼壁，日照玉柱擎青空。誰言物象要有盡？我覺端倪殊不窮。思湧迴翔掀舞時，句在縹緲空濛中。更將七字寫亭午，倚天長劍拖芒鋒。

水 簾 （宋）虞大博

疏水成簾造化功，冷光千丈半巖風。層霄蟫蜘正鋪地，滄海珠璣却墮空。天下奇觀更何處，騷人幽詠未全工。要知出壑爭流意，不向三巴直向東。

遊臥龍山 （宋）丁 謂

日長春老職司閑，縱轡因尋負郭山。花氣半飄青靄外，泉聲多在白雲間。香燈肅肅嚴僧事，鐘梵蕭蕭爽客顏。坐有詩人樽有酒，擬拋城市宿禪關。

---

① 雨：原作"而"，據本詩及朱本、鄒本改。態：原作"熊"，據萬曆本、庫本、朱本、鄒本改。
② "張灝"下朱本、鄒本有小注："子文。"
③ "何麒"下朱本、鄒本有小注："子應。"
④ 秀：庫本作"透"，當是。
⑤ 璃：原作"瑠"，據萬曆本、朱本、鄒本改。又"吠琉璃影"，庫本改作"斑璘吹影"，朱本、鄒本則缺"吠"字，蓋不知"吠琉璃"即"琉璃"，見《大般若波羅密多經》卷四九引慧琳《音義》。

出郊題瀼東人家屋壁二絕 　　　　　　　　　　　　　（宋）馮時行

入坐山如屏幛①，卷簾風滿衣襟。正是梅花時候，怡融渾似春深。

風引晴雲度去，騰催殘葉飛來。短景餘寒幾日？安排都放花開。

到夔州 　　　　　　　　　　　　　　　　　　　　（宋）曾　恁

衆水歸三峽，悠悠萬古情。白鹽無路到，赤甲罕人行。西瀼泉尤勝，東屯穀有名。豐年公事少，飽暖荷恩榮。

夔　州 　　　　　　　　　　　　　　　　　　　　（宋）冉居常

縹緲飛樓壓舊城，年年來聽峽猿吟。衣裳慣見秋風冷，夢寐嘗愁塞日陰。霜露園林千古事，波濤鷗鷺一生心。祇應庾信頻飄泊，正坐江關緣分深。

夔州歌簡晁子西 　　　　　　　　　　　　　　　（宋）王從道

白帝夔州萬古城，全蜀東門下相控。瞿唐、灩澦勢嶄絕，赤甲、白鹽光溳洞。峽雨關雲朝暮征，烟葉水花洲渚共。少陵冥寞減光輝，山川草木今誰諷？明知風物待組織，可笑可笑浪嘲弄。逸亭野老泛舟來，迥立蒼茫遊覽縱②。旋提燕拂呵物象，試吐清音激鸞鳳。江頭一見晁廣文，客裏倡酬無乃奉③。天生之子映昭代，與我突出萬人衆④。古來道合事襟期，有作正須行《雅》《頌》。下瞰一隅會萬景，豈無江靈為供送？請君作詩如畫圖，收拾形容未宜空。

---

① 入：原作"八"，據萬曆本、庫本、朱本、鄒本改。
② 迥：原作"迫"，據朱本、鄒本改。
③ 庫本此句作"客裏新詩如供奉"。
④ 與我：庫本作"清才"。

清江曲送宋尚德自峽中回　　　　　　　　　　　　　　（明）詹　同

　　清江水清峽水黃，清江之上多綠楊。浣花女兒立沙際，青裙白足如秋霜。蜀山雪消十日雨，一夜扁舟欲齊樹。兩岸猿聲不肯休，送君流向峽州去。

長江萬里圖　　　　　　　　　　　　　　　　　　　　（明）楊　基

　　我家岷山更西住，正見岷江發源處。三巴春霽雪初消，百折千回向東去。江水東流萬里長，人今漂泊尚他鄉。烟波草色時牽恨，風雨猿聲欲斷腸。先生原籍蜀中嘉州人，因祖仕江左，生長吳中，遂家焉。

峽中作　　　　　　　　　　　　　　　　　　　　　　（明）安　磐

　　水下夔門灩澦堆，一山中斷兩屏開。昭君村抱瑟琶峽，神女祠連雲雨臺。側壁倒崖無鳥過，古藤昏樹有猿哀。懸燈夜泊風波惡，賴此巫山月下杯。

全蜀藝文志卷之十

詩

學 校

題石室　　　　　　　　　　　　　　　　　　　　　　　（唐）裴　鉶

文翁石室有儀形，庠序千秋播德馨。古柏尚留今日翠，高岷猶藹舊時青。人心未肯拋氊蟻，弟子依前學聚螢。更嘆沱江無限水①，爭流祇願到滄溟。

益州州學聖訓堂詩　　　　　　　　　　　　　　　　　　（宋）何　郯

益爲藩捍西南隅，物衆地大稱名都。擇守來頒茲土政，治人頗與他邦殊。蹉跌一有戾條教，便宜皆得行黥誅。群姦帖息不敢動，無復弄兵覬穿窬。任威或謂一時事，立政恐非長世圖。豈無達識究是否，重在改作徒嗟呼。仲翁文翁字。裔孫有偉度，敢決不以常文拘。當官勇欲除弊法，伊憂内惻仁心乎。視人無異遠方意，威刑惠政還相須。始時歲荒力賑救，坐使餓殍成完膚。既而爲俗思根本，其在立學陳師模。大開儒庠務誨導，秀民聳慕紛來趣。遂言謂署鴻生職，使演經傳傳諸徒。奏函一上聞法座，詔劄即日來諧俞。詔云信汝辦治蜀，緩任威罰先文儒。公心感激侈上賜，刻在金石尊神謨。覆之大廈膀美稱，日久傳著期無渝。邦人承風爲盛事，觀者填道來于于。嗟嗟多士其聽命，勿即邪徑安夷涂。師無訑聖生率教，信尚姬孔尊唐虞。施之鄉黨勵雅俗，仁誼得以相持扶。漢皇初始盛文學，起自蜀國行中區。本朝教化視三代，建元安可爲齊驅！吾君訓辭諭萬里，義均《盤》《誥》茲宣敷。吾守教本樹一國，學盛洙泗相涵濡。臣謀君從協大義，聖哲唱和真同符。欲歌盛節示萬古，才不迨志嗟其愚。

---

①　嘆：朱本、鄒本作"羨"。

復修府學故事　　　　　　　　　　　　　　　　（宋）韓　絳

文翁石室已千秋，世有興衰化自流。賢俊相望承學粹，朝廷緣此得人優。蜀中名士布在顯要。太平典禮當傳習，盛際文章正講求。師友琢磨期不倦，岷峨秀氣與雲浮。

過府學遂謁文公堂　　　　　　　　　　　　　　（宋）喻汝礪

緑荻負幽隱①，高槐泛輕涼。各娉一時好，披風互低昂。詎知五月中，微陰颼催黄②。我行魯侯宫，獨謁文翁堂。若人骨已朽，道在斯不亡。遂令蜀文章，照耀日月傍。世事俱腐臭，斯文真久長。靡顏能幾時③，蕭條翳墟荒。富貴豈不好，千載同一傷。三嘆過泮宫，撫已涕自滂。

府學十詠　　　　　　　　　　　　　　　　　　（宋）李　石

禮　殿④

漢人祀周公爲先師，故鍾會《記》云"周公禮殿"。范蜀公鎮云：屋制甚古，非近世所爲，秦漢以來有也。内翰王素云：其屋制絶異今制，後之葺者惜其古，不敢改作。

蜀侯作頖錦水湄，先聖先師同此室。巍然夫子據此座，殿以周公名自昔。聖人兩兩如一家，均是周人先後出。東家想見中夜夢⑤，猶與公孫同衮舃。斯文授受乃關天，不爲漢唐加損益。我時來視俎豆事，重是漢人斤斧迹。漢宫制度九天上，散落人間此其一。多因豐屋起戎心，獨此數椽綿歲曆。規摹嶪嶪東魯似，氣象縹緲西岷敵。竹松猶是《斯干》詩，風雨方知隆棟吉。雖然漢獻來至今，閱時已多駒過隙。中間豈無鳥鼠慮，妙斲不知難輒易。工師不揆亂如麻，敢向般門言匠石⑥。詩書譬彼尚闕文，後學如何補遺逸。祖龍非意竊登床，蝌蚪有心來壞壁。舊章僅在命如絲，誰勒吾詩勝丹漆。

---

① 緑荻負幽隱：庫本作"閑花致幽隱"。
② 颼：萬曆本、朱本、鄒本作"颼"，庫本作"忽"。按：《成都文類》卷四亦作"颼"。
③ 顏：萬曆本、朱本作"頹"。
④ 《方舟集》卷二題作《周公禮殿》。
⑤ 東家想見：本集作"想見東家"。
⑥ 般：原作"殿"，據本集改。"般"謂公輸般（魯班）。

石室①

漢孝景時，太守文翁始作石室。西爲文翁，稍南爲高朕②，比文翁石室差大，皆有石像。"朕"或爲"勝"，宋温之璋洗石以辨之，乃"朕"字也。詩稟切。蜀守席旦奏秩文翁、高朕於祀典。竊疑二室者，蜀人所以祠二公之意，非必自作。

來爲人所愛，去爲人所思。君看文與高，慈惠蜀之師。至今龕中象，凛凛建立時。知非伯有室，定是桐鄉祠。蜀人愛二公，遠與千載期③。其間幾灰劫④，付與一炬炊⑤。保此歲崢嶸，不動山四維。東家好鄰里，豈任惡少窺⑥。祠前二古柏，外乾中不萎。勿作翦伐想，恐是神明遺。可憐牆壁間⑦，峨冠劍挂頤。烈士不平氣，好在《淮西碑》。

殿柱記

范蜀公云：其柱鍾會隸書刻其上。按：會與鄧艾同入蜀，在咸熙元年甲申，距漢獻興平元年甲戌，凡七十一年矣。會蓋追文翁、高君之美而書也⑧。

蒼龍甲戌歲，修築周公殿。文翁至高君，學校已再變。順考興平年，實紀漢之獻。或云鍾會書，入木字隱見。自獻而至會，朔曆斗杓轉。會初入蜀時，意不止弱禪。有如猿猱繫，百巧欲伺便。殺汝不作難，機鋒劇刀箭。會書固出繇，家法素所善。至學艾筆迹，暮夜走郵傳。老昭豈易欺，真僞猝難辨。欺昭爾尚可，蜀士多秀彦。當其下筆時，寧不愧顏面？雖蒙黼藻文，不揜糞土賤。周公儻有靈，白日下雷電。鍾會善學人筆迹，學艾書以詿司馬昭，昭遂殺艾。

左右生題名或云：江陽、寧蜀、遂寧、晉原。以《晉志》考之，江陽，蜀置此郡，寧蜀、遂寧、晉原，皆是宣武平蜀後置。

范蜀公云：西漢時諸生姓名，文學、祭酒、典學從事各一人，司儀、主事各一人，左生七十三人，右生三十人，可考者僅百許人。亦載於歐陽文忠公《集古錄》。

蜀地雖遠天之涯，蜀人只隔一水巴。自從文翁建此學，此俗化爲齊魯家。頍林春風桑椹熟，集鼓坎坎聞晨撾。諸生堂奧分左右，相比以立如排衙。九牧之金充歲貢，

---

① 《方舟集》卷一無此題，以序爲題。
② 洪适《隸釋》卷一《益州太守高朕修周公禮殿記》及本集作"朕"。
③ 遠與千載期：庫本作"家奉户祝之"。
④ 其間：庫本作"昆池"。
⑤ 付與：庫本作"阿房"。
⑥ "東家"二句：庫本作"無爲炫金碧，瞻拜欽光儀"。
⑦ "可憐"句：庫本作"森森勢直上"。
⑧ 會：原作"艾"，據鄒本、《蜀中廣記》卷一改。

搜出精鑛遺其沙。卿、雲、褒、武皆蜀秀，虎豹各自雄鬚牙。兩京得人廣數路，忍使丘中留子嗟①。不然題名百許輩，無一顯者何謂耶？我亦典學老從事，試向座中尋孟嘉。庾亮版孟嘉爲勸學從事。亮正旦大會人士，率多時彥。諸袞問亮："江州有孟嘉，其人何在？"亮云："在座，卿且自覓。"今左右生有典學從事。意亦嘉所官也。

禮殿晉人畫②

《耆舊傳》云："西晉太康中，益州刺史張收畫。而東晉王右軍已有書問蜀中事，知有漢時講堂在，知畫三皇五帝以來人物，畫文精妙③，欲因摹取，得廣異聞。則疑非收輩所畫，當是自漢以來畫，至收輩遞增益其數耳④。然畫之後前既無可考，則當以收爲正。嘉祐中，王素命摹寫爲七卷，總一百五十五人，爲《成都禮殿聖賢圖》。蜀守席益又嘗摹其容貌、名位可別識者一百六十八人於石經堂。又按元豐郭若虛《圖畫見聞志》云："漢文翁學堂在益州，昔經頹廢，高朕復繕立，圖畫古人聖賢之像及瑞物於壁。"未知孰是，則與《耆舊傳》小異。

成都名畫窟，所至妙宮牆。風流五代餘，軌躅參隋唐。其間禮殿晉畫爲鼻祖，未數後來鴻雁行。畫者果誰歟？或云名收人姓張。右軍問蜀守，墨帖來縑緗。乃知前輩人，不愛時世妝。范瓊、杜措、李懷袞，仙荒佛怪，驅喝雷電，筆意窺渺茫。不若收所畫，上自皮羽之服，下至垂衣裳。盤古衆支派，帝霸皇與王。君臣分賢聖，有如虎豹龍鳳殊文章。視之若有見，日月星象空中垂耿光。聽之如有聞，衝牙玉佩鳴以鏘。三古以降歷今世，視聽所感猶一堂。乃知此畫自神品，碌碌餘子非所望。吾道久已屈，二氏爭頡頏。豈惟收也見絀餘子下，尚有公議老我雙鬢蒼。

齊人畫禮器

齊永明十年，刺史劉悛畫殿壁⑤，器服如《三禮圖》。席益模本於石經堂。悛或作俊。或云劉悛弟慎之筆，今亡矣⑥。

漆器侈初俗，長袖喧都城。如何古邃殿，天開垂日星？奇奇與怪怪，懵悅不識名。

---

① 子：原作"于"，據萬曆本、庫本、朱本、鄒本改。《詩·王風·丘中有麻》："丘中有麻，彼留子嗟。"
② 《方舟集》卷二題作《禮殿聖賢圖》。
③ 畫文精妙：原作"精妙畫文"，據本集改。
④ "當是"至"其數"十五字原無，據本集補。
⑤ 悛：下文原注"悛或作俊"，則此序本作"悛"。然考《南齊書》本傳作"悛"，仍當以"悛"爲正。
⑥ "或云"二句《方舟集》卷一作："或云劉悛所畫之壁今亡矣。"

我嘗閱此畫，肇自齊永明。人間無備物，未易窮丹青。一昨因郊丘①，盛禮嚴天庭。器服各異數，於此集大成。仰瞻萬乘聖，遠想三代英。蟻蝨容著足，鴛鷺參結綎。西歸訪江梅②，鈞天夢初醒。心焉感此畫，眼角泫欲零。所見恐未夥，蜀都問君平。

黄筌畫屏

屏已失其左右二幅③，獨中一山水屏在耳。石到官，驗問所失月日，申府，蓋紹興三十年三月二十九日。府下兵馬司捕賊，不獲。

阿筌千頃本胸中，學道分明畫手同。筆削來追麟獲後，丹青爲洗馬群空。登堂欲與修遺履，穴户何由反大弓。尚有滄溟垂素壁，且阻蠅誤污屏風④。

古柏二首

東坡先生《送家安國教授成都》云："蒼苔高映室，古柏文翁庭。"事具《成都古今記》。趙次公詳其事於《東坡詩注》。有妄庸人請於府，恐壞屋，欲去之。石曰："屋壞可修，伐此柏，不可復；且祠廟古迹林木，條禁甚明。"並舉東坡《柏堂》詩爭之，得全。

驕榮落盡雪霜浮⑤，偃蹇空貽社櫟羞。濡沫東家雖借潤⑥，風烟西爽亦宜秋。皮災已覺神明露，心在猶懷剸伐憂。鐵鎖何當絆龍脚，夜深雷雨卷潭湫。石欲作鐵索絆之，以防風雨之暴，未果，僅能累石作籠固其足。

思人誰復念婆娑，窟室崖陰未易磨。四十圍間看溜雨，三千年後數恒河。不堪與世供狙杙⑦，尚許遺民占鳥窠。從此便名夫子樹，匡人斤斧奈予何⑧！監者王朝辯進士，年八十餘矣，學官憫其老，不忍易之。

秦城二絶

張儀、司馬錯所築。自錯入蜀，秦惠公乙巳歲至皇宋紹興壬午，一千四

---

① 一昨：原作"一作"，本集作"憶昨"。按："作"爲"昨"之誤無疑，然"一"字不誤。"一昨"猶"昨"也，"一"爲語助詞，古人常有此語。如《淳化閣帖》八王羲之帖："得一昨書，知君安善爲慰。"杜甫《寄贊上人》詩："一昨陪錫杖。"後文《石經堂》篇亦有"一昨敲門肆訶斥"之語。

② 訪江：原作"放天"，據本集改。

③ 幅：原作"屏"，據《方舟集》卷四改。《成都文類》卷四作"扇"。

④ 阻：本集作"防"。

⑤ 榮：《成都文類》卷四作"容"。

⑥ 濡沫：《方舟集》卷四作"濡染"。

⑦ 杙：原作"棧"，據朱本、鄒本、本集改。

⑧ 匡人：原作"康人"，據本集改。此乃取孔子爲匡人所圍的故事。楊炯《孔子廟堂碑》："仗天下之至和，猶有匡人之逼。"蓋李石原詩避趙匡胤諱改"匡"爲"康"，故《成都文類》及此作"康"，《方舟集》已回改。

百七十八年。雖頹圮，所存如崖壁峭立，亦學舍一奇觀也。

泮林堂後面崢嶸，不道詩書恨未平。瓜蔓深坑餘鬼哭，此間學校倚秦城。

塹成雉堞繞藟叢，漢棧分明蜀徼通。只說金牛能詑客，已輸巴粟到關中。

石經堂

偽蜀廣政七年，其相毋丘裔按雍都舊本九經，命平泉令張德釗書而刻諸石。是歲實晉開運甲辰也。蜀守胡宗愈作堂以貯石經，席益增葺，爲記。

我來一登石經堂，從以諸生行兩廡。諸生讀經半頭白，問以始終箝不語。我聞此經昔中都，中郎所隸乃其祖。邇來離亂已亡失，楷本僅能傳蜀土。蜀王①閏位供掃除，獨此仍爲盛時取。爲將嚴鐍守重扃，護以繚垣崇邃宇。列之學宮豈無意，豈但闕文存夏五。大開明鏡別妍媸，時扣洪鐘諧律呂。後生不復事丹鉛，抵死唯知守藤楮。字音隨口妄蜺霓，點畫分毫謬魚魯。日月當天空委照，盲俗相欺紛莫睹。石經雖古奈爾何，人競傳今不傳古。行行矧肯揿眼覷，蘚剝苔封費撐拄。堅鐍僅免飽蟫魚，隘道爭來宅狐鼠。此間鄒人儻借問，爲問石經誰是主？一昨敲②門肆訶斥，幾度向③牆詩傴僂。登登閣閣隱金槌，聒耳散空垂雹雨。蠟薰煤染連作卷，玉軸錦裝如束杵。豈無一物媚權豪，幾紙才堪博圭組。爾之所得固么麼，我則何由寬擊拊？一槌只作一字訛，訛至萬千那復數！石經之害此其大，縱有鬼神那可禦。憶昔嘗爲博士官，首善堂中容接武。心知不是世間書，雲漢森然城百堵。恢恢帝所有餘地，忍使石經留外府。便當連舸下瞿唐，飛上三山如插羽。縑緗舛謬鐘鼎暗，天罅豈容無一補，巍巍玉帝殿中央，河洛東西冀龍虎。雖然斯文屬興廢，帝既有心天亦許。作詩未用擬韓公，考篆庶幾追石鼓。

雲安監勸學詩 並序　　　　　　　　　　（宋）王日翬

湯溪之濱，編戶千數百家，雲安監在焉。其山岌而高，蹲踞相揖，環合四面；其溪洪且遠，清甘湛碧，縈回曲折，皆秀美也。紹興己卯歲八月，潼川王日翬沿檄而來，周覽氣象④，因謂知監程公曰："予聞山深而猛獸藏，水廣而巨魚游，地靈則人傑出，蓋理之常也。觀茲氣象④，必有當世聞人⑤者出焉"⑤。程公曰："唐之季有希玄者，官至上柱國；偽蜀時有寅⑥遜者，仕爲侍

---

① 蜀王：原作"蜀土"，據《方舟集》卷二改。
② 敲：原作"敵"，據朱本、鄒本、本集改。又"一昨"本集作"憶昨"。
③ 向：本集作"循"。
④ 象：原脫，據庫本、朱本、鄒本補。
⑤ 聞人：原作"間人"，據萬曆本、庫本、朱本、鄒本改。
⑥ 寅：原作"演"，據朱本、鄒本改。按：辛寅遜，《十國春秋》卷五四有傳。

郎，皆幸氏也。"予曰："予言豈不信哉！"程公曰："雖然，自是賢能之書亦幾絕矣。"予曰："百步之內，必有茂草①。豈有千數百家而無一賢一能之可書者邪？非父兄不能教子弟，則子弟不能從父兄之教矣。"程公曰："此地有三牛、馬嶺二山，舊傳'三牛對馬嶺，不出貴人只出井②。'土人用是不以仕進爲業，唯貨利之從。意者非山川所宜，雖皓首窮經無益矣。"予曰："此誰氏語邪？"程公曰："按石刻，漢廷尉扶嘉之語。嘉母媼遇龍而娠嘉，故其言人信之。"予不覺喟然曰："傳者既誤，載諸石者尤識之淺也。其言鄙俚如是，可傳以爲信耶？且廷尉既生於靈異，亦必賢哲之士，安得鄙俚之言哉？蓋田夫野老之言，後世指以爲嘉言，非也。使其言而可信，則幸氏二人得生此土邪？斯民不知前賢之慕，而惟俚言之信，則亦記諸石者罪矣。君子不言則已，苟有言焉，必將有補於世。今以鄙俚之言爲賢哲之言，誣賢哲之言，塞人才之路，吾知斯人必無後也。且蜀之東有鹽泉縣，今隸綿州，而初隸梓州，見國史，亦鹽監之類也，有射策爲天下第一者，曰蘇易簡。蜀之西，仙井監地曰三嵎，亦'三牛'之類也，亦有策蜀爲天下第一者，曰何栗。二人皆至宰相。又仙井鹹泉所出尤多，而貴人亦尤多，至今顯官名儒相繼不絕③，豈謂井之所出則無貴者出耶？"程公曰："然，願書之，資以爲訓。"予曰："石刻之傳不廢，則湯溪之士不振，予其可以不敏辭哉！然仕者亦不可不勉。凡人之學，所以修身而已，非先期於必貴而後學也。誠能修其天爵，則人爵雖不從④，不失爲君子。豈可以貴不可必，而遂至於不學？是惑矣。揚子曰：'人而不學，雖無憂，如禽何？'且夫地之美者生嘉禾⑤，而農事不至，則禾不生；山川雖秀，而士不知學，則貴人不出。公須廣諭而勸之，俾父詔其子，兄詔其弟，捨錐刀之末利，祈高大於門閭⑥。爲子弟者從父兄之教，勿荒於嬉，勿詭於隨。隆師親友，雖遠不憚；博學力文，始終不輟。則磨以歲月，必有英才儒士爲時而出，中才者亦必能取科第，邀富貴。貪利之風，化爲衣冠之俗矣⑦。"程公曰："諾。"乃退而爲詩四十韻。其詩曰：

觀風至雲安，古者湯溪濱⑧。無室不鹽烟，無民不樵薪。士子獨希少，錐刀事艱辛。我因沿檄來，暇日聊咨詢。溪山秀且清，湛碧高嶙峋。衣冠杳不報，敢問夫何因？

---

① 茂草：朱本、鄒本作"芳草"。
② 只出井：朱本、鄒本據《西京雜記》改爲"出鹽井"。
③ 顯官：庫本、朱本、鄒本作"顯宦"。
④ 人爵：原脫"爵"字，據朱本、鄒本補。
⑤ 生：原脫，據上引補。
⑥ 祈：原作"其"，據上引改。
⑦ 化：原脫，據上引補。
⑧ "觀風"二句，原作"雲安古湯溪濱"六字，朱本、鄒本於"湯溪"下注云"缺四字"，姑據庫本補改。

盛言漢廷尉，有語貽鄉鄰：三牛對馬嶺，有井無貴人。斯言既篤信，詩禮不復聞。我聞爲咨嗟，此語深非仁。儒風一旦掃，有甚遭浣焚①。因言廷尉者，其生豈不神？既禀神靈姿，寧非賢聖倫？安得鄙俚語，千載愚斯民！斯民有幸氏，貴豈無足稱？唐室上柱國，僞蜀掌絲綸。遺誥尚可考，苗裔亦詵詵。後生宜可畏，況逢堯舜辰。如何三百年，自棄甘煨塵？前賢不知慕，俚語常書紳。不知非格言，野老相因循。爲言聽我語，蜀民初頑嚚。文翁爲益州，化蜀與維新。英才出王、馬，繼世揚子雲。詞章耀當世，至今藹清芬。自爾吾蜀士，文學多彬彬。乃知湯溪上，未必無國珍。琢磨始成器，匪即爲荆榛。我雖非文翁，志使風俗淳。亦非好辯者，示勸聊諄諄。公侯寧有種，自致唯斯文。獨學乃孤陋②，師友須隆親。又當聽我語，既學須能勤。不勤如不學，勤學始成身。窮兮世巨儒，達兮國名臣。唯患學不至，學必無沈淪。如不學爲名，不如復煎熏。十室有忠信，見者希能遵。會觀積歲後，俊造來闉闍。一成詩禮鄉，舉充觀國賓。

泮林釋奠，偶緣攝事，遂獲充員。竊觀禮文樂奏之盛，不勝欣嘆，輒成小詩，奉呈僚友　　　　　　　　（宋）陳　邕

春丁逢上日方中，偶向靴城薦泮宮③。奠璧采璘誠可格，代庖越俎數徒充。八音合奏東南少，一道相傳今古同。我輩因文須識本，浴沂好詠舞雩風。

夔州試院呈諸公二首　　　　　　　　　　　　　　　　　（宋）冉居常

他年蟲篆老書生，謬向文闈預領衡。敢使靈鼉嗟鳳鷖，祇愁汪馬賦崢嶸。舊傳錦樣心雖愧，新揀沙金眼自明。收拾美莊逃謗去，升沉脚迹任諸英。

粉袍切勿笑冬烘，且踏燒殘鼠尾蹤。總是炎蒸同造榜，某舊以六月薦。不妨衣鉢繼登庸。雲移白帝鵬霄近，月入清秋桂子濃。願得辭鋒倚天劍，借君雷雨化蛟龍。

---

① 浣焚：萬曆本、朱本、鄒本作"燒焚"。
② 獨學：原作"蜀學"，據庫本及譚校改。
③ 偶向靴城：庫本作"涓吉修誠"。按：此詩所詠爲夔州事（本書卷一五有陳邕《二月晦遊東屯拜少陵》，亦詠夔州），詩中"靴城"即指夔州。宋鄧深《大隱居士詩集》卷下有《柔遠樓》詩云："柔遠樓高豁寸眸，白鹽赤甲鎖關頭。四川形勝當前險，三峽波濤據上游。鳥道極天雲日近，靴城匝地市烟浮。""靴城"亦謂夔州城。庫本乃以意妄改。

次韻盧彥德學宮詩

（宋）楊　輔

　　頗怪諸生籍奉常，寂寥科目歲年長。只今五桂名猶在，恐有孤桐曲未忘。學校規模新壯麗①，江山意氣久徊翔。分光膚使青瑤句，收拾風霆喚阿香。漢太常員猶今貢禮部耳。

---

① 麗：原作"觀"，據朱本、鄒本改。

全蜀藝文志卷之十一

詩

陵　廟

謁先主廟　　　　　　　　　　　　　　　　　　　（唐）杜　甫

慘澹風雲會，乘時各有人。力侔分社稷，志屈偃經綸。復漢留長策，中原仗老臣。雜耕心未已，歐血事酸辛。霸氣西南歇，雄圖歷數屯。錦江元過楚，劍閣復通秦。舊俗存祠廟，空山立鬼神①。虛簷交鳥道，枯木半龍鱗。竹送清溪月，苔移玉座春。閭閻兒女換，歌舞歲時新。絕域歸舟遠，荒城繫馬頻。如何對搖落，況乃久風塵。孰與關、張並，功臨耿、鄧親。應天才不小，得士契無鄰。遲暮堪帷幄，飄零且釣緡。向來憂國淚，寂寂灑衣巾。

蜀　相　　　　　　　　　　　　　　　　　　　　　　前　人

丞相祠堂何處尋？錦官城外柏森森。映階碧草自春色，隔葉黃鸝空好音。三顧頻煩天下計，兩朝開濟老臣心。出師未捷身先死，長使英雄淚滿襟。

蜀先主廟　漢末謠："黃牛白腹，五銖當復。"　　　　　　　（唐）劉禹錫

天下英雄氣，千秋尚凜然。勢分三足鼎，業復五銖錢。得相能開國，生兒不象賢。淒凉蜀故妓，來舞魏宮前。

---

① 立：萬曆本、庫本、朱本、鄒本、《成都文類》卷六作"泣"。《集注杜詩》卷三一作"立"，下注云："一作泣。"按："立鬼神"謂立鬼神之祠廟而祭之，作"泣"無義。

謁先主廟絶句三首①　　　　　　　　　　　　　　　　　（唐）張　儼

仗順繼皇業②，併吞勢由己。天命屈雄圖，誰歌大風起。

得股肱賢明，能以奇用兵。何事傷客情，何人居帝京？

雄名垂竹帛，荒陵壓阡陌。終古更何聞，悲風入松柏。

武侯祠　　　　　　　　　　　　　　　　　　　　　　　（唐）武少儀

執簡焚香入廟門，武侯神像儼如存。因機定蜀延衰漢，以計聯吳振弱孫。欲盡智能傾僭盜，善持忠節輔庸昏。宣王請戰遺巾幗，始見才吞亦氣吞。

祠祭畢題臨淮公舊碑③　　　　　　　　　　　　　　　（唐）楊嗣復

　　臨淮公，武元衡也。元和初，元衡鎮蜀，嗣復爲節度推官。後二十七年，嗣復鎮蜀，時大和九年也，汝士爲東川節度使，故相唱和。汝士曾爲蜀帥段文昌掌管也④。

齋莊修祀事，旄旆出郊闉。薙草軒墀狹，塗牆赭堊新。謀猷期作聖，風俗奉爲神。酹酒成坳澤，持兵列偶人。非才膺寵任，異代挹芳塵。況是平津客，碑前淚滿巾。

和　　　　　　　　　　　　　　　　　　　　　　　　　（唐）楊汝士

古柏森然地，修嚴蜀相祠。一過榮異代，三顧盛當時。功德流何遠，馨香薦未衰。敬名探《國志》⑤，飾像慰虔思。昔謁從征蓋，今聞擁信旗。固宜光寵下，有淚刻前碑。

---

① 《唐詩紀事》卷四五、《全唐詩》卷四七二録此詩，題作《貞元八年十二月謁先主廟絶句三首》。

② 仗：原作"扲"，庫本作"投"，朱本、鄒本作"扶"，均誤，據《唐詩紀事》《全唐詩》改。

③ "祠祭"上，《唐詩紀事》卷五○、《全唐詩》卷四六四引有"丁巳歲八月"五字。

④ 以上一段乃全録《唐詩紀事》原文，非原詩之序。

⑤ 探：《唐詩紀事》卷五○"楊嗣復"條引作"采"。

巫山廟　　　　　　　　　　　　　　　　　　　　　　　　（唐）崔塗

　　雙黛儼如嚬，應傷故國春。江山非舊主，雲雨是前身。夢覺傳詞客，靈猶福楚人。不知千載後，何處又爲神。

題濟順王祠①在劍州　　　　　　　　　　　　　　　　　　　（唐）王鐸

　　廣明二年，僖宗幸蜀，神有陰兵助順，見形於桔柏津。帝幸其廟，解劍贈神。

　　盛唐聖主解青萍，欲振新封濟順名②。夜雨龍抛三尺匣，春雲鳳入九重城。劍門喜氣隨雷動③，玉壘韶光待賊平。爲報山東諸將相，格天勳業賴陰兵④。

謁江瀆廟　　　　　　　　　　　　　　　　　　　　　　　　（宋）喻汝礪

　　坤軸東南傾，大江日夜注。前驅下荊巫⑤，餘濤略吳楚。任勢不期勞，得意緣所遇。水也初無營，神哉亮誰主？芳蘭沉清華，碧藻舒翠縷。晨鵠戲野岸，春鳧集深渚。均是得所安，而神豈私汝？古來幾精魄，捨此迷所處⑥。淫遊不知還，沙村失烟樹。而我後千載，悠然在江滸。抱嗇貴無競，矜名忌多取。冥冥罨岸風，淫淫打船雨。舞雪窺洪濤，開蘋渡前浦。再拜謝神貺，聊復隨所住。

題先主廟　　　　　　　　　　　　　　　　　　　　　　　　（宋）晁公遡

　　天地收霸氣，丘原餘閟宮。野人相指似，旁有若堂封。當時大耳兒，甚似隆準公。夫豈忘故都，崎嶇巴蜀中。劃然成三分，正爾阨兩雄。武侯抱遺恨，秦隴竟莫通。獨憐晉昌明，千載時始逢。坐看五胡亂，蕭條河洛空。

---

① 《唐詩紀事》卷六五、《全唐詩》卷五五七題作《謁梓潼張惡子廟》。
② 振：原作"掘"，據《太平寰宇記》卷八四、《唐詩紀事》《全唐詩》改。
③ 雷：原作"龍"，據上引改。
④ 格天：《唐詩紀事》《全唐詩》作"柱天"。
⑤ 荊巫：原作"洛洙"，據《兩宋名賢小集》卷一八八録喻汝礪《捫膝稿》改。
⑥ 捨：原作"拾"，據上引改。

拜張忠定公祠二十韻　　　　　　　　　　　　　（宋）陸　游

張公世外人，與蜀偶有緣。天將靖蜀亂，生公在人間。厥初大盜興，樂禍迭相旋。天子輟玉食，貴臣擁戎旃。生殺出喜怒，死者常差肩。公曰此何哉，從之吾欺天。河流觸地軸，砥柱屹不遷。脅從盡縱捨，飛章交帝前。上意竟開悟，至仁勝凶殘。貴臣不極賞，追還黜其權。安危關社稷，豈惟蜀民全！後來有阿童，握兵事開邊。晚策睦州功，上公珥金蟬。勢張不可禦，北鄉挑幽燕。神京遂丘墟，迄今天步艱。時無忠定公，孰能折其姦。我來拜遺祠，喬木含蒼烟。死者不可作，愀然衰涕潸。憤切感虜禍，慷慨異公賢。春秋送迎神，誰爲歌此篇。

謁白帝廟①　　　　　　　　　　　　　　　　　（宋）張　俞

孤山扞江口，上有白帝祠。橫視天下險，萬流皆俯窺。古殿鎖神物，悲風出陰帷。天昏瓦棟折，狐鼠亦生威。優巫日鼓舞，鬼怪爭奔馳。雷霆卷蛟窟，雹火燒松枝。入戶精魄動，有如陰兵隨。吁哉漢盜亂，海內遂崩離。赤龍始潛躍，逐鹿過秦時。公孫奮神劍，定蜀圖安危。隴坻開北戶，荊門啟東陲。長驅百萬衆，日鬭天下師。群豪插羽翼，與漢爭雄雌。兩帝不並立，興亡良可悲。天運雖有在，聖賢豈無爲。昭皇攬英傑，襲軌奄重基。先主、武侯。風雲共浩蕩，千古餘寒碑。威神竟不沒，萬里震南夷。

題白帝廟　　　　　　　　　　　　　　　　　　（宋）元不伐

京兆元不伐，以言罷益昌郡守，對詔獄於鄂渚。紹興戊辰五月初八日，艤舟瞿唐關下，不獨有象馬之戒，水高灩澦者二十丈②。道款白帝祠，因告之曰："不伐若蠹國虐民，貪墨黷貨，必見嗇於波神。苟忠義是依，又何懼焉。"遂絕維東駛七伯里，晚泊黃牛漑，盡三峽之險。明年春，復西溯，追賦是詩，以報神休。

楚山中到三峽開③，長江浩浩從西來。崟淪巨浸吞萬派，灩澦傑立高崔嵬。鯨波回

---

① 原本作"謁白帝廟二首"，然實止一首。萬曆本改爲"一首"，據庫本、朱本、鄒本刪。
② 灩澦：朱本、鄒本作"淫預"。下同。
③ 到：譚校云"疑剖或判"。

薄山羊角①，灘名。征聲摻疊鳴春雷。蹴石巖壁勢益狠②，怒濤駭浪爭喧豗。舟師絕叫不容瞬，風滿孰敢施檣桅③。龍驤蒙衝量萬斛，梢濆掣漩如枯荄。昔聞有神司正直，江潭祠宇留山隈。羞牢醴罕薦誠懇，幽鑒冀蒙神所哀。跋柂鼓楫駛東鶩，忽忽已過巫陽臺。巴徼炎瘴晝如霧，煬燖赫日昏風霾。欻然晴皎射峭壁，翠光冶瀲無纖埃。連娟嵐光落衣袂，飛雲容與風颷颷。祝融之祥古亦有，神之報與良豐哉。嗟余陷穽豈無謂，九死寧知禍有胎。觸機直前靡顧後，壬人資以成嫌猜。燎原之勢既炎烈，垂涎膏血如狼豺。盻刀陰顧肆舞勇，脅肩媚笑如詼俳。違道姦徑躐禁臬④，盡網異議為梯媒。旋踵已為鬼矙室，俄驚白骨到蒼苔。人勝有時天亦定，脁蠁疏網常恢恢⑤。險夷百折堅一節，君恩浩蕩天昭回。

白帝廟　　　　　　　　　　　　　　　　　　（宋）楊安誠

白帝廟神，舊傳以為公孫氏，以余考之，非也。公孫氏享國日淺，轍迹未嘗至夔，獨遣田戎、任滿戍江關，岑彭入江關，不復為戍守，公孫氏無從廟食。按酈道元注《水經》：瞿唐灘上有神廟，甚靈，刺史、二千石過其下，不敢伐鼓鳴角，恐致風雨。舟人上水，以布裹篙足，不令觸石有聲。蓋不謂其神為公孫氏。瞿唐天下至險，必有神物司之，但有廟偶連白帝城，俗遂從而訛爾。余往來三峽，皆託神之庇，輒為賦此，庶來者有所考云。淳熙十一年正月晦日，西蜀楊安誠道父書。

蜀江萬壑俱東奔，瞿唐喧豗爭一門。驚濤駭浪建瓴下，顛崖仆谷相吐吞。朋妖窟宅恃幽阻，正晝噴薄陰霾昏。靈宮奕奕鎮地險，眾瀆稟令川祇尊。赤甲後聳黃熊躍，灔澦前峙青猿蹲。舳艫銜尾下吳楚，約束蛟鱷如雞豚。舊傳鼓角致雨雹，裹篙不觸撐舟痕。綜理脉絡盡西徼，帝假之柄攸司存。子陽祚國十年近，此地未省束其轅。連江列炬鐵鎖斷，戎、滿奔北無留屯。江關回首盡漢幟，遺黎何自知公孫？血食漢代定不爾，但有故壘山之樊⑥。子美誤信齊東語，感慨勇略招英魂⑦。山川之靈載望秩，僭偽詎可同時論。向來名實久淆溷，薦裸無乃瀆俎膰。請從酈元為考證，神理昭昭斯可原。

---

① 譚校云："山作出。"
② 譚校："石字亦疑誤。"
③ 滿：原作"蒲"，據朱本、鄒本改。
④ 姦：原作"好"，據上引改。
⑤ 脁蠁：原作"脁響"，據萬曆本、庫本、朱本、鄒本改。
⑥ 壘：原作"疊"，據庫本、朱本、鄒本改。
⑦ 感慨：原作"減慨"，據萬曆以下各本改。

白帝祠 （宋）冉居常

西南割據幾何年？長託威靈灩澦前。霸氣不隨天數盡，神祠猶壓地形偏。舟航歲晚方孤客，關塞山寒更暮烟。欲論興亡愁意緒，持杯寂寞酹山川。

武侯新祠 復用前韻① （宋）王十朋

山藏古寺柏青青，地重端因蜀相登。沙上不聞江轉石②，人間幾見谷爲陵。龍蛇樹影搖千尺，玉雪花枝吐萬層。堪嘆草廬誰復顧，淒然香火却依僧。

武侯祠 （宋）張 震

勳業場中託汗青，詩書壇上復誰登。顧廬可是依玄德，持釣何妨屈子陵。力挽狂瀾休轉石，功虧累土不成層。他年一笑三生夢，應愧多情碧眼僧。韋南康始生，有胡僧往視之，謂曰："別久亡恙乎？"韋氏問故，答曰："武侯後身也。吾往與之友，故不遠而來。"因字之武侯。見《宣室志》。

經秦皇墓 （宋）魯 交③

祖龍何事苦東巡，仙駕歸來塚草新。項籍已飛三月火，子嬰猶醉六宮春。元來滄海殊無藥④，却是芒碭暗有人。自古乾坤屬真主，驪山山下好霑巾。

---

① 《梅溪先生後集》卷一二題作《臥龍山有武侯新祠再用前韻》。
② "沙上"句：原作"沙上不聞江石轉"，據萬曆本及本集乙。"江轉石"與下句"谷爲陵"相對。
③ 原注："潼川州人。"
④ 藥：原作"樂"，據《瀛奎律髓》卷二八改。

花卿冢行 （宋）謝翱①

山谷云：花卿冢在丹棱之東館鎮②，至今猶有英氣，血食其鄉。

濕雲糢糊埋秋空，雨青沙白丹棱東。莓苔陰陰草茸茸，上聲。云是花卿古來冢。花卿舊事人所知，花卿古冢知者誰？精靈未歸白日西，廟鴉啄肉枝上啼，綿州柘黃魂正飛。

孟蜀李夫人詞③ 前 人

春荒曲薄鹽叢土，屈狄歸朝辭廟主。官家呼母恩許歸，劍閣併門無處所。一作"淚如雨"。故衣升屋棺四繞，出門哭子汴州道。回腸酹酒三致詞，巴蜀如歸化啼鳥。老身不食追爾魂，鹵簿臨門拜上恩。

過漢武陵 （明）劉成穆

歲暮霜殘過漢都，武皇陵墓舊荒蕪。不將玉匣藏天馬，猶使金鐙照野狐。賦客詞園清露盡，仙翁丹竃白雲孤。千年惟有《秋風曲》，渭水長流啼夜烏④。

---

① 謝翱：原作"謝皋羽"。據庫本、朱本、鄒本改。按：皋羽乃其字，當統一體例。
② "東館"下朱本、鄒本有"驛"字。按：謝翱《晞髮集》卷四亦無"驛"字。
③ 詞：原作"祠"，據《晞髮集》卷二改。按本集，此乃謝翱所擬《宋騎吹曲·歸朝曲第四》中之第七首。《宋騎吹曲》乃歌頌宋太祖、太宗平定諸國武功之樂章，《孟蜀李夫人詞》則以孟昶母李夫人之口吻寫其降宋離蜀時之心情，"詞"即歌詞。明曹學佺《石倉歷代詩選》、清人所編《宋詩鈔》《宋元詩會》等錄此詩亦均作"詞"字。楊升庵誤會爲"祠"，其意蓋以此爲謝翱謁李夫人祠廟之詩，故編次於此。
④ 長流：朱本、鄒本作"長安"。

全蜀藝文志卷之十二

詩

亭　館上

臨水亭　　　　　　　　　　　　　　　　　　　　　　（唐）閭丘均①

高館基曾山，微幕生花草。傍對野村樹，下臨車馬道。清朗悟心術，幽邃備瞻討。回合峰隱雲，聯綿渚縈島②。氣似滄洲勝，風爲青春好。相及盛年時，無令嘆衰老。

滕王亭子　　　　　　　　　　　　　　　　　　　　　　（唐）杜　甫

君王臺榭枕巴山，萬丈丹梯尚可攀。春日鶯啼修竹裏，仙家犬吠白雲間。清江碧石傷心麗，嫩蕊濃花滿目斑。人到於今歌出牧，出遊此地不知還。

題柏大兄弟山居屋壁二首　　　　　　　　　　　　　　　　　　前　人

叔父朱門貴，郎君玉樹高。山居精典籍，文雅涉風騷。江漢終吾老，雲林得爾曹。哀弦繞白雪，未與俗人操。

野屋流寒水，山籬帶薄雲。靜應連虎穴③，喧已去人群。筆架霑窗雨，書籤映隙曛。蕭蕭千里馬，個個五花文。

---

① 原注："成都人。"
② 縈：原作"榮"，據萬曆本、庫本、朱本、鄒本、《文苑英華》卷三一五、《全唐詩》卷九四改。
③ 連：原作"憐"，據萬曆本、《集注杜詩》卷三二改。朱本、鄒本作"聯"。

卜　居　　　　　　　　　　　　　　　　　　　　　前　人

浣花流水水西頭，主人爲卜林塘幽。已知出郭少塵事，更有澄江銷客愁。無數蜻蜓齊上下，一雙鸂鶒對沉浮。東行萬里堪乘興，須向山陰上小舟。

西　郊　　　　　　　　　　　　　　　　　　　　　前　人

時出碧鷄坊，西郊向草堂。市橋官柳細，江路野梅香。傍架齊書帙，看題檢藥囊。無人競來往，疏懶意何長。

田　舍　　　　　　　　　　　　　　　　　　　　　前　人

田舍清江曲，柴門古道旁。草深迷市井，地僻懶衣裳。櫸柳枝枝弱，枇杷樹樹香。鸕鶿西日照，曬翅滿漁梁。

嚴中丞枉駕見過_{嚴自東川除西川，敕令兩川都節制。}　　　　前　人

元戎小隊出郊坰，問柳尋花到野亭。川合東西瞻使節，地分南北任流萍。扁舟不獨如張翰，皂帽應兼似管寧。寂寞江天雲霧裏，何人道有少微星。

寄題杜二錦江野亭　　　　　　　　　　　　　　（唐）嚴　武

漫向江頭把釣竿，懶眠沙草愛風湍。莫倚善題《鸚鵡賦》，何須不著鵔鸃冠。腹中書籍幽時曬，肘後醫方静處看。興發會能馳駿馬，終須重到使君灘。

同群公秋登琴臺①   （唐）高 適

古迹使人感，琴臺空寂寥。静然顧遺塵，千載如昨朝。臨眺自兹始，群賢久相邀。德與形神高，熟知天地遥。四時何倏忽，六月鳴秋蜩。萬象歸白帝，平川横亦霄。猶是對夏伏，幾時有涼飈。燕雀滿檐楹，鴻鵠搏扶摇。物性各自得，我心在漁樵。兀然還復醉，尚握樽中瓢。

揚子雲墨池 即草玄所   （宋）宋 祁

宅廢經池在，人亡墨溜乾。蟾蜍兼滴破，科斗共書殘。蠹罷芸猶翠，蒸餘竹自寒。它揚無可問②，撫物費長嘆。

司馬相如琴臺   前 人

故臺千古恨，猶對舊家山。半夜鸞凰去，他年駟馬還。死憂封禪晚，生愛茂陵間。惟有飄飄氣，仍存天地間。

題琴臺   （宋）田 況

西漢文章世所知，相如閎麗冠當時。遊人不賞《凌雲賦》，只說琴臺是故基。

江瀆亭   （宋）宋 祁

一甍掀翅壓溪隅，吏事初閑此宴居。斷岸有時通略彴，輕風盡日戰枅榈。雲鴻送目揮弦後，客板看山拄頰餘。芰碧蒲青來更數，江人多識使君旟。

---

① 按：此琴臺乃指宓子賤琴臺，在單父縣（今山東單縣南），非成都司馬相如琴臺。高適《高常侍集》卷五別有《登子賤琴臺賦詩三首》，可證。《成都文集》卷七誤收，楊慎亦未加辨別。

② 它揚：原作"長揚"，據《成都文類》卷七及《宋景文集》卷一〇改。《漢書·揚雄傳》："自季至雄，五世而傳一子，故雄無它揚於蜀。"

夏日江瀆亭小飲　　　　　　　　　　　　　　　　前　人

飛檻枕溪光，歡言客遍觴。暫雲消樹影，驟雨發荷香。辛臼橙薑熟，庖刀鱠縷長。蘋風如有意，盈衽借浮凉。

錦亭晚矚　　　　　　　　　　　　　　　　　　　前　人

長夏宜高明，緩帶散煩窘。憑軒一超然，目與天共盡。山從雲端現，日就林外隱。風來草樹披，烟生井閈近。自公况多暇，冲臆無留蘊。即此可宴居，何須事遊畛。

高亭駐眺招宫苑張端臣　　　　　　　　　　　　　前　人

蜀天向臘寒未極，倚檻綿睇亭皋分。一萍團紅江上日，數蓋淡白樓頭雲。杯中竹葉與誰舉，笛裏梅花那忍聞。願君枉步數相勞，他時離緒徒紛紛。

和浣花亭　　　　　　　　　　　　　　　　　（宋）葛　琳

井絡西南區，成都號佳麗。錦城十里外，物景居然異。傍縈浣花溪，中開布金地。杜宅歸遺址，任祠載經祀。按：《蜀記》，梵安寺乃杜甫舊宅，在浣花，去城十里。大曆中，節度使崔寧妻任氏亦居之，後捨爲寺，人爲立廟於其中。每歲四月十九，凡三日①，衆遨樂於此。自昔歲一遊，有亭久摧廢。將期泛舟會，先此留旌騎。弗基矧肯構，後人莫予嗣。冠蓋或戾止，風雨亡所庇。我公至之初，行樂徇人意。梮車集賓組，幕天陳燕器。苟弗謀高明，胡爲革嬡敝。鳩工度材用，奢儉求中制。舉從縣官給，下靡秋毫費。巍然大廈成，甚於折枝易。蕃條息偃暇，時律清和際。落成及休辰，鳳駕忻重詣。群嬉逐使轂，雜處同鬻市。棟宇美可觀，席筵陳有次。芳樽既罷撤，彩舲爰登憩②。夾岸布緹帟，中流喧鼓吹。溯沿烟靄間，禽魚共翔戲。都人與士女，疊足連帷被。弄珠疑漢曲，浮觴均洛禊。奄奄日將暮，熙熙衆皆醉。怳入武陵源，却返塵寰世。自是畢遨賞，始復專民事。農耕士就學，商販工居肆。蜀邦生齒繁，衣食良饜匱。三時急耕播，寸壤無遺棄。兹焉俾暇逸，所以慰勤瘁。上賴天子心，慎重坤維寄。既擇遹臣德，來秉諸侯瑞。且

---

① 凡三日：原作"日三凡"，據萬曆本、朱本、鄒本，《成都文類》卷七乙。
② 爰：原作"妥"，據庫本改。

命太史賢，出攬澄清轡。第務廣教育，孜孜布仁惠。匪圖亟聚斂，規規奉邦計。和氣斯涵濡，群生皆茂遂。乃躋富壽域，共樂升平治。不才備屬僚，罔補公家利。廡宇幸焉依，雅聲慚善繼。願比《召南》篇，永歌棠蔽芾。

遊彌牟王氏園　　　　　　　　　　　　　　　　　　　　　　（宋）文　同

短彴疏籬入野扃，竹烟松露滿襟清。奔湍激險飛寒響，弱蔓穿深挂晚英。惜去更觀曾畫壁，記來重注舊題名。門前便是紅塵道，誰肯同過洗俗纓。

張少愚書院　　　　　　　　　　　　　　　　　　　　　　　　　　前　人

澗水浸斷橋，車馬不得通。飛嵐積庭礎，秋蘇垂紫茸。窗紙爛溪雨，簾衣折林風。主人殊未歸，使我烟景空。

劍州東園　　　　　　　　　　　　　　　　　　　　　　　　　　　前　人

群峰高擁碧嶙峋，亭宇清華氣象新。兩岸烟雲先向日，一林花木暗藏春。溪明夜閣軒窗月，風斷晴橋井邑塵。好酒滿樽詩滿軸，主人曾不倦行人。

鹽亭縣永樂山叩雲亭　　　　　　　　　　　　　　　　　　　　　前　人

長江合高峰，爽氣左右繞。中流望絕巘，萬丈見木杪。孤亭揭其上，隱隱一拳小。李君令茲邑，邀我升縹緲。是時天宇净，晴色洗霜曉。萬象滿四隅，轉盼皆可了①。神清壓塵垢，志適喜猿鳥。人生貴軒豁，世務苦紛擾。茲焉獲登覽，浩思欲飛矯。令謂亭我爲②，勝絕此應少。願子立佳號，光輝飾松蔦。因名之"叩雲"，大字榜霞表。

---

① 盼：原作"盻"，據庫本改，二字不同。
② 令：原作"今"，據萬曆本、朱本、鄒本、《丹淵集》卷三改。

致爽軒　　　　　　　　　　　　　　　　　　　　　（宋）趙汝愚

濃陰夾道水流渠，吹盡殘花不復餘。惟有范家千畝竹，青青依舊色侵書①。

錦屏山暮景②　　　　　　　　　　　　　　　　　　（宋）喻汝礪

暝色輕烟罩郡城，漁舟燈火倒觀星。寒山遠水江村暮，自在妝成水墨屏。

西園辨蘭亭　　　　　　　　　　　　　　　　　　　（宋）呂大防

手種叢蘭對小亭，辛勤爲訪正嘉名。終身服佩騷人宅，舉國傳香楚子城。削玉紫芽凌臘雪，貫珠紅露綴春英。若非郢客相開示③，幾被方言誤一生。

和　　　　　　　　　　　　　　　　　　　　　　　（宋）李大臨

沙石香叢葉葉青，却因聲誤得蟬名。騷人佩處惟荆渚，識者知來遍蜀城。消得作亭滋九畹，便當入室異群英。非逢至鑒分明說，汩沒人間過此生。

和　　　　　　　　　　　　　　　　　　　　　　　（宋）李之純

綠葉纖長間紫莖，蜀人未始以蘭名。有時只怪香盈室，此日方傳譽滿城。恩意和風揚馥郁，光榮灝露滴清英。庭階若不逢精鑒，何異深林靜處生。

---

① 書：朱本、鄒本作"裾"，非。按：致爽軒在永康軍（今都江堰市）。孝宗淳熙中范成大、陸游及子焯有《致爽軒》唱和詩，以"餘""書"爲韻，見《方輿勝覽》卷五五。趙汝愚此詩乃是後來追和，仍步其韻。

② 按：此詩宜入"江山"門。

③ 示：原作"市"，據萬曆本、朱本、鄒本改。

萬里橋西有僧居曰"聖果",後瀕錦江[1],有修竹數千竿,僧辯作亭於竹中。予與諸公自橋乘舟溯流過之,因名亭曰"萬里",蓋取其發源注海,與橋名同而實異,因作小詩以識之[2]

(宋)呂大防

萬里橋西萬里亭,錦江春漲與堤平。拏舟直入修篁裏,坐聽風湍澈骨清。

運司園亭詩 並序

(宋)章 楶

成都轉運司園亭,蓋僞蜀時權臣故宅也。清曠幽靜,隨處皆有可樂者。輒爲十詩,粗記領略,以備他日遺忘,庶幾讀其詩,足以省憶髣髴云爾[3]。

西 園

古木鬱參天,蒼苔下封路。幽花無時歇,醜石終朝踞。水竹散清潤,烟雲變晨暮。何必憶山林,直有山林趣。

玉溪堂

堂因水得名,方沼當其後。漪瀾蕩櫺桷,窗戶挹花柳。蟲魚不避人,鷗鷺若相友。午枕夏簟涼,此樂亦奚有。

雪峰樓

曾構壓池塘,不僭亦不逼。影浮綠水靜,寒逗雪山色。撫檻接修竹,連檐引蒼柏。注目望長安,無奈濃雲隔。

海棠軒

珍葩寄幽島,正對孤軒植。優柔自俯仰,紅綠若組織。春酣晴日曛,坐久濃香逼。池面净可鑑,朝霞罩澄碧。

月 臺

蜀地饒夜雨,輕陰多蔽天。見月月無幾,築臺待嬋娟。高疑桂影近[4],俯視雲屋

---

① 瀕:原作"瀨",不可通,據朱本、鄒本改。
② 朱本、鄒本以此題爲序,別擬題作《萬里亭》。
③ 髣髴:原作"髴髴",據萬曆本、朱本、鄒本、《成都文類》卷七改。
④ 疑:原作"凝",據庫本改。

連。顧盼已塵外，欲挹瑤宮仙。

翠錦亭

梗楠百尺餘，排列拱檐際。畏日自成陰，隆冬寧減翠。虛曠得寂理，懶癖資濃睡。誰知官府中，獲此沖寞味。

瀉玉亭

傍砌釃小渠，回環是流水。石蟾吐珠涎，清響醒人耳。風微竹影碎，月皎波光起。颯爽無塵囂，靜適心所喜。

茅庵

竹間構圓庵，所向自瀟灑。珍禽弄巧舌，宛是居山野。默坐見真心，萬緣盡虛假。勿陋尋尺地，茲焉息意馬。

水閣

架木浮水中，略彴通孤島。扶疏花影倒，鱍剌跳魚小。風月所得多，經營信云巧。隱几寂無人，朱欄萃幽鳥。

小亭

花邊二小亭，雙跨清渠上。規摹雖甚隘，幽僻良可賞。信依佳木陰，未羨大廈廣。不足延賓朋①，攜筇常獨往。

同前②   （宋）許　將

西園

高牙負北郭，芳園路西轉。鳥鳴戀故木，蘭茁歸新畹。<small>質夫新得真蘭植之。</small>坐延花景深，行倚筇枝穩。翳然想林水，會心不在遠。

玉溪堂

朱堂俯玉溪，玉溪清且幽。從公暫息偃，撫景空夷猶。浮雲冠員島，白日回方流。祇此有光碧，何必崑崙洲。

---

① 賓：原作"賞"，據譚校改。
② 以下十詩小題，原本省，僅各詩提行。萬曆本小題作《又》字，惟鄒本眉目最清，今從之。以下豐稷、孫甫和詩，格式均仿此。

雪峰樓

重樓起城陰，乘高望西極。列峰橫青天，飛雪千里積。疑是空素山，冬夏海中白。莫怪頻東向，上有思歸客。

海棠軒

海棠冠蜀花，此軒花尤冠。紅雲簇蕊細，綠水照葉嫩。倚妝宮粉聚，疊綺霞光散。雨淚點春風，應懷上林怨。

月　臺

蜀地山西維，益州平如掌。累臺鬱臨風，坐看月宵上。稍出叢木末，始發衆籟爽。茲焉麕遊目，一攬天地廣。

翠錦亭

闌干寶溜長，奫潊空埃靜。修林密葱翠，盡得錦城景。雲舒青青色，風散搖搖影。未爲夜行人，共此晝夜永。

潺玉亭

引泉注清渠，潺潺漱寒玉。側出閶風遲，驟驚江雨速。飛瀨乍揚白，樛木細涵綠。晝夜聲不止①，肯效楚人哭。

茅　庵

茨茅以爲庵，環顧蕭然虛。內樂苟自足，容人即有餘。旁依修竹密，上翳青松疏。勿言此中陋，中有君子居。

水　閣

飛閣出方池，修曲見空莽。偏臨花塢近，平覺春波長。反景澄餘暉，夕陰帶浮爽。從容觀魚樂，不減遊濠上。

小　亭

扁然溝上亭，左右相映帶。修枏列翠幄，長松偃高蓋。地褊景愈寬，處約志彌泰。誰知坐嘯間，心遊萬物外。

---

① 止：原作"上"，據萬曆本、庫本、朱本、鄒本、《成都文類》卷七改。

同 前　　　　　　　　　　　　　　　　　　　　（宋）豐稷

西　園

仙化二十四，境遠難遍探。錦城使君園①，雅與雲洞參。迴光試一覽，紫翠絕西南。池映金波靜，花霑玉露甘。

玉溪堂

一水從何來，應是崑山頂。釀成綠玉池，虛堂逗清影。公退泠然賞，了非心外境。魚泳陽光動，鳥啼春晝永。

雪峰樓

雪峰在何許？樓倚青霄端。每來注心目，不覺生羽翰。終藉好風力，雲散銀闕攢。隻履西歸客，應笑空倚欄。

海棠軒

文錦初動機，晨霞欲敷照。香傳雪樓濃，影落玉溪倒。子美不能賦，春工一何妙！惟有賞心人，相逢祇微笑。

月　臺

石印魚在屏，犀透星入角。乃知明月光，日用人不覺。陟此百尺臺，餘念坐消剝。洞曉弦望機，仙丹茲可學。

翠錦亭

檐外列修木，凜凜正人氣。有德必有文，爛兮五色備。豈同夭韶花，弄春張繡帔。須信輪囷材，堪為萬乘器。

灂玉亭

養源在西山，如玉抱精白。引之落錦渠，歷耳不可擇。風雨雜鳴球，珠璣寫雲液。恰似偃溪聲，醒悟迷途客。

---

① 使：原作"史"。按：宋人常將"使君"寫作"史君"，本非誤字，但為避免歧義，今從朱本、鄒本改為"使"。

茅　庵

覆以潔白茅，環以琅玕竹。天籟旁鼓笙，月沼對鋪玉。借問清坐翁，此外更何欲？笑指博山鑪，香飛柏子綠。

水　閣

長虹臥松江，一葦航大河。豈如此安穩，無復畏風波。幽香萃花島，魚藻旨且多。徙倚小欄曲，月色透薜蘿。

小　亭

東西對孤鶱，杖屨可幽歇。容光日月來，矧此明西徹。鱗木張幄翠，蜃泉飛玉潔。往往得意時，宛在廣寒闕。

同　前①　　　　　　　　　　　　　　　　　　　　　　（宋）孫　甫

西　園

外臺富園池，茲焉甲西南。異花間棠梅，良木森梗楠。飄飄壺中仙，亹亹物外談。聯毫賦詩題②，刻石留翠龕。

玉溪堂

華堂殿去聲。方池，雅名題玉溪。南榮翠樾陰③，北望花島低④。時聞細泉鳴，間或幽鳥啼。深宜世外人⑤，冥坐窺天倪。

雪峰樓⑥

金穀計浩穰，山水志契闊。晴空倚危樓，獨對西山雪⑦。胸中浩氣充，物外嚚塵絕。無何重一吟⑧，遠岫窗中列。

---

① 萬曆本此下有小注："數首舊志原有闕。"
② 詩題：原缺"詩"字，據《成都文類》卷七補。
③ 陰：原缺，據《成都文類》補。
④ 北望："望"字原缺，據《成都文類》補。
⑤ 世外：原缺，據《成都文類》補。
⑥ 以下除《小亭》外，《成都文類》皆錄於豐稷詩內，當誤。
⑦ 獨對：原缺，據《成都文類》補。
⑧ 何重一：原缺，據《成都文類》補。

海棠軒

高軒瞰方池，澄波隔鎖窗。中島植奇花，紫鱗躍錦江①。水府集群仙，紅雲冪翠幢。畫圖入禁庭，榮耀知無雙。內璫使蜀，畫圖以進。

月　臺

俗流嗜喧卑，世才務高潔。築臺僅逾尋，清夜延明月。四垂天幕低，千里蟾光發。美人抒奇才②，裁賦何清絕。

翠錦亭

森森棟梁材，駢空翥鸞鳳。危亭構其間，曾不礙櫺棟。檐陰織翠紋，砌溜諧清弄。此間宜晝眠③，一枕華胥夢。

瀊玉亭

回環引細泉，泉聲漱檐底。美哉智者心，清通樂去聲。流水。琤琮戛鳴球，淅瀝泛綠綺。塵慮無由得，何須洗雙耳。

茅　庵

結茅作禪庵，不卑亦不廣。地占官府雄，盤基纔亥丈。几席供燕閑，松筠助蕭爽。座有逍遙公，虛中息塵想。

水　閣

小閣連雪峰，憑欄愜幽玩。紅接海棠洲，綠對篔簹岸。有時開樽罍，波影侵几案。何須架長虹，然後冲雲漢。

小　亭

蕭森玉溪南，小亭屹相向。使華雙輧車，禪境二方丈。固將物理齊，室隘志自廣。松竹周四檐，足以備幽賞。

---

① "紫鱗"二字原缺，"躍"原作"濯"，據《成都文類》補、改。
② 抒奇：原缺，據《成都文類》補。
③ 此間：原缺，據《成都文類》補。

冠鼇亭 綿竹①　　　　　　　　　　　　　　　　（宋）周敦頤

紫霄峰上讀書臺，深鎖雲中久不開。爲愛此山真酷似，冠鼇他日我重來。

---

① 綿竹：原作"錦竹"。按：雍正《四川通志》卷二七綿竹縣古迹："冠鼇亭……在縣治，今圮。"可知"錦竹"乃"綿竹"之誤，據改。同書卷三九亦收有此詩。

全蜀藝文志卷之十三

詩

亭 館下

賦雙流郭信可隱居詩十一首①　　　　　　　　　　　　（宋）何　耕

雲　溪

　　幽居定何如，頗恨未見之。主人向我言，喜色融雙眉。修篁流翠陰，寒溪漾清漪。領略非一狀，幽妍發餘姿。空濛雨亦佳，潋灩晴更奇。豈惟二江獨，意恐兩蜀稀。主人信妙士，得此固所宜。天公閟好景，授受各有時。豈無多田翁，偃蹇逝莫隨。素交懷老蒲，秀句紛珠璣。安得招歸來，爲君賦清詩。往者不可作，後生欲何爲。公與蒲大受爲平生詩友。

浮翠橋

　　隔溪蒼翠各西東，架竹爲梁路始通。缺月罅林凝净綠，斷霞明水抹殘紅。芒鞋步步幽深處，藜杖聲聲屈曲中。回首忽驚橋已遠，泠然身御圃田風。

寒碧亭

　　憑欄日日俯清湍，洗竹年年斬惡竿。十頃琉璃秋色静，一林竽籟曉聲寒。凉風有意生天末，明月無邊照水端。誰謂過清難久處，愚溪元自不相安。

遠色閣

　　小小樓居著散仙，淵明真趣本悠然。招呼雲月闌干曲，顧揖江山拄杖前。獨鳥倦歸翻落日，誰家晨爨起疏烟。根塵應接無留礙，笑殺胡僧面壁禪。

---

①　原無此總題，據萬曆本、朱本、鄒本、《成都文類》卷八補。此組詩共十一首，《成都文類》未收《蘭坡》一首，《全蜀藝文志》有《蘭坡》而無《和光亭》一首，均爲十首；《蜀中名勝記》卷五則十一首皆有。今據《成都文類》補入《和光亭》詩。

假　山

空庭幻出小巑岏，假外應須别有真。只恐話頭成兩橛，若爲融攝主和賓。

蓮　塘

色香無比出西方，何物妖狐號六郎！手折一枝聊供佛，前身定是老柴桑。劉遺民爲柴桑令，在遠法師蓮社中。

蘭　坡

蘭與高人臭味同，含薰聊復待清風。紛紛蕭艾毋相笑，爾輩敷榮轉眼空。《世説》云："寧爲蘭摧玉折，不作蕭敷艾榮①。"

龍　淵

門前大江何渺漫，昔人飲牛水爲乾。水乾龍逝亦其理，近在咫尺聊泥蟠。魚蝦玩侮獼獺笑，縱有靈怪誰當看。德人問舍壓吾境，便爾築室相遮欄。坐令異類皆屏伏，恃有此耳差少安。却紆朱綬去監郡，遺我守舍良獨難。昨來過門恍如夢，龍致此語催歸鞍。先生不信反大笑②，謂我饒舌狂豐干。

虛　舟

君不見，江皋車馬紛相送，巨艑峨峨船載重。西南使者解官歸，水淺著沙牽不動。如君才具豈多得，合侍明光參法從。胡爲淺瀨著虛舟，頗肖胸中太空洞。問君此意竟安在，欲説向人誰與共。山林鐘鼎本同轍，繫岸截江隨所用。八窗窅窅净無塵，一水泠泠清可弄③。何當抱被過君眠，分破江天幽夜夢。

忘機臺

太虛生微雲，機事日夕繁。兼忘豈不佳，尚有忘者存。稽首老龐翁，妙處希一言。請觀臺上月，萬古無昭昏。

和光亭

枯木倚寒巖，三冬無暖氣。達人定笑汝，胸中太涇渭。不妨聲色海，徑造佛祖地。所以亦樂翁，花前時一醉。公自號亦樂居士。

---

① "寧爲"二句：原作"蘭榷折不如蕭敷艾榮"，據《世説新語·言語》補、改。

② 大笑：原作"不笑"，《成都文類》亦同，不可通，兹據《蜀中名勝記》改。

③ 泠泠：原作"冷冷"，據庫本、朱本改。

新都驛遠平軒　　　　　　　　　　　　　　　　　　（宋）劉望之

霜晴木落送歸鞍，袖手微吟此慰顔。朕欲憑欄招白鳥①，更煩翦樹出青山。晚悲薄禄非三釜，賴許清詩見一斑。軒有外氏周次元帥蜀時詩："看到遠平纔得恨，我寧歸卧尺椽間。"

露香亭②　　　　　　　　　　　　　　　　　　　　（宋）王　灼

北渚一帝子，洛川一宓妃。池有千種蓮，平生所見稀。纖穠各態度，紅白争光輝。我來亭上飲，夜久未忍歸。翁家采香人，但愛香滿衣。豈知清露濕，團荷瀉珠璣。

信相院水亭　　　　　　　　　　　　　　　　　　（宋）馮時行

青天行月地行水，水月相去八萬里。天公大力誰能移，月在水中天作底。我心與月明作兩，月行本在青天上。雖云佛説我别説，恐落衆生顛倒想。少城城隈佛宫闕，客哦水月僧饒舌。三峽水寒梅花時，起予對月賡此詩。

從何使君父子遊墨池分韻得"名"字　　　　　　　（宋）李　燾

蜀學擅天下，馬、王先得名。籛如巧言語，於道蓋小成。子雲最後出，振策思遐征。斯文大一統，欲使聖域清。富貴盡在我，紱冕非所榮。旁皇天禄閣，聊亦觀我生。懷哉不能歸，舊宅荒榛荆。寂寞竟誰顧，正路今莫行。使君蓬萊仙，珥節歸赤城。門無俗賓客，家有賢父兄。慨念此耆老，不登漢公卿。臨池一尊酒，尚友千載英。並呼嚴與李，月旦共細評。區區可無憾，彼重適我輕。朅來成都市，塵土污冠纓。古人不可見，見此眼自明。請爲懷古詩，玉振而金聲。

---

① 白鳥：原作"百鳥"，據萬曆本、朱本、鄒本、《成都文類》卷八改。按："白鳥"與下句"青山"相對，是。

② 據《成都文類》卷八，此爲《王氏碧鷄園六詠》中之一首。

題新繁勾氏盤溪
（宋）勾昌泰

黃塵沒車轂，平地得林丘。花木風光早，陂池烟雨秋。不彈長劍鋏，甘賦大刀頭。九軌利名痼，逢君應少瘳。

從俗鮮所得，九牛中一毛。強牽麋鹿性，要學豹龍韜。野服顏常好，晴窗首自搔。向來誤應聘，塵土污吾袍。

客至輒命酌，為言花已開。青山長委髻，白骨舊生苔。不飲固癡絕，能詩宜數來。頗憂明日雨，紅紫落成堆。

勝簪不肯黑，浮頰故能紅。心寄塵埃外，春歸杖履中①。徑松青謖謖，庭草碧茸茸。無術繫白日，年光如轉蓬。

簡州東溪碧波亭
（宋）姚 孳

賴簡池臺兩蜀誇，東溪別是一仙家。令人却憶康王谷，坐看珠簾濺雨花。

三峽堂二首
（宋）宋 肇

林巒十里上巉巖，飛檻初憑縹緲間。夔子風烟依白帝，夜郎耕稼接烏蠻②。砌橫亂石遙臨潤，門對高峰近帶山。咫尺驚湍吁莫測，每來登此念江關。堂下臨灘瀰堆。

初尋磴道踏雲烟，漸引茅檐屋數椽。江影動搖波面日，山光隱見峽中天。放懷樽酒憑欄客，回首舷歌趁市船。要與舟人同此樂，移花種竹滿巖前。

題三峽堂
（宋）張 績

群山危立接雲天，一水東朝會百川。泱漭堪輿無此壯，崔嵬疏鑿定何年。千秋躍馬興亡夢，一點飛鳧上下船。時有剛風來浩渺，起予高興九霄邊。

---

① 履：萬曆本、朱本、鄒本、《成都文類》卷八作"屨"。
② 蠻：原作"巒"，據庫本、朱本、鄒本改。

諸丈賡示前章再次韻　　　　　　　　　　　　前人

桃李層層媚遠天，碧蕪映帶綺成川。英靈舊擅《凌雲賦》，混一長看建武年。蜀地雖險，不可用武，其俗皆尚文，班孟堅謂"蜀文章擅天下"。凡中原有道，蜀必先平，自建武、公孫以來，迄建隆，可一一考也。老去無知經世用，夢歸欲問溯江船。請君妙語驚頹懶，一笑詩壇酒社邊。

題三峽堂　　　　　　　　　　　　　　　（宋）郭明復

三峽堂前五月風，吳檣蜀柂古來通。山如肺附重相掩，水似環連去不窮。躍馬孤城憐倔強，臥龍八陣想英雄。憑欄千載興亡事，何異邯鄲一枕中。

題巫山瞻華亭　　　　　　　　　　　　　（宋）鄧諫從

岐嶒玉削三千丈①，翠潑嵐光冷相向。風含太古雲氣長，變化溟濛紛萬象。陰晴一日具四時，天籟窾深虛自響。神山娟妙擢群參，錦繡鋪張獻奇狀。蟠根積鐵匯百川，龍矯蛟翻饒跌宕。勢連三楚此開國，故壘荒宮帶溪瀁。樓臺井邑老風烟，環珮清聞駐仙仗。竹林風味便讀《易》，久與江山為輩行。鳴弦餘暇豁心眼，戲著飛欄雲雨上。爽明自可達壅蔽，野獲又何勞草創。政和民氣長似春，景迥心平過於掌。征鴻明滅志何杳，黃鵠追隨意尤放。當年李、杜經行處，太史銀鉤刻青嶂。寶刀珠瑟出耕墾，曲水纖腰迷草莽。牢盆古隸雜秦篆，飛動閑摹永平樣。珊瑚交柯燗不蝕，髴髯將軍勳業壯。英雄繁盛隨流水，時有《竹枝》賡牧唱。孔泉文物起《騷》經，國色明妃守孤尚。我家峨眉紫翠間，為愛奇峰甘蒟醬。秋風野水憶絲蓴，擊汰夷猶理烟榜。

江郊亭新成賦詩二十三韻　　　　　　　　（宋）楊咸亨

蜀江千里東南傾，峽門橫鎖千丈鯨。吳帆蜀楫過如織，府主四海皆弟兄。城西門前二十里，客去當送來當迎。藤梢橘刺密無路，短亭四壁荒榛荊。春風淡沱酹客處，我陪後乘同郊行。碧油紅斾駐沙尾，連宵急雨鼓不鳴。元戎玉皇香案吏，俯仰茅屋無乃輕。攣山鞭石相原隰，釘頭瓦縫粟縷盈。偉哉幻畫此奇觀，丹楹畫棟光崢嶸。山長

---

① 玉：《蜀中廣記》卷二二作"峭"。

波迥目力短，空濛宜雨高宜晴。危嵐滴翠染窗戶，空江倒影翻檐甍。天藏地設久相待，更爲佳處題佳名。梁間橫陳大手筆，龍蛇飛動鬼神驚。高齋百篇子美唱，峴首千載羊公情。試呼小隊訪新館，壯遊始與勝槪併。披雲喚月星斗動，放舟聞鶴天水明。練光渺渺風力壯，疊鼓西上帆東征。舳艫冠蓋兩嘆息，歡謠晝亂通樵聲。元戎故是活國手，山河指顧風塵清。淒涼三峽小遊戲，樸斲丹黝安足程。明堂梁棟要杞梓，天關一柱須公擎。紛紛故吏萬里外，燕雀行慶大廈成。賦詩抵掌者誰子？夜郎野老楊咸亨。

次　韻　　　　　　　　　　　　　　　　　　　　　（宋）單夔

瞿唐一門江水傾，群趨激射隨奔鯨。舟車冠蓋湊蜀道，孰間張丈連殷兄。相逢來往問地主，太守詎敢忘將迎。白崖候館久茅葐，近即野處披榛荊。屏修啓剔作廬舍，夙戒里旅遲留行。有如授館及郊勞，舉國定制誰先鳴。錢唐鄙人何所似？抵掌自視鴻毛輕。食焉抑畏墮偷懦，泛觀彼己同虛盈。山蹊水涘肆登賞，靡嗜傑閣誇崢嶸①。朋從簪盍得粲雋，塵譚冰釋欣初晴②。鼎新贊我築斯館，棟宇不貴朱連甍。入門便足庇風雨，揭榜却借"江郊"名。時哉蓮幕有嘉客，落筆能令風雨驚。聯篇累牘溢我目，粲花麗藻舒我情。人生晤合良快意，胡爲四美嗟難並。日光天際發豐蔀，此去可並依離明。直排閶闔出瀇瀁，肅肅東首歌宵征。循崖履坦复無阻，爲君留取能詩聲。此榜與詩倘不朽，此館想同江水清。我來歲月愧銷縮，整緱輯屨圖歸程。遺名肯復計身後，謹慮第虞槃水擎③。始終感慨遇僚友，遂事且喜相須成。勉旃功業早期就，發軔自是天衢亨。

次韻何漕司小紅翠亭二首④　　　　　　　　　　　（宋）劉士季

少陵遺跡瀼西東，端的高齋在此中。今日花枝弄烟雨，前時蔬甲卧霜風。此地舊為蔬畦。根株移取他山翠，趺萼輸來別圃紅。收拾陽春無盡藏，夔人端說兩詩翁。

苑在中巴東復東，滿城春色一圍中⑤。休言小小鶯花界，也勝纖纖燕麥風。舞袖卷紗空映翠⑥，晴窗磨鏡漫晞紅。葉成帷幄花成陣，壯觀詩壇矍鑠翁。

---

①　靡嗜：朱本、鄒本作"靡識"。靡：庫本作"彌"。
②　塵：原作"廛"，據萬曆本、庫本、朱本、鄒本改。
③　慮：朱本作"愿"。
④　何：朱本、鄒本作"和"，誤，"次韻"即"和"之意。仇兆鰲《杜詩詳注·補注》卷上及《宋詩紀事》卷四九引此詩亦作"何"。
⑤　圍：朱本、鄒本作"園"。
⑥　紗：原作"沙"，據上引改。

控巴臺詩　　　　　　　　　　　　　　　　　　　　（宋）何　異

閱武弓刀勁利，留賓歌舞清妍。紅映連檣燈火，翠浮隔岸人烟。

臺上小留歸客，臺前穩繫扁舟。三宿翠微閣上，一程白帝城頭。

次韻控巴臺詩　　　　　　　　　　　　　　　　　　（宋）李　訛

翠岸紅燈奇語，要自江南看來。多景齊雲樓下，當年使鷁招回。

誰道地拘逼仄，須知天閟幽妍。一段丹青臺閣，何人淡掃松烟。

續和漕司高齋韻　　　　　　　　　　　　　　　　　（宋）薛　紱①

坦性渠儂嫌我真，斗升誰給太倉陳。悠悠江漢飄零客，落落乾坤老病身。心歷百艱彌感奮，詩留千古越清新。高齋高處齊文焰，付與從今仰止人。

紅梅閣②　　　　　　　　　　　　　　　　　　　　（宋）韓　駒③

路入君家百步香，隔簾初識漢宮妝④。直疑夢到昭陽殿⑤，一簇輕紅繞淡黃⑥。

---

①　原注："漢嘉人。"
②　韓駒《陵陽集》卷四題作《次韻吉父曾園梅花》。原詩二首，此取其一。
③　韓駒：原作"韓子蒼"，舉其字。萬曆本、朱本、鄒本"駒"作"駒"，譚校云當作"駒"。按：《宋史·文苑傳》七有其傳，據改。
④　識：原作"試"，據本集及《記纂淵海》卷九三改。
⑤　昭陽殿：原作"昭陽夢"，據庫本及本集、《紀纂淵海》改。
⑥　簇：朱本、鄒本作"笑"，誤。紅：原作"鈿"，據本集、《記纂淵海》改。

題紅梅閣　　　　　　　　　　　　　　　　　　　　　　　仙　女①

南枝向暖北枝寒，一種春風有兩般。憑仗高樓莫吹笛，大家留取倚欄看②。

遊草堂　　　　　　　　　　　　　　　　　　　　　　　（明）陳南賓

西出秦關道路長，岷峨東望鬱蒼蒼。蓬萊三賦舊無敵，同谷七歌今可傷。茅屋秋高風瑟瑟，布衾鐵冷雨床床。浣花溪上應回首，千載令人憶草堂。

賦四亭詩四章③　　　　　　　　　　　　　　　　　　　　（明）何景明

秀地名山出，晴窗疊巘羅。褰帷入雲霧，拂鏡影嵯峨。仙客丹梯意，樵人白石歌。悠然時一眺，佳色滿烟蘿。右"見山"。④

中田背北郭，曲榭俯通川。未羨龐公隱，先知沮溺賢。驅牛迎社日，聽鳥餉春烟。閑讀農書罷，逍遙策杖前。右"閱耕"。

舊種三湘岸，初移千樹香。素花繁檻雪⑤，丹果壓檐霜。裊裊生南國，娟娟貢玉堂，嘉應伯夷並，高詠楚臣章。右"楚頌"。

翠幹盤仙樹，西亭烟霧中。風簾自馥郁，月幌共玲瓏。白露栖雙鶴，青天下八公。獨同《招隱》曲，攀望小山叢。右"淮隱"。

---

① 按：此詩宋人書中多載，較早者如曾慥《類說》卷三四云"蜀州有紅梅數本，郡侯建閣扃鑰，遊人莫得見。一日，有兩婦人高髻大袖，憑欄語笑。郡侯啓鑰間，不見人，惟東壁有詩曰"云云。他如《記纂淵海》卷九三、《古今事文類聚·後集》卷八、《全芳備祖·前集》卷四等所載亦同。故此題爲"仙女"。

② 看：上引諸書均作"干"。

③ 朱本、鄒本但作"四亭"二字。

④ "見山"，亭名，朱本、鄒本移在詩前爲題。下同。

⑤ 素：原作"奈"。譚校："奈字誤。《橘頌》：'綠葉素榮。''楚頌'名亭，蓋緣東坡語，取《楚辭》篇目爲義也。"按："奈"乃"素"之訛。《橘頌》"綠葉素榮"，素，白色，"素榮"即白花。此詩取其意，故云"素花繁檻雪"。"素花"與下句"丹果"對仗。據改。

全蜀藝文志卷之十四

詩

寺　觀

遊三學山　　　　　　　　　　　　　　　　　　　　（隋）僧智炫

秀嶺接重烟，嶔岑上半天。絶巖低更舉，危峰斷復連。側石傾斜澗，迴流瀉曲泉。野紅知草凍，春來鳥自傳。樹錦無機織，猿鳴詎假弦。葉密風難度，枝疏影易穿。抱袠依閑沼①，策杖戲荒田。遊心清漢表，置想白雲邊。榮名非我顧②，息意且蕭然。

遊梵宇三學寺③　　　　　　　　　　　　　　　　　　　（唐）王　勃

香閣披青磴，雕臺控紫岑。葉齊山路狹，花積野壇深。蘿幌栖禪影，松門聽梵音。遽忻陪妙躅，延賞滌煩襟。

玄武山聖泉有序④　　　　　　　　　　　　　　　　　　前　人

玄武山有聖泉焉，浸淫歷數百千年。乘巖泌涌，按磴分流，下瞰長江，

---

① 袠：原作"裘"，據磧砂藏本《續高僧傳》卷二四《智炫傳》改。按："袠"同"帙"，即口袋；"裘"乃皮衣，非僧人所服。
② 顧：《續高僧傳》同，庫本、朱本、鄒本作"願"。按："顧"字更勝。
③ 《王子安集》卷三作"三覺寺"，《瀛奎律髓》卷上七、《唐詩品彙》卷五六、《全唐詩》卷五六等俱同。惟元楊士弘編《唐音》卷一錄此詩作"學"字，與此同。蓋楊慎以爲三學寺即金堂縣三學山之寺，故收錄。
④ 《王子安集》卷三題作《聖泉宴》，《全唐詩》卷五六同。《文苑英華》卷二一四題作《聖泉宴韻得泉》。

沙堤石岸，咸古人遺迹也。茲乃青蘋綠芰，紫苔蒼蘚，遂使江湖思遠，寤寐寄託。既而崇巒左峙①，石礐前縈，丹崿萬尋，碧潭千頃。松風唱響，竹露熏空，瀟瀟乎人間之難遇也。方欲以林壑爲天屬②，琴樽爲日用。嗟乎！古今同逝③，方深川上之悲；少長偕遊④，且盡山陰之樂。盍題芳什，共寫高情？詩得"泉"字。詩曰：

披襟乘石磴，列籍俯深泉⑤。蘭氣薰山酌，松聲韻野弦。影飄垂葉外⑥，香度落花前。興盡林塘晚⑦，重巖起夕烟。

附：和前韻　　　　　　　　　　　　　　　　　　（明）余子俊

予以左都御史成化丙午致政還青神。丁未，復召起爲夏官卿。情知衰病，不能圖報，而於孔門家法⑧，於義當不俟駕。既而道出中江，日且未晡，因遊覽真靈觀，次韻賦此以自見。時乃夏之五月望前一日也。

青鞵布襪陟層巔，望道其如未及泉。天近尋常塵不到，旬當十四月猶弦。山花亂落誰爲掃，野鶴相隨或在前⑨。老我重來應指日，山靈珍重護寒烟⑩。

又和前韻　　　　　　　　　　　　　　　　　　　（明）楊　春

丹崖翠壁接雲巔，玄武西山湧聖泉⑪。一水靜中拖綠黛，萬松深處響冰弦。登臨恍訝崑崙頂，倡和渾疑太華前。緬想昔人增感慨，數聲啼鳥度晴烟。

---

① 峙：原作"岐"，據萬曆本、朱本、鄒本、本集改。按："岐"同"坡"，乃山勢傾斜之意，與"崇巒"義不切，當以"峙"爲長。
② 天屬：原作"天厲"，據萬曆本、朱本、鄒本、本集改。
③ 同逝：原作"同遊"，據萬曆本、庫本、朱本、鄒本、本集改。
④ 偕遊：原作"同遊"，據萬曆本、朱本、鄒本、本集改。
⑤ 列籍俯深泉：原作"別籍宴深泉"，據萬曆本、朱本、鄒本改。譚校云："籍作席。"按：此句，本集作"列籍俯春泉"，《文苑英華》卷二一四作"列席俯春泉"。
⑥ 影飄：原作"響飆"，據萬曆以下各本及本集、《文苑英華》《全唐詩》改。
⑦ 興盡：上引作"興洽"。
⑧ 而於：庫本作"竊聞"。
⑨ "山花"二句：庫本作："山花亂落空壇裏，野鳥閑啼古觀前。"
⑩ 珍重：庫本作"鄭重"。
⑪ 西山：庫本作"名山"。

望牛頭寺　　　　　　　　　　　　　　　　　　　　　　（唐）杜　甫

牛頭見鶴林，梯徑繞幽深。春色浮山外，天河宿殿陰。傳燈無白日，布地有黃金。休作狂歌老，回看不住心。

玉臺觀_{滕王造}①　　　　　　　　　　　　　　　　　　　　前　人

浩劫因王造，平臺訪古遊。彩雲蕭史駐，文字魯恭留。宮闕通群帝，乾坤到十洲。人傳有笙鶴，時過北山頭。

暮登四安寺鐘樓寄裴十②　　　　　　　　　　　　　　　　　　前　人

暮倚高樓對雪峰，僧來不語自鳴鐘。孤城返照紅將斂，近市浮烟翠且重。多病獨愁常闃寂，故人相見未從容。知君苦思緣詩瘦，大向交遊萬事慵。

題武擔寺西臺詩　　　　　　　　　　　　　　　　　　　（唐）段文昌

秋天如鏡空，樓閣盡玲瓏。水暗餘霞外，山明落照中。鳥行看漸遠，松韻聽難窮。今日登臨意，多歡語笑同。

同　前③　　　　　　　　　　　　　　　　　　　　　　（唐）姚　向

開閎錦城中，餘閑訪梵宮。九層連晝景，萬象寫秋空。天半將身到，江長與海通。提攜出塵土，曾是穆清風。

---

① "滕王造"三字原無，據《集注杜詩》卷二五補。
② 《集注杜詩》卷二六"裴十"下有"迪"字。
③ 朱本、鄒本題作《和》，下同。以下和詩，《全唐詩》卷三三一俱題爲《和段相公登武擔寺西臺》。

同　前　　　　　　　　　　　　　　　　　　　　　　　　　　（唐）温　會①

桑門烟樹中②，臺榭造雲空。眺聽逢秋興，篇辭變國風。坐愁高鳥起，笑指遠人同。始愧才情薄，躋攀繼韻窮。

同　前　　　　　　　　　　　　　　　　　　　　　　　　　　（唐）楊汝士

清净此道宫，層臺復倚空。偶時三伏外，列席九霄中。平視雲端路，高臨樹杪風。自憐榮末座，前日別池籠。

同　前　　　　　　　　　　　　　　　　　　　　　　　　　　（唐）李敬伯

臺上起涼風，乘閒覽歲功。自隨台席貴，盡許羽觴同。樓殿斜暉照，江山極望通。賦詩思共樂，俱得詠時豐。

同　前　　　　　　　　　　　　　　　　　　　　　　　　　　（唐）姚　康

松徑引清風，登臺古寺中。江平沙岸白，日下錦川紅。疏樹山根净，深雲鳥迹窮。自慚陪末席，便與九霄通。

西蜀净衆寺松溪八韻兼寄小筆崔處士　　　　　　　　　　　　　（唐）鄭　谷

松因溪得名，溪吹答松聲。繚繞能穿寺，幽奇不在城。寒烟齋後散，春雨夜中平。染岸蒼苔古，翹沙白鳥明。澄分僧影瘦，光徹客心清。帶溜侵雲響③，和鐘擊石鳴。淡烹新茗爽，暖泛落花輕。此景吟難盡，憑君畫入京。

---

① 温會：原作"温和"，據庫本、《唐詩紀事》卷五〇、《全唐詩》卷三三一改。
② 桑門：《唐詩紀事》作"桑臺"。
③ 溜：庫本及宋本《鄭守愚文集》卷一、《文苑英華》卷二三一、《成都文類》卷五俱作"梵"。

渠州汧江寺① 　　　　　　　　　　　　　　　　　前　人

退居瀟洒寄禪關，高挂朝簪净室間。孤島暫留雙鶴歇，五雲争放二龍閑。輕舟共泛花邊水，野屐同登竹外山。仙署金閨虚位久，夜清應夢近天顔。

題凌雲寺 　　　　　　　　　　　　　　　　　（唐）司空曙

春山古寺繞滄波，石磴盤空鳥道過。百丈金身開翠壁，萬龕燈焰隔烟蘿。雲生客到侵衣濕，花落僧禪覆地多。不與方袍同結社。下歸塵世竟如何。

靈燈寺 　　　　　　　　　　　　　　　　　（唐）薛　能

莽莽空中稍稍登，坐看迷濁變清澄。須知火盡烟無益，一夜欄邊説向僧。

武擔山寺 　　　　　　　　　　　　　　　　　（唐）蘇　頲

武擔獨蒼然，墳山下至泉。鼉靈時共盡，龍女事同遷。松柏銜哀處，幡花種福田。詎知留鏡石，長與法輪圓。

利州北佛龕前重於去歲題處作 　　　　　　　　　　　　前　人

重巖載清美②，分塔起增標③。蜀守經塗處，巴人作禮朝。地疑三界出，空見六塵銷。卧石鋪蒼蘚，行藤覆緑條。歲年書有記，非爲學題橋。

---

① 《鄭守愚文集》卷一題作《爲户部李郎中與令季端公寓止渠州汧（按：原誤作汧）江寺偶作寄獻》。
② 載：原作"戴"，據朱本、鄒本改。
③ 增：萬曆本、朱本、鄒本作"層"，二字通。

渠州沖相寺① （唐）崔塗

水流花謝兩無情，送盡春風過楚城②。蝴蝶夢中家萬里，子規枝上月三更③。故園書動經年絕，華髮春惟滿鏡生④。自是不歸歸便得，五湖煙浪有誰爭⑤。沖相寺，渠州城四十里⑥，乃定光佛道場。此詩古老相傳，是唐相崔塗僖宗時避亂至蜀所題。今無墨迹存，惟定光嚴間有題云："前進士崔塗由此間眺，翌日北歸。"

宿成都松溪院 （唐）李洞

松持節操溪澄性，一炷煙嵐壓寺隅。翡翠鳥飛人不見，琉璃瓶貯水疑無。夜聞子落真山雨，曉汲波圓入畫圖。塵擁蜀城抽鎖後，此中猶夢在江湖。

題岳池縣集虛觀 （唐）呂洞賓⑦

青蛇煉影月徘徊，夜靜雲閑尚未來。應是有人新換骨，暫留蹤迹到天台。

留題飛雲道院 前人

攜筇來此步飛雲，踐滿賓階綠蘚勻。江上同歸共誰去？不堪回首不逢人。

偶乘青帝出蓬萊，劍戟崢嶸遍九垓。我在目前人不識，為留一笠莫沉埋。

---

① 《才調集》卷二、《唐百家詩選》卷一七題作《春夕旅懷》，《衆妙集》作《春日旅懷》。
② 春風：朱本、鄒本及上引三書作"東風"。
③ 子規：《才調集》《衆妙集》《唐百家詩選》作"杜鵑"。
④ 滿鏡：上引作"兩鬢"。
⑤ 煙浪：上引作"煙景"。
⑥ "城"下朱本空一字，鄒本補"外"字。按：《方輿勝覽》卷六四："沖相寺，距城四十里。"不言在何方。
⑦ 朱本、鄒本題作"呂巖"。按：呂巖字洞賓，以字行。

凌雲寺二首　　　　　　　　　　　　　　　　　　　　（唐）薛　濤

聞說凌雲寺裏苔，風高日近絕纖埃。橫雲點染芙蓉壁，似待詩人寶月來①。

聞說凌雲寺裏花，飛空繞磴逐江斜。有時鎖得嫦娥鏡，鏤出瑶臺五色霞。

題仙居觀　　　　　　　　　　　　　　　　　　　　（前蜀）杜光庭②

往歲真人朝玉皇，四真三代駐繁陽。初開九鼎丹華熟，繼躡五雲天路長。烟鎖翠嵐迷舊隱，池凝寒鏡貯秋光。時從白鹿巖前往③，應許潛通不死鄉。

題鴻都觀　　　　　　　　　　　　　　　　　　　　　　　　前　人

亡吴霸越已功全，深隱雲林始學仙。鸞鶴自飄三蜀駕，波濤猶憶五湖船。雙溪夜月鳴寒玉，衆嶺秋空斂翠烟。也有扁舟歸去興，故鄉東望思悠然。

題都慶觀　　　　　　　　　　　　　　　　　　　　　　　　前　人

三仙一一駕紅鸞，仙去雲閑遠古壇④。煉藥舊臺空處所，挂衣喬木雨摧殘。清風嶺接猿聲近，白石溪涵水影寒。二十四峰皆古隱，振纓長往亦何難⑤。

聖母山祈雨詩並序　　　　　　　　　　　　　　　　　　（宋）潘　洞

靈池縣東山下，有朱真人洞；洞北岡嶺連屬，逾二十里，得褚聖女祠，

---

① 寶：朱本、鄒本作"賞"。按：《薛濤詩》《萬首唐人絕句》卷六五、《全唐詩》卷八〇三均作"寶"。
② 前蜀：原作"僞蜀"，朱本、鄒本作"後唐"。按：杜光庭隨僖宗入蜀，遂留居蜀中，後仕前蜀王建父子而卒，未嘗歷後唐，今改。
③ 從：原作"通"，據明謝肇淛《滇略》卷八、《全唐詩》卷八五四改。庫本作"逢"。
④ 遠：朱本、鄒本作"繞"。
⑤ 振纓：朱本作"振衣"。

化迹尤異，民咸事之。予出宰之次月，邑中苦旱，於是潔誠薦禱，希恩於二像之前。曾未三日，甘雨大澍。民欣其應，式歌且抃。仰荷明靈之垂祐，作詩以記之。

錦里城東邑，高原十六鄉。江流分不到，天雨降爲常。益部十縣多引江水溉田，咸爲沃壤。唯靈池疏決不到，須俟天雨，俗謂之"雷鳴田"。節及三春後，晴逾兩月強。龍乖尋穴蟄，魚困入泥藏。樹影全虧綠，苗姿半吐黃。耕夫皆慘戚，市戶亦蒼忙。潛慮冤無雪，深疑政有傷。推恩慚睿主，引咎謝虛皇。磐折真人宇，星奔聖女堂。先時蠲玉饌，隔夜浴蘭湯。洞口焚香遠，山椒作梵長。幽誠期必達，玄應果旋影。雷振南峰下，雲飛北嶺傍。聲稠喧竹塢，勢迫瀉銀潢。飄灑連三晝，霧霈遍一方。稻畦烟漠漠，蓮沼水泱泱。物態涵優渥，民情遂樂康。洪施周庶品，餘潤浹他疆。稔歲還堪待，陰功詎可忘。明靈何以報，奮藻紀遺芳。

集海雲鴻慶院　　　　　　　　　　　　　　　　（宋）宋　祁

地勝祠仍古，春餘物遍華。山雲時抱石，佛雨不萎花。嶺挾樓梯峻，巖牽殿堿斜。淙溪雜環珮，怪蔓走龍蛇。供去聲。坐僧飛鉢，香園客戲沙。吾遊真草草，深意寄青霞。

再遊海雲寺作　　　　　　　　　　　　　　　　　　　前　人

十里雲邊寺，重驅千騎來。天形敧野盡①，江勢讓山回。園木濃成幄，樓鐘近殷雷。斜陽歸鞅促，飛蓋冒輕埃。

遊昭覺寺　　　　　　　　　　　　　　　　　　（宋）范　鎮

炎蒸無處避，此地忽如寒。松砌行無際，石房禪自安。鴛鴦秋沼漲，蝙蝠晚庭寬。登眺見田舍，衡茅半不完。

凈衆寺新禪院　　　　　　　　　　　　　　　　　　前　人

金地西郊外，一來煩慮攄。凡逢似仙境，鮮不屬僧居。岸綠見翹鷺，溪清無隱魚。

---

① 敧：原作"歌"，據萬曆本、朱本、《成都文類》卷五改。"敧"意同"倚"。

残阳已周览，欲去几踌躇。

新繁縣顯曜院 　　　　　　　　　　　　　　　（宋）梅　摯

繡地縈回寶勢長，遍遊寧倦徙胡床。禪齋不顧幡風影，講席亂飛花雨香。苔陣暗連僧榻古，蕉旗低映佛窗涼。我來懶上東臺上，目送霜楸感北堂。妣親松檟在院東一里，故云。

和　韻 　　　　　　　　　　　　　　　　　（宋）王　益

梵宇蕭條白日長，苦空譚麈接藤床。雲章酷愛休詩麗，蓮柄慵思遠社香。石髮雨梳鷄苑寂，風梭春織鷲山涼。劫灰心火銷平盡，又聽鐘聲下講堂。

留題重光寺羅漢院贈憲上人 　　　　　　　　（宋）梅　摯

人盡遊方證佛心，師心無著外三乘。蓮花結社新吟遠，玉紙抄經舊價騰。藥杵半和鈴索響，茶烟輕共衲雲蒸。我來與話高僧事，冷笑支公學養鷹。

和 　　　　　　　　　　　　　　　　　　　（宋）王　益

曉剃吟髭雪半零，海窗曾咒鉢龍醒①。畬同西竺能持法，應笑南僧不會經。雲氣晝閑侵麈柄，蘚痕春老上銅瓶。近來禪觀都無語，手指餘花滿寺庭。

留題清涼院 　　　　　　　　　　　　　　　　　前　人

背倚青峰面枕溪②，濡毫新向壁間題。善根不撓金蓮合，净界無塵水月齊。會啓苾蒭真樂境，花開檐蔔遠香畦。因思祖塔嘗遊處，更在龍蟠虎踞西。金陵有龍蟠虎踞，城西偏。

---

① 咒：原作"况"，據萬曆本、庫本、朱本、鄒本改。醒：朱本、鄒本作"腥"。
② 峰：原作"風"，據萬曆本、朱本、鄒本及《成都文類》卷五改。

和　　　　　　　　　　　　　　　　　　　　　　　　　　　　（宋）梅　挚

一水明如罨畫溪，清涼佳勝古標題。香隨講雨天花爛，聲入幡風地籟齊。暫到已能知覺路，縱遊何必理禪畦。謝公公退多行樂，五里鳴騶出縣西。

送戴蒙赴成都玉局觀將老焉　　　　　　　　　　　　　　　　（宋）蘇　軾

拾遺被酒行歌處，野梅官柳西郊路。聞道華陽版籍中，至今尚有城南杜。我欲歸尋萬里橋，水花風葉暮蕭蕭。芋魁徑尺誰能盡，橙木三年已足燒。百歲風狂定何有，羨君今作峨眉叟。縱未家生執戟郎，也應世出埋輪守。莫欺老病未歸身，玉局他年第幾人？會待子猷清興發，還須雪夜去尋君。

護國寺詩　　　　　　　　　　　　　　　　　　　　　　　　（宋）張商英①

薄宦區區可嘆嗟，寂寥寒館過村家。神錐豈向囊中出，寶劍聊憑醉後誇。就祿勉持毛義檄，讀書空滿惠生車。掩關不識青春好，一夜狂風已落花。

外大父丞相初登科，為雒縣主簿，經攝垧窑鎮稅官，留詩護國寺中。令狐監征錄以見寄，謹再拜追和而記其後　　　　　　　　　　　　　　　　　　　　　　　　　　　（宋）何　麒

傳翁遺墨勝咨嗟，四海當年尚一家。大老不為今日用，小詩徒遺後人誇。興來思跨巴滇馬，歸去方乘下澤車。燕麥兔葵僧舍裏，何如夢得訪桃花。

此篇以和韻，故附見，不以世次為序②。

題雙流保國觀古柏　　　　　　　　　　　　　　　　　　　　（宋）胡宗師

孔明廟前古柏奇，此木氣象尤過之。幹東髣髴烟焰起，鐵龍空駕焚一枝。真人丹

---

① 張商英：原作"張天覺"。按：天覺乃商英字，今統一從名。
② 按：此是《成都文類》卷五此詩之按語，因何麒為張商英外孫，故云。

成何所適，世傳乘鶴冲天飛。求詩道士心彌堅，試聽一誦工曹詩。

清曉坐四天王院①　　　　　　　　　　　　　　（宋）喻汝礪

杳杳天宇凉，月墮星亦稀。朝輝下檐隙，遠色開林扉。寂坐無物役，隱几或在斯。曠焉耳目清，擬覺形神歸。混世迹若近，抱冲心獨微。故殿今幾年？何人所摹規？當時亦姱哉，作者良已罷。快意取一好，於身亮何私。不知壯觀地，徒使來者悲。坐頃又成昔，安知今是非。

龍華大像蓋冀國夫人所作，因成兩絕　　　　　　（宋）何　耕

慧性元從戒定薰，百花潭水浣僧裙。個中力量真超絕，故老尚傳娘子軍。

生男個個欲如狼②，婦女軍中氣不揚。試問爭功嗔目士，幾人能敵浣花娘！

普通山距府東十數里，青州禪師洪杲道場也。自龍華歸，過之。棟宇頹落，僧徒鄙野，良為可惜。是夜，雨大作，因書所聞所見為長韻　　　　　　　前　人

錦城之東山培塿，突起伽藍壓山口。入門氣象頗不凡，在昔規模定非苟。黃絹碑詞著眼看，侯溥作碑記，本末頗詳。青州老衲知名久。自披榛徑結茅屋，不剪霜鬢散蓬首。市門有女奉巾盥，衣裓無花生穢垢。府娼道玉從師落髮，人或譖之於王建，建鞫之，竟無他。至今一轉鵓鴣語，蜀人呼鵓鴣為"連點七"。有問師者云："如何是連點七？"師云："屈指數不及，地上無踪迹③，故云。"散作諸方師子吼。祖燈寂寞何人繼，窣堵岩嶤惟鬼守。法席草長深沒膝，僧榻屋穿光見斗。似聞占籍多衍沃，此山寺常住田閒亦不薄。合選名緇振頽朽。我來不覺三嘆息，眼底盡空諸所有。自開麈席掃塵坌，聊寄閒眠憩奔走。夢回中夜雨鳴檐，臥聽東風寒入牖。明朝散步轉山脊，好語相呼聞夜叟。抽芒已見麥翻浪，搗黐懸知香滿手。須臾日影散林樾，絢練春光被花柳。僕夫催歸屢不應，景物殊佳寧忍負。出山騎馬更躊躇，乘暇應須重載酒。

---

① 曉：原作"晚"，據庫本、朱本改。按詩意，作"曉"為是。
② 狼：原作"娘"，據萬曆本、朱本、鄒本及《成都文類》卷五改。
③ 地上：原作"地地"，據萬曆本、朱本、鄒本及《成都文類》卷五改。庫本作"既既"。

青羊宮 按：趙閱道《成都記》載，宮乃老子乘青羊降其地，今有臺存焉。　　　　前　人

一再官錦城，咫尺望琳宮。未始得得來，正墮役役中。今朝弄晴雨，策蹇隨春風。頗愛意象古，停驂小從容。縹緲百尺臺，突起凌半空。憑欄俯修竹，決眥明孤鴻①。信哉神仙宅，不受塵垢蒙。稽首五千言，眾妙一以通。靜觀萬物復，豈假九轉功。區區立訓詁，亦哂河上公。癡人慕羽化，心外求鴻濛。要騎白鶴背，往訪青羊蹤。

暇日與陳楚材遊四天王寺，見五髻文殊畫像於廡下，剝落可惜，遂以告羅宗約參議，遷之正法禪院，俾長老惠公龕而祠之。為詩十四韻書其事　　　前　人

陳侯招我古寺行，破椽老瓦煩枝撐。丹青巨壁置廡下，大士五髻影華纓。旁風上雨塵土集，意象落莫無光晶。近前諦視乃名筆，妙處不減本與瓊。成都名畫多張南本、范瓊之筆。惜哉此地非所託，走卒嘈雜兒童輕。西鄰塔廟頗雄偉，彌天老惠新主盟。撞鐘擊鼓飯千指，分坐豈無三尺楹。何人堪作不請友，參謀行解俱圓明。從容試以語二士，曰此甚易非難成。便從遊戲出三昧，各借一臂相扶擎。騰空似赴遠公約，散花如入維摩城。都人改觀香火肅，雨淚膜拜爭投誠。主人更在好看客，永為道伴終生平。莫言有我不須你，留取眉毛遮眼睛。

登道觀②　　　　　　　　　　　　　　　　　　　　　　　　（宋）張　浚

蒼髯野褐予甚古，蘿月桂風誰為貧。當戶蛟龍森漢柏，隔江雞犬隱秦人。好山如畫能留客，寶鼎藏丹不計春。更上高亭問雙鶴，莫教詩眼有纖塵。

遊三井觀　　　　　　　　　　　　　　　　　　　　　　　　（宋）陸　游

三井久知名，暇日偶一訪。棟宇壞欲盡，基址尚閎壯。畫牆皆國工，烟雲儼天仗。

---

① 眥：原作"皆"，據萬曆本、庫本、朱本、鄒本改。
② 自此以下朱本、鄒本分為卷十四下。

旌旄亞戈戟，佩玉雜弓韣。太古實傑作①，筆落九天上。吳生名擅世，睥睨未肯讓。規模遠有考，意象豪不放。最奇老癯仙，骨立神愈王。石格雖少怪，用筆亦跌宕。兩姝淡蛾眉，非復火食狀。塵埃久侵蝕，風雨無蓋障。好事未易逢，寧能久亡恙。雍洛劫灰餘，妙迹盡凋喪。斯遊恐難繼，佇立增悄愴。

觀華嚴閣萬僧會齋 前　人

拂劍當年氣吐虹，喑嗚坐覺朔庭空。早知壯志成癡絕，悔不藏名萬衲中。

飯昭覺寺抵暮乃歸 前　人

自墮黃塵每慨然②，攜兒蕭散亦前緣。聊憑方外巾盂净，一洗人間匕箸羶③。静院春風傳浴鼓，畫廊晚雨濕茶烟。潛光寮裏明窗下，借我逍遥過十年。

謁凌雲大像 前　人

出郭尋幽一笑新，徑呼艇子載烟津。不辭疾步登高閣，却欲今生識偉人。泉鏡正涵螺髻綠，浪花不犯寶趺塵。始知神力無窮盡，丈六黃金果小身。

光相寺 （宋）范成大

峰頂四時如大冬，芳花芳草春自融。苔痕新晞六月雪，木勢舊偃千年風。雲物為人布世界，日輪同我行虛空。浮年元自有超脱，地上可憐悲攬蓬。

---

① 太古：原作"太平"，據朱本、鄒本、《劍南詩稿》卷五、《成都文類》卷五改。按：太古指北宋著名畫家孫太古。郭若虛《圖畫見聞志》卷三："孫知微，字太古，眉陽（眉州）人，善佛道畫。"

② 自：《劍南詩稿》卷七作"身"。

③ 匕：原作"間"，據萬曆本、庫本、朱本、鄒本、本集及《成都文類》卷五改。

曉詣三井觀　　　　　　　　　　　　　　　　　　　前　人

路轉市聲遠，寬閑古城東。適從紅塵來，忽入蒼烟叢。槿心傾濃露，芋葉翻微風。秋陽澹籬落，殘暑不必攻。野老熟睡起，日高首如蓬。官身騎官馬，君應笑龍鍾。

題鶴鳴化上清宮　　　　　　　　　　　　　　　　（宋）文　同

秘宇壓屠顏，飛梯上屈盤。清流抱山合，喬樹夾雲寒。地古芝英折，巖秋石乳乾。飈輪遊底處，空自立層壇。

青城山丈人觀　　　　　　　　　　　　　　　　　　前　人

群峰垂碧光，下擁岷仙家。神皇被金巾，坐領五帝衙。威靈攝真境，俗語不敢譁。精心叩殊庭，俯首仰紫華①。願言鳳羅盟，畢世驅塵邪。循奉蘂珠戒，期之飛太霞。

蒼溪山寺　　　　　　　　　　　　　　　　　　　　前　人

正午風色高，遂泊蒼溪縣。層崖抱林木，有寺藏蔥蒨。出船步危磴，蔭密頗縈轉。上到金仙家②，緣空列臺殿。修篁挂懸溜，坐覺炎暑變。老僧曉經論，言語何貫穿。引我上高閣，闌干俯江面。寥寥百里內，山水盡奇觀。誰謂羈旅中，所見皆所願。汀洲白鳥聚，井邑青烟散。樂此暮忘歸，疏鐘起巖畔。徙倚下松門，尚怪舟人喚。

資州路東津寺　寺有古佛殿，唐乾寧元年所建。　　（宋）范祖禹

山行無晨暮，日暝崖谷昏。哀猿落客淚，永路驚旅魂。憑陵高山巔③，俯視大江奔。迴環島嶼合，縈轉洲渚屯。行雲赴楚天，飛鳥下蜀門。地遐怪物聚，寺古深殿存。憶昔李氏末，烟塵暗中原。姦雄競草竊，割據窮海根。干戈百年後，見此敗屋垣。我

---

① 俯：庫本作"翹"，似勝。
② 金：原作"今"，據萬曆本、庫本、朱本、鄒本及《丹淵集》卷四改。
③ 山：原作"上"，據庫本、朱本及《范太史集》卷一改。

來屬清秋，登覽無俗喧。山深虎豹歸，水静蛟鼉騫。臨風獨笑吒，浩蕩欲飛翻。

遊長松寺，宿石門僧舍，以"石門霜露白"爲韻，得"露"字

（宋）楊　甲

疾風吹輕衣，駕我雲脊路。人間一回首，驚絶不敢顧。鳥投虛無底，渺渺不知處。蜂窠蟻丘垤，與世同所騖。試看一蒼莽，誰有不平慮。尚憐野僧屋，佛面荒苔蠹。斷崖劃牙吻①，洶洶崩石怒。我來得奇觀，拄杖叩巖樹。青山有驕色，欺客不能句②。平生二三子，慰我一相遇。娟娟松間月，幽夕亦可度。夜闌更小語，風逼遺響去。酌君無多酒，繼以木蘭露。

登安福浮屠，以"高標跨蒼天"爲韻，得"跨"字　　前　人

誰能於虛空，千仞擢修架。層梯高寥寥，可歷不可跨。疑從地上湧，幻手聊一化。飛龍送千柱，雷雨天一借。巍巍大勝妙，突兀此其亞。道人豈澄觀，佛事了閒暇。指揮三百尺，斤斧隨叱咤③。當時奮赤手，意闊已遭駡。後來見奇特，世眼一驚詫。塹山作平地，海闊梁可駕。哀哉耳目陋，未信猶疑嚇。凌高更回首，落日在雲罅。蒼蒼野浮樹，漠漠水分汊。悲凉豪傑窟，野冢埋王伯。百年眼前是，俯仰閱榮謝。惟當快飲酒，醉聽風鈴夜。

宿安静觀　　　　　　　　　　　　　　　　　前　人

青山轉龍脊，矯首西南天。上有仙人祠，臺殿飛後前。下見雲雨興，樹色暗平川。仙人兩黃鵠，一去無歸年。向來道上屨，人著幾何錢。一朝聞羽化，悵望空流涎。却揮囊中金，瓦礫來投捐。巖巖化金碧，香火通雲烟。人間萬事爾，旦暮有愚賢。而況爭奪場，轉手分娬妍。仙人一回首，破隴與荒阡。紛紛不足道，哀此區中緣。石泉瀉幽潔，意寂不肯喧。夜聞松風露，起坐心寥然。

---

① 牙吻：原作"呀吻"，據庫本、朱本、鄒本改。
② 欺：原作"斯"，據朱本、鄒本改。庫本此句作"欲回俗客步"。
③ 斧：原作"釜"，據庫本、朱本、鄒本及《成都文類》卷五改。

朱真人祠

前　人

　　一濯巖下溪，再拜巖中庭。清風蕭然來，吹我衣上腥。仙人芙蓉冠，乘月下雲輧。山空雜佩響，静夜朝百靈。似聞客欲去，小語猶丁寧。肅肅上松柏，急以兩耳聽。寂寥古壇外，但挂斗與星。天明恐是夢，恍惚遺心形。去飲石上水，再讀幽人銘。青山無形迹，霧雨松冥冥。

遊咒土寺西臺

（宋）蒲　瀛

　　偶到城西寺，人言咒土壇。夕陽臺半山，秋草徑纔分。地下無紅粉，天邊有碧雲。徘徊追往事，風急葉紛紛。

夏日過莊嚴寺，僧索詩，爲留三絶，拉舍弟同賦

（宋）晁公休

　　十里溪橋梵宇新，那知陌上漲紅塵。老僧苦要題名姓，不道林泉皆故人。
　　病起支離倚瘦筇，幅巾芒屩竹陰中。聞蟬未有驚人句，且就禪床一榻風。
　　機杼聲中禾稻肥，疇瓜區芋綠成畦。田家樂事今如許，何日邊城息鼓鼙？

雲安玉虛觀南軒感事偶書五首

（宋）杜東之

　　二儀鼓爐鞴，四山塞氛烟。豈惟草木焦，坐恐土石燃。巴峽再不登，逡巡又無年。流殍竟何歸，卒死填溝淵。哆吻魏佛貍，積粟窺淮壖。饒倖一水旱，乘饑擾吾邊。小人不及夕，妄憂杞國天。敢謂赫赫楚，而無蔿賈賢。

　　古觀久荒凉，寂然外人境。草木既蓁蕪，風雨亦頹隤。我來一糞除，地净窗爲囧。晨光散桐陰，夕照落柏影。置以六尺床，度此三伏永。終朝曆清凉，半夜或凄冷。客至共浮瓜，睡餘獨煮茗。遙聞鬥筲兒，爭奪沸蛙黽。街頭米十千，旱井費縻綆。對我脱粟盤，徐餐休祝鯉。

　　穉梧殖歲首，擢起青琅玕。其葉大如掌，其陰匀若攢。弱幹尋丈展，氣已雲霄干。期之四五載，定足容栖鸞。我老無定居，儗屋蝸螺跧。平生輞川宅，面勢胸中盤。何

當遂誅茆，規庭十步寬。非無松柏堅，未易蒼龍搏。種此南窗下，醉眠風雨寒。

嗟余何不辰①，備極生人凶。偶全摺脅范，屢脱南冠鍾。再醮亦何爲，孫枝發枯桐。鬼猶果求食，寧吐殺與豐。兩兒如我長，無田學圃農。鄭忽敢辭昏，冗食哀乃翁。兹外尚難言，二女累橋公。荆笄嫁不售，誰論德與容。幼也抱奇疾，比歲日尫癃。亦既就膏肓，二豎不可攻。而我事奔走，過家如狂風。豈無旬浹留②，奈此旦夕舂。吞酸一執手，掣去猶飛蓬③。心知不再見，衰淚紛無從。書來報哀訃，齎恨歸亡窮④。莫聞忍死言，藁葬青蓮宮。爲父我安忍，爲兒汝何逢。興言一及此，鏚刃戕心胸。

念我蓄一櫛，間關走西東。攜持三十年，出處靡不同。朝梳帶殘月，暮理含清風。户樞既日運，何由生蠹蟲。今晨無故折，脆響猶春葱。物理有定數，吾生得無窮？即事感百慮，撫躬悲一翁。空囊乏贖鐵⑤，鬧市多良工。鸞膠隨渺茫，秋扇慚初終。從渠老齒豁，稱我醉顧童。

至自雲安題净戒院二首　　　　　　　　前　人

山口出雲鳩唤雨，三月巴山蒸潦暑。濁流來作虎眼文，一葉孤舟命如縷。道傍緑樹清陰涼，中有金仙古道場。去家纔餘二百里，且復看此青簹簹。出門滿目傷羈旅，歸舍還煎碎兒女。欲問闍黎借榻眠，卧對龕燈淡無語。

麥芒焦，桑椹紫，田家夫婦忙欲死⑥。蠶入簇，麥登場，夫婦飽暖孰可當。道旁書生空有婦，不蠶而衣真汝負。功名富貴老不來，書劍風塵一生誤。何時即買百株桑，身耕婦織策最良。董生莫厭徵租吏，蘇子無田黑貂弊。

題草堂寺　　　　　　　　（宋）黄君瑞

草堂禪寺北山陲，想見鳴騶入谷時。猿鶴如懷海鹽令，魚龍猶護紹興碑。排巖樹老秋來早，上殿僧稀曉散遲。我亦於今抗塵土，臨風慚讀孔璋移⑦。

---

① 辰：原作"晨"，據庫本、朱本、鄒本改。
② 浹：原作"夾"，據萬曆本、朱本、鄒本改。
③ 掣：原作"摯"，據朱本改。庫本作"别"。
④ 亡：原作"忘"，據萬曆本、朱本、鄒本改。
⑤ 贖：朱本作"贓"。
⑥ "死"下原衍一"死"字，據萬曆本、朱本、鄒本删。
⑦ "孔璋移"指孔稚圭《北山移文》。譚校云："'孔'當作'德'。《齊書》孔稚珪字德璋，《魏志》陳琳字孔璋，勿混。"按：孔德璋省稱"孔璋"，不必泥。

題西門外笮橋下觀音院　　　　　　　　　　　　（宋）仲　昂①

雨砌風亭長綠苔，壁間題字半塵埃。城南蕭寺無人迹，幾度曾因送客來。

遊定林院　　　　　　　　　　　　　　　　　　（宋）岑象求

野闊蓮宮逈，樓臺半倚山。地連巴峽近，門對濮溪灣。柏徑松烟濕，巖房雨蘚斑。白雲邀客住，明月伴僧閑②。經梵喧譁外，香燈杳靄間。勝遊成邂逅，危構喜躋攀。世路長何極，塵心久欲還。輶車正催發，緩步出重關。

遊金泉觀　　　　　　　　　　　　　　　　　　（宋）李　宏

昔時謝女升天處，此日遺蹤尚宛然。蟬蛻舊衣留石室，龍飛勝地湧金泉。碑書故事封蒼蘚，殿寫真容鎖翠烟。薄暮松巔聽鶴唳，猶疑髣髴是神仙。

下巖寺　　　　　　　　　　　　　　　　　　　（宋）郭　印

雲安欣及境，小刹爲徘徊。殿閣隨巖轉，軒窗向水開。僧雖持鉢出，客自艤舟來。欲住無留計③，幽懷亦暢哉！

過玄天觀　　　　　　　　　　　　　　　　　　（明）朱友垓④

福地喜重來，登臨亦快哉！蓬壺連海島，雲洞隔塵埃。羽客乘鸞去，仙人駕鳳回。談玄閑坐久，欲去且徘徊。

---

① 原注："字明舉，廣漢人"。
② 伴：原作"半"，據萬曆本、庫本、朱本、鄒本改。
③ 住：原作"往"，據朱本、鄒本改。
④ 作者原署爲"明定園"，朱本作"蜀定王友垓"，詩末注云："王好學循理，工詩賦，善草書，〔有〕《定園集》十卷。"按：朱友垓世系見《明史》卷一〇一、一一七。

題玄天觀　　　　　　　　　　　　　　　　　　（明）張三丰

等閑釣罷海中鰲，一笑歸來祖晉陶。花吐碧桃春正好，笋抽翠竹葉還高。心懷鳳闕龍鱗會，身寓龜城馬足勞。何必終南論捷徑，宦情於我似鴻毛。

吳永齡千戶許載酒請州佐秦侯及諸友遊西巖寺，久不踐約，秦以詩戲速之，依韻同作　　（明）吳伯通

瑪瑙古城北，禪房依嶔巖。俯瞰萬里江，仰蔭千年杉。我昔乘槎行，遥望石壁巉。青雲路正長，蘿徑無緣芟。今將航宦海，興動東征帆。聞君有成約，速客勞飛函。中宵起待旦，秣馬催羈銜。言焉出自食，大笑將軍饞。坦坦秦大夫，嘲詩屢題緘。調高更寡和，情至元非詀。

宿玉蟾寺　　　　　　　　　　　　　　　　　　（明）吳廷舉

川北湖南一水通，生涯半寄祝融峰。此身尚逐雲來往，又挂玉蟾山上松。

過千佛巖和察罕廉訪韻　　　　　　　　　　　　（明）劉成穆

丹壁蒼巖青鐵櫺，巖頭古溜苔蘚生。千年刻畫魚龍擁，白日陰冥麋鹿行。金草細摇蘿洞冷，玉魚橫過石梁清。臨流拊樹看心折，野寺黃碑月二更。

全蜀藝文志卷之十五

詩

懷 古

八陣圖 見《唐語林》。　　　　　　　　　　　　　　　　　　　（晉）桓　溫

訪古識其真，尋源愛往迹。恐君遺事節，聊下南山石。

蜀四賢詠①　　　　　　　　　　　　　　　　　　　　　　　　（劉宋）鮑　照

渤渚水浴梟②，春山玉抵鵲。皇漢方盛明，群龍滿階閣。君平因世閑，得還守寂寞。閉簾注《道德》，開卦述天爵。相如達生旨，能屯復能躍。陵令無人事，毫墨時灑落。褎氣有逸倫，雅續信炳博。如今聖納賢③，金瑙易羈絡。良遮神明遊，豈伊覃思作。《玄經》不期賞，蟲篆憂散樂。首路或參差，投駕均遠託。身表既非我，生內任一作"甚"。豐薄④。

登琴臺⑤　　　　　　　　　　　　　　　　　　　　　　　　　（梁）簡文帝

蕪階踐昔徑，復想鳴琴遊。音容萬春罷，高名千載留。弱枝生古樹，舊石染新流。由來遞相嘆，逝川終不收。

---

① 《鮑氏集》卷八題下注："司馬相如、王褎、嚴君平、揚雄。"
② 浴：原作"洽"，據庫本及《鮑氏集》改。
③ 今：上引作"令"。
④ 此句原作"生□內一作甚豐薄"，萬曆本、朱本、鄒本作"生涯內一作甚豐薄"，茲據庫本、本集改。
⑤ 按：梁簡文帝未嘗至成都，此琴臺未必爲成都琴臺。

蜀城懷古

（唐）劉希夷

蜀土繞水竹①，吳天積風霜。窮覽通表裏，氣色何蒼蒼。舊國有年代，青樓思艷妝。古人無歲月，白骨宜丘荒②。寂歷彈琴地，幽流讀書堂③。玄龜埋卜室，采鳳滅詞場。陣圖一一在，柏樹雙雙行。鬼神清漢廟，鳥雀參秦倉。嘆世已多感，懷心益自傷。賴蒙靈丘境，時當明月光。

巫山懷古

前　人

巫山幽陰地，神女艷陽年。襄王伺容色，落日望悠然。歸來高唐夜，金釭焰青烟。頹想臥瑤席，夢魂何翩翩。搖落殊未已，榮華倏徂遷。愁思瀟湘浦，悲涼雲夢田。猿啼秋風夜，雁飛明月天。巴歌不可聽，聽此益潺湲。

白帝懷古

（唐）陳子昂

日落滄江晚，停橈問土風。城臨巴子國，臺没漢王宮。荒服猶周甸，深山尚禹功。巖懸青壁斷，地險碧流通。古木生雲際，歸帆出霧中。川途去無限④，客坐思何窮。

陳拾遺故宅

（唐）杜　甫

拾遺平昔居，大屋尚修椽。悠揚荒山日，慘澹故園烟。位下曷足傷，所貴者聖賢。有才繼騷雅，哲匠不比肩。公生揚、馬後，名與日月懸。同遊英俊人，多秉輔佐權。彥昭超玉價，郭振起通泉。到今素壁滑，灑翰銀鉤連。盛事會一時，此堂豈千年。終古立忠義，《感遇》有遺編。

---

① 繞：《文苑英華》卷三〇八同。譚校："疑作饒。"按：《蜀中廣記》卷四正作"饒"。
② 宜：《文苑英華》作"冥"。
③ 流：《文苑英華》同。萬曆本、朱本作"沉"。
④ 限：原作"恨"，據萬曆本、庫本、朱本、鄒本、《陳伯玉文集》卷一改。

漢州月夕遊房太尉西湖　　　　　　　　　　　　　　　　（唐）李德裕

丞相鳴琴地，何年閟玉徽①。房公以好琴聞於海内。偶因明月夕②，重敞故樓扉。桃李蹊空在③，芙蓉客暫依。《南史》：安陸侯與王仲寶、長史庚杲之書稱："泛淥水，依芙蓉，何其麗也！"誰憐濟川楫，長與夜舟歸。

重　題　　　　　　　　　　　　　　　　　　　　　　　　　　　　前　人

晚日臨寒渚，微風發櫂謳。鳳池波自閟④，魚水運難留。亭古思宏棟，川長憶夜舟。想公高世志，祇似冶城遊⑤。

奉　和　　　　　　　　　　　　　　　　　　　　　　　　　（唐）鄭澣⑥

太尉留琴地，時移重可尋。徽弦一掩抑⑦，風月助登臨。榮駐青油騎，高張白雪音。祇言酬唱美，良史記王箴。

重　題　　　　　　　　　　　　　　　　　　　　　　　　　　　　前　人⑧

静對烟波夕，猶思棟宇精。卧龍空有處，馴鳥獨忘情。顧步襟期遠，參差物象横。自宜雕樂石，爽氣際青城。

---

① 閟：庫本、《李文饒文集·別集》卷四、《全唐詩》卷四七五作"閉"，《唐詩紀事》卷四八作"黯"。
② 明月：《唐詩紀事》作"微月"。
③ 李：本集、《全唐詩》作"柳"。
④ 閟：《唐詩紀事》卷四八、《全唐詩》卷四七五作"闊"。
⑤ 冶城：《唐詩紀事》作"化城"。
⑥ 鄭澣：原作"劉禹錫"。按：此首及下首乃鄭澣和李德裕前二詩之作，附載於《李文饒文集·別集》卷四，署云"兵部侍郎鄭澣"。《唐詩紀事》卷四九、《全唐詩》卷三六八亦録爲鄭澣詩。今據改。
⑦ "弦"原作"玄"，"抑"原作"仰"，據本集及《唐詩紀事》《全唐詩》改。
⑧ 此篇作者原署作"李德裕"，據《李文饒文集·別集》《唐詩紀事》改，詳見上篇校記。

奉　和　　　　　　　　　　　　　　　　　　　　（唐）劉禹錫

木落漢川夜，西湖懸玉鉤。旌旗環水次①，舟楫泛中流。目極想前事，神交如舊遊②。瑤琴久已絕，松韻自悲秋。

重　題　　　　　　　　　　　　　　　　　　　　　前　人③

林端落照盡，湖上遠風清。水榭芝蘭室，仙舟魚鳥情。人琴久寂寞，烟月似平生。一泛釣璜處，再吟鏘玉聲。

房公舊竹亭聞琴，緬慕風流，神期如在，因重題此作
　　　　　　　　　　　　　　　　　　　　　　　　（唐）李德裕

流水音長在，青霞意不傳。獨悲形解後，誰聽《廣陵》弦。

奉　和　　　　　　　　　　　　　　　　　　　　（唐）鄭　澣

石室寒飆警④，孫枝雅器栽。坐來山水操，弦斷弔餘哀。

奉　和　　　　　　　　　　　　　　　　　　　　（唐）劉禹錫

尚有松間露，永無棋下塵。一聞《流水》曲，重憶餐霞人。

---

① 環水：原作"還夜"，據《劉夢得文集·外集》卷七、《全唐詩》卷三五八改。
② 舊：本集、《全唐詩》作"共"。
③ 前人：原作"李德裕"。按：此首亦劉禹錫奉和李德裕之作，見《李文饒文集·別集》卷四及《劉夢得文集·外集》卷七，因改。
④ 警：《唐詩紀事》卷四九、《全唐詩》卷二六八作"鶩"。

經杜甫舊宅　　　　　　　　　　　　　　　　　　　　　（唐）雍　陶

浣花溪裏花多處，爲憶先生在蜀時。萬古只應留舊宅，千金無復換新詩。沙崩水檻鷗飛盡①，樹壓村橋馬過遲。山月不知人事變，夜來江上與誰期。

觀八陣圖　　　　　　　　　　　　　　　　　　　　　　（唐）劉禹錫

軒皇傳上略，蜀相運神機。水落龍蛇出，沙平鵝鸛飛。波濤無動勢，鱗甲避餘威。會有知兵者，臨流指是非。

詠張柬之② 柬之曾爲蜀州刺史③，今崇慶州也。　　　　　　（唐）皇甫澈

周曆革元命，天步值艱阻。烈烈張漢陽，左袒清諸武。休明神器正，文物舊儀睹。南嚮翊大君，西宮朝聖母。茂勳鑄鐘鼎，鴻勞食茅土④。至今稱五王，卓立邁千古。

詠鍾紹京 紹京曾謫守蜀州。　　　　　　　　　　　　　　前　人

清宮閶闔啓⑤，滌穢氛沴滅。紫極重昭回⑥，皇天新日月。從容廟堂上，肅穆人神悅。唐元佐命功⑦，輝煥何烈烈。

---

　　① 崩：原作"掤"，無義，據庫本、《文苑英華》卷三〇、《唐詩紀事》卷五六及《全唐詩》卷五一八改。

　　② 按：據《唐詩紀事》卷四八，皇甫澈刺蜀州，賦《四相詩》，此篇及下篇爲其中之二人，餘二人爲李峴、王縉。

　　③ 蜀州刺史：原作"蜀郡守"，據朱本及《舊唐書》卷九一《張柬之傳》改。

　　④ 鴻勞：原作"江山"，與"茅土"義重，又與"茂勳"失對，今據《唐詩紀事》《全唐詩》卷三一三改。

　　⑤ 按：《唐詩紀事》卷四八、《全唐詩》卷三一三，原詩此句之前尚有"景龍仙駕遠，中禁姦氛結。謀獸叶聖朝，披鱗奮英節"四句，此處爲節錄。

　　⑥ 紫極：原作"紫陌"，義不相應，據《唐詩紀事》改。《全唐詩》作"紫氣"。

　　⑦ 佐：原作"作"，據《唐詩紀事》《全唐詩》改。

武　擔 《蜀事補亡》　　　　　　　　　　　　　　　　　　　　　（宋）宋　京

君不見，蜀王妃子墓突兀，成都城中若山積。墓頭寒鏡澀無光，奼月欺烟化爲石。鴻荒無根憑野史，直謂山妖化妃子。臨終未免懷首丘，運土山中葬於此。山名武擔錦江邊，用是得名千萬年。如今佛閣倚空翠，老木盤鬱摩蒼天。晴雲入穴西山出，卷簾坐見嵐光滴。安得文如《汲冢書》，免使後人疑往昔。

龜　化 《蜀事補亡》　　　　　　　　　　　　　　　　　　　　　　　前　人

君不見，秦時張儀築少城，土惡易敗還顛傾。力疲智竭築未就，神龜爲爾開其靈。龜行所至城不圮，版築之功從此已。功成隱去智且賢，城下於今祗流水。殷勤高謝余且網，不夢元君寧自放。儀兮儀兮奈爾何，口舌縱橫飾欺妄。天使神龜籠爾術，不言而行功自畢。安得人靈若爾靈，照見百爲心暇逸。

禮　殿 《蜀事補亡》　　　　　　　　　　　　　　　　　　　　　　　前　人

君不見，漢人制作禮殿存，法度嚴廣分卑尊。祗今年數不可考，列畫古帝丹青昏。晉人遺書刻柱邊，字畫刓缺骨氣全。衣冠真不異闕里，事業直笑銘燕然。鏘鏘似有環珮聲，七十二子羅簪纓。閉藏濁世如有待，開眼今日觀文明。陳倉石鼓歸辟雍，大成門閥何穹崇。安得貌取禮殿制，大學西有宣尼宮。

石　室 《蜀事補亡》　　　　　　　　　　　　　　　　　　　　　　　前　人

君不見，西漢文翁爲蜀守，蜀學不居齊魯後。諸生競欲保翁名，石室鐫磨貴難朽。東漢高公又幾時，爲作石室還如玆。至今二室堅且久，文公、高公名不衰。世間可傳唯鐵石，石終可泐鐵終蝕。古人好事留其名，石室存亡竟何益。漢水沉碑知在不，叔子名存空峴首。安得眼看石室銷，要知二子名終有。

玉　局 《蜀事補亡》　　　　　　　　　　　　　　　　　　　　　　　前　人

君不見，青羊老人飛下天，口宣至道朝群仙。地中神人捧玉局，異事秘怪於今傳。

龜城坤隅地有穴，俗説西與岷山連。嵯峨古觀森偉像，老柏慘澹含風烟。令威已去城郭在，人物自改名依然。亳州宫庭焕星斗，真皇行幸祥符年。所託得地近京邑，此獨隱晦邈方偏。安得老人洗此心，還我澹泊同古先。

嚴 真 《蜀事補亡》　　　　　　　　　　　　　　　　　　　　　　　　前人

君不見，莊遵賣卜成都市，市中仙隱無人值。百錢度日復何求，猶有沉冥見文字。不因問著牛女星，下世安能知姓名。雲中鷄犬拔家去，舊宅寂寞秋蕪平。揩機石在年年長，藥鼎空留閉黄壤。前時發掘篆籀新，明水神丹光溘瀁。金雁橋邊臺觀存，神仙遺事渺難論。安得先生爲我卜，俗骨庶可窺天閽。

琴 臺 《蜀事補亡》　　　　　　　　　　　　　　　　　　　　　　　　前人

君不見，成都郭西有琴臺，長卿①遺迹埋黄埃。千年兔爲狐兔窟，化作佛②廟空崔嵬。黄鬚老人猶記得，昔時荒破樵蘇入。鉏犁畏淺牛脚匀，古甕耕開數逾十。乃知昔人用意深，甕下取聲元爲琴。人琴不見甕已掘，唯有鳥雀來悲吟。一朝風流隨手盡，況復千年何所訊。安得雄辭弔汝魂，寂寞秋蕪耿寒燐。

墨 池 《蜀事補亡》　　　　　　　　　　　　　　　　　　　　　　　　前人

君不見，子雲草《玄》西郭門，一徑秋草閑朝昏。何須筆冢高百尺，池墨黯黯今猶存。童烏、侯芭③竟零落，《玄》學無人終寂寞。漢家執戟知幾年，垂老身投天禄閣。俗兒紛紛重劉向，思苦言艱動嘲謗。漢已中天雄亦亡，不較空文從覆醬。如今却作給孤園，吐鳳亭前池水寒。安得斯人尚可作，會有奇字令君看。

書 臺 《蜀事補亡》　　　　　　　　　　　　　　　　　　　　　　　　前人

君不見，孔明書臺遺廟旁，古書不見臺荒凉。卧龍未起蜀天遠，茅廬日日空南陽。

---

① 長卿：原作"張卿"，據萬曆本、庫本、朱本、鄒本、《成都文類》卷八改。
② 佛：原作"拂"，據庫本、朱本、鄒本、《成都文類》改。
③ 侯芭：原作"侯巴"，據萬曆本、庫本、朱本、鄒本改。按：《漢書·揚雄傳下》：侯芭爲揚雄弟子。

赤符光寒白水涸，秣陵王氣猶能作。璋若嬰兒操虎狼，脫去荆州殊不惡。十倍奇才安用書，此臺昔時知有無。蜀人思君識故處，未若江水存兵圖。黃冠所居門第改，祇有坊名今尚在。安得臺邊見古人，秋草重生類書帶。

草堂 《蜀事補亡》　　　　　　　　　　　　　　　　　　前人

君不見，少陵草堂背西郭，浣花溪水流堂脚，竹寒沙白自淒涼，莫問四松霜草薄。入門好在烏皮几，公去不歸換鄰里。西嶺千秋雪未消，舍北泥融飛燕子。祇今楷木平橋路，籠竹和烟雜江霧。野僧作屋號草堂，不是柴門舊時處。詩壇今古誰能將，艷艷文章光萬丈。安得英才擅品量，當使公居摩詰上。

訪古　　　　　　　　　　　　　　　　　　　　　　（宋）房偉

訪古城西話劫灰，子雲、相如安在哉！成都萬事變亦盡，惟有石笋雙崔嵬。

遊山上廢寺，有段文昌種松，石刻云："乾坤毀則無以見寺，寺不可毀，四松其遠乎！"寺今廢，木亦亡矣，感而賦之　　　　　　　　　　　（宋）楊甲

木落石出荒山臺，上有佛寺孤崔嵬。斷椽折瓦無四壁①，古佛已倒何人攉②。野蜂古窠挾肩背，山鼠出穴銜髯鬣。老僧見我欲愁哭，野葛蔽路官能來。文昌種松有斷刻，石柱半裂荒莓苔。老翁鼻祖無一在，獨樹晚出非耆鮐。乾坤未變已先滅，幾見賊火翻狂雷。至今野叟鑿山破，石窟尚有龍筋骸。當時手種意已遠，欲與草木爲渠魁。

八陣磧　　　　　　　　　　　　　　　　　　　　（宋）蘇軾

平沙何茫茫，髣髴見石蕝。縱橫滿江上，歲歲沙水齧。孔明死已久，誰復辨行列。神兵非學到③，自古不留訣。至人心已悟，後世徒妄說。自從漢道衰，蜂起盡姦傑。英雄不相下，禍難久連結。驅民市無烟，戰野江流血。萬人賭一擲，殺盡如沃雪。不爲

---

① 折：原作"枃"，據《成都文類》卷一四改。
② 攉：原作"推"，據萬曆本、朱本、鄒本改。
③ 神兵：原作"神名"，據《蘇軾詩集》卷一改。宋本蘇集亦有作"名"者，義究難通。

久遠計,草草常無法。孔明最後起,意欲掃群孽。崎嶇事節制,隱忍久不決。志大遂成迂,歲月去如瞥。六師紛未整,一旦英氣折①。唯餘八陣圖,千古壯夔峽。

八陣磧　　　　　　　　　　　　　　　　　　　　　（宋）蘇　轍

漲江吹八陣,江落陣如故。我來苦寒後,平沙如匹素。乘高望遺迹,磊磊六十四。遙指如布棋,就視不知處②。世稱諸葛公,用衆有法度。區區落褒斜,軍旅無闊步。中原竟不到,置陣狹無所。茫茫平沙中,積石排隊伍。獨使後世人,知我非莽鹵。奈何長蛇形,千古竟不悟。惟餘桓元子,久視不能去。

灘石八陣圖行　　　　　　　　　　　　　　　　　　（宋）王剛中

我生孔明後,相望九百載。我想孔明賢,巍然伊吕配。奇謀勇略號雄師,大節英風蓋當代。木牛流馬何足言,八陣遺蹤千古在。我行已度瞿唐門,長灘石壘差參分。洪纖高下尺寸等,猶有當年節制存。四頭八尾觸處首,敵衝中央兩皆救。握奇如樞運無窮,七縱七擒仍敢攻。規模黃帝已垂文,後來得者惟將軍。唐宗李靖拾遺意,樂舞旛表徒繽紛。長江之上石蟠結,江波洶湧石不滅。使君何事遽刬除,一夜風雷吼天闕。明朝仍舊石從横,神物護持人始驚。向來守蜀用此法,誰知石壘真金城。嗟乎孔明遇不遇,遇則劉公恢大度。國險地狹民力微,法出萬全勢未具。嗟乎孔明以此用於吳,長江内固魏可圖。嗟乎孔明以此用於魏,掃平三分歸一簣。祇應所遇勢不同,勢既不同功亦異。嗟乎!孔明之心如石堅,欲扶漢室還中原。事之不就則天耳,安肯俯首從曹、袁。嗟乎!孔明如生石不老,後世用兵無草草。忽然變作六花看,便失本原難按考。請觀疊石韜機籌,江流東去自悠悠。英豪得此石外指,長與君王靖邊壘。

觀八陣圖有感　　　　　　　　　　　　　　　　　　（宋）李興宗

江從岷來觸瞿唐,夏潦潰裂怒勢張③。霜溝水落洲渚露④,纍纍江石堆作行。半斜半直半疏密,方營周匝門東出。相傳呵護有鬼神,驚波不能移寸尺。想見當年諸葛公,

---

① 旦:原作"日",據庫本、《蘇軾詩集》改。
② 視:原作"是",據朱本、鄒本、《欒城集》卷一改。
③ 潰:原作"濆",據庫本、朱本、鄒本改。
④ 溝:朱本、鄒本作"濃"。

綸巾羽扇揮秋風①。令嚴部伍寂如水，出沒變化機無窮。乾坤不足當經理，寫留古法艮岑趾。上灘下峽一千年，多少英雄測玄旨。小兒元子強多知，常山蛇勢吾能窺。灞上枋頭真絕倒，空使虬髯論握奇②。斲輪不可傳其子，此公天機緘骨髓。奈何螟蝗生蝮蠍，炎劉已灰吹不起。天教三馬食一槽，老馬啼齧暫咆哮。渭陽巾幗勢將蹶，大星夜隕西軍號。嗚呼興廢盡天意，中原腥羶今六紀。胡雛骨肉正相殘，欲拯塗炭嗟誰使③。大官酣燕芻豢餘，小官踢踏塵埃裹。舉目厭厭九泉人④，誰訪草廬談世事。向來韜略機莫投，而今投機欠良籌。君不見，峽山深深茅舍底，有人抱膝高聲謳。

奉陪安撫大卿登八陣臺，覽觀忠武侯諸葛公遺像，偶成長句

(宋) 張 縯

白帝城西魚復浦，十月江平見津涘。當年累石紛成行，此地臥龍經講武。轅門外建嚴中權，陣有壁壘，一門東出。列陣相承存後伍。八陣相承，又列數陣於後。何人蛇勢識常山，未數魚麗矜鄭拒。懸知精神貫金石，尚想號令嚴鉦鼓。老兵料敵應疑生，川后澄波其敢侮！向令赤伏有餘符，下睨皇州真指取⑤。云何遺迹司神明，獨斳豐功被寰宇。高城置酒共臨眺，往事興懷增嘆撫。巍然王佐三代前，信矣名言照千古。

巨野李訨謁丞相祠，登開濟堂，俯八陣圖，睹新帥張卿與侍郎林公舊題倡和，皆慨想當時英烈，嘆誦久之。惟瀼東流，囓城入江，且為民病，願以不能轉石者一轉兹水，輒借韻賦之

(宋) 李 訨⑥

人言忠孝不磨滅，神物護持存水滸。千年陵谷幾變遷，此石不移自章武。本由黄帝古兵法，六十四以八為伍。髦孫且懼生達走，賊操遊魂何敢拒。刻銘沙伏水底碑，有圖銘巨石，今伏水底。教戰石存山下鼓。山下有石鼓，相傳為教戰之鼓。一片丹心天地間，萬世聞風猶禦侮。我來起敬凛如生，再拜一言公必取。瀼流東截陣圖前，浸隳城壁頓民

---

① 秋風：原作"愁風"，據朱本、鄒本改。
② 握奇：原作"掘奇"，據朱本、鄒本改。兵書有《握奇經》。
③ 嗟：原作"哓"，據庫本、朱本、鄒本改。
④ 厭厭：原作"壓壓"，據上引改。
⑤ 真：朱本、鄒本、《蜀中廣記》卷二一作"直"。
⑥ 此首撰人原署為"前人"，則指張縯；萬曆本、朱本、鄒本、《宋詩紀事》卷六二署為"李訨"。按：詩題，當為李訨作，據改。

宇。能安拳石止波流，願回瀼患思民撫。常使夔人知感公，磴迹年年吊千古。

八陣圖

(宋) 陳　謙

　　武侯陣法洞萬古，所至累石傳岷嶓。意令他時人共識，不輕蜀血丹秦戈。沔陽舊壘已荒草，道元往記空摩娑。廣都鄉名至今在，鄉老相戒不敢磨。八八成行被隆上，兩陣二首形無頗。乾坤門戶取法象，未顯奇正相交加。惟有江流魚復浦，因水成勢堆平沙。前方壁門儼營制，後如偃月不可俄。七八爲經分戟立，九六爲緯標鱗差。妙哉隆中先天學，陣規八卦森包羅。六十四陣極卦變，縱橫入出無聲牙。更參禮經得深旨，畫前丘井分八家。及其變動不可常，玄前八佾舞象犧。四頭八尾法制定，四正四奇合變多。紛紛紜紜未易亂，渾渾沌沌誰能遮。晉家將軍最倔強，到此驚見常山蛇。既識端中相應法，何爲征北復成訛？乃知天玄與地秘，奇才不世空咨嗟。緬懷牧郊釣璜客①，止齊步伐聲無譁。《陰經》軍志八爲用，指麾昧爽趨朝歌。春秋蒐乘慚蕪率，猶有魚麗參鸛鵝。樓煩禿騎到中國，紛披誰恤狐駘髦②。長平埋肉滿山谷，昆陽積骸如亂麻。自注孫經雜水陣，華容道上宵焚葭。苟無法制驅市人，參肉偃首胡定呀。蠶、凫、宇、令此荒廢③，直到分鼎成山河。雜耕未盡星斗泣，節制惜不開中華。觸之可勝不可敗，侮亡取亂明羲娥。英雄相待得英、衛，翻爲圓陣鋪六花。功成演作《破陣樂》④，八舞校隊猶餘葩。貞觀以來遽絕筆，潼關散卒奔濤斜。古人紙上已糟粕，況乃沙石喧江沱。天公幸自惜人命，約束潢湧嚴誰何。指圖尋迹望千載⑤，嵩雲晝鎖高嵯峨。

遊東屯

(宋) 關耆孫

　　呼船渡西瀼，策馬行東屯。猶有竹下屋，依然柴作門。林深多鳥雀，山對有猱猿。世隔券尤在，堂非基自存。稼雲迷曠野，屏翠墮層軒。土厚疑吾里，溪清何處源。殘英金有種，飯粒玉爲根。蘆笋戀春渚，蕨芽蕃故園。山名竊諸葛，城榜爲公孫。雲雨峽前夢，琵琶山後村。留人惟野趣，隔世絕塵喧。牆度鳥飛影，泥留兔走痕。漁樵老

---

① 釣璜：原作"釣潢"，據萬曆本改。按：《尚書大傳·補遺》："呂尚釣於磻溪，得魚腹中有玉璜。"釣璜客，即指呂尚。作"璜"是。

② 狐駘：原作"孤駘"，據庫本、朱本、鄒本改。按：《左傳·襄公四年》："臧紇救鄫，侵邾，敗於狐駘。"杜預注："狐駘，邾地。"

③ 蠶：原作"菜"，萬曆本、朱本、鄒本作"菝"，庫本作"蠶"。按：當作"蠶"，亦即"叢"字。"叢、凫、宇、令"即蠶叢、魚凫、杜宇、鱉令，爲傳說中的四代古蜀王，此處簡稱均取其末字。"菜""菝"以與"蠶"形近而訛。

④ 演：原作"潢"，據庫本、朱本、鄒本改。

⑤ 指：原作"捐"，據上引改。

歲月，藜莧過朝昏。槎漢我初返，梯參君暫捫。車徒今附驥，行列舊同鵷。休沐因閒日，攜持訪古原。摧頹一弊節，走逐雙朱輶。涼飈薄巾袂①，佳氣浮酒樽。出遊有此樂，相視而無言。則爲樵夫嘲，甚於人言煩。取君古錦囊，盛我浣花番。歸去待星上，隨江看月翻。

三月晦遊東屯拜少陵像② （宋）陳 邕

飛飛鳴梟啄金屋，孔雀飲泉牛抵觸。杜鵑喜免百巢嗔，鶺鴒強息一枝足。燭天光焰幾許長，目眩東極升朝陽③。世人漫作詩老看，肩拍呂、葛心羲皇。玉珂金鑰裁通籍，錦水銅梁俄浪迹。兩河礫裂甲欲洗，四壁呻吟飯無吃。萍漂篷轉客夔門，栖遲瀼西復東屯。群峰竦壁水縈帶，隰有膴膴如周原④。縱橫豺虎深稂莠，熊兒執未驥子耨。除芒落杵未流匙，問有長安消息否。峽雲巴月困冥搜，去醉洞庭湘浦秋。溪山留得金石響，定應騎氣時神遊。捫參歷井甘飛轍，端爲穿花聽鳥設⑤。簿書叢裏掣身來，風雨聲中與春別。仰窺層閣俯平川，想見杜曲桑麻田。更起唱酬儻可待⑥，一彈指頃三千年。

題臥龍⑦ （宋）查 籥

山顛祠貌儼丹青，千載懷人爲一登。隱隱故營連白帝，茫茫恨水向西陵。石根蘭芷香無價，雲頂松杉翠作層。人事天機古難料，詩成試語定中僧。

訪蘇黃遺墨 前人

檻外滔滔水，巖前冉冉雲。行人舟似葉，題墨蘚生紋。歲月帆檣去，山川楚蜀分。十年三艤棹，永愧《北山》文。

---

① 袂：原作"訣"，據庫本、朱本、鄒本改。
② 三月：原作"二月"，據萬曆本、朱本、鄒本改。詩云"風雨聲中與春別"，自是三月之末。
③ 目：原作"日"，據上引改。
④ 隰：原作"悭"，據朱本、鄒本改。
⑤ 鳥：原作"馬"，據萬曆本、庫本、朱本、鄒本改。
⑥ 唱：原作"鳴"，據朱本、鄒本改。此乃想象杜甫復起而與之唱酬。
⑦ "臥龍"下萬曆本、朱本、鄒本、《宋詩紀事》卷五〇有"山"字。《蜀中廣記》卷二一引此詩題作《題臥龍武侯廟》。

傷廢國詩　　　　　　　　　　　　　　　　　　　　（宋）蜀僧遠公

樂極悲來數有涯，歌聲纔歇便興嗟。牽羊廢主尋傾國，指鹿姦臣盡破家。丹禁夜涼空鎖月，後庭春暖漫開花①。兩朝帝業都成夢②，陵樹蒼蒼噪暮鴉。

詠　古　　　　　　　　　　　　　　　　　　　　　（明）周洪謨

西蜀稱天府，江山秀而奇。肇開人皇世，繼對軒轅支。杜宇傳鼈靈，怪誕良足疑。世代已云遠，是非誰復知。大禹奠梁州，故績昭可稽③。岷嶓既云藝，江漢亦東之。誰謂關塞通，始自嬴秦時？豈知秦所開，金牛一路岐。我登岷之椒，欲和《梁山》詩。

揚　雄　　　　　　　　　　　　　　　　　　　　　（明）戴　錦

雄謂藏心於淵，噫！心藏矣，而身獨不藏乎？食新禄而投閣，心果不在於身乎？莽之篡，其來也漸矣，曾不以《太玄》卜之而擇夫闚乎？不可見者藏之，誓不使莽涎垂鼎而污我之縶乎？然禄薄而官也，累歲不遷，殆以貧故，至禍已迫而不能去乎？論其世，文高而行朴，視孟氏焉，醇大而疵小也。議者概以投閣蔑之，亦過矣。苟處其地，何如而藏焉？曰《豫》。

雪嶺矗玉筆，錦江泂練紋。山川發靈氣，蜀郡生子雲。寂寞性所忍，雄談坐不聞。墨池染奇字，可但書八分。《法言》準《論語》，《太玄》索羲文。始也食漢禄，駸駸近妖氛。天械脫已晚，投閣非其君。愧乏太乙杖，吹噓縱殘焚。執是論出處，幽蘭斷奇芬。臨風重太息，俗轍何紛紛。

東溪驛　　　　　　　　　　　　　　　　　　　　　（明）劉　瑞

登登山路高還下，馥馥香林淺又深。何處斜陽重回首，東溪寥落百年心。東溪先生書屋也。

---

① 暖：《鑑誡錄》卷五、《詩話總龜》卷三〇引作"老"，較勝。

② 都：原作"空"。按：前有"空"字，此不當重，作"都"字是，今據上引改。此詩乃傷後蜀之亡。

③ 績：朱本、鄒本作"蹟"。

全蜀藝文志卷之十六

詩

紀 行

琵琶峽 （梁）簡文帝

由來歷山川，此地獨迴遭。百嶺相迂蔽，千崖共隱天。橫峰時礙水，斷岸或通川。還瞻已迷向，直去復疑前。夕波照孤月，山枝斂夜烟。此時愁緒密，熒魂逝九遷。

遂州南江① （唐）陳子昂

楚江復爲客，征棹方悠悠。故人憫追送，置酒此南洲②。平生亦何恨，夙昔在林丘。違此鄉山別，長謠去國愁。

宿空舲峽青樹村浦 前人

的的明月水，啾啾寒夜猿。客愁浩方亂③，洲浦寂無喧。憶作千金子，寧知九逝魂。虛聞事朱闕，結綬鶩華軒。委別高堂夢④，集作"愛"。窺覦明主恩。今成轉蓬去，嘆息復何言。

---

① 《陳伯玉文集》卷二、《全唐詩》卷八四題作《遂州南江別鄉曲故人》。
② 洲：原作"州"，據四庫本《陳拾遺集》卷二、《全唐詩》改。
③ 愁：《陳伯玉文集》卷一、《全唐詩》卷八四作"思"。
④ 愛：原作"受"，據庫本、朱本、鄒本、本集改。

再使蜀道 　　　　　　　　　　　　　　　　　　　　　　（唐）張　說

眇眇葭萌道，蒼蒼褒斜谷。烟壑爭晦深，雲山共重複。古來風塵子，同眩望鄉目。芸閣有儒生，輶車倦馳逐。青春客岷嶺，白露搖江服。歲月鎮羈孤①，山川俄集作長。反覆。魚游戀深水，鳥遊戀喬木。如何別親愛，坐去文章國。蟋蟀鳴戶庭，蠨蛸網琴筑。

下江向夔州② 　　　　　　　　　　　　　　　　　　　　　　　前　人

天明江霧歇，洲浦棹歌來。渌水透迤去③，青山相向開。城臨蜀帝祀，雲接楚王臺。舊知巫山上，遊子共徘徊。

蜀道後期 　　　　　　　　　　　　　　　　　　　　　　　　前　人

客心爭日月，來往預期程。秋風不相待④，先至洛陽城。

曉行巴峽 　　　　　　　　　　　　　　　　　　　　　　（唐）王　維

際曉投巴峽，餘春憶帝京。晴江一女浣，朝日衆雞鳴。水國舟中市，山橋樹杪行。登高萬井出，眺迥二流明。人作殊方語，鶯爲舊國聲⑤。賴多山水趣⑥，稍解別離情。

赴犍爲經龍閣道 　　　　　　　　　　　　　　　　　　　（唐）岑　參

側徑轉丹壁⑦，危梁透滄波。汗流出鳥道，膽碎窺龍窩。驟雨暗溪谷，歸雲網松

---

① 孤：朱本、鄒本作"旅"。
② 《張說之文集》卷八、《全唐詩》卷八七"江"字下有"南"字。
③ 渌：上引作"綠"。
④ 相：原作"思"，據庫本、《張說之文集》卷八、《全唐詩》卷八九改。
⑤ 鶯：原作"嬰"，據萬曆本、庫本、朱本、鄒本、《全唐詩》卷一二七改。
⑥ 多：《王右丞文集》卷六作"諳"。
⑦ 此句《岑嘉州集》卷一作"側徑搏青壁"。

蘿。屢聞羌兒笛，厭聽巴童歌。江路險復永，夢魂愁更多。聖朝幸典郡①，不敢嫌岷峨。

初至犍爲作　　　　　　　　　　　　　　　　　　　　　　　前　人

山色軒檻內，灘聲枕席間。草生公府靜，花落訟庭閑。雲雨連三峽，風塵接百蠻。到來能幾日，不覺鬢毛斑。

早上五盤嶺　　　　　　　　　　　　　　　　　　　　　　　前　人

平旦驅駟馬，曠然出五盤。江回兩岸鬭②，日隱群峰攢。蒼翠烟景曙，森沉雲樹寒。松疏露孤驛，花密藏迴灘。棧道溪雨滑，畬田原草乾。此行爲知己，不覺蜀道難。

自巴東舟行經瞿唐峽，登巫山最高峰，晚還題壁

（唐）李　白

江行幾千里，海月十五圓。始經瞿唐峽③，遂步巫山巔。巫山高不窮，巴國盡所歷。日邊攀垂蘿，霞外倚窮石。飛步凌絶頂，極目無纖烟。却顧失丹壑，仰觀臨青天。青天若可捫，銀漢去安在？望雲知蒼梧，記水辨瀛海。周遊孤光晚，歷覽幽意多。積雪照空谷，悲風鳴森柯。歸途行欲曛，佳趣尚未歇。江寒早啼猿④，松暝已吐月。月色何悠悠，清猿響啾啾。辭山不忍聽，揮策還孤舟。

宿巫山⑤　　　　　　　　　　　　　　　　　　　　　　　　前　人

昨夜巫山下，猿聲夢裏長。桃花飛綠水，三月下瞿唐。雨色風吹去，南行拂楚王。高丘懷宋玉，訪古一霑裳。

---

① 朝：原作"主"，據本集、《全唐詩》卷一九八改。
② 岸：《岑嘉州集》卷一、《全唐詩》卷一九八作"崖"。
③ 經：原作"徑"，據萬曆本、庫本、朱本、鄒本及《李太白文集》卷二〇改。
④ 寒：原作"草"，據庫本、本集改。
⑤ 《李太白文集》卷二〇題作《宿巫山下》。

早發白帝城 　　　　　　　　　　　　　　　　　　　　　　　　　　　前　人

朝辭白帝彩雲間，千里江陵一日還。兩岸猿聲啼不盡①，輕舟已過萬重山。

桔柏渡 在昭化 　　　　　　　　　　　　　　　　　　　　　　　（唐）杜　甫

青冥寒江渡，駕竹爲長橋。竿濕烟漠漠，江永風蕭蕭②。連笮動嫋娜，征衣颯飄飄③。急流鴇鷃散，絕岸鼂鼉驕。西轅自茲異，東遊不可要④。高通荆門路，闊會滄海潮。孤光隱顧盼，遊子悵寂寥。無以洗心胸，前登但山椒。

飛仙閣 　　　　　　　　　　　　　　　　　　　　　　　　　　　前　人

土門山行窄，微徑緣秋豪。棧雲闌干峻，梯石結構牢。萬壑欹疏林，積陰帶奔濤。寒日外淡泊，長風中怒號。歇鞍在地底，始覺所歷高。往來雜坐卧，人馬同疲勞。浮生有定分，飢飽豈可逃。嘆息謂妻子，我何隨汝曹！

利州南渡 　　　　　　　　　　　　　　　　　　　　　　　　　（唐）温庭筠

澹然空水帶斜暉，曲島蒼茫接翠微。波上馬嘶看棹去，柳邊人歇待船歸。數叢沙草群鷗蔽⑤，萬頃江田一鷺飛。誰解乘舟尋范蠡，五湖烟水獨忘機。

雲　安 　　　　　　　　　　　　　　　　　　　　　　　　　　（唐）李群玉

灘惡黃牛吼，城孤白帝秋。水寒巴字急，歌迴《竹枝》愁。樹暗荆王館，雲昏蜀客舟。瑶姬不可見，行雨在高丘。

---

① 盡：萬曆本、庫本、朱本、鄒本作"住"。
② 永：原作"水"，據朱本、鄒本、《集注杜詩》卷六、《杜工部集》卷三改。
③ 颯：朱本、鄒本作"風"。
④ 遊：黃希、黃鶴《補注杜詩》卷六、《集千家注杜工部詩》卷六、《杜工部集》作"逝"。
⑤ 蔽：庫本、《溫庭筠詩集》卷四、《文苑英華》卷二九四、《全唐詩》卷五七八作"散"。

遊　蜀　　　　　　　　　　　　　　　　　　　　　　　　　（唐）鄭　谷

所向明知是暗投，兩行清淚雨前流①。雲橫新塞遮秦甸②，花落空山入閬州。不忿黃鸝驚曉夢③，唯應杜宇信春愁④。梅青麥綠無歸處⑤，可得漂漂愛浪遊。

題嘉陵驛　　　　　　　　　　　　　　　　　　　　　　　（唐）武元衡

悠悠風旆繞山川，山驛空濛雨似烟。路半嘉陵頭已白，蜀門西更上青天。

駱谷行　　　　　　　　　　　　　　　　　　　　　　　　（唐）章孝標

捫雲裊棧入青冥，犧馬鈴騾傍日星。仰踏劍棱梯萬仞，下緣冰岫杳千尋⑥。山花織錦時聊看，澗水彈琴不暇聽。若比爭名求利處，尋思此路却安寧。

春日遊嘉陵江　　　　　　　　　　　　　　　　　　　　　（唐）劉　滄

獨泛扁舟映綠楊，嘉陵江水色蒼蒼。行看芳草故鄉遠，坐對落花春日長。曲岸危檣移渡影，暮天栖鳥入山光。今來誰識東歸意，把酒閑吟思洛陽。

宿蒼溪館　　　　　　　　　　　　　　　　　　　　　　　　　前　人

孤館門開對碧岑，竹窗燈下聽猿吟。巴山夜雨別離夢，秦塞舊山迢遞心。滿地苺苔生近水，幾株楊柳自成陰。空思知己隔雲嶺，鄉路獨歸春草深。

---

① 清淚雨前流：《雲臺編》卷下、《文苑英華》卷二九五、《全唐詩》卷六七六作"清淚語前流"，《鄭守愚文集》卷下作"新淚爲前流"。
② 遮：原作"庶"，據萬曆本、庫本、朱本、鄒本及本集、《全唐詩》改。
③ 不忿：原作"不分"，據本集、《全唐詩》改。驚曉夢：原作"夢驚曉"，據朱本、鄒本、本集、《全唐詩》改。
④ 《鄭守愚文集》此句作"唯悲杜宇起春愁"。
⑤ 麥：原作"菱"，據庫本、朱本、鄒本及《鄭守愚文集》《全唐詩》改。
⑥ 冰：原作"水"，據朱本、鄒本、《全唐詩》卷五〇六改。

曉　發　　　　　　　　　　　　　　　　　　　　　　　　　（唐）唐　求①

旅館候天曙，整車趨遠程。幾處曉鐘斷，半橋殘月明。沙上鳥猶在②，渡頭人未行。去去古時道，馬嘶三兩聲。

舟行夜泊夔州　　　　　　　　　　　　　　　　　　　　　　　　前　人

維舟鏡面中，迥對白鹽峰。夜靜沙堤月，天寒水寺鐘。故園何日到，舊友幾時逢？欲作還家夢，青山一萬重。

發邛州寄友人　　　　　　　　　　　　　　　　　　　　　　　　前　人

茫茫驅一馬，自嘆又何之。出郭見山處，待船逢雨時。曉鷄鳴野店，寒葉墮秋枝。寂寞前程去，閑吟欲共誰。

過黃牛峽　　　　　　　　　　　　　　　　　　　　　　　　（唐）張　蠙

黃牛來勢瀉巴川，疊日孤舟逐峽前。雷電夜驚猿落樹，波濤愁恐客離船。盤渦逆入嵌崆地，斷壁高分繚繞天。多少人經過此去，一生魂夢怕潺湲。

入　蜀　　　　　　　　　　　　　　　　　　　　　　　　　（唐）劉　叉

望空問真宰，此路爲誰開？峽色侵天去，江聲滾地來。孔明深有意，鍾會亦何才！信此非人事，悲歌付一杯。

---

① 原注："嘉定州人。"
② 在：《瀛奎律髓》卷一四載此詩作"睡"，較勝。

赴資陽，經嶓峽，漢水所出，元和三年已授此官　　　　　　　　　　　　（唐）羊士諤

寧辭舊路駕朱輈，重使疲人感漢恩。今日鳴騶到嶓峽，還勝博望至河源。

題劍門　　　　　　　　　　　　　　　　　　　　　　　　　　　　　　（唐）李德裕

奇峰百仞懸，清眺出嵐烟。迥若戈回日，高疑劍倚天。參差霞壁聳，合沓翠屏連。想是三刀夢，森然在目前。

出蜀門　　　　　　　　　　　　　　　　　　　　　　　　　　　　　　（唐）歐陽詹

北客今朝出蜀門，翛然領得入時魂。遊人莫道歸來易，"三不"曾聞古老言。

初入漢州　　　　　　　　　　　　　　　　　　　　　　　　　　　　（前蜀）韋　莊

北儂初到漢州城，井邑樓臺觸目驚①。松檜影中旌旆色②，芰荷風裏管弦聲。人心不似經離亂，天意何知却太平③。三日醉眠金雁驛④，臨岐無限眼波橫⑤。

蒼溪縣寄揚州兄弟　　　　　　　　　　　　　　　　　　　　　　　　（唐）元　稹

蒼溪縣下嘉陵水，入峽穿江到海流。憑仗鯉魚將遠信，雁回時節到揚州。

---

① 井：《浣花集·補遺》《才調集》卷三、《唐詩鼓吹》卷一〇、《全唐詩》卷七〇〇作"郭"。
② 檜：《浣花集》《才調集》《全唐詩》作"桂"。
③ "天意"句：《浣花集》《才調集》《唐詩鼓吹》《全唐詩》作"時運還應却太平"。
④ 三日：上引作"十日"。
⑤ 眼：上引作"臉"。

題天迴驛①　　　　　　　　　　　　　　　　　　　　（前蜀）太后徐氏

爲尋靈境散幽情②，千里江山暫得行。所恨烟光看未足③，却驅金翠入龜城。

題天迴驛　　　　　　　　　　　　　　　　　　　　　（前蜀）太妃徐氏

翠驛紅亭近玉京，夢魂猶自在青城。比來出看江山景④，却被江山看出行⑤。

萬　州　自此後登陸，州號南浦郡。　　　　　　　　　　　　（宋）范成大

晨炊維下巖，晚酌櫓南浦。波心照州榜，雲脚響衙鼓。前山如屏牆，得得正當户。西江朝宗來，循屏復東去。此萬州形勢也。惟親歷者當知此言之工。官曹依巖栖，市井喚船渡。瓦屋仄石磴，猿啼閙人語。剝核杏餘酸，連枝茶賸苦。窮鄉固瘠薄，陋俗亦寒窶。土人賣杏，皆先剝其核，取仁以爲藥也。土茶甚苦，不簡枝，枝葉雜茱萸煎之。營營謀食艱，寂寂懷甄訴。昔聞吏隱名，今識吏隱處。

邛郲驛　大雨⑥　　　　　　　　　　　　　　　　　　　　　前　人

暮雨連朝雨，長亭又短亭。今朝騎馬怕，平日繫船聽。竹葉垂頭碧，秧苗滿意青。農疇方可望，客路敢遑寧。

---

① 天迴：原作"天苴"，據五代宋居白《幸蜀記》（宛委山堂《説郛》卷五四載）及後蜀何光遠《鑑誡錄》卷五改。下篇同。
② 爲尋：上引作"周遊"。
③ 所恨：原作"即限"，據萬曆本、朱本、鄒本及上引二書改。
④ "比"原作"北"，"江"原作"紅"，據萬曆本、庫本、朱本及《幸蜀記》《鑑誡錄》卷五改。
⑤ 却：原作"儘"，據萬曆本、朱本、鄒本及《幸蜀記》改。
⑥ "大雨"二字，《石湖居士詩集》卷一六作正題。

遂寧府始見平川喜成短歌　　　　　　　　　　　　前　人

峽之西，遂之東，更無平地二千里，惟有高山三萬重。不知誰人鑿混沌，獨此融結何其工。我本吳江弄水月，忽來踏遍西南峰。不知塵界在何許，但怪星辰浮平空。直疑飛入蝶夢境，此豈應有行人蹤。今朝平遠見城郭，云是東川軍府雄。原田坦若看掌上，沙路凈如行鏡中。芋區粟壠潤含雨，楮林竹徑涼生風。將士歡呼馬蹄快，康莊直與錦里通。半年崎嶇得夷路，一笑未暇憐飄蓬。

新津道中　　　　　　　　　　　　　　　　　　前　人

雨後郊原净，村村各好音。宿雲浮竹色，清溜走橙陰。曲沼擎青蓋，新畦藝綠針。江天空闊處，不受暑光侵。

峨眉縣　縣出符文布，婦女人人績麻，且行且觀。田家束蒿燃於門口，爲香氣以迎客。
　　　　　　　　　　　　　　　　　　　　　　　前　人

窮鄉未省識旌旄，雞犬歡呼巷陌騷。村媼聚觀行績布，野翁迎拜跽燃蒿。泉清土沃稻芒草，縣古林深槐瘦高。珍重里儒來獻頌，盛言千載此丘遭。

過江津縣睡熟不暇稍船　　　　　　　　　　　　前　人

西風扶櫚似乘槎，水闊灘沈浪不花。夢裏竹間喧急雪，覺來船底滾鳴沙。

夔門即事　自東川入峽路至恭州，便有瘦俗。夾岸山悉庳小。入夔界，山皆傑然連三峽。
夔水不可飲，取之臥龍十里之外。雲安麴米春，自唐以來稱之，今夔酒乃下①。
　　　　　　　　　　　　　　　　　　　　　　　前　人

峽行風物不堪論，袢暑驕陽雜瘴氛。人入恭南多附贅，山從夔子盡侵雲。《竹枝》舊曲元無調，麴米新篘但有聞。試覓清泠一杯水，筒泉須自臥龍分。

---

① 下：萬曆本、朱本作"否"，庫本及《石湖居士詩集》卷一九作"不佳"。

刺濆淖並序①　　　　　　　　　　　　　　　　　　　　　前　人

濆淖，盤渦之大者。峽江水壯則有之，或大如一間屋。相傳水行峽底，遇暗石則濆起，已而下旋爲渦②。然亦未嘗有定處，或無故突然而作，叵測也。舟行遇之，小則欹傾，大則與齊俱入，險惡之名聞天下。

峽江饒暗石，水狀日千變。不愁灘瀧來，但畏濆淖見。人言盤渦耳，夷險顧有間。仍於非時作，未可一理貫。安行方熨觳，無事忽翻練。突如湯鼎沸，翕作茶磨旋。勢迫中成窪，怒霽外始暈。已定稍安慰，儵作更驚眩。漂漂浮沫起③，疑有潛鯨嗅。勃勃駭浪騰，復恐蟄鼉抃。篙師瞪褫魄，灘戶呀雨汗。逡巡怯大敵，勇往決鏖戰。幸免與齊入，還憂似蓬轉。驚呼招竿折，奔救竹筅斷④。九死船頭爭，萬夫石上牽。旁觀兢薄冰，撇過捷飛電⑤。前余叱馭來，山險固嘗遍。今者擊楫誓，豈復憚波面。澎澎三峽長，颭颭一葦亂。既微掬指忙，又匪科頭慢。天子賜之履，江神敢吾玩。但催疊鼓轟，往助雙櫨健。

涪州江險不可泊，入黔江艤舟　　　　　　　　　　　　　　　　前　人

黄沙翻浪攻排亭，濆淖百尺呀成坑。坳窪眩轉久乃平，一渦熨帖千渦生。篙師絕叫驅川靈，鳴鐃飛度如奔霆，水從峨來如濁涇⑥。夜榜黔江聊濯纓，玻瓈徹底鏡面平。忽思短棹中流橫，釣絲隨風浮月明。

什邠道中　　　　　　　　　　　　　　　　　　　　　　　（宋）文　同

驅馬下遙川，殘陽促晚鞭。高林夾廣道，亂水入平田。村落晴如畫，桑麻晝起煙。飛鴻正南下，歸意滿雲邊。

---

① "並序"二字原無，據《石湖居士詩集》卷一六補。
② 渦：原作"窩"，據庫本、本集改。
③ 沫：原作"潛"，據庫本、朱本、鄒本及本集改。
④ 竹：原作"作"，據上引改。
⑤ 撇：原作"撒"，據上引改。
⑥ 峨：庫本、《石湖居士詩集》卷一九作"岷"。

過朝天嶺　　　　　　　　　　　　　　　　　　　　　前人

雙壁相參萬木深，馬前猿鳥亦難尋。雲容杳杳斷鴻意，風色蕭蕭行客心。山若畫屏隨峽勢，水如衣帶轉巖陰。生平來往成何事，且倚鉤欄擁鼻吟。

月夜船行入資州　　　　　　　　　　　　　　　　（宋）范祖禹

憶昨臥碧山，蒼蒼叢桂間。白雲爲屏石爲枕，綠蘿長挂明月閑。忽乘輕舟泛江水，山月隨人還在此。白鷺鷥飛宿靄間，青山倒臥滄波底。此時孤棹發中流，川后停波聽棹謳。不學子猷中夜返，欲乘明月向資州。

過瀘江亭　　　　　　　　　　　　　　　　　　　（宋）虞允文

映水林巒影顛倒，濟川舟楫勢崢嶸。東行萬里欲乘興，更待一篙春水生。

夔州一首　　　　　　　　　　　　　　　　　　　（宋）郭　印

夔子巴峽衝，風物異蜀境。城居板作屋，江汲地無井。四郊乏平原，冢墓緣山嶺。人傳蚯蚓瘴，俗飲茱萸茗。女婦盡背籃，老弱多垂癭。試問何所因，食彼山泉冷。巖栖固不少，亦有長細頸。似聞此土人，其性皆悍獷。胸中忿畜者，甕盎成項領。是說理有之，云胡不自省？我來適夏初，端坐愁日永。況經六七月，官舍如沸鼎。有雨未沾濡，蔬茹空盤皿。清泉不敢吃，僅免河魚梗。投紱歸去來，吾鄉等箕潁。

發成都　　　　　　　　　　　　　　　　　　　　（宋）劉望之

落拓平生載酒行，如今憔悴鬢絲生。無金得買青樓笑，空負閑愁出錦城。欲洗羈愁只自醒，郫筒酒好信虛名。江陽春色論千戶，價比西州却未輕。一夜孤舟浪打頭，不容客夢到滄洲。誰言江上烟波急，未抵歸心一半流。

廣都道中作 （宋）李　新

萬花織籬凡幾曲，繡幰處處圍茅屋。家貧張目無羅幕，東風吹開暮吹落。居人應笑行客癡，春去春歸殊不知。

琅璫驛 今之上亭鋪。 （宋）姚清叔①

弄臣寧復解輸忠，偶契琅璫一語中。富貴易親貧易感，西來方憶曲江公。

暑行憩新都驛 （宋）陸　游

細細黃花落古槐，江皋不雨轉輕雷。長空鳥破蒼烟去，落日人從綠野來。散策意行尋水石，脫巾高臥避氛埃。羈遊未羨端居樂，看月房湖又一回。

早發新都驛 前　人

喔喔江村鷄，迢迢縣門漏。河漢縱復橫，繁星明如晝。愛涼趣上馬，未曉閱兩候。高林起宿鳥，絕澗落驚狖。寺樓插蒼烟，沙泉瀉幽竇。我行忽萬里，坐嘆關河富。官如廣文冷，面作拾遺瘦。今年盍歸哉，勿落春雁後。

自漢州之金堂過沈氏竹園小憩，坐間微雨 前　人

脩脩萬行壓康莊，碧玉椽圍一尺強。雪節烟梢誰暇賞，馬啼車轍可憐忙。帽邊忽墮吹香句，肘後舊傳醫俗方。更覺清遊天所惜，坐來飛雨度橫塘。

馬上微雨 前　人

三日觸毒暑，衣垢背汗浹。今旦殊蕭然，涼雨吹醉頰。瘦松無橫枝，蠹竹少全葉。

---

① 姚清叔：庫本作"邵清叔"。

渚蓮乃可念，泫泣如放妾。豈惟人意適，我馬亦振鬣。遠村有歸人，清溪爭晚涉。

彌牟鎮驛舍小酌　　　　　　　　　　　　　　　　　　　　　前　人

郵亭草草置盤盂，買果烹蔬便有餘。自許白靈終醉死，不論黃紙有除書。角巾墊雨蟬聲外，細葛含風日落初。行遍天涯身尚健，却嫌陶令愛吾廬。

九月十日如漢州，小獵於新都彌牟之間，投宿民家　　前　人

適從邛州歸，又作漢州去。天低慘欲雪①，遊子悲歲暮。十年辭京國，匹馬厭道路。野火炎高岡，江雲暗空戍。角弓寒始勁②，霜鶻飢更怒。邂逅成小獵，尺箠聊指呼。北連武侯祠，南竝稚子墓。合圍麛窮鹿，設伏截狡兔。壯哉帶箭雉，耿介死不顧。吾寧暴天物，戰法因得寓。黃氏過民家，休馬燎裘袴。割鮮盛燔炙，毛血灑庭戶。老姥亦復奇，汛掃邀我駐。丈夫儻未死，千金酬此遇。

自廣漢歸，宿十八里草市疑即今藍家店以東也③。　　　　前　人

月黑叩店門，燈青坐床簀。飯籭雜沙土，菜瘦等草棘。泰然均一飽，未覺異玉食。我豈兒女哉，口腹爲怨德。古人恥懷祿，不仕當力穡。從今扶犁手，終老謝翰墨。

過笮橋，道中龍祠小留　　　　　　　　　　　　　　前　人

江邊龍祠何年作④，白浪花中插朱閣。朝暾漸上宿霧收，春氣已動晨霜薄⑤。我來倚闌一悵然，蘆花滿空如柳綿。安得身爲雙白鷺，飛上灘頭却飛去。

---

① 低：原作"底"，據庫本、朱本、鄒本、《劍南詩稿》卷八改。
② 勁：原作"動"，據上引改。
③ 《劍南詩稿》卷一八此詩題下無注，當是楊慎注。
④ 龍祠：《劍南詩稿》卷九作"龍廟"。
⑤ 春：原作"喜"，據本集改。朱本、鄒本作"熹"。

玻瓈江 眉州共飲亭①。 前　人

玻瓈江水千丈深，不如江上離人心。君行未過青衣縣，妾心先到峨眉陰。金尊共釂不知曉，月落烟渚天横参。車輪無角留不住，馬蹄不方何處尋。空憑尺素寄幽恨，縱有緑綺誰知音。愁來只欲掩屏睡，無奈夢斷聞疏砧。

瑞草橋道中作 在眉州。 前　人

經年簿書無少暇，款段今朝欣一跨。瑞草橋邊水亂流，青衣渡口山如畫。老翁醉著看龍鍾，小婦出窺聞婭姹。荒陂吹笛晚呼牛，古路倚梯晨采柘。殘花零落不禁折，香草丰茸如可藉。郵亭慈竹笋穿籬，野店葡萄枝上架。功名垂世端有待，利欲昏心喜乘罅。羈窮自笑豈人謀，閑放每欲從天借。草根蟲語祇自悲，風裹蓬征安税駕。祖師補處浣花村，會傍清江結茅舍。

豐橋旅舍作 在西門②。 前　人

我是山林人③，心期在塵表。出門消底物，兩屬萬事了。群兒何足憚，爲爾常悄悄。今朝山中路，更喜相識少。三叉市人醉争席，豐橋逆旅留饋食。小婦髻鬟高一尺④，梭聲軋軋當户織。

柳林酒家小樓 前　人

桃花如燒酒如油，緩轡郊原常自遊。微倦放教成午夢，宿醒留得伴春愁。遠塗始悟乾坤大，晚節偏驚歲月遒。記取清明果州路，半天高柳出青樓。

---

① 《劍南詩稿》卷四此下尚有"蓋取東坡'共飲玻瓈江'之句。追懷舊遊，戲作以補西州樂府"。
② 《劍南詩稿》卷八無此注。
③ 是：本集作"本"。
④ 髻鬟：本集作"梳髻"。

自仁壽回成都　　　　　　　　　　　　　　　　　　（元）虞　集

還鄉思速去鄉遲，王事相縻敢後期。里父留看題壁字，山僧打送捨田碑。胡桃筇竹南方要，盧橘枇杷上國知。此日君親俱在望，徘徊三顧欲何之。

過黃陵廟①　　　　　　　　　　　　　　　　　　　　（元）李　材②

黃陵廟前湘水綠，天寒漁郎唱巴曲。沙棠舟上月蒼蒼，翠蛟白蜃江茫茫。似聞清愁五十柱，萬里鴻飛楓葉暮。神鴉翻舞祠門開，珠裳玉袖霑莓苔。玄猿晝啼蘿薜影，赤鱗夜去芙蓉冷。北渚淚痕斑竹紋，南風哀思蒼梧雲。山頭古桂秋露碧，山下江流豈終極。荒涼揭車雜杜蘅，靈風自吹烟霧旌。輕帆晚向芳洲泊，聊薦蘋羞奠蘭酌。沅有汜兮湘有沱，洞庭木落生層波，裴回獨詠騷人歌。

山　行　　　　　　　　　　　　　　　　　　　　　（明）胡子昭③

剗林尋芳徑④，攜肩上翠微。路危行客少，山闊見人稀。古廟存臺址，荒神著蘚衣。山雞元不慣，驚起舍前飛。
人道山行好，山行最寂寥。縕袍鉤棘刺，草履踏松茅。古木參天秀，巖泉浸石橋。道人驚破膽，虎嘯白猿號。

永寧道中　　　　　　　　　　　　　　　　　　　　（明）吳伯通

步出長淵向雁西，山川渾似浣花溪。渠渠活活泉聲細，澳澳青青竹色齊。客路欲迷惟信馬，人家不見但聞雞。惜無杜老林中住，還訪荒亭共醉題⑤。

---

① 按：此黃陵廟在湖南湘陰縣北，不當收入《全蜀藝文志》。
② 李材：原作"李于村"。按：此詩乃元李材作，李材字子構，京兆人，見《元文類》卷五、《乾坤清氣集》卷三、《元音》卷三、《宋元詩會》卷七一。此處"于村"或爲"子構"之訛。今改。
③ 原注："榮縣人。"按：胡子昭，字仲常，仕至刑部侍郎。爲方孝孺門人，死於建文之難，《明史》卷一四一《方孝孺傳》有附傳。
④ 林：庫本作"秾"，朱本作"杖"。按："杖"字似較勝。
⑤ 還：萬曆本、朱本、鄒本作"遠"。

秋林驛 　　　　　　　　　　　　　　　　　　　　　　　　（明）楊廷和

桃花溪水繞山流，半是黃沙湧作洲。瘠土幾灣剛有麥，平林一望更無楸。驛舊名楸林鎮，改今名，去木從秋。弦歌雅俗從今換，土人舊少讀書者。桑柘生涯不外求。好寺欲遊遊未得，賞心聊寄驛前樓。

鹽亭縣 　　　　　　　　　　　　　　　　　　　　　　　　　　　前　人

幾番寓宿鹽亭縣，未得閑情一賦詩。土俗舊從張老變，縣人舊多氐語，自隱翁張俊變之。高山曾受杜陵知。杜詩"高山擁縣青"。溪深野水流雲氣，雪壓寒條帶玉姿。夜向德星橋上望，仰高鄉衮有餘思。德星橋，二嚴舊居。

鹽亭道中 　　　　　　　　　　　　　　　　　　　　　　　　　　前　人

成都此去未爲賒，土俗看來亦自差。驛卒裹糧多橡芋，鹽亭煮井半泥沙。雲中石路依山轉，澗外畬田趁水斜。剛到富村風景別，竹林松徑是人家。

隆山道中 　　　　　　　　　　　　　　　　　　　　　　　　　　前　人

西水褰裳渡，梯石上雲嶺。護持集衆力，牽送引修綆。盤旋幾百折，歷覽可千頃。鳥飛皆下風，雲過欲摩頂。高樹小於拳，溪田望如井。念此僕夫勤，塗泥沒雙脛。慚愧我何功，勞人當自省。

猿山道中 　　　　　　　　　　　　　　　　　　　　　　　　　　前　人

古店北來皆鳥道，驅馳今日又猿山。軟莎歇馬蹂新碧，老樹盤蛇蝕舊斑。直上有天疑逼近，周圍無路可躋攀。勞人我亦勞神久，一見郵亭一解顔。

百節驛八十里　　　　　　　　　　　　　　　　　　　　（明）劉　瑞

萬峰回合鎖重關，車馬蕭然驛吏閑。春夜不眠啼鳥静，一溪流水響潺潺。

松坎驛 二首　　　　　　　　　　　　　　　　　　　　　　　前　人

九十春光欲暮，八千客路初行。宇宙有人憂世，江湖何事忘情。
乍雨乍晴天氣，半花半鳥風光。客子相看不倦，詩人高詠何妨。

播南吟 七首　　　　　　　　　　　　　　　　　　　　　　　前　人

荒草猶傳李白城，夜郎憔悴若爲情。半生豪氣隨烟水，千古詩名焕日星。
水交箐裏有猿啼，聽罷令人思欲迷。聞説近來多虎迹，行人莫到日頭西。
百折羊腸一徑危，林深長見日光遲。三坡險處君須記，正是行人滴淚時。
小箐南頭大箐鄰，箐中林木不知春。從來鬼魅多依石，自是豺狼怕近人。
何人唤此老青岡，亂石磨牙險更長。百杵杵來行不到，直教行客爲心忙。
石虎關高似劍門，戈矛森立勢雄吞。行人過此應須恐，虎嘯猿啼白日昏。
又向南溪入箐來，一聲長嘯虎群猜。凌空石筍柴關上，却使行人望眼開。

舟　曉　　　　　　　　　　　　　　　　　　　　　　　　（明）朱　琉

鸂鶒將雛護石根，莓苔綴纜雜衣痕。幾椽茅屋生春色，無數桃花燒野村。祈歲鄉儺簫鼓咽，坐風舟子嘯歌喧。蓬窗興劇誰憐汝，唤取青峰映緑樽。

全蜀藝文志卷之十七

詩

時　序

仲春郊外　　　　　　　　　　　　　　　（唐）王　勃

東園垂柳徑，西堰落花津。物色連三月，風光絕四鄰。鳥飛村覺曙，魚戲水知春。初晴山院裏，何處染嚣塵。

奉和鄭公軍城早秋　　　　　　　　　　　（唐）杜　甫

秋風嫋嫋動高旌，玉帳分弓射虜營。已收滴博雲間戍，欲奪蓬婆雪外城①。

中秋夜聽歌聯句②　　　　　　　　　　　（唐）武元衡

　　元衡在蜀，淡於接物，而開府極一時選：公綽爲少尹，正一觀察判官，備度支判官，裴度掌書記，盧士玫觀察支使，李虛中觀察推官，楊嗣復節度推官③。

此夕來奔月，何時去上天？備。雲鬟方自照，玉腕更呈鮮。度。嫌婉人間意，飄飄物外緣。公綽上相公。詩裁明月扇，歌索《想夫憐》。元衡奉盧侍御。暗染荀香久，長隨楚夢偏。放。會當來彩鳳，髣髴逐神仙。士玫。

---

① 欲：萬曆本、朱本、鄒本、《集注杜詩》卷二六、《杜工部集》卷一三作"更"。
② 中秋：原作"中和"，據庫本、《唐詩紀事》卷四五、《成都文類》卷九改。
③ 以上一段乃《唐詩紀事》之文，《成都文類》錄以爲按語，非原詩之序。其中"公綽"指柳公綽，"正一"指張正一（又寫作"壹"），"備"指崔備。聯句中"放"則指徐放。

早秋西亭宴徐員外　　　　　　　　　　　　　　　　　　　　　　　　前　人

鼎鉉辭台座，麾幢領益州。曲池連月曉，橫笛滿城秋。有美皇華使，曾同白社遊。今來重相見，偏覺艷歌愁。

競渡曲　　　　　　　　　　　　　　　　　　　　　　　　　　　（唐）僧　鸞①

五月五日天晴明，楊花繞江啼曉鶯。使君未出郡齋外，江上早聞齊和聲。使君出時皆有準，馬前已被紅旗引。兩岸羅衣破鼻香，銀釵照日如霜刃。鼓聲三下紅旗開，兩龍躍出浮水來。棹影斡波飛萬劍②，鼓聲劈浪鳴千雷。鼓聲漸急標將近，兩龍望標目如瞬。波上人呼霹靂驚，竿頭彩挂虹蜺暈。前船搶水已得標，後船失勢空揮橈。瘡眉血首爭不定，輸岸一朋心似燒。只將輸贏定罰賞③，兩岸十舟互來往。須臾戲罷各東西，競脫文身請書上。吾今細觀競渡兒，何殊當路權相持。不思得所各休去，會到摧舟折楫時。

蜀中春雨　　　　　　　　　　　　　　　　　　　　　　　　　　（唐）鄭　谷

海棠風外獨霑巾，襟袖無端惹蜀塵。和暖又逢挑菜日，寂寥未是探花人。不嫌蟻酒衝愁肺，却憶漁蓑覆病身。何事晚來微雨後，錦江春學曲江春。

和蜀縣段明甫秋成望歸朝④　　　　　　　　　　　　　　　　　　（唐）錢　起

製錦蜀江靜，飛鳧漢闕遥。一玆風靡草，再視露盈條。旅望多愁思，秋天更沉寥。河陽傳麗藻，清韻入歌謡。

---

① 按：此詩作者，各書所説不一。《文苑英華》卷三四八題爲《競渡歌》，撰人作劉禹錫，《古今事文類聚·前集》卷九從之。宋蒲積中編《歲時雜詠》卷一七題作《觀競渡》，撰人作薛逢，《全唐詩》卷五四八從之。明曹學佺《石倉歷代詩選》卷一一九亦題爲《競渡歌》，撰人作張建封，《全唐詩》卷二七五從之（兩處重收）。加上此處署爲僧鸞，則已是第四種説法，疑未能决。

② 影：原作"形"，據朱本、鄒本、《文苑英華》改。

③ "定罰"二字原缺，明本《文苑英華》亦脱，《古今事文類聚》引《文苑英華》作"定罰"，今從之。

④ 歸朝：《錢仲文集》卷四、《全唐詩》卷二三七作"歸期"。

蜀城春望①　　　　　　　　　　　　　　　　　　　　　　　　（唐）崔　塗

天涯憔悴身，一望一霑巾。在處有芳草，滿城無故人。懷材皆得路，失計獨傷春。青鏡不忍照，鬢毛應更新。

好時節　　　　　　　　　　　　　　　　　　　　　　　　　　（唐）元　稹

身騎驄馬峨眉下，面帶霜威卓氏前。虛度東川好時節，酒樓元被蜀兒眠。

成都遨樂詩　　　　　　　　　　　　　　　　　　　　　　　　（宋）田　況

四方咸傳蜀人好遊娱無時，予始亦信然之。迨忝命守益，枳轅逾月，即及春遊，每與民共樂，則作一詩以紀其事。自歲元徂景至，止得古律、長調、短韻共二十一章。其間上元燈夕、清明、重九、七夕、歲至之類，又皆天下之所共，豈曰無時哉！傳之者過矣。蜀之士君子欲予詩聞於四方，使知其俗，故復序以見懷。

元日登安福寺塔

歲曆啓新元，錦里春意早。詰旦會朋寀，群遊儼騶導②。像塔倚中霄，罼槍結重橑。隨俗縱危步，超若薄清昊。千里如指掌，萬象可窮討。野闊山勢迥，寒餘林色老。遨賞空閭巷，揭來喧稚耄。人物事都閒，車馬擁行道。顧此歡娛俗，良慰羈遠抱。第憂民政疏，無庸答宸造。

二日出城

初歲二之日，言出東城闉。緹騎隘重郛，遊車垒行塵。原野信滋腴，景物爭光新。青疇隱遥墦，弱柳垂芳津。邏卒具威械，祭墦列重茵。俗尚各有時，孝思情則均。歸途喧鼓鐃③，聚觀無富貧。坤隅地力狹，百業常苦辛。設微行樂事，何由裕斯民？守侯其勉旃，亦足彰吾仁。

---

① 按：本書卷六已收此詩。
② 儼：原作"候"，據《成都文類》卷九改。庫本、《宋詩紀事》卷八作"僕"，亦通。
③ 鐃：原作"饒"，據萬曆本、庫本、朱本、鄒本改。

五日州南門蠶市①

齊民聚百貨，貿鬻貴及時。乘此耕桑前，以助農績資。物品何其夥，碎瑣皆不遺。編籥列箱筥，飭木柄鎡錤。備用誠爲急，舍器工曷施。名花蘊天艷，靈藥昌壽祺。根萌漸開發，纍載相參差。遊人銜識賞，善價求珍奇。予真徇俗者，行觀亦忘疲。日暮宴觴罷，衆皆云適宜。

上元燈夕

予嘗觀四方，無不樂嬉遊。惟茲全蜀區，民物繁它州。春宵寶燈燃，錦里烟香浮。連城悉奔騖，千里窮邊陬。裕裶合繡袂，轓輨馳香輈。人聲震雷遠，火樹華星稠。鼓吹匝地喧，月光斜漢流。歡多無永漏，坐久憑高樓。民心感上恩，釋唄歌神猷。齊音祝東北，帝壽長嵩丘。

二十三日聖壽寺前蠶市②

龍斷爭趨利，仁園敞邃深。經年儲百貨，有意享千金。器用先農事，人聲混樂音。蠶叢故祠在，致祝順民心。

二十八日謁生禄祠遊净衆寺

千騎出重闉，嚴祠净宇鄰。映林沽酒斾，迎馬獻花人。艷日披江霧，香飇起路塵。韶華特明媚，不似遠方春。

二月二日遊江會寶曆寺

昔年張復之，詠字也。來乘寇亂餘。三春雖宴賞，四野猶艱虞。遂移踏青會，登舟恣遊娛。戎備漸解弛，人情悉安舒。垂茲五十年，材哲不敢逾。愚來再更朔，邅及仲春初。彩斾列城隈，畫船滿江隅。輕橈下奔瀨，縱響臨精廬。因思賢守事，所作民乃孚。茲惠未爲大，大者其忘諸！

八日大慈寺前蠶市

蜀雖云樂土，民勤過四方。寸壤不容隙，僅能充歲糧。間或容墮孏，曷能備凶痒？所以農桑具，市易時相望。野氓集廣鄽，衆賈趨寶坊。惇本誠急務，戒其靡怠常。茲會良足喜，後賢無忽忘。

寒食出城

郊外融和景，濃於城市中。歌聲留客醉，花意盡春紅。遊人一何樂，歸馭莫忽忽。

---

① 市：原脱，據萬曆本、庫本、朱本、鄒本補。
② 寺：原脱，據《成都文類》補。

開西園

春風寒食節，夜雨晝晴天。日氣薰花色，韶光遍錦川。臨流飛鑿落，倚樹立鞦韆。檻外遊人滿，林間飲帳鮮。衆音方雜遝，餘景更留連。座客無辭醉，芳菲又一年。

三月三日登學射山

麗日照芳春，良會重元巳。陽濱修祓除，華林程射技。所尚或不同，兹俗亦足喜。門外盛車徒，山半列鄽市。彩棚飛鏑遠，醉席歌聲起。回頭望城郭，烟靄相表裏。秀色滿郊原，遥景落川涘。目倦意猶遠，思餘情未已。登高貴能賦，感物暢幽旨。宜哉賢大夫，由斯見材美。

九日大慈寺前蠶市

高閣長廊門四開，新晴市井絕纖埃。老農肯信憂民意，又見笙歌入寺來。

二十一日遊海雲山

春山縹翠一溪清①，滿路遊人語笑聲。自愧非才無異績，止隨風俗順民情。

三月十四日大慈寺建乾元節道場

赤精流景鑠，朱夏向清和。紺宇修祠盛，華封祝慶多。簪裳千載遇，鐘梵五天歌。遠俗尤熙泰，皇猷信不頗。

乾元節

感帝開鴻緒，薰風正阜生。億年逢景運，萬國贊丕平。瑞靄承龍闕，晨曦啓鳳城。臚賓趨陛城，樂佾備韶英。譯導來珍貢，酺歡洽頌聲。曼齡均慶祝，閶澤慰群情。地有捫參遠，人懷就日誠。願將民共樂，聊以報皇明。

四月十九日泛浣花溪

浣花溪上春風後，節物正宜行樂時。十里綺羅青蓋密，萬家歌吹綠楊垂。畫船疊鼓臨芳漵，彩閣凌波泛羽巵。霞景漸矄歸櫂促，滿城歡醉待旌旗。

伏日會江瀆池

長空赤日真可畏，三庚遇火氣伏藏。温風澳忍鬱不開，流背汗洽思清凉②。江瀆祠前有流水，灌注蓄泄爲池塘。沈沈隆廈壓平岸，好樹蔭亞芙蕖香。登舟命酒賓朋集，

---

① "春山"句：庫本作"春光澹蕩海雲清"。
② 洽：庫本、朱本、鄒本作"浹"。

逃暑大飲宜滿觴①。絲竹聒耳非自樂，肆望觀者如堵牆。吾儕未能免俗累，近日頗困炎景長。今晨縱遊不覺暮，形爲外役暑亦忘。豈如高齋滌百慮，危坐自造逍遥鄉。

七月六日晚登大慈寺閣觀夜市

萬里銀潢貫紫虚，橋邊螭蠻待星姝②。年年巧若從人乞，未省靈恩遍得無？

七月十八日大慈寺觀施盂蘭盆

飛閣穹隆軼翠烟，盂蘭盛會衆喧闐。且欣酷暑從兹減，漸有凉風快夕眠。京洛間俗言過盂蘭盆則暑退。

重陽日州南門藥市

岷峨旁礴天西南，靈滋秀氣中潛含。草木瓌富百藥具，山民采捋知辛甘。成都府門重陽市，遠近湊集爭齎擔。市人譎獪亦射利，頗覺良惡相追參。旁觀有叟意氣古，肌面馯黗毛鬖鬖③。賣藥數種人罕識，單衣結縷和陰嵐。成都處士足傳記，勸誡之外多奇談④。盛言每歲重陽市，屢有仙迹交塵凡。俗流聞此動非覬，不識妙理徒規貪。惟期幸遇化金術，未肯投足栖雲巖。予於神仙無所求，一離常道非所躭。但喜山民藥貨售，歸助農業增耡芟。

冬至朝拜天慶觀會大慈寺

景至履佳辰，朝祖著國令。黃宮啓潛萌，紫宇晨蔭映。陽德比君子，吾道實可慶。矧丁皇運亨，遇主堯舜聖。坤維最遠方，拙者此尸政。雅俗舊儒文，民牒少訟爭。幸足宣上恩，惟恐螫物性。良時不易得，行樂未爲病⑤。高會縱嬉遨，豐歲愈繁盛。與衆助歡欣，寄情於俚詠。

次韻和季長學士正月二十八日出郊見寄之什　　（宋）宋　祁

雅俗傳祠日，州人以二十八日祠保壽侯及唐杜丞相悰於崇真堂⑥。年華重宴辰。初陽澹江霧，小雨破街塵。是日雨而不濘，遊人皆集。客蓋浮輕吹，齋刀儼後陳。林芳催兔目，原色換龍鱗。壞路歌聲雜，褲倡舞疊新。持杯遍酬客，惟欠眼中人。

---

① 暑：原作"水"，據萬曆本、朱本、鄒本改。
② 姝：原作"珠"，據上引及《成都文類》改。
③ 黗：字書不見此字，疑當作"黬"，以形近而訛，黬，膚色晦黑。《列子·黄帝》："焦然肌色馯黬。"
④ 勸：原作"觀"，據《成都文類》改。
⑤ 病：原作"併"，據朱本、鄒本改。
⑥ "於崇"二字原脱，據《宋景文集》卷六補。

九日宴射

前　人

佳節憑高駐綵旗，亭皋霧罷轉晨曦。堋間羽集號猿後，臺外塵飛戲馬時。芳菊治痾爭泛蕊，丹萸辟惡遍傳枝。明年此會知何處，醉玉頹山不用辭。

十日宴江瀆亭

前　人

節去歡猶在，賓來賞更延。悠揚初短日，凄緊乍寒天。霽沼元非漲，秋花自少妍。蟻留新獻酎，蕙續不殘烟。戲鰻衝餘藻，游龜避折蓮。流芳真可惜，從此遂凋年。

九日藥市作

前　人

陽九協嘉辰，斯人始多暇①。五藥會廣廛，遊肩鬧相駕。靈品羅賈區，仙芬冒闤舍。擷露來山阿，颭烟去巖罅。係道雜提攜②，盈襜更薦藉。乘時物無賤，投乏利能射。饔苓互作主，參薺交相假③。音架。曹植謹贗令，韓康無二價。西南歲多癘，卑濕連春夏。佳劑止刀圭，千金厚相謝。刺史主求瘼，萬室繫吾化。顧賴藥石功④，捫衿重慚啎。

七　夕

（宋）范　鎮

翠幕瑤梯百尺樓，樓前星斗自悠悠。天家仙會能多少，未到平明已別愁。

---

① 斯：原作"期"，據《宋景文集》卷六改。
② 係道：朱本、鄒本及《宋景文集》作"載道"。
③ 薺：原作"齊"，據上引改。薺，薺苨，似人葠，能解毒，參見《本草綱目》卷一二上。
④ 藥：原作"惡"，據上引改。

踏　青　　　　　　　　　　　　　　　　　　　　　（宋）梅　摯

綺場紛紛十里賒①，望中烟景半春華。人遊寶曆青絲騎，路隘土橋金犢車。緑襯鳳頭垂徑草，紅攢鷓首照汀花。夕陽敲鐙餘歡在，不惜鸘裘眤酒家②。

自　和　　　　　　　　　　　　　　　　　　　　　　前　人

甌堞春遊土著奢③，青青踏去冒烟華。翠停舴艋客尋寺，紅卸冪羅人上車。亭落五重沽卓酒，釵行十二步潘花。乘歡醉盡高陽侶，倒載歸來不認家。

鹿鳴燕　　　　　　　　　　　　　　　　　　　　　（宋）范成大

岷峨鍾秀蜀多珍，坐上儒冠更逸群。墨沼不憂經覆瓿，琴臺重有賦凌雲。文章小技聊干禄，道學初心擬致君。富貴功名今發軔，願看稽古策高勳。

三月二日北門馬上　　　　　　　　　　　　　　　　　前　人

新街如拭過鳴騶，芍藥酴醾競滿頭。十里珠簾都卷上，少城風物似揚州。少城，張儀所築子城也。土甚堅，橫木皆朽，皆有穿眼，土相著不解散。

遊海雲寺唱和詩④　　　　　　　　　　　　　　　　（宋）吴仲復

　　成都風俗，歲以三月二十一日遊城東海雲寺，摸石於池中，以爲求子之祥。太守出郊，建高旗，鳴茄鼓，作馳騎之戲，大譁賓從，以主民樂。觀者夾道百重，飛蓋蔽山野，歡謳嬉笑之聲，雖田野間如市井，其盛如此。渤海吴公下車期月，簡肅無事，從俗高會於海雲。酒既中，顧謂寮屬曰："一觴一

---

① 場：朱本、鄒本作"陌"。
② 眤：庫本作"泥"。按："眤"同"泥"，謂滯留。《成都文類》卷九作"認"。
③ 奢：朱本、鄒本作"賒"，二字通。
④ 原唱和詩十三篇，此僅選三首，餘見《成都文類》卷九。

詠，古人之樂事也。"首作七言詩以寫勝賞。席客亦有以詩獻者，更相酬和，得一十三篇。乃命幕下吏會稽王霽爲之序，霽菲薄不能文，恐愧，勉從公命。夫俳倡弦竹，其樂外也；吟詠情性，其樂內也。充諸內，則能遺外之樂，流於外，則內有所喪。今公既推內之樂以樂賓，又盡外之樂以樂民，可謂得其樂矣①。

錦里風光勝別州，海雲寺枕碧江頭。連郊瑞麥青黃秀，繞路鳴泉深淺流。彩石池邊成故事，茂林坡上憶前遊。予昔嘗陪樞密田公遊此。綠樽好伴衰翁醉，十日殘春不少留。

和　　韻　　　　　　　　　　　　　　　　　　　　　　（宋）范純仁

東郊行樂冠西州，古寺岩嶢翠嶺頭。化俗文翁傳愷悌，尋山謝傅繼風流。天涯樽酒欣相遇，劍外三春得共遊。雅興直須窮勝賞，年光難使隙駒留。

和　　韻　　　　　　　　　　　　　　　　　　　　　　（宋）勾士良

佛土依山福遠州，春行繡騎上雲頭。補天彩石盈池在，朝海清江繞寺流。四國仰煩郇伯勞，群生翹望謝安遊。早知爲礪爲霖意，惟有西民欲暫留。

夔冬暖，雪不到地，唯山高處盡白，它皆霏雨而已

（宋）宋　肇

窗下斜飛片片愁②，不堪飄泊向西州。思家對雪誠何味，只與群山鬬白頭。

晚　　晴　　　　　　　　　　　　　　　　　　　　　　　前　人

古道遥臨水，荒城早閉門。亂山銜落照，歸鳥度黄昏。江溉魚鹽市，方岸，人呼爲溉。崖腰桑柘村。客愁何可奈，有酒莫空樽。

---

① 以上爲王霽序。
② 窗：原作"密"，據朱本、鄒本改。

中秋對月，用昌黎先生《贈張功曹》韻以呈同官

（宋）王十朋

水精爲鑑金爲波，挂空影寫山與河①。清光此夜十分好，有酒有客宜高歌。去年今日行役苦，浪叟溪邊宿逢雨。傳聞蜀道如天高，崖懸壁絕哀猿號。波橫劍戟不易上，陸有虎豹何由逃。江山舊恃白帝險，風俗猶帶鳥蠻臊②。驅馳兩月到西塞，夢寐萬里還東皋。嗅梅踏雪巴子里，路入鬼門欣不死。飛飛倦鳥惟思還，玉笋豈是麓官班。餘生但願閑及酒，虛名寧顧觸與蠻。良宵佳客十有五，雲放月入樽罍間。頹然老子興不淺，韓詩坡句聊追攀。君不見，天寶《霓裳羽衣》歌，人間樂舞難同科，遺音猶在悲凉多。有酒且飲遑恤他，不飲如此良夜何！

上巳從史巫山禊飲江皋

（宋）李堂

風沙一夕卷冥冥，曉色瞳矇上翠屏。薄宦驅人成老大③，佳時得酒慰飄零。紅餘晚樹迷幽谷，綠漲晴波失遠汀。却是崇山兼峻嶺，看來渾不減蘭亭。

踏磧

（宋）張晉

夔國先年有舊風，來看踏磧莫忽忽。只緣歲稔民康樂，纔到春初氣鬱葱。生怕背籃挨舞袖，不妨腰鼓鬧歌鐘。元戎小隊臨江滸，要與遺黎一笑同。

次韻

（宋）宇文紹莊

八陣圖前凛古風，武侯英烈豈忽忽。江流千載長嗚咽，山插孤雲亦舊葱。陡覺新春忘病思，喜陪高論自情鍾。典刑前輩今能幾，歲晚相期華髮同。

---

① 挂：原作"桂"，據《梅溪王先生文集·後集》卷一三改。
② 臊：原作"操"，據朱本、鄒本、本集改。
③ 宦：原作"官"，據庫本、朱本、鄒本改。

次　韻　　　　　　　　　　　　　　　　　　　　　　　　　　（宋）費士戣

　　寶釧金釵盛峽風，遨頭爭逐去怱怱。旗標陣磧規模古，筳挹晴嵐氣色葱。宜有明珠酬白璧，空慚瓦缶間黃鍾。紛紛雪片呈佳瑞，一飽端知萬姓同。

官舍苦雨　　　　　　　　　　　　　　　　　　　　　　　　（宋）黃人傑

　　漫空數日雨傾盆，老屋淋漓瓦縫穿。九月不虛爲朽月，今年賴得是豐年。泥塗滑滑妨行客，烟隴陰陰礙種田。我欲乘風干造化，盡披雲霧睹青天。

上元竹枝歌和曾大卿　　　　　　　　　　　　　　　　　　　（宋）冉居常

　　青春惱人思跰躔，女郎市酒趣數錢。不道翁家久留客，紅襠幔結賽揪轆。
　　學簫學鼓少年群，準擬春來奉使君。自向琱籠作行隊，安排好曲薦殷懃①。
　　珍珠絡結繡衣裳，家住江南山後鄉。聞道使君重行樂，爭攜腰鼓趁年光。

元　宵　　　　　　　　　　　　　　　　　　　　　　　　　（宋）彭　永

　　巴人最重上元時，老稚相攜看點詩。行樂歸來天向曉，道傍聞得喚蠶絲。

---

①　薦：朱本、鄒本作"寫"。

全蜀藝文志卷之十八

詩

題　詠上

石　硯　　　　　　　　　　　　　　　　（唐）杜　甫

平公今詩伯，秀發吾所羨。奉使三峽中，長嘯得石硯。巨璞禹鑿餘，異狀君獨見。其滑乃波濤，其光或雷電。聯坳各盡墨，多水遞隱見。揮洒容數人，十手可對面。比公頭上冠，正質未爲賤①。當公賦佳句，況得終清宴。公含起草姿，不遠明光殿。致於丹青地，知汝隨顧眄。

夔　硯並序　　　　　　　　　　　　　　（宋）王十朋

有以硯來售者，曰"歙石"。璞稍巨，色青而文細，光潤而發墨。兒曹買之。或曰："非歙石也②，乃忠、萬石耳。"予莫能辨，得之於夔，目曰"夔硯"。因讀少陵"平公得硯"詩③，知三峽古亦出佳硯也。詩以記之。

一片夔州硯，千年禹鑿痕。平公見爾祖，王子得其孫。銅雀今安有，羅文世所尊。聊同玄、穎輩，文字與吾論。

石笋行　　　　　　　　　　　　　　　　（唐）杜　甫

君不見，益州城西門，陌上石笋雙高蹲。古來相傳是海眼，苔蘚食盡波濤痕④。雨

---

① 正：《杜詩詳注》卷一四作"貞"。
② 歙石：萬曆本、庫本、《梅溪王先生文集·後集》卷一四作"歙硯"。
③ 讀：原作"續"，據庫本、本集改。
④ 食：庫本、朱本、鄒本、《杜工部集》卷四作"蝕"。按：二字通。

多往往得瑟瑟，此事恍惚難明論。恐是昔時卿相墓①，立石爲表今仍存。惜哉俗態好蒙蔽，亦如小臣媚至尊。政化錯迕失大體，坐看傾危受厚恩。嗟爾石笋擅虚名，後生未識猶駿奔。安得壯士擲天外，使人不疑見本根。

  注云②：成都子城西金容坊有石二株，挺然聳峭，高丈餘。《耆舊傳》云其名有六：曰石笋，曰蜀妃闕，曰沈犀石，曰魚鳧仙壇，曰西海之眼③，曰五丁石門。皆非也。《圖經》云，乃前秦寺之遺址④，諸葛武侯掘之方驗。有篆字曰《蠶叢氏啓國誓蜀之碑》。以二石柱橫埋連接，鐵貫其中⑤，一南一北，無所偏邪。又五字"濁歜燭觸躅"，時人莫曉。蜀相范賢議曰："亥子歲，濁字可記，主水災。寅卯歲，歜字可記，主饑饉。巳午歲，燭字可記，主人災。辰戌歲，觸字可記，主兵災。申酉歲，躅字可記，主稼穡富贍⑥。悉以年事推之，應驗符響⑦。

梅　雨　　　　　　　　　　　　　　　　　　　　　　　　　　　　前　人

南京犀浦道，四月熟黄梅。湛湛長江去，冥冥細雨來。茅茨疏易濕，雲霧密難開。竟日蛟龍喜，盤渦與岸回。

江頭五詠　　　　　　　　　　　　　　　　　　　　　　　　　　前　人

丁　香

丁香體柔弱，亂結枝猶墊。細葉帶浮毛，疏花披素艷。深栽小齋後，庶近幽人占。晚墮蘭麝中⑧，休懷粉身念。

麗　春

百草競春華，麗春應最勝。少須好顏色，多漫枝條剩。紛紛桃李枝，處處總能移。

---

① 恐是：原作"是恐"，據《九家集注杜詩》卷七、《杜工部集》乙。
② 按：以下文字出杜光庭《石笋記》，見《九家集注杜詩》引，此處略有刪節。
③ 西海：原作"四海"，據上引改。
④ "秦"字原脫，據上引補。
⑤ 貫：原脫，據上引補。
⑥ 以上數句中，"辰戌歲"上引作"申酉歲"；"申酉歲"上引作"辰戌丑未歲"。
⑦ 以上二句，"之"字、"驗"字原脫，據上引補。
⑧ 墮：原作"壓"，據庫本、《集注杜詩》卷二三、《全唐詩》卷二二七改。

如何貴此種，却怕有人知！

梔　子

梔子比眾木，人間誠未多。於身色有用，與道氣傷和。紅取風霜實，青看雨露柯。無情移得汝，貴在映江波。

鸂　鶒

故使籠寬織，須知動損毛。看雲莫悵望，失水任呼號。六翮曾經翦，孤飛卒未高。且無鷹隼慮，留滯莫辭勞。

花　鴨

花鴨無泥滓，階前每緩行。羽毛知獨立，黑白太分明。不覺群心妒，休牽眾眼驚。稻粱霑汝在，作意莫先鳴。

題巴州光福寺楠木 見《唐詩紀事》。　　　　　　　　　　（唐）嚴　武

楚江長流對楚寺，楠木幽生赤崖背。臨溪插石盤老根①，苔色青蒼山雨痕。高枝鬧葉鳥不度，半掩白雲朝與暮。香殿蕭條轉密陰，花龕滴瀝垂清露。聞道偏多越水頭，烟生霧斂使人愁。月明忽憶湘川夜，猿叫還思鄂渚秋。看君幽靄幾千丈，寂寞窮山今遇賞。亦知鐘梵報黃昏，猶臥禪床戀奇響。

中秋夜錦樓望月　　　　　　　　　　　　　　　　　　　（唐）武元衡

玉輪初滿空，迥出錦城東。相向秦樓鏡②，分飛碣石鴻。桂香隨窈窕，珠綴隔玲瓏。不及前秋見，團圓鳳沼中③。

---

① 插：原作"搔"，據庫本、《唐詩紀事》卷二〇、《全唐詩》卷二六一改。
② 鏡：原作"境"，據庫本、朱本、鄒本、《武元衡集》《全唐詩》卷三一六改。
③ 團圓：本集作"圓輝"，《文苑英華》卷一五一作"圓光"。

同　前 得"清"字。　　　　　　　　　　　　　　　　　　　　　（唐）王良會

德星搖此夜①，珥月滿重城。杳靄烟雲色②，飄颻砧杵聲。令行秋氣爽，樂感素風輕。共賞千年聖，長歌四海清。

同　前 得"濃"字。　　　　　　　　　　　　　　　　　　　　　（唐）柳公綽

此夜年年月，偏宜此地逢。近看江水淺，遥辨雪山重。萬井金風肅③，千林玉露濃。不唯樓上思，飛蓋亦陪從。

同　前 得"蒼"字。　　　　　　　　　　　　　　　　　　　　　（唐）張正壹

高秋今夜月，皓皓正蒼蒼④。遠水澄如練，孤鴻迥帶霜。旅人方積思，繁宿稍沈光。朱檻叨陪賞，尤宜清漏長。

同　前 得"來"字。　　　　　　　　　　　　　　　　　　　　　（唐）徐　放

玉露中秋夜，金波碧落開。鵲驚初泛濫，鴻思共徘徊。遠目清光遍，高空爽氣來。此時陪永望，更得上燕臺。

同　前 得"前"字、"秋"字二篇。　　　　　　　　　　　　　　　（唐）崔　備

清景同千里，寒光盡一年。竟天多雁過，通夕少人眠。照别江樓上，添愁野帳前。

---

① 此：原作"比"，據萬曆本、庫本、朱本、鄒本及《唐詩紀事》卷四五、《全唐詩》卷七三二改。

② 杳：原作"香"，據上引改。雲：原作"氣"，據庫本及《歲時雜詠》卷二九改。按：此字，萬曆本、朱本、鄒本作"霞"，但此詩乃寫月夜景色，而"霞"乃是日出日没前後的天光或雲彩，於義不合。

③ 金風：原作"金花"，與"肅"義不相應，據《歲時雜詠》卷二九改。

④ 皓皓：庫本、《唐詩紀事》卷四五、《全唐詩》卷三一八作"皓色"。

隋侯恩未報，猶有夜珠圓。

四時皆有月，一夜獨當秋。照曜初含露，徘徊正滿樓。遥連雪山净，迴入錦江流。願以清光末，年年許從遊。

浪淘沙　　　　　　　　　　　　　　　　　　（唐）劉禹錫

濯錦江邊兩岸花，春風吹浪正淘沙。女郎翦下鴛鴦錦，將向中流定晚霞。

織錦曲　　　　　　　　　　　　　　　　　　（唐）王　建

大女身爲織錦户，名在縣家供進簿。長頭起樣呈作官，聞道官家中苦難①。回花側葉與人别，唯恐秋天絲綫乾。紅繰葳蕤紫茸軟②，蝶飛參差花宛轉。一梭聲盡重一梭，玉腕不停羅袖卷。窗中夜久睡髻偏，橫釵欲墜垂著肩。合衣卧時參没後，停燈起在雞鳴前。一匹千金亦不賣，限日未成官裏怪。錦江水涸貢轉多，宫中盡著單絲羅。莫言山積無盡日，百尺高樓一曲歌。

錦二首　　　　　　　　　　　　　　　　　　（唐）鄭　谷

布素豪家定不看，若無文彩入時難。紅迷天子帆邊日，紫奪星郎帳外蘭。春水濯來雲雁活，夜機挑處雨燈寒。舞衣轉轉求新樣，不問亂離桑柘殘。

文君手裏曙霞生，美號仍聞借蜀城。奪得始知袍更貴，著歸方覺畫偏榮。宫花顔色開時麗，池鳳毛衣浴後明。禮部郎官人所重，省中別占好窠名。

擢第後入蜀，經羅村，路見海棠盛開偶題③　　　　　　前　人

上國休詩紅杏艷，沉溪自照绿苔磯。一枝低帶流鶯睡，數片狂和舞蝶飛。堪恨路長移不得，可無人與畫將歸。手中已有新春桂，多謝烟香更入衣。

---

① 苦：原作"若"，據萬曆本、庫本、朱本、鄒本、《樂府詩集》卷九四、《成都文類》卷一〇改。

② 繰：原作"樓"，據《樂府詩集》《成都文類》《全唐詩》卷二九八改。

③ 羅村：原作"羅利"，據庫本、《鄭守愚文集》改。《文苑英華》卷三二二作"羅村溪"。朱本、鄒本誤作"羅刹"。

海　棠　　　　　　　　　　　　　　　　　　　　前　人

春風用意勻顔色，銷得攜觴與賦詩。濃麗最宜新著雨，嬌嬈全在欲開時。莫愁粉黛臨窗懶，梁廣丹青點筆遲。朝醉暮吟看不足，羨他蝴蝶宿深枝。

詠海棠①　　　　　　　　　　　　　　　　　　　前　人

濃淡芳春滿蜀鄉②，半隨風雨斷鶯腸。浣花溪上堪惆悵，子美無心爲發揚③。杜工部老於西蜀，詩集中無海棠之題。

倚檻大慈寺樓詠落葉④　　　　　　　　　　　　（唐）侯繼圖

拭翠斂悲蛾⑤，爲鬱心中事。搦管下庭除，書成相思字。此字不書石，此字不書紙，書向秋葉上，願逐秋風起。天下有心人⑥，盡解相思死⑦。天下負心人，不識相思意。有心與負心，不知落何地？

---

① 《鄭守愚文集》卷一、《文苑英華》卷三二二、《萬首唐人絶句》卷五四題作《蜀中賞海棠》。
② 芳：原作"方"，據上引改。
③ 心：上引作"情"。
④ 朱本、鄒本題下有小注："一作繼圖妻任氏作。"
⑤ 悲：朱本、鄒本及《太平廣記》卷一六〇作"雙"。
⑥ 有：原作"負"，據萬曆本、朱本、鄒本改。又見下條校記。
⑦ 萬曆本、朱本、鄒本此下有小注云："查詩話，此逸四句，今詳《續藝文》。"按：此指明杜應芳、胡承詔所編《補續全蜀藝文志》。該書卷四十三《志餘·詩話二》："《五溪論事》云：蜀尚書侯繼圖，本儒士。一日，秋風四起，偶倚欄於大慈寺樓，有大桐葉飄然而墜，上有詩云：'拭翠斂雙蛾，爲鬱心中事。搦管下庭除，書成相思字。此字不書石，此字不書紙，書向秋葉上，願逐秋風起。天下有心人，盡解相思死。天下負心人，不識相思意。有心與負心，不知落何地？'侯貯小帖凡五六年，乃卜任氏爲婚。嘗諷此詩，任氏曰：'此是妾書葉詩，爭得在公處？'曰：'向在大慈寺閣上倚欄得之。即知今日聘卿非偶然也。'侯以今書較之，與葉上無異。"按：《太平廣記》《分門古今類事》卷一六、《全芳備祖·後集》卷一八、《成都文類》卷一〇及《全蜀藝文志》各本均無末四句，今據《補續全蜀藝文志》補入。又上引《補續全蜀藝文志》"五溪論事"當作"玉溪編事"。《太平廣記》所引即出此書。《通志·藝文略》六："《玉溪編事》三卷，僞蜀全利用撰。"

木蓮樹生巴峽山谷間，巴民亦呼爲黃心樹。大者高五丈，涉冬不凋。身如青楊，有白文。葉如桂，厚大無脊。花如蓮，香色艷膩皆同，獨房蕊有異。四月初始開，自開迨謝，僅二十日。忠州西北十里有鳴玉溪，生者穠茂尤異。元和十四年夏，命道士毋丘元志寫。惜其遐僻①，因題三絕句云　　　　　（唐）白居易

如折芙蓉栽旱地，似拋芍藥挂高枝。雲埋水隔無人識，惟有南賓太守知。
紅似胭脂膩如粉，傷心好物不須臾。山中風起無時節，明月重來得在無？
已愁花落荒巖底，復恨根生亂石間。幾度欲移移不得，天教拋擲在深山。

山石榴寄元九② 　　　　　　　　　　　　　　前　人

　　山石榴，一名山躑躅。一名杜鵑花③，杜鵑啼時花撲撲。九江三月杜鵑來，一聲催得一枝開。江城上佐閑無事，山下劚得廳前栽。爛漫一欄十八樹，根株有數花無數。千房萬葉一時新，嫩紫殷紅鮮麴塵。淚痕裛損燕脂臉，翦刀裁破紅綃巾。謫仙初墮愁在世，姹女新嫁嬌泥去聲。春。日射血珠將滴地，風翻火焰欲燒人。閑折兩枝持在手，細看不似人間有。花中此物似西施，芙蓉芍藥皆嫫母。奇芳絕艷別者誰？通州遷客元拾遺。拾遺初貶江陵去，去時正值青春暮。商山秦嶺愁殺君，山石榴花紅夾路。題詩報我何所云？若云色似石榴裙。當時蓴畔唯思我，今日欄前只憶君。憶君不見坐銷落，日西風起紅紛紛。

紫躑躅 　　　　　　　　　　　　　　　　　　（唐）元　稹

　　紫躑躅，減紫攏裙倚山腹。文君新寡乍歸來，羞怨春風不能哭。我從相識便相憐，但是花叢不回目。去年春別湘水頭，今年夏見青山曲④。迢迢遠在青山下，山高水闊難

---

① 遐：原作"避"，據萬曆本、庫本、朱本、鄒本及《白氏長慶集》卷一八改。
② 按：此詩乃白居易貶江州司馬時所作，江州即今江西九江，不當收入《全蜀藝文志》。
③ 以上三句乃此詩之正文，"躅"與下句"撲"爲韻，見《白氏長慶集》卷一二。嘉靖本、庫本誤以爲詩序，獨作一行，朱本、鄒本又移爲題注，皆誤，今移正。
④ 此句下《元氏長慶集》卷二六有注："青山，驛名。"

容足。願爲朝日早相曒，願作輕風暗相觸。爾躑躅，我向通川爾幽獨①。可憐今夜宿青山，何年却向青山宿。山花漸暗月漸明，月照空山滿山綠。山空月午夜無人，何處知我顔如玉！

山枇杷 前人

山枇杷，花似牡丹殷潑血。往年乘傳過青山，正值山花好時節。壓枝凝艷已全開，映葉香苞纔半裂。緊搏紅袖欲支頤，慢解絳囊初破結。金綫叢飄繁蘂亂，珊瑚朵重纖莖折。因風旋落裙片飛，帶日斜看目精熱。亞水依巖半傾側，籠雲隱霧多愁絕。綠珠語盡身欲投，漢武眼穿神漸滅。穠姿秀色人皆愛，怨媚羞容我偏別。説向閑人人不聽，曾向樂天時一説。昨來谷口先相問，及到山前已銷歇。左降通州十日遲，又與幽花一年別。山枇杷，爾託深山何太拙！天高萬里看不精，帝在九重聲不徹。園中杏樹良人醉，陌上柳枝年少折。因爾幽芳喻昔賢，磻溪冷坐權門咽。

門前柳 （唐）崔珏②

門前蜀柳早知春③，風澹暖烟愁殺人。將謂只栽郡樓下，不知迤邐連南津。南津柳色連南一作"溪"。市，南去戎州三百里。夷陬蠻落相連接，故鄉莫道心先死。我今帝里還有家，門前嫩柳插一作"披"。仙霞。晨霑太一壇邊雨，暮宿鳳凰城裏鴉。別來三載當誰道，門前年年綠陰好。春來定解飛雪花，雨後還應庇烟草。憶昔當年栽柳時，新芽茁茁嫌生遲。如今宛轉拂著地，常向綠陰勞夢思。不道彼樹好，不道此樹惡。試將此意問野人，野人盡道生處樂④。爲報門前楊柳栽，我應來歲當歸來。縱令樹下能攀折，白髮如絲心似灰。

武侯廟古柏 （唐）李商隱

蜀相階前柏，龍蛇捧閟宮。陰成外江畔，老向惠陵東。大樹思馮異，甘棠憶召公。葉凋湘燕雨，枝折海鵬風。玉壘經綸遠，金刀曆數終。誰將《出師表》，一爲問昭融。

---

① 川：庫本、朱本、鄒本作"州"。
② 《全唐詩》卷五九一亦作崔珏詩，《文苑英華》卷三三七不題撰人。
③ 早：原脱，據萬曆本、朱本、鄒本補。按：《文苑英華》作"先"。
④ "野人"二字原不重，據庫本、朱本、鄒本、《文苑英華》《全唐詩》補。

題籌筆驛　　　　　　　　　　　　　　　　　　　　　　　　前　人

魚鳥猶疑畏簡書，風雲長爲護儲胥。徒令上將揮神筆，終見降王走傳車。管樂有才真不忝，關張無命欲何如！他年錦里經祠廟，《梁父吟》成恨有餘。

題籌筆驛　　　　　　　　　　　　　　　　　　　　　　　（唐）薛　逢

天下三分魏蜀吳，武侯崛起贊訏謨。身依豪傑傾心術，目對雲山演陣圖。赤伏運衰功莫就，皇綱力振命先徂。《出師表》上留遺恨，猶自千年激壯夫。

題籌筆驛　　　　　　　　　　　　　　　　　　　　　　　（唐）羅　隱

拋擲南陽爲主憂，北征東討盡良籌。時來天地雖同力①，運去英雄不自由。千里山河輕孺子，兩朝冠劍恨譙周。惟餘巖下多情水，猶解年年傍驛流。

題風箏　　　　　　　　　　　　　　　　　　　　　　　　（唐）高　駢

駢鎮蜀日，以南詔侵暴，築羅城四十里，朝廷雖加恩賞，亦疑其固護。忽一日，聞奏樂聲，知有改移，乃題《風箏》寄意。旬日報到，移鎮渚宫②。

夜静弦聲響碧空，宮商信任往來風。依稀似曲才堪聽，又被移將別調中。

西川座上聽金五雲唱歌　　　　　　　　　　　　　　　　　（唐）陳　陶

蜀王殿上華筵開，五雲歌從天上來。滿堂羅綺悄無語，喉音止駐雲徘徊。管弦金石還依轉，不隨歌出靈和殿。白雪飄飄席上來，貫珠歷歷聲中見。舊樣釵笓淺澹衣，元和梳洗青黛眉。低叢小鬢膩鬢鬌，碧牙鏤掌山參差。曲終暫起更衣過，還向南行座頭坐。眉低欲語謝貴侯，檀臉雙雙淚穿破。自言本是宫中嬪，武皇改號承新恩。中丞

---

① 雖：《甲乙集》卷三、《唐詩紀事》卷六九、《全唐詩》卷六五七作"皆"。
② 以上一段乃《成都文類》卷一〇録自《唐詩紀事》卷六三，此處轉録，非原詩之序。

御史不足比,水殿一聲愁殺人。武皇鑄鼎登真籙,嬪御蒙恩免幽辱。茂陵弓劍不得親,嫁與卑官到西蜀。卑官到官年未周,衡禄罷官東西遊①。蜀江水急駐不得,復此萍蓬二十秋。今朝得侍王侯宴,不覺途中妾身賤。願持卮酒更唱歌,歌是《伊州》第三遍。唱著右丞征戍詞,更聞閏月添相思。如今聲韻尚如在,何況宮中年少時。五雲五雲可憐許,明朝道向襄中去。須臾讌罷各東西,雨散雲飛莫知處。

誌峽船具詩 並序　　　　　　　　　　　　　　　　　　　　　(唐) 王 周

　　峽山之船與下之船②,大抵觀浮葉而爲之,其狀一也。執而爲用者,或狀殊而用一,或狀同而名異,皆有謂也。下之船有檣,有五兩,有帆,所以使風也。尾有柁,傍有棚。上者以其山曲水急,下有石,皆不可用也。狀直如艣,前後各一者,謂之梢。船之斜正攲側,爲船之司命者。梢類柁,其狀殊,而船之便於事者,悉不如梢,作《梢》詩。艣、槳、橈、棹,拔使其進而無退③,利涉川澤,爲船之陳力者。艣幾槳類,其狀同而異名也。在船有力,悉不如艣,作《艣》詩。峽水湍浚,激石忽發者,謂之潰沱;洑而漩者,謂之腦。岸石壁立,潰之忽作,篙力難制,以其木之堅韌竿直戟其首,以竹納護之者,謂之戚;竹爲繾而勾其戚者,謂之納,爲船之良輔者。戚與篙,狀殊而用一也。在船獨出,悉不如戚,作《戚》詩。岸石如齒,非麻枲紉繩之爲前牽④。取竹之筋者,破而用枲爲韌以續之,以備其牽者,謂之百丈。繫其船首者,謂之陽紐。牽之者擊鼓以號令之,人聲灘聲亂⑤,無以相接,所以節動止進退。牽之妨礙者,謂之下緯,濟其不通,爲船之先進者。枲與竹,狀殊而用一也。在船先容,悉不如百丈,作《百丈》詩。噫!古人觀物,因事爲誌者甚多也。予祗命憲局,沿溯巴竇,抵瞿唐,耳目熟於長年三老輩矣。船具之於船有力者,作詩以稱之,庶幾魯望《茶經》者也,俾系其末。詩云:

梢

　　制之居首尾,俾之辨邪正。首動尾聿隨,斜取正爲定。有如提吏筆,有如執時柄。有如秉師律,有如宣命令。守彼方與直,得其剛且勁。既能濟險難,何畏涉遼夐。招

---

① 此句《文苑英華》卷三三五作"堂衡禄罷東西遊",原有明人校云前三字"疑有衍者"。按:此校亦不可解。"堂衡禄罷"四字似可通。唐代尚書令辦公之廳稱"堂";"衡"即銓衡,謂審察官吏業績。"堂衡禄罷"謂經尚書省銓察,此人被罷官奪禄。若作"衡禄罷官"反不可通。

② 山:宛委山堂本《説郛》卷一〇八《峽船志》和《全唐詩》卷七六五同,庫本、朱本、鄒本作"上"。

③ 拔:朱本、鄒本作"援"。

④ 之:原無,據《説郛》《全唐詩》補。

⑤ 下"聲"字原無,據《説郛》補。

招俾作主，泛泛實司命。風烏愧斟酌，畫鷁空輝映。古人存豐規，猗歟聊引證。

艒

用之大曰艒，冠乎小者楫。通津既能濟，巨浸即橫涉。身之使者頰，虎之挐者爪。魚之撥者鬣，弩之進者策。此實爲相須，相須航一葉。

戙

箭飛峽中水，鋸立峽中石。峽與水爲隘，水與石相擊。潰爲生險艱，聲發其霹靂。三老航一葉，百丈空千尺。蒼黃徒爾爲，倏忽何可測。篙之小難制，戙之獨有力。猗嗟戙之爲，彬彬堅且直。有如用武人，森森蠹戈戟。有如敢言士，落落吐胸臆。拯危居坦夷①，濟險免兢惕②。誌彼哲匠心，俾其來者識。

百丈

少嘗侍先君，餘閑誦白氏。始得入峽詩，深味作詩旨。云有萬仞山，云有千丈水。自念坎壈時，尤多兢慎理。山束峽如口，水漱石如齒。孤舟行其中，薄冰猶坦履。屏顏屹焉立，洶涌勃然起。百丈爲前牽，萬險即平砥。破之以簀箐，續之以麻枲。礪之堅以節，引之直如矢。杼軸連半空，長短隨兩涘。鐵鎖枉馳名，錦纜謾稱美。長繩豈能繫，朽索何足擬！苟非慫之爲，胡可力行此。

金盤草詩 生寧江巫山南陵林木中。　　　　　　　　　　前人

今春從南陵，得草名金盤。金盤有仁性，生在林一端。根節歲一節，其根一年生一節，人採而服，可解毒也。食之甘而酸。風俗競采掇，俾人防急難。巴中蛇虺毒，解之如走丸。巨葉展六出，軟幹分長竿。搖搖綠玉活，裹裹香荷寒。世云暑酷月，鬱有神物看。夏中採之，則必有巨蛇衡足，人即難採。天之產於化，意欲生民安。今之爲政者，何不反此觀。知彼苛且猛，慎勿虐而殘。一物苟失所，萬金惟可嘆。莫並蒿與萊，豈羨芝及蘭。勤渠護根本，栽植當庭欄。寄言好生者，休說神仙丹。

---

① 拯：原作"極"，據庫本改。
② 免：原作"危"，據庫本、《全唐詩》改。

露青竹杖歌①

(唐) 顧　況

　　鮮于仲通正當年，章仇兼瓊在蜀川。約束蜀兒採馬鞭，蜀兒採鞭不敢眠。橫截斜飛飛鳥邊，繩橋夜上層崖巓。頭插白雲跨飛泉，採得馬鞭長且堅。浮漚丁子珠聯聯，灰煮蠟揩光爛然②。章仇兼瓊持上天，上天雨露何其偏。飛龍閑廄馬數千，朝飲吳江夕秣燕。紅塵撲轡汗濕韉，獅子麒麟聊比肩。曲江昆明洗刷牽，四蹄踏浪頭枿天。蛟龍稽顙河伯虔，拓羯胡雛脚手鮮。陳閎、韓幹丹青妍，欲貌未貌眼欲穿。金鞍玉勒錦連乾，騎入桃花楊柳烟。十二樓中奏管弦，樓中美人奪神仙，爭愛大家把此鞭。禄山入關關破年，忽見揚州北邸前，祇有人還千一錢。亭亭筆直無皴節，磨捋形相一條鐵③，市頭格是無人別④。江海賤臣不拘緤，垂鞘挂影西窗缺。稚子覓衣挑仰穴，家童拾薪幾拗折。玉潤猶霑玉壘雪，碧鮮似染萇弘血。蜀帝祠邊子規咽，相如橋上文君絶。往年策馬降至尊，七盤九折橫劍門。穆王八駿超昆侖，安用冉冉孤生根。聖人不貴難得貨，金玉珊瑚誰買恩！

竹　枝 九首

(唐) 劉禹錫

　　白帝城頭春草生，白鹽山下蜀江清。南人上來歌一曲，北人莫上動鄉情。

　　山桃紅花滿上頭，蜀江春水拍山流。花紅易衰似郎意，水流無限似儂愁。

　　江上朱樓新雨晴⑤，瀼西春水縠紋生。橋東橋西好楊柳，人來人去唱歌行。

　　日出三竿春霧消，江頭蜀客駐蘭橈。憑寄狂夫書一紙，住在成都萬里橋⑥。

　　兩岸山花似雪開，家家春酒滿銀杯。昭君坊中多女伴⑦，永安宮外踏青來。

---

　　① 竹杖：原作"竹枝"，據庫本、《唐詩紀事》卷二八、元李衎《竹譜》卷七、《全唐詩》卷二六五改。顧況《華陽集》卷中、《唐文粹》卷一七作"竹鞭"。按："竹杖"亦指竹鞭。
　　② 揩：原作"楷"，據萬曆本、庫本、本集改。
　　③ 捋：原作"將"，據本集、《唐詩紀事》改。
　　④ 格是：庫本、本集作"終是"。《全唐詩》"格"下注："一作終。"按："格是"猶言已是，唐人口語。白居易《夜聽箏有感》詩："如今格是頭成雪。"作"格是"勝。
　　⑤ 朱樓：原作"春來"，與下句"春水"意重，據《劉賓客文集》卷九、《樂府詩集》卷八一、《萬首唐人絶句》卷五改。
　　⑥ 住在：萬曆本、朱本、鄒本作"家住"。
　　⑦ 坊：原作"村"，據本集、《樂府詩集》《萬首唐人絶句》改。昭君村在秭歸，而此乃詠夔州。

城西門前灩澦堆，年年波浪不能摧。懊惱人心不如石，少時東去復西來。
瞿唐嘈嘈十二灘①，此中道路古來難。長恨人心不如水，等閑平地起波瀾。
巫峽蒼蒼烟雨時，清猿啼在最高枝②。個裏行人腸自斷，由來不是此聲悲。
山上層層桃李花，雲間烟火是人家。銀釧金釵來負水，長刀短笠去燒畬。

竹　枝　　　　　　　　　　　　　　　　　　　（唐）白居易

瞿唐峽口水烟低，白帝城頭月向西。唱到《竹枝》聲咽處，寒猿暗鳥一時啼。
《竹枝》苦怨怨何人？夜靜山空歇又聞。蠻兒巴女齊聲唱，愁煞江樓病使君。
巴東船舫上巴西，波面風生雨脚齊。水蓼冷花紅簇簇，江蘺濕葉碧萋萋。
江畔誰人唱《竹枝》？前聲斷咽後聲遲。怪來調苦緣詞苦，多是通州司馬詩。

竹　枝　　　　　　　　　　　　　　　　　　　（五代）孫光憲

門前春水白蘋花，岸上無人小艇斜。商女經過江欲暮，撒抛殘食飼神鴉。
亂繩千結絆人深，越羅萬丈表長尋。楊柳在身垂意緒，藕花落盡見蓮心。

巫山竹枝二首附　　　　　　　　　　　　　　　（宋）李　壆

封崇嶺上細腰宮，遺老相傳祭鬻熊。一炬牧兒今抵處，年年青草長春風。
陽臺門前六律山，女郎吹笛翠微間。日斜酒散同歸去，笑插花枝滿鬢鬟。

---

① 嘈嘈：原作"嶒嶒"，據本集、《才調集》卷五、《樂府詩集》《萬首唐人絕句》改。"嶒"乃形容山勢險峻，於義不合；嘈嘈則是形容水聲喧雜。

② 清：原作"青"，據本集、《樂府詩集》《萬首唐人絕句》改。

全蜀藝文志卷之十九

詩

題　詠下

竹　枝並序①　　　　　　　　　　　　　　　　　　　　　（宋）蘇　軾

《竹枝》歌本楚聲，幽怨惻怛，若有所深悲者，豈亦往昔之所見有足怨者歟？夫傷二妃而哀屈原，思懷王而憐項羽，此亦楚人之意相傳而然者。且其山川風俗、鄙野勤苦之態，固已見於前人之作與今子由之詩，故特緣楚人疇昔之意，爲一篇九章，以補其所未道者。

蒼梧山高湘水深，中原北望度千岑。帝子南遊飄不返，惟有蒼蒼楓桂林。
楓葉蕭蕭桂葉碧，萬里遠來超莫及。乘龍上天去無蹤，草木無情空寄泣。
水濱擊鼓何喧闐，相將叩水求屈原。屈原死已今千載，滿船哀唱似當年。
海濱長鯨徑千尺，食人爲糧安可入！招君不歸海水深，海魚豈解哀忠直？
吁嗟忠直死無人，可惜懷王西入秦②。秦關已閉無歸日，章華不復見車輪。
君王去時簫鼓咽，父老送君車軸折。千里逃歸迷故鄉，南公哀痛彈長鋏。
三戶亡秦信不虛，一朝兵起盡歡呼。當時項羽年最少，提劍本是耕田夫。
横行天下竟何事③，棄馬烏江馬垂涕。項王已死無故人，首入漢庭身委地。
富貴榮華豈足多，至今唯有塚嵯峨。故國凄涼人事改，楚鄉千里爲悲歌④。

---

　① 按：此及以下一首，萬曆本、朱本、鄒本移至卷十八之末。既同爲《竹枝》，置於前卷似較爲合理。又題下原無"並序"二字，據《蘇軾詩集》卷一補。
　② 可惜：本集作"可憐"。
　③ 竟：原作"意"，據朱本、鄒本、本集改。
　④ 千里：本集作"千古"，較勝。

竹　枝① 　　　　　　　　　　　　　　　　　　　　　（宋）蘇　轍

舟行千里不至楚，忽聞《竹枝》皆楚語。楚言啁哳安可分，江中明月多風露。
扁舟日落駐平沙，茅屋竹籬三四家。連春並汲各無語，齊唱《竹枝》如有嗟。
可憐楚人足悲訴，歲樂年豐爾何苦？釣魚長江江水深，耕田種麥畏狼虎。
俚人風俗非中原，處子不嫁如等閑。雙鬟垂頂髮已白，負水采薪長苦艱。
上山采薪多荊棘，負水入溪波浪黑。天寒斫木手如龜，水重還家足無力。
山深瘴暖霜露乾，夜長無衣猶苦寒。平生有似麋與鹿，一旦白髮已百年。
江上乘舟何處客？列肆喧譁占平磧。遠來忽去不記州，罷市歸船不相識。
去家千里未能歸，忽聽長歌皆慘悽。空船獨宿無與語，月滿長江歸路迷。
路迷鄉思渺何極，長怨歌聲苦淒急。不知歌者樂與悲，遠客乍聞皆掩泣。

巴女謠　　　　　　　　　　　　　　　　　　　　　　（唐）于　鵠

巴女騎牛唱《竹枝》，藕絲菱葉傍江時。不愁日暮還家錯，記得芭蕉出槿籬。

蜀　箋　　　　　　　　　　　　　　　　　　　　　　（宋）文彥博

素箋明潤如溫玉，新樣翻傳號冷金。遠寄南都豈無意，緣公揮翰似山陰。

萬蝶花　　　　　　　　　　　　　　　　　　　　　　（宋）蘇　轍

誰唱殘春《蝶戀花》？一團粉翅壓枝斜。美人欲向釵頭插，又恐驚飛鬢似鴉！

---

① 《欒城集》卷一題下原注："忠州作。"

蜀地海棠①

(宋) 宋　祁

蜀國天餘煦，珍葩地所宜。濃芳不隱葉，併艷欲然枝。襞影分群萼，均霞點萬蕤。回文錦成後，夾煎燎烘時。蜂蕊迎銜密，鶯梢向坐危。淺深雙絕態，啼笑兩妍姿。絳節排烟疏，丹釭落帶垂。童容郭畏薄，便面到憂遲。媚日能徐照，暄風肯邊吹？蜀少疾風，故花愈盛。惜歡當晼晚，留恨付離披。麗極都無比，繁多僅自持。損香饒麝柏，照影欠瑤池。畫要精侔色，歌須巧騁辭。舉樽頻語客，細摘玩芳期。

《英》《韶》在前，徒矜《下里》之曲；《風》《雅》未喪，豈繫擊轅之音②？不圖綴綺靡之辭，抑將導敦厚之旨耳③。海棠雖盛於蜀，人不甚貴。因暇偶成五言百韻律詩一章，四韻詩一章附於卷末④。知我者無加焉

(宋) 沈　立

岷蜀地千里，海棠花獨妍。萬株佳麗國，二月艷陽天。叢萼勻如布，修蕤巧似編。彤雲輕點綴，赤玉碎雕鐫。瑟瑟光輪瑩，猩猩血借鮮。淺深相向背，疏密遞勾牽。輕蒨重重染，丹砂細細研。蕊纖金粟拱，鬚嫩紫絲拳。紅蠟隨英滴，明璣著顆穿。初莖爭嬝娜，翹幹共蹁躚。絕代知無價，生香不減篯。分靈應桂苑，鍾粹定星躔。木帝經邦相，花王入室賢。祥飈加剪拂，卿靄共陶甄。真宰陰推轂，勾芒與著鞭。不須憂薄命，好為惜流年。贊翼施生柄，扶持煦嫗權。主張韶令正，調燮淑威宣。和氣高低洽，芳心次第還。金釵人十二，珠履客三千。雲雨迷巫峽，風波怨洛川。娉婷宜住楚，妖冶合居燕。繡被通宵展，華燈徹曙然。橫披前檻外，半出假山巔。暗羨遊蜂采，偷輸蟻穴沿。瘦嫌蛛網織⑤，柔怯女蘿纏⑥。蓄恨憑誰訊，無言只自憐。文君酒壚畔，揚子草堂前。品格生來別，風流到老全。繁中生悵望，眾裏見喧闐。暄暖精神出，晴明意態便。關關鶯對語，兩兩燕高騫。天上宜封殖，人間偶佇延。共櫻園別館，與杏擁斜

---

① 《宋景文集》卷二一、宋陳思《海棠譜》卷中題作《蜀地海棠繁媚有思，加膩幹豐條，苒弱可愛，北方所未見。諸公作詩，流播西人。余素好玩，不能自默，然所道皆在前人陳迹中。如〈國風〉申章，亦無愧云》。

② "繫擊"二字原作"繁繁"，據《海棠譜》卷中改。《文選》卷四二曹植《與楊德祖書》"擊轅之歌，有應風雅"注引崔駰曰："竊作頌一篇，以當野人擊轅之歌。"

③ 旨：原作"音"，據朱本、鄒本、《海棠譜》改。

④ 原附五言律詩一首，見《海棠譜》，《全蜀藝文志》未錄。

⑤ 蛛：原脫，據萬曆本、庫本、朱本、鄒本、《海棠譜》改。

⑥ 柔：原作"尋□"，據萬曆本、朱本、鄒本、《海棠譜》改。

阡。清暖簾爭卷，黃昏幕尚褰。低籠金轣轆，高映畫鞦韆。忽認梁園妓，深疑閬苑仙。忽忽來蕙圃，遠遠別芝田。羞隱暝濛霧，輕如淡蕩烟。乍逢開羽扇，初喜下雲軿。髣髴向星厬①，依稀帶翠鈿。五銖衣宛轉，七寶帳翩翾。獨立挨霓節，成行列彩旐。困宜敧虎枕②，步好襯金蓮。舞定休迴袖，妝濃不傅鉛。蓋張松鬱鬱，茵藉草芊芊。馥郁蘭供夢，扶疏柳伴眠。軀輕彌綽約，腰細更便嬛。婭姹常顫若，幽柔自洒然。侍兒羅白芷，婢子列芳荃。口口濃檀注，腮腮薄粉填。解圍施葉幄，買笑有榆錢。旖旎環瑤席，婆娑匝玳筵。嬌依屏曲曲，泣對露涓涓。南陌輕埃蔽，東郊夕照連。幾時休縹緲，從此識嬋娟。是處遺簪珥，誰家不管弦。妒姬貪恐失，戲稚惜何顛。折閃搔頭裋，擎搣約腕揎。戴遮鬢上鳳，裝壓鬢邊蟬。汲引新歡聚，消磨宿忿蠲。縱觀須倒載，命宴必加籩。翻曲教歌嬡，更詞送酒船。鄉心須暫解，病眼當時痊。迢遞來油壁，從容住錦韉。雅宜交讓比，穰與棣華聯。不憤參朱槿，寧甘混木棉。酴醾潛失色，躑躅敢差肩。素奈思投迹，夭桃恥備員。梧桐愧金井，芍藥濫花磚。併壓辛夷俗，潛排寶馬蔫。天恩無久恃，人寵莫長專。布影交三徑，敷榮遍一廛。凝眸方瞱瞱，迴首旋翩翩。可忍驚飆挫，胡煩急景煎。珊瑚隨手碎，絳雪繞枝旋。拂漢霞初散，當樓月自圓。飄零隨蠛蠓，散亂逐漪漣。灼灼龜城外，亭亭錦水邊。抱愁應慘憺，有淚即潺湲。午影迷蝴蝶，朝寒怨杜鵑。物情元倚伏，人意莫拘攣。擢秀高群木，稱珍極八埏。未開猶脉脉③，憂落固悁悁。別著新文紀，重尋舊譜箋。共知紅艷好，誰辨赤心堅。實可陪朱李，根宜灌醴泉。栽須鄰竹柏，樹莫繞烏鳶。恥託膏腴茂④，當隨富貴遷。爲多猶底滯，因遠尚迍邅。客思易成亂，心期未省愆。畫思摩詰筆，吟稱薛濤箋。醉目休頻送，詩情豈易緣？薛能誇麗句，鄭谷賞佳篇。止感芳姿美，那憐託地偏。山經猶罕記，方志未多傳。巧詠憂才竭，冥搜得意滇。遐陬寡真賞，僻境忍輕捐。抽秘慚非據，探奇敢讓先。援毫敘名卉⑤，聊用放懷焉。

海棠⑥ （宋）石延年

君看海棠格，群花品詎同？嬌嬈情自富，蕭散艷非窮。蒨縠班吳苑⑦，梅羅碎蜀

---

① 向：《海棠譜》亦同。庫本、朱本、鄒本作"回"，《宋詩紀事》卷二四作"同"。
② 敧：原作"歆"，據萬曆本、朱本、鄒本、《海棠譜》改。
③ 猶：《海棠譜》《宋詩紀事》作"獨"。
④ 恥：原作"恕"，據《海棠譜》《宋詩紀事》改。萬曆本、朱本、鄒本作"庶"，庫本作"如"。
⑤ 援：原作"授"，據《海棠譜》《宋詩紀事》改。
⑥ 按：此乃和晏殊詩。
⑦ 蒨：原作"舊"，據《海棠譜》卷中改。

宫①。錦裛杯裏影，繡段隟前烘。心亂香無數，莖柔動滿叢。意分巫峽雨，腰細漢臺風②。盛若霞藏日，鮮於血洒空。高低千點赤，深淺半開紅。妝指朱纔布，膏唇檀更融。色焦無可壓③，體瘦不成豐。枝重輕浮外，苞疏密鬧中④。難勝蜂不定，易入蝶能通⑤。

答朱公綽牡丹詩　　　　　　　　　　　　　　　　（宋）宋　祁

珍蕳分清賞，飛郵附翠籠。蹄金點鬢密，璋玉鏤跗紅。香惜持來遠⑥，春應摘後空。玩詩仍把酒，恨不與君同！

新繁縣東湖瑞蓮歌　　　　　　　　　　　　　　　　（宋）王　益

火雲爍盡天幕醒，水光弄碧凉無聲。荷華千柄拂烟際，傑然秀幹駢雙英。天敕少昊偏滋榮，宵零仙露饒金莖。嫋嫋飄風起天末，綠華瑶珮來琤琤。觥觶式宴資擊賞，何人掞藻飛筆精？越國亭亭八百里，木蘭泛詠稱明媚。爭如錦水派繁江，孤根擢翠葩分膩。紫清合曜流霞暉，楚臺無夢朝雲飛。韓虢佳人新侍寵，温泉宮裏賜霞衣。赫赫曦陽在東井，珍房萃作皇家慶。流火初晨復毓靈，連璧更疑唐傑盛。眇觀熙政接元和⑦，嘉穀重榮田野歌。高宗昔慶劉仁表，五色卿雲世甚少⑧。我今取喻進德流，優哉祥蓮出池沼。草萊泥滓俱棄捐，致君事業殊商皓。歸作皋、夔、稷、契臣，同心一德翊華勳。

和　　　　　　　　　　　　　　　　　　　　　　（宋）梅　摯

東湖七月湖水平，鱗波暗織蕭籟聲。中有植蓮一萬本，紅漪相照摘繁英。地靈氣粹不我測，雙葩倏如同一莖。黃姑織女渡銀漢，蜺旗鳳葆羅空青。又認英皇立湘渚，翠華不返凝怨慕。五十哀弦頓曉聲，駢首低昂泣珠露。是時主人集宴喜，湖光浸筵霞

---

① 梅：《海棠譜》同，《石曼卿詩集》作"新"。
② 細：本集作"繁"。
③ 焦：本集作"嬌"。
④ 鬧：本集作"間"。
⑤ 本集此下尚有"杜甫句何略，薛能詩未工"二句，原注"有缺"。
⑥ 持：原作"特"，據庫本、朱本、鄒本、《宋景文集》卷一二改。
⑦ 接：原作"集"，據朱本、鄒本改。
⑧ 甚：原作"其"，據上引改。

脚膩。明簪峨峨盡才子，椽筆交輝雲藻麗。酒酣倚欄惜紅輝，烟素徘徊雲不飛。魏宮甄后晝方寢，髣髴有人持玉衣。此邑古來無異政，室家瘡痏何由慶？三年鼠竊例皆然，以薪救火火彌盛。自公枊車政克和，載塗鼓腹騰謳歌。歌公用心日皎皎，不獨於今古應少！因感珍芳兩兩開，玉貫珠聯當縣沼。況我與公高適道，芝歌肯迹商山皓！嘉謀嘉猷思大陳，願將此美歸華勳。

蜀箋二軸獻太傅同年葉兄　　　　　　　　　　　（宋）司馬光

西來萬里浣花箋，舒卷雲霞照手鮮。書笥久藏無可稱，願投詩客助新篇。

望日與諸公會於大慈，聞海雲山茶、合江梅花開，遂相邀同賞。雖無歌舞，實有清歡，因成拙詩奉呈
（宋）王 覿

野寺山茶昨夜開，江亭初報一枝梅。旋邀座上逍遙客，同醉花前瀲灩杯。秀色霜濃方潤澤，暗香風靜更徘徊。仙姿莫遣常情妒，不帶東山妓女來。

蜀花以狀元紅爲第一，金陵東御園紫繡毬爲最　（宋）范成大

西樓第一紅多葉，東苑無雙紫壓枝。夢裏東風忙裏過，蒲團藥鼎鬢成絲。

紫荷車① 峽山此藥甚多。　　　　　　　　　　　　　　前 人

綠英吐弱綫，翠葉抱修莖。蠱如青旄節，草中立亭亭。根有却老藥，鱗皴友松苓。長生不暇學，聊冀病身輕。

錦帶花 東南甚珍此花，峽中蔓生山谷。　　　　　　　　前 人

妍紅棠棣妝，弱綠薔薇枝。小風一再來，飄飄隨舞衣。吳下嫵芳檻，峽中滿荒陂。

---

① 紫荷車：《石湖居士詩集》卷一六亦同，朱本、鄒本作"紫河車"。按：《本草》諸書均作"紫河車"。此草又名蚤休、重樓金綫、七葉一枝花等，根可入藥。參見《本草綱目·草部》卷一七。

佳人墮空谷，皎皎《白駒》詩。

寶相花 前人

誰把柔條夾砌栽，壓枝萬朵一時開。爲君也著詩收拾，題作西樓錦被堆。

太平瑞聖花 前人

雲外捫參嶺，烟中濯錦洲。密攢文杏蕊，高結彩雲毬。百世嘉名重，三登瑞氣浮。挽春同住夏，看到火西流。

垂絲海棠 前人

春工葉葉與絲絲，怕日嫌風不自持。曉鏡爲誰妝未辦，沁痕猶自宿燕脂①。

十一月十日海雲賞山茶 前人

門巷歡呼十里村，臘前風物已知春。兩年池上經行處，萬里天邊未去人。客鬢花身俱歲晚，妝光酒色且時新。海雲橋下溪如鏡，休把冠巾照路塵！

清明日試新火，作牡丹會 蜀人以洛中千葉種爲京花，單葉爲川花。 前人

再鑽巴火尚浮家，去國年多客路賒。那得青烟穿御柳，且將銀燭照京花。香鬟半醉斜枝重，病眼全昏瘴霧遮。錦地繡天春不散，任教檐雨卷泥沙。

謝人寄蒙頂新茶 （宋）文 同

蜀土茶稱聖，蒙山味獨珍。靈根記高頂，勝地發先春。幾樹驚初暖②，群籃競摘

---

① 自宿：《石湖居士詩集》卷一七作"有淚"。
② 驚初暖：《丹淵集》卷八作"初驚暖"，較工。

新。蒼條尋暗粒，紫蕚落輕鱗。的皪香瓊碎，鬖鬆綠蕙匀①。慢烘防熾炭，重碾敵輕塵。惠錫泉來蜀②，乾崤盞自秦。十分調雪粉，一啜嚥雲津。沃睡迷無鬼③，清吟健有神。冰霜疑入骨，羽翼要騰身。磊磊真賢宰，堂堂作主人。玉川喉吻澀，莫厭寄來頻！

二色芙蓉　　　　　　　　　　　　　　　　　　　　　　前　人

蜀國芙蓉名二色，重陽前後始盈枝。畫調粉筆分妝處，繡引紅針間刺時。落晚自憐窺露沼，忍寒誰念倚霜籬？主人日有西園客，得爾方於勸酒宜。

孫知微畫　　　　　　　　　　　　　　　　　　　　　　前　人

太古奇偉士，精思獨於畫。馳心入茫昧，萬物赴揮灑。當時一名重，顧、陸非爾亞。卓哉青城筆，妙絕冠天下！寥寥九天仗，一一若神寫。吾恐千載後，是終無繼者。

玉局洞石恪畫天仙四壁　　　　　　　　　　　　　　　（宋）喻汝礪

真人何年下紫清，目睛飄墮如流星。至今玉洞通窈冥，蕭然紫室之威靈。杖履而來六月望，赤旱裂石風淒泠。歔然四壁呀欲動，神怪夭矯目喪睛。道與之貌非丹青，馭風而行誰使令？雲飛電掣集帝所，超然得意皆天人。異哉石子偉丈夫，胸中磊磊怪所儲。玄圃之山帝所居④，子遊其間墮雙舄。不然安知天上有此樂，禿筆一掃凌方壺？細看毛骨分錙銖，偉形傑狀人人殊。古來列真誰所摹，前稱關同後張圖。近之豪者郭忠恕，落筆拂戾如奔諸。兩公軼蕩不拘束，筆力磊砢相劘扶。我來憑欄聊一呼，隨翁聯軒上清都。

錦屏山暮景⑤　　　　　　　　　　　　　　　　　　　　前　人

暝色輕烟罩郡城，漁舟燈火倒觀星。寒山遠水江村暮，自在妝成水墨屏。

---

① 鬖鬆：本集作"鬙鬠"。
② 惠：本集作"無"。泉：原作"全"，據萬曆本、朱本、鄒本、本集改。
③ 迷無鬼：庫本作"清無夢"。
④ 居：原作"活"，據萬曆本、庫本、朱本、鄒本、《成都文類》卷一一改。
⑤ 萬曆本、朱本、鄒本無此詩。按：此詩本書卷一二"亭館"門已收。

題中巖①   （宋）馮時行

古院無人僧作佛，碧潭有水魚化龍。當年諾矩小遊戲②，一石擊碎成三峰。

題龍巖寺石刻文與可墨竹   （宋）程壬孫

風雨勞先別，敢辭樽酒深。一梢牆上竹③，留作歲寒心。

同 前④   （宋）李 新⑤

淺梢疏節任蕭郎⑥，正向祁寒敵曉霜。清興未窮僧已老，自餘山色與溪長⑦。

蜀酒歌   （宋）陸 游

漢州鵝黃鸞鳳雛，不鶩不搏德有餘。眉州玻璃天馬駒，出門已無萬里塗。病夫少年夢清都，曾賜虛皇碧琳腴⑧。文德殿門辰奏書，歸局黃封羅伯壺。十年流落狂不除，遍走人間尋酒鑪。青絲玉瓶到處酤，鵝黃玻璃一滴無。安得豪士致連車，倒瓶不用杯與盂。琵琶如雷聒坐隅，不愁渴死老相如！

---

① 嘉靖本、庫本無此首，萬曆本、朱本、鄒本有此首，而無上《錦屏山暮景》一首，今兩存之。

② 矩：原作"巨"，據《錦繡萬花谷》續集卷一一改。"諾矩"即佛教十六羅漢中第五諾矩羅尊者。范成大《吳船錄》卷上云：青神縣中巖"相傳爲第五羅漢諾矩那道場"。

③ 梢：原作"稍"，據庫本、朱本、鄒本、《蜀中廣記》卷八改。

④ 李新《跨鼇集》卷一一題爲《程公明駕部墨竹》。按：程公明即程壬孫，則李新此詩似詠程所畫墨竹。《全蜀藝文志》題作《同前》，似非。

⑤ 原作"李元應"，元應即李新字，今統改爲名。

⑥ 梢：原作"稍"，據庫本、朱本、鄒本及《跨鼇集》改。

⑦ 《跨鼇集》"餘"作"遺"，"長"作"光"。

⑧ 琳腴：原作"淋腴"，據萬曆本、庫本、朱本、鄒本、《劍南詩稿》卷四改。陶弘景《真誥》卷三："羽童捧瓊漿，玉華餞琳腴。"陸游《醉中作》："曾賜琳腴白玉京。"

偶過浣花感舊遊戲作　　　　　　　　　　　　　　　　　前　人

憶昔初爲錦城客，醉騎駿馬桃花色。玉人攜手上江樓，一笑鉤簾賞微雪。寶釵換酒忽徑去，三日樓中香未滅。市人不識呼酒仙，異事驚傳一城說。至今西壁餘小草，過眼年光如電掣。正月錦江春水生，花枝闕處小舟橫。閑倚胡床吹玉笛，東風十里斷腸聲。

浣花賞梅　　　　　　　　　　　　　　　　　　　　　　前　人

老子人間自在身，插梅不惜損烏巾。春回積雪層冰裏，香動荒山野水濱。帶月一枝低弄影，背風千片遠隨人。石家樓上貪吹笛，肯放朝朝玉樹新。

蜀苑賞梅　　　　　　　　　　　　　　　　　　　　　　前　人

十里溫香撲馬來，江頭還見去年梅。喜開剩欲邀明月，愁落先教掃綠苔。跌宕放翁新醉墨，凄涼廢苑舊歌臺。盛衰自古無窮事，莫向昆明嘆劫灰。

席上作　　　　　　　　　　　　　　　　　　　　　　　前　人

綠波畫槳浣花船，清箪疏簾角黍筵。一幅葛巾林下客，百壺春酒飲中仙。散懷絲管繁華地，寄傲江湖浩蕩天。浮世升沉何足計，丹成碧落珥貂蟬①。

故蜀別苑在成都西南十五六里，梅至多。有兩大樹夭矯若龍，相傳謂之梅龍。予初至蜀，嘗爲作詩，自此歲常訪之，今復賦此②　　　　　　　　　　　　前　人

昔年曾賦西郊梅，茫茫去日如飛埃。即今衰病百事懶，陳迹未忘猶一來。蜀王故

---

① 成：原作"城"，據《劍南詩稿》卷七改。又，本集句末有自注："青城山中有孫太古畫碧落侍中范長生舉手整貂蟬像，特妙。"

② 賦此：《劍南詩稿》卷九作"賦一首，丁酉十一月也"。

苑犁已遍，散落尚有千雪堆①。朱樓玉殿一夢破，烟蕪牧笛遺民哀。兩龍卧穩不飛去，鱗甲脱落生莓苔。精神每遇雪月見②，氣力苦戰冰霜開。羈臣放士耿獨立，淑姬静女知誰媒？摧傷雖多意愈厲，直與天地争春回。蒼然老氣壓桃杏，笑我白髮心尚孩。微風故爲作嫵媚，一片吹入黄金罍。

綿州録參廳觀姜楚公畫鷹③，少陵爲作詩者　　　　　　　　前　人

我來訪古涪之濱，不辭百罔冀一真。走馬朝尋海櫻館，斫鱠夜醉魴魚津。越王樓高亦已换④，俯仰今古堪悲辛。督郵官舍最卑陋，棟撓楹腐知幾春？巋然此壁獨無恙，老槎勁翮完如新。向來劫火何日免⑤，叱呵守護疑有神。妖狐九尾穴中國，共置不問如越秦。天時此物合致用⑥，下韝指呼端在人。會當原野灑毛血，坐令萬里清烟塵。老眼還憂不及見，詩成肝膽空輪囷。

龍　挂　　　　　　　　　　　　　　　　　　　　　　　　前　人

成都六月天大風，發屋動地聲勢雄。黑雲崔嵬行風中，凛如鬼神塞虚空。霹靂迸火射地紅，上帝有命起伏龍。龍尾不卷曳天東，壯哉雨點車軸同。山摧水溢路不通⑦，連根拔出千丈松⑧。未言爲人作年豐，偉觀一洗芥蒂胸⑨。

銅馬歌　　　　　　　　　　　　　　　　　　　　　　　（宋）王　灼

郫城村民鑿古墓，遂得一銅馬，高三尺許，制作精妙。前簡池守景季淵取以歸，中宵風雨，輒聞嘶聲，怪之，不敢留，移送佛寺。紹興丙子，予以事至成都，黄伯淵見索，作《銅馬歌》。

---

① 尚：原作"上"，據本集改。
② 每：本集作"最"。
③ "參"下原有"軍"字，據《劍南詩稿》卷三删。"録參"即録事參軍之省稱，庫本、朱本、鄒本徑作"録事參軍"。又"姜楚公"，原無"姜"字，據本集補，杜甫有《姜楚公畫角鷹歌》。
④ 樓高：本集作"高樓"。
⑤ 日：庫本、本集作"自"。
⑥ 天時：原作"大時"，據本集改。萬曆本、朱本、鄒本作"待時"。
⑦ 摧：原作"灌"，據《劍南詩稿》卷七改。又"水"，本集作"江"。
⑧ 丈：本集作"尺"。
⑨ 蒂：原作"葉"，據庫本、朱本、鄒本、本集改。

君不見，武皇逸志凌九垓，追風躡影思龍媒。魯班門外立銅馬，天廐萬匹皆塵埃。又不見，伏波將軍破交賊，歸來殿前獻馬式。據鞍習氣殊未衰，想見老子真矍鑠。兩京翻覆知幾秋，只有山河供客愁。孤烟落日蠶叢國，出此神物於荒丘。千年黃壤誰作主，猶把歸心泣風雨。但恐一朝去無蹤，有似豐城寶劍化雙龍。

張飛刁斗 _{上有八分，飛所書也。}　　　　　　　　　　　　　　（宋）張士瓛①

　　天下英雄只豫州，阿瞞不共戴天仇。山河割據三分國，宇宙威名丈八矛。江上祠堂嚴劍珮，人間刁斗見銀鉤。空餘諸葛秦州表，左袒何人復爲劉！

杜　鵑　　　　　　　　　　　　　　　　　　　　　　　　　（宋）宋　肇

　　暖雲無定半陰晴，茅屋紙窗深復明。喬木參天竹千莖，巴山欲曉風露清。杜鵑飛鳴繞江城，魚復四月江水生。林花落盡空含情，瀼東瀼西朝暮聲。

次韻袁升之遊海雲寺鴻慶院山茶之什②　　　　　　　　　　　（宋）蒲　瀛

　　山茶兩本上連空，疊葉栖枝占佛宮。雀尾有金輪紺碧，鶴頭無火讓殷紅。優於峽茗稱呼異，劣與梅花氣候同。誰識諸天雨花外，道人宴坐雪霜中。

梅林分韻詩_{有序}③　　　　　　　　　　　　　　　　　　（宋）馮時行等

　　紹興庚辰十二月既望，縉雲馮時行從諸朋舊，凡十有五人，攜酒具出西梅林。林本王建梅苑，樹老，其大可庇一畝。中間風雨剝裂，仆地上，屈盤如龍，孫枝叢生直上，尤怪古者凡三四。酒行，以"舊時愛酒陶彭澤，今作梅花樹下僧"爲韻，分題賦詩。客既占韻，立者倚樹，行者環繞，仰者承蘤，俯者拾英，吟態不一，皆可圖畫。

---

①　按：《蜀中廣記》卷七九云張飛廟"一在涪州，張士瓛有詩"，即此。
②　《成都文類》卷一一録此組詩爲六首，此處只選其一。
③　按：此序爲馮時行作。庫本置於杜謹言《得舊字》一首之前，而以"杜謹言"三字署於《梅林分韻詩》總題下，似此序爲杜謹言作；而《宋詩紀事》卷五二又將此序置於呂及之《得愛字》一首之前，似爲此首之序，均易引起誤會，不可不辨。

是行也，余被命造朝，行事薄遽，重以大府衣冠謁報，主人饋勞酬對奔馳，形神爲之俱敝。諸公導以斯遊，江流如碧玉，平野秀潤，竹塢桑疇，連延彌望。民家十十五五，籬落雞犬，比閭相親，不愁不嗟。余散策其間，蓋不知向之疲薾厭苦所在也。昔人謀於野則獲，閑暇清曠，有爽於精神思慮，遊不可廢如此哉！又況所與遊，皆西州名俊喜事者耶。
　　詩成，次第不以長少，以所得韻之後先聯成軸。客十有五，韻止十四，呂義父別以"詩"字爲韻。又有首眩詩不成者，缺"樹"字一韻。余過沈犀，樊允南監鎮稅，語允南補之，諸公又屬時行爲之序。十五人者，成都楊仲約、施子一、呂周輔、義父、智父、澤父、宇文德濟、呂默夫、杜少訥、房仕成、楊舜舉，綿竹李無變，潼川于伯永、正法寶印老，縉雲馮當可。

得"舊"字　　　　　　　　　　（宋）杜謹言①

竹村喜紆徐，江雲迷昏晝。跼蹐馬上語，嫩寒入衣袖。天公惜梅花，破臘開未就。端待使君來，春風本依舊。一樽既相屬，勿辭作詩瘦。明年用和羹，請爲使君壽。

得"時"字　　　　　　　　　　（宋）李流謙②

巾冠墮城府，桔橰無停時。胸脾貯黃埃，非復林壑姿。涎流方外勝，秦人望軒羲。萬金買閑日，駕言一舒眉。冒踏衆俊場，更從百代師。食魚得河魴，熊蹯佐其滋。釁釁烟雨村，霜條得冰蕤。烏鵲噪寒暝③，玉立山差差。置尊扶疏下，老幹虬蛟馳。落蕊不動塵，初無犀駭雞。羞我木石資，鬬公瓊琚詞。深酌起自勸，滕莒吾封圻。公行對宣溫，雲霧生攀躋。能來玩墟落，匹馬却蓋麾。蟠胸萬蟬蜮，區寰眇毫絲。以茲接群動，白羽坐指撝。笑彼豢外者，組紱爲之羈。它年馹馬還，梅花當十圍。識此黃公壚，下車挽客衣。未覺邈山河，一醉也大奇。

得"愛"字　　　　　　　　　　（宋）呂及之④

去城十里南郊外，突兀老梅餘十輩。玉雪爲骨冰爲魂，氣象不與凡木對。我來窮冬烟雨晦，把酒從公對公酹。人言此實升廟堂，埋沒荒村今幾歲？清芳不爲無人改，捐棄何妨本根在⑤。瑰章妙語今得公，國色天香真有待。歸路從公巾倒戴，俗物污人非所愛。我公行向日邊歸，此段風流入圖繪。

---

　①　此首作者，嘉靖本從《成都文類》卷一一署作《闕名》。庫本署爲"杜謹言"，但誤以此三字移於《梅林分韻》總題下，今移正。杜謹言即序中所稱杜少訥也，古人名與字相應，可以推知。《蜀中廣記》卷六三以此篇爲楊仲約作，當誤，序中之楊仲約應是分得"陶"字之楊大光，見下。
　②　李流謙：即序中之李無變。
　③　烏鵲：朱本、鄒本及《成都文類》卷一一作"烏鵲"。
　④　《宋詩紀事》卷五二云"及之字周輔"。按：及之當爲序中之"智父"。《論語·衛靈公》："知（智）及之，仁能守之。"故名"及之"，字"智父"。"周輔"乃呂商隱字，見後。
　⑤　捐棄：原作"捐氣"，據《成都文類》卷一一改。

得"酒"字　　　　　　　　　　　　　　　（宋）宇文師獻①

平生慕英遊，望公真山斗！一見開心誠，已落諸人後。龍門豈甄擇，大小俱容受。聯轡尋勝踐，春風倚尊酒。惟公對江梅，端若同志友。玉色洗塵沙，幽姿出藜莠。命客花下坐，相與沃醇酎。非公無此客，譬諸草木臭。向晚入深巷，蒼根欹甕牖。始知水西頭，臥梅勝臥柳。有客三嘆息，此樹警老醜。一笑客誠癡，萬法要經久。奇卉如尤物，過眼不必有。惠我終日香，重來香在否？但從此理悟，那復長搔首！念公捧召節，修名當不朽。艤舟未忍去，招尋訪林藪。中心甚虛明，外慕厭紛糾。杖履循古岸，細話猶開誘。再拜誦公詩，一洗芻豢口！

得"陶"字　　　　　　　　　　　　　　　（宋）楊大光②

蟠根寄荒絕，擢幹空櫹槮③。鄉來聞妙語，翦拂到兒曹。垂老猶巨堪，開落幾徒勞。不謂勤杖履，惠然排蓬蒿。尚能領諸生，相就醉澄醪。真賴旁輝映，併覺標韻高。酒闌興未已，分韻看揮毫。籍、湜俱可人，冥搜爭過褒。乃知天地間，一等為賢豪。橫飛與陸沉，亦各繫所遭。再煩起窮邊，國柄行當操。盡期如此花，曉夕幸甄陶。得備和羹用，寧不出伊、皋？百年幾春風，勿令心忉忉！

得"彭"字　　　　　　　　　　　　　　　（宋）于　格④

庭柯臥蒼虬，閱世如聃、彭。朔風破檀欒，零露滋玉英。江空人響絕，影落千丈清。今代文章籙，縉雲主齊盟。躍馬覘春色，觴客江上亭。三嗅韻勝華，霜霰飽曾經。及時剝其實，可用佐大烹。幸因輶軒使，錫貢充廣庭。王明儻予燭，和羹登䉛鉶。

得"澤"字　　　　　　　　　　　　　　　（宋）僧寶印

江路歲崢嶸，酸風更蕭瑟。發興訪梅花，主盟得詩伯。孤芳有餘妍⑤，初不帶脂澤。香度竹籬短，影搖溪水碧。同時飲中仙，着我林下客。春槽沸滴紅，滿坐喧舉白。澆胸獨茗碗，臭味曾不隔。公今日邊去，陛下正前席。請看枝頭春，中有和羹實。《反騷》試與題⑥，不礙心鐵石。

---

① 宇文師獻：按即序中之宇文德濟。

② 楊大光：序中所述十五人，唯二人姓楊，楊舜舉即楊凱（見後），則此楊大光應是序中之楊仲約。

③ 櫹槮：朱本、鄒本作"槮蕭"。按："櫹槮"一詞出《楚辭·九辯》，然"槮"音森，在侵部，與蕭、宵、豪等部字不叶韻。疑當作"櫹槮"。《篇海類編·木部》："槮，櫹槮，木長貌。"櫹與櫹同；槮音同騷，在豪韻。"杲"與"參"二偏旁常相混，如《廣韻》豪韻："繰，俗又作縿"，是也。

④ 于格：即序中之于伯永。

⑤ 孤芳：原作"孤房"，據庫本、朱本、鄒本、《成都文類》卷一一改。

⑥ 題：原作"提"，據萬曆本、朱本、鄒本改。

得"今"字　　　　　　　　　　　　　　（宋）楊　凱①

蘭亭久陳迹，修竹空自陰。龍山亦淒凉，鮮花誰與簪？英遊曠千載，盛事新梅林。四海馮黎州，未妨鐵石心。提攜到諸子，遍賞江之潯。房亭姑射仙，玉立何森森！謝氏六君子，對飲香滿襟。西郊訪老龍，奇怪尤可欽。宛然如先生，高臥歲月侵。從茲飽薰風，佳實共鼎鬻。正味悅天下，妙用無古今。去去好着鞭，江南春已深。

得"作"字　　　　　　　　　　　　　　（宋）呂商隱②

一樹知獨秀，十里方出郭。江流浩清冷，露氣凝淒薄。胡爲此行色，疲馬外踢躍。玄冥正擅令，植物困搖落。身心縱未改，佳意久已惡。喜見南北枝，粲然秀冰壑。千林色輝映，百畝香旁礴。首破春風荒，獨傲清雪虐。坐令芳信傳，芬菲到群萼。如一君子信，茹連俱有託。相期飲此意，浩蕩放杯酌。更應護攀折，嘉實須若若。終收調鼎功，傅巖眞可作。持問縉雲老，一尊笑相酢。

得"梅"字　　　　　　　　　　　　　　（宋）馮時行

霜朝馬蹄無纖埃，錦城城西江之隈。金蘭合沓俱朋來③，白沙鱗鱗江水洄、梅花傍江高崔嵬，人言猶是王建栽。豪華過眼浮雲哉，下馬酌酒聊徘徊。飛英送香來酒杯，酒酣疾呼竹籬開。走尋屋角如龍梅，梅龍雖多此其魁。睡龍屈盤肘承胲，風皴雨皺封蒼苔。孫枝迸出誰胚胎？天公撫摩春爲回。慎勿變化隨風雷，年年開花照尊罍。我欲結茅買芋煨，與梅周旋送衰頽。

得"花"字　　　　　　　　　　　　　　（宋）呂凝之④

出郭豈憚遠，滿城無此花。新枝開玉雪，老樹臥龍蛇⑤。臨水互葱蒨，傍籬忽橫斜。詩聲寫奇怪，畫本出槎牙。老子晉彭澤，諸公賈長沙。不尋桃李盟⑥，來嗅露霜華。杖履穿茅舍，壺觴倩酒家。饑餐香馥郁，醉藉影參差。月白雁成字，江清魚可叉。風流一時勝，野意十倍加。祇恐天上去，迹陳錦江涯。歸來馬蹄疾，驚飛滿林鴉。

---

① 楊凱：原作"杜舜舉"，《成都文類》卷一一亦同。按：序十五人中並無杜舜舉，而只有楊舜舉，《蜀中廣記》作"楊舜舉"，是也。庫本作"楊凱"，乃稱其名。蓋取"舜臣堯，舉八愷，使主后土"（《左傳·文公十八年》）之義，故名凱，字舜舉。"凱"與"愷"通。今據改。

② 《宋詩紀事》卷五二云"商隱字義父"。按：此亦猜測，並無所據。以名字相應之律求之，呂商隱當即序文中之呂周輔，取呂尚隱於商而輔周之義。"義父"乃呂宜之字，見後。

③ 朋來：原作"明來"，據萬曆本、朱本、鄒本、《成都文類》卷一一改。

④ 呂凝之：應即序中之呂默夫，凝與默意均爲静寂。

⑤ 老樹：原作"花樹"，據庫本、《成都文類》卷一一改。

⑥ 桃李：原作"龍李"，據《蜀中廣記》卷六三改。

沈黎使君與客飲王建梅林，分韻作詩。過沉犀以詩相示，闕"樹"字，令漢廣補之
（宋）樊漢廣①

牆頭冉冉新陽露，忽作玲瓏玉千樹。老蛟偃蹇獨避人，卷回飛雪江皋暮。何處鳴禽來好音，四月枝垂起黃霧。摧折霜餘初不懼，笑看春光等閑度。百年夢幻欲無言，吹落吹開豈風故。時來薦鼎真偶爾，小住疏籬非不遇。我知天地絕茫茫，無為展轉獨多慮。為花悽斷却回頭，爾亦微酸苦難茹。

得"下"字 　　　　　　　　（宋）施晉卿②

郊原宿雨餘，雪重雲垂野。春信初動搖，欲往豈無駕？使君早着鞭，問路逢耕者。深尋烟雨村，共作詩酒社。庭荒六老樹，氣象自儼雅。一笑呼酒來，大盆注老瓦。最後看枯株，何意當大廈。夭矯待風雲，有年天實假。須知羹鼎調，嘉實係用舍。我欲壽使君，樽罍更傾瀉。明朝得楚《騷》，健甚無屈、賈。君今有賜環，詔落九天下。蜀江雪浪來，棹趁船人把。留滯以諸生，斯文要陶冶。惟應郢中歌，倡絕和寡。更聞督熊兒，夜賦燭餘炧。他年看無雙，聲譽出江夏。却笑昌黎公，阿買字能寫。

馮先生訪梅於成都西郊，同遊十五人分韻哦詩，而積不與，翊日先生分"僧"字，屬積作之③
（宋）張　積

春回九地陽潛升，南枝破臘如酥凝。疏籬度香竹梢短，寒沙倒影溪流澄。魁然老株忽駭目，雪鱗矯矯雙龍騰。天公一叱困仆地，掀髯弄爪高曲肱。長林望斷千百株，奮首直欲青雲凌。黎州太守和羹手，十里往看車呼登。西江破曉郊路淨，合簪者誰金蘭朋。歡笑藉草飛大白，行厨載酒多於澠。風花飄搖落杯面，漱齒澆胸如嚼冰。湘流之清峴山瘦，千古邂逅一笑興。却踏東風急回首，侵夜霜月寒生棱。入門未坐亟相詫，曰今見之生未曾。成都勝事多四蜀，我欲問津雲水僧。先生功成早勾身，未老重來醉倚藤。

得"詩"字 　　　　　　　　（宋）呂宜之④

寒梅如高人，冰雪凛風期。霜威凌萬木，孤芳綴疏枝。古來歲寒心，肯與時節移！家家浣溪南，橫斜映疏籬。老樹更崛奇，矯矯蛟龍姿。中有調鼎味，幾年江之湄。征

---

① 樊漢廣：即序中之樊允南。
② 施晉卿：即序中之施子一。
③ 以下二首原無。按：《梅林分韻詩》十五首，《全蜀藝文志》錄其十三，而獨遺其末二首，未知何意，恐是鈔錄時偶忘，未必有所取捨。今據《成都文類》卷一一補錄，以見其全貌。張積補作"僧"字，序中未曾述及，不知何故。蓋十五人中唯呂澤父、房仕成末有詩，故樊漢廣、張積補之。
④ 《宋詩紀事》卷五二云"宜之字澤父"，誤。詩序明云"呂義父別以'詩'字為韻"，是呂宜之字義父。義，宜也，亦名與字相成。

衫十里寒，霜蹄快追隨。先生羊叔子，到處英名垂。對花有妙想，豪氣無百疻。興來屬湛輩，同出春容詩。

賦成都碧雞坊李氏石君 事見《成都古今記》中。蓋湖石之最大而奇者，著名舊矣。

（宋）孫松壽

造化小兒骩山骨，幾年流落蛟龍窟。太湖一碧侵玻璃，瀾吞浪吐窮奔突。瑰奇未許困泥沙，漂出江皋空崆岘。清寒偃蹇如高人，肯向蓬蒿念埋沒。曩聞上苑饒奇珍，千形萬狀高嶙岣。當年搜索困山海，氈包席裹車轔轔。規模豈但肖五嶽，氣象直欲凌三神。一朝胡馬窺城下，例隨矢石荒荊榛。憐君分落幽人手，不逐爾輩污塵垢。首陽寂寞伯夷清，瀟湘冷落三閭瘦。李侯胸中飽雲夢，得君不用斯瓊玖①。館之舊隱與周旋，竹士松賓三益友。相看一洗名利心，眉宇更清元德秀。君今幾世德未衰，霜寒玉立癯而壽。咄嗟世眼多嗜好，玩形忘理十八九。奇章所蓄森琅玕，名標甲乙空紛然。到溉奇礓高崒崔，一擲徒爲負進錢。石君於女非不厚，較其所得無何有。願公世濟此君爲不朽！

雁詩

（宋）朱乘

八月新霜岸草枯，數聲哀怨雁來初。憑君試向沙汀看，恐帶匈奴二帝書。高宗皇帝聞之，嘆曰："此人頗有愛君之心。"②

彌牟鎮孔明八陣圖詩

（宋）王剛中

我稽八陣圖，規模載方冊。竭來鎮西蜀，夔門觀疊石③。賦詩百數字，字字究來歷。進涉漢州西④，彌牟鎮之北。平原列堆阜，灘石同一式。細思作者意，孔明有深策。高岸或爲谷，灘石存遺迹。江海變桑田，平原猶可覓。故令兩處存⑤，千載必一得。再歌遂成篇，當有智者識。

---

① 玖：原作"久"，據庫本、朱本、鄒本、《成都文類》卷一一改。
② 按：《蜀中廣記》卷一〇三引此詩及此注，云"出《保寧府志》"。
③ 疊石：《宋詩紀事》卷四七作"壘石。"
④ 漢州：原作"漢川"，據朱本、鄒本改。此八陣圖俗稱"旱八陣"，在彌牟鎮（今屬成都市青白江區）之北，當漢州（今廣漢）之西南，故當作"漢州"。"漢川"一般指陝西漢中盆地，與本詩無關。
⑤ 令：原作"今"，據《宋詩紀事》改。

題陳去非王摩詰嘉陵圖　　　　　　　　　　　　　　　　（宋）王安中

干戈已暗大同殿①，管弦猶喧凝碧池。別寫嘉陵三百里，右丞心事欲誰知！

邛州青霞嶂 青霞嶂與石城山相連。　　　　　　　　　　　　（宋）張　愈

霧山環合自雲川，戶有清溪種玉田。萬本桃花不知處②，幾人曾得問秦年？

萬安驛③　　　　　　　　　　　　　　　　　　　　　　（宋）張　繽④

勁兵重作付胡奴⑤，毆雀毆魚計自疏。地入萬安知幾許，却憐此邑始回車！繽詠萬安驛。明皇幸蜀至此，嘆曰："一安尚不可得，況萬安乎！"⑥

題柯敬仲畫　　　　　　　　　　　　　　　　　　　　（元）虞　集

　　予先世居隆州州治之後山。石室翁守郡時，隆爲陵州，州事簡，時來就吾家拾故紙背，作茅蘭竹木之屬，所得頗多。吾幼時尚收得數紙，今亦亡之。丹丘生用文法作竹木，而坡石過之；近又以新意作墨花，甚妙。從子悅，有眉山學官之行，丘爲作此，予愛而賦之。

昔者老可守陵州，守居北山吾故丘。太守時來看山雨，每畫紙背成滄洲。老蒲松烟色過重，揮霍陰崖交劍矛。百年離亂亡故物，敝篋江南誰復收？新圖箕箸枝葉修，使我不樂思昔侯。碧雞祠前杜宇叫⑦，玉女井上叢篁幽。棠梨樹高青子落，碧花翠蔓繁

---

① 干戈：宋范公偁《過庭錄》、孫紹遠編《聲畫集》卷三及《兩宋名賢小集》卷一〇一《初寮小集》均作"江山"。

② 萬本：原作"萬木"，據庫本、鄒本改。

③ 《方輿勝覽》卷五四：萬安驛在羅江縣西。

④ 張繽：《錦繡萬花谷·續集》卷一一、《方輿勝覽》作"張演"。

⑤ 重作：上引二書同，朱本、鄒本改作"重卒"，《蜀中廣記》卷九作"重鎮"。

⑥ 按：此注乃抄自《錦繡萬花谷》，原注"出張演《詠萬安驛》。唐明皇幸蜀"云云。此處不應照抄"繽詠萬安驛"五字。

⑦ 杜宇：《道園學古錄》卷二作"杜鵑"。

牽牛。揚雄無家不歸老，蠨蛸蟋蟀寒相求。丹丘先生東海客，何以見我空山秋。蕭條破墨作清潤，殘質刊落精英留。陂陀重複分細草，山石縈紆生亂流。眉山學官莫厭冷，言歸故鄉非遠遊。石田茅屋儻可得，萬里欲上東吳舟。百花潭深濯新錦，持報以比珊瑚鉤。

題商德符蜀山圖   前　人

每愛商公寫蜀山，蒼崖直下竹林間。錦城雨後江沙白，劍閣霜餘木葉殷。何處揚雄池盡墨，誰家杜甫月臨關。釣鰲海上天空闊，待得仙槎一往還。

蜀人鎦夢良效楊補之掀篷圖   前　人

錦屏山下花如錦，却愛清江野水邊。放筆豈能無直榦，掀篷方欲鬪清妍。最憐半面欹歌扇，更笑輕身障舞筵。君看上林千樹雪，繁枝何處獨娟娟！

題王庶山水   前　人

蜀人偏愛蜀江山，圖畫蒼茫咫尺間。駟馬橋邊車蓋合，百花潭上釣舟閑。亦知杜甫貧能賦，應嘆揚雄老不還。花重錦官誰得見，杜鵑啼處雨斑斑。

題秋日蜀棠   前　人①

野棠青子來青鳥，霜日清妍欲近人。忽見嬌然紅數萼，故鄉愁思不勝春②。

---

①　按：虞集《道園學古録》中無此詩。《蜀中廣記》卷二六引此詩，云是"蜀人鎦夢炎作"，未知何據。"蜀人"或是"宋人"之誤，"鎦"或當作"留"。留夢炎，浙江衢州人，宋末宰相，後降元。

②　"愁"字原缺，據《蜀中廣記》補。萬曆本、朱本、鄒本補作"鄉"，誤。又，此句庫本作"劇憐秋色勝於春"，當是妄改。

酒　肆　　　　　　　　　　　　　　　　　　　　　　　（明）晏　鐸

半幅青帘柳外斜，甕頭春色泛桃花。遥思昔換金龜處，知是長安第幾家？

詠柳邊驛前棕樹　　　　　　　　　　　　　　　　　　（明）劉成德

雲林秋盡葉齊凋，棕樹臨風翠羽摇。江上人家欲聽雨，故栽濃綠當芭蕉。

毘橋雨渡　　　　　　　　　　　　　　　　　　　　　（明）盧　雍

橋斷毘江路，殘霞水底天。渡邊還有渡，莫怪急呼船！

桂湖夜月　　　　　　　　　　　　　　　　　　　　　　　前　人

月白湖光净，波寒桂影繁。人間與天上，兩樹本同根。

全蜀藝文志卷之二十

詩

贈 送 上

別袁昌州　　　　　　　　　　　　　　　　　　　　　　　　（梁）江　總

河梁望壠頭，分手路悠悠。徂年驚若電，別日欲成秋。黃鵠飛飛遠，青山去去愁。不言雲雨散，更似東西流。

贈薛播州十四首①　　　　　　　　　　　　　　　　　　　　（隋）楊　素

在昔天地閉，品物屬屯蒙。和平替王道，哀怨結人風。麟傷世已季，龍戰道將窮。亂海飛群水，貫日引長虹。干戈異革命，揖讓非至公。

兩河定寶鼎，八水域神州。函關絕無路，京洛化爲丘。漳滏爾連沼，涇渭余別流②。生郊滿戎馬，涉路起風牛。班荆疑莫遇，贈縞竟無由。

五緯連珠聚，千載濁河清。金亡潛虎質，閏盡自蛙聲。聖期伊旦暮，天祿啓炎精。霧生三日重，星飛五老輕。禋宗答上帝，改物創群生。

道昏雖已朗，政故猶未新。刳舟洹水濟，結網大川濱。出遊迎釣叟，入夢訪幽人。植林雖各樹，開榮豈異春。相逢一時泰，共幸百年身。

有帛賁丘園，生芻自幽谷。塵芳金馬路，瀾清鳳池澳。零露既垂光，清風復流穆。傾蓋如舊知，彈冠豈新沐？利心金各斷，芬言蘭共馥。

自余歷端揆，緝熙忝時彦。及爾陪帷幄，出納先天睠。高調發清音，縟藻流餘絢。

---

① 十四首：逯欽立《先秦漢魏晉南北朝詩》作"十四章"，逯氏按："《詩紀》作十四首，非是。"按：《文苑英華》卷二四八作"十四首"。

② 余：原作"餘"，據《文苑英華》改。按："余"與上句"爾"相對，作"餘"非是。

或如彼金玉，歲暮無凋變。余松待爾心，爾筠留我箭。

荏苒積歲時，契闊同遊處。閶闔既趨朝，承明還宴語。上林陪羽獵，甘泉待清曙。迎風含暑氣，飛雨淒寒序。相顧惜光陰，留情共延佇。

滔滔彼江漢，實爲南國紀。作牧求明德，若人應斯美。高卧未褰帷，飛聲已千里。還望白雲天，日暮秋風起。峴山君儻遊，淚落應無已。

漢陰政已成，嶺表人猶蠹。借寇比方新，還珠總如故。楚人結去思，越俗歌來暮。陽烏尚歸飛①，別鶴還迴顧。君見南枝巢，應思北風路。

北風吹故林，秋聲不可聽。雁飛窮海寒，鶴唳霜皋净。含毫心未傳，聞音路猶夐。惟有孤城月，徘徊獨臨映。弔影余自憐，安知我疲病！

養病願歸閑，居榮在知足。栖遲茂陵下，優遊滄海曲。古人情可見，今人遵路躅。荒居接野窮。心物俱非俗。桂樹方叢生，山幽竟何欲？

所欲栖一枝，禀分豐諸己。園樹避鳴蟬，山梁遇時雉。野陰冒叢灌，幽氣含蘭芷。悲哉暮秋別，春草復萋矣。鳴琴久不聞，屬聽空流水。

秒水魚遊日，春樹鳥鳴時。濠梁莫共往，幽谷有相思。千里悲無駕，一見杳難期。山河散瓊蕊，庭樹下丹滋。物華不相待，遲暮有餘悲。

銜悲向南浦，寒色黯沉沉。風起洞庭險，烟生雲夢深。獨飛時慕侶，寡和乍孤音。木落悲時暮，時暮感離心。離心多苦調，詎假雍門琴！

送宋休遠之蜀②　　　　　　　　　　　　　　　（唐）張　說

求友殊損益，行道異窮申。綴我平生氣，吐贈薄遊人。結恩事明主，忍愛遠辭親。色麗成都俗，膏腴蜀水濱。如何從宦子，堅白共緇磷。日月千齡旦，河山萬族春。懷鉛書瑞府，橫草事邊塵。不及安人吏，能令王化淳。

杜少府之任蜀州　　　　　　　　　　　　　　　（唐）王　勃

城闕輔三秦，風煙望五津。與君離別意，同是宦遊人。海内存知己，天涯若比鄰。無爲在岐路，兒女共霑巾。

---

① 尚：原作"上"，據《文苑英華》改。
② 《張説之文集》卷六"蜀"下有"任"字。

重別薛升華①

前人

明月沉珠浦，秋風濯錦川。樓臺臨絕岸，洲渚亙長天②。旅泊成千里，栖遑共百年。窮途惟有淚，還望獨潸然。

艷情代郭氏答盧照鄰

（唐）駱賓王

迢迢芊路望芝田，眇眇函關限蜀川。歸雲已落涪江外，還雁應過洛水瀍。洛水傍連帝城側，帝宅層甍垂鳳翼。銅駝路上柳千條，金谷園中花幾色。柳葉園花處處新，洛陽桃李應芳春。妾向雙流窺石鏡，君住三川守玉人。此時離別那堪道，此日空床對芳沼。芳沼徒遊比目魚，幽徑還生拔心草。流風迴雪儻便娟，驥子魚文實可憐。擲果河陽君有分，貰酒成都妾亦然③。莫言貧賤無人重，莫言富貴應須種。綠珠猶得石崇憐，飛燕曾經漢皇寵。良人何處醉縱橫，直如循默守空名。倒提新縑成慊慊，翻將故劍作平平。離前吉夢成蘭兆，別後啼痕竹上生。別日分明相約束，已取宜家成誡勖④。當時疑弄掌中珠，豈謂先摧庭際玉。悲鳴五里無人問，腸斷三聲誰為續？思君欲上望夫臺，端居懶聽《將雛》曲。沉沉落日向山低⑤，檐前歸燕並頭栖。抱膝當窗看夕兔，側耳空房聽曉雞。舞蝶臨階祇自舞，啼鳥逢人亦助啼。獨坐傷孤枕，春來悲更甚。峨眉山上月如眉，濯錦江中霞似錦。錦字迴文欲贈君，劍壁層峰自紕紛。平江渺渺分青浦，長路悠悠間白雲。也知京洛多佳麗，也知山岫遙虧蔽⑥。無那短封即疏索，不在長門守期契。傳聞織女對牽牛，相望重河隔淺流。誰分迢迢經兩歲，誰能脉脉待三秋！情知唾井終無理，情知覆水也難收。不復下山能借問，更向盧家字莫愁。

---

① 薛升華：《文苑英華》卷二八六、元楊士弘編《唐音》卷一並同。《王子安集》卷三、《全唐詩》卷五六作"薛華"。按：《王子安集》卷七有《秋放於綿州群官席別薛升華序》一文，當與此詩所述爲同一事。《唐音》卷一錄此詩，注云升華疑即薛華，當是，升華蓋其字。

② 亙：原作"更"，據本集、《文苑英華》《全唐詩》改。

③ 貰：原作"貨"，據萬曆本、朱本、鄒本改。

④ 取：原作"助"，據《駱賓王文集》卷二、《全唐詩》卷七七改。

⑤ 落日：原作"落葉"，據本集、《全唐詩》改。

⑥ 山：原作"上"，據庫本、朱本、鄒本、本集、《全唐詩》改。

送殷大入蜀①　　　　　　　　　　　　　　　　　　　　　　　（唐）陳子昂

禺山金碧路②，此地饒英靈。送君一爲別，悽斷故鄉情。夏雲生極浦③，斜日隱離亭。坐看征騎没，唯見遠山青。

送金竟陵入蜀④　　　　　　　　　　　　　　　　　　　　　　（唐）崔信明

金門去蜀道，玉壘望長安。豈言千里足⑤，方尋九折難。西上君飛蓋，東歸我挂冠。猿聲出硤斷⑥，月彩落江寒。從今與君別，花月幾新殘？

淮南卧病，書懷寄蜀中趙徵君蕤　　　　　　　　　　　　　　　（唐）李　白

吴會一浮雲，飄如遠行客。功業莫從就，歲光屢奔迫。良圖俄棄捐，衰疾乃綿劇。古琴藏虛匣，長劍挂空壁。楚冠懷鍾儀，越吟比莊舄。國門遥天外，鄉路遠山隔。朝憶相如臺，夜夢子雲宅。旅情初結緝，秋風方寂歷。風入松下清，露出草間白。故人不在此，而我誰與適？寄書西飛鴻，贈爾慰離析。

江上寄巴東故人　　　　　　　　　　　　　　　　　　　　　　　　前　人

漢水波浪遠，巫山雲雨飛。東風吹客夢，西落此中時。覺後思白帝，佳人與我違。瞿唐饒賈客，音信莫令稀。

---

① 送殷大入蜀：原作"送殷大八"，據《陳伯玉文集》卷二改。
② 禺山：本集、《全唐詩》卷八四作"蜀山"。路：本集作"地"。
③ 夏雲：本集、《全唐詩》卷八四作"片雲"。
④ 竟：原作"敬"，《文苑英華》卷二六六校云"敬疑作竟"。《全唐詩》卷三八據作"竟"。蓋金某爲竟陵郡（在今湖北）官，故稱金竟陵。
⑤ 足：《全唐詩》作"遠"。
⑥ 出：原作"山"，據《文苑英華》改。"出"與下句"落"相對。

送友人入蜀　　　　　　　　　　　　　　　　　　　　　　　　　　　　　前　人

見說蠶叢路，崎嶇不易行。山從人面起，雲傍馬頭生。芳樹籠秦棧，春流繞蜀城。升沈應已定，不必訪君平。

送友人內江范崇凱①　　　　　　　　　　　　　　　　　　　　　　　　　前　人

青山橫北郭，白水繞東城。此地一爲別，孤篷萬里征。浮雲遊子意，落日故人情。揮手自茲去，蕭蕭班馬鳴。

贈兄崇凱　　　　　　　　　　　　　　　　　　　　　　　　　　（唐）范元凱②

洛陽紙價因兄貴③，蜀地紅箋爲弟貧。南北東西九千里，除兄與弟更無人！范崇凱，內江人，奏《花萼樓賦》爲第一。其弟元凱，亦自負其才，贈兄詩云。

寄柏學士林居　　　　　　　　　　　　　　　　　　　　　　　　　（唐）杜　甫

自胡之反持干戈，天下學士亦奔波。嘆彼幽棲載典籍，蕭然暴露依山阿。青山萬里靜散地，白雲一洗空垂蘿④。亂代飄零予到此，古人成敗子如何？荊揚春冬異風土，巫峽日夜多雲雨。赤葉楓林百舌鳴，黃泥野岸天雞舞。盜賊縱橫甚密邇，形神寂寞甘辛苦。幾時高議排金門，各使蒼生有環堵。

---

① 傳世李白文集各本均題作《送友人》，並未指爲何人，"內江范崇凱"五字爲楊愼所加。

② 按：《蜀中廣記》卷六七亦謂此詩爲范元凱作，蓋據《全蜀藝文志》。然《全唐詩》卷二九五題作《贈兄》，作者爲"何兆"，云其爲"蜀人"，且無詩後小注。《駢字類編》卷一四一"紅箋"條引此詩首二句，又題作《奚賈贈兄詩》。是此詩作者爲誰尚可疑。范崇凱，參見本書卷一《花萼樓賦》校記。

③ 紙價：原作"紙貴"，據萬曆本、庫本、朱本、鄒本及《全唐詩》改。

④ 白雲：《集注杜詩》卷一三作"白羽"。按：作"白羽"疑誤，當從《集千家注杜工部詩》卷一五、《杜工部集》卷七、作"白雨"。

寄常徵君　　　　　　　　　　　　　　　　　　　　　前　人

白水青山空復春，徵君晚節傍風塵。楚妃堂上色殊衆，海鶴階前鳴向人。萬事糾紛猶絕粒，一官羈絆實藏身。開州入夏知涼冷，不似雲安毒熱新。

贈花卿　　　　　　　　　　　　　　　　　　　　　　前　人

錦城絲管日紛紛，半入江風半入雲。此曲祇應天上有，人間能得幾回聞？

人日寄杜二拾遺　　　　　　　　　　　　　　　　（唐）高　適

人日題詩寄草堂，遙憐故人思故鄉。柳條弄色不忍見，梅花滿枝空斷腸。身在南蕃無所預，心懷百憂復千慮。今年人日空相憶，明年人日知何處？一臥東山三十春，豈知書劍老風塵①。龍鍾還忝二千石，愧爾東西南北人！

送梓州李使君　　　　　　　　　　　　　　　　　（唐）王　維

萬壑樹參天，千山響杜鵑。山中一半雨②，樹杪百重泉。漢女輸橦布，巴人訟芋田。文翁翻教授，不敢倚先賢。

送嚴秀才還蜀　　　　　　　　　　　　　　　　　　　前　人

寧親真令子③，似舅即賢甥。別路經花縣，還鄉入錦城。山臨青塞斷④，江向白雲平。獻賦何時至，明君憶長卿。

---

① 老：原作"與"，據萬曆本、庫本、朱本、鄒本、《高常侍集》卷八改。
② 半：庫本及《瀛奎律髓》卷四等書引作"夜"。
③ 真：《王右丞集》卷五、《全唐詩》卷一二六作"爲"。
④ 青：原作"清"，據本集、《全唐詩》改。

送大理正攝御史判涼州別駕　　　　　　　　　　　　　（唐）苑　咸

天子念西疆，咨君去不遑。垂銀棘庭印，持斧柏臺綱。雪下天山白，泉枯塞草黃。佇聞河隴外，還繼海沂康。

送姚評事入蜀，各賦一物，得卜肆　　　　　　　　　　（唐）張九齡

蜀嚴化已久，湛溟空所思。嘗聞賣卜處，猶憶下簾時。驅傳應經此，懷賢儻問之。歸來說往事，歷歷偶心期。

賦得《青城山歌》送楊、杜二郎中赴蜀軍　　　　　　　（唐）錢　起

蜀山西南千萬重，仙經最說青城峰。青城嶔岑倚空碧，遠壓峨眉吞劍壁。錦屏雲起易成霞，玉洞花明不知夕。星臺二妙逐王師，阮瑀軍書王粲詩。日落猿聲連玉笛，晴來山翠傍旌旗。綠蘿春月營門近①，知君對酒遙相思。

送裴頔侍御使蜀　　　　　　　　　　　　　　　　　　　前　人

柱史纔年四十強，鬒髯玄髮美清揚②。朝天繡服乘恩貴，出使星軺滿路光。錦水繁花添麗藻，峨眉明月引飛觴。多才自有雲霄望，計日應追鵷鷺行。

送友人入蜀　　　　　　　　　　　　　　　　　　　　　前　人

遠路接天末，憐君與我違。客程千嶂裏，鳥道片雲飛。樹色連青漢，泉聲出翠微。錦城花月下，才子定忘歸。

---

① 綠：原作"絲"，據《錢考功集》卷三、《唐詩品彙》卷三二、《蜀中廣記》卷六、《全唐詩》卷二三六改。

② 鬒：《錢考功集》卷八、《全唐詩》卷二三九作"鬢"。

送張郎中還蜀歌　　　　　　　　　　　　　　　　　　（唐）盧　綸

秦家御史漢家郎，親專兩印征殊方。功成走馬朝天子，伏檻論兵若流水①。曉離仙署趨紫薇，夜接高儒讀青史。瀘南五將望君還，願以天書示百蠻。曲棧重江初過雨，前旌後騎不同山②。迎車拜舞多耆老，舊卒新營遍青草。塞日雲生火候遲，烟中鶴唳軍行早③。黃華川下水交橫，遠映孤霞蜀國晴。筇竹笋長椒瘴起，荔枝花發杜鵑鳴。回首岷峨半天黑，傳觴接膝何由得？空令豪士仰威名，無復貧交恃顏色④。垂楊不動雨紛紛⑤，錦帳胡瓶爭送君⑥。須臾醉起簫笳發，空見雙旌入塞雲⑦。

送密秀才吏部駁放後歸蜀⑧　　　　　　　　　　　　（唐）權德輿

蜀國本多士，雄文似相如。之子西南秀，名在賢能書。薄祿且未及，故山念歸歟。迢迢三千里，返駕一羸車。玉壘長路盡，錦江春物餘。此行無愠色，知爾戀林廬⑨。

成都送嚴十五之江東　　　　　　　　　　　　　　　　　前　人

江都萬里外，別後幾悽悽？峽路花應發，津亭柳正齊。酒傾遲日暮，川闊遠天低。心繫征帆上，隨君到剡溪。

---

① 兵：《盧戶部詩集》卷四、《文苑英華》卷三四一、《全唐詩》卷二七七作"邊"。
② "旌"原作"程"，"不"原作"下"，據庫本、本集、《文苑英華》《唐詩紀事》卷三〇、《全唐詩》改。按：此句言其旌騎之盛，連綿數山。
③ 軍：原作"君"，據上引改。
④ 貧交：原作"貧女"，無義，據上引改。
⑤ 雨：原作"兩"，據上引改。
⑥ 錦：原作"綿"，據上引改。
⑦ "空見"句：本集、《全唐詩》作"空見紅旌入白雲"。
⑧ 《權載之文集》卷四、《全唐詩》卷三二三"歸蜀"後有"應崔大理序"。
⑨ 林：原作"休"，據本集、《全唐詩》改。

送人赴黔中①

前　人

一尊歲酒且留歡，三峽黔江去路難。志士感恩無遠近，異時應戴惠文冠。

送柳侍御裴起居②

（唐）武元衡

沱江水綠波，喧鳥去喬柯。南浦別離處，東風蘭麝多③。長亭春婉娩，層漢路蹉跎。會有歸朝日④，班超奈老何！

送李正字歸蜀

前　人

已獻《甘泉賦》，仍登片玉科。漢官新組綬，蜀國舊烟蘿。劍壁秋雲斷，巴江夜月多。無窮別離思，遥寄《竹枝》歌。

送溫況遊蜀

前　人

遊人西去客三巴，身逐孤篷不定家。山近蛾眉飛暮雨，江連濯錦起朝霞。雲深九折刀州遠，路繞千巖劍閣斜。因到莊君開卦處，將余一爲問生涯。

送柳震歸蜀

（唐）司空曙

白日雙流靜，西看蜀國春。桐花能乳鳥，竹節競祠神。蹇步徒相望，先鞭不可親。知從江僕射，登榻更何人？

---

① 《權載之文集》卷四《萬首唐人絕句》卷二八、《全唐詩》卷三二三題作《獻歲送李十兄赴黔中酒後絕句》。
② 柳侍御：《文苑英華》卷二七六作"李侍郎"，下注云："集作郎中。"
③ 麝：《臨淮詩集》《文苑英華》《全唐詩》卷三一六作"杜"，較勝。
④ 朝：原作"期"，據庫本、本集、《文苑英華》《唐詩紀事》卷三三、《全唐詩》改。

送夔州班使者　　　　　　　　　　　　　　　前　人

魚國巴庸路，麾幢漢守過。曉檣爭市隘，夜鼓祭神多。雲白當山雨，風清滿峽波。夷陵舊人吏，猶誦兩岐歌。

送崔校書赴梓幕　　　　　　　　　　　　　　前　人

碧峰天柱下，鼓角鎮南軍。管記催飛檄，蓬萊輟校文。棧霜朝似雪，江霧晚成雲。想出襃中望，巴庸方路分。

送龍州樊使君　　　　　　　　　　　　　　（唐）許　棠

曾見邛人説，龍州地未深。碧溪飛白鳥，紅斾映青林。土產惟宜藥，王租只貢金。政成開宴日，誰伴使君吟？

送友人尉蜀中　　　　　　　　　　　　　　　前　人

故友漢中尉，請爲西蜀吟。人家多種橘，風土愛彈琴。水向昆明闊，山通大夏深。理閒無別事，時寄一登臨。

蜀中將迴留辭韋相公①　　　　　　　　　　（唐）歐陽詹

寧體則雲構，方前恒玉食②。貧居豈及此，要自懷歸憶。在夢關山遠，如流歲華逼。明晨首鄉路，迢遞孤飛翼。

---

① 韋：《文苑英華》卷二八八作"韓"，誤。韋相公指劍南西川節度使韋皋。
② 玉食：原作"食玉"，據庫本、朱本、鄒本、《文苑英華》改，作"食玉"不叶韻。

奉和淮南李相公《早秋即事》，寄成都武相公①   （唐）劉禹錫

八柱共承天，東西別隱然。遠夷爭慕化，真相故臨邊。並進夔龍位，仍齊龜鶴年。相公詩有"齊年並進"之句也。同心舟已濟，造膝璧常聯。對領專征寄，遙持造物權。斗牛添氣色，井絡靜氛烟。獻可通三略，分甘出萬錢。漢南趨節制，趙北賜山川。玉帳觀渝舞，虹旌獵楚田。步嫌雙綬重，夢入九城偏。秋興離情動，詩從樂府傳。聆音還竊抃，不覺撫么弦。

始至雲安，寄兵部韓侍郎、中書白舍人。二公近曾遠守，故有屬焉   前　人

天外巴子國，山頭白帝城。波清蜀材盡②，雲散荒臺傾。迅瀨下哮吼，兩岸勢爭衡。陰風神鬼過，暴雨蛟龍生。硤斷見孤邑，江流照飛甍。蠻軍擊嚴鼓，笮馬引雙旌。望闕遙拜舞，分庭備將迎。銅符一以合，文墨紛來縈。暮色四山起，愁猿數處聲。重關郡吏散，靜室寒燈明。故人青霞意，飛舞集蓬瀛③。昔曾在池籞，應知魚鳥情。

送任侍郎黔中充判官④   （唐）劉長卿

不識黔中路，今看遣使臣。猿隨萬里客⑤，鳥似五溪人⑥。地遠官無法，山深俗易淳⑦。須令荒徼外，亦解懼埋輪。

---

① 《劉夢得文集》卷三題下自注："李中書自揚州見示詩本，因命仰和。"
② 材：《劉夢得文集·外集》卷一作"栜"。
③ 集：原作"焦"，據朱本、鄒本、本集、《全唐詩》卷三五五改。
④ 任侍郎：疑誤。庫本、《劉隨州集》卷二作"侯侍御"。
⑤ 猿隨：本集、《全唐詩》卷一四七作"猿啼"。
⑥ 五溪：本集、《全唐詩》作"五湖"。
⑦ 易：本集、《全唐詩》作"豈"。據文意，"豈"字勝。

贈黔府王中丞楚①　　　　　　　　　　　　　（唐）孟　郊

舊說天下山，半在黔中青②。又聞天下泉，半落黔中鳴。山水千萬繞，中有君子行。儒風一以扇，污俗心皆平。我願中國春③，化從異方生。昔爲陰草毒，今爲陽華英。嘉實綴綠蔓，涼湍瀉清聲。逍遥物景勝，視聽空曠並。困驥猶在轅，沉珠尚隱精。路返莫及盼，泥污日已盈。歲晏將何從，落葉甘自輕。

送蜀客　　　　　　　　　　　　　　　　　（唐）張　籍

蜀客南行祭碧雞④，木綿花發錦江西。山橋日落行人少⑤，時見猩猩樹上啼。

送客遊蜀　　　　　　　　　　　　　　　　　前　人

行盡青山見益州⑥，錦城樓下二江流。杜家曾向此中住，爲到浣花溪水頭。

貽蜀五首並序　　　　　　　　　　　　　　（唐）元　稹

元和九年，蜀從事韋臧文告別。蜀多朋舊，稹性懶爲寒溫書，因賦代懷五章，而贈行亦在其數。

病馬詩寄上李尚書

萬里長鳴望蜀門，病身猶帶舊瘡痕。遥看雲路心空在，久服鹽車力漸煩。尚有高懸雙鏡眼，何由並駕兩朱幡？唯應夜識深山道，忽遇君侯一報恩。

---

① 贈：原無，據《孟東野詩集》卷六、《全唐詩》卷三七七補。
② 青：原作"清"，據上引改。
③ "我願"以下原未録，今據上引補全。
④ 祭：原作"過"，據庫本及《張司業詩集》卷六、《全唐詩》卷三八六改。"碧雞"非地名，不可言"過"。
⑤ 落：本集及《成都文類》卷一二、《全唐詩》作"晚"。
⑥ 見：《張司業詩集》卷六、《成都文類》卷一二、《全唐詩》卷三八六作"到"。

李中丞表臣

韋門同是舊親賓①，獨恨潘床簟有塵。十里花溪錦城麗，五年沙尾白頭親。倅戎何事勞專席？老掾甘心逐衆人。却待文星天上去②，少分光影照沉淪。

盧評事子蒙③

爲我殷勤盧子蒙，近來無復昔時同。懶成積疹推難動，禪盡狂心煉到空。老愛早眠虛夜月④，病妨杯酒負春風。唯公兩弟閑相訪⑤，往往潛然一望公。

張校書元夫

未面西川張校書，書來稠疊頗相於。我聞聲價金應敵，衆道風姿玉不如。遠處從人須謹慎⑥，少年爲事要舒徐。勸君便是酬君愛，莫比尋常贈鯉魚。

韋兵曹臧文

處處侯門可曳裾，人人争事蜀尚書。摩天氣直山曾拔，徹底心清水共虛。鵬翼已翻君好去，烏頭未變我何如？殷勤爲話深相感，不學馮諼待食魚。

贈吳士則⑦　　　　　　　　　　　　　　　　　　　　前人

憶昔分襟童子郎，白頭抛擲又他鄉。三千里外巴南恨，二十年前城裏狂。寧氏舅甥俱寂寞，荀家兄弟半淪亡。淚因生別兼懷舊⑧，回首江山欲萬行。

---

① 同：原作"向"，據《元氏長慶集》卷一九、《成都文類》卷一二、《全唐詩》卷四一四改。
② 天上：上引作"上天"。
③ 子蒙：原脱，據本集、《全唐詩》補。
④ 早眠：原作"晝眠"，據本集、《成都文類》《全唐詩》改。搜書眠則不一定"虛夜月"。
⑤ 相：原作"因"，據上引改。
⑥ 須：原作"復"，據庫本、朱本、鄒本、本集、《全唐詩》改。
⑦ 《元氏長慶集》卷一九、《全唐詩》卷四一四題作《贈吳渠州從姨兄士則》。
⑧ 懷舊：原作"行舊"，據上引改。

贈薛濤①　　　　　　　　　　　　　　　　　　　　　　　前　人

詩篇調態人皆有，細膩風光我獨知。月夜詠花憐暗澹，雨朝題柳爲欹垂。長教碧玉藏深處，總向紅箋寫自隨。老大不能收拾得，與君開似教男兒②。

寄薛濤③　　　　　　　　　　　　　　　　　　　　　　　前　人

錦江滑膩峨眉秀，生得文君與薛濤④。言語巧偷鸚鵡舌，文章分得鳳凰毛。紛紛辭客多停筆，個個君侯欲夢刀。別後相思隔烟水，菖蒲花發五雲高。

送武士曹歸蜀　士曹即武中丞兄。　　　　　　　　　　　　（唐）白居易

花落鳥嚶嚶，南歸稱野情。月宜秦嶺宿，春好蜀江行。鄉路通雲棧，郊扉近錦城。烏臺陟岡送，人羨別時榮。

送蕭處士遊黔南　　　　　　　　　　　　　　　　　　　前　人

能文好飲老蕭郎，身似浮雲鬢似霜。生計抛來詩是業，家園忘却酒爲鄉。江從巴

---

① 按：此詩，後蜀韋縠輯《才調集》卷五録爲元稹作，題爲《寄舊詩與薛濤因成長句》，《成都文類》卷一二亦署作元稹，然《元氏長慶集》不載。宋計有功《唐詩紀事》卷七九薛濤條亦載此詩，云"元微之贈濤詩，（濤）因寄舊詩與之云"，則是以爲薛濤贈元微之，與《才調集》正相反。《全唐詩》卷八〇三蓋據此收作薛濤詩，題爲《寄舊詩與元微之》。但薛濤集中也無此詩，細味詩意，當以微之贈濤爲是。尤以末句"與君開似教男兒"，"開似"猶言"開示"，開示以教男兒，暗贊濤詩勝過男兒，自是元稹語氣。又有學者認爲，此首及下一首皆出假託。
② 教：原作"孝"，據庫本、朱本、鄒本、《唐詩紀事》《全唐詩》改。《成都文類》作"好"。
③ 按：此首《元氏長慶集》未收，《雲溪友議》卷下、《唐詩紀事》卷三七及《全唐詩》卷四二三收録，並云："稹聞西蜀薛濤有辭辯，及爲監察使國，以御史推鞫，難得見焉。嚴司空潛知其意，每遣薛往。泊登翰林，以詩寄之。"
④ 生得：萬曆本、朱本、鄒本、《全唐詩》作"幻出"，《雲溪友議》作"化出"，《唐詩紀事》作"生出"。

峽初生字，猿過巫陽始斷腸。不醉黔中爭去得，摩圍山月正蒼蒼①。

自京將赴黔南　　　　　　　　　　　　　　　　　　　　　　（唐）竇　鞏②

風雨荆州二月天，問人初顧峽中船③。西南一望雲如水，猶道黔南有四千！

送友人遊蜀　　　　　　　　　　　　　　　　　　　　　　　（唐）賈　島

萬岑深積翠，路向此中難。欲暮多羈思，因高莫遠看。卓家人寂寞，揚子業凋殘。唯有岷江水，悠悠帶月寒。

送朱休歸劍南　　　　　　　　　　　　　　　　　　　　　　　　　　前　人

劍南歸受賀，太學賦聲雄。小路長江岸④，朝陽十月中。牙新抽雪茗，枝重集猿楓。卓氏琴臺廢，深蕪想徑通。

送李餘及第歸蜀　　　　　　　　　　　　　　　　　　　　　　　　　前　人

知音伸久屈，覲省去光輝。津濟逢清夜⑤，途程盡翠微。雲當綿竹疊，鳥離錦江飛。肯寄書來否，原居出甚稀。

---

① 摩圍：原作"摩圖"，據庫本、譚校改。按：《白氏長慶集》卷一八作"磨圍"，磨、摩二字通。《方輿勝覽》卷六○紹慶府："摩圍山，在彭水縣西，隔江四里，與州城對岸。夷獠呼天曰圍，言此山摩天，故名。"

② 此詩作者，《唐詩紀事》卷三一亦收入竇鞏詩，《全唐詩》卷二七一題作"竇群"。按：竇鞏爲竇群弟，二人事跡俱見《舊唐書》卷一五五《竇群傳》。鞏一生行跡皆在浙江、湖北間，未曾入黔，而群於元和三年任黔州刺史、黔州觀察使，故此詩作者似當爲竇群。

③ 初顧：庫本、《唐詩紀事》《全唐詩》作"初雇"。

④ 小路：《賈浪仙長江集》卷八、《全唐詩》卷五七三作"山路"。

⑤ 濟：《賈浪仙長江集》卷四、《全唐詩》卷五七二作"渡"。

送雍陶及第歸成都寧覲　　　　　　　　　　　　　　　前　人

不唯詩著籍，兼又賦知名。議論於題稱，《春秋》對問精。半應陰騭與，全賴有司平。歸去峰巒衆，別來松桂生。漲江流水凸，當道白雲坑。勿以攻文捷，而將學劍輕。製衣新濯錦，開醖舊燒罌。同日升科士，誰同膝下榮！

送李評事使蜀①　　　　　　　　　　　　　　　（唐）王　建

勸酒不依巡，明朝萬里人。轉江雲棧細，近驛板橋新。石冷啼猿影，松昏戲鹿塵②。少年爲客好，況是益州春。

寄蜀中薛濤校書　　　　　　　　　　　　　　　前　人③

萬里橋邊女校書，枇杷花裏閉門居。掃眉才子無多少④，管領春風總不如！

送從舅成都丞廣南歸蜀　　　　　　　　　　　　　　　（唐）李　端

巴字天邊水，秦人去是歸。棧長山雨響，溪亂火田稀。俗富行應樂，官雄禄豈微？魏舒終有淚，還濕寧家衣。

送何兆下第還蜀　　　　　　　　　　　　　　　前　人

重河不可涉，孤客莫晨裝。古木沙城小，殘霞棧道長。裊猿楓子落，過雨荔枝香。勸爾成都住，文翁有學堂。

---

① "使蜀"下原有"啼猿戲鹿"四字，當是衍文，據庫本、朱本、鄒本、《王司馬集》卷三及《成都文類》卷一二刪。

② 昏：《成都文類》作"香"。

③ 按：此詩，《鑑誡録》卷一〇、《詩話總龜》卷二三、《唐才子傳》卷八等均題作胡曾詩。

④ 無多少：庫本、《鑑誡録》《唐才子傳》作"知多少"，《王司馬集》卷八、《全唐詩》卷三〇一作"於今少"。

西蜀送許中庸歸秦赴舉　　　　　　　　　　　　　　　（唐）陳　羽

　　春色華陽國，秦人此別離。驛樓橫水影，鄉路入花枝。日暖鶯飛好，山晴馬去遲。劍門當石隘，棧閣入雲危。獨鶴心千里，貧交酒一巵。桂條攀偃蹇，蘭葉藉參差。旅夢驚蝴蝶，殘芳怨子規。碧霄今夜月，惆悵上峨眉。

梓州與溫商夜別　　　　　　　　　　　　　　　　　　　前　人

　　鳳凰城裏花時別，玄武江邊月下逢。客舍莫辭先買酒，相門曾忝後登龍①。迎風騷屑千家竹，隔水悠揚五夜鐘②。明日又行西蜀路③，不堪天際遠山重！

送李餘及第歸蜀　　　　　　　　　　　　　　　　　　（唐）姚　合

　　蜀山高嶤嶢，蜀客無平才。日飲錦江水，文章盈其懷。十年作貢賓，九年多邅迴。春來登高科，升天得梯階。手持冬集書，還家獻庭闈。人生此爲榮，得如君者稀。李白《蜀道難》，羞爲無成歸。子今稱意行，所歷安覺危？與子久相從，今朝忽乖離。風飄海中船，會合難自期。長安米價高，伊我常渴飢。臨岐歌送子，無聲但陳詞。義交外不親，利交內相違。勉子慎其道，急若食與衣。苦熱道路赤，行人念前馳。一杯不可輕，遠別方自茲。

送雍陶歸蜀④　　　　　　　　　　　　　　　　　　　　前　人

　　春色三千里，愁人意未開。木梢穿棧出，雨勢隔江來。荒館因花宿，深山羨客回。相如何物在，應只有琴臺。

---

① 後：《文苑英集》卷二七六、《全唐詩》卷三四八作"共"，《唐詩紀事》卷三五作"舊"。
② 五：《唐詩紀事》《全唐詩》作"午"。
③ 路：《唐詩紀事》作"去"。
④ 歸：《姚少監詩集》卷一及《成都文類》卷一二作"遊"。

送林立歸蜀　　　　　　　　　　　　　　　　　　前　人

迢遞三千里，西南是去程。杜陵家已盡，蜀國客重行。雪照巴江色，風吹棧閣聲。馬嘶山稍暖，人語店初明。旅夢心多感，孤吟意不平。誰爲李白後，爲訪錦官城。

送任畹及第歸蜀中覲親　　　　　　　　　　　　　前　人

子規啼欲死，君德固無愁。闕下聲名出，鄉中意氣遊。東川橫劍閣，南斗近刀州。神聖題前字，千人看不休。

送崔珏往西川　　　　　　　　　　　　　　（唐）李商隱

年少因何有旅愁？欲爲東下更西遊。一條雪浪吼巫峽，千里火雲燒益州。卜肆至今多寂寞，酒壚從古擅風流。浣花箋紙桃花色，好好題詩詠玉鉤。

寄成都高、苗二從事　　　　　　　　　　　　　　前　人

家近紅蕖曲水濱，全家羅襪起秋塵。莫將越客千絲網，網得西施別贈人。

寄成都高、苗二從事，是時二公從事商隱座主府①　前　人

紅蓮幕下紫梨新，命斷湘南病渴人。今日問君能寄否？二江風水接天津。

送蜀客　　　　　　　　　　　　　　　　　（唐）張　祜

楚國去岷江，西南指天末。平生不達意，萬里船一發。行行三峽夜，十二峰頂月。哀猿別層林，忽忽聲斷咽。嘉陵水初漲，巖嶺耗積雪。不妨高唐雲，却藉宋玉説。峨

---

① 《李義山詩集》卷六及《全唐詩》卷五四〇 "時二公" 以下有十字爲題下注，無 "是" 字。又 "座主" 原作 "坐主"，據庫本、本集、《全唐詩》改。

眉遠凝黛，脚底谷洞穴。錦城晝氳氳，錦水春活活。成都滯遊地，酒客須醉殺。莫戀卓氏壚①，相如已屑屑。

送人歸蜀　　　　　　　　　　　　　　　　　　　　　　　　前　人

錦城春棹溯江源②，三峽經過幾夜猿。紅樹兩崖開日色③，碧巖千仞漲波痕。蕭蕭暮雨荆王夢，漠漠春烟蜀帝魂。長恐相如流滯處④，富家還憶卓王孫。

送楊秀才遊蜀　　　　　　　　　　　　　　　　　　　　　　　前　人

鄂渚逢遊客，瞿唐上去船。峽深明月夜，江浄碧雲天⑤。舊俗巴歈舞，離情《蜀國弦》。不堪揮慘恨，一涕自潸然。

送李長史歸涪州　　　　　　　　　　　　　　　　　　　　　　前　人

涪江江上客，歲晚却還鄉。暮過高唐雨，秋經巫峽霜。急灘船失次，疊嶂樹無行。好爲題新什，知君思不常。

閬中送任畹端公還京⑥ 任畹，蜀人。　　　　　　　　　　　　　前　人

燕臺上榻玉爲人，月桂曾輸次第春。幾日酬恩坐炎瘴，九秋高駕拂星辰。漢庭鳳進鵷行喜，隋國珠還水府貧。多少嘉謀奏風俗，斗牛孤劍在平津。

---

① 氏：《張處士詩集》卷一、《全唐詩》卷五一〇作"家"。
② 棹：《張處士詩集》卷四作"色"。江源：原作"涇源"，據萬曆本、庫本、朱本、鄒本、本集、《全唐詩》卷五一一改。
③ 日色：本集、《全唐詩》作"霽色"。
④ 恐：上引作"怨"。
⑤ 浄：《全唐詩》卷五一〇作"静"。
⑥ 閬中：原作"閣中"，據朱本、鄒本、《文苑英華》卷二七九改。

贈蜀將一首 蠻入成都，頻著功勞①。　　　　　　　　　　（唐）溫庭筠

十年分散劍關秋，萬事皆隨錦水流。心氣已曾明漢節，功名猶自滯吳鉤。鵰邊認箭寒雲重，馬上聽笳塞草愁。今日逢君倍惆悵，灌嬰、韓信盡封侯。

奉和門下相公《送西川相公兼領相印出鎮全蜀》詩十八韻　　　　　　　　　　　　　　　　　　　　　　　（唐）杜　牧

盛業冠伊唐，臺階翊戴光。無私天雨露，有截舜衣裳。蜀綴新衡鏡，池留舊鳳凰。同心真石友，寫恨葰河梁。虎騎搖風旆，貂冠韻水蒼。凋弓隨武庫②，金印逐文房。棧壓嘉陵咽，峰橫劍閣長。前驅二星去，開險五丁忙。迴首崢嶸盡，連天草樹芳。丹心懸魏闕，往事愴甘棠。治化輕諸葛，威聲懾夜郎。君平教說卦，犬子召升堂③。塞接西山雪，橋維萬里檣。奪霞江錦爛，撲地酒壚香。忝逐三千客，曾依數仞牆。滯頑堪白屋，攀附亦周行。肉管伶倫曲，簫韶清廟章。唱高知和寡，小子斐然狂。

送人入蜀　　　　　　　　　　　　　　　　　　　　（唐）李　遠

蜀客本多愁，君今是勝遊。碧藏雲外樹，紅壓驛邊樓。杜宇呼名語④，巴江學字流。不知煙雨夜，何處夢刀州？

---

① "入"原作"人"，又"頻著"二字原脱，並據《成都文類》卷一二改、補。《温庭筠詩集》卷四"頻"作"頗"。

② 凋弓：萬曆本、朱本、鄒本、《樊川文集》卷二、《成都文類》卷一二俱作"彤弓"。按：作"彤弓"勝。《詩經·小雅·彤弓》序："彤弓，天子錫有功諸侯也。"

③ 犬子：原作"大子"，據萬曆本、本集、《成都文類》改。庫本、《全唐詩》卷五二一作"夫子"，朱本、鄒本作"太子"，皆誤。"犬子"指司馬相如。《史記·司馬相如傳》："少時好讀書，學擊劍，故其親名之曰犬子。"《法言·吾子》："如孔氏之門用賦也，則賈誼升堂，相如入室矣。"君平、犬子皆用蜀人事。

④ "杜宇"句：《文苑英華》卷二七四作"杜魄呼名叫"。

賀裴庭裕登第　　　　　　　　　　　　　　　　（唐）李　搏

銅梁千里曙雲開，仙籍新從紫府來①。天上已張新羽翼，世間無復舊塵埃。嘉祥果中君平卜②，賀喜須斟卓氏杯。應笑戎藩刀筆吏，至今泥滓曝魚顋。

又戲贈裴庭裕　　　　　　　　　　　　　　　　　　前　人

曾隨風水化凡鱗③，安上門前一字新。聞道蜀江風景好，不知何似杏園春？

答李搏　　　　　　　　　　　　　　　　　　　（唐）裴庭裕

何勞問我成都事，亦報君知便納降。蜀柳籠堤烟矗矗，海棠當户燕雙雙。富春不並窮師子，濯錦全勝旱曲江。高卷絳紗揚氏宅，時主文寓揚子巷，故有此句④。半垂紅袖薛濤窗。浣花泛鷁詩千首，静衆尋梅酒百缸。若説弦歌與風景，主人兼是碧油幢。

寄王播侍御史求蜀箋⑤　　　　　　　　　　　　　（唐）鮑　溶

蜀川箋紙彩雲初，聞説王家最有餘。野客思將池上學，石楠紅葉不堪書。

送馬向遊蜀　　　　　　　　　　　　　　　　　（唐）徐　凝

遊子去咸京⑥，巴山萬里程。白雲連鳥道，青壁遞猿聲。雨露經泥坂⑦，烟花望錦城。工文人共許⑧，應記蜀中行。

---

① 籍：《唐詩紀事》卷六一、《成都文類》卷一二、《全唐詩》卷六六七作"籙"。
② 祥：上引及《唐摭言》卷三作"禎"。
③ 風水：《唐摭言》卷三作"流水"。
④ 按：此是五代王定保《唐摭言》卷三之注。
⑤ 《鮑溶詩集·集外詩》《成都文類》卷一二無"史"字。
⑥ 去：《文苑英華》卷二七一作"出"。
⑦ 雨露：《文苑英華》《全唐詩》卷四七四作"雨雪"，較勝。
⑧ 許：原作"計"，據庫本、《文苑英華》《唐詩紀事》卷五二及《全唐詩》改。

旅次遂州遇裴昭員外謫居，因寄　　　　　　　　　　　　　　　　（唐）鄭　谷

誰解登高問上玄，謫仙何事謫詩仙？雲遮列宿離華省，樹陰澄江入野船。黃鳥晚啼愁瘴雨，青梅早落帶蠻烟。不知幾首南行曲，留與巴兒萬古傳。

送夏侯審遊蜀　　　　　　　　　　　　　　　　　　　　　　　　（唐）耿　湋

暮峰和玉壘，回望不通秦。更問蜀城路，但逢巴語人。石林鶯囀晚①，板屋月明春。若訪嚴夫子，無嫌卜肆貧。

送李餘及第歸蜀　　　　　　　　　　　　　　　　　　　　　　　（唐）朱慶餘

從得高科名轉盛，亦言歸去滿城知。發時誰不開筵送，到處人爭與馬騎。劍路紅蕉明棧閣，巴村綠樹蔭神祠。鄉中後輩遊門館，半是來求近日詩。

送壁州劉使君　　　　　　　　　　　　　　　　　　　　　　　　　前　人

王府登朝後，巴鄉典郡新。江分入峽路，山見采鞭人。舊業孤城夢，生祠幾處身。知君素清儉，料得却來貧。

將歸蜀，留獻恩地僕射二首　　　　　　　　　　　　　　　　　　（唐）姚　鵠②

自持衡鏡采幽沉，此事嘗聞曠古今。危葉只將終委地，焦桐誰料却爲琴。蒿萊詎報生成德，犬馬空懷感戀心。明日還家盈眼血，定應迴首即沾襟。

江上長思狎釣翁，此心難與昨心同。自承丘嶽新恩重，已分烟霞舊隱空。龍變偶因資巨浪，鵬飛誰肯借高風？應憐死節無門效，冰炭潛憐逐轉蓬。

---

① 晚：《石倉歷代詩選》卷五三、《全唐詩》卷二六八作"曉"。
② 原注："成都人。"

送李潛歸綿州覲省　　　　　　　　　　　　　　　　　　　前　人

朱樓對翠微，紅斾出重扉。此地千人望，寥天一鶴歸。雪封山崦白，鳥拂棧梁飛。誰比趨庭戀，驪珠耀彩衣。

寄雍陶先輩　　　　　　　　　　　　　　　　　　　　　　前　人

知音杳何處？書札寄無由①。獨宿月中寺，相思天畔樓。露凝衰草白，螢度遠烟秋。悵望難歸枕，吟勞生夜愁。

龍州韋郎中先夢六赤，後因打葉子以詩上_{六赤者，骰子六枚皆四紅也。打葉子，今之紙牌。}　　　（唐）李　洞

紅蠟香烟撲畫楹，梅花落盡庾樓清。光輝圓魄銜山冷，彩鏤方牙著腕輕。寶帖牽來師子鎮，金盆引出鳳凰傾。微黃喜兆莊周夢，六赤重新擲印成。

送東宮賈正字之蜀　　　　　　　　　　　　　　　　　　前　人

南朝獻晉史，蜀地瞰巴樓。長棧懷宮館②，疏峰露劍州。半空飛雪化，一道白雲流。若次江邊邑，宗詩為遍搜。

---

① 札：原作"禮"，據《文苑英華》卷二六三改。
② 館：原作"相"，據《文苑英華》卷二八〇改。《全唐詩》卷七二二作"樹"。

送西川梁常侍之新築龍山城並錫賚兩川刺史及部落酋長等①

(唐) 薛　逢

聖主憂夷貊，屯師剪東欽②。皇家思眷祐③，星使忽登臨。用命期開國，違天必覆礧。化須均草樹，恩不間飛沉。束馬凌蒼壁，捫蘿上碧岑。瘴川風自熱，劍閣氣長陰。迅瀨從天急，喬松入地深④。仰觀唯一徑，俯瞰即千尋。水作新城帶，山爲故壘襟。東開洞君聽，南闢納蠻心。渥澤濡三部，謂三王部落。衣冠化兩林。帶文雕白玉，符理篆黃金。鳥道經邛僰，星躔過觜參。迴軒如一作"知"。睿獎，休作苦辛吟。

送西川杜司空赴鎮⑤

前　人

黑眉玄髮尚依然，紫綬金章五十年。三入鳳池操國柄，八分龍節付兵權。東周城闕中天外，西蜀樓臺落日邊。莫遣洪鑪曠真宰，九流人物待陶甄。

送人遊蜀

(唐) 馬　戴

別離楊柳陌，迢遞蜀門行。君聽清猿後，應多白髮生。虹霓侵棧道，風雨雜江聲⑥。過盡愁人處，烟花是錦城⑦。

---

① 梁：原作"渠"，據《文苑英華》卷二八一、《全唐詩》卷五四八改。
② 東欽：原作"束欽"。按：《文苑英華》亦作"束"，校云："浪吉一名東欽。"是正文本作"東欽"。作"東欽"是。東欽與下三王、兩林均爲黎、邛、巂等州邊外部落，見《新唐書》卷二二二下《兩爨蠻傳》，今據改。又《新唐書》此傳中還有"浪稽"部，當即此之"浪吉"。
③ 祐：原作"裕"，據庫本、《文苑英華》《全唐詩》改。
④ 松：原作"橋"，據上引改。
⑤ 原本脱此題，似此詩爲前篇之第二首，兹據庫本、《文苑英華》卷二八一分出並補題。此詩所送之人"三入鳳池"，即三爲宰相，應指杜悰。
⑥ 風雨：《文苑英華》卷二八一作"雨雪"。
⑦ 烟花：上引作"烟雲"。

送友人遊蜀①　　　　　　　　　　　　　　　　　　　　（唐）張　喬

劍閣緣空去，西過第幾州②？丹霄行客語，明月杜鵑愁。露帶山花落，雲隨野水流。相如曾醉地，莫戀少年遊③。

蜀中上王尚書　　　　　　　　　　　　　　　　　　　　（唐）章孝標

梓桐花幕碧雲浮，天許文星寄上頭。武略劍峰環相府，詩情錦浪浴仙州。丁香風裏飛箋草，邛竹烟中動酒鈎。自古名高閑不得，肯容王粲賦登樓？

送友人歸邛州　　　　　　　　　　　　　　　　　　　　（唐）唐　求

鶴鳴山下去，滿篋荷瑤琨。放馬荒田草，看碑古寺門。漸寒沙上雨，欲暝水邊村。莫忘分襟處，梅花撲酒樽。

邛州水亭夜讌送顧非熊之官　　　　　　　　　　　　　　　　前　人

寂寞邛城夜，寒塘對庾樓。蜀關蟬已噪，秦樹葉應秋。道路連天遠，笙歌到曉愁。不堪分袂後，殘月正如鈎。

贈弟洎　　　　　　　　　　　　　　　　　　　　　　　（後唐）韓　浦

十樣蠻箋出益州，寄來新自浣溪頭。老兄得此全無用④，助爾添修五鳳樓。

---

① 《張喬集》卷二、《全唐詩》卷六三八題作《送蜀客》。
② 此句上引作"西南轉幾州"。
③ 戀：上引作"滯"。
④ 全：萬曆本、朱本、鄒本作"渾"。

贈段文昌

(唐) 無名氏

文昌字墨卿,有別業在廣都縣之南龍華山,嘗杜門力學於此,俗謂之段公讀書堂①。長慶初,朝議文昌少在西蜀,諳詳利病,詔授劍南節度使。有邑人贈詩曰:

昔日騎驢學忍饑,今朝忽着錦衣歸。等閑畫虎驅紅旆,可畏登龍入紫微。富貴不由翁祖致,文章生得羽毛飛。廣都再去應惆悵,猶有江邊舊釣磯②。

送李少府之臨邛

(唐) 釋無可

邛南方作尉,調補一何卑!發論唯公幹,承家乃帝枝。山長風裊棧,江蔭石和溯。舊井王孫宅,過尋獨有期。

送杜司馬再遊蜀中

前人

爲客應非願,愁成欲別時。還遊蜀國去,不惜杜陵期。劍水啼猿在,關林轉棧遲。日光低峽口,雨勢出峨眉。川迥遲殘角③,山開識遠夷④。勿令雙鬢髮,併向錦城衰。

上韋相公⑤

(唐) 薛濤

聞道邊城苦,如今到始知⑥。好將門下曲⑦,唱與隴頭兒。

---

① 堂:朱本、鄒本及《唐詩紀事》卷五〇作"臺"。
② 按:此詩及詩前紀事俱録自《唐詩紀事》。此事又見後蜀何光遠《鑑誡録》卷八。
③ 川迥遲:《文苑英華》卷二七九注:"集作山迥逢。"
④ 山:《文苑英華》注:"集作雲。"按:庫本、《全唐詩》卷八一四作"雲"。
⑤ 韋相公:原作"高相公",據庫本改。《薛濤詩》《唐詩紀事》卷七九、《萬首唐人絶句》卷二〇、《全唐詩》卷八〇三等俱題作《罰赴邊有懷上韋令公》。原詩二首,次首作:"黠虜猶違命,烽烟直北愁。却教嚴譴妾,不敢向松州。"
⑥ 如今:《唐詩紀事》作"而今",《又玄集》《萬首唐人絶句》《薛濤詩》《全唐詩》作"今來"。
⑦ 好:《唐詩紀事》《又玄集》作"却",《萬首唐人絶句》《薛濤詩》《全唐詩》作"羞"。

薛濤，本長安良家女，父鄖，因官寓蜀而卒。濤以能詩聞外。韋皋鎮蜀，召令侍酒，議以校書郎奏請之，護軍曰不可，乃止。濤出入幕府，自皋及李德裕，凡歷事十一鎮。以詩與濤倡和：元稹、白居易、牛僧孺、令狐楚、裴度、嚴綬、張籍、杜牧、劉禹錫、吳武陵、張祜，餘皆名士，凡二十一人。濤詩罕傳，故附見云。

上蜀相周庠①   （前蜀）黄崇嘏

五代王蜀時，有崇嘏者，本臨邛女子黄氏②。蜀相周庠初在臨邛，嘏以詩上謁，庠稱之，薦攝府縣吏事，明敏，胥吏畏服。逾一載，欲妻以女，嘏力辭之。庠大驚，召問，具述本末，乃黄使君之女，未從人，惟老嬭同居。此事尤怪。元人傳奇《女狀元》《春桃記》，即此人也。

一辭拾翠碧江涯，貧守蓬茅但賦詩。自服藍衫居郡掾，永拋鸞鏡畫蛾眉。立身卓爾青松操，挺志堅然白璧姿③。幕府若容爲坦腹，願天速變作男兒。

---

① 《全唐詩》卷七九九題作《辭蜀相妻女詩》。
② 臨：原脱，據朱本、鄒本補。
③ 堅：《太平廣記》卷三六七"黄崇嘏"條引《玉溪編事》作"鏗"。

全蜀藝文志卷之二十一

詩

贈 送 下

韓太丞同守成都三首　　　　　　　　　　　　　　（宋）范　鎮

盛府佳招貴，嚴宸雅寄深。興題仲舉坐，闕挂子牟心。漢竹分新契，潘花過舊陰。當年百里驥，方此試駸駸。

近境連桑陌，先遊盛竹林。大阮郎中嘗任西蜀。併將懷舊意，持作惠時心。藻思春生筆，清機月滿襟。成風錦江曲，迴上玉山岑①。

春色草將深，春寒柳未陰。青天指行棧，淥水蕩離襟。後乘何爲託，前旌喻此心。南枝倦飛翼，憑爲寄歸音。

送鈐轄館使王公　　　　　　　　　　　　　　　　（宋）程　戡

歸騎翩翩去路賒，鬱葱佳氣望天涯。艱危劍閣三千里，惠愛刀州十萬家。龍尾道邊瞻日彩，鹿頭關外別春華。金明扈從宸遊處，休憶連年泛浣花②。

程密學知益州　　　　　　　　　　　　　　　　　（宋）宋　祁

墀塗畫對別堯黌，細札芝泥襲綬馨。三蜀舊臺呼輻寵，十連新府夢刀靈。雲梯霽日明鉤棧，雨閣蒼苔蝕劍銘。只恐廉襦歌未厭，熒煌歸應六符星。

---

① 迴：《兩宋名賢小集》卷三九《范蜀公集》作"迥"，較勝。
② 連年：朱本、鄒本作"年年"。

蜀道篇送別府君吴龍圖

（宋）郭祥正

長吟李白《蜀道難》，蜀道之難難於上青天。長蛇並猛虎，殺人吮血，毒氣何腥膻！錦城雖樂不可到，側身西望，泣涕空漣漣①。其辭辛酸語勢險，有如曲折頓挫萬丈之洪泉。世人不識寶玉璞，每欲酬價齊刀鉛。求之往古疑未有，惜哉不經孔子之手加鑱鐫。公今易節帥蜀國，爲公重吟《蜀道篇》。旌旗翻空度劍閣，甲花照雪參林巔。雲罷連椎谷聲碎，畫角慢引斜陽懸。竹馬爭迎舊令尹，指公長髯皓素非往年。蜀道何坦然，和氣拂拂回星躔。長蛇深潛猛虎伏，但愛雄飛呼雌，響亮調朱弦。時乎樂哉，公之往也！九重深拱堯舜聖，廟堂論道丘、軻賢。撫綏斯民賴良守，平平政化公能宣。束兵興學有源本，何必早夜開華筵？嘗聞家家賣釵釧，只待看舞青春前。此風不革久愈薄，稔歲往往成凶年。噫吁嘻②！今我無匹馬，安得從公遊？盡書政績來中州，獻之明堂付太史，陛下請捐西顧憂。

贈廣都寓舍賢婦二喻詩

（宋）頓　起

嘗聞趙清獻，恤孤尉亡友。至今西蜀人，談美不容口。二喻出儒家，清貧一無有。零丁依老姑，破屋僧堂後。相對誦詩書，未嘗窺户牖。圭折玉彌方，山寒松更茂。縣宰初聞名，咨嗟爲之久。從容語其配："夫人曾見否？長者二十三，次亦十八九。青裾長蔽膝，荆簪短在首。我欲效清獻，言不爲人取。近於吾邑中，選婿得豪右。"夫人相宰意，魚蔬薦樽酒。屈致二喻來，呼名老與壽。長曰安壽，次曰安老。"女子當有行，《詩》稱遠父母。飢寒日月長，蓬蓽風雨漏。"大喻前致詞，洒淚濕衣袖："荷德固已深，緘情亦須剖。"上言親未葬，心欲土自負。下述妹未笄，娉娉無傅姆。還家復獻書，自叙貧且陋。鉛華世所悦，銅臭非吾偶。肯效闒閬閭，碌碌逐雞狗？世無梁伯鸞，應嫌孟光醜。孔明若再生，承女甘箕帚。陳義一何高，夫人驚拊手。至今書藁在，光輝射星斗。董子慕高風，喜曰真吾婦。吾親雙白髮，吾弟室未授。睠言姊妹賢，可以相先後。五兩幣雖輕，意則千金厚。輜軒雙造門，觀者競奔走。女子尚能爾，男兒宜自守。重聘或不來，豈欲終畎畝？畜德尚未充，高位亦虛受。寄語事君者，慎勿輕去就。

---

① 漣漣：原作"連連"，據庫本、朱本、鄒本、《成都文類》卷一三改。
② 吁：原作"呼"，據朱本、鄒本、《成都文類》改。

上席帥

(宋)喻汝礪

先公御吏如御兵，迎刃而解如庖丁①。掀髯一笑黠吏走，蜀中草木知威名。伯兄渠渠天下士，嵩高少室之英靈。妙齡提書噉閶闔，詄議可以諧《韶》《頀》。昨年兩作益州牧，西南惡少不敢行。後來繼者有季弟，潭潭大度涵滄溟。指麾萬事不作意，決眥雨電風烟雲②。南望峨眉西玉壘③，逸氣夜與銀河傾。幅巾筇杖過何許，閑邀仲元訪君平。小蓬萊寶夜吹笙，往往笑倒長庚星。拔劍起舞者誰子？杜陵老翁醉不醒。生平入眼無俗物，胡爲見我眼自青？武侯廟前有古柏，風吟雨獻蛟龍聲。我來正欲刳爾腹，琢作巨屋丹其楹。琢作巨屋丹其楹，繪此落落三名卿。尚使千載知儀刑，喻子作詩如鼎銘。

送孫正忠臣移成都小漕

(宋)楊天惠

升平芝菌效神奇，況乃賢豪用世資。人物熙寧中興日，風流荊國適同時。起家便作三公客，乘傳何爲九折馳？少府但分新賜節，石渠猶借舊官儀。素心久辦經綸計，妙意前知遇合期。聊與西南成勝事，暫將清獻續良規。橋橫萬里重開府，水接雙流共去思。怊悵參卿無限意，道傍索筆強題詩。

送吏部尚書張公帥成都詩 並序④

(宋)朱 翌

己未九月，有旨謀成都帥。三省具所除人以聞，皆不許，止命選在廷從臣以往。衆未及對，上曰："得一人矣。吏部尚書張燾，明練端方，可當一面。付以便宜，勿從中覆。"且命退與公議。公見宰相，願行不辭，乃以十月六日制下。吳蜀相望一萬里，水遡瞿唐、灩澦，陸走夔峽，極天下之險。有爲公言者，公曰："上用我，何遠之辭？何險之畏？"退理舟楫，行日甚近。於是士大夫不問識與不識，皆謂公宜在朝廷，不必往成都。成都可他擇才，朝廷不可無公也。御史中丞具以輿言白上。夫內重久矣，一命以上，皆以不得仕朝廷爲恨。公卿出典方面，類若不得已者，其進退用舍，士大夫亦不甚

---

① 解：原作"邂"，據萬曆本、庫本、朱本、鄒本、《宋詩紀事》卷三九改。
② 眥：原作"皆"，據萬曆本、庫本、朱本、鄒本、《成都文類》卷一三改。
③ 峨眉：原作"娥眉"，據庫本、朱本、鄒本改。
④ 詩：《灊山集》卷三作"一百韻"。

留意。今公欣然承命，無一毫難色，而又得士論如此，此行有光矣。蜀有兩張太守，太宗時乖崖公，仁宗時文定公。兩公名重一時，爲人君所倚信，在蜀最有惠愛，蜀人至今祠之。今公姓同，德又同，名重一時，爲天子所倚又同。惠愛所加，能使人久而不忘，懸知其必同也。既行，祖道西湖上，朝士咸爲賦詩。翌從公遊將三十年，蒙公之知最深①，故爲詩千字，叙公出處大概，且使蜀人知公不減前兩張太守也。紹興九年十月二十五日序。

一代亨衢上，明公逸步超。河東書具作，圯下老相邀。海闊雲垂翼，天清斗壓杓。三人前鼎甲，千佛仰孤飈。弟子師尊董，諸儒稱述蕭。西崑收俊乂，東壁絶塵囂。别乘將離汴，輕舟徑指茆。湖山縱清美，家國正飄摇。慟哭天傾柱，歸情户見蜩。奉祠投里閈，招隱向山椒。並海屯千衛，披榛拱百僚。回鑾須故國，負靮且今朝。光列哀烏位，星馳封馬輎。賢裾來接武，陰沴自潜消。香案依丹陛，螭坳立紫霄。飛鴻九天去，歸鶴一聲嘹。主上思圖舊，王人促見招。起居還左史，議論鄙南朝。大吕聲揚遠，元圭質匪雕。掖垣裁詔密，禁路賜纓影。滅澆圖興夏，巡方首從姚。自南瞻析木，直北望玄枵。玉海千尋浪，江南五色鷯。壯哉還掣虎②，凛若在秋鵰。去國還追信，刓章豈易堯。光華司馬甲，整頓路車軺。國事煩參決，廷詢得具條。乘時笑乾没，許國敢輕佻！河洛腥羶裏，陵原草木焦。青春深仗節，久雨更乘橋。取道先轅楚，揚旌轉渡瀟。一抔藏萬世，九廟正三祧。遂使儀如漢，將令樂奏《韶》。路迷彪過迹，澗涸夜生潮。去日春仍淺，歸期暑正焦。君王喜不寐，天下首方翹。疏奏中無隱，臣生苦不聊。戴天那忍共，得地豈宜驕。内治今當亟，高名不敢要。銓衡真有託，啓事復何遼。道直咸推汲，謀深肯計勦。定非摇扇羽，寧要插蟬貂。褒貶書方舉，姦諛骨合銷。懷開真坦坦，燕處自夭夭。當寧西南顧，常懷參井迢。遍詢醫國效，立遣愈民疕。文武資兼禀，詩書帥欲驕③。衆皆可郗縠，一以委張昭。除目凌晨下④，行裝即日撩。被攜猶刺刺，涉遠乃翛翛。帆影三江水，車聲萬里橋。丈人峰嵂屼，神女峽嵒嶤。石室晝閣淡，草堂人寂寥。山圍玉壘峻，水減石犀遥。石表笋雙立，銅青柏未凋。錦江喧士女，藥市混農樵。劫墮乾坤壞，流横海岳漂。惟兹井絡外，依舊角弓弨。自昔三刀夢，多傳五袴謡。威餘嚴僕射，功説李文饒⑤。文定棠尤美，乖崖福可徼。事今難悉數，公亦豈其苗。秦地新通棧，瞿唐穩泛橈。虎貔環外閫，耒耜得深穮。正可供壺弈，隨宜列鼓簫。薄鞭束高閣，竹馬戲垂髫。好閲相如賦，終閑李廣刁。奎文天象轉，延閣士林標。此去廷無愈，行聞衆遠陶。付之樞極運，咸仰泰階霄。賤子無三徑，平生有一瓢。老將書蠹稿⑥，時作草蟲噎。大笑玉三刖，不求銀十腰。古今同閲宙，南北縱吹藻。已

---

① 知：原脱，據萬曆本、庫本、朱本、鄒本、本集補。
② 掣虎：原作"制手"，據《成都文類》卷一三改。按：本句本集作"矯如出塵隼"。
③ 帥欲驕：本集作"氣不恌"。
④ 除目：原作"除日"，據庫本、朱本、鄒本、本集改。
⑤ 李：原作"孝"，據萬曆本、朱本、鄒本、本集及《成都文類》改。
⑥ 稿：原作"槁"，據朱本、鄒本、《成都文類》改。

类蜂粘網，真成鹿覆蕉。屢經多盗境，幾至獨身跳。何處地堪避，知誰戰敢挑？月明三匝鵲，巢卜一枝鷦。釣瀨長烹鯉，窮山飽聽鴞。臨書池盡黑，就局博嫌么。臂有七賢把，丹亡九轉燒。唯堪貫薜荔，未肯殺崇囂①。賣藥難爭價，爲農或可劭②。稍能羞野葛，初未識江珧。已罷尋蜑巨③，欣聞退猲獢。誰憐人爲米，敢有意遷喬。過我深披蘀，追凉薄曳綃。狐裘憐晏子④，縞帶與公僑。挽引煩推轂，陶甄爲置窯。清時容潦倒，册府著笯蔈。憶昨西湖上，隨公羽蓋飄。青山迎晉屐，綠水泛吴舠。上相尊仍美，將軍饍亦嬌⑤。道争棋屢覆，壺響箭呈梟。茶乳晴尤發，香雲静更翾。晚花栖嫩菊，近岸俯游鰷。西望天連水，群簪玉及瑶。政親連榻坐，儵見賜戈珧。良月霜楓冷，佳晴雪霰哨。留公已無策，鼎食望加調。

  成都，西南大都會，承平分閫之重，與河東、北等。元祐初，文潞公平章軍國重事，三省議其目，而成都除帥預焉。艱難以來，獨此方兵禍不作，封陲自固。東捍秦，南蔽吴楚，選帥之慎，十倍疇昔，宜也。紹興己未，詔以吏部尚書番陽張公出鎮，朝士之文者，咸賦詩送行。中書舍人朱公，時在册府，既以長篇述公出處大致，典麗閎遠，且爲序數百言，載上親擢之本旨，尤謹且備。讀者曉然見廟堂西顧遠外，爲之謀帥，其密勿從容蓋如此。居無何，朱公貽書於公曰："曷刻之，以慰邦人異日甘棠之思乎？"於是蜀士夫咸悦而誦之，且請伐石志之，而屬公之客仙井譚篆跋之。

贈李戩⑥　　　　　　　　　　　　　　　　　　　（宋）文彦博

昌元建邑幾經春，百里封疆秀氣匀。鴨子池邊登第客，老鴉山下着棋人。譙南薰，昌元人，居鴨子池。登皇祐五年進士第，後以秘書丞知閬州。同時，國朝詔求天下善奕棋者，蜀帥以

---

  ①　殺：朱本、鄒本、《成都文類》作"搣"。又"崇"，本集作"芳"。
  ②　或可劭：本集作"等寓僑"。
  ③　巨：庫本、本集作"駏"，《成都文類》作"岠"。按：蜑即蜑蚦，駏即駏虚，爲傳説中的兩種獸名。駏或作岠、距，此作"巨"，俱同音通用。
  ④　狐裘：原作"孤裘"，據萬曆本、庫本、朱本、鄒本、本集、《成都文類》改。按：作"狐裘"是，《晏子春秋》卷七："景公賜晏子狐之白裘。"
  ⑤　饍亦嬌：庫本作"筆最豪"，本集作"勇正驍"。
  ⑥　原題作《贈譙秘丞詩》，據《宋詩紀事》卷一二改。説見下。

戩、戯應詔，虜望風知畏，不敢措手。故文潞公贈詩云云。①

送錢駕部知邛州　　　　　　　　　　　　　　　　　　　　（宋）梅堯臣

細雨梅初熟，輕寒麥已秋。路危趨劍道，夢穩過刀州。秦栗非吳食②，巴粳類越疇。當壚無復舊，試似長卿求。

寄黎眉州③　　　　　　　　　　　　　　　　　　　　　　　（宋）蘇　軾

膠西高處望西川，應在孤雲落照邊。瓦屋寒堆春後雪，峨眉翠掃雨餘天。治經方笑《春秋》學，好士今無六一賢。君以《春秋》受知於歐陽文忠公，公自號六一居士。且待淵明賦歸去，共將詩酒趁流年。

嘉州寄左綿王虞部　　　　　　　　　　　　　　　　　　　（宋）石　介

江山如畫望無窮，況蜀升平歲屢豐。萬樹芙蓉秋色裏，千家碪杵月明中④。斷霞半著燕枝木⑤，零露偏留笙竹叢。只欠流杯曲水宴，風流未與左綿同。左綿新創流杯。

胭脂板浣花箋寄合州徐文職方　　　　　　　　　　　　　　　前　人

合州太守鬢將絲，聞說歡情尚不衰。板與歌娘拍新調，箋供狎客寫芳辭。木成文

---

① 《方輿勝覽》卷六四昌州昌元縣下載："譙南薰：昌元人，居鴨子池，登皇祐五年進士第，後以秘書丞知閬州。"又一條云："李戩：時昌元縣南二十里老鴉山有李戩、李戯兄弟，善棋。會虜索棋戰於國朝，詔求天下善奕者，蜀帥以戩應詔，虜望風知畏，不敢措手。文潞公贈以詩云：'昌元建邑幾經春，百里封疆秀氣新。鴨子池邊登第客，老鴉山下著棋人'。"是此詩雖其中"鴨子池邊登第客"一句指譙南薰，然全詩乃是贈李戩。《全蜀藝文志》顯鈔自《方輿勝覽》，而誤解原文之處亦較然可見。此詩《文潞公集》未收。

② 栗：《宛陵集》卷一一同。庫本及《瀛奎律髓》卷一一作"粟"，疑是。

③ 按：此篇之前庫本又有《次韻許冲元送成都高士敦鈐轄》一首，而嘉靖、萬曆、朱、鄒等本皆無，當是四庫館臣所添，今不錄。該詩見於蘇軾本集。

④ 碪杵：原作"方響"，據《徂徠石先生文集》卷四改。"方響"乃一種打擊樂器，於此義不可通。

⑤ 著：原作"渚"，據本集改。

理差差動，花映溪光瑟瑟奇。名得只從嘉郡樹，燕脂木，嘉州出。樣傳仍自薛濤時。有薛濤箋。奇章磊磊馳聲價，江令翩翩落酒卮。幾首詩成卷魚子，有魚子箋。誰人唱罷泣燕脂？紅牙管好同床置，紫竹笙宜一處施。願助風流向樽席，杏花況是未離披。司空圖有《杏花詞》，文頊在睢陽，多命唱之①。

楊山人歸綿竹　　　　　　　　　　　　　　　　　　（宋）文　同

一別江梅十度花，相逢重爲講胡麻。火鈴未降真君宅，金鈕曾盟大帝家②。道氣滿簪凝綠髮，神光飛鼎護黃芽。青騾不肯留歸馭，又入無爲嚥曉霞③。

寄彰明任光祿遵聖　　　　　　　　　　　　　　　　　　　前　人

軒軒任公子，本是釣鼇人。手把虹蜺竿，一舉百萬鈞。得鼇謂無用，坐卷千丈綸。却自絓蚯蚓，淺瀨收纖鱗。悠悠世上兒，不識此有神。但將俗士眼，下視窮水濱④。

金牛相別呈誠之　　　　　　　　　　　　　　　　　　　　前　人

出門相與望橫參⑤，露浥幪頭冷逼簪。驛在金堆隨澗遠，路經銅冶入烟深。過橋住馬應迴首，上嶺聞猿想動心。勝事莫過文酒樂⑥，此時銷得各沈吟。

---

① "多"原作"名"，"唱"原作"倡"，並據《徂徠石先生文集》卷四改。此句庫本作"命名伶唱之"。

② 鈕：原作"釰"（劍俗字），據《丹淵集》卷三改。萬曆本、朱本、鄒本作"鋸"，亦誤。《黃庭內景經》："授者曰師，受者盟雲錦鳳羅金鈕纏。"是金鈕爲道家盟信之物。

③ "無爲"原作"無無"，"嚥"原作"燕"，據本集改。"又入"句：庫本作"又駕蒼虯看曉霞"。

④ 下視：原作"不視"，據萬曆本、庫本、朱本、鄒本、《丹淵集》卷四改。

⑤ 門：《丹淵集》卷一六作"則"。

⑥ 文酒：原作"聞酒"，據萬曆本、朱本、鄒本、本集改。

臨別成都帳飲萬里橋贈譚德稱①　　　　　　　　　　　　　　　（宋）陸　游

成都城南萬里橋，蘆根蘋末風蕭蕭。映花碾草紅車小②，駐坡蓦潤青驄驕。入門翠徑絕窈窕，臨水飛觀何岧嶤。判無功名著不朽，惟仗詩酒寬無聊。清霜早已足雉兔③，微冷便欲思狐貂。喜看縷鱠映盤筯，恨欠斫蟹加橙椒。坐中譚侯天下士，龍馬毛骨矜超遥。烏犀白紵謫仙樣，但可邂近不可招。今年一戰識餘子，風送六翮凌青霄。美人再拜乞利市，醉墨飛落生鮫綃。我衰於世百無用，十年不趁含元朝。華緌肯傍蕭颯鬢，寶帶那束龍鍾腰。祝君好去事明主，日望分喜來漁樵。遊談引類亦細事，寄酒且解相如消。

涪江泛舟送韋班歸京　　　　　　　　　　　　　　　　　　　（唐）杜　甫④

追餞同舟日，傷春一水間⑤。飄零爲客久，衰老羨君還。花遠重重樹⑥。雲輕處處山。天涯故人別，更益鬢毛斑。

送朱元晦⑦　　　　　　　　　　　　　　　　　　　　　　　（宋）張　栻

君侯起南服，豪氣蓋九州。頃登文石陛，忠言動宸旒。坐令聲利場，縮頸仍包羞。却來臥衡門，無愧自日休。盡收湖海氣，仰希洙泗遊。不遠關山陰，爲我再月留。遺經得紬繹，心事兩綢繆。超然會太極，眼底無全牛。惟兹斷金友，出處寧殊謀。南山對床雨，匪爲林壑幽。白雲正在望，歸袂風颼颼⑧。朝來出別語。已抱離索憂。妙質貴強矯，精微更窮搜。毫釐有不察，體用豈周流。驅車萬里道，中塗可停輈？勉哉共無斁，邈矣追前修。

---

① 帳：原作"悵"，據萬曆本、庫本、《劍南詩稿》卷六改。
② 紅：本集作"鈿"。
③ 清霜：本集作"迎霜"。
④ 杜甫：原作"前人"，據萬曆本、朱本、鄒本、《集注杜詩》卷二四改。又，依朝代次序與本書體例，當從朱本、鄒本置此首詩於本卷之首。
⑤ 春：本集作"心"。
⑥ 遠：本集作"雜"，下注："一作遠。"
⑦ 《南軒集》卷一題作《詩送元晦尊兄》。
⑧ 颼颼：本集"飀飀"。

酬贈王益舜良殿丞　　　　　　　　　　　　　　　　　　　　　　（宋）梅　摯

才地淵宏筆力恢①，三年枌社幸遊陪②。八吟麗賦憑高得，三詠雕鐫選勝開③。玉苑早容收樸樕，蘭池嘗許試虺爈。海棠風裏甘棠政，只恐星趨節召回。

風度幽閒識宇高④，暫分朝寄握牛刀⑤。賈生學贍思儀漢，李白才多合命騷。步武即看峨豸角，對揚幾見擲麟毫。琴齋頌罷吟魂遠，時夢鈞天醉碧桃。

到夔門呈王待制　　　　　　　　　　　　　　　　　　　　　　（宋）李　石

手挈東風上水關，鳳書迎日看新班。五湖家世烏衣巷，三峽樓臺赤甲山。畫戟門開春晝永，臥龍帳穩海波閒。安危大計須公等，天定應知即賜環。

送虞伯生使蜀　　　　　　　　　　　　　　　　　　　　　　（元）吳成季

送別因思舊所經，秦川花柳短長亭。三峰高附仙人掌，萬里先占使者星。錦水東流江月白，潼關西去蜀山青。當年不盡登臨意，待爾重鐫《劍閣銘》。

代祀西嶽答袁伯長、王繼學、馬伯庸三學士⑥　　　　　　　　　　（元）虞　集

棧道年年葺舊摧，已將平易履崔嵬。經行關輔圖中見，夢想鄉山馬上來。諸葛精神明似日，相如情思冷於灰。重思親舍猶南國，願託江波去卻迴。

---

① 首句庫本作"倜儻淵宏未易才"。
② 枌社：原作"粉社"，據萬曆本、朱本、鄒本改。
③ 鐫：原作"觸"，據萬曆本、朱本、鄒本改。庫本作"鑴"。
④ 識宇：庫本作"器宇"。
⑤ 朝：原作"明"，據萬曆本、朱本、鄒本改。
⑥ 馬伯庸：原作"馬伯甫"，據朱本、鄒本、《道園遺稿》卷三改。伯庸，馬祖常字，《元史》卷一四三有傳。又按本集，此詩原有二首，此處只錄其一。

家兄孟修父翰賦南還　　　　　　　　　　　　　　　　　　　　　前　人

大兄五月來作客，八年不見頭總白。五人兄弟四人在，每憶中郎淚沾臆。我家蜀西忠孝門，無田無宅惟書存。兄雖筦庫實父蔭，弟竊餘澤承君恩①。文章不如仲氏好，叔氏最少今亦老。五郎十歲未知學，嗟我何爲長遠道！諸兒讀書俱不多，又不力耕知奈何？憂來每得二三友，看花把酒臨風哦。蜀山嵯峨歸未得，盤盤先壠臨川側。碧梧翠竹手所移，應與青松各千尺。南風吹雪河始冰，兄歸烏帽何罙罙②？明年乞身向天子，共讀父書歌太平。

雪山圖爲劉伯溫監憲賦　　　　　　　　　　　　　　　　　　　　前　人

我家成都雪山東，公家張掖雪山北。吳船誰載鄭廣文？起寫崑崙半天白。張掖雪融草木長，禾生隴畝多牛羊。烽火連臺擬樓觀，江海微茫秋練光。看書東觀夜如水，太一燃藜照圖史。從遊冠帶文武備，斐然四郡良家子。君不見，黃河奔流百谷盈，神禹疏鑿中州平。極天鳥道雲氣盡，惟北有斗西長庚。

賜楊旭員外歸蜀省墓　　　　　　　　　　　　　　　　　　　　（明）蹇　義

紫誥初頒煥玉音，扁舟重過大江潯。峽中彩纜牽春色，天外蒲帆帶夕陰。折柳長亭生別思，焚黃先壠遂初心。故園父老如相問，爲説叨承雨露深。

留別京師諸友　　　　　　　　　　　　　　　　　　　　　　　（明）牟　倫③

行行策馬出皇畿，古木霜寒獨鳥飛。天上故人青眼在，蜀中諸弟素書稀。秋風故隴雲連棧，夜月胡笳露滿衣。白髮蕭蕭身萬里，不知別後竟何依？

---

① 餘澤：《道園學古錄》卷二作"微祿"。
② 罙罙：本集亦同。然"罙"字音"大"，與下"平"字不叶韻。明偶桓編《乾坤清氣集》卷三錄此詩作"熒熒"，清顧嗣立編《元詩選·初集》卷二五作"罠罠"。"罠罠"與"熒熒"同，孤單貌。疑作"罠"是，"罠"與"罙"形近。庫本作"棱棱"，蓋以意改。
③ 原注："叙州人。"

寄楊留耕先生①　　　　　　　　　　　　　　　　　　　　（明）李東陽

　　峨眉山頭雲氣濃，錦官城上花枝紅。地靈人傑應時出，往歲吾識留耕翁。一從獻策明光殿，三世科名眼中見。鸚鵡洲前驄馬歸，鳳凰池裏麒麟現。一品封高七裘稀，烏紗玉帶明緋衣。祇疑天上神仙是，若比人間富貴非。誰信今人不如古？片玉一枝安足數。蘇氏奇峰僅有三②，竇家芳樹纔稱五。太史文章秘閣勳，少年狀元才出群。眼看是父復是子，此語吾傳揚子雲。白頭憂國心尤切，剛道承平好時節。已見西川洗甲兵，更依北斗瞻京闕。玄霜彩筆泥金箋，爲君興寄西南天。願山不童花不老，一歲一賦長生篇。

彭總制濟物西平十詠　　　　　　　　　　　　　　　　　（明）侯啓忠③

　　長鯨翻江江石裂，城郭灰飛野流血。妖祲迷茫日色昏，鬼哭陰沈水聲咽。九重震怒天戈揮，綸音急下黃金扉。元臣身擔社稷寄，武夫力擁風霆威。聖皇推轂臨軒送，錫馬秉旄恩寵重。朝野喧騰里市傳，岷峨擬獻平西頌。

　　羽林寒芒十丈高④，光留虎帳明旌旄。嚴凝霜凛綠沈甲，瞳矓日射團花袍。柳營白羽漫揮指，介冑橐鞬盡朱紫。三穴無依狡兔悲，重泉易竭狂鯢死。桓桓武騎傑且雄，馳驅旋轉如追風⑤。幾年西土暗烏兔，老臣會有揩磨功⑥。

　　黑風吹城地搖軸，封豕長蛇走林麓。絲鞭投江岷水渾，鐵騎揚塵劍閣覆。彤弓白羽刀未收，伏屍十里橫林丘。巨靈開山魍魎哭，大力撼鬼天吳愁。戰雨乖龍恣騰鬵，敗北妖蠻亂飛絮⑦。鳴金息鼓日薄西，時見驚烏漫來去。

　　廟堂元老一代雄，甲兵千萬羅胸中。豸冠霜斧震山岳，錦袍驄馬馳雷風。提兵曉發鹽亭道，虎隊奔羊迹如掃。蹀血平分溪水紅，回輪西蹴岷山倒。一出全收百戰功，胡床坐嘯氛埃空。村氓共記指麾處，擬嚴廟貌留遺蹤。

---

① 《懷麓堂集》卷五三題作《寄壽封君楊留耕先生》。
② 三：萬曆本、庫本、朱本、鄒本、本集作"二"。
③ 原注："長寧人。"
④ 十：朱本、鄒本作"千"。
⑤ 如：原作"加"，據萬曆本、庫本、朱本、鄒本改。
⑥ 功：原作"地"，據萬曆本、庫本、朱本、鄒本改。按："地"字與"雄""風"韻不協，作"功"是。
⑦ 敗北：原作"敗比"，據萬曆本、庫本改。

青陵岡頭矢如破，駭鹿驚奔鋒劍挫。喧闐鼓角雷聲轟，欻忽貙貅電光過。斬蛟刺虎壯士威，跳崖怒挽狂酋衣。血光亂送草梢赤，妖魂暗逐刀頭飛。蚩尤旗沈怪魖死，露布星奔報天子。從此寬紓西顧憂，不用三巴散黃紙。

繡旗畫鼓嚴中軍，陸離長鋏冠如雲。飛熊怒蹂怪獸窟，俊鶻橫擊驚鴉群。投戈乞降良獨苦，但願全生返鄉土。草木荒莽迷不知①，聖世恩波喜重睹。白旄油幢時一麾，峨眉西摧萬古齏②。凱歌取次獻金闕，平桒先勒燕然碑③。

幾年豺虎走江國，荆棘蓬蒿塞川澤。黔黎遭劫血肉枯，文武憂時鬢毛白。元臣受命殫赤心，妖氛迅掃回甘霖。閭閻闠郡轉生意，桑麻萬頃分春陰。太清無雲日亭午，擊壤遺民方快睹。金錢不惜買醉歸，戲看兒童競簫鼓。

星馳驛騎紅塵飛，內廷報許班師歸。虎賁腰懸白羽箭，龍媒首絡黃金羈。隊仗連營自三五，隨處市廛如按堵④。青田綠野隨穫耰，朱箔紅樓放歌舞。經年用兵人不知，蜀中父老攀旌旗。生祠處處有遺像，千秋萬載留遐思。

天門虎豹嚴九關，臺端宮保平西還。九卿竦耳聽章奏，百僚回首驚朝班。禁旅頃聞虎牙寂，直氣凌空裂金石。三巴不獨病草舒⑤，四境同看塞烽息⑥。聖君注目龍顏開，岳靈為國鍾奇才。金甌不用覆名姓，文昌已見明三台。

聖主推恩重延賞，奏凱論功示優獎。風雲際遇千載奇，山斗尊崇萬年仰。我公原有戡亂功，一時朝野推豪雄。齊梁摧墮豺虎絕，秦川洗蕩烟霾空。德望喧騰帝心喜，吉甫、周宣事如此。彝鼎全收絕代勳，翰苑才臣漫青史。

寄寄庵子 寄庵子，張鵬也，洪雅人。　　　　　　　　　　　　（明）李夢陽

　　寄庵子嘗曰："人生寄爾，然利孰與義安？慾孰與美久？臭孰與芳永？"庫部駱子以其言告李子，李子曰："卓哉張子！持此於天下，誘之能移、撼之能動乎⑦？能招之來，麾之去乎？於乎，張子者，足以荷天下之重矣！"於是作《寄寄庵子》詩。

　　嚶其鳴矣彼何求？天下願識韓荆州。心傾義投神便往⑧，萬古不廢江河流。張侯崛

---

① 此句原作"荒草水莽述不知"，據萬曆以下各本改。
② 此句庫本作"軍威直欲摧峨眉"。
③ 平桒：萬曆本、朱本、鄒本作"平羌"。
④ 按堵：原作"按堵"，據萬曆以下各本改。
⑤ 舒：原作"書"，據萬曆本、朱本、鄒本改。
⑥ 同：原作"何"，庫本作"行"，據萬曆本、朱本、鄒本改。
⑦ 乎：原作"手"，據萬曆本、庫本、朱本、鄒本、《空同集》卷二一改。
⑧ 傾：原作"須"，據萬曆本、朱本、鄒本、本集改。

起西南裔，覽輝振翮風雲際。鉤陳蒼凉閶闔閉，排閶直謁蓬萊帝，豸冠峨峨不動紳，挺身遂作蘭臺賓。竊憤辛裾謂洪涊，誓與朱檻急嶙岣。已看驟裏狹道路，復訝鵬鶚卑風塵。霜飛維揚海月苦①，陽行汨洳汾花春。還朝袞衣煥日月，立仗正色揩星辰。行步既工馬從瘦，諫草每就雞將晨。餘力猶馳翰墨圃，先秦兩漢文心苦。壯志直趣《劍閣銘》，張孟陽。幽懷緬擬《歸田賦》，張平子。拖珠響玉豈不足，靦顔徒餐竟何補？及時願作朝陽鳳，不然退與漁樵伍。予也綸竿孟諸客，心本無他衆莫白。李白世人欲殺之，蘇軾能詩遭貶斥。雷劍雖埋光在天，卞玉未剖終爲石。垂老重逢四海清，虛名幸免諸公擲。思君欲追嵇、吕駕，贈言輒踐回、由迹②。顔淵、季路。有田負郭不餓死，且自射獵芒碭澤。

送呂廣文四川衡聘　　　　　　　　　　　　　　　　　　　前人

大省文衡重，名師禮聘遙。閣雲搴暑旆③，棧月引星軺。古帝鼈叢國，今人馴馬橋。好將揚、馬輩，收取貢清朝。

送五清先生赴浙江提學歌④　　　　　　　　　　　　　（明）何景明

天台文宿衝紫霄，先生捧敕馳星軺。越山桃李花萬樹，春色早渡錢塘潮。憶昨先生遭斥逐，漂泊荆湘望巴蜀⑤。九江鴻雁春冥冥，七澤龍蛇晝盤曲。洞誕天高急霜霰，冰河雪岸開燕甸。北來驄馬一日聞，傾都走識先生面。十年卜築楚村墟，萬里今瞻漢宮殿。當朝門生貴不少，先皇學士人猶見。金門誰留供奉班？銀魚舊錫恩榮宴。長安春迴獨回首，翠烟漸入龍池柳。薊門禹穴自此分，送餞先生百壺酒。丈夫轗軻心不疑，賢聖流離古來有。已看身作指南車，況復名高懸北斗。隋珠和璧世珍重，眼前點毀終難動。聖人不久奏雲門，海内近亦求梁棟。琴瑟須聆清廟音，豫章且待明堂用。我聞衡嶽與天參，七十二峰江漢南。不然從此可栖息⑥，無使天柱石鼓空巉巖。

---

① 苦：庫本作"落"。
② 贈言：庫本作"立言"。
③ 搴：原作"寒"，據《空同集》卷二六改。搴，揭也。萬曆本、朱本、鄒本作"寒"。
④ 按：五清先生劉瑞，内江人，《明史》卷一八四有傳。
⑤ 荆湘：《大復集》卷一三作"湖湘"。
⑥ 從：原作"信"，據本集改。

送楊殿之朝正　　　　　　　　　　　　　　　　　　（明）徐文華①

垂老蹈險難，憂心日冲冲。冰雪多苦寒，裋褐常不充。良朋在咫尺，早晚寒暄通。眷言邁皇邑，入覲明光宮。聖人垂衣裳，萬國咸來同②。黜陟分幽明，車服旌旗庸③。滑没從兹升，赫赫官階崇。願子堅晚節，固守歲寒忠④。兹余滯荒戍，徑路同雲封。足研不可行，悵望西飛蓬。

送田國用鎮撫還蜀　　　　　　　　　　　　　　　　（明）陶　驥

燕臺花柳客徜徉，蜀國風烟興渺茫。玉勒幾年登劍閣，江船五月下瞿塘。清樽錦軸高人共，玉笛短簫良夜長。年少壯遊輕萬里，可容華髮綴清霜。

正初承陳玉泉代巡，邀飲青羊宮，東此奉謝⑤　（明）雷　賀⑥

丹室崔嵬傍郭幽，塵襟喜向上清遊。青羊自古逢玄肆，白鶴何年下寶丘？鐘鼓頻開千堞曉，松筠長鎖四時秋。仗君繡斧霜威霽，萬象春涵錦水流。

元日院中登樓自憩　　　　　　　　　　　　　　　　　前　人

元日登樓俯碧空，錦城春色匝簾櫳。早梅久上蜂鬚嫩，弱柳初傳鳥語工。四始條風占陸海，九天瑞日普蠶叢。玉階履正陽開泰，北極遥瞻紫氣籠。

---

① 按：徐文華，嘉定州人，《明史》卷一九一有傳。
② 來：原作"無"，據庫本、朱本、鄒本改。
③ 旗：庫本作"勳"，疑是。
④ 忠：原作"心"，失韻，據萬曆本、朱本、鄒本改。庫本作"踪"。
⑤ 以下雷賀三首嘉靖本無，萬曆本、庫本、朱本、鄒本皆有，兹據萬曆本補。
⑥ 原注："巡撫、都御史。"

留別陳玉泉巡按

前　人

玉泉脉脉含晶光，驪龍噴洒烏臺霜。西征驄馬濯紫韁，踏破劍閣成周行。雲天墮彩映琳琅，三春冰合寒瞿塘。予亦仗鉞事西土，挹清飲淑消煩腸。倏罹妻菲言旋轍，相逢忽漫成遠別。青羊對酌酒清冽，乃知天爲離情設。初，玉泉公出巡，予餞之青羊宮，未二旬，即聞候勘之命。今不獲面覿而別，故云。錦江花柳暄欲爇，我有所思附縈結。東歸彭蠡夜月明，照見玉泉長澄澈。

全蜀藝文志卷之二十二

詩

雜賦

白頭吟 與《櫂歌》同調①。　　　　　　　　　　　　　　　　　　　　　　　　　古　辭五解

　　皚如山上雪②，皎若雲間月。聞君有兩意，故來相決絶。一解　平生共城中，何嘗斗酒會。今日斗酒會，明旦溝水頭。蹀躞御溝上，溝水東西流。二解　郭東亦有樵，郭西亦有樵。兩樵相推與，無親爲誰驕？三解　淒淒重淒淒，嫁娶亦不啼。願得一心人，白頭不相離。四解　竹竿何嫋嫋，魚尾何離筁。男兒欲相知，何用錢刀爲？𪘏如馬噉萁③，川上高士嬉。今日相對樂，延年萬歲期。五解　一本云："詞曰：上有紫羅，咄咄奈何。"

酬宇文少府贈桃竹書筒　　　　　　　　　　　　　　　　　　　　　　　　　　（唐）李　白

　　桃竹書筒綺繡文，良工巧妙稱絶群④。靈心圓映三江月，彩質疊成五色雲。中藏寶訣峨眉去，千里提攜長憶君。

---

①　按：《西京雜記》卷三云：司馬相如將聘茂陵人女爲妾，卓文君作《白頭吟》以自絶，相如乃止。楊慎蓋據此録入《全蜀藝文志》。
②　《宋書》卷二一《樂志》此句作"晴如山上雲"。
③　𪘏：原作"齜"，據《宋書》改。𪘏，音立。《玉篇·齒部》："𪘏，嚼燥物聲。"《廣韻·緝韻》："𪘏，齧聲。"《樂府詩集》卷四一訛作"齜"，後來諸書多沿其誤，今正。又此句"如"字下《宋書》有"五"字。
④　群：原作"情"，據萬曆本、庫本、朱本、鄒本、《李太白文集》卷一六改。

成都爲客作　　　　　　　　　　　　　　　　　　　　　（唐）田　澄

蜀郡將知遠①，城南萬里橋。衣緣鄉淚濕，貌以客愁銷。地富魚爲米，山芳桂是樵。旅遊惟得酒，今日過明朝。

蜀人爲南蠻俘虜四首②　　　　　　　　　　　　　　　　（唐）雍　陶

但見城池還漢將③，豈知佳麗屬蠻兵？錦江南渡聞遥哭，盡是離家別國聲。
大渡河邊蠻亦愁④，漢人將渡盡回頭。此中郵寄思鄉淚，南去應無水北流。
越巂城南無漢地⑤，傷心從此便爲蠻。冤聲一慟悲風起，雲暗青天日下山。
雲南路出陷河西⑥，毒草長青瘴色低。漸近蠻城誰敢哭，一時收淚羨猿啼。

蜀城戰後感事⑦　　　　　　　　　　　　　　　　　　　　前　人

蜀國英靈地，山重水又回。文章四子盛，道路五丁開。詞客題橋去，忠臣叱馭來。臥龍同駭浪，躍馬比浮埃。已謂無妖土⑧，那知有禍胎！蕃兵依漢柳，蠻斾指江梅。戰後悲逢血，燒餘恨見灰⑨。空留犀厭怪，無復酒除災。歲積萇弘怨，春深杜宇哀。家貧移未得，愁上望鄉臺。

----

① 知：《唐詩紀事》卷二九、《成都文類》卷一四亦同，《全唐詩》卷二五五作"之"，疑是。
② 《唐百家詩選》卷一七題作《哀蜀人爲南蠻俘虜五章》，每章各有小題。《唐詩紀事》卷五六、《全唐詩》卷五一八亦同。《成都文類》卷一四未收其第三章，又删去各章小題，《全蜀藝文志》從之。第三章題作《出青溪關有遲留之意》，詩云："欲出鄉關行步遲，此生無復却回時。千冤萬恨何人見，唯有空山鳥獸知。"
③ 此首，《唐百家詩選》《全唐詩》題作《初出成都聞哭聲》。
④ 此首，上引題作《過大渡河蠻使許之泣望鄉國》。
⑤ 此首，上引題作《別巂州一時慟哭雲日爲之變色》。又，此句"漢地"原作"難地"，據上引改。
⑥ 此首，上引題作《入蠻界不許有悲泣之聲》。
⑦ 蜀城：《唐百家詩選》卷一七、《唐詩紀事》卷五六、《成都文類》卷一四作"蜀中"。又《唐百家詩選》"感事"後有"十韻"二字。
⑧ 謂：原作"與"，據上引改。萬曆本、朱本、鄒本作"道"。
⑨ 恨：原作"更"，據《唐百家詩選》《唐詩紀事》改。

蜀中經蠻後寄雍陶① （唐）馬戲

酋馬渡瀘水，北來如鳥輕。幾年朝鳳闕②，一日破龜城。此地有征戰，誰家無死生？人悲還舊里，鳥喜下空營。弟姪意初定，交朋心尚驚。自從經難後，吟苦似猿聲。

獨愁 （唐）李崇嗣

聞道成都酒，無錢亦可求。不知將幾許，銷得此來愁？

東郊詩③ （宋）郭震

郭震，蜀人，賦《東郊詩》。因走京師，言蜀將亂，後果有李順之變。

今日出東郊，東郊好春色④。青青原上草，莫教征馬食⑤。

資州宴行營回將詩 （唐）羊士諤

几劍盈庭酒滿卮，戍人歸日及瓜時。元戎靜鎮無邊事，遣向營中偃畫旗。

---

① 此詩詩題及作者均出自《成都文類》卷一四，然《唐百家詩選》卷一七直以此詩爲雍陶作，題爲《蜀中經蠻後友人馬戲見寄》。《唐詩紀事》卷五六亦同，且"見寄"下又有"答云"二字，則是馬戲寄詩或寄信問蜀中經蠻後情況，雍陶以此詩答之。蓋《成都文類》誤會此意，以爲馬戲寄雍陶之詩。《全唐詩》卷五一八收作雍陶詩，卷八八七又收作馬戲詩，蓋失考。

② 朝：原作"期"，據《唐詩紀事》改。

③ 此詩錄自《成都文類》卷一四，原無題，直以以下序事之文爲題，今據序意補題及作者。按：此詩及事最早見於《東坡志林》卷九，王偁《東都事略》卷一一八《郭震傳》亦取其事並錄其詩。又《直齋書錄解題》卷二〇："《漁舟集》五卷，處士成都郭震希聲撰。自稱汾陽山人。李畋爲作集序。淳化四年忽作詩曰：'朝出東門遊，東門好春色。青青原上草，莫放征馬食。'詣闕獻書，言蜀利病，未幾順賊已作矣。"所引詩與《成都文類》稍異。又按：郭震乃宋人，不當編於唐人之間。

④ 好：原作"如"，據《東坡志林》《東都事略》《成都文類》改。

⑤ 教：《東坡志林》《東都事略》均作"放"。

題鄭處士隱居　　　　　　　　　　　　　　　　　　　　（唐）唐　求

不信最清曠，及來愁已空。數點石泉雨，一溪霜葉風。業在有山處，道成無事中。酌盡一樽酒，病夫顏亦紅①。

浣溪女②　　　　　　　　　　　　　　　　　　　　　　（宋）陸　游

江頭女兒雙髻丫，常隨阿母供桑麻。當戶夜織聲咿啞，地爐豆麰煎土茶。長成嫁與東西家，柴門相對不上車。青裙竹笥何所差③，插髻韡韡牽牛花。城中妖姝臉如霞，爭嫁官中慕豪華④。青驪一出天之涯，年年傷春抱琵琶。

和范舍人永康青城道中作　　　　　　　　　　　　　　　　前　人

風驅雨壓無浮埃，驂驔千騎東方來。勝遊公自輩王、謝，净社我亦追宗、雷⑤。岷山樓上一倚徙，如地始闢天初開。廓然眼界三萬里，山一螘垤水一杯⑥。世間幻妄幾變滅，政自不滿吾曹咍。丈夫本願布衣老，達士詎畏蒼顏催⑦。君看神君歲食羊四萬⑧，處處棄骨高成堆。西山老翁飽松麵，造物賦予何遼哉！

遊華山張超谷　　　　　　　　　　　　　　　　　　　（宋）魯　交

太華鎖深谷，我來真景分。有苗皆是藥，無石不生雲。急瀑和烟瀉，清猿帶雨聞。幽栖未忍別，峰半日將曛。

---

① 病夫：《唐詩紀事》卷五〇、《詩話總龜》卷四四作"老夫"。
② 溪：《劍南詩稿》卷八作"花"。
③ 差：本集作"嗟"。
④ 此句本集作"争嫁官人慕高華"。
⑤ 净社：原作"浮社"，據《劍南詩稿》卷八改。
⑥ 垤：原作"蛭"，據本集改。
⑦ "達"字原脫，據萬曆本、本集補。
⑧ 四萬：原作"四方"，據本集改。據記載，宋代都江堰每歲祭神用羊四萬，如范成大《離堆詩·序》："上有伏龍觀……民祭賽者率以羊，歲殺羊四五萬計。"是也。

邛州東園晚興　　　　　　　　　　　　　　　　　　　　（宋）文　同

公林時得岸輕紗，門外誰知吏隱家。鬭鴨整群翻荇葉，乳鳥無數墮松花。攜琴秀野彈流水，設席芳洲詠落霞。向晚雙親共諸子，相將來此樂無涯。秀野、芳洲，二亭名。

國朝自建隆至大中祥符七年垂五十載，謝頤素始奏名，甫官太守①　　　　　　　　　　　　　　　　　　　　（宋）陳逸賞②

死却王褒五百春，資中不見有詞臣。今朝忽遇登龍客，喜殺西郊謝逸人。

山　居　　　　　　　　　　　　　　　　　　　　　　（宋）張孝祥

松韻笙竽徑，雲容水墨天。人行春色裹，鶯語落花邊。修竹三間屋，清泉二頃田。了無官府事，雞犬慕登仙。

代祀西嶽至成都作　　　　　　　　　　　　　　　　　　（元）虞　集

我到成都纔十日，馴馬橋下春水生。度江相送荷主意，過家不留非我情。鸕鶿輕筏下溪足，鸚鵡小窗知客名③。賴得郫筒酒易醉，夜深衝雨漢州城。

大　祀　　　　　　　　　　　　　　　　　　　　　　（明）蹇　義

禮嚴大祀肅千官，法駕遙臨衆樂攢。月轉觚棱分夜景，天迴複道散春寒。煌煌燈火分青野，藹藹爐烟繞玉壇。上帝居歆期賜福，慶成明日拜金鑾。

---

① 官：原作"宮"，據萬曆本、庫本、朱本、鄒本改。按："始奏名"意爲登特奏名進士第。查大中祥符七年非科舉之年，且建隆四年（公元九六三年，建隆最後一年）至祥符七年（公元一〇一四年）已超過五十載，不得云"垂"，疑"七年"有誤。

② 原注"資州"。按："州"下疑脱"人"字。

③ 鵡：原作"鵝"，據萬曆本、庫本、朱本、鄒本、《道園學古錄》卷三改。

早朝應制 前　人

龍樓曙色映晴曦，冠珮欣欣集鳳池。民物萬方均雨露，車書一統混華夷。祥光映闕春雲燦，佳氣浮空曉漏遲。寵沐聖恩深似海，微臣何以答雍熙？

折楊柳 （明）晏　鐸

河橋殘柳半無枝，多爲行人贈別離。羌虜不知蕭索盡，月明空向笛中吹。

臨　難 一首紀之，以見不挫之志云①。 （明）胡子昭

金聲催擊鼓聲忙，監斬官追上法場。烙鐵火燒紅焰焰，鋼刀磨利白芒芒。此身刑憲飄冥府，九族伶仃各一鄉。寄語滿朝朱紫貴，鐵人無淚也心傷②。

大同行 （明）安　磐

前年甘州城，焚死中丞及兵仗；今年大同城，並殺中丞與參將。城門晝閉誰敢開？官府賊巢兩相向。迫脅諸王求詔書，天子不校俱湔除。更開帑藏與金錫，月給食米傾倉儲。嗚呼！太原尹，鄧景山，一馬誠失御，一死不問誰懲姦？

拾遺 此卷因前彙次已定，難以編入，故附綴於此，不復分代別類也。

---

① 庫本無以下二篇。朱本、鄒本題下注作："字仲常，一字伯尚，原名志高，建文四年九月死，年四十一。父復初，母郭，弟子儀。"按：《明史》卷一四一《方孝孺傳》："孝孺之死，宗族親友前後坐誅者數百人，其門下士有以身殉者。……胡子昭，字仲常，初名志高，榮縣人。孝孺爲漢中教授時往從學，蜀獻王薦爲縣訓導。建文初與修《太祖實錄》，授檢討，累遷至刑部侍郎。"

② "心傷"下，朱本、鄒本注："復易中聯云：'兩間正氣歸泉壤，一點丹心在帝鄉。'從容就義，人無不傳誦。"

與蕭紀　　　　　　　　　　　　　　　　　　　　　　　　（梁）元　帝

回首望荊門，驚浪且雷奔。四鳥嗟長別，三聲悲夜猿。

答元帝　　　　　　　　　　　　　　　　　　　　　　　　（梁）蕭圓正①

水長二江急，雲生三峽昏。願貰淮南罪②，思報阜陵恩。

峨眉老人別子歌　　　　　　　　　　　　　　　　　　　　（宋）謝　翱③

峨眉有老人，奉命過嵩少。天風吹西翼，冉冉明夕照。浬塵紛墮天④，髮白更待報。有子爲異物，不得入家廟⑤。慟哭東南雲，相望蒼海嶠。青烏年年來，寄書久不到。

南充紀侯廟　　　　　　　　　　　　　　　　　　　　　　無名氏

聞道將軍是邑人，扶龍今有幾家村？紀侯故里名扶龍。寧存卯金死義氣，未必丁火灰忠魂。周苛一烹後世顯，湘、潭互出史筆渾。湘、潭，紀侯二子名。漢封班史俱兩負，負與不負何足論！

---

① 蕭圓正：原作"蕭紀"。按：據《南史》卷五三《梁武帝諸子傳》"圓正在獄中連句曰"云云，正是此詩，據改。圓正爲蕭紀之次子也。
② 貰：原作"貫"，據萬曆本、庫本、朱本、鄒本及《南史》改。
③ 原題作"謝皋羽"，據庫本、朱本、鄒本改。按：翱字皋羽。
④ 浬：庫本、《晞髮集》卷三作"濕"。
⑤ 得：原作"待"，據《晞髮集》改。

全蜀藝文志卷之二十三

詩

道　釋附無名石刻二首

峨眉山月歌送蜀僧晏入中京　　　　　　　　　　（唐）李　白

　　我在巴東三峽時，西看明月憶峨眉。月出峨眉照滄海，與人萬里長相隨。黃鶴樓前月華白，此中忽見峨眉客。峨眉山月還送君，風吹西到長安陌。長安大道橫九天，峨眉山月照秦川。黃金獅子承高座，白玉麈尾談重玄。我似浮雲滯吳越，君逢聖主遊丹闕。一振高名滿帝都，歸時還弄峨眉月。

贈僧行融　　　　　　　　　　　　　　　　　　前　人

　　梁有湯惠休，常從鮑照遊。峨眉史懷一，獨映陳公出。卓絕二道人，結交鳳與麟。行融亦俊發，吾知有英骨。海若不隱珠，驪龍吐明月。大海乘虛舟，隨波任安流。賦詩旃檀閣，縱酒鸚鵡洲。待我適東越，相攜上白樓。

燕子龕禪師　　　　　　　　　　　　　　　　　（唐）王　維

　　山中燕子龕，路劇羊腸惡。裂地競盤屈，插天多峭崿。瀑泉吼而噴，怪石看欲落。伯禹訪未知，五丁愁不鑿。上人無生緣，生長居紫閣。六時自搥磬，一飲尚帶索。種田燒白雲，斫漆響丹壑。行隨拾栗猿，歸對巢松鶴。時許山神請，偶逢洞仙博。救世多慈悲，即心無行作。周商倦積阻，蜀物多淹泊。巖腹乍旁穿，澗唇時外拓。橋因倒樹架，柵值垂藤縛。鳥道悉已平，龍宮為之涸。跳波誰揭厲，絕壁免捫摸。山木日陰陰，結跏歸舊林。一向石門裏，任君春草深。

贈蜀僧閭丘師兄　　　　　　　　　　　　　　　　　　　　（唐）杜　甫

大師銅梁秀，籍籍名家孫。嗚呼先博士，炳靈精氣奔。惟昔武皇后，臨軒御乾坤。多士盡儒冠，墨客藹雲屯。當時上紫殿，不獨卿相尊。世傳閭丘筆，峻極逾崑崙。鳳藏丹霄暮，龍去白水渾。青熒雪嶺東，碑碣舊製存。斯文散都邑，高價越璵璠。晚看作者意，妙絕與誰論？吾祖詩冠古，同年蒙主恩。豫章夾日月，歲久空深根。小子思疏闊，豈能達詞門？窮愁一揮淚，相遇即諸昆。我住錦官城，兄居祇樹園。地近慰旅愁，往來當丘樊。天涯歇滯雨，粳稻卧不翻。漂然薄遊倦，始與道旅敦。景晏步修廊，而無車馬喧。夜闌接軟語，落月如金盆。漠漠世界黑，驅驅爭奪繁。唯有摩尼珠，可照濁水源。

送僧自吳遊蜀　　　　　　　　　　　　　　　　　　　　（唐）盧　綸

隨緣忽西去，何日返東林？世路無期別，空門不住心。人烟一飯少，山雪獨行深。天外猿聲夜，誰聞清梵音？

送少微上人入蜀　　　　　　　　　　　　　　　　　　　　前　人

瓶鉢繞禪衣，連宵宿翠微。樹開巴水遠，山曉蜀星稀。遍識中朝貴，多諳外學非。何當一傳付，道侶願知歸。

送定法師歸蜀[①]　　　　　　　　　　　　　　　　　　　　（唐）楊巨源

鳳城初日照紅樓，禁寺公卿識惠休。詩引棣華霑一雨，經分貝葉向雙流。孤猿學定前山夕，遠雁傷離幾地秋？空性碧雲無處所，約公曾向剡溪遊[②]。

---

① 《唐詩品彙》卷八七題作《送定法師歸蜀法師即紅樓院供奉廣宣上人兄弟》。
② 向：《剡録》卷六上、《唐詩品彙》作"許"。

喜鸞公自蜀歸　　　　　　　　　　　　　　　　　　　　　（唐）李　洞

禁院閉生臺，尋師別綠槐①。寺高猿看講，鐘動鳥知齋。拂石月盈箒②。濾泉花滿篩。歸來逢聖節，吟步上堯階。

贈龐煉師_{女人}　　　　　　　　　　　　　　　　　　　　　　前　人

家住涪江漢語嬌，一聲歌戛玉樓簫。睡融春日柔金縷，妝發秋霞戰翠翹。兩臉酒醺紅杏妒，半胸酥嫩白雲饒。若能攜手隨仙令，皎皎銀河渡鵲橋。

錦城秋寄懷弘播上人　　　　　　　　　　　　　　　　　　　　前　人

極頂雲兼凍，孤城露洗初。共辭嵩少雪，久絕貝多書。遠照雁行細，寒條狖挂虛。分泉煎月色，憶就茗林居。

弔草堂禪師　　　　　　　　　　　　　　　　　　　　　　　　前　人

杖履疑師在，房關四壁蛩。貯瓶經臘水，響塔隔山鐘。乳鴿沿苔井，齋猿散雪峰。如何不見性，倚遍寺前松？

　　草堂寺，在蜀成都。《文選》注：李善引梁簡文《草堂傳》曰："周顒昔經在蜀，以蜀草堂林壑可懷，乃於鍾山雷次宗學館立寺，因名草堂，亦號山茨。"蓋蜀人謂草屋曰茨，成都之郊，地名亦有蠶茨，今訛爲蠶絲矣。唐李太白客遊，有懷故鄉，以草堂名其詩集，見於尤氏、鄭樵書目，可證也。杜子美客蜀，亦居草堂。今人徒知杜之草堂，而不知太白之草堂；又止知唐之草堂名天下，而不知寔始於梁矣。因綴志詩併及之。

---

①　別：《才調集》卷九、《文苑英華》卷二二三作"到"。
②　拂：《才調集》作"埽"。

送僧鸞歸蜀寧親　　　　　　　　　　　　　　　　　　　（唐）張　喬

歌詩精外學，天子是知音。坐夏宮鐘近，寧親劍閣深。高名徹西國，舊迹寄東林。自此栖禪者，因師滿蜀吟。

送陰先生歸蜀①　　　　　　　　　　　　　　　　　　　　（唐）張　籍

日暮遠歸處，雲間仙觀鐘。唯持青玉牒，獨上碧雞峰②。陰洞新生乳③，寒泉舊養龍④。幾時因賣藥，得向海邊逢？

漫天嶺贈僧　　　　　　　　　　　　　　　　　　　　　　（唐）元　稹

五上兩漫天，因師懺業緣。漫天無盡日，浮世有窮年。

訪　仙_{平都山}　　　　　　　　　　　　　　　　　　　　（唐）呂洞賓

盂蘭清曉過平都，天下名山所不如。兩口單行人不識⑤，王、陰空使馬蹄虛。一鳴白鳥出青城，再謁王、陰二友人。口口惟思三島好⑥，抬眸已過洞庭春。

至真觀三言詩　　　　　　　　　　　　　　　　　　　　（後唐）杜仁傑

坤所載，乾所燾。象與形，孰朕兆？緯五行，環二曜。流而川，何浩浩！四瀆晏，九河導。峙而山，亦多號。神有嶽，山有嶠。粵天壇，極道妙。巉孤撐，未易到。日出没，見遺照。偃東西，絶海徼。倏光怪，來熠燿。大龍燭，細螢燽。不恒出，赴感

---

① 陰：《文苑英華》卷二二九同。《張司業詩集》卷三作"徐"。
② 上：本集作"立"。
③ 新生：本集作"長收"。
④ 寒泉：本集作"寒潭"。
⑤ 人不識：《蜀中廣記》卷一九作"誰解識"。
⑥ 好：上引作"樂"。

召。笙嘹亮，鶴窈窕。羽人路，屯其要。青螺堆，玉簪峭。左參井，右丹竈。揭清虛，不二竅。昔王人，往昭告。始軒轅，末徽廟。接柴望，咸親燎，莽劫灰①，起天燒。摧棟宇，失朱縹。群鹿豕，雜蓬藋。予何爲，一來弔？必甚廢②，乃大造。聖之作，賢者紹。剞玄元，語秘奧。探逾遠，理益耀。微是理，萬有耗。文雖徑，實非剽。庶今來，永爲詔。

臨刑詩③ （前蜀）楊　勛

前蜀楊勛好道術，後主以其妖怪，戮之西市。臨刑有詩④，具言後主失國⑤。

聖主何曾識仲都，可憐社稷在須臾。市西便是神仙窟⑥，何必乘槎泛五湖。

僞蜀丁元和詩⑦

九重城裏人中貴，五等諸侯闑外尊。爭似布衣雲水客，不將名利挂乾坤。

戲仙亭 （宋）張商英⑧

濃洄溪水瀉高灘⑨，中有神龍久屈蟠。衆樂妙音時響喨，雙娃長袖忽珊珊。世間變化無非幻，閣上登臨正好觀。觀幻見真真亦幻，谷花巖草謾憑闌。

---

① 劫：原作"竭"，據萬曆本、庫本、朱本、鄒本、《十國春秋》卷五七《杜仁傑傳》改。
② 必甚廢：萬曆本、朱本、鄒本作"必勝廢"，《十國春秋》作"不勝廢"。
③ 原無此題，直以以下紀事之文爲題。今以意補題並添作者，並以原題爲序。
④ 刑：原作"行"，據《成都文類》卷一五改。
⑤ 具：原作"其"，據萬曆本、庫本、朱本改。
⑥ 是：原作"自"，據庫本、《分門古今類事》卷二、《成都文類》改。
⑦ 按：此詩及事始見《茅亭客話》卷三，言作詩者後蜀人，人稱"淘沙子"，不知其名氏。《成都文類》卷一五始云丁元和詩。
⑧ 張商英：原作"張無盡"。按：商英自號無盡居士，今統一改署本名。
⑨ 濃洄：庫本作"濚洄"。按：《錦繡萬花谷續集》卷一三"廣安軍"條引此句作"濃洄江水瀉高灘"。

聯句詠小桃源　　　　　　　　　　　　　　　　　　　　（宋）龍　旦①

門前碧蘸一溪斜，彷彿逃秦處士家。石東震。便作武陵溪上看，春來何處不開花？

還丹歌②　　　　　　　　　　　　　　　　　　　　　　（前蜀）爾朱先生

欲究丹砂訣，幽玄無處尋。不離鉛與汞，無出水中金。金欲制時須得水，水遇土兮終不起。但知火候不參差，自得還丹微妙理。人世分明知有死，剛只留心戀朱紫。豈知光景片時間，將爲人生長似此。何不回心師至道，免逐年光虛自老。臨樽只覺醉醺酣，對鏡不知漸枯槁。二郎二郎聽我語，仙鄉咫尺無寒暑。與君説盡只如斯，莫戀驕奢不肯去。感君恩義言方苦，火急迴心求出路。吟成數句贈君詞，不覺便成今與古。

蘇幕遮 紹興間　　　　　　　　　　　　　　　　　　　　（宋）韓仙姑

不憂貧，不戀富。大悟之人，開着波羅鋪。内有真如無價寶，欲識真如，正照菩提路。貪愛心，須除去。清净法身，直是堪憑據。忍辱波羅爲妙藥，服了一圓，萬病都新愈。

夔州羅氏園　　　　　　　　　　　　　　　　　　　　　　　無名道士

知君行樂似神仙，歌舞相隨四十年。方外客來嗟不遇，洞房深鎖百花天。

望江南　　　　　　　　　　　　　　　　　　　　　　　　（清）源真君

金主亮每舉事，必決於箕仙。後將南牧，令童男女二人侍箕傍，得詞云：

纔舉意，玄象照離宮。坎女離男金水火，幾多鐵騎漫英雄，最苦是雲中。

---

① 原不具朝代，查雍正《四川通志》卷三三載：龍旦，淳熙進士。又詩中之石東震，紹興進士。則皆是南宋蜀人，今補"宋"字。

② 《成都文類》卷五題作《爾朱先生還丹歌贈僞蜀醫藥院判官胡德榮》。

遼東鶴，驚起老蒼龍。四海九州沾惠澤，狼烟影裏弄清風，堪作主人公。

亮覽不悅，問"鐵騎漫英雄"謂誰邪？乃書"亮"字。亮大怒，復問汝是誰？又書"清源真君"四字，蓋灌口神王也。

贈張浚入蜀①　　　　　　　　　　　　　　　　　　　　　（宋）郭　奕

大漫天是小漫天，小漫天是大漫天。只因大小漫天後，遂使生靈入四川②。

秦山未盡蜀山未③，日照關門兩扇開。刺史莫嫌迎候遠，相公新送陝西回。

後奕罷宣司幹官，與通判，不赴。往普州，賣蒸餅爲生，晏如也。

閑閑宗師和前韻，期望過當，復用韻以謝　　　　　　　（元）虞　集

草堂長憶蜀西郊，屢卜歸休自折茅。司馬檄傳驚父老，少陵詩苦入神交。山多美竹深宜屋，江有嘉魚遠致庖。乞得閒身當及早，堯時元自有由、巢。

仁壽寺僧報更生佛祠前生瑞竹，有懷故園　　　　　　　　　　前　人

聞道故園生瑞竹，試從來使問何如。蒼筤獨出千叢裏，翠節駢生數尺餘。比管可吹丹穴鳳，長竿莫釣錦溪魚。折筳已向靈氛卜，亦說能歸似兩疏。

聞道故園生瑞竹，令人歸興滿江干④。扁舟不畏瞿塘險，匹馬誰云蜀道難。杜甫溪頭花匼匝，孔明廟裏柏闌珊。新堂題作歸歟字，定得臨江把釣竿。

聞道故園生瑞竹，山僧爲我重栽培。百年雨露餘生息，一日風雲幾往迴。壠上枯桑鳥萃止，城東華表鶴歸來。聖恩若許歸田里，千石清尊爲爾開。

聞道故園生瑞竹，吾家孫子好歸看。佛祠竟日春陰覆，先隴多年暮雨寒。門户淒涼嗟老病，鄉關迢遞報平安。重來慎勿勞余夢，馹馬橋邊據馬鞍。

---

① 按：以下二詩始見於《三朝北盟會編》卷一四五，反映宋高宗建炎四年宋金富平戰後時事，時張浚爲川陝宣撫使，郭奕爲宣撫司幹辦公事。

② 四川：原作"西川"，據庫本、朱本、鄒本、《三朝北盟會編》《方輿勝覽》卷六七改。此言富平之敗，宋失陝西，漢民逃入四川，不應特指西川。

③ 未：原作"來"，據《三朝北盟會編》改。

④ 江干：原作"江千"，據萬曆本、庫本、朱本、鄒本、《道園學古錄》卷三改。

寄青城道士

前　人

　　海上别妻子，山中求茯苓。白虎戲玄流，蒼龍護黄肩。燒香招五老，行厨庖六丁。從子似非遠，丹霞粲華星。

贈道人簡天碧畫士

前　人

　　千仞青山裏，和衣坐石苔。看雲爲雨去，聽水共風來。春盡揚雄老，秋清宋玉哀。故園誰賦得？空對畫圖開。

重贈簡畫士

前　人

　　雲氣連山動，松聲夾雨寒。抱琴穿竹徑，留棹寄江湍。夕照歸神女，春陰帶錦官。此生舊同里，偏解寫潺湲。

張道士蜀山圖

前　人

　　碧玉參天是蜀山，舊曾飛度歷屖顔。松風上接空歌外，蘿月長懸合景間。試劍丹崖秋隼疾，濯纓錦水夜龍閑。君家虚靖歸來日，冉冉蓬壺爲憶還。

悟空贊三首

（元）趙世延

　　水泄人間本不通，唐僖西幸蜀塵紅。無端橫被諸軍士，勘破如如老悟空。

　　沙界堂堂總法身，萬鈞一羽等纖塵。不争鐵笠安頭上，惱亂群生五百春。

　　精藍在昔紫雲峰，梅菊開時静應同。蝴蝶翩翩桑梓曉，竭來繁上揖兹風。相傳静應石象見紫蝴蝶。

　　予兒時，常聞戊午天兵之攻雲頂也。先是，宋將姚世安遷漢陽静應石像於此山，歲秋冬，漢繁清凉主僧亦徙悟空定真辟亂①，與静應同一龕殿。城既下，將士閧攫財帛，先伯元帥公獨取静應像歸其故里塔院，悟空亦復本寺。迄今五十三年矣。兹按部過繁，主院智深前請曰②："二大士，寔先師金湯各復其故者。幸丏一語，以耀山門。"小子不敏，感念先伯平昔輕財急義，率類乎此，其澤被後人多矣，夫何敢辭。

祥符訪張三丰　　　　　　　　　　　　　　　　　　　　　　　（明）胡濙

交情久已念離群，獨向山中禮白雲。龍送雨來留客住，鹿銜花至與僧分。疏星出竹昏時見，流水鳴渠静夜聞。却憶故人知此隱，題詩誰似鮑參軍？

附：無名石刻二首

度世古玄歌 後周至真觀小蠻橋下扣得石碑③。

始青之下月與日，兩半同升合爲一。大如彈丸甘如蜜，出彼玉堂入金室。子若得之慎勿失！

蜀道觀中鑿井得一碑，刻文似賦似贊。有隱士言，是漢時陰真人所著煉丹法，雜著於子玉碑④

有物有物，可大可久。采乎鹽食之前，用乎火化之後。成湯自上而臨下，夸父虛中而見受。氣應朝光，功參夜漏。白英聚而雪慚，黃酥凝而金醜。轉制不已，神趣鬼驟。金歟玉歟？天年上壽。無著於文，訣之在口。

---

① 徙：原作"徒"，萬曆本、朱本、鄒本作"從"，皆誤，按文義當作"徙"。此言新繁清凉院主僧爲避戰亂，徙悟空塑像至雲頂，與静應同居一龕。徑改。
② 請：原作"詣"，據朱本、鄒本改。
③ 按：此詩最早見於《抱朴子內篇·微旨》篇，乃抱朴子所傳修仙口訣，共十二句。其前六句云："始青之下月與日，兩半同升合成一。出彼玉池入金室，大如彈丸黃如橘。中有嘉味甘如蜜，子能得之謹勿失。"宋張表臣《珊瑚鈎詩話》卷一引之，始稱"度世古玄歌"。
④ 按：此文抄自南宋許顗《許彥周詩話》，見宛委本《説郛》卷八二。

全蜀藝文志卷之二十四

詩

哀輓 附鬼謠

哀嚴鄭公[①]

（唐）杜　甫

鄭公瑚璉器，華岳金天晶。昔在童子日，已聞老成名。嶷然大賢後，復見秀骨清。《嚴武傳》：武，中書侍郎挺之子，神氣儁爽，敏於聞見，幼有成人之風[②]。讀書不究精義，涉獵而已。大賢謂嚴子陵歟。開口取將相，小心事友生。甫與武，世契也。嘗醉，登武床，呼斥其父名，而武不忤。閱書百紙盡，落筆四座驚。歷職匪父任，嫉邪常力爭。武弱冠，以門蔭策名，哥舒翰奏充判官。至德初，肅宗初靖難，大收才傑，武杖節赴行在。宰相房琯素重之，及是，首薦才略可稱，累遷給事中。漢儀尚整肅，時武爲侍御史。胡騎忽縱橫，祿山之亂也。飛傳自河隴，逢人問公卿。不知萬乘出，雪涕風悲鳴。受詞劍閣道，謁帝蕭關城。河隴、劍閣、蕭關城事，新舊二史皆不載。寂寞雲臺仗，飄颻沙塞旌。江山少使者，笳鼓凝皇情。壯士血相視，忠臣氣不平。密論貞觀體，揮發岐陽征。時肅宗理兵鳳翔。感激動四極，聯翩收二京。長安、東都也。二史皆不載武收復功。西郊牛酒再，原廟丹青明。匡、汲俄寵辱，衛、霍竟哀榮。四登會府地，既收長安，以武爲京兆少尹、兼御史中丞，時年三十二[③]。後又遷京兆尹、兼御史大夫。三掌華陽兵。華陽，成都也。武以史思明阻兵，不之官，優遊京師，頗自矜大。出爲綿州刺史，遷劍南東川節度使。登發，上皇詔以劍南兩川合爲一道，拜武成都尹，充劍南節度使。入，復求爲方面，拜成都尹。在蜀累年，肆志逞慾，行猛政，威振一方。京兆空柳色，尚書無履聲。群烏自朝夕，白馬休橫行。諸葛蜀人愛，文翁儒化成。公來雪山重，公去雪山輕。記室得何遜，韜鈐延子荊。四郊失壁壘，失壁壘，言無出戍。此美武能鎮靜也。虛館開逢迎。堂上指圖畫，軍中吹玉笙。豈無成都酒，憂國只細傾。時觀錦水釣，問俗終相併。意待犬戎滅，人藏紅粟盈。以茲報主願，庶或裨世程。炯炯一心在，沈沈二

---

① 《集注杜詩》卷一四題作《贈左僕射鄭國公嚴公武》，爲《八哀詩》之一。
② "風"字原脱，據《唐詩紀事》卷二〇補。此篇之注文乃《成都文類》卷一四抄自《唐詩紀事》，《全蜀藝文志》又轉錄。
③ 三十二：原作"二十三"，《唐詩紀事》同，據《舊唐書·嚴武傳》改。

竪婴。颜回竟短折，贾谊徒忠贞。飞旐出江汉，孤舟转荆衡。虚无马融笛①，怅望龙骧茔。空馀老宾客，身上愧簪缨。

严孝子墓作② （唐）刘 湾

至性教不及，因心天所资。礼闻三年丧，汝独终身期。下布骨肉恩，上报父母慈。礼闻哭有卒，汝独哀无时。前有松柏林，荆棘结蒙笼。墓门白曰闭，泣母黄泉中③。草服蔽枯骨，垢容载飞蓬。举声哭苍天，万木皆悲风。

贾岛墓④ （唐）郑 谷

水绕孤坟县路斜⑤，耕人讶我久咨嗟。重来兼恐无寻处，落日风吹鼓子花⑥。

苏明允輓诗⑦ （宋）欧阳修

布衣驰誉入京都，丹旐俄惊返旧庐。诸老谁能先贾谊，君王犹未识相如。三年弟子行丧礼，千里乡人会葬车⑧。我独空斋挂尘榻，遗编时阅子云书。

予昔游云台观，谒希夷先生陈抟祠堂，缅想其人，今追作此诗⑨ （宋）宋 祁

仙馆三峰下，年华百岁中。梦成孤蝶往，世言先生善睡⑩，一寝逾一月。蜕在一蝉空。

---

① 无：原作"爲"，万历本、朱本、邹本作"横"，据《唐诗纪事》《成都文类》改。杜集诸本亦多作"无"或"横"。
② 唐高仲武编《中兴间气集》卷下题作《虹县严孝子墓》。
③ 泣母：上引作"泣血"。
④ 《郑守愚文集》卷三、《全唐诗》卷六七六题作《长江县经贾岛墓》。
⑤ 孤坟：上引作"荒坟"。
⑥ 落日：上引作"日落"。
⑦ 《欧阳文忠公集》卷一四题作《苏主簿挽歌》。
⑧ 千里：朱本、邹本、本集作"千两"。
⑨ 《宋景文集》卷二一题下有注："案此诗见《华岳志》，题作《希夷峡》。"此是四库馆臣辑《宋景文集》时所加之注。
⑩ 世言：原作"此言"，据本集改。

有塚在華山下①。蕊笈微言秘，宵晨浩氣通。丹遺舐後鼎②，林遺御餘風。市霧沈荒白，餐霞委暗紅。岷峨有歸約，飛步與誰同③？

憐制置張珏④

珏，蜀之健將，與昝萬壽齊名。昝降，張獨不降。行朝擢授制閫，未知得拜命否。蜀雖糜碎，珏竟不降，爲左右所賣，珏覺而逃⑤，被囚入北⑥，不肯屈。後不知何如。

（宋）文天祥

氣敵萬人將⑦，獨在天一隅⑧。向使國不亡⑨，功業竟何如⑩？

輓四川制置使知重慶府張公珏⑪ 此宋末十忠之一。

（元）劉壎

坤維拓提封，形勝古天府。血戰五十秋，零落餘八柱。江南傳箭急，誰暇此回顧？落日古渝城，杖鉞乃甚武⑫。天東甑雖墮，吾自強支拄。渡瀘躬討逆，歸來戰彌苦。蕭條下夔門，機穽伏中路⑬。呫呫快敵仇，誰與掩抔土，哀哉關西雄，國亡猶不負。同時督軍將，腰金插雙虎。

---

① 塚：原作"家"，據庫本、鄒本、本集改。按：此句言蟬蛻，是指塚而非家。
② 舐：原作"砥"，據庫本、朱本、鄒本及本集改。舐，用舌舔物。《神仙傳》卷四說劉安升仙，其家雞犬曾舐啄丹鼎，也隨之飛升。
③ 此下本集有注云："先生化去前三日，語弟子云：'吾將遊峨眉。'弟子訝不辨，候至期而終。"
④ 《文山先生全集》卷一六《集杜詩》題作《張制置珏第五十一》。
⑤ "逃"下本集有"遁"字。
⑥ "囚"下本集有"鎖"字。
⑦ 本集下自注："《楊監畫鷹》。"按：此爲杜甫詩篇名，下同。
⑧ 本集下自注："《遣懷》。"
⑨ 本集下自注："《九成宮》。"
⑩ 本集下自注："《別張建封》。"
⑪ 元趙景良編《忠義集》卷一《補史十忠詩》無"輓"字。下三篇同。
⑫ 杖：原作"秋"，據朱本、鄒本、《忠義集》改。庫本作"仗"。
⑬ 中路：原作"中踏"，據萬曆本、庫本、朱本、鄒本及《忠義集》改。

輓蜀帥張公珏 按：蜀夔州路有十五州、三十九縣，重慶府在夔州路，古巴國，秦置巴郡，劉璋爲永寧郡，先主爲巴東郡，唐渝州，又南平郡，宋朝光宗潛邸，升爲府。

（元）劉麟瑞[1]

玉壘雲浮五十秋，關西虓將勇無儔。三吳甑墮猶堅守，八柱脣亡不耐愁。瀘水捷收勞踠裹，夔門機伏失兜鍪。吾君不負吾寧死，遺恨誰憐快敵讎？至元十二年乙亥夏，荆湖諸郡俱歸附，蜀之音問不復與東南通，制置使[2]、知重慶府張珏猶振屬自立。招討梅應春以江安歸附，珏遣兵收復，擒應春至重慶府斬之。大兵收取江安，所部州郡俱降，惟張起巖帥夔，與珏共爲宋守。屹然雙城，勢窮援絶。屢以虎符招珏，珏不從。帳下將有勸其降者，珏未果，將遂畔，夜開關納大兵。珏率親兵巷戰，不勝。登舟欲下夔就起巖，至中途，隨行將士利重賞，且念妻子俱已陷重慶，遂執珏歸附。終不肯降。會應春之子朝燕訴前事，復父仇，珏遂遇害。

輓綿漢簡州諸公 綿、漢、簡，並屬成都府路。綿州，漢廣漢涪縣[3]。先主分立梓潼郡[4]。西魏置潼州，隋改綿州。唐改金山郡、巴西郡，復綿州。宋朝因之。漢州，漢蜀郡分爲廣漢，西漢新都國，宋、齊廣漢郡。後周廢之。唐立漢州，又漢陽軍，復漢州。宋因之[5]。簡州，漢武分蜀郡置犍爲郡。西魏置資州[6]，隋置簡州。唐置簡州，又改陽安郡，復爲簡州。宋因之。

前人

綿、漢風酸動殺機，北來銕騎遍驅馳。幾千里地弓刀運，百萬人家骨肉糜。鬼哭神號無限恨，蠅蛄蚋噆有餘悲。平生食禄何從避，留取香名百世垂。大兵分哨入簡州，知州李大全死。知懷安軍史顯孫避於簡亦死。大兵至漢州，通判權州劉當可與一宗室太保率民兵城守。太保出城，往羅山謁賀靖借兵，歸遇大兵，見殺。遂破城，忿而血洗焚蕩，死者十萬餘家。當

---

[1] 原作者題爲"前人"，指劉壎。按：以下三首出《忠義集》卷二、三、五《昭忠逸詠》。據《忠義集》卷首《序》云："南豐水村劉先生壎，如村劉先生麟瑞，生當宋元之際，懼忠臣、烈士、貞婦湮没而無傳也，水村作《十忠補史詩》，如村作《昭忠逸詞》，皆據其所見而録之。"又《忠義集》卷二有劉麟瑞《昭忠逸詠自序》、岳天佑《昭忠逸詠序》，皆可證《昭忠逸詠》中詩爲麟瑞所作。明曹學佺《石倉歷代詩選》卷二二三亦録爲劉麟瑞詩。據改。又據雍正《江西通志》卷八三，麟瑞爲劉壎之子。

[2] 制：原作"判"，據庫本、朱本、鄒本、《忠義集》卷五《昭忠逸詠》及《宋史·張珏傳》改。

[3] 前"漢"字原無，據下文漢州、簡州文例補。綿州即今綿陽市，兩漢爲廣漢郡涪縣。

[4] 立：原脱，據《忠義集》卷二《昭忠逸詠》補。又"潼"原作"樟"，下"潼州"同。按：史書"梓潼"字從水，舊説以潼水得名，今改。

[5] 以上叙漢州沿革多誤。漢州即今廣漢市，漢初分蜀郡置廣漢郡，此地爲雒縣，東漢移郡治於此。西晉曾改爲新都郡、新都國，後復，雒縣仍爲郡治。宋、齊、梁、西魏、北周俱因之。隋廢廣漢郡，雒縣還屬蜀郡。唐於此置漢州（玄宗時曾改稱德陽郡，後復）。宋因之。

[6] "西"字原無，逕補。

可與節制邵復、知録羅由、教授袁拱辰、知縣羅君父皆遇害。知綿州范辰孫死。

輓四川制帥陳公隆之① 成都十六州、六十一縣。成都府，梁州域，古蜀國。秦置蜀郡，漢曰益州。晉改成都國，宋、齊並益州。唐改成都府，趙宋因之。

前 人

狼烟又起錦城邊，帥閫謀疏亦可憐。先軫元歸應有恨，萇弘血化豈無冤！百身莫贖誰三酹，一死真成蓋萬愆。遺事如今人不記，綱常猶幸立西川。辛丑冬，元帥禿薛以兵攻成都，制使陳隆之嬰城固守。大兵苦攻不克，欲退，而都統田世顯開大安門，大兵遂入。執隆之，先殺其家，制司參議蒲東卯而下死者十數人。執隆之至漢州，俾招都統王夔，而隆之止書"城破被執"四字示之，且呼夔勉力堅守。禿薛大怒，手刺殺之。事聞，贈待制，立廟，推恩族屬以爲嗣。知隆州蒲東寅被執，不屈，死。

弔曹將軍友聞

（宋）安如山②

將軍精悍姿，齒齒碎鐵石。在昔童稚間③，但聞飽經術。縱橫騁柔翰，丹臒間金碧。有司塞明詔，敝邑屈詞伯④。芹香春水生，冠玉侍重席。脫略章句陋⑤，搜抉窮理窟。未及文化成，其如王土窄。丈夫報主願，豈必蒙清秩。蒼然請去位，滿面秋深冽。糾合熊虎群，旌旆揚廣陌。正當磨礪間，一鼓拔勍敵。屯兵沔水源，千載斧截截。浩蕩排烟旻，西極安屼嵲⑥。奈何國無人，腐儒秉旄鉞。賞予入私門，金湯授盜賊。公時奮臂爭⑦，返遭獻玉刖。三軍視馬首，痛哭天下璧。功成坐齟齬，憤怒須插戟。中宵按劍起，蕭蕭整羽翩⑧。吐氣風雲生，搴旗陷堅列。貫穿死生地，蹀血天地黑。勢雖衆寡懸，形未雌雄決。路窮斷首尾，衆盡仍手格。豈知龍虎逝，黯淡山川色。百萬尚震驚，嗚呼死諸葛。長城但自壞，千古痛稠結。肉食無遠謀，野史有直筆。酒酣歌節士，晶晶霜月白⑨。

---

① 此首出《忠義録》卷三《昭忠逸詠》。
② 原注："唐漢人。""唐"爲"廣"之誤。元杜本輯《谷音》卷上云："廣漢安如山（字）汝止，善擊劍，左右射，讀經史百氏之書。端平甲午，安撫曹友聞辟掌書記，不起。友聞戰死三泉，如山往收其骨，藏諸其先之側。乃東下，老於會稽。"按：此詩又見《忠義集》卷六。
③ 間：《谷音》卷上作"中"。按：作"中"字較勝。
④ 敝邑：原作"弊色"，據萬曆本、朱本、鄒本及《谷音》改。
⑤ 略：原作"落"，據《谷音》改。
⑥ 屼嵲：原作"嵲屼"，據萬曆本、朱本、鄒本及《谷音》乙。
⑦ 奮臂：原作"奮擘"，據上引改。
⑧ 羽翩：《谷音》作"勁翩"。
⑨ 晶晶：原作"晶晶"，據萬曆本、庫本、朱本、鄒本及《谷音》改。又，"霜月"原作"霜日"，據朱本、鄒本及《谷音》改。

張萬户夫人貞節①　　　　　　　　　　　　　　　　　　　　　　（元）貢師泰

白帝樓前巷陌深，將軍旌旆正沉沉。玉簫聲斷孤鸞曲，綠綺弦空別鶴吟。豈是人生輕一羽，要知妾死重千金。春風塚上連枝樹，只有韓憑會此心。

費烈女吟《明氏實錄》　　　　　　　　　　　　　　　　　　　　（明）劉　堪②

永康費氏女，年少十八九，擇對無可人，貞心似瓊玖。禮法以防身，絲麻常在手。至正十七載，太歲次丁酉，逆賊從東來，旌旗搖北斗。三巴數十城，皆降不敢後。唐姬與姜氏，不慚爲賊偶。費女涕泣悲，勤勤告父母："人生棄禮義，猪狗亦何有！我身不如賊，我死骨不朽。"夜深盛容飾，自縊後園柳。高義感行人，痛心而蹙首。平章買奴者，左丞韓叔亨，低頭奴屈膝，拜賊乞餘生。不能受白刃，空負朝廷恩。茫茫天壤間，生死義與仁。太山與鴻毛，孩提知重輕。費女生草野，烈烈超凡倫③。二公國柱石，棄甲如輕塵。芳名與污迹，遺戒千百春。

弔鄒汝愚卒石城④　　　　　　　　　　　　　　　　　　　　　　（明）陳獻章

少年爲意儘峥嵘，謫死天涯二十零⑤。舊雨不留花縣榻，秋風還閃石城旌。兒啼母絶家何處，水宿山居路幾程？人事每將天不定，文章何處博虛名⑥！

亡弟材同梅山書屋　　　　　　　　　　　　　　　　　　　　　　（明）席　春

談玄養素寄真如，奮翼雲霄佩錦裾。玉檢細函收諫草，龍驤遠奠重州間⑦。厓山精盛浮青靄，浣水茅堂照碧渠。天外暮雲悲斷雁，西風灑淚獨傷予。

---

① 元貢師泰《玩齋集》卷四題作《題四川張萬户夫人貞節卷》。
② 原注："洪武間人。"按：清沈季友輯《檇李詩繫》卷四云：堪字子輿，嘉興魏塘人，號芝林居士。
③ 超：原作"起"，據庫本、朱本、鄒本及《檇李詩繫》改。
④ 卒：陳獻章《白沙集》卷八作"謫"。原詩四首，此録其一。
⑤ 二十零：《白沙集》作"二十春"。
⑥ 何處：《白沙集》作"何用"。
⑦ 此句庫本作"龍驤遠策奠州間"。

大司馬梧山李公 　　　　　　　　　　　　　　　　　（明）徐文華

吾受李公知，未識李公面。嗟公久方殁，緬懷何由見？休休好善心，卓卓當朝彥。美玉瑩無瑕，精金嘗百煉。氣概凌秋空，巋若靈光見。所在樹功勳，聲光耀雷電。後進賴推轂，曾不遺寸善。

哭張士元 有引 　　　　　　　　　　　　　　　　　　（明）安　磐

士元爲給舍數月，即以封事忤毅皇，謫官貴州新添驛者七年。皇上登極，召復舊官，先後歷朝纔一考，而獨立敢言，大裨國是。今年秋七月，以大禮事，同余伏闕下獄，既而同杖。越十日，又同以首事被逮於朝。有旨放還，而士元竟坐杖不起。時禁方嚴，弔客無敢至者，斯文之痛極矣！乃余感知己，傷斯文之不可復得，痛哭數日，作詩志哀。

七載夷方謫，三年諫議班。家聲續臺史，先人曾爲御史。封事動天顏。弔客何人至？秦川有櫬還。不才同放逐，後死淚潺湲。

同舍今何在？斯人天下無。感時看諫草，何日奠生芻？狐鼠私相慶，衣冠勢益孤。空餘青史上，遺簡載名儒。

哭毛用成同年 有序 　　　　　　　　　　　　　　　　　　前　人

用成，予同年友也，徘徊給舍者十五年。年過五十，不忘忠諫。大禮之議，杖而死焉。旅櫬南行，殆餘萬里，感泣以之，爰作是詩。

毛公心事有誰知？每恨年來未拂衣。青瑣禁中啼鳥散，碧雞坊外主人非。封章未了心猶壯，大禮初成願已違。冷雨淒風萬餘里，可憐丹旐日南飛。

鬼　謠

高駢築羅城，多發掘古冢，取嶽甃城。有滄州守禦指揮使姜知古者，當掘一冢，夜有鬼嘯於冢上，因獻一書，詞旨哀切。其書曰："冥司趙盉，謹以幽昧，致書於守禦指揮端公閣下：竊以趙氏之冤，搏膺入夢；良夫之枉，被髮叫天。是以有怨必讎，無道則見，此則流於往史，載在前文。如盉也，一介遊魂，九泉罔象，德不勝饗，禱不勝人，無廟貌於世間，遂湮沈於泉壤。自蒙天譴，使掌冥司，雖叨正直之官，未達聰明之理。未嘗以威服衆，唯知以禮依人。頃至本朝，叨爲上相，不無濫德，敢有害盈。今者，伏審渤海高公，令君毀吞壖闕。況吞謫居幽府，天賜佳城，平生無戰伐之讎，邂逅啓誅夷之釁，得不撫銘旌而憤志，託瓴染以申懷！伏希端公俯念無依，迴無有鑒，特於萬雉，免此一抔。倘全馬鬣之封，敢忘龍頭之庇。謹吟五言四句詩一章，後幅上聞，不勝望德之至。謹白。"詩曰：

我昔勝君昔，君今勝我今。人生一世事，何用苦相侵！

廣政初，後主與其妃張太華同輦遊青城山，宿九天丈人觀中，月餘不返，李廷珪諫而不聽。又數日，雷雨大作，若失白晝，而太華被震殞矣。乃以紅錦龍褥，裹瘞觀前白楊樹下。翌日，急趣迴鑾，悲痛無已。後數年，煉師李若冲，因晚霽閑步觀側，忽見白楊樹下，一美人翠眉雪肌，仙姿窈窕，吟曰：

一別鑾輿今幾年？白楊風起不成眠。常思往日椒房寵，淚滴衣襟損翠鈿。

若冲問曰："子人耶？鬼耶？"美人斂袵而前，曰："妾，蜀妃張太華也，因陪駕，遊此被震。今幽魂尚滯，乞賜超拔。"若冲於是秋中元令節黃籙齋會中，爲奠《長生金簡生神玉章》，度生人世。若冲後夢太華謝曰："妾已受生人世矣。"壁間黃土書一絕云：

符吏匆匆叩夜扃，便隨金簡出幽冥。蒙師薦拔恩非淺，領得《生神》九卷經。

蜀主聞之，厚賜若冲。是後，惟花蕊夫人寵冠後宮矣。

楊蘊中以罪入成都獄，夜夢一婦人曰："吾薛濤之流也，頃幽死此室。"乃贈蘊中一絕句：

玉漏深長燈耿耿，東牆西牆時見影。月明窗外子規啼，忍使孤魂良夜永。

陳甲字升父，隆州人。紹興間，爲蜀帥李公璆之客，館於雙竹齋。夜見數婦笑語，有吟兩絕句者，因忽不見。

曉雨廉纖梅子黃，晚雲卷雨月侵廊。樹陰把酒不成飲，説着無情更斷腸。
舊時衣服盡雲霞，不到迎仙不是家。今日樓臺渾不識，祇因古木記宣華。

元戊寅間，荆州分域有鬼夜叫云："苦也苦，幾時泥到襄陽府。"及早視之，凡樹木大小，皆泥和畜毛，自根泥至分枝處則止。後又叫云："苦也苦，幾時泥到成都府。"蓋古今未聞之異也。《草木子》。

昔長寧耕者得銅牌，曰"小桃源"，其上有詩云：

綽約去朝真，仙源萬木春。要知竊桃客，定是會稽人。

全蜀藝文志卷之二十五

詩　餘

　　唐人長短句，宋人謂之填詞，實詩之餘也，今所行《草堂詩餘》是也。或問：詩餘何以繫於草堂也？曰：按梁簡文帝《草堂傳》云："汝南周顒，昔經在蜀，以蜀草堂寺林壑可懷，乃於鍾山雷次宗學館立寺，因名草堂，亦號山茨。"謂草爲茨，亦述蜀語地名，別有蠶茨，是其旁證也。李太白客遊於外，有懷故鄉，故以"草堂"名其詩集。詩餘之繫於草堂，指太白也。太白作二詞，爲百代詞曲之祖，則今之填詞，非草堂之詩餘而何？故此選蜀志之詞，以太白二闋爲首云。

菩薩蠻 今本作"蠻"，非。菩薩鬘，驃國舞女髻飾也。　　　　　　　　（唐）李　白①

　　平林漠漠烟如織，寒山一帶傷心碧。暝色入高樓，有人樓上愁。　闌干空佇立②，宿鳥歸飛急③。何處是歸程？長亭復短亭④。

憶秦娥　　　　　　　　　　　　　　　　　　　　　　　　　　　　前　人

　　簫聲咽，秦娥夢斷秦樓月。秦樓月，年年柳色，灞陵傷別。　樂遊原上清秋節，咸陽古道音塵絕。音塵絕，西風殘照，漢家陵闕。

---

① 《湘山野錄》卷上："此詞不知何人寫在鼎州滄水驛樓，復不知何人所撰。魏道輔泰見而愛之，後至長沙，得古集於子宣內翰家，乃知李白所作。"按：《菩薩蠻》《憶秦娥》二詞世傳爲李白所作，今人多有疑之者。
② 闌干：《湘山野錄》作"玉梯"，《尊前集》卷上作"玉階"。
③ 鳥：《湘山野錄》作"雁"。
④ 復：朱本、鄒本及《尊前集》作"接"，《湘山野錄》作"連"。

清平樂　　　　　　　　　　　　　　　　（前蜀）韋　莊

何處遊女？蜀國多雲雨。雲解有情花解語，窣地繡羅金縷。　妝成不整金鈿，含羞待月鞦韆。住在綠槐陰裏，門臨春水橋邊。

河　傳　　　　　　　　　　　　　　　　　　前　人

春晚，風暖，錦城花滿。狂殺遊人，玉鞭金勒，尋勝馳驟輕塵，惜良辰。　翠娥爭勸臨邛酒，纖纖手，拂面垂絲柳。歸時烟裏，鐘鼓正是黃昏，暗銷魂。

其　二

錦浦，春女，繡衣金縷。霧薄雲輕，花深柳暗，時節正是清明，雨初晴。　玉鞭魂斷烟霞路，鶯鶯語，一望巫山雨。香塵隱映，遙見翠檻紅樓，黛眉愁。

女冠子　　　　　　　　　　　　　　　　（五代）牛　嶠

錦江烟水，卓女燒春濃美，小檀霞。繡帶芙蓉帳，金釵芍藥花。　額黃侵膩髮，臂釧透紅紗。柳暗鶯啼處，認郎家。燒酒名燒春，其法始于文君。

菩薩蠻　　　　　　　　　　　　　　　　　前　人

畫屏重疊巫陽翠，楚神尚有行雲意。朝暮幾般心，向他情謾深。　風流今古隔，虛作瞿唐客。山月照山花，夢回燈影斜。

河瀆神　　　　　　　　　　　　　　　　（五代）張　泌

古樹噪寒鴉，滿庭楓葉蘆花。畫燈當午隔窗紗，畫閣珠簾影斜。　門外往來祈賽客，翩翩帆落天涯。迴首隔江烟火，渡頭三兩人家。

江城子　　　　　　　　　　　　　　　　　　　　　　　　　　　前人

浣花溪上見卿卿，臉波秋水明，黛眉輕。綠雲高綰，金簇小蜻蜓。好事問他來得麼？和笑道，莫多情。

巫山一段雲　　　　　　　　　　　　　　　　　　　　　　（前蜀）毛文錫

雨霽巫山上，雲輕映碧天。遠風吹散又相連，十二晚峰前。　暗濕啼猿樹，高籠過客船。朝朝暮暮楚江邊，幾度降神仙？

玉樓春 避暑摩訶池上作①。　　　　　　　　　　　　　　　（後蜀）孟　昶

冰肌玉骨清無汗，水殿風來暗香滿②。簾開明月獨窺人③，欹枕釵橫雲鬢亂。起來瓊戶啓無聲，時見疏星渡河漢。屈指西風幾時來，只恐流年暗中換。

臨江仙　　　　　　　　　　　　　　　　　　　　　　　（五代）牛希濟

峭碧參差十二峰，冷烟寒樹重重。瑤姬宫殿是仙蹤。金鑪珠帳，香靄晝偏濃。一自楚王驚夢斷，人間無路相逢。至今雲雨帶愁容。月斜江上，征棹動晨鐘。

其　二

江繞黃陵春廟閑，嬌鶯獨語關關。滿庭重疊綠苔斑。陰雲無事，四散自歸山。簫鼓聲稀香爐冷，月娥斂盡彎環。風流皆道勝人間。須知狂客，判死爲紅顔。

---

①　按：蘇軾《洞仙歌》詞序云：眉山老尼記孟昶摩訶池避暑詞，首二句云"冰肌玉骨，自清凉無汗"，以爲是《洞仙歌令》，遂爲足之。後有人得其全篇，即以下所引是也。宋人書如《西溪叢語》《墨莊漫録》《苕溪漁隱叢話》《竹莊詩話》等均認爲此乃孟昶詩，而非詞，至東坡乃度爲詞。

②　滿：《苕溪漁隱叢話・前集》卷六〇引作"暖"。

③　此句萬曆本、朱本、鄒本、《竹坡詩話》作"繡簾一點月窺人"。

後庭怨 建隆中，旭川築城，掘得石刻，蓋唐人語也①。　　　　　　　　　（唐）無名氏

千里故鄉，十年華屋，亂魂飛過屏山矗②。眼重眉褪不勝春，菱花知我銷香玉。雙雙燕子歸來，應解笑人幽獨。斷歌零舞，遺恨清江曲。萬樹綠低迷，一庭紅樸樕。

黃鐘樂　　　　　　　　　　　　　　　　　　　　　　　　　　（前蜀）魏承班

池塘烟暖草萋萋。惆悵閑宵含恨，愁坐思堪迷。遙想玉人情事遠，音容渾似隔桃溪。　偏記同歡秋月低。簾外論心花畔，和醉暗相攜。何事春來君不見，夢魂長在錦江西。

臨江仙　　　　　　　　　　　　　　　　　　　　　　　　　　（後蜀）閻　選

十二高峰天外寒，竹梢輕拂仙壇。寶衣行雨在雲端。畫簾深殿，香霧冷風殘。欲問楚王何處去？翠屏猶掩金鸞。猿啼明月照空灘。孤舟行客，驚夢亦艱難。

巫山一段雲　　　　　　　　　　　　　　　　　　　　　　　　（前蜀）李　珣

有客經巫峽，停橈向水湄。楚王曾此夢瑤姬，一夢杳無期③。　塵暗珠簾卷，香銷翠幄垂。西風迴首不勝悲，暮雨灑空祠。

其　二

古廟依青嶂，行宮枕碧流。水聲山色鎖妝樓，往事思悠悠。　雲雨朝還暮，烟花春復秋。啼猿何必近孤舟，行客自多愁。

---

① 按：南宋初陳巖肖《庚溪詩話》卷下云"宣（和）、政（和）間修西京洛陽大內，掘地得一碑，隸書小詞一闋，名《後庭晏》，其詞曰"，云云。楊慎此處所說與《庚溪詩話》全異，又"後庭晏"作"後庭怨"，未知何據。
② 矗：《庚溪詩話》作"簇"。
③ 杳：原作"沓"，據《花間集》卷一〇改。

戚　氏　此詞始終指意，言周穆王賓於西王母之事。　　　　　　　　　　　　（宋）蘇　軾

　　玉龜山，東皇靈媲統群仙①。絳闕岧嶤，翠房深迴倚霏烟。幽閑，志蕭然，金城千里鎖嬋娟。當時穆滿巡守，翠華曾到海西邊。風露明霽，鯨波極目，勢浮輿蓋方圓。正迢迢麗日，玄圃清寂，瓊草芊綿②。　　爭解繡勒香韉。鶯轤駐蹕，八馬戲芝田。瑤池近，畫樓隱隱，翠鳥翩翩。肆華筵，間作脆管鳴弦③，宛若帝所鈞天。稚顔皓齒④，綠髮方瞳，圓極恬淡高妍。　　盡倒瓊壺酒，獻金鼎藥，固大椿年。縹緲飛瓊妙舞⑤，命雙成奏曲醉留連。雲璈韻響寫寒泉⑥。浩歌暢飲，斜月低河漢。漸漸綺霞，天際紅深淺。動歸思，迴首塵寰。爛漫遊，玉輦東還。杏花風，數里響鳴鞭。望長安路，依稀柳色，翠點春妍。此詞眉山舊有石刻，今亡。

愁倚欄　三榮道上賦　　　　　　　　　　　　　　　　　　　　　　　　（宋）程　垓⑦

　　山無數，雨蕭蕭，路迢迢。不似芙蓉城下去，柳如腰。　　夢隨春絮飄飄，知他在、第幾朱橋。說與杜鵑休喚，怕魂銷。

漁家傲　彭門道中早起　　　　　　　　　　　　　　　　　　　　　　　　　前　人

　　野店無人霜似水，清燈照影寒侵被。門外行人催客起。因個事，老來方有思家淚。　　寄問梅花開也未？愛花只有歸來是。想見小橋歌舞地，渾含喜，天涯不念人憔悴。

---

①　媲：康熙《御定詞譜》卷三九、彊村叢書本《東坡樂府》卷二作"姥"。

②　按：原本此詞分爲兩闋，至"翠鳥翩翩"爲上闋，依詞格實誤。今據庫本、《東坡樂府》分爲三闋："瓊草芊綿"以上爲第一闋；至"恬淡高妍"爲第二闋；以下爲第三闋。

③　脆：原脱，據《御定詞譜》《東坡樂府》補。

④　顔：原作"頭"，據上引改。

⑤　縹緲：原作"縹縹"，據庫本、《御定詞譜》《東坡樂府》改。第二字應作仄聲，而"縹"爲平聲，不合。

⑥　寫：《東坡樂府》作"瀉"，二字通。

⑦　程垓：原作"程正伯"。按：正伯乃垓字。

其 二

　　獨木小舟烟雨濕，燕兒亂點春江碧。江上青山隨意覓①。人寂寂，落花芳草催寒食。　　昨夜青樓今日客，吹愁不得東風力。細拾殘紅書怨泣。流水急，不知那個傳消息。

臨江仙 合江放舟　　　　　　　　　　　　　　　前人

　　送我南來舟一葉，誰教催動鳴榔？高城不見水茫茫。雲灣繞幾曲，折盡九回腸。　　買酒澆愁愁不盡，江烟也共姜涼。和天瘦了也何妨。只愁今夜雨，更做淚千行。

其 二

　　濃緑鎖窗閑院静，照人明月團團。夜長幽夢見伊難。瘦從香臉薄，愁到翠眉殘。　　只道花時容易見，如今花盡春闌。畫樓依舊五更寒。可憐紅繡被，空記合時歡。

瑞鷓鴣 瑞香　　　　　　　　　　　　　　　　前人

　　東風冷落舊梅臺，猶喜山花拂面開。紺色深衣春意净②，水沉薰骨晚風來。　　柔條不學丁香結，矮樹仍參茉莉栽③。安得方盆載幽植，道人隨處作香材。

好事近 資中道上無雙堠感懷作　　　　　　　　　前人

　　別夢記春前，春盡苦無歸日。想見鵲聲庭院，誤幾回消息。　　萬重離恨萬重山，無處説思憶。只有路傍雙堠，也隨人孤隻。

---

① 覓：原作"見"，失韻，據朱本、鄒本、程垓《書舟詞》改。
② 深衣：《書舟詞》作"染衣"。
③ "矮"字原重，據庫本、朱本、鄒本、《書舟詞》刪。

滿江紅 浣花因賦　　　　　　　　　　　　　　　　　　　　　（宋）京鐘

錦里先生，草堂築、浣花溪上。料飽看，階前雀食，籬邊漁網。跨鵠騎鯨歸去後，橋西潭北留佳賞。況依然、一曲抱村流，江痕漲。　　魚龍戲，相浩蕩；禽鳥樂，增舒暢。更綺羅十里①，棹歌來往。坐上英賢今李、郭②，邦人應作仙舟想。但喧呼、落日未西時，船休放。

洞仙歌 重九藥市　　　　　　　　　　　　　　　　　　　　　　　　前　人

三年錦里，見重陽藥市，車馬喧闐管弦沸。笑籬邊孤寂，臺上疏狂，爭得似、此日西南都會。　　癡兒官事了，樂與民同，況值高秋好天氣。□不羞短髮③，不照衰顏，聊滿插、黃花一醉。道物外高人有時來，問混雜龍蛇，個中誰是？唐司空圖《重陽山居》詩："滿目秋光還似鏡，殷勤爲我照衰顏。"

鷓鴣天 葭萌驛作。即今之施店④。　　　　　　　　　　　　　　　（宋）陸游

看盡巴山看蜀山，子規江上過春殘。慣眠古驛常安枕，熟聽陽關不慘顏。　　慵服氣，懶燒丹，不妨青鬢戲人間。秘傳一字神仙訣，説與君知只是頑。

水龍吟 榮南作　　　　　　　　　　　　　　　　　　　　　　　　前　人

樽前花底尋春處，堪嘆心情全減。一身萍寄，酒徒雲散，佳人天遠。那更今年，瘴烟蠻雨，夜郎江畔。漫倚樓橫笛，臨窗看鏡，時揮涕，驚流轉。　　花落月明庭院，悄無言、魂銷腸斷。憑肩攜手，當時曾效，畫梁栖燕。見説新來，網縈塵暗，舞衫歌扇。料也羞憔悴，慵行芳徑，怕鶯兒見⑤。

---

① 十里：原作"一里"，據庫本、朱本、鄒本、京鐘《松坡詞》改。
② 坐上：《松坡詞》作"上坐"。
③ "不"字上依詞格應有一字，此脱。《松坡詞》作空圍，今從之。又"短髮"，《松坡詞》作"華髮"。
④ "即今之施店"爲楊慎注。
⑤ 《放翁詞》作"怕啼鶯見"。

沁園春 三榮橫溪閣小宴　　　　　　　　　　　　　　　　　　前　人

粉破梅梢，緑動萱叢，春意已深。漸珠簾低卷，筇枝微步；冰開躍鯉，林暖鳴禽。荔子扶疏，《竹枝》哀怨，濁酒一樽和淚斟。凭欄久，嘆山川冉冉，歲月駸駸。　當時豈料如今，漫一事無成霜鬢侵。看故人強半，沙堤黃閣，魚懸帶玉，貂映蟬金。許國雖堅，朝天無路，萬里凄涼誰寄音？東風裏，有灞橋烟柳，知我歸心。

木蘭花慢 夜登青城山玉華樓　　　　　　　　　　　　　　　　前　人

閱邯鄲夢境，嘆緑鬢，早霜侵。奈華岳燒丹，青溪看鶴，尚負初心。年來向濁世裏，悟真詮秘訣絕幽深。養就金芝九畹，種成琪樹千林。　星壇夜學《步虛吟》，露冷透瑤簪。對翠鳳披雲，青鸞遡月，宮闕蕭森。琅函一封奏罷，自鈞天帝所有知音①。却過蓬壺笑傲②，世間歲月駸駸。

蘇武慢 唐安西湖，今之崇慶州③。　　　　　　　　　　　　　　前　人

澹靄空濛，輕陰清潤，綺陌細塵初靜。平橋繋馬，畫閣移舟，湖水倒空如鏡。掠岸飛花，傍檐新燕，都是學人無定④。嘆連年戎帳，經春邊壘，暗凋顏鬢。　空記憶、杜曲池臺，新豐歌管，怎得故人音信。羇懷易感，老伴無多，談塵久閑犀柄。惟有翛然筆床，茶竈自適，笋輿烟艇。待綠荷遮岸，紅蕖浮水，更乘幽興。

---

① 自：原作"目"，據庫本、朱本、鄒本及《放翁詞》改。
② 笑傲：《放翁詞》作"嘯傲"。
③ "今之崇慶州"爲楊慎注。
④ 是：《渭南文集》卷五〇作"似"。

蝶戀花 離小益作①　　　　　　　　　　　　　　　　　　　　　前　人

水漾萍根風卷絮。倩笑嬌顰，忍記逢迎處。只有夢魂能再遇，堪嗟夢不由人做。　　夢若由人何處去？短帽輕衫，夜夜眉州路。不怕銀釭深繡戶，只愁風斷青衣渡。

臨江仙 離果州作　　　　　　　　　　　　　　　　　　　　　　前　人

鳩雨催成新綠，燕泥收盡殘紅。春光還與美人同。論心空眷眷，分袂却匆匆。只道真情易寫，誰知怨句難工。水流雲散各西東。半廊花院月，一帽柳橋風。

漢宮春 張園賞海棠作。園故蜀燕王宮也。　　　　　　　　　　　前　人

浪迹人間，喜聞猿楚峽，學劍秦川。虛舟泛然，不繫萬里江天。朱顏綠鬢，作紅塵、無事神仙。何妨在、鶯花海裏②，行歌閑送流年。　　休笑放慵狂眼，看閑房深院③，多少嬋娟。燕宫海棠夜宴，花覆金船。如椽畫燭，酒闌時、百炬吹烟④。憑寄語、京華舊侶⑤，幅巾莫換貂蟬。

月上海棠 成都城南，有蜀王舊苑，多梅花，皆二百餘年古木⑥。　前　人

斜陽廢苑朱門閉，弔興亡，遺恨淚痕裏。淡淡宮梅，也依然、點酥剪水。凝愁處，

---

① 鄒校："按本集，《蝶戀花》詞三首。自注'離小益作'者云：'陌上簫聲寒食近。雨過園林，花氣浮芳潤。千里斜陽鐘欲暝，憑高望斷南樓信。海角天涯行略盡，三十年間，無處無遺恨。天若有情終欲問，忍教霜點相思鬢。'後二首不注所由作，然次首起句云'桐葉晨飄'，蓋非一時之作。'水漾萍根'，爲第三首，則思蜀之作也。云'離小益'，誤矣。"按：鄒氏所云詞三首，見《渭南文集》卷四九。鄒校是也，"離小益作"四字當刪。
② 何妨：原作"閑妨"，據萬曆本、庫本、朱本、鄒本、《放翁詞》改。
③ 房：原作"妨"，據萬曆本、朱本、鄒本改。庫本、《放翁詞》作"坊"。
④ 吹：原脱，據《放翁詞》補。庫本作"輕"。
⑤ 舊：原脱，據庫本、《放翁詞》補。
⑥ "皆二"二字原脱，據《放翁詞》補。按：自五代後蜀至陸游仕蜀時，已二百餘年矣。作"二百"是。

似憶宣華舊事。　行人別有淒涼意。折幽香，誰與寄千里？佇立江皋，杳難逢，隴頭歸騎。音塵遠，楚天危樓獨倚。宣華，故蜀苑名。

柳梢青 故蜀燕王宫海棠之盛，爲成都第一，今屬張氏。　　　　　　前　人

錦里繁華，環宫故邸，疊萼奇花。俊客妖姬，爭飛金勒，齊駐香車。　何須幙幛幃遮。寶杯浸、紅雲瑞霞。銀燭光中，清歌聲裏，休恨天涯。

齊天樂 左綿道中　　　　　　　　　　　　　　　　　　　　　　　前　人

角殘鐘晚關山路，行人乍依孤店。塞月征塵，鞭絲帽影，常把流年虛占，藏鴉柳暗，嘆輕負鶯花，謾勞書劍。事往關情，悄然頻動壯遊念。　孤懷誰與強遣。市壚沽酒，酒薄怎當愁釅？倚瑟妍詞，調鉛妙筆，那寫柔情芳艷？征途自厭。況烟歛蕪痕，雨稀萍點。最是眠時，枕寒門半掩。

其　二 三榮人日遊龍洞作

客中隨處閑消悶，來尋嘯臺龍岫。路歛春泥，山開翠霧，行樂年年依舊。天工妙手，放輕緑萱芽，淡黄楊柳。笑問東君，爲人能染鬢絲否？　西州催去近也，帽檐風軟，且看市樓沽酒。宛轉巴歌，淒涼塞管，攜客何妨頻奏。征塵暗袖。漫禁得梅花，伴人疏瘦。幾月東歸①，畫船平放溜？

桃源憶故人 並序　　　　　　　　　　　　　　　　　　　　　　　前　人

　　三榮郡治之西，因子城作樓觀，曰"高齋"。下臨山村，蕭然如世外。予留七十日，被命參成都戎幙而去。臨行，徙倚竟日，作《桃源憶故人》一首②。

斜陽寂歷柴門閉，一點炊烟時起。鷄犬往來，林外俱有蕭然意。　衰翁老去疏榮利，絶愛山城無事。臨去畫樓頻倚，何日重來此？

---

① 幾月：庫本、《放翁詞》作"幾日"。
② 《放翁詞》無"一首"二字。

風入松　　　　　　　　　　　　　　　　　　　　　　　　　　　　前　人

十年裘馬錦江濱，酒隱紅塵。萬金選勝鶯花海，倚疏狂、驅使青春。吹笛魚龍盡出，題詩風月俱新。　自憐華髮滿紗巾，猶是官身。鳳樓常記當年語，問浮名，何似身親？欲寄吳箋說與，這回真個閑人。

水龍吟　　　　　　　　　　　　　　　　　　　　　　　　　　　　前　人

摩訶池上追遊路①，紅綠參差春晚。韶光妍媚，海棠如醉，桃花欲暖。挑菜初閑，禁烟將近②，一城絲管。看金鞍争道，香車飛蓋，争先占、新亭館。　惆悵年華暗換。黯銷魂，雨收雲散。鏡奩掩月，釵梁折鳳，秦箏斜雁。身在天涯，亂山孤壘，危樓飛觀。嘆春來只有，楊花和恨，向東風滿。

江月晃重山　芳華樓雪　　　　　　　　　　　　　　　　　　　　　　前　人

芳草洲前道路，夕陽樓上闌干。碧雲何處望歸鞍？從軍客，狃樂不思還。　洞裏仙人種玉，江邊楚客滋蘭。鴛鴦沙暖鶺鴒寒。菱花晚，不奈鬢毛斑。

虞美人　詠虞美人草　　　　　　　　　　　　　　　　　　　　（唐）無名氏

帳中草草軍情變，月下旌旗亂。攬衣推枕愴離情③，遠風吹下楚歌聲，正三更。　烏騅欲上重相顧④，艷態花無主。手中蓮鍔凛秋霜，九泉歸去是仙鄉，恨茫茫。

---

① 訶：原作"阿"，據庫本、朱本、鄒本、《放翁詞》改。路：《放翁詞》作"客"。
② 將近：原作"近將"，據萬曆本、庫本、朱本、鄒本及《放翁詞》乙。
③ 攬：《碧鷄漫志》卷四作"褫"。
④ 烏：上引作"撫"。

虞美人 和前题 　　　　　　　　　　　　　　　　　　　（宋）黃大輿①

　　世間離恨何時了，不爲英雄少。楚歌聲起霸圖休，玉帳佳人血淚滿東流。　　荒葵野葛吳城暮②，玉貌知何處？至今芳草解婆娑③，只有當時魂魄未銷磨。貫氏《談錄》云："褒斜谷中有虞美人草，狀如鶏冠，花葉相對。"《益州草木記》云："雅州名山縣出虞美人草，爲唱《虞美人》曲④，應拍而舞。"《酉陽雜俎》云："舞草出雅州。"《方物圖贊》"虞"作"娛"。

水調歌頭 　　　　　　　　　　　　　　　　　　　　　　（宋）范成大

　　萬里籌邊處，形勝壓坤維。恍然舊觀重見，鴛瓦拂參旗。夜夜東山銜月，日日西山橫雪⑤，白羽弄空暉。人語半霄碧，驚倒路傍兒。　　分弓了，看劍罷，倚欄時。蒼茫平楚無際，千古鎖烟霏。野曠岷嶓江動，天闊崤函雲擁，太白暝中低。老矣漢都護，却望玉關歸。

海棠詞⑥ 　　　　　　　　　　　　　　　　　　　　　　　　　前　人

　　馬蹄塵撲，春風得意笙簫逐⑦。款門不問誰家竹，祇揀紅妝多處、燒銀燭⑧。碧鷄坊裏花如屋，燕王宮畔花成谷⑨。不須悔唱《關山曲》⑩。直爲海棠，也合來西蜀。

---

①　黃大輿：原作黃載萬。按：《宋詩紀事》卷四三："大輿字載萬，南渡初蜀人，號岷山耦耕。"今改署本名。大輿工詞，著有《梅苑》十卷，今存。
②　此句《碧鷄漫志》卷四作"葛荒葵老蕪城暮"。
③　芳草：上引作"荒草"。
④　"草爲唱虞美人"六字原脱，據上引補。
⑤　日日：原作"日月"，據萬曆本、庫本、朱本、鄒本、《蜀中廣記》卷四改。
⑥　《後村詩話》卷八、《全芳備祖·前集》卷七題調作"醉落魄"。
⑦　笙簫：《全芳備祖》作"笙歌"。
⑧　多處：上引作"高處"。
⑨　畔：《後村詩話》《全芳備祖》作"下"。
⑩　關山曲：《後村詩話》作"陽關曲"。

水調歌頭 題劍閣　　　　　　　　　　　　　　　　　　　　（宋）崔與之

萬里雲間戍，立馬劍門關。亂山極目無際，直北是長安。人苦百世塗炭①，鬼哭三邊鋒鏑，天道久應還。手寫留屯奏，炯炯寸心丹。　對青燈，搔白髮，漏聲殘。老來勛業未就，妨却一身閑。梅嶺綠陰青子，蒲澗清泉白石，怪我舊盟寒。烽火平安報②，歸夢到家山。

賀新郎 代妓送太守③　　　　　　　　　　　　　　　　　　　（宋）盧申之④

春色元無主，荷東君、著意看承，等閑分付。多少無情風與浪，又那更、蝶欺蜂妒。算燕雀眼前無數。縱使簾櫳能愛護⑤，到如今已是成遲暮。芳草碧，遮歸路。　看看做到難言處，怕去仙槎⑥，輕轉旌旗，易歌襦袴。月滿西樓弦索靜，雲蔽崑城閫府。便恁地、一帆輕舉。獨倚闌干愁拍碎，慘玉容、淚眼如紅雨。去與住，兩難訴。

浣沙溪 瑞香　　　　　　　　　　　　　　　　　　　　　　　（宋）張孝祥

臘後春前別一般，梅花枯淡水仙寒，翠雲裘著紫霞冠。　仙品只今推第一，清香元不是人間，爲君更試小龍團。

---

① 世：庫本及《花庵詞選·續集》卷七作"年"。按："世"字仄聲，此處當用平聲，"年"字勝。
② 報：《花庵詞選》作"夜"。
③ 原注："蒲江人。"按：宋周遵道《豹隱紀談》"嘉定間平江妓送太守詞曰"云云，"或云是蒲江盧申之作"。楊慎本於此。
④ 盧申之：原作"盧申"，並有注云"蒲江人"。按：樓鑰《攻媿集》卷五八《池州教官廳壁記》云"吾甥永嘉盧申之祖皋力學"，張端義《貴耳集》卷上亦云"蒲江盧申之祖皋貌宇修整"，則是"申之"爲其名。宋以下其他多種書亦皆稱盧申之，無單稱盧申者，今據補"之"字。又，此人之籍貫，樓鑰稱爲永嘉，孫應時《燭湖集》卷一〇《盧申之蒲江詩稿序》亦云"東嘉盧申之"，永嘉、東嘉皆爲溫州之別稱。然宋周遵道《豹隱紀談》、張端義《貴耳集》卷上均稱"蒲江盧申之"；且盧申之詞集名《蒲江集》，詩集亦名《蒲江詩稿》（亦見上引《貴耳集》《燭湖集》），或是溫州爲其原籍，後移居蒲江。
⑤ 縱：原作"從"，據朱本、鄒本、《豹隱紀談》改。
⑥ 怕去仙槎：《豹隱紀談》作"怕宣郎"。按此調一般格律，此句爲三字。

浣沙溪 餞鄭憲　　　　　　　　　　　　　　　　　　　前　人

寶蠟燒春夜影紅，梅花枝傍錦薰籠，曲瓊低卷瑞香風。　萬里江山供燕几，一時賓主看談鋒，問君歸計莫匆匆。

賀新郎　　　　　　　　　　　　　　　　　　　　　　（宋）文及翁①

一勺西湖水，渡江來、百年歌舞，百年酣醉。回首洛陽花世界，烟渺《黍離》之地，更不復新亭墮淚。簇樂紅妝搖畫舫②，問中流擊楫何人是？千古恨，幾時洗？余生自負澄清志。更有誰、磻溪未遇，傅巖未起？國事如今誰仗倚，衣帶一江而已！便都道、江神堪恃。借問孤山林處士，但掉頭、笑指梅花蕊。天下事，可知矣！

鳳栖梧 題劍門驛③　　　　　　　　　　　　　　　　（宋）盧　氏

蜀道青天烟靄翳。帝里繁華，迢遞何時至。回望錦川添粉淚，鳳釵斜嚲烏雲膩。　鈿帶香盤金縷細④，玉珮丁當⑤，露滴寒如水。從此鸞妝添遠意，畫眉學得遙山翠。

謁金門　　　　　　　　　　　　　　　　　　　　　　（宋）李好義⑥

花遇雨，又是一番紅素。燕子歸來衝繡幕，舊巢無覓處。　誰在玉樓歌舞，誰在玉關辛苦？若使胡塵吹得去，東風侯萬戶。

---

① 原注："成都人。"按：《宋史翼》卷三四本傳："文及翁，字時舉，號本心，綿州人。"據元李有《古杭雜記》，此詞爲文及翁登第後遊西湖所賦。

② 樂：《古杭雜記》作"擁"。

③ 《墨客揮犀》卷四："蜀路泥溪驛，天聖中，有女郎盧氏者，隨父往漢州作縣令。替歸，題於驛舍之壁。其序略云：'登山臨水，不廢於謳吟；易羽移商，聊舒於羇思。因成《鳳栖梧》曲子一闋，聊書於壁，後之君子覽之者，毋以婦人竊弄翰墨爲罪。'"

④ 香盤：上引作"雙垂"。

⑤ 丁當：《宋朝事實類苑》卷四〇、《花庵詞選》卷一〇作"珠璫"。

⑥ 原注："宕渠人，開禧中殿帥。"按：《宋史》卷四〇二本傳："李好義，下邽人。"又云："開禧初，韓侂胄開邊，吳曦主師，好義爲興州正將。"

巫山十二峰詞①

(元) 趙孟頫

　　疊嶂千重碧，長江一帶清。瑤壇霞冷月朧明，欹枕若爲情②！雲過船窗曉，星移宿霧晴。古今離恨撥難平，惆悵峽猿聲。右淨壇峰

　　片月生危岫，殘霞拂翠桐。登龍峰下楚王宮，千古感遺蹤。柳色眉邊綠，花明臉上紅。欲尋靈迹阻江風，離思杳無窮③。右登龍峰

　　松鶴堆嵐靄，陽臺枕水湄。風清月冷好花時，惆悵阻佳期。別夢遊蝴蝶，離歌怨《竹枝》。悠悠往事不勝悲，春恨入雙眉。右松鶴峰

　　雲裏高唐觀，江邊楚客舟。上升峰月照妝樓，離思兩悠悠④。雲雨千重阻⑤，長江一帶秋⑥。歌聲頻唱引離愁，光景恨如流。右上升峰

　　絕頂朝雲散，寒江暮雨頻。楚王宮殿已成塵，過客轉傷神。月是巫娥伴，花爲宋玉鄰。一聽歌調一含嚬，哀怨《竹枝》春⑦。右朝雲峰

　　雨過蘋汀遠，雲深水國遙。渡頭齊舉木蘭橈⑧，纖細楚宮腰。映水勻紅臉，偎花整翠翹。行人倚棹正無聊，一望一魂銷。右集仙峰

　　碧水鴛鴦浴，平沙荳蔻紅。望霞峰翠一重重，帆卸落花風⑨。澹薄雲籠月，霏微雨灑篷。孤舟晚泊浪聲中，無處問音容。右望霞峰⑩

　　芍藥虛投贈，丁香漫結愁。鳳棲鸞去兩悠悠⑪，新恨怯逢秋。山色驚心碧，江聲入夢流。何時弦管簇歸舟？蘭棹泊沙頭。右棲鳳峰

　　碧水澄青黛，危峰聳翠屏。《竹枝》歌怨月三更，別是斷腸聲。烟外黃牛峽，

---

① 朱本、鄒本、《趙孟頫集·補遺》以詞調名"巫山一段雲"爲題。朱本、鄒本題下另有小注："巫山十二峰"。
② 此句本集《補遺》作"依枕不勝情"。
③ 此句上引作"離恨轉無窮"。
④ 離思：上引作"離愁"。
⑤ 雲雨：原作"雨雲"，據庫本、朱本、鄒本及本集《補遺》乙。千重：原作"千里"，據庫本、本集《補遺》改。
⑥ 此句本集《補遺》作"湖山一片秋"。
⑦ 哀怨：上引作"幽怨"。
⑧ 渡頭：上引作"渡江"。
⑨ 花：上引作"潮"。
⑩ 望霞峰：上引作"雲霞峰"。
⑪ 鳳棲：上引作"鳳來"。

雲邊白帝城①。扁舟清夜泊蘋汀，倚棹不勝情。右翠屏峰

鶴信三山遠，羅裙片水深。高唐春夢杳難尋，惆悵至如今。　十二峰前月，三千里外心。紅箋錦字信沈沈，腸斷舊香衾。右聚鶴峰

曉色飄紅豆，平沙枕碧流。泉聲雲影弄新秋，觸處是離愁。　臉淚橫波淡②，眉攢片月收。佳人無笑隼難休③，半整玉搔頭。右望泉峰

嬝娜江邊柳，飄飄嶺上雲④。卸帆迴棹楚江濱，歸信夜來聞。　欲拂珊瑚枕，先熏翡翠裙。江頭含笑去迎君，鸞鳳盡成群⑤。右起雲峰

　　巫山十二峰在楚蜀之交，余嘗過之。舟行迅疾，不及登覽。近巫山尹王道於峰端搴得趙松雪詞十二首傳之。其詞集中不載。以樂府《巫山一段雲》按之，可歌也。古傳記稱，帝之季女，名曰瑤姬，精魂作草，實爲靈芝。宋玉本此以託諷，後世詞人轉加緣飾，茲爲黷矣⑥。重葩累藻，不越此意。余愛袁崧之語，謂，"秀峰疊崿，奇構異形，林木蕭森，離離蔚蔚，乃在霞氣之表。仰矚俯睎，不覺忘返。自所履歷，未始有也。山水有靈，亦當驚知己於古矣。" 尋此語意，使人神遊八極，而脫然自濯於曄花溫瑩之外。暇日，因錄松雪詞，並附袁語於後，以洗名山之誣，而識余未登之慊云。

蘇武謾 至正八年夏和虞道園　　　　　　　　　　　　　　（元）張伯雨

　　清露晨流，新桐初引，消受北窗涼曉。經卷熏爐，筆床茶具，長物憑他圍繞。老子無情，年光有限，只似木人花鳥。擬凝雲數朵，奇峰曾見，漢唐池沼。　還自笑、待老學蟬魚，金題玉躞，書裏也容身了。阿對泉頭，布衣無恙，占斷雨苔風筱。獨鶴歸來，西山缺處，掠過亂鴉林表。舞琴心三疊胎仙，坐到月高山小⑦。

---

① 雲邊：本集《補遺》作"雲中"。
② 淡：上引作"漫"。
③ 隼：朱本、鄒本作"準"。此句本集《補遺》作"佳人欲知卒難休"。《花草粹編》卷四作"佳人嫵笑準難休"。
④ 飄飄：庫本、朱本、鄒本作"飄颻"。
⑤ 盡：原作"畫"，據庫本、朱本、鄒本、本集《補遺》改。
⑥ 茲爲：原作"茲丘"，據庫本改。
⑦ 月：原脫，據《書畫題跋記》卷九補。

全蜀藝文志卷之二十六

詔策　赦文　敕

漢先主封張飛策

章武元年，遷飛車騎將軍，領司隸校尉，封西鄉侯。策曰：

朕承天序，嗣奉洪業，除殘靖亂，未燭厥理。今寇虜作害，民被荼毒，思漢之士，延頸鶴望。朕用惙然，坐不安席，食不甘味，整軍誥誓，將行天罰。以君忠毅，侔蹤召虎，名宣遐邇，故特顯命，高墉進爵，兼司於京。其誕將天威，柔服以德，伐叛以刑，稱朕意焉。《詩》不云乎："匪疚匪棘，王國來極。肇敏戎功，用錫爾祉。"可不勉歟！

封馬超策

章武元年，遷驃騎將軍，領涼州牧①，進封犛鄉侯。策曰：

朕以不德，獲繼至尊，奉承宗廟。曹操父子，世載其罪，朕用慘怛，疢如疾首。海內怨憤，歸正反本，暨於氐、羌率服，獯鬻慕義。以君信著北土，威武並昭，是以委任授君，抗颺虓虎，兼董萬里，求民之瘼。其明宣朝化，懷保遠邇，肅慎賞罰，以篤漢祜，以對於天下。

許靖策

建安十九年，先主克蜀，以靖為左將軍長史。先主為漢中王，靖為太傅。及即尊號，策靖曰：

---

① 涼州：原作"梁州"，據《三國志·蜀書·馬超傳》改。

朕獲奉洪業，君臨萬國，夙宵惶惶，懼不能綏。百姓不親，五品不遜，汝作司徒，其敬敷五教，在寬①。君其勖哉！秉德無怠，稱朕意焉。

後主告諭伐魏詔

建興五年春，丞相亮出屯漢中，營沔北陽平石馬。三月，下詔曰：

朕聞天地之道，福仁而禍淫；善積者昌，惡積者喪，古今常數也。是以湯武修德而王，桀紂極暴而亡。曩者漢祚中微，網漏凶慝，董卓造難，震蕩京畿。曹操階禍，竊執天衡，殘剝海內，懷無君之心。子丕孤堅，敢尋亂階，盜據神器，更姓改物，世濟其凶。當此之時，皇極幽昧，天下無主，則我帝命隕越於下。昭烈皇帝體明叡之德。光演文武，應乾坤之運，出身平難，經營四方，人鬼同謀，百姓與能，兆民欣戴。奉順符讖，建位易號，丕承天序，補弊興衰，存復祖業，誕膺皇綱，不墜於地。萬國未靖②，早世遐殂。

朕以幼沖，繼統鴻基，未習保傅之訓，而嬰祖宗之重。六合壅否，社稷不建，永惟所以，念在匡救，光載前緒，未有攸濟，朕甚懼焉。是以夙興夜寐，不敢自逸，每崇菲薄③，以益國用，勸分務穡④，以阜民財，授才任能⑤，以參其聽，斷私降意⑥，以養將士。欲奮劍長驅，指討凶逆。朱旗未舉，而丕復隕喪，斯所謂不燃我薪而自焚也。殘類餘醜，又支天禍，恣睢河、洛，阻兵未彌。諸葛丞相弘毅忠壯，忘身憂國，先帝託以天下，以勖朕躬。今授之以旄鉞之重，付之以專命之權，統領步騎二十萬眾，董督元戎，龔行天罰。除患寧亂，克復舊都，在此行也。

昔項籍總一強眾，跨州兼土，所務者大，然卒敗垓下，死於東城，宗族焚如⑦，爲笑千載，皆不以義，陵上虐下故也。今賊效尤，天人所怨，奉時宜速，庶憑炎精祖宗威靈相助之福，所向必克⑧。吳王孫權同恤災患，潛軍合謀，犄角其後。涼州諸國王各遣月支、康居胡侯支富、康植等二十餘人詣受節度，大軍北出，便欲率將兵馬，奮戈先驅。天命既集，人事又至，師貞勢併，必無敵矣。

夫王者之兵，有征無戰，尊而且義，莫敢抗也，故鳴條之役，軍不血刃，牧野之

---

① "在寬"上原有"五教"二字，據《三國志·蜀書·許靖傳》刪。按。《書·舜典》："敬敷五教在寬。""五教"二字不疊。
② 靖：《三國志·蜀書·後主傳》裴注引作"定"。
③ 崇：上引作"從"。
④ 務穡：原作"稼穡"，據上引改。
⑤ 才：上引作"方"。
⑥ 私：原作"思"，據上引改。
⑦ 焚如：原作"如焚"，據上引改。《易·離》九四："突如其來如，焚如，死如，棄如。"
⑧ 必克：原作"未克"，據朱本、鄒本、《三國志》改。

師，商人倒戈。今旆麾首路，其所經至，亦不欲窮兵極武。有能棄邪從正，簞食壺漿以迎王師者，國有常典，封寵大小，各有品限①。及魏之宗族、支葉、中外，有能規利害、審逆順之數，來詣降者，皆原除之。昔輔果絕親於智氏，而蒙全宗之福；微子去殷，項伯歸漢，皆受茅土之慶。此前世之明驗也。若其迷沈不反，將助亂人，不式王命，戮及妻孥，罔有攸赦。廣宣恩威，貸其元帥，弔其殘民。他如詔書律令。丞相其露布天下，使稱朕意焉。

後主復諸葛亮丞相策

建興六年，亮使馬謖督諸軍與魏張郃戰於街亭。謖違亮節度，舉動失宜，大為郃所破。亮戮謖以謝眾。上疏曰："臣以弱才，叨竊非據，親秉旄鉞，以厲三軍，不能訓章明法，臨事而懼，至有街亭違命之闕，箕谷不戒之失，咎皆在臣授任無方。臣明不知人，恤事多闇，《春秋》責帥，臣職是當。請自貶三等，以督厥咎。"於是以亮為右將軍，行丞相事，所總統如前②。冬，亮復出散關，圍陳倉，破魏軍，斬王雙。七年，遣陳式攻武都、陰平。魏郭淮率眾欲擊式，亮自出至建威，淮退還，遂平二郡。詔策亮曰：

街亭之役，咎由馬謖，而君引愆，深自貶抑，重違君意，聽順所守。前年耀師，馘斬王雙；今歲爰征，郭淮遁走；降集氐、羌，興復二郡，威震凶暴，功勳顯然。方今天下騷擾，元惡未梟，君受大任，幹國之重，而久自挹損，非所以光揚洪烈矣。今復君丞相，君其勿辭。

唐僖宗賜高駢築羅城詔③

敕高駢。省所奏修築羅城畢功，並進畫圖事，具悉。卿天平急召，井絡專征，臨邛夢叶於四刀④，按部恩覃於兩劍。上言大鎮，空有子城，殊百雉之環迴⑤，是千年之曠闕，便依陳奏，未隔寒暄。每日一十萬夫，分築四十三里，皆施廣廈，又砌長磚。

---

① 限：原脫，據庫本、《三國志》補。
② 統：原脫，據庫本、《三國志·蜀書·諸葛亮傳》補。
③ 《全唐文》卷八七題作《獎高駢築成都羅城詔》。
④ 四刀：《成都文類》卷一六同。萬曆本、朱本、鄒本、《全唐文》作"三刀"。按：作"四刀"不誤。《晉書·王濬傳》："濬夜夢懸三刀於臥屋梁上，須臾又益一刀，濬驚覺，意甚惡之。主簿李毅再拜賀曰：'三刀為州字，又益一者，明府其監益州乎！'"三刀又益一刀，是四刀也。此以高駢為劍南西川節度使比於王濬為益州刺史。
⑤ 殊：原作"珠"，據萬曆以下各本及《成都文類》《全唐文》改。

城角曲收，逸迸攻而勢勝；甕門直截，容拒守之兵多。利及後人，智高前古。繼孔明於掌內，坐張儀於腹中，是以輕笑木牛，感通金馬。增上頭之睥睨，架裏面之闌干。橋象七星，不移舊岸；錦逢三月，可濯新壕。役徒九百六十萬工，計錢一百五十萬貫。卓哉懋績，固我雄藩！

罄府庫之資儲，捨陰陽之拘忌，但爲國計，總忘身謀。並無黎庶之怨嗟，不請朝廷之接借。忽聞進奏，言已畢功。見圖寫之甚明，舉神化而急速①。方念處身廉潔，報國忠貞，始終能協於一心，清美久聞於萬口。欲人檢驗，具見公忠；朕已知臣，何勞請使？便欲寵渥，恐卿自往雅州，既發師徒，方勞館驛，且留賞典，專俟迴軍。蜀川既及於春風，蠻寇盡離於河岸，便酬勳績，各進官階。未問，勉效七擒，佇聞三捷。故兹詔示，想宜知悉。

冬寒，卿比平安好。遣書，指不多及。

王衍試制科策文 乾德四年

炎漢致治，始策賢良；巨唐思皇，爰求茂異。講邦國治亂之體，陳天人精祲之原②，豈角虛文，蓋先碩德。朕念守器之重，識爲君之難，思得奇才，以凝庶績，因舉故事，以紹前修。子大夫抱道逢時，投策應詔③，必有長策，以副虛懷。何以使三農樂生，五兵不試，刑獄無枉，賦歛無加？以何策可以定中原？以何道可以卜長世？朕當親覽，汝無面從。

> 白衣蒲禹卿對策，其略曰："今朝廷所行者，皆一朝一夕之事；公卿所陳者，非乃子乃孫之謀。暫偷目前之安，不爲身後之慮。衣朱紫者，皆盜跖之輩，在郡縣者，皆狼虎之人。姦佞滿朝，貪淫如市，以斯求治，是謂倒行。"執政皆切齒，欲誅之，衍以其言有益，擢爲右補闕。

孟昶勸農桑詔 明德元年十二月

刺守縣令，其務出入阡陌，勞來三農。望杏敦耕，瞻蒲勸穡。春鳩始囀，便具籠筐。蟋蟀載吟，即鳴機杼。

---

① 舉：《成都文類》作"與"。
② 精祲：《十國春秋·前蜀·後主本紀》《全唐文》卷一二九作"祥祲"。
③ 投策：上引作"投書"。

宋太祖納降蜀主敕①

敕蜀主。省上表率文武見任官望闕瀝懇歸命事，具悉。朕自皇天睠命，率土樂推，將期德服萬方，不恃威加四海。乃睠益部，僻處一隅，苟黎庶之獲安，非經營之在意。一昨災躔蜀地，釁自幷門，既興王者之師，遂授將軍之鉞，事非獲已，須至用兵。我且直詞，彼衆自敗②，下劍門而賈勇，指井絡而長驅。中宵喟然，兆庶何罪！徑馳驛騎，嚴誡前鋒，廣宣來者之懷，遍諭弔民之意。果能率官屬而效順，拜表疏以祈恩，託我慈親，述乃寢廟，封府庫而待命，保生聚而輸誠。朕方示信懷柔，不逼人險，保無他慮，當體優隆。國有舊章，不違前請，所宜悉也。春寒，想比清休，書旨不多及。

仁宗賜程琳收獲劫盜逃兵獎諭詔③

敕程琳。省益州路轉運司奏云云。卿居樞近之司，總翰垣之政，因逋逃之爲患，縱盜掠而累年，密遣追胥，盡擒隱伏。既詰誅於醜類，致肅靜於鄉閭，翳乃忠勤，副予寄任。攸司上奏，宣力可嘉，故兹獎諭，想宜知悉。

仁宗賜王疇父老借留獎諭詔

敕王疇。省益州路轉運司奏云云。眷兹古蜀，素號名藩，委任非輕，事權尤劇。卿問望兼著，中外荐更，爰自近班，出分重寄，奉揚寬大之詔，茂宣愷悌之風。洽威惠於吏民，載歌謠於道路。輿情胥悅，列奏爰來。減予宵旰之憂，稱乃循良之選，其在嘉嘆，不忘於懷。故兹獎諭，想宜知悉。夏熱，卿比平安好？遣書，指不多及。

國家眷輿鬼之分，梁益之區，距上國千里之遙，爲西蜀一都之會。控制蠻獠，撫遏邊陲，利害所生，安危是繫。非道積廊廟，名高縉紳，萬里隱乎金城，五兵森乎武庫，長謀足以經遠，厚德可以鎮浮，文有緯俗之方，武有安民之略者，不得預焉。今府尹、樞密直學士太原王公，負經濟之才，挺誠明之性，運沉機而察物，韞清識以照微，高表竦乎百尋，雅量汪其萬頃。按刑梓部，黎庶於是不冤；掌憲柏臺，佞倖因之知懼。自兹紫宸選賢，若雲之

---

① 按：此篇乃錄自《成都文類》卷一七，其文與《錦里耆舊傳》卷四同。《宋大詔令集》卷二二五、《宋朝事實》卷一七、《宋史》卷四九八《孟昶傳》等亦收此詔，而文字相互大異，可參看。
② 彼：原作"被"，據萬曆本、庫本、朱本、鄒本、《錦里耆舊傳》《成都文類》改。
③ 原無"仁宗"二字，朱本、鄒本署於題下，兹依前例添於題上。以下仿此。

從龍；丹陛告猷，如石之投水。暨參延閣之貴，屢膺出境之命。皇上嘉其亮節，惠彼遠方，亟升宥密之嚴，旋委藩方之寄①。公飲冰抵命，叱馭遵途，過劍山而物得陽春，涉錦水而歲逢甘雨。暨黄堂布政，彤襜問俗，始乃明教化，示詔條，遂揚愷悌之風，誕變輕浮之俗；次則恤民隱，革吏姦，訟清而叢棘常空，令正而寒霜自凜；終則誡浮惰，戢兵師，力田而曠土皆耕，以律而私門不犯。然又招延秀異，旌勸良平；殄姦宄之徒，苗之去莠；籍孤惸之户，網之舉綱。已而董之以威，示之以信，懷之以德，綏之以仁，導之以詩書，訓之以禮讓。迄至群心帖泰，庶物休和，多稼豐登，連甍富壽。兩川安堵，固無夜户之虞；千里嚮風，盡有春臺之樂。一旦，乃有十邑之叟，四郭之彦，惜鳳書之將至，恐熊軾之斯邁，乃與瀝誠於外計，奏功於中宸。列牘初上，當寧稱嘆，乃降璽書以勞之，示聖主得賢而遠方受賜也。宸章昭晰，睿旨淵冲，焕乎日月之麗天，皦如金石之薦廟。宣揚兑澤，誠告坤方。仰觀惟睿之詞，實勸事君之節。既而閭府衙校、耆耋、緇黄等諏曰："聖主示十行之札，形一字之襃，雖聞紀勒郡齋，庶傳於不朽，豈若標題仙觀，用勸於後來？"而又罔棄顓蒙，懇求紀述。然念叙賢人之事業，雖學之於師，察聖后之刑章，幸居之於職。復乃得實狀，寧假飾詞。時景祐三年冬十月二十日，益州路提刑李定記。

仁宗賜程戡修城池獎諭詔

敕程戡。省益州路轉運司高良夫奏云云。蜀自漢唐以來，國之西屏，控臨撫理，專用材用器望者處之。卿往嘗屬任，復當眷付，下教如昨，布政猶新。矧乃恤戎略以安邊，憺威名而寧遠，繕完壁壘，經度溝池，謀不逾時，士皆罄力，訖能集事，人匪告勞。刺部提封，剡章指狀，備虞暇豫，允賴毗維。申念勤庸②，弗忘嘉寵，故兹獎諭，想宜知悉。

仁宗賜張方平父老借留獎諭詔

敕方平。益州路轉運司高良夫奏云云。坤維一隅，二蜀爲大，慎擇良守，時謂才難。卿乃者輟宸朝秘寵之班，委寰輔密陪之鎮，特更近屏，專及遠邦。此朕意欲撫御彈壓，以寬西顧。果能厚政化以懷和，孚教條而悦穆；甄善疾非而人愛其舉，發姦摘

---

① 旋：原作"施"，據朱本、鄒本改。
② 庸：原作"痛"，據庫本、《成都文類》卷一七改。

伏而吏畏其神；廛穰告登①，里封去盗，内無繋獄，外無繁訟；恩育惸獨，惠康窮乏。而乃鄉居獻狀，刺部奏陳：或以奏計之期，預希一借；或以解歸之次，願畢三周。惟漢有文翁、廉范飭厲之規，惟唐有德裕、元衡約束之略，詳觀休績，何愧前修。勉樹令圖，以光來譽。省循嘉嘆，彌切眷懷。故兹獎諭，想宜知悉。

英宗賜趙抃父老借留獎諭詔

敕趙抃。省成都府路轉運提刑司奏云云。蜀遠在西南，最要部也。朕常患吏不能究宣德澤，以被於遠民，故其擇守，非慈良簡重者不以命之。卿在蜀甫逾年，而使者以其治迹尤異上於朝廷。夫吏所以治民也，能盡其治，民賴之，豈不汝嘉乎！故兹獎諭，想宜知悉。秋熱，卿比平安好？遣書，指不多及。

> 龍圖閣直學士天水趙公治蜀甫閱歲，府之黎老士民舉千百數，伏使者車，言曰："蜀之壤陿衆夥，俛首輸賦，風尚纖靡，怯不鷙立。自公問俗布政，闊略法禁，緒正綱目，坐格醇茂。仁義道德，衍爲教化；徭賦均節，俗本生業。人人自愛，以重犯法。風雨時若，粒米狼戾。民惕然懼朝廷之召遷，而父母去我矣，願上書借公留。"語聞上，上以手迹細札，獎勉襃嘉之。都人頓首伏讀，欣喜蹈舞。恭惟天詔有"慈良簡重""治迹尤異"之稱，公恕物以仁，約己以禮，表俗以信，鎮浮以德；故上知公之深如此。漢膠東相成、潁川守霸，皆有璽書勉厲異等效，著在篇簡。今公之拜休寵者，當有以揭金石刻，永傳無窮，而爲西南藩維之光華也。《書》不云乎："敢對揚天子之休命。"《詩》云："虎拜稽首，天子萬年。"蓋報上歸美，所宜侈大也。治平三年九月一日②，秘書丞閻灝謹序。

高宗賜王剛中訓諭詔

朕軫念坤維，遠在一方，德意雖深，利澤未究，故臨遣詞臣，往分閫寄。卿其深體至懷，務先惠養。民間有疾苦，官吏有貪殘，悉以上聞。夫苻政在寬，寬宜有制；足用在儉，儉宜中禮。撫馭將士，先之以和，肅寧邊陲，鎮之以靜，則朕無西顧之憂矣。佇聞報政，嗣有寵嘉。

---

① 廛穰：原作"墨攘"，據《成都文類》卷一七改。萬曆本、朱本、鄒本作"豐穰"。

② 三年：原作"二年"，《成都文類》卷一七亦同。朱本、鄒本作"三年"。按：作"三年"是。趙抃自河北都轉運使移知成都府在治平元年十二月二十二日癸丑，見《續資治通鑑長編》卷二〇三。此詔云"卿在蜀甫逾年"，又云"秋熱"，則此詔之下乃在治平三年秋七月或八月，閻灝此序不應反在二年。今據改。

紹興二十八年秋九月，蜀以闕帥聞，皇帝陛下諭旨遣從臣出鎮。臣是時方代匱詞掖。庚辰，以臣制置四川，兼治成都。臣聞命震恐，固辭不獲。越十月庚寅，引對便殿，上宣諭四川利病至悉，臣退而謹書之。甲午，正謝，蒙恩賜臣御寶帶、象笏，併賜行貲。庚子，朝辭，復蒙宣賜御筆訓諭詔書。臣伏觀雲漢之章，奎筆之畫，心目悸眩，大懼無以承盛德、稱明詔者。竊嘗謂自古人君，如漢光武命帥以詔敕從事，徒見於征討艱難之日；而唐太宗賜群臣御書，又皆燕閒無益之詞。豈若皇帝陛下軫念坤維去朝廷數千里，將使利澤周浹於六十一城之廣，肆親洒宸翰，訓敕微臣察民間之疾苦，糾官吏之貪殘，茇政尚寬猛之中，足用制禮儉之節。與夫撫和將士，肅靜邊陲，皆閫寄之大方，吏治之至要。而臣起自諸生，驟膺委寄，內揆庸淺，實無他長，惟當夙夜奉行詔旨，庶幾有補一方，不負聖神所以拔擢臨遣之意。載惟堯言布於天下，而舜詔岳牧，辭列典謨，臣既到官，是用敢刻諸堅珉，昭示德意，垂範無窮。臣王剛中拜手稽首，謹記。

孝宗賜晁公武獎諭詔

敕公武。朕聞蜀漢沃野，有蔬食果實之饒，民食稻魚，亡凶年憂。而比歲以來①，穀糴常貴，民有飢色，故易以為盜。豈民不務本，吏苛刻之所致耶？朕甚憫焉！卿服在從班，習知德意，乃裁公帑之餘，行平糴之政，以復天聖守臣之舊迹，其用心亦勤矣。夫廣畜積以實倉廩、備水旱，此郡國之所先務也②。卿能知此，朕復何憂！載覽奏封，良深嘉嘆，故茲獎諭，想宜知悉。冬寒，卿比平安好？遣書，指不多及。

孝宗賜范成大獎諭詔③

卿遠鎮坤維，兼總戎律，究心夙夜，朕甚嘉之。所進內教將兵、外修堡寨、團結土丁三說，皆善。更益勉旃，務在必行，早見成效，以副朕倚注之意。

臣不肖，日者待罪桂林，蒙恩徙鎮蜀道，次於荊州，詔問西南邊事。臣愚無識知，嘗試妄論大要：練兵丁，繕保障④。倘事力弗給，可若何？行及廣漢，則昧死上其說。制下尚書，其盼劍南西川度牒五百，為緡錢三十五萬八千有奇，以贍工費，而賜臣八月二十五日璽書如前。臣謹拜手稽首言曰："昔

---

① 比歲：原作"歲比"，據庫本、《成都文類》卷一七乙。
② 郡：原作"群"，據萬曆以下各本及《成都文類》改。
③ 原無"詔"字，據以上諸篇例補。
④ 繕：原作"善"，據庫本、《成都文類》卷一七改。

堯舜之於群臣，聞其言善則俞之，必有訓敕之詞繼之，曰'懋哉'，曰'往欽哉'，二《典》之書是已。今陛下過聽，擇於蕘蕘，又勉之以底績，此堯舜之法，二《典》之所以書也，臣何足以得此！雖貪天子之命以爲己榮，而一介齷齪，狗馬蚤衰，罷軟不自勝，恐終無尺寸補益縣官，且姦大何，以隕越於下。茲榮也，祇所以爲懼哉！敬奉賜書，被之琬琰，以旦夕瞻仰於前，其敢侈臣之榮，識臣之懼而已。

孝宗贈蘇軾爲太師敕①

敕：朕承絕學於百聖之後，探微言於六籍之中，將興起於斯文，爰緬懷於故老。雖儀刑之莫覿，尚策簡之可求。揭爲儒者之宗，用錫帝師之寵。故禮部尚書、端明殿學士、贈資政殿學士、諡文忠蘇軾，養其氣以剛大，尊所聞而高明。博觀載籍之傳，幾海涵而地負；遠追正始之作，殆玉振而金聲。知言自況於孟軻，論事肯卑於陸贄。方嘉祐全盛，常膺特起之招；至熙寧紛更，乃陳長治之策。嘆異人之間出，驚讒口之中傷。放浪嶺海而如在朝廷，斟酌古今而若斡造化。不可奪者嶢然之節，莫之致者自然之名。經綸不究於生前，議論常公於身後。人傳元祐之學，家有眉山之書。朕三復遺編，久欽高躅。王佐之才可大用，恨不同時；君子之道闇而彰，是以論世。儻九原之可作，庶千載以聞風。惟而英爽之靈，服我袞衣之命。可特贈太師，餘如故。

諭御史大夫丁玉敕 洪武

前者大將軍入西羌萬山，將松州已行攻取，修城守禦了當，甚是威鎮西夷。今議得松州地方山多田少，所種不足所用，若令四川人民供給守禦，廢有用之民，守無用之地。符到之日，可設法抽出軍來四川，撫養一會。或於保寧立一衛，或揀何處緊要所在立一衛，鎮靜四川。

又

舊歲命爾西征，以今觀之，非人事必然，甚有天意以相四川。且妖人彭姓者，潛妖遁迹②，已有年矣。若非命爾率丁氏舊日土兵出境，其四川之禍，又非淺淺。若丁氏土兵未出境土，聞妖作亂，乘時蜂起，以四川各衛並都司官，機謀調遣，甚有不足，

---

① 孝宗：原作"宋"，據前文體例徑改。按：贈蘇軾太師在乾道六年。
② 此句下，《明太祖文集》卷八有"暗□愚民"四字。

安能止妖遏邪？今禍亂已平，國之福也。卿跋踄崇山，究心日夜，甚爲艱勤。然卿未至四川，指揮普亮等帥軍不律①。近聞李指揮律如軍法，其柳音尚未典刑②，特差人詣四川。斯二指揮必不可恕，亦當律以軍法。夫國之用將也，以備捍大患而禦姦侮，如斯不律者，安能食禄受官？刑不輕恕，於法無疑，如敕施行。

諭參政張统右參政韓鑰 洪武

古之尚志之士，必立身行道，而道行名成而後已。所以然者何？貴身榮家，以顯父母。卿效賢人之道方始，當日省月覺③，以觀下愚，造歿身之計。今命卿西南方面重任，君子道興之所然。且雲南諸夷雜處之地，若欲治安，非出群之才不可。卿必忠可格天，誠可會人，生靈是幸，故兹敕諭。

---

① 普亮：原作"音亮"，據《明太祖文集》卷八及《明史》卷一三四《丁玉傳》改。
② 柳音：《明太祖文集》作"茆音"。
③ 覺：《明太祖文集》卷八同，朱本、鄒本作"覽"，非。

全蜀藝文志卷之二十七

表　疏　狀

上漢帝表

（蜀漢）先　主

　　臣以具臣之才，荷上將之任，董督三軍，奉辭於外，不能掃除寇難①，靖匡王室，久使陛下聖教陵遲，六合之內，否而未泰，惟憂反側，疢如疾首。曩者董卓造為亂階，自是之後，群凶縱橫，殘剝海內。賴陛下聖德威靈，人神同應②，或忠義奮討，或上天降罰，暴逆並殪，以漸冰消。惟獨曹操，久未梟除，侵擅國權，恣心極亂。臣昔與車騎將軍董承圖謀討操，機事不密，承見陷害，臣播越失據，忠義不果。遂得使操窮凶極逆，主后戮殺，皇子鴆害。雖糾合同盟，念在奮力，懦弱不武，歷年未效。常恐殞沒，孤負國恩，寤寐永嘆，夕惕若厲。

　　今臣群寮以為，在昔《虞書》敦敘九族，庶明勵翼，五帝損益，此道不廢。周監二代，並建諸姬，實賴晉、鄭夾輔之福。高祖龍興，尊王子弟，大啓九國，卒斬諸呂，以安大宗。今操惡直醜正，實繁有徒，包藏禍心，篡盜已顯。既宗室微弱，帝族無位，斟酌古式，依假權宜，上臣大司馬漢中王。臣伏自三省，受國厚恩，荷任一方，陳力未效，所獲已過，不宜復忝高位，以重罪謗。群僚見逼，迫臣以義。臣退惟寇賊不梟，國難未已，宗廟傾危，社稷將墜，誠臣憂責碎首之負③。若應權通變，以寧靖聖朝，雖赴水火，所不得辭，敢慮常宜，以防後悔？輒順衆議，拜受印璽，以崇國威。仰惟爵號，位高寵厚，俯思報效，憂深責重，驚怖累息，如臨於谷。盡力輸誠，獎勵六師，率齊群義，應天順時，撲討凶逆，以寧社稷，以報萬分。謹拜章因驛上還所假左將軍、宜城亭侯印綬。

---

① 不能：《三國志·蜀書·先主傳》作"不得"。
② 人神：原作"人臣"，據《三國志》本傳改。
③ 誠：《三國志》本傳作"成"。

辭先主表

（蜀漢）孟　達

伏惟殿下將建伊、吕之業，追桓、文之功，大事草創，假勢吳楚，是以有爲之士深睹歸趣。臣委質以來，愆戾山積，臣猶自知，況於君乎！今王朝已興，英俊鱗集，臣内無輔佐之器，外無將領之才，列次功臣，誠自醜也①。臣聞范蠡識微，浮於五湖；咎犯謝罪，逡巡於河上。夫際會之間，請命乞身，何則？欲潔去就之分也。況臣卑鄙，無元功巨勳，自繫於時，竊慕前賢，早思遠恥。昔申生至孝，見疑於親；子胥至忠，見誅於君；蒙恬拓境，而被大刑；樂毅破齊，而遭讒佞。臣每讀其書，未嘗不慷慨流涕，而親當其事，益以傷絶。何者？荆州覆敗，大臣失節，百無一還。惟臣尋事，自致房陵、上庸，而復乞身，自放於外。

伏想殿下聖恩感悟，愍臣之心，悼臣之舉。臣誠小人，不能始終，知而爲之，敢謂非罪！臣每聞交絶無惡聲，去臣無怨辭，臣過奉教於君子，願君王勉之也。

臨發漢中上後主疏

（蜀漢）諸葛亮

先帝創業未半而中道崩殂，今天下三分，益州疲敝，此誠危急存亡之秋也。然侍衛之臣不懈於内，忠志之士忘身於外者，蓋追先帝之殊遇，欲報之於陛下也。誠宜開張聖聽，以光先帝遺德，恢宏志士之氣，不宜妄自菲薄，引喻失義，以塞忠諫之路也。

宮中府中，俱爲一體，陟罰臧否，不宜異同。若有作姦犯科及爲忠善者，宜付有司論其刑賞，以昭陛下平明之理，不宜偏私，使内外異法也。侍中、侍郎郭攸之、費禕、董允等，此皆良實，志慮忠純，是以先帝簡拔以遺陛下。愚以爲宮中之事，事無大小，悉以咨之，然後施行，必能裨補闕漏，有所廣益。將軍向寵，性行淑均，曉暢軍事，試用於昔日，先帝稱之曰能，是以衆議舉寵爲督。愚以爲營中之事，悉以咨之，必能使行陣和睦，優劣得所。親賢臣，遠小人，此先漢所以興隆也；親小人，遠賢臣，此後漢所以傾頹也。先帝在時，每與臣論此事，未嘗不嘆息痛恨於桓、靈也。侍中、尚書、長史、參軍，此悉忠良死節之世，願陛下親之信之，則漢室之隆，可計日而待也。

臣本布衣，躬耕於南陽，苟全性命於亂世，不求聞達於諸候。先帝不以臣卑鄙，猥自枉屈，三顧臣於草廬之中，咨臣以當世之事，由是感激，遂許先帝以驅馳。後值傾覆，受任於敗軍之際，奉命於危難之間，爾來二十有一年矣。先帝知臣謹慎，故臨崩寄臣以大事也。受命已來，夙夜憂嘆，恐付託不效，以傷先帝之明，故五月渡瀘，

---

① 醜：庫本、《成都文類》卷一八並同。朱本、鄒本據《三國志·蜀書·劉封傳》裴注作"愧"。

深入不毛。今南方已定，兵甲已足，當獎率三軍，北定中原，庶竭駑鈍，攘除姦凶，興復漢室，還於舊都。此臣所以報先帝，而忠陛下之職分也。至於斟酌損益，進盡忠言，則攸之、禕、允之任也。

願陛下託臣以討賊興復之效；不效，則治臣之罪，以告先帝之靈。若無興德之言，則責攸之、禕、允等之慢①，以彰其咎。陛下亦宜自謀，以諮諏善道，察納雅言。深追先帝遺詔，臣不勝受恩感激。今當遠離，臨表涕零，不知所言。

乞伐魏疏   前人

先帝慮漢、賊不兩立，王業不偏安，故託臣以討賊也。以先帝之明，量臣之才，故知臣伐賊才弱敵強也；然不伐賊，王業亦亡，惟坐待亡，孰與伐之？是故託臣而弗疑也。

臣受命之日，寢不安席，食不甘味，思惟北征，宜先入南，故五月渡瀘，深入不毛，並日而食。臣非不自惜也，顧王業不可偏全於蜀都，故冒危難以奉先帝之遺意也②，而議者謂為非計。今賊適疲於西，又務於東，兵法乘勞，此進趨之時也。謹陳其事如左：

高帝明並日月，謀臣淵深，然涉險被創③，危然後安。今陛下未及高帝，謀臣不如良、平，而欲以長計取勝，坐定天下，此臣之未解一也。劉繇、王朗各據州郡，論安言計，動引聖人，群疑滿腹，衆難塞胸，今歲不戰，明年不征，使孫策坐大，遂併江東，此臣之未解二也。曹操智計殊絕於人，其用兵也，髣髴孫、吳，然困於南陽，險於烏巢，危於祁連，逼於黎陽，幾敗北山④，殆死潼關，然後僞定一時耳；況臣才弱，而欲以不危而定之，此臣之未解三也。曹操五攻昌霸不下，四越巢湖不成，任用李服而李服圖之，委任夏侯而夏侯敗亡。先帝每稱操為能，猶有此失，況臣駑下，何能必勝？此臣之未解四也。自臣到漢中，中間期年耳，然喪趙雲、陽群、馬玉、閻芝、丁立、白壽、劉郃、劉銅等及曲長屯將七十餘人，突將、無前、賨叟、青羌散騎、武騎一千餘人⑤。此皆數十年之內所糾合四方之精銳，非一州之所有，若復數年，則損三分之二也，當何以圖敵？此臣之未解五也。今民窮兵疲，而事不可息，事不可息，則住與行勞費正等，而不及早圖之，欲以一州之地與賊持久，此臣之未解六也。

夫難平者，事也。昔先帝敗軍於楚，當此時，曹操拊手，謂天下已定。然後先帝

---

① "若無興德之言則"七字原脱，據《三國志·蜀書·董允傳》補（《三國志·諸葛亮傳》亦脱此七字）。

② 之：原無，據《三國志·蜀書·諸葛亮傳》裴注引《漢晉春秋》補。

③ "然涉險被創"五字原脱，據上引補。

④ 北山：原作"仁山"，據庫本、《三國志》本傳裴注引《漢晉春秋》改。

⑤ 武騎：原脱，據《三國志》本傳裴注引《漢晉春秋》補。

東連吳、越,西取巴、蜀,舉兵北征,夏侯授首,此操之失計,而漢事將成也。然後吳更違盟,關羽毀敗,秭歸蹉跌,曹丕稱帝。凡事如此,難可逆見。臣鞠躬盡力,死而後已,至於成敗利鈍,非臣之明所能逆睹也。

乞立諸葛亮廟表　　　　　　　　　　　　（蜀漢）習　隆①

臣聞周人懷召伯之德,甘棠爲之不伐;越王思范蠡之功,鑄金以存其像。自漢興以來,小善小德而圖形立廟者多矣。況亮德範遐邇,勳蓋季世,王室之不壞,實斯人是賴②。而蒸嘗止於私門,廟像闕而莫立,使百姓巷祭,戎夷野祀,非所以存德念功,述追在昔者也。今若盡順民心,則瀆而無典,建之京師,又逼宗廟,此聖懷所以惟疑也③。臣愚以爲宜因近其墓,立之於沔陽,使所親屬以時賜祭,凡其臣故吏欲奉祠者,皆限至廟。斷其私祀,以崇正禮。

上襲魏疏　　　　　　　　　　　　　　　（蜀漢）蔣　琬

芟穢彌難,臣職是掌。自臣奉辭漢中,已經六年,臣既闇弱,加嬰疾疢,規方無成,夙夜憂慘。今魏跨帶九州,根蔕滋蔓,平除未易。若東西并力,首尾犄角,雖未能速得如志,且當分裂蠶食,先摧其支黨。然吳期二三,連不克果,俯仰惟難,實忘寢食。輒與費褘等議,以涼州胡塞之要,進退有資,賊之所惜,且羌胡乃心思漢如渴,又昔偏師入羌,郭淮破走,算其長短,以爲事首,宜以姜維爲涼州刺史。若維征行,銜持河右④;臣當帥軍爲維鎮繼。今涪水陸四通,惟急是應,若東北有虞,赴之不難。

諫後主疏　　　　　　　　　　　　　　　（蜀漢）譙　周

昔王莽之敗,豪傑並起,跨州據郡,欲弄神器,於是賢才智士思望所歸,未必以其勢之廣狹,惟其德之薄厚也。

是故於時更始、公孫述及諸有大衆者多已廣大,然莫不快情恣慾,急於爲善,遊獵飲食,不恤民物。世祖初入河北,馮異等勸之曰:"當行人所不能爲。"遂務理冤獄,

---

① 習隆:原作"督隆"。按:《三國志·蜀書·諸葛亮傳》裴注引《襄陽記》"步兵校尉習隆、中書郎向充等共上表曰",據改。
② "王室"上原有"興"字,"斯人"下原有"之"字,並據上引刪。
③ 惟疑:原作"懷疑",據上引改。
④ 銜:原作"御",據《三國志·蜀書·蔣琬傳》改。

節儉飲食，動遵法度，故北州歌嘆，聲布四遠。於是鄧禹自南陽追之，吳漢、寇恂未識世祖，遙聞德行，遂以權計舉漁陽、上谷突騎迎於廣阿。其餘望風慕德者邳肜、耿純、劉植之徒，至於輿病齎棺，襁負而至者，不可勝數。故能以弱爲強，屠王郎、吞銅馬、折赤眉而成帝業也。

及在洛陽，嘗欲小出，車駕已御，姚期諫曰："天下未寧，臣誠不願陛下細行數也。"即時還車。及征隗囂，潁川盜起，世祖還洛陽，但遣寇恂往，恂曰："潁川以陛下遠征，故姦猾起叛，未知陛下還，恐不時降；陛下自臨，潁川賊必即降。"遂至潁川，竟如恂言。故非急務，欲小出不敢，至於急務，欲自安不爲，故帝者之欲善也如此！故《傳》曰："百姓不徒附。"誠以德先之也。

今漢遭厄運，天下三分，雄哲之士思望之時也。陛下天姿至孝，喪逾三年，言及隕涕，雖曾、閔不過也。敬賢任才，使之盡力，有逾成、康。故國內和一，大小戮力，臣所不能陳。然臣不勝大願，願復廣人所不能者。夫輓大重者，其用力苦不衆；拔大艱者，其善術苦不廣。且承事宗廟者，非徒求福祐，所以率民尊上也。至於四時之祀，或有不臨，池苑之觀，或有仍出，臣之愚滯，私不自安。夫憂責在身者①，不暇盡樂，先帝之志，堂構未成，誠非盡樂之時。願省減樂官、後宮所增造，但奉修先帝所施，下爲子孫節儉之教。

進諸葛氏集表

（晉）陳　壽

臣壽等言：臣前在著作郎，侍中領中書監濟北侯臣荀勖、中書令關內侯臣和嶠奏，使臣定故蜀丞相諸葛亮故事。亮毗佐危國，負阻不賓，然猶存錄其言，耻善有遺，誠是大晉光明至德，澤被無疆，自古以來，未之有倫也。輒刪除複重，隨類相從，凡爲二十四篇，篇名如右。

亮少有逸群之才，英霸之器，身長八尺，容貌甚偉，時人異焉。遭漢末擾亂，隨叔父玄避難荊州，躬耕於野，不求聞達。時左將軍劉備以亮有殊量，乃三顧亮於草廬之中。亮深謂備雄姿傑出，遂解帶寫誠，厚相結納。及魏武帝南征荊州，劉琮舉州委質，而備失勢衆寡，無立錐之地。亮時年二十七，乃建奇策，身使孫權，求援吳會。權既宿服仰備，又睹亮奇雅，甚敬重之，即遣兵三萬人以助備。備得用與武帝交戰，大破其軍，乘勝克捷，江南悉平。後備又西取益州。益州既定，以亮爲軍師將軍②。備稱尊號，拜亮爲丞相，錄尚書事。及備殂沒，嗣子幼弱，事無巨細，亮皆專之。於是外連東吳，內平南越，立法施度，整理戎旅，工械技巧，物究其極，科教嚴明，賞罰必信，無惡不懲，無善不顯，至於吏不容姦，人懷自厲，道不拾遺，強不侵弱，風化肅然也。

---

① 者：原無，據《三國志·蜀書·譙周傳》補。
② "師將軍"三字原脱，據《三國志·蜀書·諸葛亮傳》補。

當此之時，亮之素志，進欲龍驤虎視，包括四海，退欲跨陵邊疆，震蕩宇內。又自以爲無身之日，則未有能蹈涉中原、抗衡上國者，是以用兵不戢，屢耀其武。然亮才於治戎爲長，奇謀爲短，理民之幹，優於將略。而所與對敵，或值人傑，加衆寡不侔，攻守異體，故雖連年動衆，未能有克。昔蕭何薦韓信，管仲擧王子城父，皆忖己之長①，未能兼有故也②。亮之器能政理，抑亦管、蕭之亞匹也，而時之名將無城父、韓信，故使功業陵遲③，大義不及邪？蓋天命有歸，不可以智力争也。

　　青龍二年春，亮帥衆出武功，分兵屯田，爲久駐之基。其秋病卒，黎庶追思，以爲口實。至今梁、益之民，咨述亮者，言猶在耳，雖《甘棠》之詠召公，鄭人之歌子産，無以遠譬也④。孟軻有云："以逸道使民，雖勞不怨；以生道殺民，雖死不忿⑤。"信矣⑥！論者或怪亮文彩不艷，而過於丁寧周至。臣愚以爲咎繇大賢也，周公聖人也，考之《尚書》⑦，咎繇之謨略而雅，周公之誥煩而悉。何則？咎繇與舜、禹共談⑧，周公與群下矢誓故也。亮所與言，盡衆人凡士，故其文指不得及遠也。然其聲教遺言，皆經事綜物，公誠之心，形於文墨，足以知其人之意理，而有補於當世。

　　伏惟陛下邁蹤古聖，蕩然無忌，故雖敵國誹謗之言，咸肆其辭而無所革諱，所以明大通之道也。謹録寫上詣著作。臣壽誠惶誠恐，頓首頓首，死罪死罪。泰始十年二月一日癸巳，平陽侯相臣陳壽上⑨。

夔州謝上表 爲柏都督。　　　　　　　　　　　　　　　　（唐）杜　甫

　　臣某言：伏奉月日制，授臣其官。祗拜休命，內顧隕越，策駑馬之力，冒累踐之寵，自數勳力，萬無一稱，再三怵惕，流汗至踵。謹以某月日到任上訖。臣某誠戰誠懼，頓首頓首，死罪死罪。

　　伏以陛下君父任使之久，掩臣子不逮之過，就其小效，復分深憂。察臣劍南區區，恐失臣節如彼；加臣頻煩階級，鎮守要衝如此。勉勵疲鈍，伏揚陛下之聖德，愛惜陛下之百姓，先之以簡易，間之以樂業，均之以賦斂，終之以敦勸。然後畢禁將士之暴，弘洽主客之宜，示以刑典難犯之科，寬以困窮計無所出。哀今之人，庶古之道，內救惸獨，外攘師寇。上報君父，曲盡庸拙之分；下循臣子，勤補失墜之目。灰粉骸骨，

---

① 忖：原作"恃"，據萬曆本、庫本、朱本、鄒本、《三國志》改。
② 故：原脱，據《三國志》補。
③ 使：原脱，據上引補。
④ 無：原作"足"，據上引改。
⑤ 忿：原作"怨"，據上引改。
⑥ "信矣"上原衍"殺"字，據上引删。
⑦ 考之：原作"考定"，據上引改。
⑧ 談：原作"謨"，據上引改。
⑨ "謹録寫"至"陳壽上"六句，原無，據上引補。

以備守官。

伏惟恩慈，胡忍容易？愚臣之願也，明主之望也。限以所領，未遑謁對，無任兢灼之極，謹遣某官奉表陳謝以聞。臣誠喜誠懼①，死罪死罪。

夔州論利害第一表　　　　　　　　　　　　　　　　　　　　　　　（唐）劉禹錫

臣某言：伏准元和十二年四月十八日敕，諸州刺史如有利害可言者，不限時節，任自上表聞奏者。伏見貞觀中，詔許群臣各上書言利便，馬周時布衣，遂因中郎將常何獻策二十餘事，太宗深奇之，盡行其言，擢周爲御史。至龍朔中，壁州刺史鄧弘慶進"平索看精"四字堪爲酒令②，高宗嘉之，亦行其言，遷弘慶爲朗州刺史③。則知苟有見，雖布衣之賤，遠守之微，亦可施用。況臣早受國恩，德宗朝忝爲御史，逮今歷事四朝，頻領藩條，當陛下至明之時，是微臣竭節之日。

伏以守在遐郡，不敢廣有所陳，謹准敕上利害及當州公務，各具別狀以聞④，伏乞聖慈俯賜昭鑒。

夔州論利害第二表　　　　　　　　　　　　　　　　　　　　　　　　　　前　人

臣某言：伏准今年正月五日德音，宜令諸道觀察使、刺史各具當處利害，附驛以聞者。伏惟皇帝陛下睿哲自天，纘承列聖，善述先志，發揚德音，率土人臣，不勝慶幸！臣虔奉詔旨，宣示蒸黎。伏以華夏不同，事宜各異，詳求利病，謹具奏聞，伏乞聖慈，俯賜昭鑒。

伏覽國史，竊見開元十八年，朝集使至京，玄宗臨軒，親問利害，時宣州刺史裴耀卿上便宜事，論轉運甚詳，竟不行下。至二十一年，耀卿爲京兆尹，再以前事奏論⑤，方見允納。比及三年，漕運七百萬石，省腳費三十餘萬貫。當耀卿前不見納，必有人非之；及後數年，方展其效。臣假守遠郡⑥，敢望言行，祇奉詔書，或冀萬一。伏惟明主擇之。

---

① "臣"字原脱，據《杜工部集》卷二〇補。
② 平：原作"乎"，據庫本、《劉夢得文集》卷一四改。
③ 朗州：原作"明州"，據本集改。
④ 各具別狀：原作"各別具狀"，據本集乙。
⑤ "事"字原脱，據《劉夢得文集》卷一四補。
⑥ 假守：本集作"僻守"。

謝政刑箴表

(唐) 韋 皋

辰象在天，睿文昭煥，體弘述作，義著箴規，發揮刑政之源，黼藻皇王之道。況理包繫象，詞正典謨，豈惟烔誠心靈①，實乃化成天下。伏以刑清則功濟化育，政治則俗致和平，大哉聖言，允協天聽！臣職守方鎮，宣揚教化，仰觀睿藻，伏荷時休，思欲紀在盤盂，周旋佩服，不若懸之日月，垂範將來，是用課率柔翰，形於傳寫，刊於琬琰之上，表於府署之門，示文武之楷模，爲古今之殊觀。其碑刊刻已畢，見立屋宇，謹令修裝三本，隨狀奉進。臣藝能薄劣，筆札無功，貴竭臣子之誠，式揚君父之德。輕塵旒扆，伏用兢惶。

〔批答〕朕以爲理之本，繫乎政刑，頃因退朝，偶有製述，用錫人極，庶叶時中，聊以自規，豈能逮意。卿道贊元化，志宣大猷，爰勒貞珉，躬自染翰，克盡事君之節，益嘉將順之心。省閱再三，嘆賞無已！

代李侍郎賀收成都府表

(唐) 呂 溫

臣某言：臣伏見高崇文奏，某月日官軍入成都府②，逆賊劉闢走出，見勒兵追捕者。臣聞夏震秋落，乃觀成物之功；善陳有征，方見勝殘之理。然則殺之所以生之也，動之所以綏之也。氣和則歲功早就，德盛則廟算先期。無遺鏃而巨寇窮奔，不血刃而全蜀底定。奔走夷裔，鼓舞生靈。騰瑞氣而躍祥風，披慶雲而捧白日③。

伏以陛下纂臨宸極，維新庶政，拓迹開統之始，作法定制之初，而賊闢敢犯天威，首干大紀，恃險與遠，窮凶極暴。雖禍淫助順，誠天道之必然；而制勝舉全，皆聖謀之自出。一昨諸軍既集④，鋒鏑爭先。陛下以爲方暑用兵，觸冒害氣，與剿人而欲速，寧全衆以功遲，遂令緩螻蟻之誅，抑貔貅之銳，休養磨礪，以須秋期，由是感恩而思奮者，萬心如一。又高崇文嫉惡太甚，殺傷小過，陛下推弔伐之義，弘覆燾之仁，兹寇是誅⑤，吾民何罪，遂令逐北者生致爲上，脅從者獲則舍之，且諭鴻私，仍加安慰⑥，

---

① 誠：原作"誡"，據萬曆本、庫本、朱本、鄒本、《成都文類》卷一八、《全唐文》卷四五三改。
② 某月日：《呂衡州集》卷五作"以九月二十一日"，《文苑英華》卷五六八作"以九月二十二日"。
③ 此句下，上引有"中賀"二小字。
④ 一昨：原無，據本集補。
⑤ 兹寇：本集作"寇逆"，《文苑英華》作"狂寇"。
⑥ 安慰：《文苑英華》作"宴慰"。

由是飲澤而向化者，十室而九。加以聖慈曲被，大信有孚，當挾纊之時，賜戰士悉出內府，開食椹之路，賞降者曾不逾辰，遂使昏迷革心，義勇增氣。江山自拔，雷雨長驅，渠魁假息而逃威，士衆順風而舍杖。市不易肆，巷無驚犬，人蒙肉骨，户解倒懸。旌旗導長養之風，金鼓發生成之氣①。然後知至化能殺②，睿略無方，大典用彰，神武可畏。全包形器之内，有罪必誅；旁行天地之間，無思不服。

臣謬膺重寄，親奉昌期，坐觀氛祲之清，目睹鯨鯢之戮，手舞足蹈，倍萬常情，無任慶抃感躍之至！

請築羅城表　　　　　　　　　　　　　　　　　（唐）高　駢

乾符二年夏六月，公以蜀土自咸通十一年並十五年兩遭蠻寇攻圍，子城迫窄，遂具聞奏，請築羅城。是月戊辰③，上表曰：

臣聞仗鉞擁旄，顯受專征之寄；殿邦守土，必尊共理之規。冀勵節以輸忠，須興利而除害。伏以臣當道山河雖嶮，城壘未寧，秦張儀收蜀之時，已曾版築，隋楊秀守藩之日，亦更增修，堅牢雖壯於一隅，周匝不過於八里。自咸通十年以後，兩遭蠻寇攻圍，數萬户人填咽共處，池泉皆竭，熱氣相蒸，其苦可哀，斯敝可恤。臣前年赴任之日，纔過劍門，料蠻賊奔逃，不敢迴顧，先遣走馬入府，放出城内户人，莫不歡呼，稱見蘇息。臣今欲與民防患，爲國遠圖，廣築羅城，以示雄閫。將謀永逸，豈憚暫勞？臣深受國恩，實思忠盡。儻允所奏，乞宣付宰臣僉議。

又　表　　　　　　　　　　　　　　　　　　　　　　　前　人

西川境邑，南詔比鄰，頻遭蠻蜒之侵凌，蓋以牆垣之湫隘。寇來而士庶投竄，只有子城；圍合而閭井焚燒，更無遺堵。且百萬衆類，多少人家，萃集子城，可知危弊。井泉既竭，溝池亦乾，人氣相蒸，相生共處，官僚暴露，老幼飢悽④。但言牢城，未敢出戰。貨財而豈能般輦，商旅而空懷怨嗟。兼是戎兵，同行剽劫，賊路不能控扼，軍營罕習干戈，遂使蒸黎，枉遭塗炭。

臣初到統押，便與經營。平夷鎮之堤防，焉能跋涉？大渡河之把截，誰敢過從？然須更議遠圖，以防後患，嚴設武備，廣築羅城，雄壯三川，保安千載，使寇孽遮圍而不遍，軍戎隈倚而無疑。旋奉詔書，令臣參酌，許興版築，冀盛藩維。遂乃相度地

---

① 發生成之氣：本集及《文苑英華》作"動發生之氣"。
② 至化：上引作"至仁"。
③ 是月：原作"星月"，據朱本、鄒本改。
④ 悽：同"悽"，於義不合，當是"栖"字之誤。

形,揣摩物力,不思費耗,只繫安危。趣十縣之人丁,抽八州之將校,分其地界,授以城基。運土囊而子來,持石杵而雲集,大興畚鍤,廣備資糧。五千堵之周迴,川中捍蔽;百萬人之築起,空裏巍峨。日居月諸,功成事立,金湯既設,鐵甕如堅。控地道之莫能,徒云入寇;縱雲梯之強立,無計登陴。白露屋之凌空,躋攀莫及;青城山之對峙,形勢不如。擁門之扃鐍堅牢,曲角之規模周密。壕深莫跨,壁峻難攻。外邊睥睨之崇高,內而欄杆而固護。獸頭帖出,雁翅排成。覆瓦烟青,甃塼苔碧。縱蠻再至,無計重圖。此皆仗陛下之睿謀,使微臣之創制,鬼神扶助,社稷庇庥。

臣限以守鎮,不獲奔詣闕庭,無任踴躍屏營之至。謹畫圖,差副使、中散大夫、內謁、賜紫金魚袋楊德章,節度判官、朝議郎、檢校尚書兵部郎、兼御史中丞、賜紫金魚袋裴峴等奉進以聞。

爲蜀王建草斬陳敬瑄田令孜表①   （前蜀）馮 涓

開匣出虎,孔宣父不責他人;當路斬蛇,孫叔敖非因利己。專殺不行於閫外,先機恐失於彀中,臣輒行閫制處斬訖。

上王建疏   前 人

古之用兵,非以逞威暴而肆殺戮,蓋以安民爲先,豐財爲本。湯、武無忿怒之師,高、光有魚水之士,故能應天順人,弔民伐罪。今自土德下衰,朱梁逞虐,雍都洛邑,盡是荊榛,江南山東,各有割據。鬭力則人各有力,用兵則人各有兵。陛下欲以一方之強,舉萬全之策,臣恐陛下之憂,不在於秦、雍,而在於肘腋之下也。

上災異疏   （前蜀）李道安

倉廩者,國之本;糧食者,人之命。固其本則邦寧,重其命則人富。今粒食中皆生蜂蠆,切疑在位貪鄙,奪民農時,戕害人命,故天生災異,以爲警告。又蟲皆曳米而行,恐邊鄙不寧,干戈忽起,饋輓相繼,人不堪命。伏願少精聖慮,與大臣恐懼修省,以消災異。

---

① 爲:原作"偽",據朱本、鄒本、《成都文類》卷一八改。

賀江神移堰箋　　　　　　　　　　　　　　　　（前蜀）杜光廷

伏睹導江縣令黃璟奏，六月二十六日江神移堰事。伏以大禹浚江，發洪源於龍冢；李冰創堰，分白浪於龜城。導彼靈津，資乎民用。而涸脛泛肩之誓，表則有常；若懷山沃日之多①，崩騰難制。立虞墊溺，必害蒸黎。昨者夏潦勃興，狂波未息。顧岷江之下瀨，便逼帝都；當灌口之上游，遽彰神力。於是震霆衆地，白雨通宵。驅陰兵而鼓噪連天，簇靈炬而熒煌達曙。迴山轉石，巨堰俄成。浸淫頓減於京江，奔蹙盡移於峽路。仰由聖感，仍假英威。見天地之合符，睹神明之致祐，編於簡册，冠彼古今。叨奉獎私，彌增抃躍，謹奉箋陳賀以聞。

王衍降表　　　　　　　　　　　　　　　　　　　（前蜀）李　昊②

臣先人受鉞坤維，作藩唐室③，一開土宇，垂四十年。屬梁孽挺災，皇綱解紐，不能助逆，遂至從權，勉徇輿情，正王三蜀④。逮臣纂紹，罔敢怠遑，自保土疆⑤，以安生聚。陛下嗣唐、虞之業⑥，興湯、武之師，廓定中區，奄征不諫⑦，梯航畢集，文軌大同。臣方議改圖，便期納款，遽聞致討，實抱驚危。今則委千里封疆，盡為王土；冀萬家臣妾，皆沐皇恩。輿櫬有歸，負荊俟罪，望迴日月之照，特寬斧鉞之誅。顒佇德音，以安反側⑧。

---

① 多：萬曆本、朱本、鄒本、《十國春秋》卷三六《前蜀·高祖本紀》下作"災"。
② 原本不署作者。《資治通鑑》卷二七四："蜀主命翰林學士李昊草降表。"據補。
③ "藩"下原有"屏"字，據朱本、鄒本、《蜀檮杌》卷上删。
④ 正：《蜀檮杌》作"止"。
⑤ 土疆：原作"二疆"，據上引改。
⑥ "陛下"上，上引有"皇帝"二字。
⑦ 不諫：上引作"下國"。
⑧ 原本此下尚有："喜我帝祚中興，群妖悉滅，特遣蘇、張之士，來追唐、蜀之歡。吾皇迴感於蜀皇，復禮遠酬於厚禮，臣則叨承玄造，獲奉皇華，載馳得面於天顏，戰汗不任於踧也。臣無任感恩荷聖、踴躍屏營之至。"萬曆本、朱本、鄒本及《成都文類》卷一八均無此段文字。考之《成都文類》，後唐莊宗遣客省使李嚴來蜀修好，李嚴朝見，上笏記於王衍，此段文字即李嚴《笏記》之末段。楊慎編《全蜀藝文志》時，抄錄者誤抄入王衍降表之中。今删。

諫用兵疏

（後蜀）田　淳

伏見三年以來，民頗怨嗟，謂陛下求賢失道，爲政不平，重纂組，奪女工，貴凋鏤①，損農事，法令不信，賞罰無誠，納諫之心，微自滿假，馭朽之念，漸乖始卒。載舟覆舟，不可不懼。而況北有大敵，方藉支禦，若失人心，其何以濟？臣又見頻發士卒，遠戍邊庭，人心動搖，莫測其故，家構異議，如臨湯火。人且憂駭，將何撫寧？若夫舉衆興師，須明利害，況關大事，豈可容易？必若金鼓一鳴，前鋒稍接，一敗一成，疾如反掌。願陛下先事而計，無貽後患。

今之動靜，頗涉因循，臣不知所發之兵爲防邊乎？爲赴敵乎？若云防邊，不當驟有徵發；若云赴敵，則須先決便宜。師出無名，三軍必怨，三軍既怨，何以成功？以我朝之甲兵擬柴氏之士馬，以我朝之將領比柴氏之師帥，以我朝之帑藏比柴氏之囷廩；至於法律刑名，聲明文物，彼長此大，差互不同②。須用權奇，以謀拒捍，若二國交鬬，恐未十全。況我天府之邦，用武之地，一夫守隘，萬旅無前。假使柴師能於野戰，攻城奪壘，利在平川；儻入隘途，如無手足。願陛下以短兵自固，扼塞要衝，分布腹心，把斷細徑，精加號令，老彼敵師。縱柴氏親來，未敢便謀深入。以日繼月，以時繼年，敵勢自羸，我師彌銳；不折一戟，不失一卒，而柴氏自疲。信所謂彼竭我盈，以逸待困，此爲上計，符合天機。

孟昶降表③

（後蜀）李　昊④

臣生自並門，長於蜀土，幸以先臣之基構，得從幼歲以纂承，只知四序之推遷，不識三靈之改卜。伏自皇帝陛下大明出震，聖德居尊，聲教被於遐荒，慶澤流於中夏。當凝旒正殿，虧以小事大之儀；及告類圜丘，曠執贄奉琛之禮。蓋蜀地居遐僻，路阻闕庭，已慚先見之明，因有後時之責。今則皇威電赫，聖略風馳，干戈所指而無前，鼙鼓纔臨而自潰，山河郡縣半入於提封，將卒倉儲盡歸於圖籍。但念臣中外骨肉，二百餘人，高堂有親，七十非遠，弱齡侍奉，只在庭闈，日承訓撫之恩，粗勤孝養之道。實願克終甘旨，保此衰年；其次得子孫之團圓，守血食之祭祀。伏乞皇帝陛下容之如地，蓋之如天，特軫仁慈，以寬危辱。

---

① 凋鏤：《成都文類》卷一八作"雕鏤"。
② 差互：萬曆本、朱本、鄒本、《全唐文》卷八九一作"差等"。
③ 按：此表，《錦里耆舊傳》卷四、《宋朝事實》卷一七所載皆較此爲全，而文字各有異同，不再一一細校。
④ 原不署作者。《新五代史》卷六四《後蜀世家》云：孟昶"乃命李昊草表以降"，據補。

臣復輒徵故事，上黷嚴聰。竊念劉禪有安樂之封，叔寶有長城之號，皆因歸款，盡獲全生。顧眇昧之餘魂，得保家而爲幸。庶使先臣寢廟，不爲樵采之場；老母庭除，尚有問安之所。見今保全府庫，巡遏軍城，不使毀傷，將期臨照。臣昶謹率文武見任官望闕上表歸命。

奏破施州譚汝翼狀　　　　　　　　　　　　　　　　（宋）林　栗

臣聞《詩》《書》所稱"柔遠能邇"，孔子論政，亦曰"近者悅，遠者來"。夔所部州十有五，施、黔之外，是爲思州。其土世襲而不稟於官，蓋疆以戎索，使捍諸夷，內以暨文敎，外以奮武衛云。

施有姦民曰譚汝翼，以兼併爲富，以陵脅爲強，吞噬無厭，包藏不軌，交鬩夷落，結成痼根。二十年間，帥守監司，莫之能詰；其詰之者，反得罪於有司。膠升涵濡①，孕毒滋稔。

淳熙八年夏六月，知思州田汝弼卒，譚賊乘釁，舉其衆，南掠黔江，焚田氏之積，俘其奴客，以自封殖，施、黔巡尉，唯所使令。再役跳踉，僵戶滿野。而溪壑未盈，方繕甲兵，科丁壯，以爲大舉。而田之嗣息舍襄袺革，起復其仇，逾黔蹂施。施人大震，扶攜奔逆②，繫踵於塗。田次慈求溪，限以一水，不得度而退。方謀濟師，譚躡其後，戰於太平驛，斬首二十有二。歸而飲至，策勳行賞，鼓吹道從，令於一州。州人慴伏，無敢後先，哆然遂有鴟張虎視之謀。

臣以庸虛③，誤分閫寄，自閩入蜀，罔究端倪。秋八月既望，方領郡事；旬有八日，而施檄至。詢之民吏，喑不敢言。懲艾創夷，變生肘腋，臣亟走一介，傳檄三州，然後田、譚之訟，兩造庭下。臣即日以其事聞，檄施州守臣張遇赴司稟議，而以本路兵馬都監傅汝賢攝兵鈐以行部，止其印而代之④。譚賊氣奪，東西求援，恃其財力，可以變亂有司。下民皇皇，官吏首鼠⑤，莫知所嚮。

仰惟陛下深居九重，明見萬里之外，乃以春正月辛丑，親御宸翰，付制置使陳峴以及微臣，開示謨斷，指授方略。臣拜手踊躍，宣示所部，使之激厲，咸若陛下面命而親撫之。越三月辛未，汝翼潛返於家；癸酉，奮其螳臂，陳於沱河橋。施之將士，聞變而起，小大用命，一戰而遂破之。渠魁奔竄，無所於匿，歸命於闕下，而一方遂

---

① 膠升：疑有誤，庫本作"膠兹"，朱本、鄒本作"膠□"。
② 逆：庫本作"逸"，譚校："逆疑作避，或迸。"按：作"迸"爲近，"迸"與"逆"形近而訛。
③ 虛：朱本、鄒本作"愚"。
④ 止其印而代之：原作"止而印其代之"，據朱本、鄒本改。
⑤ 首鼠：原作"首竄"，據萬曆本、朱本、鄒本改。

平。施之將士與夔之吏民，萬口同辭，皆曰："此天子之功也！"若元濟、承宗得遂其計①，則何以成蔡功乎②！已而思人惶遽，請以黔江之田盡歸於吏，則柔遠能邇、近悅遠來之證，不爲虛語。臣謹以辛丑詔書勒之堅珉，以垂不朽。昧死奏聞。

乞褒贈江公望張庭堅等疏　　　　　　　　　　（宋）呂好問

臣聞之孔子曰："示之以好惡，而民知禁。"《書》曰："王播告之修，不匿厥旨。"夫惟不匿厥旨，則莫若明示好惡，使民知禁而自從也。所謂好惡者，賞善而罰惡，勿任己之私意而已矣。臣竊見朝廷近日用人，賢不肖雜，所以好惡不分，是非不別。臣謂陛下宜先推明以示四方，潛德隱惡，各有所處，以定民志，有不可緩者。

元符之末，多士盈朝，故司諫陳瓘、江公望，正言張庭堅、任伯雨，殿中侍御史龔夬等，皆以忠直自奮，知無不言，捐軀殉國，不顧妻子。其後蔡京、趙挺之等得志，首加擠陷，意欲使之必死，不遺餘力，巧發奇中，衆爲寒心。賴太上皇仁恕，力爲保全，得免誅戮。死亡之後，妻子窮困，至今未復。今蔡京略正典刑，而此數人尚在責籍，子孫凍餒，人人皆憐憫。陳瓘已贈諫議大夫，任伯雨子得一官外，江公望、張庭堅、龔夬等並未昭叙，非所以示好惡而不匿厥旨也。伏望陛下特降睿旨，將公望等並行褒贈，仍各官其子孫，周恤其家，使天下後世爲善報國者知所勸勉，而姦雄巨惡常有畏懲。此誠所宜先也。

---

① 得：原作"則"，據朱本、鄒本改。
② 則：原作"得"，據上引改。

全蜀藝文志卷之二十八

書　箋

與王商書　　　　　　　　　　　　　　　　　　　　　　　（蜀漢）秦　宓

宓字子敕，廣漢綿竹人也。少有才學，州郡辟命，稱疾不往。劉璋時，宓同郡王商爲治中從事，爲莊君平、李弘立祠，宓與書曰：

疾病伏匿，甫知足下爲莊、李立祠，可謂厚黨勤類者也。觀莊文章，冠冒天下，由、夷逸操，山嶽不移，使揚子不嘆，固自昭明。如李仲元不遭《法言》，令名必淪，其無虎豹之文故也，可謂攀龍附鳳者矣。如揚子雲潛心著述，有補於世，泥蟠不滓，行參聖師，於今海内，談詠厥辭。邦有斯人，以耀四遠，怪子替兹，不立祠堂。蜀本無學士，文翁遣相如東受七經，還教吏民，於是蜀學比於齊、魯。故《地理志》曰："文翁倡其教，相如爲之師。"漢家得士，盛於其世。仲舒之徒不達封禪，相如制其禮。夫能制禮造樂，移風易俗，非禮所秩有益於世者乎？雖有王孫之累，猶孔子大齊桓之霸，公羊賢叔術之讓。僕亦善長卿之化，宜立祠堂，速定其銘。

與劉璋箋　　　　　　　　　　　　　　　　　　　　　　　（蜀漢）法　正

初，張松説璋迎先主，使討張魯，法正銜命①。正既宣指，陰獻策於先主，令還取璋。及先主軍圍雒城，正箋與璋曰：

正受性無術，盟好違損，懼左右不明本末，必並歸咎，蒙耻没身，辱及執事，是以捐身於外，不敢反命；恐聖聽穢惡其聲，故中間不有箋敬。顧念夙遇②，瞻望悢悢。然惟前後披露腹心，自從始初以至於終，實不藏情，有所不盡，但愚闇策薄，精誠不

---

① 法正：原脱"法"字，據萬曆本、庫本、朱本、鄒本補。
② 夙：原作"風"，據萬曆本、朱本、鄒本改。庫本、《三國志·蜀書·法正傳》作"宿"，"夙""宿"二字通。

感，以致於此耳。今國事已危，禍害在速，雖捐放於外，言足憎尤①，猶貪極所懷，以盡餘忠。

明將軍本心，正之所知也，實為區區不欲失左將軍之意；而卒至於是者，左右不達英雄從事之道，謂可違信黷誓，而以意氣相致，日月相遷②，趨求順耳悅目，隨阿遂指，不圖遠慮為國深計故也。事變既成，又不量強弱之勢，以為左將軍縣遠之眾，糧穀無儲，欲得以多擊少，曠日相持。而從關至此，所歷輒破，離宮別屯，日自零落。雒下雖有①萬兵③，皆壞陣之卒，破軍之將，若欲爭一旦之戰，則兵將勢力，實不相當。各欲遠期計糧者，今此營守已固，穀米已積，而明將軍土地日削，百姓日困，敵對遂多，所供遠曠。愚意計之，謂必先竭，將不復以持久也。空爾相守，猶不相堪，今張益德數萬之眾，已定巴東，入犍為界，分平資中、德陽、三道並侵，將何以禦之？本為明將軍計者④，必謂此軍縣遠無糧，饋運不及，兵少無繼。今荊州道通，眾數十倍，加孫車騎遣弟及李異、甘寧等為其後繼。若爭主客之勢，以土地相勝者，今此全有巴東，廣漢、犍為過半已定，巴西一郡復非明將軍之有也。

計益州所仰惟蜀，蜀亦破壞⑤。三分亡二，吏民疲困，思為亂者十戶而八，若敵遠則百姓不能堪役，敵近則一旦易主矣，廣漢諸縣是明比也。又魚腹與關頭，實為益州禍福之門，令二門悉開，堅城皆下，諸軍並破，兵將俱盡，而敵家數道並進，已入心腹，坐守都、雒，存亡之勢，昭然可見。

斯乃大略，其外較耳，其餘屈曲，難以辭極也。以正下愚，猶知此事不可復成，況明將軍左右明智用謀之士，豈當不見此數哉？旦夕偷幸，求容取媚，不慮遠圖，莫肯盡心獻良計耳。若事窮勢迫，將各索生，求濟門戶，展轉反覆，與今計異，不為明將軍盡死難也，而尊門猶當受其憂。正雖獲不忠之謗，然心自謂不負聖德，顧惟分義，實竊痛心。左將軍從本舉來，舊心依依，實無薄意愚以為可圖變化，以保尊門。

與諸葛亮書　　　　　　　　　　　　（蜀漢）馬　良

先主領荊州，辟良為從事。先主入蜀，諸葛亮從往，良留荊州，與亮書曰：

聞雒城已拔，此天祚也。尊兄應期贊世，配業光國，魄兆見矣。夫變用雅慮，審貴垂明，於以簡才，宜適其時。若乃和光悅遠，邁德天壤，使時閑於聽，世服於道，齊高妙之音，正鄭、衛之聲，並利於事，無相奪倫，此乃管弦之至，牙、曠之調也，

---

① 憎：原作"增"，據庫本、《三國志》本傳改。
② 遷：原作"選"，據《三國志》本傳改。
③ 有：原脫，據庫本、《三國志》本傳補。
④ 者：原作"也"，據上引改。
⑤ 蜀：原脫，據上引補。

雖非鍾期，敢不擊節！

獄中與諸葛亮書

(蜀漢) 彭 羕

時左遷，私情不悅，詣馬超。超問羕曰："卿才具秀拔，主公相待至重，謂卿當與孔明、孝直諸人齊足並驅，寧當外授小郡，失人本望乎？"羕曰："老革荒悖，可復道邪！"又謂超曰："卿爲其外，我爲其內，天下不足定也。"羕退，具表羕辭，於是收付獄。

僕昔有事於諸侯，以爲曹操暴虐，孫權無道，振威闇弱，其惟主公有霸王之器，可與興業致治，故乃翻然有輕舉之志。會公來西，僕因法孝直自銜鬻，龐統斟酌其間，遂得詣公於葭萌，抵掌而談①，論治世之務，講霸王之義，建取益州之策；公亦宿慮明定，即相然贊，遂舉事焉。僕於故州不免凡庸，憂於罪罔，得遭風雲激矢之中，求君得君，志行名顯，從布衣之中擢爲國士，盜竊茂才。分子之厚②，誰復過此！羕一朝狂悖，自求菹醢，爲不忠不義之鬼乎！

先民有言，左手據天下之圖，右手刎咽喉，愚夫不爲也。況僕頗別菽麥者哉！所以有怨望意者③，不自度量，苟以爲首興事業，而有投江陽之論，不解主公之意，意卒感激，頗以被酒，侻失"老"語④。此僕之下愚薄慮所致，主公實未老也。且夫立業，豈在老少，西伯九十，寧有衰志？負我慈父，罪有百死。至於內外之言，欲使孟起立功北州⑤，戮力主公，共討曹操耳，寧敢有他志邪？孟起說之是也，但不分別其間，痛人心耳。

昔每與龐統共相誓約，庶託足下末蹤，盡心於主公之業，追名古人，載勳竹帛。統不幸而死，僕敗以取禍。自我惰之，將復誰怨！足下，當世伊、呂也，宜善與主公計事，濟其大猷。天明地察，神祇有靈，復何言哉！貴使足下明僕本心耳。行矣努力，自愛，自愛！

---

① 抵掌而談：《三國志·蜀書·彭羕傳》作"指掌而譚"。
② 分子：原作"分予"，據上引改。本傳裴注："臣松之以爲'分子之厚'者，羕言劉主分兒子厚恩，施之於己，故其書後語云'負我慈父，罪有百死'也。"
③ 意：原脫，據上引補。
④ 侻失：原作"悅失"，據庫本、《三國志》本傳改。《成都文類》卷一九及元本《三國志》本傳作"脫"，侻、脫二字通。
⑤ 北州：原作"比州"，據萬曆本、庫本、《三國志》本傳改。

答張駿勸稱藩書　　　　　　　　　　　　　　　　　　　　　　（晉）李　雄

　　吾過爲士大夫所推，然本無心於帝王也。進思爲晉室元功之臣，退思共爲守藩之將，掃除氛埃，以康帝宇。而晉室陵遲，德聲不振，引領東望，有年月矣。會獲來貺，情在闇至①，有何已已。知欲遠遵楚漢，尊崇義帝，《春秋》之義，於斯莫大。

再與蕭紀書　　　　　　　　　　　　　　　　　　　　　　　　（梁）元　帝

　　甚苦大智！季月煩暑，流金鑠石，聚蚊成雷，封狐千里。以茲玉體，辛苦行陣，乃睠西顧，我勞如何！自獫醜憑陵，羯胡畔渙，吾年爲一日之長，屬有平亂之功，膺此樂推，事歸當璧。儻遣使乎，良所希也②；如曰不然，於此投筆。友於兄弟，分形共氣。兄肥弟瘦，無復相代之期；讓棗推梨，長罷歡愉之日。上林靜拱，聞四鳥之哀鳴；宣室披圖，嗟萬始之長逝。心乎愛矣，書不盡言。

爲人與蜀城父老書二首　　　　　　　　　　　　　　　　　　　（唐）王　勃

　　蓋聞天地作極，不能遷否泰之期；川岳薦靈，不能改窮通之數。豈非賢聖同業，存乎我者所謂才；榮辱異流，牽乎彼者所謂命？是以龍驤鳳峙，一作"鶱"。伊、周成翊贊之功；含糗羹藜，顏、冉困棲遲之病。或先號而後笑，或始吉而終凶。事不可量，功未必定。則知洪濤未接，長鯨多陸死之憂；曾風未翔，大鵬有雲傾之勢。池鰌井鮒，亦將鼓鱗而輕之；田鳩野鷃，亦將騫翮而侮之③。及其衝溟渤，接扶搖，吹波則江漢倒流④，騰氣則虹蜺掩彩⑤，摩赤岸，負蒼天，然後知其力焉。

　　吁！韓信之無津也，昌亭之一餓夫耳；馬卿之失路也，臨邛之一食客耳。武不足以服衆，文不足以動時，長劍屈於無知，洪筆淪於不用。洎乎雄圖蹶運，至尊納背水之謀，麗藻升朝，天子賞陵雲之作，威加海岳，聲振廊廟。彼淮陰之俠少，成都之遺

---

① 情在闇至：《資治通鑑》卷九三、《成都文類》卷一九亦同，胡三省注云："言引領望晉，此情常在，而駿書適至，闇與之合也。"按：《華陽國志》卷九《李雄志》此句作"情鈞闇至"，亦通，言張駿引領望晉之情與己相同而暗中切合。《晉書·李雄載記》作"情在闇室"，似誤。

② 希：《梁書·武陵王紀傳》作"遲"。

③ 侮：原作"舞"，下注"疑"，據朱本、鄒本、《王子安集》卷九改。

④ 流：原脱，據譚校、本集補。

⑤ 彩：原脱，據上引補。

老也，又焉能知遠近哉！是以鑒物於肇不於成，賞士於窮不於達。是知卞和之得玉也，精存於岸谷之間；張華之得劍也，氣發於星辰之際。夫豈琢磨成器，然後知其寶，剸斷爲能，然後知其用哉！

仰惟鄉耆等，並玉山高族，金堤勝侶，列子弟於千城，耀衣冠於百代。或以風雲去國，公孫躍馬之年；鐘鼎從王，諸葛攀龍之日。門庭相接，雕甍將綺棟連陳；機杼相和，鳳鑷將虬梭交響①。金漿玉饌，食客三千；綠幘青裳，家僮數百。冲襟眇識，人多江漢之靈；麗藻華文，代有雲、泉之氣②。北齋開敞，南館虛閑。詩酒同歸，琴書合契。忘機得意，恥稽、阮之交疏；虛席延賓，恨原、嘗之客少③。實烟霞之藪澤，風月之津梁者乎！劉仲文之遠識，不以乾没詣梁城；閔仲叔之高風，不以口腹累安邑。雖其已没，生氣猶存。況乎屬宇宙之明，當天下之泰，不能捫拾青紫，高視縉紳，攀北極而謁帝王④，入南宮而取卿相，脅肩側足，求哀鍾釜之間，低首俛眉，取濟斗升之末，嗟乎！誠下官所以仰天漢而鬱怫，臨江山而慷慨者也。

但時可以未遇，道可以未行，志願可以未成，功業可以未就。古之才足以輔王業，躡迹屠釣之間，功可以濟巨川，藏身版築之下，百里奚之負販，陳湯之丐貸，而況於庸者哉！此僕所以駿奔於顧眄之餘⑤，自致於恩光之末也。且夫精誠所感，尚動神明，意氣相交，豈慚車馬！儻能投心季子，遥存素紵之恩，援手應侯，先立綈袍之贈，豈人之情也，能無報乎？

方今白藏紹序，朱律謝期，天高而林野疏，候肅而江山静。輕蟬送夏，驚晚吹於風園；旅雁乘秋，動宵吟於露渚。絲纊成於南畝，秔黍被於東阡，時計有儲，願履多福。下官薄遊綿載，飄寓淹時，歡蹟相仍，憂虞自積。陟梁鴻之峻岳，何暇長謡；臨阮籍之長途⑥，唯知慟哭。庶憑賙給，以濟漂危。輕訴短懷，佇流嘉耗。

又

蜀都廣鎮，岷嶼奥壤，山分玉宇，水向金陵，景覡有期，英靈間出。榮問休暢，幸甚幸甚！

---

① 鳳鑷：原作"鳳攝疑"，據朱本、鄒本改。按：鑷乃古代織機上提花的裝置。
② 雲泉：朱本、鄒本、《全唐文》卷一七九作"雲淵"，是。唐人避李淵諱，改"淵"爲"泉"。"雲淵"指揚雄（子雲）、王褒（子淵）。
③ 嘗：原作"常"，下注："疑作嘗。"按：本集正作"嘗"，據改。"原嘗"指平原君、孟嘗君。
④ 北極：原作"比極"，據萬曆本、庫本、朱本、鄒本、本集改。
⑤ 顧眄：庫本、《全唐文》作"顧盼"，本集作"顧眄"，"眄"亦"盼"之訛。
⑥ 長途：庫本、譚校作"窮途"。

夫神有可逼①，渌波驚七柱之音②；道有可符，玄霜叩九鐘之節。豈道窮經秘，妙聽察於無聲；理實杳冥，玄應通於不測？波流柱響，波無入柱之因；霜落鐘鳴，霜非叩鐘之具矣。況乎言忘意得，臭味相求；目擊道存，神明已接。鄭僑之逢吳札，無謂殊方③；阮籍之對嵇康，自然同志④。僕雖不敏，嘗從事於斯矣。常謂薰蕕不共器⑤，梟鸞不比翼。是以類乎方者，接風雲於千里；乖乎類者，起山川於一面。

抑嘗聞之，士之生也，其迹可擯而道不可藏，其身可辱而志不可奪。其有拂衣投臂，遁形蒼海之隅，裂裳裹足，獨立高山之頂，量腹而食，度身而衣，以鐘鼎為芻豢，以衣冠為縲絏，方欲策鸞鳳而撫雲英⑥，鞭虹蜺而采烟液。其次排玉闕，指金門，成賈誼之謨，樹終軍之策，因機入務，懷素將相之門，沐露霑霜⑦，擁篲公侯之室，然則拾青紫於旦暮，取功名於俄頃，演文物而動寰中，騰聲名而振天下。若下官者⑧，可謂慚二途矣，而斂手長揖，強顔高視，低心於蹇躓之辰，忍耻於栖遑之日者哉！渭濱留釣，鷹揚之業未萌⑨；淄源滯牧⑩，鴻漸之資蓋寡。及其攀穹運⑪、接靈期，乘雲雷而清八極，和陰陽而調萬品，則知冥機所運，吉凶於倏忽之間，玄命所移，飛伏於斯須之際。以日月自至，聊復爾耳。

方今炎飈謝節，爽候闗辰，風高而宇宙清，霜下而亭郊肅。歸雲止雁，流曙響於東津；落照開虹，寫晴規於北岸。螢疏夕砌，蟬促朝林。感序緣情，故豐奇賞。僕一違秦隴，再革炎涼，戒征軸而無因，指歸途而有倦。故鄉超曠，曾山重復。吳宮尚遠，頻驚去燕之心；楚峽猶眇，已下聞猿之淚。徒以風猷未隔，道義相存，幸承知己之心，稍緩他鄉之思。一作"意"。昔者虞公再見，懸光白璧之前；季布一言，猶定黃金之諾。況乎交已成於杵臼，道已茂於金蘭，希照窮途，遠流嘉貺。若使恩裁口腹，空留安邑之賓；惠闕終始，取恨昌亭之客。

為河東公上西川相國京兆公書　　　　　　　（唐）李商隱

姚熊頃時鬭殿，偶在坤維；阿安未容決平，遽詣風憲。當道頻奉臺牒，令差從事

---

① 逼：譚校、本集、《全唐文》作"迫"。
② 七：原作"亡"，下注"疑作七"，據上引改。
③ 無謂：原作"無味"，據《全唐文》引改。
④ 同志：上引作"同氣"。
⑤ 常：庫本、朱本、鄒本、本集、《全唐文》作"嘗"。
⑥ 雲：原作"需"，下注"疑作雲"，據譚校、本集、《全唐文》改。
⑦ 沐露：原作"沐露"，據庫本、譚校、本集、《全唐文》改。
⑧ 下官：原作"百官"，據朱本、鄒本、本集、《全唐文》改。
⑨ 鷹揚：原作"膺揚"，據萬曆本、庫本、朱本、鄒本、本集、《全唐文》改。
⑩ 牧：原作"收"，下注"疑作牧"，據譚校、本集、《全唐文》改。
⑪ 穹：原作"窮"，據譚校、本集、《全唐文》改。

往推，去就之間，殊爲未適。顧惟敝府，託近貴藩，雖蒙與國之恩，猶在附庸之列，仰遵教指，尚懼尤違，敢遣賓僚，往專刑獄！自奉臺牒，夙夜兢惶。今謹差節度判官李商隱侍御往，以今月十八日離此。

某素無材效，早沐恩憐，獲接仁封①，實惟天幸。頗希終始，以奉恩光，事大之心，朝暾是誓。其他，並附李侍御口述，伏惟照察。

報坦綽書

（唐）牛 蕞

咸通十四年，兵部尚書牛公蕞除劍南西川節度使。十二月，坦綽至雅州，差使送書上川主云："此時止欲專詣京都，懇求朝見論理。枉遭讒間，隔絕梯航，冀與尚書繼好息民，朝來暮往。今故假道貴府，請於蜀王殿安下三五日，即便前進。"公覽書驚駭，乃復書曰：

十二月二十四日，劍南西川節度觀察安撫使、守兵部尚書、成都尹牛蕞，致書於雲南詔國坦綽麾下：專人遽到，示翰忽臨，承統押師徒，來及近界。竊以詔國自爲背叛，積有歲年。乃祖出於六詔之微，非是西夷之長。禹會塗山之日，不得預萬國之名；舜巡方嶽之時，不克見五年之幸②。我大唐德宗皇帝，仁沾動植，信及豚魚，子育兆民，君臨四海，憫其傾誠向化，率屬來王，遂總諸蠻，令歸君長，仍名詔國，永順唐儀，賜孔子之詩書，頒周公之禮樂。數年之後，藹有華風，變腥羶蠻貊之邦，爲馨香禮樂之域。豈期後嗣，罔效忠誠，累肆猖狂，頻爲妖孽。自四五年來，侵陵我疆土，圍逼我城隍。蓋以姑務含容，不虞搪突，遂令凶醜，以害生靈。況乃毗橋喪師，沱江敗績，於何今日，不改前非。妄設姦欺，詐言朝覲，輒聚螳螂之臂，大興豺豕之心，仍構狂詞，乃云假道，所要"於蜀王殿安下三五日，即便前去"者。且先代帝王之宮也，豈外邦蠻貊以居之！是必天怒鬼誅，殞身喪國，以爾欲其褻瀆，示彼誡懲。況天設華夷，國分大小，小當事大，夷不亂華，豈有興動蠻師甲兵，侵凌天子藩屏！必是坦綽數盡之歲、殄滅之秋；不然，何以不恤其民，妄動於衆？一旦天子赫怒，諸侯會兵，長驅渡瀘之師，深入鑄柱之境，必不更七擒七縱，即須翦蔓除根。當此之時，後悔無及。坦綽今既離彼巢穴，犯我封圻，當道已排比戰場，點齪戈甲。雄師十萬，驍騎五千，即遂鼓行，併令擒戮。所差王保誠四十人送書，並已囚繫，候於軍前，用以釁鼓。今發遣鄭曬、段首遷二人，持此報書，望詳覽。不具，某白。

---

① 仁封：《全唐文》卷七七六作"仁風"。
② 克：原缺，據《成都文類》卷一九補。

上王建求賢書

(前蜀) 許 寂

　　許寂，會稽人。梁祖遣將攻荊南，趙凝奔蜀，寂與之行，建聞其名而館之。及開國，以爲左諫議大夫、判門下省。武成初，上書於建曰：

　　歷代之君，乘時啓運，莫不博訪髦士，詳求婉畫①，以武定禍亂，以文致康義。故軒皇命六相，虞舜舉八元，伯禹拜昌言，成湯師一德，周有多士，文王以寧。此歷代之大經②，求賢之極摯也。今百辟之中，有謀可以策國，勇可以盪寇，或博窮治體，或精知化源，未擢穎於明庭，尚含光於庶位者。伏望恢明聖之略，開戶牖之圖③，親賜顧問，以觀其能，實之列位，盡其獻納④，俾官無敗政，人無滯才。

梁聘書

(後梁) 太 祖

　　王蜀武成二年，梁遣使通聘。書曰：

　　夫唐、虞致治，遵禪讓之明文；湯、武開基，允人神之至願。必有神器，是膺皇圖。況古今迭代之期，英傑興隆之數，莫不上關天命，下順人心，啓王霸之宏基，爲子孫之大計。咸遵軌轍，並載簡編。

　　且念與皇帝八兄，頃在前朝，各封異姓。土茅分裂，皆超將相之尊；魚雁往來，久約弟兄之契。歡盟甚固，功業相推。俄隔絕於音塵，止因緣於間諜⑤。以至時衰土德，運應金行。雖手足胼胝，粗平多難，而星辰符瑞，謬付厥躬⑥。當百辟之群情，拯四方之積患⑦，爰都河洛⑧，用答乾坤。尋聞皇帝八兄奄有西陲，盡朝三蜀，別尊位號，復統高深。一時皆賀於推崇⑨，兩國願通於情好。徵曹、劉之往制，各有君臣；追楚、漢之前蹤，嘗分疆宇。所冀同清夷夏，俱活生靈。載籍具存，恢張無爽。

　　去歲密聞風旨，遐慰寤思。憤岐隴之猖狂，逼褒斜之封徼，欲資牽制，用速掃除，

---

① 婉畫：《十國春秋·許寂傳》作"碩畫"。
② 歷代：上引作"前代"。
③ 圖：原作"坐"，據萬曆本、朱本、鄒本、《十國春秋》本傳改。
④ 獻納：《十國春秋》本傳作"獻替"。
⑤ 止：原作"上"，據萬曆本、庫本、朱本、鄒本、《成都文類》卷一九改。
⑥ 厥：《錦里耆舊傳》卷二作"朕"。
⑦ 拯：原作"極"，據《成都文類》改。
⑧ 爰：原作"受"，據朱本、鄒本、《錦里耆舊傳》改。
⑨ 賀：原作"駕"，據萬曆本、朱本、鄒本、《成都文類》《全唐文》卷一〇二改。

遂委永平軍節度使劉鄩①，特遣行人，先導深意，旋已徑差精甲，將擊妖巢。合數鎮之驍雄，鼓六師之威勢。尋聞退遁，殆至滅亡，允諧犄角之謀，尤得輔車之利。近併覽同、華奏報，皆進呈襃祥書題②，具悉事機，良多嘆沃③。

今專馳卿列，備達衷懷，重論金石之交，別卜塤篪之分。山河共永，日月長懸，瞻佇好音，言不盡意。今遣光禄卿盧玭、閤門副使少府少監李元聊馳書幣，專戒道途。兼有微禮，具在別幅。謹白。

別　幅

馬一十匹，玉犀帶各一，雜物、藥物等④。

右件藥物等，或來從燕市，或貢自炎方，或馨香能助於薰爐，或華妙可資於寶玩。光涵星斗，藥有君臣。願伸兩國之情，重固千年之約。愧非縟禮，粗達深衷，特希檢留，幸甚。謹白。

蜀答聘書　　　　　　　　　　（前蜀前主）王　建

大蜀皇帝謹致書於大梁皇帝閣下：竊念早歲與皇帝共逢昌運，同事前朝，俱榮倚注之恩，並受安危之寄。豈期王室如燬，大事莫追，橫流泛灩於八方，衰孽凌夷於九廟。此際與皇帝同分茅土，共統邦家，扶危者力既不宣，握兵者計無所出。某忝列同盟之分，幸居平蜀之功，所宜治兵甲以固封疆，聚徵賦以修進貢。望星使而經年不至，指雲鄉而就日無期。

遠聞皇帝應天順人，開基立極，拯生靈於塗炭，示恩信於豚魚。東南之王氣咸歸，河洛之殊祥畢至。四門盡闢，百度惟貞。竟無意於興邦，止施仁而濟物。以此内量分限，不在經綸。七十州自可指揮，八千里半因開拓。遂致萬民叶議，八國來朝。爰徵史册之文，亦有變通之説。且東漢亂離之後，三國齊興；西周微弱之時，六雄競起。俱非恃強逼禪，皆以行道濟時，雍容於揖讓之前，輕重於英雄之内。况西蜀開山立國，燒棧爲謀。稱雄雖處於一隅，避狄曾安於二帝。鼎峙之規模尚在，山呼之氣象猶存。永言梁、蜀之歡，合認弟兄之國。

今蒙皇帝遠尋舊好，專降嘉音，坦無間諜之嫌，再叙始終之約。款慮則春冰共泮，

---

① 劉鄩：原作"劉關"，據《錦里耆舊傳》《全唐文》改。按：作"劉鄩"是。《舊五代史·劉鄩傳》："是時，邠、岐之衆，屢寇其境，鄩禦捍備至。""太祖以鄩爲佑國、同州兩使留後，尋改佑國爲永平軍，以鄩爲節度使、檢校司徒，行大安尹、金州管内觀察使。"新、舊《五代史》無"劉關"其人。

② 襃祥：朱本、鄒本作"襃斜"。

③ 嘆沃：《錦里耆舊傳》作"啓沃"。

④ "馬一十匹"至"雜物藥物等"：此爲《成都文類》總括之詞，其禮物清單詳見《錦里耆舊傳》《全唐文》。

開通則東海可歸。光榮遽被於子孫，暢遂咸奰於朝野。今則盡焦勞而勵己，用勤儉以帥賢，常瞻偃草之風，以繼用天之道。又蒙厚加賜貺，別降珍奇。十驥聯鑣，六龍並駕，稱德曾參於萬乘，呈才皆過於千金。載觀戀主之心，益勵懷恩之志。寶帶輟異方之貢，名香加遠國之珍，奇鋒利過於雪霜，雅器價齊於金玉。入用多慚於未識，捧持方喜於初觀。望思而一日三秋，仰德而跬步千里。自此榮遵天路，繼遣星槎，緘章不候於飛鳶，裂帛豈勞於繫雁①！忻榮慰嘉，併集於此時。敬以專使盧卿等迴，備陳所志②，幸望開覽。謹白。

謝信物書

右件鞍轡馬、腰帶、甲胄、槍劍、麝臍、琥珀、玳瑁、金棱碗、越瓷器併諸色藥物等，皆大梁皇帝降使賜貺。雕鞍撼玉，堅甲爍金。十圍希世之珍，六轡絕塵之用。槍森蛇梢，劍耀龍鋒。金棱含寶碗之光，秘色抱青瓷之響。上藥非蜀都所紀，名香從外國稱奇。遠有珍華，並由惠好。顧酬謝而增愧，仰渥澤以難勝。捧閱品名，實慚祇受。

奏記王建興用文教

（前蜀）王　鍇

王建永平元年作新官，集四部書，選名儒專掌其事。鍇以建起自戎伍而據全蜀，未能興用文教，乃作奏記曰：

伏以羲皇演卦，神農造書，陶唐克讓，是昌禮樂；有虞浚哲，乃正璿璣，禹、湯、文、武，功濟天下③。故能卜世延遠，垂裕無窮。逮乎六國，諸侯力政，秦滅墳典，以愚黔首，遂使聖人糟粕，掃地都盡。漢承秦弊，下武尊文，蕭何入關，唯收圖籍。文帝修學校，舉賢良，海內晏然，興崇禮義。景帝躬履節儉，選博士諸儒，以備顧問，麟書鳳紀填溢於未央，玉版金繩充牣於秘府。班固曰："周稱成、康，漢稱文、景，宜哉！"武、宣之世，乃崇禮官，開金馬、石渠之署，以議典禮，樂府置協律之官，以分雅鄭。公卿大夫，間作於世，或紓下情以通諷諭，或宣上德以盡忠孝。孝、成之世，奏御者千有餘篇，獻納論思之盛，復古罕比。

世祖承喪亂之餘，龍驤宛、葉，去暴誅亂，拯溺救焚，寬以用人，明以率下。兵革既息，寰海乂寧，乃起立太學，招致鴻碩。群臣每有奏議，必令史官撰集，以傳後世。數引公卿講論經義，夜分乃寐，不以為勞。孝明師事桓榮④，躬親文墨，朝誦夜

---

① 繫：原作"擊"，據萬曆本、庫本、朱本、鄒本、《錦里耆舊傳》卷二、《全唐文》卷一二九改。
② 備：原作"避"，據朱本、鄒本改。《錦里耆舊傳》《全唐文》作"略"。
③ 濟：原作"齊"，據《成都文類》卷一九、《全唐文》卷八九〇改。
④ 桓榮：原作"柏榮"，據萬曆本、庫本、朱本、鄒本、《成都文類》《全唐文》改。

講，明達過人。孝章崇尚文儒，有太宗之遺風①，常於白虎殿會集群儒，推演乾坤，考合陰陽，上申聖人，下述品物，參於傳記，內別六經，若披浮雲而睹白日，設華燈而入闇室。詔玄武司馬班固纂集其事，名曰《白虎通》。

魏武博覽群書，特好兵法，抄略書史，名曰《節要》，又注《孫子》十三篇；尤好篇詠，動爲典則。文帝八歲能屬文，博覽古今②，貫穿經史，及居帝位，益尚謙和，坐不廢書，手不釋卷。晉宣博學洽聞，服膺儒教，當曹氏中微，總攝百揆，萬機之暇，未嘗廢卷。景、文之間，咸盡儒術。宋高祖豁達大度，涉獵典墳，討伐之中，亦重文墨。文帝博涉經史，尤善隸書，每誡諸子，率以廉儉。南齊高帝深沈大量，清儉寬厚，嗜學好文，曾無喜愠，常曰："學然後知不足，余恨無老成人得與周、孔比德。"兼善草、隸，有飛動之勢。梁武該博多聞，有文武之略，在位冬月，秉火執筆，手爲皴裂。諸子悉有文藝，聚書討閱，晝夜忘疲。元帝好《易》，韋編三絕，東閣聚書十四萬卷，象牌玉軸，輝映廓廡。陳武倜儻，雄傑過人，窮究兵書，耽玩史籍。文帝留意經典，舉動端雅。後魏道武立臺省，興儒學，五經各置博士，講問如市，塾序成林。北齊有文林學館。周武帝保定中，書盈萬卷；平齊所得，纔至五千卷，置麟趾殿學士以掌著述。隋平陳之後，牛弘分遣搜訪異書，經史漸備，凡三萬餘卷。煬帝於東都觀文殿東西廂貯書，寫正副各五十，分爲三品，除秘書所掌，而禁中之書在焉。

唐高祖統一區宇③，剗革暴隋，六合宅心，四海歸德，躬行仁義，以息亂階。太宗神睿聖文，天資英武，嘗在藩邸，命博學之士房玄齡、杜如晦等一十八人爲秦府僚佐，大較儒術，廣聚經史；及居帝位，隨才擢用，於是弘文館皆置學士。玄宗開元五年，於乾元殿置修書使，召學士張說等讎於集仙殿，更於殿東廊下寫四部書以充內庫④；麗正殿置修書使，又召學士張說等讎於集仙殿，改名集賢⑤，其修書使爲集賢殿學士⑥。自是，圖籍不獨秘書省，弘文、崇文館皆有之，集賢所寫，則御書也。分爲四部：一曰甲，爲經；二曰乙，爲史；三曰丙，爲子；四曰丁，爲集。兩京各一本，共二萬五千九百六十卷。經庫書白牙軸、黃帶、紅牙籤，史庫書青牙軸、縹帶、青牙籤，子庫書紫檀軸、紫帶、碧牙籤，集庫書綠牙軸、朱帶、白牙籤，以爲分別。以大學士專

---

① 太宗：《成都文類》作"文景"。
② 博覽：《十國春秋·王鍇傳》作"淹通"。
③ 統：原無，據萬曆本、朱本、《十國春秋》本傳、《全唐文》補。
④ "更於殿"三字原脫，據《成都文類》補。又按：《新唐書·藝文志序》："玄宗命左散騎常侍、昭文館學士馬懷素爲修圖書使，與右散騎常侍、崇文館學士褚無量整比。會幸東都，乃就乾元殿東序檢校。"《資治通鑑》卷二一二胡三省注亦云："開元五年，乾元殿寫四部書。"則此處所謂"更於殿東廊下寫四部書"，乃指乾元殿，而非集仙殿。據此，"召學士張說等讎於集仙殿"一句當是因下文而衍。
⑤ "改"字原脫，據《成都文類》《全唐文》補。
⑥ 按：以上一段叙述不甚清晰。《資治通鑑》卷二一二胡三省注云："開元五年，乾元殿寫四部書，置乾元院使。六年，更號麗正修書院，改修書官爲麗正殿學士。十三年，改麗正修書院爲集賢殿書院，五品以上爲學士，六品以下爲直學士。"

掌之。

歷代以來，咸有祖述，廢置沿革，或有差異，今但略舉帝王故事及秘書之職，幸冀垂覽焉。

諫孟昶書　　　　　　　　　　　　　　　　　　　（後蜀）幸寅遜

寅遜，成都人。孟蜀明德二年，昶好擊毬，左右不敢諫。寅遜爲茂州錄事參軍，上書。昶雖不從，亦優容之。未幾，馬蹶，太后曰："奈何以馳騁爲樂，貽吾之憂？"自是稍止。

臣聞諸召公曰："玩人喪德，玩物喪志。不作無益害有益，功乃成；不貴異物賤用物，民乃足。"又曰："不寶遠物，則遠人格①；所寶惟賢，則邇人安。"夫心猶火也，縱則自焚，故文王命周公、召公、太公、畢公輔相太子發。太子嗜鮑魚，太公不進，曰："鮑魚不登於俎豆，豈有以非禮養太子哉！"由此觀之，飲食必遵禮，況起居玩好乎！

高祖皇帝節衣儉食，惠養黎元，化家爲國，傳之陛下。陛下宜親賢俊，去壬佞，視前代書傳，究歷世興廢，選端良之士，置於左右，訪時政得失、天下利病。奈何博戲擊鞠，妨怠政事，奔車躍馬，輕宗廟社稷？昔陶侃藩臣，猶投樗蒲於江，況居萬乘之主乎？前蜀王氏，覆車不遠矣！

臣又聞，食君之祿，懷君之憂。臣雖爲外官，每聞陛下賞一功、誅一罪，未嘗不振衣踴躍，以爲再睹有唐貞觀之風也。今復聞陛下或采戲打毬，雖宮禁無事，止於釋悶，亦可一兩月時爲之。臣慮積習生常，不惟勞倦聖體，復且妨於庶務，諸司中覆，因之淹滯；其次奔蹄失馭，奄有驚蹶。陛下雖自輕，奈宗廟社稷何？

與孟昶書　　　　　　　　　　　　　　　　　　　（石晉）高　祖

孟昶明德三年②，晉高祖遣使來聘，叙姻親之舊，書曰：

大晉皇帝奉書大蜀皇帝：伏自中原多故，大憝繼興，朱氏不道而皇天不親，沙陁背義而蒼生失望。不期景運，猥屬眇躬。方鼎足以分疆，宜鄰好之講睦；況有姻親之舊，敢交玉帛之歡。機務方殷，保攝是望。

---

① 則遠：原脱，據萬曆本、庫本、朱本、鄒本、僞《尚書·旅獒》《成都文類》卷一九補。
② 《資治通鑑》卷二八一、《十國春秋·後蜀·後主本紀》記晉遣使來書在明德四年（後晉天福二年）三月，此誤。

蜀主孟昶結河東蠟彈書

初，蜀土五十州。後主昶性慈孝明敏，刻九經，置貢舉。季年求治太過，好聚斂。宋興，宰臣李昊上書，以中原久否，今聞真人應運，禮宜貢奉，如允所請，願備行人。時信近密，弗納，翻聽王昭遠密議；不與宰執商量，結援太原。其文不委翰苑，昭遠自令幕吏張延偉所修。略曰：

早歲曾奉尺書，尋達睿聽。丹素備陳於翰墨，歡盟已保於金蘭。洎傳弔伐之嘉音，實動輔車之喜色①。九成蠟彈，細人垂露，由是興師。

賀遂寧張舍人啓 名震　　　　　　　　　　　　　　　　（宋）晁公遡

起於真祠，授以督府。朝士昨聞而嘆息，何以遽歸？天子尋爲之驚嗟，夫豈不用？兹頒明詔，允穆輿情。恭惟某官，如古爭臣，負世重望，至今表著之論士，皆稱切直而盡規。大疑謀心及人，後雖咨衆；忠言逆耳利行，誰復似公？頃居夔路之時，亦上漢庭之奏，力陳皂棧之性，難涉江湖之行。果驗其言，馬之死過半矣；每觀所至，獸相食且惡。信爲藩宣之良，尤稱慈惠之最。未容報政，即入告猷。某不喜一方之民，獨霑九里之潤。所願執事等輩，盡登輔相之尊；遂使今日朝廷，再若祖宗之盛。

謝魏師鶴山啓② 　　　　　　　　　　　　　　　　　　（宋）李　劉③

久生不學，蹇蒲柳以先零④；初度無能，用樵蘇之後爨⑤。過辱兩章之秋月，見期千里之春風⑥。留歸厭於漁舟，難卷還於鯨錦。共惟某官，折肩諸老，畜眼一人。天不

---

① 《宋朝事實》卷一七、《宋史》卷四七九此下尚有："尋於襃、漢，添駐師徒，只待靈旗之渡河，便遣前鋒而出境。"

② 啓：原無，據朱本補。《四六標準》卷一四題作《謝魏侍郎惠生日詩》。

③ 李劉：原作"梅亭"。按：此文今見《四六標準》一書，《四六標準》四十卷，乃宋李劉作。劉字公甫，號梅亭，崇仁人，嘉定元年進士，仕至中書舍人、寶章閣待制，《宋史翼》卷二九有傳。"梅亭"乃"梅亭"之誤，今易爲本名。

④ 譚校："以，集作之。"按：《四六標準》作"之"，譚氏所謂"集"，即指《四六標準》，李劉別無文集傳世。

⑤ 譚校："用，集作困。"

⑥ 譚校："里，集作載。"

椓民，將謀及詩書之帥；人能揀道，恐宜在條理之科①。閔六十服戎之夫，窘千里餽糧之役。我辰安在，敢祈牛斗之能神；夫子言之，或免螻菌之俱腐。云云②。先生與之言則對，參乎奚避席之疑；小子何莫學夫《詩》，武也請卒章之受。

---

① 在：原缺，據《四六標準》補。
② 譚校："'云云'自謙處，集云：'某屬有國故，且無親存。方茲疚懷於劬勞，只得痛謝於頌禱。'"

全蜀藝文志卷之二十九

書

上蜀帥韓密諫書　　　　　　　　　　　（宋）范　鎮

　　鎮聞，聖王之治，以得賢爲首，而賢之登，必本於鄉也。故登於其鄉，則知所以爲人父，知所以爲人子，知所以爲人兄，知所以爲人弟，而慈孝友恭、惠聰質仁、秀出於衆者，可得而官使。周之王制："家有塾，黨有庠，遂有序，國有學。"簡帥教者而賓興之。故其《詩》曰："濟濟多士，文王以寧。"漢則漸焉繇芻牧而起者有之，自賈竪而奮者有之，亦已小駁。及其下郡國以賢良方正遜讓之詔，而班固云："大漢文章與三代同風。"有唐沿隋制，專用詩賦策論而升黜，爾時美談之尤尚者若同人舉然，故開元、元和間號稱得人之盛。國家順考古道，思皇多士。四門允穆，而畜德積行無壅閉於上；數路兼取，而藏才韜能絶沈冥於下。受大小以咸足，來遠近而弗間。内有伊、周之德之美，謨明而告猷；外有甫、申之才之珍，蕃宣而樹教。固宜宅巖廊而高拱，造大庭而與稽，恭己無爲，仰成左右而已；尚且深詔執事，求之如不及，豈非首賢而爲治乎？

　　逖矣西土，上當井絡之次，下亘坤維之隅，江漢炳靈，岷峨儲精。自司馬相如、王褒、何武、揚子雲之生，遺風流聞，不絶若綫。近年移三互之法，除限口之令，而揚軒帆、服王塗者歲聞，起閭閻、遊聖闕者日有。方朝廷申大比之號，而執事當敦遣之職，其爲書自干薦者以百數。至如服儒學之舊，屢困不更其守，則楊助；高行誼之履，懿誠以發於辭，則章君陳、楊韻、李綱、何槩、趙衆；謹子弟之帥，美聞已彰於時，則李南紀、吴師孟、李愼修。其間事業美中，忠信待舉，懷良玉以被褐，藏穎錐而處囊者，豈可勝道哉！伏惟執事春風以煦之，白日以暴之，定鑑以臨之，誠衡以平之，使其揚芬芳，破暗昧，定好醜，審重輕，而後先方物之貢、利國光之觀者，豈惟諸生幸甚，亦西南幸甚！

　　若鎮之能薄才譾，進之使與計偕可也，退之以警不肖可也。異日明天子再拜受書，執事三適爲功，加地進律，以舉上賞之典，賜弓若矢，以推蕃錫之數，亦將掎裳連袵而來賀①。重念鎮文陳於此者，直以方今濟濟以寧，三代同風之辰，而同人之舉或幾於

---

　　①　掎：《成都文類》卷二〇作"搴"。

息矣。伏望執事憫其狂且僭，虛懷而恕接之。干冒台嚴，伏深戰懼。

上田密諫書　　　　　　　　　　　　　　　　　　　　（宋）張　俞

　　五月十三日，張俞再拜密諫明公閣下。四月二十四日，郫縣公人至山，伏蒙台慈特賜鈞翰，並示所撰故九河公真後贊墨圖一本。伏讀詳味，莫窮文旨。觀夫九河公之治蜀，始則平暴亂，雪民於湯火，俾權臣姦竪側目而不動，終則立條教，納民於軌物，俾遺黎生齒懷德而不忘。固乃天下之豪傑，宋室之循良也。惜乎不遭大用，後嗣衰微，而讒口囂囂，陷爲酷吏，茲蜀人憤恨之日久矣。閣下後其治五十年，復以德業綏静蜀國，用能觀其故事，不掩厥懿，揚其遺風，乃作《乖崖後序贊》。夫"乖崖"者，非自譽也；而世不通其旨，凡論其美必曰"乖崖公"，爲詞章者亦曰"乖崖公"，其甚繆者則曰"張乖崖"。繇是"乖崖"之號，顛倒漂溺，不復正之者逮五十年矣。今閣下後其贊而辨之，曰："乖不違正，崖而厲公。名雖自貶，有激於衷。"繇是"乖崖"之義判然而明，賢者之志炳然而光，衆人之言了然而不惑。是閣下能盡九河公之心，可謂明矣。世之人則不然，見人之善則忌害掩蔽，生其瑕疵；蹈人之事則毀壞變更，掃其軌迹。務成其私，不顧笑僇，安肯譽前人之尚可道哉！閣下獨矯然不私，與天下同其説，可謂公矣。古之人不得志於當年，必遺意於後世，以俟知音。若乖崖者，非閣下誰由明之！三蜀之人既思九河之德，復愛閣下之頌其良，斯文爲不朽矣。俞愚闇不達，亦欲張閣下之文，以俟史官修九河公傳，得以采焉。

上蜀帥書　　　　　　　　　　　　　　　　　　　　　　　　前　人

　　張俞再拜，奉書密諫明公閣下。世言古之大聖人，必曰三皇氏、五帝氏。犧、農在上古，其道不可復行，故後世唯以堯舜爲法，歷百聖莫之能易，而學者遂傳禹尚不及堯舜。俞謂堯承四聖至治之業，在位七十載，故能道德行於天地，萬物陶乎無爲。其後洪水暴於九州十有餘年，生民流宕，彝倫壞亂。堯視天下之溺如己之溺，乃博咨衆工。若皋陶之倫咸不克其事，然後舉舜；舜亦不能治，然後舉禹，果能治之，遂成大功。及舜有天下，若堯之治，乃美禹曰："地平天成，六府三事允治，萬世永賴，時乃功。"是知滔天之害，雖堯舜之聖，必待禹而治之。苟當時不得禹也，生民其如何，後世其如何！愚恐君臣父子不爲魚鼈，則九州萬國淪於海矣，安有今日之治哉！故謂開闢已來，群聖之功，唯禹爲大，由乎此也。
　　百川之長有四瀆，而江、河爲大。江出蜀之西徼，禹乃生於西羌，石紐其地也。今淫鬼無名，饗蜀民之祀者追將千百，郡縣猶能存之；而神禹爲蜀人，江漢爲蜀望，大功格天地，利澤施萬世，曾不得享蜀之祀若一淫鬼，斯闕禮之甚者，俞嘗恨焉。伏惟明公治蜀，滔滔江漢盡在土宇，宜作禹廟，用康斯民。昔尹吉甫作詩美申伯，則曰：

"王命申伯，式是南邦。因是謝人，以作爾庸。"又美仲山甫，則曰："德輶如毛，民鮮克舉之，維仲山甫舉之。"言政事甚易，而人不能行，維仲山甫獨能舉而行之。明公有申伯法度南邦之德，有仲山甫賦政於外之功，蜀人愛戴，期乎無窮。若禹廟之作，政之易者，衆不能作之，明公若能作之，可謂存乎聖而順乎民也，豈挾太山、超北海之爲力哉！

俞近述《南賓郡修禹廟碑文》一首，其道備，其事直，文雖浮濫，理或庶幾。方刻廟石，以示後世，謹録一通上獻。謂狂夫之言而棄之，不敢逃戾；若謂斯言可采，斯廟可成，宜載事於金石，則江漢無盡，明公之德亦無盡焉。

答吳職方書　　　　　　　　　　　　　　　　　前人

俞頓首。二三月至導江，遂入山，復歸治弊廬，加以人事，久不啓訊。辱四月二十七日書，良釋思仰之勞。相示，府公謂俞所作《講堂頌》爲叙己之德，於書銜立石，體未便安①，俾別爲記。聞之惶恐。俞遊天下二十餘年，知識士人甚衆，然未嘗以文字求卿大夫之知。去年十二月，何侍郎語僕曰："府公興學，大作講堂，願爲之記。"及行，又云："記成，願示其文。"今年二月，醇翁見語，亦如何侯。自李伯永、趙先之及諸士大夫，累累相問《講堂記》如何。思念國家大興學校三十年來，凡作孔子廟記、州學記者遍天下，殆千百數，爛漫甚矣，古未嘗有也。且蜀郡之學最古，又世傳其文翁講堂久壞，今府公復作之，高明宏壯，上可坐五百人，非列郡之可擬。苟欲作記，則土木尚未足稱也；且記之名，又不足鋪揚講堂之義，唯歌頌可以傳於無窮。文既成，投於府公，辱書云："求記若銘，爾今以頌爲貺，顧何德以堪之，奚可輕示於人？"

僕竊思之，以文辭淺陋邪，不示於人，實惠之大者也；苟以府學不可爲頌邪，則古人作之者多矣。自漢至唐，文章大手皆采風人之旨以爲賦頌，凡宮室苑囿、鳥獸草木、君臣圖像及歌樂之器，意有所美，莫不頌之，不獨主於天子乃名爲頌。晉趙文子室成，張老賀焉，曰："歌於斯，哭於斯，聚國族於斯。"君子曰善頌。漢鄭昌上書頌蓋寬饒，顔師古曰："頌謂稱美之。"班固、皇甫謐皆曰："古人稱不歌而頌謂之賦。"王延壽曰："物以賦顯，事以頌宣，匪賦匪頌，將何述焉。"馬融《長笛賦序》曰："追慕王子淵、枚乘、劉伯康、傅武仲等簫琴笙頌，作《長笛頌》。"嵇康《琴賦序》亦曰："自八音之氣，歌舞之象，歷代才士並爲之賦頌。"又若揚雄有《趙充國畫頌》，史岑有《鄧騭出師頌》，蔡邕有《胡廣黃瓊畫頌》，楊戲有《季漢輔臣頌》，夏侯湛有《東方朔畫頌》，陸機有《漢高祖功臣頌》，袁宏有《三國名臣頌》，劉伶有《酒德頌》。馬棱爲廣陵太守②，吏民刻石頌之。蔡邕美桓彬而頌之，崔實爲父立碑頌之。至若袁隗

---

① 體：原作"禮"，據文意改。下文云"府公之言謂體未便安"，可證。
② 馬棱爲廣陵太守：原作"馬棱爲廣漢太守"。《後漢書·馬援傳》附《馬棱傳》："章和元年遷廣陵太守。時穀貴民飢，奏罷鹽官，以利百姓……吏民刻石頌之。"據改。

之頌崔寔，劉操之頌姜宏，李膺、陳寔之頌韓韶，郭正之頌法真，趙岐之頌季札。若此之類，史傳甚衆，略舉數者，以明體要。又沈約之徒文章冠天下，其所博見，通達古今，皆爲頌述，以美王侯。至唐，文章最高者莫如燕、許、蕭、李、梁肅、韓愈、劉禹錫輩，未有不歌頌，稱賢人之德，美草木之異者。僕故取其體而述《講堂頌》焉。則頌之義，豈有嫌哉！且郡府之有學校，學校之有講堂，乃刺史爲國家行教化、論道義之所，又非刺史之所自有也，其於義可頌乎，不可頌乎？與夫頌一賢人，美一草木，其旨如何？且自漢已來千數百年，通大賢、文人、史官，未有以頌不可施於人，美於物，而有非之者。

俞竊惟府公謙恭畏讓，以頌名爲嫌，應以鄭康成、孔穎達解《魯頌》之義也，故未敢以書自陳。今足下見教，果以府公之言謂"體未便安"，而云重譔一記。鄙人豈敢復欲妄作以取戾乎！況夫《講堂頌》者，始稱國朝文章之盛，次述府公興勸之由，遂明學者講勸之義，終美宣布之職，振天聲於無窮，庶乎詞義有可采者也。至於鄭康成、孔穎達云："《魯頌》詠僖公功德，纔如變風之美者。頌者，美詩之名。王者不陳魯詩，以其得用天子之禮，故借天子美詩之名，改稱作頌，非《周頌》之流也。孔子以其同有頌名，故取備三頌。"又曰："成王以周公有太平之勳，命魯郊祭天如天子之禮，故孔子錄其詩之頌，同於王者之後。"又曰："頌者，美盛德之形容。今魯侯有盛德成功，雖不可上比聖王，足得臣子追慕，借其嘉稱以美其人，故稱頌。"凡孔、鄭之說，支離牴牾如此。昔鄭伯以璧假許田，《春秋》非之。晉侯請隧，襄王弗許。于奚請曲縣繁纓以朝，仲尼曰："唯名與器不可以假人。"武子作鐘而銘功，臧武仲謂之非禮。季氏舞八佾於庭，孔子曰："是可忍也，孰不可忍也！"子路欲使門人爲臣，孔子以爲欺天。孔、鄭既爲魯不當作《頌》，而曰借天子美詩之名而稱《頌》，是名器可以假人也。孔子曾無一言示貶①，反同二《頌》爲經，孰謂孔子不如林放乎！噫！頌而可僭，則僭莫大焉，亂莫甚焉，非聖人删《詩》作《春秋》之意也。且孔、鄭解經，時多謬妄②，此之妄作，何其甚哉！《傳》曰："夫子没而微言絶，七十子喪而大義乖。"蓋章句之徒，守文拘學，各信一家之説，曲生異義，古之作者，固無取焉，僕亦取焉，足下以爲如何？

忽因起予，遂答來諭，非迂辯而好勝，亦欲釋千載之惑，用資撫掌解頤，且假一言，介於府公，可乎？如曰未安，願復惠教。

上吳大尹書　　　　　　　　　　　　（宋）楊天惠

某，蜀之淺丈夫也，知蜀之故，二三策而已矣。蓋秦宓之論天帝會昌之祥，神禹石紐之生，三皇祇車之出，頗譎誕不經。而左思之賦，兼六合之交會，總八區之豐蔚，

---

① 曾：原作"魯"，據萬曆本、庫本、朱本、鄒本及《成都文類》卷二一改。
② 多：原作"莫"，據《成都文類》改。

跨諸夏之富有，復淫夸少實。惟是風俗文順，自古以然，傳記所録者，是可觀也。其大者，漢有司馬相如、王褒、揚雄，唐有陳子昂、李白，咸以文詞，爲世宗長。然夷考於史，相如之文，以楊得意而顯；雄之文，以客之薦而彰①；子昂之文，以上書而達。顧不知當時牧伯大人爲誰，獨無一人能以半語扳數子而發之者。蜀去長安、東京爲險遠，計一時牧伯之選，必其世議所謂材任公卿乃爲之。數子既豪傑士，其文采艷發，初弗自閟，又近在宇下，宜易知察。方且親以身臨之，竟不能同一盼之勤，爲若人寵，其他則又何説也！且使數子戀嫪鄉里，不一遊京師，則《上林》之雄麗，《羽獵》之崛奇，《感遇》之頓挫，其遂堙矣乎，肉食者安忍處此？蓋君子之用世，莫樂乎得材；邇臣之報國，無大於薦士。夫惟王襄爲刺史，薦王褒，蘇頲爲長史，厚李白，良可人意。然漢、唐上下數百年，獨有二公耳，其難得如此！

嗚呼！某之生也後，不得與斯人接也，而乃今於閣下幸見之。閣下道德純明，名實奧美，以法從之貴，主盟斯文；以方面之尊，愛燾士類。自開府以來，西南文藝之俊，聯薦墨、附賓籍者焯焯有聞矣。其高者，殆將與之同升金玉於王度；其下者，猶欲使之有立，鼓吹於儒林。以故縉紳歸仁，人物慕義。而某此時以貧窶之故，受廬岷山之陽，食指猥衆，待耕耨而後飽，誠不可一日捨稼事以遊，其何日以來雅拜於大君子之前？重以不幸，有幽憂之疾，有癖違之累，先自絶於明時，亡所用於天下，慚恐遁匿，不復自齒於人倫，尚敢驤首印臆，希咳唾餘澤於一二英材後邪！今者稼事有間，舊疾小愈，妄自念言，前日聯薦墨、附賓籍者，非某同社之良，則皆旁邑之望也，此其與某拜賜何以異？故願上名謁，仰慶門下之多獲，俛賀吾人之有遭焉，而不敢有所請。謹治書具，挾漫刺，自道所以代將命者之詞。伏惟閣下引之斥之，前之却之，惟命之須，弗敢知也。不宣。

上制置使書　　　　　　　　　　　　　　　　　（宋）黃　源

源竊惟，蜀視中原最險遠、最僻陋，自古用天下，無以蜀爲也。然秦、漢不得蜀，則不能東鄉與天下爭衡。而吳、晉以來立國於江左者，每每倚蜀爲重。蓋漢資蜀富饒以自給。山西之形，蜀之力，勢相半焉。當此之時，蜀得十二。蜀居吳楚上流，而吳視楚爲西門，楚視蜀爲巨蔽，蜀一動搖，而吳楚皆不帖席矣。當此之時，蜀得百二。顧今有秦漢規畫天下之權，有江左憑藉江淮之勢，資於蜀，而恃之以爲守，其勢與力，二者兼取之，則蜀在今，不翅天下重也。天子往嘗以執事鎮瀘，又總戎於蜀口，今又舉全蜀而界之執事者總制焉。此非天子以蜀重，而蜀以執事重故歟？

自古用蜀者，諸葛亮當第一，而李德裕次之。德裕南抗夷，北引天下之力以自重，其爲功易就；而亮獨以蕞爾之國，南抗蠻，西抗夷，東備吳，北敵魏，無天下之大援，而功視德裕過之。夫亮爲力難矣，然而猶未若執事今者之難也。昭烈之後，亮一步不

---

① 客：原作"容"，據朱本、鄒本、《成都文類》卷二一改。

出大城門者三年，而後爲渡瀘之役，而後爲渭上之役。夫堂之不植，則其本顛；大城，其堂也，故三年而治之。藩之不固，則有後憂；蠻夷，其藩也，故力戰而服之。蜀已安矣，蠻夷已服矣，於是乎出其兵以與魏人角於其門。亮之用蜀，本末如此，視德裕爲難，而視今猶易之也。當今執事實難焉。萬斛之舟，順流舉帆，一日而千里。何則？因於水之勢也。夫因其勢而順導之，則苟有志焉，皆可以成事。勢不足以自強，力不足以有爲，而求以立大功於當世，蓋惟有道者能之，而英偉豪傑不世出之才不逮也。某愚意，今蜀之力，其強盛充實不若亮時遠甚；而縱橫施設、先後次第之功，惟吾之所見，務在利社稷而不爲嫌者，又非亮時比。夫任大責重，與古無以異，而憑藉扶持之勢，絕不可同日語，則執事之爲力，顧不難於亮哉？雖然，執事有道者，自始鎮蜀，迄今五年於玆。譬之一元之運，生生化化，無一草木不被，而道德之威凜然，人望而畏之。在民則和，在軍則肅，莫之爲而爲之者，此天人也。蓋其力十倍德裕而過於亮。天子寧虛鼎席而久勤執事以蜀，凡大庇吳楚，而勢有不得已也。

某老矣，往嘗以下吏趨走於執事之前，既辱知之矣，得闕猶遠，願備一官於麾下，究觀執事德業之萬一，退而終身行焉，以毋負知遇之渥。執事其幸進之否乎？俯伏俟命。

上汪制置書

(宋) 王 咨

某聞之：佚勝勞，治勝亂。佚與治在我，勞與亂在人。此非兵說也，用國說也。勢相衡，事相權，能得其機而執之，則先者勝。夫惟在我者無宿憂，則其力全，力全則有成謀。處我於佚與治，乘彼之勞且亂，有所不動，動必有濟。譬如人之一身，將與人鬭，當無事時，必思休息屈伸，使筋骸之會無不舉之處，夫是以能待敵於卒然而無後憂。如無故而先自勞其身，以犯風雨暑寒之變，則病將起於腹心而中先潰，自謀且不給，何有於制人？

以六國而敵一秦，六國之力全，秦雖強，無奈其爲從也。而六國者，汲汲然不能以一日，此其勢不歸秦而何歸！天下皆曰：晉之東不能濟一甲於長江之北，履神州之故封。自今觀之，有不足怪。何者？上流之勢，皆移於人。一變僅止，一變隨起，所因且藉者，皆内自戕伐之。自古圖回中原，必兼用蜀，而我初不能得，既復不能有。一失於李雄，再失於苻堅，三失於譙縱，猶初無蜀也。我既亂且勞，幸彼之亦然，故能支四大變於搶攘之餘，此天也。

凡用國，必有根本之地，培植擁護，當使其不搖，取之常不盡其財，而用之常不盡其力。是故愛根本如愛吾命，而後可國也①。今天下根本在蜀，蜀根本在兵與民。憂在民則不恤兵，憂在兵則不恤民；通而一之，以固吾國②，實有統府在。及今無戰時，

---

① 國：庫本、朱本、鄒本作"圖"。按："國"字不誤。
② 固：原作"故"，據萬曆本、朱本、鄒本及《成都文類》卷二一改。

當使優遊而不勞，靜治而不亂。二者，朝廷已寄之重臣。開府而來，一切鎮以清靜。凡所施設，皆爲國家惜大體而壅培其根蔕。環數千里之地，夜郎、牂牁之境，前此時，斬艾草木，以邇吾封，乃今帖帖不敢少肆，蓋西南一面可賴矣。天子注想名德，考朝家登庸龍首故事，在公已晚。顧宣威虛府①，未有以畀蜀事者。雖然，上豈以一方易天下大計哉。

其自此歸矣，而某預爲蜀憂。何者？時方用兵，符檄星流，急科嚴征。民曰不得已，不敢怨。今號爲無戰，而所在嗸嗸，不異鄉時。不知有急，復何以加之？諸葛孔明用蜀賦養蜀兵，閉關息民十五年而後出之，師行不能越五丈原，國已坐困，蜀之力易屈也。今宿師十萬，幾三十年，盡西南之力以給，而內郡至無備。汶山以西，邛筰以南，牂牁、犍爲之壤，皆控帶外夷，綿亘交趾，而髽髻氈裘，與我互市。雖扼形勢之地，無宿儲而有冗兵。大抵爪牙脫落，無全力矣。盜之於人也，必其垣牆之不支，雞犬之不聞，而後得其隙焉。今秦川三邑，號蜀門戶，而無急憂，豈不足憂哉？天下之險在蜀，大山長谷，綿數百里，梯空棧高，人不可出，非騎兵衝突之地，敵之長技至此無所施。此堅守之國也。所可深慮者，吾之境中枵然而虛②。問其武備，有役之兵，無戰之兵；問其財賦，廩無見糧，帑無藏鏹。郡縣皇皇，日不暇給，而民之爲生至不足賴。非大臣見眇綿之幾，誰當憂之？往年閣下條邊事三：曰舉守臣，曰訓土丁，曰督軍儲。而近者不許縣邑括隱戶之賦。此皆深思長慮，爲保護根本之計，所以惠蜀甚厚，將次第爲上盡言之，某尚何所伸其喙。

雖然，嘗試妄論，今之急政五：一曰嚴戢貪吏之侵漁，以杜邊釁；二曰大考守兵之赤籍，以責實用；三曰明絕郡縣之誅求，以開民生；四曰痛省官吏之冗員，以去浮食；五曰盡蠲積年之虛額，以寬期會。蓋邊本無事而貪吏生之，軍本有籍而姦濫冒之。調度既不得已，而言利之人欲根株盡之；經費至不能給，而無益之員又蠶食之。至若歲入之虛籍，終不天降地出，徒使其急征他取以赴期會，如割股啖口，竟亦何益！誠莫若爲之一洗，使民輸以時，穫而粟，織而帛，不至稱貸以重其困。與夫上之四者，皆以次舉行。當此少休，庶其佚而不勞，治而不亂，以備不戒。此在執事一露章耳③。鄉者兵民之權分，故有所扞格而不得行。乃今蜀中外之事盡制於統府，此非可爲之時乎？願深念之。

某，西山之鄙人。往年不度其賤，數袖書請見，而下執事降色辭接之，調一官，躬耕待次日。既一年，從父老遊而目世之病。因六蘁之柬④，故敢妄有獻焉。去作巖邑，甚懦不武，預以不治，爲兢兢然。有盟不寒，決不至爲虋尾以負所學。風雨不時，知有庇身所也。幸甚，幸甚！

---

① 虛府：萬曆本、朱本、鄒本作"靈府"。
② 境：原無，據《成都文類》補。
③ 耳：原作"且"，據上引改。
④ 因：原作"固"，據上引改。

答李悅之榜雲安尉廳後小堂曰"馮公"書　　　　　（宋）馮時行

某再拜。奉違之久，如想古賢哲，日不置也。馮某人至，備聞啓處之詳，足以開慰。即日春晚，伏審神仙無事之職，履況清裕爲喜。中間蒙惠書並劉夷叔記文，某久不奉報，何也？老友以愛忘其非，乃命以"馮公"，又使夷叔筆其説，刻之石。老友何其自得之淺也！

古之人，以友天下善士爲未足，又尚論古之人，誦其詩，讀其書，謂之論世尚友。此孔子以堯舜、文王爲友；孟子以孔子爲友；其下，揚子、荀子以孔子爲友。射者之志於的，射而志的猶不能中，況又不志的，則射東中西矣。況士須蓋棺五百年後，是非乃定。如僕不答老友書幾半年矣，老友必思舉其榜與記而棄之。作事如此，豈理邪？吁！老友之賢，世無有。今世士污穢冗雜以爲計，而老友忍窮蹈義；今世士諂媚苟且，而老友獨耿介不屈。中心之所得與夫所禀者，某贊嘆所不能盡。但亦有病，病在不容不同類，不能沈潛剛克。

嗚呼，人世如此，安得不隨波逐流以全真邪！故孔子有"危行言遜"之説。堯舜時可謂古矣，彼時已有九德之説。蓋不相濟，不足以爲行；不相雜，不足以爲文；況寥寥萬世之下邪！

某有病，望老友砭石俱下；老友之病，亦不敢不相扶持。與公相友盡此矣。至於希慕，望遠追古人，勿近取也。碎其石，火其榜，勿取誚於悠悠之人，乃所願也。忽忽，不宣。

上夔漕費達可論調田軍書　　　　　（宋）杜柬之

十一月，某謹西鄉再拜，致書都運中大先生閣下。冬寒，伏惟按部餘間，神衛行府，台候動止萬福。

某山林草野之人，自揣愚闇，昧於事機，平昔絶口，未省對人敢談世事。然方此變故搶攘，正執事大人兼收博采、不棄芻蕘之時①，矧傷弓之禽，痛罷兵革，流離間關，僅賷一死於數千萬里之外者，贏三十年矣。時安與安，時危與危，偕兩蜀之人同舟而濟。風濤之憂，方在洶湧，不得晏然高眠，獨謂無事，是亦某可以效言之秋也。敢不避出位之誅，輒以管見塵冒台嚴。人微言輕，犯五不韙。特恃其素蒙知睠，言之當否，未必加責。而執事有愛人之心，洞先見之幾，誠不忍瀕流數百里之民將墜塗炭。慷慨一言，惟賜財察。

比見州縣承准關報，制司已差發川軍一千人，用鈐轄甄宣贊將之。又勾抽思州田

---
① 原誤重"收"字，據萬曆本、朱本、鄒本删。

家義軍亦一千人,將併屯夔州。當此之時,兵不厭多,廣張聲援,實兵家宜然。川軍既是官兵,部勒得人,緩急之際,不爲無益,師行以律,寧有他虞。至於田軍,有可議者。此輩本是化外蠻夷,性猶猿猱,無復廉恥,行無紀律,居蔑營陣。乍入華地,飢窮寒乞,見利動心,輕生忍死,勇於敚攘,所過畜牧室廬爲之一空。又有州縣遊手失業之人,負販亡命之衆①,亦爲之用,鼓唱氣燄,導之爲惡,隨衆前驅,作孽尤甚。又器械濫惡,衣服繿縷,無長矛大戟、堅甲利兵、臨衝兜鍪攻戰之具,所習特蠻牌、偏刀、手弩、藥箭而已。其勁弦遠矢,發不過三四十步。使之跳躑山林,蒙蔽草野,狙伺間便,潛機暗射,挈短求長,或有可用,至禦大敵,直兒戲耳。

竊意建此議者,必狃於頃年幸勝王闢於油口,便謂足以倚仗。此所謂知其一,不知其二也。殊不知曾無毫髮之利,而已有丘山之害矣。彼王闢者,烏合叛卒,敗亡之餘,鎧甲不備,人馬赤露。初以此曹爲不足畏②,易敵輕進,數騎輒前,不虞草間毒矢竊發,卒爲見困,藥漬淋漓,旋踵顛仆;其餘倉皇退散,山險道狹,首尾斷隔,不得相救,遂爲邀截,得三二十騎。於是張皇事勢,妄要功賞;所效首虜,多殺平人,恣爲欺罔。官司幸其成事,便以爲然,遂以奇功許之。不知當是之時,京西荆楚避地士民散匿山谷三二百里之間,爲其搜羅夷戮殆盡。揆其酷毒,百倍闢矣。其初,自思州進發,北至分屯,西遡桐槽,小舟凡數百艘。凶燄薰蒸,遠近愁嘆,扶老攜幼,委棄生業,竄伏山谷,不碎其首者亦幾希矣③。雖在州縣城市,亦敢白晝剽奪,官司坐視,莫敢誰何。某是時方到酆都,目見射殺弓手節級蘇選,排闥突入人家,劫取財物,婬穢婦女,或驅虜入舟,往往不還。至今父老言之,歔欷流涕。不意今日又欲輕蹈覆車之轍。不知將以控禦扞關,且以策應漢沔邪?若以守關,則帥闍提兵近在歸峽。比伏讀詔書,且察道路之言,虜勢衰弱,思漢之民,相望風靡,捨逆歸順,捷音日聞。王師一動,有征無戰,固非前日陸梁之比。萬一勝負,兵家常事,苟或小失支吾,則帥闍全師必退保川峽,深據天險,數千之衆,以一當萬,足以克事。何苦一旦無事,自引醜類置之心腹之地?天下將有底定之期,而一日太平之後,瀕江數郡生齒之衆,先天下之人獨受此禍,可不惜哉!有如萬一虜騎窺關,金人自來攻戰,必以精兵居先,目爲撞軍。莫不身披重鎧,牆進山壓,自非神臂弓、斬馬刀、硬弩、鉅斧,不能却也,其勢非王闢之比。乃欲以射鼠之機,摧折其鋒,此所謂怒蜣螂之臂當車轍,以童子搏賁育,雖三尺之童,誠未見其可也。苟能輕佻,故敢當前,一爲虜騎衝突,則必恃其輕趫,飛崖踔壁,攀蘿引蔓,四散驚走,闌入關內④,大掠沿江,然後還其巢穴。當此之時,我又能回戈以事鄜伐乎?此又其尤可慮者。

唐蜀人有言曰:"西戎尚可,南蠻殘我。"不虛語矣。大抵施、黔、瀘、戎一帶,羈縻熟矣,居其鄉土,以爲邊障,一日有變,以夷攻夷,使自相吞噬耳,其習俗器械,

---

① 販:原作"犯",據萬曆本、朱本、鄒本改。
② 以:原作"似",據上引改。
③ 首:原作"手",據上引改。
④ 闌:原作"間",據上引改。

足以相制；若用以當長驅不制之虜，其不相侔，亦灼然矣，則是又不足以爲漢沔後繼必也。徒殫民力以供億之，外憂未除，自招內患，果何賴焉！靖康初，王以寧以其先人嘗開邊辰沅，又有沅州李允文者，以新民擢第，因范世雄自桂林入覲，道過湖北。二人建議，以謂洞丁可用，遂大發辰、沅、靖、武、岡、泉、邵、鼎、澧二萬人，擢以寧河東節度，以援太原。虜人見之輒大笑。榆次之役，以鐵騎張兩翼，徐麾而躪籍之，無一人還者。此不堪用之明驗也。紹興初，夔帥張公道從始調此軍①。張公威望素著，力足以制其變亂。雖已潛行劫虜，猶有所憚。間一歲，韓公天啓帥夔，再招之，即不能誰何矣，公然於帥府通衢作過。此事未遠，尚可詢而知也。

即今上下人情，固已惘惘憂懼。某雖迫衣食，當權輕重，亦捨所圖，旦夕西遡，挈孥累遠竄矣。意謂府城可以飄纓坐末，會台旆出按，不免僭易筆此書，密懇雲安吳節推置中投行府。苟未必以爲愚不曉事，欲望速賜詢訪所至民情。若謷言不誣，即乞移報制司與帥閫，亟止其行；或已符下思州，恐蠻夷之情，觖望生怨，姑令申嚴點集，以待緩急勾抽可矣。昔苻堅南寇，桓冲自武昌送卒五千，謝安却之，以爲既不足增損，徒令敵人窺我虛實。今政使其卷土皆來，無益於事，況此羸俘餓卒千人，非徒無益，適足生事者乎？且軍興之際，百姓凋弊；財用匱糧，一出其力。萬一沿江遭其毒手，瘡痍未合，忽有調斂，吾民不賴生矣。茲執事大人所宜留心者也。不勝懸睛西望急迫之情。

某每不量力，嘗論自古夷狄更盛衰。姑以李唐言之。太宗刷渭水之耻，逐突厥徙幕北，幾犁其庭、寢其皮矣。未幾，玄宗遠治閣羅鳳之罪，一舉而喪師十萬。自此西南兩番合力拒命，終唐之衰，卒不能制。國朝澶淵講解之後，北方無事，獨誅叛西鄙，用兵幾至百年。幸而自儂智高來，南蠻衰弱，中間瀘戎雖小倔强，旋即革面。然蠆蠱不爲無毒，狼子野心，未保其往。而爰自軍興，保兩川者或不究事機，援引醜類，賴以濟功，信其誣罔之言，縱其殘虐之暴。不惜節鉞使相以寵其身，官其子弟，稍入內地，使之目侈城邑之美，口極甘脆之味，躬被纖麗之服，習知山川要害、道里遠近。雖其向化之心，未遽其佗，萬一桀鷔沈鷙之人出於間隙②，搖動邊疆，未可知也。此韋皋聽其遣子入學之弊，深可鑒矣。況邇來邊吏或非其人，失拊綏招懷之道，南平、清溪，連歲相繼，小有風塵之警矣，可謾不加省邪？此又其大者遠者。

傳曰："涓涓不止，流爲江河；毫毛不剪，將尋斧柯。"渠可忽邪！先事而言，類似迂闊狂妄，敢於執事輒一發之，併惟台察，幸甚。霜霰日嚴，韜車在行，敢冀於國家多事之秋，爲君父生民倍保台重。不宣。

---

① 軍：原作"公"，據厲曆本、朱本、鄒本改。
② 桀：原作"傑"，據上引改。

全蜀藝文志卷之三十

序　志序

《華陽國志》序述

（晉）常　璩

巴蜀厥初開國，載在書籍，或因文緯，或見史記，久遠隱没，實多疏略。及周之世，侯伯擅威，雖與牧野之師，希同盟要之會。而秦資其富，用兼天下；漢祖階之，奄有四海。梁、益及晉，分益爲寧。司馬相如、莊君平、揚子雲、陽成子玄、鄭伯邑、尹彭城、譙常侍、任給事等各集傳記，以作《本紀》，略舉其隅。其次聖稱賢，仁人志士，言爲世範，行爲表則者，名挂史録①。而陳君承祚别爲《耆舊》，始漢及魏，焕乎可觀。然三州土地，不復悉載。《地理志》頗言山水，歷代轉久，郡縣分建，地名改易，於以居然辨物知方，猶未詳備。於時漢、晉方隆，官司星列，提封圖簿，歲集司空，故人君學士，蔭高堂，翳帷幎，足綜物土，不必待《本紀》矣。

曩遭阨運，函夏滔堙，李氏據蜀，兵連戰結，三州傾墜，生民殲盡。府庭化爲狐狸之窟，城郭蔚爲熊羆之宿，宅遊雉鹿，田栖虎豹，平原鮮麥黍之苗②，千里蔑鷄狗之響，丘城蕪邑，莫有名者。嗟乎三州，近爲荒裔，桑梓之域，曠爲長野，反側惟之，心若焚灼。懼益遐棄，城陴靡聞，乃考諸舊紀先宿所傳並南裔志，驗以《漢書》，取其近是，及自所聞，以著斯篇。又略言公孫述、《蜀書》、咸熙以來喪亂之事，約取《耆舊》士女英彦，又肇自開闢，終乎永和三年，凡十篇，號曰《華陽國記》③。

夫書契有五善：達道義，章法戒，通古今，表功勳，而後旌賢能。恨璩才短，少無遠及，不早援翰執素，廣訪博咨，流離困瘵，方資腐帛於顛牆之下，求餘光於灰塵之中，劘滅者多。故雖有所闕④，猶愈於遺忘焉。

《蜀紀》言："三皇乘祇車出谷口。"秦宓曰："今之斜谷也。"及武王伐紂，蜀亦

---

① 挂：《華陽國志·序志》作"注"。按："注"字勝。
② 平原：原作"原平"，據庫本、朱本、鄒本、《華陽國志》乙。
③ 華陽國記：庫本、朱本、鄒本作"華陽國志"。按：《華陽國記》蓋爲原書名，後改爲《華陽國志》。《水經注》引其書，"國志""國記"兩稱。
④ 雖：原脱，據《華陽國志》補。

從行。《史記》：周貞王之十六年，秦厲公城南鄭。此谷道之通久矣。而説者以爲蜀王因石牛始通，不然也。《本紀》既以炳明，而世俗間横有爲蜀傳者①，言蜀王蠶叢之間周迴三千歲。又云荆人鱉靈死，屍化西上②，後爲蜀帝；周莨宏之血變成碧珠；杜宇之魄化爲子鵑。又言蜀椎髻左衽，未知書，文翁始知書學。案《蜀紀》③："帝居房心，決事參伐。"參伐則蜀分野，言蜀在帝議政之方。帝不議政，則王氣流於西，故周失紀綱，而蜀先王；七國皆王，蜀又稱帝。此則蠶叢自王，杜宇自帝，皆周之叔世，安得三千歲？且太素資始，有生必死；死，終物也。自古以來，未聞死者能更生當世；或遇有之，則爲怪異，子所不言，況能爲帝王乎？碧珠出不一處④，地之相距動數千里，一人之血，豈能致此？子鵑鳥今云是巂，或曰巂周，今按：《説文》云："蜀王望帝婬其相妻，慚，亡去爲子巂鳥。故人聞子巂鳴，皆起，云望帝。"巂，户圭切。所言與《蜀志》所述相似。《爾雅》亦云：巂周，子巂鳥也。出蜀中。四海有之，何必在蜀？昔唐帝萬國時雍，虞舜光宅八表，大禹功濟九州，后稷封殖天下，井田之制，序庠之教，由來遠矣。孔子曰："述而不作，信而好古，竊比於我老彭。"則彭祖本生蜀，爲殷太史。夫人爲國史，作爲聖則，仙自上世，見稱在昔。及周之末，服事於秦，首爲郡縣，雖濱戎夷，亦有冠冕。故《蜀紀》曰"大人之鄉，方大之國"也。至於漢興，反當荒服，而無書學乎？《漢書》曰：郡國之有文學，因文翁始。若然，翁以前齊、魯當無文學哉？漢末時，漢中祝元靈性滑稽⑤，用州牧劉焉談調之末，與蜀士燕胥，聊著翰墨。當時以爲極歡，後人有以爲惑。恐此之類，必起於元靈之由也。惟智者辨其不然，幸也。

綜其理數，或以爲西土嶮固，衿帶易守，世亂先違，道治後服，若吴、楚然，故逋逃必萃，姦雄闚覦。蓋帝王者統天理物，必居土中，德膺命運，非可資能恃險，以干常亂紀；雖饗竊名號，終於絶宗殄祀。何者？天命不可以詐詭而邀，神器不可以僥倖而取也。是以四岳、三塗、陽城、太室，九州之險，而不一姓；冀之北土，馬之所産，古無興國。夫恃險憑危，不階曆數，而能傳國垂世⑥，所未有也，故公孫、劉氏以敗於前，而諸李踵之覆亡於後。天人之際，存亡之術，可以爲永鑒也；干運犯曆，破家喪國，可以爲京觀也。今齊之《國志》，貫之一揆，同見不臣，所以防狂狡，杜姦萌，以崇《春秋》貶絶之道也⑦；而顯賢能，著治亂，亦以爲獎勸也。

其序曰：

---

① 横：原作"擴"，據萬曆本、庫本、朱本、鄒本、《華陽國志》改。
② 西上：原作"西土"，據朱本、鄒本、《華陽國志》改。
③ 蜀紀：原作"書記"，據萬曆本、庫本、朱本、鄒本、《華陽國志》改。
④ 處：原作"出"，據上引改。
⑤ 性：原作"惟"，據上引改。
⑥ 而：原作"自"，據朱本、鄒本、《華陽國志》改。
⑦ 貶絶：原作"敗絶"。傳世《華陽國志》亦作"敗絶"，清顧廣圻校云當作"貶絶"，是。《公羊傳》昭公元年："《春秋》不待貶絶而罪惡見者，不貶絶以見罪惡也；貶絶然後罪惡見者，貶絶以見罪惡也。""貶絶"即貶斥、否定之意。據改。

先王經略，萬國剖分。厥甸巴梁，式象縣辰。九牧述職①，賦政以均。佐周斃紂，相漢亡秦。寔繁其民，世載其俊。　述《巴志》第一。

維天有漢，鑒亦有光。實司群望，表我華陽。炎劉是應，洪祚悠長。　述《漢中志》第二。

井絡啓耀，文昌契符。茫茫禹績，畫爲九州。功冒普天，率土以休。光靈遐照，慶祚爽流。邦家濟濟，世德球球。　述《蜀志》第三。

蠢爾南域，在彼要荒。漢武德振，蠻貊是攘。開州列郡，幽裔來王。柔遠能邇，實須才良。甄德表失，以明紀綱。　述《南中志》第四。

赤德中微，巨猾干纂。白虜乘釁，致民塗炭。爰迄靈、獻，皇極不建。牧后失圖，英雄迭進。覆車齊軌，蒙此艱難。　述《公孫述劉二牧志》第五。

政去王室，權流三桀②。瓜分天壤③，宰割民物。捨彼信順，任此智計。火道既隱，詭詐競設。並以豪特，力爭當世。居正慮明，名號絕替。身兼萬乘，籍同列國。　述《劉先主志》第六。

乾坤渾始，樹君立王。天工人代，萬邦是望。明不二日，地不二皇④。苟非其器，窮高必亢。濛濛後主，弗慮弗臧。負乘致寇，世業以喪。　述《劉後主志》第七。

陽升三九，品物始亨。帝紘失振，任非其良。趙倡禍階，亂是用長。羅州播蕩，朱旌莫亢。皮、張不造，戎醜修行。哀哀元黎，顧瞻靡望。　述《大同志》第八。

素精南飄，天維弛綱。蕘蕘特、流，肆其犲狼。蕩、雄纂承，殘我益、梁。牧守顛摧，黔首辛嘗。三州毀曠，悠然以荒。絡結王網，居亦流亡。　述《李特雄期壽勢志》第九

華嶽降精，江漢吐靈。濟濟多士，命世克生。德爲世雋，幹爲時貞。略舉士女，表諸賢明。世濟其美，不隕其名。　述《先賢士女總贊論》第十。

皇皇大晉，下土是覆。化贍教洽⑤，誕茲彥茂。峨峨俊乂，亹亹英秀。如嶽之崇，如蘭之臭。經德秉哲，綽然有裕。　述《後賢志》第十一⑥。

博考行故，總厥舊聞。班序州部，區別山川。憲章成敗，旌昭仁賢。抑紲虛妄，糾正謬言。顯善懲惡，以杜未然。　述《序志》第十二。

譔曰：四牡騤騤，萬馬龍飛。陶然斯猶，阜會京畿。麟獲西狩⑦，鹿從東麇。郁伯勞之，旬不接辰。嘗兹珍嘉，甘心庶幾。中爲令德，一行可師。瓌瑋俶儻，貴韜光暉。

---

① 九牧：原作"九俊"，據《華陽國志》改。
② 三：原作"二"，據《華陽國志》改。按："三桀"即"三傑"（桀同傑），指曹操、劉備、孫權。
③ 瓜：原作"爪"，據萬曆本、庫本、朱本、鄒本、《華陽國志》改。
④ 二皇：《華陽國志》作"重皇"。
⑤ 贍：原作"澹"，據《華陽國志》改。
⑥ 志：原脱，據朱本、鄒本、《華陽國志》補。
⑦ 麟：原作"麝"，據《華陽國志》改。按："麝"乃"麕"之誤。"麕"即"麟"字。狩：原作"守"，據《華陽國志》改。

據冲體正，平揖宣尼。導以禮樂，教洽化齊。木訥剛毅，有威有懷。鏘鏘宮縣，磬筦諧諧。金奏石拊，降福孔皆。綜括道檢①，總覽幽微。選賢與能，人遠乎哉？

唐《成都記》序　　　　　　　　　　　　　　　　　　（唐）盧　求

蜀國自秦始通。秦遺蜀王五美女，蜀亦遺五丁迎之。到梓潼，見一大蛇，入山穴中。一人掣其尾，不能得，五人相助，大呼拽之，山遂崩，五丁及秦女皆死。惠王遂遣張儀、司馬錯從石牛道滅蜀。因封公子通爲蜀侯，以陳莊爲相，置巴、蜀郡。遷秦人萬家實之，民始能秦言。以蜀令張若爲太守。前時蜀王開明尚納美女爲妃，蓋武都山之精也。及死，葬於城西北，遣五丁擔其本山之土以爲塚。今有二石尚在，古老言五丁擔土擔②。陳莊既爲秦公子相，數年遂謀反，殺秦公子。秦伐蜀，誅莊，封子惲爲蜀侯。惲後母誣惲有罪，賜劍自殺，蜀人以其冤，因爲立祠。又封子綰爲蜀侯。後復疑綰反，誅死。自此但置守而已。

後以李冰爲蜀守。冰始鑿二江③，引水以行舟楫。岷山多梓、柏、大竹，坐致材木；又溉水開稻田，於是沃野千里，號爲陸海。置綿、洛二水，用便溉灌。作石犀五，以壓毒蛟，命曰犀牛。後更爲耕牛二。又作三石人立水中。冰，非常人也，與江神約曰："水竭不至足，盛不没肩。"大鑿㳑崖④，通沫水道。江之龍大怒，冰乃持刀入水，與龍鬬。龍死，遂無水害，迄今蒙利。蜀人稱郫、繁爲膏腴，綿洛爲浸沃。

昭襄王時，又曰白虎爲患⑤，意廩君之魂也。歷四郡，傷千二百人。王乃募能殺之者，邑萬家，金帛稱是。巴夷朐忍廖中藥、何謝作白竹弩於高樓⑥，瞰而射之，死。王嫌其夷人，乃刻石復田⑦，頃田不租，十妻不算，傷人不論，殺人不死。與之盟曰："秦人犯夷，輸黄龍一雙⑧；夷人犯秦，償清酒一鍾。"其人安之，遂號"白虎夷"⑨。

---

① 綜：原作"總"，據《華陽國志》改。

② 五丁：原作"武丁"，據上文及《華陽國志·蜀志》改。又"土"下"擔"字原脱，據《華陽國志》及《成都文類》卷二三補。

③ 二江：原作"三江"。按：《史記·河渠書》言李冰"穿二江成都之中"。《華陽國志·蜀志》："冰乃壅江作坍，穿郫江、檢江，別支流雙過郡下，以行舟船。"是"三江"乃"二江"之誤，據改。

④ 㳑崖：原作"巖崖"，據《華陽國志·蜀志》改。

⑤ 曰：疑當作"有"。

⑥ 廖中藥、何謝：《華陽國志·巴志》作"廖仲藥、何射虎"。

⑦ 復田："田"字疑衍，"復"字連下讀。《華陽國志·巴志》："要復夷人頃田不租"。"復"即免除租賦徭役。

⑧ 雙：原作"隻"，據庫本、朱本、鄒本、《華陽國志·巴志》改。

⑨ 白虎夷：原作"曰武夷"。按：《華陽國志·巴志》云"世號白虎復夷"。此處"曰"乃"白"之誤，又唐人避唐高祖之祖李虎諱，凡遇"虎"字皆改爲"武"，遂成"曰武夷"。今改正。

其族又有濮、賨，賨尤武勇，居渝水，夾水以居。爲漢高祖前鋒，陷陣善舞。巴與蜀代爲仇讎。蜀嘗封弟葭萌於漢中，號苴侯，命其邑曰葭萌。

至漢高祖六年，始分置廣漢郡。高后城僰道，開青衣。文帝末以廬江文翁爲郡守，穿湔江口①，溉田千七百頃；立文學，選吏子弟皆就學；令俊义之士張叔等十八人東詣博士受七經，還以教授。於是岷絡之地，學比齊魯。孝景帝嘉嘆②，遣天下郡國皆立文學，自文翁始也。張叔明天文災異③，後以博士徵，至侍中、揚州刺史。孝武帝置四部都尉，俾立十八郭，於是郡縣多城觀矣④。又分牂牁置益州，是爲南益州。宣帝地節三年，穿臨邛、蒲江鹽井二十⑤，置鹽鐵官。

自漢興至哀平，牧守仁賢，宣德立教，英偉命代之士，其出如林，璽書、束帛交馳於梁益之地矣。雖魯之洙泗，齊之稷下，未足多也。且漢徵八士，蜀預其四。

高帝分蜀郡北鄙置廣漢，武帝分南鄙爲犍爲，遂有"三蜀"之號。王莽改郡守爲卒正⑥，以蜀郡爲導江，公孫述爲卒正⑦，治臨邛。述僭號。後漢光武帝滅述，還爲蜀郡。順帝即位，復爲益州，郡名依舊。州治大城，郡治小城。

靈帝末，以劉焉爲牧。及卒，子璋僞嗣。建安十九年，璋迎漢左將軍劉備，至，遂滅璋，稱帝繼漢，號先主，治成都。魏末，司馬昭平蜀，復爲益州。晉受魏禪，以州領郡。武帝末，以成都爲國，封子穎爲其王。後賨人李雄僭稱王。晉穆帝永和初，遣桓溫滅之，復爲蜀郡。譙縱反，安帝命朱齡石討平之。

至梁，分益州，更置南北二益州。以武陵王紀爲刺史。紀僭帝號，領兵東下，爲湘東王所殺。後魏廢帝前二年，尉遲迥定益州，置總管。後迥舉義旗，不受代，爲隋王堅所戮。隋開皇元年，廢總管，置行臺，以蜀王秀爲西南道行臺尚書令。三年，復爲總管。大業元年，廢總管爲州，又改州爲郡。

聖唐武德元年，復爲總管。三年，置行臺，改爲益州⑧，以太尉秦王爲益州道行臺總管。又改爲大都督府⑨，天后析益州置彭、蜀、漢三州。開元二年，始以齊景冑爲劍南節度營田、兼姚巂等州處置兵馬使，自此始有節度使也。八年，以李浚爲使，去兵

---

① 湔江口：原作"煎油口"，據《全唐文》卷七四四改。《華陽國志·蜀志》：文翁"穿湔江口，溉灌繁田千七百頃"。

② 嘉：原作"加"，據庫本、朱本、鄒本、《全唐文》改。

③ 張叔：原作"文翁"，據《華陽國志·蜀志》改。

④ 《華陽國志·蜀志》："（武帝）元光四年，置蜀四部都尉。元鼎二年，立成都十八郭，於是郡縣多城觀矣。"盧求此文顯是節引《華陽國志》，而刪略太甚，以致文義不明。

⑤ 江：原脱，據《華陽國志·蜀志》《全唐文》補。

⑥ 卒正：原作"師正"，據《漢書·王莽傳》改。下同。

⑦ 公孫述：原作"公孫叔"，據萬曆本、朱本、鄒本、《全唐文》改。

⑧ 按：唐武德元年全國改郡爲州，時已置益州，"改爲益州"四字當在"武德元年"下。《舊唐書》卷四一《地理志四》成都府："武德元年，改爲益州，置總管府。"是也。

⑨ "爲"下原衍"宋"字，徑删。《舊唐書·地理志四》："龍朔二年，升爲大都督府。"

馬使。章仇兼瓊兼山南西道采訪使。其後或兼或否，亦無定制。上元二年，始分爲東西川①。廣德二年，復合爲一。大曆二年，又分爲兩川，至今不改。天寶三載，復爲大都督府②。十四載，玄宗皇帝巡幸，車駕留五月。至德二年，改爲成都府，置尹，比東西二京，號南都。後復停。

大凡今之推名鎮爲天下第一者，曰揚、益。以揚爲首，蓋聲勢也。人物繁盛，悉皆土著，江山之秀，羅錦之麗，管弦歌舞之多，伎巧百工之富，其人勇且讓，其地腴以善，熟較其要妙，揚不足以侔其半。況赤府畿縣與秦洛並，故非上將賢相，殊勳重德，望實爲人所歸伏者，則不得居此。況控帶蠻落，陝戎限羌，非文武寬猛，包羅法度之君子，則不能得中庸。以是聖庭慎擇，尤難其任。使號有三，曰節度、觀察、安撫。

先時，南蠻六部不相臣服，天子每有恩賞，各頒一詔，呼"六詔"。開元末，節度使王昱受賄，上奏合六爲一，乃封大酋帥越國公蒙歸義爲雲南王，始獨稱南詔。至楊國忠，遙領蜀郡太守兼采訪使，遂擾邊閫，希立功伐③，乃有瀘南不利之變。貞元中，韋令公皋爲節帥，招復雲南，背蕃歸漢。十一月八日，置使安撫，兼統押西山八國近界羌蠻等使，是爲"三使"。韋令公本以奇勳秉旄鉞，思立邊效，又在鎮且歲久，南詔爲其用，拓地甚遠。公既卒，劉闢繼公後，以兵守險，爲不順，誅死，家籍没。後京兆公爲節帥，酷易軍政，殊不以封域爲念，成卒罔代，邊蠻積忿。至大和三年十二月，蒙嵯巔遂以兵剽掠至城下。杜公填門，不敢與爭。會監軍使矯詔宣諭，蠻人遂退。工巧散失，良民殲殄，其耗半矣。列政補完，尚不克稱。

大中六年四月，詔以丞相太原公有驅制羌戎之成績，由邠寧節度拜司徒、同平章事鎮蜀④。蜀爲奧壤，領州十四，縣七十一，户百萬，兵士五萬。外疆接兩蕃，人性勁勇，易化以道，難誣以智。公至，以儉約帥之，以謹廉不伐臨之，以刑賞法制平治之。人歡且舞，旦夕詠公之德矣。

先是，西蜀圖經甚備，朝野之士多寄聲寫録，主茲務者不勝其煩，遂盡削而潛焚之。第吏至，即據顯者集爲一軸以獻，緐是百不書一。大中八年，户曹參軍蘭弘宗甚好學，且目睹司徒相國之異績，願付以傳示於後。然不以文自任，翦截疏長，蕪言不略⑤。相國乃屬予小子⑥，令刊益之。且曰："不以淹徐疾速，歸於流布，以爲不朽之事。"求受命震怖，又不欲以"圖經"爲目，乃搜訪編簡，目爲《成都記》，五卷。經與圖之附益，願終弘宗之職，庶以此爲助也。大中九年八月五日叙。

---

① 按：劍南道分爲東、西川節度在肅宗至德二年，見《舊唐書》卷四一、《資治通鑑》卷二二〇。此云"上元二年"，當誤。

② 按：此説亦不確。《舊唐書·地理志四》："天寶元年，改益州爲蜀郡，依舊大都督府，督劍南三十八郡。"

③ 伐：原作"代"，據萬曆以下各本及《全唐文》改。

④ 拜：原脱，據《成都文類》《全唐文》補。

⑤ 不：《成都文類》《全唐文》同，萬曆以下各本作"朴"。

⑥ 予：原作"于"，據《成都文類》改。

《蜀檮杌》序

(宋)張唐英

　　唐英嘗觀自古姦雄竊據成都者，皆因中原多故，而閉關恃險，以苟偷一時之安，譬夫穿窬之人，利於昏瞑之夕；至於白晝皎然，則無能爲也。且韋皋守蜀二十餘年，其材智機權過於王、孟遠矣，止欲求兼兩川節鉞而不能得；劉闢惑術士之言，自謂才過項羽，不數月，已就檻車之縛。蓋是時朝廷清明，刑政修舉，賢智在位，紀綱整葺，彼雖欲不臣，勢不能爲也。使皋、闢在五代時，其爲惡必有過於王、孟者。以此知朝廷治，則蜀不能亂；朝廷不治，則不惟蜀爲不順，其四方藩鎮之不順亦有不下於蜀者。

　　當王衍之入洛也，三蜀之人盡喜中國之有聖人；而莊宗總制失馭，中外繼叛。蒲禹卿慟哭曰："觀天下事勢如此，蜀人豈有安泰之期耶，必重不幸爾！"洎知祥入蜀之後，明宗頗以蜀人爲疑，凡高貲有力者，盡令東徙。張不立嘆曰："蜀中之叛，非蜀人爲之也，皆朝廷所委用之臣所爲也。"其言蓋有激而云爾。善乎田龍游之論，曰："僭偽之主，改廳堂爲宮殿，改紫綬爲赭袍，改僚佐爲卿相，改前驅爲警蹕，改妻妾爲后妃，何如常稱成都尹，永無滅族之禍耶！"茲可謂藥石切至之言也。

　　王、孟父子四世，凡八十年，比之公孫述輩，最爲久遠。其間善惡之迹，亦可爲世之鑑戒。然編録者，如《耆舊傳》《鑑戒録》《野人閑話》之類，皆本末顛倒，鄙俗無取。真宗時，知制誥路公振修《九國書》：有前蜀、後蜀世家、列傳，然而煩簡失當，尚多疏略。如張扶、馮涓、張士喬、段融、蒲禹卿、張雲、陳及、田淳之徒，諫諍章疏，皆有益於世教①，盡棄而不録。此觀者所以惜其有未備也。

　　予家舊藏前蜀《開國記》、後蜀《實録》，凡一百三十卷，嘗欲焚棄而不忍。今因檢閱始終，削去煩冗，編年敘事，分爲十卷。其間事實未顯，如髯須、肥遺、遠望、績長、禹糧、蒲騷之類，各爲解其失誤。凡《五代史》及皇朝《日曆》所載者，皆略而不書。名曰《蜀檮杌》，蓋取楚史之名，以爲記惡之戒。非徒衒其小説②。蓋亦使亂臣賊子觀而恐懼耳。

《蜀檮杌》後序

(宋)陸昭迥③

　　治平四年夏六月，兩當縣尹鄧君惟良顯甫自京師歸，傳殿中侍御史裏行張唐英次功前在閬中監征時所編《蜀春秋》十卷，予嘗得而觀之。其編年敘事之體，若荀悦

---

　　① 世：原脱，據《蜀檮杌·自序》補。
　　② 衒：原作"衍"，據《成都文類》卷二三改。
　　③ 陸：原作"睦"，據庫本、朱本、鄒本及《蜀檮杌》卷末所載此文改。雍正《四川通志》卷三三：陸昭迴，雙流人，熙寧中登進士第。"迴"蓋"迥"之誤。

《漢紀》之例；至於褒貶善惡，本末貫穿，駸駸乎馳於漢魏作者之間，有古良史風。召試秘閣①。在仁宗時，上《大水災異書》《時政十四事書》；在英宗朝，上《慎始書》《水災封事》二道。皆究極乎治亂之變，而探索乎天人之際。今天子特排群議，而擢爲御史；以其勇於敢言也，方將攄其所蘊，而大有爲於時。彼《春秋》者，乃區區龍斷時無所用心，而寄之空言，以寓勸戒，豈比夫陳壽、譙周輩，齪齪弄筆硯，紀一方之事，而無補於政教耶②！次功舊有《國體論》十卷，《唐史誅姦發潛論》五卷，《總要監今論》五卷，《渝南集》十卷，補正《楚書》十三篇③，樂府歌詩千餘篇，皆秘而不傳於人，而《春秋》最後出。顯甫好事，密購以歸，予因爲刊行，以廣其傳。昔人得王充《論衡》，藏之以自衒其辯，豈予之志哉！

《成都古今集記》序

（宋）趙　抃

僕繇慶曆至今，四入蜀，凡蜀中利害情僞，風俗好惡，瞭然見之不疑。嘗謂前世之士，編撮記述，不失於疏略，則失於漫漶；不失於鄙近，則失於舛雜。嚮治平末，因取《續耆舊傳》而修正之④。

去年，陳和叔翰林以書見貽，俾僕著古集今⑤，別爲一書。此固僕之夙心，而未有以自發也。繇此參訪舊老，周咨碩生，緝以事類，成三十卷⑥。

不始乎蠶叢，而始乎《牧誓》之庸蜀，從經也。從經，則蠶叢不必書，而書之於後，何也？揚雄紀之，吾棄之，不可，參取之而已矣。事或至於數說，何也？久，論之難詳也。昔者齊太公仕於周，司馬遷有三說焉，疑以傳疑可也。神怪死生之事，不可以爲教，書之，何也？吾將以待天下之窮理者也。書亂臣，所以戒小人；書寇盜，所以警出没；書蠻夷，所以盡制禦之本末。終之以伐蜀，使萬世之下⑦，知蜀之終不可以苟竊也⑧。

其間一事一物，皆酌考衆書，釐正譌謬，然後落筆。如關羽墓，今荷聖寺闃然有榜焉；而仁顯者，孟蜀末僧也，作《華陽記》云："墓在草場，廟在荷聖。"此目擊之所當棄而從仁顯者也。若夫知之有未至，編之有未及，則亦一人之功不可以求備，然竊意十得八九矣。後之君子，其亦有照於斯乎。

---

① "召"上原有"正"字，據萬曆本、朱本、鄒本刪。
② 政：原無，據朱本、鄒本補。
③ 補正：原作"補此"，據萬曆本、庫本、朱本、鄒本、《蜀檮杌》改。
④ 續：原作"績"，據萬曆本、庫本、朱本、鄒本、《成都文類》卷二三、《蜀中廣記》卷九六改。
⑤ 著古集今：庫本作"酌古準今"。
⑥ 三十：原作"十三"，據《成都文類》《蜀中廣記》乙。
⑦ 原誤重"之"字，據萬曆以下各本及《成都文類》《蜀中廣記》刪。
⑧ "知"字上，萬曆本、朱本、鄒本有"咸"字。

《成都古今集記》序

(宋) 范百祿

　　成都，蜀之都會，厥土沃腴，厥民阜繁，百姓浩麗，見謂天府。縑縷之賦，數路取贍，勢嚴望偉，卓越他郡。朝廷席五聖之厚，基萬齡之泰，明燭外遐，愛均畿輔。凡選建帥長，必一時名德，中外皆曰可，然後以尹茲土。其優馭西南之意，概古邈矣，非獨隆於今也。蜀之所以爲重於天下，雖窮隅鴂舌，咸共知之；而其可以文載而永久者，則往志蹐錯①，近事缺絕，殆不足以彰其重。

　　熙寧壬子八月，詔以參知政事趙公爲資政殿大學士，再蒞此府。蜀之黔黎，夙云易擾，小異故常，必勤上心。是時，天子方惻然矜之，故不憚諉公以遠。公倍道而來，下車之初，蠲所當恤，亟即民心，平紛解累，人乃説懌，盡知明天子覆育遠方之意甚厚；公亦自謂宜於蜀也。會翰林學士陳公和叔與之書曰②："蜀事可觀，惜其墜落，泯泯不耀。"公慨然留意。每政事間隙，延多學博識之士，與之講求故實，掇采舊聞；若耳目所及，參諸老長，考核是非。自開國權輿、分野占象、州部號名因革之別，其鎮其浸、岡聯派屬之詳，都城邑郭、神祠佛廟、府寺宮室、學官樓觀、囿游池沼建創之目，門閭巷市、道里亭館、方面形勢，至於神仙隱逸、技藝術數、先賢遺宅、碑版名氏，事物種種，瓌譎奇詭，纖嗇畢書。繇秦漢以來，凡爲守令犖犖有風迹者若干人；有唐迄今，知府事居多閎碩端毅之望又若干人。其行事暴於圖史，不可勝述，其始至若代去之年月序次，昭然著矣。厥生鉅人，千古不乏，澤我文化，雋逸迭起③，科選德進，相踵於朝，數百年間，無一遺者。物有其善，雖毫釐云補④，實足以爲一方盛觀。自昔僭賊乘民凶荒，事變不同，久近亦異，悉其致寇之由，及王師夷難底平之迹；與夫歷世蠻獠叛服不常，中國所以驅除羈縻得失之故，又足以爲不虞不若之明鑒。

　　嗚呼！既有政以孚其惠，又爲書以憲厥後，公之於蜀，可謂志得而道備矣。書成，凡若干篇，以類相從，爲三十卷，名曰《成都古今集記》。人之觀之，信乎蜀之爲重於天下，非虛也哉！

《華陽國志》後序

(宋) 呂大防

　　先王之制，自二十五家之間，書其恭敏任恤，等而上之，或月書其學行，或歲考其道德，故民之賢能衮惡，其吏無不與知之者焉。漢魏以還，井地廢而王政缺，然猶

---

① 蹐：原作"踳"，據文意改。
② 與：原作"語"，據朱本、鄒本改。
③ 逸：原作"送"，據庫本、朱本、鄒本改。
④ 云：萬曆本、庫本、朱本、鄒本作"亦"。

時有所考察旌勸，而州都、中正之職尚修於郡國，鄉閭士女之行多見於史官。隋唐急事緩政，此制遂廢而不舉。潛德隱行，非野史紀述，則悉無見於時。民日益敖①，俗日益卑，此有志之士所爲嘆惜也。

晉常璩作《華陽國志》，於一方人物，丁寧反覆，如恐有遺，雖蠻髦之民，井臼之婦，苟有可紀，皆著於書，且云得之陳壽所爲《耆舊傳》。按：壽嘗爲郡中正，故能著述若此之詳。自先漢至晉初逾四百歲，士女可書者四百人，亦可謂衆矣。復自晉初至於周顯德，僅七百歲，而史所紀者無幾人②。忠魂義骨與塵埃野馬同没於丘原者蓋亦多矣，豈不重可嘆惜哉！此書雖繁富，不及承祚之精微，然議論忠篤，樂道人之善，蜀記之可觀，未有過於此者。鏤行諸世③，庶有益於風教云。宋元豐戊午秋日，呂大防微仲譔④。

重刊《華陽國志》序　　　　　　　　　　　（宋）李　垕

古者封建五等，諸侯國皆有史以記事。後世罷封建爲郡縣⑤，然亦必有圖志以具述。蓋以疆域既殊，風俗各異，山川有險要阨塞之當備，郡邑有廢置割隸之不常。至於一士之行，一民之謠，皆有不可没者，顧非筆之於書則不能也。《周官》職方氏掌天下之地圖，辨其邦國都鄙、夷蠻閩貊、五戎六狄之人民，與其財用之數要，至於九穀之所宜，六畜之所產，亦未嘗不佔畢而紀其詳。況夫環數千里之墬⑥，分城置邑殆逾數十，中間時異事變，往往裂爲偏方霸國，其理亂得失蓋有繫天下大數，安可使放絶而無聞乎！此晉常璩《華陽國志》之作所以有補於史家者流也。

予嘗考其書，部分區别，各有條理。其指歸有三焉：首述巴、蜀、漢中、南中之風土；次列公孫述、劉二牧、蜀二主之興廢，及晉太康之混一，以迄於特、雄、壽、勢之僭竊，繼之以兩漢以來先後賢人、梁益寧三州士女總贊；《序志》終焉。就其三者之間，於一方人物尤致深意，雖侏離之泯，賤俚之婦，苟有可取，在所不棄。此尤足以弘宣風教，使善惡知所懲勸，豈但屑屑於山川物產以資廣見異聞而已乎？

本朝元豐間，呂汲公守成都，嘗刊是書，是廣其傳。而載襍荒忽，刓缺愈多，觀者莫曉所謂。予每患此久矣，假守臨邛，官居有暇，蓋嘗博訪善本，以證其誤，而莫之或得。因摭兩漢史、陳壽《蜀書》《益部耆舊傳》，互相參訂，以決所疑。凡一事而

---

① 敖：朱本、鄒本及今本《華陽國志》卷首所載此序作"滴"。
② 史：原作"使"，據萬曆本、庫本、朱本、鄒本、《成都文類》卷二三改。
③ 諸：朱本、鄒本及《華陽國志》本序作"於"。
④ "宋元豐"至"微仲譔"：原無，據朱本、鄒本及《華陽國志》本序補。戊午：朱本、鄒本誤作"戊申"。按：元豐戊午即元豐元年。
⑤ 縣：原脱，據朱本、鄒本及今本《華陽國志》本序補。
⑥ 墬：原作"墜"，據朱本改。"墬"即古"地"字，庫本及《華陽國志》本序徑作"地"。

先後失序、本末舛逆者，則考而正之；一意而詞旨重複、句讀錯雜者，則刊而去之；設或字誤而文理明白者，則因而全之。其他旁搜遠取，求通文義者，又非一端。凡此皆有明驗，可信不誣者；若其無所考據，則亦不敢臆決，姑闕之以俟能者。然較以舊本之訛謬，大略十得五六矣。鋟木既具，輒叙所以，冠於篇首。好古博雅與我同志者，願無以夏五郭公之義而律之。嘉泰甲子季夏朔，眉丹棱李𡑞叔崖甫謹序。

《續成都古今集記》序　　　　　　　　　　　　（宋）王剛中

昔清獻公删取張彭、勾延慶、鄭暐、盧求、周封等書，爲《成都古今集記》三十卷。凡廢興遷徙，及城郭、官府、坊市、庫廐、儒宮、佛室、仙館、神祠、陵墓、渠堰、樓臺、池苑之名數，與風俗之好惡，人物之臧否，方伯監司之至去，蠻夷寇盗之起滅，木石之殊尤，蟲魚之變怪，靡不畢載。其采獲貫穿，亦勤且詳矣。自熙寧迄今八十七年①，事當紀述者蓋難遽數，而舊記莫或踵繼，見聞異辭，日月寖久，恐遂湮滅，可不惜哉！晉陵胡承公常命僚屬論次②，未究端緒，尋遷宣撫使，事復中輟。余來此將周歲，蒙國威靈，邊候幸帖息，斯民亦安堵如故，因以間隙搜訪纂輯，作《續記》凡二十二卷。《前記》載古事往往有差誤，則辨正之；脱遺，則補足之。清獻所云"知之有未至，編之有未及"者，余固不免也，其亦有待於後之君子乎。

《成都古今丙記》序　　　　　　　　　　　　　　（宋）范成大

《前記》，趙清獻公作於熙寧七年甲寅，凡三十卷。蜀之始封及分野，梁、益州、劍南西川、成都府屬郡縣得名之所自，廢置因革之不同，考之詳矣。後八十七年，當紹興三十年庚辰，王恭簡公續爲之《記》，有辨正其差誤③，附益其未載者。二《記》今皆具存。《續記》之成，距今纔十有八年，雖事之當書者不至甚夥，然恐自是日月寖久，來者難考，乃蒐耳目所及者繼書之，名曰《丙記》。其二《記》已載者，皆不重出云。

---

① 八十七年：原作"凡十九年"，據朱本、鄒本改。按：據下篇范成大《成都古今丙記序》，趙抃《成都古今集記》作於熙寧七年（公元一○七四年），王剛中《續成都古今集記》作於紹興三十年（公元一一六○年），相距八十七年，朱、鄒二本是。又按：《成都文類》卷二三作"迄今凡九十年"，疑本作"迄今幾九十年"，"幾"俗寫爲"几"，又訛而爲"凡"。但無别證，仍從朱、鄒二本。

② 承：原作"丞"，據《宋史》卷三七○《胡世將傳》改。承公即胡世將字。世將以紹興七年知成都府。

③ 正：原脱，據《成都文類》卷二三補。

《成都古今丁記》序　　　　　　　　　　　　　　　（宋）胡元質

　　《成都古今記》起自熙寧甲寅，前帥趙閱道集之，凡三十卷。後八十七年，當紹興庚辰，王時亨復爲《續記》二十二卷，廢置因革，纖悉巨細，靡不載也。又十有八年，當淳熙丁酉，范至能復爲《丙記》十卷，距時亨去日未遠，雖不至如前、續《記》之多，然二書之所不及者，則加詳矣。予以是年秋代匱帥蜀，四路兵民之寄實在焉。蜀久困於征輸，榷酤之額雖減，鹽茗之課猶重，與其他邊防民政事所當行，利興害去，皆有端緒，可覆而考也。居三年，綴爲《丁記》二十五卷，粗成一書。惟沈黎蕃部繹騷，逾時方定，變之所起，以迄無事，隨宜措畫，本末具存，姑俟論定，別爲一編。合成都四《記》而觀之，往事頓前，得過半矣。

《成都文類》序　　　　　　　　　　　　　　　　　（宋）袁説友

　　天地之秘藏發而爲名山大川，山川之秀靈斂而爲文章華藻，二者相爲頡頏而光明焉也。《兩京》《三都》之賦，摹寫天地，繪繡山川，絢道德，揿天庭，潤金石，諧《韶》《濩》，與乾坤造化周流盛大於宇宙之間，千百萬世下而知有《兩京》《三都》者，以此文也。然則天地山川而可無此文哉，而可以不傳此文哉！益，古大都會也。有江山之雄，有文物之盛，奇觀絶景，仙遊神迹，一草一木，一丘一壑，名公才士，騷人墨客，窺奇吐芳，聲流文暢，散落人間，何可一二數也。凡此者，予來三年，亦既略睹矣。

　　或曰：《兩京》《三都》，以賦而傳，使無傳焉，斯文泯矣。然則繇漢以來，其文以益而作者，今獨無傳，可乎？有益都，斯有此文；此文傳，益都亦傳矣。爰屬寮士，搜諸方策，裒諸碑識，流傳之所膾炙，友士之所見聞，大篇雄章，英詞綺語，析法度，極眩耀，其以益而文者，悉登載而彙輯焉。斷自漢以下，迄於淳熙。其文篇凡一千有奇，類爲十一目，釐爲五十卷，益之文兹備矣。

　　嗟乎！後世之士，豈無浮沅湘，由巴蜀，略邛筰①，如司馬子長者乎？豈無上瞿唐，過夔、梓，賦雪錦，如杜少陵者乎？又豈無自西蜀，歷荆楚，栖遲山水間，如田游巖者乎？倘復得如二三公者而訪斯益、肇斯文焉，則知清寧閶闔、至大至廣之内而有所謂蜀，蜀六十州、亘五千里之内而有所謂益，益都無量、江漢炳靈之内而有所謂文者，其不在此書乎！是書也，而有傳焉，庶幾乎無負於益。慶元五年二月望日，寶文閣學士、通議大夫、四川安撫制置使、兼知成都軍府事建安袁説友謹序②。

---

①　"略邛筰"三字原缺，據《東塘集》卷一八補。
②　"寶文閣"至"袁説友"：原無，據《成都文類》卷首原序補。

《成都志》序

(元) 費 著

成都居全蜀上游，其名稱自西漢始。按《禹貢》，蜀爲梁州之分，"岷山導江，東別爲沱"。今導江與沱，名縣鎮於成都。此三代而上地志之見書而不可誣者。文王之化行乎江漢之域，"江有沱"詠於二《南》之先。然漢統於江以朝宗，沱附於江以起興。江首四瀆，歷代祠其神於成都，故成都爲江之源，而荆揚之江特其委爾。考禹迹聲教之所被，稽文王美化之所行，徵諸武王"逖矣西土"之誓言，論全蜀而溯源於成都上游之導江，則孰有逾於《詩》《書》之爲可信而有據哉。謂三代而下，秦惠伐蜀而後得與中國通，文翁興學於成都而後得與齊魯比，不端本於夫子删定之經，惟遷史之言是信，亦學者之過也。若曰周衰而諸侯叛，蜀據阻自安，職貢廢而文教弛，秦惠伐之而後道路通，文翁興學而後風化復，斯可矣；捨《詩》《書》，斷自秦漢以論蜀，則未可也。全蜀郡志無慮數十，惟成都有《志》，有《文類》。兵餘版燬莫存，蜀憲官佐，搜訪百至，得一二寫本。乃參稽訂正，僅就編帙。凡郡邑沿革，與夫人物風俗，亦概可考焉。遂鳩工鋟梓，以廣其傳。若《文類》之詳，則有待於後之好事者。至正三年二月費著序。

《四川成都志》序

(明) 彭 韶

郡邑之有志，猶國有史，家有譜，一時雖非所急，百世之下，終必賴之。蓋求修己之要、治民之本，志若無取焉；然於稽疆理之分合，考政治之因革，鑒人才之得失，與夫民情風土，往迹舊聞，皆於是乎徵，志惡可無哉！況善學者即事反已，未必無助也。成都古有《華陽》等志，久而失傳。宋熙寧間，趙清獻公再知成都，始删修古今事爲《集記》。紹興間，制置王恭簡公再集熙、豐以來事爲《續記》。至淳熙間，范石湖、胡長文二公相繼帥蜀，又集南渡以後事爲丙、丁二《記》。丙、丁言者，意以《集記》爲甲，《續記》爲乙，且次第以俟後人於無窮也。凡事目創於《集記》，後三《記》皆祖述之。四《記》者，今皆行於世。二千年之蜀中更變故事得不泯者，四《記》之力也。自後迄於宋季，至元氏二百餘年，無有纂修之者，我朝宣德初，故少宗伯五羊陳公廷器來爲四川憲使，乃修《成都府志》，於古事采四《記》所言而約之，於今事依官修圖志而新之。其於淳熙以後、至正以前之事，則未暇補入，亦無序文、凡例可稽，蓋未成之書也。陳公文行高雅，善於著述，豈以當時召入之遽而止歟？邇來又五十年矣。成化丙申春，襄城李公公勉及韶偕處藩憲，相與慨嘆茲事若緩而急，不可終墜。乃延禮致仕紀善黎君士紘、貢士徐君山甫，重加纂集。韶於餘力，亦爲考校，間附以鄙見，論序一二。至是粗完，凡二十五卷，其義例頗與《集記》不同，不敢以戕己爲差，名曰《四川成都志》。惜李公擢貳内臺，無從而就正也。遺舛之咎，其得而辭諸。

序《酆都志目録》

(明) 楊孟瑛

右《酆都志目録》，孟瑛所次第。武王賜太公履，東至於海，西於河，南於穆陵，北於無棣。孟子亦曰：域民以封疆之界。蓋郡分土畫而爲邑①，以是爲守也，故首疆域。疆域之内，有山有川，故次山川。山川險阨，邑恃以固，故次形勝。九州皆有分星，不以是辨野，何以察妖祥，故次星野。世易物改，則邑有併有割，故次沿革。邑以民爲本，故次户口。有人，此有土，故次田賦。有財，故次土産。山川、土田、户口、貢賦，必治以官，故次官治。三里之城，七里之郭，與民守之，故次城郭。街與坊巷，皆城中之途，市則鄉民市買，以粟與械器相易，所謂以羨補不足者也，故次街市坊巷。城有坊，鄉有里，所以區别民居，故次鄉里。郵驛宣令，津梁通往來，皆政之不可闕也，故次郵驛，次津梁。政有所宜先，莫如鰥寡，故次惠政。歲有豐凶，不可無備，故次荒政。足食足兵②，事相維繫，故次武備。民爲貴，社稷次之，故次祀典。民治神祀③，政其修矣④，又何加焉，曰教之，故次學校。科貢，則學校所成也，故次科貢⑤。茂才異等，或行業名世，科貢之英也，故次人物⑥。教化興行，賢哲作則，則風動於上，習變於下，故次風俗。風俗大都以廉耻節義爲重，故次貞節，次隱逸。然必一邑之間，得賢長貳爲之父母師帥，休養以厚生，化導以敦俗⑦，乃有賴焉，故次名宦。推封所以勸孝，賜高年爵所以敬長，皆風化之餘⑧；世改人亡，遺迹未泯，皆人物之餘，故次恩典⑨，次古迹，次丘墓，次樓臺。惟老釋之教，於吾道别爲一端，故次釋老。文所以記一邑之事，詩則詠謳之者也，故以爲終。

惟邑有志，猶國有史。史掌於史官，日有録，歲有紀⑩，代有書。郡邑得人則《志》修，否則廢；廢欠則事皆逸，文獻不足徵矣，豈細故哉！

吾邑之志毀於兵燹且百年。成化甲午，教諭陳先生瓛嘗有事編纂，未脱稿，滿去。弘治丙辰，麻城明侯紳雅意修輯，請於郡宋公甫，公以屬孟瑛，孟瑛延長壽孔蓋臣與

---

① 蓋：原作"益"，據朱本、鄒本改。畫：原作"守"，據雍正《四川通志》卷四四改。
② 足食：原無，據朱本、鄒本、雍正《四川通志》補。
③ 祀：原作"事"，據朱本、鄒本改。
④ 其：原作"具"，據上引改。
⑤ 故次：原脱，據上引補。
⑥ 次：原脱，據萬曆本、庫本、朱本、鄒本補。
⑦ 導：原作"遵"，據萬曆以下各本改。
⑧ 皆：原作"一"，據庫本、朱本、鄒本改。
⑨ 次：原脱，據庫本、朱本、鄒本補。
⑩ 歲有紀：原作"代有録"，據庫本、朱本、鄒本、雍正《四川通志》改。

同事。攟實於稗官①,質疑於故老。事以類分,例以義立,類例之端,各著臆說。雖才乏三長,而事備條目。覽疆域則見經畫,閱廢置則見盛衰,稽户口、田賦則見貧富,考風俗、人物則見政教。吾鄉之文獻,蓋庶幾焉。凡治邑者,取一編置案牘之間,仕優而讀之,因文以求義,因事以求鑒,興廢補敝,因革從時,吾民尚亦有利哉。

某成是書,版行十餘年矣,常自病寡陋,況多闕遺。備官天府,特乘餘暇删定而更刻之,序此於《目録》左方。

《夔州府志》序　　　　　　　　　　　　　　　　　　　　　（明）劉　瑞

夔介雍及荆,古梁州之東徼。自岷峨而下,山川流峙②,若堂奥然,夔其門與;而峽,又門之隘而高者。峽口有堆曰灧澦,孤根峭骨,獨抗奔濤於終古;而諸石牙撐角抵者,奴耳。左右二山,曰白鹽、赤甲,砷矴倚天;而售奇獻巧如十二峰者,其兒孫乎。此豈徒哉,乃剛柔之變,結而為干城,以閟夫參井之靈孕。府治實臨是徼,亦雄矣!

府下有縣,曰奉節,曰巫山,曰雲陽,曰萬,曰達,以至於建始,名凡十二,縱横無慮千里。其間沿革顯晦,地勢人物,丕績異行,風俗食貨,與夫古今文字,未之或無,不志,其誰以傳?洪武辛酉,改州為府,到今無方策可考,闕事孰大焉!

正德己巳,臨川吳君顯之起進士、冬官郎中,出領夔牧。視篆餘,慨厥心已。顧賊病兩川。戎馬騷屑,弗暇。越壬申,林見素公殲賊殆盡,而民汔小康,君乃移札十二縣,俾咨訪所當書者以呈,聘文士彙次成志。將鋟梓,屬予序焉。嗚呼,夔其有光也夫!

先是,過夔者或問志有無,曰無,殆藐夔為陋邦矣。繼今閱是志而知吳君此舉,桑弛畢張,雲布星列,外燁而中動,應斂襟而曰:"有是哉,夔也可忽諸!"況形勝交會,神摩氣蕩,而偉人迭出焉,其志固不止此。人稱吳君興學慎罰③,節財重彝典④,而膏澤乎民者良厚,斯足徵矣。嗚呼,夔其有光也夫!故序。

---

① "攟實"上,朱本、鄒本、雍正《四川通志》有"由是"二字。
② 峙:原作"恃",據萬曆本、庫本、朱本、鄒本改。
③ 君:原脱,據庫本、朱本、鄒本補。
④ 財:原作"材",據萬曆以下各本改。

國家社科基金重大項目《巴蜀全書》（10@zh005）
四川省重大文化工程《巴蜀全書》（川宣〔2012〕110號）

全蜀藝文志 下

（明）楊　慎　編
劉　琳　王曉波　點校

全蜀藝文志卷之三十一

序

集　序

《陳氏集》序　　　　　　　　　　　　　　　　　　　　　　（唐）盧藏用

　　昔孔宣父以天縱之才，自衛返魯，乃刪《詩》《書》①，述《易》道而修《春秋》②，數千百年，文章粲然可觀者也③。孔子没二百歲而騷人作，於是婉麗浮侈之法行焉。漢興二百年，賈誼、馬遷爲之傑，憲章禮樂，有老成人之風④；長卿、子雲之儔，瑰詭萬變⑤，亦奇特之士也；惜其王公大人之言，溺其流辭而不顯⑥。其後班、張、崔、蔡、曹、劉、潘、陸，隨波而作，雖大雅不足，然其遺風餘烈，尚有典刑。宋、齊已來⑦，蓋顦顇矣；逶迤陵頹，流靡忘返，至於徐、庾。天之將喪斯文也⑧，後進之士若上官儀者繼踵而生，於是風雅之道掃地盡矣！
　　《易》曰：物不可以終否，故受之以泰。道喪五百歲，而得陳君。君名子昂⑨，字

---

① "書"字下原有小注："《唐書》《文粹》作'定禮'。"此當云："'書'，《文粹》作'定禮'。" "唐"字爲衍文。《文粹》，指宋姚鉉所編《唐文粹》，《唐文粹》此句正作"乃删詩定禮"。《唐書》並無此文。大抵此篇正文及注皆抄自《文苑英華》卷七〇〇。
② "修"字下原有小注："《陳集》作'作'。"
③ "者"字下原有小注："《文粹》無'者'字。"
④ "人"字下原有小注："《唐書》《文粹》無'人'字。"按：此注"唐書"二字亦衍，《文苑英華》無此二字。
⑤ 瑰詭：原作一"鬼"字，下又有小注："作詭。"據萬曆本、庫本、朱本、鄒本、本集及《文苑英華》改、補。
⑥ "其"字原脱，"溺"字下原有小注："《陳集》《文粹》並作'於'。"按《文苑英華》有"其"字，此小注乃注於"其"字下，謂《陳集》《文粹》作"溺於"。今脱去"其"字，則此注亦不可解。據補。
⑦ "已來"下原有小注："《文粹》作'之末'。"按：本集作"已來"。
⑧ 也：原無，據萬曆本、朱本、鄒本、本集及《文苑英華》補。
⑨ "名"下原有小注："《陳集》作'諱'。"按：上引各本作"諱"。

伯玉，蜀人也。崛起江漢，虎視函夏，卓立千古，橫制頹波，天下翕然，質文一變。非夫岷、峨之精，巫、廬之靈，則何以生此！故其諫諍之詞①，則爲政之先也；昭夷之碣，則議論之當也；國殤之文，則《大雅》之怨也；徐君之議，則刑禮之中也。至於感激頓挫，微顯闡幽，庶幾見變化之朕，以接乎天人之際者，則《感遇》之篇存焉。觀其逸足駸駸，方將搏扶搖而凌太清，獵遺風而薄嵩岱，吾見其進，未見其止。惜乎湮厄當世，道不偶時，委骨巴山，年志俱夭，故其文未極。

嗚呼！聰明精粹而淪剥，貪饕桀驁以顯榮，天乎天乎！吾殆未知夫天焉②。昔嘗與余有忘形之契，四海之内，一人而已。良友没矣，天其喪予！今采其遺文可存者編而次之，凡十卷。恨不逢作者，不得列於詩人之什，悲夫！故粗論文變③，而爲之序。至於王霸之才，卓犖之行，則存之别傳，以繼於終篇云耳。

《李翰林集》序

(唐) 魏 顥④

自盤古劃天地，天地之氣艮於西南。劍門上斷，横江下絶，岷峨之曲，别爲錦川。蜀之人無聞則已，聞則傑出。是生相如、君平、王褒、揚雄，降有陳子昂、李白，皆五百年矣。白本隴西，乃放形，因家於綿。身既生蜀，則江山英秀。

伏羲造書契後，文章濫觴者六經。六經糟粕《離騷》，《離騷》糠粃建安七子⑤。七子至白，中有蘭芳，情理宛約，詞句妍麗。白與古人争長，三字九言，鬼出神入，瞠若乎後耳⑥。白久居峨眉，與丹丘因持盈法師達。白亦因之入翰林，名動京師，《大鵬賦》時家藏一本。故賓客賀公奇白風骨，呼爲謫仙子。由是朝廷作歌數百篇。上皇豫遊，召白，白時爲貴門邀飲，比至半醉，令製出師詔，不草而成。許中書舍人。以張垍讒逐，遊海、岱間，年五十餘尚無禄位。禄位拘常人，横海鷗，負天鵬，豈池籠榮之？

顥始名萬，次名炎，萬之日不遠命駕，江東訪白，遊天台，還廣陵見之，眸子炯然，哆如餓虎⑦，或時束帶，風流醖藉。曾受道籙於齊⑧，有青綺冠帔一副。少任俠，手刃數人。與友自荆徂揚，路亡，權窆，迴棹方暑，亡友糜潰，白收其骨，江路而舟。

---

① 其：原作"有"，下有小注："《文粹》作'其'。"據萬曆本、朱本、鄒本、本集改。
② 殆：原作"始"，據上引改。
③ "文"字下原有小注："《陳集》有'之'字。"
④ "魏顥"下原有小注："前進士。"
⑤ "離騷"二字原不重，據《李太白文集》卷一補。
⑥ 瞠：原作"瞪"，據萬曆本、庫本、朱本、鄒本改。《莊子·田子方》："夫子奔逸絶塵，而回瞠若乎後矣。"
⑦ 虎：原脱，據庫本、朱本、鄒本、本集補。
⑧ 受：原作"授"，據庫本、本集改。

又長揖韓荆州。荆州延飲①，白誤拜，韓讓之，白曰："酒以成禮。"荆州大悅。白始娶於許，生一女，一男曰明月奴。女既嫁而卒，又合於劉。劉訣，次合於魯一婦人，生子曰頗黎。終娶於宋②。間攜昭陽、金陵之妓③，跡類謝康樂，世號爲"李東山"。駿馬美妾，所適二千石郊迎。飲數斗醉，則奴丹砂撫《青海波》；滿堂不樂，白宰酒則樂。顥平生自負，人或爲狂，白相見泯合，有贈之作。謂余："爾後必著大名於天下，無忘老夫與明月奴。"因盡出其文，命顥爲集。顥今登第，豈符言耶！

解攜明年，四海大盗，宗室有潭者，白陷焉，謫居夜郎。罪不至此，屢經昭洗，朝廷忍白久爲長沙、汨羅之儔，路遠不存。否極則泰，白宜自寬。吾觀白之文義，有濟代命，然千鈞之弩，魏王大瓠，用之有時。議者奈何以白有叔夜之短，儻黃祖過禰，晉帝罪阮，古無其賢，所謂仲尼不假蓋於子夏。

經亂離，白章句蕩盡，上元末，顥於絳偶然得之。沈吟累年，一字不下。今日懷舊，援筆成序。首以贈顥作、顥酬白詩，不忘故人也。次以《大鵬賦》、古樂府諸篇，積薪而錄。文有差互者兩舉之。白未絕筆，吾其再刊。付男平津子掌。其他事跡，存於後序④。

《易龍圖》序 　　　　　　　　　　　(宋) 陳　摶

且夫龍馬始負圖出於羲皇之代，在太古之先。今存已合之位，或疑之，況更陳其未合之數耶。然則何以知之？答曰：於仲尼三陳九卦之義，探其旨，所以知之也。況夫天之垂象，的如貫珠，少有差，則不成次序矣。故自一至於盈萬，皆累累然如絲之纘也。且夫龍圖本合，則聖人不得見其象，所以天意先未合而形其象，聖人觀象而明其用。是龍圖者，天散而示之，伏羲合而用之，仲尼默而形之。始龍圖之未合也，惟五十五數。上二十五，天數也。中貫三、五、九，外包十五，盡天三、天五、天九，並五十之用⑤。後形一六無位⑥，又顯二十四之爲用。茲所謂天垂象矣。下三十，地數也，亦分五位，皆明五之用也。十分而爲六，形地之象焉⑦。六分而幾四象，地六不配。在上則一不用，形二十四；在下則六不用，亦形二十四。後既合也。天一居上，

---

① 原不重"荆州"二字，據本集補。
② 宋：朱本作"宗"。按：《李太白全集》卷三一王琦輯注云："太白竄夜郎《留別宗十六璟》詩有'君家全盛日，台鼎何陸離。斬鰲翼媧皇''三入鳳凰池。令姊忝齊眉'等語，是其終娶者，乃宗楚客之家也。而此云'宋'，蓋是'宗'字之訛耳。"
③ 間：原作"門"，據庫本、本集改。
④ 萬曆本此下有小注："此序中多缺誤。"朱本、鄒本此注移於題下。按：此文並無缺誤。
⑤ 五十：《皇朝文鑑》卷八五載此文作"十五"，當是，即上云"外包十五"是也。
⑥ 無：原作"元"，據《皇朝文鑑》改。《文鑑》此句下原注云："上位去一，下位去六。"是所謂"一六無位"也。
⑦ 地：《皇朝文鑑》作"坤"，原注："坤用六也。"

爲道之宗，地六居下，爲氣之本。天三斡地二①，地四爲之用。三若在陽，則避孤陰；在陰，則避寡陽。大矣哉！龍圖之變，岐分萬途。今略述其梗概焉。西蜀崇龕陳摶序。

《輿地紀勝》序

(宋) 李 垕

東陽王象之儀父，著《輿地紀勝》一書，甚鉅。書成，匄余爲序，且曰："吾書收拾天下郡縣山川之精華，使人於一寓目之頃，而山川俱若效奇於左右，以助其筆端，取之無禁，用之不竭。"余告之曰：昔昌黎韓公南遷過韶州，先從張使君借圖經，其詩曰："曲江山水聞來久，恐不知名訪倍難。願借圖經將入界，一逢佳處便開看②。"然則天下郡縣山川之精華，是眞名人志士汲汲所欲知也。然所譔圖經③，類多疏略舛訛，失之鄙野多矣，必得學者參伍考正而勒爲成書，然後可據也。本朝眞宗時，翰林學士李宗諤等承詔譔諸道圖經，凡一千五百六十六卷。今其書存者止十之三四，甚可惜也。然四方一郡一邑，隨所至亦各有好學之士收攎記識甚備，其目一一見於册府纂録。最可稱者，如唐麗正殿直學士韋述《東西兩京新記》，及本朝龍圖閣直學士宋公敏求長安、河南二《志》④，尤爲該贍精密。今儀父所著，余雖未睹其全，第得首卷所紀行在所以下觀之，則知其論次，積日而成，政非淺淺者。蓋其書比李氏圖經則加詳，比韋、宋所著《記》《志》，庶幾班焉。使人一讀便如身到其地⑤。其土俗人才、城郭民人，與夫風景之美麗，名物之繁縟，歷代方言之詭異，故老傳記之披紛⑥，不出戶庭，皆坐而得之。嗚呼！儀父之用心可謂廑矣！

然余又嘗語儀父曰："古人讀書，往往止用資以爲詩。今儀父著書，又衹資它人爲詩。不亦如羅隱所謂徒自苦而爲他人作甘乎？"儀父笑不答。余以是知儀父前所與余言者，特寓言耳，其意豈止此哉！夫昌黎，大儒也，固嘗云土地之書，未嘗一得其門戶；且謂古之人未有不通此而爲大賢君子，方欲退而往學焉。意其學也，必也窮探力究，洞貫本剽⑦，非若近世膚末昧陋爲口耳之習，姑以眩人夸俗而已。是則昌黎道術文章之盛，所以名當代而傳後世者，非以此乎？

蓋聞之⑧，凡爲士者，學必貴於博，非博則無以至於約⑨；然其大歸，必貴於有用，

---

① 斡：原作"幹"，據《皇朝文鑑》改。
② 開：原作"閑"，據庫本、朱本、鄒本及《輿地紀勝》卷首本序、《韓昌黎集》卷一〇原詩改。
③ 譔：原缺，據萬曆以下各本補。
④ 直學士：原作"正學士"，據庫本、《輿地紀勝》改。
⑤ 人一：原作"一人"，據庫本、《輿地紀勝》乙。
⑥ 披紛：原作"放紛"，據萬曆本、朱本、鄒本改。
⑦ 剽：《輿地紀勝》作"源"。按：剽，末也。亦通。
⑧ 聞：原作"文"，據庫本、《輿地紀勝》改。
⑨ "非博"二字原脱，據《輿地紀勝》補。

則始爲不徒學也。蕭何從沛公入關，先收秦府圖書，故因以知天下阨塞、户口多少之處，漢之得天下，此亦其大助。東方朔、劉向皆以多識博極，獲備天子訪問，爲國家辯疑惑，豈曰小補！其事今見《山海經》首。本朝劉侍讀原父奉使契丹，能言古北口、松亭、柳河道里之迂直①，以詰虜，相與驚顧羞惡，卒吐實以告。士君子識博至此②，豈不足以外折四夷之姦心，表中國之有人哉！是則地理之書，至此始爲有用之學。至若許敬宗之對唐高宗，第能明帝丘得名所自，遂過眩其長，以矜忕於人，此則爲士者之所笑而不道者也。然則予之所望於儀父者，固以朔、向及劉侍讀之事，豈但以資他人爲詩而已乎！前言姑戲耳。

寶慶丁亥季秋三日，眉山李壆序③。

《路史》別序　　　　　　　　　　　（宋）費　煇

煇自夷陵抵衡、湘，有爲煇言，廬陵有君子曰羅長源，智識弘遠，所作《路史》，博達該至，恨不一日見之④。以方周旋五羊⑤，道當繇吉，中心幾有星雲之快，而猶竊患不偶。比屆廬陵，何期忽偶紹介，得接公於閭閻之外，議論粲發；間及《路史》，則方錦囊相隨，遂獲一睹奇秘，然後信所謂"五帝之佐無不賢，三皇之佐無不聖"爲不虛語。實天下之奇作也。

豈惟如是而已哉！公固自謂我朝之文，所尚山谷、老泉，至於東坡，少所甚愛。然其發論乃有時而相似，又何邪？煇竊論之，公之立言遠過賈誼，而敘述則在莊、馬之間，班、范而下不論也。讀封建之論，則見先王之制治；觀封禪之論，則悟聖人之遺意；稽《小弁》之説，而父子、兄弟之情親，知《詩》之不主於文；讀《甘誓》之説，而君臣上下之義明，知《書》之不主於事；稽微子"三仁"之論，而隱顯出處之方立，知義理之不浮虛；稽吳楚書"人"之説，而尊卑內外之分申，知《春秋》之不褒貶；至於祝融論樂之作，則直與《樂記》齊上下。所謂西漢文章能以文叙事者，優爲之矣。嗟乎！不觀《論語》聖之進退，無以識三皇五帝之道高；不觀《路史》變故之紛沓，無以見三皇五帝之道大。使遂行之，不惟使管窺甌舉之徒不敢妄述⑥，而裘褐談禪之士亦不敢以誕矣。向使漢儒有知伊、周非攝之論，則無莽、卓之禍；知大麓非職之説，則無曹、馬之禍。若齊、梁有此書，則佛老不張；唐室有此書，則藩鎮不強；五代而有此書，則十國不狂；靖康而有此書，則戎翟不昌。習而讀之，固足使亂

---

① 言：原缺，據庫本補。朱本、鄒本作"悉"。
② 識博：《輿地紀勝》作"多識博極"。
③ "眉山李壆序"五字原無，據上引補。
④ 一日：朱本、鄒本、《路史》作"一目"。
⑤ 周旋：原作"問族"，據上引改。
⑥ 使：原作"得"，據上引改。

臣賊子之知懼，而可以國家長久，禍亂不作矣。實五經之鼓吹，而諸子之權衡也。

竊又評之，立蕭、曹勳業易，作羅氏《路氏》難，《路史》之功，固不在於禹下。煇之屡微，無高銜大具以邀說於人，言之有不足信。然昔人謂文章自有公議，而公亦謂杜甫非詩人。識者知公此語，則知《路史》矣。丙申六月十五日，西蜀費煇序。

《黃帝素問靈樞集注》序　　　　　　　　　　　　　　　（宋）史崧

昔黃帝作《内經》十八卷，《靈樞》九卷、《素問》九卷乃其數焉。世所奉行，唯《素問》耳。越人得其一二而述《難經》，皇甫謐次而爲《甲乙》，諸家之說，悉自此始。其間或有得失，未可爲後世法，則謂如《南陽活人書》稱"欬逆者，噦也"。謹按《靈樞經》曰："新穀氣入於胃，與故寒氣相争，故曰噦。"舉而並之，則理可斷矣。又如《難經》第六十五篇，是越人標指《靈樞》本輸之大略，世或以爲流注。謹按《靈樞經》曰："所言節者，神氣之所遊行出入也，非皮肉筋骨也。"又曰："神氣者，正氣也。神氣之所遊行出入者，流注也。并滎輸經合者，本輸也。"舉而並之，則知相去不啻天壤之異。但恨《靈樞》不傳久矣，世莫能究。

夫爲醫者，在讀醫書耳。讀而不能爲醫者有矣，未有不讀而能爲醫者也。不讀醫書，又非世業，殺人尤毒於梃刃。是故古人有言曰，爲人子而不讀醫書，由爲不孝也。

僕本庸昧，自髫迄壯，潛心斯道，頗涉其理，輒不自揣，參對諸書，再行校正。家藏舊本《靈樞》九卷，共八十一篇，增修《音釋》，附於卷末，勒爲二十四卷。庶使好生之人，開卷易明，了無差別。除已具狀經所屬申明外，准府指揮，依條申達轉運司，選官詳定，具書送秘書省、國子監。今崧專訪請明醫，更迄參詳，免誤將來。利益無窮，功實有自。時紹興乙亥仲夏望日，錦官史崧題。

《二江先生文集》序　　　　　　　　　　　　　　　　　（宋）馬涓

二江先生者，宋公承之也。宋氏簪笏蟬聯，爲蜀著姓。成都屬邑曰雙流者，先生所居也。左思《賦》曰"帶二江之雙流"，故士人以二江先生呼之。先生天才絕人，結髮稱奇童，比游場屋，則雋譽日出逼人，一時輩流望其鋒，却避不敢前。聞先生充舉首，則曰允當，無異詞。既筮仕，隨牒州縣，上官歆艷其名，爭誘以事。有盤錯肯綮處，須先生爲決之爲快①。稍官達，則朝廷倚辦，常兼數職，囊印座右纍纍然。人憫其賢勞，而先生撥遣暇豫，未嘗失。簡編筆研，吟諷度日，常曰："世間樂孰與此樂，吾將終身焉。"

---

① 爲決之爲快：原脱後"爲"字，據《成都文類》卷二三補。朱本、鄒本無前"爲"字。

當元祐六年，先生爲南省郎，涓以晚輩始預賓客之末。逮涓從事秦亭，而先生持節來①，於是獲從長者遊，以信宿不見爲間闊。樽酒雍容，每聞先生片語隻句，如窺豹一斑，嘗鼎一臠。固願熟觀餕賜而不可，但知舉警策以驚詫未聞者②。今先生没二十有七年矣，始見先生文集。玩味尋思，欲罷不能，蓋嘗廢卷而論之。

　　孟子曰："源泉混混，不捨晝夜，盈科而後進，放乎四海，有本者如是。"孟子之言，固自有謂。然爲文者，何獨不然。先生博學而精擇者也。其學之博，猶采薪者之見一芥掇之，見青葱拔之，故於書無所不讀，諸子雜説或出入於聖域者，猶冀有得於萬一。其擇之精，猶齊王之食鷄，惟食其蹠③，須數十鷄而後足。其所蕴蓄涵醲，汪汪乎胸中，殆不發不已，故下筆輒不休。筆端駁沓，落紙者皆可詠詠成文④；鉤章棘句，軋軋如抽⑤，而後爲文也。有本者如是，豈虚語哉！

　　若夫稽往古之是非，究當世之利病，上以縫補於庭議，下以斟酌於風謡，此先生之文，見於祖述憲章，可以維持吾道者也。輸寫胸抱，形摹物象，較重輕於錙銖，媲宫羽於清濁，此先生應時之文，以靡麗爲工者也。訓詁深嚴，字畫奇倔，體商周之《盤》《誥》，追堯舜之碑碣，此先生高古之文，以簡潔爲法者也。至於燕笑之間，稗官小説，旁搜俯拾，附益談叢，此又文之餘事也。淵淵其深，渾渾其醇，舒徐衍溢而不流，激昂蹈厲而不怒⑥，遠之則有稽，近之則不誣。嗚呼，其文之雄乎！

　　自昔論文者，晉有陸士衡之説，曰："石韞玉而山暉，水懷珠而川媚。"後之論文者，無以加此。觀先生之文，則君子之所養可知矣。唐裴延翰有言："文章與政通，風俗以文移。"每味此語，則益知文之有用於世，自非小補。而先生之文，祇藏於家，第爲子孫寶秘閲習，而不克大流布於時，此平日士論之所惜者。今既成集，可以傳諸無窮，故輒叙其梗概，庶知音者得以覽其詳焉。

　　凡歌行、詩、賦、時議、經義、論、策、表、啓、書、序、紀、誌及雜述，總若干首，第爲十六卷，皆先生之子宏父手自編次。宏父博達豪邁，克嗣家風。《詩》曰："惟其有之，是以似之。"後之人欲知先生父子之懿，當以是觀之。

　　先生之捐館舍也，涓嘗爲其行狀，以告諸誌墓者。故先生之世系、官爵、與其平生出處，皆載於墓誌，副以碑表、謚議，粲然可考，附於《文集》之後，此不復書。

《王君禮詩集》序　　　　　　　　　　（宋）楊天惠

　　余家弟誠夫，頃元符中與成都王君同佐宕渠縣。君於家弟，丈人行也，家弟以父

---

① "來"下，《成都文類》有"秦"字。
② 驚詫：原作"警詫"，據萬曆本、庫本、朱本、鄒本改。
③ 惟食：原脱，據《成都文類》補。
④ 詠詠：疑當作"吟詠"。
⑤ 軋軋：原作"乾乾"，據萬曆以下各本改。
⑥ 怒：原作"恕"，據萬曆以下各本及《成都文類》改。

執事之；君視家弟，則輩流如也。家弟嘗論君："近世遺直，老氣鯁固，危冠淳古。遇不可於意，雖敵以上，必盡言挂之，不以一毛假人；人有不受，無敢牾，俛默，唯稍引去。以故與世聱牙寡合。由宕渠歷資中，再不得意，輒致其事而歸。"家弟言如此，余肅然心憚之。

去年冬，有跨巴馬、從野僮徑造余庭，自持刺，大言："我王某也。"余驚起，迎置右座，問何自來。君言："聞子名久，特來耳。"余為設薄具留之，留信宿，別去。後若干月，命其子奉平生詩文若干篇授余，曰："將序以為謁。"余拜受卒業，曰：君於詩文深矣，體裁質實，如其為人；而懇詞強句，間足自立。讀者始若難曬，已乃愔愔，有前輩家風味。蓋君之學祖《騷》而宗《選》①，旁出沒於傳記，故兒時已自能賦，有州里名。既而落魄無就，日與群碎處，故晚年詩多出白語，蕲於曉流俗，不以鑴琢為工。

於是君老矣，蓋未始求人，人亦無求之者，而獨有求於余。顧余何足以求哉！凡其所知，姑止於此。

代作集府尹石刻序　　　　　　　　　　　　　　　前　人

公頃繇長安遷尹成都。方是時，卷爕理之具鎮臨外屏，回經緯之文設飾行臺，如釃河渠以溉尋呎，如峙泰岱以出膚寸，以故倡治有餘日，而賦政無遺功。間建羽旄，俛同民樂；或徙玉帳，旁合賓好②。至於酒酣樂作，意氣逸發，徹饗緩帶，風味餘美，輒布善紙，臨素壁，遊戲翰墨之娛，以志燕喜之適。凡為詩文題紀若干，可謂盛矣！而巨刻細劖，光明磊落，上與參墟交輝，下與雲山增重。蓋公以代言之餘，流而為文；以賡歌之緒，別而為詩；又以詩文之衍，溢而為書。故其銀鉤玉畫，世多有之，而西南特為富。於是縉紳耆舊，識藻火之為美也，過者必肅；山祇瀆鬼，知珪璧之為珍也，護之惟謹。某竊亦博購而寶蓄之，得三十帙。將以其一，獻諸公路，仰備覽觀；而取其副，藏之名山，以貽子孫焉。

且某聞之也，欲考盛德者，必於去焉觀之。昔者，周公去東山，而赤舄所履，歌詠無射；召伯去南國，而甘棠所芘，愛思不忘。人心同然，異世脗合。今公道德之光、仁義之澤，所以被蜀士者，與東山、南國奚有間③？而英詞偉績、金石之傳，所以遺吾人者，亦與赤舄、甘棠何以異？然以星紀數易，閏餘幾更，遜瞻巖廊，邈在雲漢。顧某也無文，獨不能效比興之末技，寫父兄之遐思，乃徒撫奇蹤，奉珍笥，日與田夫野老雜沓頌嘆於玉壘之北。此某所以課誦不置，而遺恨亡窮也。

---

① 君：原脱，據朱本、鄒本補。
② 賓：原作"寶"，據《成都文類》卷二三改。
③ 與東山：原作"其與"，據庫本、朱本、鄒本改、補。按："東山南國"與下句"赤舄甘棠"相對，當以"與東山"為是。

公開府以某年甲子，還朝以某年己巳。入禁林，升丞弼，邁種方隆，福禄未央。

《鶴山師友雅言》序　　　　　　　　　　　　　　　　（宋）游　似

鶴山公以高明俊偉之姿，刻意於學，不肯隨聲接響，躡陳架虚，如求驪龍之珠，必下九淵而親攬之乃已，故其議論窮極根柢，多異乎人；匪求異人，實能得衆人之所未得也。

尚憶嘉定十有四載，余方家居，公致之潼川郡齋，同諸友讀《易》，遍考舊説，切磋究之。一日，言："前輩賦雪詩，欲爲人所未嘗道者。今觀其語，亦豈人説所不能道。若周濂溪'無極''太極'，乃前無古人耳。"余因及往歲侍後溪先生，先生謂劉侍郎招美勸閲注疏，以爲不先此而立論，恐徒高明而不實。公深然之。及公在渠陽，大肆其力於經，如注、疏，率三四讀，且鈔成編，其是若非，博考詳説。所蓄既厚，厥見孔明。晚歲，披幽抉微，捨妄扶正，一話之出，世竦未聞。税君巽父集爲《雅言》，大略可睹。

然公之再入，勸誦金華，嘗過余語："今日進講至《易》之《泰》，吾從旁奏：'内君子，外小人，固爲泰也；第在外而心腹是寄，不爲外，在内而情意不親，不爲内。'"余擊節稱嘆，公亦自得，今巽父乃不及記。則其胸蘊之奇①，未暇遍以語人者亦多矣。嗚呼！使天假之年，而巽父輩終身左右，隨聞必録，則所以私淑後人者，又可勝計哉！嘉熙三年十月朔，南充游似序。

《鶴山師友雅言》序　　　　　　　　　　　　　　　　（宋）税與權

予登鶴山先生之門，蓋歷二紀。以先生出入中外，間七八年，或五六年，或三四年②，每一見，則所聞輒一超絶。及先生返自南遷，起家鎮瀘，予執經從之。相攜入京，登宥府視事③，洎賜環奉藩④，以迄夢奠，湖海往來，永日清夜，瞻前忽後。先生非聖之書不讀，多發儒先所未言。昉於甲午夏，以洎丁酉春，隨所得録之。反復玩索，如入武庫，如遊寶藏，如登喬嶽以觀天下，斯所謂仰彌高而鑽彌堅者。嗚呼！以予四閲寒暑，凡所見聞如此其富⑤，則二三子久相從遊而不離左右者，又可想而知哉。

昔嘗見先生移書蒙齋袁侍郎云："某於六經名數、文義，重下頓工，的然見古人所

---

① 胸蘊之奇：原作"胸奇之蘊"，據萬曆本、朱本、鄒本改。
② 三四：原作"四三"，據萬曆本、庫本、朱本、鄒本乙。
③ "事"字原缺，據上引補。
④ 洎：原作"十"，據上引改。
⑤ 見：原作"建"，據萬曆本、朱本、鄒本改。

志所學,歷戰國、暴秦以後無傳焉;極於五胡之亂,影滅迹絕。其間豈無經生學士,各隨才分有所建立,然騖於高遠者,惟欲直指徑造,以步步而行、字字而講者爲卑近;其卑近者①,則又以區區記誦、小小詞章爲學問之極功。所謂合內外、貫精粗者,百數十年間,始有人講尋,以發漢唐之所未講,又若於實未有所見者。剿説雷同,爲聲利計,以病吾道。方欲通古今爲一書,使有志於道者猶可推源尋流②,而學未能信,不敢容易下筆也。"

嗚呼,先生此志未酬,而天奪之矣,豈不爲千載之恨!用備錄師言,揭諸篇端,以著先生之志,亦因識吾儕小人後死者之悲。有宋嘉熙,歲在鶉火,辰會大火,門人巴郡税與權掩袂書於武林之孤山。

《周易折衷》序

(元) 趙 采

《易》該象、數、理。未作之前,其體因象數而立③;既作之後,其理因象數而顯。《大傳》曰:"河出圖,洛出書,聖人則之。"河圖、洛書爲天地自然之文,象數之大原也。二圖之象皆九位,故伏羲則之,畫爲長短之九畫,成《乾》《坤》二卦之小成。由《乾》《坤》而八卦,八卦而六十四卦。以左右交互而觀,則兩卦得十八畫,二九也,是爲《先天圖》,邵子所謂"交易之易"也。文王則之,變伏羲之卦次,分上下之二經,上經卦三十,下經卦三十四。以一反一覆而觀,除八正卦外,五十六卦只成二十八卦,上經得十八卦,下經亦得十八卦,二九也。是爲"後天易",程子所謂"變易之易"也。

或曰:伏羲既因象推數,而作先天交易之易矣,文王又因象推數,而作後天變易之易,何哉?《大傳》曰:"《易》之興也,其於中古乎;作《易》者,其有憂患乎!"夫子蓋謂文王當殷末世,憂患而興此《易》也。曷爲見其憂患?今觀後天反對卦,如《泰》反爲《否》,《剝》反爲《復》,《晉》反爲《明夷》,《夬》反爲《姤》,《既濟》反爲《未濟》。舉一二以類推,則文王實憂慮天下後世陰陽禍福之相爲倚伏④,治亂安危之相爲消長,君子小人之相爲進退,只在一反覆間,故示人以"用九",扶陽而抑陰,爲君子謀,不爲小人謀,爲轉移造化之機。此上下經所以皆寓"用九"之意,豈出於聖人之智巧,皆倚天地自然之象而加一倍焉耳。

自古聖王之致治,皆用九。如舜命九官,禹之九功、九叙、九歌是已。是以周公作爻辭,於乾卦首發"用九"之義。夫子翼之,曰:"天德不可爲首也。"曰:"乾元用九,天下治也。"曰:"乾元用九,乃見天則。"於九曰"天則",其可過哉,則過其

---

① 其卑近:原脱,據朱本、鄒本補。
② "使"字下原有"之",據朱本、鄒本删。
③ 體:朱本、鄒本作"理"。
④ 憂慮:上引作"憂患"。

亢矣。又於《大傳》，三陳九卦，以明文王處憂患之道。上經取三卦而陳之，用一九也；下經取六卦而陳之，用二九也。此夫子因數推理而作十翼也。嗚呼！《易》更三聖，而象數義理始備。

自夫子歿，千數百年，論《易》者各據己見。泥象數者流於詭怪，說義理者淪於空寂，而聖人憂患作《易》之旨昧矣。至宋，有康節邵子推明羲、文之卦畫，而象數之學著；有伊川程子推衍夫子之意，而卦畫之理明。洎武夷朱文公作《本義》，釐正上下經、十翼，而還其舊；作《啟蒙》，本邵子而發先天。雖《本義》專主卜筮，然於門人問答，又以為《易》中先儒舊說，皆不可廢。但互體、五行、納甲、飛伏之類，未及致思耳。故愚以為今時學者之讀《易》，當由邵、程、朱三先生之說，溯而上之，以會羲、文、周、孔之心，庶幾可與言《易》矣。然邵子無《易》解，其說僅見於《觀物篇》，故愚是集以程、朱傳義為主，而附以鄙見，間亦竊取先儒象數變互，以資發明。雖然，俗士口《易》，賢人體《易》，聖人忘《易》。孟子著書未嘗及《易》，邵子以為《易》道存焉，且以為善用《易》。人能用《易》，是為知《易》。

嗚呼！韋編三絕，企東家之無過；蠹簡百年，慨西伯之有憂。愚雖衰老，願就有道而正焉。後學潼川趙采德亮謹序。

《運氣新書》序　　　　　　　　　　　　（元）吳　澄

天地陰陽之運，往過來續，木火土金水，始終終始如環，斯循六氣相生之序也。歲氣起於子中，盡於子中，故曰冬至。子之半，天心無改移。子午之歲，始冬至，燥金三十日然後禪於寒水，以至相火，日各六十者五，而小雪以後，其日三十，復終於燥金。丑未之歲，始冬至，寒水三十日然後禪於風木，以至燥金，日各六十者五，而小雪以後，其日三十，復終於寒水。寅申以下皆然。如是，六十年至千萬年，氣序相生而無間。非小寒之末無所於授，大寒之初無所於承，隔越一氣，不相接續。而截自大寒為次年初，氣之首也。此造化之妙，《內經》秘而未發，啟玄子闕而未言，近代楊子建昉推而得之。

夫醫家運氣之說，惟《陰陽大論》七篇具存，而啟玄子取以補《內經》。醫流之究竟及此者蓋鮮。鄧焱景文貫通儒書，精專醫伎，純厚謹審，而篤於學，演繹七《論》①，條分類別，目曰《運氣新書》。經文注義，采拾靡遺。凡著書欲以明氣運者，未有能若是賅且悉也。予又因楊氏所推，特表古聖先賢未發未言之奧於其篇端。鄧氏此書之行於世也，可無毫髮罅漏矣。

---

① 繹：朱本、鄒本作"釋"。按：《吳文正集》卷一七作"繹"，"繹"字勝。

《莊子正義》序 前人

莊子内聖外王之學，洞徹天人，遭世沈濁，而放言滑稽以玩世。其爲人固不易知，而其爲書亦未易知也。魏晉以來，注釋奚翅數十，雖淺深高下不同，大抵以己見説《莊子》，非以莊子説《莊子》也。

玄學講師錢大中，蜀産也。澹然樸素，好《南華經》。聞清江道士杜充符有唐劍南道士文如海《南華正義》，命其徒徑往繕寫以歸，如獲珍器。近以視予，予嘉文氏方外之人，乃能獨矯郭氏玄虚之失，而欲明《莊子》經世之用。噫，可不謂拔乎儔類者哉！昔在天寶間，玄宗蓋嘗賜見。《正義》十卷，宋太平興國八年，成都道士任奉古鋟諸木，而世不傳。講師將爲重刻，故叙其所以得書之由。若夫得意忘言，爽然四解，進進乎南華真人之《逍遥遊》①，師其自知之矣。

《六經補注》序 前人

先聖王之教士也，以《詩》《書》《禮》《樂》爲四術。《易》者，占筮之繇辭。《春秋》者，侯國之史記。自夫子贊《易》、修《春秋》之後，學者始以《易》《春秋》合先王教士之四術，而爲六經。經焚於秦，而《易》獨存；經出於漢，而《樂》獨亡。幸而未亡者，若《書》，若《禮》，往往殘缺，惟《詩》與《春秋》稍完而已。

漢儒專門傳授，守其師説，不爲無功於經，而聖人之意則未大明於世也。魏晉而唐，注義漸廣，至宋諸儒，而經學之極盛矣②。程子之《易》，立言幾與先聖並；然自爲一書則可，非可以經注論。若論經注，則朱氏《詩集傳》之外，俱不能無遺憾也。後儒於其既精既當者，或未能嚌味其所可取，則於其未精未當者，又豈人人而能推索其所未至哉！予嘗於此重有慨焉，而可與者甚鮮也。

蜀儒黄澤楚望，貧而力學。往年初識之於筠，今年再遇之於江。讀《易》《詩》《書》《春秋》及《周官》《禮記》，悉欲爲之補注。補注之書未成，而各經先有辯釋，宏綱要義，昭揭其大，而不遺其小，究竟謹審，灼有真見。先儒舊説可從者，拳拳尊信，不敢輕肆臆説，以相是非。用功深，用意厚，以予所見，明經之士未有能及之者也。晚年見此，寧不爲之大快乎！楚望不輕以示人，而德化縣令王君乃爲鋟梓以傳。予嘆美之不足，因以謚於學者。蓋於諸經沈潛反覆，然後知其用功之不易，用意之不苟云。

---

① 進進：萬曆本、朱本、鄒本作"進退"。
② 之：萬曆本、朱本、鄒本作"爲"。按："之"猶"爲"也。庫本此句作"而經學之盛極矣"。

《事韻擷英》序　　　　　　　　　　　　　　　　　　　　前　人

昔歐陽公、蘇老泉、王荊國諸人，以"黯然銷魂，唯別而已"八字分韻賦詩送裴吳江。蘇得"而"字，其詩云："談詩究乎而。"荊國就席擬賦二篇，一曰"風作鱗之而"，一曰"兩忘我與而"，滿座駭服。宋以前和詩，和意不和韻。至荊國、東坡、黃山谷，始以用韻奇險爲工。蓋其胸中蟠萬卷書，隨取隨有，愈出愈巧，故得以相矜尚也。倘記覽之博不及前賢，則不能不資於檢閱，於是有《詩韻》等書。然其間往往陳腐，用之不足起人意。江州路教授西蜀張壽翁所編《事韻擷英》，削去陳腐之字，而皆奇險之韻。荊國嘗謂晏元獻公用事的切，後見其《類藁》，乃知其有自來。纂輯之書，亦不爲無功也①。壽翁此編，可爲賦詩用韻之助，其功不既多矣乎！置一袠，則人人皆用奇險之韻，何異於王、蘇、黃三鉅公也哉！

《篆書》序　　　　　　　　　　　　　　　　　　　　　　前　人

秦隸興而篆書廢，漢四百年，莫有能者，觀於漢代碑刻，可見矣。三國六朝間，亦無聞焉。唐三百年，李當塗一人而已。自秦丞相逮於宋初蓋千年，僅有徐騎省以能繼當塗自許，何斯學之寥寥也！宋人能篆書者頗多於唐，蜀魏文靖公至今爲人所稱。陳伯英，魏公鄉人也，遊藝之暇及此，所書《千文》，字體整潔，真可上睎文靖者②。夫陳之先世少師公，於蘇文忠公如大父行；參政公當宋南渡之際，以詩名家；咸淳季年，別院省試《春秋》第一人，伯英季父也。一家文學之傳不絕。伯英名瑛，受朝命爲郡教授。

《鶴山雅言》序　　　　　　　　　　　　　　　　　（元）魏文彝

伏惟先高祖秦國文靖公事宋穆陵，以正學直道任斯文之寄，天下不敢以官氏而稱之，曰"鶴山先生"。休光懿德，概可想見矣。立言垂訓，以私淑後人者，有《九經要義》《鶴山大全集》《易集義》。此三書，昔刻於徽之學官，已行於世。其他如《周禮折衷》《經史雜抄》《觀物經世説》，與夫門人所記《師友雅言》等編，尚藏於家。近吳郡金伯祥父即文彝所藏《雅言》，命子鏐繕録，鋟刻諸梓，以廣其傳，俾宗族鄉黨咸與觀焉，何其幸歟！是則前輩之紀聞，伯祥之好義，同爲不朽云。時至正二十四年，

---

① 功：原作"工"，據庫本、朱本、鄒本改。
② 真：原作"其"，據萬曆本、庫本改。朱本、鄒本作"直"。

龍集甲辰，夏五月甲子朔，六世孫文彝百拜謹識。

《釋奠儀注》序　　　　　　　　　　　　　　　　　　　　（元）張　壆

《禮》曰："皮弁祭菜，示敬道也。"禮書殘缺，釋奠、釋菜，名義徒存，儀文無可考者。唐《開元禮》，彷彿《儀禮·饋食》篇，節文爲詳。朱文公謂《政和新儀》差錯，獨於《開元禮》有取，申明至於再三，竟格不下。身没之後，郡邑放而行之，能通其義者尟矣。

中原文物肇開，四方取則，捨魯奚適？闕里昔罹兵革，宮室荆榛蓋二十年，牲殺、器皿、衣服不備，勢使然也；而儀章度數，固多可議者。象設，非古也。《開元禮》猶云"設席"，是無象也。高臺巍坐，而席地之禮不可見。帶劍，秦漢冠服之飾也，《開元禮》朝會猶有解劍之席。冕服挾劍，未之有聞。二者之失，所從來久矣。神位西坐東向，尸位也；配位東坐西向，主人位也。自尸禮廢，禮家謂自内出者，無匹不行，自外至者，無主不止。故立神以配，而爲主焉。開元以後，遷神位南面，配位猶故也。進顔、孟南向參列，如浮圖、老子宫者。《孔氏祖庭廣記》謂金大定四十年所行，何所稽乎？楹間兩階，五齊三酒，以四代之器爲備物之享也；列數瓦缶，果爲何説？尸尊不就洗，禮也。登罍爵於床，洗者以尸尊自居，犧象不錯諸地，主人遂不坐實爵，簡亦甚矣。幣之未薦，實諸神位之左，示不敢褻。陳之階庭，與主人俱升，則不嚴矣。蓋事由草創，未之講也。

予典教於兹，思有以正之。顧不學雜服，不能安禮；而雖善無徵，無徵不信。乃取朱文公所考訂，自《儀禮》《開元禮》而下，裒爲一編，命學徒肄習，且與講説義數，使之入耳著心①。既知義理之安，將不期改而自改。併附社稷、風、雨、雷之祀，庶幾好禮者有取焉。抑禮有本有文，是書所載，文也。習禮之士因文而究其本，知交於神明，不徒籩豆之事，微之顯誠之不可揜也。如此，則可謂知禮矣。若夫器樂冠服之度，則又博采諸家之説，從其是者，訂其失者，與此編併藏孔氏，俾後來之文獻有足徵云。

《草書集韻》序　　　　　　　　　　　　　　　　　　　　（明）蜀惠王②

予於國政之暇，必草書三五幅以暢其情，恒以淳化石刻歷代名臣法帖以師以效。我獻祖開國於蜀，不貴金玉，所寶者惟聖賢經籍也。自經史以下，文章翰墨俱收蓄於内閣。一日，忽覽書目，見有《草書集韻》，取而披閲，因字類以知四聲之韻，因韻語

---

① 著：萬曆本、庫本、朱本、鄒本作"會"。
② 原署名爲"皇明惠園"，據朱本、鄒本改。

以識諸家之體。如漢章帝、魏少帝以來，鍾繇、羲之、過庭、伯機等書，體勢無不全備。然後知草書之源流，古人之變化，由其形迹而得乎心法之妙矣。惜乎久歷年歲，苦於蠹魚，於是命工重繡於梓，以永其傳，俾後之學草書者有所取法也。是爲序①。

----

① 朱本、鄒本此下有注云："按，惠王申鑿，獻王椿曾孫，悼莊世子悦㥣侄孫，和王悦熒孫，靖王友垍、僖王友垸侄，定王友垓子，懷王申鈘弟。成化七年以通江王嗣。尊賢禮士，好學能書。有《惠園集》。宏治六年薨，謚曰惠。"

全蜀藝文志卷之三十二

序下

贈送　遊覽

入蜀紀行詩序　　　　　　　　　　　　　　　　　　　　　　（唐）王　勃

總章二年五月癸卯，余自長安觀景物於蜀①，遂出褒斜之隘道，抵岷峨之絕徑。超玄溪，歷翠阜，追彌月而臻焉。若乃采江山之俊勢，觀天地之奇作，丹壑争流，青峰雜起，陵濤鼓怒以伏注②，天壁嵯峨而横立，亦宇宙之絕觀者也③。雖莊周詫吕梁之險，韓侯怯孟門之峻，曾何足云。蓋登培塿者起衡霍之心，游涓澮者發江湖之思。况乎窮覽勝事④，足踐靈區，烟霞爲朝夕之資，風月得林泉之助。嗟乎，山川之感召多矣，余能無情哉！爰成文律⑤，用宣行唱，編爲三十首，投諸好事焉。

晚秋遊武擔山寺序　　　　　　　　　　　　　　　　　　　　　　前　人

若夫虎丘仙鎮⑥，吴王殉殁之墟；驪嶠崇基，秦帝升遐之宅。雖珠衣玉匣，下賁窮泉，而廣岫長林，終成勝境。亦有霍將軍之大隧⑦，迴寫祁連⑧；樗里子之孤墳，竟開長樂。豈如武擔靈嶽，開明故地，蜀夫人之葬迹，任文公之死所。岡巒隱隱，化爲闇

---

① 自：原作"日"，據萬曆本、庫本、朱本、鄒本、《王子安集》卷四改。
② 注：原作"住"，據本集及《文苑英華》卷七一五改。
③ "觀"字原缺，據上引補。
④ 窮：《文苑英華》作"躬"。
⑤ 成：原作"戒"，據本集、《文苑英華》改。
⑥ "虎"原作"武"，乃唐人避諱改字，今回改。"丘"原作"兵"，據庫本、朱本、鄒本及《王子安集》卷六改。
⑦ 霍：原作"鶴"，據庫本、本集、《文苑英華》卷七〇八改。
⑧ 迴：朱本作"逈"。

崛之峰；松柏蒼蒼，即入祇園之樹。引星垣於岑嶂①，下布金沙；栖日觀於長崖，傍臨石鏡。瑤臺玉甃，尚控霞宫；寶刹香壇，猶分仙闕。珥櫳接映②，臺凝夢渚之雲③；壁題相暉，殿寫長門之月。美人虹影，下綴虹幡；少女風吟，遥喧鳳鐸。

群公以玉律豐暇④，儒林鏗而延情；錦署多閑，想巖泉而結興。於是披桂幌，歷松扉，梵筵霞矚，禪扃烟敞。鷄林俊賞，蕭蕭鷲嶺之居；鹿苑仙談，亶亶龍宫之偈。於是金方啓序，玉律驚秋，朔風四面⑤，寒雲千里。層軒迴霧⑥，齊萬物於三休⑦；綺席乘雲，窮九垓於一息。碧鷄靈宇，山川極望；石兕長江，汀洲在目。龍鑣翠轄，駢闐上路之遊；列榭崇闈，磊落名都之氣。眇眇焉，洋洋焉，信三蜀之奇觀也⑧。昔者升高能賦，勝事仍存⑨；登嶽長謡，清標未遠。敢攀盛烈，下揆幽襟⑩，庶旌西土之遊，遠嗣東平之唱云爾。

綿州北亭群公宴序　　　　　　　　　　　　　　　前　人

下官一作"客"。人間獨傲，海内少徒，志不屈於王侯，身不絶於塵俗，孤吟五嶽，長嘯三丘⑪。昔往東吳，已有梁鴻之志；今來西蜀，非無張載之懷。況乎踐名場，攜勝友，風月無幾，琴酒俄乘，半面十年，一別千里。何少府故人攀桂，撫金石而論心；韓法曹新識班荊⑫，臨江湖而執手。離亭北望，烟霞生故國之悲；别館南開，風雨積他鄉之思。

於時蒼雲寡色，白日無光，沙塵起而桂浦昏，鳧雁下而蘆洲晚。傍鄰蒼野，霜封橘柚之園；斜枕碧潭，直斷芙蓉之水⑬。既而登臨惜别，駿駕少留。季札何人，親逢贈

---

① 岑：原作"杏"，據本集、《文苑英華》改。
② 櫳：原作"瓏"，據庫本改。
③ 凝：原作"疑"，據本集、《文苑英華》改。渚：原作"諸"，下注"疑"，據萬曆本、朱本、鄒本、本集改。
④ 玉律：原作"玉津"，據上引改。
⑤ 朔：原作"翔"，據上引改。
⑥ 迴霧：原作"遐迴"，據本集改。"迴霧"與下句"乘雲"相對。庫本、《文苑英華》作"迴霞"。
⑦ 三休：原作"三體"，據本集、《文苑英華》改。賈誼《新書·退讓》："翟王使使至楚，楚王欲夸之，故饗客於章華之臺上，上者三休而乃至其上。""三休"謂多次休息，形容其臺之高。此處用以指武擔山之高，言至其上，下視萬物，大小齊同。
⑧ 三蜀：原作"二蜀"，據本集、《文苑英華》改。
⑨ 仍：原作"能"，據上引改。
⑩ 揆：原作"睽"，據上引改。朱本、鄒本作"愜"。
⑪ 丘：《王子安集》卷五、《文苑英華》卷七〇八作"山"。
⑫ 識：原作"餞"，據本集改。
⑬ 直：《文苑英華》《古儷府》卷五同，朱本、鄒本、本集作"夜"。

縞；子荊不敏，思掛傾城①。惆悵北梁，揖琴臺而漸間；徘徊東道，思錦署以行遥。

嗟乎，人事乘矣，江山遠矣！請命離前之筆，爲題別後之資。五際飛文，想群公之不讓；一言有贈，知下筆之有神。

宴梓州南亭詩序 （唐）盧照鄰

梓州城池亭者②，長史張公聽訟之別所也。徒觀其巖嶂重複，川流灌注，雲窗綺閣，負繡堞之逶迤，澗户山樓，帶金隍之繚繞，信巴蜀之奇制也。時鳳戾多閑，上得和平之政；鯤瀛有截，下無交争之人。以公寄切上僚，故久無州將。連四千石之重任，總十萬井之雄班。職逾劇而道彌高，位逾崇而德彌廣。市獄無事，時狎鳥於城隅；邦國不空，且觀魚於濠上③。賓階月上，横連蜷之桂枝；野院風歸，動葳蕤之萱草。則有明珠愛客，置芳酒於十旬；羽服神交，契仙遊於五日。圓潭寫鏡，光浮落日之津；雜樹開帷，彩綴飛烟之路。藤蘿杳藹，挂疏陰以送秋；鳧雁參差，結流音而將夕，百年之歡不再，千里之會何常④。下客恓惶，暫停歸轡；高人賞玩，豈輟斯文！咸請賦詩，六韻成章云爾⑤。

七日綿州泛舟詩序 前人

諸公迹寓市朝，心遊江海⑥，訪奇交於千里，惜良辰於寸陰。常恐辜負琴書，荒凉山水，於是脱屣人事，鳴棹川隅。言追挂犢之才，用卜牽牛之賞。邊生經笥，送炎氣以濯纓；郝氏書囊，臨秋光而曝背。似遇緱山之客，還疑星漢之遊。願駐景於高天，想乘霓於縮地。繁絲亂響，凉酤時斟。戲翔羽於平沙，釣潛鰓於曲浦⑦。乘流則逝，不覺忘歸，咸可賦詩，探韻成作。

---

① 傾城：原作"領城"，據庫本、朱本、鄒本、本集、《文苑英華》改。
② 城：原作"地"，據《幽憂子集》卷六、《文苑英華》卷七一五改。
③ 且：原作"旦"，據庫本、朱本、鄒本改。
④ 會：原作"賀"，據本集改。常：原作"嘗"，據朱本、鄒本、本集改。
⑤ 六韻成章云爾：原作"大韻□□□云爾"，據本集、《文苑英華》改。按：萬曆本至"咸請賦詩"止，蓋原本"六"訛"大"，又脱"成章"二字，萬曆本以其不可通，乃徑删去。庫本作"六韻以見志云爾"。朱本、鄒本作"以紀勝集"，《全唐文》卷六六作"以紀盛集"。
⑥ 海：《幽憂子集》卷六作"湖"。
⑦ 鰓：本集、《全唐文》卷一六六作"鱗"，《文苑英華》卷七一五作"鯉"。當以"鱗"字爲長。

送遂州紀參軍序

（唐）孫逖

遂州參軍紀公，吾友雲將之令弟也。敏於行，志於道，克修人彝，允副兄勖。噫！周公之胤，紀爲其首，天祚明德，必將有後；不然何棣華之可久也？選曹舉善，群吏須才，九霄始構，一命而僶。穆卜吉日，遄征畏途，緬躋岷峨，迓涉褒漢。宿息巖險，波臨湍悍，仗信不慄，載義必亨。方慕忠臣之志①，固無垂堂之責。爾之寡兄，克施有政，是則是效，念茲在茲。福利則覬心永隔，遠嫌則荒言自絕②。故雖邛筰之產③，巴蜀之饒，不潤脂膏，誰謗薏苡！懋厥丕德，時惟哲人。群公贈言，要僕題序。

送王侍御赴劍南序

（唐）陶翰

國家既誅邛莋之遊魂，收滇池之陳地，以蠻貊君長未即序，徼外新國約非甚堅，將欲宣王風④，布中典⑤，必候才英矣。監察御史王公，志標勁節，天假異能，秉心而忠義必聞，多方而文武不墜。我中丞鮮于公⑥，以功名立，破城江南，關啓而虜不敢窺，城峻而敵不敢守者，皆以匡時之策⑦，仗橫行之氣。不然者，豈有夕捨一尉，旦磨集作疑⑧。三軍，盱衡於不毛之間，決勝於大荒之表，取廷評者浹月，登憲府者周星。繡衣照於江源，風霜掃於劍壁，斯不足畏矣。

中朝名雅，響義趨風，餞筵傾城，翰墨紛矚。百壺追送，來登董原之野；萬嶺蒼然，更繞華陽之國。余以授簡，敢無斯文⑨！

送孟大入蜀序

前人

襄陽孟浩然，精朗奇素，幼高爲文。天寶年始遊西秦，京師詞人皆嘆其曠絕也。觀其匠思幽妙，振言孤傑，信詩伯矣；不然者，何有聲於江楚間？嗟乎！夫子有如是

---

① 慕：原作"暴"，據《文苑英華》卷七一九改。
② 荒言：原作"芳言"，據庫本、《文苑英華》改。
③ 故雖：原作"固難"，據萬曆本、庫本、朱本、鄒本改。
④ 將欲：原作"將若"，據《文苑英華》卷七一九改。
⑤ 中典：原作"中興"，據上引改。
⑥ 鮮于公：原作"蘇于公"，據庫本、《文苑英華》改。按：此指鮮于仲通。
⑦ 以：《文苑英華》作"倚"。
⑧ 集作疑：《文苑英華》此注作"疑作麾"，"集"當爲"疑"之誤，楊慎未必見陶翰集。
⑨ 斯文：原作"私矣"，據庫本、《文苑英華》改。

才,有如是志,且流落未遇,風塵所已疑①,謂天下無否泰,無時命,豈不謬哉②!翰讀古人文,見《長楊》《羽獵》《子虛賦》,壯哉!至廣漢城向三千里,清江夤緣,兩山如劍,中有微徑,西入岷峨,有奇幽③,皆感子之興矣。勉旃!故交不才,以文投贈。

送張玄武序　　　　　　　　　　　　　　　　　　（唐）元　結

乙未中,詔吳興張公爲玄武縣大夫,公舊友河東柳潛夫、裴季安,扶風竇伯明,趙郡李長源,河南元次山將辭讜言,悉以言贈。上有勸仁惠、恤勞苦之風,下有惜離異、戒行役之諭。一作"論"。

元子聞之,中有所指:"國家將日極太寧,垂休八荒,故自近年,兵出滇外。訂者或曰④:西南少疲,是以天子特有命也。將天之命,斯未易然。於戲!蜀之遺民,化於秦漢,純古之道,其由未知。無置一作"智"。此焉,一有"故"字。姑取廢也。如德以涵灌,義以封殖,其教遲遠,其人迎喁,至乎不可,固未必也。則曰保仁以敦養,流惠以懷恤,知其所勞,示其所安,無以醜之,當可然也。"

潛夫聞之,中興不樂,嘆曰:"吾嘗與朋友有四方之異,不甚感人如今之心多。"問其故,對曰:"嗟嗟!子能有是言也,吾故感焉。行有規矣多,無曰我四十於此,無曰我時祿位下哉!"

公乃復曰:"當不失於二公之意,爲異年觀會之方也已。敢戒行役,敢自清慎,終不貽朋友之憂,何如?"

於是醉歌中堂⑤,極樂而已。諸公有贈,遞相編次。

送李彝宰新都序　　　　　　　　　　　　　　　　　（唐）任　華

宗室後進有以學術辭藻著稱者,彝也。少好學,通九流百家之言,善屬文,頗有大節。去年制舉不捷,無何,以書歷抵二相國,論安邊術,由是召試西掖。凡數十百人,彝與莊若訥、高郢同入高等。何垂翅於制舉,而奮翼於西掖哉?蓋道之屈伸,命之通塞,各有時也。執政以彝大人在蜀,故授新都以榮之。彝豈不欲高步臺省,時時與朝廷群公談笑?所以俯就遠縣,蓋爲大人屈耳。

---

① 注"疑"字,《文苑英華》卷七二〇同。
② 哉:原作"焉",據《文苑英華》改。
③ "有奇幽"上,《全唐文》卷三三四注"闕一字"。
④ 訂:《次山集》卷一二、《文苑英華》卷七二一同。朱本、鄒本作"計"。
⑤ 歌:原作"歇",據萬曆本、庫本、朱本、鄒本、《次山集》《文苑英華》改。

秦雲滿天，倏聚忽散，與子分飛，亦爾也。古人別遠，貴於贈言。子昔爲什邡令，蓋鳴琴不下堂而理；今領新都，則異於彼焉。蓋以廬井灰於焚爇之後，甿庶瘡於刀箭之末，樹立存育，洪惟艱哉！況奔衝填湊，晝夜風雨，誅求供應，旬晦山岳。其親庶務，則宜戴星而出，戴星而入焉，其接賓客，則宜一沐三起，一飯三吐焉。此朋友之望也。如月照雪峰，花飛錦江，當有新詩，時復寄來。念之哉，李生！

送張都督赴嘉州序　　　　　　　　　（唐）于　邵①

伊人之平康，由我以專達；否則政弛，人何賴焉。在昔漢宣，永懷至理，思與二千石之良者共之，貞深一作"竟探"。其元，以化天下。非道熙陟降，理際天地，一作"人"。則不可膺是高選。尚書左僕射、冀國公審才以底用，論定而後請，將欲更蘇息，復整齊。且如張公，無出其右，縶受授則爲慘怛。彼嘉陽之人，所益多矣！況學致廣大，心自精微，議道置法②，若示諸掌。一舉雲翼，三十爲郎。分兵領部，義然後取。公以之才大③，時論用小，以今之多艱乎！謂用大則用之大，用小則用之小，在我而已，抑無憯焉。

良用撰吉，輕舟既具。長空青冥，未有黃落。緹騎百從，載旌而前，戈矛生風，左右如武。且犀灘古地，熊阜外虞，通波萬里，並客攸攝④。其無以易者，盍思無邪耶？嘗寮爲心，望此行矣。大幕邀餞⑤，三軍助較，一作"教"。樂只君子，如何可忘。而後利涉信宿，人歸父母。其顏渥丹，下令如春。受教賜知常謀始，不浹年而國賦足，軍實倍。啓迪恢達，爲諸侯雄⑥。

德政序⑦　　　　　　　　　　　　　　（前蜀）鄭　藝⑧

臣嘗讀《唐書》，竊睹太宗每以爲將致治平，必先仁誼，得賢則理，失人則危。可

---

① 唐于邵：原作"前人"，據庫本、《文苑英華》卷七二三、《全唐文》卷四二七改。此篇正文、注文全抄自《文苑英華》，署名偶誤。于邵，兩《唐書》有傳。
② 道：原作"通"，據庫本、朱本、鄒本、《文苑英華》改。
③ 公以：萬曆本、朱本、鄒本、《全集文》作"以公"。
④ 並客：朱本、鄒本作"賓客"。
⑤ 邀餞：朱本、鄒本作"遙餞"。
⑥ 萬曆本、朱本、鄒本此下有小注："全文疑有缺誤。"
⑦ 《十國春秋》卷四四《鄭藝傳》題作《武德軍節度使趙國公徐延瓊碑銘》，《全唐文》卷八九〇題作《武德軍節度使徐延瓊德政碑》。
⑧ 此下原注："孟蜀學士。"按："孟蜀"應爲"前蜀"。《十國春秋》《全唐文》："仕後主（王衍）爲翰林學士。"

鑒格言，足徵邃古。豈不以化馴易服，威束難齊哉！然農戰交修，德刑共舉。將亂也，其政必暴①；將弊也，其風必佻。將圖九合之威，亦賴五臣之佐。苟虞害衆，莫若任賢，視今可以知昔矣。

高祖皇帝以汴賊弑君，唐朝絶嗣，左袒罕聞其歸漢，同聲皆傚於吠堯，上下相蒙，酣爲醉國，寰區之内，億兆無依，競陳推戴之誠，願正君臣之位，難違衆欲，遂啓丕圖，戡禍亂而俟中興，協會盟而歸大國。爲蜀之帝，報唐之恩。

明孝皇帝受命之六年，天清地寧，珠連璧合，肇修人紀，於變時雍。至若皇墳帝典之精，河圖洛書之奥，步驟於羲軒之際，損益於文獻之間，不然，何其盡善盡美之如是也！遂使蠻夷向化，吴越輸珍，麟鳳效祥，草木呈瑞；矧復英賢間出，俊乂羅生。上猶以爲未也，方且思聖父勤求，登用才哲，循名責實，較德論功，沮勸有謀，黜陟不濫。鏨乾締構，允歸睿作之功；壽國陶鎔，必有挺生之佐。式扶昌運，對越上玄。由是中外文武，將相公卿，洎庶尹庶史，各率厥職，奉若天旨。

越正月，武德軍將校吏民、緇黄耆艾等，列狀詣護軍使，請以節度使徐廷瓊德政上聞，願勒碑紀，且以借留爲請。上憂勤庶政，以百姓爲心，凝旒稱嘆者久之。謂翰林學士藝曰：“朕司牧元元，將開壽域，使國內郡縣，治行皆如梓潼，朕何憂哉！夫吏久於官，古之道也，況衆欲之乎！朕既俞其請矣，卿爲我擴其懿實，播無窮之聞，以塞民望。”微臣奉詔恐懼，叙曰：

臣聞龍飛九五，山川效雲將之靈；鵬擊三千，風水運波臣之化。雖復同心同德，雅資十亂之功；乃聖乃神，永賴八元之佐。内則皋、夔協贊，外則方、召專征。神謀且貞，師律具有。兼膺注意，宜屬宏材。此我皇帝之御宇也。丕顯帝圖，顧兹天力，四神踐雪，五老飛星。投綸負鼎之賢，争伸宏業；委輅請纓之士，競奮深機。蕙帳空而明月常孤，蒲輪至而清風自激。猗歟偉歟！雖居宜武之間，未若我朝得人爲盛也。其或家連戚里，身陟齋壇，益揚謙損之風，靡見驕矜之色，功超賈、鄧，政邁黄、韓，有若武德軍節度使徐公，斯可謂一時之英也。

公名廷瓊，字敬明，東海郯人②，即國之元舅也。世緒標奇，門風襲焕，鎮爲峰鼎，用作雄銓。父子則貴比金、張，兄弟則政同魯、衛。騰八龍之聲價，齊三鳳之羽儀③。阮竹皆芳，田荆並茂。金相玉印，各炫晨葩；虎節師壇，共觀晝錦。徒思遍舉，抑亦倦譚。公王父，唐京兆武功縣令，追贈尚書左僕射、太師、高平王，政績頻彰，勳華早振。自激封侯之志，夙垂濟世之名。並西晉殊功，榮聯邸第；南朝雅望，地顯官婚。貽謀各著於承家，致用皆光其佐命。朱輪華冕，豈獨推恩；甲令門風，實先種

---

① 暴：原作“恭”，據庫本、朱本、鄒本改。《十國春秋》作“荒”，《全唐文》作“驕”。
② 郯：原作“剡”，據譚校、《漢書·地理志上》改。
③ 三鳳：原作“二鳳”，萬曆本、朱本、鄒本、《全唐文》作“一鳳”，譚校：“一”當作“三”。按：譚校是。唐薛元敬少與薛收及收族兄德音齊名，時人謂之“河東三鳳”（見《舊唐書·薛收傳》）。鄭藝蓋用此典。今據改。

德。是賢奕葉，孰與提衡①；歷佐昌朝，宜鍾異氣。公中丘會秀，大爽炳靈，幼挺英姿，夙彰雅操。禀說禮敦詩之教②，蘊經文緯武之才。欲紹家聲，遂參戎右。敵國相吞之候，決在毫釐；陰符必勝之機，制於掌握。珥戈寶鼎，門崇八命之榮；玉帳金壇，神授六韜之妙。故能名高大國，業嗣良弓。輕鎮北之無文，恨征南之不武。圯橋靈叟，謂謀略之可傳；汶水神翁，知功名而必立。自繼膺睿睠，兩踐渙符，四封無刁斗之音，千里有袴襦之詠。政成剖竹，擁重執金。掌領孤兒，每驚巡於晝夜；扈隨大駕，遠鎮定於邊陲。纔復六飛，將分雙節。

上以郪城奧壤，潼水名區，粵自艱難，久罹瘡痏，獄市無寄，杼軸皆空。群盜猖狂，幸寇恂之去日；遺黎惟悴，望郭伋之來時。不有改張，何其俾乂？爰求賢帥，式懋雄藩，乃授公武德軍節度使。公攬轡遄征，下車畢理。彈壓豪鷙，封殖疲癃，究本尋源，提綱振領。害於人者，雖大必去；利於人者，雖小必行。嘗謂人曰："法者，政之要也，不可以不峻其堤防；禮者，教之本也，不可以不謹其律度；食者，民之命也，不可以不勤其稼穡；兵者，戰之器也，不可以不肅其號令。率是四者，盡其一心，上可以翼衛朝廷，下可以儀刑藩翰。吾得之矣，爾其觀焉。"

公以管內數多亡命，姑務偷生，久聚萑澤，常為虺蜴。狡穴皆依於窮谷，妖巢各恃於幽林。化之不悛，來而復叛。郡邑虞其蹂躪，路岐苦於敓攘。公密運良籌，周施峭格③，盡投私罟，皆挾禍胎。益其戎兵，誡其強吏，商旅無滯，貢奉罔艱。王尊申京兆之威，龔遂去潢池之患。勞徠罕倦，蕩析咸歸。動有常規，賞無橫費。上勤時貢，下贍軍須。月未及其授衣，士已忻於挾纊。賑其匱乏，釋彼愁顏。幸夜犬不驚，宵魚自放。哀矜庶獄，慎恤惟刑，赭衣盡伏其神明，丹筆立分其情偽。絕加等之聚斂，革無名之征徭。平衡不謬於錙銖，嘉量罔欺於圭撮④。

公又仰稽前古，俯瞰遺蹤，思棄祇闢地之謀，味韓浩屯田之計。膏腴靡棄，黍麥頻豐。夢果應於牧人，利可資於寡婦。貢賦加倍，獻奉相望。又歲別進軍食，因沃潤之鄉，置牢盆之務。商徒繁會，官帑委輸。檢吏通民，機能制用。矯時阜俗，儉以率先。貫天錢而已應星文⑤，認寶氣而已有雄劍。缺。文來奏⑥，課連最聞。蕹本可留，足表富人之術；芋區難並，咸知濟物之方。

公以鳴社嘉辰，繞樞令節，祈聖壽有莊嚴之懇，祝宗祧於降誕之期，自捨俸金，於惠義寺構華嚴大閣。向者公府未完，軍衛莫稱，於是載修輪奐，別創規模。庭架虹梁，門羅虎戟。層樓燕賀，偏增鼓吹之雄；廣廈翬飛，益動旌旗之色。路當衝要，地

---

① 提衡：原作"提衝"，據《全唐文》改。按："提衡"謂相等。《韓非子·有度》："愚智提衡而立。"
② 說：原作"閱"，據庫本、朱本、鄒本、《十國春秋》《全唐文》改。
③ 施：原作"旋"，據萬曆本、朱本、鄒本改。
④ 嘉量：原作"加量"，據庫本、朱本、鄒本、《全唐文》改。
⑤ 應：原作"靡"，據《全唐文》改。
⑥ "缺"字原作正文大字，今改為小字。《全唐文》亦注"闕"。

控都畿。使車晝夜以交馳，候館往來而宿餰。每傾公帑，用餞賓筵。休聲洽聞，靈貺昭感，紫芝三秀，黃犢並生。天唯發祥，地不愛寶，迥掩得禾之異，果符登麥之文。歌德詠仁，言將不足；含和吐氣，樂固難名。"

大矣哉！公之問俗觀風，阜財述職，焉可得而稱也！爵賞既行，中外同嘉，遂冊拜中書令、趙國公，加食一千戶，通前五千戶。

公嶽降標奇，星精稟異，溫如珪璧，郁若椒蘭，智合韜鈐，言無鉤鉅。運籌決勝，荀攸可比於良、平，仗鉞仗威，謝艾足同於方、召。研機照禮，植操資忠。允武允文，多材多藝。軍中講學，馬上注書。揮刀則立睹飛泉，盤稍則惟聞折樹。而又貴不自滿，謙而益光。饗士投醪，延賓比餽。帳下之犀渠貝冑，咸感吮癰；樓中之蠻首蛾眉，寧矜笑躄①。閨門密行，簪組美譚。里巷相觀，風雲動色。宸衷夙注②，寵詔已行。致閫境之允諧，固本朝之是衛。況家豐懿戚，治陟殊尤。心膂連營，蓄雷霆於北落；股肱重鎮，寄柱石於東川。克副分憂，合膺異渥。宜其珉麗德瑩，檢圖功懋。績著擁旄，化行偃草。比屋而乞留侯霸，叫閽而願借耿純。詎可使螭首翠碑，未披文而相質；麟臺彩筆，不寫照以傳神！

臣志慕陽秋③，工非潤色。仰遵睿旨，敢述殊勳。曾無少女之詞，預怯中郎之監。所冀陵遷谷變，尚窺沈水之文；地久天長，永睹生金之字。謹爲銘曰：

　　金行啓運，鼎業鏨乾。麟御瑞紀，鳳舞昌年。層潤浩注，國祚遐延。光凝寶匣，福藹祥編。上喆繼文，皇圖增煥。得一踐義，登三轢漢。懿綱牢籠，大鑪真觀。宗社還資，微明接旦。太虛寥寥，中有元精。麗物爲瑞，麗人爲英。英英徐公，爲甿而生④。膏脂不染，獄市無驚。智勝兵強，化行民附。屢立奇功，繼膺寵數。帝念徐公，聿齊其務。乃睠梓潼，並有饒賦。公至若何，時雨霢霂。枯苗耀穎⑤，涸徹騰波。摧姦禁暴⑥，劉弊止訛。襁負而至，動植興歌。八政何先，以食爲天。臥鼓勸農，免冑服田。耒耜接肘，簦笠摩肩。閭閻風靡，稼穡雲連。衆害既去，纖惡皆除。頒宣化育，愼恤刑書。徽纏自朽，囹圄常虛。輕徭薄斂，政協蒲蘆。老安少懷，遠至邇肅。風雨時若，家給人足。戶溢版籍，賦登公牘。儲峙孔多，貢輸相屬。神明之正，誰爲之師？公之俱美，福祿攸宜。位隆鳳沼，恩注龍墀。梓人頌德，天子嘉之。爰命荒虛，奉揚馨烈。揚子神疲，江生思絕。涪水東注，銅山西揭。帶礪無期，永

---

① 躄：原作"躄"，據庫本、朱本、鄒本、《全唐文》改。《左傳·宣公十七年》："晉侯使郤克徵會於齊。齊頃公帷婦人，使觀之。郤子登，婦人笑於房。"杜預注："跛而登階，故笑之。""笑躄"指此。躄，跛也。

② 宸衷夙注：原作"宸中風注"，據庫本、朱本、鄒本、《全唐文》改。

③ 慕：原作"暮"，據庫本、朱本、鄒本、《十國春秋》《全唐文》改。

④ 甿：原作"士"，據萬曆本、朱本、鄒本、《十國春秋》《全唐文》改。庫本作"國"。

⑤ 耀：庫本、朱本、鄒本作"擢"，《全唐文》作"濯"。按：作"擢"較勝，擢穎謂抽穗。

⑥ 摧：原作"推"，據庫本、朱本、鄒本、《全唐文》改。

旌賢哲。

送彭學士序 彭名乘，華陽人。　　　　　　　　　　　　　　　　　　　　（宋）范　鎭

　　蜀當西南陬，曰輿坤。坤爲文、爲臣，故世有方正柔静之士作①。西漢時，司馬相如始以文章顯，而後王褒、何武、揚雄，事業著於篇。唐陳子昂用古道振，而時文於變。意者岷峨蘊精，江漢畜靈，須其時克生其人乎！

　　祥符四年，宋興五十二載矣，是邦人新去兵革之苦，始漸聲教之學②，而隴西集仙公以道藝行誼登王府。主上紹休，總秉權綱，獨觀昭曠，恢大同之化，罷三互之法，遂有普慈之授焉。縣令前驅，弩鞾甚寵。子弟帥教，檄文不修。里有冠蓋之華，家連序塾之盛。議者謂文翁玉堂、子雲書臺，興儒以來，未有侈於今日者已。蓋聖人用一賢，出一令，觀悦之道，其利博哉！昔楊仲桓教生徒③，上名録者三千；魯仲康選高第，至郡守者數十。異時立本朝，議外廷，絲綸王言，潤色神化，則西州士大夫未量其被教育也。南荆領軍非久留之地，故略而無述。

送馮樞密還朝詩序　　　　　　　　　　　　　　　　　　　　　　　　　　前　人

　　茂州羌，漢冉駹之遺也，距成都十舍而遥，雖羈蜀郡縣，而不以中國之法治之。故其叛服不常，緩則盗邊，急則嘯聚，自昔然也。熙寧九年春，圍茂州④，劫略吏民，殺官兵，劍南諸城騷然震驚。夏四月，乃詔資政殿學士、諫議大夫馮公自渭徙成都以鎮撫之。蜀人聞公之風舊矣，歡喜踴躍，迎擁於道。公既至，則一切鎮以無事。憂者釋然，駭者晏然，隴畝市里，按堵帖息。王師徂征，以誅以懷，巖居澗飲，悉復故處。乃賦田器，給種食，以振業之。莫不稽顙厥角，洗心易慮，要神而誓曰："自今以往，不復敢干王略矣。"

　　公以爲武威即申，文教不可後也。崇飭學校，以紹文翁之隆⑤；講明中和，以追王褒之盛。宣恩德，問病苦。方且與蜀人相安，從其俗以爲遨嬉，曾未暇皇；而蜀人亦欲偃公之休，恃以涵養，以永歲月。

---

① 方正：原作"方政"，據庫本、《國朝二百家名賢文粹》卷一六六改。
② 聲：原作"馨"，據萬曆本、庫本、朱本、鄒本、《國朝二百家名賢文粹》改。
③ 仲桓：原作"仲伯"，據《國朝二百家名賢文粹》改。《後漢書·楊厚傳》："楊厚，字仲桓，廣漢新都人也。……教授門生，上名録者三千餘人。"
④ 圍：原作"闈"，據萬曆本、庫本、朱本、鄒本改。
⑤ 紹：原作"詔"，據萬曆以下各本及《成都文類》卷二二改。

冬十月，即拜公給事中、知樞密院事，圖舊德以急貞賢也①。於是，蜀之在官者及其學士大夫相與采民之言，作爲歌詩序引以獻，曰："公其不終惠吾蜀，而遂東邪！"又曰："公雖東，當澤天下，於何而不終惠吾蜀也？"凡若干篇，以美以歡②，以致其誠愛。慊然若猶以爲未也。《干旄》之詩曰："彼姝者子，何以畀之？"其是之謂乎。公且從容上前，日道其《詩》之所云，興民之利而除其害。則衆君之作，豈特贈離紀別之爲哉，蓋有以補治道而致和理也。

送益牧王密學朝覲序　　　　　　　　　　　（宋）張　俞

虎豹伏於山林，鯤鯨遊於江海，夫以搏擊蕩躍之性，據淵險勢勝之場，固其宜矣。一旦虞焚其澤，漁絕其流，則狂顧駭群，震溢山海，毛介之族，雲擾電逝，豈罟網之設能制其暴哉！況鳴弦張機，動危其性，彼聞鍧然之音，則有覆車觸舟之患矣，豈暇翔擇而後處耶？牧民者亦然。

益爲西南之都會，外戎內華，地險物侈，俗悍巧勁，機發文詆。窺變估動，湍湧猋馳③，豈其性哉？守之者非其道也。往歲三困盜臣之暴，故其民翻然得計。自爾三十載，或政失其養，則緣隙乘險，欲躡前弊而復其怨，得非駭逸之過乎！是以詔教服御，與天下異。

樞密學士太原公，既持其節，鎮其地，運方略以適其欲，宣上德以滋其生，緩征賦以豐其財④，肅刑政以平其枉。逮二年，黎俗淳阜，獄訟寂寥，和氣休聲，溢於道路。俞遂作《蜀侯賦政詩》以歌之。

今我侯以旄節朝於京師，俞適在岐陽。且聞侯之去蜀，其國士大夫，曰兵曰民，咨嗟瞻嘆，千里不絕；好文雅者又競爲詞章，惜侯之行，且頌其用。信謂君子爲龍爲光，有始有卒者也。俞雖流冗，不能忘，乃作詩一百六十言，又爲序以爲送。詩曰⑤：

　　元侯蘊神略，仗鉞靜坤維。道冠九州牧，威通八國夷。金城全失險，鳳鳥自來儀。佩劍涵星斗，牙兵肅虎貔。旄頭沈怒角，彗尾滅長旗。號令昭文物⑥，功庸煥鼎彝。言朝紫微座，將陟上台司。嶽峻神靈氣，風清袞職詩。雙旄浮日轉，四牡逐飆馳。泣道壺漿滿，梯空劍閣危。玉鸞鳴漢月⑦，珠珮照秦姬。過陝懷棠樹，經周嘆黍離。節函龍夭矯，詔檢鳳葳蕤。霽聳浮雲閣，春

① 貞：《成都文類》作"真"。
② 歡：朱本、鄒本作"勸"。
③ 猋：疑當作"焱"。焱爲火花，在此義不相應。猋同飆，暴風。
④ 財：原作"才"，據萬曆本、庫本、朱本、鄒本、《成都文類》卷二二改。
⑤ 詩曰：原無，據《成都文類》補。
⑥ 昭：原作"招"，據《成都文類》改。
⑦ 月：原作"目"，據萬曆本、朱本、鄒本改。

流象璧池。巖廊通夢想，海寓識雍熙。回睇西南國，行謠滿荔支。

送趙大資再任成都府詩序 （宋）文　同

　　上五年秋七月，丞相以成都守臣當更，具所以宜往者名氏陳於上前①，曰："是其職序才業皆可以稱其任②，惟上之所擇者。"上凝神久之，且曰："今海內之蕃域，號爲至重者，舉莫若吾之全蜀。壤土衍沃，民俗豐夥。外之則八國種落賴之以綏輯，內之則四道郡邑倚之以康靖。得人而重，固異他所。須智略沈辯，威惠肅給，厭輿論之所與，慰遐陬之所欲者③，始爲其人矣。我有耆哲，宛在東土，是嘗屢以仁愛明恕撫吾西南之民，其民懷服其信厚，逮今未聞有輒敢一日忘去者。此將煩之再莅於彼，其謂往制，無循襲④。"丞相奉被上旨，乃曰："聖慮所及，度越常議，選委良帥，以遺井絡，遠人蒙慶，不勝至幸。"

　　於是以資政殿大學士召公於營丘。大斾過國，詔趣見上。衆悉謂公輔臣，必以遠解。既對便坐，獨奉天語，雍容啓問，移漏累刻。惟以願得亟裝出都門，並驛臨治，以副上之所以待下之意，訖不以私請自免，以圖便安。遂行。上褒嘉之，馳使勞諭，眷委之厚，無以爲較。

　　先是，公二紀之中，四臨於蜀⑤，蜀人既聞公來，男嘽於道，女讙於竈，皆曰："我之匙箸安於食，而枕簟樂於寢者，不圖今日復因於我公矣。"公既至，簡條目，去苛暴⑥，刷滌梗垢，磨蕩昏瞀，群疑革而冰銷⑦，大擾息而波澄。未逾月，而梁、岷之下晏然已爲樂國矣。

　　同昔者嘗聞之於公曰："夫感物患乎有心，有心則接於物也泥而不博；臨理貴乎無欲，無欲則燭於理也明而不闇。泯諸妄慮，照以正見，則天下之治，安有所謂齟齬而難治者哉？"蓋公素事如此，以爲身術，故入匡巖廟⑧，出殿巨屛，曾不以內外爲輕重，而一以其所無事者爲政治之本⑨。凡取知於君⑩，而獲愛於民者，其將繇此者與。

---

① 具：原作"其"，據庫本改。
② 皆：原作"者"，據庫本、《丹淵集》卷二六改。
③ 陬：本集作"氓"。
④ 本集"無"下有"或"字。
⑤ "四"字原脱，據本集補。
⑥ 暴：原作"異"，據本集改。
⑦ 而：原作"面"，據萬曆本、庫本、朱本、鄒本、本集改。
⑧ "匡"字原脱，據萬曆以下各本補。本集作"居"。
⑨ 本集"其"上有"於"字。
⑩ 知：原作"之"，據萬曆以下各本及本集改。

同常欲有所論譔，以紀公之休懿。會赴官興元①，道出門下，公因授以送行詩一篇②，俾同爲之序。同乃述上之所以復用公於蜀，與公之所以得蜀人之歡心者，題其篇首。詩自韓魏公而下，凡若干章云。熙寧六年上元日謹序。

代送席帥序　　　　　　　　　　　　　　　　（宋）楊天惠

上即位之七年，詔以吏部侍郎席公爲顯謨閣直學士、知成都府。少遊蜀道，登鹿頭，望雪嶺，沿雁浦，尋江源，彷徨周覽山川形勢，而得其豪傑耆舊主名與其風謠氣俗之詳。及是命，固樂與西南爲不朽事。既練日，即引道。而蜀人亦以公名卿子，清毅有故家風度，必能舉廣漢遺烈，倡方面之治。於是開府之日，小大趨令，民各順聽③，亡所抵牾；老姦宿惡，閉門束手，念自淬厲，求爲柔人。而益、利兩道二十餘州，水芸火耨、山行野負之氓，咸足生理，抃喜盈望，如公戶摩撫而人勞苦者。蓋公設施百未一二，而治功已如此矣。公遂勤成之，行之不變，凡幾年，治益進，功益章。

天子以公名實相應，果可用不疑也，亟下璽書召焉。方坐宣室，開延英，從容賜對天下事。因空紫樞，闢黃閣，以時贊揆④，無不宜者。回視前日風憲之拜，銓衡之遷，猶不足淹步武；況牧伯之寄，岷、益之遠，是尚能延騑馭耶？

某，節下小丈夫也，試吏小邑，幸得操簡書、受約束於幕府。公不知其亡狀，時賜之坐，訪所欲言。某亦瞯然，思自單竭。陳義未竟，公必知其所以然；至乃未言而蒙識察，不竭而承知遇。士大夫竊怪之，而公處某，常自若也。今公還朝廷，某賤，不及從。迎計歲時⑤，不即獲侍，如出骿嶸，暴露於谷，如去清陰，履霜於野，其何恃而安⑥？雖然，鼎鉉之才當爲巖廊重，圭瓚之器宜爲宗廟珍，以一方不可獨留也，某小子寧能久怙耶？用是自決無恨。望秋風已壯，嚴召方急，某願公以天下之重自重，而不敢有所祈。謹抗手抑首，遷延而辭避。

送成都席帥序　　　　　　　　　　　　　　　　（宋）王　賞

席公治蜀之五年，詔書移鎮平涼。賞送別於升仙橋上，而言曰：契丹，大國也，

---

① 興元：原作"興言"，據朱本、鄒本及本集改。
② 篇：朱本、鄒本作"編"。疑作"編"爲是，下文云"詩自韓魏公而下凡若干章"，是文同所序之送行詩決不止"一篇"。
③ 民：原作"名"，據庫本改。
④ 揆：原作"授"，據朱本、鄒本改。
⑤ 迎：上引作"逆"。
⑥ 何：原作"可"，據庫本改。

中國奉幣交歡爲兄弟；靈夏，小國也，臣服於中國。大國富強，其勢爲難動，爲中國之患大；小國迫蹙，其勢爲易危，爲中國之患小。然契丹自澶淵講盟、慶曆再和之後，北邊無狗吠之驚者百有餘年；夏人自元昊以來，服叛不常。五路宿兵，而内引百群爲助①，敗兵蹷將、困於飛輓者累世而不息。此其故何也？今日契丹破滅，議者謂西方可傳檄而定，是亦弗思耳。以前日之勢觀之，爲患大者反無足憂，爲患小者乃深可畏。無足憂者易亡，則知深可畏者爲難取也。大抵國大則有所恃而不戒，位分太嚴而上下不交，法令太急而百姓不附，故其強易弱。國小則無所恃而常懼，其軍民之勢猶一家也，相恤相救，謀慮日深，故其弱難犯。

平涼四面無險阻，號用武地。若朝廷無深入之計，爲守而已，則可；若欲求朔方故地，則爲執事者不可不慮。古之人欲謀人之國者，必有素定之策。伍員之於楚，分兵以肆之；充國之於先零，持久以服之。夫無謀人之志而使人疑之，拙也；有報人之志而使人知之，殆也；事未發而先聞，危也。況夏人今有脣齒之憂耶？爲今之策，匿形徹備，使之勿疑焉，而後可以有爲也。賞將有深於此者，而未敢言焉。

送符制置被召序　　　　　　　　　　（宋）何　耕

二十五年冬，上召四川制置使符公於成都。明年春，命始至。公以次付使事、府事，理裝戒行日。於是賓佐掾史雜然相與懷公之德，惜公之去，往往有不懌者。獨其客何某，揄袂奮臂，抗聲於衆曰："公召，宜也，已後矣！"

公早揚俊聲，雄辭大篇，甲乙上庠，繹史繙經②，強記洽聞，貴而彌專，老而不休。於時爲耆儒。登車澄清，摘伏糾貪，風烈言言，嚴而不殘，徘徊巴蜀十有餘歲，最後以太府卿總四路之賦，國用以饒，軍無乏食，厥功茂焉。於時爲材使者。蜀道謀帥，帝難其人，峻秩西清，命公往臨。剔蠹治荒，公不敢媮，田婦畔夫③，知公勤勞。於時爲賢方伯。今天子總攬萬幾，躬行福威，舊德名人，登用無遺者。万俟公來自沅州，至之日，拜右僕射，魏公、沈公，相繼起遠外，位政府。公視數公，皆一體人也，顧安能鬱鬱久居此乎！與其利專於一方，孰若澤被於天下？與其擁旄仗鉞爲蕃，宣保障之用，孰若垂紳搢笏，有謀謨規誨之益？故曰：公召，宜也。而吾徒尚何以戚戚然兒女悲爲哉！

雖然，蜀父兄有蓄念於此久矣，不敢徹聲於天子，而敢私布於下執事，公其聽之否乎？自秦丞相當國，逐蜀士如棄梗，無一人綴文石之班，望屬車之塵者。或曰，謂其輕而黨同，丞相惡之，故弗用。噫，亦甚矣！百步之内，必有茂草，而謂蜀之人人人皆輕，人人皆同也，不幾於誣乎！兩蘇公，兄弟也，伯氏以言語得罪，瀕死不悔；

---

① 百群：朱本、鄒本作"百郡"，當是。
② 繹：原作"經"，據庫本、朱本、鄒本改。
③ 畔夫：原作"叛夫"，據萬曆本、朱本、鄒本改。庫本作"販夫"。

而其季淵静木訥,出於天性。蜀國范公與温國司馬公①,平昔議論無一不同;至論樂律,則終身不能相合也。其不輕不同者,亦可概見矣。或曰:蜀地疏遠,丞相忌之,故弗用。此又非也。宰相之用人,當問其賢不賢,豈當計其疏不疏、遠不遠耶?今有橫木於道,當舉以十夫之力,則取諸吾鄰里鄉黨而足矣;至於當舉以千萬夫之力,則取諸塗之人可也;而必曰吾之父兄子弟焉,吾之鄰里鄉黨焉,則木之橫於道者,没世不行尋常。天下之大,過於橫木亦遠矣,而宰相方且惟疏遠之務去,嗚呼,殆哉!蜀父子竊竊然不能忘情於是者②,有以也夫!

側聞万俟公頻年於外,涉艱阻,知情僞,甚熟悉③。今其還,宜必有至公甚盛之觀以懲創前弊④,慰安群心者。而沈公亦嘗爲政於梓、於夔,所至有惠愛,既去,人思之。今公又自蜀以往天下,其意者,將振蜀人於二三公之手乎?未可知也。

公既見天子於殿陛上,退而與万俟公、魏公、沈公論天下事,孰通孰室⑤,孰利孰病,其能漠然無一語於蜀哉?蓋非今日庶政一新,公道廓開之秋,則公雖有欲言之心,而不可以言。非公與沈公在蜀日久,泛觀民風⑥,考論人物之詳,則蜀人雖抱無窮之憾,而不敢以告。語曰:"日中必熭,操刀必割。"蓋言時之不可失也。公行矣,嘗試爲蜀人圖之。

送牟秉常先生序

(明) 周洪謨

予叙郡人物,自漢以來,見史傳者,固非一人。惟宋程公許,忠信孝友,出於天性,史深襃之。特以抗直不阿,故屢遷華秩而輒屢斥。然而公許始終一節,不變所守,雖古直躬之君子,蓋不過焉。

今秉常先生,公許里人也。其才敏迨公許,而直諒亦似之。永樂乙未舉進士,入翰林,爲庶吉士。五經諸子百家之書靡不讀,而過目輒成誦,一時輩行皆多其博洽,自以爲不可及。暨授監察御史,彈劾無所避。未幾有忤,權貴銜之,中以法,謫戍遼東,繼徙張掖,栖遲乎沙漠不毛之地,二十年於今矣。邊帥以下,皆器重之。先生砥礪,日閱經史,至忘寢食,暇則賦詩草書,故其詩益工而草益精。近歲爲邊帥所薦,始復其冠帶,仍給事邊閫。頃之,以公務來京師,既而與故交留詩別,縉紳大夫和之者凡若干首。茲復以使至,乃集詩而俾予序之。

於乎!先生久詘矣,信孟子所謂困心衡慮而又甚焉者也。讀先生之詩,未嘗不爲

---

① "蜀國"下原有"與"字,據庫本、朱本、鄒本刪。按:"蜀國范公"指范鎮。
② 父子:朱本、鄒本作"父兄"。
③ 甚熟悉:《成都文類》卷二二作"甚熟甚悉"。
④ 觀:原作"親",據萬曆以下各本改。創:原作"劍",據萬曆以下各本及《成都文類》改。
⑤ "孰室"二字原脱,據《成都文類》補。
⑥ 泛:原作"凡",據朱本、鄒本改。

之於邑。而觀者或悄其悲悽之至，殊不知三百篇之可以怨者，皆出其性情之正而無尤焉，先生之詩亦猶是爾。古之君子，內舉不避親，外舉不棄讎，安得若人者起先生於荒陲乎！況今上勵精致理，下詔求賢，不棄側陋，倘有薦者，則束帛之徵在旦夕焉。因書此以識別。

全蜀藝文志卷之三十三①

記甲

南門記　　　　　　　　　　　　　　　　　　　　　　　　　　　（唐）張延賞

崇高莫大於君，尊嚴莫大於父。君有覆燾，父有訓育，逮於夷貊生知，禽獸性感，不俟教解也。而肖形之內，戾氣間存，觸瑟生災，夢牛成患，何代不有，可勝言哉！賊朏焚門②，亦由是也。族滅門覆，為愚者鑒誡，所以書其所由來；其餘則詞存於左右壁矣。興元元年記。

創築羅城記　　　　　　　　　　　　　　　　　　　　　　　　（唐）王　徽

皇帝改元之六年，諸道鹽鐵轉運兼鎮海軍節度等使、開府儀同三司、檢校司徒、同中書門下平章事、燕國公高駢奏："臣前理成都，築大城，請紀其事。"上命翰林學士承旨臣王徽授其功狀。臣徽承詔，再拜上言：

夫外戶不閉，雖前聖之格言；設險以居，乃有國之雄制。用是則光昭振古，勢讋遠夷。不有高墉，曷稱巨屏？我之奧區，粵惟井絡，繁阜昌熾，標出宇內。先是蜀城既卑且隘，象龜行之屈縮，據武擔之形勝。里閈錯雜，邑屋闠委，慢藏誨盜，城而弗羅。剸乎西束江山，南控烏滸，疆理頗洞，密邇③。舊貫因循，日居月諸，殆逾千祀。漢魏以還，英豪迭處。至若公孫述之桀黠，諸葛亮之經營，曾不指顧留心，乘機制禦。斯蓋天藏盛烈，神貯嘉謀，俾集元功，式耀雄武。

自二紀以降，邊部戒嚴，有虧懷柔，或阻琛賮。雖負山川之險，且乏金湯之固。上顧相臣曰："朕以不德，化罔被於四夷。惟是西南，載罹俶擾，深軫予衷，將若之

---

① 朱本、鄒本此卷分為上、中、下。
② 朏：原作"咄"，據朱本、鄒本改。按："朏"字是。《資治通鑑》卷二二九：唐德宗建中四年十一月："劍南西山兵馬使張朏以所部兵作亂，入成都，西川節度使張延賞棄城奔漢州。"胡三省音："朏，敷尾反。"明非"咄"字。
③ "密邇"下當脫二字。《全唐文》卷七九三無此二字，蓋因不成文而逕刪。

何？"丞相進曰："陛下以睿哲照臨，臣輔理，臣不能敷聖澤以懷異俗，俾流毒於益人，臣之罪也。然黃帝有版泉之役，放勳興丹浦之師，周逐獫狁，漢備匈奴。是知猾亂，自古皆有。其所以滌厲梗、致時雍，乃在進任忠賢①，馳驅英雋耳。臣伏見今天平軍節度使駢，即威武公崇文之孫也。威武在元和中，屬閩以蜀叛，憲祖殷憂，擇其所以代之者，由是允膺聖獎，能以部兵復梓州，統大軍平玉壘，大節大忠，焕乎典冊。駢能不墜其業，益大其門，既席勳烈之資，克善匡扶之志。材超衛、霍，氣蓋關、張，忠孝兩全，河山繼誓。聿修厥德，自成名家，馳譽石麟，焯有美稱。出守天水，邊塵不驚，戎律既申，將略克舉。俄而交趾淪陷，有命遄征，既復土疆，遂錫鈇鉞。則馬援銅柱，楊僕樓船②，步驟之間，莫得倫比。固以威張惠浹，後勁中權。五年於兹，海波不動。朝廷方期拔用，不可久留，爰命徵還，彌增寵澤。時屬龐勳始潰，鄆方未寧，駢則再登帥壇，復開將幕。士絶朝饑，犬無夜驚；威加鄰部，化敷屬城。相印以之疇庸，和門爲之增氣。恭以憲宗録崇文定蜀之勳也既如彼，陛下念駢復交理鄆之勤也又如此，俾榮舊履，重建高牙，必致師貞，可期俗阜。"上曰："俞，爾惟代天其行之。"於是詔駢復以丞相擁節，去汶陽，趨錦里。

至則詢問疾苦，樹置紀綱，巡按封域，周覽郛郭。且曰："夫療疾者必在藥乎心腑，然後可以堅四支；植木者必嘗澤乎本根，然後可以茂柯葉。今城之於蜀，其由心乎，其由本乎。則知不理於近，曷能致遠？不固其内，安能保外？未有不謀而能成，不壯而能威，不勞而能逸者也。"於是擇將量財，拓開新址，分命支郡，以令屬邑，乘時就役，靡不適中。吏不敢欺，人不敢怠，峨岷之下，忻忻子來。昔梁伯亟城，人疲弗處；子囊築郢，見誚於時。曷若駢能度其宜，樂用其土，圖難於易，去危即安，環以大城，用冠諸夏，其功固已相萬矣。

惟蜀之地，厥土黑黎，而又磽确③，版築靡就。前人之不爲，非不爲也，蓋不能也。惟駢果得衆心，克成大績。鳩工揆日，不愆於素，十旬之中，屹若山峙。南北東西凡二十五里，擁門却敵之制復八里。其高下蓋二丈有六尺，其下廣又如是，其上則衺丈焉。陴四赤④。斯所謂大爲之防，俾人有泰山之安矣。而甓碧塗堊，既麗且堅，則制礎飾顛，又奚以異？其上建樓櫓、廊廡，凡五千六百八間。榱桷櫛比⑤，闤闠鱗次。綺疏挂斗，鴛瓦凌霄。若飛若翔⑥，如偃如仰。栖息烏兔，炫熀虹蜺。龍然而縈，霞然而橫。望之者莫不神駭而氣聳，目眙而魂驚。其始也，咸謂冥助，似非人力。其外則繚以長堤，凡二十六里。或因江以爲塹，或鑿地以成濠，則方城爲城，漢水爲池，又

---

① 在：原作"再"，據萬曆本、庫本、朱本、鄒本及《全唐文》改。
② 楊僕：原作"楊業"，據庫本、朱本、鄒本及《全唐文》改。《漢書·酷吏傳》："楊僕，宜陽人也。……南越反，拜爲樓船將軍。"
③ 磽确：原作"蹺踊"，據庫本、朱本、鄒本改。《全唐文》作"墝埆"。
④ 赤：庫本、朱本、鄒本、《成都文類》卷二四、《全唐文》作"尺"，二字通。
⑤ 榱桷：原作"榱招"，據庫本、《成都文類》《全唐文》改。《文選·景福殿賦》："榱桷緣邊。"榱、桷均指屋檐前木板。
⑥ "若飛"二字原脱，據萬曆本、朱本、鄒本、《成都文類》《全唐文》補。

何以加焉。是知摩壘者不復矜其能，擊柝者足以抗其敵，所謂能御大菑，能捍大患者也。其舊城周而復始蓋八里，高厚之制，大小之規，較其洪纖，可得而辨矣。況乎扼束都會，襟帶地形，險易之狀斯呈，強弱之方可見。

自秦惠王疏薙山林，以通中夏。及李冰爲守，始鑿二江以導舟楫，決渠以張地利，斬蛟以絕水害，沃野千里，號爲陸海，由冰之功也。漢文翁置學校，勸人受業，行俎豆獻酬之禮，於是儒雅之風作。洎威武伐叛，擒大憝而新其人，玉石不得俱焚焉，兩蜀至今稱之①。騈之來鎮，肇興武備，俶有禦衝之事，夫然後不爲外夷之所窺矣。惟蜀之人，自冰與翁，自威武暨騈，乃獲佑於天者四，天之於蜀厚矣。長雲斷岸，莫得而隮；古往今來，何嘗能覯。傳不云乎："人保於城，城保於德。"觀騈之政，可謂保城與人矣。向非挺生俊傑，來弼聖神，則孰能建絕代之遺功，創一時之偉迹者乎②！況夫高不可逾，堅不可觸，俯瞰天表，方駕馬足，銷吞稷沴，亘壓咽喉，訖使豺狼耳之而色沮，目之而膽褫，是謂不争而勝，不戰而服者也。

新城成，詔加大司徒，封燕國公，旌殊休也。重以雈苻充斥，荊楚傷夷，遂假威望，玆用底寧。弓矢專征，銅鹽劇任，安危攸繫，一以委之。往哉荊渚③，荊渚既清；又徙金陵，金陵以平。救鄢郢之剽殘，拯江湖之焚溺，期月之内，罔不樂康。若乃考其才，稽其用，所至難息，所施利興，智無不周，技無不達。韜鈐捭闔，固自生知；詩禮幾微，雅當師逸④。雖羽書疊至，應用如神。加以詞鋒莫前，筆力遒勁，屢獻平戎之策，每陳憂國之誠。抑又城府坦夷，器宇沖邃，祿利不盈於私室，夙宵無怠於公家。段熲在邊⑤，未嘗薶寢；羊侃待士，靡顧囊裝。涯岸不可得而臻，波瀾不可得而際矣。所謂社稷柱石，川嶽英靈者也。則知騈如何臣，城如何功。

嗚呼！天贊其謀，地襲其固，非吾君不能用其材，非臣誠不能就其事。故曰：爲可爲於可爲之時，則勳乃見⑥。城由騈而成，騈由君而聲。城既牢矣，人既休矣，宜乎贊盛德之形容，敘勳賢之丕烈。恭以操觚載事，作者爲難，臣非其人，何以稱此。將欲刊諸貞石，寘彼坤維，垂於無窮，期乎不朽。屬詞愈拙，梁翰增慙。銘曰：

　　惟蜀之疆，擁抱岷、梁。斗絕諸夏，裂爲一方。啓達上國，肇自秦強。壯者五丁，導彼青冥。鑿巖而梯，飛棧以行。動猶鳥逝，舉若猿輕。漢人既遷，言語乃通。眇邈千祀，遂參華風。界彼邛滇，靡設鍵關。在古侵殘，爲蜀之艱。唐被聖德，間仍凶慝。猖狂逾紀，吞噬無已。芟獮焚驅，甿不寧居。皇帝踐祚，驚嗟震怒。爰擇藎臣，推轂以付。時惟燕公，撫俗訓戎，碩畫宏規，神輔其衷。經始新城，心術潛形。乃告編人，版築云興。相彼井鄽，觀

---

① 兩蜀：萬曆本、朱本、鄒本、《全唐文》作"西蜀"。
② 迹：庫本、朱本、鄒本、《全唐文》作"績"。
③ 渚：原作"著"，據庫本、朱本、《成都文類》《全唐文》改。
④ 師逸：《全唐文》作"師道"。
⑤ 段熲：原作"段頻"，據庫本、朱本、鄒本及《全唐文》改。按：段熲，《後漢書》有傳。
⑥ 勳：原作"從"，據萬曆以下各本及《全唐文》改。

於封部。調兹郡邑，量其户賦。劃界指期，莫敢逾度。蜀人未安，待城以歡。蜀土方危，待城而威。阡陌繩直，門閭棋布。外聳風雲，内扃貔虎①。卉木葱蒨，麗譙輝映。戎馬夜寧，戈鋋晝静。蜀山巁巁，蜀江滔滔。寇不敢窺，人不知勞。險而不煩，峻而不譁。去來出入，嬉嬉一家。燕公之德，其誰與鄰。燕公之功，式利於人。德入人深，功流不極。勒名天隅，爲臣表則。

中和四年記。

創築羊馬城記　　　　　　　　　　　　　　　　（後唐）李　昊

粵若蠶叢啓國，魚鳧羽化於湔山；望帝開基，鼈靈復生於岷水。然則疏鑿巫峽，管鑰成都，而猶樹木栅於西州，跨土田於南越。其後兼併梁漢，睥睨巴竇。獵騎奔馳，會秦王於褒谷；石牛來去，闢蜀路於劍門。空驚化土之微②，寧獲糞金之利？爰自朔分秦曆，聲接華風，代有雄豪，迭爲侯伯。運當奇特，子陽乘虎踞之機；時遇非常，玄德負龍蟠之勢。若乃張儀之經營版築，役滿九年；楊秀之壯觀崇墉，功加一簣。

洎我唐臨御，聖德昭融。武威雷駭於百王，文德日暉於四海。惟兹益部，扼彼邛關。蒙王肆猾夏之心，坦綽苞亂華之志，時或窺吾卧鼓，覘我韜戎。彎弧學射之山，飲馬沈犀之水。玉帛子女，漂流鑿齒之鄉；珠翠綺羅，散失雕題之域。累朝是忘逸樂，深軫殷憂，夢卜良臣，控彈巨屏。南康王以儒術柔服，教習詩書；燕國公以將略威懷，淬磨斧鉞。息波瀾於錦水，創制度於羅城。逾百雉之恒規，補一隅之闕事。有備無患，庇蜀人以金埔；避狄蒙塵，安僖皇之玉輦。雲蠻稽顙，遣使來朝，航滇河以獻珍，越沈黎而納款。當廟社阽危之際，鑾輿出狩之秋，坐制南荒，終無北寇，乃燕公之力也。

往以玄穹告變，天禄中微，夷門方轉其斗魁，王氏遂分其鼎足。既而莊宗繼絶，皇祚中興，靈旗西指於巴庸，蜀主東朝於伊洛。先帝以初復故地③，方懷遠人，須仗權謀，乃睠勳戚。於是詔飛丹鳳，召何晏於並門；節立蒼龍，封杜悰於井絡。即我太尉侍中平原公分茅金闕，受瑞彤廷。帳移竹馬之邦，輪輾木牛之路。星馳十乘，霧廓三川，宣皇風於上事之初，慰人望於下車之日。且以城邑自經剋復，勢尚搖搖，公來如太華之安，帝寄得磐石之固。益民多福，而遇賢侯。公曠度涵空，英風擴古，襲門胄則重侯累將，保勳榮則帶河礪山，會族而象簡盈牀，奕葉而貂冠滿座。其爲盛也，無得名焉！

頃者以龍戰玄黄，虎争區夏，殺氣晝昏於日月，陣雲霄蔽於星辰，天柱傾敧，海波動蕩，鼓鼙未息，干戈日尋。公是時斡運璇樞，端持瑶鏡，贊神謀於不測，斷人事

---

①　虎：原作"武"，乃唐人避諱改，今回改。
②　化土：原作"化玉"，據《成都文類》卷二四改。《華陽國志·蜀志》："（秦）惠王以金一笥遺蜀王，王報珍玩之物，物化爲土。"
③　故：原無，據《成都文類》補。

以無疑①，獻替經綸，折衝樽俎，決勝廟堂之上，制敵掌握之間，借箸爲籌，舉無遺算。內則翊戴天子，外則承寧諸侯，言正色莊，有犯無隱，成少康祀夏之德，弼光武興炎之功。再造巨唐，削平新室，曆數允集，神器知歸，皆由公叶和元勳，光輔洪業。是知取威定霸，崇文教以興隆；安上治民，修禮容而鎮静②。足以神交旦、奭，事侔平、參③。力致大同，宜亨廣運，以之首揚紅旆，式遏錦川。古有遺機，待乎作者。

公鎮臨之始年，中興之四載也，歲在丙戌，春正月十有一日，杖鉞而至，無何期月，逆帥康延孝自普安竊兵叛亂，矯詔窺覦，犯我鹿頭，營於雒縣，勢將率衆，必寇近郊。公曰："清野待敵，於民何罪；堅壁而守，謂我無謀。"况城雖大而弗嚴，隍已平而可步，衆情憂洶，公意晏如。飛羽檄以會兵，伐林木而立柵。森然族戟④，密邇橫簫，環以深溝，屹如斷岸。五日之内，四面尋周，民一其心，士百其勇。於是精選將領。分部熊羆，電激妖巢，火熏狡窟。一鼓而元兇氣喪，載攻而同惡疲顇。擒鄧艾於轞中，斬龐涓於樹下。長蛇碎首，封豕析骸。獻捷功於王庭，掃逋穢於侯甸。一除牙孽，大定疆陲。公於是提振紀綱，恢宏典法。六條已正，七德兼修。言出令行，家至日見。

未幾，先皇厭世，今上纂圖。聖政惟新，睿思求舊。不改山河之寄，永繫社稷之臣。一年而加珥貂⑤，再歲而升掌武。將軍幕下，列虎豹之爪牙；丞相府中，非鴻鵠之腹背。猶且爵盈而不飲，肴乾而不食，診療生靈，討論獄訟。固以忠爲令德，孝出因心，力奉國家，勤修職貢。睬賮繁紆於劍棧，包茅旁午於玉京，史不絶書，府無虛月。閲其庭實，標出群芳。推晉文尊獎之誠，紹齊桓糾合之業⑥。天子得以居南面之貴，銷西顧之憂。萬里長城，岋然存矣。

公一旦謂諸將吏曰："夫華陽舊國，宇内奧區，地稱陸海之珍，民有沃野之利。郛郭則樓臺疊映，珠碧鮮輝；江山則襟帶牽連，物華秀麗。間閻棋布，鄽陌駢羅。不戒嚴陣，是輕武備耳。亂臣賊子，何嘗不窺；南詔西羌，曾聞入寇。將沮豺狼之意，須營羊馬之城。吾已揣之，衆宜叶力。"

封章上奏，揆日量工，分界繩基，辨方畫址。百城酋壯，呼之響答以雲來；十萬貔貅，令之風行以霧集。杵聲雷震，版級雲排。王猛鷟畚於城隅，傅説飛鍬於巖下。公間日巡撫，役者忘疲，周給米鹽，均頒牢酒。如般五丁之力，纔逾三旬而成。克就厥功，不僭於素。遠而望也，象衆山之迤邐；俯而瞰也，若峭壁之斗懸。掘大壕以連延，增長堤而固護。鵞鳥搏兮可越，武夫勇兮莫干。摩壘者諒之摧心⑦，守陴者由之示

---

① 人：原作"大"，據萬曆本、庫本、朱本、鄒本及《全唐文》卷八九一改。
② 禮：原作"理"，據《成都文類》改。《禮記·經解》："安上治民，莫善於禮。"作"禮"字是。
③ 事侔：原作"士撫"，據庫本、朱本、鄒本改。
④ 族：庫本作"簇"。按：二字通。
⑤ 珥：原作"弭"，據朱本、鄒本、《全唐文》改。
⑥ 紹：原作"詔"，據庫本、朱本、鄒本改。
⑦ 摧：原作"催"，據庫本、《全唐文》改。

暇。舊城崢嶸而後竦，新城嶻嶪以前蹲。勢而言之，若泰嶽之與梁甫；亞而稱矣，若夫子之與顏回。重門開而洞深，危樓亘而翼展。至若八月之江澄寒碧，七星之橋架晴虹，偉乎津梁，成兹壯麗。

公以羅城雖設，智有所虧，重築大敵，鎮於四角。嶔岑挂兔，嶻屼栖烏。儼樓櫓於沉寥，懸刁斗於天表。其東南也，直分象耳，迥眺蛾眉，雲霞斂吳楚之天，烟水送黔夔之棹。其西南也，旁連玉壘，平視金堤，宵瞻火井之光，曉望雪峰之彩。其東北也，樹遙雲頂，氣鬱金堂，雨收而疊嶂屏新，靄薄而重巒晝暗①。其西北也，襟袖廣漢，肘腋天彭，魚龍躍萬歲之池，鸞鶴舞陽平之化。其或碧鷄啼曉，金馬嘶風，擁旄戟以登臨，睹山川之形勝。有以見公心同軒鏡，竄讋鬼神，手秉漢鈞，錙銖造化，能於昭代，樹此豐功。鄙金甌爲漏巵，小鐵甕爲凡器。

其興也已當農隙，其罷也不害蠶時。帝旨咨嗟，王綸獎録。詔書："敕知祥。省所奏，重修葺當府城池，已取十二月一日興功，事具悉。卿寵分玉節，榮鎮錦城，守富貴以無疆，慕功名於不朽，特峻金湯之固，以威蠻貊之邦。況屬年豐，復當農隙。既暫勞而永逸②，仍豫備於不虞③，益見廟謀，允符朝寄。省閲陳奏，嘉嘆殊深。"公猶歸善於君，讓功於下。諸軍馬步軍都指揮使、光禄大夫、檢校太保、守彭州刺史、上柱國李仁罕，左厢馬步軍都指揮使、金紫光禄大夫、檢校司空、守漢州刺史、上柱國趙廷隱，右厢馬步軍都指揮使、金紫光禄大夫、檢校司空、守簡州刺史、上柱國張知業等，家傳義烈，世襲丕勳，托弓而霹靂聲乾，揮劍而魚麗陣破。曹景宗鼻頭火出，薛孤延髭尾烟生④，英毅無儔，智謀咸博。左都押衙、金紫光禄大夫、檢校司空、守蜀州刺史、上柱國潘在迎等，或鼎鍾盛族，或書劍名門，佩鞭執弭以從戎，憑軾搴帷而至理，至於華皓，不墜忠勞。是能領袖雄藩，表儀會府，而皆躬臨卒列，統攝庶工。無楊干之亂行，絕趙羅之辭役，明興晦息，日就月將。巨績告終，群才叶贊。

自天成二年丁亥歲十二月一日起工版築，至三年正月八日畢手。公再飛章上奏，詔曰："敕知祥。省所奏，修治城壕畢功，事具悉。百堵皆興，四旬而畢。亘羅城而雲畫，引錦水以環流。外禦蠻夷，中權帷幄，公家之事，相業可觀。備覽奏陳，殊深嘉獎。"於以表綸綍褒揚之寵，知朝廷倚注之恩。

其新城周圍凡四十二里，竦一丈七尺，基闊二丈二尺，其上闊一丈七尺。别築陴四尺，鑿壕一重，其深淺闊狹，隨其地勢。自卸版日，構覆城白露舍四千九百五十七間，内門樓九所，計五十四間，至三月二十五日停運斧斤。其版築采造軍民，共役三

---

① 巒：原作"蠻"，據萬曆以下各本及《成都文類》《全唐文》改。
② 逸：原作"益"，據庫本、朱本、鄒本及《全唐文》改。
③ 仍：原無，據《成都文類》補。庫本作"亦"，朱本、鄒本作"尤"。
④ "孤延"二字原空，萬曆本作"某某"二小字，據庫本、朱本、鄒本補。《成都文類》作"敬廷"，《全唐文》作"延陀"，均誤。按：薛孤延，北齊將軍，以驍勇著稱。《北齊書》卷一九《薛孤延傳》："高祖（按：高歡）嘗閲馬於北牧，道逢暴雨，大雷震地。前有浮圖（佛寺）一所，高祖令延視之。延乃馳馬按矟直前，未至三十步，雷火燒面，延唱殺，繞浮圖走，火遂滅。延還，眉鬢及馬鬃尾俱焦。高祖嘆曰：'薛孤延乃能與霹靂鬥！'"即此所謂"髭尾烟生"。

百九十八萬工。其執事粮糧，及役罷賞賚、斗支秤給①，緡貫囊裝，其數凡費一百二十萬。其諸將大校，出良駒於皁棧，解重帶於腰圍，選其纖柔，釋其好玩②。曾無顧愛，一以頒酬。其縣大夫及寮佐以下，或賞之器帛，或給以緡錢，咸有等差，不無均普。公即奢從儉，節事省財。馬如羊而不入私門，金如粟而不藏私橐。悉肆公家之利③，盡充王事之資，圖有謂之功，非無度之費也。

公誠欲爲而不載，樸而無文，衆意未然，牆進固請，四民喧闐於衙閫，萬口號沸於階墀。父老曰："公侯政洽神明，慈如父母，前年定延孝之亂，今歲防蠻蜑之虞，盡力城隍，務安井邑，遂使我等保家庇族，養老寧沖。如是者功德在民，憂勤報國，安可不叙述休烈，雕篆貞珉？豈不美歟，何容辭也？"公謂諸賓佐曰："抑聞乘人之約，義士猶或不爲；貪天之功，智者宜然不取。所修邊備，式耀國威，將欲馨臣節於一時，彰帝猷於萬古，殊非己力，難逭人情。誰當游夏之才，請紀見聞之事"？

吴相門牢落，堂構蕭條。翁歸文武之才，明時待問；荀息忠貞之志，暗室不欺。寐酣而白鳳昂藏，梁翰而墨龍夭矯。嗟乎！鄧禹秉鈞之歲，雖慶承家；陸機赴洛之年，不堪觀國。空餘壯節，退卜良知。驅車幸返於故園，提筆謬登於華館。金臺玉帳，敢差俊彥之肩；綠水紅蓮，獲繼鵷鷺之踵。酷慚薄技，莫贊雄猷。杜征南以矜大平吴④，沈碑漢水；竇車騎以章明出塞，勒碣燕山；猶能炳著簡書，發攄功業。寧偕巨制，永固坤維。尚乏黄絹之辭，孰拂白圭之玷。受恩秉命，紀事表年。巍巍乎不騫不崩，何患於爲陵爲谷！

城池記

（明）安　磐

吾州介山水中。西北刊山爲城；東南濱水而堤，堤即城也。城東一水自北來，曰江水；城南一水自西來，曰青衣水；自西南徼外來，曰沫水。三水皆迅急，皆會州東南，皆能爲州城患，而沫爲最，夏秋之交常平城。秦李冰鑿離堆以避其患，唐韋皋鎮蜀時伐凌雲以殺其怒，宋麹紹作斗門以走其暴，凡以節兹三水也。嘗聞之父老云：永樂中，州學在岸南數十步。以今計之，正當中流，決囓遷徙可知矣。正統中郡守段公鑑防以杉栅，成化中郡守魏公瀚障以石堤，自是乃得不徙，州人賴焉者數十年。歲久而木朽，石傾而地削，州人於是復有憂色。

正德六年，安城胡侯準以能名，自維摩移守兹土。屬搗賊亂東北，重以內水之變，州縣戒嚴，吾州人之可憂者又有出於三水之外。侯時調集兵餉，日不暇給，乃別駕秦隴胡侯續宗奉檄修城，城立而盜不敢近。別駕升秩去。雨水壞城十六七，侯曰："予辱

---

① 給：原作"級"，據庫本、朱本、鄒本及《成都文類》《全唐文》改。
② 好玩：朱本、鄒本作"玩好"。
③ 公：原作"分"，據庫本、朱本、鄒本及《成都文類》《全唐文》改。
④ 大：原作"太"，據庫本、《成都文類》《全唐文》改。

守土，其可使兹無城？"乃謀父老，及大參童公瑞、侍御徐公文華，暨磐，曰："予將城焉。"又曰："自用兵來，所在皆城，然輒壞，屢役不止。予將城焉，而俾可久。"又曰："州人病矣，公帑有金，儲倉有穀，予惟藉其力焉。"童公而下咸曰："唯，侯幸惠我嘉人。"乃上其事。總制少保彭公澤、巡撫都御史馬公昊、巡按侍御王公鐄、方伯胡公宗道、大參邵公賁、少參盧公綸、僉憲郭公東山悉從侯議，而郭公主張助成爲尤力。侯乃率執事者矢之神曰："必期率事，無疏緩，乾没者有幽罰。"

八年中冬望日始事，掘地深八尺，萬杵齊下。砌石厚凡八尺，以附於土；編柏爲栅，以附於石；栅之外仍衛以土石。自栅而上，東城高凡十有四尺，南城高凡十有六尺，厚則以漸而殺。上置女牆，高凡五尺。延袤凡六千餘尺。凡石必方整，合石必以灰。一石不如意者，雖累數十石其上，必易。如其令者賞，違者罰。人人感侯之義，莫有毫毛苟且爲心者。功半，大水卒至，叫跳衝擊，漫浸者三日，州人相視失色；既水落，城石無分寸動移者。民益歡呼，牽引赴事，或至夜分。重以澧陽汪侯儉受侯代至，亦相與成之，於是兹城凡八閱月而成。其西北二方之未城者，則汪侯之任也。

四方來觀者咸曰："壯哉斯城！未見也。"父老曰："段侯以木，魏侯以石，胡侯實兼之。城如是焉，世世夫何憂！且侯用財當而運謀審，待物誠而集衆惠，又能不畏騰口，成兹大功，不可不記，以垂無極。"因以記委磐，謂侯在州之政皆可書，而兹其大者，故記之。

是役，凡用夫萬人，木工百人，鐵工五十人，石工一千三百人，皆計日而給饟與直。鐵萬斤，柏萬株，灰百萬石，石百萬餘片，運石之舟百艘。白金二千五百餘兩，米一千餘斛。帑儲之外，侯之區畫，居三之一焉。於時別駕南安郭君廣、徽山任君倫、賓贊秦州趙文、峨眉主簿章丘閻惠、威遠訓導茶陵李琮，或參其謀，或理其事，皆於兹城有功。而執事董率之官與民，皆遴選而勤勞者，則以名姓附之碑陰。

梓潼移江記①

(唐) 孫 樵

涪漅於郪，迫城如蟠，淫潦漲秋②，狂瀾陸高，突堤嚙涯，包城蕩壚，歲殺州民，以爲官憂。滎陽公始至，則思所以洗民患。頗聞前觀察使欲鑿江東壖地，別爲新江，使東北注，流五里，復匯而東，即堤墟舊江，使水道與城相遠，以薄江怒；遂命武吏發卒三千，迹其前謀。

役興三月，功不可就。有謁於滎陽公曰："公開新江，將抉民憂，然江勢不可決，訛言不可絶，公將何以終之？"滎陽公曰："吾欲厚其直以勸其卒，可乎？"對曰："飢卒賴厚直，民惜其田以覷得③，不可。"滎陽公曰："吾欲戮其將以動其卒，可乎？"對

---

① 朱本、鄒本自此篇以下分作卷三十三中。
② 潦：原脱，據《孫樵集》卷四、《全唐文》卷七九四補。
③ 覷：原作"顒"，據《全唐文》改。

曰："代之將者必苦吾卒，卒若叛，不可。"滎陽公曰："奈何？"對曰："夫民可與樂終，難與圖始。固自役興以來，彼其民曰：'夏王鞭促萬靈，以導百川。今果能改夏王迹耶？非徒無功，抑有後災。'群疑牽綿，民心蕩搖。前時觀察使欲鑿新江，中輟議而罷，豈病此耶？公即能先堤民言，新江可度日而決也。"滎陽公諾。明日，視政加猛，決獄加斷。又明日，杖殺左右有所貳事，鞭官吏有所阻政者。遂下令曰："開新江非我家事，將脫鄭民於魚禍耳①。民敢橫議者死！"鄭民以滎陽公嘗爲京兆，既憚其猛，及是民心大慄，群舌如斬。未幾而新江告成。滎陽公歡出臨視，班賞罷卒，已而嘆曰："民言不堤，新江其不決耶！"

　　新江長步一千五百，闊十分其長之二，深七分其闊之一。盤堤既隆，舊江遂墟，凡得田五百畝。其年七月，水果大至，雖逾防稽陸，不能病民，其績宜何如哉！

　　滎陽公既以上聞，有司劾其不先白，詔奪俸錢一月之半。樵嘗爲《褒城驛記》，恨所在長吏不肯出毫力以利民；及②睹滎陽公以開新江受譴，豈立事者亦未易耶？是歲，開成五年也。

龍多山記③　　　　　　　　　　　　　　　　　　　　　　　　前人

　　梓潼南鄙，越五百里，其中有山，崛起中天。即山之趾，得徑委延，舉武三十，北出其巔。氣象鮮妍，孕成陰烟。屹石巉巉，別爲東巖。槎牙重複，爭先角逐。若絶若裂，若缺若穴。突者虎怒，企者猿踞。横者木仆，挺者碑植。又有似乎飛檐連軒，櫟櫨交攢，骸撑兀柱，懸棟危礎，殊狀詭類，愕不得視。下有畝平，砥若户庭。攄乳側脉，膏停泓石。俯對絶壑，杪臨蘭薄。仙臺標異，纍石負起。屹與山別，猿鳥迹絶。腹寶而空，路由其中。斷齶相望，攀緣上下，闊然而出，曜見白日。

　　始時永嘉，飛真蓋羅④，人傳晉永嘉中有馮蓋羅者⑤，於此臺上學道焉。蓋羅於此白日上升，今臺下有碑誌存焉者也。玄蹤斯存，石刻傳聞。丹成而蛻⑥，駕鶴騰天。一去遼廓，千載寂寞。澄泉傳靈，別壑絶明。風閑境清，寂寞無聲。嘉木美竹，岡巒交植。風來怒黑，雷動崖谷。山禽巖獸，捷翮互驚⑦。曉吟暄啼，聽之悽悽。迴環下矚，萬類在目。因山

---

① 魚禍：《全唐文》作"魚腹"。按："魚腹"二字勝。

② 及：原無，據本集、《全唐文》補。

③ 《孫樵集》卷五題作《龍多山錄》。

④ 蓋羅：原作"益羅"，據朱本、鄒本、本集、《蜀中名勝記》卷一八、《全唐文》卷七九四改。

⑤ 馮蓋羅：原作"爲益羅"，據朱本、鄒本改。《方輿勝覽》卷六四合州："《圖經》云：廣漢人馮蓋羅煉丹於龍多山之仙臺，晉永嘉三年，舉家十七人飛去。孫樵《龍多山錄》亦紀其事。"

⑥ 蛻：朱本、鄒本、《蜀中名勝記》《全唐文》作"仙"。按：當以作"仙"爲勝，此文句中多有韻，"仙"與"天"叶韻。

⑦ 捷翮互驚：原作"捷翔牙驚"，據庫本、《蜀中名勝記》改。

帶川，青縈碧聯。莽蒼際天，杳杳不分。月上於東，日薄於泉，魄朗輪昏，出入目前。其或宿霧朝雲，糊空縛山，漠漠漫漫，莫知其端。陽曜始浴，徹天昏紅，輪高而赤，洪流散射。濃透薄釋，綿裂綺拆，千狀萬態，倏然收霽。

樵起來而遊，泊車而休，登降信宿，聞見習熟。始曰：山乎，曾未始有得乎！無處夸世釣名者污此巖扃乎！且欲聞於潁陽之徒乎！

導水記

(宋) 吳師孟

蕞爾小邦，必有流通之水以濟民用，藩鎮都會顧可闕歟？雖有溝渠，壅閼沮洳，則春夏之交，沈鬱湫底之氣漸染於居民，淫而爲疫癘。譬諸人身，氣血並凝，而欲百骸之條暢，其可得乎？伊洛貫成周之中，汾澮流絳郡之惡。《書》之"濬畎澮"，《禮》之"報水庸"，《周官》之"善溝防"，《月令》之"導溝瀆"，皆是物也。

按《史記》：蜀守冰鑿離堆，穿二江成都之中，皆可行舟，有餘則用溉。然則成都水行其中尚矣。自高燕公駢乾符中築羅城，堰糜棗，分江水爲二道，環城而東，雖餘一脉如帶，潛流於西北隅城下之鐵窗，涓涓然，潤黷所及①，不能並蒙於一府。歲久，故道迷漫，遂絕，以故氣象枯燥，而草木亦少滋澤。

其五門之南江及錦江，二水之名最著，而渠稍廣，且污潴填閼，或瀲或潐，則編户夾街之小渠可知矣。間有鬱攸之菑②，以無水故，艱於撲滅。曩雖以甕貯水爲備，然器小而善壞，非應猝救焚之具，故水不足用。當平居無事時，遑恤氣象湮塞之生疾，而火菑之爲害歟。

自丞相呂公及今户部尚書蔡公，深惻民患，欲尋故道以達之，而所遣吏，類皆苟簡，不能體二公之意，中作而罷。今寶文王公，勤恤民隱，目睹水事，憪然疢懷③，博訪耆艾④，得老僧寶月大師惟簡，言往時水自西北隅入城，累甓爲渠，廢址尚在，若迹其原，可得故道。遂選委成都令李偡行視，果得西門城之鐵窗之石渠故基。循渠而上僅十里，至曹波堰，接上游溉餘之棄水，至大市橋，承以水樽而導之，其水樽即中原之澄槽也。自西門循大逵而東注於衆小渠，又西南隅至窰務前閘。南流之水自南鐵窗入城。於是二流既釃，股引而東，派別爲四大溝，脉散於居民夾街之渠，而輻湊於米市橋之瀆。其委也，又東匯於東門，而入於江。衆渠皆順流而駛，有建瓴之勢，而無潎潎之虞，回祿之患，隨處有備，又頗得以涑瀚湔濯焉。歲或霖潦，脫有溢溢，唯徹澄槽，則衆渠立潐矣。凡爲澄槽二，木閘三，絕街之渠二；水井百有餘所，而民自爲

---

① 潤黷：原作"聞黷"，據《成都文類》卷二五改。《文選·吳都賦》"林木爲之潤黷"，李善注："潤，膩也；黷，黑茂貌。"

② 之：原無，據《成都文類》補。

③ 憪：原作"擱"，據庫本、朱本、鄒本改。

④ 博：原作"傳"，據庫本、朱本、鄒本及《成都文類》改。

者,隨意增減,不可遽數焉。

經始於仲春,迄成於季秋,言時計功,盡如其素。不妨民田,不勞民力,不逆地勢,而興除亡窮之利害,古之所謂有功德於民者,宜無間然。彼王褒紀三篇之迹,廉范播五袴之謠,乃一時褒德之美言,與夫千載澤民之實惠,可同日而論哉!謹書其事①,以備來者之詢考云。

淘渠記　　　　　　　　　　　　　　　　　　　(宋)席　益

唐白敏中尹成都,始疏環街大渠,其餘小渠,本起無所考,各隨徑術,枝分根連,同赴大渠,以流其惡。故事,首春一導渠。歲久令瀆,遂懈而壅。大觀丁亥冬,益之先人鎮蜀,城中積潦滿道。戊子春,始講溝洫之政,居人欣然具畚鍤待其行。部使者議於臺,邑子之無識者謗於里。令既下②,知不可遏,則又曹耦相與語曰:"未論其他,積泥通遠可若何?先人聞之笑,不為衰止。既污泥出渠,農圃爭取以糞田,道無著留,至秋雨連日,民不告病。士夫交口稱嘆,多向之議而謗者也。

後三十年,益忝世官,以春末視事。夏暴雨,城中渠湮,無所鍾洩,城外堤防亦久廢,江水夜泛西門,由鐵窗入,與城中雨水合,洶湧成濤瀨,居人謹趨高阜地。亟遣官榼薪土塞窗,決小東門水口而注之江,僅保廬舍。又春夏之交,大疫,居人多死,衆謂污穢熏烝之咎。嗣歲春,首修戊子之令,邦人知疇昔便利,無異辭。且補築大西門外堤,役引江水入城如其故,而作三斗門以節之。舊走馬承受廨舍之南,克寧第一營壘之北③,有污池,積水日深,大雨則吞街衢為一池④,行人不戒,誤蹈犯,歲有死者。鑿此地,挹池之盈,以匯於大渠,築短垣以護池岸,茲患遂弭。是歲疫癘不作,夏秋雨過,道無途潦,邦人滋喜。

益謂僚吏:"歲二月循行國邑,通達溝瀆,毋有障塞,此王者之政,今長民之所當務也;且前事可師,獨廢之何?"對曰:"淘渠之令,歲亦一舉行,里胥執府符為醉飽左契爾。如豪舉之室屋,權要之官寺,誰敢掊視其通塞者?編户細人慮不及遠,每早夜叫呼於門,得所欲則去。間有欲問者,患不知其源委,詢諸吏民,各懷私意,莫肯以實告,故因循至此。"益曰:"今歲繪為圖以從事矣,圖可據乎?"皆曰:"圖如不可據,則時雨既降,必有受弊之處。今積陰每霽,衢路如泛掃,是圖之功也。"益曰:"邑之有溝渠,猶人之有脈絡也。一縷不通,舉體皆病。按圖而治之,則纖毫無敢鬱滯者矣。"益刊圖以示後之君子,如有志於民,意誠而令信,於斯圖也,將有考焉。

---

① 事:原作"可",據朱本、鄒本改。
② 下:原作"不",據朱本、鄒本、《成都文類》卷二五改。
③ 營壘:原作"榮疊",據朱本、鄒本改。
④ 雨:原作"南",據上引改。

後溪記

（宋）李　新

大皀之水，由羌域中來，裂地擘山，下合岷水，東分爲沱，西北注成都，離爲内外二江。其一自小橋入都市，有篤淵、建昌、安樂、龜化等八橋跨水上①。高駢廣羅城，徙内江繞浮笮南之萬里橋②，回内江自洛陽門至大東郭，俱匯於合水尾。其後溝洫堙塞，圃亾灌溉，人多疫癘，天災流行，萬井皆涸，不舒不洩，物無精華。

太師魯公曩鎮全蜀，使治水者循大皀之源，得會仁、濯錦二郷使餘之水，自曹公堰導小渠，承以木槽，環武庫至西樓，獨府第有水而城中無水。太師魯公曰："城皆吾家，民皆吾子，一草一木，皆國中之利，而清流不及，何示不廣！"復鑿水溪於閱武堂後，入諸部使者之寺。與凡帑藏所在，園夫衡官，支分派決，均受漏泉之賜，逭前日桔橰抱甕之苦。月墮清泚③，無濁涇數斗之泥；風迴漪漣，過靈河九里之潤。

公相既歸，從帝舜遊巖廊，垂三十年矣。後人簡飢，溪亦不治。今龍學王公，下車布政，諮詢父老，不作新奇，盡循太師魯公之治，數月而政成。浚開後溪故道，水行如昔。邦人驚喜，再還舊觀。且楚蔿掩爲司馬，鳩藪澤，數疆潦，規堰瀦，町原防，以授子木，君子猶以爲禮。是溪之成，忌者惡修，怠者不修，乃指爲燕遊張本。夫不知光澤一方，備預後世，前人自有妙意。某，江山襥魄，老不能書事，概論始終，以待久遠考究云④。

梓州中江縣新堤記

（宋）文　同

縣爲江所環，因名之。其源蓋出於綿之龍安鹿爬山，初若二帶，其深財漸車，至神泉，始與諸谷潢水會爲一。西至於羅江，南至於陽平，匯東南，復吞旁流，乃浩漾爲洪波，浮於縣之西郊。歷坤隅，勢頗壯猛⑤，南注⑥，折而東。斗且闞，遂麿擊左岸。土垚善崩，歲歲内蝕，若刳以刃，若掃以帚。邑人懦恐，弗安厥居。

治平二年春，河内廖君子孟爲之令。將解去，尚訪遺敝及此，即行視，嘆曰："是將禍於後者，失吾不爲⑦，地陂而民魚有日矣。"於是料材課工，趣之成期。補完墊

---

① 上：原無，據《跨鼇集》卷一六、《成都文類》卷二五補。
② 内江：疑當作"外江"，即今成都南河。下句乃說内江（即今繞成都舊城北至城東之府河）
③ 泚：原作"疵"，據朱本、鄒本改。泚，水清也。
④ 此下本集有"年月日記"四字。
⑤ "勢"字下，《丹淵集》卷二三有"下"字。
⑥ 注：原作"汪"，據庫本、朱本、鄒本及本集改。
⑦ 失：原作"夫"，據本集改。

漏①，填築堅垍，以循沿而推軋之②。其夏大雨，泽潦累集，至此力不勝，乃逶迤讓行③，復走故道。積填累塗，隱爲金堤，望之峉然，直偃橫斷。

初，民來觀，萬首如蟻，朋行旅聚，謹謀踊躍，詠踊令德，老稺一口，且曰④："秦之冰，唐之兼瓊⑤，嘗以水利遺民⑥，民至於今神祀之。吾廖君殄水害於吾邑，吾邑之人又將何以報之哉？謹當誡告子孫，即其地以祠，世世不敢忘也。"君聞之，笑曰："過矣，此非所以盡吾之所爲者，曷足以云爾之德耶？"貢士賈汝奇等二百人，遷然進而言曰："夫古之賢者，凡是建立，豈與夫蒙其利者必固徹其所以見思者耶？蓋仁惠浹人，其久逾深，雖欲已之，自不能矣。竊謂君之懿迹，與古何愧，當附之金石，以信於萬年。"君又笑曰："過矣，愚何敢當此⑦。願毋言，謹以謝諸君。"汝奇等退，以圖以書，詣余求文，其言具如此。余受之，曰："是可紀也。"乃爲論次其所以云。

堤凡大小五，其長共百三十七丈，高一丈，廣倍其高。用人三萬，計日四十五。堤既成，無有一人議之曰不可者。噫，如君者，賢令矣！

梓州永泰縣重建北橋記　　　　　　　　　　前　人

上即位之明年，永泰縣重建北橋。既成，其令郭君經與其佐史君潤辭有請於邑人文同曰："經、潤辭不佞，竊廩食於此，伏自念終無以施短才、立異效⑧。鄉者議與斯民興是役，以利其往來，此前人憚勞畏譏、久而不克爲之者。工今休矣，問諸左右，約諸所以調用，民實不艱其供，而咸謂其且當然者。經、潤辭輒不愧，宜具文紀其上⑨。敢以累執事，庶因之以傳乎亡窮、經、潤辭幸矣。"同曰："唯唯。二君之治端，幹明以潔，使人謹⑩，以聞之長老，舊無有也。均繇賦，平訴訟，它人蓋亦有能之者，夫何足書。是舉也，同嘗觀二君之爲，乃有志於行，愛惠之深者。勞躬率心，旦夕斁勵，暴外風露，曾不以懈。勤王事，恤民隱，古之賢吏，凡不過此，是可書爾。二君雖不見屬，同亦將件次休績，揭諸華表之末，以視於後人；況二君所以來之意誠且愿耶。"謹不避遜，爲之詞云：

---

① 完：原作"垣"，據本集改。
② 循沿而推軋：原作"循公而推乾"，據本集改。
③ 逶：原脱，據萬曆本、朱本、鄒本及本集補。
④ 且：原作"其"，據本集改。
⑤ 兼：原作"廉"，據朱本、鄒本、本集改。兼瓊，指唐劍南節度使章仇兼瓊。
⑥ 遺民：本集作"遺蜀民"。
⑦ 敢：原無，據本集補。
⑧ 以：原無，據《丹淵集》卷二三補。
⑨ 具：原作"其"，據萬曆本、朱本、鄒本改。上：庫本作"工"。
⑩ 使：庫本、朱本、鄒本、本集作"便"。按：作"使"字勝。

維縣爲梓之所領，西上府治蓋百有三十里。叢岡沓嶺，圍聚邑屋①，疆輅蹙陿，號最險下；然賓旅還過，此焉要隙。大氐閬中、清化、始寧、符陽諸郡所仰二川産殖，繒綿絺紵、荈茗、刺繡、雕刻、鏤冶之物②，與所市易牛、臝、羊、羶、絲、繭、椒、蜜之貨③，日夜旁午絡繹，它負臝揭④，抗蹄裂肩，如水上下，故北出之道，趾踵相織⑤。近郭有澗，自東迤西，橫匯曲決，峭絕傾斷。自昔經制，有橋甚偉，以利其涉，逾五十祀。至和甲午，夏潦洊溢，遠溪逆讓，噎㴋不寫，鐫庲隉岸，級礎崩納，角楹翹虛，群版散墮，日敲月陷，以至大壓。庸吏數易，一不省問。人擠溝，馬還濘，間則有矣。

　　維汾陽君爲令之二年，慈惠宣浹，民實信賴，諸敝已救，回力圖此。因倡於衆曰："是橋廢圮，爾所痀悼，予其爾復，謂予何者？"萬口一和，令謀我協。不煩令指，願進諸辦。材糧交委，日謁就事。於是集斤鋸，會錐鐥⑥，治木伐石，均功授巧。維武昌君適調此尉，喜相厥役，與令鳧藻，昏旭臨視。犒饟豐美，作息時節，咸樂其用，無少倦飢。始癸卯仲冬之丁未⑦，訖甲辰孟春之壬子，𣰦棧杇塈，一已絕手。

　　觀其橫虛亙遠，妖矯虹截，鉅載鉤擢，攢扶鎖縮，覺直如削，堅鞏如鑄，厓廉縟緻，阿榮跂竦。湍瀨搪激，無以洶其固；風日掀暴，無以液其壯。百數十年之利，過莫知爾。既而行者止，居者起，田野甿隸，閭閻賈儈，提引稚幼，扶翼耆耋，聯行散走，環擁登降，睨高窺深，嘆息欣喜。如是累日，始肯罷靜。爰有杖者倚柱而歌曰："昔政之鄙，浸以毀兮。今治之賢，倐以全兮。興事以時，罔齎咨兮。取用有度，胡怨怒兮。無貲之仁⑧，濟斯民兮。不朽之利，安此地兮。"

　　同既爲二君委以論譔，以詳言之矣；復取杖者之歌繫於後⑨，刻石道下，以永行人之思。治平元年二月一日記。

通惠橋記　　　　　　　　　　　　　　　（宋）袁　輝

　　益之南，簡之西，陵之北，吾鄉在焉。衝三州之會，民閭僅千室，而商賈輪蹄，往來憧憧，不減大郡。俯市門，有長江潄其址。江出源餘霜山，經龍淵，歷漢陽而南

---

① 圍：原作"圖"，據本集改。
② 繒綿絺紵：本集作"繒錦枲紵"。治：萬曆本、朱本、鄒本作"冶"。雕刻鏤治：本集作"鏤刻髹治"。
③ 羊羶：原無，據本集補。
④ 臝：原作"羸"，據文意改。臝，擔負。
⑤ 趾：原作"路"，據本集改。
⑥ 鐥：原作"鉾"，據本集改。
⑦ "未"下原有"末"字，當是衍文，今刪。
⑧ 貲：原作"貨"，據本集改。按："無貲"猶言無量。
⑨ 杖者之歌：原作"放者歌之"，據庫本、朱本、鄒本及本集改。

趨。岸蹙勢迅，水驟至，即湍悍不可禦。昔之虹梁鶴表，可恃以固者，輒飄蕩無幾。吏苦興廢，雖古遺愛，至是亦多倦色。民病涉久，鄉僧士賢奮然以緣化從事，即舊址架石磴而廣之。巨若鼇背，過者如步堂上。又積石兩涘，翼爲長堤，延亘凡數十尋。經費不貲①，未嘗以聞有司，借民力而功成，水患遂弭。經始於崇寧三年十月甲子，落成於大觀元年二月丁酉。

士賢請鄙文以誌，余戲謂賢曰："凡物載形象，閱時數，寧保勿壞，況石有時以泐。濟凡庸，悟昏瞶，出之沈淪，俾造聖域，其功利孰與是多？"賢曰："若然，豈可無相？亦安用子言爲？土圮木朽，繩絶船危，石且然爾，橋且然爾。吾且妄作之，子其爲我妄言之。"余嘉僧之誠，能遊戲成如是功德，竊願絺繪章句，華艷其事，爲來者勸。適預能書隨計偕，方伯戒行甚邇，聊書歲月云。大觀元年記。

萬里橋記　　　　　　　　　　　　　　　　　　　　（宋）劉光祖

維蜀慕王化、通中國最爲古遠，載籍之傳尚矣。至周武王牧野之誓，史官書之曰"庸、蜀、羌、髳、微、盧、彭、濮人"，則其附聲教，識仁暴，概見於經矣。獨秦見伐，資以取楚，儀、錯之爭是也。而儀城具存至今。自秦置守，李冰通二渠，爲蜀萬世利。今萬里橋之水蓋秦渠也。是則蜀號陸海，蕭何藉之以基漢。漢興五六十載，文翁守蜀，始取蜀秀民，立學官教之，學比齊魯，而司馬相如之文遂擅天下。晚有揚雄氏，續孟、荀之弦於漢之既衰。漢祀中絶，公孫述竊據蜀，蜀人以死抗述者，班班風節，又凛乎東京之首也。其後諸葛孔明用蜀，以仁義公信懷而服之，法度修明，禮樂幾於可復，夫歷周秦兩漢，千有餘年，至孔明而以蜀通吳抗魏②，三分天下，存漢社稷，雖號霸業，實宣王風。蓋孔明學探伊、傅，而迹並管、樂，蜀人到今矜而誦之不忘。

今羅城南門外笮橋之東，七星橋之一曰長星橋者，古今相傳孔明於此送吳使張温曰："此水下至揚州萬里。"後因以名。或則曰，費禕聘吳，孔明送之至此，曰："萬里之道，從此始也。"孔明没又千載，橋之遺迹亦粗耳，非有所甚壯麗偉觀也。以千載之間，人事更幾興廢，而橋獨以孔明故傳之亡窮，其説雖殊，名橋之義則一。厥今天下，兼有吳蜀，朝廷命帥，其遠萬里，蓋受孔明之任以來；由蜀走闕，道亦如之。其於此橋，孰不懷古以圖今，追孔明之道德勳庸，而思髣髴其行事？

侍郎趙公之鎮蜀也③，始至，謁古柏祠，即命葺之。明年，作祠廟於其故營；又明年，新其故宅廟貌。每曰："諸葛公，三代遺才也，用法而人不怨，任政而主不疑，非

---

① 貲：原作"資"，據萬曆本、朱本、鄒本改。
② 至：原脱，據庫本、《成都文類》卷二五補。
③ 侍郎：原作"侍御"，據《成都文類》改。按："侍郎趙公"指趙汝愚，汝愚曾任權吏部侍郎。

天下之至公，其孰能與於此。今其遺迹，所存尚多，而萬里橋者，乃通吳之故事，前帥沈公嘗修廣之，猶陋弗稱，且易壞，久將莫支。"則命增爲石魚，釃水爲五道，梁版悉易以木而屋之。

橋成耽耽，屋成繩繩，嚴嚴翼翼，都人大和會，觀所未有。民不知役，而公亦樂之。風烟渺然，岸木秀而川景麗，公與客登此，蓋未嘗不徘徊而四顧也。雖然，茲橋也，過而弗能玩，玩而弗能思者衆矣；如公所懷，風景抑末耳。神交千古，又安知諸葛公通吳之志，亦未嘗一日不在於中原也乎！

光祖忝公元僚，公命光祖爲之記。記其大者而遺其細，蓋將以大者望公，俾公之功名垂於萬世。若曰橋美名，公又與之爲美觀，非知公者，知公莫如光祖。

駟馬橋記[1]

(宋) 京 鏜

出成都城北門不百步，有橋，舊名清遠，凡自他道來成都者必經焉。清獻趙公所編《成都集記》，最爲精詳。余因究清遠得名之自，則成都有橋七，謂象應七星，獨清遠不與；及究司馬長卿題柱之所名升仙者，乃在數。然其説，謂當在上流五里，今之名升仙者在下流七里，《集記》已疑其非古矣。余謂長卿負飄飄凌雲遊天地之意氣，發軔趨長安時，欲與蜀山川泄其不平，其操筆大書，當於萬目睽睽之地，決不在三家市無疑也。況象應七星之義，其必屈曲連屬，不應升仙獨與他橋相遼絶。陵谷有變移，册牘有缺遺，竊意近時之清遠，即昔日之升仙。不然，九逵之衝，百堞之旁，一杠梁如此，反不載於《成都集記》，何耶？《集記》作於國朝，使清遠之名果得於古，清獻公豈肯略之於簡編之外？余久欲訂正之，而無其因。

先是，橋隸邑尉，邑尉多苟且塞責，疊石編木，工不精良，不惟簡陋，視會府弗稱。歲久石且泐，木且折，勢將圮敗，過者病焉。乃於農隙水涸時，撤而新之，取長卿題柱之語，扁以"駟馬"。因去清遠不經之名，託其辯也；不廢升仙相仍之地，存其疑也。或曰：是則然矣，無亦以貴富期待蜀士耶？曰：余何敢淺蜀士。余所期待，又在貴富外。名當傳信，稽事考迹，曰駟馬爲宜。粵自六丁開蜀，參井岷峨之英靈，恥秦不文德，不忍度劍關者百七十有餘年。至漢文翁守蜀，始振發之。長卿實鍾其英靈者，首入帝京，以雄麗温雅之文動萬乘，震一時。其後蜀士接軫以進者，皆長卿破其荒，議功當爲文翁亞[2]。文翁創興之學，長卿經行之橋，事雖不侔，迹皆不當蕪没。余來成都，學宮敧傾欲壓，已改築棟宇，人謂自成均而下，無此壯觀，似足以侈文翁化俗之萬分。茲建橋以駟馬名，自是長卿之遺蹤亦不泯矣。若曰長卿非全德，不爲蜀士所多，則非余訪古名橋之意也。

橋，石其址以釃水，如堆阜者三；屋其背以障風雨，如樓觀者十有五楹，版其虚

---

① 朱本、鄒本自此篇以下分作卷三十三下。
② 功：原作"公"，據庫本、朱本、鄒本改。

距江底高二十有二尺，其修十有七丈，其廣二丈。甃南北兩涘以禦衝決，翼東西兩亭以便登覽。經始於故歲十二月之戊戌，告具於今歲四月之庚辰①。是役也，取餘於公帑，則民不知擾；責成於寮案，則官無妄費；易名以辯千古之疑，則所傳或不朽。持是以紀於石，尚庶幾無愧辭云。

王公堤記　　　　　　　　　　　　　　　　　　　　（宋）韓己百

梓衿帶二江，歲病泛溢，大抵武弱而患小，涪悍而患大，此王公堤之所以築也。涪脅東山，迮不克肆，蛇行西折，荐蝕城趾，月積歲張，故其患視武相絶。

先是，府牧繼植長堤，橫遏江要，毋使西顧。己未仲秋，一夕暴溢，高出堤背十有八尺，平睨城闉，州民惴恐。江落堤潰，中流之捷蓋僅有存者。閭丘公泳議新厥圖，營度甫畢，以命入覲，謀用中格。今提刑王公通攝府事，躬相其宜，乃度水所向，退依江壖，伐石爲堤。三分其役：臺任其一，凡役之隸於臺者，幕屬董之；府任其一，凡役之隸於府者，職寮董之；鄿任其一，凡役之隸於邑者，令佐董之，部分既定，以次受地，人競於功，不戒而勸。

堤成，北自劉公堤之缺，南自考功堤之址，其長上下總三千六百尺有奇。自是歲十月辛酉，至明年三月癸亥，其程得百四十日有奇。役以工計，凡三萬八千四百；錢以緡計，十分工役之數而一之；糧以石計，五分緡錢之數而二之。堤崇十有六尺，級而兩之，以防圮跌；沿濠起土爲堤，崇八尺，廣稱之，以備泛濫。江獲安行，無所迫阨，寂如循牆，緩驅徐去。堤亦屹嶸延袤，霞截虹卧，堅不可犯。父老縱觀，歡呼舞手，知環城萬室，自今足倚此以爲命矣。

於公虛心體道②，於世無累，植德不計於物，利物不計於功，仁風惠澤，洋溢蜀左，且無幾微見於顔面。是區區者，磨東山之石以侈不朽，於公何有？惟夫規畫之詳，金粟之耗，工役之度，使寂寥無述，來者莫考，是無以永邦人之賜於無窮也。用敢特書，以詔世世俾勿壞。公名勳，字有功，崇慶人，蓋今日西南宿德云。慶元庚申六月初八日，門生、文學掾韓己百記，門生、府簽判許奕書。

灌縣治水記　　　　　　　　　　　　　　　　　　　　（明）盧　翊

蜀守李公冰鑿離堆以利蜀，刻"深淘灘，淺作堰"六言於石，立萬世治水者法，所以制水出入，爲旱潦計者至矣。其用功緩急疏密之序，意自較然。漢晉以來，率用是法。永嘉間，李公嬴深釐之。唐宋承承，世享其利。元始肆力於堰，無復深淘之意，

---

① 庚：原脱，據庫本、朱本、鄒本補。
② "於"字疑衍。

無乃公言不足法歟？假令沙石涌磧，水不得東潤，則雖鎔金連障，高數百尺，牢不可拔，亦何取於堰哉！矧所謂鐵龜鐵柱，糜費幾千萬緡者，曾未幾何，輒震蕩湮没，茫無可賴，方諸籠石廉省，今古便焉者孰得？比來民受其困，宜坐諸此。予竊少之，乃檄有司，置鑺钁鉅藟①，役夫三千，從事灘磧，以導其流，堰則仍民之便而已。顧工多日少，群力告瘁，未能勉其所欲爲，究其所當止如公法云者，恥也。舊刻相傳在虎頭山鬬鷄臺水側②，其旁歲久剥落，索弗獲，慮後之君子無考焉，因磨石重鐫碑側云。

景川曹侯開道浚川記③　　　　　　　　（明）陳南賓

　　梁居荆揚上流，其山連峰接岫，道狹僅容足。其難如登天，行者或四步、五步、六步、七步，乃止憩焉，氣促汗流，竟日不一二程。山谷之水，會而爲川，奔悍奮擊，篙師一失，舟楫不可復救。羌夷憚於輸貢，商旅怯於往來。而捫膺之嘆，鑱崿之意，所以不能已於李、杜之詩之感也。然自有天地，即有此山川，不知其幾千萬年。禹治洪水，別九州，第梁於八。岷嶓之既藝，沱潛之既道，蔡蒙之旅平，和夷之底績，功無以加。自時厥後，若五丁之開峽，李冰之鑿山，亦足尚矣。
　　景川曹侯承天子命來蜀，以開道浚川爲已任。凡東跨永寧，西抵松茂，南接雲貴，北連棧道，分方命官，指畫規略。曰：某水也，若是而導之；某道也，若是而闢之；某石也，若是而鑿之。其思慮皆出人表，官屬奉命惟謹。經始於洪武辛未，訖工於壬申，中以農事輟者凡三月。四塞之險，官屬各有攸司；而永寧、建昌，則又險之險者，侯親視之。運巧思，鑿巨石，通河道④，爲灘者一百九十有三；運土木，塞險阻，以取直徑，爲橋者五十有四。故至雲南大理，西番箐原，其驛鋪皆堅固縝密，不爲一時苟且計，其用心亦勤矣。既而西北皆以成功告，悉如侯指。於是輸貢者無難色，往來者無愁嘆聲。使李、杜生於今日，豈無詩歌以美之哉！
　　噫！人情可與樂成，而不可與慮始。當侯之經營也，衆莫不曰：蜀之險阻，天造地設，自開闢以來，未之或治，今兹之舉，無異於愚公之移山也，徒斃民耳。惟侯不惑於衆人之議，而決諸一心。躬任其責，雖暑雨祁寒不避，以八月之勤勞，而成千百年之利益。智者之所爲，衆人固不識，則聖皇之所特命而責成者，夫豈偶然之故哉！宜勒諸堅珉，以示來者。侯名震，鳳陽人。

---

① 鑺：原作"钁"，據庫本、朱本、鄒本改。鑺，大鋤。"钁"字不見於字書。
② 側：原作"則"，據萬曆本、庫本、朱本、鄒本改。
③ 記：原作"序"，據朱本、鄒本改。
④ "通"上，上引有"以"字。

渠縣重修琅琊四橋記

(明) 吳伯通

渠，古邑也。地介夔、梓之間，而隸於果。凡溯沿三峽，往來於蜀者，或舍棹於萬而西上，或振策自益而東下，必道渠，渠亦蜀之要衝也。其東崇山亘千里，自北而南，渠江循山西四十里與並馳。山中之水，破山傍出，西走而奔注焉。官道出江山間，故多涉溪澗。入渠境，凡涉溪四，琅琊其大者。每山雨，則湍流澎湃，怒號而激撞，橋輒壞阻溺，震駭沾濕，行道病焉。

成化丙午春，洪都秦侯自諫垣出，貳守廣安，道出於茲，目橋之圮，閔行之難，其心惻焉，思濟其難。下車未幾，知承檄往攝渠治。視篆之日，選於衆，舉義官邵君本乾及吳某，以作橋事委之。侯膚敏闓爽，樂易近民，敷政聽訟，既明且恕，務不咈乎人情。浹旬彌月，渠人翕然順之。而邵等忠勤幹固，克濟其謀，悅以先民而鼓舞之。相與捐資鳩工，伐石於山，治以爲梁。琅琊功大費博，其上下三小溪，省三之二。

肇功於夏五月，及農隙也，不逾時而四橋成。侯率邑文學偕往落之。喜邵等之亟於趨事，以能有成功也，賦詩獎之，首尾云："隱隱虹橋卧急湍，平平官道雨初乾。行人欲問經營事，白髮烏紗兩義官。"蓋不有其功，而歸諸下，可謂有功而不德，能謙君子也。

邵不敢居，捧詩謁予山中，爲道顛末，且曰："是役也，勞心者我侯，勞力者我民，吾輩受命，率衆終其事，勞何有焉？願爲記之，以彰我侯之德，我民之良，能相與以濟此遠圖，將鑱之石，使後行之人視其人，以永無忘今日也。"夫子嘗曰："君子學道則愛人，小人學道則易使也。"吾聞其語矣，今見其人也，安可無言？

《易》曰："天施地生，其益無方。"蓋天地之交，陰陽之應，一施一受，氣通德合，故萬物以成。君臣，天地也；上下，陰陽也。君施臣承，上令下從，相交相應，志符道洽，故萬事以成。凡父子、夫婦之相與以成厥家，皆是理也。明乎此而行之，謂之學道。是故以上則愛，以下則順。侯之愛，一生於心，遂發於事，克承君施，而且能令，學道之功，不可誣也。田野之民，初未嘗學，一令之以道，其順上命以共成其事乃如此。道在人心，信其固有而非遠也，獨恨無以咨之者。則凡違令，豈皆民之罪哉！方今聖君大德，猶天施至溥也。哦夫臣工有學焉，有弗學焉，或學焉而不知道，鮮克順承而致之民，以牖其心，使知順上之道。故政事日隳，而上貽國家之憂。豈有他哉，利欲汨其心耳。夫人臣惟利之懷①，則獵取漁奪何所不至，至於怨懟並興，猶昧自反，而概曰民頑，忿疾橫加焉。於是民喪樂生之心，災害作矣。

嗚呼，俗焉敝也久矣，可勝言哉！蓋吾見亦夥矣。若侯是舉，殊異常事，真可以愧衰俗而振厲之也。據《春秋》重用民力，法當得書，而事可訓，又不可不書，故書。

侯，南昌人，名升，字叔熙，乙未進士，刑科給事中，以言事謫官，出貳吾郡云。

---

① 人臣：原作"臣人"，據萬曆本、庫本、朱本、鄒本乙。

中江縣余嶺新道記

(明) 張 翀

中江當兩川、雲貴、秦隴行旅之衝，實劍外劇縣。縣西二十里，有山曰高崖。壁立雲畫，俯瞰群峰，勢與青城、大峨伍。山之麓故有鋪曰雙魚。逾雙魚五里，溪水自北下①，夏秋交，輔以行潦，其悍滋甚。有司者常橋之，號曰高橋。橋西上數里，爲鋪曰飛黃；又上十里，曰方基；又十里，曰走馬。自雙魚而上，逆坂重垠，時相勾連，巨細石鋩，鬲鬲齒齒。行者必擇地，然後可投步，至走馬稍已。又所在乏水泉，當潞暑時，公私往來，無以濟渴，不死則病。循縣西五里，出雙魚之北，歷兩河口、蠻洞，直距方基、走馬之間，一徑弦直，可通轍迹，而少迂回演迤、艱難攀跨之狀。夾徑有井，或寒泉錯出石罅，汭濄曼羨，其聲淙淙，疑所謂井渫不食者。官道不出於此而出於彼，何也？

新建余侯祺來令之五年，不爲苛礉之政，縣以無事。乃屬其士人而告之："吾聞道茀不治，司空不視，涂澤不陂，川不梁，周單子所以知陳之亡也。今官道之利害，前人之智非不能及此，而不肯一舉手；或有意舉手，而奪於群咻，憚而不爲。夫智及之而不爲，不仁；憚於人言而不爲，不勇，吾無以令爲也。茲將捨其迂而就其直，棄其險而從其易，僉其謂何？"皆應之曰"然"。遂以嘉靖四年十有一月庚申，刊木夷穢，鑿兩河、蠻洞之道而通之，下上連延，僅二十里，廣加故道三之一；並徙雙魚、飛黃、方基三亭於形勢之便區。取南之直以易北，不傷於民；撤舊亭之材以爲新，不費於財。首尾兩閱月，厥工告成，而縣之人忘其勞，途之人始得便周行之安也。兩河當高橋上游十里，其患差小，乃廢高橋舊址，改創石橋二於其上，爲橋之空各三。橋之陽爲亭一，不侈不陋，亢爽可喜。榜之曰"仰止"，以休行役之士大夫。

凡所規畫，動適人意，旄倪歡呼②，如出一口。按察使呂君道夫適以入覲，過而嘉之，遂更舊鋪之名雙魚者曰余嶺，飛黃曰平易，方基曰便民，用慰山靈，而視後來君子。於是知余侯之善爲政也。

予方戌罷門，縣博士李載陽不惜二千里走書曰："願有記。"按《周禮》合方、野廬二氏，皆以道路爲職。凡舟車轚互，叙而行之，不使室閡③。而《月令》以季春之月"周視原野""開通道路"爲訓。三代之有司治其職，以待四方之賓旅者詳矣。蓋秉禮立制，而授之官師，細大具舉，而纖悉無恨。此所以爲先王之法，非後世所及也。去古益遠，士之工於取名者，嬴詘之不知，而敝所恃，以侈耳目之觀。其齦齦者視民之利害，恬然不以動其心，媮得避嫌，以苟朝夕。要之，二者其操心之私均也。然則爲

---

① 原重一"下"字，據萬曆本、庫本、朱本、鄒本删。

② 旄倪：原作"族倪"，據庫本、朱本、鄒本改。按：旄倪，老幼也。《孟子·梁惠王下》："王速出令，反其旄倪。"

③ 室：原作"空"，據萬曆以下各本改。

今之吏，能舉事以貽百世之利，非役志以干譽而求益也，而民不以爲病，蓋仁者之勇矣，於先王之法，又深得其遺意，雖欲不記，其可乎？

侯字原貞，宋尚書襄公靖之後，丁卯鄉進士。其興學慎獄，懲姦惠民之政，皆有明法。往歲寧賊之亂，潔身以去，志操凛凛，薦紳間多能誦之者。載陽，雲南趙州人，及典史徐朝進，皆嘗贊是役，法得附書。

平蠶頤灘記 　　　　　　　　　　　　　　　　　（明）安　磐

蜀之灘以千計，戎州之西最險；戎以西灘以百計①，犍爲之蠶磧最險。灘在犍爲西十里，石牙中橫，江水走其上，前壅後迫，勢不得不起而立。衝撞噴薄，叫號怒激，聲聞十數里外②，舟人上下咸默脗重足③、睜目屛氣，以幸無事。一失其勢，輒破壞漂溺不可救。人死是灘者，歲以千數也。昔李冰守蜀，鑿豚崖以避沫水之害④。豚崖在嘉州，犍爲，嘉屬邑也，相去不遠，不應捨之不治。然冰之治水也，多沈犀以彈壓湍急。犍爲故有沈犀驛，豈冰嘗治之而無成歟？抑江流變遷，當時水由他道而無是險歟？不可知也。

正德丙子，蘄陽張公思齊以憲僉行縣，邑人赴訴，萬口一辭。時適有幾公可與事，公進諸生而語之："吾受天子命，官以水利爲名，豈一一利之？去害乃以爲利也。計度安出？"諸生曰："浚其西岸，水折而西，灘其可夷。"公曰："然。吾意如是，驗其同耳。"具事委曲，得俞監臨。監臨者，巡按監察御史盧公雍也。乃卜乃虞，臨江用牲，萬夫齊奮，身自爲督。壅石爲堤，以木爲捍，既鑿既疏，自下而上。時天大寒，雪雨交集，公撤去麾蓋，勞來巡行，率至夜乃息。凡在役者，益感公意，併力趨事，兩月告成。導江之日，人士走觀，空其一邑。歡呼嗟嘆，不圖成功乃至於此。由是灘險遂虛，而夜亦可航矣。

州倅任君倫、邑令王君大衢，於斯役與有勞者，率諸生余恭、周德詣磐曰："代來之險，平之一日，積歲累年，無一舟覆。公功大矣，記其可無？"磐辱公同年，與聞始議，用紀成事，曷其敢辭。聞之：活千人者，其後必大。公之所活，何止千人。大不大，於公無與，而吾人之頌功受賜，家尸戶祝，當與此江終矣。公去蜀之十年，始得次而書之，屬邑簿王君某刻石以垂無極。

---

① 戎：原作"戒"，據萬曆本、庫本、朱本、鄒本改。
② 十數里：朱本、鄒本作"數十里"。
③ 脗：原作"膳"，據《行水金鑑》卷七八改。按："脗"同"吻"，"默脗"謂噤口不言。
④ 豚崖：當作"溷崖"，下同。李冰鑿溷崖見《華陽國志·蜀志》。

城東新泉記

(明) 黃景夔

城東新泉，故泉也。故泉曷曰新？曰：以其故之辱也，始浚之，若新焉。曷曰故之辱？出城東百餘步，大涂之旁，維泉之源，脉長而甘。城中井鹵，人莫汲，汲城之外。東門之人資斯泉，顧獨出石間，僅勺挹，不受巨器。浸漬溪流，泛淖沮洳，牛馬之過，飲之且溲焉①。汲者守泉不得，則於溪，匪注盈汰，澄不可汲，踵踵競次，旱則復於泉。洹冬尤艱，剖冰取，饗人息爨、俟水之至。不及則於北泉，又遠難致。論者咸病東泉云。

予郊行過泉而喟曰："泉哉，泉哉！曷居於此？爾資之深而功不溥，質甚美而蒙不潔，斯非爾泉辱哉！"乃心惻而新斯泉。曷曰"新"？役夫雲集，下具如雨，巉穿嵯斷，深入齒齒，泓然成池。汲者如攜，不次不勞。不獨利東門，城中之人咸汲焉。崇之方臺，庇之峨亭，曲闌四周，靚如閑如。幽蔭寒洌，炙燠之所不及，牛馬之迹無緣而來。觀者顧嗟，不識其故，故曰"新"。

既成，飲亭下，顧泉而賀曰：嘻，泉哉！自有天地，即有爾泉。豈無主翁，咸莫爾顧。兹惟新在我，慶爾泉之遭。謬予理守，罔敢苟安，浚清濯污，託風在泉，竊志焉。抑謂我留情事外，不急簿領，迹亦似之。知我乎，將由爾泉乎！罪我乎，將由爾泉乎！爾乃扁亭曰"城東新泉"，而刻語於石，樹亭中。

---

① 萬曆本、朱本、鄒本無"之"字。

全蜀藝文志卷之三十四①

記乙

唐興縣客館記　　　　　　　　　　　　　　　　　　（唐）杜　甫

　　中興之四年，王潛爲唐興宰，修厥政事。始自鰥寡惸獨，而和其封内，非侮循循，不畏險膚，而行而一。咨於官屬、於群吏、於衆庶曰："邑中之政，庶幾繕完矣。惟賓館上漏下濕，吾人猶不堪其居，以容四方賓，賓其謂我何？改之重勞，我其謂人何？"咸曰："誕事至濟，厥載則達，觀於大壯。"作之閑閎②，作之堂構，以永圖崇高廣大，逾越傳舍。通梁直走，鬼將墜壓；素柱上承，安若泰山。兩旁序開，發洩霜露，潛靚深矣。步櫚複雷，萬瓦在後，匪丹腰爲，實疏達爲。迴廊南注，又爲覆廊，以容介行人，亦如正館，制度小劣。直左階而東，封殖修竹茂樹；挾右階於南③，環廊又注，亦可以行步風雨。不易謀而集事，邑無妨工，亦無匱財，人不待子來，定不待方中矣。宿息井樹，或相爲賓，或與之毛。天子之使至，則曰邑有人焉，某無以栗階。州長之使至，則曰某非敢賓也，子無所用俎。四方之使至，則曰子睍某多矣，敢辭贅。

　　或曰：明府君之侈也，何以爲人？皆曰："我公之爲人也，何以侈！子徒見賓館之近夫厚，不知其私室之甚薄。器物未備，力取諸私室，人民不知賦斂。乃至於館之醯醢闕，出於私廚；使之乘駟闕，辦於私廄。君豈爲亭長乎？是躬親也。若館宇不修，而觀臺榭是好，賓至無所納其車，我浩蕩無所措手足，獲高枕乎？其誰不病吾人矣？玼瑕忽生，何以爲之？是道也，施捨不幾乎先覺矣？"

　　杖之友朋嘆曰④："美哉！是館也成，人不知，人不怒，廨署之福也，府君之德也。"府君曰："古有之也，非吾有也，余何能爲是！亦前州府君崔公之命也，余何能

---

① 朱本、鄒本此卷分爲上中下。
② 閑閎：原作"閑閎"，據庫本、朱本、鄒本、《杜工部集》卷一九改。
③ 於：朱本、鄒本、本集作"而"。
④ 杖：萬曆本此字空。庫本、朱本、鄒本作"杜"。《杜詩詳注》卷二五："杜或作杖。張溍曰：蓋指老友之扶杖者。今按：下有'杜氏之老'，作杜友亦是。"

爲是！"日辛丑歲秋分，大餘二，小餘二千一百八十八，杜氏之老記已①。

夔州刺史廳壁記　　　　　　　　　　　　　　　　　　（唐）劉禹錫

　　夔在春秋爲子國，楚併爲楚九縣之一。秦爲魚復，漢爲固陵，蜀爲巴東，梁爲信州。初，城於瀼西，後周大總管龍門公王述登白帝②，嘆曰："此奇勢可居。"遂移府於今治所。是歲建德五年。隋初，楊素以越公領總管，又張大之。唐興，武德二年詔書：其以信州爲夔州。七年，增名都督府，督黔巫一十九郡。開元中，猶領七州。天寶初，罷州置郡，號雲安。至德二年，命嗣道王煉爲太守，賜之旌節，統峽中五郡軍事。乾元初，復爲州，偃節於有司，第以防禦使爲稱。尋罷，以支郡隸江陵。按版圖方輪，不足當通邑，而今秩與上郡齒，特以帶蠻夷故也。故相國安陽公乾曜嘗參軍事，修圖經，言風俗甚備。今以郡國更名之所以然著於壁云。凡名殊必以國，事建必以年，謹始也。長慶二年五月一日，刺史中山劉禹錫記。

懷崧樓記③　　　　　　　　　　　　　　　　　　　　（唐）李德裕

　　懷崧，思解組也。元和庚子歲，余獲在內庭，常僚九人，丞弼者五。而十數二字集作"數十"④。年間，零落將盡，今所存者，惟余與集無此二字。三川守李公而已。已殁者，西川杜公、武昌元公、中書章公、鎮海路公、吏部沈公、左丞庾公、舍人李公⑤。暨大和己丑歲⑥，復接舊老，聞集無聞字。同升臺階。或纔嘆止興，已協白雞之夢；或未聞稅駕，遽有黃犬之悲。則集無則字。向之榮華，可以悽愴。況余憂傷所浸，疲薾多病，當驚北叟之伏，集作福。豈忘東山之歸。此地舊施集作隱。曲軒，旁隱集作傍施。壖垠。竹樹陰

---

①　已：庫本作"也"，朱本、鄒本無此字。又萬曆本文末有小注云："此篇疑有脫誤。"按：此文實無脫誤。

②　龍門公王述：原作"龍門王公述"。按：王述，字長述，京兆人，西魏封龍門郡公，北周爲信州總管。《周書》卷一八、《隋書》卷五四有傳。今據改。《劉夢得文集》卷二七作"龍門公柘王述"，"柘"字衍。

③　按：懷崧樓在滁州。《方輿勝覽》卷四七滁州："北樓，在郡治後。唐李德裕貶滁州，作此樓，又作《懷嵩賦》。後名懷嵩樓，又名贊皇樓。""崧"與"嵩"同。據此，本文不當收入《全蜀藝文志》。

④　本篇此類校語均爲《文苑英華》卷八一〇原有。按：此文作於唐文宗開成元年丙辰（八三六），上距元和十五年庚子（八二〇）僅十六年，作"數十"誤。

⑤　此爲李德裕原注。其中"已"誤作"及"，"庚"誤作"唐"，並據《李文饒文集·別集》卷七及《文苑英華》改。

⑥　暨：原作"既"，據《文苑英華》改。本集作"洎"。

合，檐楹晝昏，喧雀所依，涼飆罕至。余盡去危堞，敞爲虛樓。剪榛木而始見前山，除密篠而近對佳_{集作嘉。}樹。廳前舊有大辛夷樹，亦爲草木所蔽①。延清輝於月幌，_{集作觀。}留愛景於寒甍②。_{集作榮。}晨憩宵遊，皆有殊意。_{集作致。}周視原野，永懷崧峰。肇此佳名，且符夙尚。盡庾公不淺之意，寫仲宣極望之心。貽於後賢，斯乃無愧。丙辰歲，丙申月，庚辰日，_{集無此三字。}銀青光祿大夫、守滁州刺史李德裕記。

望雪樓記　　　　　　　　　　（唐）鄧袞③

上纘位年，京兆公繇亞荆牧彭，搜鯁治蠱化者，耘而革之，不易節而政成。既而府署亭臺之弊壞者，咸理新之。明年秋，作望雪樓。訖功，俾進士鄧袞銘之：

　　圍蜀之鄙，截如巨砥。厥郡維彭，北西天屏。危碧峭青，戛霄摩冥。鯨跳虯奔，限蠻隔蕃。上排雪峰④，延疊萬重。鶴鷟瑤駢，月積綃鮮。振古不泐，四節一色。皎皓披飄，寒錮陰膠。光涵二水，冷射千里。往哲所嘉，名之玉壘。公來未期，畢完瘵洞。乃於崇墉，作爲麗譙。長材羨工，不伐不徭。趾故規新，不潛不驕。經之浹辰，肇飛迢迢。三伏赫曦，九野如燒。斯焉一登，神滌煩銷。他日徵黃，羊碑邵棠。下客貢銘，永播德芳。

先是，王僕射潛、蕭桂州祐繼守斯郡。二公陶奇撰幽，不乏心匠，於西湖臺島花竹，列殖布置，罔不宛妙；維雪山，彭之殊觀，獨莫經意。豈非天待我公作賞迹乎！昔西漢進儒術，臣多貞方；魏晉扇虛玄，吏采風流。孰若公精六籍，練衆務，蘊張、趙之幹敏，兼王、謝之清雅。辯辭盈庭，奮毫電飛，具牘百幅，歷眸冰釋。前可以折穆之角，近可以挫戴冑之銳，則不止有逸暇覽眺，蓋雄節大旆，師長列侯，方鈞平衡，蕭和神人。

迫期矣，袞不佞，鏡公奇績，覿識士和。望雪不取於澄心瑩目，將以思潔白；登樓不取於櫛清沐曠，在據上睨下。察人之利病，亦敷政之嘉術也。

大中元年九月記⑤。

---

① 此亦李德裕原注。
② 愛：原作"受"，據庫本、本集、《文苑英華》改。
③ 原下有"袞，新都人，其十七世孫曰應午"十二小字注。
④ 雪峰：原作"雲峰"，據庫本、朱本、鄒本及《文苑英華》卷八一〇、《全唐文》卷七五七改。
⑤ 大中：《文苑英華》《全唐文》作"大和"。按："大和"乃唐文宗年號，"大中"乃唐宣宗年號，疑此處"大中"爲"大和"之誤。《蜀中廣記》卷五亦云"大和進士鄧袞"。

益州重修公宇記①

(宋) 張　詠

　　按圖經，秦惠王遣張儀、陳軫伐蜀，滅開明氏，卜築是城。方廣七里，從周制也。分築南北二少城，以處商賈。少城之迹，今並湮没。命郡曰蜀郡。自秦至漢，民户益繁，改郡曰益州。由漢至唐，逆順增損，出諸史牒，此不復言。隋文帝封次子秀爲蜀王，因附張儀舊城，增築南西二隅，通廣十里。今之官署，即蜀王秀所築之城中北也。唐玄宗幸蜀，升爲成都府。唐末政馳，諸蠻内寇，高駢建節，即時驅除。以爲居人圍閉，多縈腫疾，始築羅城，方廣三十六里。清遠江元在州前，築羅城②，開移今所。顧城之大小，足以知四民之治否。朱梁移唐鼎，遠人得以肆志，王建、孟知祥迭稱僞號。乾德初，王師弔伐，申命參知政事呂餘慶知軍府事，取僞册勳府爲治所。淳化甲午歲，土賊李順據有州城，偏師一興，尋亦殄滅。是年降府爲州。危樓壞屋，比比相望；臺殿餘基，屹然並峙。官曹不次，非所便宜。

　　至道丁酉歲，詠始議改作，計工上請，帝命是俞，仍委使守，以董於役。其計材也，先二年討賊之始，林箐陰深，多隱亡命，詔許其翦伐，以廓康莊，得竹凡二十萬本，椽二萬條。賊亂之餘，人多違禁，帝恩寬貸，捨死而徒，又以徒役之人，陶土爲瓦，較日減工。人不告倦，歲得瓦四十萬。新故相兼，無所闕乏。毀逾制將顛之屋，即棟梁桁櫨之衆，不復外求；平屹然臺殿之址，即磚礎百萬之數，一以充足。其計役也，得繫岸水運二千人，更爲三番，分受其事。夏即早入晚歸，當午乃息；冬即辰後起工，迨申而罷。所以養人力而護寒燠也。自夏徂冬，十月工畢。無遊手，無逃丁，所謂不勞而成矣。其計匠也，先舉民籍得千餘人，軍籍三百人，分爲四番。約旬有代，指期自至，不復追呼。由臺殿之土，資圬墁之用，與夫塹地勞人，省功殆半。

　　其東，因孟氏文明廳爲設廳，廊有樓③，廳後起堂，中門立戟，通於大門。其中，因王氏西樓爲後樓，樓前有堂，堂有挾室，室前迴廊。廊南暖廳，屏有黃氏名筌畫雙鶴花竹怪石在焉，衆名曰雙鶴廳。次南涼廳，壁有黃氏畫湖灘山水雙鷺在焉，其畫二壁，洎鶴屏皆於壞屋移置。因名曰畫廳。涼暖二廳，便寒暑也。二廳之東，官廚四十間。廚北越通廊，廊北爲道院，一廳一堂。廚與道院，本非正位，蓋撙減古廊二礎之外盈地所安也④。涼廳西有都廳，廳在使院六十間之中，所以便議公也。院北有節堂⑤，堂北有正堂，與後樓前堂爲次西位也⑥。節堂西通兵甲庫，所以示隱故也。涼、都二廳南列四

---

① 公宇：《乖崖先生文集》卷八作"公署"。
② "築"字前，本集有"因"字。按：此爲作者原注。下同。
③ 廊有樓：《成都文類》卷二六作"廊有厢樓"，本集作"廊有看樓"。
④ 盈：原作"蜀"，據《成都文類》、本集改。
⑤ 有：原作"在"，據庫本、朱本、鄒本、《成都文類》、本集改。
⑥ 堂：原無，據本集補。

署，同寮以居。前門通衢，後門通廳，所以便行事也。公庫、直室、客位食廳之列，馬廄、酒庫、園果疏流之次，四面稱宜，無不周盡。疏篁奇樹，香草名花，所在有之，不可殫記。東挾戍兵二營，南有資軍大庫，庫非新建，附近故書①。改朝西門爲衙西門，去三門爲一門，平僭偽之迹，合州郡之制，允謂得中矣。不損一錢，不擾一民，得屋大小七百四十間，二營不在數。有以利事矣。若俟木朽而後計役，耗官損民，何啻累百萬計。州郡興修，無足紀錄。且欲旌其削偽爲正，無惑遠民，使子子孫孫不復識逾僭之度。

恭以給事聖門，上賢當朝，碩德立言，稽事理，合化元，不虛美，不隱惡，文成筆端，動即不朽，欲瀆實錄，以光遠方。其興修事迹，已述在前②。

給事中、判昭文館事安定梁周翰係曰：

夫九州之險，聚於庸蜀，爲天下甲也；五方之俗，擅於繁侈，西南爲域中之冠也。多獷鷙而姦豪生，因龐雜而禮義盡。故朝廷精求良牧，憂在遠人，每難其材，頗精厥慮。亦時有違咈上意，侵鑠下民，理絲而數棼，澄水而屢撓。公屬賊鋒肆虐之餘，主將驕兵之後，收其污染，滌惠澤以天波，拯其傷夷，示大造於聖詔。萬族有其生意，比屋返其營魂。伊公之推心，合主上素志。顧公府之故治，皆偽政之遺基③，乃削大壯之宏規，俾循列郡之常式。不勞弊於民力，不糜散於國財。未歲云周，民觀驟改。凡視事之所，泊燕勞之堂，寮吏之所休，遊賞之所適，竹樹花卉，所至畢臻。自韋南康驕悍之餘，孟先主僭悖之後，共安其過，習以成風。若今之所營，實歐以合道。輕浮潛厚，凶狡寖仁④，循吏所能，允克皆踐。苟采訪之吏亟以狀聞⑤，而疇庸之恩遄當下霈⑥，參三事之庶政，翊大君之鴻猷，休泰之辰，恢闢益威，乃中外之同詞也。

周翰柴愚有素，顏鑄寧希，自罷禁林，出判上館，漸迫老傅之齒，復多負薪之憂。滯思本微，小才疑盡。遠承延矚⑦，久未稱懷。蓋明公語營繕之源，敘致周密；垂勸戒之旨，通協神聽。止以寵示之文，便爲貽代之式。輒書後係，聊贊元功。時學士侍郎受代歸朝之年，撰行之日，周翰謹述於高碑之陰云。景德三年記。

---

① 近：原無，據本集補。
② "恭以"以下五十一字，《成都文類》刪去，《全蜀藝文志》從之，茲據本集補完。
③ 偽：原作"爲"，據庫本、本集改。
④ 狡：《成都文類》、本集作"忮"。
⑤ 踐苟：原作"苟踐"，據庫本、本集乙。
⑥ 遄：原作"湍"，據庫本、朱本、鄒本、《成都文類》、本集改。
⑦ 承：原作"丞"，據庫本、本集改。

蜀州重修大廳記

(宋) 呂　陶

古之循吏，以郡縣爲一家，視其民如所親之於子弟，待之以忠厚樂易之誠，濟之以勤勞不息之力。事不問巨細，苟可以興作營置，區處辦具，則莫不盡心焉。建校舍，選開敏吏自訓飭之，減用度，遣詣博士；爲學子除更繇，與俱行縣。通渠瀆，廣陂湖，起蕪廢，溉田至數萬頃。躬率儉約，勸督務農，出入阡陌，舍止鄉亭。輕刀劍，重牛犢，鑄田器，教犁耕。親度頃畝，差肥瘠爲三等，立文簿，藏之鄉縣。鑿山通道，列亭傳，置郵驛凡數百里。息省勞役，還集流散，發倉廩以賑凶旱，具葬祭以恤鰥孤。限禮聘之年，施四誠之令，禁嫁娶送終勿徇奢靡。此其事之大者，而爲之甚詳。以至榆薤葱韭①，口有常數；二彘五雞，家有常養。種桑柘，植麻紵，藏果實，蓄菱芡，養蠶織屨，悉有教令。此其事之小者，而爲之亦不略。按古而求，蓋幽公所由之風化，而孟子所謂王道之本者，亦可見焉。是以居則悅服，去則見思，風迹光輝於一時，德聲洋溢於後世。

游茂先之守唐安，抑用此術歟②！虛心以接物，無猜阻疑貳之纍，抗志以莅事，無苟簡滅裂之態。舉大綱以敦治體，親細務以盡下情。自公府至於郊野皆得其歡，知茂先待之如一家也。廳宇之敞久矣，每大風雨，慮至摧圮，政閑事隙，謀以葺之。遠倣諸侯路寢之制，近遵大守黃堂之式，崇卑深廣，舉適準度，他所毀陋，從而一新。樓壘得其高堅，帑庾得其固密。文牘充棟宇，有以謹其藏；賓客庀館舍，有以享其安。敞亭樹以資覽詠，完庖突以備燕饗。凡爲此者，蓋政有餘力而及之，非先後緩急之不序也；民安其居，吾可以議居處之安，非略於大而詳於小也。非以治舍爲逆旅，望望然計吾歲月以去，而不恤其他。客有踐其境，造其門，升自西階③，遊目四顧，雖不問俗，政可知矣。譬如富家巨室，垣牆立而壯，門閎闢而大，奧阼別而正，囷倉廥庫之設各得其當，就而詢之，必有愛其子孫者主焉。一郡之政，何異於是！

予嘗通理此州，知土俗之淳良，羨風物之秀勝，以謂嘉郡齊民，宜得賢守敏政，乃具四美。今茂先之治，大概如此，故予樂爲記之。茂先慷慨有遠度，每以功名自期，豈特區區乎此？他日去而顯矣，人必思之；有讀予文者，亦可以慰思也。

---

① 至：原作"致"，據《皇朝文鑑》卷八三改。
② 歟：原作"歡"，據上引改。
③ 升：原作"外"，據上引改。

新建備武堂記①　　　　　　　　　　　　　　　　　　　　前　人

安危治亂之變，豈不難言哉②！人之情狃常習故，捨先機，取後患，蓋亦多矣。今朝廷所謂外憂者，無如西北，故秦、晉、趙、魏皆宿勁兵爲之用，治軍抗武，於政最先，而天下之勢亦以爲最重。夫重輕者③，天下之異勢，安危治亂所從出，易而無備，則變逆之資也。漢之衰，冀州之兵起，唐之季，桂林之戍叛，禍結不解，乃底滅亡。前轍往鑒，足以懲警。議者知三路之爲重，而不知蜀之不可爲輕，豈善計乎？夫蜀之四隅，綿亙數千里，土腴物衍，資貨以蕃，財力貢賦，率四海三之一，縣官指謂外府。北倚劍閣，險絶天下；東連獞獠④，蟠聚深固；西南皆蠻詔，自古獷強⑤，唐天寶後，嘗與吐蕃並力，以二十萬衆三道入寇，又嘗止成都西郛，大掠華人數萬而南。方其王政衰圮，則姦豪憑險自安，或七八十載不以賦稅歸中國。吾朝混平宇內，恩柔威禦，咸有深意。淳化之際，吏暴於上，澤壅不流，經制燼矣。民心懷危，盜乘而作⑥，起甲午，距庚子，七年三亂。狂夫一呼，群應如響，今日取某州，明日陷某縣，嚮風輒靡，何啻卷席之易。戴白父老，往往猶言其狀，聞者爲之寒心。然則戎防軍政，敢一日廢耶！

龍圖濮陽吳公之開府也，馭兵如民，條教詳白⑦。凡居處飲食之具，與其役任之勞逸，先治以宜，用一厥心。乃度府門之右，作備武堂，所以講師律而訓戎伍也。日練月習，率有定令。數視屢閱，饗勞繼之。金鳴鼓奏，士倍其勇。萬衆旁睨，震動耳目。寔鎮守之重務，氓俗之深利也。

昔晉武既平吳，欲去州郡兵，以衒治安，雖山濤、盧欽力陳大本，以爲非是，亦莫能用。及永寧之後，寇難交起，則郡國無備，不能制。唐穆宗初，兩河既定，蕭俛、段文昌謂武不可黷，乃議銷兵。及燕趙之亂，始募市人以戰，復喪河朔。斯皆固不知變，撥去根本，苟近效，忘遠圖，安能成天下之務哉！蜀無事七十有三年，議者恬然不怪，民尚嬉樂，惡聞干戈。公一旦遠思長慮，而及於此，不獨爲蜀之計，乃爲朝廷計也。始民惡兵，異公之爲，懦夫曲士，從而騰説。逮其久也，則曰"吾將賴之以安"，而説者亦愧悔不敢議。《易》之《萃》："君子以除戎器，戒不虞。"兵法："無恃敵之不至，恃吾有以待。"其公之意歟！

---

① "新建"上，《凈德集》卷一四有"成都"二字。
② 言：原作"合"，據上引改。
③ 夫：原無，據上引補。
④ 獞：原作"種"，據庫本、朱本、鄒本及本集改。
⑤ 強：原作"疆"，據庫本、本集改。
⑥ 乘：原作"盛"，據本集改。
⑦ 詳白：本集作"詳明"。

且魯有治戎之備，足爲世法，孔子序録，附於王言。《春秋》書治兵大閲，雖以義制文，中存奥訓，蓋一國之大事①，謹興作也。堂之成，敢不第叙本末及其歲月云。

熙寧五年三月一日②。

銅壺閣記　　　　　　　　　　　　　　　　　　　　　　　　　（宋）吳拭

府門稍東，垂五十步，慶曆四年，知府事蔣公堂作漏閣，以直午門。嘉祐中，先公簽書府幕事，拭侍行，猶及見閣，以八分大字題其額，曰"銅壺"，巋然南向，一府之冠也。崇寧元年七月乙酉，閣災。政和元年三月乙卯，拭承乏尹事，始至府，視閣故處，累土如臺然。問吏，吏曰："前尹蔣即臺爲門，治材略具，朝廷亦嘗賜度牒，售錢六百萬有奇，尹去弗克成。"問錢與材今安在？曰："材爲他所繕修輒用之，錢則帑官專輒兑費矣。"拭曰："午門即臺門也③，兹唯閣之宜，奚臺之有？"即日便徹累土，圖閣如慶曆時。戒府以本末聞計臺，願給帑官向所輒費錢，檄旁郡市木若石，餘悉從府辦。計使者然之，於是府委倅路侯康國、安侯章、成都譚令愈、華陽趙令申錫、供奉官城外巡檢段希戬、供奉官監養馬務高士若，總領分苀凡役事。拭謂是舉也，非聞諸朝以期限趣其成，則弛而姑置之，猶前日也。亟馳驛以章上，被旨曰可，賜之限者半年。占於龜筮，得九月壬申，於是命工如所卜日。迄十一月戊寅告成。

通閣上下一十有四間，其高一丈六尺有五寸，廣十丈，深五丈有六尺。審曲面勢，丹堊是飾，瓴覆甓甃，厥有彝度。中設關鍵，闔闢惟謹。此邦士夫若稚若老相與讙曰："吾邦之壯觀矣！使地理書而可信，吾邦自是其罔弗吉矣！"

他日，大合樂以落之。酒行，拭語客曰："《周官》：'挈壺以令軍井，挈轡以令舍，挈畚以令糧。'蓋號令不能相聞，故令之各以其物，省煩趨疾，以便事也。然則漏刻之作，《周官》之所甚重，夫豈末務也哉！《齊詩》：'顛之倒之，自公召之。''倒之顛之，自公令之。''不能晨夜，不夙則莫。'則挈壺氏不能掌其職故也。按：閣初置天聖中，燕梓州肅所制蓮花漏於其下。閣災漏毀閲十載，更六尹於兹。今吾閣成，漏悉如燕製，匱一、壺一、泉一、箭四十有八。銅烏逼水而下，金蓮浮箭而上。氣二十四、侯七十二、百刻、十二辰，率是箭而定。凡我將佐，若掾屬、吏士，時其寢興，悉心公家，以弗懈厥職，尚何瞿瞿狂夫之聽哉！雖然，閣成非難，不擾於民者是爲難。上既賜以閣成之期，又慮夫因閣而擾也，乃敕提點刑獄、走馬承受官以警察其事。夫爲民之長而不知愛民，使民不自聊而困於力役，故其官府園觀，卜築締構，殆無虛日，而藻繪鏤刻，窮極技巧，曾不以殫財盡民之爲念。此曹不擊於中執法，不劾於司財，非辜何也？今營閣以嚴漏刻，正《周官》之法，上猶以謂擾則民受弊，德音督訓，至

---

① 一：本集作"亦"。
② "熙寧"句：原無，據本集補。
③ 即：原作"既"，據《成都文類》卷二六改。

申言之。此君等所具聞者。請與君等體上之所以仁民愛物之至意，終身銘之，以庶幾不忍人之政。"

於是客皆起，曰："敢不拜。幸公録今日語，並以屬來者覽觀焉。"

重修西樓記　　　　　　　　　　　　　　　　　　　　（宋）吴師孟

師孟少賤多病，而有登覽之癖。苟有異境佳處，層樓危榭，不問遠近，必往觀焉，然後沈塞底滯、憂愁無聊之思隨望暢釋。故成都樓觀之盛，登覽殆遍。獨西樓直府寢之北，謹嚴邃靜，非參僚賓客不得輒上。每春月花時，大帥置酒高會於其下，五日縱民遊觀，宴嬉西園，以爲歲事。然亦止得到其廡序而已。

自數十年來，柱敧礎墊，鑿枘消脱，震風凌雨，顛壓可慮。常以大木數十叉牙撑扶，行者疾趨，坐者寒慄。蓋無記石可考其所建年代，訪諸耆宿近百歲者，漫不省之。飛梯凝塵，人不復上者幾二十載。更十餘守，重於修完，非牽陰陽，則憚勞費。

嘉祐六年，東平吕公爲蜀守，其明年，顧謂僚屬曰："民有室廬，尚或繕治。以成都總府，事體雄重，爲天下藩鎮之冠，兹樓之名，實聞四方，基構竦壯，復爲成都臺榭之冠。予平生所歷郡國多矣，求之他處，無有也。壞然後修，厥費滋廣。"於是驛獻其狀，旨報曰俞。乃鳩工於營，掄材於場。經始於孟夏，落成於初冬。調費計工，率如其素。高明爽塏，曩觀來復；檐栱翼騫，勢若飛動。又明年春，復爲花時之會。酒半，挹賓而上。凭欄寓目，氣思飄飄，空闊川平，一瞬千里。江山草木，紫翠明潤；宫刹臺榭，四面環向，次第高下，如揖如侍。民居十萬室，棋布目前。遠近之物容，四時之風景，蓋千態萬狀，不可得而狀也①。

南陽公治蜀歲餘，居一日，顧師孟曰："昔我先正忠憲公來鎮此邦，吾得侍行，與伯仲日遊其上。今予獲繼先治，復登此樓，景物依依，頃懷疇昔，雖忘情者，能不慨然。且嘉吕公不憚小勞，不牽流俗，復積壞將顛之屋，爲與民共樂之所，誠可尚也。一日必葺，《春秋》所與。子其爲我識興修之時②。師孟生長此土③，樓之興廢，實少長耳目焉。矧獲從諸公遊息於其處有年矣，願書其事與其歲月，使後人再修時，得以考信焉。

錦官樓記　　　　　　　　　　　　　　　　　　　　（宋）吕大防

蜀居中國之西南，於卦爲《坤》。《坤》有致養致役之義，而風俗肖焉。土地之

---

① 狀：萬曆本、朱本、鄒本作"盡"。
② 識：原作"謹"，據《成都文類》卷二六改。
③ 生長：原作"興長"，據庫本改。

毛，善利絲枲，爲之繒布，以給上國。負於陸，則經青泥、大散羊腸九折之坂；航於川，則冒瞿唐、灩澦沈舟不測之淵。日輪月積，以衣被於天下。此之謂致養。織文錦繡，窮工極巧。其寫物也如欲生，其渥采也如可掇。連甍比室，運箴弄杼，然膏繼晝，幼艾竭作，以供四方之服玩。此之謂致役。錦官之職也，有致養之順，有致役之恭，上自帝后之服、禁省之用，而下至疆臣戰士之予賜，莫不在焉。官廢久矣，故時貢篚，以絲布散於市民，至期而斂之。或苦惡不中程，或得輒私費，急無以償，則破產而不能贍。

　　元豐六年二月，府言於朝曰：歲貢錦綺紈羅，度以匹者萬四千，其尤難治者七百三十。上布之費，總二百七十萬。募工而涅籍之人，歲費三十千，八十人而足。則不煩於民，而得良物以充貢。詔可之。乃度府治之東，治室以爲織所。興閣於前，以爲積藏待發之府，所以達風燥而遠卑濕也。明年五月，又詔以其所爲上供機院，特置吏以莅之，凡歲貢之在官民者悉典領之。益治綈錦之精麗者千五百端。募工滿三百，不足則僦庸以充之。大率設機百五十四，日用挽綜之工百六十四，用杼之工百五十四，練染之工十一，紡繹之工百一十而後足役①。歲費絲權以兩者一十二萬五千，紅藍紫茢之類以斤者二十一萬一千而後足用。織室、吏舍、出納之府，爲屋百二十七間而後足居。

　　噫！修貢織，供詔用，藩臣之所宜先，而常委於市人之手，蓋緣僞邦苟政，利於賤市，遂廢服官之職，因而不能改。今商其所給，乃重於籍工置吏之費②，則積習流弊，衆爲蟊賊，實有出於公而不入於織紝之家者，蓋亦多矣。恭惟聖制更新，使民不復被其擾，而吏無所容其姦，足以度前古而垂後世矣。大防承假守之乏，實聞其命，輒叙其所以然。

辯蘭亭記　　　　　　　　　　　　　　　　　　　前人

　　蜀有草如薐，紫莖而黃葉，謂之石蟬，而楚人皆以爲蘭。蘭見於《詩》《易》，而著於《離騷》，古人所最貴，而名實錯亂，乃至於此。予竊疑之，乃詢諸遊仕荊湘者，云：楚之有蘭舊矣③，然鄉人亦不知蘭之爲蘭也。前此十數歲，有好事者以色、臭、花、葉驗之於書而名著，況他邦乎？予於是信以爲蘭。考之《楚辭》，又有石蘭之語，蓋蘭、蟬聲近之誤。其葉冬青，其華寒，其生沙石瘠土，而枝葉峻茂。其芳不外揚，暖風晴日，有時而發，則郁然滿乎堂室。是皆有君子之德，此古人之所以爲貴也。乃

---

① "練染之工""紡繹之工"，二"工"字原作"功"，據庫本、朱本、鄒本、《成都文類》卷二六改。
② "其所給乃重"五字原脱，據《成都文類》補。
③ 有：萬曆本作"青"，庫本、朱本、鄒本作"貴"。按："有"字勝，《成都文類》卷二七亦作"有"。

爲小亭，種蘭於其旁，而名曰辯蘭。無使楚人獨識其真者①，命亭之意也。

分弓亭記②

(宋) 范 蓍

　　蜀自岷山、沫、若水外，即爲夷境。熙寧以來，歲遣禁旅更戍，今留屯成都者，合土兵凡十有七營。邊久無事，軍政廢弛，遊手工技皆得編名籍中，而鎧仗麾幟至朽敗不可用。乾道六年，蠻寇雅之碉門；九年，犯黎之虎掌，殺州從事，掠居民以去，勢駸駸若無所憚。上憂之，命敷文閣直學士吳郡范公自廣西經略使徙鎮全蜀。

　　公至，即以練兵丁、繕保障抗章驛聞，上賜詔嘉獎。於是簡士卒之驍勇者別爲一軍，壯且少者次之，罷遣其老羸者。且示以坐作進退之法，非風雨不休。而尤致意於射，以爲蠻夷所恃，崎嶔大山，掩翳叢木，出沒其間，若猿猱然，吾禦之者，非刀稍所能及。乃取弓人於綿，弩人於閬，相膠析幹，治筋液角，極六材之良。闢廣場於府舍之北，築亭西向，摘杜少陵酬嚴武之詩，名之曰"分弓"。時輕裘幅巾，引數百人按試技力，而賞罰其勤惰。未幾，軍容一新，悉爲精銳，蹶張者至千斤，挽強過六鈞，而命中者十八九。於戲，盛哉！

　　公嘗至亭上，顧語其屬曰："誰謂蜀兵孱乎！牧野誓師，庸、蜀、羌、髳、微、盧、彭、濮與焉，蓋今東西蜀與巴郡是也。諸葛、贊皇二公勳烈偉矣，其平蠻討魏飛星流電之軍，豈盡出於西北哉！士不素習而使之操弓挾矢，馳危蹈阽，未有不顛仆者，非獨蜀軍然也。今吾軍既練於昔，而猶有所慮。大抵興滯補弊，用力甚難，而敗之至易，經營終歲，而荒之十日，前功蕩然矣。故曰：'屢省乃成，欽哉！'功成而弗省，省而弗屢，此唐虞君臣之至戒。而吾亭所爲作，亦欲取以自近而數省之耳。"公大儒，退然若不勝衣，而經綸方略，小用之已如此，況擴而充之乎？所謂收滴博之戍，奪蓬婆之城，又何足言哉！

　　亭創於淳熙乙未之季秋，成於明年之仲夏。命蓍識其歲月，故併公語記之。

籌邊樓記

(宋) 陸 游

　　淳熙三年八月既望，成都子城之西南新作籌邊樓。四川制置使、知府事范公舉酒屬其客山陰陸游曰："君爲我記。"按史及地志，唐李衛公節度劍南，實始作籌邊樓。樓廢久，無能識其處者。今此樓望犍爲、僰道、黔中、越巂諸郡，山川方域，皆略可指，意者衛公故址其果在是乎。樓既成，公復按衛公之舊圖，邊城地勢險要與蠻夷相入者，皆可考信不疑。

---

① 真：原作"貞"，據庫本、朱本、鄒本、《成都文類》改。
② 朱本、鄒本自此篇以下分爲卷三十四中。

雖然，公於邊境，豈真待圖而後知哉。方公在中朝，以洽聞強記擅名一時，天子有所顧問，近臣皆推公對，莫敢先者。其使虜而歸也，盡能道其國禮儀、刑法、職官、宮室、城邑制度。自幽薊以北，出居庸、松亭關，並定襄、五原，以抵靈武、朔方，古今戰守離合，得失是非，一皆究見本末，口講手畫，委曲周悉，如言其國內事。雖虜耆老大人，知之不如是詳也。而況區區西南夷，距成都或不過數百里，一登是樓，盡在目中矣。則所謂圖者，直按故事而已。請以是爲記。

公慨然曰："君之言過矣，予何敢望衛公。然竊有幸焉。衛公守蜀，牛奇章方居中，每排沮之。維州之功，既成而敗。今予適遭清明寬大之朝，論事薦吏，奏朝入而夕報可。使衛公在蜀，適得此時，其功業壯偉，詎止取一維州而已哉！"游曰："請並書公言，以詔後世，可乎？"公曰："唯唯。"九月一日記。

惜陰亭記　　　　　　　　　　　　　　　　　　　　　　（宋）京鏜

予聞乖崖張公鎮蜀時，通夕宴坐郡樓上，鼓番漏水，歷歷分明，一刻差誤必詰之，守籤者服爲神明。公謂鼓角爲中軍號令①，不可不謹爾。自予至成都，首訪遺事。所謂郡樓，即今之銅壺閣也。樓屹然自若，銅壺則亡其實矣。因詢其漏法，則寅申巳亥陞降其水者凡四②。既無所依據，且其箭以七日半爲等，日升一刻，必驟進之，前却頻數，不無差忒。因喟然曰：此人而不天，豈東坡所謂毋意毋我而得萬物之平者耶！

知成都縣事臨邛宋朝英於漏法甚精，予屬其籌鑄壺刻箭，始更其法。測午中之晷爲升箭之初，畢百刻而後易，仍以曆象考七十二候。初末昏明、晝夜短長之數，日異旬殊，差布於箭，似能以自然之理求之天者。復爲圖鑱諸石，且名以"惜陰"。

有問其然，予告之曰：人性勤惰得之天，而不可強也。使後世皆陶士行③，則此圖爲贅。人不能皆上智下愚，凡有懼心者，即可進於善。矧人生誰能滿百？藉令滿百，亦不過三萬六千日而已，幼稚耄期之時且三之一。前賢功業，窘束於二萬四千日之境。人以壺漏爲盈也，而不知其年之縮也；人以箭刻爲升也，而不知其年之降也。以器之進，知年之退。苟能充其涓滴之善於其身，如水之盈，能積其圭黍之功於其民，如刻之升，則予在蜀之日尚無負。予惟懼也，尚借此圖以銘諸坐右云。

都大茶馬司新建簽廳架閣記　　　　　　　　　　　　　（宋）楊天惠

茶之入以息計者凡二百萬，馬之入以尾數者凡若干；而其奇贏、其孳息溢於常數

---

① 角：原作"用"，據萬曆本、庫本、朱本、鄒本、《成都文類》卷二七改。
② 寅申巳亥：疑當作"寅巳申亥"。
③ 士行：原作"士衡"，據庫本、朱本、鄒本改。按：陶侃字士行。

者，不在是焉。每歲，以其入分實塞下，又以其課登詔王府。故自階、文、龍、茂並塞之區，以及洮、岷、湟、鄯窮邊之徼①，凡兵若民，咸指日望賜，待我而後出入食飲。其爲利害不博且大哉！利如是，然其取於民者民未嘗怨，而市於羌者羌未嘗厭也。蓋其法，市茶以平權②，估馬以優直，惟其所便，一切捐以與之，故來者滋勸。已則募健卒，僦餘夫，番休遞行，輕鶩而疾驅，不涉月達秦隴，則固以享十倍之獲矣。其所取既不苛，而所獲乃不貲如此，故由元豐，歷元祐，更紹聖，時事數化，國是屢變，至於此法，莫之能改也。非不欲改也，是誠有不可改也已。

然使者所統，地大以遠，故使事之繁常稱之；事鉅以繁③，故文書之夥亦如之。凡縣官之所裁可而行下者，途無曠郵；凡郡邑之所關決而須報者，庭無虛迹。日者有司嘗慮其多而易逸、久而必亡也，悉總爲書而類次之，復闢故屋而別藏之。然而因陋就庳，規模褊小，下潰旁束，黝昧不爽，文牒後至者或無所容之。而幕府治事之廳，尤爲褊迫。群吏晨趨，肩尻蹙掎，蹀迹側眤，需次乃進。前此蓋有病者矣，而未遑改作之功。今使者黃公實始命揭而新焉。度地若干尋，爲屋若干楹，其廣若干，其深若干。經始於元符己卯之秋，落成於明年庚辰之冬。視其中，則大軸山岠，方籤雲委；望其表，則綺疏華煥，門序峻整，赤白炯發，觀者增氣。

時彰明縣令楊某聞而竊言曰：夫金穀乾沒之弊根於胥吏緣絶之姦，萌於圖書之逸亡。此吏治之常蠹，尚非其大者也。夫惟朝沒其一焉遺其日④，暮絶其一焉闕其月。積日引久，遺亡猥衆，則其成法與存者幾何？是其爲蠹不既大矣乎！今黃公爲是，顧欲與成法爲無窮計。此其念慮深遠矣，此固不可不書也。乃沐浴而書⑤，告於公而刻之。

轉運司爽西樓記　　　　　　　　　　　　　　（宋）李　石

岷爲蜀山之傑，俯瞰井絡於天西維者，皆平川也。環山四麓，凡府寺州廨，丘里之室，郊遂之居，得以審勢高下，隨方廣狹，敞樓觀，鑿戶牖，延空光，挹秀色。如植如負，如飛如鶩，熙而陽，肅而陰，四時朝暮開闔晦明者，皆岷山雲氣往來、日月吞吐也。成都官治多勝處，端倚此山向背爲重。異時名輩接武於此，往往貪得擷取爲懷袖几硯間物。神明之所激妙，奇異之所鍾萃，浩乎廓然。文章事業，不論其人，胸府氣象可知也。頃以邊圍多事，要塗貴人尚不得緩帶爲治，而金穀計算，跼蹐糾纏，求如曩者燕笑豈弟於俎豆升降，以無負西山之勝，非曰不能，有所未暇；況俾之一日

---

① 及：原作"汲"，據庫本、朱本、鄒本、《成都文類》卷二八改。
② 權：原作"枯"，據庫本、朱本、鄒本改。《成都文類》作"估"。
③ 鉅：原作"矩"，據萬曆本、庫本、朱本、鄒本、《成都文類》改。
④ "朝沒"至"其日"：原作"乾沒其一焉遺其凡"，文義難解，且與下句"暮絶其一焉闕其月"不相應，據庫本、朱本、鄒本改。
⑤ 浴：原作"洽"，據萬曆以下各本及、《成都文類》改。

之葺，兹豈其時！

使者潼川任公將漕西蜀，方有司吝出納以幸集事，獨能以約致詳，以靜制動，視族庖缺折於大輒一割者，處之裕如。先是，有堂名"譙思"，層堂作樓而未名。大抵歲久支撐，懍懍若將壓焉者①。棟墨塵蝕，斷碑臥草，讀之則趙清獻公之經始，而文湖州爲之記審矣。可以躋，可以宴，可以憩息。昔之所在，誰續誰似？官如客寄，屋如亭傳，風雨鳥鼠，不經人意。且公則壞之，私則營之，豈人情哉？於是即舊圖新，用力不煩，芟荒撥穢，程績爲多。因以"爽西"名樓，並繪清獻、湖州二像於壁。曰："吾非敢作也。自有此山以來，如湛輩未問；至於景行無窮，斯人斯文與岷之三十六峰，巍峩於目者，可磨也哉！"

石竊謂：開物成務，此學也，妙之於道；任重道遠，此才也，寓之於仁。固有以媚世爲學，淺粗與農圃同役；以適俗爲才，競走與蒲博爭路。智跨力攘，終爲薾人。不知君子曰道曰仁，將以澤物庇民，而刻意細技，有不足呈。盍亦藏之於無所思慮，毓之於清曠粹夷，放之於虛明爽塏，窅爾心化，倐爾神運，而天道已行矣。公所以嘯詠一室，以風示吾儒仁義忠厚之實，且因蜀山慘舒爲吾民休戚之占，非特登臨觀美而已。雖然，斯未足以窺公之盡。會公有旨召東去，落成登樓之賦，客有未具。若乃歲月大概，俾來者有考，似不可無籍。

鈐轄廳東園記② （宋）李良臣

山林泉石之勝，閑曠靜深，與人迹相絶，如廉夫節士冲澹高簡，孑立塵外，使人一見之，名利之心都忘。雖平時貪黷忿燥、胸次焰焰未易撲滅者，亦復念慮灰凍，得大自在於一息之頃。然廉夫節士，多滓蛻埃壤，自放乎山巔水涯，披莽蒼而耕，橫清泠而漁，甘守枯寂，不可褻邇。而山林泉石之勝，常宅乎幽巖絶壑、崎嶇阻遠之地，非離世遁俗、捐妻子情愛、棄富貴利達、長往而不返者，莫得以享其樂也。

成都，西南大都會，素號繁麗。萬井雲錯，百貨川委。高車大馬決驟乎通逵，層樓複閣蕩摩乎半空。綺縠晝容，弦索夜聲。倡優歌舞，娥媌靡曼，裾聯袂屬。奇物異產，瑰琦錯落，列肆而班市。黃塵漲天，東西冥冥，窮朝極夕，顛迷醉昏。此成都所有也。跂而望山林泉石，不啻楚越之隔，曾得而夢見之哉！

益州路兵馬鈐轄种侯，治其後圃爲池亭臺榭，植佳華，蓺美木。館宇星陳，欄檻翼翼，於闤闠鼎沸之中，而有清流翠蔭、蕭寥傲睨之適。易喧而寂，變劇而閑，易其所難，而致其所不可致，兹不亦異乎！惟舊有池，泉竇堙塞③，涸爲枯泥。偶新泉破地而出，從而導之，則故泉繼發，觱沸衍溢，匯爲澄瀾。因築堂其北，命之曰"雙泉"。

---

① 懍懍：原只一"懍"字，據《成都文類》卷二八補。
② 《成都文類》卷二八但題《東園記》。
③ 堙：原作"烟"，據萬曆本、朱本、鄒本、《成都文類》改。

挾以二軒：曰"錦屏"，以海棠名；曰"武陵"，以桃溪名。梁池而南爲亭，曰"寒香"，以梅名。後爲茅亭，曰"幽芳"，以蘭蕙名。池東爲大亭，曰"三雨"，以桃、杏、梨名。池南兩亭，東西對峙，曰"綠净"，曰"連碧"。"雙泉"之北，有老柏數十株，巨幹屹立，爲亭其中，曰"翠陰"。復樓其東，曰"朝爽"。西因垣而山，曰"五峰"，下曰"五峰洞"。前爲山館，水繞環之，宛如山間也。於是，來遊者舍輦而入門，則塵容俗狀，如風卷去。俯清泉，弄明月，睇層巒之峨峨，悦鳴禽之嘲哳，風露浩然，烟雲滿衣。主賓相視，仰天大笑，初不知其身之在錦官城中也。

嗟乎，侯之才力智思，亦高且深哉！挻埴風物，吐吞光景，來清遊於萬里，收成功於指顧。然則推之以撥亂解紛，舉瘡痍疲癢之俗而登之華胥之國，吾知其不難也已。

抑又有說焉。僕守簡池，連歲以檄程四川進士試文，凡一再至少城。至必謁侯，侯輒具宴俎以相酬酢。視其後圃，荒蕪不治，無異村疃。侯其意者，以國步方艱，未暇有以自樂也。今年春，解紱陽安，來謝諸臺，距前時不越數月耳，而土木一新，怳如幻出。不覺失聲驚嘆曰："是何神且速也！"蓋鄰境交歡，太母來歸①，遠近内外，和氣充塞。今者不樂，將何時而樂乎！於戲，若侯者，可謂能與國同其休戚矣！是皆僕之所喜書而不得辭者也。侯名湘，字楚源。豹林隱君之後，浮休居士之外孫。説禮樂而敦詩書，有古元帥之風云。

雙流縣令題名記　　　　　　　　　　　　（宋）楊天惠②

二江令廨之東偏，有故題名碑廳存焉。石理疏惡，字畫漫漶，固難於傳遠；而規置短狹，追琢幾滿，又無以待後。蓋自咸平以上缺而弗錄，已亡可考③；自咸平以後，雖歲歷僅可識，然或並著到罷，或頗脱弗著，不能皆詳焉。朝奉郎知縣事李侯嗤其然，亟礱石將易之。前馳書求余記，某曰：李侯，子之易此石也，將書日月，紀官次，爲新故授受文具，則某無以言矣；將揭姓氏，張善惡④，爲銅墨坐右炯戒，則某請效其説。

古今論賢令，咸曰西門豹之投巫嫗，董宣之格主奴，何易于之焚詔版。此數者誠難能，然某弗尚也。以爲是特奮須臾之决，就譎奇之名耳，非所以爲中行法也。彼縣令自有職，調護柔良，知其疴癢⑤，謹察幽隱，達其響呻，經以德義，緯以法理，主以質實，附以文雅。若是者，故不足就名耶？而何以驚世之迹爲？今夫侯所謂賢令使人

---

① 太母：原作"太毋"，據庫本、朱本、鄒本、《成都文類》改。按："太母"指宋高宗母宣和太后韋氏。靖康之變，被擄至金，紹興十二年始還。
② 《成都文類》卷二九此文作者署作"缺名"。
③ "自咸平"至"可考"：原脱，據《成都文類》補。
④ 張：庫本、朱本、鄒本作"彰"。
⑤ 疴：原作"苛"，據上引改。

愛思者，有能出此耶？而所謂惡吏爲人譏詬者，有能爲此耶？嘗試以此迹前人姓氏，而循善惡之實，吾知其不可掩已。然吾聞二江有三相，皆舊縣尹也。縣人頗矜以爲寵，常名其廳①，存其像，而鄉先生鄧公又載諸詩以實之。其一人乃唐逍遙公韋嗣立也。當時之政號爲二川最，人以故到於今傳之。其二人則名與像俱亡矣。意其政無它異，故易泯也。嗟夫！以公相之尊，等縣邑之陋，名數品級，孰爲顯晦？然朱邑爲嗇夫，去今千載，猶歆歆起人意；而二人者，生雖貴重無二，死曾不得與桐鄉烏鳶共飽，此可爲吾大誡。夫惟毋陋微官，而恐忝所荷，有如潘河陽之志，則韋公無難爲也，決爲之而已矣。

李侯字聖舉，由華陽遷此邑，再以治辦聞，亦近世賢令之一云。

漢州三賢堂記②　　　　　　　　　　　　　　　　　（宋）侯午仲

天下果無正味乎，何嗜而皆期於易牙？果無正色乎，何姣而皆期於子都？果無正音乎，何聽而皆期於師曠？夫三者之正與不正，雖智者之所不能詰，然以天下皆期焉，則吾雖從而謂之正焉可也。蓋天下固有不期於三子，而自以爲識味、別色、知音者矣，然甘吐渣以爲膾炙，眩空花以爲真實，惑蟻動以爲牛鬭，是皆舉天下千萬僅一二焉，則亦烏足以害其爲正之説哉！且是非賢否之難齊，而不可爲定論也久矣。自孟子論善士，已有"一鄉""一國""天下"之別，識者疑焉。夫士，一也，善於一鄉一國，烏有不善於天下者，而軻安用寸量銖較、等列階升之爲紛紛耶？意者一鄉一國，或得以用其好惡之情，而徇其予奪之私，有蓋於天下之大善，未有不公且廣者。則夫善士之論，每爲之級，而必以天下爲至焉者，軻蓋有微意也。

綿竹道德文章、名節功業之士代不乏人，然求其知名於天下，而人無異於善，未有如内翰楊公、中允宇文公、丞相張公之爲章章也。士之賢不肖，雖無與於天下之善也，然而天下皆以爲賢。如味之期於易牙，姣之期於子都，聽之期於師曠。則凡所以爲正者，其必有由矣。

導江鮮于公宰邑之三年，百廢具舉。凡國朝以來邑士之賢達者，既即學宫而悉繪其像矣，獨念三君子知名天下，且素心之所仰慕，而祠堂未建，若非表而出之，何以稱邑之壯？於是相公宇之西，揭其舊屋而新之，求遺像於三家之子孫，而圖之於壁。齒以長幼之序，被以隱居之服，使若其賢初無與於官爵名位者。噫，公之用意，其亦可謂周詳而曲折矣！

或曰：公於衆稱中揭三君子，以爲賢而特出之，則餘容有可議乎？予曰：不然。昔夫子嘗嘆宓子賤爲君子，而曰："魯無君子者，斯焉取斯？"説者謂其父兄之所訓誘，

---

① 常：原作"帝"，據《成都文類》改。"常"與"嘗"通。
② 記：原作"序"，據萬曆本、庫本、朱本、鄒本改。又譚校云："州"下當脱"綿竹縣"三字。

師友之所漸習，莫非君子之道，而後子賤始得以君子成名。蓋自夫子擊節於一子賤，因以見魯國君子之衆。然則公之表三賢而揭之，豈特三賢而已哉！涉流者可想其源，拔茅者必連其茹。於此見邑之多賢士，而三人者特天下知名之尤，而公之所願慕焉者爾。然則是堂之建，非獨足以表公師賢願學之心，抑所以壯邑之觀也，非小補矣。三賢事迹，著在國史，兹不復書。

新繁縣三賢堂記

（宋）樊汝霖

吾友沈居中爲新繁，以暇日訪繁上故事，則得賢者三人焉。其一唐宰相李衛公德裕文饒，其一我宋故贈太師王公益舜良，其一龍圖閣直學士梅公摯公儀。三賢者，李衛公、王公嘗爲是邑，而梅公則邑人也。居中於是即縣署之東創爲堂，繪三公像其上，榜之曰"三賢堂"。既成，以書抵予曰："其爲我記之。"

嗚呼！衛公之事業文章，世傳之、史載之詳矣，而不書其爲繁，豈以公勳烈如彼其崇，一縣之政不足爲公道歟？觀其節度西川所以治蜀，相武宗所以治天下，而所以治繁者可見矣。逮今餘三百年，父老思之不忘，以縣署最大一楠四柏爲公手所植，此與周人指甘棠以懷召伯何異！前任人爲此作"文饒堂"，後更名"衛公"，蓋得之矣。而堂宇褊小不稱，及是居中徹而大之，並與王、梅祠焉。

王公始字損之，年十七，以文謁張公詠，奇之，改今字。祥符八年進士，後以殿中丞來爲邑。始至，有犯法者，鄉所素嫉也，公條其姦上府，流惡處。自後，一待以恩信，迄其去，不更笞一人。去而爲韶州，終江寧府通判。位不滿其德，則有子荊國文公，熙寧間相裕陵，以經術爲天下學者宗師。

梅公，天聖五年第進士甲科，歷臺諫，言事有體，仁宗嘉之。嘉祐二年，與歐、王、韓、范司貢舉，得人甚盛。時蘇内翰在得中，以箋謝諸公，而謂公爲大臣元老。其秋，出守杭，天子賜詩寵其行，後徙金陵河中府以卒。

甚矣！三人者之賢，天下所共忻慕也。而居中獨拳拳於繁，其於李衛公、王公，不特取以勵己思齊焉，蓋以勵來者也；乃若梅公，則將爲一邑勸焉。

或謂，繁於成都爲劇邑，自梅公以來，擢魏科、躋顯仕者不乏賢。在熙寧爲御史，元祐初自考功郎中知今潼川、呂丞相、蘇公皆賢之，則有若周公尹正孺；在今中興爲給事中，羽儀朝廷，蜀之仕者視爲領袖，則有若勾公濤景山。何獨一公儀氏哉？居中曰："然。吾固知不可一二數，特取其所自始者爾。而況梅居鄉時，寔與王相值，凡以詩往來者八十六。和易而思深，平淡而旨遠，讀之使人一唱三嘆，大雅君子也。吾喜其補於風化，爲刻石其祠矣。有能登堂而瞻其像、讀其詩，雖暴悍者，吾知其易直子諒之心莫不油然爲之生矣。以美化厚俗，未能捷乎此也，是豈小補哉！"居中之論如此，誠有味其言也，予是以書之。

居中名卣予，金堂人，建炎二年進士第三人，時以左奉議郎知縣事，清慎強敏，縣學、縣南門一新。徵科以時，庭無留訟。逾二歲，人安之，唯恐其去也。有不予信，視所作堂，亦足以知其人矣。

雙流逍遥堂記

（宋）李　燾

　　雙流有堂曰"三相"，其得名最久。案諸史牒，唐韋嗣立嘗長斯邑，政績殊異，後相則天、中、睿。所稱三相，嗣立其一也，餘二人蓋莫知孰何。或曰："嗣立父思謙，兄承慶，仕皆歷鳳閣鸞臺，邑人深德嗣立，故併思謙、承慶，法其形貌，因集其門户，而號以三相，他族不當間此。"或曰："圖像故止一人，好事者強增益之，俾益三數，不知嗣立爲相，實三拜三已，所稱三相，即嗣立也，思謙、承慶無與焉。"余謂思謙、承慶雖無①，併存之，寧過於厚，若論斯邑②，要當以嗣立爲主。且究其本末，嗣立蓋長於治民，相國殆無足言③。自隋改廣都曰雙流，迄今逾五百歲，佩銅章、結墨綬者，紛不可紀；而嗣立獨擅能名，入踐臺閣，更以平章事檢校汴、魏兩州，不嫌遠外，先十八人請行。晚益流落，而巡察使猶表其清白可陟之狀④，所長果在此不在彼。當時最課，諒非苟相諛悦，必有當民心可傳繼者，惜哉，予未之聞也。

　　嗣立既能得民，其好尚復與流俗小異，雖居廊廟，每自託於山林。孝和嘗幸其居，即詔嗣立襲逍遥公复故封。逍遥公者，嗣立之族人，在宇文周時，志節尤高。嗣立要非复對，然察嗣立胸懷本趣，似不以紛華盛麗爲悦者；顧弗能盡自絶於匪人，與楊、宋、崔、趙同執國柄。豈必真知方外之樂，抑亦羞處污穢，姑託此強自洗濯乎？故余於嗣立猶有取焉爾。

　　嗣立去雙流既五百歲，而余實來，邑之頽剥殘缺，固非當時比，而余又遲鈍迂闊，不堪世用，拊存凋瘵，惟恐傷之，得免斯幸，而何敢望嗣立之最課。若山林，則予所固有也，嗣立又烏得以權勢而兼取之？乃即堂之南，更啓窗户，乘嗣立故封而命以"逍遥"。簿領空隙，徜徉其間，庶幾不失余之初心，且爲斯邑故事云。

將相堂記

（宋）閻蒼舒

　　古之文武之道備於一身，而其盛出於一門。若三代之英，居則坐廟堂，出則專征伐。春秋之世，謀帥御職者，皆其卿大夫。而伊、周、方、召，自其父子至於孫曾，

---

① "雖無"下疑有脱文。
② 斯：原作"思"，據庫本、朱本、鄒本改。
③ 殆：原作"始"，據庫本、朱本、鄒本及《成都文類》卷二九改。
④ 使：原作"史"，據《成都文類》改。陟：原作"涉"，據萬曆以下各本及《成都文類》改。《舊唐書》卷八八《韋嗣立傳》："遷陳州刺史。時河南道巡察使、工部尚書劉知柔奏嗣立清白可陟之狀。"爲此文所本。

皆以此道傳其家而位其國。由漢以來，文武分爲二道，而將相列爲兩官。其能兼資並美，固代不乏人，推而淵源流衍，出於一門，名教有光，毫髮無恨者，抑又艱矣！是故以功名相付者，謂之世濟；以富貴相承者，謂之世禄。金、張、許、史，重侯累將，窮富極貴，不足爲世重輕；而六龍三鳳之流，聯飛並騖，垂芳於無窮。

　　宋受天命，神祖聖宗，深仁厚澤，涵育灌浸，歷四朝而至於嘉祐、治平之間，風俗之美，人才之盛，極矣！其間光明碩大，雄傑俊偉，以德業聞者，固不可勝紀，若其兼資文武，出入將相，如韓、范、富、歐者，豈易得哉！求之吾蜀，閬中陳氏亦其一也。

　　陳氏世有聞人，自秦國公省華爲左諫議大夫，官至太師、尚書令，其積功累德，蓋有自來。至公之三子，後先舉進士：仲居甲科，伯、季皆狀元，由是名震天下。堯叟姿貌強力，奏對明辯，久典樞密，靡不淹貫；堯佐剛毅篤實，好古博學，居官無大小，所至必聞：俱官至宰相。堯咨性豪善射，在内爲學士，補外居藩，終於節度。三子已貴時，秦公尚無恙，每賓客至其家，皆列侍左右。客不安，求去，公曰："此兒子輩爾。"故天下皆以陳公教子爲法，以陳氏世家爲榮。伯、季年皆逾六十，獨仲年八十二。父子兄弟，仕皆同朝；内外孫曾，合一百一十人。而仕於朝，皆以材稱，可謂盛矣！始，伯、仲、季未第時，肄業於鄉之錦屏，常從其父訪陳摶於終南山，摶謂曰："三子皆將相，然仲子，伯、季不逮也。"後果如其言。

　　淳熙十五年，臨安吳昭夫以朝使來守是邦，其遊刃肯綮之間，易呻吟爲謹聲，變陰噎爲和氣。令修於坐嘯之餘，人自化服於千里之外。乃以暇日登臨兹山，感故家喬木之陰，擬前世三槐之貴，爰作新堂於書巖之上，庶幾高山仰止之意。伻來請名，余取圖南之言，榜以"將相"而大書之。既揭額矣，求請記，余以病倦荒落，敬謝不能，而書來益謹。稽之國史，考之家傳，訪之圖牒，而強記之，俾陳氏遺芳，愈久而愈新焉。

　　昔晉初渡江，王導卜其家世，郭璞筮之曰："淮流絕，王氏滅。"當時以淮流無絕理，厥後諸王之盛，度越六朝；及於滅王之年，淮水實竭，一時人物，掃地而盡。袁天綱題錦屏山云："此山磨滅，英靈乃絕。"若與淮水讖略同。然淮水有可竭之時，而閬山無磨滅之理，故此方人物，其出蓋未艾，不獨陳氏云。

相墨堂記①

(宋) 何　鏐

　　君子之風烈，其感於人者，信遠矣哉！謡峋嶁之碑，慨然以思；觀延陵之銘，躍然以喜。君子之風烈，至於愈遠而彌新，既往而如在，積之者厚矣。世之好名刻意，從事於浮末，其精神心術之運，卒不能必其著。不知君子道德之實，充然溢乎中，而燁然燭乎外。天下後世，願見不可得，往往因其遺迹，以起高山景行之思。蓋所以爲

---

① 朱本、鄒本此篇以下，分爲卷三十四下。

感者，有出於語言筆墨之外，或可推而至也。

故資政殿學士兼山黄公裳，劍陽人。篤信力行，尚友洙泗。每謂學者曰①："君子之學，始於修身正心，極則與天地爲一。是故以道爲主，以心體之；以經爲學，以身臨之。涵養純熟，推之天下，特其餘事。"先生雖居窮處，不求聞知，然亦嘗有援天下之志。逮事孝祖，横經潛邸，代言西掖，進司喉舌。忠規讜論，有人所難言者。故不參樓公鑰評之曰②："先生先見如吕中丞，勇決如范蜀公，敢言如蘇文忠。司馬温公自以爲不及者，公皆過之，而得其全。"當是時，兼山之名震天下。皇帝即位，虚席登庸。曾未逾時，大星殞沈，而先生不起矣。

鏐嘗因是有嘆焉。夫君子所負者大，而不能用，或用之不盡，若有物以制之。蓋於本朝得二人焉，明道與先生是也。方荆公當國，率意更置，舉朝正論，無一合者。惟明道與語，心平氣和，荆公每爲之動，而終不能用。先生之學，寔繼明道，且超顯矣，而功業亦不克盡見。蓋明道無死，新法之變，不至已甚；先生尚存，儒學之禁，可以無作。二先生出處存亡，實有關於天下休戚，不幸皆齎志以没，惜哉！然君子之於人，過其居，式其閭，思其人，愛其身。百世在前，猶知企慕，况手澤之存者，近接於耳目之所及，寧不寶而藏之乎？

先生筮仕，謾尉壁山。後三十有四年，嘉定甲戌之冬，鏐長斯邑③。慨念疇昔，嘗執經函丈，深辱知愛。注目經行之地，人寂山空。規欲網羅聞見，開示將來④，領事甫爾，未暇也。明年春，邑尉宋君出示先生所著詩書詞數章⑤，筆墨蕭散，興寄高邁，超然有出塵之姿。自先生之去，歷尉掾以十數，莫或表其事。宋君於是作堂尉廨之西偏，聚而刻之，繪先生之容，榜曰"相墨堂"，而屬鏐記其歲月，序先生學術大略，爲壁山學者之勸。

昔山谷跋潘侯所藏五宰相書，能屏却不祥，非特一縣章之比，其重之如此。先生逸辭妙墨，豈止與此五宰相爭强而已哉，將百載之後，山川鬼神實呵護之⑥，可以人之靈而不如鬼神乎？先生曩與先君子及鏐往來之帖，因以遺宋君，丐書其後數語，併刻之左右。

---

① 曰：原作"由"，據朱本、鄒本改。
② 樓公鑰：原作"樓公鏞"，據上引改。樓鑰曾任參知政事，故稱"大參"。以下評語見樓鑰《攻媿集》卷九九《端明殿學士致仕贈資政殿學士黄公墓誌銘》。
③ 鏐：原作"繆"，據上引改。
④ 來：原脱，據庫本補。
⑤ 數：原作"教"，據庫本改。此句朱本、鄒本無"詞"字。
⑥ 呵：原作"阿"，據萬曆以下各本改。

四賢閣記①

(宋) 黃庭堅

　　忠州，漢巴郡之臨江、墊江縣也②。其治所在臨江，故梁以爲臨州，後周以爲南賓郡，唐貞觀八年始爲忠州③。其地荒遠瘴癘，近臣得罪，多出爲刺史、司馬。故劉尚書以刺史貶，一年死；陸宣公以別駕貶④，十年死。李忠懿公以刺史居六年，白文公以刺史居二年。其後州守以四公俱賢⑤，圖像爲"四賢閣"：故相、贈司徒、鄭州刺史南華劉晏士安，故相、贈兵部尚書嘉興陸贄敬輿，中書侍郎、平章事、贈司徒安邑李吉甫宏憲，刑部尚書致仕、贈右僕射下邽白居易樂天⑥。由開元以來，訖於會昌，四君子相望，凜然猶有生氣。忠民每以此自負，而郡守至者必矜式焉。

　　紹聖三年正月，知州事管丘王君闢之，字聖塗，下車問民疾苦，曰吏驚而民困。故聖塗爲州，拊養柔良，知其飢飽，鉏治猾姦，幾於傷手，治聲翕然。邑中豪吏故時受賕舞文弄法者相與謀曰："屬且無類。"即以智籠小駃吏，群訴於部使者。聖塗不爲變，且嘆曰："白頭老翁，安能碌碌畏吏苛民耶⑦？"亦會部使者察其爲姦。而聖塗治成，時休車騎野次，咨問故老，訪四賢之逸事⑧；而三君之政，寂寥無聞。蓋士安即賜死，而敬輿別駕不治民，宏憲雖在州六年，亦默耳。樂天由江州司馬除刺史，爲稍遷，故爲郡最暇豫，有聲爾⑨。又其在州時，詩見傳。東樓以宴賓佐，西樓以瞰鳴玉溪⑩，登龍昌寺以望江南諸山，張樂巴子臺以會《竹枝》歌女，東坡種花，東澗種柳，皆相傳識其處所。於是一花一竹，皆考於詩，復其舊貫。種荔枝數百株⑪，移木蓮且拾本。忠於一時遂爲三峽名郡。

　　聖塗乃以書誇涪翁曰："爲我記之。"涪翁曰：聖塗急鰥寡之病，使遠方沐浴縣官之澤⑫，可謂知務矣。掃除四賢之室，思欲追配古人，可謂樂善矣。樂天去忠州⑬，於今二百七十有九年。在官者鰓鰓然，常憂瘴癘之病己，數日求去，故樂天之遺事蕪沒

---

① 《豫章黃先生文集》卷一七題作《忠州復古記》。
② 巴郡：原作"邑郡"，據庫本、朱本、鄒本、本集改。
③ 忠州：原作"中州"，據上引改。
④ 以：原無，據庫本、本集補。
⑤ 州守：本集作"蒠事者"。
⑥ 致仕：原無，據本集補。
⑦ 苛：原作"苟"，據本集改。
⑧ 訪：原作"詠"，據本集改。
⑨ 爾：本集作"迹"。
⑩ 瞰：原作"暇"，據萬曆以下各本及本集改。
⑪ 數：原作"樓"，據庫本、朱本、鄒本、本集改。
⑫ "遠方"下本集有"民"字。
⑬ 去：原脫，據本集補。

欲盡。聖涂，齊人也，蓋不熟巴峽之風土，又其擊強撥煩，材有餘地，而晚暮爲遠郡守，乃敢慨然不倦①，興舊起廢，使郡中池觀花竹鬱然如元和己亥時。追樂天而與之友，聖涂於是賢於人遠矣。聖涂爲州之明年六月，而涪翁爲之記②。

夔州都督府記

(唐) 李貽孫

峽中之郡，夔爲大。當春秋爲楚之國，在秦曰魚復，在漢稱固陵③，在蜀號巴東，皆郡也。梁爲信州，逮我武德，復夔之號，亦爲州④，始都督黔巫上下之地十九城。是後或總七城，或爲雲安郡，或統峽中五郡，尋復爲夔州。都督之號，或加或去，今稱夔州都督府。

州初在瀼西之平上，宇文氏建德中，王述徙白帝城⑤，今蒞是也。東南斗上二百七十步，得白帝廟。白帝，公孫述自名也，後人因其廟時享焉。膴宇飾偶，煥如神功。怪樹峰笋，疏羅後前。巉山險濤，望者驚眙。又有越公堂在廟南而少西，隋越公素所爲也。奇構隆敞，內無撑拄，複視中脊，邈不可度。五逾甲子，無土木之隙，靜而思之，以見其人之瓌傑也。直南城一里，得巨石爲灩澦，地載之險，此其淵壑。獨峰兀頂，萬仞崒拔；高濤坳泬，嶽躍坑轉；獰龍護堆，沸沫淅助瑟反浪⑥；窮年縋絚⑦，不究其次。瞿唐暗導，勢列根屬，水魅施怪，陰來潛往。城之左五里，得鹽泉十四，居民煮而利焉。又西而稍南三四里，得八陣圖，在沙洲之壖。此諸葛所以示人於行兵者也。分其列陣，隱在石壘。春而潦大則沒，秋而波減而露，造化之力，不能推移，所以見作者之能。瞿唐驛西有蜀先主宮，瀼西有諸葛武侯廟，皆占顯勝。城東北約三百步有孔子廟，在赤甲山之半⑧。廟本源乾曜廨，常爲郡參軍，著《圖經》焉，其後爲宰相，今其地又爲孔子廟，傳者稱爲盛事矣。東，水行一百七里，得縣曰巫山，神女之廟，楚王之祠，高唐陽臺之觀⑨，朝雲暮雨之府，形勢在焉。西，水行二百里，得縣曰雲安，商賈之種，魚鹽之利，蜀都之奇貨，南國之金錫，而雜聚焉。其人豪，其俗信鬼神，其稅易征，即知其民不偷。長吏得其道者，莅之猶反掌云。

會昌五年十一月十三日建。

---

① 乃敢：本集作"乃能"，較勝。
② "聖涂"至"爲之記"十五字原無，據本集補。
③ 固陵：原作"古陵"，據庫本、朱本、鄒本改。《華陽國志·巴志》："建安二十一年，以朐忍、魚復、漢豐、羊渠及宜都之巫、北井六縣爲固陵郡。"
④ 爲：原脫，據庫本補。
⑤ 徙：原作"徒"，據萬曆本、庫本、朱本、鄒本、《全唐文》卷五四四改。
⑥ 沫：原作"泳"，據朱本、鄒本改。
⑦ 絚：原作"緪"，據庫本、朱本、鄒本改。
⑧ 在：原脫，據朱本、鄒本補。
⑨ 高唐：原作"高堂"，據庫本、朱本、鄒本、《全唐文》改。

制勝樓記

(宋) 董鉞

蜀稱天下至險之國。陸有劍門，水有瞿峽，設爲兩關以阨秦楚之衝，一夫當關，百萬之師眦睨而不敢進。五代之亂，孟氏盜有其國垂四十年。宋宅中土，開一統之運，而分遣王全斌出秦塞，劉光義率楚師，水陸並進，而兩關俱不克守，俘僞昶於闕下①。顧天命人謀，有足勝其險者。

予嘗客過劍門，徘徊周覽，切嘆太平之勝而警備闊略②。及承夔部乏使，而瞿峽適在部中，其備往往加闊略於劍門。乃請於朝曰："夔州，古雲安郡，節度寧江軍③，舊治瞿峽之口。景德中詔徙今治，距峽口纔八里，實據上游，宜城夔以鈐截其險。"尋既報可。會東宮舍人程君德孺來同漕事，協濟其謀。大合役於熙寧十年春正月之己巳，而考以夏四月之甲午。未幾，尚書司門郎王君仲祥繇夷陵選領州牧，行閱新城，以規畫餘事。得川圖故月臺者，屹倚城側，因展廣而增崇。平接城面，而方楹橫棟，經構大備。內疏軒檻，以還月臺燕遊之舊，而外嚴敵具，以完壯形勢。

一日，予三人者相與臨登其上④。四望群山，參差拱揖於雲烟縹緲之際，而紫翠環合，以爲女牆之衛。面有白鹽、赤甲、豆倉、勝己、臥龍、馬嶺之列⑤，峭崒凌空而直上，斷闕偃半而平削。至於猱蹊鳥徑，高下隱顯於荒苔秀蔓之間。南顧江流，遠經益都旁郡，而斜引嘉陵之源，雜匯以蠻鄉獠社澗谷崖竇奔衝滴瀝之餘；而夾以東西二瀼，以當三面之壕；而有三鉤之鎖，八陣、龍脊之灘，與夫灩澦、馬襆之變⑥。怒聲激石而洶湧，晴影隨波而搖曳。至於漁舠商舸⑦，往來出沒於窮瀆宓溪之側。嗚呼，江山之勝，不亦盡得之乎！是在物者也。

因而言曰："物有勝形，人有勝幾，形，吾所以致用於周旋指顧之內；而幾，吾所以應變於無形不測之外。夔爲一路都會，而領州牧者，昔用武人，近易文吏，乃總一十三郡甲兵盜賊之政，蓋當左右全蜀之口。而蜀之郡邑，類夷漢錯居，而負恃阻險⑧，易生姦孽。比嘗覘伺罅隙，或肆侵剽。今茲隱然有金湯之固，將使之聞風望塵，而魄散膽落於崎嶇巖箐之下。是豈徒得之勝形，亦所以得勝幾也，宜命之爲'制勝'云。"二君皆曰："然。請書而刊諸石。"

元豐元年秋八月戊辰，鄱陽董鉞記。通議程之元篆額，鉅野王延禧立石。

---

① 於：原作"子"，據庫本、朱本、鄒本改。
② 警：原作"驚"，據上引改。
③ 寧江軍：原作"臨江軍"，據庫本、《元豐九域志》卷八改。
④ 臨登：朱本、鄒本作"登臨"。
⑤ "面有"原作"而有"，"列"原作"別"，並據庫本及雍正《四川通志》卷四一改。
⑥ 馬襆：朱本、鄒本作"馬蟆"，雍正《四川通志》卷四一作"馬撲"。
⑦ 至於：原作"至初"，據庫本改。
⑧ 阻險：萬曆本、庫本、朱本、鄒本作"險阻"。

夔州重葺三峽堂記

（宋）宋 肇

天下之險，莫險於峽江；峽江之險，莫甚於瞿唐。蓋兩川回薄，崎嶇萬里，綿跨西南諸夷，繚繞遐荒，合牂柯、越雟、夜郎、烏蠻之水，小大併吞，南北向背。始則就下爲污，流濕成浸；漸至於縈迂曲折，逶迤澎湃；其終也，瀰漫浩瀚，掀騰洶湧，咸歸納於江之峽口者，實水之會。夫兩山對立，萬頃一注，故至此而艱難齟齬、傾危險側也。

余以元祐八年五月持節本道，同使張塾家父。一日，相與訪峽中古迹，而得舊鎖江亭於故城之南隅。其巋然獨存者，但頹垣廢址而已。因語夔守趙仲迗平父，既廣昔構，而又易新。名其曰"三峽堂"者，西峽、巫峽、歸峽是也。

兹堂爲巴東上游①，盡占江山之勝②，然而一有登臨觀覽，則景色雲物，逡巡而異。是皆人情參差不齊，故使悲歡憂樂，所得未嘗同也。請試言其所以。方其倚檻憑欄，四顧遠眺，長江急雨，飄風怒號，奔走轉石，萬壑雷動，驚湍駭浪，喧豗震掉，蛟鱷蜿蜒，神怪叱咤。若馬陵伏弩之射龐涓，灘水決壅之擊龍且。此西遊不得意之客，方且隕心喪魄，失箸停杯，愕然而嘆也。洎至瞬息之間，一俯一仰，雲烟變滅，山川發露，草花纖濃，炳若繪畫，松石奇怪，旁出雜見。巫峰高唐，想像髣髴，襄王怳然而若遇，宋玉斐然而成賦。此西州行樂之士，尚猶極目縱觀，促席勸飲③，歡然而笑也。迨其灧澦春深，魚復漲綠，風雨晦冥，龍吟其下；白鹽、赤甲，東屯、西瀼，斷崖奔峭，安流逆浪，遠近因依，左右映帶。則坐中能詩之流，莫不擁鼻拄頰，聳肩側身，浩然而歌也。又有沙岸石磧，名灘古渡，白帝、武侯之遺迹，永安、八陣之故處，荒烟野草，廢宫舊戍；遠樹平蕪，孤村別浦，牧童漁父，棹歌牛唱；深林巨谷，重巖複嶺，懸猿舞鶴，飛鳴坐嘯。則席上多感之子，有至搔首撫膺，掩袂沾裳，泫然而泣也。

客有誚余曰："子作《三峽堂記》，而有笑歌嘆泣之説，子胡不忘是四者，而付之一醉？彼醉者，劉伶、阮籍之徒，皆所以全其真而名後世者也，子獨求異於數子乎？"余曰："有是哉？今幸不從監河侯貸粟，則吾將以大江爲飲。凡雨雪之朝，風月之夕，所謂登臨觀覽，行且無時而不往也；亦不復問其悲歡憂樂之所來，一寓諸酒矣。尚庶幾有以自託於酩酊，而厠迹二人之列也可矣。"客曰："唯唯。"

元祐九年三月二十九日，朝奉郎、充夔州路轉運判官、上騎都尉、賜緋魚袋宋肇記。

---

① 上游：原作"小游"，據庫本改。
② 山：原脱，據雍正《四川通志》卷四一補。
③ 勸：原作"觀"，據庫本、朱本、鄒本改。

開濟堂小記

(宋) 何耆仲

堂閱歲久,垂壓矣。淳熙強圉作噩,濆山何耆仲假守,舉而新之。因訪善本,重肖侯像,摘老杜"兩朝開濟老臣心"之句字堂顏①。任汾以巫山尉來董事。春二月乙亥落成,凡用二十有五日之力②。

雲安橘官堂記

(宋) 李 垣

雲安,漢朐忍縣地,隸巴郡,故城在縣西三十里。按班固《地理志》③,有鹽官。厥後吏於此者,大抵汩汩於貨殖,日治鹽筴,商較析秋毫,獨橘官則廢已久矣。

三江張子建來爲縣之明年,政修民聽,於是即治所之西偏建堂,榜之曰"橘官"。亢爽宏緻,絕出故常,而圭棗不以煩民。又市橘數十本列植於堂下,綠葉素榮,鬱然可喜。至者無不喟前之蕪茀,而愕今之美煥也。會予自□府罷官西歸④,道所從出,艤舟留浹日,子建觴予堂上,而屬予記。

今夫官於巴峽之地者,以夫飲食之犧惡⑤,使今之樸鄙,遐睎近矚,荒梗而蕭寂,則皆有佗傺不自聊之心,往往愁居遜處,數日而覬去。是以見於事爲,率鹵莽因循,無持久之計。政之不舉,而民被其患,常必繇之。夫地有遠近內外,然均天子之郡邑也。有社有民,有祿賜以霑飫,有徒隸以犇屬,則亦何歉之有?顧可薄其官而怠於事哉?夫子之情,苟惟其欲之所自肆,雖極耳目之麗,猶不魘於厥心。唯秉德有常,不以外物易其守者,則隨所遇而安,雖投之於寂寞之墟,內之於荒遐之域,彼其中未嘗不超然自得也。矧惟是邑,自後周肇易今名,歷隋唐弗改,至國朝開寶六年,始升爲軍。建炎中興,宣撫使承制,乃復改軍爲縣,隸於夔;然猶存使名,故官儀仍備太守之略,而時節得以需章自達於朝⑥,它邑莫得而比也。

嘗試與子建登斯堂而望,見夫崇山複嶺之相繆,豪湍迅洑之相豗。危欄複屋,上下而層出;來檣去檝,倏駛而交逝。嘉樹挺而奇石峙,雲烟蔽虧,昏旦晦明。其變無

---

① 《蜀中廣記》卷二一無"顏"字。
② 二:庫本作"民"。
③ 理:原作"里",據庫本改。
④ "府"上原缺一字,萬曆本、朱本、鄒本作"樞",庫本作"政",皆爲臆補。按:此文作於慶元六年庚申(一二〇〇),而李壂入政府任同知樞密院事乃在理宗嘉熙元年(一二三七)(見《宋史》卷四二《理宗紀》),可知作"樞府""政府"皆誤。
⑤ 惡:原缺,據朱本、鄒本補。
⑥ 需章:朱本、鄒本作"露章"。按:"需"字不誤。需章即奏章。奏章之前空一幅以待皇帝批答,稱"需頭",此種奏章即"需章"。

窮，其樂亦無涯也。間而誦屈平之《頌》，所謂"蘇世獨立，横而不流"者①，於以思昔人意之所存，豈不遠乎！凡所以寓賞心而適曠懷，雖通國大都瓌壯絶特之觀②，亡以易之，又豈止身寄於巴峽也耶！

蓋子建於其一邑之事，物物焉理之，皆各有其序；於官征之所急，不得而已者，能有以寬之；於世之所忽棄不省者，雖一草木之微，亦思致其意焉，而況於其民虖！是可嘉也已。惟一堂之成，似未足記，然使後之人能推子建之意，無鄙夷此土，而於其職所當爲者，益知盡心焉，則民之蒙賜，豈有既虖？是安可以無傳，故予喜爲之書。子建名伸。

慶元庚申秋九月記。

漕司高齋堂記　　　　　　　　　　（宋）費士戣

杜少陵遊蜀凡八稔，而在夔者獨三年；平生所賦詩見於集凡千四百六篇，而在夔者乃至三百六十有一。得非愛其山川奇壯，風俗淳厚，故其寄寓之久，賦詠之多如是哉！然則公雖下巴峽，浮湘衡，南遊以死，吾意其精爽猶往來於夔子國中也。

嘗以其詩考之，其在夔也，始寓白帝城，繼下瀼西居，後乃移於東屯，各隨所寓而賦高齋。曰"次水門"者，爲白帝城；曰"依藥餌"、曰"見一川"者，則以瀼西、東屯作也。後人即其處所各肖像，以高齋名之，所以紀其舊遊而欽其風致，庶幾尚友之意云爾。今東屯、白帝城齋像具存，而瀼西居，按圖經所載，漕廨即其故地。嘗詢之故老，謂舊亦有祠③；不知廢於何年。而齋顏則前使者范公蓀移之東路，蓋猶未遠，遂使故地寂無一迹，良可慨嘆！

屬東臺有堂，歲久弗支，梁棟撓折，檐楹摧阤，一遇震風凌雨，凛然有傾壓之懼，議者欲撤去之屢矣。予惜其規摹傑壯，不忍撤，乃鳩巨材，積寀桷，運瓦甓，葺而新之。竹章木个，悉從官市，不以勞民。既成，則取前移於東屯者"東齋"舊字，臨而揭之。齋之對，舊有公詩石刻成列，因肖公像於其中而祠焉。於是遺響復存，廢典具舉④，始有以副一方之願。

夫土木興作，或得或失，聖人必謹書之。故考室詠於周詩⑤，復宇歌於《魯頌》，豈以爲細故而略？乃今起輪奐於將傾，揭丹青於欲壞，退食有地，肄業有所，以滌塵

---

① 蘇：庫本作"遺"，朱本、鄒本作"離"，皆誤。按："蘇世獨立，横而不流"爲屈原《橘頌》之句，蘇，醒也。
② 瓌：原作"壞"，據庫本、鄒本改。
③ 祠：原作"詞"，據萬曆本、庫本、朱本、鄒本改。
④ 具：原作"且"，據朱本、鄒本改。
⑤ 詩：原作"時"，據萬曆以下各本改。《詩‧小雅‧斯干序》："《斯干》，宣王考室也。"毛傳："考，成也。"

氛，以舒心目，政事之暇，可不務乎？況少陵忠義之氣，根於素守，雖困躓流落，而一日未嘗忘君。後之來者，儻睹遺像而念其行藏，瞻齋顏而企其節義，則愛君憂國之念油然而生，其補於政治，豈淺淺哉！予猶有望於後之人嗣而葺之，俾勿壞。

嘉定元年冬①，廣都費士戣記。

重修鹽亭縣廨宇記　　　　　　　　　　　　　　　　　　　　　（宋）李　駿②

高山擁其前，雲溪繞乎後③，藤蘿松檜，點綴崖谷，僧居樵徑，隱約可辨，而縣之公宇，巍然介乎其間。每輕飆拂木，山月正午，嵐光照人，溪聲漱戶，倚仗獨立，如在畫圖中，真隱吏之所居也。凡人之情役於動，則不能斂之以歸於靜，故景之幽閑闃寂者，未免為心中之抑鬱。墊縠亂目④，泛濫咽耳，浸浸與居，闠闠與守，天君因之而縈拂，則事隨而廢，物逐而喪，豈勝道哉！

縣宇久廢不治，老屋墮圮。前此者，非遂以為樂，內有所不足，則外亦無所顧。壞梁壓肩，危礎侵步，室無容足地，而恬不知怪。嗚呼，彼果何心哉！士無窮達隱顯，其所以異於人者，不因物而隆替。得志則窮天下之欲以自奉，失志則斂天下之憂以自戚，此世俗之情，非君子之心也。仲舉之室，未必以不掃為是；顏子之賢，豈特取於陋巷？蓋所存者道也。道有所勝，然後忘物以存我；內有所樂，然後捐迹以求心⑤。或微而自足⑥，或大而從容，或闡之以為功，或冥之以見志。士之所處，豈一端哉！抱關擊柝，隨牒外補，豈敢與此？知此，則知予之用心矣。

政事之暇，鳩工度財，修舊補廢，而縣之公宇一旦宛然復新。非敢以自奉也，天下之事，興其所當興，治其所當治，如是而已矣。其間掾吏舍宇，冗不足道，故忽而不書。

巴川社倉記　　　　　　　　　　　　　　　　　　　　　　　　（宋）度　正⑦

人與物並生於天地之間，同於一理，均於一氣。故君子以為，人者，同胞之兄弟；而物者，相與之儕輩也。視之如兄弟，則必親之，而有相友之義焉；視之如儕輩，則

---

① 年：原作"季"，據萬曆以下各本改。
② 原注："蜀人。"
③ 溪：原作"谿"，據庫本、朱本、鄒本改。
④ 墊：字書不見此字，庫本作"瞀"，疑是。朱本、鄒本作"坌"。
⑤ 捐：原作"損"，據庫本、朱本、鄒本改。求心：朱本、鄒本作"存心"。
⑥ 或：原作"哉"，據上引改。
⑦ 原注："邑人，禮部侍郎。"

必愛之，而無暴殄之失焉。知此，則知所以爲仁；知所以爲仁，則知所以仁民而愛物矣。仁之爲道，用之一鄉，不爲不足；用之一國，不爲有餘。所施益博，則濟益衆，顧用之何如耳。在上而行之，則爲仁政；在下而行之，則爲仁里。里仁之所以爲美者，非以其有無相賙，患難相救，疾病相扶持故耶？

往時，崇安告旱，人將乏食，晦庵先生與其鄉之諸賢請於府，得粟以貸於其鄉之人，免於流離饑莩。其年歲則大熟，於是收其息之二而藏之，既而還其貸於府，而以其息爲社倉。行之數年，人以爲便。淳熙中，先生爲浙東常平使者，以職入對，因條其事奏之，孝宗皇帝深嘉其意，頒之天下。於是所在好事，往往各以其私穀推行，以應詔旨。仁聖之澤，無遠不被，人到於今賴之。

近年以來，吾鄉之士慕而爲之者三，趙飛鳳兄弟行之龍多，景元一等行之巴川，陳孜等行之巴嶽之下。行之巴川者，合二十家，爲錢一千緡，歲得穀三百石。登熟則以價糴之，擇一人以掌其穀之數。期月①穀價暴貴，細民不易，則收二分之息而糶之②，以濟貧弱，以平市價，又擇一人以掌其緡之錢藏。明年其時，復行其事，歲以爲常。因其鄉俗之便，變而通之，於先生條目，雖若稍異，然其所以惠利窮困之意，大抵同也。

吾鄉地勢高仰，無堤堰陂塘之利，世所謂雷鳴田者。五日不雨則枯，十日不雨則槁，故豐年常少，而凶年常多。比年穀價騰湧，比之往時，不啻三倍，然人心不厭，猶有閉糶以待善價者③。而此二十家者，乃獨不然，豈不足以羞其心、愧其顏，使知所勸慕？然則是倉之設，不惟可以利濟於人，而其所以補益名教之功，亦不爲小矣。

於是景元一來言曰："是二十家者，其心固未嘗不一也，而數年之後，不能保其無倦；他日，若子若孫又不能保其行之而不廢。願一言記之，庶其知所警懼而傳之無窮也。"先正曰④："天下之道二，仁與不仁而已。"乘時射利者，龍斷之賤夫也；憫細民之艱棘不易，而思有以惠利之者，仁人君子之用心也。使夫在事者因其貪鄙苟賤，從而賤之，因其用心之近於仁人君子，而時加貴重之，則孰不勉於爲善？又安用記爲也？雖然，或者有所未暇矣；無已，則有一焉。今二十家之所以爲此者，是必有聞於前賢矣。且人物之生，本同於一氣也。見其一原也，則其於人也，豈不如手足弟兄？其於物也，豈不如鄉黨儕輩？《詩》云'兄弟孔懷'，又云'兄弟急難'。行道之人，顛連無告而莫之顧者有矣，未有手足兄弟顛連無告而不爲之惻然動心者也。故凡二十家所以不謀而同，不約而合者，非有見於此耶？既以此而開其始，欲戒其終，使不倦，且使後世子孫循之而不廢，則莫若讀書而講學。讀書則理明義精，講學則行著習察，仁民愛物之心愈久愈光大矣。夫如是，窮則行之一鄉，達則行之一國，以至推之當世，

---

① 期月：原作"暮月"，據庫本、朱本、鄒本、雍正《四川通志》卷四一改。
② 糶：原作"糴"，據朱本、鄒本、雍正《四川通志》改。
③ 閉糶：原作"閉糴"，據文意改。有：原作"可"，據庫本、朱本、鄒本、雍正《四川通志》改。
④ "先"字疑衍，"正曰"即度正對答之語，故後云"皆應曰然"。

是烏可得而已也。故曰：欲戒其終，使不倦，且使後世子孫循之而不廢，莫若讀書而講學。"皆應曰："然。"遂書以爲記。

長寧重建縣廳記　　　　　　　　　　　　　　　　　　　　（明）周洪謨

長寧，古梁州之域，天文東井輿鬼分野。《輿地廣記》以爲漢犍爲郡漢陽縣地，舊志以爲犍爲郡江陽縣地，薛常州季宣《輿地叢考》以爲漢牂柯郡之鱉縣地，三者之說不同。蓋犍爲今叙州，漢陽今慶符，江陽今江安，而鱉在瀘州界外。自漢而下，縣境所附，雖變易不常，要之，實介三邑間也。

縣西、南、東皆鄰乎夷，是以常有夷患。在宋祥符中，瀘夷斗望燒淯井監①，政和中，五斗夷卜籠、卜漏剽掠村邑；元至元間，大壩山都掌夷結羿子蠻燒長寧軍。國朝洪武以來，前諸夷種族時屢出劫村落，而爲害未甚。惟庚午春，合兵共屠長寧，焚民廬舍千餘區。

縣之廳宇既煨燼後，前尹朱公思通，今尹李公顯，相繼修復。巍乎其前者，爲治事之廳；奧乎其後者，爲退思之堂；翼乎其左右者，爲分理案牘之所。以至譙門、廨舍、倉庫，靡不畢具。縣治自古南面②；我朝洪武中，始易以東向，今因之。既而李公遣人來，求爲記。

於乎，廳宇完且美矣，而齊民之奴虜猶有未贖者也，瘡痍猶有未差者也，暴骸巖壑猶有未藏者也③，託栖蓬蓽猶有未寧者也，可不爲之太息而痛哭哉！爲之計者，莫若益高其城，益深其塹，詰戎兵，練士卒。入以固守，出以克敵，則庶乎其可也。夫以宅諸夷之淵藪，而狃於宴安，弛其武備，何異入虎穴而不操尺寸之兵者哉！將委其身以填虎腹，不亦悲乎！予故詳縣之形勢，不能不受敵與夫不可不用武之故，以告爲民父母者。

中江重建縣廳記　　　　　　　　　　　　　　　　　　　　　　　　前　人

中江，隋玄武邑，又曰凱州。至宋，始改今名，隸潼川府。而潼川舊志謂："潼川壤地瘠薄，民物之産，不及西川一大縣。"則中江之風土，大略可知。歷代以來，爲中江而顯者，未見其人，得非以其邑小民貧，雖善政不足以樹聲聞與？由今尹胡君叔寶觀之，則殆不然。

---

① 監：原作"鹽"，據譚校改。《宋史》卷四九六《西南諸夷傳》：大中祥符六年，"晏州多剛縣夷人斗望、行牌率衆劫淯井監"。
② 自古：原作"自右"，據萬曆本、庫本、朱本、鄒本改。
③ 巖壑：原作"巖瘞"，據鄒本改。

君，浙之永康人，先爲是邑典史，律己公而撫民惠，在官八年，始終如一。今吏部尚書兼翰林學士河南李公向嘗奉敕之蜀，糾核吏治，乃以君治績上於朝，而邑民亦詣闕言其狀，遂進今職。邑素寡桑、麻、桐、棗、椒、漆之屬，君教民樹藝，遂享其利。邑素無陂塘堤堰，君教民鑿築，而灌溉堤防，咸有其備。比歲以來，置義倉於山迴、保安二鎮以賑①，歲饒而民不困。敦重學政，修大成殿及門廡堂齋，以至祀典諸神之祠宇壇場。邑之杠梁道路，故者以新，敝者以理，覆者以密，甃者以堅。

　　諸廢既興，乃葺其治事之廳。廳之後爲堂；廳之前，左右爲分理案牘之所；又其前，爲麗譙。煥然奕然，美於舊規。經始於丙子之五月，而成於明年之九月。凡所費，皆出帑藏之餘，而無斂於民。雖勞民而民樂之。既而，其父老寓書於其邑進士徐英曰："願子達之周太史，請筆之石。"英以示予。予嘉君爲政有序，而聲聞達於上下，則知古今之爲是邑而無顯者，是果繫夫國小民貧哉？譬之中下之田，深耕易耨，而所獲有不減膏腴之地者，在人力而不在土地也。予故爲識斯廳之所以新，而並詳其他績可錄者，使不泯焉。

---

① 鎮：原作"填"，據萬曆本、庫本、朱本、鄒本改。賑：原作"振"，據朱本、鄒本改。

全蜀藝文志卷之三十五

記丙

禮殿柱記①

漢初平五年，倉龍甲戌，旻天季月，修舊築周公禮殿。始自文翁，應期鑿度，開建頖宮，立堂布觀，廟門相鉤，闓司幔延②，公辟相承。至於甲午，故府梓潼文君增造吏寺二百餘間。四百年之際，變異蜂起，旋機離常，玉衡失統，強桀併兼，人懷僥幸，戰兵雷合，民散失命。烈火飛炎，一都之舍，官民寺室，同日一朝，合爲灰炭，獨留文翁石室廟門之兩觀③。禮樂崩塌④，風俗混亂，誦讀已絕，倚席離散。夫禮興則民壽，樂興則國化⑤。郡將陳留高君節符典境⑥，迄斯十有三載。會直擾亂⑦，缺一字。慮匡救，濟民塗炭。閔斯丘虛⑧，缺三字。冠，學者表儀，缺三字。⑨大小推誠，興復第館。八音克諧，鬼方來觀。爲後昌基，缺一字。神不缺。

附：周公禮殿記 見史子堅《隸格》⑩

漢初平五年，蒼龍甲戌，旻天季月，修舊築周公禮殿。始自文翁，應期鑿度，開建泮宮，立堂布觀。至於甲午，故府梓潼文君增造吏寺二百餘間。四百年之際，璇璣離常，玉衡失統，豪傑併兼，人懷僥倖，戰兵雷合，民散失命。烈火飛炎，一都之舍，

---

① 《隸釋》卷一題作《益州太守高眹修周公禮殿記》。
② 闓：原缺，據《隸釋》補。
③ 石室：《隸釋》無"室"字。
④ 塌：《隸釋》作"坦"。
⑤ "則民壽樂興"五字原脫，據《隸釋》補。
⑥ 典境：原作"興境"，據庫本、《隸釋》改。
⑦ "直"原缺，"擾"原作"榎"，並據《隸釋》補、改。
⑧ 丘：原缺：據《隸釋》補。
⑨ 注"缺三字"，《隸釋》作"缺四字"。
⑩ 題上原無"附"字。按：此篇乃前篇之另一本，作爲附錄，因添"附"字。

官民寺室，變爲灰燼，留文翁石廟門之兩觀。禮樂崩壞，風俗混亂，誦讀已絶，四字不明。夫禮興則民淳，樂興則國化。郡將陳留高君四字不明。典境，迄斯十三載。七字不明。救民塗炭，二十字不明。興復學舍，八音克諧，鬼方來觀。

　　右《周公禮殿記》，前所載見洪适《隸釋》，後所載見史子堅《隸格》，中有數字不同，並載之，以備參考。

益州夫子廟碑記　　　　　　　　　　　　　　　　　（唐）王　勃

　　述夫帝車南指，遁七曜於中階；華蓋四臨，藏五雲於太甲。雖復星辰蕩越，三元之軌躅可尋；雷雨沸騰，六氣之經綸有序。然則撫銅渾而觀變化，則萬象之動不足多也；握瑤鏡而臨事業，則萬機之湊不足大也。故知功有所服，龜龍不能謝鱗介之尊；器有所歸，江漢不能竊朝宗之柄。是以朱陽登而九有照，紫泉清而萬物睹。

　　粵若皇靈草昧，風驪受河洛之圖；帝象權輿，雲鳳錫乾坤之瑞。高辛堯舜氏没，大夏殷周氏作，達其變，遂成天下之文，極其數，遂定天下之象。衣冠度律，隨鼎器而重光；玉帛謳歌，及宗禋而大備①。洎乎三川失御，九服蒙塵，俎豆喪而王澤竭，鐘鼓衰而頌聲寢。邵陵高會②，諸侯輕漢水之威；踐土同盟，天子窘河陽之召。三徽制度，乘戰道而橫流；千載英華，與王風而掃地。大業不可以終喪，彝倫不可以遂絶③。由是河洛兆朕④，素王開受命之符；天地氤氲，玄聖舉乘時之策。興九圍之廢典，振六合之頹綱，有道存焉，斯文備矣。

　　夫子姓孔氏，諱丘，字仲尼，魯國鄹人也。帝天乙之靈苗，宋微子之洪緒。自玄禽翦夏，浮寶玉於南巢；白馬朝周，載旌旗於北面⑤。五遷神器，琮璜高列帝之榮；三命雄圖，鐘鼎冠承家之禮。商丘誕睿，下屬於防山；泗水載靈⑥，遙馳於汶上。禮樂由其委輸，人儀所以來蘇。排禍亂而構乾元，掃荒屯而樹真宰：聖人之大業也。

　　若乃承百王之丕運，總千聖之殊姿，人靈昭有作之期，嶽瀆降非常之表。珠衡玉斗，徵象緯於天經；贊據龍尊⑦，集風雲於地紀。亦猶三階瞰月，恒星知太紫之宮；八柱衝霄⑧，群嶺辨中黄之宅：聖人之至象也。

---

① 及：原作"反"，據朱本、鄒本、《王子安集》卷一三改。
② 邵陵：庫本、朱本、鄒本、本集作"召陵"，"邵""召"二字通。
③ "終喪彝倫不可以"七字原脱，據本集、《文苑英華》卷八四五補。
④ 兆朕：本集作"朕兆"。
⑤ "載"原作"戴"，"北"原作"比"，據朱本、鄒本、本集、《文苑英華》卷八四五改。
⑥ 載：原作"戴"，據上引改。
⑦ 贊據：原作"贊像"，據本集、《文苑英華》改。譚校作"虎踞"。《集韻》："贊，獸名，似犬。"《晉書·王導傳贊》："贊嘯焱馳，龍升雲映。"亦以贊與龍相對。
⑧ 八柱：原作"八桂"，據朱本、鄒本、本集、《文苑英華》改。衝：萬曆本、朱本、鄒本、本集作"衡"。

若乃順時而動，用晦而明，紓聖哲於常師，混波流於下問。太陽亭午，收爝火於丹衡；滄海浮天①，控涓涔於翠渚。西周捧袂，仙公留紫氣之書；東海摳衣，郯子叙青雲之袂。接輿非聖，詢去就於狂歌；童子何知，屈炎凉於詭問：聖人之降迹也。

　　若乃參神揆訓，煉道和倪②，辱太白於中都③，絆乘黃於下邑。湛無爲之迹而衆務同並，馳不言之化而群方取則。雖復霓旌羽旆，齊人張夾谷之威；八佾三雍，桓氏逼公宮之制。洎乎歷階而進，宣武備而斬俳優；推義而行，肅刑書而誅正卯。用能使四方知罪，爭歸舊好之田；三家變色，願執陪臣之禮：聖人之成務也。

　　若乃乘機動用，歷聘栖遑，神經幽顯，志大宇宙。東西南北，推心於暴亂之朝；恭儉溫良，授手於危亡之國。道之將行也命，道之將廢也命。歸齊去魯，發浩嘆於衰周；厄宋圍陳，奏悲歌於下蔡：聖人之救時也。

　　若乃筐篋六藝，笙簧五典，折旋洙泗之間，探賾唐虞之際。三千弟子，攀睿化而升堂；七十門人，奉洪規而入室。從周定禮，憲章知損益之源；反魯裁詩，雅頌得弦歌之旨。備物而存道，下學而上達。援神叙教，降赤製於南宮；運斗陳經，動玄符於北洛：聖人之立教也。

　　若乃觀象設教，法三百八十四爻四十有九④；窮神知化，應萬一千五百五十有五⑤。成變化而行鬼神，觀陰陽而倚天地。以鼓天下之動，以定天下之疑。索衆妙於重玄，纂群微於太素：聖人之贊《易》也。

　　若乃靈襟不測，睿視無涯，石砮昭集隼之庭，土缶驗羵羊之井。稽山南望，識皓骨於封禺；蠡澤東浮，考丹苹於夢渚。麟圖鑒遠，金編題佐漢之符；鳳德鉤深，玉策筮亡秦之兆：聖人之觀化也。

　　時義遠矣，能事畢矣！然後拂衣方外，脱屣人間。奠楹興夕夢之災，負杖起晨歌之迹。撓虹梁於大廈，物莫能宗；摧日觀於魯丘，吾將安仰。明均兩曜，不能遷代謝之期；序合四時，不能革盈虛之數。適來夫子，時也；適去夫子，順也。爲而不有，用九五而長驅⑥；成而勿居，撫雲霓而高視：聖人之應化也。

　　自四教遠而微言絶⑦，十哲喪而大義乖，九師爭大《易》之門，五傳列《春秋》之輻⑧。六體分於楚晉，四始派於齊韓。淹中之妙鍵不追，稷下之高風代起。百家騰

---

① 海：譚校、本集、《文苑英華》作"浪"。
② 煉道：譚校、本集、《文苑英華》作"録道"。
③ 中都：原作"中郊"，據本集、《文苑英華》改。
④ 法：原脱，據譚校、本集、《文苑英華》補。
⑤ 一：原作"二"，據譚校、本集改。《周易繫辭》上："凡天地之數五十有五。"又曰："二篇之策，萬有一千五百二十。"此句總"數""策"之大概數而言。
⑥ "用九五"以下至"應化也自"二十三字：原作"用而不窮"四字，據譚校、鄒本、本集、《文苑英華》補改。
⑦ 四教：原作"五教"，據譚校、本集、《文苑英華》改。《論語・述而》："子以四教：文、行、忠、信。"
⑧ 輻：原作"福"，據譚校、本集、《文苑英華》改。庫本、朱本、鄒本作"幅"。

躍，攀戶牖而同歸；萬匠驅馳，仰陶鈞而共貫。猶使絲簧金石，長懸闕里之堂；荊棘蓬蒿，不入昌平之墓：聖人之遺風也。

遵揚十聖，光被六虛。乘素履而保安貞，垂黃裳而獲元吉。故能貴而無位，履端於太極之初；高而無名，布政於皇王之首。千秋所不能易，百代所不能移。萬乘資以興衰，四海由其輕重。雖復質文交映，瞻襘祀而長存；金火遞遷，奉琴書而罔絕。蓋《易》曰："觀乎人文，而化成天下。"又云："聖人以神道設教，而萬物服焉①。"豈古之聰明睿知，神武而不殺者夫！

國家襲宇宙之淳精，據明靈之寶位。高祖武皇帝以黃旗問罪，仗金策以勞華夷；太宗文武皇帝以朱翟承天，穆玉衡而正區宇。皇上宣祖宗之累洽，奉文武之重光，稽曆數而坐明堂，陳禮容而謁太廟。八神齊饗，佇旐太史之宮②；六辨同和，駐蹕華胥之野。文物隱地，聲明動天，樂繁九俗，禮盛三古。冠帶混並之所，書軌八紘；閶闔兼匝之鄉，煙火四極。竭河追日，夸父力盡於欞間；越海陵山，豎亥塗窮於廡下③。薰腴廣被，景睨潛周，乾象著而常文清，坤靈滋而眾寶用。溢金膏於紫洞，雨露均華；栖玉燭於玄都，風雷順軌。丹蕙翠菌④，藻繪軒庭；鳳彩龍姿，激揚池篆。殊徵胅蠁，不召而自至；茂祉昭彰，無幽而不洽。雖復帝臣南面，降衢室而無為，岱畎東臨，陟名山而有事，靈命不可以辭也，大典不可以推也。由是六戎宵警，橫紫殿而摐金；五校晨驅，蹴玄雲而噴玉。星羅海運，嶽鎮川淳。登碧埵而會神祇，御玄壇而禮天地。金箱玉冊，益睿算於無疆；玳檢銀繩⑤，署靈機於不竭。功既成矣，道既貞矣。歷先王之舊國，懷列聖之遺塵⑥。翔赤驥而下云亭，吟翠虹而望鄒魯。泗濱休駕，杳疑汾水之陽；尼岫凝巒，暫似峒山之典⑦。乃下詔曰："可追贈太師。"託鹽梅於異代，鼎路生光；寄舟檝於同時，泉塗改照。咸亨元年，又下詔曰："宣尼有縱自天，體膺上哲，合兩儀之簡易，為億載之師表。顧惟寢廟，義在欽崇。如聞諸州縣孔子廟堂及學館有破壞，並向來未造，生徒無肆業之所，先師闕奠祭之儀，久致飄零，深非敬本。宜令諸州縣官司速加營葺。"

九隴縣學廟堂者，大唐龍朔三年鄉人之所建也。爾其州分化鳥，境徇蹲鴟⑧，縈錦

---

① "聖人"二句，"以"原作"觀"，"服"原作"伏"，並據譚校、本集、《文苑英華》改。《易·觀》象辭："聖人以神道設教，而天下服矣。"

② 佇：原作"停"，據本集改。

③ 廡：原作"廉"，據庫本、譚校、本集、《文苑英華》改。

④ 蕙：原作"冥"，據上引改。

⑤ 繩：原脫，據本集、《文苑英華》補。

⑥ 塵：原作"鹿"，據朱本、鄒本、本集、《文苑英華》改。

⑦ 峒山：原作"銅山"，據譚校、本集改。按：峒山指崆峒山。相傳黃帝曾西巡至崆峒（見《史記·五帝本紀》），訪道於廣成子（見《莊子·在宥》），此用其典。

⑧ 蹲鴟：原作"蹲鳴"，據庫本、朱本、鄒本、本集改。

室於中區①，託銅梁於右地②。玉輪斜界，神龍蟠沮澤之雲；石鏡遙臨，寶牒秘禹山之影。天帝會昌之國，上照乾維；英靈秀出之鄉，傍清地絡。庠序由其糾合，縹弁所以會同。文翁之景化不渝③，智士之風猷自遠。於是雙川舊老，攀帝獎而翹心；三蜀名儒，相成均而變色。探周規於舊宅，詢漢制於新都④。開基於四會之虛，授矩於三農之隙。土階無級，就擊壤於新歡；茅茨不翦，易曾巢於故事。莊壇文杏，即架橡欒，夾谷幽蘭，爰疏戶牖。儀刑筦爾，似聞沂水之歌；列侍闇如，若奉農山之對。緇帷曉闢，橫組帶於西河⑤；絳帳宵懸，聚青衿於北海。

雖秋禮冬詩之化以洽於齊人，而宣風觀俗之規實歸於上宰。銀青光禄大夫譙國公諱崇義，大武皇帝之支孫，河間大王之長子。高秋九月，振玉瓚於唐丘；寶算千齡，躍璇蚪於太渚。我國家靈命，東朝抗裘冕之尊；宗子維城，南面襲軒裳之重。析玄元之胤緒⑥，擁朱虛之禄位⑦。拜玉節於秦京，輝金璋於蜀郡。玄機應物，潛銷水怪之災；丹筆申冤，俯絕山精之訟⑧。魏文侯之擁篲，道在而謙尊；董相國之垂帷，風行而俗易。司馬宇文公諱純，河南洛陽人也。皇根帝緒，列五鼎於三朝；青瑣丹梯，跨千尋於十紀⑨。仲舉澄清之轡，未極夷塗⑩；士元卿相之材，先登上佐。冰壺精鑒，遙清玉壘之郊；霜鏡懸明，下映金城之域。縣令柳公諱明，字太易，河東人也。梁岳之英，長河之靈，沐雲漢之精粹⑪，荷天衢之元亨⑫。旌旗赫奕於中古，珪組陸離於下葉，鳳巖抽律，擢曾秀於龍門；驪穴騰姿，吐榮光於貝闕。自朱絲就列，光膺令宰之榮；墨綬馳芬，高踐郎官之右。仙鳧旦舉，影入銅章；乳翟朝飛，聲含玉軫。臨邛客位，自高文雅之庭；彭澤賓門，猶主壺觴之境。曠懷足以御物，長策足以服人。重泉之惠訓大行⑬，單父之謳謠遂遠。猶爲夏弦春誦，俗化之樞機；西序東膠，政刑之根本⑭。上祇朝憲，下奉藩維。爰搜複廟之儀，載闢重欄之制。三門四表，煥矣維新；十哲宗師，肅焉如在。將使圓冠方領，再行鄒魯之風；銳氣英聲，一變賨渝之俗⑮。於是侍郎幽

---

① 縈：原作"贏"，據譚校、本集、《文苑英華》改。
② 右地：鄒本、本集、《文苑英華》作"古地"。
③ 渝：原作"諭"，據庫本、譚校、本集、《文苑英華》改。
④ 新都：本集作"成都"。
⑤ 組帶：朱本、鄒本、本集作"紐帶"。
⑥ 胤：原無，據本集補。
⑦ 禄：原無，據譚校、本集補。
⑧ 山精：原作"幽精"，據朱本、鄒本、本集改。
⑨ 十紀：原作"十絕"，據譚校、本集改。
⑩ 極：原作"拯"，據萬曆本、朱本、鄒本、本集改。
⑪ 此句原作"沐江漢之粹精"，據譚校、本集改。
⑫ 荷：原作"待"，據譚校、本集改。
⑬ 惠訓：原作"意訓"，據譚校、本集改。
⑭ 政刑：原作"政利"，據朱本、鄒本、本集改。
⑮ 賨：原作"賓"，據朱本、鄒本、本集改。

思，摘鳳藻於環林①；丞相高材，排龍姿於璧沼。遺榮處士，開簾詮孝悌之機；頌德賢臣，持節聽中和之樂。其爲政也可久，其爲志也可大。方當變化台極，儀刑萬宇，豈徒偃仰聽事，風教一同而已哉！

勃幼乏逸才，少有奇志。虛舟獨泛，乘學海之波瀾；直轡高驅，踐詞場之閫閾。觀質文之否泰衆矣，考聖賢之去就多矣，自生人以來，未有如夫子者也。嗟乎！今古代絕，江湖路遠。恨不得親承妙旨②，攝齊於游夏之間；躬奉德音，攘袂於天人之際。撫身名而永悼，瞻棟宇而長懷。嗚呼哀哉！敢爲銘曰：

　　五帝既没，三王不歸。天地震動，陰陽亂飛。山崩海竭，月缺星圍。禮樂無主，宗禋遂微。

　　大哉神聖③，與時迴薄④。應運而生，繼天而作。龍躍浩蕩，鵬飛寥廓。奄有人宗，遂荒天爵。

　　尼山降彩，泗濱騰氣。志匡六合，神經萬類。夾谷登庸，中都歷試。睿情貫一，玄獸絕四。

　　栖遑教迹，寂寞河圖。違齊出宋，歷楚醉吳。風衰俗毀，禮去朝無。麟書已卷，鳳德終孤。

　　杳杳靈命，茫茫天秩。吾道難行，斯文易失。式宣六藝，財成四術。虛往實歸，升堂入室⑤。

　　邈矣能仁，悠哉化主。力制群辟，權傾終古。陸離彩粱，蟬聯茅土。涉海輕河，登山小魯。

　　皇家載造，神風四極。檢玉題祥，繩金署德。聿懷聖迹，同亨天則。乃眷台庭⑥，爰升衮職。

　　玉津同派，金堤茂坂。智士風高⑦，文翁澤遠⑧。吐淳壤沃，聲和俗愿。載啓仁祠，遂光儒苑。

　　沈沈壼奧，肅肅扃除。靈儀若在，列配如初⑨。槐新市密，杏古壇疏。楹疑置奠，壁似藏書。

　　泛泛寰中，悠悠天下。徇名則衆，知音蓋寡。礭石參瓊，迷風亂雅⑩。仲

---

① 環林：原作"瓌林"，據朱本、鄒本改。按：潘岳《閑居賦》："其東則明堂辟廱，清穆敞閑。環林縈映，圓海迴淵。""環林"是辟廱（太學）周圍的樹林，後世遂用以指學校。
② 旨：原作"音"，據庫本、朱本、鄒本、本集、《文苑英華》改。
③ 聖：原作"賢"，據朱本、鄒本、本集、《文苑英華》改。
④ 迴薄：原作"迴博"，據朱本、鄒本、本集改。
⑤ 升堂入室：譚校、本集、《文苑英華》作"外堂内室"，當是。
⑥ 眷：原作"睿"，據譚校、本集改。
⑦ 風高：原作"高風"，據譚校、本集乙。"風高"與下句"澤遠"相對。
⑧ 澤：原作"潭"，據譚校、本集、《文苑英華》改。
⑨ 配：原脱，據萬曆以下各本及本集、《文苑英華》補。又，"列配"《文苑英華》作"侍列"。
⑩ 迷：原作"遂"，據譚校、本集、《文苑英華》改。

尼既殁，夫何爲者①！

大唐益州大都督府新都縣學先聖廟堂碑文 並序　　（唐）楊　炯

叙曰：銀衡用九，天門壓西北之荒；銅蓋虚三，地户拆東南之野。迴七星於上列，太清不能潛混茫之機；環四海於中州，巨塊不能秘生成之業。聖人有以見天下之賾，擬諸形容；聖人有以見天下之動，行其典禮②。靈圖廣運，百姓日用而不知；神理潛行，萬方樂推而不厭。

古者熊山南眺，金崇橫上帝之居；風穴西臨，玉室考爰皇之宅。五龍乘正，按天讖以希微；六羽提衡，驗星謡而汗漫③。洎乎尊盧、赫胥之代，驪連、栗陸之君，皇名邁於上玄，帝圖始於中葉。莫不憑三靈之寶位鼓舞陰陽，藉六合之尊名財成宇宙。未有貴而無位，博而無名，大禮由其再造，大樂出其一變。蕩蕩乎，人無得而稱焉！巍巍乎，其有成功者也！

若夫司徒立勳於天地，還承帝嚳之家；微子開國於商周，仍纂成湯之業。雖玄禽曆數推移於景亳之都④，而白馬旗裳赫奕於風丘之國。由是千年有屬，萬物知歸，乾坤合而至德生，日月會而明靈降。奎婁胄昂，風驅白虎之精；角亢房心，雲鬱青龍之祉。君王異表，儀石紐而法丹陵；輔相宏姿，狀皋陶而圖子産。豈上鑒乾象⑤，摘光芒於北斗之宫；括成地形，騰粹氣於東山之曲⑥。非天下之至精，其孰能與於此！

神冥造化，德合陶鈞。獲冲用於生知，運幽幾於性道。窮庶事之終始，協庶品之自然。睹者不識其靈，仰者不知其德。步三光於太極，照曜三門；含萬象於中區，聲明萬國。惟深也能通天下之志，惟幾也能成天下之務。非天下之至神，其孰能與於此！

道尊德貴，挫鋭同塵，始於中都宰，終於大司寇。能使長幼異節，男女別途，路無拾遺，器不雕僞。姦雄獨立，初明兩觀之誅；正教未行，仍赦同狴之罪。盟齊侯而歸四邑，裔不亂華；黜季氏而覆三都，家無藏甲。非天下之至剛，其孰能與於此！

青光歇滅，赤籙衰微，一匡爲海岱之尊⑦，一戰有河防之霸。故得三王不相襲，禮亡於宼戎；五帝不相沿，樂入於河海。是以哀生靈之板蕩，痛寓縣之分崩⑧，歷聘諸侯，栖遑異國。其爲大也，法象莫之能容；其爲高也，黎元莫之能睹。時非我與，遂厄宋而圍陳，道不吾行，終樂天而知命。非天下之至柔，其孰能與於此！

---

① 夫：原作"天"，據譚校、本集、《文苑英華》改。
② 典禮：《楊盈川集》卷四作"曲禮"。
③ 汗漫：原作"罕漫"，據譚校、本集、《全唐文》卷一九二改。
④ 玄禽：《成都文類》卷三一作"赤烏"。
⑤ 乾象：譚校、本集作"玄象"。
⑥ 粹氣：譚校、本集、《全唐文》作"瑞氣"。
⑦ 匡：原作"注"，據譚校、《全唐文》改。
⑧ 寓：原作"寓"，據庫本、朱本、本集、《全唐文》改。

太山不辭土壤，故能成其高；滄海不讓細流，故能成其大。自季孫之賜我也，交益親矣；自敬叔之乘我也，道彌尊矣。於是歷郊社之所，考明堂之則。金人右對，仍觀太祖之階；斧扆前臨，還訪周公之位。然後刪《詩》《書》而續①《易》象，動天地而感鬼神，運百代之舟車，開千齡之戶牖。是故雷精日角，聞道德而摳衣；月頰山庭，奉琴書而撰杖。非天下之至文，其孰能與於此！

智以藏往，有感而必通；神以知來，無微而不照。論五行於帝輔，潛觀太皞之先；揆七廟於天災，預察鼇王之過。星流十月，徵曆象於衰周；日泛三江，采謳謠於霸楚。神無方而易無體，聖人通變化之津；河出圖而洛出書，聖人悟②興亡之兆。非天下之至明，其孰能與③於此！

極天蟠地之禮，周旋揖讓之規，百神於是會昌，二儀以之同節。非禮無以別父子兄弟親疏之序，非禮無以辨君臣上下長幼之位。本之於元氣，徵之於太古，定④足以法於九圍，道足以周⑤於八極。服先王之制度，黜紅紫而無施；欽上帝之明威，感風雷而有變。非天下之至恭，其孰能與於此！

五行四氣，十二月還相為本；五聲六律，十二管還相為宮。至音將簡易同和，廣樂與神明合契。盛於中國，還陳《武象》之容；奄有四方，自得《文王》之操。《南風》奏雅，知大舜之溫；《北里》宣淫，體殷辛之暴。非天下之至和，其孰能與於此！

悲夫！日中則昃，動靜之常也；月滿則虧，盈虛之數也。自太平王佐委龍翰於芳年，禮義霸臣摧虎⑥文於華月，則知天之將喪也，則知道之將廢也。雖復頹山壞木，兆悲歌於兩楹；夏棟周牆，陳盛則於三禮。猶使文明焌爛，百王知察變之機；鐘石鏗鏘，萬代挹希聲之樂。信可謂備物致用，立成器以為天下利者，莫大於聖人也。既而三河失統，九州之寶幣不歸；四塞提衡，萬里之長城繼作。星祅日祲，乾象暗而恒文乖；禮壞樂崩，彝倫斁而舊章缺。洎乎碭山休氣，潛膺赤帝之圖；沛國真人，密召黃星之錄。尊褒成之厚級，殷崇聖之榮班。學校於是大興，文武由其不墜。年當晉宋，運距周隋，太山覆而崑崙倒，天柱傾而地維絕。三重赤暈，還開爭戰之端；千里黃埃，荐有干戈之務。亂罹瘼矣，黔首何依；王室蠢然，蒼生無主。閭閻匝地，今來為講武之場；荊棘參天，昔日作談經之市。

皇家撥亂返正，應天順人，鼓之以雷霆，潤之以風雨。馳欃槍而掃穢，上廓鵬雲；決河海以澄姦，下清鼇極。今天子握大象，運洪鑪，星重輝，海重潤。乾迴北列，垂

---

① 續：原作"讀"，據譚校、本集、《全唐文》改。
② 悟：原作"晤"，據庫本、朱本、鄒本、本集、《全唐文》改。
③ 與：原脫，據萬曆本、庫本、朱本、鄒本、本集、《全唐文》補。
④ 定：萬曆本、朱本、鄒本作"象"，譚校、《全唐文》作"德"。九圍：原作"九圖"，據庫本、朱本、鄒本、本集、《全唐文》改。
⑤ 周：原作"用"，據譚校、本集、《全唐文》改。
⑥ 虎：原作"獸"，此乃唐人避諱而改，今據《全唐文》回改。

衣裳於太紫之垣；日出東方，備法駕於中黄之道。釋氏之無地無天①，盡入提封；伯陽之有物有象，咸乘禮節。太階三襲，明瑞氣於朱符；中極四遊，法祥光於玉燭。東膠西序，雲閣蓬丘，國號陶唐，家成鄒魯。遂使西山童子，陳謌謠於璧水之前；南國老人，受几杖於環林之下。乾坤之大德行矣！皇王之盛節明矣！江苴郎黍，晨昏薦帝之祥；鳳穴麟洲，晷刻因天之瑞。乘輿乃選吉日，協靈辰，詔風伯以行觀，促雷師而出豫。房爲天駟，仍施列缺之鞭；斗爲帝車，即動招摇之柄。奠玉帛，奏金絲，登介丘，下梁甫。擁神休而尊名號，莫之與京；按玉策而考銀繩，於斯爲盛。於是迴輿轉斾，臨曲阜之郊畿；駐蹕停鑾，訪雲壇之軌迹。若使九原可作，大君得廊廟之材；千載有知，夫子記風雲之會。即以乾封元年追贈太師，禮也。咸亨元年，又詔曰："宣尼有縱自天，體膺上哲，合兩儀之簡易，爲億載之師表。顧惟寢廟，義在欽崇。諸州縣廟堂及學館有破壞，並先來未造者，遂使生徒無肄業之所，先師闕奠祭之儀，久致飄零，深非敬本。宜令州縣，速加營葺。"

新都學廟堂者，奉詔之所立也。因三農之暇，陳複道之規。考幢帳於西京，訪埃塵於東魯。梅梁桂柱，深沈風雨之津；鏤檻文榥，曠望江山之表。納流雲於上棟，白日非遥；披澒霧於中階，青天在矚。雕鐫暐曄，窮妙飾於重欄；山海高深，盡靈姿於岌宇②。門生侐侐，如陪文杏之壇；胄子鏘鏘，若預崇蘭之室。每至南方二月，草樹華滋，北陸三秋，風烟摇落，莫不列蘋蘩於上席，行禮敬於質明，奠椒桂於中樽，敬神明於如在。爾其邑居重複，原野平蕪，出江干之萬里，入參星之七度。龜城藹藹，焕繁霞於百尺之樓；蛟浦澄澄，洗明月於千秋之水。文翁舊學，日往年歸；劉禪平堂，烟荒霧慘。武侯龍伏，猶觀八陣之圖；壯士蛇崩，仍辯五丁之石。左巴右獠之勝域，陸海三江之奥壤。

大都督周王，天皇第八子也。玄元繼天而作，降仙才於玉斗之庭；武昭應運而生，開霸業於金城之域。五潢高映，流滋液於咸池；十日旁羅，散光華於若木。星懸帝子，遥澄井絡之郊；岳列天孫，遠控彭門之野。姬公以明德之重，行寶化於周南；曹植以懿親之賢，發金聲於魯北。通議大夫、行長史南陽來恒，隋十二衛大將軍榮國公之元子。申侯太岳，鎮其靈襟；傅説長河，昭其神彩。龐士元蓄西申之逸羽，始踐題輿；管公明絆東道之雄姿，初臨别乘。朝議大夫、守司馬宇文純，左衛將軍、靈州都督之次子。台門鼎族，傳呼棨戟之榮；玉質金相，海若河宗之寶。庾冰清識，得嚴令而非常；桓温貴遊，無車公而不樂。縣令鄭玄嘉，滎陽人也。東周玉裔，北海金宗。列矛戟之森森，吐風流而蕡蕡。尺兵不用，瑕丘有上德之君；枹鼓希聞，洛陽有神明之宰。丞京兆韋德工、主簿扶風馬仁礪、尉清河張嗣明、北地傅懷愛等，荆藍灼爍，鄧杞扶疏。許玄度入風月之清關，郭林宗獲神仙之妙境。南昌晦迹，共梅福而齊衡；左部韜真，與喬玄而等列。博士張玄鑒、助教費仁敬等，碧鷄雄辯則江海沸騰，白鳳宏辭則

---

① 釋氏：原作"溟溽"，據《成都文類》改。本集、《全唐文》作"混沌"，亦疑非是。此句之"釋氏"與下句之"伯陽"（老子）相對，謂釋氏所稱無地無天之廣大世界盡入唐朝之疆界。

② 岌：原作"反"，據朱本、鄒本改。

烟霞噴薄。一州聞道，親居典學之官；四子乘風，來聽《中和》之曲。圓冠列侍，執巾衱於西階①；大帶諸生，受《詩》《書》於北面。泮宮之上，更聞通德之門；小學之前，復見華陰之市。鄉望等，魚文驥子震耀於平原，漢女巴姬駢羅於甲第。杜陵亭長，終成輔相之才；桐鄉嗇夫，且著廉平之號。莫不公私務隙，即聽弦歌；陰雨時閑，仍觀俎豆。逍遙城郭，拜夫子之靈祠；髣髴風塵，見夫子之遺像。

天道之璣衡莫測，下問書生；陽精之遠近未知，來求小子。當仁不讓，思齊於上古之名；遊聖難言，有愧於中郎之石。其辭曰②：

太虛寥廓，洪鑪噴薄。上綴三宮，旁清八絡③。玄津獨化，聖人攸作。鼇柱爲居④，龍門是託。爰清爰靜，惟寂惟寞。

龜讖韜名，魚圖表靈。火紀雲紀，天正地正。君臣禮制，宇宙輝明。文武既没，成康遂行。群飛海水，若雨天星。

玉筐曾裔，金符遠系。鐘石雖遷，山河不替。乾坤降德，陰陽合契。虎嘯風清，龍騰雲逝。三元載佇，萬方攸濟。

魯道既昏，綿綿若存。禄移公室，政在私門。學而方仕，謙而彌尊。聽之也厲，即之也溫。義責齊國，刑懲李孫。

多能惟聖，道廢惟命。天下莫容，諸侯走聘。至於是國，必聞其政。仁義立身，溫恭成性。不圖爲樂，終悲擊磬。

九野八方，栖栖皇皇。從周返魯，考夏觀商。先王道術，夫子文章。可久可大，爲龍爲光。星衡入室，月準升堂。

智周通塞，神兼語默。幾然而長，黯然而息。漢承周運，胡亡秦國。察往知來，研精茂德。無必無我，自南自北。

萬象皆宗，千靈共同。惟變所適，居常待終。樂天知命，匪我求蒙。北辰之北，東海之東。百王遺訓，萬世餘風。

時亡玉斗，運鍾陽九。周井龍沉，秦原鹿走。生人卷舌，道途鉗口。禮樂崩頹，典章殘朽⑤。萬邦請命，三靈授手。

日角升圖，星精應符。載揚風教，重闡規模。數遷三國，年當五胡⑥。星芒夜指，日暈朝枯。環林摧折，璧沼荒蕪。

赫矣高祖，粵若稽古。丕哉文皇⑦，照臨下土。地維旁綴，乾紘上補。鯤

---

① 衱：朱本、鄒本、《成都文類》作"袠"。按：衱爲覆物的巾帕，袠爲護書的封套，皆可通。
② 辭：本集作"銘"。
③ 八絡：原作"八洛"，據庫本、朱本、鄒本、本集、《全唐文》改。
④ 鼇柱：原作"蛇柱"，據譚校、本集、《全唐文》改。
⑤ 典章：原作"曲章"，據庫本、朱本、鄒本、《成都文類》《全唐文》改。
⑥ 五胡：原作"五湖"，據譚校、本集、《全唐文》改。此句指五胡十六國之時。
⑦ 文皇：原作"文王"，據譚校、本集、《全唐文》改。按："文皇"指唐太宗。

化三千，龍飛九五。爰及列聖①，重規襲矩。

我君文思，念兹在兹。金鏡八海，珠囊四時。三雍九室，秋禮冬詩。紗帳語道，青衿質疑。載垂仙浹，廣創靈祠。

丕圖按籍②，遠求陳迹。玉檻烟開，金窗雨闢。晬儀侐侐，雲居寂寂。弟子摳衣，門人避席。階列簠簋，庭羅絲石。

地接臨邛，山橫劍峰。滇池躍馬，沮澤蟠龍。中望擊節，高門扣鐘③。陰靈肸蠁，文雅雍容。書池必變，講席嘗重。

今還古往，寂寥無尚，太山既頹，吾將安仰。梁木斯壞，吾將安倣。異代風行，殊塗影響。敢立言而徵聖，冀得意而忘象。

---

① 及：原作"天"，據庫本、朱本、鄒本改。
② 丕圖：譚校、《全唐文》作"披圖"，當是。
③ 扣：原作"扛"，乃形近而訛。朱本、鄒本、《全唐文》作"叩"，叩、扣通，敲擊也。

全蜀藝文志卷之三十六①

記丁

進士題名記　　　　　　　　　　　　　　　　　　（宋）田　況

蜀自西漢教化流而文雅盛。相如追肩屈、宋，揚雄參駕孟、荀，其辭其道，皆爲天下之所宗式。故學者相繼，謂與齊魯同俗。然世有治亂，化有隆薄，士之出處貴賤，實繫於此。唐季五代，政紀昏微，斯文與人，幾至墜絕。國家之起，海内統一，堯文舜明，寖昌以大。其設科考士，擢取之多，則前王之所未有。益州自太平興國以來，登進士第者接踵而出。天聖、景祐中，其數益倍。至慶曆六年，一榜得十八人，皇祐元年，得二十四人。它州來學而登第者復在數外。其盛也如此，豈非世化治隆，人隨而興乎！主學者議建榮名堂於宣聖殿之東北，盡題皇朝及第進士名刻於石柱，以示來者。予喜聞而遂其請，又爲之序。時皇祐二年五月一日也。

經史閣記②　　　　　　　　　　　　　　　　　　（宋）呂　陶

蜀學之盛，冠天下而垂無窮者，其具有三：一曰文翁之石室，二曰高公之禮殿，三曰石壁之九經。蓋自周道衰微，鄉校廢壞，歷秦之暴，至漢景、武間，典章風化，稍稍復講。時文翁爲蜀郡守，起學於市，減少府用度以遺博士，遣諸生受業京師，招子弟爲除更繇③，且以補吏，或與之行縣。民用向化，幾比齊魯。自爾郡國皆立學，寔文翁倡之。所謂石室者存焉。至東漢之季，四海板蕩，兵火相仍，災及校舍，弦誦寂絕，儒俗不振④。興平中，郡將陳留高眹修舊補廢⑤，作爲廟堂，模制閎偉，名號一新，所謂禮殿者見焉。及五代之亂，疆宇割裂，孟氏苟有劍南，百度草創，猶能取《易》

---

① 本卷朱本、鄒本分上下。
② 《净德集》卷一四題作《府學經史閣落成記》。
③ 更：原無，據本集補。
④ 振：原作"正"，據本集改。
⑤ 眹：本集及洪适《隸釋》卷一《益州太守高眹修周公禮殿記》作"朕"，當以"朕"爲正。

《詩》《書》《春秋》《周禮》《禮記》刻於石，以資學者。吾朝皇祐中，樞密直學士京兆田公加意文治，附以《儀禮》《公羊》《穀梁傳》，所謂九經者備焉。始漢景末，距今凡十六代，千二百四十餘年，崩離變革，理勢不常，而三事之盛，莫易其故。然則冠天下而垂無窮，非夸說也，考實以議也。

惟經史閣之成，基勢崇大，棟宇雄奧，下視衆屋，匪隘即陋，聚書萬卷，寶藏其間，斯亦近類三事，傳千百年而不可廢者乎！龍圖閣直學士濮陽吳公因其成也，會僚佐與蜀之士大夫，及其講師徒弟凡若干人①，飲酒以落之。德風洋洋，頌聲愉愉，布宣於一方。有若闕里弟子集雩壇之下，歌詠先王道德而歸諸聖門；又若魯侯至泮水之上，國人望其車旂和鸞，而樂見之，視其顏色笑語，而有感恩向化之意。嗚呼，其盛矣哉！

公純誠好善，治有本末，所至以勸學爲先，見一士可以語道，誘進之常若不及，乃詩人所謂能長育人才，則天下喜樂之也。陶於是推明公意而言焉。夫治性修身，以及家國天下，大略本之仁義，其文莫詳於經；監見古之人注措發施，正邪粹駁，與其生民幸不幸。其迹莫著於史。世之學者，不矜誦數而率履其言，不競多聞而慎擇其是，則爲有得，亦庶幾善學歟。

初，閣之營建，皆幕府太常博士王君霽爲之謀。君修潔有文，嘗典吳興郡學，挈其規範，來遺諸生，匪獨施諸閣也②。

時熙寧四年十二月一日③。

御書大成殿額記　　　　　　　　　　　　　　　（宋）席　益

紹興六年十一月，左迪功郎、新成都府府學教授范仲役言："臣所任成都府府學大成殿，建於東漢初平間，天下棟宇之古無過此者，而未有題榜。願陛下萬機之閒，親御翰墨，揭之殿額，以示人文化成，流道德之富，覃及遠方之意。"上可其請，即命仲役乘傳以賜。次年九月辛巳，仲役至自輦轂下，臣益備位牧守，率顧僚佐出迎於郊，拜受於先聖祠下。圜冠方領之士濟濟翔翔，閭巷阡陌鰥老黃幼聳觀謹呼④，咸用欣戴天子闡融文教、遐不作人之盛德，罔不奮勵感激，興於禮義。嗚呼懿哉！

晉丞相王導有言：方今戎虜煽熾，國恥未雪，忠臣義夫所共扼腕撫心。宜正人倫，設庠序，使俎豆之事幽而更彰，以著淳風、流德化。天子不以蜀之遐闊僻陋，越在裔壤，肆頒宸筆，光裕黌宇。烟霏露結之形，鸞翔鳳翥之勢，煥乎如日月麗天，雲漢昭回，可謂甚盛舉矣！昔苗民逆命，虞舜舞干羽於兩階，七旬而來格。宣王興衰撥亂，命召公平淮夷，其詩曰："矢其文德，洽此四國。"臣雖駑劣，敢不推廣上意，聳勸蜀

---

① 徒弟：本集作"弟子"。
② 施：原脫，據本集、《成都文類》卷三〇補。
③ 原無此句，據本集補。
④ 謹：原作"謹"，據萬曆本、庫本、朱本、鄒本、《成都文類》卷三〇改。

之士大夫説禮樂、敦詩書，和衆安民，慎固封守，以仰神中興之業，追縱前古，無忝聖神樂育之惠。臣益頓首幸甚。

紹興七年十月十日記。

府學石經堂圖籍記　　　　　　　　　　　　　　　前　人

蜀儒文章冠天下，其學校之盛，漢稱石室、禮殿，近世則石九經，今皆存焉。自孝景帝時，太守文翁始作石室。至東漢興平元年，太守高朕作周公禮殿於石室東，圖畫邃古以來君臣聖賢；然亦有魏晉名流，以故世傳西晉太康中刺史張收始畫，非也。殿有畫自高朕始，殆收嘗增益之。今壁間又有東晉人士，蓋收之後，繼有畫者，不知誰氏也。齊永明十年，刺史劉悛益以禮家器服制度。僞蜀廣政七年，其相毋昭裔按雍都舊本九經，命平泉令張德釗書而刻諸石。

本朝因禮殿以祀孔子，爲宮其旁，置學官弟子，講習傳授。故蜀帥、尚書右丞胡公宗愈作堂於殿之東南隅，以貯石經。益之先人鎮蜀，奏秩文翁、高朕於祀典，又請樂工於朝，教士以雅聲，而後頖宮之禮樂文物，粹然近古。自國家三雍之外，無與比者。

鄉者逆胡荐食上國，唯蜀賴天子神聖威武，得保生聚邑屋①。而吏視軍賦爲急，春秋釋奠，守者不親行，敕下吏攝事，以故風雨鳥鼠之虞不至黌舍。蓋自東漢興平元年歲在甲戌始作禮殿，逮我宋紹興六年丙辰，歷年九百四十有三②。其間僞蜀刻石經之歲，是爲晉開運甲辰，至是一百九十三年矣，益實受命盡護全蜀，兼行太守事。茲歲八月，諏日在丁，率僚屬及諸生釋菜於學，見藏經之堂已就傾圮，爰鳩工庀材，鼎而新之。非飭觀瞻，庶幾俾石經圖籍不虞風雨之剥蝕，而學官弟子得以講習傳授，經明行修，爲國家儲其材也。

夫詩書可以格頑，俎豆可以化暴，誠使文教昌明③，雖垂軒皇之衣裳，舞有虞之干羽，自當功成於理外。如其不然，則伏湛行鄉射於東京征伐之間，王導興學校於江左草創之始，是真迂闊矣。或者聞此而猶未喻④，吾將賦《子衿》之三章，悲原氏之將落

---

① 得保：原作"保得"，據朱本、鄒本、《成都文類》卷三〇乙。

② 九百四十有三：原作"六百七十有三"，據庫本、朱本、鄒本改。按：漢獻帝興平元年（一九四）距紹興六年（一一三六），其間歷九百四十三年。

③ "率僚屬"至"文教昌明"八十七字：原作"郡文學藏儀吏以不圮，版築之功以此已。功應隱去智且賢，城下於今祇流水。殷勤高謝余且網，不夢元君寧自放。儀兮儀兮奈爾何，口舌縱橫飾欺妄。天使神黽籠爾術，不言而行功自畢。安得人靈若爾黽，照見百爲心暇逸"。據《成都文類》卷三〇補改。按：萬曆本於原本"版築之功"下徑空七十三字，朱本、鄒本則注"中缺七十三字"。庫本以"版築之功"徑接下文"雖垂軒皇"，不加注。按：此八十六字乃錯簡闌入。其中"郡文學藏儀吏以"七字不知出自何文；"不圮"以下七十九字則爲宋京《黽化》詩之文，見本書卷一五。

④ 喻：原作"愈"，據萬曆以下各本及《成都文類》改。

也。尚友君子者知此心哉！紹興七年記。

石經始末記

(宋) 范成大

　　石經已載《前記》，晁子止作《考異》而爲之序。《考異》之作，大抵以監本參校，互有得失，其間顛倒缺訛，所當辨正，然古今字畫雖小不同，而實通用耳。

　　《考異》並序凡二十一碑，具在石經堂中。子止之序曰："鴻都石經，自遷徙鄴、雍，遂茫昧於人間。至唐大和中，復刊十二經，立石國學。而唐長興中，詔國子博士田敏與其僚校諸經，鏤之版，故今世六學之傳，獨此二本爾。按：趙清獻公《成都記》，僞蜀相毋昭裔捐俸金，取九經琢石於學宮。而或又云：毋立裔依太和舊本，令張德釗書。國朝皇祐中，田元均補刻公羊高、穀梁赤二傳，然後十二經始全。至宣和間，席叔獻又刻孟軻書參焉①。今考之，僞相實毋昭裔也。《孝經》《論語》《爾雅》，廣政甲辰歲張德釗書。《周易》，辛亥歲楊鈞、孫逢吉書。《尚書》，周德正書。《周禮》，孫朋吉書。《毛詩》《禮記》《儀禮》，張紹文書。《左氏傳》不誌何人書，而詳觀其字畫②，亦必爲蜀人所書。然則蜀之立石蓋十經，其書者不獨德釗，而能盡用大和本，固已可嘉。凡歷八年，其石千數，昭裔獨辦之，尤偉然也。公武異時守三榮，嘗對國子監所模長興版本讀之，其差誤蓋多矣。昔議者謂大和石本授寫非精，時人弗之許，而世以長興版本爲便，國初遂頒布天下，收向日民間寫本不用。然有訛舛，無由參校判知其謬，猶以爲官既刊定，難於獨改。由是而觀，石經固脫錯，而監本亦難盡從。公武至少城，寒暑一再易節，暇日因命學官讎校之。石本《周易·說卦》'乾，健也'以下有韓康伯注，《略例》有邢璹注，《禮記·月令》從唐李林甫改定者，監本皆不取。外《周易》經文不同者五科，《尚書》十科，《毛詩》四十七科，《周禮》四十二科，《儀禮》三十一科，《禮記》三十二科，《春秋左氏傳》四十六科，《公羊傳》二十一科，《穀梁傳》一十三科，《孝經》四科，《論語》八科，《爾雅》五科，《孟子》二十七科。其傳注不同者尤多，不可勝記，獨計經文猶三百二科。迹其文理，雖石本多誤，然如《尚書·禹貢》篇'夢士作乂'，《毛詩·日月》篇'以至困窮而作是詩也'，《左氏傳》昭公十七年'六物之占在宋衛陳鄭乎'，《論語·述而》篇'舉一隅而示之'，《衛靈公》篇'敬其事而後食其祿'之類，未知孰是。先儒有改《尚書》'無頗'

---

　　① 叔獻：原作"升獻"，萬曆本、朱本、鄒本又作"文獻"，皆誤。考南宋曾宏父《石刻鋪叙》卷上"益郡石經"條載："《孟子》十二卷，宣和五年九月，帥席貢暨運判彭愷，方八石，逾年乃成，計四册。"又云："宣和五年癸卯，益帥席貢始湊鐫《孟子》，運判彭愷繼其成。"則知此處"席×獻"即指席貢，貢於宣和元年至五年知成都府（見吳廷燮《北宋經撫年表》卷五）。又考清汪森《粵西叢載》卷二錄桂林名勝曾公巖題名，兩處均有元符中"洛陽席貢叔獻"之名，即後來知成都之席貢。是知席貢字叔獻。"叔"之手寫體與"升"形近而誤，今據改。

　　② 詳觀其字畫：原作"詳字闕其畫"，據萬曆本、朱本、鄒本改。

爲'無陂',改《春秋》'郭公'爲'郭亡'者,世皆譏之。此不敢決之以臆,姑兩存之,亦鐫諸樂石,附於經後,不誣將來①,必有能考而正之者焉。"

子止又刻《古文尚書》於堂,而爲之序曰:"自秦更前代法制以來,凡曰古者,後世寥乎無聞。書契之作固始於伏犧,然變狀百出,而不彼之若者亦已多矣。《尚書》一經獨有古文在,豈非得於壁間,以聖人舊藏,而天地亦有所護,不忍使之絕滅?中間雖遭漢巫蠱、唐天寶之害,終不能晦蝕,今猶行於人間者,豈無謂耶?況孔子謂《尚書》,以其上古之書也。當時科斗既不復見,其爲隸古定,此寔一耳。雖然,聖人遠矣,而文字間可以概想,則古書之傳,不爲浪設。予抵少城,作《石經考異》之餘,因得此古文全編於學官,乃延士張奭倣呂氏所鏤本再刻諸石,是不徒文字足以貽世,若二《典》'曰若''粵奆'之類②,學者可不知歟!嗚呼!信而好古,學於古訓,乃有獲,蓋前牒所令。方將配《孝經》《周易》經文之古者同附於石經之列,以故弗克,第述一二,以示後之好識奇字者③,又安知世無揚子雲?時乾道庚寅仲夏望日序。"

修成都府府學記　　　　　　　　　　　　(宋) 馮時行

紹興二十八年冬,天子命中書舍人鄱陽王公出鎮全蜀,明年四月至成都,下車謁孔子廟,顧見學宮圮毀不治,喟然而嘆,且言:"皇上撥亂反正,易干戈爲俎豆,開立政化,純用儒術。常以萬幾餘閑,手抄六經、《論語》《孝經》《孟子》、戰國樂毅、晉羊祜列傳,及圖孔子與門弟子七十二人像,躬爲叙贊,頒之郡國,藏之學宮,以示惇勸,以幸斯文,德至渥也。成都,西南大府,當是時,學校薦祭無位,肄習無所,其何以仰承聖明休德?"亟命度材計工,涓吉肇事,力不民役,費不民取,易腐敗而新之,與新作而補其闕,凡四百楹,皆敞豁靚深,精堅嚴貴。公來視成,諸生東自荆夔,西極梁洋,坌集廡下,歡喜鼓舞,咸願記載,傳之將來。公以命其屬部沈黎守吏縉雲馮某,俾叙其興作之由,且繫以辭。公名剛中,字時亨,其治蜀純用儒術,其有得於經術者,豈弟樂易之政無愧於前人。詞曰:

梗楠於山,魚龍於囷,物生有元。彬彬學官,蓋儲其中,登爲卿公。聖神宅尊,滌除妖氛,焕以堯文。夏校周庠,達於四方,聲教洋洋。皇曰:"岷蜀,詩書之俗,誰歟其屬。振其殫竭,孕其俊傑,繄予近列。"西南巨屏,綿絡參井,惟公是命。皇曰:"往哉,惟撫惟懷,實惟汝諧。漢有文翁,千載吏宗,汝惟其同。"公拜於庭,皇丞其行,虎熊旆旌。公來祁祁,致其肅祇,先

---

① 將來:原作"方將",據庫本、朱本、鄒本改。
② 粵:原作"奥",據萬曆以下各本改。"粵"下一字原本筆畫不明,其餘各本亦多詭異,疑是"若"字之古文。《字彙補》有"𦫵"字,云是"若"之古文,與此相類。此句意爲《尚書·堯典》《舜典》之"曰若",《古文尚書》作"粵奆"。
③ 好識奇字者:原作"好奇字者識",據朱本、鄒本改。

聖先師。顧瞻頹傾，心經目營，亟命鼎新。刊山浮川，巨桴雲連，徒旅闐闐。己卯仲冬，日旦氐中，涓吉肅工①。千趾俱升，趨之蒸蒸，各奮而登。翔然其成，渙然其明，杳然其深。公其省其，邦人從之，岌岌嶷嶷。公升於堂，而色而康，嘉言孔揚。諄複誨語，如父如母，邦人歌舞。歡傳萬口，父兄師友，更相進誘。一日二日，化行洋溢，如風之疾。惟皇作極，貴儒尚德，百王之式。惟公之賢，受命於藩，皇澤遐宣。斡旋樞機，皇曰來歸，蜀人其思。樂石峨峨，矢詩不多，千古不磨。

謹記。

大成井記　　　　　　　　　　　　　　　　　　（宋）李　石

外學吏李石作二井於成都，先筮得《巽》，揲之六三，三九而老之《坎》☷焉②，曰：此井祥也。陽搖其精，陰開其明。水湛乎深，土溢乎津。順所汲以免於險，吾井其濟乎。乃闕甓三尋有咫，得食焉，分東西爲亭，以"大成"名，據《象》詞也。歲大荒落，日清明，大余一十二，小余一千七百七十一。銘曰：

　　一奇而精，六偶而盈。此天地合，水所未形。我浚其原，如海之溟。派挹華滋，分注以清。我則不驟，待其淵渟。有綆之脩，此險之行。爾汲爾挈，無敗厥成。

修學記　　　　　　　　　　　　　　　　　　（宋）楊　甲

成都學宮自漢至今千餘歲，祠殿講室巋然獨存。其西屬延三百楹，壯麗廓大，是爲崇寧新學。而歲久弊漏污甚。蜀連帥所統治繁夥，月率一入學見諸生爲故常，講席徹即上車去，不暇按行。或有意苴補破敗，吏緣爲姦，厚費府廩，圬墁枝撐，目所及以訑不察，故雖數加葺亦易壞。

淳熙二年六月，敷文閣待制范公自桂林移鎮全蜀。始至，謁先聖，率諸生列拜庭下，覽古嘆息。顧見屋室陊剥，木老石腐，則慨然欲興廢。於是諏畫講度，核經費虛實，選吏程督，刮絶蠹蠹。自禮殿、石室與今學官講誦之舍、師儒之室，黝闇缺落，風雨入而鳥鼠宅者，皆徹新之。蓋逾年而役休，沈沈翼翼，嚴靚宏固，爲西南冠。

公來新學，延見多士，與耆儒宿師，考難疑義，訓誨熟復。自左右序生與四方之觀遊，若弟若子，望公辭氣容色，揚厲奮發，願識嘉績，顯刻以毋忘公德。公使甲記

---

① 肅：原作"嘯"，據朱本、鄒本改。
② ☷：原作"☳"，據庫本、朱本、鄒本改。按："☷"爲坤，作"☵"是。

載本末，甲辭不獲命，則具著公惇本勸學，委訓示後，與蜀人所欲聲公無窮者，爲詞綴語下。

公名成大，字至能，吳郡人，以儒長者治蜀，有大惠利及民，然其政發源實始興學。

其辭曰：

遠哉兹學，循吏所作。耡荒鑄頑，爰初維囏。築室考宫，誘民其間。被之書詩，惠我後人。聖有廟祀，士有攸宇。相其喬木，曰此千歲①。孰傾不扶，以雨以風。掃除壞污，起自今公。斥材鳩工②，左規右程。執斤從之，役徒蒸蒸。乃崇乃治，毋有庳腐。廓焉新宫，以就爾士。士曰樂哉，其來翼翼。誦歌講讀，金石屋壁。公往視成，弁服在門。揖之畢升，進退齊平。公曰"士子，吾敬誨汝。聖作斯學，惟汝擇取。蓋古有訓，自本自根。餘力則文，以華其身。滔滔利聲，則非我徒。毋墮爾修，愧此學廬。"士拜稽首，載銘公言。敢有斁遺，公參在前。井絡之區，槁乾既濡。民以順賴，士勸毋怠。公歸廟堂，我思維勤。毋壞於成，以詔來者。

新修四齋記　　　　　　　　　　　　　　　　　　（宋）李　燾

蜀郡文學掾李浩、蘇詵具書告丹棱李燾曰："成都學者日增，統帥陳侯懼學宫不足以容，乃即公堂之左右更築崇寧廢址。新爲屋二十八楹，分爲四齋，疏爲四十八窗。高爽靖深，學者益趨焉。總其費爲錢一萬九千緡有奇，經始於去冬，落成於今春，而秋毫弗以煩民，此美事也。諸生咸願有所紀述，敢以告。"燾再却而再至，已乃喟然嘆曰：營繕齋屋，事固甚美，雖勿記，豈不粲然陳前。而燾私切有感焉，則不可不爲諸生評之③。

蓋聞古之士皆自學，學必有講習之處。在家曰塾，其曰庠、曰序、曰校，蓋各因所處而立之名，初未嘗有大小升降之殊也。歲時朋萃群集，有司於是取賢斂才，推而上之，其不率教者屏之。夫推而上之，亦必有講習之處焉，斯總名曰大學。大學惟王者之都得有是名，非王都則名曰學而已。故鄉黨莫不有學，謂國乃有學固已失之。且庠、序及校，皆所以名其講習之處云爾，未始訂某處爲序，某處爲校也，亦未始曰庠不得名序，序不得名校，校不得名庠也。昔孔子射矍相之圃，蓋以魯君之命致衆而論士，然則圃亦學矣，豈必曰庠、曰序、曰校，而後爲學云乎哉！若孔子固未嘗言庠序，其言庠序則自孟軻氏始。孟氏雖列三代學名，而其義則專在養教及射，修吾孝弟忠信

---

① 千歲：《成都文類》卷三〇作"千載"。
② 材：原作"財"，據朱本、鄒本改。
③ 不可不爲：原作"不可爲"，脱一"不"字，據萬曆本、庫本、朱本、鄒本、《成都文類》卷三〇補。

而已，故曰"學則三代共之"，皆所以明人倫也，又曷嘗分東北西南、上下左右，或在廟，或在國，或在郊，春秋冬夏，所居各異，詩書禮樂，所教亦不同？如大小戴所記，鄭康成、蔡伯喈輩所箋注，紛然交加，雖巧辯曲通之成理，考正求定，終須掊擊。況又增以成均、米廩、瞽宗、辟雍、膠射①，與夫三靈五府，別號異辭，叢脞雜遝，混爲一條，不可致詰。先儒悟其齟齬難以位置，則從而爲之説曰：周兼四代之制，蓋一處並建四學，非四學各爲四處也。然其説要未允當。姑置周勿問，彼區區之魯而亦兼四代之制乎？《泮水》詩今且存，米廩、瞽宗、辟雍、膠射不少概見，不知漢儒何所依憑，而公倡異端，強入它類，疑誤學者。蓋其甚病在溺心以博，未識古書之正僞，更怵世資，傅會緯説，錯亂經言。遂使後世人主惑其名而不究夫學之實②，籠絡牽聯，惟恐漏落，崇侈土木，贅聚冠履，於孝弟忠信所當修者則未始致意焉。其言豈不諄諄，特其意倜倜然遠耳。

漢孝武幸從董仲舒等議，立太學，置五經博士，學孝廉，增弟子員，或獻雅樂，則對三雍，當時抑亦可謂彬彬矣。然孝武實急功利，士之精通秀穎者皆不肯遊學，遊學者特章句之儒，初無益於成敗之數也。逮孝昭欲救民間疾苦，更召天下賢良文學以訪之，則其所養竟非所用，此不究實之害也。光武創業未及五載，於傾側擾攘之間亟立大學，雖不免以讖決事，而崇尚儒術，有意其推本之也。孝明、孝章，是承是繼。其後稍怠，學舍鞠爲蔬園。永建六年，更造黌宇，開拓房室，舉郡國明經者儒以充入之，大將軍下至六百石悉遣子弟遊學。逮本初之元，編牒數逾三萬。郭林宗、申屠子龍雖高尚其事，亦復周旋其間，獎拔人物，扶樹道教，爲諸生倡。范孟博等與聞國政，深議不諱，自公卿以下皆折節下之。假託如黃子艾，晉文經稱疾臥家，士大夫請見弗許，三府辟召，輒加詢咨，隨其臧否以爲予奪。當時儻非假託，得不謂盛乎！要不可與先漢同日語。曾無幾何，旋遭鈎黨之禍，議者反歸過於大學。若是，則學終無益於政，祇有損爾。是不然，學之爲王者事久矣，化民成俗，匪學莫繇，顧用之何若。後漢之學，是猶近古，及其末造，聲教廢於上，風俗清乎下，百餘年間，亂而不亡，匪學之力歟！若郭有道名冠大學，而超然塵垢之外，不爲好爵所縻，正言直節，巍巍獨全。彼子艾、文經終賴符偉明及林宗輩排斥，詐不得售，禍發鈎黨，太學何與也，惜漢儒但指經術爲禄利之路，而不推本於孝弟忠信，俾人自進修，所用者狹爾。

本朝遍天下立學，肇於慶曆，極於崇寧，其得失之迹③，有目共睹。而三舍升降、月書季考之法纖悉備具，大率誘以禄利，故未見豪傑之士卓然自大學興起者，此則士所共嘆也。夫修其天爵，而人爵從之，又何俟於誘？若誘之空，激令躁競，不安命分，是不耘苗而又揠之長者也。獨明道、景祐間，胡翼之治湖州學，其規模去古差近，弟子往來常數百人，莫不以仁義禮樂爲學，其出辭氣、動容色，人忽遇之，不問可知其師爲翼之也，磨礲浸灌之功多矣。慶曆更新大學，有司請下湖州，取翼之法以爲大學

---

① 膠射：原作"膠謝"，據庫本、朱本、鄒本改。下同。
② 惑：原作"感"，據萬曆以下各本及《成都文類》改。
③ 迹：原作"速"，據譚校改。

法焉。抑嘗聞翼之弟子，各以經相傳授；又別置齋舍，榜曰"治道"，凡欲明治道者肄業於兹。如治民、治兵、治溝洫、治算數之類，咸因其性而肄業焉。劉彝蓋治溝洫者，至今猶以水利著，夫豈苟然純用科舉為學或！及元祐欲革元豐三舍訑訐苛繞之弊，初命程正叔與顧子敦、孫莘老同更定學制①。三人議別置尊賢堂及待賓、吏師等齋，實用翼之故事。會胡元夫與正叔異趣，事不果行。今天下立學皆遍，師生相與言②，惟作大義、詩賦、論、策爾③。是猶曰不給，而況敢及科舉外事！且徒飲食之，而不於是取賢斂才，無怪乎自怠自棄者之多也。今多有是說，欲減鄉舉十二三，以其額界郡國之學。使學者繇是發身，其得人未必不愈於三歲驟舉於其鄉者。是或一道也，而朝廷憚於改弦易調，然好學者亦豈因是而遂輟其所好乎？

燾鄉侍講席，嘗從容為上言④，乞稍變試文體格，無若今之猥釀熟爛⑤；庶幾豪傑有以自見。上甚鄉納，趣令就直廬條具，既得旨，須再試即行。會燾去位，事亦隨寢。若試文體格不變，又不於是取賢見才，則郡國之學誠徒立爾。必不得已，翼之故事尚可倣依而馳騁，使學者不妨課試如式，復於科舉外專精讀書，且有以自食，無復營求擾亂。優遊厭飫，日知其所亡，月無忘其所能，比及成就，則自當與古為徒，謂學果無補於當世，吾不信也。

昔文翁初起學宮於成都市，及元朔五年，詔天下郡國皆立學官。蓋天下郡國學官實自成都倡之，後之為成都者，於學官不敢不致力。雖迷國誤朝若崇寧宰相，其致力尤甚異時，縱不說學，亦必枝拄邪傾，圬墁赤白，蓋虛矜偽以干縫掖之譽。今陳侯獨能躬行節儉，削浮冗之費，罷誇詡之燕，日積月累，創成大廈，其視文翁減省少府用度以成就蜀諸生，無不及焉，其為德厚矣。諸生盍亦思所以報之乎？

司馬相如雖文章冠天下，然弗張四維，似非吾黨。揚子雲金口木舌，真漢大儒，而出處之際，未免跋疐。彼莊君平、李仲元沈潛自遂，莫我縶維，乃可敬仰爾。嗚呼！繇文翁以來，仕而顯者固多矣。何君公、趙志伯、謙、溫等雖登三公，君子弗貴也；惟范景仁起寶元，終元祐，其進退雍容，實光於莊、李。若景仁，斯不負玉堂石室云。

燾無德之齒，猥杖於鄉，稱道不亂，則燾何敢！其私竊有感焉者，蓋具此，姑以復諸生，其尚交儆戒哉！

---

① 敦：原缺，譚校："缺字當作敦，顧臨字子敦，見《宋史》。"據補。按：譚校是。顧臨傳見《宋史》卷三四四。原因避宋光宗趙惇嫌名而缺。《成都文類》"顧子"下注："太上御名。"疑原本脫此四字。
② 師生：朱本、鄒本作"師友"。
③ 大義：萬曆以下各本均作"文義"，非是。"大義"即經義，宋代科舉，進士科大抵考試經義、詩賦、策、論四者，其中經義即試諸經之大義。《成都文類》亦作"大"，不誤。
④ 為：原作"焉"，據萬曆以下各本改。
⑤ 猥：庫本、朱本、鄒本作"煨"。按："煨"字勝。

重修至聖文宣王廟記①

(宋)蒲宗孟

　　夫茫昧窈眇，浮於空虛，運於兩間，充牣於萬類而不息者②，天地之氣。氣有逆順，然而其施於物也無厚薄。光明盛大，橫於古今，亘於日月，籠絡於萬世而不絕者，孔子之教。教有興廢，然而其被於人也無遠近。氣無厚薄，而百穀之生有不齊焉者，過在播殖之人，非氣之異也。教無遠近，而四方之學有不同焉者，失在倡勸之人，非教之弊也。枯原瘠野可使爲豐壤，裔夷窮貊可使爲中國。稻耡之不勤，闢鑿之不工，地雖美，求其茨粱之收，嬉戲孺子皆知其不可。禮義之不修，忠信之不行，人雖材，求其聖賢之歸，委巷小人皆知其不能。告於人曰"地不足殖"而不耕，是棄其地也；告於人曰"人不足治"而不教，是棄其人也。棄地者將引而入於飢寒，棄人者將引而使爲禽獸③。飢寒至，禽獸之性發，何所不有！

　　今四方學可謂至盛，而持其術者可謂不棄其人矣，然猶教化之所淺，風俗之所尚，與其講磨養育之具，獨完於京師，浸漬於齊、魯、閩、益，而盛大於吳越。惟夔爲西南之陋，當天下學者翕然嚮勸之時，此邦之人尚不識書生。慶曆詔郡縣立學，今龍圖閣直學士廬江何公郯爲郡別乘④，始能用文章理道感悟其俗。於是人漸知讀書。逮十餘年方有進士，後又有以進士得科名者。廬江公既去，歷二十載，傳至於今，秀民稍稍輩出，而爲之倡者待其人，尚如枯塪墝埆，而稻耡闢鑿之不復加，故窮歲月，更寒暑，終莫能豐乎所獲。

　　治平三年，兵部郎中吳興陳公由三司判官出領本路轉運使，入境之日，愾然傷孔子之教不大被於一方。乃下令風動諸郡，使其守長招輯學子，以德義錯磨其人。守長承命，虔不敢懈⑤，各飭僚吏，以尸教誨。夔州刺史長沙賈侯率先諸郡，整治序宇，完壞補缺，設爲規程。郡之人喜聞而樂從，日謀於其家，告於其父兄，奔走入學，惟恐後時，而不得群於其間。既至，服勤詩書，出入以時⑥。又謀於其友，告於其子弟，率德勵行，恥其身之不尊，名之不高，而孝父忠君之說不聞於耳，日夜講解，疲不知倦。四遠之人執業而就學者交足在境。

　　學既盛，諸生以孔子之廟庫隘毀墜，階不容立，堂不容處，奠獻之際，設席無地，宿燎無所，又謀於其鄉，告於其常所往來，而聞於郡曰："污宮敗室，安足爲孔子之所

---

① 本文以下朱本、鄒本分爲卷下。
② 者：原脫，據萬曆本、朱本、鄒本及《國朝二百家名賢文粹》卷一二一補。
③ 禽獸：原作"禽狄"，據庫本、朱本、鄒本改。
④ 何：原作"河"，據庫本、朱本、鄒本、《二百家名賢文粹》改。
⑤ 虔：原作"處"，據朱本、鄒本、《二百家名賢文粹》改。
⑥ 以：原無，據文意補。

居，而稱吾陳公所以尊事聖人之意耶！願輸財以新之①。"是年冬，孔子之四十六世孫以尚書員外郎來爲轉運判官，樂陳公之不鄙擯其人，能均齊聖人之教②，剔刮愚瞶，不以遠近爲間，使皆識忠信、守仁義以自治也③，歡然叶力，以終厥事。又以其家之廟像及冕服之制，合顔淵而下衣冠之飾，授於刺史賈侯。明年二月，賈侯相址擇吉，率其屬日從事於廟廷，親界匠指，俾營俾構，官工私庸，雜作衆治。六月，廟乃成，豐宇廣廈，明敞廊大。中嚴孔子之座，冕旒服章悉用本朝之制④，而顔淵以下從燕居之儀，翼侍左右。並圖周漢以來及唐之大儒二十餘人於壁間。籩豆罍樽，盡易去舊器，使就潔嚴。

諸生將考於新宮，又謀於其徒，告於其長，有請於學官曰："始者入於學，懼無以承陳公之賜⑤，故群趨而朋來。既就講肄⑥，又恐無以謝陳公之教，故勤行而力修。術業既專，所趣既明，又嗟無以充陳公尊德事聖之意，故率財以爲廟。今廟成而無傳，諸生不任其責，責在學官，學官當有以施其職也。"宗孟曰："然，是誠學官之所宜爲。"昔者魯作泮宮，邦人是歌；鄆侯修廟，韓公有詩。宗孟典領學事，實司文詞，其初其卒又皆與諸生游泳於其間，敢拜稽首，刻詩廟碑。詩曰：

> 夔於西南，有國自昔。人罕詩書，士罕逢掖。誰爲豐腴，獨此境塉。簡簡陳公，初顧嗟感。曰人則然，其瞶可剔。教無遠近，人自損益。豈不在我，示以標的。使之得涂，安往不適。下令諸郡，風動邦伯。庶邦守長，虔命蹴踖。夔實有府，庠序先闢。方疏淵源，灌溉枯脉。旋不逾時，芃芃其稷。既穫既耘，乃漸有穫。公日來觀，驄馬白額。旟旐茷茷⑦，紫綬纁舄。溫潤其音，以勉其畫。杠梁其湍，以拯其溺。與之酬揖，升降同席。與之坐起，左右接膝。匪棄伊教，咸樂親炙。四遠承風，笈負墳籍。爭來於夔，奔走交迹。人佋公惠，衎衎晨夕。相視廟貌，毁墜頹窄。曰吾聖人，是豈來宅。輦財輸金，願就更革。吉日辛卯，爰始斯役。衆工勤事，不待繩迫。衆版勤椓，其均歷歷。檐阿斯翬，棱廉斯戟。像貌有嚴，堂塗有赫。是奠是饗，神降無射。公來在廟，禮容莊惕。公來在泮，笑語悦懌。克明克嘉，有警陋僻。凡公之仁，浸漬洒滌。孰爲父兄，不舞公澤。邦人孔懷，懼或淪失。學官宗孟，實任斯責。作詩記始，以鏤金石。

---

① 財：朱本、鄒本作"材"。
② 聖：原脱，據《二百家名賢文粹》補。
③ 識：原作"議"，據上引改。
④ 本朝：原作"本廟"，據萬曆本、朱本、鄒本改。
⑤ 以：原脱，據上引補。
⑥ 肄：原作"肆"，據《二百家名賢文粹》改。
⑦ 旟：原作"旒"，據庫本、朱本、鄒本、《二百家名賢文粹》改。

重建州學記

(宋)徐粹中

世無不可成之材,亦無不可善之俗。烏鹵之地,可使爲良疇;九夷之陋,可使爲洙泗。其以爲難者,亦誠有所未至焉耳。唯天下之至誠,爲能成天下之化。天地之化育可贊也,况於人乎！君子之於天下也,不患材之不成,俗之不善,患吾之誠或有未至。是以無所不用其誠,亦無往而不化。

夔之有學,本末載於舊記。歲久屋老,常有震陵之憂。紹興二十三年春,吳興沈公自宗伯翰苑均逸侯藩,由東蜀移鎮於夔。會夏大水,屋被漂墊,公命相土,更築於舊學之北,得高明爽塏之地,並其廟遷焉。橫經有堂,肄業有舍,藏書有閣,膳羞有所,背山面江,廟居其中。肇工於秋九月戊申,告成於明年夏五月辛巳①,總百三十四楹。有來群士,其至如歸,相率摳衣,願識其實。

粹中嘗讀《易》之《觀》曰："觀,盥而不薦,有孚顒若。"且"盥而不薦"者,爲化之誠也；"有孚顒若",下觀而化之誠也。是以爲《象辭》則曰："聖人以神道設教,而天下服。"爲爻辭則曰："觀國之光,利用賓於王。"於戲！公之化於夔,誠既至矣,諸生其勉之！異時觀光上國,進用於朝,人知勸勉②,相率以從善,寖寖乎入於鄒魯之化,孰不曰自今日始？謹拜手而爲之頌曰：

夔之爲州、介於巴楚。民生其間,魚鹽商賈。慶曆、治平,始爲黌宇。逮夫崇、觀,俊造接武。我皇中興,嗣復疆土。闡揚文教,增光烈祖。建侯作屏,以綏以撫。二十七年,禁從分虎。政未及施,勤先庠序。來相其居,榱椽敗腐。顧將新之,候時而舉。會夏大水,漫爲洲渚。卜築惟新,輪奐有度③。民初墊溺,未遑安堵。公命賑之,爰發倉庾。泮宮之修,子來樂胥。日者夜郎,稱兵嘯聚,三歲興戎,未免攻取④。泮宮既作,囚執爲虜⑤。鴟鴞革心,好音厥吐⑥。在昔僖公,修泮東魯。爰服淮夷,頌聲鼓舞。今也沈公,道尊學古。樂育人材,不問淳鹵。達以至誠,化如時雨。乃會其入,乃豐其貯。士不家食,於焉遊處。匪命匪攜,率規蹈矩。利用賓王,陵我鴻羽。豈不自公,肇開義府。昔者孟軻,聖道是輔。韓愈稱之,功不下禹。粹中於公,亦云斯語。

---

① 年：原作"季",據萬曆本、庫本、朱本、鄒本改。
② 勸：原作"觀",據上引改。
③ 輪奐：原作"奐輪",據朱本、鄒本乙。
④ 免：庫本作"克"。
⑤ 囚執：原作"因越",據萬曆本、朱本、鄒本改。
⑥ 好音厥吐：原作"好厥音吐",據文意改。《詩·魯頌·泮水》："翩彼飛鴞,集於泮林。食我桑黮,懷我好音。"

紹興二十四年八月初一日謹記①

補夔州大晟樂記　　　　　　　　　　　　　　（宋）張　震

宋興百餘載，文物具舉，唯樂律之議紛然，歷數大儒莫能定。卒至《大晟》，而百家盡廢。於是鑄金尚方，采石泗濱，以班諸天下校學。異時諸生類以時肄習，春秋釋奠，合堂上下之樂翕然雜奏，以饗先聖先師，盛矣！自中原遭變，城邑爲虛，雖東南郡縣還定安集之餘，而禮樂器用無一存者。蜀獨以不被兵，僅獲全，而數十年間，吏唯簿書、獄訟、兵食之爲，故謂儒者事特無訾省，甚者竊取資几案虞玩之用，此其於幸中又得不幸者也。

始，夔有賜樂，視諸故府，十闕五六；雲安舊爲軍，亦有賜，取而合之；不足，則又搜取於他州。鐘磬正聲中聲凡五十有六，按圖爲簨簴，實諸學宮，每歲祀陳於庭。雖備而不作，尚庶幾存其意，此夫子不忍去告朔羊之志也。嗟夫！古之禮樂不可復見矣，使器無廢壞，猶有考焉，而併與是去之，獨何心哉！

助予爲是舉者，通判鮮于侃晉伯、教授宋明孫晞亮。隆興甲申十月甲子，廣漢張震記。

黔江修學記　　　　　　　　　　　　　　　　（宋）竇　敷②

紹興戊寅春二月，西魏公禧被命守黔，始至之日，祗謁先聖。顧學宮不治，荒陋狹隘，固已憮然，及跪觀上所賜宸翰，匿而藏之鄙室中，則尤震懼不自安。明年，遂有意改建。心思手畫，度地辨方，無不用其志。乃取養士之餘，鳩工積材，斲石陶瓦，動以千計，而無一擾於民。又明年，首建宸奎閣，崇顯壯麗，氣象宏廓，而經天緯地之文，驚鸞回鳳之筆，卓越煥爛，光被江山。又摹上所題"大成"字，揭之禮殿之榱桷，闖其蔽障。飾聖像，正十哲顏、孟位；築東西二序，繪七十二賢於壁。闢四齋，設明窗净几。更講堂以嚴涵養，正門閫以快衆目。未逾年而工畢。既畢，屬敷書其事。敷曰：

學校者，乃禮義之所出，政治之所本，而公議之所在也。古者獻囚馘於是③，受成於是，論政於是，一官一職以至公卿將相皆出於是，真爲國者之先務也。然鄭人遊於鄉校以議執政，或謂子産毀鄉校，子産曰："不可。善者吾行之，不善者吾改之，是吾

---

① 二十四：原作"一十四"，據朱本、鄒本改。按：據前文，州學修成於紹興二十四年五月，則此爲"二十四"無疑。
② 原注："通判。"
③ 囚：萬曆本、朱本、鄒本作"酋"。

師也。"孔子聞而謂子產"仁"。嗚呼！人有賢愚，事有當否，則世有謗譽。當否在我，謗譽在彼，君子修其在我者而已，奚恤於彼哉！若逆畏其議己而欲毀鄉校，則其爲人可知也。

黔舊有學，學者不減旁近郡。不以教養爲急，故散居郊野，此豈知子產之言哉！能無愧於孔子之謂仁者哉！頃歲科舉，朝廷禁挾燭之弊，嚴其科條，敷嘗督其事。棘闈一開，白袍百餘輩裹飯而前①，寂寂無譁；須臾坐定，不窺一冊，文賦自成，日未斜而出。敷心異之，以爲士固未可輕料也。今公盡力於學，又謹春秋二祀，禮樂具備，文物皆新，前所無有。當見千里之間，父誨其子，兄友其弟，正衣冠，事語言，爭相洗濯磨淬，來集於斯，目睹雲章，口誦王言，其不負上樂育之賜，異時升薦，必能起遐方而瑞天朝。至於學問有暇，欲議公之政，其必曰尊主庇民，奉法循課，新學校，肅教化，而我之父兄子弟誓不忘公，他復何言！

大貢院記　　　　　　　　　　　　　　　　（宋）關耆孫

國家用唐制，以進士取士，三歲大比，士由州縣升者曰鄉貢，詔有司進退之，此貢院之始也。太宗覽進士試，喜曰："天下英雄盡在是矣！"當時以爲美談。余則曰：自周鄉舉里選之法壞，而士失其寓。猶賴春秋、戰國之間，齊、晉、鄭、衛之君以君子多寡爲盛衰，而田文、趙勝之徒，客多則強。士雖失周之寓，然各隨其所寓而安。至秦則忌之，忌則煞之，以爲之窖可以盡掩天下士，而不知蕭何、曹參、陳平、張良之徒，則秦不能掩之也。漢用秦士起，漢則先收士，於是惠、文而下有選舉之法，曰賢良，曰力田，曰孝廉，曰明經，皆其目也②。漢以選舉寓士，故亦不失其寓。王莽、曹操睨先後之弱而欲襲之，則又忌士，士遇莽、操，如遇秦然。秦不能殺蕭何、曹參、陳平、張良之徒於前，而莽、操亦不能殺寇恂、鄧禹、周瑜、諸葛亮之徒於後，士之未易籠絡如此。漢揚子雲曰：周之士也貴，秦之士也賤。謂周貴士可也，謂秦賤士，則秦豈得而賤之哉！

唐因隋舊，以進士取士。其始也，得士如狄仁傑、張九齡、姚崇、宋璟、裴度，則亦能爲唐強；而其末也，如鄭朴、楊知至，則爲唐之亡矣。取士一也，何始末之異也？余觀太宗初興，本有忌天下英雄之心，既不能用秦之殺，則欲以進士爲餌而銷之。吾忌士，欲以此銷士，而乃誑人曰以此取士。士不識吾心且已，識則南山之南、北山之北矣，吾將幾萬鍾、幾千駟可要而來之哉？識吾心者不來，則來者宜其爲鄭朴、楊知至之徒也。國家取士用唐制，累聖待士則非太宗之心，所以得士。上勵精求治，思欲得天下士，與共大功業。今取士一塗，而貢院實爲進士取士之始，則其容略乎！

夔一路十五郡，而合六郡進士試於夔。初無貢院，以破寺寓之。寺破尚可也，而

---

① 前：原作"皆"，據庫本、朱本、鄒本改。
② 其：原作"自"，據萬曆本、庫本、朱本、鄒本改。

夔一城惟一寺，一歲而天申、會慶兩節，郡臣子舍是寺無以東嚮而祝堯也，豈可又以之爲貢院，而三年一殘破之乎①！夔則寓貢院於此，歷幾歲乎而不問也。歲庚寅，前侍御史王君伯庠來鎮夔，下車之明日，慨然嘆曰："託釋氏以見臣子之尊君，貢多士以示諸侯之報國，此豈細故事。而弊於前，不問於後，可乎？況今取士，惟進士一塗，吾待進士試不薄②，俾士亦不自薄。進士而後得士，則貢院爲郡第一事也。"下令創新之。然退而顧公帑、視民力，則弊不可仰；欲遲之，則已下令，郡進士鵠立待也。於是公私之須，皆一歸於節。專力治之，凡五閱月而成。爲屋一百一十間，一毫不取於民。民但見其成，而不知其爲力也，則相與歌之，以爲君曾爲上耳目官，知國體者，君不薄進士，是欲士不自薄，進士得士而貢上也。君之爲政，可謂知其本矣。

君，濟南人。君之考君諱次翁，嘗參大政，事光堯壽聖太上皇帝。君自立，不以公卿子弟官，而世進士科。今守一藩，能不忘本如此，視古以曲江題名爲非、以家有《文選》爲過者，何啻九牛毛耶！

貢院落成，郡士屬余書，輒記其月日云。

成都贍學田記　　　　　　　　　　　　　　（元）羅　壽

皇元誕受天命，奄有萬方，列聖繩承，詔郡國崇學，給田養士，以風天下。成都在蜀爲會府，昔以武定，故所授多萊田。少中大夫趙公世延使指蜀道，憫士習之頹弊③，教養道息，無以承流宣化，乃選秀民年二十上下者，復其身，補弟子員。定章程，樹令於學，以明經治行爲業。步其地，得其畝④，制其域，如市地法，會其利入，歲以爲贍學永業。所輸入廩，師弟子有度，所司時其出納焉。路總管張保同寔總學政，間以語壽⑤，且曰："茲學校之經賦也，請記諸石碑。"固不獲讓，曰：

成都自丙申蕩於兵，文物泯盡，構治學舍才二十八年，倚席不講，士子怠散，不能恒其業。蓋所授學田僻遠未墾，無所仰哺而然也。才之不立，則有司將何以奉揚天休？諸大夫可謂知所先矣，教養之道可謂周且恒矣。

既而惟之，《周官》鄉大夫歲時登夫家之賢者能者，莫得考其群居族食以養以教之道⑥，其或授田而自食其力，大比禮而賓興之者，井授之民也歟⑦？何治績之凝、隆平之久也！漢興，崇儒興學，增廣博士弟子，縉紳之盛至於環橋門者億萬計。吾見其士

---

① 三年：原作"二年"，據萬曆本、朱本、鄒本改。
② 進士：原作"準士"，據萬曆以下各本改。
③ 憫：原作"開"，據萬曆本、朱本、鄒本改。庫本作"慨"，亦通。
④ "得其畝"上，原有"得其地"，據萬曆本、朱本、鄒本、雍正《四川通志》卷四二刪。
⑤ 語壽：原作"論語"，據朱本、鄒本改。
⑥ 群：原作"郡"，據萬曆本、庫本、朱本、鄒本改。
⑦ 井：雍正《四川通志》卷四作"並"，庫本作"非"。

類之多於周也，未見其比隆於周也，其故何哉？噫！燼秦之餘非六學之實也，百家之言非聖道之純也，修潔博習非道德之蘊也，冠帶委蛇非力田之質也，文學賢良非夫家之秀也，方領矩步非樂舞之節也，傳疏章句非躬行之確也，胡周之比隆也？然猶察舉於鄉閭也，不果其行者猶尠也。降漢而下，學校修而教樹戾，文辭侈而士習浮矣，科目盛而其進狹矣。合而論之，道與利而已矣。上以道求，士之學也爲道；上以利誘，士之學也爲利。上之所好，下必有甚焉者，豈不信歟！是以漢之士不能並乎周，後之求者亦莫漢之愈也。

蜀有材，漢文翁始也。前乎文翁也，固不能洽先王之化，厥後如卿、雲、坡、潁之賢①，代見時出，豈特比齊魯而已哉！由是言之，漢之士未始異乎周，蜀之材亦未嘗不炳然於漢也，顧上之人所以造之何如耳。

方今車書大同，屬學興化，源流濂洛，聖道開明，士不力田而得飽於學官，不待察舉鄉閭而可受知於公上，無百家之雜、科舉之累以荒其志。矧少中公開導教化之有則，廩食養成之有資，士之食於學者曷亦諒之。公篤志勵行，強立不反，何往先之愧也哉！故既紀其實以告將來，因著一言，思講評於博聞之君子。

廟學門記　　　　　　　　　　　　　　　　（元）鮮　瑸②

廟學三門之制，《禮經》無明文。瑸嘗逾巴蜀，浮荆襄漢沔，適梁宋鄭衛，歷趙代晉蒲秦陜之學，周咨弗能得。元貞初，職教成都，視綿州學，瓦礫中得宋故石碑《修學門記》，磨滅殆半，而門制可考云。古營造法式，以上天帝座前三星曰靈星，王者之居象之，故以名門。先聖爲萬世絕尊，古今通祀，袞冕南面，用王者禮樂，廟門之制悉如之。世所謂"櫺星"及"凌霄"者承誤也。今總府命大建此門，凡柱礎、門樞、丹臒、陛曁、石牆、陶甓、黝堊之飾③，具如法。經歷夏從仕寔贊襄之，厥功告成，復請書其義於石④，以昭示永久，得無惑⑤。

---

① 卿：原作"鄉"，據萬曆本、朱本、鄒本改。按：卿指司馬相如，相如字長卿。
② 原注："嘉定路教授。"
③ 譚校："'陛'下或有脱誤，否則'曁'或作'墍'"。按："墍"意爲塗抹，與"陛"（階）字義亦不相應，存疑。
④ 石：原作"后"，據萬曆本、庫本、朱本、鄒本改。
⑤ 得無惑：庫本作"俾無惑云"。

全蜀藝文志卷之三十七①

記戊

黃陵廟記 節文② （蜀漢）諸葛亮

僕躬耕南陽之畝，遂蒙劉氏顧草廬，勢不可却，計事善之。於是情好日密，相拉總師。趨蜀道，履黃牛，因睹江山之勝。亂石排空，驚濤拍岸，斂巨石於江中，崔嵬巉岏，列作三峰，平治洚水，順遵其道。非神扶助於禹，人力奚能致此耶？僕縱步環覽，乃見江左大山壁立，林麓峰巒如畫，熟視於大江重複石壁間，有神像影現焉，鬢髮鬚眉，冠裳宛然，如彩畫者。前豎一旌旗，右駐一黃犢，猶有董工開導之勢。古傳所載黃龍助禹開江治水，九載而功成，信不誣也。惜乎廟貌廢去，使人太息。神有功助禹開江，不事鑿斧，順濟舟航，當廟食茲土。僕復而興之，再建其廟貌，目之曰"黃牛廟"，以顯神功。

諸葛武侯廟記 （唐）呂溫

天厭漢德，俾絶其紐，群生墜塗，四海飛灰③。武侯命世，實念皇極④，魏姦吳輕，

---

① 本卷朱本、鄒本分上中下。
② 按：此篇實爲僞作。《四庫全書總目》卷一七四《諸葛丞相集》提要："其《黃陵廟記》，明楊時偉作《諸葛書》，嘗以擿用蘇軾《大江東去》詞語，駁辨其僞。今考陸游《入蜀記》作於乾道六年，記黃牛廟事引古諺及李白、歐陽修、張詠贊甚詳，獨一字不及亮《記》。袁說友所刻《成都文類》，作於慶元五年，亦無此文。然則贗託之本，出於南宋以後明甚。"按：此說是，惟黃牛廟在湖北宜昌市西北，《成都文類》不收，未可引以爲據。
③ 灰：《呂和叔文集》卷一〇、《文苑英華》卷八一四、《唐文粹》卷五五上作"水"。
④ 皇：原作"大"，據本集、《唐文粹》改。

未獲心膂，胥宇南陽，堅卧待主①。三顧稍晚②，群雄粗定③，必也篲掃，是資鼎立。變化消息，謀成掌中，戰龍玄黃，再得雲雨。於是右揭如天之府，左提用武之國，因山分力，與水合勢，蟠亘萬里，張為龍形。亦欲首吞咸、鎬，尾束河、洛，翼乎中夏，飛於天衢；然後魚驅勾吳，東入晏海。大勳未集，天奪其魄。至誠無忘，炳在日月，烈氣不散，長為風雷，英雄痛心，六百年矣。於戲！以武侯之才，知己付託④，土雖狹，國以勤儉富；民雖寡，兵以節制強。魏武既沒，晉宣非敵，而戎車荐駕，不復中原。或曰奇謀非長，則斬將覆軍，無虛舉矣；或曰餽糧不繼，則築室反耕，有成算矣。嘗試念之，頗賾其原。

夫民視德以為歸⑤，撫則思，虐則忘。其思也不可使忘，其忘也不可使思。當漢道方休，哀、平無罪，王莽乃欲憑戚寵，造符命，脅之以威，動之以神，使人忘漢，終不可得也。及高、光舊德，與世衰遠，桓、靈流毒，在人骨髓，武侯乃欲開季世⑥，振絕緒⑦，諭之以本，臨之以忠，使人思漢，亦不可得也。向使武侯奉主之命⑧，告天下曰：我之舉也，匪私劉宗，唯活元元。曹氏利汝乎，吾事之；曹氏害汝乎，吾除之。俾虐魏逼從之民，聳誠感動，然後經武觀釁，長驅義聲，咸、洛不足定矣。奈何當至公之運，而強人以私？此猶力爭，彼未心服，勤而靡獲，不亦宜哉！乃知務開濟之業者，未能審時定勢，大順人心，而克觀厥成，吾不信也。惜其才有餘而見未至，述於遺廟，以俟通識。

唐貞元十四年七月二十五日，東平呂某記⑨。

諸葛武侯祠堂記⑩ （唐）裴　度

度嘗讀舊史⑪，詳求往哲，或秉事君之節，無開國之才，得立身之道，無治人之

---

①　"胥宇"二句：《文苑英華》作"葺宇南陽，堅卧不起"，《唐文粹》作"南陽堅卧，待時而起"。

②　稍：《唐文粹》作"雖"。

③　粗：本集作"初"。

④　付託：《文苑英華》《唐文粹》作"託國"。

⑤　"夫民"句：本集、《唐文粹》作"夫民無歸，德以為歸"。《文苑英華》作"夫民無恒德，德以為歸"。

⑥　"開"字下，本集有"張"字。

⑦　"振"字上，本集有"興"字。

⑧　"主"字上，本集、《唐文粹》有"先"字。

⑨　東平呂某：四字原無，據本集補。

⑩　成都武侯祠裴度原碑題作《蜀丞相諸葛武侯祠堂碑》。

⑪　舊史：原作"漢史"，據原碑改。

術。四者備矣，兼而行之，則蜀丞相諸葛公亮其人也①。公本繁載在簡册②，大名蓋天地，不復以云。當漢祚衰陵，人心競逐，取威定霸者求賢如不及，藏器在身者擇主而後動。公是時也，躬耕南陽，自比管、樂，我未從虎，時稱"卧龍"。《詩》曰："潛雖伏矣，亦孔之炤。"故州平心與，元直神交③。洎乎三顧而許以驅馳，一言而定其機勢。於是翼扶劉氏，纘承舊服，結吴抗魏，擁蜀稱漢，政刑達於荒外，道化行乎域中。誰謂阻深，殷爲强國；誰謂輕脆④，勵爲勁兵。則知地無常形，人無常性，自我而作，若金在鎔。故九州之地，魏有其七，我無其一，由僻陋而啓雄圖，出封疆以延大敵。財用足而不曰浚我以生，干戈動而不曰殘人以逞。其底定南方也，不以力制，而取其心服；震懾諸夏也⑤，不敢角其勝負，而止候其存亡；法加於人也，雖死徙而無怨⑥；德及於人也，雖奕葉而見思。此所謂精義入神，自誠而明者矣。若其人存，其政舉，則四海可平，五服可傾。而陳壽之評未極其能事，崔浩之説又詰其成功，此皆以變詐之略，論節制之師，以進取之方，語化成之道，不其謬歟！夫委棄荆州，不能遂有三郡，此乃務增德以吞宇宙，不黷武以争尋常。及出斜谷，據武功，分兵屯田，謀久駐之計⑦，與敵對壘，待可勝之期，雜乎居人，如適虚邑，彼則喪氣，我方養威。若天假之年，則繼大漢之祀，成先主之志⑧，不難矣。且權傾一國，威震八紘⑨，而上下無異辭⑩，始終無愧色，苟非運膺五百，道冠生知，曷以臻於此乎！故玄德知人之明者，倚仗曰魚之有水；仲達姦人之雄者，嗟稱曰天下奇才。

度每迹其行事，度其遠心，願奮短札⑪，以排群議，而文字蛊鄙，志願未果。元和二年冬十月，聖上以西南奥區，寇亂餘孽⑫，罷甿未息，污俗未清，輟我股肱，爲之父母，乃詔相國臨淮公，由秉鈞之重，承推轂之寄。戎軒乃降，藩服乃理。將明帝道，陂落綏懷；溥暢仁風，閭閻滋殖。府中無留事，宇下無棄才。人知嚮方，我有餘地。則諸葛公在昔之治，與相國當今之政，異代而同塵矣⑬。度謬以庸薄，獲參管記，隨旌旄而爰止，望祠宇而修謁。有儀可象，以赫厥靈。雖徽烈不忘，而碑表未立。古者或

---

① 原碑無"亮"字。
② 載：原脱，據原碑補。又原碑"繁"作"係"，"册"作"策"。
③ "故州平"二句：原作"荆州平心與玄德神交"，據原碑改。按：州平，崔鈞字；元直，徐庶字。
④ 輕：原碑作"蓬"。
⑤ 懾：原碑作"疊"。按：疊與懾通。
⑥ 徙：原脱，據原碑補。
⑦ 謀：原碑作"爲"。
⑧ 志：原作"智"，據原碑改。
⑨ 威：原碑作"聲"。
⑩ 而：原無，據原碑補。
⑪ 札：原作"袖"，據原碑改。
⑫ 孽：原碑作"烈"。
⑬ 塵：原作"瀍"，據原碑改。

拳拳一善，或師長一城，尚流斯文，以示來裔，況"如仁"之嘆①，終古不絕，其可闕乎！乃刻貞石，庶此都之人，存必拜之感云爾。銘曰②：

> 昔在先主，思啓疆宇。擾攘靡依，英雄無輔。爰得武侯，先定蜀土。道德城池，禮義干櫓。煦物如春，化人如神。勞而不怨，用之有倫。柔服蠻落，鋪敦渭濆③。攝迹畏威，雜居懷仁。中原旰食，不測不克。以待可勝，允臻其極。天未悔禍，公命不果。漢祚其亡，將星中墮。反旗鳴鼓，猶走司馬。死而可作，當小天下。尚父作周，阿衡佐商。兼齊管、晏，總漢蕭、張。易代而生，易地而理，遭遇豐約，亦皆然矣。嗚虖！奇謀奮發，美志夭遏④。吁嗟平、立⑤，咸受謫罰，聞之痛之，或泣或絕。甘棠勿翦，駢邑斯奪，繇是而言，殊途共轍。本於忠恕，孰不感悅；苟非誠愨，徒云固結。古柏森森，遺廟沈沈。不殄禋祀，以迄於今。靡不駿奔，若有照臨⑥。蜀國之風，蜀人之心。錦江清波，玉壘峻岑。入海際天，公德音。

元和四年記⑦。

忠武侯祠堂記附　　　　　　　　　　（宋）張　震

漢昭烈以區區一隅，當天下三分之二，恃有忠武侯而已。自操敗赤壁，昭烈始收江南，以侯督零陵、桂陽、長沙三郡。及昭烈入蜀，侯鎮荆州，率張飛、趙雲溯江而上，與昭烈會，以成平蜀之功。其後永安受遺，歲再往反⑧，則瞿唐控扼經營之地，侯豈時有意於此哉⑨！

今八陣故基不溺於波流，而卧龍屯營乃不復見。按晉永平中⑩，卧龍始以山名，唐夔州治白帝，侯廟在西郊，杜少陵所謂"卧龍無首對江濆"者也。不知自何時併爲寺。寺故有祠，又不知自何時已失之矣。侯平生所眷眷者，神物且知護之，顧人獨不然，予是以有感焉。

---

① 如仁：原作"如在"，據原碑改。《論語·憲問》："子曰：'（齊）桓公九合諸侯，不以兵車，管仲之力也，如其仁，如其仁！'"裴度以諸葛亮比管仲，故曰"如仁之嘆"。
② 原碑無"銘曰"二字。
③ 鋪敦：原作"鋪敷"，據朱本、鄒本及原碑改。《詩·大雅·常武》："鋪敦淮濆。"
④ 志：原作"智"，據原碑改。
⑤ 平：原碑作"嚴"。按：蜀漢李嚴改名平，二字皆可通。
⑥ 照：原碑作"昭"。
⑦ 元和四年記：原碑作"元和四年歲次己丑二月廿九日建"。
⑧ 再：原作"在"，據萬曆本、朱本、鄒本改。
⑨ 時：庫本、朱本、鄒本作"特"，當是。
⑩ 按：原作"接"，據萬曆以下各本改。

蓋天下之才不乏，其卓然特立於功名之會者固有之矣①，至責以大人之事，則凜然如恐不及，惟所志狹、所施陋也。三國鼎立爭天下，漢號最弱，昭烈戰每不勝，而四海之義皆歸之。吳孫氏以江東伯，人材視漢、魏爲多，其取江陵、破猇亭，功最俊偉；然知摧其與，而忘用之敵，謀蜀則巧，謀魏何拙也！關羽在荆州，攻曹仁於樊，操議徙都避之，此何與吳事，而權寧屈於魏，請取羽自效乎？彼其志不在天下明矣。昭烈以羽故，用師於吳，兵敗身困，摧沮以死。蜀之君臣父子讎吳當益甚，而若直置不問，此豈恝然真忘吳者哉！顧所讎者大。魏窺神器而竊取之，其罪與吳孰重？使蜀日夜唯吳是圖，則魏偷得自安，或者持刺虎之術乘吳後，是代魏受禍也。嗚呼，侯經營天下之略，其規摹意度與吳相絶如此邪！世徒知周瑜、呂蒙、陸遜破三大敵，功在當世鮮儷，而侯不過拒司馬懿渭上而止，其烈若少貶焉。然百世而下，望其品以爲三代人物者，唯侯實當之，數君子蓋不與也。此所謂大人之事，豈勉强用力所能致乎！

　　三國距今向千載，其事之成敗得失，人類能言之，而吳人於數君子，未始有奉常者②，侯於蜀乃特厚，蓋自當時固有巷祭野祀者矣。朝議以禮不聽，卒不能禁，乃聽立廟沔陽，其傳至今。夔州豈獨忘之？侯故第在成都，像設甚偉，望之儼然，猶可想見風烈。予始命卧龍寺僧慧璡爲侯創祠，且繪其像，以慰國人之思，而紀其大略。使復有文中子者觀之，當以予言爲然。

　　隆興甲申日南至，右承議郎、充敷文閣待制、知夔州軍州、提舉學事、兼管内勸農事、充夔州路兵馬都鈐轄、兼本路安撫司事、賜紫金魚袋張震記。

移建武侯祠記　　　　　　　　　　　　　　（宋）王十朋

　　武侯故祠在州之南門，沿城而西三十六步，無斷碑遺刻以考其歲月之始，見於圖經者略焉。在隋唐時治白帝，見於少陵詩曰"西郊諸葛廟"者③，其地於兹乎。十朋蒞事之初謁焉，裴回四顧，敬想風烈；嘆廟貌之不稱，它事未皇也，首葺而新之，且書其事於石矣。然地卑巷隘，混以民居，污渠糞壤，涵乎其間，臭朽之所蒸，蝸蜿之所家，非所以妥靈而崇祠也。門之東去祠一百八十五步，城有臺，下臨八陣圖，登臺而望，則常山之蛇，四頭八尾之勢，宛其在目。北直郡倉，倉故永安宫也，據爽塏，狀如屏。宫之北有水曰清瀼，瀉出乎兩山之間，東入於江，又東過灧澦，入於峽。峽口有山，卓然立乎群峰之外者，白鹽也。可謂江山之勝矣。侯昔經營天下於平沙之上，輸忠盡誠，受遺立孤於是宫之中。江流洶而石如故，宫闕廢而地猶存，陵谷雖變而精神不亡，宜於兩者之間祠之，亦侯之志也。遂與同僚謀而遷焉。

　　地初爲節度推官宅，徙於它所，因其址築而高之，用其材斲而新之。爲堂五楹，

---

① 之：原作"知"，據萬曆以下各本改。
② 奉常：庫本作"禋享"。常：朱本、鄒本作"嘗"。按：二字通。
③ 見：原作"史"，據四庫本《梅溪集·後集》卷二六改。

廡萬椽。南門於臺，又門於西，通往來之道。像仍其舊，新厥丹青，冕服用侯；又塑關、張像翼於左右。故祠以婦配，非禮也，別爲室以奉之。書史傳於壁之左，而削其不公之論。書少陵詩於壁之右，以諸作者詩文次之。

乾道三年四月壬午告成，詩以祀之。詞曰：

> 白鹽峙天兮灩澦屹江，風雲慘澹兮翱翔卧龍。龍千秋兮何之，新廟貌兮江之湄。前八陣兮後故宮，龍兮龍兮神其中。望昭烈兮隔清瀼，遺廟存兮交精神於惚恍①。駕虚空兮雲爲馭，臣東朝兮主西顧。魚得水而相忘兮事無今古，儼關、張於左右兮一龍二虎。祠有新故兮侯無重輕，舍其故而新是卜兮邦人之情。祠合於圖兮自今始，祀事不絶兮有如此水②。

城隍廟記　　　　　　　　　　　　　　　　　（唐）段全緯

陽之理化任乎人，陰之宰司在乎神。人保於城，城保於德。德者，神所憑依也。則都邑之主，其城隍神之謂乎。

蜀地土惟塗泥，古難版築。至秦惠王，始命張儀與蜀守張若城成都，其環十二里，其高七十尺，廨署廛里畫其下，井幹樓櫓森乎上。其金椎初作，壞頹莫就，有大龜周旋而行，俾壘堵依準而立，即今城也，其神功乎！由此而來，乃堙洫崇浚，啓塞扃固，萬雉邐迤，一都繁會，臣民支持③，金湯繕完。故前年蠻寇卒來，戎備無素，但擾郊鄙，不近闉闍，閉關戒嚴，即時罷退。則扶傾捍患之力，其陰靈幽贊之神乎！

前之舊祠④，寓託陿傑，偏陋逼隘，星歲滋深。是用改度方隅，惟新經構，去乎幽奥，就於高明。其日惟丙，其辰惟巳，其卦直巽，其宮在西⑤。揭署於高門，宏敞於正堂，丹腹於周墉，圖繢於迴廊。廟貌如生，像容有睟，神保是饗，永安定位。俾夫農無水旱，人不夭札，屏絶蠻夷，阜安閭里，護乎封域，富庶乎億年。爰書經營，以昭祀事。

南瀆大江廣源公廟記　　　　　　　　　　　　（唐）李景讓

《戴禮》有之曰："五嶽視三公，四瀆視諸侯。"古之禮於嶽瀆尚矣。在昔夏后氏

---

① 惚恍：原作"恍惚"，據朱本、鄒本及本集乙。按：瀼、恍叶韻，作"惚恍"是。
② 祀事：原作"事祀"，據上引乙。
③ 臣民："民"原作"明"，據《成都文類》卷三二改。萬曆本、朱本、鄒本、《全唐文》卷七二一作"神明"。
④ 祠：原作"詞"，據萬曆本、庫本、朱本、鄒本、《成都文類》《全唐文》改。
⑤ 西：原作"四"，據上引改。

隨山浚川，以畫九州，華陽黑水，界我庸蜀，劍閣之陽，益部饒焉。岷山導江，東别爲沱，禹績也。瀆者，曰江、曰河、曰淮、曰濟，導積石、桐柏、沇水，凡四流，皆發源注海者也。唐天寶六載，開元神武皇帝加封南瀆爲廣源公①，其三者亞焉。淵沛滈汗②，自峽奔荆，且北且東，百川會同，爰及吳楚，萬里歸海。水府怪神，非江不安；水物族生，非江不全。海門二山，逆我爲滄，由岷激池，遠邁無壅。斯所謂祇上天而被下土，南瀆之爲大也壯矣！開元皇帝古禮是式，詔曰："惟夏四月，肇辰迎氣，太守其率祭官祀南瀆於益州。"設玉篚及洗、樽、罍、簠、簋。既舉羃，初獻，祝進神右，跪揚我詞。其文曰："維某年歲次月朔某甲子③，嗣天子遣某官某，昭告於南瀆大江。惟神包總大川，朝宗於海，功昭潤化，德表靈長。今因夏首，用率常典，敬以玉帛犧齊、粢盛庶品④，明薦於神。尚饗！"至於今不衰。

詔之歲，歲直丁亥，迨及戊寅，當大中十二年，合一百一十有二歲。越五月，朔辛酉，日甲戌，臣景讓承聖敬文思和武光孝皇帝詔，自御史大夫、檢校吏部尚書，尹成都，鎮蜀西川。又五日戊寅，復加檢校尚書右僕射，其他如故。凡再命，皆以兼御史大夫寵焉。秋七月庚午，乘輅至止，遂謁瀆廟。惟神盛烈，不金石刻，他所必見，於斯闕耶⑤？惟神奉大禹之休，得鼈蘗、魚鳧、望帝之勳，開明之決玉壘⑥，李冰之穿二江，嘉而保之，沃此黎首，水旱不作，於今賴之，赫哉成功，其可默耶？乃作銘曰：

滔滔沱江，發自岷山，浪溢流飛。走峽之荆，迨及吳楚，百川以歸。南北東西，萬里湯湯，電激雷馳。水府神宅，鮫人陽侯，世不可窺。南瀆之功，載主載張，陰烈希夷。上戴大禹，丕承我唐，開元其期。先主不容，天絶劉宗，匪瀆殆而。洸洸孔明，鞠躬墮星，匪瀆不悲。念此下民，於萬斯年，九穀繁滋。我來守土，敬揚神休，以琢豐碑。

新修江瀆廟碑記

（宋）蘇德祥

五行迭用，水實居多；四瀆朝宗，江惟其長。八卦之畫也，坎之爻冥契北方之數，

---

① 神武皇帝：原作"神皇武帝"，據庫本、朱本、鄒本及《成都文類》卷三二、《新唐書》卷五《玄宗紀》改。

② 滈汗：原作"滈污"，據萬曆本、朱本、鄒本、《成都文類》改。按：《文選》卷一二郭璞《江賦》："滈汗六州之域，經營炎景之外。"唐李周翰注："滈汗，長流貌。"

③ 歲次月朔某甲子：原作"歲次月朔月子"，據朱本、鄒本改。庫本作"歲次某某月朔"。

④ 齊：萬曆本、庫本、朱本、鄒本、《成都文類》均作"牲"。按："齊"爲帶糟的濁酒，古代祭祀用酒有"五齊"，是"齊"字亦通。

⑤ "不金"至"闕耶"三句："不"字《成都文類》同，萬曆本、朱本、鄒本、《全唐文》卷七六三作"著"。庫本此三句作"刻諸金石，仰瞻榱桷，靈爽斯在"。

⑥ 决：原作"没"，據文意改。《華陽國志·蜀志》："開明決玉壘山以除水害。"可證。又此句，庫本作"鼈靈之浚三峽"，當是以意妄改。

水實主之；二儀之判也，岷之山騰爲東井之精，江實出之。惟堯之世，斯水未治，遂有民墊之虞①，以嗟方割②。惟禹之興，斯江既道，故有納錫之故，以示成功。其利萬物也，大不可極，深不可測，而靈潤之功著焉。其納百川也，則察之無象，尋之無邊，而靈長之德昭焉。

昔者三國連衡，吴人擅命；六朝割據，陳氏稱雄。及晉祚之隆也，下樓船於玉壘；隋基之盛也，進戈甲於金陵③。降孫皓則濟爲安流，擒叔寶則寂無駭浪。得非有道則應，無道則否，威靈不昧，盼饗斯在？

若方軌十二，惟帝之都邑；勝兵百萬，惟帝之爪牙。非富庶無以示國威，非漕運無以資邦計。語其順流而下，委輸之利，通西蜀之寶貨，轉南土之泉穀，建帆高挂則動越萬艘，連檣直進則倐逾千里，爲富國之資，助經邦之略，此又妙不可盡之於言，事不可窮之於筆也。

當隋之開皇二年，文帝以沈祭之缺禮，乃營之以廟貌。唐之天寶六載，玄宗以廣源之美號④，爰封之以公爵。而自梁室暴興，蜀人僭命，王氏則起之於前，孟氏則繼之於後。或征或戰，越四五朝，稱帝稱王，垂七十載，化風久隔，祠典莫修。應天廣運聖文神武明道至德仁孝皇帝握乾樞而御極⑤，弔坤維而問罪，聊施良策，纔舉偏師，未越六旬，已平三蜀。既而王道坦，泰階平。四夷八蠻，有跋扈者盡爲臣妾矣；名山大川，有隔越者盡入提封矣。爰伸昭謝，用酬玄貺，乃下明詔，遍立嚴祠。有司承制，繪樣於素，頒之於所部；長吏祗命，官藏其事，取之於大壯。土木盡其妙，丹臒窮其利。儳功斯畢，列狀以聞。我其潔籩豆，馨黍稷，永享神以明德；神其助造化，和陰陽，潛祐我之治世。式覃睿旨，俾建豐碑。臣敢頌皇猷，刊之翠琰。豈比夫沈於江底，杜元凱惟尚功名；賦彼江流，郭景純但矜詞藻而已哉！銘曰：

　　江之源兮，出蜀之界。江之流兮，歷吴而大。利萬物於南方，納百川而東會。嗟乎！盜發於唐，兵起於梁，神之祀兮，久廢蒸嘗。美哉！我宋之昌，彼蜀之亡，神之廟兮，復構棟梁。我其享神以蠲潔，神其佑我以豐穰。勒銘垂裕，休無與疆⑥。

①　民墊：庫本作"昏墊"，譚按亦云"民疑作昏"。按："民"字自通，《成都文類》卷三二亦作"民"。《書·益稷》："禹曰：洪水滔天，浩浩懷山襄陵，下民昏墊。"孔安國傳："言天下民昏瞀墊溺，皆困水災。"

②　嗟：原作"差"，據庫本、朱本、鄒本、《成都文類》改。

③　金陵：原作"金鄰"，據萬曆以下各本及《成都文類》改。

④　廣源：原作"廣元"，據上引改。按：唐玄宗封江瀆神爲廣源公。

⑤　"德"字原脱，據《宋史》卷二《太祖紀》二補。

⑥　休無與疆：朱本、鄒本作"休與無疆"。

郫縣蜀叢帝新廟碑記

（宋）張　俞

水於五行，爲利害最大。四瀆爲之原水，而江又爲四瀆之長，其爲利害益大矣。昔洚水警堯，天下昏溺，江實爲暴，民受其害。帝乃命禹決江疏河，東放於海，則天下受其利。然後受舜禪讓，終陟元后，功配天地，德被萬世，自水始也。故孔子修書，述禹之事尤勤備焉。繼而嘆曰："禹盡力乎溝洫，吾無間然矣！"劉定公亦曰："微禹，吾其魚乎！"

然聖人之功，大而易法，簡而易循，因時制治，必通其變。厥後千五百年，蜀有開明氏，能振其道，故禹之功復興焉。在昔蜀有賢主曰望帝，獲楚人鱉靈以爲相。當是時，巫山龍戰，崩山壅江，水逆襄陵，蜀沈於海。望帝乃命鱉靈鑿巫山，開三峽，決江沱，通綿雒，合漢沔，濟荊揚，然後得陸處，人保厥命。望帝以其功高，讓位而去，鱉靈遂稱叢帝，號開明氏，襲都於郫。故蜀人誦先王功者，以開明氏比夏后氏焉。

其後三百年，秦强伐蜀，命其臣李冰爲守。是時江妖爲暴①，沫水淫流，沃野歲災，民受其害。冰乃誅水妖，通水道，鑿二山，醮二江，灌漑千里，變凶爲沃，人賴其利。故史氏美冰之功，於蜀爲大。自冰没後千五百載，其功益彰焉。夫禹，大聖人也，智極於水，用能因天順地，永生厥民。若叢與冰，道不行於周秦，而能迹禹之功，厚利三蜀，非有大賢之業，安能至此？

天水趙君曰："予觀蜀之山川及其圖記，能雄於九丘者，蓋乘成水利，以富殖之，其國故生生不窮。然非開明氏，則巴蜀魚其民，淮漢污其澤，湮禹之力，遺後之患，憂可弭乎？其後復得秦守之事，謂其功出開明氏之下。而蜀人獨神冰之廟祀，史氏雖載冰之後功②，反使紹聖之烈闇而不耀，世祀湮滅，予甚懼焉。蓋所謂日用而不知，遂忘其本矣。按《禮·祭法》，聖王之制祀，功施於人則祀之，能禦大菑則祀之，能捍大患則祀之。若開明氏，可謂功施於人，能禦大菑，能捍大患者也。予適治茲土，而壠墓在邑之南，彼民無知，古闕祭享，非所謂遵明詔、存功烈者也。"康定二年春二月五日，始作新廟成，益州牧樂安公命辭來祭。趙君乃躬執祀事，會民吏以享之，衆始大悦。趙君名可度，字叔儀，治郫有稱，觀其所舉可知也。銘曰：

江發坤險，堯憂懷襄。夏后瘁力，其流洋洋。巫龍崩山，江沈蜀疆。開明疏鑿，民復其常。外通淮漢，内殖岷梁。利盡西海，實惟華陽。聖聖同功，千載合符。微聖之力，蜀其魚乎。江陽之腴，郫惟舊都。丘墳巍岌，拱木號呼。血祀不作，神何以居？新廟奕奕，牲牢孔碩。民享其文，神歆其質。舊功克照，大患所逖。不有博雅，孰躋聖匹。載德者言，銘厥金石。

---

① 暴：原作"瀑"，據萬曆本、庫本、朱本、鄒本改。
② 雖：朱本、鄒本作"維"。按：據文意，當作"惟"，此言史書惟載李冰之功而不及開明氏也，"惟"與上句"獨"相應。

大禹廟記

（宋）計有功

聖法天以身任道，天作聖以地發祥。舜生於諸馮，文王生於岐周，生異地而治同功。乃知上天爲生民挺生神聖，有開必先，皆非偶然者①。《崧高》《長發》，流播雅頌，推原本始，蓋示萬世以不可忘也。

方冊所載，禹生石紐，古汶山郡也。崇伯得有莘氏女，治水行天下，而生禹於此。稽諸人事，理或宜然。因人事以驗天心，其可考者，禹功自汶。《河圖括地象》曰："岷山之精，上爲井絡，帝以會昌，神以建福。"太史公《本紀》謂岷爲汶，故曰汶。"岷山導江"，"岷嶓既藝"，天生聖人，發祥於此②，而萬世之功亦起於此，其可忘哉！

然而自汶山西，山柑江碕，巫鈴廟絕，簫鼓魚菽，猶爲俚人之社。汶以東至於石泉，雖縉紳未嘗言之。嘗求其故，大抵山川夐邈，代遠時移，郡邑名號廢置離合，而石紐故處，莫適主名。秦漢而下，爲國曰冉駹，爲道曰綿虒，爲邑曰廣柔，其實一也③。漢靈帝析而郡之曰汶山，後周又析而邑之曰汶川④，唐貞觀八年又析而縣之曰石泉。唐以前，石泉之名未立，譙周、陳壽、皇甫謐皆指石紐爲汶山之地。周曰：禹生於汶山廣柔之石紐，其地爲刳兒坪。壽曰：禹生汶山石紐，夷人不敢牧其地。自石泉之名立⑤，其後唐《地理志》⑥、國朝職方書、先儒輿地記皆以石紐歸石泉。雖莫辨其故，然汶山之山曰鐵豹，江水出焉⑦；汶川之山曰玉壘，湔水出焉；石泉之山曰石紐，大禹生焉。合之則一，離之則散處於三邑之近，無可疑者。

石泉始隸於茂，國朝熙寧割隸於綿，政和撫戎又升而軍之。禮樂文物，日浸月長，且謂石紐夷地，置而弗論。太守趙公元勳，世以笑談坐鎮，披諜考古，將廟祀禹⑧，而疑論未釋。郡士計有功⑨、版曹尹商彥多聞博雅，繹究數千年事，燦如目擊，廟議遂

---

① 偶：原作"隅"，據萬曆以下各本改。
② 祥：原作"神"，據朱本、鄒本改。
③ 其實：原作"廣柔"，據庫本改。
④ 汶川：原作"汶山"，據朱本、鄒本改。下文敘三邑之離合，以汶山、汶川、石泉爲序，可證此處當作"汶川"。汶山郡治今茂汶，汶川縣即今汶川。《輿地廣記》卷三〇云北周置汶川縣，與此合，然本文所述地理沿革多不確，不足深辯。
⑤ 立：原無，據朱本、鄒本補。
⑥ 理：原作"里"，徑改。
⑦ 江水：原作"洉水"，據朱本、鄒本改。《方輿勝覽》卷五五茂州下引郡志："岷山，俗謂之鐵豹嶺。"可見鐵豹嶺即指岷山。岷山乃江水（岷江）所出，此地別無所謂"洉水"，"洉"應爲"江"之誤。
⑧ 祀：原作"記"，據萬曆以下各本改。
⑨ "郡士"句：譚校云："此句疑誤，豈當時適有同姓名者邪？"按：譚氏疑此句有誤是也。計有功乃臨邛人，非石泉軍"郡士"，且據下文，有功當時並不在石泉。

決。卜郡左四百餘武①,北倚層峰。江自西來,雷奔箭注②,發匯於廟下,如反本念德;翕洄翔舞,逶邐繞出,如朝宗得途。廟以門計,一十有八,形麗勢勝,神明擁會。涓剛落成,乃烹乃奏,芬芳璀璨。禮薦樂徹,縉紳耆老,手抃情激,勸九叙之歌,嘆明德之遠,賢哉禹功,於是乎大。乃以圖以書,以學官李蘩暨尹君之文屬記於有功。

或曰:士有一方、盡一節,論封廟食,千里襁負,無有誓命,如加明刑。禹大功絕德③,誰不蒙享④,而空山古屋,感慨前作,豈固忘之耶?曰:一方一節,有施有報。禹廟之功,無往不在,故無名。禹無心於萬世,萬世由焉而不知,所以爲絕德也。夫使人之靈畏禍於尸祝之間,則何以爲禹?然惟功大德盛,故稱神禹。末世乃取臆地胸坼⑤,鉤鈐玉斗⑥,河伯示圖,滄水授簡⑦,第怪幻而神之;至其祠祀,則巫記胼胝之步,鳥耕山陰之冢,漢祈開母之石,晉享黃熊之屬。由是觀之,焄蒿詭於汶王,汶川之民祀禹爲汶王⑧,石紐置而弗論,無足怪者。傳曰:禮也者,反本修古,不忘其所由生。越之人曰"吾禹之會稽",楚之人曰"吾禹之宛委",思其人,寶其地。使蜀之人不曰"吾禹之石紐"⑨,是不知天降神、地發祥、人允賴也。公一舉,三善皆得。且遐方邈古而惓惓然,其在今日韙矣,報上之心爲何如哉!宜請於朝,崇載祀典,以陟偉績於靈源,耿輝光於遐裔。惟禹之神,彌天地,布六合,於是爲反本之祀。

繫之詞曰:

> 有汶惟山,帝生帝禹,汶水發源,降神之所。帝指其處,以啓神功,厥土既敷,四海會同。蠢蠢群生,茫茫萬古,豈享其利,而忘其故?石紐山名⑩,石泉之虛,近在耳目,猶迷厥初。禹色山融,禹聲江注,長發其祥,地靈常聚。地秘其靈,朝烟夕霏,粵歲三千,公其發之。乃涓乃卜,乃廟乃祀⑪,報本反始,此方斯址。大江西來,如揖如顧,直路朝宗,洋洋東去。惟

---

① 餘:原作"舉",據萬曆本、朱本、鄒本改。
② 注:原作"駐",據朱本、鄒本改。
③ 大:原無,據上引補,下文云"功大德盛",與此云"大功絕德"相應。
④ 享:朱本、鄒本作"亨"。
⑤ 坼:原作"析"。按:皇甫謐《帝王世紀》載禹母修己"胸坼而生禹"(見《史記·夏本紀》《正義》引),可證"析"乃"坼"之訛,據改。
⑥ 鉤鈐玉斗:原作"鉤鈐王計",朱本、鄒本"王"作"主",俱不可通。按:此四字當作"鉤鈐玉斗"。《太平御覽》卷八引緯書《雒書靈准聽》曰:"有人(按:指禹)大口,兩耳參漏,足文履己,首戴鉤鈐,胸懷玉斗。"原注"有骨表如鉤鈐","懷璇璣玉衡之道,或以爲有黑子如玉斗也"。《御覽》同卷引《帝王世紀》所説亦同。"鈐"與"鈐","玉斗"與"王計",字形相近,因而訛誤,今改。
⑦ 授:原作"援",據萬曆本、朱本、鄒本改。按:《吳越春秋》卷六載禹夢玄夷蒼水使者告以取金簡之書之法,因而"得通水之理",即此所謂"滄水授簡"。
⑧ 此注原作正文大字,譚校云"汶川九字疑當小注"。按:譚説是,今改作注。
⑨ 蜀:原脱,據朱本、鄒本補。庫本作"汶"。
⑩ 山名:朱本、鄒本作"名山",當是。
⑪ 廟:原作"朝",據朱本、鄒本改。

公承宣，德感化行，咨詢民瘼，究民之生。民生於禹，禹生於此，廟則咫尺，心兮遠矣。公推是心，以仁昌時，以撫民夷，神人是依。前乎數千年，其愧於斯；後乎億千年，其作於斯。

創建有夏皇祖廟記

(宋) 張　玠

　　至神長存，大功必報，廟而祀，祀而歆，亘千萬載，顯顯注人心目，是崇是敬，是興是奉，斯不有主張綱維之者邪①？開闢之初，三靈未奠，五行以汩，時則洪水橫流，懷襄滔天，民用昏墊，弗協厥居。惟大禹以神智承命俾乂，克底平成之功。迹其乘四載，別九州，刊木浚川，導江決漢，櫛風沐雨，手胼足胝，八年於外，而後澤者道，陵者藝②，人得平土以居，六府孔修，三事允治。餘風遺澤，至於今賴之，則所以報之宜何如？春秋時劉定公館於雒汭，猶思禹之功德，且有"微禹，吾其魚乎"之嘆。矧兹夔門，當四蜀川流之聚③，合數百源而委之，沈㳛泛濫④，又甚他所。而巴岡巫嶠，崔嵬盤錯，壁立骨峙，綿亘峻極，固塞其衝，奔潰洶涌之勢，艱虖爲力哉！已而瞿唐派分⑤，灩澦孤蹲，千崖萬磴，兩兩却立，黃流巨浸，帖帖東下，環數千里之地，既宅既旅，既蠶既粒，孰知疏鑿功用之至於斯邪！有唐杜少陵，詩以史名，寓夔日，一吟詠不忘其本，若曰"禹功翊造化"，曰"禹功饒斷石"，曰"江流思夏后"之類，言意諄複，殆不可悉數。是其感慨景仰之情發爲聲音，有不能以自己。後之志於時者至此，詎得無所懷哉！

　　歲己酉，玠被命將漕夔門，居無何，復攝郡事。率職之外，於修廢興闕，竊有意而未遑也。未幾，前制帥趙公以書來，言："夏后平水之功與天地並，今江淮河漢間咸知奉祀；夔門疏鑿之力尤艱大，而廟貌獨無，何以示報本之意，盍亟圖之？"僕因考前代有少遺烈在茲土者⑥，率有祠奉，顧后之丕績冒六合，而導江至斯，功尤顯茂，乃獨無享祭之地，誠大闕典。於是始爲創建謀。乃於江滸之白帝城得隙地十畝，高明虛曠，控瞿唐而臨灩澦，厥土燥壤，厥勢面陽⑦，議以築，曰："宜哉！"則命計工役事。材用既集，未及作，而今帥帳單公寔來交郡章，乃相與言是事，具以營造囑之。尋以卜龜未食，更歲始得出幣餼工，衆役皆作。凡爲殿約門及廊廡之屬合百楹。乃塗乃墍，乃

---

① 綱維：原作"維綱"，據庫本、朱本、鄒本乙。《三國志·吳志·魯肅傳》："先是，益州牧劉璋綱維頹弛。"作"綱維"是。
② 陵：朱本、鄒本作"陸"。
③ 四：上引作"西"。
④ 沈㳛：原作"沈洓"，據萬曆本、庫本、朱本、鄒本改。《全後漢文》卷一八馬融《廣成頌》："瀇瀁沈㳛。"
⑤ 派：原作"瓜"，據朱本、鄒本改。
⑥ 烈：原作"列"，據萬曆以下各本改。
⑦ 厥勢：原無"厥"字，據朱本、鄒本補。

設貌像，器用從給，不陋不華，俾爾邦人與夫來者有以爲瞻依享祠之所，而其明明之德，猶足以令江神而濟舟楫也。

昔人論廟祀，以爲德厚者流光，德薄者流卑，故有萬世之功，斯享萬世之祀。乃今廟貌之設，夫豈荒忽迂誕而莫可質信哉！繼自今，薦而馨香，實而恭敬，肩袂相屬於廟庭者，雖至於無窮可也。

杜宇鼈靈二墳記　　　　　　　　　　　　　（宋）陳臯

戰國時，蜀災昏墊，杜宇君於蜀，不能治，舉荆人鼈靈治之。水既平，乃禪以位，死皆葬於郫。今郫南一里，二冢對峙若丘山。獨鼈靈墳隸净林寺，寺僧夷其崇爲臺觀。隱士張俞懼其遂湮没，請於郡而碑之，因置祠其上，與杜宇岡勢相及。宇之墳尤盤大，民畜畚之，其來遠矣。皇祐壬辰春，净林僧死，寺籍爲田，許民墾甸①，而鼈靈墳與寺俱化爲民畞。張俞聞之，建言於縣尹虞曹外郎郭公，公愀然動色，駕而省之。明日，進士杜常等五十八人以狀理於庭。公報曰："昔者七國相血，生民肝腦塗地，獨杜宇亡戰争之競，有咨俞之求，以拯斯民。雖鼈靈成洪水之功，微宇不立。議其賢，則杜宇居多；載其烈，則鼈靈爲大。二人嗣興，其舜禹之業，九之一焉。況勤民禦災，皆載祀典，微此，則古之聖賢暴於原莽而吾不之知矣。"於是具不可籍之議聞於郡，郡嘉其請，俾復其寺，訪名僧以主之，得景德寺禪者垂白焉。白好静退，能禪寂，邑人所嚮仰。公於是命之，因盡域二墳隸於寺，命刻石志其事，庶來者知二人有大造於西土，宜與惠無窮。皇祐四年九月二十四日記。

靈泉縣聖母堂記　　　　　　　　　　　　　（宋）蘇惲

靈泉邑北，直嚮馳道，俯僅一舍地，聚落帶鎮市。去市徑行，越距半里，拔秀衆山，環列崇阜，遭迴峎嶺，瞰若百雉城隅，崟岑繚匯，崛竦天外，綿亘固護，高揭雲表。由其峰半，挺設平岡，健盤壯垣，方秩千步，中構佛宮，領僧剎迨百室，有古褚氏聖母祠堂在焉。

謹按隋開皇中，褚氏名信相，自江都來，本唐安郡青城縣黑水溪人也。黄冠草帶，幼悟佛心，葛帔練裙，夙參法要。先遊方外，首卜此山，端擇勝址，芟薙芒柿，科樹栝柏②，塵初地之位，創安居之漸，偃息禪梵，韜秘聲味。勤事大雄氏教，本爲空寂師表，日遞月進，精一無怠。當時所聞見者，亦未甚悉而奉之。適值歲歉田稼，民傷饑饉，則持龍頭小鐺散粥而飼之，救拯生聚，衆給千萬，活病充疲，咸告豐飫。厥後以

---

① 民：原作"氏"，據譚校、《成都文類》卷三二改。
② 栝：原作"枯"，據朱本、鄒本改。《尚書·禹貢》"杶榦栝柏"，栝即檜，柏之類。

圓明相空，俗身委化，奉之者指其故地置祠塔以歸其靈，俗議習傳，號曰"米母院"。

俄屬唐武皇會昌歲，削廢天下寺宇，斯院與塔亦例除毀。時革宣皇，大中九載，白丞相敏中按節右蜀，首謀興建。尋得法潤禪師主之，仍訪遺基，再葳能事①，揭崇構，堂殿廊廡、牙閣寙室之備②，咸與維新③。就刻舊塔石，繪其遺像，遂設祠焉。迨咸通中，悟達國師知兀由長安來觀兩蜀名地，寓此僑隱，亦繼住持，因題爲"聖母院"，其山亦從而名之。唐室下衰，荐經王、孟兩世，胙土僭朔，斯地靈異之應愈新於人。救旱乘時，灼示爲霖之兆；拯民布惠，尤司及物之仁。神變屢聞，曾無曠歲。

炎宋大中祥符二歲，府主密直任公中正聆其顯迹，拜章聞上，願錫名額。未幾詔下，院新"瑞應"之號。至寶元、慶曆、皇祐之初，亢閔時澤，蜀土邁屬，府主密直張公逸、楊公日嚴、相國文公彥博、端明楊公察，畢諭將校，就堂祭請，置府佛廟，設鐘梵焚獻以祈之。匪夕而應，甘澍浹於百里之內，農稼稔字④，蕃固秋成，享大年之望。洎三殿省丞潘公洞、徐公汾、劉公永咸出宰是邑，軫民告雨，來拜祠下，皆獲祥應，著文賦詩，大誌其異。邇後動越兩蜀⑤，走巴邛，繇綿、漢、梓、遂，列郡縣鎮，凡屬愆旱，奔來千里，請禱於前，動皆協懇，章章然以願從人。其神化之若是，與夫包山奠宅，庸列"聖姑"之名，崧岳升高，亦著啓母之祀，可並駕而議其明效。

祠前舊刊李唐大中時朱道異譔記，辭旨異懦，頗肆誣誕，尤不可詳究⑥，觀其統載創院時禩、禱雨應祈之狀，咸闕如也。院僧惟膺懼其故事湮廢，因集其本末，請序而申之。貴乎聖母之遺烈，斯院之所以興，盡傳於時不泯，余故執筆，爲錄其實。

新繁縣新建靈應廟記　　　　　　　　　　（宋）周良翰

昔晉楚治兵，子玉夢河神求瓊弁玉纓，子玉弗與，晉果敗楚師，楚人歸咎子玉。苻堅寇東南，會稽王道子以威儀鼓吹求助鍾山之神，奉以相國之號。及堅北望八公山，見草木皆類人形，若將赴敵者，頗有懼色，遂以百萬之師敗於淝水。河神以瓊弁玉纓敗楚師，此固不足道；而鍾山之神受相國之封，然後助晉師，吾亦少之。惟我英顯武烈王，自東晉以來迨於有宋，功德卓然，靈異昭著，鏤之金石，殆不可以一二數。蓋助順輔正，不待祈禱，除邪討逆，捷若影響⑦。方點虜憑陵，中原塗炭，河朔、河東、

---

① 葳：原作"藏"，據庫本、朱本、鄒本及《成都文類》卷三二改。
② 寙：字書不見此字，《成都文類》作"寑"，朱本、鄒本作"宧"。按："宧"即"宧"（音頤）之俗體，意爲房屋的東北角，廚房所在，亦通。
③ 維：原作"惟"，據朱本、鄒本改。
④ 字：上引作"孚"。
⑤ 兩：原作"雨"，據庫本、朱本、鄒本及《成都文類》改。
⑥ 詳：原作"祥"，據上引改。
⑦ 捷若影響：原作"捷若影享"，據萬曆本、庫本、朱本、鄒本、《成都文類》卷三三改。

陝西百餘州盡爲賊有，兵驕乘勝①，欲來寇蜀者屢矣，率皆及門逡巡而不敢進。夫三路甲兵非不勁也，山川形勢非不險也，獨我四川晏然無虞，且爲朝廷中興根本。雖一時將帥盡忠，士卒用命，以三路較之，蓋有非人力所能致者，寔神之威力是賴。以今準古，豈可與鍾山之神同日而語哉！宜國家崇極封爵，蜀人嚴侈廟貌，以奉祠事，盡誠致欽而不敢後也。

良翰承乏邑事，且將及年，一夕夢冠而法服者，甲而持斧者。雖在夢中，意其爲神君勇義侯也，乃俯下氣伸頤而頷之②。而披甲者引導，指殿宇廊廡有未就處。俄而寤驚，駭汗遍體。明日語同寮，皆云："神君祠宇雖因神霄廢宮，然未就者十之四五，豈有待耶？"時予方董役灌口，相繼部糧益昌，蓋未暇也③。將行之夕，忽迷悶委頓，闔縣之人驚曰："前數日神降而附語於人曰：'吾今所居之殿，舊嘗奉安玉皇。縣令有意爲吾改建，特不肯出一言耳，更數日當自知之。'今令如此，乃知前日之言不妄。"於是數千百人奔走祠下，相與燎香再拜而禱之曰："若縣長無恙，即士民盡力營建，如神之意。"予俄頃復蘇④。自此邑人咸願移建，乃相與卜地，而未得也。

一日，法要院僧繼文有言曰："院房有隙地，爲人睥睨久矣，願捨爲神君廟基，冀絕爭訟。"時衆議紛然，莫知孰從，神忽現於所指之地，衆謹呼曰："神意在此，不可違也。"其議遂定。然深溝丈餘，主事者頗以爲憂。無何，邑民三十一鄉鳴鼓結社，千百爲群，來助土功者源源不絕⑤。不閱月，視平地增高五尺。於是富者出財，壯者出力，巧者出技，各捨所有，以答神休。又有分任廟事者二十餘人，或主營造，或掌出納，皆邑中好事者也。

經始於紹興四年三月，落成於五年之春。廣殿長廊，挾以樓觀，旁有翼殿，後有寢堂，更衣受釐，咸有室處，共八十五間。清溝橫於前，大江繚於後，喬木修竹，映帶左右，氣象雄偉，稱王者之居。凡自外來，莫不咨嗟嘆息曰："壯矣麗矣！敏矣速矣！是孰使之然哉？"方今軍旅數起，賦斂百出，爲邑令者但知從事簿書期會間，曾何惠愛以及民。予視邑人厚顏多矣，何以使人樂從勸成如此之速乎？得非神之功烈昭著，威靈赫然，人自歡趨，蓋非有司所得而與也。

落成之日，民大和會，士女闐咽，簫鼓沸天。自是駿奔走、執豆籩者無虛日，不獨繁上之人也。有士人王孝友者，自成都挈其家，奉三牲之祭於祠下，且語人曰："予有夙志，本詣七曲山，忽夢神君，若相告戒云：吾今在繁上，無勞遠去。謹遵神言，是以來此。"且神之功德施於宗社，及於生民，所在有祠宇，而云居於繁上，豈樂斯廟之得其地而安於此耶？抑亦鑒邑人奉事之勤而少留也？

---

① 乘勝：朱本、鄒本作"勢甚"。
② 伸頤：原作"神願"，萬曆本作"伸願"，庫本作"歛神"，《成都文類》作"神願"，皆不可通，茲據朱本、鄒本改。頷之：庫本作"拜之"。
③ 暇：原作"假"，據萬曆以下各本及《成都文類》改。
④ 頃：原作"傾"，據庫本、朱本、鄒本改。
⑤ 土：原作"上"，據萬曆以下各本改。

廟成之初，予適受代而去①，邑中士人每有書來，未嘗不以廟碑爲請，且曰："邑人因公崇建此廟，其何以辭耶？"乃爲記其興建之由，復作迎享送神詩三章系於其後，俾繁人歌以祀焉。

　　神之來兮自帝所，百靈導從兮前歌後舞。駕風馬與雲車兮，和鸞鏘而翠旌舉。將揮斥乎八極兮，忽弭節乎此土。樂新宮之壯麗兮，聊逍遥而容與。其一

　　壽宮敞兮白玉堂，奏鈞天兮酌瓊漿。蕙肴蘭蒸兮薦以蘋藻，神歡欣兮載色載笑。畀斯人兮樂康②，千秋萬歲兮俾民不忘。其二

　　神之去兮我心悲，乘迴風兮載靈旗。電掃妖氛兮海波澄静，疵癘不作兮年穀順成。保我國祚兮亘千萬祀，吾人報事兮有隆無替。其三

　　時紹興丙辰中秋日記。

神女廟記③

(宋) 馬永卿

　　永卿自少時讀《文選・高唐》等三賦，輒痛憤不平，曰：寧有是哉！且高真去人遠矣，清濁净穢，萬萬不侔，必亡是理。思有以闢之，病未能也。後得二異書參較之，然後詳其本末。今按《禹穴紀異》及杜先生《墉城集仙錄》載禹導岷江，至於瞿唐，實爲上古鬼神龍蟒之宅。及禹之至，護惜窠穴，作爲妖怪，風沙晝暝，迷失道路。禹乃仰空而嘆。俄見神人，狀類天女，授禹太上先天呼召萬靈玉籙之書，且使其臣狂章、虞餘、黄魔、大翳④、庚辰、童律爲禹之助。禹於是能呼吸風雷，役使鬼神，開山疏水，無不如志。禹詢於童律，對曰："西王母之女也。受回風混合萬景煉形飛化之道，館治巫山。"禹至山下，躬往謁謝，親見神人。倏忽之間，變化不測，或爲輕雲，或爲霏雨，或爲遊龍，或爲翔鶴，既化爲石，又化爲人，千狀葱葱⑤，不可殫述。禹疑之，而問童律，對曰："上聖凝氣爲真，與道合體，非寓胎禀化之形，乃西華少陰之氣也。且氣之爲用，彌綸天地，經營動植，大滿天地，細入毫髮，在人爲人，在物爲物，不獨化爲雲雨龍鶴而已。"

　　僕始讀其書，甚駭異之，既而深思，則皆合於《易》焉。所謂西王母之女者，則有合於《坤》爲母、《兑》爲少女之説；所謂變化不測者，則有合於陰陽不測妙萬物之義，豈不灼灼明甚哉！《易》之爲書，與《莊子》多有合。《易》者，陰陽之書，以九六爲數；而《南華》開卷，已有南鵬北鯤、九萬六月之説，概可見矣。又《莊子》

---

① 受：原作"授"，據萬曆本、朱本、鄒本改。
② 畀：朱本、鄒本作"俾"。
③ 朱本、鄒本自此篇以下分爲卷三十七中。
④ 翳：原作"醫"，據譚校及《太平廣記》卷五六"雲華夫人"條改。
⑤ 葱葱：萬曆本、朱本、鄒本、雍正《四川通志》卷四一作"萬態"，當是。

所載藐姑射之神人，大似今之神女，是其言曰"肌膚若冰雪"，則有合乎金行之色；"綽約若處子"，則有合乎少陰之氣；"遊乎四海之外"，則可見乎神之無方；"使物不疵癘而年穀熟"，則又見乎秋之成物。故郭象注云："夫神人者，即今所謂聖人也。"斯得之矣。僕因悟《易》之少女，《莊子》之神人，郭象之聖人，今之神女，其實一也。僕然後知神女者，有其名而無其形，有其形而無其質，不墮於數，不囿於形，超男女相①，出生滅法，故能出有入無，乍隱乍顯。舉要言之，乃西方皓靈七氣之中少陰之靈耳，豈世俗所可窺哉！"

且《楚辭》者，文章之大淵藪也，而屈、宋爲之冠。故《離騷》獨謂之"經"，此蓋《風》《雅》之再變者。宋雖小懦，然亦其流亞。自兩漢以下，未有能繼之者。今觀《文選》二賦，比之《楚辭》，陋矣！試並讀之，若奏桑濮於清廟之側，非玉所作決矣。故王逸哀類楚辭甚詳，顧獨無此二賦。自後，歷代博雅之士益廣楚辭，其稍有瓜葛者皆附屬籍，唯此屢經前輩之目，每棄不錄，益知其贋矣。此蓋兩晉之後，膚淺鯫生戲弄筆研，剽聞"雲雨"之一語，妄謂神女行是雲雨於陽臺之下。殊不知雲雨即神女也，乃於雲雨之外別求所謂神女者。其文疏繆可笑，大率如此。僕今更以信史質之。懷、襄，羼王也②，與强秦爲鄰，是時大爲所困，破漢中，輟上庸，獵巫、黔，拔鄢都，燒夷陵，勢益駸駸不已。於是襄王乃東徙於陳，其去巫峽遠甚，此亦可以爲驗也。且《文選》雜僞多矣。昔齊、梁小兒有僞爲西漢文者，東坡先生止用數語破之，何況戰國之文章，傑然出西漢之上，豈可僞爲哉！

噫，峽之爲江，其異矣乎！遠在中州之外，而行於兩山之間，其流湍駛而幽深，故無灌溉之利。若求之古人，是蓋遠遁深居士之士，介然自守，利不交物，若鮑焦、務光之徒。今吾儕小人乃敢浮家泛宅，没世窮年，播棄穢濁，日夜喧鬧，其罪大矣，神不汝殺，亦云幸也。且峽既介潔清閟如此，乃陸海之三神山也，是宜闐苑真仙指以爲離宫別館，誕降爾衆之厚福。故凡往來者既濟矣，當於此致謝，未濟矣，當於此致禱，以無忘神之大德云。

紹興十有七年二月，永卿赴官期，道出祠下，既已祗謁，若有神物以鬱發僕之夙心者，因備述之，以大闡揚神之威命明辟，且爲迎饗送神之詩，用相祠事，繫之碑末，曰：

夔子之國山曰巫，考驗異事聞古初。有龍十二騰太虛，仙官適見嚴訶吁。霹靂一聲反下徂，化爲奇峰相與俱。至今逸氣不盡除③，夭矯尚欲升天衢。壯哉絕境天下無，宜爲仙聖之攸居。仰惟高真握珍符，鎮治名山奠坤隅。昔禹治水何勤劬，按行粵至萬鬼區。妖怪護惜紛恣睢，風沙晝晦迷道途。神人親御八景輿，授禹丹篆之靈書。文命稽首受寶圖，手握造化幽明樞。驅使鬼神纔斯須，萬靈恐懼聽指呼。巨鼇振響轟雷車，回禄烈火山骨菹。墾闢頑狠如

---

① 超：原脱，據萬曆本、朱本、鄒本補。庫本作"無"，亦通。
② 王：庫本、朱本、鄒本作"主"。
③ 除：原作"險"，據庫本、朱本、鄒本改。

泥塗，岷江東去無停湝。倘非神人協禹謨，襄陵正怒民其魚。大功造成反清都，朝遊閬苑暮蓬壺①。呼吸日月飲雲腴，嚬視濁世嗟卑洿②。江皋古廟象儲胥，神兮幸此留跰躃。自古膏澤常霢濡，逮今疲瘵蒙昭蘇。巴峽野人貌瘠臞，願降豐歲朝夕餔③。出入樵採無於菟，客舟性命寄須臾。願賜神庥保厥軀④，往來上下無憂虞。日則居兮月則諸，縶嚴奉兮永不渝。

丞相平襄侯廟記　　　　　　　　　　　　　　　　　　（宋）徐閎中

紹興二十三年，徐閎中記云：缺十五字。邦家恢復海宇混三分缺二十五字。恤險阻缺九字。宸飈電迅，遂奏愷廟祏⑤，勒勳鐘鼎，缺十九字。丞相平襄侯姜公其人也。諸葛孔明嘗謂公忠勤時事，思慮精審，缺十九字。以胡塞之要。鄧伯苗賦性剛簡，宜尤重許可者，獨知公而深器異。至若缺十八字。賴風度雋偉，何啻百夫之特，實乃萬夫之望，是宜整嚴貔貅，深入敵境，缺十八字。歸，進圍襄武，徐質交陣而潰，拔河間、狄道、臨洮三邑，殄刺史缺二十二字。其髣髴哉！然勝負兵家之常，自古用兵，曷能常勝？就其不缺二十三字。會上邽，貴聲援相接也。濟爽約不前，宜有段谷之敗。間鍾會缺三字。進表缺十七字。之策，緩不及事，宜爲艾所摧⑥。厥後會擁大軍長驅而入，缺四字。列營缺十七字。壓境，遂破諸葛瞻於綿竹，後主趨降。其降也，譙周反復曲折之謀也。於時廷臣缺十六字。保家，從其謀而甘心焉。獨北地王諶忠諫莫伸⑦，痛憤自盡⑧，訖死無補。向使公缺十七字。謀，乃身先驍銳，乘城確守，坐困勍敵，危國復活，一反掌間，不足以言容貴缺十七字。莫能破，轉輸邈絕，屢擬班師，使艾直薄城，二將勢分，又非所利，漢於此少知缺十八字。人涉險，會以二萬衆留劍閣。後主儻數日不降⑨，三軍阻飢，二將難以反矣。缺十八字。公語楊儀反旗鳴鼓，若將攻敵者，仲達退，不敢逼，於是儀得結陣而缺十九字。容髮⑩，非公勝算明敏，出奇神速，詎能弭患於倉卒耶！抑嘗謂人

---

① 苑：原作"宛"，據萬曆本、庫本、朱本、鄒本改。
② 嚬：萬曆本、朱本、鄒本作"頻"，二字並通"顰"，謂皺眉頭。庫本作"瀕"，誤。
③ 餔：原作"鋪"，據庫本、朱本、鄒本改。
④ 庥：原作"麻"，據萬曆以下各本改。
⑤ 祏：原作"拓"，據萬曆本、朱本、鄒本改。
⑥ 艾：原作"文"，據朱本、鄒本改。按："艾"指三國曹魏大將鄧艾，此句指蜀漢大將軍姜維（本篇所祀之"平襄侯"即姜維）軍爲鄧艾所摧，事見《三國志·蜀志·姜維傳》。
⑦ 北：原脫，據萬曆本、庫本、朱本、鄒本補。按：劉禪子諶封北地王，其諫降魏事詳《三國志·蜀志·後主傳》。
⑧ 憤：原作"慎"，據上引改。
⑨ 後主：原作"二主"，朱本、鄒本無"二"字。按文意當作"後主"，此謂後主倘能堅守數日不降，則鍾會、鄧艾將困而難返。
⑩ 容：原作"客"，據庫本、朱本、鄒本改。

有云缺十九字。飾取供，輿馬取具，室無姬媵①，庭無聲樂，財無儲蓄，食不過制，常以清缺十九字。者如彼，故其有爲者如此。及會叛魏附公，公乃陰圖克復，勢誠無缺二十字。《廬山圖經》，縣城，公所築也，俗號姜城，遺址尚存。環皆出峭缺一字。錯缺二十字。爲國長慮，殆非小補。今邑戶六千②，夷漢混居，居風淳質，力穡敦本，缺二十字。明時樂國也，萬世固圉之利，公之盛德遠矣哉！土人懷公缺二十一字。威靈不泯，莫不畏而仰之。

閬中參究載籍，缺二字。昭烈帝帝系出缺二十字。昭烈即位武擔，爲漢中王，志在紹高光四百年之基，理宜稱漢，缺二十字。壽蜀人，且嘗仕蜀，意憚魏晉，君子薄之。皇朝司馬溫公《資治通鑑》即稱漢以表其實。復讀當時楊戲所缺二十字。丞相平襄侯揭之，又叙公事漢始末，刻之堅珉，屬以詠章，或歌缺二十字。

奕奕姜姓，系宗四嶽。尚父興周，神謀超卓。韜略缺十字。危探虎窟，身不暇顧。點羌驕侮，談笑蕩平，連捷缺十字。籌非不精，爰莫助之。謂公黷武，曾不爾思。營捷抗缺九字。允南醇儒，識闇事機。一唱朋從，騰書納璽。譙周缺十字。成功信天，非人能勝，運儵荐興，公儔冠鄧。純誠終始，缺八字。民心載舒，神休是憑。瑣才臨政，荷神孚祐，爰紀豐功。

此碑泐壞，已不可讀，其文字可見者僅如此。愚恐其愈久，將併今可見者而失之，因錄於左③。

重修先主廟記　　　　　　　　　　　　　　(宋) 任　淵

智力之不勝義也久矣。昔自英雄豪傑乘時崛起，有能仗義而行，偉然正大，指麾號令，天下從之，雖其不幸，不克大有所成就於當時，而風烈之餘猶足以聳動後世，歷千百載尊仰而懷思之，有不能自已者，非以義勝故歟？東漢之季，王室陵夷，曹氏怙姦賊之資以擅中原，孫氏席強大之勢以併江左，皆矜尚智力，求所非望，非有志於王室也。海内之士劫於威制，雖俛首聽從，而心不與之；至後世，利害不相及，則排貶譏笑，未始少容。

惟蜀先主昭烈帝，以宗胄之英，負非常之略，崎嶇奔走，經理四方，最後伐劉璋，遂有蜀漢。蓋將憑藉高祖興王之地，建立本基，然後列兵東向，誅有罪而弔遺民，以紹復漢家大業。其理順，其辭直，非若孫、曹氏之自爲謀也。當是時，丞相忠武諸葛侯實左右之，人品意象，高遠英特，駸駸乎伊、呂之間。應變機權，本於道德，内修綜核之政，外舉節制之師，欲以攘除姦凶，混一區宇，不負其君付託之意④，可謂社稷

---

① 姬媵：原作"妃勝"，據萬曆以下各本改。
② 今：原作"令"，據朱本、鄒本改。
③ 左：似當作"右"。此爲楊慎後記。
④ 君：原作"居"，據萬曆本、庫本、朱本、鄒本、《成都文類》卷三三改。

臣矣。彼其君臣仗義而行，正大如此，是以海内之士心與而誠服之，舉無異論。雖厄於運數，屈其遠圖，而後世有讀其遺書、過其陵廟者，未嘗不咨嗟流涕，尊仰而懷思之也。夫義之所在，俯仰無愧，天地且將直之，見信於人，亦其理之然哉！

成都之南三里所，丘阜巋然曰惠陵者，實昭烈弓劍所藏之地。有廟在其東，所從來遠矣。大殿南向，昭烈弁冕臨之；東夾室以祔後主，而西偏少南又有別廟，忠武侯在焉。老柏參天，氣象甚古，詩人嘗爲賦之。廟久不治，風雨摧剝，殿廡門牆，率皆頹圮破缺，像設僅存，至或露處。

紹興二十有八年秋九月，蜀當謀帥，上親擇廷臣文武兼資可屬方面者，得中書舍人王公，命以龍圖閣待制、制置四川，使出鎮成都，臨遣甚寵。粵明年夏四月，公始至，用故事謁諸祠奠獻。至此，顧瞻太息曰："有大功德於蜀人，宜莫若昭烈、忠武，廟貌乃爾，亦獨何心！"亟命有司繕治之，鳩工庀材，咸有程度。以是歲十月己巳經始，落成於明年三月己丑。雖號爲因舊起廢，實再造而一新之。棟宇宏敞，丹艧鮮明，堅壯精密，足以經久。祠與惠陵，皆護以垣埔，限禁樵牧。築室忠武祠北，明潔幽邃，有事於神者得以休焉，蓋舊所無也。用工萬一千六百七十有八，爲錢無慮二百萬，木章竹個，取於津步商旅之征，勞與費民不知焉。既成，命淵記之。淵懼陋不克稱，固辭，公不許，乃冒昧書其事。

蓋嘗妄論王霸之説，以謂義近王，智力近霸。竊觀昭烈、忠武之所爲，非深於王道，未易明其心於千載上也。今公之所學，宏遠高明，正論凛然，一以宗王爲本。嘗過公孫述廟，笑唾不顧，至劉蜀君臣，嚴事之如此，意固有在，非特以欽崇秩祀爲牧守之所當先也。鎮蜀未幾，威德流聞，民夷寧謐，視忠武不愧。異時志得道行，其助恢漢業、興三代之禮樂不難矣。

公名剛中，鄱陽人，開豁邁往，而克勤庶事，綜練周密，治蜀之政，百廢具舉，不獨新此廟之可書也。紹興三十年記。

張飛廟記

（宋）安剛中

漢自建安以來，皇綱廢弛①，神鼎震覆，姦雄觀釁，實生豕心。本初、孟德之徒，磨牙厲吻，血視生靈，期於吞噬，不留遺臭②。玄德忼慨爲國，志在援拯，一時豪英，狗義蜂起，相與提挈，共成大事，諸葛、關、張實爲之最，凛洌威風，萬夫之雄。荆州之役，群盜鼎來，公爲後拒，畢力盡死，以抗群醜，奮髯張目，橫戈一叱，蛇豕異類，褫魄逃遁，虞淵之日，覆耀西南。翳公之功③，迄今千歲，英靈之氣，森聳如在，廟食百世，在禮固宜。

---

① 廢：原作"齊"，據萬曆本、朱本、鄒本改。
② 此句有誤。留：庫本作"顧"。臭：朱本、鄒本作"種"。
③ 翳：萬曆本、庫本、朱本、鄒本作"繄"，二字通。

樂溫之山，下瞰大江，公之神爽，實是寓焉，自古迄今，長載祀典。舟行上下，與茲士民，奔走奉祀①，敢不虔至。九穀嘉生，連被原隰，舸楫往返，安流無恙，陰相之功，在國與民。天朝累封，進爵爲王。惟是廟宇興建歲久，行廊爛頹，往來咨嗟，力莫能振。郡守李公向者趨朝，祗謁祠下②，再拜祈禱，厥應如響。至郡未幾，首議修繕，自捐金帛，衆趨成之，功費雖多，了不病民。徹去卑陋，增飾輪奐，開展地基，比舊加倍。

是役也，議興於庚午之冬，落成於辛未之春。惟公既有以利其民矣，又有以奉其神，民和神安，福禄來宜，行將以是賀公。剛中忝吏是役，知之爲詳，敢具以記。

白帝廟辯誣記　　　　　　　　　　　　　　　　　（宋）張　珖

漢室不競，王莽擅朝，夤緣肺腑，遂盜弄神器，天人之所不與，凡一世之豪傑，有志天下者，皆得起而誅之。公孫帝蓋欲誅莽之一人也，於漢何罪③？而近年有蒙帝以僭叛之名者，過車不式，祠禮不講。邦人奔走褅嘗，事既逾千載矣，聞而醜之，珖敬爲特書④，表正其事。

謹按更始二年，公孫帝自立爲蜀王，明年夏四月稱帝⑤，改元龍興。是歲，漢世祖以蕭王即位鄗南，改元建武，是爲光武皇帝。方豪傑群起時，孰不欲頓八紘，身都萬乘，而廢興有命，神器非人力可爭。要其始終⑥，公孫帝初不得罪於漢；而盡有益州之地，子養一方者十有三年，於蜀不得爲無功。臨陳殞命，與其國俱爲存亡，以誓死不降一念，能血食千祀，視古神明無所以讓⑦，然則其志可謂賢矣。光武嘗賜公孫皇帝書⑧，且曰"君非吾賊臣亂子"，則蒙帝以僭亂之名者，其失於考按甚矣。

珖敬以漢法，隸大書其榜曰"公孫皇帝之祠"，且敬叙其本末如右方，刻之廟中，以一洗其誣。帝英爽如在⑨，尚其臨鑒此言。帝諱述，字子陽，號成家，世呼爲白帝廟云⑩。

乾道七年中秋日，晉人張珖書。

---

① 祀：原作"事"，據朱本、鄒本改。
② 祠：原作"詞"，據萬曆以下各本改。
③ 於：原脱，據萬曆本、庫本、朱本、鄒本補。
④ 特：原作"將"，據萬曆本、朱本、鄒本改。
⑤ 帝：原脱，據萬曆以下各本補。
⑥ 其：原無，據萬曆本、朱本、鄒本補。
⑦ 以：上引作"少"，庫本作"多"。
⑧ 孫：原脱，據萬曆以下各本補。
⑨ 在：原作"此"，據庫本、朱本、鄒本改。
⑩ 云：原作"至"，據萬曆以下各本改。

孝感廟記

(宋) 鄭少微

按：今漢州德陽縣西北四十里有鎮，東漢姜詩故宅在焉，故號"姜詩"。治平中，知綿竹縣事郭震者，謂詩行甚高①，宜諱其名，白部刺史易之②，鎮遂號"孝泉"，然廟猶因俗爲呼。於是開州司理參軍白壽朋與鄉之士民列於縣曰："姜詩夫婦事迹，最詳於漢史，所謂舍側湧泉，至今不絶，民賴灌漑，或遇旱厲，禱焉輒應。其厚俗利之人功居多，廟額獨未蒙賜，敢請。"縣乃上之，有旨賜名"孝感"。命至之日，稚耋夾塗載舞，踴躍爭觀，爲人子若夫者咸欲詩之行在其身也，爲人女若婦者咸欲龐氏之行在其身也，爲人父母若舅姑者咸願有子如詩、有女有婦如龐氏也。則又相與託於他州之民曰："吾鄉雖僻幽，而姜詩夫婦乃吾東家子也，爾州曾有是耶？"方且侈上之賜，以求稱厥名，而故祠庳狹，面勢不正，像設不嚴，靈不妥安，瞻祈無所。於是通直郎致事張績以義倡焉，相其方位而辨奠之。凡爲屋五十楹，益浚其泉流，擇旁寺僧之潔勤者蒞之。宏敞肅密③，千載陳迹，一朝如新，甚盛觀也。

廟成七年，而紀述尚缺，通直公子承議郎上行委少微書焉④。謂變風之際，距先王未久，婦人女子苟有片善可稱者，遂見美於《詩》，見取於孔子。如共姜、許穆夫人、衛女，皆貴者之妻，不過以禮義自持，不嫁不歸而已，其植節挺操之難，感格神明之異，寔後世賤夫匹婦未肯遠避之也。范曄《後漢書》載列女纔十有七，而出於蜀者至四人：一出南鄭，一出廣漢，二出犍爲。如程文矩妻於其子，直以人情爲之耳；盛道妻於其夫，叔先雄於其父，殺身成仁⑤，固美矣，要之不得已而然者。若龐氏者，事尤較著，蓋未始行乎危難，惟雍容禮法之中，遂能感無知之魚，革難化之盜，使貴而姬姜，賤而妾媵，皆可黽勉，以庶幾萬一。讀曄書者，未有不聳然而嘆，而況臨其魚躍之淵與盜過之里也哉！然則龐氏之遇曄，不爲不幸也。

通直公有二子：上行、中行，相繼登第，事親孝謹，清議許其賢，餘皆有諸昆之風。年今七十餘⑥，銀章朱紱，偕其夫人板輿往來二子間，鄉人榮之。推其所自，蓋發潛扶教之影響云。

---

① 詩：原無，據萬曆本、庫本、朱本、鄒本補。
② 白：原作"曰"，據上引改。
③ 敞：原作"奠"，據萬曆本、朱本、鄒本改。
④ 上行：朱本、鄒本作"士行"。按："上"字不誤。《方輿勝覽》卷五六："張上行，字道從，漢州德陽人，登元豐第。"上行官終直龍圖閣、知夔州，紹興元年卒，見《建炎以來繫年要録》卷四六等卷。
⑤ 仁：原作"人"，據庫本、朱本、鄒本改。
⑥ "年"字上疑脱"公"字。

南康郡王廟記

(宋) 張 縯

郡邑通祀有功德於其民者，蓋古制也。秦時，蜀守冰鑿離堆，辟沫水之害，溉田以億萬計，相與尸而祝之者今環蜀境。漢興，守文翁飭厲諸生於學，蜀地學京師者比齊魯，其後學校官爲石室以祀翁，至欲周公、孔子配。秦守以功惠，漢守以德教，光明俊偉，世傳誦之。自是以來，凡守之賢者，蜀人必爲建祠，或繪其像，天下名鎮未是有也。何者①？蜀遠而地勝，受蜀之寄必其要官大人所可倚重者，丞相御史往往不盡拘以文法，政令能專，膏澤可下；而蜀之人亦以所事於君師者事之，安其令而不違，故雖去而敬其奉嘗，猶不敢忘。然則蜀視天下，其亦可謂敦厖而易治矣②。

唐制用節度使治蜀，前後名人相望。韋南康郡王在治最久③，德惠最著。今蜀人之祠王者秩於土神，家有其像，而府城內外獨無專祠，於禮爲不稱。今龍圖閣直學士、四川制置使、內相胡公鎮蜀之明年，惟蜀諸路鹽之額浮，茶之賦重，與夫夔峽科買金銀之弊垂六十年，民力重敝，吏陰拱熟視，莫一措手。公悉審核精考之聞，凡所以爲民之瘝者不一而足。公討理脉絡，刮求根株④，盡變革乃止。初，青羌奴結之未就順也，公時方入境，增調西兵，指授方略，扼其脊尾，制不得肆。至是懾服，面縛塞下，環蜀地數萬里安於靜簡，雨暘順序，年穀屢豐。眾政既舉，乃講舊典之缺，度故官宇之隙地，親庀王祠。門屋旽旽，廣殿渠渠，修廊環擁，便坐後列。經始於八月之庚申，告成於十二月之庚戌，土木陶甓杇墁之工凡九千六百五十四，費一出於官，而民不與知。蜀人戴公之德，猶昔之德王也。王祠既建，民益抃舞。

縯以部中守吏，入受約束於公府下。公命縯記其事，辭不獲請，縯乃復考王之終始，而復於公曰："王治蜀二十一年，當貞元姑息猜忌之間，外能折吐番之鴟張，以功自結於朝；中能撫柔其民，三歲一復，使蜀土晏然，皆樂其生。王之德於蜀蓋如此。然王之始進也，以隴州假守斬朱泚之使；至其末也，露章斥王叔文之姦，建請憲宗監國，朝廷爲之增氣。大節凜凜，皎若日月，豈獨書治蜀之功哉！且今之蜀猶昔之蜀也，王用蜀兵破吐番四十八萬眾，俘其驍酋，靡不如志，雖諸葛孔明南定之功，無以尚之，而往者數歲間，黎、雅小夷陸梁山谷，吾將士乃巽懦不武，久無尺寸功，今始聞其稽顙屈服。然則王之折衝英略著於簡策之舊者，其可不崇大之以昭示來葉？公方將奮張王靈，洒掃宇縣，以成陛下復古之烈，宜於王眷然興懷而不置也。"語未既，眾皆起曰："子之言然，盍遂書之？"縯因以其事敬書於石。

王諱皋，字城武，唐史有傳。淳熙五年十一月壬申記。

---

① 何：原作"其"，據萬曆本、朱本、鄒本改。
② 治：原作"至"，據上引及《成都文類》卷三三改。
③ 南康郡王：原作"南郡康王"，據萬曆以下各本乙。
④ 刮：原本漫漶似"刊"，據萬曆本、朱本、鄒本及《成都文類》改。

糜棗堰劉公祠堂記

(宋)何　涉

　　益居三蜀中，地廣衍，疏衆流以沃民田，以塹都邑，由是得川名。故時汶江跳波，刮午門南東注，治有子城而無郛郭。唐丞相高公駢之作牧也，懲蠻詔張吻，擇腴而噬，且謂走集宜險，因度高城其外①，周數十里，開包橐以容居民。築堤郫江，號糜棗堰，折湍勢匯於新城北，以休養生聚，護此土不然②。五代邅屯，靡皇西略，兩僭相繼，弗恤弗備。

　　皇朝乾德四載秋七月，西山積霖，江水騰漲，拂鬱暴怒，潰堰，蹙西閈樓址以入，排故道，漫莽兩堧，洶洶趨下墊，廬舍廛闤，浩乎若尾閭橫決，傍無厓涯。思次之旌，與交易之質劑，離聯渾汒，雜百物資儲，蔽波而逝。獨用晝故③，民得不為魚。開寶改號之初，天子輟端明殿學士、尚書兵部侍郎劉公熙古帥州，始大修是堰，約去訖民害，招置防河健卒，列營便地，伺壞隙輒補。以故連絕水虞，比屋蒙仁，多繪像而拜思之④，與乖崖等。自時厥後，綿祀八十，功忽而歲輕，事久而日遺，言言巨防，朘薙隤毀，升高遐望，江之端頽城大齧，如餒鷙焉，恬而弗圖，可為駭嘆。

　　慶曆乙酉，朝議囊霄歸款⑤，西邊粗定，回顧井絡，宜得良帥，遂自隴右加今知府文公樞直，改轅而來，畀厥飢羸，使安業乳哺。公力勤才敏，不以高簡自飾，視劇冗若坦解牛⑥，若石運斤，幽陰阬蹊，燭露夷易，巨細疏密，莫不曲到。一日，嘗從僚吏詣所謂糜棗堰者，左右臨顧，推本利害，而曰："非中山公，成都其潴乎！昔者勤勞何謂⑦，後者解弛謂何⑧？將利近易知，害遠難究哉？以吾為尹於茲，誠不可遺西人他日戒懼。"由是大營工捷，益庫附薄，為數十百年計。盤據廣袤，罔分隄屬，湯湯洪波，演漾徐轉。堰脊舊有神宇，榜曰"龍堂"，俚而且巫，義不足訓。公以為思人愛樹，《國風》所由著美，今中山之德入人深如是，而廟貌弗建，實前所闕。因易新制，敞劉公祠堂其上，為里祭水旱、報豐穰之所。矧自經始，公發之，既作，公巡之，已成，公落之，可謂惠訓不倦，功施於民，君子矣！

　　越逾月，涉承檄至府下，公具道首尾，仍命纘其事，將金石刻。涉按《祭法》，能禦大菑則祀，若劉公者，築堰以除民害，其禦大菑者與。《春秋》常事不書，非常，

---

　①　城：原作"域"，據庫本、朱本、鄒本、《成都文類》卷三四改。
　②　"不然"下原有小字注"句"，意謂以"護此土不然"作一句讀。
　③　晝：原作"畫"，唯鄒本作"晝"。按：作"晝"是，謂此次洪水之來幸在白晝，故民得不為魚，作"畫"不可通。今據改。
　④　思：原作"恩"，據朱本、鄒本改。
　⑤　款：原作"嘆"，據上引改。
　⑥　冗：原作"穴"，據上引改。
　⑦　勤：原作"動"，據庫本、朱本、鄒本、《成都文類》改。
　⑧　弛：原作"施"，據萬曆本、庫本、朱本、鄒本改。

書。公增修兹，爲無窮利，其非常者與。衆皆曰然。遂列言以獻。慶曆六年記。

糜棗堰記　　　　　　　　　　　　　　　　　　　　　　　　　　　（宋）楊　甲

　　上之淳熙二年，吳郡范公以鈇鉞鎮蜀，仁行如春，威行如秋，休養生息，人用以寧。越明年六月，築亭於糜棗堰下，雲汀烟渚，競秀於前，古木修篁，左右環峙，柏陰森森，亘數十里，幽曠清遠，真益州之勝概也。又親書扁榜，揭之顔間，遒勁絕塵，得古人用筆意，藻繪不加而勝益奇矣。又明年四月，公始與客集於亭上，命其諸生楊甲爲之記。

　　甲詣轅門上謁以辭，不獲。退伏念蜀土肥衍，由引江漑焉；有如波流湍悍，則齧渚厓，稽事昏墊，民且不奠居。糜棗堰者，殺湍悍之巨防也。夷考厥初，雖肇於唐高駢，然陴陋易圮，不足以陻洪源，折逆流。逮隆崇基，以灑沈澹災，引注灌漑，膏我梁稻，絕其泛濫決溢者①，宋端明殿學士劉公熙古之力也。自開寶以迄於今，逾二百年，而沃埜之利博矣，享其利而忘其功，不可也。斯亭之作，無乃章劉公之懿，而起蜀人無窮之意乎。蓋公之政，以惠利斯民爲急，方其弭節，奏減蜀之酒課四十八萬緡，罷糴關中亦七十六萬斛。公所爲若是，故視有功於民者，欣然之色發越眉宇，其惓惓於劉宜也。甲承命書之，使後之登覽者不獨有"微禹"之嘆，而敬公章善予能之意焉。

　　公名成大，號石湖居士，道德文章，震撼九牧，嘗使絕域有功矣。集於亭之月，上詔來錫公，命加敷文閣直學士，召赴行在所，其治蜀之績可知也。

忠節廟記　　　　　　　　　　　　　　　　　　　　　　　　　　　（宋）李　駒②

　　曾子居武城，寇至則去，寇退則反。子思居衛，則曰："如伋去，君誰與守？"二子所爲不同，而孟子以爲曾子、子思同道，豈非曾子知所去③，子思知所守者耶？

　　余觀夏公之死，誠有得於子思之守也。方王室之亂，朝廷綱紀蕩然，藩臣跋扈，而長蛇封豕，強者輒勝，天下之人奪氣喪膽，卒無豪傑之士慨然特立，不待文王而後興者。公於此時，乃能嬰孤城，提弱卒，與孟知祥、董璋争一日之勝，而奮不顧身。死之爲當時所難，而公能行之，何者？方董、孟二蜀連衡拒命，負固猖獗，攻剋遂、閬，稱兵之初，衆號十萬，旌旗延亘，直薄武信。公自忠武召還，繼鎮此土。適蜀兵次明月池，而公以騎卒二千，勢不相軋，乃堅壁深池，坐困強敵，始自戊寅，迄於己巳。蜀兵以洞室穴城，自夕達旦，公亦以驍勁力守，曾不少衄，不幸食盡勢窮，義不

---

① 絕其：原作"而其"，據萬曆本、朱本、鄒本改。庫本作"而無"，亦通。
② 原注："知遂州軍。"
③ 知：原作"之"，據萬曆本、朱本、鄒本改。下句"知"字同。

苟生，眥裂血面①，竟以死謝。方是之時，邛、雅、資、眉、黎、茂刺史請命於蜀，不啻奴隸；而康文通輩亦束手趨成都，且語知祥以夏公以死自守，必無降意。則公大節固已有素，非偶然者。

然而世之議者乃列公為死事，而不得與死節者比，此尤可嘆！方王彥章之守中都②，竟為夏公所擒而死；裴約之見殺，劉仁瞻之病卒，皆未有卓然奇節、不為敵人所屈如夏公者。死節死事，何自而分？豈不以夏公去梁奔晉為公之疵？而不知公之去就，亦自有見。觀公之戰單廷珪、元行欽，決莊宗之圍，挫王彥章之勇，河陽之惠政，武信之遺烈，至於設庠序以闡文教，營雉堞以講武事，深沉幾略，靜以制勝，意其忠義自將，非若庸人武夫死於無名者。昔者張巡之守睢陽，勢窮備竭，竟詬賊而終。使夏公不幸有如張巡，彼肯搖尾乞憐為齷齪苟全者耶？苟援兵繼來，孤壘堅守，可以振揚北師，鞭撻堅寇，貳虜之首生致麾下，將見公之功名自此輝赫，非特一死而已。以其所已為，觀其所未為，則公之大概，不論可知。今夫世之人，臨小利害，僅若毫髮，至有俯仰詞色，以為去就。況公之守土，效死勿去，與子思之居衛，節守無異，而議者乃以死事名之，果信然歟！

駒被命出守是邦，恭謁祠下，痛公之大節既不為秉筆者所知，而百載之後復未有顯號以揚公之美，請之於朝，蒙賜"旌忠"廟號。舊惟郡圃祠堂，卑隘湫陋，不足以仰副朝廷追顯之意，遂議更置，度地於東城之隅。凡版幹柱礎、瓴甓垣墉，不取諸民，而悉出給於官。曾未閱時，而殿宇凜然，亦以大公之威，而竦邦人之視。因備述公守土始末，且敷揚朝廷所以賜號之意，刻之堅珉。庶幾可以為公無窮之榮，而攄百載湮沒之憤，使邦人每過祠下，輒曰："此夏公之祠也，忠義之事，吾曹可不勉乎！"

夏公名魯奇，字邦傑，其始終出處詳之史册，此不復書。

文翁祠堂記　　　　　　　　　　　　　　　　　　　　（宋）宋祁

蜀之廟食千五百年不絕者，秦李公冰、漢文公翁兩祠而祀。冰為蜀鑿離堆，逐捍水③，以溉民田，溉所常及，無旱年。西人德之，因言冰身與水怪鬭，不勝，死，自是江無暴流，蛟蜃怖藏，人恬以生。故侈大房殿，歲擊羊豕雉魚，伐鼓吹簫④，傾數十州之人，人得侍祠，奔走鼓舞，以娛悅神，祝已傳嘏，而後敢安。翁之治蜀⑤，開學校，以詩書教人，澡刷故俗，長長少少，尊尊親親，百姓順賴。其後司馬相如、王褒，揚

---

① 眥：原作"背"，據萬曆本、庫本、朱本、鄒本改。《史記·項羽本紀》："目眥盡裂。"
② 章：原作"璋"，據庫本、譚校改。下同。按：王彥章，舊、新《五代史》均有傳，字作"章"。
③ 逐：朱本、鄒本作"遂"。
④ 吹：原作"笑"，據朱本、鄒本改。
⑤ 翁：原作"公"，據萬曆本、朱本、鄒本改。

雄以文章倡，張寬以博聞顯，莊遵、李仲元以有道稱，何武入爲三公，漢家號令典章，赫然與三代等。蜀有儒自翁始，班固言之既詳矣。初，翁爲禮殿，以舍孔子及七十二子之像。殿右廡作石室，舍翁像於中。晚漢學焚，有守曰高眹，能興完之，後人又作眹像，進偶公室。歲時長吏率掾屬諸生奉籩豆饔醪薦於前，虔跽謹潔，一再奠而退辭，無敢不信焉①。冰以功，翁以德，功易見，德難知，故祠雖偕，而優狹異焉。

嘉祐二年，予知益州，往款公祠。至，則區位湫湢，埃蝕垢蒙，不稱所聞，大懼禮益懈忽，神弗臨享。其明年，乃占學宮之西，改位鳩工②，弗亟弗遲，作堂三楹③，張左右序及獻廡，大抵若干間。布尋以度堂，累常以度庭，疏窗以快顯，壯闔以嚴閉，采有青丹，陛有級夷，瓦密棟强，若棘若飛。乃肖公像於宁間，繪相如等於東西壁。本古學之復莫若眹，本今學之盛莫若故樞密直學士蔣公堂④，故繪二公於宧漏，皆配祠焉。於是擇日告成於神，揖而升，籩筥、果酒、脯脩，紛羅而有容，可以造虔；趨而降，罍樽、巾洗、庭燎⑤，並施而不慁，可以盡儀。相者循循，任者舒舒，禮生於嚴寅⑥，靈妥於閴寂故也⑦。

噫！自公以來，蜀之人自視若鄒魯。宋興，名臣巨公踵相逮於朝。先帝時，巨盜再作亂，弄庫兵，爭劍閣，是時蜀豪英無一污賊者，群頑愁窘，不容噍而滅，非人知忠、家知孝使然耶？所使然者，不自公歟？傳曰："非此族也，不在祀典"⑧，公在之矣。則是祠之作，願自今而後⑨，無俾休息云⑩。

祠之興，同尚之賢則轉運使趙抃及提點刑獄使者，凡三人；賢輔之勤，自通判軍州事祝諮以降，六人；營董之勞，自兵馬都監毛永保而下二人。咸畫像於西廂，列官里於石陰。

銘曰：

　　公二千石兮守大邦，冠峨峨兮綬斯皇。出有瑞節兮車騎羅，石室孔卑兮
　　人謂何？新堂翼翼兮眈眈，庭廣直兮序嚴嚴。吏奉神兮不譁，神來此徒兮此
　　其家。儼群賢兮並陳，公所教兮如其仁。庖魚挺兮俎肉鮮，神來享兮憺寬延。
　　公教在人兮無有頗，蜀賢不乏兮才日多。俗祥順兮孝慈，公祀百世兮庸可知。

---

① 無敢不信：原作"無不敢信"，據朱本、鄒本改。庫本作"無不敬信"，亦通。
② 改：原作"攻"，據萬曆本、朱本、鄒本改。
③ 楹：原作"檻"，據朱本、鄒本、《成都文類》卷三二改。
④ 故：原作"古"，朱本、鄒本作"右"，皆不可通。據文意當作"故"。蔣堂曾以樞密直學士知益州，大興州學，至和元年已卒（見《宋史》本傳），故云"故"。今改。
⑤ "巾"下原衍"尊"字（尊與樽同，不當重出），據萬曆本、朱本、鄒本、《成都文類》刪。又"庭"原作"度"，據庫本、朱本、鄒本改。
⑥ 寅：原作"廣"，據朱本、鄒本改。
⑦ 閴：原作"閑"，據上引改。
⑧ 祀：原作"祠"，據庫本、朱本、鄒本、《禮記·祭法》改。
⑨ 今：原作"余"，據萬曆本、朱本、鄒本改。後：原作"古"，據朱本、鄒本改。
⑩ 休：原作"外"，據朱本、鄒本改。

嘉祐四年記①。

學射山仙祠記②

（宋）文　同

龍圖閣直學士趙公抃，治平二年夏四月被詔守蜀。明年春三月上巳③，徠遊學射山④，主民樂也。

故事，有張柏子者嘗居此學道，以是日成⑤，得上帝詔，駕赤文於菟，爾雲衢⑥、玠天闕以去。爾後凡其時，兩蜀之人如以戒令約不赴而有所誅責者，犇走會其上，詣通真觀，禱其神，從道士受秘籙以歸，一年禍福率指此日惰與恭之所招致也。自昔語如此，人益起信，逮今遠近以期而至者愈無鞅數。成都燕集，用一春爲常，三日不修，已云遠甚。然各有定處，惟此山之會最極盛。太守與其屬候城以出，鐘鼓旗旆綿二十里無少缺⑦。都人士女被珠貝，服繒錦，藻繢嶘麗⑧，映照原埜，浩如翻江，曄如凝霞，上下立列，窮極繁麗。徜徉徙倚，直暮而入。

公既至，喜遊人之遝然，復愛其地距城不一舍，而孤嶺橫出，夷陸景氣殊曠絶，但謂宮室獨與物不比稱。明日，召知縣事李君弼賢語之曰：「此隸治下，載譜籍，實號勝處，而摹矩制量諸不如所說，奈何議者不咎，將屬之於守宰歟？予與君其欲對人不愧中⑨，在謀其完矣。」遂授之宜所以當然者。君曰：「諾。公所命，弼賢能爲之。」乃調匠度材，悉以良法。不煩公，不傷私，未逾時而已云事畢矣⑩。爲三清殿，爲張先生祠堂，爲道宮齋館，爲燕宇便室，與凡所以可爲之屋者，一一無不有，亡慮三十楹。開怡延連，輝顯華旷，兀於雲際，動於林表，誠栖真秘厦，而合宴之佳觀也。

自是日有來者，嗟頌顧矚，聚吻而談曰：「此地不知化爲榛墟者凡幾年？一日爲賢者所經慮，芟舊而揭新之，詎偶然耶？豈神靈所居不可廢，待其人而後俾興之邪？不

---

① 嘉祐：原作「治平」，據朱本、鄒本改。按：宋祁以嘉祐元年至三年知益州，嘉祐六年（一〇六一）卒，治平四年（一〇六七）早已不在世，作嘉祐是。
② 《丹淵集》卷二四題作《成都府學射山新修祠宇記》。
③ 月：原脫，據萬曆本、朱本、鄒本、本集補。
④ 徠：萬曆本、庫本、朱本、鄒本及本集均作「來」，徠亦來也。
⑤ 本集無「成」字，下句「帝」上無「上」字。
⑥ 爾：原作「蔺」，據萬曆本、朱本、鄒本、本集改。《漢書·禮樂志》郊祀歌之十：「爾浮雲，晻上馳。」注引蘇林曰：「爾音躡。言天馬上躡浮雲也。」
⑦ 二十：本集作「三十」。
⑧ 嶘麗：朱本、鄒本從本集作「嶘麓」，然「藻繢嶘麓」不可通。疑「嶘」當作「儼」，「儼麗」謂端整美麗。
⑨ 中：本集亦同。「不愧中」猶言不愧於心中也。朱本、鄒本改「中」作「是」，屬下讀，亦通。
⑩ 畢：原作「事」，據萬曆本、朱本、鄒本、本集改。

然，何歷歲滋久而無一有所問者耶？蓋屬之於我公也①。盍延其傳以附於地志②？"公因使同文之，爲紀其觕。四年正月初五日記③。

郫縣漢大司空何公祠堂記　　　　　　　　　　(宋) 侯　溥

　　君子治亦仁，亂亦仁，治亂殊時，而君子之仁一也。孔子曰："商有三仁焉。"其以異於迹而同於心乎。微子之去，無以異乎箕子之留而囚辱也；箕子之囚辱，無以異乎比干之諫而剖剔也。先王廟貌，去則祀，否則絕，微子不敢留；先王大法，生則傳，否則亡，箕子不敢死；先王忠義，死則得，否則喪，比干不敢生，各有當然爾。

　　漢德中缺而大盜作，方此之時，蜀郡有二人焉：生焉而仁，其唯揚子雲乎；死焉而仁，其唯何君公乎。子雲於漢爲給事黃門，三世不徙官，其受禄也輕，其任事也微，一旦遭新莽之變，而責子雲以死國，是不知道者也。《詩》曰："既明且哲，以保其身。"其子雲之謂乎！君公起諸生，而位三公，爵通侯，主在與在，主亡與亡，固其職矣。姦憝搆誣，卒以隕生。《詩》云："之死矢靡它，之死矢靡慝。"其君公之謂乎！子雲不死而《太玄》《法言》垂之萬世，猶箕子之有《洪範》也；君公不生而高名大節千古凜凜，猶比干之諫而死也。使子雲有君公之位，而君公居子雲之地，則亦彼死而此生矣。生者以文傳，而死者以忠傳。文可日見，忠隨世異，是以子雲之祠盛於蜀，而君公獨未聞焉。

　　君公葬於郫，綿東漢，閱劉蜀，歷二晉，以至於唐，至於五代，至於今，蓋亦久矣。宅兆四周，化爲畦塍，貧夫力耕，殆至穿夷，所賴以知者，特二石柱爾。知府大資政趙公聞之，惻然曰："君公之忠，可以摩激萬祀，今也食不得以血於廟，墓不得以鬣於田，殆非所以揚厲名教。"乃籲有司移告於郫，俾治厥封，俾建厥祠。於是著作佐郎施浚以縣令實職其事。先是嘉祐中，邑儒何昌禹嘗憤居民糱此墓之四周，而末如之何，因其賣之也而市之，至是，其侄邁獻其地三百步。有進士宋誠倡邑之學者，復市二百步以獻。昔墓且毀，今築以修；昔廟未建，今宇以祠。乃礱石柱，鐫識年月；乃殖嘉木，表正疆畛。

　　功既集，大資政命溥爲之記。溥伏觀古之君子立身行己，太上立天下之所不能立，行天下之所不能行；其次立所難立④，而行所難行⑤；其次立所當立，而行所當行。如君公者，蓋竊以爲得其上焉者矣。封其墓，建其祠，其誰曰不然。熙寧六年記。

---

① "蓋屬"句原無，據本集補。
② 此句下原有"宜矣"二字，據本集删，按文法和語氣，不當有此二字。
③ "正月初五日"五字原無，據宋本、鄒本、本集補。
④ 所：原作"而行"，據萬曆本、朱本、鄒本、《成都文類》卷三四改。
⑤ 前"行"字原脱，據上引補。

范文正公祠堂記①

(宋) 家安國

公嘗曰："周漢之興，天下爲福爲壽數百年，當時致君者，功可知矣。周漢之衰，天下爲血爲肉數百年，當時致君者，罪可知矣。"考公之時，朝廷致君之人，喜功畏罪者尤多，惟公之望，節若南山，貴名之起，揭如日月，亘諸夏之廣，盡九夷之陋②，凡有舌者皆耻不談希文，何耶？好善優於天下而已矣。善人，天地之紀也，政教之本也。其所以優於天下者，能思天下之所不思，能爲天下之所不爲，先天下之憂而憂，後天下之樂而樂也。然知爲可憂，則先王之澤無不被於世矣；知爲可樂，則一夫之生無不獲其所矣。公之憂如是，而竟無以解其憂；公之樂如是，而竟不得享其樂，豈成功則天歟？公疏上壽儀以正君，諫楊太妃不可稱制以立母，述張華事西晉以諷宰相，此天下所不能思也。公參大政，首請天下興學，取士先德行，不專文詞，減任子以除冗官，此天下所不能爲也。上《百官圖》以任人材，舉縣令、擇郡守以固邦本，保直臣、斥佞人以明國聽，復遊散、去冗僭以厚民力，此天下之憂，而公先之也。西民禍兵，公以龍圖閣直學士帥延、慶，橫山、靈武勢如腐槁，朝廷乃以邠州管內觀察使授公，公曰："漢御史出案二千石；唐御史，節度使以軍禮見；本朝學士、丞、郎出臨戎閫，節度諸將望風禀律，皆由朝廷之重也。居內朝近侍之職，有彌縫闕失之道；若貪厚禄，換此外帥，體當承迎朝廷指縱，無復議論廟算得失矣。況西華之人知有龍圖老子，不知有太尉也。"竟辭。元昊以書竊伺朝廷，公惡其僭號，斥不爲奏，自答其説，諭以逆順禍福之理。元昊卒伏公言，稱臣請和。此國强民息，天下知其樂也。

然則所謂優於天下者舉是耶？於事則顯功也，於善則麓迹也。上臣之善，大於禮樂，世有不得其門而入，雖房、杜之美，其如不能何！庠序者，禮樂之門也，得其門，知其文矣；知其文，達其情矣；情文備，則致君挈國之功，言不下帶，而禮化行如神矣。吾宋聖治，追慶曆僅百年，太平之效，以文致實，景德、祥符之風不减三代，而功成治定，未暇制作，天下之人望禮樂之門不得而入。公闢其門，使天下由之，雍泮之水洗天下之心，後進之君子，先進之野人，參軌結轍，可以論述制作者與時輩出，然考積德之年，天實有所興也。

成都學宫，西南觀教之地，二漢以降，非善人之迹不存。近世宏堂列像迨逾百人，皆所遵德景行。熙寧初，公仲子丞相純仁漕蜀，西南之人始請公像，圖之經史閣西廡，諸生歲時謁款於前③。以筵俎未稱，積愧甚久④。元祐戊辰，寶文閣直學士李公尹蜀，

---

① 朱本、鄒本自此篇分爲卷三十七下。
② 陋：上引作"遠"。
③ 款：原作"疑"，據萬曆本、朱本、鄒本及《成都文類》卷三四改。庫本作"拜"。
④ 積：原脱，據《成都文類》補。

誠於應物，樂於爲善，凡可以成法者，皆欲舉之。客有告曰："蜀有學自文翁始①，本朝郡邑有學自范文正公始。天下之爲烈者，先王之所不遺；法施於民者，世主之所必報。不遺之，所以顯仁；必報之，所以立義。事有惻然之仁、孑然之義，一及於蟲魚草木，雖曠代異古，且猶不忘，況赫赫耳目之前，明德輔世及於士民乎！願正公祠，使天下爲善者勸。"李公樂其請，命工成之於禮殿之東，與石室對峙焉。客喜而歌曰：

　　岷山之靈，會公之英。千歲之聲，非雷非霆。道德之澤，以保我後生。
　　明哲之誠，禮義之經。百世之廟，如日如星②。教化之功，地平而天成。

張忠定公祠堂記　　　　　　　　　　　　　　（宋）楊天惠

　　故贈尚書左僕射濮陽張公爲政於蜀久矣，然蜀人奉事如新行臺，畏愛如隔信宿。蓋由今崇寧之乙酉③，距前淳化之甲午，逆數甲子已一百一十有二年④。維是城闕之衣冠，與市區之翁媼，凡幾換易，雖其當時駕竹小兒常及公行奉折轅車者，亦已翳滅，飄爲煨塵；至於脫漏一二遺子弱孫，亦復衰落，跂跂向盡。然後生孺子，歲時念公，乃如公初辨嚴欲離軍府時事，至比其大父與高曾，行禮意勤渠，反更過之。此非人情榮古上鬼，喜以所聞爲勝、不覿爲神，抑亦公之盛德有所膠固，令人不可懈於心。故自公在事，吏民固已竊圖容表，共祠於家，飲食必祝，蘄無棄我。

　　然而比公去治，歷年引久，乃未有築宇俎豆之者。及樞密直學士王公始爲廟室⑤，附祠典如典禮；而龍圖閣學士劉公又從而潔完之，厖事益光。已而星霜流易，木石老憊，月支歲拄⑥，危就傾仆。於是今大尹、前户部尚書虞公過而怪焉，曰："此蜀召奭也，奈何乎忘之？"言未既，有號於衆者曰："信也後之矣，宜乎公以我爲忘也。我則非人，其又奚言？"且日，則相與頓首伏府門下，因鈐史具言所以慚負狀，願假期日自效。虞公遣吏勞苦，罷之，亟下令華陽如其請，且以知縣事李君孟侯董匠事。凡葺屋七十楹，度堂十九⑦，竭作十旬，百堵用成。寢宮閎清，牆户鮮整，氣色明喜，靈觀忽還。又以虞公之德爲與公合也，輒繪生祠而置堂中央，並取同時部使者一二大人像離列其次。

　　於是東蜀楊某聞而竊言曰：甚矣，蜀人之愛張公也！其好語故事者往往旁掇茫昧

---

① 文翁：原作"文公"，據庫本、譚校改。
② 如日如星：原作"如日之星"，不通，據朱本、鄒本改。庫本作"昭乎日星"。
③ 乙酉：原作"乙丑"，據朱本、鄒本改。按：崇寧無乙丑年。
④ 二：原作"三"，據朱本、鄒本改。按：淳化五年甲午（九九四）至崇寧四年乙酉（一一〇五）得一百一十二歲。
⑤ "王"字原脱，據《成都文類》卷三五補。此指王素。
⑥ 拄：原作"柱"，據萬曆本、庫本、朱本、鄒本改。
⑦ 十九：原作"十几"，據朱本、鄒本改。

爲神異之傳，學士大夫多疑之，故弗論，特論公始所以平治亂紛，終所以輯美風俗。大抵氣決嚴重如汲黯，而不强塞；拊揗安和如倪寬，而不濡懦；操制英發如趙廣漢，而不輕急；治體綿密如召信臣，而不寒儉。故内修刑政，外靖羌夷，皆有度程，不失尺寸。下至米鹽、估直、燕遊，皆在所講①，若紀律不可輒易。昔黄霸居潁川，蓋八年功乃成；公鎮西南亦七歲②，治益顯然。霸微緣飾爲奇怪，辭畔異路，鳳凰神爵，疑與上計之奏鶡雀之謬無以異。乃公所爲則無有是，獨就法理爲久遠，規緻膏昧，嗛足後人。嗚呼！所謂盛德必百世祀，非公所謂邪？故論之以告遺民，且爲迎神詩曲授巫覡，俾歌舞焉，而並刻之。詩曰：

若有人兮濮上，告外趣駕兮焉往。朝嵩洛兮蓐食，晡咸秦兮共張③。寒飇飛兮電掣，即參井兮一憩。坌劍扉兮俄蓋，呵力丁兮扶轍。倚鹿頭兮徜徉，指其下兮餘鄉。水油油兮雲委，天與地沓兮耕桑。靈既集兮安止，休後乘兮山趾。父老羅拜兮勤歸，問何闕兮音旨。步從容兮新宫，仰桂楣兮叢叢。睇垣廡兮四繚，紛采飾兮青紅。靈顏愉兮康樂，御圓方兮綺錯。進巴歌兮歙舞，神已怡兮不惡。西玉壘兮微冥，臨岷水兮不驚。南靈關兮窈眇，與雪山兮爲局。靈之歡兮澹蕩，更千秋兮一飽。決祥液兮天門，浸吾人兮泱溔。謂君公兮良勞，起我壓兮崇朝④。公行歸兮三府⑤，視此赤白兮中霄。

張忠定公祠堂記

（宋）王剛中

謹按《禮經》曰："有功德於民則祀之。"又曰："盛德至善，民之不能忘。"信哉是言也！藝祖受命，四方僭叛以次削平。乾德中，一舉下蜀，首命參政吕公餘慶知成都。越三十餘年，更十二政，而得尚書張公以繼之；又五年再至，率成考績。其爲治大抵以嚴猛奮勵制其暴，以精明果斷擿其姦，以公平信義善其俗。訟至於庭，據案一決，悉中其隱，百姓驚嘆，以爲神明，而不敢犯。及受代而去，密令寫真，封以授僧希白，戒之曰：後十年即可開。及期視之，公適化去而訃至矣。於是蜀人慟哭罷市，置公畫像於天慶觀之仙遊閣，建大齋會，事之如生，歲歲不絶。迄嘉祐己亥，府帥侍讀王公素始大建祠於府治之東。落成之日，人無幼艾，爭捧牢酒，或喜或泣，列拜於庭，雖周人之思召公，襄人之思羊叔子，無以加焉。既又取公治蜀斷語可爲後法者凡百三十首圖於壁。嗚虖！公之治可謂有功德於蜀人，而蜀人懷公德善亦可謂不忘者矣。

---

① 皆：原無，據萬曆本、朱本、鄒本補。
② 亦：原作空格，據朱本、鄒本、《成都文類》補。
③ 秦：原作"奈"，據朱本、鄒本改。"咸秦"指關中，此二句言朝發洛陽，晡時至長安住宿。
④ 壓：《成都文類》同，朱本、鄒本作"塵"，疑是。
⑤ "三"字原脱，據《成都文類》補。漢代稱太尉、司徒、司空府爲"三府"，此處借指朝廷。萬曆本"三"字作"王"，朱本、鄒本作"玉"，四庫本"三府"二字作"俯"，皆誤。

剛中猥以庸陋，被命帥蜀，兼治成都，距公又百六十餘年，遐思風績，卓乎莫及。嘗躬奠祠下，徘徊周覽，惜其歷歲滋多，堂宇且弊，乃命即其榱橑梁柱之撓弱而不支者，瓴甓磁礎之缺斷而不承者，高甍隆棟風雨之所飄剥者，長廊巨壁丹青之已漫滅者，悉舉而更新之。仍於祠後增接兩廊，建堂三間，築垣墉以周之，而稍植花木於堂北，以爲士大夫謁祠遊息之所，且以稱邦人嚴奉之意。繼自今以往，若時加修飾，俾勿壞，則爲政者有所矜式，而吏民亦悅服而易治。是真有補於風教者，其可不書以告後之人？

華陽趙侯祠堂記　　　　　　　　　　（宋）楊天惠

吾里有仁焉。銅山趙侯純佑，名申錫，本故家子，有美才，數試吏，以能聞於人，縣州縣三陟奉議郎，知華陽縣。華陽隸成都，其治直府城中央，户版夥繁，訟箋紛委，固倍餘邑。又與尹廷四五行臺繼連錯峙，勢相關制，難於專達。趙侯獨富風力，敏功緒，遇聱涩事，尤喜爲之。

縣故有沙坎堰，不知起於何人，凡溉田三萬七百九十畝，頗沃美。然歲月猥深，官不時省，堰浸湮缺，江流亦遷去，田因以廢，夷在草間。雖世業者尚棄弗顧，而浮客尤輕亡徙，不可留。以故公租歲闊一千餘緡①，省賦歲闊四百餘緡，而私穫之失不在歲②。侯至，則喟曰③："曩輸入而今不入，曩穫美而今無餘，豈終不可爲耶？爲而新之，豈不在我？"由是訪遺迹，按故道，參校圖録，訂以耆舊，遂相地宜，築堤故處。高二十五尺，長四百四十尺，其址之闊如高之數。用木五百章，揵竹二萬個，役夫五萬指。不浹旬④，功告就，水即赴溝，支分脉別，油油宛宛，灌溉如初時。願復故業者，願就新廛者，挾牘自言，唯恐人先。鉦耒交起，塍壠飭治，土膏和美，秔稻奮張。於是草萊畢溉，而洫有滕流，人曰："是非水泉之利也，侯實利我。"賦租迄入，而私有衍藏，人曰："是非田租之賜也，侯實賜我。"乃即堰側搆新堂，乃圖侯像於其中，曰："使世世子孫無侯忘也。"間走人過余，求爲之記。

余觀魏史起論西門豹，不能美鄴田爲不仁，不知引漳水爲不智。豹，賢令也，其治鄴使人不敢欺，當時無及焉者，豈以一不圖此，蒙不仁不智之名，後世不以爲過。及起繼之，卒能化爲鹵，生稻粱，爲鄴人所歌，誠賢於豹遠甚。今侯風力如是，功緒如是，假令與豹異地，與起並時，吾知河內之績不在起，在侯無疑也，非直賢於豹而已。

頃者侯治廳廡，得斷碑壁下，蓋前令趙世長《種柳》詩也。其自叙嘗從乖崖行柳，按轡升仙橋上，隨而觀者數千人，乖崖號曰："此趙公手植也，宜呼曰趙公柳。"人咸

---

① 租：原作"祖"，據萬曆本、庫本、朱本、鄒本改。
② 歲：疑當作"焉"。
③ "喟"下萬曆本、朱本、鄒本有"然"字。
④ 浹：原作"决"，據萬曆以下各本及《成都文類》卷三五改。

應曰："諾。"侯讀之及半，忽驚寤，髣髴類其疇昔所爲，遽拓本示余，且言當復種此，以竟趙公故事。然侯方從辟書佐漕幕，柳之種否未可知。余欲寄聲父老，幸爲侯植五株堂旁，勿翦勿伐，以永侯愛，思宜有益，父老其聽余言毋忽。政和元年記。

韓忠憲公祠堂記　　　　　　　　　　（宋）閻灝

　　自侯國爲郡縣，傳記始有列循吏者，固須凜德讓，風迹清邵，所居民富，所去見思，生有榮號，殁得奉祀，則其章明與日月參光而無窮已也。漢元始詔書祀百辟卿士有益於民者，蜀郡以文翁，九江以召父應詔，歲時郡二千石率官屬行禮，而南陽亦爲信臣立祠，昭然史册，增嫩赤制①。此典一墜，昧没千載，然而有碩德傑望，矜式薦紳，厚澤英績，周洽民俗，不咺瑰偉，自與禮之"法施於民""以勞定國"者合，而興心稱願，以祈薦饗，則此甚盛事，可得已耶？

　　宋天聖中，韓忠憲公以樞密學士、諫議大夫鎮成都，威靖仁涵，內外誠盡，方嚴正直，動迹儀矩，中心樂易，以教化爲首務，俗尚悛革，安趨夷迹。始，日官以蜀當有兵變或大沴爲言者②，朝廷憂之。公於陛辭之日，二宮諭以占説，公俯伏曰："願以屬臣。"既至，蜀果大旱，炎暘午熾，狼顧駭駭，素寡儲峙，生意潛奪。公齋咨惻憂，形見顔表，遽發它廩粟，及令富室造饘粥以賑救餓殍，日自循往按涖之，撫慰噢咻，率繇淵誠，賴以獲全者不翅千萬。始議救災也，僚有請限節米價者，公曰："不可。物始翔踊，居蓄者固靳嗇以射利，祈倍稱之息，此令一出，環千里之粟閉不至矣。姑待之。"不浹日③，諸郡之輦餽大至，價遂少損。公嘗於中夕端肅衣冠，祈請帝神，霆雨如期，焦槁以蘇。斥絕宴嬉，還集疲療，捐瘵完好，武斷縮慄，易荒爲穰，化擾爲寧。或言張乖崖歲出米萬斛估於民④，頗漁庚實，白請減之。公曰："此朝廷所以濡澤遠人，爲最急者，豈可輕議耶？"因前期倍數以給償之⑤，且刻石置廥中，示後爲不可革之意。驕亢寖久，府江幾涸，蒔稼將瘁，溝澮填闐，提封暵然，澆潤靡及。公遂遣官行視江流，訪故老，得堰曰九升口⑥。未始疏導，即命新釃爲渠以注之，水行徑便，均溉諸邑。後常修決，倚爲滋植，而利甚豐博。蜀之戍兵，舊比食淡，公損鹽估，差等而鬻予之，著爲定令。新繁，彭、益之交，舊匿姦寇，賊有"閃地黃"之號，公行剽殺，蒙隱逾時。公廉知之，鉤發逮捕，情得罪具，誅寔渠支，清洗肢篋，至今新繁無盜。

---

　　① 嫩：原作"微"，據萬曆本、庫本、朱本、鄒本改。《成都文類》卷三五作"徽"。
　　② 或：原作"夷"，據萬曆本、朱本、鄒本及《成都文類》改。
　　③ 浹：原作"挾"，據萬曆以下各本及《成都文類》改。
　　④ 斛：原作"解"，據上引改。
　　⑤ 償：原作"價"，據民國昌福公司本改。
　　⑥ 九升口：原作"九外口"，據張方平《樂全集》卷三七《忠憲韓公神道碑銘》和《宋史》卷三一五《韓億傳》改。

公敦尚儒雅，平日誘進文士，以倡教育。會詔秋貢士，公戒有司，務公其選，躬視精核，擢章君陳爲舉首，章遂登甲科，後立朝爲聞人；餘悉時之髦彦，接武以取名第。西南文章，基此而盛。藩會讌饗，往皆趨佛宫廡下，茈具湫底，庖宰擾雜，公飭材於廣庭爲廳事，以宏豐鎬之地，遠去刲割①，表揭瞻望，方隅偉之。逾再期會，以御史中丞召還，蜀民慊悁，如失慈哺。公歸朝，尚以邛部蠻馬歲來鬻於永康，經踐山川，知道途險夷，爲蜀後日虞，建言願徙即沈黎，朝廷從之，居以杜覘伺之便②。嗚呼，何於蜀之恩始終隆隆耶！逾三十年，袴襦之頌歌不衰。

天福於遐，世象其賢，上復用公第三子、端明殿學士、翰林侍讀學士、尚書禮部侍郎公繼治之。追功席休，踐修厥猷，紹參神明，今昔相照。官榮家範，古所未有，德威宣白，歲時大和。於是耆耇善良會千百數③，擁榮戟門，道前世祀事，謂忠憲公之祠不修，爲蜀之愧，願即文翁廟之南宇爲一室，繪犀日之表，而以端明公侍其旁，庶西南人事之無窮，以大朝廷用世德之盛，其不可辭。端明公曰："衆之請至矣，矧利義無疑④。"遂許之，而止其圖己像。堂序樸嚴，繪事莊潔，毅如嶽鎮，焕如星辰，憑憑威靈，萬世瞻仰。

既已，邦人士大夫謂灝竊頖宫之遊，日與諸生道古今盛美，宜實其紀，從金石刻。灝再拜受命，而繫以詩曰：

惟宋受命，繼古聖聖，弼臣皋夔，世載德盛。嚴嚴韓公，有俾其道，方國碩望，朝廷元老。天聖之末，蜀人荐饑，公竭惠慈，營營百爲。厚恩春賜，凜威秋霜，善惡判明，納民安康。始三十年，世象其賢，公功愈昭，斗奎於天。蜀之父老，百拜庭下，願修公祠，以永瞻慕。岷盤坤維，江紀南國，公祠之嚴，相與無極。漢之文翁，宋之韓公，邦人永懷，穆然清風。

司馬溫公祠堂記　　　　　　　　　　（宋）張行成

故諫議大夫司馬君池以某年作尉郫邑，越明年某月，生公於官廨，字之曰"岷"，以山稱也。是歲，諫議君手植松、楠各一本於庭。迨今凡若而年，自諫議之死，骨已朽矣，公相繼殂落，靈亦歸矣，而二木之中，其一松者亦枯摧矣，唯是茲楠蒼蒼猶在⑤，邦人依之，尚可想見公初生時也。公之遺德在天下，名在後世，行事在國史，固一代偉人也。當其道未合之初，天子敬之而不用，權臣憚之而不親，天下仰之而不

---

① 刲：原作"封"，據朱本、鄒本改。
② 居以：疑誤。庫本作"遂得"，朱本、鄒本作"所以"，均未妥。
③ 耇：萬曆本、朱本、鄒本作"耄"。
④ 利義：朱本、鄒本作"於義"。
⑤ "在"字原脱，據萬曆本、朱本、鄒本及《成都文類》卷三五補。

濟①，不獨其身見黜於朝廷，波及遺言亦見抑於死後者凡數十載，則松之不愛而楠之不錄，固其宜也。

邇來世道頓革，士風漸回，上自朝廷，下逮黎庶，咸知公議之不可破，而公之言爲不可抑。於是朝廷旌其家，學士誦其書，後生想像其風采而不可得，則又丹青肖形以寫瞻慕者，無室不有。公之道蓋大明於天下矣。思其人，愛其樹，又理之必然者。

於是邑丞李公作堂以嚴公之祭，護木以永公之思，蓋從人望者。楠之青青，公生在茲，邦人是榮；祠之翼翼，公像在茲，後生是式。公之道彰矣，不假於一楠，而茲楠寔託公以不朽；公之道傳矣，不私於一邑，而茲邑實賴公以不辱。楠之喬，斤焉而雕，惟公之道磨天地而不銷；楠之節，斧焉而缺，惟公之道涸河海而不竭。則茲堂之建，非以嚴公也，乃以爲護楠之標榜；茲楠之愛，非以榮公也，乃以榮邑之冠冕。堂之毀，公不毀也，楠則毀矣；楠之辱，公不辱也，郫則辱矣。嗟乎！郫之民、郫之吏，繼今而後者，其善護茲木乎！

寇萊公祠堂記　　　　　　　　　　　　（宋）鄭銓

府城之東有廟曰"見報司"者，故太子太師萊國寇忠愍公之祠堂也。廟初本澄覺院，治平二年賜名"正覺"，敕書存焉。院初爲十方，有禪師曰可居，自雲頂來住持，因塑公像，與雲頂山之神曰"利國王"者並祠於院之東偏。歲既久，鄉人事之，頗著靈異，民相與質其曲直，報輒如響，遂呼爲"見報司"。今雖有僧居之，而院實廢爲廟矣。"見報司"之說頗不經，而傳之既久，有不能廢；然爲善爲惡，使民知有所報，則存之足以示勸戒，亦不必廢也。

紹興甲子，廟將壞，鄉人徐復與院僧圓證率好事者再新之，改前日之佛宮爲萊公之祠堂，公始正離明之位。前爲兩廡，其東廡開一位以祠利國王，其西一位亦塑神像以居之。祠堂之後爲齋廳，乃往時之法堂②；又改方丈爲妙音堂③，以備僧徒道場；僧房齋庖皆備。視前日規模，不復然矣。復恐歲月寖久，人弗知興起之由，屬予記之，予既爲誌其詳矣。

按《成都古今記》，正覺院與見報司俱不載，惟《前記·祭祀門》有王者八，而利國王在焉；有公者十，而寇萊公在焉。《前記》乃趙清獻公所集，當時既載祀典，則廟與院不宜俱失；《續記》乃王公時亨所修，而《廟宇寺院門》亦不錄，故鮮有得其詳者。春秋之祀官，並祭萊公與利國王甚久，又未知自何人始也。今述其重修之因，以貽來者；若萊公之遺德，則有國史在，茲不復出也④。然則生而聰明正直，有功德於

---

① 濟：原作"齊"，據萬曆本、朱本、鄒本及《成都文類》卷三五改。
② 往時：朱本、鄒本作"住持"，誤。
③ 妙音：庫本作"清遠"。
④ 出：朱本、鄒本作"述"。

民，死而祠之固宜。況事有可以起人之敬，而生其良心，亦何嫌而不書之哉？

顔魯公祠堂記　　　　　　　　　　　　　　　　（宋）唐　庚①

　　上元中，顔魯公爲蓬州長史，過新政，作《離堆記》四百餘言，書而刻之石壁上。字徑三寸，雖崩壞剥裂之餘，而典型具在，使人見之凛然也。元符三年，余友馬强叔來尹是邑②，始爲公作祠堂於其側，而求文以爲記。

　　嘗謂仁之勝不仁久矣，然有時乎不勝，而反爲所陷焉③，命也。史臣論公晚節偃蹇，爲姦臣所擠，見殞賊手，是未必然。公孫丞相以仲舒相膠西，梁冀以張綱守廣陵，李逢吉以韓愈使鎮州，而盧杞以公使希烈，其用意正相類爾；然數公終無所傷④，而公獨不免於虎口。由是觀之，士之成敗存亡豈不有命耶？而小人軒然自以爲得計，不亦繆乎！

　　吾聞之，古之尚友者以友天下之善士爲未足⑤，又尚論古之人，誦其詩，讀其書，思見其人而不可得，則方且招屈子於江濱，起士會於九原。蓋志之所願，則超然慕之於數千百載之後，而况於公乎⑥。公之功名事業已超於人⑦，而文學之妙亦不可及⑧，因其心畫之所在而祠之⑨，此昔人尚友之意也⑩。嘗試與强叔登離堆，探石堂，觀其遺踪，而有味於平生⑪，則公之精神風采猶可以想見也⑫。

---

① 唐庚：原作"馬存"。按：此文實乃唐庚所作，見於《眉山唐先生文集》卷二三，又《宋文選》卷二三、《皇朝文鑑》卷八四、《五百家播芳大全文粹》卷一〇六、《古文集成》卷一一等宋人所編總集亦收有此文，均題撰人爲唐庚，不知楊慎何以誤作馬存。又嘉靖本此篇文字多與本集及以上諸總集不同，不知所據爲何本；萬曆本則多改同於本集（以下只校重要的異文）。

② 馬强叔：原無"馬"字，據本集補。
③ "而反爲所陷"五字原無，據萬曆本、朱本、鄒本、本集及上引諸總集補。
④ 此句上引作"然於數君終不能有所傷"。
⑤ 二"友"字原作"有"，據上引改。
⑥ "而况於公乎"五字原只作一"况"字，據上引補。
⑦ 超：上引作"絶"。
⑧ 文學：上引諸本中，本集及《古文集成》作"文字"，其餘亦作"文學"。
⑨ 因其心畫：原作"顧其名畫"，據上引諸本改。
⑩ 昔人：原無"人"字，據上引補。
⑪ 有味於平生：上引作"味其平生"。
⑫ 猶可以想見也：上引作"猶或可以想見也乎"；本集其下並有"年月日記"。

賈浪仙祠堂記

（宋）龔鼎①

唐韓退之善爲歌詩導性情，一時相從者如孟郊、張籍，最號友善。而浪仙學詩於劉义，晚得偕與二子遊，頗以才調相推高。雖然，觀其風致清澹，得之自然，誠亦郊、籍之儔。故後世學者語《騷》《雅》之流裔，孰敢外三子焉？浪仙由長江徙官於安岳，而卒於會昌三年。凡爲編次其詩者二人：許彬者謂之《小集》，而天仙寺浮屠無可謂之《天仙集》。當時之人有可名者，島俱請之贊。《天仙集》傳之既久，返以贊爲退之之辭，然退之前後二集皆所不載。及得李洞《句圖序》質之，然後信其非也。

浪仙於舊史無傳，邇來朝廷新其書，遂得附名於退之之後。而頃歲居官者署祠堂於蜀土神廟廡之次。今伯氏實佐令長於是邑，嘗議其堂雜與神居，非所宜也。而尉有西圃者，在唐爲主簿之廨址，誠得遷其舊構②，更以繪像，無撓邑人，於義何有？既遂經畫而就之。其屋不華而完固③，其地不奧而清越，其兩傍封植，筠柏鬱然。

嗚呼！浪仙没，距今二百二十餘歲矣，名始著於史策，而其遺貌又得宅於故處，乃知士之能蹈善，雖日月之遠④，必有爲黼黻其迹者。今幸爾副其身後之所待，措之無窮，宜不復恨矣。而伯氏遠以書諭，俾文其實。然而蹈前哲之爲，啓來者之慕，抑所願聞，既爲取諸新故之所傳而備存之⑤，且以示改作之有由也⑥。

新建宋丞相魏國張公父子祠堂碑記

（明）楊廷和

宋丞相魏國張公浚，在中興號爲賢相。初逃張邦昌之議，平苗、劉之亂，其風聲氣節已聳動天下。既秉軸，毅然以恢復自任，誓欲攘夷狄，誅僭逆，以清中原，表著天心，扶持人紀，引擢賢俊，英材授任。遠人伺其用舍爲進退⑦，天下占其出處爲安危，忠君體國之誠，直與諸葛孔明相望於千百載上下。雖困於讒忌⑧，屢起屢躓，功未克就，而志不少衰。其子右文殿修撰栻，穎悟夙成，魏公教之，一以仁義忠孝之實，又受業於胡五峰之門。其爲學，惓惓於理欲之分⑨，義利之辨。朱子推之，以謂大本卓

---

① 原注："起居舍人。"
② 得：原作"將"，據《蜀中廣記》卷三〇改。
③ 固：原無，據萬曆本、朱本、鄒本補。
④ 月：原作"用"，據萬曆本、庫本、朱本、鄒本改。
⑤ 新故之：原作"新之故"，據萬曆本、朱本、鄒本乙。庫本作"昔日"。
⑥ 示：原作"是"，據萬曆以下各本改。
⑦ 用：原作"周"，據萬曆本、朱本、鄒本改。
⑧ 讒：原作"纔"，據萬曆本、庫本、朱本、鄒本改。
⑨ 惓惓：原作"倦倦"，據萬曆以下各本改。

然，先有所見，已非其匹。學者稱爲南軒先生。嘗參贊魏公督府，諸所綜畫，幕中人皆自以爲不及。

魏公寢疾時，手書諭南軒兄弟曰："吾不能恢復中原，以雪祖宗之耻，死不當歸葬先人墓左，葬我衡山下足矣。"乃葬之寧鄉溈山之南。後南軒卒，亦祔葬焉。至是蓋三百餘年矣，墳墓所在，鞠爲榛莽，土人父老亦鮮有知之者。鳳陽胡侯明善，以名進士補令寧鄉一年，政通人和，訪而得之，憮然嘆曰："令甲有之：凡忠臣烈士有功德於國家，及惠愛在民、事迹昭著者，列於祀典，其祠墓禁人毀撤①。若魏公所建立，載在信史，昭如日月，正應令甲所著；而南軒之學，師表百世，從祀孔廟，達之天下。今其祠墓在一邑者顧蕪穢不治，非我有司之責而誰也？"於是亟取眚贖之餘，建專祠各四楹，其右則南軒書院。又買田四十畝，以備時享之用。門廡秩秩，繚以周垣，俎豆載陳，衣冠動色。會衡山劉侍御黻持節按蜀，過家，見而悦之。既至蜀，以告予，謂予魏公鄉後學也，屬爲文，刻於神道之石；且檄下廣漢，訪其遺胤。

予惟賢人君子之用於天下，不患無才，而患學術之不足；不患無學，而患所學之不正。嘗觀魏公之所以告其君矣，曰："人主之學，以心爲主，一心合天，何事不濟？"又曰："所謂天者，天下之公理而已。必兢業自持，使清明在躬，則賞罰舉措，無有不當，人心自歸，敵讎自服。"其本原皆自聖賢學問中來，非漢唐以下規規於功利之末者比。至南軒，每進對，必自盟於心，其言曰："此心之發，即天理之所存。願時加省察，而稽古親賢以自輔。"是即魏公之説也。有宋一代名臣，若范仲淹之於純仁②，韓琦之於忠彦③，吕夷簡之於公著，前啓後承，其詩書之澤，事功之盛，皆足以名當時而傳後世；若學術議論，視魏公之於南軒，或有間也。尚論於魏公，容有責備之意，而其大處終不可泯。予是以表而出之，觀者幸勿以予爲齊人。

侍御君思賢尚友，而樂成人之美，縣侯爲政，而急於先務，皆可書也。故以爲記。

四川制置安公生祠記 （宋）魏了翁

恭惟國家承百王之敝，寓縣紛裂，藩臣恣睢。藝祖皇帝神武所運，亂本旋弭，以開億萬年無疆之基。太宗遹祗前訓，卒其成功，民生圉懌，夷狄順軌。真、仁休養，英廟纂承。至熙、豐，物衆地大，而竊儒爲姦者乃始變亂典常。元祐更化，綱目畢舉；

---

① 祠：原作"祀"，據朱本、鄒本改。
② 范：原無，據上引補。
③ 忠彦：原作"中彦"，據上引改。按：忠彦指韓忠彦，韓琦之子，《宋史》卷三一二《韓琦傳》有附傳。

而紹聖以後，黨禍再作；極於崇、觀、政、宣，戎索弗戒①，乃底於亂。高皇南狩，駿惠先烈，弘濟大難；阜陵繼之，勵精圖治，志清全疆。大勳未集，而崇陵享國日淺。肆開皇上，克念厥紹，始初清明②，率籲群獻③，將有志於慶曆、元祐之盛者。天下延頸企踵，以需太平，而韓侂冑已居中竊弄威柄矣。吳曦，乳臭子耳，依憑世資，出入内閣，侂冑既倚爲心腹，畀掌禁旅。雖寵任逾涯，而曦之爲謀則蓋不在是也④。玠、璘、拱、挺，再世爲將，忌刻少恩，士鮮爲用⑤，徒以積威之餘，知有吳氏。故曦密白侂冑⑥，願將西師。既遂所圖，則輕蔑王室之心由是日甚。以開邊中侂冑之欲，而潛通於敵，乘時爲姦⑦。士大夫緣學禁以來，義理益不競⑧，一旦利欲所煽，則大官唱聲，一口附和⑨，牢不可破。凡以使命還自虜者，例曰"虜有内變，虜有饑饉，設王師一動，關河必且響應"。是則然矣，而不思侂冑之可與共否也⑩。凡一時之躐登華要者，鮮不出此；雖廷策進士，亦以是爲舉首，否則擯抑不容矣。

先是，了翁蒙恩，召試玉堂，力陳其不可，幾觸聞罷。明年將出師，朝廷尚欲託之公言，以排異論，遂建請宰執、侍從、兩省、臺諫官條具可否來上，爰暨管軍咸驛聞。詔下，中外各以己見條具，獨曦不奉詔，而移書韓侂冑曰："戒嚴有日，忽出條具之命，士心惑焉，未知攸稟。進退遲速，願明降出處分⑪。彼既不論可否，而反持短長，以肆欺侮⑫。"侂冑得書，惘然以失，而公卿以下素爲所請寄，恬不知察，不知識者已覘其無君之心⑬。迨郭倪、李爽攻壽、泗，皇甫斌攻唐、鄧，雖皆覆軍亡將而還，然尚有可諉者曰庸⑭；而曦悠悠不前，不惟蓄溫、裕之謀，蓋又出於石晉、劉齊之陋策。元帥既遁，王人繼逐，東歸之士，蔽江而下，至是所望以反正者，惟蜀人耳。志

---

① 戎索：原作"戎素"，據庫本、朱本、鄒本及《重校鶴山先生大全文集》卷四〇改。《左傳·定公四年》："啓以夏政，疆以戎索。"杜預注："索，法也。太原近戎而寒，不與中國同，故自以戎法。"此泛指邊疆。

② 始初：本集同。萬曆本、朱本、鄒本作"治尚"。

③ 群：原作"郡"，據朱本、鄒本、本集改。"群獻"，猶群賢。

④ "是也"下，本集有"武興，則曦之窟穴也"八字。

⑤ 士：原作"志"，據萬曆本、朱本、鄒本及本集改。

⑥ 白：原無，據萬曆本、朱本、鄒本補。本集作"結"。

⑦ "姦"下原有"者"字，朱本、鄒本作"昔"。據本集刪。

⑧ 益：原作"亦"，據本集改。

⑨ 一：萬曆本、朱本、鄒本作"百"。按：本集亦作"一"，"一口"謂異口同聲，不誤。

⑩ "共"下本集有"功"字。

⑪ "明降"下本集無"出"字。

⑫ "以肆"二字原無，據本集補。

⑬ "識者"下本集有"固"字。

⑭ 可諉者曰庸：原作"可庸者"，不通，據本集改。此謂郭、李、皇甫的潰敗，尚可推託說此數人平庸無能。

仁蹈道者固足以明人臣之義①，而潔身者勇往弗顧②，全軀者依違其間，下此者又置不復道。方斯時也，虜蹂我淮甸，壞我襄、安，蕩搖我江漢，顧瞻四方，蹙蹙靡騁，數州生聚，遽隔王化。此何時也！悠悠風塵，莫有能事刃於賊者③，視其污衊衣冠，割截輿地，駸駸然旦異而晡不同，不過撫髀太息焉爾矣。

惟今資政殿大學士安公，奮由儒生，獨能周旋其間④，濡迹以就事；部分既定，即矯詔誅曦以聞，乘勢盡復四州⑤。虜聞之，以為從天而下也，相與膽落神沮，謂吾國中有人，由是不敢有二心。方反書之上也，朝論大震，上召群臣計事，咸謂無出公右，乃為書賜公，勉以圖曦報國。書未至而捷聞，君臣動色相慶，以謂知人。拜公端明殿大學士、知沔州，充利州西路安撫使、四川宣撫副使⑥，恩視執政。亡何，曦首至闕下，詔禮官講行受俘之儀，納於武庫，凡皆國朝所未有者也。猗歟盛哉！

蜀人於公，飲食必祝，蓋公之祠遍蜀中。而公，廣安人也，和溪縣封山鎮亦公之鄉也，顧獨闕焉，未有以識高山之仰。其鄉之士曰陳農孫⑦，德公之知⑧，乃肖厥像而走廣漢，介通守李君炎震，欲得余文，以識顛末。余惟公殊尤絕異之績，垂之史策、鏤之玉板、被之金石者何可勝數，尚安以余言為也？而固請弗已，則三復其事，為之喟然嘆曰：

天之生人久矣，一治一亂，非以氣數屈信之變，人事昏明之感，故反覆摩蕩，所不容不爾邪？然天之愛人也，屈於前必有信於後，消於彼必息於此。使生民之類猶有所依以自立，而不至於極弊大壞，則以天固生才以待其定也⑨。夷吾不死以康天下，絳侯屈意以安劉氏，方事之未白也，有友如鮑叔，有君如高帝，固以是望之，彼亦以是自信不疑，是惡可強而致然耶？賊曦之變，公雖以天下為己任，始焉自晦，而人主與群臣固已期之於千萬里之外。書詔下頒，露布上騰，以其時考之，蓋項背相望於道。地之相去也若此其遠，而君臣一心，如合符節，人果不可以無素也。唐祿山之亂，河朔二十四郡獨有一顏真卿，玄宗猶謂"我不識真卿何如人⑩，所為乃若此"。真卿固嘗

---

① 志仁蹈道者：本集作"志仁者蹈死弗悔"。
② "潔身"下原無"者"字，據本集補。按：此數句分說"志仁者""潔身者""全軀者""下此者"四種人之態度，當有"者"字。
③ 刃：原作"辦"，不通，據本集改。按："事刃"即"剚刃"，意為將刀刺入。"辦"字俗寫作"办"，與"刃"形近，"刃"訛為"办"，又訛為"辦"。
④ 周旋：本集作"周全"。
⑤ "乘勢盡復"四字原脫，據本集補。又"四州"原作"泗州"。按：安丙事與泗州無關，當作"四州"，指階、成、西和、鳳。開禧三年三月，宋軍收復此四州，見《宋史》卷三八《寧宗紀》二。
⑥ 四川宣撫副使：原無，據本集補。
⑦ 陳農孫：庫本、本集作"陳震孫等"。
⑧ 知：原脫，據本集補。萬曆本、朱本、鄒本作"深"。
⑨ "天"下原衍"下"字，據本集刪。
⑩ "玄宗猶謂我不識真卿"九字原脫，據本集補。

有位於朝矣,而玄宗不之識;安公方守偏郡,已爲人主所深知。河朔久而未平,而蜀變定於俄頃。雖其氣數屈信之異;而亦人事昏明之感固自不侔也。

今虜運既衰,群醜相噬,掃清舊都,兹惟其時。以天下之公望,朝廷之夙知,蓋未有以加於公者。入相天子,倚成厥功,則鏗鋐炳燿,蕩人耳目,其將有大於此者。了翁雖不佞,請廣"皇武""方城"之雅,以備一代闕文云。

連帥濟南王公生祠記①　　　　　　　　　　　　　　　　　（宋）陸　游

乾道七年二月,夔州連帥濟南王公新作貢院成②。越三月,夔、歸、萬、施、梁山、大寧六郡之士不謀同辭曰:"夔雖號都督府,而僻在巴峽,無贏財羨工。公之爲是役也,寸寸銖銖,心計而手度之,纍日乃成,形容爲癯,髮爲盡白,其德於士,豈有既耶?盍思所以報者?"乃相與築祠於院之東堂,畫像惟肖,又相與屬予記之。予曰:"公之施厚矣,祠未足報也。"士則曰:"吾等將日夜勉於學,父兄詔子弟於家,長老先生訓諸生於鄉,期有以應有司之求,如是足乎?"予曰:"未也。郡國貢士於天子,天子命近臣與館閣文學之士選其尤者③,而親策之於廷;策既上,天子爲親第其名,謂之進士。進士,將相儲也,自是而起於朝。其任政事④,毋伏嘉言,毋醜衆正;其任言責,毋憚大吏,毋置宵人;其任百執事,守節秉誼,宿道鄉方,毋懷援⑤,毋服讒。使天下稱之,史臣書之曰'是夔州所貢士也'。士以是報公,公以是報天子,乃可無愧,而予於記亦無愧辭矣。若何?"皆曰:"唯。敢不力!"

公名伯庠,字伯禮,嘗爲御史,今直閣⑥。四月一日,左奉議郎、通判夔州事陸游記⑦。

---

① 庫本缺此文。
② 夔州連帥:《渭南文集》卷一七作"知夔州"。
③ 命:原無,據本集補。
④ 政:朱本、鄒本、本集作"執"。
⑤ 援:原作"諼",據萬曆本、朱本、鄒本、本集改。
⑥ "公名"至"直閣"十四字,本集無。
⑦ "四月"至"陸游記":本集作"乾道七年三月十五日,左奉議郎、通判軍州、主管學事兼管内勸農事陸某記"。蓋《渭南文集》所載爲原稿,《全蜀藝文志》所錄爲碑文。

全蜀藝文志卷之三十八

記己

至真觀記 （隋）辛德源

蓋聞聖人抱一，得一所以爲正；君子謀道，履道所以稱吉。故縉雲訪襄城之任①，尚曰俱迷；則天睹姑射之阿②，猶云獨喪。嗟乘日於善卷，眇思恭揖③；嘆舍車於柏成，顧慭長往。方知太極之理，元始之宗，法於自然，是焉名太，雖四海之富不足以易其生也，百官之榮不足以移其志也。又有肆樂池之適，警龍驂而載驅；暢伊川之遊，翻鶴駕而曾舉。安期遠遯，久淹巡海之勤；淮南上征，退深遺迹之慕。斯亦念德不怠，自誠而明，臨渤澥而陋河宮，登泰山而小天下者已。

粵若稽古，猗歟我皇，匭犀戴勝，握戈懷斗，方堯即同八采，類禹不減三寸。勳彰歷試，恩著登庸，潛初飛五，俟時而作。顧盼而銷黑祲，揖讓而處青蒲。求衣於未明，推食於已旰。研幾鄏城旦之書，通奏開反支之日。以萬邦之罪爲罪，故法約而刑清；以百姓之心爲心，故兵動而民譽。春路秋方，果馬天馬之客，榆關銅柱，皮服卉服之賓，莫不重譯俠庭，同軌入貢，雁行魚貫，輻湊馳道。匡飾之功，隆平之化，諒足以頡頏軒、頊，孕毓高、光，遐邇鬱搖，長爲稱首。既而委裘多暇，垂拱巖廊，宴處超然，忘懷塵累。披九光之寶蘊，受三洞之真文，追蹤繼東戶之辰，託夢等華胥之夕。固以龍漢協期，開皇闡其嘉運；豈止明神分福，勾芒錫其永年而已。又乃元良體正，維叡居宗，光炳重離，義高匕鬯。敬愛基乎百行，溫清備乎三善。菀鳳條而振藻，降虎闈而肆業。含超啓誦，跨躐莊丕；嶽時淵凝，寔寧監撫。繁椒之實，棠棣之華，陵陸睟鴻漸之儀，藩屏諧《麟趾》之詠。葭莩峻茂，表裏禔福，允文允武，唐哉皇哉！昔揚子雲有言曰："或千年一聖，或三聖一時。"沓矩循規，亶其然矣。

---

① 縉雲：原作"晉雲"，據庫本、譚校改。"縉雲"指黃帝。
② 睹：原作"賭"，據萬曆本、庫本、朱本、鄒本及《成都文類》卷三六改。
③ 揖：《成都文類》同，庫本作"捐"，朱本、鄒本作"損"，俱不可通（捐訓掘、擾）。按：此字當作"揖"。善卷（一作綣）爲傳説中的上古賢人，《莊子·讓王》言舜讓天下於善卷，《吕氏春秋·下賢》言堯北面而問善綣，皆爲禮賢之意，故此云"恭揖"。下文"揖讓而處青蒲"，《成都文類》、庫本亦訛作"捐"，與此處誤同。

蜀王秀者，皇帝之第四子也，禀太華之靈，資恒昴之精，挺金氣之英，賁玉田之榮。天縱其哲，日就其美，純煆内融，温朗外照。顏生殆庶，香名肇於佩韠；應侯順德，嘉譽興於剪桐。故能連衡言、冉，駢驪邗、晉①，才膺俾乂，事諧俞往。開皇初便封蜀王，尋除上柱國、總管益州道二十四州諸軍事、益州刺史。靈關設險，望重坤維；和夷致功，實稱天府。選徒雲夢，帶牛佩犢者風趨；袨服蕺臺，擊轂成帷者霧合。塗盈巷飲，江滿棹歌，水陸攸歸，華戎是萃。梁世崇文尚侈，其失也淫；周氏殉武任質，其弊也魯。暨乎皇上②，帝德載甄，王猷載宣，率禮不越，遂視既發③，纔貿渾衡，若被膏雨。況復曹參出相，重師黄老之術；申公誨道，更惇周孔之訓。正之以幅，彪之以文，市獄静而弗擾，詞義粲而彌蔚。苞姬旦之多藝④，兼季路之能官⑤，二難措而無壅⑥，兩條舉而罔滯。爲其都鄙而經之，闢其閭里而居之，取其田疇以伍之，修其庠序而教之。四民肅然靡雜，九逵坦焉如砥。穰穰我庾，邵父匹而知慚；青青子衿，文翁比而自愧。於是綺襦擊壤，連薨誼五袴之謡；黄髮觀風，同辭訢一變之善。家給人足，康年孔殷，革弊遷訛，泰餘且洽。

夫聖主之訓⑦，祀享皆在⑧，法施乎民，明堂辟廱，備昭令典。矧伊長樂之舍，紫書暎空青之林；扶摇之丘，翠蓋蔭琅溪之水。懸珠若黍，天人之衆畢臻；浮龜似蓮，神仙之侍俱集。蹔遊而周六合，一誦而歡萬齡。其於禳大災，捍大患，考諸咸秩⑨，尤宜進禮。故以開皇二年正月下詔，令於益州建至真觀一所云。眠日統庚⑩，瞻星在午，王乃沈首怡然⑪，盱衡言曰："大君有命，渙汗斯弘。佇雲衿於玉庭，想鳳笙於金闕。增左宫之冥算⑫，極幽夜之重昏。淊濟氓導俗，何莫由此？雖東海仙童，頳鱗未覯，而西州智士，白駒可維。宜務梓匠之勤，妙盡求賢之選。"爾其前臨逸陌，却負長瀛，蕙樓接登景之房，瓊臺帶蕩真之室。荷珠的皪，華落車渠之沼；竹色便娟，葉掃瑠璃之

---

① 邗：原作"邢"，朱本、鄒本作"邢"，均誤，字當作"邗"。《左傳·僖公二十四年》："邗、晉、應、韓，武之穆也。"杜預注："四國皆武王子。"蜀王楊秀以隋文帝子而受封，故此處比於邗、晉。今據改。

② 皇：原無，據萬曆本、朱本、鄒本補。庫本作"今"。

③ 視：原缺，據萬曆以下各本補。

④ "苞"下原有小字注"意也"，《成都文類》亦有此注。按："苞"即包含之意，釋爲"意也"，殊不可解；且此字爲常用字，無需注釋，疑是衍文。今據庫本、朱本、鄒本删。

⑤ 季：原作"李"，據上引及《成都文類》改。

⑥ 壅：原作"攤"，據萬曆本、朱本、鄒本及《成都文類》改。

⑦ 聖主：朱本、鄒本作"聖王"。按：仍當以"主"爲是，"聖主"指隋文帝。

⑧ 祀享："享"字原缺，據萬曆本補。朱本、鄒本作"享祀"。

⑨ 秩：原作"洪"，朱本、鄒本作"帙"，均誤，據庫本改。《尚書·洛誥》："祀於新邑，咸秩無文。"《漢書·郊祀志》："懷柔百神，咸秩無文。"

⑩ 眠日統庚：原作"盷日統庚"，《成都文類》同，據朱本、鄒本改。庫本作"練日維庚"。

⑪ 怡然：原無"然"字，據庫本補。朱本、鄒本删"怡"字，又於下句"盱衡"下添"而"字。

⑫ 左宫：朱本、鄒本作"元（玄）宫"，疑是。

地。祥禽雜囀，瑞草羅生，仁智之所安也①，薖軸之所般也。

法師京兆杜詵等，並組織廉信，礱練嗜慾。特招之異士，獨行之奇才②，不敢馮河窺驪龍之頷，唯希負笈奉駮麟之駕。吞星燕月，拳拳服膺；謁帝愉皇，孜孜拜首。以爲顯仁藏用，天地忘亭育之功，而蒼璧黃琮③，必陳敬恭之禮；移風易俗，聖賢遺芻狗之恩，而拊石鳴球，終致歡欣之樂。故不知手之舞之，足之蹈之，共采他山，式旂上善，贊大道之根柢，美盛德之形容，貽世作範，乃爲銘曰：

邈矣乾元，悠哉樸散，宇宙祐坦④，玄黃剖判。氣合而亨，物生而難，運有因革，時移昏旦。紀龍名鳥，行夏乘殷，各炳其瑞，遞襲其芬。三代爰降，九土斯分，垂裒引道，全德罕聞。惟聖作則，惟皇建國，混成庶類，蕭夕群應⑤。比景之南，戴斗之北，舟車所屆，何思不克。英王分陝，齊禮化民，寬猛互設，月輝日新⑥。下偃如草，上煦如春，行有餘力，智即歸真。肅肅靈觀，祁祁吉人，長懷綠輦，耿覬瓊輪。華陰霧曉，臺嶺霞晨，或采芝鏡，乍試丹銀。東鄰錦市，竹龍飛轡；西矚青城，琳堂凝翠。勿曰無象，莫云無味，居後必先，處卑而貴。謂仁遠乎，義存克己；謂室邇乎，應在千里。我祈錫胤，神胥鑒止，藩儀享祿，鼎祚延紀。子房告退，志弗矜功；曼倩朝隱，史不核終⑦。情深師古，思結臨風，永言遊衍，方寄瀛蓬。

大隋開皇十二年六月日記。

再修大慈寺普賢菩薩記⑧　　　　　　　　（唐）韋　皋

真如常寂，色相假名，法本從緣，誠感必應。大慈寺普賢像，蓋大煦和尚⑨、傳教沙門體源之所造也。儀合天表，制侔神工，蓮開慈顔，月滿毫相。昔普賢以弘誓，願於南瞻部洲贊釋迦文拔群生苦⑩，而塵俗昏智，莫睹真相。雖同諸法，究竟寂静，而隨

---

① 仁：原作"人"，據朱本、鄒本、《成都文類》改。庫本作"神"。
② 獨：原作"蜀"，據萬曆以下各本及《成都文類》改。
③ 琮：原作"宗"，據上引改。
④ 祐：朱本、鄒本作"拓"。按："祐"乃"拓"之本字。
⑤ 蕭夕：《成都文類》同。萬曆本、朱本、鄒本作"消息"。按："蕭夕"與"消息"音同，疑原碑借"蕭夕"爲"消息"，今姑仍其舊以備考。
⑥ 月輝：原作"輝月"，《成都文類》同，據萬曆本、朱本、鄒本乙。庫本此句作"日輝月新"。
⑦ 核：原缺，據萬曆本、朱本、鄒本補。庫本作"紀"。
⑧ 《文苑英華》卷八一八、《全唐文》卷四五三題作《再修成都府大聖慈寺金銅普賢菩薩記》。
⑨ 煦：《文苑英華》《全唐文》作"照"。
⑩ 南：原脱，據庫本、《文苑英華》《全唐文》補。

所應，爲現其身，即色即空，皆菩薩行。自昔鎔範於寺之東，像成功巨，莫能締構。危棟洩雨，頹墉生榛，狐狸梟鷟，號嘯昏晝。於戲！明可以照幽晦，教可以達群迷，何廢興之變陰騭於冥數？昔大曆初，有高行僧，不知何許人，曰："斯像後十年而廢，廢二十年而復興①。"今我皇帝，神聖纂圖，詔四方藍宇，修舊起廢，斯其明效也。

　　皋因降誕慶辰，肅群寮，戒武旅，上崇景福，齋於斯寺。睹象王雄傑，天眼慈矚，禮足諦視，悅如有神。而廢敝湫漏②，殆無人迹，將何以招誘沈淪③，發揮誠敬？遂南遷百餘步，度宏規，開正殿，因詔旨，諭群心。千夫唱，萬夫和，奮贔屓④，岺穹崇⑤，橫紐運，巨力拔，始雷殷而地轉，欻雲旋以山迴。面西方而聖教攸歸，鎮坤維而蠢類知向。於是平坎窞，剪蒙籠，橫空準繩，審曲面執，連廊霱以雲屬，三橋揭其虹指，廓廣庭之漫漫，增重門之巘巘。是知至道默存於濁劫，元功必啓於康時；不然，何神像巍巍，冠諸有相，久而弛廢，將有待而興乎？觀其左壓華陽之勝，中據雄都之盛，岷江灌其前趾，玉壘秀其西偏，足以彰會昌之福地，弘一方之善誘，安得不大其棟宇，規正神居哉！夫像末陵夷⑥，去聖彌遠，定教者必滯於物⑦，遺物者亦住於空，將求乎中，弘我至教。乃擇釋子達真源之所歸者，於以居之。

　　皋授命方鎮十有七年，求所以贊皇猷，裨大化。嘗以萬人之心不俟懲誡⑧，靡然歸善者，釋氏之教弘矣。況冥祐昭報，大彰於時，崇而守之，亦同歸於理也。是用上承聖意，虔奉天心，存像存教，以勸其善。

　　貞元十七年十一月二十日記。

寶園寺傳授毗尼新疏記　　　　　　　　　　前　人

　　真源本於靜，習靜者式乎煩⑨；情僞生於動，制動者存乎簡。昔我大聖如來，慈救

---

①　"而廢廢二十年"六字原脱，據《成都文類》卷三六補。《文苑英華》《全唐文》"廢"字不重。
②　敝：原作"故"，據萬曆本、朱本、鄒本及《文苑英華》改。
③　招：《文苑英華》《全唐文》作"昭"。
④　屓：原作"負"，據《成都文類》改。庫本、朱本、鄒本、《全唐文》作"屭"，二字同。《玉篇·貝部》："屭，贔屭，作力也。"
⑤　岺：《文苑英華》《全唐文》作"岑"。
⑥　末：庫本、《全唐文》作"設"。《文苑英華》周必大等校云："一作設。"
⑦　定教：《文苑英華》《全唐文》作"言教"。
⑧　誡：原作"試"，據庫本、朱本、鄒本及《文苑英華》《全唐文》改。
⑨　式：疑當作"戒"。

像末，肅全儀以軌衆，持細行以護譏①，俾外緣不競，内蘊皆空②，壽我法命，留乎濁劫者，非《毗尼》之藏歟？是以大士優波離傳教引範，攝身端矩，白月恒滿，意珠常净。自是龍象繼世，光乎梵倫，雖佛日久沈，而昏衢不昧。其後三百年中，五部分流，各從師説，猶江河競注，終合於滄溟，耳目殊用，同歸乎一體。及乎像法倫正，餘波東流，始以華文，傳譯梵字。其賾微探奥，合異歸同，使玄關洞開，幽鍵莫閉，安得不枝羅三藏，派引群流？繁簡之旨，與時而用，宜矣。

自飲光淪化，六和縈緒③，卑摩已失於詞費，惠遠未適於深微。而太原素公獨得真奥，旁求證據，辯惑稽疑，始立《四分宗記》④；猶懼玄源未暢，妙理或遺，引而伸之，作《開四分宗拾遺抄》。軸盈廿，言成百萬，足使迷雲開而聖旨明，邪網壞而群心定。然而學者尚以神分於廣用，目倦於勤求，道將得而心疲，理未究而意殆。廣文所以存義，文繁而義亡；簡言可以趣寂，言約而真契。大曆中，故相國元公以大臣稟教，授囑弘持。慮水雜甘露，味亡純正，爰命薦福寺大德如净，以爲素公之疏傳矣，五師之旨明矣，意已得而象可忘，魚其獲而筌奚設？將删彼證諭，獨留精真，使理契惟一，行歸無二，法筵清衆，匪勞而著功。其文彌冥，其道彌廣，不亦善歟！大德乃歸心契冥，精啓聖意，故繁而必削，簡不遺真，可以趣玄蹤，足以端覺行。元公由是上聞，俾施行乎天下。坤隅三府，各置律壇。

斯藍也，炳異徵奇，著於前昔，復建壇宇，俟兹弘揚。屬精義初傳，編録猶少，將使函丈請益⑤，披文究真。皋鎮守方隅，軍務之暇，躬覽聖教，永思弘益。夫博以寡要⑥，世儒猶病，簡以鄰道，真乘所先，故曰"苾蒭清净，令法久住"，胡可以繁文而撓其静正？則薦福《新疏》精而易行，信矣。

皋昔嘗莅職屯田，佐元公於淮右，睹公達西方至教，尚矣。而代遷人謝，遺志在兹，洎余弘傳，同贊聖意。遂以俸錢繕寫《新疏》四十本，兼爲《法華疏》二十本⑦，命寶園律大德光翌總而行之。爰集緇徒志行純深、表儀端素二十二人，隨給其疏，以成其志，庶止作雙就，純而不雜。彼翌上人者，往親學於薦福，性聰行貞，儀度可則，又於莊嚴寺貞操大德院聽授《法華》，同契三昧，俾兹講授，以發幽蒙⑧。其有後學履操精全、可傳其道者，並刊名貞石，以示宗歸，爲《寶園靈壇傳授毗尼新疏記》。

貞元十八年十一月一日建。

---

① 譏：朱本、鄒本、《全唐文》卷四五三作"機"，《成都文類》卷三六作"機"。按：當以"譏"爲是。譏，稽查，此言戒律是爲了保證對僧衆的稽查。

② "空"字原脱，據庫本、《成都文類》補。萬曆本、朱本、鄒本作"滿"。

③ 六和：《全唐文》同。庫本作"六欲"，朱本、鄒本作"六合"，皆非。佛經有"六和敬"之説，謂修身、口、意、戒、見、利六者之和合。

④ 始：原作"如"，據萬曆本、朱本、鄒本、《成都文類》《全唐文》改。

⑤ 丈：原作"杖"，據萬曆以下各本及《全唐文》改。

⑥ 寡：原作"冥"，據朱本、鄒本改。

⑦ 二：萬曆本、朱本、鄒本及《成都文類》《全唐文》作"三"。

⑧ 發：原作"法"，據朱本、鄒本、《成都文類》《全唐文》改。

鸚鵡舍利塔記

前　人

　　元精以五氣授萬類，雖鱗介羽毛，必有感清英純粹者矣。或炳耀離火，或禀奇蒼精，皆應乎人文，以奉若時政。則有革彼禽類，習乎能言，了空相於不念，留真骨於已斃，殆非元聖示現，感於人心，同夫異緣，用一真化。

　　前歲有獻鸚鵡者，曰："此鳥聲容可觀，音中華夏。"有河東裴氏者，志樂金仙之道，聞西方有珍禽，群嬉和鳴，演暢法音，以此鳥名載梵經，智殊常類，意佛身所化，常狎而敬之。始告以六齋之禁，比及辰後，非時之食，終夕不視，固可以矯激流俗，端嚴梵倫。或教以持佛名號者，曰："當由有念，以至無念。"則仰首奮翼，若承若聽。其後或俾之念佛，則默而不答；或謂之不念，即唱言阿彌陀。歷試如一，曾無爽異。余謂其以有念爲緣生，以無念爲真際。緣生不答，爲緣起也；真際雖言，定本空也。每虛室戒曙，發和雅音，穆如笙竽，靜鼓天風，下上成文①，念念相續，聞之者莫不洗然而嘉善矣。

　　於戲！生有辰乎？緣有盡乎？以今年七月，悴爾不懌，巳日而甚，馴養者知其將盡，乃鳴磬告曰："將西歸乎？爲爾擊磬，爾其存念。"每一擊磬，一稱彌陀佛，洎十擊磬而十念成，斂翼委足，不震不仆，奄然而絶。按釋典：十念成，往生西方。又云：得佛惠者，殁有舍利。知其說者固不隔於殊類哉！遂命火，以闍維之法焚之，餘燼之末，果有舍利十餘粒，炯爾燿日②，瑩然在掌。識者驚視，聞者駭聽，咸曰："苟可以誘迷利世，安往而非菩薩之化歟！"時有高僧慧觀，常詣三學山巡禮聖迹，聞說此鳥，涕淚悲泣，請以舍利於靈山用陶甓建塔，旌異也③。

　　余謂此禽存而由道，殁有明徵。古之所以通聖賢、階至化者，女媧蛇軀以嗣帝，中衍鳥身而建侯，紀乎策書，其誰曰語怪？而況此鳥有弘於道流，聖證昭昭，胡可默已？是用不愧，直書於詞。

　　貞元十九年八月十四日記。

寶曆寺記

前　人

　　大覺神用，保釐群生，悅乎其若存，皎爾而不昧，隨願現量，應祈無方，苟修之必誠，其效之必速。寶曆寺者，劍南西川節度觀察處置等使、檢校司徒、中書令、南

---

① 下上成文：《文苑英華》卷八二〇作"下上其音"。周必大等校："一本有'其音或文'四字。"
② 日：萬曆本、朱本、《成都文類》卷三六、《全唐文》卷四五三作"目"。
③ "旌"字下《文苑英華》《全唐文》有"其"字。

康王臣皋之所創也。臣皋以守司西蜀向二十載，奉若睿旨，緝寧遐夷，兵休邊陲，人獲富庶。天寶爲德，顧何力焉，而位日加崇，禄日加厚，思弘聖教，以答昌運。遂以俸錢於府之東南，擇勝地，建仁祠，號曰"寶曆"。章表上聞，帝俞，錫以銀牓，天文焕炳，昭誠也。因紀其締構之初①，述其經始之志，用播貞石，永貽將來。

間歲以軍府多暇，遵奉朝典，行春布令。涉江而南，相彼原阜，磅礴鬱起，勢雄坤維，阻浚流而人民不居，眄近郊而黍稷斯茂。惟蜀之土薄水淺，居常墊隘，將利其俗，爰圖爾居。乃架雙橋，通習險，規地勢，分直繩。人遷如歸，一日成市。豈不由樂我皇道，豐其有家？崇崇寶刹，雄居厥右，啓奇致也。於是增峻趾，列高墉，規梵天而立制，集班倕以騁巧。遂殿耽耽以雲蔚，危樓蓬蓬以虹指。千楹電挺，萬拱翬飛。錦江澄明而俯檻，雪嶺晴開而入座。用能崇福廣化，網羅羣情。曉鐘清水月之音，宵唄警昏沈之耳，足以增聞者之慧也。刊梵文於貞石，炳萬字於雲幢，所以導瞻仰之目也。禪堂究無生之義，廣座喻蓮花之旨，所以詮語默之致也。夫如是，則飛沈動息，十有二倫，咸以見聞，悟於觀聽，孰不歸於正而去其邪？夫物無邪心②，則五福自順；五福自順，諒可以贊皇猷，輔神用，期寶曆於無疆也。有大德神捍者，玄學海蓄，慧辯雲湧，智足以守正，明足以閑邪，揚乎德音，不在於是？爰命統緇，張司寶坊，俾像法之中，復弘正見。

銘曰：

元真大覺生滅空，弘誓救物悲智中。粤有精誠通寂默，事隨心願迴化力。天長寶曆本無窮，徒以臣心贊厥庸。空門悠遠理難測，仁祠誘善表至德。俾歸清净協厥中，殊方詭類聞見同。永資福慧庶莫極，遐慶太平斯萬億。

菩提寺置立記　　　　　　　　　　　　　　　　　（唐）段文昌

蜀城正南，當二江合流之上，萬井聯甍之内，獨有岡阜迴抱數里，地形含秀而高坦，木色貫時而鮮澤。以氣象言之，不有金刹梵宇，孰能主其勝勢乎？天寶末，玄宗巡狩此方，崇護法教，度僧建寺，大啓休福。至德二年，長史盧公元裕奏置此寺，以"菩提"爲號焉。先是，僧衆、鄉黨耆舊相厥林野，將興塔廟，徘徊凝睇，漠然無所，乃諗於草堂寺無相大師以質之。大師傳繼七祖，於坐得三昧，以不思議之知見，破羣心之蒙惑，遂指兹地，宜開法門。夫風行地上而萬竅自號，大師一言而天人咸悦③，故得廣輪棟宇，版築垣埔，翦榛莽以立宏規，繚荒墟以羅物象。

大曆初，節度使相國崔公寧以此寺創名，修建未就，乃迎彭州天飭山惠悟禪師以居焉。禪師即無相大師之升堂法子也，覺照圓朗，了於實際，以方便説化導羣生，俗

---

① "紀其"二字原無，據萬曆本、朱本、鄒本、《成都文類》卷三六、《全唐文》卷四五三補。
② "夫物無邪"四字原脱，據萬曆本、朱本、鄒本、《成都文類》《全唐文》補。
③ 咸：萬曆本、朱本、鄒本作"感"。此句《全唐文》卷六一七作"天心感悦"。

流歸依，其衆日倍，經始之制，於茲復興。

其後有信心居士薛藏、尹俌者，生於岷峨，得其靈秀，氣豪量闊，宗敬二乘，皆能以財發身，悟愛爲妄，捐舍寶貨，同修梵場。蚩蚩之徒，隨我先唱，方構雲起，儼如天成。觀乎崇殿巍巍，殫於宏麗，列柱同力以壯趾，攢櫨分形以扶栱，豁紺宇而色明①，洞綺寮以霞散。金碧絢煥，逢倒景而共照；珠鐸玲瓏，無迴飈而獨響。長廊之外，江浦悠然；高檻之端，雲峰對出。有巖壑之松桂，是人寰之林藪。學無生者得自在，攝威儀者無缺落。住持之益，其何博哉！

繇是言之，非龍駕之巡幸，無以建法幢，懸雕牓；非大師之言授，無以識茲地，占幽奇；非居士之捨財，無以集工輸，成像設。參會而來，福祥冥感，流慶昌運，推乎無窮。今皇帝纘八聖之耿光，奉三無私以端拱，則全蜀之保寧，法輪之常運，庸詎知其際邪！

徵其建立以來招化檀施者，有若寺主惠嚴，姓張氏，操行端明，始終無替，綿歷五紀，成此茂功；押寺臨壇大德玄極，德高宿植，振起律儀；上座惠通，識敏量寬，道藝兼蘊；都維那行持、典座行謙，聰悟多聞，探詳經論。咸緇門挺秀②，戒行精嚴③，若衆流爲川，群材成廈。喜日月之既就，嘆成功之莫紀，年代悠緬，易爲消失，不立篆記，將何以報多士之有問乎④？請余爲詞，用述前迹。銘曰：

　　時久太平，幽陵起兵。騎入宮壺，塵飛杳冥。翠華西巡，旋復天京。崇演法梁，爲濟群生。藹藹岡原，於江之涘。盤林走壤，或隱或起。建寺之辰，經營於此。誅茅破藪，夷高堙埤。云誰知之，大師所指。萬材既構，百役齊功。日就月將，化爲蓮宮。正殿渠渠，舮棱倚空。長廊複宇，霞截雲重。乃有二士⑤，迴向正法。能成香刹，標於濁劫。瞻敬自生，萬緣皆攝。利益弘溥，偉哉善業！西南巨鎮，地足寶坊。形勝之中，愛此清凉。遠對前山，終古蒼蒼。貞珉既刻，永播坤方。

長慶二年記。

資福院記　　　　　　　　　　　　　　　　（唐）李德裕

夫威鳳之炳，然非海晏則不至⑥；卿雲之蔚，然非氣和則不耀。故君子藏器抱璞，

---

① 豁：原作"溪"，據庫本、朱本、鄒本及《全唐文》改。
② 咸：原作"或"，據萬曆本、朱本、鄒本及《全唐文》改。
③ 戒行精嚴：原作"戒用青嚴"，據上引改。
④ 問：上引作"聞"。
⑤ 士：原作"事"，據上引改。
⑥ "不"字原脱，據萬曆本、庫本、朱本、鄒本及《李文饒文集·別集》卷七、《成都文類》卷三六補。

含粹毓德，遭遇其時，則光明不曄①。是以干木之退也，高於千乘君；曼容之仕也，止於六百石。先僕射佩虎符而知足，視蟬冕而蔑如，由斯志矣。先僕射苞文武之用，有直清之德。良玉美潤，徒蓄寶於荆岑，喬松幽深，不呈材於巖廟，知者所以嘆息也。

丞相鄒平公鍾是餘慶，爲唐寶臣。公天挺奇表，角犀特秀。居五嶽也，稟太華削成之狀；方四時也，得清秋爽朗之氣。森矛戟以耀穎，粲珪璋而洞照，蓋人之傑歟！憲宗皇帝以神武之姿，墾菑除害，睿德澹以泉默，英威赫而電斷，兵權秘計，皆中詔決之。參神算者②，唯公與二三髦士；揣摩潤色，繫公稱首。既而平淮夷，蕩齊寇，四罪咸服，八表晏然，雖則武力之拘原，亦由謀臣之決策。暨今上之宅憂也，袞龍未襲，嚮明未位，召公於東宮含春殿，歔欷前席，付以大柄，公乃請偃武論道，與天下休息。上若涉水而有舟楫，馭馬而得銜策，始拜言以命咎，即其時而相說，君臣之遇，古無儔也。

公之爲政，貞以制動，平以稱物，其志在於識相體、弘簡易而已。嘗以爲用京房之法則煩碎而亂理，聽嗇夫之辯則捷給而傷化。由是遵坦夷之路，窒邪枉之門，不勤人以務遠，恥竭澤以言利。矧乎洞虛明之境，應必有誠；端不言之蹊，孰不歸我？故舉聖政者稱公爲良相焉。

公之趨丹陛，侍紫垣，名冠近臣，寵加贈典，先僕射自珥貂而升左揆③，先夫人由趙郡而啓大國，金印石窀，當代榮之。建中初，先僕射以柱下史參梓潼軍計④，典昌、榮二郡，益部之内，有林居一廬。庾氏誅茅，始傷於寄寓；仲長樹果，終見於繁蔚。公年纔佩觿，志拾青紫，方覃思於經籍，未馳騖於文章，遊焉息焉，必在於是。及鍾家艱⑤，乃入爲官。暨韋太尉鎮是邦也⑥，公釋褐從事，在賓幄之間。逮兹抗龍旌⑦，佩相印，曾未一紀，繼爲三台。公下車逾月，訪於舊館，邵伯之樹未翦，武侯之廬猶在。於公邑里，遂見高車⑧；龍驤閜閬，竟容長戟。公瞻構灑泣，循陔永思，以爲徵壞壁者，夫子之居尚毁，固朽宅者，如來之乘斯遠，孰若歸於净土，環以香林？乃購之於官，以爲精舍，又以桑門之上首者七人居之，所以證迷途而資風植也。殿堂曾立⑨，軒房四注，鎔金作繢，髣髴諸天。況乎蜀山葱蒨，下臨於雉堞，錦江明滅，近繚於郊坰，紅樹倚檻，清渠傍砌⑩，海雛乍來，靈草長秀。彼之聽和音者不唯於寂慮⑪，聞異

---

① 不曄：庫本作"丕著"，朱本、鄒本作"丕焕"。按："不"與"丕"通。
② 神：本集、《全唐文》卷七〇八作"宸"。
③ 僕射：原作"僕相"，據萬曆以下各本及本集、《全唐文》改。
④ 柱：原作"住"，據上引改。
⑤ 艱：本集、《全唐文》作"難"。
⑥ 暨：原作"第"，據本集、《全唐文》改。
⑦ 龍旌：本集、《全唐文》作"戎旌"。
⑧ 高車：原作"高居"，據萬曆本、朱本、鄒本及本集、《全唐文》改。
⑨ 曾：庫本、朱本、鄒本及本集、《全唐文》作"層"。按：二字通。
⑩ 渠：本集、《全唐文》作"葉"，當是。
⑪ 唯：萬曆以下各本作"難"。

香者自入於禪薰。公之孝思，永代作則，豈止何充之宅獨入檀那，將與文翁之堂俱稱不朽。

德裕藐焉孤生，流落於代①，辱公感舊，遂不見遺。公自內廷升台司，居視草之列，二三年間，位階先達，由是議人倫者歸公之盛德。不陪密座，驟變寒暑，迂懸榻之念，虛授簡之恩②。且嘗曲綸綍，獲備官屬，報德不讓，懼斯文之闕焉。

長慶二年十月日建③。

新修福成寺記　　　　　　　　　　　　　　　　　　　（唐）劉禹錫

益城石門街大逵坦然西馳④，曰石笋街，街之北有仁祠形焉⑤，直啓曰福成寺。寺之殿臺與城之樓交錯相輝，繡於碧霄，望之如崑閬間物。大和四年⑥，蜀帥非將材，不修邊備，南詔君長諜得內空⑦，乘隙垒入，鬭於城下，或縱火以駴衆，此寺乃焚⑧，高門脩廊，委爲寒爐。

如是者再歲，帝念坤維⑨，丞相復來。山川如近⑩，父老相識，環視故地，寺爲焦墟，載興起廢之嘆，爰有植因之願。乃命主俸吏："以吾緡錢三十萬爲經營之基。"自公來思，蜀號無事，時康歲稔，人樂檀施，公言既先，應如決川。乃傾囊楮⑪，乃出懷袖，勝因化愚，慧力攝慳，男奔女驟，急於徵令。匠者度材以指衆徒，藝者運思以役衆技。斤鋸磨礱，丁丁登登⑫，陶者儲精，圬者效能。欻自火宅，復爲金繩，治故鼎新⑬，因毀成妍，華夷縱觀，萬目同聳。

既告訖役，公來慶成，雲鮮日潤，輝映前後。於是都人舞忭而謠曰："昔公去此，福成以燬；今公重還，福成復完。民安軍治，亦如此寺，庸可勿紀乎！"公實聞斯言，

---

① 流：原作"留"，據萬曆本、朱本、鄒本及本集、《全唐文》改。
② 此句，本集、《全唐文》作"忝受簡之思"。
③ 此句，本集、《全唐文》作"長慶二年十月二十二日，朝議大夫、御史中丞、上柱國、贊皇縣開國男、食邑三百户、賜紫金魚袋李德裕撰"。
④ 益城石門街：《劉夢得文集》卷三〇作"益城右門街"，《文苑英華》卷八一七作"益城有右門街"。
⑤ 北：原作"址"，據本集、《成都文類》卷三六、《全唐文》卷六〇六改。
⑥ 大和：原作"太和"，據本集、《全唐文》改。
⑦ 諜得：原作"謀帥"，據本集、《全唐文》改。
⑧ 寺：原作"等"，據萬曆本、庫本、朱本、本集、《成都文類》《全唐文》改。
⑨ 念：原作"命"，據本集、《全唐文》改。
⑩ 近：本集、《全唐文》作"迎"。
⑪ "川乃"二字原脱，據萬曆以下各本及本集、《成都文類》《全唐文》補。
⑫ 登登：原作"澄澄"，據本集、《全唐文》改。按：此乃象聲詞，"澄澄"無義。
⑬ 治：原作"沿"，據本集改。按：此爲新修，不得云"沿故"。

遂折簡見命，謹月而日之。時大和某年某月日①。

大檀越具官、封爵段氏。其他發大願者、程功董事者，自中貴人及賓僚、將吏若僧徒，偕籍之而刻於石。

夔州始興寺移鐵像記　　　　　　　　　　　　　　　前　人

佛薪盡於乾竺，而像教東行。是法平等，故所至爲净土；是身應供，故隨念如降生。先是魚復人有以利金爲彌勒者②，重千鈞，睟容端相，人天兩足。鳧氏卒事，而他工未備，故寓於西偏，不知其幾年矣。寺僧法照瞻禮發信，赤肩白足，入諸大城，乃至聚落，無空過者。積十餘年，得信財無量。繇是購工以嘗巧，募徒而畢力。四輩增增，工麁以肬，中樞外脉③，陰轉陽動，欻如地踊，岌如山行。大匠無言，尊容嚮明。青蓮承跌④，金獸捧持，藻井花鬘，葱蘢四垂。邑人膜拜，如佛出世。法照以願力能就，泣於佛前，因持片石⑤，乞詞以示後。

按此寺始於宇文周，初瀕江埤庳，皇唐神龍中爲水所壞。有波那賴耶國僧廣照浮海而至，頓錫不去，遂移於今道場所，山曰磨刀，嶺曰虎岡。其經始與克修，皆蕃僧是力，後之有志者豈無人哉！法照夔人，姓穆氏，年十有五出家，依江陵名僧受具。肇自貞元二十年甲申歸此寺，願崇建有爲。凡修大殿，立菩薩、大弟子侍佛左右。逮長慶癸卯有成⑥，其善植德本者歟！

汶川縣唐威戎軍製造天王殿記　　　　　　　　　　（唐）元友諒⑦

至哉，天王之盛德也！若乃嘘大海爲川陸，扇須彌爲塵霧，即藥叉衆，破修羅屬，赫然天王示其威神也。住水晶宫，護閻浮界，那吒捧塔以前峙，天女持花以凝睇，示其威福也。懸鹿轤劍，秉黄金戟，龍蛇鼓怒以騰目，神鬼睢盱而捧足，示其威力也。天寶中，表其神靈，衛我唐土，化身於于闐之國，摧鋒於百萬之醜，使聖聰無勃敵之

---

① 某年：原脱，據本集、《全唐文》補。
② 彌勒：原作"珍勒"，據庫本、朱本、鄒本改。庫本、《劉夢得文集》卷三〇、《文苑英華》卷八一八、《全唐文》卷六〇六作"彌勒像"。
③ 中樞：原作"中極"，據本集、《文苑英華》《全唐文》改。
④ 承：原作"丞"，據萬曆以下各本及本集、《文苑英華》《全唐文》改。
⑤ 片石：原作"斥石"，據上引改。
⑥ 逮：原作"建"，據上引改。
⑦ 原注："汶川人，唐進士。"雍正《四川通志》卷三三亦云："元友諒，汶川縣人，元和進士。"而《全唐文》卷六二〇云："友諒，河南人，客管經略使結從子。"恐此碑作者偶同姓名，非元結從子。

虞，士馬絕奔騰之患，示其變通也。

汶川古塞，戎馬之境，山雄玉壘，軍壯威戎。有護國精舍，凝翠峰疊，甘涼泉涌，創立天王殿一座。其初也，故使惠澄討論之，寺主智昕繕成之，社衆精肅崇構之，兩變星霜，方盡其美。我兵馬使賀若釜，雷霆在天，威戡戎貊，冠簡晶曜，山川載清。當其門闌布德之秋，桃李成蹊之日，副使彭城劉公令昌轉佐戎軍，恒持妙略，昔聞飛將，今見輕車。判官西河藺公弈風流倩倩，文質彬彬，阮元瑜書記之能，王仲宣從軍之樂。汶川縣令太原王公炅，水鏡臨人，清風偃草，邑稱三異，名慎四知。都虞候及諸大將等弓張秋月，劍落繁霜，爲蜀國之長城，作轅門之巨塹。社衆冉州守捉判官李建俌等①，風情廓落，文武縱橫，俱懷奉主之心，共守安邊之術。故能拔倫騰秀，弘此聖獸，曙起宵興，率先勿替。遂感祥光迭委，靈氣荐臻，十旬不倦，貞質山立。金冠照爛，寶殿玲瓏，山橫棟宇之寄，花綻霧嵐之異。祐我皇也，弧弓不能壯其威；表其神也，靈怪不能藏其用。

寺主智昕，俗姓湯氏，梵行沈密，道容真清；勾當僧惠則，俗姓李氏，潔白虛衷，秋潭月照。俱能輔贊其美，弘闡法梁，巍峩之勳，萬古不革之道也。詞吏伏命②，敢碑斯文。

德陽龜勝山道場記　　　　　（唐）鄭宗經③

維大唐乙酉祀，蜀帥薨鎮。其倅曰闢，盜庫兵，脅市人，逆命於蜀門，毒瀰浸淫，軼制逾封④。自左綿抵黔、渝八郡五十城，俘掠單產，驅逐守吏，四面攻焚，煙塵晝昏。明年，皇帝嗣寶位，會朝神京，采衛侯甸，蠻夷君長偕集，庸蜀不至。乃授南平王太乙靈旗、玉節油幢，統禁衛太原、馮翊、扶風之師，問罪於岷陽。越三月，師次葭萌，賊將宵遁涪、潼，以避我鋒，涪濱萬戶，隨師而復。夏六月，賊又成城於鹿頭，列柵於此山。公移師，翌日⑤，乃次山下。視其鑿峻址以迴塹，架層峰以結櫓，旗轉霞光，鼓雷雲中，謂制勝在德義，行權在形勢，勝而臨之，示建瓴之易也。乃召中軍將，以短兵二旅，魚貫而登。闢黨冒鋒而殪者什四，奔墮崖谷而斃者又什二。則向之險固，反爲我資。公乃開玉帳以建牙旗，列霜戟以周崇壘，下瞰賊城，如在掌中。與都監使劉公、監軍使徐公觀變禦敵，分營守要。自是凶徒居則魄悸魂落，出則輿尸折首，面

---

① 守捉：萬曆以下各本及《全唐文》作"守攝"，誤。守捉爲唐代邊防部隊之名稱。《新唐書》卷五〇《兵志》："唐初，兵之戍邊者，大曰軍，小曰守捉、曰城、曰鎮。"守捉之官有使、有判官等，故此云"冉州守捉判官"。

② 伏：《全唐文》作"仗"。

③ 原注："掌書記。"《全唐文》卷七一六："宗經，元和時人。"

④ 軼：原作"軏"，據萬曆本、庫本、朱本、鄒本及《全唐文》改。按：字書無"軏"字，當爲刻寫之誤。

⑤ 翌日：原作"習"，據《全唐文》改。

縛倒戈，請命和門①。因命降者先導，鋭師繼襲，氛氳氣象，遂清岷峨。

帝授公所封之土以守之②，所活之氓以字之。公威肅其令，仁敷其政，和氣煦之③，金痍盡平。退食之暇，延想所歷，以戰骨雖瘞，遊魂尚痛，非大聖之力不能息苦海，非象設之教無以聳善心。乃命庀徒鳩工，度材揆力。紺宇俄就，葱如化城④。嚴鼓息而振金鐘，戰聲寂而流梵響，慈惠所庇，薑疾不生，峨峨金界，擢秀群嶺。公初宅此營，有神龜由壁門來於牙旗之下，公命投之遠磵，翌日重至。議者以龜介蟲之長⑤，介蟲斯服；蜀有龜城，其城是師。即日乃受降。此山既靈及其祥，遂以名龜勝山，因以山名道場。

修玉局觀記　　　　　　　　　　　　（宋）彭　乘

一氣委於化，觀化則歸無。萬物生於無，本無而爲有。繇是物物自别，事事自分，不爲而成，其用弗匱，形上形下，非柔非剛，廣包太虛，微在毫末。吾不知物各自造，而造物者有主耶？抑自然爾？自然爲性，虛無爲體，其道也歟。道之用可勝言哉！在天地爲動靜而無動靜，在日月爲晦明而無晦明，在雷霆爲響震而不響震，在山河爲融結而不融結，在四時舒慘爲變而不變，在百穀草木爲生而不生，在八音爲和而不聞，在五色爲彰而莫睹。其於人也，爲誠明之性、視聽言貌焉。非天下之至通，其孰能與於此乎？且人在道中，道在人中，人全道用，而能體法。雖不可見，觀萬物而索之，反照自然。原其所感，無所執系，强爲之名；名有所宗，宗其所自也，是以名迹分焉。名迹分而異途顯，故物物紛擾，靡所定列⑥。人而無别，與飛走同，故聖人則乾坤，明上下，順其節，因其和，而明禮樂。禮樂之用，其在人神，人神必有所宗，故壇墠以興，牲器以設，宗廟以制，嶽瀆以崇。《虞書》之始曰禋，《洪範》之陳曰祀，必有其具，乃能其事焉。斯蓋人倫之宗，政教之始，俾人有所向，神有所居。凡功施生民，必盡宗祀，寔敦本也。道爲物始，不其本歟？功德之大，詎可名述！

彼宮廟之列，抑由此焉。雖三洞九宮，杳在上清之境，太微紫極，自居無色之鄉，彼常有聞，或難致詰。惟太上混元上德皇帝體自然之用，本無始之宗，探象帝之前，立先天之化。武丁之世，誕質厲鄉，柱下同塵。函關演教，以恍惚離形質之表，希夷非視聽之端，託有寄無，申明大道。將令萬物自化，統歸衆妙之門；百姓樂推，默契

---

① 和門：萬曆以下各本及《全唐文》作"轅門"。按："和門"不誤。《周禮·夏官·大司馬》："中冬，教大閱，……遂以狩田，以旌爲左右和之門。"鄭玄注："軍門曰和，今謂之壘門，立兩旌以爲之。"

② 帝：原作"常"，"守"下原脱"之"字，並據萬曆以下各本及《全唐文》改、補。

③ 煦：原作"照"，據庫本、《全唐文》改。

④ 葱：萬曆以下各本及《全唐文》作"絶"。

⑤ "以龜"二字原脱，據《全唐文》補。庫本"議者"下有"謂"字，亦通。

⑥ 列：萬曆本、朱本、鄒本作"例"。

不言之教。其德也博，其用也淵，然後各復歸根，反其所自。故曰消則爲氣，息則爲人。非謂妄惑之言，蓋恢教化之極。將見寂寥妙本，澄湛淳源，修身者去甚去奢，治國者無爲無事。亦猶宓犧畫卦，二儀之德方明；孔子立言，百王之法斯在。夫如是，非崇嚴廟貌，豐潔精誠，日月所臨，咸爲崇奉，其可得乎？至若飛布雲霞，穹崇土木，深模絳闕，邃狀丹臺，彼積陽華，此取大壯①，止欲極誠於道而率人趣善焉，非爲禍福報應而設爾。

益州玉局化者，二十四化之一也。傳云：後漢永壽中，老君與張道陵至此，有局腳玉座自地而出。老君升座，爲道陵演正一之法；既去，而座隱入地，因成洞穴，故以玉局名之。矧當坤維奧區，興鬼之分，墨池、石室，旁資古勝之蹤，岷山、導江，遠供清粹之秀。樓臺屹峙，俯瞰郡城，紀曆寖遙，基構斯在。

皇帝寔崇兹儉，業盛盈成，以清虛爲宴遊，以樸素爲玩好。八元授職，五老廣歌。耕鑿熙熙，莫知何力；跂喙蠢蠢，但樂至和。崆峒攸軫於順風，赤水久全於罔象。豈止非心黃屋，讓德紫庭，至誠感通，天人合契。故真祖示儲靈之應，寶符錫無疆之休。誕告成功，備修墜典，祗肅法駕，躬謁真源。崇懿號以示尊嚴，率含靈而底清净，俾物自化，與道同功。自然三辰駢珠璧之光②，五靈爲池藪之物，域中四大，貫而一焉。有以見游泳淳和，出處冲妙，帝皇之理，指掌而窺。乃詔寰區，溥崇靈宇，將俾混元之道，赫赫巍巍。

知府、諫議大夫、集賢學士凌公以命世之才，布移風之政，盡易象黃裳之美，得詩人温玉之稱。輟自諫垣，臨兹藩屏，教化周洽，仁惠式敷，誠格於民，民咸知勸，和樂之至，屢爲豐年。庶俗既康，郡政以簡，故靈勝之迹，時忽駐遊，睇其弗臧③，必加完葺。斯化密邇府署，制度僅存。自東漢權輿，皇唐崇飾，王氏竊據，廣其閨閣，壞此殿堂，併爲內禁，尋與府庫悉爲災焚。後主因其舊規，復創祠宇，循其功力，亦匪恢宏。逮將百齡，頹毀相繼，不可終否，屬於昌期。公以國家詔被溥天，誠歸真教，聿遵虔奉，將務增修，飛章上聞，詔允其請。揆之以日，作於此宫，除舊創新，闢小爲大。工無巨細，罔不經心，人之悦從，匪懈其力。東西廣七十七步，南北長七十五步，中建三清殿七間，東厢三官堂、鐘樓暨玉局洞屋④，西厢九曜堂、太宗皇帝御書樓並齋廳、厨庫、門屋、周迴廊宇，共一百三十五間。未變槐檀，畢新棟宇，奢不逾制，儉而中規，不妨農時，不勞民用，自然赤城在目，何須紫府遊神。臺殿霞明，想像金樓之影；松蘿霧鬱，依稀李樹之陰⑤。壯麗規模，率若神化。非我公馨心悉力，遵奉明詔，曷以臻於此乎！

---

① 壯：原作"狀"，據萬曆本、朱本、鄒本改。按："大壯"爲《易經》卦名，作"壯"字是。
② 三：原作"二"，據萬曆以下各本改。
③ 臧：原作"藏"，據上引改。
④ 洞：萬曆本、朱本、鄒本作"祠"。按：上文云"座隱入地，因成洞穴"，"洞"字不誤。"洞屋"即洞上蓋屋。
⑤ 依稀：原作"依晞"，據萬曆以下各本改。

化主浦若谷克嗣焚修，偶兹興創，愈宜精確，以永增崇；且將紀歲時，俾存金石，式揚巨績，宜屬鴻才。乘識有津涯，文無經緯，狂簡類吾黨之子，研精非道家者流。照靈府以晶明，未分日月；豁丹田而曠蕩，莫貯乾坤。強索空筌①，仰遵嘉命，濡毫扣寂，良愧斐然②。大中祥符八年十二月日記。

天慶觀五嶽真君殿記　　　　　　　　　　　　　　　　　前　人

大象無體，萬物應化。其體也，至人藏用，萬法感通；其用也，稽乃體用，強為之名。無有本源，自內而出；孰為衆妙，由外而來。非凝精冲寂③，曠乎虛極，不見曒昧，冥於自然者，詎能與於此乎！自然其神，含凝真一，無方無物，無本住法，會無涉有，散殊萬類，清寧於高厚，誠明於性稟。氣秀嶽降，得其純粹，含虛寂照，生與道妙。繇是精煉至行，濟導含識，行充功格，升列真籍；或於清浮濁滓間統名山福地、洞宮靈府。至若善惡祥應，感召報貺④，率由主宰。故尸赤城者瀛洲仙伯，職句曲曰紫陽真人。

赤城洞天，則龍蹻甯先生所治也。先生嘗為陶官，通神幽隱，或蹈履烈焰，隨烟上下。黄帝順風禮問，受《龍蹻經》，得御飛雲術，遂封五嶽丈人，佩三庭印。開元中，感夢宸極，因立祠於山趾，嚴飾真像。蓋天服朱光，春秋崇祀，祺祥沓示。中和初，再封希夷真君。

坤維奥區，峰嶺連屬，標靈迹者，青城為勝。道書云世間有十大洞天，此其一也。星根月頂，風容雲骨，寫影浮翠，表裏森秀，彌數百里。鍾奇毓異，蕃靈藪怪，寔真仙所宅焉。宜其保祐生聚，奠兹方鎮，仰洪蔭，報神貺，崇廟貌，盛祠薦，綿世不輟。國家所以望秩精意，存真飛眷，韜傳旁午，苾芬虔潔，祈禳黔庶，介福攸酢。

益州天慶觀天寶院真君殿者，道正明真大師王文正締構也。師禀粹清淵，熙真妙域，誠志劫懃，神韻凝靖，持符負甲，常存備守，破環截帶，夙謹傳授，三一潛運，兩半無染。咸平中，嘗主青城山觀，詔加崇飾。師勤力事任，寔有成績，故邑屋歸仰，言動響效。載懷道庇，鑒寐虔潔，如在之想，思有所寄。凝精心於輪奐，存真相於殊好。絳臺琳室，霄階紫陛，鳳構標勝，陽華寫制。遂於本院齋宮南創建真殿五間，及兩掖廊廡。憲太微之殊裁，壯明霞之寶勢，重欒雲蔓，夷庭砥闢。崢嶸棟宇，靚深博敞，彩縟間錯，延矚眩目。高閑洞啓⑤，寶座中峙，即邑人楊昌義造施真君象及左右掖

---

① 索：原作"素"，據庫本、朱本、鄒本改。
② 斐：原作"裴"，據萬曆以下各本改。
③ "凝"字原缺，據萬曆本、朱本、鄒本補。庫本作"真"。
④ 貺：原作"况"，據上引改。
⑤ 閑：朱本作"間"，鄒本作"門"。按：閑，欄也，此指門前栅欄。

侍。涂髹冪紵，鋪金飾彩，四規雙理，日簪霞髻，伏晨偃月，蹲龍躍鳳，異相具足①，瞻仰增肅。殿內粉堵圖五嶽帝君、四瀆公衮、山川總領、神仙部屬，環周複宇，若趨而蹔，皆錦江逸士李懷袞善筆，里中宿儒王中吉、夔州助教袁琪、新安耆艾俞進光、華陽信士楊元禎佐財底績也②。星紀周運，衆功迄備。

其經始也，欲造潛山司命、廬嶽使者以居右③，至是潛山容相已備，而廬嶽模範尚闕。蓋坤維、九江，西南重阻，繪事匪肖，曾莫髣髴，適募能者，復議姿狀。會有黃冠李茂皋至自廬阜，囊圖簡記，來詣師室，事與誠契，冥應昭倬。至是方具制度，成茲志願焉。

且夫道者道也，萬物由之，而有深賾不可際，擬議莫能盡，失其旨則恢誕詭異④，無所不至，聖人所以極深研幾，會其歸趣。虛無恍惚存乎妙，淳元本始歸乎模，名迹器象繫乎物，感通變化冥乎神，好惡用舍屬乎性。彌綸範圍之謂教。率性順理、清净無爲，教之用也；君師禮樂、制度名物，教之迹也。施用以涉迹，循迹以宗本，故天地社稷、郊廟祭祀，示有宗也。彼祠宇像設、範金埴土⑤、香臺法几、繕寫刻繪者，蓋託以寄心，存乎歸嚮，而底於化也。禮曰："法施生民，以勞定國，能禦大災、捍大患，則祀之。"猗歟！其施厚者其報美。至道統天地，至人化育於天地間，其施厚也，故后辟臣庶，際極溥率，必馨宗奉者以此。

師以能續汔濟，誠願載協，條其事狀，匄文紀實。旌善申美，宜識歲月，故爲疏舉，第愧泛略云耳。嘉祐四年七月二十六日記。

金繩院記

（宋）楊　億

夫西竺之教被於震旦，而像運千歲，塔廟之制勃興；東井之絡主於益部，而沃壤千里，禮俗之化歸厚。蠶叢古之建國，銅梁天之設險，帶二江之流，爲一都之會，四民州處，萬商成淵。稽《河圖》之文，惟福基之馮固；擬鷄園之舍，邈壯棟以迭隆。

金繩禪院者，舊號龍華院。唐天復，有禪月大師貫休者，通內外之學，爲道俗所宗，風什研精，名聲籍甚。當土德之季，戎車競逐，侯王起於無種，雲雷以之遘屯，拊劍顧盼以稱豪，專閫福威而自出。燕開碣石之館，市駿骨以魁材⑥；秦築逍遙之園，演貝文而重道。纁玉更薦，簦笈四臻。而師方遊所泪，久寓荆渚，藩牧致禮，邑子傾向。時王氏奄據蜀土，將爲西帝，延致千里之客，彌豐四時之供。師乃遐冒重阻，往

---

① 具：原脱，據萬曆以下各本補。
② 佐：原作"佑"，據萬曆本、朱本、鄒本改。
③ "居"字下朱本、鄒本有"左"字。
④ 恢：原作"灰"，據萬曆本、朱本、鄒本改。
⑤ 埴：原作"植"，據庫本、朱本改。
⑥ 材：原作"林"，據萬曆本、朱本、鄒本改。

干典謁，叩以空寂之禮，嗣以篇題之贊。虞卿既見，殆蒙白璧之頌；湯休能詩①，迴繼碧雲之妙。錫之紫服，待以賓友，請住茲院，極其禮遇。

師自壬戌遊蜀，至丙寅定居，比壬申入滅，凡歲星一周於天矣。上足惠光大師曇域克紹遺躅，弗忘肯構。其後有正覺、法忍、法寶、演教四大師，繼承世系，無廢先烈。今住持賜紫釋惠聰者，自咸平辛丑始掌院事，迴悟宗諦，煥發覺明，願力攸資，信施彌博。遠者來而邇者説，輸貨沓臻；即其舊而圖其新，胥宇尤盛。凡作佛殿、齋廳、僧堂、浴室及衆舍二百五十餘間。礱密石以化材②，丁丁畢取；側紫金而布地，旿旿有華。俾天界之莊嚴，爲衆園之依止。香象蹴踏，並轙霞祇之修禪；靈鷲飛翔，無異果脣之住世。大中祥符之祀，詔賜今名，揭凋榜於楣門，燭霄輝於海會。陳跬有焕，名香歇而復薰；惠命增延，祖燄續而無盡。善利之績，疇可儗哉！

聰師藉予虛名③，謂窺祕典，丐詞紀實，遠不及讓，獨冥煩之未袪④，頗滅裂而爲愧耳。

覺城禪院記

（宋）王　曙

後學以像設者有爲也，滯於名相；禪般者無心也，曾是空寂。着空棄相，此既失矣；從無入有，彼何得哉？我佛所以啓頓漸之門，示悟修之路，頓則頓悟言語文字之俱非，漸則漸修六度萬行之不捨。權實交映，理事互融，無一物不是於真如，盡十方皆歸於己用。大千世界，猶若浮漚，無餘涅槃，有同昨夢，蓋達觀之上者，豈常談之得乎！

益州覺城禪院，昔李唐明皇奄宅函夏，有詔郡國各建伽藍，並以開元爲名，皆一時之壯麗。迨中和俶擾，守臣負固，頭會箕斂，惟利是視，草創竊弄，未遑寧居。擅茗荈之兼贏，據隧肆而壖鷽。以茲寺庭宇密邇市廛，因而有之，莫我肯顧。雲徒海衆，曾何足以少留；寶落琁題，杳不知其處所。陶籬僅隔，顔巷潛通。若金石之聞，乃止不壞；何神明所祐，巋然得存。今此院者，即開元之址也。孟氏廣政中，出女侍爲尼，俾居其間，號延福院；後棄而去，復爲僧坊。爰有閬中鐵幢長老擁錫來遊，載營載葺，衆號鐵幢院。又有神操紹續紀綱，操授道信，道信授秦人微禪師；微歸關中，道信荐主僧務，風雨攸蔽，禪頌漸興。

今傳法沙門元信禪師，俗姓昝氏，本郡華陽人也。幼齡穎悟，脱落囂塵，辭親出家，尋師訪道，不遠千里，行詣百城，飄然沅澧之間，遍遊江漢之域。聿來舊楚，乃

---

① 休：原作"沐"，據庫本、鄒本、嘉慶《四川通志》卷三八改。湯休即南朝宋僧惠休，本姓湯，故稱"湯休"。
② 化：嘉慶《四川通志》作"厖"。按："厖"字勝。
③ 予：原作"子"，據萬曆本、朱本、鄒本及嘉慶《四川通志》改。
④ 獨：原作"蜀"，據萬曆本、朱本、鄒本改。

契宿緣，得法於鄂州芭蕉惠情禪師。情嗣南塔，南塔嗣先仰山，先仰山嗣溈山，溈山嗣百丈，百丈嗣江西，江西嗣南嶽，南嶽嗣曹溪，即禪師於曹溪爲八代嫡嗣，於釋迦如來爲四十一代法孫。師機緣既契，更不他之，有願還鄉，卜居演化，言旋舊里，求叶初心。道信喜師之歸，延請入室，密以傳授，且俾興修。師音容粹和，戒行高潔，慈悲喜捨而爲事，行住坐臥以相應。由是法衆歸心，士庶仰懷，乃謀締構，乃募檀般。卓鄭隆富之家，興金而布地；閭閻伎巧之族，運斤而成風①。朴斲丸挺②，雜沓坌並，人悦來而不絶，材襞積而居多。遂量工程，考廣袤，易奇衺爲方正，變湫隘爲平夷。自經始於辛卯，告成於戊午，凡歲星再周天矣。壇宇顯敞，正殿翬飛，户牖重深，禪堂岑寂，丈室清閑而奧秘，僧房窅窱以虛徐，齋廳來苾蒭之流，厨庫有蒲塞之饌。廣博嚴静，盈二百間，供具猗歟，約數千事。又爲轉輪寶藏，繕寫十二部經。珠交露縵，彌覆其上，金姿髹彩，錯落其間，實福祥之淵源，雄都會之瞻矚。

　　今知樞密院、刑部侍郎樂安任公昔鎮藩服，仰師道行，且以受佛付囑，悉心護持。以"延福"舊稱乃僭偽所署，露章上請，俞詔下臨，特賜今名，彌光列刹。仍錫隙地，乃南其門，芝檢賁於藜林，雲篆揭其標牓。而師宴坐一室③，應病與藥，載離寒暑，不出户庭。初，廬帥雷公特奏命服，亟請開堂，師問答隨機，扣擊無滯，故遠近道俗，多所歸依，前後王臣，靡不欽重。

　　曙雅遊苦早，悟道滋晚，被聖明之優渥，寄刺舉之聲政，遽傳而至，燭理未康，雖嚮師之名，莫造師之室。偶餘日之怡蕩，一款關以從容，即席而境閑，忘言而機契。風幡搖颺，直指仁者之心；庭柏青葱，自識西來之意。師既而曰："夫示有作爲，方便也；撥無因果，斷滅也。方便即濟人無量，斷滅則末法疇依。惟兹院之紹隆，懼後時之堙漫，且礱石之斯久，願爲辭以見紀。"贊希有事，出和雅音，胡其幸焉，安敢讓矣！一來廬阜，即是遠公之社人；永鎮頭陀，欲刻簡栖之碑字。

聞思三法資修記④

(宋) 晁　迴

　　予自少及老，以儒學求仕進之外，而志於道也久矣。非謂分別名相，有所偏局，但泛觀鼎峙之教歸趣符合者，隨意采録，實爲心要。蓋知同歸於善，而三聖之書以其方言類例各有文質隱顯、詳略深淺耳。綿歷以來，迄今衰朽，而崇尚彌切，豈非宿習之然乎？古先章句，其利極博，而散在經論，孰能知會而發明哉？自好涉獵援據，推

---

① 成：原作"承"，據庫本、朱本、鄒本改。
② 朴：朱本、鄒本作"樸"，二字通用。《尚書·梓材》："若作梓材，既勤樸斲。"丸：原作"九"，據朱本、鄒本改。《文選》卷一八馬融《長笛賦》："丸挺凋琢，刻鏤鑽筅。""丸"是揉成丸狀，"挺"是拍打，都是治器的方法。
③ 室：原作"食"，據萬曆本、朱本、鄒本改。
④ 按：此篇與成都無關，不知《成都文類》何以收録，《全蜀藝文志》又從而收之。

而廣之，別致曲成之用；抑亦事必師古，唯以立意爲宗，不以能文爲本。區區之誠，不自揆也如此。

予思往歲，嘗接今御史中執法秋曹貳卿晏公清談，偶及《南華眞經》。予記公盛稱之語凡三句，包含微旨，其句云①："其動若水，其静若鑑，其應若響。"予退歸，檢閱此語，出於莊、列二子之書，大約述至人體用之狀，而微密難曉。《莊子》之注太簡，於此三句之下，都注之云"常無情也"。《列子》之注稍備，各解之云："順物而動，故若水也；應而不唱，故若響也。"予素聞大人先生之論云：敏於事者，唯變所適；滯於物者，未可與權。是以每遇見聞得一善，則拳拳服膺，弗忍遐棄，姑務點化，入助道品，譬如範良金、琢美玉以成器而爲利也。所愛此三句之語凡十二字，深思祖述，而下筆維艱。暨乎引年致政，獲栖息乎京邑之舊廬，闔扉隱几，久於恬宴，乘興揮翰，追叙前志。剖析搆綴，脗然相參，不分内外經典之語，混爲心法而已，處世出世，皆可足用。今始辨其名理焉。

"其動若水"，蓋表至人周流無擇物，大委順也。此合乎隱君子書中"上善"之理。竊謂學大道者在乎無可無不可，外順世間法，虚緣而葆眞，當如此矣。可目之曰"無礙法門"。"其静若鑑"，蓋表至人洞照無遁形，大明徹也。此合乎古先生書中"寂照"之理。竊謂内習之證，唯静而明，物來斯應，心無主宰，當如此矣。可目之曰"無意法門"。"其應若響"，蓋表至人虚應無留閡，大曠達也。此合乎黄帝書中"谷神"之理。竊謂觸事而夷，物情難著，既應即止，勿復存餘，當如此矣。可目之曰"無住法門"。

此三法者，上根圓智精修密詣之妙門也。輒杼軸於懷，而未有作者，庶乎導揚前烈②，啓迪後來③，可以智窮其理，不可以言盡其意。夫勤行之士，若能默識馴致，殆所謂曲盡其妙。乃至中根以上，聞而信重，加之善誘，自他俱利。法施洪福④，未易可量。願三復以無煩，知百一之有補。深愧狂簡，幸不以人廢言也。

天聖七年記。

重修昭覺寺記　　　　　　　　　　　　　　　（宋）李　旼

妙色非相，有相則尊；眞諦無言，有言則大。矧夫法身普現，帝網交映，寶月破昏於濁際，静刹植福於沙界，肅五藴之紛擾，具十善之莊嚴，惠照倒迷，無一遺者，斯相之尊也。法音贊運，群動無妄，大雲秘藏於貝闕，師子敷座於紺宇，攝四大之種性，歸一如之總持，解脱障纏，無一悖者，斯言之大也。既尊且大，則有爲之教興，

---

① "其句云"三字原重，據萬曆本、庫本、朱本、鄒本及《成都文類》卷三七删。
② 烈：原作"列"，據朱本、鄒本改。
③ 啓迪：原作"後迪"，據上引改。庫本作"訓迪"。
④ 施：原作"他"，據萬曆本、朱本、鄒本、《成都文類》改。

無涯之利顯。在乎人天寅奉，王臣護持，塵劫不遷，是曰常住，其斯之謂歟！

昭覺寺，成都福地，在震之隅①。先是眉州司馬董常宅，舊名建元。其締搆紹嗣之由，具蕭相國遷碑悉之矣。唐乾符丁酉歲，爲了覺大禪師宴居之所。禪師法號休夢，姓韓氏，京兆萬年人。時宣宗興復象教，乃應詔誦經，對御落采，配終南山之捧日寺。具大戒於律師神祐，悟般若於石霜慶諸②，參法要於百丈懷海，契心印於洞山良价③。初至洞山，洞山問："近離何處？"曰："湖南。"又問："途中還見異人否？"曰："若是異人，不涉途中。"价深器之。後領旨寓蜀，始立一大事，闢甘露門。開堂日，僧問："净名大士入不二法門，旨趣如何？"曰："山僧未敢舉明。"又問："若是，即事理不分。"答云："扁舟已過洞庭湖。"凡言峻機悟④，以復如是⑤。時劍南節度使崔公安潛奏改建元⑥，敕賜今額，仍給紫衣一襲，式光宗教。未幾，僖宗出狩，駐蹕西州，召禪師説無上乘，若麟德殿故事。由是開沃聖慮，握乾綱而不動；運輸神力，回天步而高引。玉鑾反正，而帝眷彌深，賜禪師紫磨衲衣三事，龍鳳氍毹毯一榻，寶器盛辟支佛牙一函，布展義之澤也。越明年，王氏建節制兩川，於禪師申尊叔之禮，奏錫師號曰了覺大師。及王氏開國，而禪師滅度，享年八十一，僧臘五十一。門人洪福等建窣堵於當寺後庵⑦，以令身歸之，謚曰"真隱之塔"。爾後宗派傳襲，真風炳然。

至今住持大德延美上人，以了覺大禪師爲五代祖。陽安郡平泉人，姓杜氏。禮本寺懷進大德爲出家師，依彦通律師授具足戒。性惟真實，體本虛静。開口無機，化不言而鷗狎；虛懷善應，施不求而谷盈。禪林果熟，蒼蔔彌香；覺苑地靈，黃金争布。作大利益，須非常人，美公之謂歟！

兹寺有常住沃土三百塵⑧，滌場斂穧，歲入千耦，併歸寺廩，與衆共之。有舟航大賈輸流水之錢，山澤豪族捨金穴之利，五銖一繈，悉歸寺府，無一私者。由是搆樓斲之材，較班輸之技，而興修之議於是集矣。寺之殿宇，舊且百間，今廣而增者三百。建正殿，塑金釋迦像一軀，爲黑白扳足之地；修經藏，挾唱梵之堂四廡，爲權實轉輪之所。廣方丈之室，傳達麼心⑨；備水陸之儀，宣梁武教。及羅漢、六祖、翊善、大悲，各列一堂。又分千部經爲東西龕，續建紀天列宿堂一所，仍加壯麗。以至安鼇侣，供公庖，局次有叙；厨倉寮庫，齋廳浴室，重門挾屋，啓閉以時。上縫瓦以如鱗，下

---

① 隅：原作"偶"，據萬曆以下各本及《成都文類》卷三七改。
② 般若：原作"技若"，據朱本、鄒本改。
③ 洞山：原作"洞仙"，據上引及《宋高僧傳》卷一二改。良价：原作"俍价"，朱本、鄒本作"浪价"，據《宋高僧傳》改。
④ 悟：原作"晤"，據萬曆本、朱本、鄒本改。
⑤ 以：萬曆本、朱本、鄒本作"亦"。按："以"通"已"，《成都文類》亦作"以"。
⑥ 安潛：原作"安漸"，據譚校及新、舊《唐書·崔安潛傳》改。
⑦ 窣堵：原作"窣堵"，據《成都文類》改。窣堵，塔也。
⑧ 沃土：原作"波上"，據萬曆本、朱本、鄒本改。
⑨ 達麼：庫本、朱本、鄒本、《成都文類》作"達摩"。

密磚而若砥。左瞻右顧，俱是道場；一起一居，無非佛事。寺之舊址覆於頹垣①，鞠爲茂草，僅百年矣，以至悖蹊樊圃，可畏其鄰，認牛忘羊，莫分其主。美公一旦豎版築以繩之，興百堵，轃舊封，葺牆五百餘間，周匝園圃，而諸鄰相讓，無一違者。凡供食之豐潔，法席之華煥，時一大會，朝飫千衆，累茵敷坐，如升虛邑，未有一物，爰假外求。寺之勝迹，有僖宗幸蜀放隨駕進士三牓題名記，陳太師塑六祖像，蕭相國文建寺碑，會稽孫位畫行道天王、浮丘先生、松竹，張南本畫水月觀音，翰林待詔失名氏，今寺額始自長安降到。模昭覺寺額，俱經亂不亡，爲唐故事。斯皆化感利捨護持之力也。

自大中祥符戊申歲承領住持，迨三十有餘載矣，惟食不兼味，衣不重繭。言必諦信，故人無間言；行必總持，故身無擇行。深入無礙，物我不二。經云"雖說種種道，其實爲佛乘"，吾見其人矣。然能爲愛河之舟檝，不住中流；開覺路之康莊，俾求諸道。故入其門者，如遜般若之岸，似升毗尼之堂。樹繞七重，塵無一點，信花界之勝果，錦江之福田者焉。尚能韜光愈晦②，功成不居，耳聞贊揚，口稱慙愧，是謂常住不住、所得非得者乎！

今門人賜紫沙門人遂謂布施迴向，嘆未曾有者，典教宗尚，寧可闕歟？遂持了覺禪師誥敕三通③、修寺行狀數紙訪畋，請紀茂實。畋且念景德初，與今岳陽牧張都官逯肄業於茲，倏爾歲寒，永言夢寐。山陰都講，曾栽揮塵之松④；衣錦相□，□□偷光之壁。及乎嘗醍醐之味，目琉璃之色，爲日久矣。德我既深，固不牢讓。大哉！開羣迷之眼⑤，俾矚乎大明，象設之謂也⑥；安□動之心，俾諧乎一法，言教之謂也⑦。□□□相則尊，所以祛其幻相；其言則大⑧，由是辯其魔言。令蠢動廓然，見種種性，曰實曰權，歸乎一揆，付諸佛子，歷劫奉持。非師釋氏之雄者，其孰能與於斯文！

崇道觀道藏記⑨　　　　　　　　　　　　　　　　　　　　（宋）范　鎮

太史公論道家之言，而曰："使人精神專一，動合無形，贍足萬物。""指約而易守⑩，事少而功多。"至於爲《史記》，則以韓非、申不害與老子同傳，豈非後世多事，

---

① 覆：原作"復"，據文意改。
② 愈：原脫，據萬曆本、朱本、鄒本、《成都文類》補。
③ "遂"原作"逐"，又缺"持了"二字，並據萬曆以下各本改、補。
④ 塵：原作"麈"，據庫本、朱本改。
⑤ 羣：原作"郡"，據萬曆以下各本改。
⑥ 謂：原作"請"，據文意改。萬曆本、朱本、鄒本作"精"。
⑦ 也：原缺，據上聯文例補。
⑧ 其：萬曆本、朱本、鄒本、《成都文類》作"有"。
⑨ 此文《國朝二百家名賢文粹》卷一二六題作《成都府天慶觀道藏記》。
⑩ 守：《史記·太史公自序》作"操"。

必於有爲以至於無爲乎？班固所志纔三十七家、九百九十三篇，而伊尹、太公、辛甲、鬻熊、管子之書在焉。至隋乃分經戒、餌服、房中、符籙凡四種，合三百七十七部、千二百一十六卷，而不著其目。唐有道家類，又合以釋氏，而得百三十七家、七十四部、千二百四十卷，以著於錄。而《管子》列於法家，所謂《伊尹》《太公》《辛甲》者皆亡不傳①，獨鬻熊之書存。自明皇後，不以著錄者又百五十八家、千三百三十八卷②，則其溢於漢者千五百八十五卷矣。噫！老子著書五千言，以爲盡天地事物之理，後世學者寖廣，而其書至於如此其多，豈以其事虛無，其辭難知，必支離而後至於簡易，如太史公所謂乎？

宋興，祥符、天禧中，始崇起其教③，而玉清昭應宫、景靈宫、會靈觀、祥源觀皆置使典領。又命其徒與諸儒裒其書，是正謬訛，繕寫以藏於其處，而以其餘賜天下宫觀，以廣其傳，獨劍南一道未皇暇焉。嘉祐初，成都府郫縣道士姚若谷、梓州飛烏縣道士朱知善慨然欲盡讀其書④，而莫由得也。於是東走於鳳翔府之上清太平宫、慶成軍之太寧宫，又東至於亳州之太清宫、洞霄宫⑤、明道宫，凡得書二千餘卷。太清宫者，老子所生，所謂厲鄉者也。有九井，有古檜，有丹竈，於是縱觀焉。又覽唐開元及祥符中行幸故處以歸。治平元年，今天子既即位，若谷又與其徒仇宗正、鄧自和列言於府曰⑥："釋氏書遍滿州縣，而道家所錄獨散落不完，願至京師，得官本以足其傳。"於是端明殿學士兼翰林侍讀學士、尚書户部侍郎韓公知府事，以其狀聞，且言蜀之名山秘洞勝景爲多，而道家書不完，無以奉揚清净之風。有詔即建隆觀給官本以足其傳。凡得五百帙、四千五百卷，溢於唐者又千九百二十二卷，可謂完且備矣。若谷、宗正、自和且將益其書爲五本，藏於成都之天慶觀、郫縣之崇道觀、青城山之丈人觀、梓州飛烏縣之洞靈觀、綿州之洪德觀，使學者優遊，以求其所謂清虛自然之要，而至乎其師之道，如太史公所謂者，顧不偉歟？

若谷，飛烏人⑦，後徙於郫。宗正，青城人。自和，綿州人。三人者持操堅至，而皆有功於其教者。後之人觀其勤勞，而不輕其守，則其書之傳爲無窮矣。

治平二年十二月日記⑧。

---

① 亡：原缺，據《二百家名賢文粹》補。萬曆本、朱本、鄒本作"隱"，庫本作"没"，皆爲臆補。
② 三十八：原作"八十三"，據《新唐書·藝文志三》改。
③ 始：《二百家名賢文粹》作"真宗始大"。
④ 讀：原缺，據萬曆本、朱本、鄒本補。庫本作"求"。
⑤ 洞霄宫：原無，據《二百家名賢文粹》補。
⑥ 鄧自和：原作"鄧自利"，據萬曆以下各本及《成都文類》卷三七改。
⑦ 人：原作"以"，據朱本、鄒本改。
⑧ 二年：萬曆本、朱本、鄒本作"三年"。

四菩薩閣記

（宋）蘇　軾

　　始吾先君於物無所好，燕居如齋，言笑有時，顧嘗嗜畫。弟子門人無以悅之，則爭致其所嗜，庶幾一解其顏。故雖爲布衣，而致畫與公卿等。長安有故藏經龕，唐明皇帝所建，其門四達八版，皆吳道子畫。陽爲菩薩，陰爲天王，凡十有六軀。廣明之亂，爲賊所焚。有僧，忘其名，於兵火中取其四版以逃。既重不可負，又迫於賊，恐不能皆全，遂竅其兩版以受荷。西奔於岐，而寄死於烏牙之僧舍。版留於是百八十年矣。客有以錢十萬得之以示軾者，軾歸其直而取之，以獻諸先君。先君之所嗜百有餘品，一旦以是四版爲甲。

　　治平四年，先君沒於京師，軾自汴入淮，溯於江，載是四版以歸。既免喪，所嘗與往來浮屠人惟簡誦其師之言，教軾爲先君捨施，必所甚愛與所不忍捨者。軾用其說，思先君之所甚愛，軾之所不忍捨者，莫若是版，故遂以與之，且告之曰："此明皇帝之所不能守而焚於賊者也，而況於予乎。予視天下之蓄此者多矣，有能及三世者乎？其始，求之若不及，既得，惟恐失之，而其子孫不以易衣食者鮮矣。予惟自度不能長守此也，是以與子，子將何以守之？"簡曰："吾以身守之。吾眼可霍，吾足可斲，吾畫不可奪，若是足以守之歟？"軾曰："未也，足以終子之世而已。"簡曰："吾又盟於佛而以鬼守之，凡取是者，與凡以是予人者，其罪如律。若是足以守之歟？"軾曰："未也，世有無佛而蔑鬼者。""然則何以守之？"曰："軾之以是予子者，凡以爲先君捨也。天下豈有無父之人歟？其誰忍取之？若其聞是而不悛，不惟一觀而已，將必取之然後爲快，則其人之賢愚與廣明之焚此者一也，全其子孫難矣①，而況能久有此乎？且夫不可取者存乎子，取不取者存乎人。子勉之矣，爲子之不可取者而已，又何知焉？"

　　既以予簡，簡以錢百萬，度爲大閣以藏之，且畫先君像其上。軾助錢二十之一，期以明年冬閣成。

　　熙寧元年十月二十六日記②。

大聖慈寺大悲圓通閣記

前　人

　　大悲者，觀世音之變也。觀世音由聞而覺，始於聞而能無所聞，始於無所聞而能無所不聞。能無所聞，雖無身可也；能無所不聞，雖千萬億身可也，而況於手與目乎！雖然，非無身，無以舉千萬億身之眾；非千萬億身，無以示無身之至。故散而爲千萬億身，聚而爲八萬四千母陀羅臂，八萬四千清淨寶目，其道一爾。昔吾嘗觀於此。吾

---

①　難：原作"多"，據《經進東坡文集事略》卷五四改。
②　此句原無，據本集補。

頭髮不可勝數，而身毛孔亦不可勝數。牽一髮而頭爲之動，拔一毛而身爲之變，然則髮皆吾頭，而毛孔皆吾身也。彼皆吾頭而不能爲頭之用，彼皆吾身而不能具身之智，則物有以亂之矣。吾將使世人左手運斤而右手執削，目數飛雁而耳節鳴鼓，首肯旁人而足識梯級，雖有智者有所不暇矣，而況千手異執而千目各視乎？及吾燕坐寂然，心念凝默，湛然如大明鏡，人鬼鳥獸雜陳乎吾前，色聲香味交邁乎吾體，心雖不起而物無不接，接必有道①，即千手之出、千目之運雖未可得見，而理則具矣。彼佛、菩薩亦然。雖一身不成二佛，而一佛能遍河沙諸國②，非有他也，觸而不亂，至而能應，理有必至，而何獨疑於大悲乎？

成都，西南大都會也，佛事最勝，而大悲之像未睹其傑。有法師敏行者，能讀内外教③，博通其義，欲以如幻三昧爲一方首，乃以大栴檀作菩薩像。端嚴妙麗，具慈愍相，手臂錯出，開合捧執，指彈摩捫，千態具備，手各有目，無妄舉者。復作大閣以覆菩薩，雄偉壯峙，工與像稱。都人作禮，因敬生悟。予遊於四方二十餘年知，雖未得歸，而想見其處。敏行使其徒法震乞文，爲道其所以然者，且頌之曰：

> 吾觀世間人，兩目兩手臂，物至不能應，狂惑失所措。其有欲應者，顛倒作思慮，思慮非真實，無異無手目。菩薩千手目，與一手目同，物至心亦至，曾不作思慮，隨其所當應，無不得其當。引弓挾白羽，劍盾諸械器，經卷及香華，盂水青楊柳④，珊瑚大寶炬，白拂朱藤杖⑤，所遇無不執，所執無有疑。緣何得無疑，以我無心故⑥。若猶有心者，千手當千心。一人而千心，內自相攪攘，何暇能應物？千手無一心，手手得其處。稽首大悲尊，願度一切衆，皆證無心法，皆具千手目。

金堂縣慶善院大悲閣記　　　　　　　　　　（宋）黃庭堅

直金堂縣南，有山如城壁，東西行者風雨以爲保障，是謂金堂山。有一峰發於其麓，自北而南出，絕峰上極，得地坦平，表裏見其江山，縣之爽塏處也。縣南故有僧坊曰天王院，天聖中賜名曰慶善。爲舍五百楹，成於僧化之師文紀。至化之，乃度作千手眼大悲菩薩閣於峰頂⑦。規摹之初，智者笑之，愚者排之，化之意益堅。其求於

---

① "接"字原不重，據萬曆本、朱本、鄒本、《經進東坡文集事略》卷五四及《成都文類》卷三八補。

② 遍：本集作"變"。

③ 教：朱本、鄒本作"傳"。

④ 柳：本集作"枝"。

⑤ 拂：原作"佛"，據萬曆本、本集、《成都文類》改。杖：本集作"枝"。

⑥ 無心：原作"心無"，據本集乙。

⑦ 於：原無，據《豫章黃先生文集》卷一八補。

人，不避寒暑雨雪；其受人施，不計貧富多寡。積十五年，而功乃成。於是又即山南北而爲宮，與大悲閣高下相望，爲屋將百楹矣。初，其匠事未能半，而壯麗宏敞，動人心目，於是笑之者皆助之謀，排之者皆借之力也。而檀施傾數州，其用錢至一千萬，然後聖相圓滿①。千手所持，多象犀珠金，間見增出，無一臂不用，不以人功歲計所能辦也②。觀者傾動，或至懺悔涕泣。

於是化之自武其功，因余外兄張子安乞余文記之。子安亦言化之醇樸不琱鎪，盡心於佛事，所作殊勝，可紀也。按千手眼大悲菩薩者，觀世音之化相也。維觀世音應物現形，或至於八萬四千手眼。昔楊惠之以塑工妙天下，爲八萬四千，不可措手，故作千手眼相，曰："後世雖有善工，不能加也。"已而果然，今之作者皆祖惠之云。

金堂本廣漢郡之新都聚邑，至唐咸亨中，以金堂山而名其縣。化之，其縣人也。子安，通直郎、知金堂縣事張君禔也。

大悲閣作元祐二年之九月，將落成於新天子改元之某月。

邛州鳳凰山新禪院記　　　　　　　　　（宋）文　同

臨邛郡西北皆大山所叢，衍迤旁薄，深蟠遠走，直注大渡，限迥蠻詔③，鬱如雲烟，涌如波濤，晴光陰嵐，明昧一屬。其間孤峰崒然，傑立豪峙，首領崖巇，腹背崞皋，翼開長巒④，尾掉高岡。繁林茂樹，綠藟纈菜，圍擁森合，綷若毛羽。地志書之曰鳳凰山者，蓋前人嘗以狀而名之爾。

唐有契覺道人艾草鑿址，搆庵此地，日禮《華嚴》秘典，以作佛事。嘗汲泉澗下，頗念其遠，有虎爲之攫地出水，澄潔甘凜，悉異他所⑤，發源甚盛，於今賴之。會昌之厄，屋撤人遁。天成中，僧簡栖與錢、高二術士築壇營爐，煉丹絶頂，不設梁柱，冡石以居。藥就而去，人迹乃滅，但有範坪，不陷不圮。國初，道士皇甫氏就其所興之地爲上皇觀⑥。開寶中，廣漢可尚善説修多羅了義，有詩名於蜀。與道士善，嘗遊此，愛之。道士亦謂吾教澹泊，依嚮者少，地方壯猛，非列精廬、會大衆、習佛乘、演法義者，莫敢居此，遂以施可尚，易名曰草堂蘭若。尚傳聞慧，慧傳仁映，映傳允順，凡四世增葺。有屋無慮八十楹，堂、殿、寮、閣、庖庫、齋館種種悉具。

嘉祐三年春，順既物故，其嗣遂絶，法如是者，盡輸之官。知郡事、祠部員外郎、秘閣校理李侯大臨惜此伽藍遂入民籍，乃以狀聞於太師、端明殿學士宋公祁，願以本

---

① 滿：原脱，據萬曆本、庫本、朱本、鄒本及本集補。
② 辦：原作"辨"，據上引改。
③ 詔：原作"譑"，據萬曆本、朱本、鄒本、《丹淵集》卷二四改。庫本作"崗"。
④ 翼：朱本、鄒本、本集本"翠"。按：據文意，作"翼"勝。
⑤ 他：原作"地"，據萬曆以下各本改。
⑥ 上皇：萬曆本、朱本、鄒本作"玉皇"。

郡白鶴山中溪禪師淳用主之①。公隆法嚮善，樂受，乃請盡舉其地以畀於師。師梵行高特，有聲南土②。持大法眼③，回矚鄉社，迅機敏語，導接無倦，拂蒙去蔀，領會者衆。受山之日，遠近白黑，咸此赴助。景氣明霽，巖谷軒豁，若有神物踴躍衛護。螺鼓之會，遂不虛日，禪悅法樂，皆自滿慰。方便之化城，解脫之道場，於是乎在。

師以余昔從事此郡，嘗歷覽勝境，今復倅州事，具曉本末，謂記此者莫余之詳，署狀丐辭，所懇精至。因語之曰：道以人存，地因法盛，增福持慧，圖爲永傳，師固已知之矣，余何暇喋喋哉！其或叙山之靈勝，述累世傳山之人④，紀師爲第一代住持，此略備矣。嘉祐六年五月十五日記。

新建五符幢記⑤　　　前人

事有絓於荒忽茫昧之中，繇曠古及下世，無俗書以傳，凡智鼉狹溿⑥，不能究度，至詆忌蔽人，令弗通思慮，所該外物，語者率謂狂裔罔誕，非經見，乃用擯笑不講錄。是皆蒙塞自淺，豈寥然壹盡大方之理者歟⑦！其有導神幾，宣靈謀，混淪焉行於亡形，以鎮養乎元元，使怪厲不作，消祓摧珍，不得橫悍以肆其姦⑧。是術也，凡王侯保土社、芘群品，當知嚮服而尊高之，渠可嫚忽邪！其所謂蓋《太上洞真靈寶五老赤書》云。

按元始至真肇探於太樸之先，凝神火庭，尋詳曲折，煥譯妙勢，爲天奧寶。告瑞發應⑨，秀映靈都，神杖封固，長依跬息。大道君、玉帝諸真懇請恭受，反復難遴，傾倒切至，始賜矜諭，敕詣紫微，居齋九旬，後肯付畀；然猶戒禁，勿得布下。是天所貴重若此。不記從何劫運，漏墜人世，有聖研極，鐫胎剖魄，識其倪緒，取安諸隅，廣寓泰寧⑩。傳云東京桓永壽時⑪，正一道陵患魑魅恣雜，鬭人鬼使異行，植幢嵋山，

---

① "淳"下原重一"淳"字，據朱本、鄒本、本集刪。
② 土：原作"士"，據萬曆以下各本及本集改。
③ 眼：原作"士"，據萬曆本、朱本、鄒本及本集改。庫本作"戒"。
④ 之人：原作"人之"，據本集乙。
⑤ 《丹淵集》卷二二題作《成都府玉局觀新建五符幢記》。
⑥ 凡智鼉狹溿：《成都文類》卷三七同。本集作"凡智解狹溿"，是以"凡"讀爲副詞"凡是"，"智解"作一詞。然細審此文，"凡智"當連讀，謂常人的智慧；"鼉狹"連讀，鼉亦訓"狹"，二字爲同義詞；"溿"義爲茫昧，其上或下當脫一字。全句當作"凡智鼉狹□溿"，謂常人的心智褊狹而茫昧。傳世《丹淵集》爲明末刻本，蓋經篡改，未可盡信。
⑦ 盡：原作"蓋"，據萬曆以下各本及本集、《成都文類》改。
⑧ 悍：原作"㦊"，據萬曆本、朱本、鄒本及本集改。
⑨ 告：朱本、鄒本作"吉"。
⑩ 寓：原作"寓"，據本集改。
⑪ 桓永：本集作"完水"，大誤。"東京桓永壽時"謂東漢桓帝永壽年間。

誓刻嚴毒，自是判然，幽明不殽。至黃唐文缺，重琢置昭慶道祠①，歲久巋然，頗剝爛，幾泐無所考。

宋五世天子英文明睿，升用賢畯，命侍臣趙公抃鎮蜀。公致治未期，民物宜順，暘潤孔時，川隰生楸，豐饒穀登，體腹溫飫，薔訛勃疫，淪伏不起，寇兵弭消，寂無纖譁，頌公平循，聲辭邕邕。公固以爲未然，復訪悠遠安保方域、俾無虞庋之深計，顯效休功，件已設施，事可託神，亦圖崇修。原掾陳汝玉學廣知博，告公具前，躬模秘符，解鉦論辯。公得且喜，告下趣輯。乃相玉局衍基，潔爲靈場，築垣繕宮，就完種勝。

初，伐石西山，嶭地深窅，材洪執鉅，輓致殊力，工徒愁嗟，求策迷所。一昔暴溽湧發②，漂碾下碉，出道平夷，遂可筏行。既至正晝，喬雲叢飛，潝然下覆，天光明麗，景氣晏悅，唵藹高真，飒若來況。都人觀繞，驚嘆喜蹈，回頸望公，祝若父母。云："護我等亭育撫煮。"心精神虔，祥服昭露。明日，授匠矩尺，礱爲觚榦，恭肖神畫③，鐫勒其上。科禁周具，供所祈納。大坤之維，永永蒙祐。噫！大霄妙章，上靈秘篆，何此群兆，幸焉遘覯，常爲投依，以把厥休，千萬億年，公惠無泯。

一日，公戒部吏文同，使紀其事。同謹再拜，撰辭以獻；復類而爲詩，以與蜀人，使長言之無窮。其辭曰：

於未物前，有氣混茫。廓無端崖，滉漭汪洋。中函神胞，孕此威章。靈銋決分，飄青墮黃。布照太空，流精發光。乃時玉符，獲於元皇。自然秘文，盤葩屈芒。支交岐聯，蜿紆結張。皇執焉喜，練於洞陽。瑩煥九霄，瑞應蔚彰。青簡刻金，輝燭焜煌。太陽靈洞，俛仰是將。惟時諸真，嘯命以蹡。詣皇咨覲，祈必願償。命入太空，九光華房。廓開金扃，動抉雲囊。戒勿下傳，上館乃當。何劫墜流，降莫五方。桓志末朝，幻獝肆狂。虎冠道師，得焉其詳④。植石摹形，大嶠之傍。陰怪震驚，掃滅伏藏。後多歷年，復治於唐。迄今巍如，鏤迹劣亡。治平之君，堯舜禹湯。詔用趙公，付之蜀疆。公來民宜，鼜暴呴尪。太和熏烝，百體具康。肌燠贏襦⑤，腹果衍糧。境珍萑蒲，獄朽桁楊。沸舌頌公，壽福熾昌。願公光華，袞衣繡裳。移蜀之爲，天下以滂。公聞曰"噫，是志曷荒？有及後人，乃利也長。"或告真文，本先圓蒼。可圖營之，福招禍攘⑥。流蔭西南，被賴無央。公喜趣爲，日不暇遑。牙譙西禺⑦，玉宇是望。高宮翼如，彩枅繪梁。覆幢其間，崒然百常。先時堪輿，與公效

---

① 道：原無，據萬曆本、朱本、鄒本及本集、《成都文類》補。
② 昔：萬曆本、朱本、鄒本作"夕"，二字通，本集亦作"昔"。
③ 畫：原作"書"，據萬曆以下各本及本集、《成都文類》改。
④ 焉：萬曆本、朱本、鄒本作"寫"。詳：原作"祥"，據萬曆本、朱本、鄒本及本集改。
⑤ 贏：原作"贏"，據朱本、鄒本、本集改。"贏襦"謂衣服有餘，與下句"衍糧"相對。
⑥ 攘：萬曆本、朱本、鄒本、本集作"禳"。
⑦ 禺：本集作"隅"。

祥。水塍雲朦，異孰爾量。蜀人其承，永隔害殃。公德之深，萬世曷忘。杪哉末兮①，峴碑陝棠。

治平四年二月記。

茂州汶川縣勝因院記　　　　　　　　　　　　　　　　　　　前　人

繇玉壘南下，過笮迆西，循皂江左折，越太平渡，行深入曲，無慮六十里，至茂之汶川，有地曰柘平。群山却立，大陸初露，畦麻繪稻，杳遠空闊，披塲帶麓，壤土鮮潤，景物瓌麗，人物純篤。就其佳處，有院曰羅漢。昔有頭陁德欽，戒操甚嚴，歲臘居久，其徒委散，是身獨在②。常懼其所，將底墮落，願擇高行，屬以香火。得永康軍大中祥符寺僧義海者付之。至惟簡師，凡五世也。

惟簡性顒潔，所趣端慎，守僧律，作佛事，癯形晦面，不避風雨。遠近四眾，咸宗仰之。既主此地，乃圖崇飾。伐木鐫崖，大輯材礎。構廣廈，設尊像，儲秘典，納淨侶，凡所欲有，一一恒具。殆逾一紀，功力方絶。以名上列，乃錫今號。庭堂虛敞，檐宇飄動，丹明碧照，繢繡巖谷，誠歸嚮之福地，而莊嚴之道場也。

惟簡，余之邑人，遠來求紀其事，間嘗謂余曰："青城諸峰，惟大岷最爲高厚，然丈人、上清之望者，乃世俗之所能見爾。如吾所居，正向其面。脉絡表裏，披斂出没，澗壑鉤蔓，巒嶺屈折，高林巨樾，巍岡險頂。晨霞夕霭，染漬輝耀，湍瀑淙激，禽蟲啼響。一日萬狀，無有窮極，崑眼傾耳，不知厭倦。此方外清絶之境，世間奇偉之觀，而惟簡輙擅有之，山林之人，所獲多矣！安得君之車馬一至其地③，以幸吾言之不誣？"余聽其説衮衮，令人喜聞，回視此身，若處泥穽，何時濯洗，以從師傲兀於其間哉！因命筆綴次其事，使歸琢諸巖石，遂以爲記云。熙寧二年十月十五日記。

聖興寺護淨門屋記　　　　　　　　　　　　　　　　　　　（宋）李大臨

成都府城之東偏，有寺曰聖興，御史大夫王承俊之宅也。大曆初，杜鴻漸領東西川節度使，改爲永泰寺。武宗時，例毀廢。大中三年，僧定蘭，華陽人，苦行精進，能外形骸，蚊蚋噆膚，雖終夜不之却，曰："我報慈母恩也。"宣宗聞之，詔至長安，得對稱旨，賜予優加，遂丐西還，復構此寺，塔廟堂廊，無慮四百楹。定蘭之功德行業，唐翰林學士鄭處誨贊序甚詳，此不盡紀。

府城地狹，人繁物夥，又寺宇迫民檐，寔爲闤闠。故三門之外，中除隙地，乃溲

---

① 杪：原作"抄"，據本集改。
② 身：萬曆本、朱本、鄒本作"徒"。
③ 其：原作"具"，據萬曆本、庫本、朱本、鄒本及《丹淵集》卷二四改。

溺之場耳。涸濯委積，曾無隔閡，犬豕馬牛，踐蹂習常。監寺大師文爽有道行，博通經論，每開慈憫心，惡其不清净之甚，欲創屋翼張而蔽掩之，庶幾寶坊香刹，蠹莫焚修，祈福於四眾。因建白府帥。翰林侍讀學士王公素乃命簽書節度判官吴師服度地按視，利病昭然，若師之説不誣。師自發私囊千六百緡，造外舍十有八間於三門左右序，且以護净。市民占止，月僦直萬錢。師告予曰："底處無田産資給，榱桷率皆摧圮。今獲月租，願以完葺充用，决不可爲齋蔬之費。來者主之，不易其承，則我之志行矣。一有不如是，神明殛之，當墜無間獄，永劫沈淪，無有出期，可不慎哉！可不慎哉①！"予得而書之，以深戒後之主者。

壽寧院記　　　　　　　　　　　　　　　　　　（宋）侯　溥

儒之心迹，佛之性相，一也。道不以心性爲體，故求道於心性而不可得，然所以冥於道者，心性也。迹相亦然，道不存乎迹相，故求道於迹相而不可見，然所以行於道者，迹相也。宇之之謂廟，層之累之之謂塔。指廟與塔而問人曰："此道乎？"雖至庸俚，其答之也，必謂之塔廟，而不謂之道。試反之曰："非道也，則盍摧之？"彼其人必將鳴指膜拜而不敢作摧之之意。推此，則塔廟，其佛之所以行道之迹相乎。

釋氏自永平迄今，繇天子公卿士大夫，或信而愛，或詆而斥，或泥而佞，或毁滅而欲其忘，其爲更閲多矣。蓋周、唐之二武，以君天下之重勢，盡力而除之，勢宜不得復興。方是之時，桑門蒲塞涕目洟鼻，相與齎咨憯戚於隱伏之中。居未幾，而塔廟之嚴復興於天下，而厚費生民之力，不翅膏油之沃炭，雖甖灰死，而卒之逾熾於前也。意者禍福緣報，必有形驗，而生民之震畏忻慕，淪浹肌體，所不可得去邪？

佛以静爲樂，故凡塔廟皆潔精謹嚴，屏遠俗紛。獨成都大聖慈寺據闤闠之腹，商列賈次，茶爐藥榜、逢占筳篿、倡優雜戲之類，坌然其中。以遊觀之多，而知一方之樂也；以施予之多，而知民生之給也；以興葺之多，而知太平之久也。此固壽寧院荒蕪於昔而盛於今歟。

何謂之盛？院莫大乎繼承，而僧患夫寡。今有文皇、仁廟之灑翰，章聖之文章，以恩歲祴一人，師徒綿綿，日營日修。是故書有完藏，象有宏宇，入其門而柱石潔然，及其中霤而草木脩然。其爲殊尤絶勝而得之天人者，有石盈尺，而塔之形影皜焉，發乎蒼顥之表②。此得之天也。有孫知微之筆，鬼神恐其暴形，日星恐其運行，林木恐其發生，濤浪恐其奔鳴，瘠者爲僧，僂者爲道，趍翔者爲衣冠之士。此得之人者也。其爲生者，有温江四夫之田，始於張忠定公詠之所畀，而成於馬正惠公知節之所奏。此其所爲日盛也。

初，淳化寇竊之後，院爲廢田，吏民植碑乎其中，以頌上德。於是内臣王繼恩領

---

① "可不慎哉"四字：萬曆本、朱本、鄒本不重。
② 顥：原作"頑"，據朱本、鄒本改。《成都文類》卷三八作"穹"。

招安。而忠定作鎮，乃議蒐擇名行僧，使筦是碑，而得僧希白。遂奏求賜今院名。白，華陽人也，姓羅氏，其教外，通吾儒經，善草隸，有詩行於時。安文惠王元傑始封益，見而器之，貽之以詩，奏授師名文鑒。凡院之所繇盛，皆文鑒爲之也。獨完藏經，成於其孫文蘊大師重巽；而藏經之堂，繼成於重復之手。巽、復皆言行謹厚人也。復今爲都僧正，而求予記，因書其本末云。熙寧元年記。

靈泉縣瑞應院祈雨記　　　　　　　　　　　　　　前人

　　府之邑曰靈泉，而邑之聚曰洛帶者，有佛廟，其名瑞應。廟之所以名此，以祥符中樞直任公中正奏之；名之所以得此，以開皇中信相菩薩致之。信相，菩薩名也。菩薩，隋蜀郡青城縣黑水溪褚氏女也。其傳曰：麻衣竹筦，善說法要。會歲饑，以龍頭小鼎爲粥以飼人，日飫千萬，不竭不盈，人始異之。死之日，用竺法火化①，異香彌山，舍利晶瑩。會擯佛，其塔亦圮。大中中，白丞相敏中節度劍南，始命法潤禪師訪其塔之舊石而刻其象。自爾迄今，其驗益神，凡時之旱暵必禱焉。

　　今年春二月，雨膏弗時，甲者弗牙②，苞者弗葩，民吁以嗟。知府事、大資政諫議南陽公曰："久矣，吾聞褚菩薩之爲靈也，盍請禱焉？"乃命試主將作簿樊靖款瑞應，具香供，以菩薩之象歸於府。蓋十有三日辛巳發自洛帶，條風隨車，自東而西，距府十里，密雨邃作，通夕霈灑，潤可一尺。公前期戒屬吏齋謹，越翼日，帥屬吏以笙歌鼓樂逆於門外③，而設供於大慈佛廟，炬蜜烟乳④，蔬麪方丈，且告之曰："民旱久矣，是以有今日之請，願留七日，以祈甘澤。"是夕又大雨。越三日乙酉，通夕大雨，非特一尺之潤而已。原隰罅發，今合以濡；草木焦禿，今榮以籹⑤。既七日，復命靖奉之以歸於瑞應，公送之如始逆焉。

　　蓋嘗思之，道無所不在，而佛無所不是。翠竹黃花，同歸妙用，故雖塔石之象，亦足以爲澤於一方。夫誠者在我，則應者在彼。苟我之不誠，而求彼之應，其亦難矣乎！今夫石象之應，豈菩薩惓惓於其間哉？南陽公之純誠所召耳。溥目是靈感，輒書其事，使人知菩薩之驗與公之誠爲表裏，不以不誠而專恃於乞靈云。

　　熙寧七年五月日記。

---

① "竺"下原有"昌"字，據萬曆本、朱本、鄒本、《成都文類》卷三八刪。
② 牙：萬曆本、朱本、鄒本作"芽"。按："牙"通"芽"。
③ 帥：原作"師"，據萬曆以下各本及《成都文類》改。樂：原無，據萬曆本、朱本、鄒本補。
④ 蜜：原作"密"，據朱本、鄒本改。"炬蜜烟乳"謂以蜜爲燭，燃乳生烟，形容香火之盛。
⑤ 籹：與"疏"通，通達的意思。萬曆本、朱本、鄒本作"舒"，庫本作"滋"，蓋以意改。

大中祥符禪院記

(宋) 吳師孟

　　一真無相，窮理則非空；萬法有爲，要終則不實。然而證於無者孰能離相，資於有者安得不爲？諸器世間，一切法爾。敕賜大中祥符禪院者，唐元和聖壽寺二十院之一也①，然自繫敕額，不隸於寺焉。孟昶爲蜀檀越主樞密使王處回字亞賢之所建也②。僞廣政九年丙午歲，實晉少帝開運三年也，亞賢舍私帑買毗盧、百合、法寶、羅漢、七俱胝等五院③，合而爲一。其年七月二十四日傅工。締構之初，鼎新大壯，一椽一甍，皆不即舊。至十三年庚戌歲二月迄成。土木之盛，冠諸羅摩，號曰崇真禪院。佛殿、法堂、僧堂、客館、齋廳、净厨，乃至波演那舍應用什物，及諸犍稚，罔不備具。自開運以來，名畫事相，遍滿其間，輪奐瀟灑④，實大殊勝，無慮四百楹有畸。僧堂南北構二堂二龕，蓄秘典兩藏。時有一老人自來應募，頗矜其能，伐石爲龍，磐繞龕下，活狀蜿蜒，巧製精絕，夜輒光怪，觀者駭異。而老人不取傭直，唯日食須魚及水中之物。功既畢，而不知所詣，人皆以爲龍所化現，自鐫其像云。僧童之儔七十⑤，成都縣文學鄉負郭水田七頃，華陽縣金城坊賃院一所，皆充常住⑥，歲入租斛，月斂傊縉，以備蒲尼繕葺之費。

　　始，亞賢之子曰秘書少監德琦，建白知府侍郎吕公餘慶，請靈龕山諲諲禪師住持。諲傳小師懿爽，爽傳德嚴，爲都監寺。至道乙未，順賊既殲，德嚴詣闕陛見之日，太宗嘉獎，面賜紫衣，號圓明大師，仍許復歸，住持本院。祥符元年，歲次戊申，轉運使、刑部員外郎施公護奏賜今額。嚴既圓寂，院付小師仁璲，以管内都僧正主之。璲傳崇教，教傳守則，則傳守謙，則、謙皆八十餘歲矣。知府、龍圖劉公庠以今都表白賜紫惟古，净行純裕，緇白信向，特給符牒，俾之住持。

　　先是，崇教舊已磐石⑦，欲俾師孟紀叙建院賜額之因，久而未克；今兹古師又能追繼祖師之志，復以識文及書丹見屬。師孟自念，昔者先大父與圓明有方外之契，嘗爲親題院額，於今手澤存焉。重愧二師之勤，其敢以淺陋爲解？

　　熙寧十九年記⑧。

---

① 二：萬曆本、朱本、鄒本及《成都文類》卷三八作"三"。
② 按：據下文，此寺乃王處回自建，非孟昶爲王處回建，"爲"字疑當作"僞"。
③ 胝：原作"眂"。按：佛經作"胝"，有《七俱胝佛母所説准提陀羅尼經》，據改。
④ 瀟：原作"蕭"，據萬曆本、庫本、朱本、鄒本改。
⑤ 儔：原作"籌"，據朱本、鄒本改。
⑥ 常：原作"帝"，據萬曆以下各本及《成都文類》改。
⑦ 磐：疑當作"礱"。
⑧ 十九年：按：熙寧僅十年，"十"與"九"當衍一字。

嘉祐禪院記

（宋）馮　京

　　成都府嘉祐禪院，古名毗盧，本僞蜀近密王處回所舍宅也①。兵火之餘，有弊屋十數楹，在頽墉荒榛間，雖邇通衢，而門無車馬之迹。嘉祐二年，端明殿學士宋公守成都，始令長老齊海開堂演法，十方住持。七年，詔賜今額。初，海師之來也，召參學門人峨眉紹紀而議曰："今吾與爾俱被府命以興梵刹，非大法堂不足以倡吾宗，非香積食不足以具供施，非鉅厦不足以安清衆。"於是募信者建法堂、僧堂、香積厨，六年而後成。

　　治平二年，海師移席長松山，府尹、端明殿學士韓公命紀師嗣領其衆。紀師營繕，日勤一日。乃建寶殿以嚴尊像，購經典以備誦持，闢三門以示趣向，立丈室以延叩請。有太廟齋郎遊之才爲起藏殿以秘教乘，新津張氏壽享施田七十畝以助歲供，都人王守慶入圃畦八畝以廣院基。凡爲屋百五十楹，居者得所安，學者蒙所益。始於都會，號大道場，遊方之徒，歸者如市，遠邇檀信，靡然嚮風。非紀師智力，安能至是哉！西蜀士民繁多，人心樂善，然禪林之興，殆無二世。使繼而主之者皆如師之勤，則法會有不興乎？使釋氏子皆如師之心，則祖道有不隆乎？

　　紀師以余鄉守是邦，屢嘗訪師，廢興本末，聞見最詳，不憚數千里之勞，而以記文見託，因直書以貽之云。元豐三年記。

天寧寺轉輪藏記

（宋）吳　拭

　　有居士者，家住庵峰，信脚閑行，五湖四海作家，相見不免葛藤。且道："葛藤還有過否？靈山古佛四十九年，説偈説經，如瓶注水；少林老子面壁無言，隻履西歸，一籌不畫。方緒饒舌②，互立門庭，殃及兒孫，到今未了。庵峰個裏一味葛藤，不是瞿曇，不非達麽③。有人透得，許汝同參；若也無人，歸堂打睡。"

　　有善知識號元靜師，聞居士言，特伸一問："事無一向，古語有之。從上老人，隨緣出世，舉揚提倡④，豈得已乎？不得已中，無非三昧。我所住刹，賜榜天寧，祝我聖人，億萬歲壽。凡我佛事，種種莊嚴，其最莊嚴，有大輪藏。是輪藏者，誰始圖之？曰純白師⑤，實主募事，守真、惟選暨彼宗化，爲白出力，鳩構滋辦，追範與勤，閲三

---

① 近密：朱本、鄒本作"樞密"。
② 緒：疑當作"諸"，"方諸饒舌"謂比之於饒舌者。
③ 達麽：萬曆以下各本及《成都文類》卷三九作"達摩"。
④ 倡：朱本、鄒本作"唱"，二字通。禪宗諸師説法，唱説宗要，稱提唱或提倡。
⑤ 白：原作"曰"，據庫本、朱本、鄒本改。純白，僧名，下文"爲白出力"，可證。

住持,藏則成就,如地中湧。鐫鏤藻絢,匪金則碧,海神四旋,天人挾持,黃卷赤軸,函帙麗好。吹大法螺,擊大法鼓,唄音琅琅,作薄伽梵。於時巨輪,其運如風,蜀清信衆,若稚若艾,或合其爪,亦或胡跪,歡喜踴躍,嘆甚希有。我所住刹,有是勝緣,居士云何不宣此義?"

士則語靜:"其諦聽之。我於過去無數劫中,有一比丘問轉法輪。我於爾時畫一圖相。我且置之,隨喜結緣,爲藏作記。願此輪藏,常轉不停,如天健行①,日月久照。佛秘密語,亦復如是。以如是故,獲大饒益。上贊君父,願我君父,與天齊休②,如日之升,如月之常,如西方佛,其壽無量。"

靜從坐起,曰:"未曾有。公作是言,契我佛指。崇寧乙酉,斯藏圓滿,政和辛卯,乃克論次。時節因緣,何可思議,請錄公語,歸而刻之。"

政和元年記。

利州綿谷縣羊摸谷仙洞記　　　　　　　　（宋）文　同

熙寧庚戌春,余還朝,過利州,通判寇諲恭甫爲余言③:"近年按朝天驛④,人云去此七八里,巖谷中有神仙出見洞口⑤,因往觀之。自龍洞閣具舟西下,過小峽,有山嶢然,崛起萬仞,翠壁如削。中闢大門,可五六丈。時正晴,日光下照。有二童子先出,次有一人,白衣皂巾,曳杖,垂長鬚⑥,襟帶隨風翻然⑦,往來下視久之。左右數青衣從行,有物若雞犬⑧、若虎、若鹿者先後之。又有執扇與繖者,隱隱若繪畫,甚可愛。人之長者裁尺餘,舉止詳緩如人。行二十里許,乃不見。問其下居民,云:"相傳五代時,土人有王姓者種山下,盡室斂穫於此。因遣婦去求水,婦汲還,路有病僧,創穢甚,滿身腥腐不可近,輒前索飲。婦惡之,且懼未始見,弛檐走。僧遽就器飲殆半,遂去。婦不能易之,隱其事,置水田上。其家人無長少,一來飲盡之。婦以故獨不霑口。晚,又俾婦致饟,既至其所,得僧飲餘水者盡飛入此洞。婦既不見,但號哭奔走叫呼跳蕩如狂人。忽聞在洞口呼婦者,婦仰應不得去⑨,懊恨至死⑩。自後蕘童牧叟常慣見,不以爲異。近年,每至天色開霽則出,出必盡日。就中,山間花木盛發時,

---

① "天"字原脱,據萬曆以下各本及《成都文類》補。
② 願我君父與天齊休:原作"願我君父天齊休",據庫本、朱本、鄒本改。
③ 恭:原作"蔡",據庫本、《丹淵集》卷二二改。
④ 近年:原作"近事",可屬上讀,但文氣不順,據本集改。
⑤ "出"字上本集有"常"字,較勝。
⑥ 鬚:庫本、本集作"髯"。
⑦ 翻:本集作"翩"。
⑧ 犬:原作"大",據庫本、朱本、鄒本及本集改。
⑨ 婦:原脱,據庫本、本集補。
⑩ 至死:原脱,據上引補。

出尤屢。"寇乃取畫圖示予，余曰："嚮嘗讀《封禪記》，見祥符中利州路轉運使李允元奏：綿谷縣羊摸谷內山洞中有神仙見。自言嘗往見凡三，數人或立或行，衣裾皆有異光，至日暮方没。蓋此地爾。"因求其圖之别本以歸。

壬子秋，余移守興元，有新府從事賈君瑄自南榮訪余於陵陽，見圖屏上，乃言其向官洋州時，常與太常博士陸丕考較進士於寧武，亦聞之。歸日，與丕詣洞下同立良久，其見果不妄。指圖之澗壑巒嶺，溪谷磴道，曲折出没，一一盡如此。俞侯之彦坐中遂卷圖去，命工摹之，且俾余次其事，列之圖上，余爲記此。九月二十三日記。

朱真人石洞記　　　　　　　　　　　　　　　　　（宋）鄢敦仁

靈池之東山，巖巒疊循，左右而趨者參差，若鸞鳳翔翅；又其中嶄高，勢如龍驤。自分峽而下，不知其幾千百仞也，若驟若馳，迤邐赴深澗。曰朱真人祠者，正枕此山足。境物清曠，夐出塵世。惜乎舊洞隳圮，或堙塞爲過路①，於今四期矣，未有究其所以然者。寶鼎蒲叔豹來宰是邑，興滯補廢，百事修舉。因暇日，按碑記訪尋遺址，而心默識焉。於是鳩工開葺，惟二月既望經始，越十有五日告成。觀其依巖鑿洞，洞深而邃；甃石引泉，泉洌而甘。接洞爲亭，夾以明窗；架石爲橋，次以橫磴。修竹環列，嵐光掩映，風籟披拂，與澗溜相應，如聽琴筑。蓋所謂蓬壺方丈之景者，一朝而復矣。

敦仁時權邑尉，每樂真遊，超覽物外，輒滌慮而獻言曰：夫道無古今，物有成壞。方世與道交興，則是洞之託於數者昔壞而今成，豈無所待而然邪？《易》曰："苟非其人，道不虛行。"嗚呼，盡之矣。

宣和元年三月日記。

溫江龍興寺無盡圓通會記　　　　　　　　　　　（宋）胡叔豹

湔江之東有大寶刹，高踞一隅，榜曰龍興。樓觀巍然，下瞰井邑，緇黃雲屯，仰給一縣。四衆欣然，無不喜捨，各捐所愛，以植福田。紹興十年，有一長者念此精舍金碧剝落，欲大莊嚴，結清淨因，乃率正信逾二百人，每歲一設圓通大供，欲操其贏，畢此願力。有曰祖元，是大導師，彈指贊嘆："善哉！此方植衆德本，我與有緣。"則以如幻修三摩提，焦心勞形，不遑食寢，無一刹那示怠惰相。見者皈依，所化如響，寶殿雲堂，以次而就。又念衆寮卑陋狹隘，中不虛爽，非修行地，復丐鄰田，增基築室，前爲舫齋②，旁創經閣。未淹歲月，土木崇成，高明靚深，悅可心目。人天和會，相與縱觀，踴躍歡喜，嘆未曾有。於是長者復作是念：宮室既備，饘粥未充，方來衲

---

① 堙：原作"烟"，據萬曆本、庫本、朱本、鄒本改。
② 齋：原作"齊"，據萬曆本、庫本、朱本、鄒本及《成都文類》卷三九改。

子，何以取給？載盟善友，益侈前供①，號曰圓通無盡道場。復以其餘歲市稻田，增舊所有，而爲常住，俾諸佛子飽滿屬饜，身心安穩，增長菩提。

惟此勝利，廣大無邊，一切布施，功德難比。時有居士見聞隨喜，而説偈言：

> 世尊滅度時，敕我大菩薩，不令般涅槃，誓度無量苦。惟諸菩薩中，聞思修大士，願力最深重，夙緣在震旦。以是因緣故，應現來此方，不辭入塵勞，揮犧生齒聚。或梯山航海，來傳佛心印；或攜尺刀佛②，引導於群迷；或爲普照王，覺悟諸有情；或爲通悟師，攝化河沙衆；或居補陀巖，或嫁金沙灘。應身無不在，詎止三十二。波濤無邊方，爲世作津梁；盲冥生死夜③，爲世作大炬；疾苦極號呼，爲世作醫王；火宅長熾然，爲世作甘露。我觀五濁海，皆造無盡業，而我大士心，悲憫亦無盡。衆生一聞名，度無量苦惱；況作大勝會，其福無等比。而此世間福，有爲即有盡，名爲殊勝相，究竟非真實。我今説其實，佛子善諦聽。堂堂大丈夫，各具大人相，願以信佛心，信我無量佛。眼耳鼻舌身，一一諸毛孔，放無量光明，照破大千界，與諸佛菩薩，等無有差別。倘於此會中，一稱觀世音，彈指頭面禮，豁然即超證，佛境便見前，刹刹與塵塵，無不逢大士。大士初不聖，而我亦不凡。乃知大士我，非一亦非二。佛子善信受，當作如是觀，而無能觀者，是真圓通會。

金繩院五百羅漢記

（宋）姜如晦

院在唐名東禪，在僞蜀名龍華。國朝鳳州太守王蒙正斥而大之，梁柱宏壯，爲諸方冠。其建置如禪規外，又爲大殿三，相屬於東偏。大中祥符元年，始賜名金繩。建炎軍興，升成都府路安撫爲四川安撫制置使，別置官屬。三殿繪事雖富，而像設缺焉，有司便其空闊，即用爲官屬廨舍。院綱坐是頽委，幾五十年。乾道庚寅，上命敷文閣待制廣漢張公震知成都，罷制置司官屬。一日，公顧瞻棟宇，雄壯偉麗，長太息曰："制置司興廢無常，安知後日之不復？若乘其間，嚴象設以補異時缺典，杜後日館廨之害，不亦善乎！"於是命僧子文領院事，諭意指。文以五百大阿羅漢請。閱四歲，像設纔二百。於其中殿作彌勒像。未設金碧，而文歸寂，今住持憨公繼之。

憨以乙未春正月，不假方便，諸聖推出，來住此刹。始至，有立魔論鼓惑衆者，謂憨決不嗣文志。憨刻苦經畫，錙銖積累，儉薄受用之須，散文所散，用文所使，終文所事，一毫不易，魔論乃息。未幾何，施者雲委，不謀而同。乃闢前殿以爲洞户，貫三爲一，成大寶嚴應真妙相。周回間錯，無量變現，龍宮海藏之會，儼然未散。

---

① 供：原脱，據《成都文類》改。
② 刀：朱本、鄒本作"寸"。
③ 盲冥：原作"育冥"，據萬曆本、《成都文類》改。按：朱本、鄒本作"盲寘"，"寘"字誤。《法華經·化城喻》："盲瞑無導師。""冥"爲"瞑"字之省。

歲在戊戌，大功德藏相將落成，大帥內翰胡公從佛地位①，現官僚身，具大正見，觀察無量壽佛事從三昧起，而作是言："當來彌勒，號稱次補，三十二相則已妝嚴，云何釋迦大寶覺王世出世間，爲人天師，能轉聲聞，入佛知見②，而於此刹，寶座從虛？譬如公朝千官百辟，袞冕巍峨，森列殿庭，至尊不臨，孰爲宗主？"乃即後殿施紫金檀，作釋迦像，與彌勒稱，五百相好有不具者③，俱爲足之。前佛後佛，共轉法輪④，與諸羊車，作大教主，諸修行事，諸化導法，周遍寶坊，靡不畢具。雖我世尊法華會上，眉間白毫，所照世界，所現瑞相，所作佛事，何以過此？靡金錢一萬萬，而住持足迹未嘗一出戶庭，自非具本來福德藏，修本來福得性，其應於事相者安能如是危危堂堂也哉！

院枕繁闠，酒坑婬穽，盜山殺海，勢席詐怛，財鳩氣蟒，惡習盤結。周迴四隅，境風業火，一刹那際，摧菩提樹，焚般若鍾⑤。鐵圍深固，阿鼻暗黑，無量苦事，種種見成，如蟻旋空。以苦爲樂，晝夜觀歷，而不覺知，是則名爲可憐憫者。今於其中即事示相，因相起信，轉大苦海，成大善林。化愚癡人，發智慧心；化暴急人，發忍辱心；化懶墮人，發精進心；化傲慢人，發恭敬心；化散亂人，發禪定心；化淫穢人，發清淨心；化貪盜人，發滿足心；化慳鄙人，發檀施心；化嗔恚人，發歡喜心；化殺害人，發慈善心；化妄誕人，發真實心。種種心生，種種心滅，一彈指頃，捨惡趨善，其爲饒益，無有限量，無有窮盡。諸來觀者，彈指贊嘆，得未曾有。

爾時有一居士，自凡夫境諦觀凡夫作諸妄業，受諸妄報，王侯螻蟻，共一苦聚，心生悲惱，未有咨決。又聞如是大都會中有大業坑，復有如是大功德海，歡喜踴悅，稽首作禮住持，問之曰："昔須菩提常白世尊：阿羅漢道從無諍修，無諍三昧，人中第一。又白世尊⑥：我從空生，證解空果，成無上道，即是義觀。無諍及空，是阿羅漢滅妄證真二大法門。我觀世間種種黑業皆從諍起，諍心一萌，河沙國土、微塵衆生各立見界，自爲同異，於普佛境，失普物性。又觀世間諸不空者，皆依粗濁，事相而立，認賊爲子，返爲賊媒，自劫家寶，客境窮露，無可誰何。今子於此有諍界中開示無諍正修行路，不空界中開示真空本寂滅體，雖則對病設藥，猶墮有爲。但此界中諸有生者染病方深，云何勿藥？假一切有，詣一切無，畢竟無中，藥病兩亡，事理俱泯，惟病與藥，總成昨夢，露地白牛，卓然獨立。子之所志，其在茲乎？"住持顰蹙而言：

---

① 大帥：原作"大師"，朱本、鄒本作"太師"，均誤。按："內翰胡公"指胡元質，元質以淳熙四年二月自知荊南府爲四川安撫制置使（見《宋史》卷三四《孝宗紀》二），未嘗爲太師。宋代制置使有兵權，爲一方統帥，故習稱制帥、大帥或只稱帥（詳見龔延明《宋代職官辭典》），故此處"大師"乃"大帥"之誤，據改。

② 知：萬曆本、朱本、鄒本作"如"，誤。

③ 百：原作"日"，據《成都文類》卷四一改。按：佛教稱佛像爲"相好"，此處"五百相好"即指五百羅漢之塑像。

④ 法：原脫，據《成都文類》補。

⑤ 鍾：《成都文類》同，萬曆以下各本作"種"。

⑥ 白：原作"自"，據朱本、鄒本、《成都文類》改。

"嗟乎哉，是何子之多事也！老僧昔者南遊諸方，至於何山，見一威猛大師子王，寓名曰辯。於千載後，無見見中，親見臨際，我於此老承事供養，經歷年歲，寂無所知。忽從戶外賣菜聲中①，聞師子吼。我於爾時，性命俱斷，悟本來空，無得而得。今於此刹作粥飯頭，飢來即食，飽來即睡，十二時中，一切平常。如子所說，我總不知，但以前日創始既有其緒，成功不毀，姑爲終之。諸世界中及世界法總是大阿羅漢普通道場②，無用强生分別，作善惡想，立取捨見。何山所得如是。"

居士曰："咄！龍生龍子，鳳生鳳雛，四海老憝，名不虛得。"筆集緒言，因以爲記。

新繁縣朱真人祠堂記　　　　　　　　　　（宋）劉光祖

古之仙者，或詭服變名姓，佯狂市井間，人莫測其爲；或啖食草木土炭諸臭惡物，逢人不擇貴賤，肆口罵毀，至瓦石擊走之；或事化丹砂水銀諸不死之藥，往來海上，遇其徒，授之秘方，期不泄於人世。所傳多此類也。或云有陰功者亦得白日仙去，是皆不可疑其有無。而余常常喜道朱真人事，讀《茅茨賦》，悵然知其爲隱者也。其言有曰："壁崩剝而通風，檐摧頹而瀉日。"又曰："削野藜而作杖，卷竹葉而爲巾。"余雖不能然也，而意殊欣然慕之。至其終篇，有曰："口無二價，日惟一餐。"於是置卷而嘆曰：仙者無他，惟修心、養生二事而已矣。惟其純一不變，人罕能之。使人能終身不二價，則赤子之性常全，終日不再食，則冲虛之氣常集，其於仙也何有？修心以保真，養生以煉神，其爲道也簡易，其爲功也悠久。余嘗考唐《隱逸傳》，然後知真人之事非有荒忽詭異之迹，而皆可究也。裂冠毀服，竄匿林莽間。彼寶軌者方以多殺戮爲治，固高人之所鄙而不顧也。雖高士廉粗知安静之理，亦烏能識夫人不言之妙哉！織芒屩置道上，人曰"居士屩"也，以米茗易之輒取去，終不與人接。其所爲如此，而傳不言其所終。至其迹顯晦不常，然而人所共傳者，每每於夢中以藥石愈人疾。

本朝崇寧間，賜號妙通真人。比歲，蜀人信事之益多，邑有其祠，家有其像。今新繁縣隆道觀新作祠堂者，鄉貢進士李溪、王煇率其邦人之爲也。余與李氏兄弟交，重其能以文學相繼取科第。溪之兄漢必欲得余文記立祠本末。余魯鈍，性不喜外鶩，竊於真人之道有感焉，故樂爲李氏兄弟書之。若夫祠堂之歲月，有不以廢興爲存亡者，不必記也。淳熙八年六月日記。

---

① 聲：原無，朱本、鄒本於"菜"字下注"缺"字，今據庫本補。
② 萬曆本、朱本、鄒本無"中及世界"四字。

報恩寺佛牙樓記

(宋) 馬永卿

世之議者以謂天地融結之氣各有所在，故水聚於東南，而山聚於西北。吾江湖人也，老遊官於蜀，蓋嘗親見之矣。自鹽叢、魚鳧未有書契之前，不知其幾千萬歲，而全蜀之水晝夜滔滔汩汩東注，未嘗暫止，未嘗告竭。然則水之多寡，東西南北果安在也。吾意水在天地間，猶血氣之在人身，上下往來，無有窮極，但造化密移，人不見耳。故曰"陰陽不測之謂神"，是豈世之文字，人耳目所能究哉！

夔當全蜀衆水所匯，鎮以灩澦，扼以瞿唐，山川秀發，真天下壯觀也。必得古佛真身舍利以鎮服之，普爲衆生作大饒益，此佛牙樓所以作也。或曰：舍利在在處處往往有之，何也？答曰：教言十方三世一切諸佛，其數如號伽河沙，遍十方刹。然獨於此土衆生，經無量劫，有大因緣，攝取不捨，誓願深重，慈悲濃厚。方佛將滅度時，於人天會前遺敕，真身舍利多留於人間。蓋佛之意，以謂人不能至天上以修崇，而天可至人間以供養。此佛之善巧也。而我暗邦大國獨爲之冠焉。然此舍利，非得福地則不可安奉，非遇信士即不能建立。今夔子之國可謂福地矣，而又遇信士爲內外護，此其所以能成就如是功德莊嚴歟①！

報恩光孝禪寺者，夔之古刹也，晉號鐵佛，唐稱金輪。比年以來嘗廢革，布金之地，荒芜不治。而常住舊有佛牙一枚，方寺廢時爲老比丘極力收藏，如護眼睛，得不遺失。及寺之復也，降禪師初至，將有爲而未能也。今璘禪師繼之，每念佛牙久此湮沒，欲一樓以崇奉之②，遍謁檀越，未有如給孤獨者，豈象教之興真有所待歟？紹興十五年冬，漕使符公行中出建外臺。一日，公至寺循行瞻視間，若有神物警發其意者；而又聞璘公建樓之言，詳其本末。公欣然促之，即捐俸錢十萬以爲之倡，衆皆響應，各獻所有，爭助勝緣。以故未幾，一寺鼎新，巨樓居中，雄視傑立，堂庫廊廡，環而翼之，觀者皆曰未曾有也。

一日，方丈老人與二客登樓，一客曰："是蓋如來無量阿僧祇劫之所修證也，故有三十二大人相③，爲第八相。其數六六，潔白平正，色如珂貝，歷大火聚，自然堅剛，非金非玉，非輕非重，是真人天福田。而世之談佛者好爲大言，至盡略去福之因地名相，吾見必極力諍之④。"一客曰："是何言之陋也！空而已矣。吾觀世間有爲功德，皆是幻化，虛僞不實。故學佛者當先庸行剗絕屏當之，然後宴坐，觀我此身，猶如死尸，猶如蟲聚，猶如行廁⑤，污穢不净。見事是已，即急捨離，心中出火，自焚其身，然後

---

① 功德：原作"切得"，據萬曆本、庫本、朱本、鄒本改。
② 一樓以：萬曆本、朱本、鄒本作"以一樓"，庫本作"建一樓以"。
③ 有：原作"大"，據萬曆以下各本改。
④ 諍：原作"净"，據萬曆本、朱本、鄒本改。
⑤ 廁：原作"厮"，據上引改。

可見無上菩提。今學者不知出此以思惟，心生狹劣相，吾見必唾罵辱之。"方丈老人曰："二客之言皆非也①。如前客之言，則佛法不離於文字；如後客之言，即佛法將歸於隕滅。且一身不成二佛，而一佛必具三身。今客之所見爲佛法身乎？佛化身乎？佛報身乎？又客今在此，爲過去乎？爲未來乎？爲見在乎？客若知三時即是三身，則諸佛現前矣。客又不聞净名居士之言乎：'如我觀佛，前際不來，後際不斷，今復不住。'若能如是，始可以觀佛牙矣。"二客曰："唯唯。"爾時老師復說偈言：

> 壯哉縹緲之飛樓，巋然下鎮三峽流。中有舍利萬億秋，玉奩金鑰那能收。靈光浚發騰空浮，阿迦膩吒麾不周。魔王積惡招愆尤，正如躔度遇羅睺②。宫殿煤黑群魔愁，諸天眷屬時嬉遊。會遇佛光喜不休，相與聚集到無憂。共議是事同推求③，四禪梵王列幢旟。阿叔迦寶結綱幃，勝鬘纓絡交相繆。作天妓樂風颼颼，緊那樓王最稱優。簫鼓歌唄雜箜篌④，舍芝夫人妙音喉。千二百種聲清修，阿素洛王神之酋。降伏強梗解怨仇，俯伏互跪貌和柔。魚鰓鳥喙狀獼猴，殊形詭制森戈矛。亦來侍衛列群騶，供養既已衆不留。但餘雨花香且稠，吾聞佛事因人修。隱顯相遠殊不侔，維摩居士佛匹儔。應緣示現爲公侯，一見金輪大比丘⑤。受佛記莂如合謀，江山針芥偶相投。成此勝事何優遊，惟佛恩大不可酬。何其來此古信州，願垂鴻福常庇庥。如象如馬峽江頭，無礙行客往來舟。俗士狹劣言可羞，止欲福此西南陬⑥。粟散諸國紛蚍蜉，不知更有四大洲。

峨眉山普光殿記

（明）蜀懷王

普光殿在峨眉山之絶頂，峨眉乃普賢大士視現之所也。峨眉之勝聞天下，其山周匝千里，八十四盤。於青雲之端有石龕百餘，大洞十二，小洞二十八，又有雷洞坪、飛來鐘、玉泉石⑦、金剛臺之境。峰巒倚天，彩錯如畫，與岷山相對，實吾封内之巨鎮也⑧。山之上，天霽則圓光大現，山之下，雲開則聖燈夜明，誠爲佛之境界。

成化二年，舊殿厄於回禄，寺之住山了鑑以事聞於國。因憫古佛道場不可廢毁，捐資命工，重爲修建，越三年己丑而功畢。峻傑宏麗，於舊尤加。殿中以銅鑄天地水

---

① 二客：原作"客佛"，據萬曆本、朱本、鄒本改。
② 羅睺：原作"羅猴"，據朱本改。羅睺，星名。
③ 求：原作"永"，據萬曆以下各本改。
④ 唄：原作"咀"，據萬曆本、朱本、鄒本改。
⑤ 大：原作"火"，據上引改。
⑥ 止：朱本、鄒本作"正"。
⑦ 玉：原作"王"，據萬曆本、朱本、鄒本改。
⑧ 鎮：原作"錯"，據朱本、鄒本改。

府、天君侍者、雷電山王之神像，以爲百千萬年之香火也。

夫天地之理，生生不息，成毀也，代謝也，理勢相因而然也。後人不繼前人之爲而爲之，則其迹化爲草莽之區也。成而毀，毀而成，亦生生不息之意也。斯殿一新，因前人之爲而爲之也。四方睹佛者登斯山，上斯殿，當知普賢願王應變無窮①，而利澤無盡也。殿之規制，兹不一一焉②。是爲記③。

---

① 願王：萬曆本、朱本、鄒本作"願上"。按：疑當作"願土"，即極樂淨土。

② "一一"下，朱本、鄒本注云"缺"。按："一一"猶言"一一詳述"，此是副詞作動詞用，無缺字。

③ 正文之後，朱本、鄒本有按語云："王諱申鈘，獻王椿曾孫，悼莊世子悦熑侄孫，和王悦燎孫，靖王友堉、僖王友壙侄，定王友垓子。天順八年嗣，成化七年薨，諡曰懷。"

全蜀藝文志卷之三十九

記庚

墨池準易堂記　　　　　　　　　　　　　（宋）何　涉

　　道昧於叔世，而白於盛時，迹毀於無知，而伸於有識，蓋其常爾。揚子雲立漢哀、平、新莽際①，號爲名儒，聲光馮馮，雖千百年亡輒衰貶。有宅一區，在錦官西郭陬巷，著書墨池存焉。後代追思其賢而不得見，立亭池端，歲時來遊，明所以景行嚮慕。入魏、晉、李唐，其間興衰，如蠓蠛蠛，如蠅營營，侵晦譁譊之聲未窮，而氏姓俄變；獨子雲之宅巋然下據，不被廢徹，亦足以信其材度藝學爲世所仰也。

　　王德數盡，中原潰喪，王建由草竊進攘蜀土，僭立稱號，用淫虐暴恣以成其一切，固不暇識所謂揚子雲果何人也，宅與墨池垣入官界，爲倉庾地。至知祥、昶世及皇朝，仍而弗革。淳化甲午紀②，順寇始亂，放兵燒掠，隆隆積廩，化作灰阜。賊平，主者因其地改創營閑，以休養卒徒，環堵儒宮，彌益污辱。慶曆丁亥，今相國集賢文公適爲是都尹，有中興寺僧懷信詣庭言狀，公嘆惋累日，命吏尋遺阯，畫疆以還其舊。然屋已名龍女堂，池復堙塞洇況矣。方議疏葺，而公遽追入覲③，事用中寢。

　　明歲戊子，提刑司田郎高侯惟幾乘間獨至，睹荒圮眇莽④，咨嗟久之，且言："子雲八十一首、十三篇，逮它箴、頌，其辭義奧遠，山生澤浸，上與三代經訓相標榜。士大夫不通其語，衆指以爲孤陋。用其道，反絀其迹，如聳善捄俗之風將墜地弗振何！"退諭賢僚名卿，斂俸餘以圖經構。知尹、直樞宥程公學據壼窔⑤，人推宗師，扶乘頽流，敦尚名義，聞而說⑥，命取良材，充助其用。都人士逮田衣黄冠師，雖平時叛吾教、訹佗説以自誇者，亦欣歡忘劬，來相是役。辨方審曲，率有意思。直北而堂曰

---

① 立：萬曆本、朱本、鄒本作"歷"。按："立"字較勝。
② 紀：庫本、朱本、鄒本作"李"，則屬下讀。
③ 追：萬曆以下各本作"迫"。
④ 眇：萬曆以下各本及《成都文類》卷四二作"渺"，二字通。
⑤ 樞宥：萬曆以下各本作"樞密"。按："宥"字不誤，《成都文類》亦作"宥"。《詩·昊天有成命》："夙夜基命宥密。"故宋人每稱樞密爲樞宥。壼窔：《成都文類》作"壼奧"。按："窔"字亦不誤。"窔"即"宧"，義爲室內東北隅，"奧"爲室內西南隅，俱引申爲幽深之意。
⑥ "說"下，朱本、鄒本有"之"字。

"準易"，繪子雲遺像，正位南向；諸公儀觀列東西序。池心築臺①，置亭其上，曰"解嘲"。前距午際，軒楹對起，以須宴會，曰"吐鳳"。奇葩雜樹，移植交帶，垂苕森列，氣象藹藹。三月晦，凡土木黝堊之事畢成。

君子謂高侯是舉也，扶既廢，補久闕，其激勸風旨，雖古人不過。矧夫資識端亮，學術雄富，若導積石，引長河，愈久愈洪，無枯涸慮；文章麗密，據法裁詖，若衣藻火，以退胡服，故舉動建置皆可師。小子不文，承命恐悚，謹爲之記。時慶曆八年。

揚子雲宅辯碑記　　　　　　　　　　　　　　　　　　　　（宋）高惟幾

《前書》傳揚子雲之先②："揚侯逃於楚巫山，因家焉。楚漢之興也，揚氏遡江上，處巴江州③，即犍爲郡。漢建元末領江陽，今圖經有揚雄宅並洞，洞前刻揚雄像，此即揚侯爾。以雄名最顯，後人慕之，第稱曰揚雄宅與像，追此存焉。今爲道宫。而揚季官至廬江太守。漢元鼎間避仇，復遡江上，處岷山之陽，曰郫。有田一壥，宅一區。"《禹貢》曰："岷山之陽，至於衡山。"孔安國曰："岷山，江所出，在梁州南。衡山，江所經，在荆州。"李膺《益州記》曰："岷山去成都五百里，有岷山縣，江源所起也。"故其西之八十里，江之南，石紐，禹所生處。而班氏謂"岷山之陽曰郫"，采缺之誤耳④。且岷去蜀郡五百里，郫去成都四十里，則郫不在岷山之陽明矣。

蜀都故缺曰中興寺⑤，即西漢末揚雄宅。南齊時有僧建草玄院，以雄於此草《太玄》也。《蜀記》曰："草玄亭，即揚雄草《太玄》所也。宅在州城西北二里二百八十步。"揚氏《蜀王本紀》云："蜀之地本治廣都樊鄉，後徙居成都。秦惠王遣張儀定，築成都而縣之。"今州子城乃龜城也，亦儀所築。縣經曰："縣在子城西北二里一百步。"今草玄亭廢址乃其宅，去縣僅二百步，與二說符矣。《益州圖經》有揚雄坊，而郫無揚雄宅，郫亦不載揚氏遺事。是知季五世傳一子，世世爲成都人也，宅豈郫乎？矧郫與岷殊不相涉，史氏務廣載備言，捃掇之舛，固亦有焉。予因辯其誤，意泥古者止以班史岷陽之郫有宅爲然。

---

① "築"下原空二字，無"臺"字，據萬曆本、朱本、鄒本補（萬曆本"臺"下又空一字）。庫本補"層臺"二字。

② "子"字原無，據朱本、鄒本補。

③ 巴：原作"已"，據庫本、《成都文類》卷四二及《漢書·揚雄傳》改。庫本"巴"下有"之"字。

④ 所缺之字，庫本補作"摭"。

⑤ 此句庫本作"蜀郡故關内中興寺"，非。

漢州莊真君卜臺記

(宋) 郭 印

真君姓莊氏，名遵，字君平，蜀隱君子也，事略載漢史，雜見於叢書異說者尚多，弗著。按《益州記》：漢州雁橋東有真君卜臺，高丈餘；有通仙井，真君常潛迹變通，從井中出，啟肆賣卜。又故老相傳，州治形勢南高而北下①，多火災，真君鑿井廛間，上應七星，杓指南方，以厭勝之。則真君之德陰被廣漢尤厚。自昔至今越千百年，卜臺既已隳落，井之應輔星者堙塞久矣。比歲，郡人往往逢災，應或疑焉。今太守王公憂民之憂，乃如其說，汰故堙井。於是災燀不作，民皆按堵。一日，過卜臺下，顧其陋甚，尋加修築，繪真君像其上，前臨通道，蔽以短垣。蓋使邦人無忘真君之德也。既成，屬某記之。

某謂卜筮，聖人之事，所以極數知來，洞照吉凶，大概使人知所趨避而已。後之日者乃復求售其術，假禍福以簧鼓一世，豈聖人之意哉！觀真君寄迹於此也，有邪惡非正之問，則依蓍龜為言利害，與人子言，依於孝，與人弟言，依於順，與人臣言，依於忠，各因勢道之以善。得百錢自足，則閉肆下簾而授《老子》。嗚呼，亦異矣！真君靈迹，蜀諸郡皆有之。其拔宅升仙，出入於通仙井事，今蓋無所據。至卜臺、七星井，則遺迹具在，可考不疑，故並書之。

李太白故宅記

(宋) 楊 遂②

先生諱白，字太白，事迹已具范傳正姑孰碑及李陽冰《文集序》矣。夫蛟龍能神於雲雨，不能為人用；鳳鳥能瑞於王者，不能為人畜。而先生以天成之才能神於為文，異人之表能瑞於當世，始投袂而來，竟解組而去，所謂不能人用與人畜也。

燦哉庚星，儲精參絡③。屬開元天子御宇日久，天下無事，聿修文教，卷四溟而袂寰宇，頓八紘而羅英傑，先生拖屐劍閣，西入長安。天子聞其名，忻若有得，召見之日，前席禮之，延於金鑾，待如僚友。自是疇咨若采，潛俾草奏，造膝說辭，人莫知者，恩隆寵洽，王公嚮風，不浹日而聲烜於華夏，亦先生之遇代之盛也。

夫有高世之德，則訕謗者伺其隙；有超人之行，則妒嫉者窺其釁。故士無賢與不肖，女無美與醜，睹先生以興嘆也。值非常之時，遭非常之主，宜必立非常之事，建非常之功。以開元之盛，非謂無時矣，以玄宗之明，非謂無主矣；然而青蠅之營營，

---

① 州治形勢：原作"州形治勢"，據朱本、鄒本、《蜀中廣記》卷九乙。
② 原注："宋員外郎。"
③ 此二句原作"燦哉儲星精參絡"，據清王琦《李太白詩集注》卷三六改。朱本、鄒本作"燦哉庚星，儲精參絡"。

棘藩斯止，貝錦之萋斐，豺虎可投，賈誼既疏，崔駰亦棄。豈非得時不難得君難，得君不難立事難，立事不難建功難，故功難成而易敗，事難就而易毀者歟！先生所以卷舒無悔吝，趨舍有進退，遂乃北遊燕趙①，東訪梁宋，南憩鄢楚，周流數十載，思與喬松遊，而餌金丹爲事爾。繇是縱情肆志，劉伯倫之傲世也；賦詩寓懷，阮嗣宗之窮途也；學仙養生，嵇叔夜之邁俗也。觀其才思駿發，浩蕩無涯，組繡史籍，粉繪經典，若鼓號鐘而鬼神雜沓，闢武庫而劍戟森羅；而又飄緲悠揚，迥出風塵之外，不作人間之語，故當時號爲謫仙人焉。如《蜀道難》，可以戒爲政之人矣；《梁甫吟》，可以勵有志之士矣；《猛虎行》，可以昻立節之子矣；《上雲曲》，可以化愚夫之懵矣；《懷古》，可以革澆風之俗矣。其餘所作，雖以感物因事而發，終以補世匡君爲意。自西竄夜郎，南流江左，坎壈頓躓，飄泊羈屑，悲夫！

僕嘗論，蜀中自古多出名人才士，其尤者漢則司馬長卿、王子淵、揚子雲，唐則陳子昂暨先生耳。長卿遇武皇之重，終卧病而閑。子淵獲宣帝之好，亦無用於世。子雲會王莽之亂，復貧困而卒。子昂憤文章之壞，一變古道，又以貶而退。先生振風雅之綱，再革今弊，竟以放而去。噫！天厚其才而薄其命乎？不然，以褒貶聖賢，毀譽今古，主陰者罰之乎？又不然，以才學富多，器識俊茂，司命者黜之乎？是烏可知也！抑此數子，千百年後莫不聳慕，宗爲楷則，亦可謂拔乎其萃者矣。

先生舊宅在清蓮鄉，後往戴天山讀書。今舊宅已爲浮圖者居之。僕少覽先生之文，每爲太息。辛卯，謫涖斯邑，因暇披莽挈侣來尋。嗟乎！城郭皆是，丘陵如故，其人已往，其迹空在。遼海玄鶴②，尚千載而却歸；蒼梧白雲，竟一去而不返。爲銘勒石，寘之金田。其辭曰：

　　岷山之精，上爲金星。母乃夢協，先生以生。厥名曁字，則而象之。出風塵表，標天人資。詞源學派，若洩尾閭。自古王佐，欲致唐虞。謂予弗起，蒼生其如。遂來京師，荃芬蘭藹。天子詔我，金鑾賜對。禮爲前席，千載一會。王公卿士，莫不傾蓋。英聲雷飛，鞠於區外。有始有卒，其惟聖人。孰謂誰來，我思奉身。稽顙丹陛，願乞骸骨。天子從之，出蒼龍闕。鶴返青漢，雲歸碧天。緬追安期，邈尋偓佺。夕餌瓊藥，晨嗽玉泉③。放情肆志，養吾浩然。詩吟千首，酒飲百船。西浮南泛，夫何繫焉。龍飲山前，涪江之涘。先生一去，宅留故里。數變喬木，幾遷人世④。草蔓荒蹊，棘蘿廢址。鄉人故老，猶話厥美。吁哉先生，不爲不遇。命也何如，拂衣自去。蓬萊金闕，崑崙珠樹。定往遊否，孰知其故。悠悠我思，傷心日暮。

---

① 乃：原作"及"，據庫本、譚校改。
② 遼：原作"僚"，據萬曆以下各本改。
③ 晨：原作"是"，據上引改。
④ 遷：原作"千"，據文意改。

杜工部草堂記　　　　　　　　　　　　　　　　（宋）趙次公

六經皆主乎教化，而《詩》尤關六經之用。是故《易》以盡性，而情性寄寓之詠，則《詩》通乎《易》；《書》以導事，而事變之達，則《詩》通乎《書》。《詩》興而禮立樂成，無《詩》則禮樂無以發揮。《詩》亡而後有《春秋》，有《詩》則《春秋》無復勤聖人之筆削。然則《詩》之旨不其大乎！故孔子刪《詩》之後，而爲二百四十二年之褒貶。孟子尤長於《詩》，而有七篇之書，其與《風》《雅》明教化無異也。自孔孟微言之既絶，而《詩》之旨不傳。區區惜別，已失於漢；華麗委靡，又失於六朝。

唐自陳子昂、王摩詰沈涵醇隱，稍爲近古，而造之未深，其明教化者無聞焉。至李杜，號詩人之雄，而白之詩多在於風月草木之間，神仙虛無之説，正何補於教化哉！惟杜陵野老負王佐之才，有意當世，而骯髒不偶，胸中所蘊，一切寫之以詩。其曰"許身一何愚，自比稷與契"，又曰"致君堯舜上，再使風俗淳"，此其素願也。至其出處，每與孔孟合。"尚憐終南山，回首清渭濱"，則其遲遲去魯之懷；"勳業頻看鏡，行藏獨倚樓"，則有皇皇得君之意。晚依嚴武，未愜素心①。枉駕再顧，赴期肯來，禮數非不寬也，而卒未免於嫌忌，致同袍有"蜀道難"之悲。吁，可慨夫②！

我公以甫氣味之同，神交於今日，而況閭閻有揖遜之風，松竹無荒蕪之嘆，在甫所得爲多，則甫之精爽凛然，宜安新宮之爽塏而樂之矣。儻甫無恙，其遇公也，受知之篤，始終不渝③，嚴公視之，得無怍乎？彼之疇昔論詩，孰與今者刻詩之意也？天下後世由是識曲阜之履，愛甘棠之木，誦其詩以知教化之原，豈不自我公發之邪！

重修杜工部草堂記④附　　　　　　　　　　　　　　（明）楊廷和

成都草堂，唐杜子美舊居之地也。堂屢廢矣，輒新之者，重其人也。子美出處，具在本傳，堂之興廢，亦各有記載，不復以云。今日之舉則巡撫都御史鍾公蕃倡其議，巡按御史姚公祥主其成，而鄭公弘協其謀也。既成，成都府同知吳君廷舉以書與圖來，屬予記之。

蓋翹然而起臨於官道者爲門，門之後爲祠三楹，遺像儼然，春秋之所有事焉者也。祠之改作，鍾公實委郡僚任之。於時以公帑無羨餘，未遑其他。他日姚公往視之，則

---

① "皇皇"至"素心"十四字原脱，據萬曆本、庫本、朱本、鄒本補。
② "吁可慨夫"四字原脱，據萬曆本、朱本、鄒本補。按：以下疑有脱文。
③ 渝：原作"俞"，據萬曆以下各本改。
④ 堂：原作"唐"，據萬曆本、庫本、朱本、鄒本改。

以爲他之不葺，又遺後人以恤，是其責在我。再令郡中檢括所藏，仍以兩巡院所沒入者益之，藩、臬諸公亦各助之十一。於是他不治者，並手偕作。祠後爲書院，楹如祠之數，屋其左右各稱是。引水爲流，橫絕其後，橋其上以通往來，於其前門焉榜曰"浣花深處"。進於是則草堂也。堂故在院之前，來遊者雜然謹譁，弗嚴也，姚公乃令易置之，院後隙地盡以屬之堂，而規制益宏矣。堂之左右亦各爲屋三楹：其東則選釋氏之徒居之，以奉祠之香火；其西則禮神之器與延賓之具皆貯焉，繚以周垣，廉隅有截。又其東偏爲池，引橋下之水注其中，菱蓮交加，魚鳥上下相樂也。名花時果，雜植垣內，盆池楚楚，離列其間。其外則樹以楩柳，像子美之舊也。經始於弘治庚申之春，斷手於其年之秋。財不費而功侈，民不勞而事集。凡此皆吳君圖之，而受之姚公者也。

夫世稱子美者概以爲詩人，愚嘗不滿於是，以爲詩道之成極於子美，而子美之重於人者則不獨詩也。唐三百年間，文章之士毋慮數十百人，而祠於後者僅可指數。李白之於采石，韓愈之於潮州①，是其表著者。他若襄陽之孟亭，建州之梨山之類，則有知有不知者矣。而子美之草堂，夫人皆知之，是獨以其詩而已哉？蜀自先秦以來上下數千年間，古今通祀者纔數人，若秦之李冰、漢之文翁、孔明，宋之張詠，皆以功德流遠，比於甘棠，是以蜀人若是其慕之也。而子美徒以羈旅困窮之人，軒然與之並，是誠不獨以其詩也。蓋子美之爲人，孝友忠信，大節具備，讀其詩，考其素履，一一可見。至若許身稷契，則亦自其所能爲者言之。觀其"舜舉十六相，身尊道何高。秦時任商鞅，法令如牛毛"之語，則其用處亦略可知。史家不能得其所存，而疑其議論，漫謂之高而不切。志其墓者亦不過稱之爲文先生耳。於乎，此何足以知子美哉！不知於當時，乃知於後世，一世之短，百世之長，子美之名若草堂，雖與天壤俱存可也。今日諸公之舉，尊賢厲俗，其於風教，豈曰小補之哉！

諸公之蜀，皆卓有風烈，可傳於後，記爲草堂作也，故不具述。董是役者，自成都府檢校崔瑭而下，其姓名皆列之碑陰。

修夔州東屯少陵故居記

（宋）于 㬇

唐大曆中，少陵先生自成都來夔門，蓋欲下三峽，道荊襄，以向洛陽，漸圖北歸。始至，暫寓白帝，既而復遷瀼西，最後徙居東屯，質之於詩皆可考。峽中多高山峻谷，地少平曠，獨東屯距白帝五里而近，稻田水畦，延袤百頃，前帶清溪，後枕崇岡，樹林蔥蒨，氣象深秀，稱高人逸士之居，少陵於是卜築焉。厭囂塵而樂幽勝，蓋時人所以爲吟詠風月之地。夔州之詩多至四百餘篇，計當一草一木，盡入詩句中矣。

少陵既出峽，其地三易主，近世始屬李氏，少陵手書之券猶在。至子襄，頗好事，講求故迹，復置高齋，用涪翁名少陵詩意，創大雅堂；臨溪又建草堂，繪其遺像。歷

---

① "采石韓愈之於"六字原脫，據萬曆本、朱本、鄒本補。

歲滋久，屋且頹圮弗治，券亦爲有力者取去，而前賢舊隱，幾爲荆榛之墟。

慶元三年春，連帥閬中毌丘公①、漕使蘇臺錢公暇日聯轡訪古，嘆高風之既遠，而故居之弗葺，無以致思賢尚德之意。因李氏子欲析居，毌丘公捐金市之而歸諸官。爲田一十一畝有奇，繚以短垣，樹以嘉木。齋與堂之敧腐撓折者從而增葺之，架爲憑軒，闢爲虛廡，開新徑以直溪，而東屯之景物深窈幽邃，與少陵寓居之日無異。錢公又跨草堂創爲重閣，移置少陵像於其上。凭欄一望，則平川之綺麗，四山之環合，若拱若揖，與賓主相領略。蓋東屯至是遂爲夔州勝處。

嗟夫！少陵始進三賦，明皇奇其才，嘗召而欲用之，故其詩有"主上頃見徵"之句。已而齟齬不偶，流落頓挫，故其詩有"青冥却垂翅"之句②。少陵抱負奇偉，許身稷卨，蓋欲少出所學以自見於世，而卒不遇，憔悴奔走於羈旅之間，可嘆也！雖然，少陵之詩號爲詩史，豈獨取其格律之高、句法之嚴，蓋其忠義根於中而形於吟詠，所謂一飯未嘗忘君者。是以其鏗金振玉之所，與《騷》《雅》並傳於無窮也。

少陵避地入蜀，其寓居之處，同谷有草堂，浣花亦有草堂，皆官自葺之，有以見其勿翦勿伐之意，獨東屯不然，誠夔門之缺典也。夫地固以人重，而物之興廢有時。今帥、漕二公獨能興四百年之遺趾而更新之，明示好尚，丕變雅俗，寔權輿於此③，則是役也豈徒爲遊觀設哉！

慶元三年十二月初一日④，朝奉郎、權通判夔州軍州、兼管内勸農事、借緋于奐記。

淵樂堂記　　　　　　　　　　　　　　　　　　　（宋）楊天惠

吾蜀有達伯曰木雁先生，生岷峨之厓，長邛崍之墟，出入於脂膏遊俠之窟，而其心泠然獨追正始、永和之人而師友之⑤。然其拔起甚苦，其擺置甚厲，其造端甚鋭，其收績甚勝⑥。金寒玉暖，五十有餘年，而後得寄祿第七品，賦秩四百碩⑦，闢五畝之宅，

---

① 毌丘：原作"毋丘"。按：毌丘爲複姓，"毌"音貫，與"毋"不同，今改。下同。
② "之句"二字原無，據庫本、朱本、鄒本補。
③ 寔：原作"是"，據萬曆本、庫本改。朱本、鄒本作"實"。
④ 一：萬曆本、朱本、鄒本作"二"。
⑤ 泠：原字缺筆不清，萬曆本、鄒本、《成都文類》卷四二作"冷"，誤，此據庫本、朱本補正。
⑥ 收績：原作"收績"，據萬曆以下各本改。韓愈《送侯參謀赴河中幕》詩："收績閒史牒，翰飛逐溟鵬。"
⑦ 碩：庫本、朱本、鄒本作"石"。按："碩"通"石"。

名百脞之田①。於是稍斥隙土，築小堂焉，名之曰"淵樂"。會將致爲臣，歸老於其央②，間以書戲其友東蜀楊天惠曰："予癯儒也，暴享此，得無有物瞰之？因書韓公《示兒》詩曰：'始我來京師，止攜一束書。辛勤三十年，以有此屋廬。'夫經之勤，營之劇，悴形忍性，磨以寒暑，而偶有獲焉，此韓公詩之所以飾喜，而予欲記之，亦以志難也。唯是名堂之意頗有以，而或者未即曉之。今夫淵明嗜酒，樂天亦嗜酒；淵明工詩，樂天亦工詩。凡語故事者，夫人知其然，乃予所以千載尚友之意殆不其然也。子盍付予心而試發之？"

天惠伏書嗢噱曰："富哉名乎！吾有以索夫子之慝矣③。夫論人者無論其人，而論其人之天。按淵明以微故輒行，而樂天以直言屢黜，是其過人已遠甚，然尚非其巨者也。晉、宋之交，新故糅分，朝而南，莫而北，未見有堅明不二者也，獨淵明消搖前去，無所回其迹。牛李之禍，簪笏債路，朝爲卿而莫爲虜，未見有脫遺無預者也，獨樂天并介中立④，無所蹈其瑕。黨者先生所以取二子⑤，寧是邪？抑非歟？"

於時天惠董役通濟江上，腹稿雖成，竊自疑其言之強鄙⑥，弗敢出也。行且謀以身承教，共定其當焉，而病莫之前。後一年，先生自大邑力疾歸，坐堂上，委衣冠而嬗。予聞之，抵机哭曰："嗟乎，無與定吾文矣！"蓋鍾期死，伯牙破琴而不復鼓然；徐君亡，季札挂劍而亡所愛之。二人豈以死生寒久要之盟哉！吾意先生精爽超徹，決不澌盡，時撫鶴翎過城郭，猶當問記之有亡也。輒憶枯思之遺餘，稍補葺之，以授其子，俾實諸堂右。

合江園記⑦

（宋）蔡 迨

合江園，唐尹韋忠武作。後因其亭爲樓閣臺榭，參植美竹異卉，蒼翳參差。而春芳夏陰，波光月暉，以時獻狀，無不可愛，故爲成都園亭勝踐之最。嘉時暇日，方伯刺史與其賓寮名勝登臨燕衎⑧，傳觴授簡，以極其歡，幾與東平之溪堂、山陰之蘭亭爭

---

① 名：《成都文類》同。萬曆以下各本作"治"。按："名"字不誤。名，占有。《漢書·食貨志上》："限民名田。"顏師古注："名田，占田。"是也。

② 央：《成都文類》同。萬曆以下各本作"家"。按：央，邑也。《管子·乘馬》："方六里，名之曰社，有邑也，名之曰央。"

③ 慝：萬曆本、朱本、鄒本作"匿"，庫本作"意"。按："慝"與"匿"通，意爲隱匿實情，作"慝"不誤。

④ 并介：《成都文類》同。萬曆以下各本作"耿介"。按："并介"不誤。嵇康《與山巨源絕交書》："吾昔讀書，得并介之人。"劉良注："并謂兼利天下也，介謂孤介自守也。"

⑤ 黨：朱本、鄒本、《成都文類》作"儻"，二字通。"儻者"猶言"或者"。

⑥ 強：萬曆本、朱本、鄒本作"嫜"。按："強"謂牽強，不誤。

⑦ 朱本、鄒本自此篇分爲卷三十九下。

⑧ 衎：原作"衍"，據庫本、朱本、鄒本及《成都文類》卷四三改。

長也。而吕正愍之記實刻在石。夫地因人而重，則是園蓋可知矣。然園可娱官①，官之人未必皆材；又屬公府尚簡重，燕遊闊疏，因弗以治。樓歇亭陊②，花竹蔿制荒穢，蕭條可念，其無恙者，獨長江茂林耳。

淳熙二年春，李唐來爲是官，入其寺，傷焉，欲繕其墮圮③，而病其貲④。會提點刑獄晉原李公兼漕、領府事，唐白其故，公亟出緡錢材甓，畀以庀事。址之墟者屋之，宇之仆者起之，楹桷牖户、上覆旁障之腐而缺者易而新之⑤，弗廢其舊而加壯焉。而又補蓺花竹，叢條暢茂，咸復其故。園之壞而葺者數矣，莫若今日之壞甚，而葺之力，而成之敏也。非獨唐能張其官，寔惟晉原公達所以爲政。雖職併事叢，而細大必舉，頤指如意，致其下盡力焉，它視此可知也⑥。

工之訖，宜有以志。迨將如吴會，艤舟亭下，唐請書其事，喜爲之書。是年記。

勾氏盤溪記

（宋）李　石

君子之於物也，物之而已，不以爲身之累也。不以爲累，雖天地之大，吾能物之；一以爲累，如飲食衣物，皆反爲身病。故必以吾之一身較其大小輕重而爲之等級，身外之物，泛然來，悠然去，以身爲量，而君子之物備矣。且一丘一壑，所須甚微，而繫物甚大，以身取給可也。不則連甍阡陌井絡，包山絶江，障林蔽麓，造巧飾浮，使它人視之以爲玩，己因之以爲病，何益哉！嗚呼！斥桑麻之用以種桃李，飾茅茨之用以充藻繪，如齊雪宫之麗，如梁金谷之富，一山之植非累牛不致，一蕅之種非兼金不集；又求所以切其中者，非聲色不娱，非絲竹不樂，此桀紂之惡不至是也。傳曰："非人其物，惟德其物。"君子媿身以對物，不以物爲身之累，果如此哉！

吾友繁江勾君友於之作盤溪，非苟於作也。樓以藏書，堂以教子，亭以賦詩，榭以置酒，且自誓曰："俗子污我不污門，凡士浼我不浼室⑦。"清風肅户，明月贊席，抱琴之童，挾卷之子，照映几杖之側，徜徉筆硯之間。吾乃今知勾君之志於物，以爲盤溪之取亦多矣。吾嘗過勾君，問其所以作之之説，曰："吾學不適於時用，官不迨於世資⑧，聊以盤溪之尚，易其生平謬用之心。望望外物，乘除消長，不既汰矣乎？他人往往以斜川見詆，吾甚不樂，得一語以洗其侈名之謗足矣。"

余天彭倅罷，徒步過之，門生何夔、趙鶚從，君欣然迎客，謁記，許之。十年，

---

① 娱：原作"疑"，據庫本、朱本、鄒本改。
② 陊：原作"侈"，據萬曆以下各本改。陊與墮同，壞也。
③ 繕：原作"善"，據朱本、鄒本、《成都文類》改。
④ 貲：原作"訾"，據萬曆以下各本改。
⑤ "新"字原缺，據萬曆以下各本及《成都文類》補。
⑥ "知"字原缺，據上引補。
⑦ 浼室：原作"我室"，據萬曆本、庫本、朱本、鄒本改。浼，污穢。
⑧ 迨：原作"追"，據上引改。

又以書來，復許之。不三月，君今亡矣。因書君平生語，以誌挂劍之義。

盤溪記　　　　　　　　　　　　　　　　　　　　　　（宋）范仲芑

始予先君試吏新繁，稱邑中勾氏多人士。曰友於字信卿者，名銳於學，有當世意。已而試有司，數不合。晚乃得官，主閬中簿。度不能酬其素，即棄官去，脫遺世事，寄意閑適。其所居有溪環繞，清澈可挹，因取唐人李愿"太行之谷曰盤"者以名其溪。沿溪下上，沙澄而谷岌，土腴而植蕃，躋攀曲折，視着屋穩處爲堂、爲亭、爲軒、爲庵、爲寮，掩映相望，至者如行圖畫中。累甓爲洞，窮之而深；治涉爲航，浮之而安；架虛爲橋，即之而通。悉旁緣昌黎序中語，摭其意而揭之扁榜。經營之初，物色自獻，騁望之際，面勢咸得，嘯歌俛仰，觴酒杖屨，盡一溪之勝，而胸中梗概始披於此矣。

予童時侍先君，已聞君賢，仲兄齊叔又與君通昏姻，而盤溪之名往往流於士大夫之聽，思一往遊①，以足於登覽，而未暇也。繫官於朝，君書來，以圖相示，屬予記之。予惟山林富貴，二者莫或得兼。富貴而或羞焉，求人以塗之人恕我不可得；而山林之樂，苟多取之，尚不爲貪，人情常以自恕。擅壑專林而不知止者有矣，然自漢以來，柴桑、輞川僅以一二名於天壤，它皆泯沒，至不得其處。則凡致意於烟霏草木之間，而人品或非者，此又可以欺世也歟！惟君澡於學問，持滿而未發，既其入仕，筋力未及於衰，視世之夸華，悠然無以易之，處陰息影，休其韀而不悔，非徒以枯槁宿名也。是可書。

望岷亭記　　　　　　　　　　　　　　　　　　　　　　（宋）張　俞

凡爲亭觀池臺於得勝之地，則雖無山川而曠，無江海而閑。況郫城據岷之陽，繚江宅川，自古都邑，故有叢亭之勝，山海備焉。今邑大夫安定胡君自江南來，聳茲遊觀②，然恨尚有餘勝，鬱而未揚。會方牧廣平公命作縣之重門，門臨閑田，盡歸蕪穢，植爲西園，遂作大亭，號曰望岷。是亭西至岷山百里而近，蟠地鬱天，萬峰連延，終古孕碧，擁臨三蜀。其望伊何？春雲始波，崑柔閶闔，涵蔚瀛海；火宇無陰，萬木交蒸，重巖沓嶂，倚雲峨冰；秋空凝輝，秀卓天骨，朝陽夕月，異態殊色；寒日慘烈，時見城闕，青城、天闕③，各岷之一山耳。三峰含光，隱射天末。崑有第一、第二峰及大面④，是爲三峰。此望岷之大概也。

---

① 往：原作"住"，據萬曆本、庫本、朱本、鄒本及《成都文類》卷四三改。
② 聳：萬曆本、朱本、鄒本作"從"。
③ 天闕：朱本、鄒本作"天隅"。
④ 崑：疑當作"岷"。

故君子望之則目益加明，形益加靜，心益加清，故可以脫拘攣之域，入道義之庭，清靜無爲而治功日成矣。苟使小人望之，則目若加盲①，心若加昏，俯仰悲戚，蹙其本生，有若越人之視章甫，海鳥之聞鐘鼓，豈其性哉！俾之違義冒利，入於刑死，則欣然自謂登蓬萊、栖崑崙之不若也，奚肯謂岷山之尚可望耶②！然則岷峨之靈秀，亦烏爲小人而設也？以一山而推天下之理，則君子小人之道亦若是焉而已爾。

胡君字希逸，强明公潔，治遂無訟；且觀前宰長樂馮君道元修叢亭之事，復大修之，又特作斯亭，可以見志。某遂爲文，以示愛山之君子。

合江亭記　　　　　　　　　　　　　　　　　　　　（宋）呂大防

江沱自岷而別，張若、李冰之守蜀，始作堋以榹水③，而闊溝以釃之，大漑蜀郡、廣漢之田，而蜀以富饒。今成都二水皆江沱支流④，自西北而匯於府之東南，乃所謂"二江雙流"者也。沱舊循南隍，與江並流以東。唐高駢斥廣其穢⑤，遂塞縻棗故瀆，始鑿新渠，繚出府城之北，然猶合於舊渚。渚者，合江故亭，唐人宴餞之地，名士題詩往往在焉。久弗不治，余始命葺之，以爲船官治事之所。俯而觀水，滄波修闊，渺然數里之遠。東山翠麓，與烟林篁竹列峙於其前，鳴瀨抑揚，鷗鳥上下，商舟漁艇，錯落遊衍。春朝秋夕，置酒其上，亦一府之佳觀也。

既而主吏請記其事。余以爲蜀田仰成官瀆，不爲塘埭以居水，故陂湖潢漾之勝比它方爲少⑥。儻能悉知潴水之利，則蒲魚菱芡之饒，固不減於蹲鴟之助。古之人多因事以爲飾，俾其得地之利，又從而有觀遊之樂，豈不美哉！茲或可書以視後，蓋因合江而發之⑦。

逸心亭記　　　　　　　　　　　　　　　　　　　　（宋）章　詧

粤若緱山積秀，耀真胄於千齡；淮水澄源，煥清風於百世⑧。紀其貴盛，則同日分爲五列侯；稱彼才華，乃當時號曰三珠樹。折仙枝於奕葉，流英概於遐方，隱顯雖殊，

---

① 盲：原作"育"，據萬曆本、庫本、朱本、鄒本及《成都文類》卷四三改。
② 岷山：原作"峨山"，據朱本、鄒本、《成都文類》改。
③ 榹：原作"捷"，據萬曆本、朱本、鄒本、《成都文類》卷四三改。庫本作"捷"，與"榹"同。
④ 皆：原作"此"，據朱本、鄒本改。
⑤ 穢：朱本、鄒本作"城"，當是。
⑥ 潢漾：上引作"演漾"，較勝。
⑦ "之"下，萬曆本、朱本、鄒本有"焉"字。
⑧ 煥：萬曆本、朱本、鄒本注云："一作振。"

卷舒一致，即太原王君表正鍾其緒矣。

君幼而雅於好尚，壯而多聞，交遊必賢，談笑惟義。迨乎知命，於所居東偏創園亭以適性。蹊分桃李，愛其若君子之芳馨；陰茂松筠，賞其若志士之節操。凡植奇葩異卉，咸資興詠。或燕遊嵇、阮以樂天和，或集會荀、陳以聲名教。飲不迨乎沈湎，言必盡乎切磋。由是四方輶車，望風而至，千里多士，慕義而來。君必盱衡倒屣，勤勤拳拳，聞義必行，從善爲樂。一日，僕息鞿林下，晤語樽前，屬君操觚，求亭之號。乃本其事，題曰"逸心"，固資日休之義也。

偉乎！君其儲詩書以尊道，勵弦誦以傳家，則慶延後昆，美紹先德，莫之京矣，又何必塵生羅韈，珠貫歌喉，方謂之樂歟！會有浴沂之士，朋簪而來，遊是亭，觀是說①，能無優之哉？

少休亭記　　　　　　　　　　　　　　　　　　　（宋）劉　涇

自成都趨陵、簡，如在蜀，必由靈泉過分嶺。其山周數百里，高大阻險，以石次第爲步，暑雨冬雪，則馬不進，僕亦以病告；欲少休於中半，而無巢窟方丈之地，行者患焉。余簡人也，持以告縣令黃君曰："有走世路而至老不自言勞者，人或相以安逸②，則輒怒怨，負其走愈疾，顧何物使之？今行者之困於險也，馬思伏櫪，僕無偷安，各念寢處，欲少休其勞生。而君有地百里，不遂與之覆載，此爲失仁智，又害其良心甚矣，奈何？"君持以告轉運使晉陵胡公、吳興劉公曰："此非特令之能事也③。"於是度財力，以人意所在爲舍館，過客得止，大庇其下。

嗚呼！行者之區區，名與貨也，其心欲少休焉，則可與之，不可拒也。方寒暑憊倦，暴其體膚，正於反復中，而乃處陰靜，得樂地，由是惚然知其妄行，將賦歸而求家，則雖匹夫婦之惠④，亦仁政也。無使居者有不出戶之見，而並在高位君子⑤。笑而請名曰"少休亭"。紹聖二年記。

待鶴亭記　　　　　　　　　　　　　　　　　　　（宋）李流謙

靈泉故瘠儉⑥，舉一邑無觀遊之地。獨妙通祠側有蘭若曰"興福"，在外憑高爲亭，

---

① 說：朱本、鄒本作"記"。
② "相"字誤，或其下有脫字。
③ 特：原作"持"，據萬曆本、庫本、朱本、鄒本改。
④ "婦"字上萬曆本、朱本、鄒本有"匹"字。
⑤ 並：上引作"病"，疑是。
⑥ 靈泉：原作"聖泉"，據李流謙《澹齋集》卷一五改。按：靈泉，縣名，治今成都市龍泉驛。

下臨綠野①。市井廬落，雲烟草樹，田洫溝塍，參錯蔽虧，畢陳乎其前！一睇千里，來登者神豁氣夷，心目俱爽②，最爲邑名勝處③。昔人榜之"望錦"，以錦官城可跂而望也。蘭若久荒圮，梟狐窟巢，如逃屋亡家。一僧衰癃無徒屬，色頗凄涼，故亭與之偕廢。椽脱棟摇，壁壞甃裂，瓢囊之瘠，往往捨焉。環其地柏數十，老陰壽幹，亭以爲勝者，亦半戕於斧斤④。

紹興壬午歲元日，邑令楊公過焉，顧瞻久之，曰："是去真栖不一弓地，污穢乃爾，其何以安？"歸語邑尉李流謙，相視一嘆。明日，興福僧來言曰："智海老，不能有是亭久矣。考之舊刻，亭之建不知何時。崇寧改元，歲在壬午，宰王君者以葺祠之餘材新之。今歲復壬午，意者冥數之符，亭當惟祠之歸。願併其地，使黄冠掌焉，智海本心也。"公曰："可哉！吾何敢專⑤？"適流謙詣府，遂具其事，俾白大尹王公，亦欣然可。乃呼道士王行真付之⑥，且屬其興修之役。公首捐廩粟倡，其僚各輸斗石食衆工，凡邑子及客子之樂施者聽而不強。又親爲指畫，自真人殿左廡破壁爲門，伐翳夷阻⑦，架溪而梁之，疊石而上，凡一百二十有二級，以達於亭，即亭之舊而加葺焉⑧。支補其壓漏，灌洗其漫溷垢污，而徙所謂茅茨者於其後。於是氣象騫奮超拔異疇昔。自廡望之，橫橋如畫，石磴如梯，空亭縹緲山巔如飛來，隆岡伏坡爲之扶衛，草木明附，若奔若迎，殆與真祠素爲一者⑨。祠初無客館，客至亡所舍，至是始有托足休駕之所，皆滿意焉。屬役於四月，而斷手於七月。公閑民事⑩，輒來督視，不啻治己之林囿臺池者。

未訖役，流謙授代去。既數月，公書來曰："亭成矣。子實贊我，可無一言紀歲月？"流謙曰：亭微矣，然公意所屬，徒以老仙蜀人之所尊事，而是祠也臺家之所更建。汲汲貪奉，根極於至誠，故視唾其地如唾其面，精念冥感，至使闍黎自託於不能，願以是歸之黄冠⑪。大尹王公恭承密旨⑫，既克新華棟，享上之恭，久而益嚴，凡便於祠者亡不開可。是以斯役不勞而濟，此皆可書。"望錦"舊榜，於祠不類也，易之曰"待鶴"。昔仙人丁令威、蘇耽皆仙去，化鶴以歸。舊傳殿庭之柏，故有鶴來，安知非

---

① 下：原作"可"，據本集改。
② 目：原作"日"，據萬曆以下各本及本集、《成都文類》卷四三改。
③ 此句原作"最名邑勝處"，據本集改。
④ 戕：原脱，據本集補。
⑤ 何：原脱，據本集補。
⑥ 王行真：原作"王行直"，據本集改。
⑦ 伐：原作"代"，據萬曆本、朱本、鄒本、本集、《成都文類》改。
⑧ "即亭"二字原脱，據本集補。
⑨ 者：原作"首"，據本集改。
⑩ 閑民事：本集作"休事"。
⑪ "歸之"二字原脱，據萬曆本、朱本、鄒本、本集、《成都文類》補。
⑫ 旨：原作"音"，據萬曆本、朱本、鄒本、本集改。

老仙，而莫識也。於斯亭也，願與諸君待之。公名先進，字用之，永康之青城人①，古君子而今循吏云。紹興二十二年九月日記。

劍州重陽亭記　　　　　　　　　　　　　　　　　　　　　　　　　　　（宋）吳師孟

治平二年夏四月二十有五日，師孟從蜀帥南陽公次劍州。是日，會於東園之見溪亭。公未至，郡將揖賓，憑欄而語。見東山一峰，特竦千仞，衆小山迤邐卑附，如奔走，如侍從，茂林蒼崖，烟靄蒙密。有一亭焉，冠於山椒，碧瓦鱗差，朱欄霞明，長溪清潯，流影不去。貳車太博扶風馬君淵仰而指其巘曰："予與太守張侯頌，他日於是得異處焉。乃唐刺史蔣侑所建重陽亭，李商隱序而銘之者也。亭圮以來，不知幾許年。予嘗登訪其址，西首頻瞰，一郡之境，蠢蠢高下，叢於目前。隱其碑辭②，尚可省讀。會前官伐木，將以構予廨舍之後堂，予得即其材而新是亭。當以歲月識其廢興，敢屬以記。"

師孟退而考義山之銘，乃宣宗大中八年所篆。大中距今二百一十有二年矣，其間豈無好事之人，一出口以憐其亭之廢乎？將雖有好事者之意，而但以治郡惟簿領是先，當途惟勞餞是經，遑恤是耶？噫！融結以來，兹溪山者實此州之勝，至蔣侯方建是亭；寂寥榛蕪逾二百載，暨扶風君，乃與張侯力起其廢。是知溪山景物，無情於人者也。含清蘊秀，如有道之士，充然內足，安其所守，無待於外，何嘗欲人之愛耶！古今之人，或愛或否，亭之興廢有時，而溪山之景自若也，烏能有毫髮之損益於其清且秀乎！自古至唐，自唐迄今，僅偶得二真賞耳。自今以往，庸詎知人之愛否，亭之廢興更幾許年，而復值其人歟？

是歲六月晦日，朝奉郎、尚書職方員外、通判閬州軍州、兼管內勸農事、上輕車都尉③、賜緋魚袋吳師孟撰。

劍州再建重陽亭記附　　　　　　　　　　　　　　　　　　　　　　　　（明）康　海

予聞劍州山水舊矣。後見李義山《重陽亭銘》，言刺史蔣侑治郡三年，理得人從，乃大鏟險道，縆石見土平④，可容考工車四軌。建為南北亭，以便勞餞；又亭東山，號

---

① "之青城"三字原無，據本集補。

② 隱：庫本作"捫"。按："隱"，審度也，可通。又此二句，萬曆本、朱本、鄒本作"叢隱目前，其碑辭"。

③ 尉：原作"慰"，據萬曆以下各本改。

④ 土平：原作"上平"，據康海《對山集》卷五改。按："土平"即"土坪"。萬曆本、朱本、鄒本作"土其平"，誤。

曰"重陽",以醉風日,則劍州山水亦勝矣。而蔣君在郡,能有暇日以山水自娛,又得名士大夫詠述其事,播美於當時,遺馨於後世,其胸襟意度固已非凡者矣。

正德乙亥,武緣李君來知劍州,逾年政成,百姓咸若。於是廣教化之道,表廢墜之迹,高城浚池,練兵飭備,敶禮義,示軌則,吏就典刑①,俗無由議。乃歷覽奧曲,窮索靈秘,得兹亭之址焉。於是與二三士大夫謀曰:"夫禮義者,世之大閑,而佳勝者,地之雋腴,二者不可毋曜弗示也。予既建兼山書院以示學者,而又表武侯之廟,旌死節之人,使庶位有警,後賢克循,其於禮義之事則庶幾矣。佳勝如此亭,湮而罔知者將數十百年,今幸求得之,得而弗治,非所以闡靈秘、發坤珍也。"於是滌穢芟草,復斯亭焉。畚鋪始興,即得義山碑於宿莽之下。吳職方《記》言:"自古至唐,自唐至今,僅兩賞耳,詎知亭之廢興更幾許年而復值其人歟?"然職方又詎知今日之有李君也?

李君言,亭近枕聞溪,遠抱五華,前對漢陽,左秀巖,右卧龍,城郭樓臺,俯在懷抱,與職方之《記》略同。至於"長溪清瀯,流影不去",則吾亦神坐亭上久矣。劍士姜文粹玉潔者,予舊友也,能道李君之事,因以書託予記,云:亭崖畔有石刻"古重陽亭"四字,隸大書之,爲宋張珙筆。予益躍然,懊不能即從諸君子遊也。自予記,已不知諸君子遊而樂、樂而詠者將若干番,尚欲文粹爲吾錄寄之,以觀李君之暇日比蔣君何如,當亦更爲李君賦之矣。夫關中名區勝壤不可以計數,安得有賢如李君者少爲表章之,以快吾意,此不知予能待而見之否也。

李君名璧,字白夫,弘治乙卯廣西舉人,詣深履厚,故篤意古道如此。

亭成於戊寅之夏。明年,正德十四年己卯,夏六月十又八日庚辰,滸西山人武功康海記。

漱玉巖記

(宋)喻汝礪

自古常言"天不負人",吾初不甚信。吾曩遊大學,不啻六千三百日,如古所謂屈原②、賈誼、揚雄、韓愈、柳宗元輩,吾亦頗識其面目。及得一第,則枯冷羞澀,幾笑破人口。比來此中③,持手版,謁上官,奔走匍匐,作主簿、少府模樣;燕居作樂,則搖口吻,弄語言,以佞貴人,而覓所謂舉狀者。嗟乎!其局促如此,則天果不負人邪?

然飽聞閬中奇山川,而賢士大夫最多,亦復把酒自慰。一日,登錦屏,挐舟嘉陵江,步至占星巖,徘徊縱觀,倚老松,卧怪石,往往摩腹一笑。然是三境之遊,須廢吾一日糧,吾不得與女旦暮相從也。惟毋丘氏漱玉巖,近在牆壁外。乘興步履,從小

---

① 刑:原作"列",據萬曆本、朱本、鄒本改。"吏就典刑",言吏皆守法。
② 如:原作"知",據上引改。
③ 此:原作"山",據上引改。

奚奴，直謁賢主人，脱衣散髮，坐巖腹①，酌酒賦詩，相與作物外笑樂。酒醉發狂，即呼天大笑曰："天乎，真不負喻汝礪矣！"

吾嘗謂富樂之士不能放意於江山松竹之樂，而山川怪奇、烟雲竹石、詩酒風月，唯遺逸未遇之人始得兼而有之。故天地間雄偉不凡之處，天所以資賢人，而舒其憂愁之思者也。吾零落荒山，鬱鬱無聊，賴有錦屏、嘉陵之雄偉，占星、漱玉之幽勝②，所謂閬之四奇者，吾皆得而有之。他日解官，視吾破囊，無復新井縣一物，驅老鬢，獨負四物以歸；朋遊故舊從吾覓閬中土物，吾則與之飲酒，取吾詩而歌之，則是四境者，不移足而在几席間矣。當使鄉人之老者執爵而言曰："吾鄉素乏佳山水，公持此以歸，敢爲公壽，且爲吾鄉人賀。"族人之老者揚觶而言曰："吾家素貧，無一個錢，汝今得此以歸，請爲吾族人賀。"而後之好事者，當呼吾爲"四奇先生"云。

---

① 腹：原作"復"，據萬曆本、朱本、鄒本改。
② "幽"字原無，據朱本、鄒本補。

全蜀藝文志卷之四十

記 辛

唐故翰林學士李君碣記　　　　　　　　　　　（唐）劉全白

　　君名白，廣漢人。性倜儻，好縱橫術。善賦詩，才調逸邁，往往興會屬詞，恐古之善詩者亦不逮，尤工古歌。少任俠，不事產業，名聞京師。天寶初，玄宗辟翰林待詔，因爲和蕃書，並上《宣唐鴻猷》一篇。上重之，欲以綸誥之任委之①，爲同列者所謗②，詔令歸山。遂浪迹天下，以詩酒自適。又志尚道術，謂神仙可致。不求小官③，以當世之務自負。流離轗軻，竟無所成名。有子名伯禽。偶遊至此，遂以疾終，因葬於此。文集亦無定卷，家家有之。代宗登極，廣拔淹瘁，時君亦拜拾遺。聞命之後，君亦逝矣。嗚呼！與其才，不與其命，悲夫！

　　全白幼則以詩爲君所知，及此投弔，荒墳將毀，追想音容，悲不能止。邑有賢宰顧公遊秦，志好爲詩，亦常慕效李君氣調。因嗟盛才冥寞，遂表墓式墳，乃題貞石，冀傳於往來也。

　　貞元六年四月七日記。沙門履文書。墳去墓記一百二十步④。

古柏記　　　　　　　　　　　　　　　　　　　（宋）田　況

　　成都諸葛孔明祠古柏，年祀寖遠，喬柯鉅圍，蟠固凌拔，有足異者。杜甫嘗作歌，段文昌亦作文，摹狀瓌奇，人多諳誦。故老相傳及記事者云：自唐季凋瘁，歷王、孟二僞國，蠹槁尤甚。然以祠中樹，無敢薪伐者。皇朝乾德丁卯歲仲夏，枯柯復生，日益敷茂。觀者嘆聳，以謂榮枯之變應時治亂，武侯光靈如有意於兹者，誠爲異哉！因

---

① 綸誥：原作"編誥"，據《李太白文集》卷一、《文苑英華》卷八三四改。
② 爲：原脱，據萬曆本、庫本、朱本、鄒本、《文苑英華》補。
③ 求：原作"可"，據本集改。
④ "沙門"以下十四字，《李太白文集》亦有，《文苑英華》無。按：此十四字當是後人所添，非劉全白原文。

命工圖寫，備述本末，以貽好事者。自三分訖今，八百餘齡矣。

王稚子石闕記　　　　　　　　　　　　　　　　　　　　　（宋）劉　涇

西漢循吏稱文翁，老於成都，其石室在學宮。東漢循吏稱王稚子，葬於郫縣，即今之新都，石闕在道傍。然石室依古禮殿，得不磨滅，而石闕獨暴露，骨立可憐。歷兩漢千三百餘年間，二人爲古今吏師，而遺迹亭亭，勢參岷峨，氣凛雪山，蓋官學者所當臣於下風，以幸教髣髴；而至有未及知者，其不虔如此。

余訪古石類，得秦石犀、石笋，漢石室、石柱、石闕，凡五物。若犀、笋與柱，無甚損益事，而室、闕苟不朽，則實二人之甘棠也。於是新都令王君天常，趣古甚力，得予說，因請大尹莆陽蔡公爲稚子作屋①，書榜以昭昏昏。

按：闕面有隸字三十一，法度勁古，過於鍾、梁；闕上下有衣冠鳥獸等象，僅可辨，氣韻精簡，過於顧、陸，並以告來者。

新繁古楠木記　　　　　　　　　　　　　　　　　　　　　（宋）蒲咸臨

周公賦《鴟鴞》之年，大風拔木，乃命邦人起而築之，最爲異事。然大風拔木，天也；起而築之，人也。大木所偃，因人而起之，當無足怪者。孔子定《書》，從而記之，示訓戒也。元祐八年，繁江隆道觀玉帝殿庭有古楠二章，分列左右，如輔如弼。一夕風雷大作，偃其左偏者，邑宰命匠石取之。方執柯伐其枝，忽聞軋軋聲，乃稍稍起立，匠石皆在其上，如猿猱然，觀者驚駭。邑宰降階，俯伏謝罪。君子以是知天道之不可誣也。校諸《金縢》，兹爲尤異，蓋以不待人力而自起也。

今五十有一年矣，縉紳先生尚能言之。若不鑱諸石以永其傳，則無以訓戒後代。余被命尉兹邑，道士詹次淵請書其事②，因從《春秋》記異之法，月而日之，以警不能寅畏上帝者。

遊浣花記　　　　　　　　　　　　　　　　　　　　　　　（宋）任正一

成都之俗，以遊樂相尚，而浣花爲特甚。每歲孟夏十有九日，都人士女麗服靚妝，南出錦官門，稍折而東③，行十里，入梵安寺，羅拜冀國夫人祠下，退遊杜子美故宅，

---

① 稚：原作"雅"，據萬曆本、庫本、朱本、鄒本改。
② 次：朱本、鄒本作"坎"。
③ 東：當作"西"。

遂泛舟浣花溪之百花潭，因以名其遊與其日。凡爲是遊者，架舟如屋，飾以繒彩，連檣銜尾，蕩漾波間，簫鼓弦歌之聲喧闐而作。其不能具舟者，依岸結棚，上下數里，以閱舟之往來。成都之人於他遊觀或不能皆出，至浣花，則傾城而往①，里巷闃然。自旁郡觀者，雖負販芻蕘之人，至相與稱貸易資，爲一飽之具②，以從事窮日之遊。府尹亦爲之至潭上，置酒高會，設水戲競渡，盡衆人之樂而後返。其傳曰，此冀國故事也。

　　冀國姓任，本溪上小家女③。任媼嘗禱於神祠，夢神人授以大珠，覺而有娠，明年四月十有九日而生女。稍長，奉釋氏教甚謹。有僧過其家，瘡痍滿體，衣服垢敝，見者心惡，獨女敬事之。一日，僧持衣從以求浣，女欣然濯之溪邊，每一漂衣，蓮花輒應手而出。里人驚異，求僧，已不知其所在，因識其處爲百花潭。會崔寧節度西川，微服行民間，見女，心悅之，賂其家④，納以爲妾。寧妻死，遂爲繼室，累封至冀國。既貴，每生日，即來置酒其家，艤船江上，訪漂衣故處，徘徊終日。後人因之，歲以爲常，且即寺之東廡作堂祠之。

　　余自爲兒時，得於傳聞如此，顧未嘗一至其處。今歲之夏，以事留成都，而適及是日，與二三友觀焉。訪冀國遺迹，漫無可考，獨有吳仲庶所作《祠堂記》，與余昔所聞於爲兒時者大抵略同。時余猶爲疑其說之不然者。余按《唐書》，大曆中崔寧自蜀入朝，留其弟寬守。楊子琳自瀘州襲之，寬戰力屈。寧妻任素驍勇，出家財募士，得千人，設部隊，自將以進。子琳懼，引去，蜀賴以全。止以姓見，初不載其封冀國，及爲何許人。其嘗扞大寇，以功得封，史家略而不書，尚或有之；至其家世，實不知所據。杜子美詩曰"百花潭北莊"，又曰"百花潭水即滄浪"，其來久矣，非由冀國而得名也。吾意蜀人之不忘冀國之功，歲即其祠致禮焉，因相與朋聚爲樂，非謂其爲此邦之人，及嘗有爲僧漂衣之異也。而或者因百花潭之名附會其說，務爲誇誕，若不足憑。況潭在成都爲近郊，使冀國實生於是，寧方節度鎮蜀，何至奪其境内之民而妾之，豈爲民父母之意哉？此甚不然者矣。

　　客有謂予曰："杜子美在蜀，與寧同時，潭之得名與子美實相後先，子又安知其不然？寧跋扈人也，何有於境内一女子乎？大曆之世，朝野多虞，干戈兵甲，時有所貸而不問，重以從事中原，未遑他及。寧自視僻遠，違禮叛律，以資聲色之奉，以欺朝廷之不知，且莫我誰何者，蓋有所恃而爲此也。後寧從德宗狩奉天，爲盧杞譖死，不能保其首領，雖曰非罪，得非罔上之報，天或使之邪？方寧無恙時，驕其嬖妾，至馳騁出遊於十數里之外，使人習之而不能改，遺風餘烈，猶足以啓後人之侈心。想其當時車服之盛，疾驅於通道大都，震耀其閭里之人，傲睨一時，不知有識者得以指議其後。雖冀國嘗有功於蜀，而專恣亦甚矣。"

---

①　往：原作"住"，據萬曆本、庫本、朱本、鄒本及《成都文類》卷四六改。
②　嘉靖本錯簡，將後之"設部隊，自將以進"至"驕其嬖妾，至馳騁出游遊計三百六十字誤接於此，據萬曆本、朱本、鄒本及《成都文類》移。
③　溪上：原作"漢上"，據文意改。
④　賂：原作"敗"，據萬曆本、朱本、鄒本改。

吾以吾之説如此，客以客之説又如此，相與詰難久之。會日暮，笑謂客曰①："是遊可樂，事之然否，姑置之，未暇究也。"坐客皆笑而罷②。明日，録其言爲記。

八陣圖記　　　　　　　　　　　　　　　　　　　　　　　　　　（宋）劉昉

魚復陣磧，創自武侯，江流莫移，若有神護。雖經毀改，幾失其真，稽之圖經，訪諸故老，而遺迹隱然尚可見也。顧將湮没，余心是悼，亟令軍士裒石增累，悉還其舊，方圓曲直，縱橫廣狹之不敢少加損焉。尚慮他時復罹前厄，刊圖於石，用示後人。界垣之内，縮而計之，以丈爲分。其外圖山川城郭之勢，而不計以度。且命作侯祠於城上，以俯臨之。夔人歲以人日，傾城徙市，縱遊八陣之間，謂之踏磧。是役告成，適當是日，賓僚咸集，酹酒陳詞以落之。

昔侯嘗擒孟獲，獲觀營陣，心不服，曰："若祇如是，固易勝耳。"逮至七縱七擒，然後以爲天威。及司馬仲達觀其軍壘，則嘆服曰："天下奇才也。"桓温過此，雖能知其爲常山之蛇勢，蓋亦未究其妙。然能知與否，在孔明初何損益？余非能知之者，姑修故壘，以俟來哲云。

紹興戊辰正月丙寅，潮陽劉昉書。

朐忍記　　　　　　　　　　　　　　　　　　　　　　　　　　　（宋）李　燾

《漢志》巴郡有朐忍縣，顏師古注：朐音劬。杜君卿《通典》乃作朐䏰，朐音蠢③，朐如尹切，與師古特異。按許叔重《説文》："朐，脯挺也④。"其俱切。無他義。"朐䏰⑤，蟲名，漢中有朐䏰縣，地多此蟲，因以爲名。朐，如順切，䏰，尺尹切，讀如閏蠢。"君卿蓋從叔重而小不同，然叔重謂朐䏰屬漢中，誤矣。《類篇》承叔重之誤，既以朐䏰屬漢中，别於"䏰"字下注"朐䏰縣屬巴郡"，則又承師古之誤。遍檢地志，漢中實無朐䏰，固當以君卿爲正。然朐當作朐，從句。不當作朐，從句。君卿猶未及辨。考職方者宜辨之。

閏月一日，泊舟雲安之西三十里萬户驛下橫石灘上，土人云：今驛之左右，朐䏰

---

① "客曰"二字原缺，據萬曆本、朱本、鄒本及《成都文類》補。
② "客皆"二字原缺，據萬曆本、朱本、鄒本補。
③ 此句"朐"字原無，據朱本、鄒本補。
④ 挺：萬曆本、朱本、鄒本作"脡"。按：《説文》無"脡"字，"脡"爲後起字，同"挺"。
⑤ 朐：原作"朐"，據《説文》肉部徐鉉新附字改，下二"朐"字同。按：許慎《説文》只有"朐"字，即上文所引"朐，脯挺也"。徐鉉校定《説文》，於肉部之後新附"朐""䏰"二字，即此句以下所引（以上詳見段玉裁《説文解字注》）。李燾未審，誤以爲皆許慎原文。

故地也。乾道九年，眉山李燾記。

金魚堡記出皇華洲古碑①　　　　　　　　　　（宋）安原白②

子不語怪力亂神，而"鳳鳥河圖"之嘆猶不能免；《春秋》紀異不書祥，而"西狩獲麟"之筆或未之忘。何則？天之降祥，聖人蓋不忍沒其實。且嗜欲將至，有開必先；瑞不虛生，因人而致。昔賢蓋有獲鱣魚而升顯官，睹白鹿而陟華途，印龜悟左顧之祥③，石鵲啓侯封之瑞。一機感召，不可誣也。

方雲中常侯之守皇華也，下車未幾，時和歲稔。簿書獄訟之暇，省視城壁，度量地勢，凡當出戰入守之地，必欲事事周密，一無廢弛。昔之欠缺者，補而足之，始之卑隘者，壘而大之。身先士卒，靡憚勞疲，躬屬工役，不辭寒暑，夙興夜寐，略無暇時。劉越石之枕戈，陶士行之運甓，曾不是過。又病東門以西，雉堞不聳，女牆之內，地步稍蹙，萬一敵攻吾瑕，懼莫能敵。議欲改圖，爲萬全計，適築填西④、定遠兩堡，未遑也。越明年，仍歲豐穰，侯乃經營朝天門之上，建一大堡，使外勢斗絶，足以杜窺闚之謀⑤；內勢砥平，足以嚴矢石之備。規模甫定，堡未得名⑥。會夏季朔日，治石之工忽來告曰："屬有破石，霧氣冲天，隱出雙魚，黃色光潤，長不盈尺，而鱗鬣悉具。"合郡趨觀，莫不驚詫，若吏若民，作爲歌詩，以贊盛美。咸謂金魚呈祥，非特顯刺史魚符之兆，抑祥開創堡之地，天意蓋有在也。是堡落成，請以"金魚"命之。侯曰："不然。魚化爲龍，鄉士軒鬻之祥也，牧人夢魚，歲事豐穰之應也，於余何有？但歲豐民樂，誠爲上瑞，堡以是名，不亦華乎？"吏民復進曰："人材速化，皆賢侯教育之廑；年穀順成，乃時政和平之驗。體有關係，誰寔尸之⑦？況祥瑞之來，難虛其應，命名之意，不但彰賢侯之德，而皇華形勢之地亦與有千歲無疆之休也，何以遜爲？"侯曰："諾。"於是金魚堡之名始定。

竊嘗思之，世之人發一誠心，則李廣之石可使爲虎；生一疑心，則樂令之弓亦能爲蛇。此無他，誠與不誠之判也。今侯孤忠許國，善政宜民，光輝發越，感此嘉瑞，

---

① 皇華洲：原作"皇華州"，據《蜀中廣記》卷一九忠州條改。《蜀中廣記》引《志》云："皇華洲在東五十里，江浦周回可二十里。"又引宋王象之《輿地碑目》云："有《宋忠州貢院碑》，參軍安元白立《金魚堡碑》《升忠州爲咸淳府碑》，俱在此洲上。"其中所云《金魚堡碑》即此文。

② 安原白：王象之《輿地碑目》作"安元白"，參上注。

③ 悟：原作"晤"，萬曆本、朱本、鄒本作"昭"，俱誤。《晉書》卷七八《孔愉傳》："封餘不亭侯。愉嘗行經餘不亭，見籠龜於路者，愉買而放之溪中，龜中流左顧者數四。及是，鑄侯印，而印龜左顧，三鑄如初。印工以告，愉乃悟，遂佩焉。"是"晤"當作"悟"，據改。

④ 填：朱本、鄒本作"鎮"。按："填"通"鎮"。

⑤ 杜：原作"壯"，據萬曆本、朱本、鄒本改。

⑥ 未：原作"永"，據庫本、朱本、鄒本改。

⑦ 尸：原作"户"，據上引改。

其誠開金石，信及豚魚，治狀班班，蓋可考矣。然猶謙冲退託，不有其有，此非脗合於范史所謂"抑而不當"之意乎？夫環千里之地而爲之長，叢州邑之衆而爲之牧，愛養一誠，寓於實政，此真斯民非常之瑞乎！余嘗讀黃山谷《新昌瑞芝亭記》，有曰："使民田畝有禾黍，則不必芝草生户庭；伏臘有鷄豚，則不必麟鳳在郊藪①。"又曰："黠吏不舞文②，不必虎渡於河；里胥不追擾，不必蝗不入境。"山谷非諱言祥瑞也，蓋謂政平訟理，民安其業，則祥瑞開端之地於是乎在。吁！人知金魚之爲瑞，而不知實政感通之爲瑞；或知實政感通之爲瑞，而不知一州之民得太守之爲真瑞也。可不刻諸堅珉，以傳不朽，使百世之下聞其風者尚有考焉？

嘯臺磨崖記　　　　　　　　　　　　　　　（宋）李　燾

真如巖穴峭深，佳處未易目也。半嶺有石角立，或屋其上，憑臨極空闊，而棟宇迫隘弗稱，使榮德令增廣之。圖經謂此孫登嘯臺。登隱河北，不聞至蜀，然古稱嘯獨登善，凡嘯者必稽焉，雖假託亦宜。況登不污魏晉，於道最高，嵇、阮欲爲弟子且不可得，其神遊八極之表，復何所不至？區區限以方域，則陋矣。

砌街記　　　　　　　　　　　　　　　（宋）范　蓀

天下郡國惟江浙甓其道，雖中原無有也。太、少二城，坤維大都會，市區櫛比，衢隧棋布。而地苦沮洳③，夏秋霖潦，人行泥淖中，如履膠漆；既晴，則蹄道轍迹，隱然縱橫，頗爲往來之患。紹興十三年，鄱陽張公鎮蜀，始命甓之，僅二千餘丈。後三十四年，吳郡范公節制四川，爲竟其役。鳩工命徒，分職授任，程督有方，尺寸有度。費出於官，而不以及民；日廩以食，而人競力作。未幾告成，以丈計者三千三百有六十，用甓二百餘萬，爲錢二千萬贏④。率一街之首尾立兩石以識廣狹，凡十有四街。然後所至側布如江浙間，雨不乘檋，騎不旋灣，徐行疾趨，俱從坦夷。父老相與謂曰："'周道如砥'，其尚見於斯乎！"

昔者單襄公聘宋過陳，火朝覿矣，而道茀不可行⑤，於是歎司空視塗之失職，而知其不久。子產以乘輿濟人於溱洧，而徒杠輿梁弗修，孟子曰："惠而不知爲政。"夫善

---

① 麟：原作"靈"，據譚校、《豫章黃先生文集》卷一七改。
② "文"字原脱，據萬曆以下各本補。
③ 苦：原作"若"，據萬曆本、庫本、朱本、鄒本及《成都文類》卷四六改。
④ 以上二句"二"，萬曆本、朱本、鄒本皆作"一"。
⑤ 茀：原作"弗"，據庫本、朱本、鄒本及《國語·周語中》改。

爲政者，緩急有序，大小畢舉，未有治其急而忽其緩，志其大而略其細者①。而善觀人之國，亦必以是。公之於蜀，藥傷補敗，苗耨髮櫛，無一不用其力。至道路之政，世所謂緩且細者，亦整治如此。百世之下，四方之人入其境，仰公之賢，推此以考其政績，尚可髣髴云。

淳熙四年四月日記。

彭州胡氏三遇異人記　　　　　　　　　　（宋）文　同

熙寧六年春，余寓天彭，成都承天僧敏行無演在焉，爲余言：北城有胡氏者，名釗②，字倚天。國初時號爲高貲，修積善行，嘗奉事異僧曰王羅漢者，置寺住之。後有詔，俾倚天赴闕，將授以官，倚天不願仕，辭之。在京師出入起居與西還之期，王日日預言於其家，已而究驗盡合，無少差者。初，倚天去彭，在道中，以至都下③，人往往見道人被破褐④，狀貌怪偉，常在倚天左右；忽問他，有不能見之者。以語倚天，倚天但笑而不答，自知王之於此陰護持之爾。術士常言倚天壽不滿四十。倚天過華山，謁希夷陳先生，先生甚喜，久留其居，爲造藥一鼎，使攜歸餌之，後教以度世延年之法。倚天既歸，如其訣行且久，其身栩然，若將翩翩隨風而起云。鄉人異之。一日，有晨叩其關者，遣視之，不見其人，但以杖十七莖倚門而去⑤。倚天收之，卒不知其所以致之者。自後胡氏之門愈盛，逮今累世矣。倚天至七十八歲乃卒。

余因與演詣其家，觀其所謂杖與藥者。杖非世間所有之木，色紺紫，堅潤可愛。藥如彈丸⑥，赤黃有光，隱雜寶中，其重若金玉⑦。余嘆曰："倚天，人不能知其所以然者，陰行甚密矣，所以三異人者常相與逢遇，如此警動之。倚天雖已去世，亦自與斯人遊風塵外爾，豈俗士哉！"

其孫靖，爲進士，端厚純粹⑧，爲鄉里所稱。余因謂無演曰："靖，佳士也，於以見胡氏子孫承籍其祖之光靈，慶嗣綿綿，無窮極者已。"無演曰："然。是可記也。"自余來興元，靖遣人千里致書，且求記其事，余爲記之。

---

① "而"下原有"有"字，據萬曆以下各本及《成都文類》刪。
② 釗：朱本、鄒本作"劍"。
③ 以：萬曆本、朱本、鄒本作"比"。
④ "道"字原脱，據萬曆本、朱本、鄒本及《丹淵集》卷二二補。
⑤ 十七：萬曆本、朱本、鄒本作"七十"。
⑥ "藥"字下，本集有"大"字。
⑦ "隱雜"二句：本集作"隱雜寶其中，重若金玉"。
⑧ 純：本集作"淹"。

西岷保障圖記

(明) 周洪謨

蜀爲坤維大都會，三面鄰蠻僰蕃羌。南則夜郎、靡莫，西南則邛、筰都，西北則冉駹。冉駹有六夷、七氐、九羌，即威、茂二州之地也。又其西乃爲松潘。松潘之西北爲吐蕃，東南雜氐羌。種落既繁，險阨彌固。群夷據巖嶂以爲邛籠碉磉，善製堅甲勁弩，走巖壁捷如猿猱。凡蜀民之轉輸松潘者，常掠於道。其爲蜀患，從來久矣。然而松潘之所以深入而壘者，蓋以據群夷之奧室，而杜其門戶，故群夷之不敢覬覦成都者，以有松潘也。

四川都司指揮使周公貴，往歲奉敕，往備其地。方蠻酋董布等出沒，公累能禦之；而夷黨劫奪軍餉，公又能親督矢石，擣殲其衆。公聞於朝，遣使賞勞，由都指揮同知而進今秩。士君子有繪圖獻之者，題曰《西岷保障》，蓋以嘉公之功而繫之曰"西岷"，以松潘在岷之西也。雖然，蜀徼之要害者莫若松潘。松潘既靖，則全蜀靖矣。是西岷之所以保障者，豈非全蜀之保障也哉！繼自今，尚其益殫乃心，益遠乃籌，使吾蜀永倚公爲長城可也。

公有勇略，善撫士卒，自藩憲大夫及閭巷士庶皆稱其賢。公之先君子有功太宗朝，積官如公今職。宣德間，公廕補成都後衛。正統間，征麓川孟養有功，故擢官都司。公不惟克樹忠烈，又可謂克紹先美矣。公以圖來，屬爲記，故書以歸之。

全蜀藝文志卷之四十一

記 壬

前益州五長史真記① （唐）李德裕

益州草堂寺《成都記》云：在府西七里，去浣花亭三里。列畫前長史一十四人②，節度職不帶尹則帶長史，非今賓佐也。代稱絕迹。余嘗於數公子孫之家獲見圖狀，乃知草堂繢事靡不造真者。昔嚴野旁求，徒聞審像，稽山高舉，惟止鎔金，孰若託之丹青③，妙畫神照。楚國祠廟，魯王宮室，洎此邦文翁舊館，皆圖歷代卿相，燦然可觀。雖有慕於前良，曾莫究於形似，豈與夫年代已遠，遺像猶存，入虛室而烟霞暫披，拂浮埃而瑤林斯覿。

余以精舍甚古，貌像將傾，乃選其功德尤盛者五人，模於郡之廳所。追惟二漢臺閣，皆有圖寫，黃霸、于定國雖宰相名臣，不得在畫相之列；卓子康德行君子④，而在功臣之右。今之所取，意其在斯乎！采色既新，光靈可想，儼若神對，吾將與歸。因敘其事，詒諸來哲。

大和四年記⑤。

張益州畫像記 （宋）蘇洵

至和元年秋，蜀人傳言有寇至邊，軍夜呼，野無居人，妖言流聞。京師震驚，方命擇帥。天子曰："毋養亂，毋助變。眾言朋興，朕志自定。外亂不作，變且中起。不可以文令，又不可以武競。惟朕一二大吏，孰爲能處茲文武之間，其命往撫朕師？"乃

---

① 《李文饒文集·別集》卷七此題"前益州"上有"重寫"二字。
② 前長史：原無"長"字，據本集補。
③ 託：原作"記"，據朱本、鄒本、本集改。
④ 康：原作"師"，據本集改。按：《後漢書》卓茂字子康。
⑤ "大和"句：本集作"大和四年閏十二月十八日，西川劍南節度副大使、知節度事、銀青光祿大夫、檢校兵部尚書、兼成都尹、御史大夫、贊皇縣開國伯李德裕記"。

惟曰："張公方平其人。"天子曰："然。"公以親辭，不可，遂行。冬十一月，至蜀。至之日，歸屯軍，徹守備，使謂郡縣："寇來在吾，無爾勞苦。"明年正月朔旦，蜀人相慶如他日，遂以無事。又明年正月，相告留公像於浄衆寺，公不能禁。

眉陽蘇洵言於衆曰："未亂，易治也；既亂，易治也。有亂之萌，無亂之形，是謂將亂，將亂難治。不可以有亂急，亦不可以無亂弛。是惟元年之秋，如器之攲，未墜於地。惟爾張公，安坐於其旁，顔色不變，徐起而正之；既正，油然而退，無矜容。爲天子牧小民不倦，惟爾張公，爾繄以生，惟爾父母。且公嘗爲我言：'民無常性，惟上所待。人皆曰蜀人多變，於是待之以待盜賊之意，而繩之以繩盜賊之法。重足屏息之民，而以礁斧令，於是民始忍以其父母妻子之所仰賴之身，而棄之於盜賊，故每每大亂。夫約之以禮，驅之以法，惟蜀人爲易；至於急之而生變，雖齊魯亦然。吾以齊魯待蜀人，而蜀人亦自以齊魯之人待其身。若夫肆意於法律之外，以威劫齊民，吾不忍爲也。'嗚呼！愛蜀人之深，待蜀人之厚，自公而前，吾未始見也。"皆再拜稽首曰然。

蘇洵又曰："公之恩在爾心，爾死在爾子孫，其功業在史官，無以像爲也。且公意不欲，如何？"皆曰："公則何事於斯，雖然，於我心有不釋焉。今夫平居聞一善，必問其人之姓名，與鄉里之所在，以至於其長短大小美惡之狀，甚者或詰其平生所嗜好，以想見其爲人。而史官亦書之於其傳，意使天下之人思之於心，則存之於目；存之於目，故其思之於心也固。由此觀之，像亦不爲無助。"蘇洵無以詰，遂爲之記。

公，南京人，爲人慷慨有大節，以度量雄天下①。天下有大事，公可屬。

繋之以詩曰：

  天子在祚，歲在甲午。西人傳言，有寇在垣。庭有武臣，謀夫如雲。天子曰嘻，命我張公。公來自東，旗纛舒舒。西人聚觀，於巷於塗。謂公暨暨，公來於於。公謂西人："安爾室家，無敢或訛。訛言不詳，往即爾常。春爾條桑，秋爾滌場。"西人稽首，公我父兄。公在西囿，草木駢駢。公宴其僚，伐鼓淵淵。西人來觀，祝公萬年。有女娟娟，閨闥閑閑。有童哇哇，亦既能言。昔公未來，期汝棄捐。禾黍芃芃，倉庾崇崇。嗟我婦子，樂此歲豐。公在朝廷，天子股肱。天子曰歸，公敢不承？作堂嚴嚴，有廡有庭。公像在中，朝服冠纓。西人相告，無敢逸荒。公歸京師，公像在堂。

載酒亭群公畫像記　　　　　　　　　　　　　　（宋）范　鎮

子雲，右，蜀人，事漢成、哀、平世，歷新室，身詘而道不得行。子雲没，宋興

---

① 雄：庫本、《蘇老泉先生全集》卷一五作"容"。按："容"字勝。

八十九年，上距今千餘歲，其鄉人之學者森然若林之植於朝①。其在太平興國中，有若諫議大夫田公錫之論議，參知政事蘇公易簡之博大。雍熙、淳化中，有若直昭文館陳公充、直史館朱公台符之文雅。景德、大中祥符中，有若侍御史張公及之介潔，集賢校理王公湜之溫恭，職方員外張公逵之疏達。其在今慶曆，有若虞部員外李公畋之經術，翰林學士彭公乘之恬退，翰林學士孫公抃之厚重，屯田員外陳君希亮、户部員外梅君摯、殿中侍御史何君郯之直方、度支員外郭君輔、屯田員外張公中庸之通敏，直集賢院李君絢之夷曠。是皆子雲之徒，學其道而得其傳者。益州提點刑獄度支高君既葺子雲之居，鐫其書，又畫其像，以及其徒。意者使後來觀之，知賢人之道有塞有通，有詘有伸②，塞於晦時，而通於昭時，詘於不用，而伸於有用云爾。

大聖慈寺畫記　　　　　　　　　　　　（宋）李之純

舉天下之言唐畫者，莫如成都之多；就成都較之，莫如大聖慈寺之盛。僕昔監市征，歷二年餘，或晚暇，與朋僚遊，所觀者纔十一二。比將漕七年，亦屢造焉，而未及見者猶大半。今來守是邦，俾僧司會寺宇之數，因及繪畫，乃得其詳。總九十六院，按閣、殿、塔、廳、堂、房、廊無慮八千五百二十四間，畫諸佛如來一千二百一十五，菩薩一萬四百八十八，帝釋、梵王六十八，羅漢、祖僧一千七百八十五，天王、明王、大神將二百六十二，佛會、經驗、變相一百五十八，諸夾紵雕塑者不與焉。像位繁密，金彩華縟，何莊嚴顯飾之如是！

昔之畫手③，或待詔行在，或禄仕兩蜀，皆一時絶藝，格入神妙。至於本朝，類多名筆，度所酬贈，必異他工，資費固不可勝計矣。其鑄像以銅，刻經以石，又不可概舉。此有以見蜀人樂善鄉福、不吝財施者，蓋自古而然，非獨今日之侈。自至德已後，寫從官、府尹、監司而下僚屬真，迨於今凡三百九十人，有經數百年而崇奉護持無毁者，又以見蜀人敬長尊賢之心，雖久不替。噫，其可尚也哉！

四方之人至於此者，徒見遊手末伎，憧憧湊集，珍貨奇巧，羅陳如市，祇以爲嬉戲衒鬻之所，而不知釋子隸學誦持、演説化導亦無虛日。故以藏經大部、律僧長講之數兼列云：諸院爲國長講計七十三座，諸院大藏經計一十二藏。

---

① 朝：原刻本左邊偏旁訛作"車"，今正。此是古文"朝"字，《國朝二百家名賢文粹》卷一四五録此文正作"朝"。庫本、朱本、鄒本作"晦"，誤。
② 伸：原作"神"，據萬曆本、朱本、鄒本、《國朝二百家名賢文粹》《成都文類》卷四五改。
③ 畫：原作"書"，據萬曆本、朱本、鄒本及《成都文類》卷四五改。

楞嚴院畫六祖記

(宋) 文 同

僧惟中，字慧雅，本隸蓬州開元寺，後遊成都，不復其鄉者凡四十年。性孤潔，與人不妄合。精禪律之學，善吟詩，氣格清謹，其徒許之與可朋相上下，常呼之曰"詩伯"。可朋，蜀僧之能詩者。復通吾儒書，學者從質其義，日滿座下。羸形垢面，破衣敗屨，見者不知其中之所有能如是者。俗年六十，示滅於大慈之甘露道場，慶曆五年乙酉五月九日也。

前時，盡傾其橐中，得八萬錢，諉其所常往還者楞嚴道人繼舒曰："我將去矣，生平之餘止此爾，其爲我命奇工繪六祖像於爾院之毗盧殿①。雖然，用此被唾罵，我不敢辭矣。且欲使來者見是相，知是心，以是知見故，能祓除諸妄而泯相忘心，我爲是功德之意也。"道人諾之。會廣漢劉允文有名於時，遂召，使圖其事。采飾殊絕，鋪置有序，叩問傳付②，密義相屬，一花五葉，先後交照。信畫評之善品，而法苑之勝緣③。

予舊與惟中討論五經大義，甚重之。畫此時，予常觀允文下筆④。後十七年，予自秘閣校理乞侍親，得相臨邛郡⑤，道人使予記其事⑥。嘉祐六年辛丑五月十五日，東園芳洲亭書。

彭州張氏畫記

前 人

蜀自唐二帝西幸，當時隨駕以畫待詔者皆奇工，故成都諸郡寺宇所存諸佛、菩薩、羅漢等像之處，雖天下能號爲古迹多者，盡無如此地所有矣。後歷二僞，至國初，其淵源未甚遠，故稱繪事之精者猶班班可見。近世所習淺陋，寂然不聞其人，此亡它，蓋苟於所利，而不自取重其所爲之技爾。獨天彭張氏能嗣守道人之學，用筆設色，韻氣標置⑦，未嘗輒自奔放，惟一謹於良法，不爲世俗之心所怵，誠可尚也。

予寓彭累月，居甚閑暇，日與承天僧敏行遊，凡出於張氏之手者觀賞殆遍，信乎他人之不能相與較其後先矣。敏行乃其俗裔也，俊慧通博⑧，亦善於此，聞予嘉嘆其祖之所爲，磨石請予道所以然。熙寧六年中秋日記。

---

① 毗盧：《丹淵集》卷二二作"釋迦"，似誤。
② 問：原作"聞"，據萬曆本、朱本、鄒本、本集改。
③ 萬曆本、朱本、鄒本、本集二句作"信法苑之勝緣，而畫評之善品者也"。
④ 常：本集作"亦"。
⑤ 萬曆本、朱本、鄒本"相"下有"於"字。
⑥ 記其事：萬曆本、朱本、鄒本、本集作"記諸石"。
⑦ 韻氣：《丹淵集》卷二二作"氣韻"。
⑧ 俊：原作"後"，據萬曆本、庫本、朱本、鄒本、本集改。

文與可畫篔簹谷偃竹記

(宋)蘇　軾

　　竹之始生，一寸之萌耳，而節葉具焉，自蜩蝮蛇蚹以至於劍拔十尋者，生而有之也。今畫者乃節節而爲之，葉葉而累之，豈復有竹乎！故畫竹必先得成竹於胸中，執筆熟視，乃見其所欲畫者，急起從之，振筆直遂，以追其所見，如兔起鶻落；少縱，則逝矣。

　　與可之教予如此，予不能然也，而心識其所以然。夫既心識其所以然而不能然者，內外不一，心手不相應，不學之過也。故凡有見於中而操之不熟者，平居自視了然，而臨事忽焉喪之，豈獨竹乎！

　　子由爲《墨竹賦》以遺與可，曰：「庖丁，解牛者也，而養生者取之；輪扁，斲輪者也，而讀書者與之。今夫夫子之託於斯竹也，而予以爲有道者①，則非耶？」子由未嘗畫也，故得其意而已。若予者，豈獨得其意，併得其法。

　　與可畫竹，初不自貴重。四方之人持縑素以請者，足相蹋於其門。與可厭之，投諸地而罵曰：「吾將以爲襪！」士大夫傳之以爲口實。

　　及與可自洋州還，而余爲徐州，與可以書遺余曰：「近語士大夫，吾墨竹一派，近在彭城，可往求之。襪材當萃於子矣。」書尾復寫一詩，其略曰：「擬將一段鵝溪絹，掃取寒梢萬尺長。」予謂與可：「竹長萬尺，當用絹二百五十匹。知公倦於筆硯，願得此絹而已。」與可無以答，則曰：「吾言妄矣，世豈有萬尺竹也哉！」余因而實之，答其詩曰：「世間亦有千尋竹，月落庭空影許長。」與可笑曰：「蘇子辯則辯也，然二百五十匹，吾將買田而歸老焉。」因以所畫篔簹谷偃竹遺予，曰：「此竹數尺耳，而有萬尺之勢。」

　　篔簹谷在洋州，與可嘗令予作《洋州三十詠》②，《篔簹谷》其一也。予詩云：「漢川修竹賤如蓬，斤斧何曾赦籜龍。料得清貧饞太守，渭濱千畝在胸中。」與可是日與其妻遊谷中，燒笋晚食，發函得詩，失笑噴飯滿案。

　　元豐二年正月二十二日③，與可沒於陳州。是歲七月七日，予在湖州曝書畫，見此竹，廢卷而哭失聲。昔曹孟德祭橋公文，有「車過腹痛」之語；而予亦載與可疇昔戲笑之言者，以見與可於予，親厚無間如此也。

---

① 有：原脫，據庫本、《經進東坡文集事略》卷四九補。
② 詠：原作「韻」，據庫本、本集改。按：全詩三十首今存，作「詠」是。
③ 二十二：本集作「二十」。

文湖州竹記

(宋) 呂元鈞

君子之智思能過於人,則事無巨細皆足以取高,此衆人所以尊仰欽愛之不已也。畫者,中有擬像而發於筆墨之間;苟臻其極,則近見群物之情狀,遠參造化之功力。自古賢俊往往能之,蓋取其如此歟!

與可之於墨竹、枯木,世之好事者皆知而貴,子瞻嘗謂盡得其理,固不妄也。頃年來成都,畫此兩物於嘉祐長老紀師之方丈,紀師寶之,以誇識者,乃西州僧舍勝事之一也。

與可在文館二十年,其材可巨用。將老矣,尚恂恂小州,胸中之蘊曾不少露,通塞榮悴,無一毫羂諸心。名教至樂之餘,時作墨竹、枯木一二,以寓其幽懷遠趣。真所謂粹靜君子也,豈特筆墨之間有以過人哉!知則語其大,不知則語其細,知不知於與可何損益耶!此可與高爽明達者言,不可與鄙闇道也。

徙文湖州木石畫壁記

(宋) 楊天惠

鄉丈人石室先生文公,近世文藝之雄。自其爲大布衣,即以古文獲重語於天下。然壯思銳甚,注射縑素不能休,則又於書畫焉發之。時將官邛南,會姻友於郫,飲酒西禪之精舍。夜艾氣酣,跂燭作此枯木怪石於方丈之壁,蓋初試手然。斷句。然筆力天就,已自與詩品俱稱第一。

畫去今五十八伏臘矣,某不及知。晚幸交公之子冲卿,乃克聞之,於是假館主者求觀焉。歛衽三肅,仰而遊顧,徒見老幹聱牙,蒼質贔屭,旁柯紐雲,下根裂地,不知幾萬年物,乃今猶植立楹間。謖謖乎如空山臞仙,真骨强勁,劫壞而不僵;岌岌乎如幽林古佛,耆膚堅密,閱歲寒而無恙。余心懍然怯之,以爲公真王摩詰也,特遣化出没異耳。然世無通宿命者,斯言未可出之。獨恨託非其地,頗爲拙目輕題墨,漫漫橫斜於其上,輒太息久之不能去。

間以告主簿事王君舜選,舜選奮曰:"吾乃能辦此!"乃併其壁徙置公堂之中央,飾以欄楯,周護極謹。某曰:"社櫟多壽,山石耐久,物誠有之,人亦宜然。方文公仕初筳,越不過三十許耳①,胸中礧礧,已有此奇,是肯效兒女爲柔熟耶!君視此畫,決非世人婉孌之觀。其戒輿臺②,固肩鑰,遇過客俗子,勿輕與言,必審其人氣節不凡,乃發視之。"

其畫以皇祐之癸巳,其徙以大觀之庚寅,而某爲之記。

---

① 越:朱本、鄒本作"歲"。按:"越"於此爲語辭,此句文義自明,不當作"歲"。
② "戒"原作"戎","臺"原缺,據萬曆本、朱本、鄒本改、補。

莫侯畫像記　　　　　　　　　　　前　人

江西莫侯治郫三年，有佳政，蔚然傳西南，某聞之舊矣。崇寧三年七月，某以事免鐵官①，無所歸。或曰："盍稅邛乎？"曰："不可。吾故治，其曷可以留？"或曰："盍旋梓乎？"曰："未可。吾乏貲，其曷可以濟？""然則奈何？"曰："吾聞莫侯長者，吾將寄孥焉，是必撫我。"

既行，屬歲旱，所過赤日射地，黄壒勃鬱襲人，苗暍死町間，穀價翔貴。從者病且恐。余曰："行矣！饑飽吾有數。"後三日，進及侯境，則道里清塏，白水潋潋，彌望檟葉覆地，秔芋人立，軒舞翠氣，殊不知有雲日苦。問水瀕人，則皆曰："此吾大夫之賜也。吾邑食岷水支流，歲爲堰，大者若干，小者若干，其役夫若干指，溉田若干塍。故時吏弗省役，役弗竭作，穿築釃治不皆如律；偶一愆雨，水輒瀸涸，故歲多失稔。今侯之來，敏於百治，而水政尤謹。其按行必豫，其相視必親，其功治凡要、科配差次必經心目。晝則執枞臨之②，夕宿野次，與傔隸均甘苦。故堰之高厚倍於舊，而溝之深廣什之。凡我所以無旱暵之恐，非侯則誰使？"余曰："然，名定不虛。"欲入見，爲侯道之，會余有疾，弗果。然侯聞余來，亟遣騎勞苦，問所乏，如十年舊。間率諸僚身存之，歲時賙給有加。

越明年二月，侯秩滿當去。邑人固德侯之賜，又惜其去，恨不能留。於是圖侯衣冠於某所，將世事之。像成，又相率環觀而歌舞焉。余於惜侯之去，其一也③，乃述所見以授其人，使書諸像左。

雖然，侯之治行豈顧止此哉！而余所書止於此，蓋詳於所見，略於所聞，所以傳信也。信以傳信，則人之得吾文而傳者，可以信於其他矣。

焦夫子碑記④　　　　　　　　　　　（宋）周　表⑤

蜀之故老傳岷山有焦夫子者，國初時人，亡其名，飽詩書，以博學教導人，故世人稱夫子云。夫子貌寢陋且怪，長目而廣鼻，海口而虯髯，瘦纍纍絡頷下⑥。性直率，

---

① 萬曆本、朱本、鄒本無"鐵"字。
② 枞：此字義爲門檻，於此處不可通，疑誤。以文義與字形推之，當是"枞"字之訛。枞同"鍬"，形似鐵鍬，但直柄無短拐。
③ 此句萬曆本、朱本、鄒本作"余亦惜侯之去其邑也"，亦通。
④ 記：原作"序"，據萬曆本、朱本、鄒本改。然此題仍與文不相應，當云"徙文與可焦夫子畫像記"。
⑤ 原注："知懷安軍。"
⑥ 頷：原作"領"，據萬曆本、朱本、鄒本改。

不自飾，雖冠帶，往往爬癢捫蝨腰胯間。忽爲歌詩，則奇言異句，有足駭人耳目者。今人止能誦其一聯："兩輪日月磨興廢，一合乾坤夾是非。"噫，豈非所謂古之隱君子歟！

熙寧中，吾鄉賢士文與可遊天彭，館倅舍之徐公園。杯酒談笑中，忽放筆繪夫子之像於亭之壁①，不數筆而成之。經歲既久，幾至泯滅。元豐壬戌歲，聶公子因守是郡②，惜其瀟灑神妙之迹或隱晦不顯，遂徙其壁於西湖之凝翠亭焉。

嗟夫！天下之人皆有所好，然得其所以好者寡矣。與可之於畫也，縱橫意思，類皆山石竹木、枯槁古淡之物，故其爲人也，亦愛夫清淨奇偉有道之士。此真得天下所以好者歟！

公之遷是畫也，使與可在而居貴仕間，人必曰"有所奉"焉耳；與可已沒，公特重惜之，是乃所以爲君子也。方是時，天下之士俯仰徇好，方圓逐物，喜事媚要，迎合附會，唯恐不足以赴功，公乃恬然不以是爲設慮，而雍容閑暇，獨能好與可之所好，實賢於人遠矣，豈不尚哉！公索記，敢直書云。

左右生圖記　　　　　　　　　　　（宋）李　石

《左右生圖》，漢石室故事也。文翁集蜀士教之，分左右兩序，記其鄉里姓名而字之，刻之石。左生若干，右生若干，典學從事以下若干，合若干人。其餘固有漫滅不可考者。

然自有此學，即有此士。漢歷世暨我皇宋，蜀學之盛當紹漢，得書以補晉唐之缺文，寥寥亦復不可見。惟熙寧中，弟子員至五百，時則蜀守蔣堂密學也。自三舍法罷，學之士益落，僅至百五十人。至張燾尚書，增其員至三百，括隱田以廩之。然亦歲去歲來，閱春秋二補試，濫食而惰實業者未容盡去，學司之籍更爲玩文矣③。蜀爲鄙遠，不得與東南士偕集成均；獨有鄰州隨侍補入之法，而又以廩入爲限，不能盡其來，可嘆也！

會科舉前之一歲，士願肄業者衆，學官以歲有限員，爲守請於兩提舉學事司，則願補其廩入之不足而無拒其來。由是聽以歲補入之，數至八百餘員。學官擇其通經有獲者倡率④，而嚴其日考月書之程。於是西蜀之士畢赴⑤，相與自愛重，多名秀俊乂⑥。相與分八齋，其鄉曲姓名以齒爲小錄，以請於學官，請如漢故事書之，爲《辛巳左右

---

① 亭：原作"學"，南宋張世南《遊宦紀聞》卷二隱括此文作"亭"字，是，據改。
② 子因：《遊宦紀聞》作"子固"。
③ 更：原作"吏"，據朱本、鄒本改。
④ 獲：原作"護"，據萬曆本、庫本、朱本、鄒本改。
⑤ 西：原作"四"，據萬曆本、朱本、鄒本改。
⑥ 乂：原作"又"，據上引改。

生圖》。

紹興三十一年記。

唐吴道子畫聖像記　　　　　　　　　　（元）尚佐均

先聖爲魯司寇時像二本：其乘車而群弟子從者號曰圖，立而先師侍者號曰小影。世人求合荀卿所謂"如蒙俱"，轉失其真①，乃摹小影於石而鑱之壁。夫聖人蓋有不可以見見而聞聞，又況以像求耶？然學者緣貌觀其道，緣形觀其天，亦或有所得云。

---

① 失：原作"生"，據萬曆本、朱本、鄒本改。

全蜀藝文志卷之四十二

記癸

成都古寺名筆記　　　　　　　　　　　　　　　　（宋）范成大

　　成都畫多名筆，散在諸寺觀，而見於大聖慈寺者爲多，今猶具存。總而記之左，庶幾觀者可考。
　　前寺，多寶塔：壁畫《地獄變相》，待詔左全筆。妙格中品。畫《四天王》四堵，《師子國王》一堵，《釋迦佛》一堵，小壁《勢至》《觀音》一十二堵，及塔上壁畫《西方變相》《阿彌陀佛》共三堵，《文殊》《普賢》《觀音》《大悲》《如意輪》共五堵，並古迹，不知名。
　　普賢閣：閣外南壁畫《南方天王》一堵，趙温奇筆。妙格上品。畫《佛會》一堵，《五如來》一堵，《八菩薩、釋迦佛》一堵；并閣後壁畫《文殊》《普賢》，北畔《五髻文殊》《彌勒下生》《北方天王》、并堂内四柱上《四天王》，並辛澄筆。妙格中品。《北方肉甲天王》，杜敬安筆①。能格上品。
　　鮮于院：小閣上壁畫《毘盧佛》，待詔杜齯龜筆。妙格下品。
　　百部院：過廊畫《護戒神》，僧知評筆②。
　　千部院：佛堂壁畫《熾盛光佛》，古迹。
　　白馬院：佛堂畫《十六羅漢》，古迹。近時周忘機畫《瀟湘圖》，王逸民擬任才仲作《桃源圖》。
　　承天院：祖堂《惠遠國師像》③，孫知微筆。妙格上品。近年院僧粉去古畫，别寫新像，尚餘侍者二僧猶在。
　　中寺，自中三門北至水陸院④，東至如意輪、正覺院。係高力士同僧英幹建。
　　中佛殿：殿内壁畫《維摩居士》《師子國王變相》，待詔左全筆。妙格中品。《釋迦佛》二堵，待詔杜懷玉筆。前廡東壁畫起寺金和尚、高力士像，古迹。西壁畫漢孝明

---

①　杜敬安筆：原作"柱敬安壁"，據朱本、鄒本、《益州名畫錄》卷中改。
②　知評：後文作"智評"，同一人。
③　惠遠：原作"惠達"，據朱本、鄒本、《益州名畫錄》卷中改。
④　北：原作"比"，據萬曆本、庫本、朱本、鄒本改。

帝、蔡愔、秦景、王遵及摩騰、竺法之像，童仁益筆。妙格中品。

文殊閣：四壁畫《北方天王》《梵王》，待詔趙溫奇筆。妙格上品。《阿彌陀佛》《大悲》《毘盧》《十大弟子》四堵，閣外壁畫《大悲》《三十七尊》《法華經驗》《大悲菩薩》四堵，《東、南方天王》《西方天王》，並待詔趙公祐筆①。神格上品②。《彌勒》《釋迦》《西方變相》《北方天王變相》，待詔范瓊筆。神格上品。《報身如來》，待詔張騰筆。妙格上品。《無量壽佛》，古迹。《東方天王》，待詔趙公祐筆③。神格上品。《帝釋》，待詔趙溫奇筆。妙格上品。《千手眼觀音》《勢至》，張希古筆。閣上周匝壁畫諸佛。古迹。

華嚴閣：影壁後畫《天花瑞像》二，其西，待詔竹虔筆④；其東，高道興筆⑤。妙格中品。窗外兩壁畫《大悲》，待詔張南本筆。妙格中品。兩畔小壁畫《天王》，並古迹。《杜悰像》，張逢筆。《泗州和尚》，小壁畫《太子遊雪山》，古迹。當面西壁《王波利像》，呂嶤筆。能格上品。《東西二方天王》《帝釋》《梵王》，待詔趙溫奇筆。妙格上品。周匝壁畫佛像，並古迹。

文殊閣：院門連寺廊畫《金剛經變驗》二堵，待詔左全筆。妙格中品。院內觀音堂壁畫《天王、帝釋、侍從》二堵⑥，待詔趙公祐筆。神格上品。

西大悲院：佛堂內畫《八明王》，古迹。

大將院：壁畫《羅漢》二，《北方天王》及《大將、部屬》，並《帝釋》《梵王》共六堵，並待詔范瓊筆。神格上品。

藥師院：連寺廊、八門、兩壁，畫《千眼大悲》《北方天王》《大悲》《釋迦變相》四堵，待詔范瓊筆。神格上品。殿內，《釋迦佛》《帝釋、梵王、部眾》，並古迹。畫《文殊》《普賢》《維摩》《無量壽》《西方天王》《十二神》，共九堵，並待詔趙公祐筆。神格上品。瑞像堂周匝畫像，並古迹。

寺後門向上小壁畫《觀音》，僧智評筆。

六祖院：院門北壁《地藏》一堵，杜措筆。能格上品⑦。南壁《佛會變相》一堵，待詔趙忠義筆⑧。妙格下品⑨。院內《山水》四堵，唐壁畫古迹。

保福院：門屋畫《天王》二堵，趙德齊筆。妙格上品。《姑蘇臺》一堵，僧惠堅筆。

---

① 趙公祐：原作"趙公佑"，據萬曆以下各本及《益州名畫錄》卷上改。

② 神格：原作"妙格"，據下文及朱本、鄒本改。本文所注畫家畫品多是據宋黃休復《益州名畫錄》，該書以趙公祐列爲"神格"。

③ 詔：原脫，據萬曆以下各本補。

④ 此下朱本、鄒本據《益州名畫錄》補小字注"能格上品"。（按：原文不注畫家畫品者下文尚多，未必皆是脫漏，朱本、鄒本一一補出，今不取，只於校記中說明。）

⑤ 高道興：原作"高興道"，據朱本、鄒本、《益州名畫錄》卷上乙。

⑥ 壁：原作"筆"，據庫本、朱本、鄒本改。

⑦ 能格：原作"妙格"，據朱本、鄒本、《益州名畫錄》卷中改。

⑧ 趙忠義："忠"字原脫，據上引補。

⑨ 下品：原作"上品"，據上引改。

《避暑宮》一堵，僧楚安筆①，小壁畫《竹雀》二堵，黃筌筆②。佛殿內《羅漢》一堂，盧楞伽筆③，記中不載，蓋自昭覺改神霄，徙來殿後。《海山觀音》一堵，張南本筆④，亦昭覺移至。小壁《羅漢》一堂，古迹。法堂上《湖山》一堵，《馬》二堵，近時郭游卿筆。游卿，熙之孫也。

大輪堂：壁畫《大輪部屬》兩堵⑤，《金剛》二十四尊，並待詔趙溫奇筆。妙格上品。

極樂院：門外壁畫《散花天女》，范瓊筆。神格上品。《大悲菩薩》，左全筆。妙格中品。《觀音》《大悲》二堵，古迹。佛殿內《十六羅漢》，盧楞伽筆。妙格上品。

四絕堂：壁畫《悟達國師真》，常粲筆。妙格中品。畫《彭州至德山》《金堂栖賢山》二堵，李昇筆。妙格下品。

石像院：門壁《香花菩薩》二堵，門內《菩薩》一堵，並古迹，前記下載。

慧日院：門壁畫《奉聖國師真》《齊天大王》《泗洲和尚》，宗震筆。佛堂內《十六羅漢》，丘文播筆。能格上品。

吉安院：畫《十二面觀音》，杜齯龜筆。妙格下品。

壽寧院：佛殿內四壁畫《熾盛光》《九曜》，孫知微筆。柱上小像，知微自寫其真也。殿內廊畫《太子修行》，古迹。東觀音堂畫《觀音》《十六羅漢》，李懷讓筆。《霧中山》《出峽圖》，李昇筆⑥。樓上畫《惠遠送陸道士》《李翱見藥山》，孫知微筆。妙格上品。《護法神》，孫知微筆。土地堂，《孟蜀主真》，古迹。《戰勝天王》《羅漢》共三堵，趙元晟筆。

華嚴院：殿壁畫《毘盧佛》，張希正筆。妙格中品。《文殊》《普賢》，古迹。《觀音》《勢至》《五髻文殊》，丘文播筆。能格上品。

興善院：殿內《泗洲大聖》一堵，常粲筆⑦。《八明王》，張南本筆⑧。

西林院：殿內《羅漢》，杜措筆。能格上品。壁後《彌陀佛》二，《菩薩》《彌勒》《羅漢》，盧楞伽筆。妙格上品。

大悲閣：畫《觀音》十堵，《楞嚴變相》一十八堵，並宗道兄弟筆。《八明王》八堵，《繡毯觀音》，並古迹。

寶勝院：藏殿內外聖像，並古迹。

揭諦院：壁畫《釋迦佛》二，《菩薩》《觀音》《勢至》《十六羅漢》，並杜齯龜筆。妙格下品。

---

① 此下朱本、鄒本補小注"能格中品"。
② 此下朱本、鄒本補小注"妙格中品"。
③ 此下朱本、鄒本補小注"妙格上品"。
④ 此下朱本、鄒本補小注"妙格中品"。
⑤ 壁畫：原作"畫壁"，據朱本、鄒本乙。
⑥ 此下朱本、鄒本補小注"妙格下品"。
⑦ 此下朱本、鄒本補小注"妙格中品"。
⑧ 此下朱本、鄒本補小注"妙格"。按：《益州名畫錄》卷上將張南本畫列爲"妙格中品"。

彌勒院：壁畫《十六羅漢》《文殊》《普賢》，張南本筆。妙格中品。畫故事、山水二堵，劉國用筆。

錦津院：壁畫《釋迦佛》《十六羅漢》，劉國用筆。能格上品。《白衣自在觀音》，李懷讓筆。

東律院：壁畫《八明王》《西方變相》《釋迦如來》《十六羅漢》，杜子瓌筆①。能格上品。

灌頂院：壁畫《藥師佛》《十六羅漢》，張玄筆。能格下品②。

如意輪院：壁畫《花竹》《六鶴》六堵，童祥筆，半已不存。

楞嚴院：壁畫《六祖》，劉國用筆。能格上品。《枯木》一堵，文與可筆。《山水》十堵，蒲永升筆。《龍虎》二堵，魯安道筆。《山水》三堵，僧延廣筆。

甘露寺：廊壁高僧數十堵，並古迹。

承天院：《呂相真》，堂後佛像四堵，杜子瓌筆③。不下金繩閣下諸佛、如意輪、觀音等像。

超悟院：堂頭，近周忘機畫《樹石》四壁。

蜀名畫記

（元）費　著

蜀多畫工，而盛於王、孟僭偽之時。蓋其割制一方，耽玩圖畫以自娛，故工聚焉。有西班將軍黎德昭者，以《畫鶴圖》獻之，孟氏因授雅州刺史，其玩物而棄民乃至此，不足稱也。今取畫藝之高而家於成都者，叙記姓名，他則不書。

王宰，家於西蜀。貞元中，韋皋以客禮待之，畫山水松石，出於象外。杜甫贈詩有曰："十日畫一水，五日畫一石。能事不相受促逼，王宰始肯留真迹。"宰嘗於席夔廳圖一障，臨江雙樹，一松一柏，古藤縈繞，上盤半空，下着水面，千枝萬葉，榮瘁曲直，分布不雜。又於興善寺畫四時屏風，若移造化於座右④。

左全，蜀郡人。本儒家⑤，工畫佛道人物⑥，多倣吳生之筆。寶曆中聞海內。今大慈寺多寶塔《地獄變相》，全之筆迹也。

趙公祐，成都人。工畫佛道鬼神。李德裕鎮蜀，嘗賓禮之。大慈、聖興兩寺皆有畫壁。子溫奇亦善畫，成都寺觀多見其迹。其孫德齊，襲二世之精藝，豪蹤逸筆，時

---

① "杜"下原有"措"字，據萬曆本、朱本、鄒本删。按：《益州名畫錄》卷中，杜措、杜子瓌（即杜子瓌）爲二人。

② 能格下品：按：《益州名畫記》卷中，張玄列入"妙格下品"。

③ 此下朱本、鄒本補小注"能格上品"。

④ 若：原作"苦"，據萬曆本、庫本、朱本、鄒本改。

⑤ "儒家"下，萬曆本、朱本、鄒本有"子"字。按：宋郭若虛《圖畫見聞志》卷二左全小傳云"迹本儒家"，費著此文大體本之郭書，是不必添"子"字。

⑥ 人物：原作"今物"，據萬曆以下各本改。

輩推重。光化中，詔許王建於成都置生祠，命德齊畫西平王儀仗車輅、旌纛法物，及朝真殿畫后妃嬪御，皆極精麗。官翰林待詔。

常粲，成都人。畫佛道人物，善爲上古衣冠。路巖鎮蜀，頗加禮遇。有《孔子問禮》《山陽七賢》等圖，立釋迦①、女媧、伏羲、神農、燧人等像，傳於世。子重胤，工寫貌，僖宗朝爲翰林供奉。嘗寫僖宗御容及名臣像，又於寶曆寺畫諸塔天王②，甚妙。

孫遇，初名位，自稱會稽山人。志行孤潔，情韻疏放。廣明中，避地入蜀，遂家成都。善畫人物、龍水、松石、墨竹、天王、鬼神，筆力狂怪，不以傅彩爲工③。長安、蜀川皆有其筆。

李洪度，成都人。畫佛道人物。大慈寺、三學院皆有畫壁。

李昇，成都人。善畫蜀川山水。初得唐張藻《山川圖》④，凝玩數日，以爲未善。後遂心師造化，自成一家。有《武陵溪》《青城》《峨眉》《二十四化圖》傳於世⑤。世傳"小李將軍"即昇也，或曰李昭道，非也。

杜楷⑥，成都人。工畫山水，多作老木懸崖，回阿遠岫。有《秋日並州路詩意圖》傳於世。

杜子瓌，華陽人。工畫佛道，尤精傅彩⑦。嘗於龍華東禪院畫毘盧像，坐赤圓光中、碧蓮花上，圓光如初出日輪，破淡無迹，俗工不到。

房從真，成都人。工畫人物、蕃馬。事王建，爲翰林待詔。嘗於宮中畫《諸葛武侯渡瀘水圖》，甲馬如生。兼善潑筆鬼神。有《寧王射獵》《陳登斫鱠》等圖傳於世。

宋藝，蜀郡人。工寫貌。事王蜀，爲翰林待詔。常寫唐朝列代御容，及道士葉法善、一行禪師、沙門海會⑧、內臣高力士等像於大慈寺。

高道興，成都人。事王蜀，爲內圖畫庫使。工佛道雜畫，用筆神速，觸類皆精，諺云"高君墜筆亦成畫"。子從遇，事孟蜀，爲翰林待詔。嘗於宮中大安樓下畫《天王》，隊仗甚奇⑨。從遇子文進⑩，工畫佛道，傅彩曹、吳之筆。蜀平，至闕下。太宗皇帝在潛邸，文進往依焉。後以攀附，授翰林待詔。未幾，修大相國寺，命文進倣高

---

① 立：萬曆本、朱本、鄒本作"並"。按：《圖畫見聞志》卷二作"並立"，語氣更完全。
② 諸：《圖畫見聞志》卷二作"請"。
③ 傅：原作"傳"，據萬曆本、庫本、《圖畫見聞志》卷二改。
④ 唐：原作"鹿"，據《圖畫見聞志》卷二改。萬曆本、朱本、鄒本無此字。
⑤ 二十四化：原作"二十四畫"，據朱本、鄒本、《圖畫見聞志》卷二改。"二十四化"又稱"二十四治"，爲早期道教的二十四處傳教點，多在山上。
⑥ 杜楷：朱本、鄒本作"杜措"，本書卷一〇《府學十詠》亦作"措"。按：《益州名畫錄》《圖畫見聞志》等書多作"措"，雖有的版本作"楷"，但當以"措"爲是。
⑦ 傅：原作"傳"，據庫本、《圖畫見聞志》卷二改。
⑧ 海會：原作"會海"，據萬曆本、朱本、鄒本及《圖畫見聞志》卷二乙。
⑨ 隊仗甚奇：原作"對伏七巳奇"，據庫本、《圖畫見聞志》卷二改。
⑩ 從遇：原作"衛"，據庫本改。

益舊本畫西廡《變相》，及太一宮、壽寧觀①、啓聖院、開寶塔下諸畫壁，率皆稱旨，畫院晚學皆宗之。

阮知誨，蜀郡人。工畫貴戚子女，兼善寫貌②。事王蜀，爲翰林待詔，寫王建像爲首出。

李文才，華陽人。工畫松石，兼善寫貌③。事孟昶，爲翰林待詔。廣政中，荆南高王遣人請文才寫義興門街雙笋石並其故事焉④。

石恪，蜀郡人。性滑稽，工畫佛道人物。始師張南本，而筆畫縱逸，不專規矩。蜀平，至闕下。嘗被旨畫相國寺壁，授以畫院之職，不就，固請還蜀，詔許之。有《唐諸賢像》《五丁開山》《巨靈擘太華》《新羅人角力》等圖傳於世。

董從誨，成都人。世襲儒風，心遊繪事，佛道人物，隨意皆精。福感寺有畫壁⑤。

王道真，新繁人。工畫佛道人物，兼長屋木。宋太宗時，用高文進薦，授圖畫院祗候。嘗被旨畫相國寺、玉清昭應宮壁。相國寺殿東《給孤獨長者買祇陀太子園因緣》⑥，並殿西《誌公變》《十二面觀音像》，皆其筆迹。

毛文昌，蜀郡人，工畫田家風物。有《江村晚釣》《村童入學》《郊居豐稔》等圖傳於世。

李懷袞，成都人。善畫山水翎毛⑦。其常所居及寢處皆置土筆，或中夜得意，急起畫於地或被上，遲明模寫之，則優於平日所爲。

蒲永昇，成都人。東坡先生嘗書其畫後云："永昇嗜酒放浪，性與畫會。始作活水，得二孫孫位、孫知微也。本意，自黃居寀兄弟、李懷袞之流皆不及也。王公富人或以勢力使之，永昇輒嬉笑捨去。遇其欲畫，不擇貴賤，頃刻而成。嘗與余臨壽寧院水⑧，孫知微畫。作二十四幅。每夏日挂之高堂素壁，即陰風襲人，毛髮爲立。永昇今老矣，畫益難得。而世之識真者亦少⑨。如往時董羽、近日常州戚氏畫水，世或傳寶之。如董、戚之流，可謂死水，未可與永昇同年而語也。"其爲東坡所重如此。

王道亨，郫人。七歲能畫，用筆命意皆過人。大觀間，肇置畫學⑩，自博士而下，

---

① 壽寧觀：《圖畫見聞志》作"壽寧院"。
② 兼：原作"皆"，據《圖書見聞志》卷二改。
③ 寫：原脱，據《圖畫見聞志》卷三補。
④ 雙：原無，據上引補。按：此小傳乃全抄《圖畫見聞志》，萬曆本不知，乃據《益州名畫錄》將此句改作"荆南高大王遣人請文才寫義興門內雙石笋既畢，並徵其故實焉"，朱本、鄒本又從之，非是。
⑤ 福感寺：原作"感佛寺"，據《圖畫見聞志》卷二改。按：福感寺在成都。
⑥ 給孤獨長者：原作"給孤長園長者"，據《圖畫見聞志》卷三改。萬曆本、朱本、鄒本作"給孤獨園長者"。按：佛經皆稱"給孤獨長者"，不稱"給孤獨園長者"。
⑦ 翎毛：原作"毛翎"，據朱本、鄒本、《圖畫見聞志》卷四乙。
⑧ 院：原作"浣"，據萬曆本、朱本、鄒本改。
⑨ 少：原作"以"，據《經進東坡文集事略》卷六〇《書蒲永昇畫後》改。
⑩ 肇：萬曆本、朱本、鄒本作"詔"。

如太學法，聽天下畫工補試肄業而考選焉。道亨入學，試官以古詩一聯爲題，曰："蝴蝶夢中家萬里，子規枝上月三更。"道亨乃畫蘇武牧羊於北海，被氈枕節而卧，雙蝶飛颺其上，極沙漠風雪之狀；又畫林木扶疏，上有子規，月政當午，木影在地，亭榭樓觀，隱隱可辨，曲盡一聯之景。果入首選。翌日進呈，宋徽宗奇之，命爲畫學錄。

全蜀藝文志卷之四十三

檄 難 牒

諭巴蜀檄

（漢）司馬相如

　　告巴蜀太守：蠻夷自擅，不討之日久矣，時侵犯邊境，勞士大夫。陛下即位，存撫天下，安集中國，然後興師出兵，北征匈奴，單于怖駭，交臂受事，屈膝請和；康居、西域，重譯納貢，稽顙來享①。移師東指，閩越相誅；右弔番禺，太子入朝。南夷之君，西僰之長，常效貢職，不敢墮怠；延頸舉踵，喁喁然，皆嚮風慕義，欲爲臣妾。道里遼遠，山川阻深，不能自致。夫不順者已誅，而爲善者未賞，故遣中郎將往賓之，發巴蜀之士各五百人以奉幣帛②，衛使者不然，靡有兵革之事，戰鬥之患。今聞其乃發軍興制，驚懼子弟，憂患長老，郡又擅爲轉粟運輸，皆非陛下之意也。當行者或亡逃自賊殺，亦非人臣之節也③。

　　夫邊郡之士聞烽舉燧燔，皆攝弓而馳，荷兵而走，流汗相屬，唯恐居後，觸白刃，冒流矢，議不反顧，計不旋踵，人懷怒心，如報私讎。彼豈樂死惡生，非編列之民，而與巴蜀異主哉？計深慮遠，急國家之難，而樂盡人臣之道也。故有剖符之封，析珪而爵，位爲通侯④，處列東第，終則遺顯號於後世，傳土地於子孫。行事甚忠敬，居位甚安逸，名聲施於無窮，功烈著而不滅。是以賢人君子，肝腦塗中原，膏液潤野草而不辭也。今奉幣役至南夷，即自賊殺，或亡逃抵誅，身死無名，謚爲至愚，恥及父母，爲天下笑。人之度量相越，豈不遠哉！然此非獨行者之罪也，父兄之教不先，子弟之率不謹，寡廉鮮恥而俗不長厚也，其被刑戮，不亦宜乎！

　　陛下患使者有司之若彼，悼不肖愚民之如此，故遣信使，曉諭百姓以發卒之事，因數之以不忠死亡之罪，讓三老孝悌以不教誨之過。方今田時，重煩百姓，已親見近

---

① 顙：《漢書‧司馬相如傳下》作"首"。享：《漢書》作"亨"。
② 帛：上引無此字。
③ 之：上引無此字。
④ 爲：原無，據萬曆本、庫本、朱本、鄒本及《漢書》補。

縣①，恐遠所溪谷山澤之民不遍聞，檄到，亟下縣道，使咸喻陛下之意②，無忽！

露布天下並班告益州文③　　　　　　　　　　（三國）魏明帝

劉備背恩，自竄巴蜀；諸葛亮棄父母之國，阿殘賊之黨。神人被毒，惡積身滅。亮外慕立孤之名，而內貪專擅之實，劉升之兄弟守城而已。亮又侮易益士④，虐用其民，是以利閬⑤、宕渠、高定、青羌莫不瓦解，爲亮仇敵。而亮反裘負薪，裹盡毛殫，刖趾適屨，刻肌傷骨。反更稱說，自以爲能。行兵於井底，游步於牛蹄。

自朕即位，三邊無事，猶哀憐天下數遭兵革，且欲養四海之耆老，長後生之孤幼。先移風於禮樂，次講武於農隙，置亮畫外，未以爲虞。而亮懷李熊愚勇之志，不思荊邯度德之戒，驅略吏民，盜利祁山。王師方振，膽破氣奪，馬謖、高祥，望旗奔敗，虎臣逐北，蹈尸涉血。亮也小子，震驚朕師。猛銳踴躍，咸思長驅。朕惟率土莫非王臣，兵之所處⑥，荊棘生焉，不欲使十室之邑忠信貞良與夫淫昏之黨同受塗炭⑦，故先開示，以昭國誠。勉思變化，無滯亂邦。巴蜀將吏士民諸爲亮所劫迫，公卿已下皆聽束手。

檄蜀文　　　　　　　　　　　　　　　　　　（魏）鍾會

往者漢祚衰微，率土分崩，生民之命，幾於泯滅。我太祖武皇帝神武聖哲，撥亂反正，拯其將墜⑧，造我區夏。高祖文皇帝應天順民，受命踐祚。烈祖明皇帝奕世重光，恢拓洪業。然江山之外，異政殊俗，率土齊民，未蒙王化，此三祖所以顧懷遺志也⑨。今主上聖德欽明，紹隆前緒；宰輔忠肅明允，劬勞王室。布政垂惠而萬邦協和，施德百蠻而肅慎致貢。悼彼巴蜀，獨爲匪民，愍此百姓，勞役未已，是以命授六師，龔行天罰，征西、雍州、鎮西諸軍，五道並進。

古之行軍，以仁爲本，以義治之，王者之師，有征無戰。故虞舜舞干戚而服有苗，

---

① 見：原脫，據萬曆本、庫本、朱本、鄒本及《漢書》補。
② 朱本、鄒本、《漢書》無"之"字。
③ 萬曆本、朱本、鄒本未收此文。
④ 士：《三國志·魏書·明帝紀》注引《魏略》作"土"。按：據文意，作"士"字勝。
⑤ 利閬：上引作"利狼"。按：此爲少數民族部落名。
⑥ 兵：上引作"師"。
⑦ 十：上引作"千"。按：《論語·公冶長》："子曰：十室之邑，必有忠信如丘者焉。"則作"十"字較勝。
⑧ 拯：原作"極"，據庫本、朱本、鄒本及《三國志·魏書·鍾會傳》改。
⑨ 志：《三國志》本傳作"恨"。

周武有散財、發廩、表閭之義。今鎮西奉辭銜命①，攝統戎車②，庶弘文告之訓，以濟元元之命，非欲窮武極戰，以快一朝之志③。故略陳安危之要，其敬聽話言④。

益州先主以命世英才，興兵朔野⑤，困躓冀、徐之郊，制命紹、布之手，太祖拯而濟之，興隆大好。中更背違，棄同即異。諸葛孔明仍規秦川，姜伯約屢出隴右，勞動我邊境，侵擾我氐、羌。方國家多故，未遑修九伐之征也。今邊境又清，方內無事，蓄力待時，併兵一向。而巴蜀一州之眾，分張守備，難以禦天下之師。段谷、侯和沮傷之氣，難以敵堂堂之陣。比年以來，曾無寧歲，征夫勤瘁，難以當子來之民。此皆諸賢所共親見⑥。蜀相壯見禽於秦⑦，公孫述授首於漢，九州之險，是非一姓，此皆諸君所備聞也⑧。明者見危於無形，知者規福於未萌⑨，是以微子去商，長為周賓，陳平背項，立功於漢。豈宴安鴆毒，懷祿而不變哉？

今國朝隆天覆之恩，宰輔弘寬恕之德，先惠後誅，好生惡殺。往者吳將孫壹舉眾內附，位為上司，寵秩殊異。文欽、唐咨為國大害，叛主讎賊，還為戎首。咨困逼擒獲，欽二子還降，皆將軍、封侯；咨豫聞國事。壹等窮踧歸命⑩，猶加上寵⑪，況巴蜀賢智見幾而作者哉！誠能深鑒成敗，邈然高蹈，投迹微子之蹤，措身陳平之軌，則福同古人，慶流來裔⑫，百姓士民，安堵樂業⑬，農不易畝，市不迴肆，去累卵之危，就永安之計⑭，豈不美與！若偷安旦夕，迷而不反，大兵一發⑮，玉石俱碎，雖欲悔之，亦無及也。各具宣布⑯，咸使聞知。

---

① 銜：原作"御"，據萬曆本、庫本、朱本、鄒本及《三國志》本傳改。
② 戎車：庫本、《三國志》本傳作"戎重"。
③ 志：《三國志》本傳作"政"。
④ 聽：原作"德"，據萬曆以下各本及《三國志》本傳改。
⑤ 朔野：原作"新野"，據庫本、《三國志》本傳改。
⑥ 所共親見：上引作"所親見也"。
⑦ 蜀相壯：原作"蜀侯"，據上引改。《史記·秦本紀》：秦惠文王十一年，"公子通封於蜀"；十四年，"蜀相（陳）壯殺蜀侯來降"。則"見禽"者非蜀侯明甚。
⑧ 諸君：上引作"諸賢"。
⑨ 規福：上引作"規禍"，皆通。
⑩ 壹：原作"一"，據上引改。按：壹指孫壹，作人名不可以"一"代。
⑪ 上寵：上引作"盛寵"。
⑫ 來：原作"東"，據萬曆以下各本及《三國志》本傳改。
⑬ 樂：《三國志》本傳作"舊"。
⑭ 計：上引作"福"。
⑮ 發：原作"放"，據庫本、《三國志》本傳改。
⑯ 此句上《三國志》本傳尚有"其詳擇利害，自求多福"二句。

爲東海王討成都王檄文

（晉）孫　惠

穎禀性强暗，增崇位號；阿比奄官，專任孟玖，遂使恣睢，殺活由己。疾諫好讒，小人滿側，官以賄成，位以錢獲，囚以貨生，獄以幣解。百官卷舌，朝野隱伏。按穎之罪，書記未有，禍甚叔帶，逆隆魯桓。爲子則不孝，爲臣則不忠，爲弟則不順，爲主則不仁，四惡具矣，豺狼之性，有甚無悛。

爲郗鑒作檄李勢文①

（晉）庾　闡

告巴蜀士民：夫昏明代運，否終則泰，賢哲睹機以知變，不肖滅亡以取禍。昔皇運中消②，乾綱暫弛。曜、勒窮凶③，肆暴神州；李、劉啓逆，竊逼岷川。翼以下才④，任符分陝，未能仰宣皇恩，招攜以禮，而使三巴之民，制於犬羊之群，元元之命，縣於豺狼之口，所以假寐永嘆，疢如疾首者也⑤。凡百黎甿⑥，秋毫不犯，檄至勉思良圖，自求多福，無使蘭艾同焚，永作鑒誡。信誓之明，有如皎日！

數陳敬瑄十罪檄

（唐）楊師立

伏聞庖丁解牛，鑒骨節於形外，伏波聚米，察山谷於目前，若匪通人，奚臻妙理。師立材非馬援，智乏庖丁，見率土之銜冤，爲大朝之雪恥。今國家以黃巢肆逆，寓縣罹災，鑾輿播越而未安，宗廟凌夷而失守，凡在臣子，孰不痛傷？而西川節度使陳敬瑄因守藩維，坐觀成敗。伏自大駕駐蹕，縱令群盜害人。不能行政理以安時，但欲示軍功而駭衆。只要威權在己，冀令朝野歸心。惡既貫盈，人皆憤惋，聊書十罪，用去一凶。實望此時，共垂詳悉。

且功高者禄重，德厚者位尊。敬瑄本自凡庸，素無智略，事因際會，位極人臣。乃至稚女孩童，皆霑寵禄，閨房皂隸，並受渥恩，使功勳者切齒而不言，勞舊者扼腕

---

① 郗：原作"郄"，據庫本、《晉書》卷六七《郗鑒傳》改。
② 《藝文類聚》卷五八"昔"下有"者"字。
③ "曜"原作"耀"，據萬曆本、朱本、鄒本改。按：曜謂劉曜，作"曜"字是。"勒"字原脱，據萬曆本、朱本、鄒本及《藝文類聚》補。
④ 下才：萬曆本、朱本、鄒本及《藝文類聚》作"不才"，皆通。
⑤ 疢如疾首：《藝文類聚》作"疾疢如首"。
⑥ 黎甿：《藝文類聚》作"黎萌"，甿、萌通。

而懷恨。其罪一也。獻可替否，必在忠言，指佞觸邪，須憑直士。張侍御正朝廷綱紀，暗被誅夷；孟拾遺疏姦惡是非①，遂遭陷害。或殞命於滄江之下，或亡軀於幽室之間。想其强死之忠魂，必得申冤於上帝。自此中外結憤，愚智吞聲。其罪二也。妄議公主，擅許和親，挫大國之威風，長南夷之僥倖。蓋緣陳敬瑄受賂，遂令海内興議。其罪三也。恭顯弟兄，總非勳校②，皆食厚禄，並陟崇階。蓋陳敬瑄罔顧刑章，黷亂朝憲，外姻内族，冒貴貪榮。其罪四也。全無懼謗，豈識廉隅，但興苟且之心，唯恣淫泆之行。升徐賡爲公座，因令奪安鄴之妻；致光庭登甲科，只爲娉陳敬瑄之女③。聞之者寧無慙耻，見之者皆有嘆嗟。其罪五也。鄭相公運籌於岐隴，率衆於邠涇，横控梁洋，遂安劍蜀。陳敬瑄深懷嫉妬，互起讒言，其罪六也。王藴賤隸之徒，姚坤凶狀未具，皆被殺戮，可鑒幽冤。賞罰之權自陳敬瑄出，其罪七也。恣行威福，紊亂規繩，除移不白於天書，擢用只憑於使牒，元隨諸校，偏授官榮，扈從六軍，曾無優渥，其罪八也。搜羅富户，借彼資財；抑奪鹽商，取其金帛；三倍折納税米，兩川綰斷度支；妄指贍軍，多將潤屋。其罪九也。東西二蜀節制，徇意誣君。云討韓秀昇，峽路迴戈；請繫高仁厚④，當川歇馬。不甘下視，可驗平欺。如此用心，自爲得計。其罪十也。

且爲臣之義⑤，有一於此，未或不亡，況皆具之，何以能久？師立今則感人神之怨怒⑥，奮貔虎以平除⑦，已點驍鋭精兵及八州壇寨，共五萬人騎，舉義長驅。問罪西府，志在扶持天子；誅滅亂臣⑧，止欲生致陳敬瑄。面奏聖人，請行國典，以正朝綱。應檄諸道公侯⑨，諸州牧伯，共期嫉惡⑩，同爲除姦。或義士忠臣，或州府將校⑪，但能梟敬瑄首級，送師立軍前，即便卷甲弢弓，歸朝謝罪。皇天后土，實聞此言，凡在人臣，幸鑒忠懇。

---

① 姦惡：原作"陳敬瑄"，據萬曆本、朱本、鄒本及《全唐文》卷八一三改。"疏姦惡是非"與"正朝廷綱紀"爲對句。
② 校：原作"放"，據上引改。
③ 上引無"陳"字，以下皆同。按：古人行文習慣，首稱姓名，其後多稱名而省姓，故"陳"字疑衍。
④ "擊"字原脱，據上引補。
⑤ 義：原作"首"，據上引改。
⑥ 人神：原作"人祇"，據上引改。
⑦ 貔虎：原作"貔武"，按：唐人避李虎諱，改"虎"爲"武"，今據上引回改。
⑧ 誅：朱本、鄒本作"議"。
⑨ 檄：原無，據萬曆本、朱本、鄒本及《全唐文》補。
⑩ 嫉：原作"姤"，據上引改。
⑪ 州：原作"川"，據朱本、鄒本及《成都文類》卷四七改。

擬韋臯破吐蕃露布①

(宋) 王應麟

　　尚書兵部臣韋臯等言：臣聞天討有罪，兵應者勝，義者王；夷不亂華，師直爲壯，曲爲老。多助之至，四極爰臻②。貞觀則同羅擊延陀，開元則九姓殄默啜。曰商莫不來享，犯漢雖遠必誅。德風鬯乎河源，武節憺乎月窟③。率寧人之有指，先元戎之啓行。用信威光祖宗，不以賊遺君父。

　　恭惟皇帝陛下宣昭義問，敉寧武功④，纘八葉之鴻圖，奮四征之雄略。懷梟鴟，銷祲沴⑤，稟印大和；剪鯨鯢，清郊原，掃除群穢。王猶允塞，我武惟揚。奇榦、善芳，各修貢職；條支、若木，咸順指令。

　　邇積石之遐陬，有吐蕃之醜類，侵敗王略，倍姦齊盟；乘邊將之駬兵⑥，瞰戎亭之虚候。爲蛇豕，食上國，盡盜河湟；帥螫賊，搖我疆，再驚畿甸。騎墉敢於深入⑦，鑾蹕至於親屯。捆然授兵，協以謀我。尚納污而含垢，姑通使以結和⑧。清水之盟未乾，好畤之師已聚。指涇、靈而徼賂，闖鹽、夏以擣虛。夷德無厭，弗悔衽金之禍；楚氛甚惡，輒興衷甲之謀⑨。蠢爾爲讎，整居匪茹⑩。維時南詔，慕化中朝。先零之質諸羌，雖嘗併力⑪；麇人之率百濮⑫，罔不離心。頓頡於邊，受命於吏，斷匈奴之右臂，羈南粵以長纓。燕貉輸致騎之勤，晉戎成犄鹿之勢。彼既失鐵橋之險，我遂克峨和之郛。

---

　　① 本文原題《破吐蕃露布》，作者署爲"韋臯"，今據譚校改。説詳下頁校記。
　　② 臻：鄒本及《玉海》卷二〇四《辭學指南》作"轃"。轃同臻，至也。"轃"字爲平聲，以駢文格律言，作"轃"較勝。
　　③ 窟：原作"峀"，據《玉海》改。按："窟"同"窟"。《文選》卷九揚雄《長楊賦》："西厭月窟，東震日域。"李善注引服虔曰："窟，月所生也。"
　　④ 敉：原作"敦"，據萬曆本、庫本、朱本、鄒本及《玉海》改。
　　⑤ 祲：原作"侵"，據上引改。
　　⑥ 駬：萬曆本、朱本、鄒本、《全唐文》卷四五三作"弛"。按《玉海》亦作"駬"。
　　⑦ 敢：原作"致"，據萬曆本、朱本、鄒本、《玉海》改。
　　⑧ 使：原作"事"，據譚校、《玉海》改。
　　⑨ 衷：原作"裹"，據庫本、朱本、鄒本、《玉海》改。
　　⑩ 茹：原作"如"，據萬曆以下各本及《玉海》改。《詩·小雅·六月》："玁狁匪茹，整居焦穫。"朱熹注："茹，度。言玁狁不自度量，深入爲寇如此。"
　　⑪ 雖：原作"雄"，據庫本、朱本、鄒本、《玉海》《全唐文》改。
　　⑫ 麇：原作"麋"，據譚校、《玉海》改。《左傳·文公十六年》："麇人率百濮聚於選，將伐楚。"麇音君，與麋字不同。

盍窜匿於龍堆①，復虔劉於鱗塞，戕我守將，墮我陴隍。修戈矛予與同仇，靡室家不遑寧處②。

臣等請奮其旅，以殲乃讎。鳳翔、振武、靈武之騎獵其西，邠寧、太原、涇原之兵震其北，率山南熊羆之校，暨東川貙虎之師，烏蠻撓其腹心，回鶻擣其肘腑。衆素飽矣，壹大治之。諸將陳洎等，統五萬軍，出十一道，濟師西顥之半，策勛北陸之初，蕩平七城，斬馘萬級，獲鎧械五十萬計，燔堡壘百七十餘。遂賈勇而圍昆明，將乘勝而定青海③。偽東境五節度大使論莽熱釋朔方之衆④，援維州之城，九攻九却之計窮，七縱七擒之威速。連連執訊，矯矯獻囚，不然我薪而自焚，有如破竹之立解。拂廬魚潰⑤，甌脫兔犇。谷静山空，行就焉耆之僇；區殫域滅，訖聞智盛之降。

斯皆廟謨淵深，神斷天造。明見萬里，運奇掌上之兵⑥；守在四夷，制勝目中之虜。勒功滇池之柱⑦，植表赤嶺之碑⑧。一怒安民，文之勇也；三軍用命，克何力焉。臣等承帝之明，敵王所愾。開遠門揭候，坐收西極之舊封⑨；紫微殿受俘，重睹昆丘之茂績。臣等無任慶快激切屛營之至，謹遣某官奉露布以聞⑩。

代成都帥檄⑪

（宋）邵　博

朝廷既付帥以全蜀兵民之寄，帥深念國勢艱危，思所以寬上西顧之憂者，不敢不力。今敵國之禍半天下，議者謂敵情終不能忘，蜀帥固料之。敵人以鐵騎衝突決勝，使其出平原易野，則勇矣；果扼吾蜀，將自取禍也。蓋天下之險在蜀，大山長谷，數千里之間，自古無路可出。梯空爲棧以往來，行者必棄輿馬，腰絙扶杖，後先相挽牽。

---

① 龍堆：原作"龍虎"，據萬曆本、朱本、鄒本、《全唐文》改。《玉海》作"龍庱"，庱亦與堆通。按：龍堆即白龍堆，見《漢書·西域傳》。

② "修戈矛"二句："戈"原作"戎"，"予"字原缺，據萬曆本、朱本、鄒本、《全唐文》改、補。按：此二句，《玉海》作"修戈矛與同仇，靡室家不遑處"。

③ 乘勝：原作"決勝"，據《玉海》改。

④ 僞：原作"爲"，據萬曆本、朱本、鄒本、《玉海》改。

⑤ 拂廬：萬曆本、《全唐文》作"爐沸"，朱本、鄒本作"爐沸"。按："拂廬"不誤，《玉海》亦作"拂廬"。《舊唐書·吐蕃傳》："貴人處於大氈帳，名爲拂廬。"

⑥ 掌：原作"堂"，據朱本、鄒本、《玉海》《全唐文》改。

⑦ 柱：原作"注"，據萬曆以下各本及《玉海》《全唐文》改。

⑧ 嶺：原作"領"，據庫本、鄒本、《玉海》《全唐文》改。

⑨ 收：原作"奴"，據萬曆以下各本及《玉海》《全唐文》改。

⑩ 本文後譚校云："《破吐蕃露布》題上當加'擬韋皋'三字。此宋末王應麟伯厚習博學鴻詞所擬者。《辭學指南》此篇前有《擬晉前鋒都督謝元平兗青州露布》，後有《擬漢丞相蕭何諭告巴蜀檄》。"按：《辭學指南》見《玉海》附錄。此文又見《四明文獻集》卷三。《全唐文》作韋皋文收錄，誤矣！

⑪ 代：原作"伐"，據萬曆本、庫本、朱本、鄒本及《成都文類》卷四七改。

或棧壞，則墮於萬仞之下，不見蹤跡。此豈用武之地哉？敵之長技廢矣。帥比下約束，敵之來，堅壁清野，斷路據險，使其鼓勇則不得進，示怯則不得退，久駐則不得食。將盡決四山所潴之水，灌百萬之衆，可使化魚鱉異物無遺也，其能得志哉！此不待智謀拳勇之士譚笑可辦，況有如諸君之高才絕藝乎！

今官軍、民兵與應募之士已百萬，器甲犀利，糧儲山積，斥堠明甚，敵之動静，朝夕所知。帥有備矣，於此責將士焉。傳曰：師克在和，不在衆。無輕舉，無争功，無信流言，無泄秘計，無以私事相仇，皆兵家所忌也。

帥爲成都三年矣，環百城之境，無風塵草竊之虞，朝廷察焉，故當更而復留。尺寸之功，帥未嘗自列也，帥之心可見矣。以天之道，社稷之靈，朝廷奠安①。異時論保蜀之功，帥將以將士之名次第上之，不自有焉。其或違衆慢令，不以帥之言爲用，罰不敢私。尚聽之，毋忽。

難蜀父老　　　　　　　　　　　　　　　（漢）司馬相如

漢興七十有八載，德茂存乎六世，威武紛紜，湛恩汪濊②，群生霑濡，洋溢乎方外。於是乃命使西征，隨流而攘。風之所被，罔不披靡。因朝冉從駹，定筰存邛，略斯榆，舉苞蒲③。結軌還轅，東鄉將報。

至於蜀都，耆老大夫縉紳先生之徒二十有七人，儼然造焉，辭畢，進曰："蓋聞天子之牧夷狄也④，其義羈縻勿絶而已。今罷三郡之士，通夜郎之塗，三年於兹，而功不竟，士卒勞倦，萬民不贍；今又接之以西夷，百姓力屈，恐不能卒業。此亦使者之累也，竊爲左右患之。且夫邛筰西夷之與中國並也⑤，歷年兹多，不可記已。仁者不以德來，强者不以力併，意者其殆不可乎！今割齊民以附夷狄，敝所恃以事無用，鄙人固陋，不識所謂。

使者曰："烏謂此乎！必若所云，則是蜀不變服而巴不化俗也，僕常惡聞若説。然斯事體大，固非觀者之所覯也。余之行急，其詳不可得聞已，請爲大夫粗陳其略。

"蓋世必有非常之人，然後有非常之事；有非常之事，然後有非常之功。夫非常者，固常人之所異也。故曰非常之原，黎民懼焉，及臻厥成，天下晏如也。昔者洪水沸出，泛濫衍溢，民人升降移徙，崎嶇而不安。夏后氏感之，乃堙洪塞源⑥，決江疏

---

① 奠：原作"尊"，據萬曆本、朱本、鄒本改。
② 汪濊：原作"汪穢"，據萬曆本、庫本、朱本、鄒本、《史記·司馬相如傳》《漢書·司馬相如傳》《文選》卷四四、《成都文類》卷四七改。按：此篇文字乃用《文選》。
③ "舉"字原脱，據上引補。苞蒲：《史記》作"苞滿"，《索隱》："服虔云：夷種也。'滿'字或作'蒲'也。"
④ 牧：《史記》《漢書》作"於"。
⑤ 西夷：朱本、鄒本、《史記》《漢書》作"西僰"。
⑥ 此句《史記》《成都文類》作"乃堙鴻水"，《漢書》作"乃堙洪原"。

河,灑沉澹災,東歸之於海,而天下永寧。當斯之勤,豈惟民哉?心煩於慮,而身親其勞,躬腠胝無胈①,膚不生毛,故休烈顯乎無窮,聲稱浹乎於茲。且夫賢君之踐位也,豈特委瑣喔齰,拘文牽俗,修誦習傳②,當世取說云爾哉!必將崇論吰議,創業垂統,爲萬世規。故馳騖乎兼容併包,而勤思乎參天貳地。

"且《詩》不云乎:'普天之下,莫非王土;率土之濱,莫非王臣。'是以六合之內,八方之外,浸淫衍溢,懷生之物有不浸潤於澤者,賢君恥之。今封疆之內,冠帶之倫,咸獲嘉祉,靡有闕遺矣。而夷狄殊俗之國,遼絕異黨之域,舟車不通,人迹罕至,政教未加,流風猶微。內之則時犯義侵禮於邊境,外之則邪行橫作,放殺其上,君臣易位,尊卑失序。父老不幸,幼孤爲奴虜,繫縲號泣,內嚮而怨,曰:'蓋聞中國有至仁焉,德洋恩普,物靡不得其所,今獨曷爲遺己!'舉踵思慕,若枯旱之望雨。戾夫爲之垂涕,況乎上聖,又焉能已?故北出師以討強胡,南馳使以誚勁越。四面風德,二方之君鱗集仰流,願得受號者以億計。故乃關沫、若,徼牂牁,鏤靈山,梁孫原。創道德之塗,垂仁義之統,將博恩廣施,遠撫長駕,使疏逖不閉,曶爽闇昧得耀乎光明,以偃甲兵於此,而息討伐於彼。遐邇壹體,中外禔福,不亦康乎?

"夫拯民於沈溺,奉至尊之休德,反衰世之陵夷,繼周氏之絕業,天子之亟務也。百姓雖勞,又惡可以已乎哉?且夫王者固未有不始於憂勤③,而終於佚樂者也。然則受命之符,合在於此。方將增太山之封,加梁父之事,鳴和鸞,揚樂頌,上減五④,下登三。觀者未睹旨,聽者未聞音,猶鷦鵬已翔乎寥廓之宇,而羅者猶視乎藪澤,悲夫!"

於是諸大夫茫然喪其所懷來,失厥所以進,喟然並稱曰:"允哉漢德,此鄙人之所願聞也。百姓雖勞,請以身先之。"敞罔靡徙,遷延而辭退⑤。

對蜀父老問

(唐) 盧照鄰

龍集荒落,律紀蕤賓,余自酆鎬,歸於五津,從王事也,丁丑,屆於升仙橋,止

---

① 腠:原作"輳",據萬曆本、庫本、《文選》《成都文類》改。按:《史記》此句作"躬胝無胈",朱本、鄒本及《漢書》作"躬胝骿胝無胈"。《史記》《索隱》云:"胝,腠理也。"《集解》:"一作腠",文雖異而意同。
② 修:庫本、朱本、鄒本、《史記》《漢書》作"循"。
③ 王者:朱本、鄒本、《史記》作"王事"。
④ 減:庫本、朱本、鄒本、《史記》《漢書》作"咸"。王先謙《漢書補注》引瞿鴻禨曰:《詩·閟宮》"克咸厥功。"鄭《箋》:"咸,同也。"《左傳·昭三年》"皆登一焉",注:"登,加也。"猶曰漢之德上同五帝,下加三王。按:瞿說是,當以"咸"字爲是。
⑤ 退:朱本、鄒本、《史記》《漢書》《文選》作"避"。

送客亭①，即相如所謂不乘赤車駟馬②，不出汝下者也。遇蜀父老皤然龐眉華髮者休於斯，謂余曰："子非衣冕之族歟？文章之徒歟？飾仁義以干時乎？懷詩書以邀名乎？吾聞諸夫子曰：'邦有道，貧且賤焉，恥也。'當今萬方日用③，九有風靡，主上垂衣裳正南面而已矣，庸非有道乎？而子爵不登上造，位不至中涓，藜羹不厭，短褐不全④，庸非貧賤乎？吾視子形容顦顇，顏色疲怠，心若涉六經，眼若營四海，何其無恥也！何其不一干聖主，效智出奇，何栖栖默默，自苦若斯？吾聞克爲卿，失則烹。何故區區冗冗，無所成名？"

余笑而應之曰："井魚不可以語於海者⑤，拘於墟也；夏蟲不可以語於冰者，篤於時也。蓋聞智者不背時而徼幸，明者不迂道以干非⑥。是以聖賢馳鶩，莫赦三家之徹⑦；匹夫高抗，不屈萬乘之威。道在則箪瓢匪陋，義存則珪組斯違。或立談以邀鼎食，或白首而甘布衣。或委輅而仕，屬論都之會；或射鉤以相，遇匡霸之機。亦有朝爲伊、周，暮爲桀、跖。當其時也，襲珩珮之鏘鏘；失其時也，委溝渠而喀喀。故使龍丘先生羞聞擁篲，雁門太守不如縫掖。孟軻偃蹇，爲王者師；范雎匍匐，爲諸侯客。富貴者君子之餘事，仁義者賢達之常迹。來不可違，類鴻雁之隨陽；去不可留，同白駒之過隙。行張、蘇之辨於媧、燧之年，則迂矣；用韓、彭之術於堯、舜之朝，則舜矣⑧；守夷、齊之節於湯、武之時，則孤矣；抱申、韓之法於成、康之日，則愚矣。彼一時也，此一時也，易時而處，失其所矣。"

"大唐之有天下也，出入三代，五十餘載。月寞來庭，風丘款塞⑨。金革已偃⑩，羽檄已平，雖有廉、白之將，孫、吳之兵⑪，百勝無遺策，千里不留行，無所用也。社首既禪，介丘既封，創明堂，立辟雍，雖有闕里之聖，淹中之儒，叔孫通之蕝，公玉帶之圖，將焉設也？《咸》《英》並作，《韶》《武》畢用，奏之方澤而地祇登，升之圓丘而天神降，雖有伶倫、伯夔、延陵、子期，操雅曲則風雲動，激悽音則草木悲，又何施也？畫衣莫犯，囹圄不修，雖有咎繇、仲甫之器，釋之、定國之儔，金科在握，

---

① 止：《文苑英華》卷三五二、《全唐文》卷一六七作"上"。
② 赤：《幽憂子集》卷六、《全唐文》作"高"。《華陽國志·蜀志》："（成都）城北十里有升仙橋，有送客觀。司馬相如初入長安，題其門曰：'不乘赤車駟馬，不過汝下也。'"
③ 用：鄒本、本集作"朗"，《全唐文》作"照"。
④ 短褐：萬曆本、庫本、朱本、鄒本及《文苑英華》《全唐文》作"裋褐"。
⑤ "井"字原脱，據萬曆以下各本、本集、《文苑英華》《全唐文》補。
⑥ 迂：萬曆本、朱本、鄒本及本集、《全唐文》作"違"。
⑦ 赦：朱本、鄒本、本集、《全唐文》作"救"。
⑧ 舜：原作"吁"，據萬曆本、朱本、鄒本、本集、《文苑英華》《全唐文》改。
⑨ 風丘：原作"風立"，據上引改。
⑩ 金革：原作"金華"，據庫本、《文苑英華》改。萬曆本、朱本、鄒本及本集、《全唐文》作"華旌"。
⑪ 吳：原作"吾"，據庫本、本集、《文苑英華》《全唐文》改。朱本、鄒本作"武"。

丹筆如流，非急務也。人歸東戶，家沐南薰，山澤無蹊隧①，鷄犬不相聞，雖有文翁、黃霸之述職，子游、子賤之弦歌，政成禮讓，俗被雍和，固無取也。干戈已戢，禮樂已興，刑罰已措，梁父已升，公卿常伯，庶政其凝，雖有鴻才大略，麗句一作藻。豐詞，發言盈乎百代，濡翰周乎四時，略無益於今日，而適足以佛之。是故天子恭己，群臣演成，攘袂而陵稷、卨，撫掌而笑阿衡，無爲而萬物皆遂，不言而品彙咸亨。莫不稱贊鴻烈，揄揚頌聲。言殊者招累②，行危者相傾。效智者輟談於草澤，出奇者裹足於山樞。許由去而堯臣不少，善卷逃而舜德不輕。

"夫周冕雖華，猿猴不之好也；夏屋雖崇，騏驥不之處也。載鼷以車馬，不如放之於藪穴也③；樂鷃以鐘鼓④，不如棲之以深林也。此數物者，豈惡榮而好辱哉？蓋不失其天真也。若余者，十五而志於學，四十而無聞焉。詠羲、農之化，玩姬、孔之篇。周遊幾萬里⑤，馳騁數十年。時復陵霞泛月，搦札彈弦，隨時上下，與俗推遷。門有張公之霧⑥，突無墨子之烟⑦。雖吾道之窮矣，夫何妨乎浩然！今將授子以《中和》之樂，申子以《封禪》之篇⑧，終眇慚乎措地，竊所慕於談天。"

於是蜀父老再拜而謝曰："鄙夫瞽陋，長自愚惑；習俗逗陋，不遊上國。聞王人之休音，聽皇猷之允塞，亦猶獻雉而遇司南，銜龍而光有北。請終餘論，永告邛僰。"

回雲南牒　　　　　　　　　　　　　　　　（唐）高　駢

先是，雲南遞到木夾督爽牒，劍南西川節度使駢復牒云：

大唐劍南西川節度使牒雲南詔國牒：我大唐聖皇帝德配二儀，光齊兩曜，仁霑動植，聖役神龍。煦萬國而盡若青天，養兆民而皆同赤子。東鄰若木，西屆流沙，北通陰山，南抵銅柱，莫不貢珍而納賨，航海而梯山，請混車書⑨，願爲臣妾。是知卑微螢

---

① 蹊：原作"溪"，據朱本、鄒本、本集及《文苑英華》《全唐文》改。《莊子·馬蹄》："山無蹊隧，澤無舟梁。"

② 招：原作"拓"，下注"疑作招"，據萬曆以下各本、本集、《全唐文》改。（按：嘉靖本此篇乃錄自《文苑英華》。《文苑英華》此處正文作"拓"，注云"疑作招"。嘉靖本從之，而又脫去正文"拓"字，僅存小字注，遂不知所云。）

③ "於"字原脫，據萬曆本、朱本、鄒本、本集、《文苑英華》《全唐文》補。

④ 鷃：原作"宴"，據上引改。《莊子·達生》："譬之若載鼷以車馬，樂鷃以鐘鼓也。"《釋文》引李頤注："鷃字又作鴳。"爲此句所本。

⑤ 幾：原作"畿"，據萬曆以下各本、本集、《文苑英華》《全唐文》改。

⑥ 有：原作"首"，據萬曆本、朱本、鄒本、本集、《文苑英華》《全唐文》改。

⑦ 此句原作"突面黑子之烟"，據萬曆本、朱本、本集、《文苑英華》《全唐文》改。《文選》卷四五班固《答賓戲》："是以聖哲之治，栖栖遑遑，孔席不暖，墨突不黔。"

⑧ 禪：原作"神"，下注"疑作禪"，據鄒本、本集、《全唐文》改。

⑨ 請：原作"諸"，據明謝肇淛《滇略》卷八、《全唐文》卷八〇二改。

耀，不敢並於太陽；鼮鼩蹄涔，焉能踵於神驥？且自九夷八狄，七戎六蠻，雖居要荒，盡遵中國①，力爭不得，天使其然。所以孔聖云："夷狄之有君，不如諸夏之亡也。"縱外夷驕倨，索中國等倫②，是以博古知今③，但擬率凶逞志。雖恃荒陬之獨力，背以天時；必爲寰海之諸蕃，哂其僭越。力不足憑④。且以螻蟻之飛騰，不離溝瀆，欲追鸞鳳之羽翼，擬接縹霄，雖是童兒，亦知不可。

且雲南頃者求合六詔，併爲一蕃，與開道途，得接邛蜀，許賜書而習讀，遽降使而交歡。禮待情深，招延意厚。傳周公之禮樂，習孔子之詩書。片善既知，大恩合報。忽窮兵黷武，掠土侵疆，再犯朗寧，重陷交趾，兩俘邛蜀，一劫黔巫。塗炭城池而極多，皆爲灰燼；驅歸士庶而非少，盡作幽冤。轉恣胸襟，罔知悛革，吞越嶲之舊地，圍相如之故城⑤。凌犯不休，貪殘轉甚。昔時交趾都護，不閑理兵；舊日朗寧元戎，未解誅寇。黔巫師帥⑥，邛蜀儒臣，受以侵欺，容其殘暴。

某比者親征海裔⑦，克復龍編，驅駕三千之師，剿除十萬之寇。南定縣則全軍陷沒，如乾鎮則匹馬不迴。羅和一空，嘉寧俱盡。贊衛段首遷安南節度。之斬首，騎將麻光亮溪洞都統。之亡軀。李膳龍安南城内守將。則面縛於軍前，張詮行營都統。則生擒於陣上。沉白衣殁命之衆，將帥至長行二千餘人皆白衣，號殁命軍。如赤日銷冰；殺朱弩佉苴之軍，詔王親軍三千並陷安南。若紅鑪熾焰⑧。膏塗草莽，骸積丘山，士卒睹之而稱心，夷獠觀之而快意。趙諾眉扶耶等界上道都統三十餘年也。而就戮，相思緝善門節度兼平官充供軍使。亦自裁。董鐸龍咸通七年除安南節度使，替段首遷。之恓惶，范昵些安南行營都統。之窘沮。每來侵擾，無非敗亡。江橋則盡底焚燒，采筏則從頭覆沒。波封瓦解，扶耶大隳。容易誅鋤，若高原之縱燎⑨；等閑撲滅，如順坂之走丸⑩。收復城池，掃殄妖孼。先仗睿謀之果斷，後資神術而追擒。掩韓信滅趙之功，吞樂毅定齊之策，其於勝負，詔國洞知。

昨日來鎮西川，移從汶水，仗節而不施導騎，單車而直抵坤維。大開城門，放出人物。三軍而遣歸營幕，百姓而使返鄉閭。此時詔王⑪，未離近地，固無疑阻，直擬誅鋤。不比從前帥臣，只務姑息凶醜，唯將和好，便是策謀；今則已知天時，誓雪國恥。

---

① 以上四句，《滇略》作"且自象寄鞮譯，侯甸要荒，雖居遠方，盡遵中國"。
② 索：《全唐文》作"豈"。
③ 以：《成都文類》卷四七作"無"，當是。
④ "力不足憑"下，萬曆本空四字，朱本、鄒本有小字注："缺四字。"
⑤ 圍：原作"爲"，據朱本、鄒本、《全唐文》改。
⑥ "帥"字原脱，據萬曆本、朱本、鄒本補。
⑦ 某：原作"其"，據《全唐文》改。
⑧ "紅"原作"烘"，據朱本、鄒本、《滇略》《全唐文》改。"熾焰"原作"焰熾"，據《滇略》乙。"紅鑪熾焰"與上句"赤日銷冰"對仗。
⑨ 高原：原作"高元"，據萬曆以下各本及《成都文類》《全唐文》改。
⑩ 坂：原作"板"，據朱本、鄒本改。
⑪ "此時"上，萬曆本、朱本、鄒本有"乃於"二字。

前詔王遣張棟成等將領軍佐，稱是行人，未至府城，揚言和好，身纔入境，兵已繼來。況是詔王親行，公然詐僞，侵欺大國，熒惑元戎。戮僕之儀，須依古典，其張棟成等並已軍令處置。且詔國前後俘虜約十萬人，今獨送杜驤妻，言是没落。且杜驤守職，本在安南，城陷驅行，固非没落。星霜半代，桎梏幾年，李氏偷生餘喘而空令返國，杜驤早殁遺魂而不得還鄉。今則訓練蕃兵，指揮漢將，鐵衣十萬，甲兵五千，邕、交合從，黔、蜀齊進①。昔時漢相有七擒七縱之功，今日唐臣藴百戰百勝之術。勳名須立，國史永書。且杜驤官銜，李搖門地，不是近親，但王室疏宗，天枝遠派而已。李氏並詔國木夾，並差人押領進送朝廷訖。故牒。

又　　　　　　　　　　　　　　　　（唐）胡　曾

駢統益部，兼號征南，蠻陬聞名，預自屏迹。然猶時飛一木夾，誇兵革犀象之盛。駢判回木夾，命記室胡曾爲之辭。

牒：前件木夾，萬里離南，一朝至北，開緘捧讀，詞藻焕然，獎飾過多，欣慰何極。實以乍同邊鎮②，纔到藩籬，且按此朝之舊儀，未委彼國之新制③。不知鸑柘，唯認苴咩，尚呼南詔之佳名，豈見大朝之美號。要從微耗，且是所宜。

伏承驃信王化風行，君德雲被，凋題屈膝，鳥舌折腰，卉服來庭，氎裘入貢。蓋以深明豹略，精究龍韜，波伏西天，草偃南土者。然侵軼我華夏，無乃不可乎！將謂我皇帝有所負於彼邦，邊臣有所負於彼國，慮彼直我曲，獲罪於天，是陳木夾申懷，用貯榮報④。及披迴示，已見事根，止於囚繫使人，放歸彼國，始乎小怨⑤，終此深讎，吞噬我朗寧，虔劉我交趾，取我越嶲，犯我益州。若報東門，乃及再四。

夫物居中者尊也，處外者卑也，是以衆星拱之北辰，百谷趨之東海，天地尚不能違，而況於人乎？我國家居天之心，宅地之腹，四方八表，莫不輻輳，亦猶北辰之與東海也。誠知土地山河，歸於有德，雖云有德，亦須相時，苟無其時，安可妄動？明公博識多聞，豈不見仲尼乎？仲尼之聖逾堯、舜，顔子之賢過夔、龍也，六合茫茫⑥，無立錐之地者，蓋無其時也。適使仲尼生於秦末，乘胡亥之亂，用顔回、閔損爲宰相，子路、冉有領將軍，子貢、宰我充行人，子夏、言偃典書檄，雖六合鼎沸，可期月而定也。當此之時，劉、項只可都頭，韓、彭不過十將耳。聖人雖有帝天下之德，而無

---

① 進：原作"晉"，據《成都文類》《全唐文》改。
② 乍：《全唐文》卷八一一作"昨"。按：《鑑誡録》卷二亦作"乍"。
③ 委：萬曆本、庫本、朱本、鄒本作"悉"。
④ 貯：疑當作"佇"，即等待。
⑤ 始：原作"使"，據萬曆本、朱本、鄒本及《鑑誡録》《成都文類》卷四七、《全唐文》改。
⑥ 以上二句，"也"字萬曆本、朱本、鄒本作"然"。《鑑誡録》"顔子"句作"顔子之賢過祖龍、沛令萬萬"，無"六合茫茫"四字。

帝天下之時，終不妄動。及子路欲使門人爲臣，以爲"欺天乎"，及自嘆曰①："鳳鳥不至，河不出圖，吾已矣夫！"止於負手曳杖，逍遥倚門，告終而已。王莽不識天時，苻堅不知曆數，妄恃強富，爭帝乾坤。莽以百萬鋭師來襲後漢，光武以五千之衆破於昆陽。苻以六十萬精兵折於東晉②，謝玄以八千之卒敗於壽春。豈不爲欺天罔地所致者乎③？國富兵強④，何足恃也！

周王杖篂於岐山，漢祖脱褐於泗水，我高祖起自隴州。蓋明公只知其一，未知其二，見其形未知其兆也。今與明公陳之，望審參焉。

昔周王承公劉之德，遇殷紂之暴，刳剔孕婦，塗炭生靈，剖賢人之心，斮朝涉之脛，三分天下而二歸周。文王率諸侯而朝之。至於武王，觀兵孟津，八百諸侯，不期而會，尚曰"彼有人焉，未可圖也"，退歸修德。觀乎聖人去就，豈容易者哉！及微子去，比干剖，箕子奴，民不聊生，皇天厭之，國人棄之，武王方援旗誓衆，一舉而滅紂者，蓋天奪殷而與周也。我皇帝方宵衣旰食，肩堯踵舜，父事三老，兄友百僚，推赤心於比干腹中，懸白日於微子頭上，諸侯合德，百姓歡心。唯天下有人聖如周王，家有姬旦，户生吕望者乎？

漢祖承帝堯之德，遇秦皇無道，併吞六國，恃宇宙一家，焚燒詩書，坑滅賢哲，築長城於紫塞，造阿房於皇州，鬼母哭蛇，人臣指鹿，民不聊生，皇天厭之，國人棄之。是以陳勝一呼，天下響應；漢祖西入，五星都聚者，蓋天奪秦而與漢也。我皇方崇詩書，任賢哲，卑宫室，恤黔黎，野無歌鳳之人，朝有問牛之傑。天下有人英如漢祖，家有韓信，户生張良者乎？

我高祖承玄元之德，遇隋煬荒淫，徭役不均，徵斂無度，竭生民之財産，爲巡幸之資糧，虎噬群賢，猱蒸庶母，浮沈遼海，疏鑿汴河，今年東征，明年西伐，民不聊生，皇天厭之，國人棄之。是以我高祖應天順地⑤，奄有四海者，蓋天奪隋而與唐也。我皇方淡薄聲色⑥，杜絶巡遊，夢卜宰輔，倚注蕃屏，思成垂拱，惡習干戈，皇天方贊，國人方歡。天下有人雄如唐祖，家有敬德，户生玄齡者乎？

而況越巂新州，牂牁故地⑦，不在周封之内，非居禹迹之中。曩日邊將邀勳，妄圖吞併，得之如手加駢拇，失之若領去贅瘤，九牛之落一毛，六馬之亡半氂，何足喻哉！

僕雖自絳紗，素就黄石，既探師律，固識兵機。奉詔鎮壓三巴，撫安百姓，思敦禮樂，耻用干戈。每傷虞芮之争田，永念姬周之讓路，苟不獲已，即須訓戎。且蜀地闊數千里，郡列五十城，户口至多，士卒之衆，可以揮汗成雨，吐氣成雲。蓋緣從前

---

① 及：萬曆本、朱本、鄒本作"乃"。
② 折：原作"扣"，據《成都文類》改。《鑑誡録》作"摧"，義同。
③ 乎：原作"也"，據《成都文類》改。
④ 富：原作"負"，據萬曆本、朱本、鄒本及《鑑誡録》《成都文類》《全唐文》改。
⑤ 地：萬曆本、朱本、鄒本作"人"。
⑥ "皇"字下朱本、鄒本及《鑑誡録》《全唐文》有"帝"字。
⑦ 故地：原作"故封"。按：下句既言"周封"，此句"封"字不當重。今據《鑑誡録》《成都文類》改。朱本、鄒本作"故郡"。

元戎，皆是儒者，有昧見幾而作，但守升平之元規，雖分常憂，不教民戰，是以彼國得以深入，無備故也。僕示之以三令，教之以八陣，鼓聲而進，鉦動而退，甘與之共，若與之均，義等塤篪，情猶瓜葛。閱禮樂而敦詩書，務農桑而聚穀帛，使家藏甲冑，戶貯干戈，賞罰並行，公私共貫。既識三略，便可七擒，不唯喝倒不周，亦可擘開太華①。

況彼國自長慶已來，搔擾益部，殺人之父，孤人之子②，掠人之妻，鰥人之夫，焚人之廬舍，使人暴露，剪人之桑麻，使人寒凍。蜀人怨恨，痛入骨髓。僕乘其衆怒之勢，示其報怨之門。況抱雞搏狸，不由人教；乳犬敵虎，自是物情。既仗宗廟之威靈③，兼統華夏之精銳，若乘流縱棹，下坂推車，豈勞心哉！

僕官是宰衡，位當侯伯，披堅執銳，雖則未曾，濟河焚舟，平生所貯。彼國將帥之強弱，邦國之盈虛，坐可酌量，何煩詢誘。且六合之外，舟車不及，聖人不言；彼國在聖人不言之鄉，舟車不及之地。縱主上英哲，人臣俊義，亦猶燭龍銜曜，只可照於一方，春雷震聲，不能過於百里。天與不取，談何容易！

夫天有五賊，見之者昌。彼國縱曉六韜，未閑五賊，而欲泥封函谷，水灌晉陽，何其謬哉！五賊者，夏桀張羅，殷湯祝網，是以仁而賊不仁也；殷紂剖生人，周文葬枯骨，是以德而賊不德也；齊國厚徵薄貸，魯國厚貸薄徵，是以恩而賊不恩也；項羽弒義帝，漢高祖舉哀，是以義而賊不義也；陳後主驕奢，隋文帝恭儉，是以道而賊不道也。能行五賊，兼曉六韜，方可奪人山河，傾人社稷。我朝未有五失，而彼國徒自陸梁，以此推之，興亡可鑒，何勞遠離庭戶，始識安危，久習韜鈐，方明勝負？而妄要姑息，不務通和，迴示荒唐，一何乖戾！

罔念孔、顏之知命，翻效莽、堅之覆車。交趾喪亡，可知人事；新都失律，足見天時。若望降尊，便希抗禮，但百谷不趨東海，衆星不拱北辰，則不可議也；苟未如是，則不可改圖。昔管仲入周，不受上卿之禮；蘇武在虜，無虧中國之儀。事有前規，固難更易。況小不事大，《春秋》所誅。若彼直我曲，恐招天殃；既彼傲我謙，何患神怒？

見已訓齊士卒，調集糗糧，或玉露垂槐，金風動柳，建鼓數里，命車指南，涉巂弔民④，渡濾會獵，繼齊魯之夾谷，紹秦趙之澠池，便是行人，豈遺佳策？

皇帝聖旨，已具前緘奏聞，不復多談，恐乖忠告。謹牒。

---

① 擘：原作"臂"，據庫本、朱本、鄒本、《鑑誡錄》《成都文類》改。《全唐文》作"劈"，義通。
② 子：原作"母"，據朱本、鄒本、《全唐文》改。
③ 仗：原作"伏"，據庫本、朱本、鄒本、《鑑誡錄》《成都文類》改。
④ 巂：原作"雋"，據《鑑誡錄》《全唐文》改。"巂"指越巂水，即今四川涼山州越西河，此處泛指古越巂郡之地。

全蜀藝文志卷之四十四

箋銘贊

益州牧箴　　　　　　　　　　　　　　　（漢）揚　雄

巖巖岷山，古曰梁州。華陽西極，黑水南流。茫茫洪波，鯀堙降陸。於時八都，厥民不隩。禹導江沱，岷嶓啓乾。遠近底貢，磬錯砮丹。絲麻條暢，有粳有稻。自京徂畛，民攸温飽。帝有桀紂，涵沈頗僻。遏絶苗民，滅夏殷績。爰周受命，復古之常。幽厲夷業，破絶爲荒。秦作無道，三方潰叛。義兵征暴，遂國於漢。拓開疆宇，恢梁之野。別爲十二，光羨虞夏。牧臣司梁，是職是圖。經營盛衰，敢告士夫。

官　箴①　　　　　　　　　　　　　　　（後蜀後主）孟　昶

朕念赤子，旰食宵衣。託之令長，撫養安綏。政在三異，道在七絲。驅鷄爲理，留犢爲規。寬猛得所，風俗可移。無令侵削，無使瘡痍。下民易虐，上天難欺。賦輿是切，軍國是資。朕之爵賞，固不逾時。爾俸爾禄，民膏民脂。爲民父母，罔不仁慈。勉爾爲戒，體朕深思。

講堂箴_{並序}　　　　　　　　　　　　　（宋）韓　絳

嗚呼，天地之道遠乎哉？聖人之心異乎哉？動而任於理，則天道是已；純然得其性，則聖心是已。吾謂通其説者，必以三才之原，未始出乎一者也。人之七情中焉而未發也，則粹德内融，豈不曰天下之大本歟？及其發而皆中節也，則和理外著，豈不曰天下之達道歟？中者性也，寂然而有容，則與天

---

① 官箴：原作"著官箴"，不通。《蜀檮杌》卷下載"（廣政）四年五月，（孟）昶著《官箴》頒於郡國"，云云。此處"著"字顯爲動詞，"官箴"乃爲題目。"成都文類"卷四八據《蜀檮杌》收録此文，誤將"著"字作爲標題，《全蜀藝文志》又承其誤，今删。

道合焉；和者情也，澹乎其若忘，則與聖心會焉①。所以八卦九章，推明天人相與之際，而著爲吉凶休咎之符者，非三才一原之效邪？

自古教化之迹，或因或殊，然而未始不本諸性情而納之皇極者矣②。貴賤以之位，父子以之親，兄弟以之友，夫婦以之順。此皆不待學而後知，直出於性理之常分爾；況乎學斯學者，宜如何哉？惟不獨私乎其身而已。爲能弘而大之，包乎四海而不外，詡乎群侶而不遺，使六沴弗得作，諸福莫不至，是豈非休吉之符歟？彼有肆情縱欲，暴蔑禮義，父子之不保，兄弟之不咸③，矧肯仁於親戚鄉黨乎？矧肯憂於鰥寡孤獨乎？是皆不知反求諸躬，自滅天理所以養命之道，以取禍敗，顯則有金木訊之，甚則有鬼神譴之，是豈非咎凶之符歟！

夫學校之法，所以養士使適是道，而後養乎蚩蚩之氓者也。豈徒華言辭以自矜，飾聲名以自高，希寵利以自封哉！惟知其本者無取於彼，而三者亦兼有之矣。

成都之學，郡國莫先焉，士人之衆，四方鮮儔者。其講堂舊庳隘，不足容諸生，僉謂予曰：「蔣侯嘗建西學，後輒毀撤，其基尚存，盍興築焉？」因相其所，圖構廣廈，爲十有三筵，度深稱是。以甲辰歲三月庚申落成。耆幼縱觀，咸曰：「時當於其旦，則先生正衣冠，帥諸生群萃於是，以習揖讓周旋之儀，相與衍聖經以明乎天道，治性情以全乎中庸，使父父、子子、兄兄、弟弟、夫夫、婦婦、老老、幼幼，一之乎大順，故伸而上之以事其君，則誠節於是乎立④；推而下之以庇其民，則事業於是乎成。不自德而德隨之，不自功而功與之，使風化之盛，不其廩廩乎！」

然則學校之設，將以講求三極之道，沈浸先王之澤，盡在是矣，豈曰無用之地，不急之務哉！予慮是堂異時或若西學之廢，輒爲之箴，以告當御。

休哉天民，有物有則。弗完厥中，自肆戕賊。聖哀其愚，化奚由黙。圖惟敷施，明用俊德。學校之興，教育有經。賢率不肖，胥及群氓。豈伊異術，一本爾情。情之不及，淪以蹈刑。止邪未發，將保爾生。靡戕靡正，瀆性之靈。自暴自棄⑤，烏足與齒。師生其難，思迪於禮。在昔有若，去座爲恥。賜不受命，萬世攸鄙。矧過是者，言行之僞，敢登此堂，寧無内愧？斯庭燕閑，斯宇閎邃。揖讓威儀，講聞道義。下士皆馳，君子來視。毋或壞隳，永錫爾類。

---

① 會：原作「命」，據《成都文類》卷四八改。萬曆本、庫本、朱本、鄒本作「合」，亦通，然與上聯「合」字重出，不取。

② 始：原作「使」，據萬曆以下各本及《成都文類》改。

③ 咸：萬曆本、朱本、鄒本作「戚」。按：作「咸」是。《左傳·僖公二十四年》：「昔周公弔二叔之不咸。」俞樾《古書疑義舉例》：「咸」讀爲「諴」，《說文》：「諴，和也。」

④ 誠節：庫本、朱本、鄒本作「臣節」。

⑤ 暴：原作「禽」，據萬曆本、朱本、鄒本改。

觀政閣箴 並序

(宋)呂大防

成都圖開寶以來牧守之像於大慈寺閣，圖記其爵位名氏，與其在官歲月，而不錄其政事之美惡。豈居是邑，不非其大夫，邦人之禮宜如是歟？然不足以申勸戒，爲後來者法。余輒采秦漢至於唐領太守、刺史、節度使之職，有政迹可考而畫像存焉者，得二十有八人，別圖於他閣，名其榜曰"觀政"。蓋觀其善足以勸，觀其不善足以戒。其政事雖可考，而像不存者，捨之；像雖存而僭竊不軌，或闇庸無聞者，黜之。此觀者不可不知也。寺僧求文，余以謂古者官有箴，爲作箴以授之。其辭曰：

蜀於《禹貢》，是爲梁州。華陽黑水，處坤之陬。其山四塞，氣鬱以酋。人矜其技，物產其尤。牧野之師，有功宗周。秦始列郡，置吏罷侯。守冰殖利，渠田肇修。肆被一方，無衣食憂。文翁處後，教民文章。多士化之，傑出馬、揚。張堪廉惠，去而益張。五倫清約，人監允臧。廉范便民，警之所當。种暠繩姦，不以勢妨。李膺修設，善飾其身。高朕勸學，其迹猶新。養士之利，愈久愈存。賢哉孔明，討魏扶漢。思清以密，德順而健。其功不克，天未厭亂。王濬豪俊，知略不群。畫策平吳，卒賴其勤。高儉循吏，爲唐元臣。象先廷碩，嗣美且文。嚴武暴厲，忿欲並申。天寶政紊，乃以牧民。崔寧繼之，以昏易昏。壯哉南康，橫身扞難，種羌方熾，力殫其患。中朝以安，浮議可嘆。崇文貪殘，得不償失。元衡靜安，飾以儒術。文昌更事，遠俗清謐。敏哉文饒，裕蠱治詳。擾弊之後，補敗藥傷。外禦其侮，內教有方。嗣復、琮、蕡，遵故守成。叢、孜秕政，民無以生。駢乎多罪，禍積釁盈。冤女呼天，虐及孤惸。瓘、瑄信盜，俾民卒瘵。燼其邦家，可不慎歟。自秦以還，鎮守之臣。政有良窳，存乎其人。牧臣司梁，敢告執巾。

座右銘

(宋)莊遵

夫疾形不能遁影，大音不能掩響。默然託蔭，則影響無因；常體卑弱，則禍患無萌。口舌者，禍患之門，滅身之斧；言語者，天命之屬，形骸之部。出失則患入，言失則亡身。是以聖人當言而慄①，發言而憂，如赴水火，履危臨深，有不得已，當而後言。嗜慾者潰腹之矛，貨利者喪身之讎。嫉妒者亡軀之害②，讒佞者刎頸之兵。殘酷者絕世之殃，陷害者滅嗣之場。淫戲者殫家之塹，嗜酒者窮餒之藪。忠孝者富貴之門，節儉者不竭之源。吾日三省，傳告後嗣，萬世無遺。

---

① 慄：原作"懷"，據萬曆本、朱本、鄒本、雍正《四川通志》卷四〇改。
② 害：上引作"窖"。

劍閣銘

(宋)張　載

　　巖巖梁山，積石峨峨，遠屬荆衡，近綴岷嶓。南通邛僰，北達襃斜，狹過彭碣，高逾嵩華。惟蜀之門①，作固作鎮，是曰劍閣，壁立千仞。窮地之險，極路之峻。世濁則逆，道清斯順。閉由往漢，開自有晉。秦得百二，併吞諸侯；齊得十二，田生獻籌。矧茲陿隘，土之外區，一人荷戟，萬夫趑趄，形勝之地，匪親勿居。昔在武侯，中流而喜，山河之固，見屈吳起。興實在德，險亦難恃，洞庭、孟門，二國不祀。自古迄今，天命不易，憑阻作昏，鮮不敗績。公孫述既滅②，劉氏銜璧③，覆車之軌，無或重迹。勒銘山阿，敢告梁益。

梓州惠義寺重閣銘 並序④

(宋)楊　炯

　　大辰之歲，正陽之月，有鄮縣宰扶風竇兢，字思兢，昭宣令德⑤，光闡化猷，庶政惟和，萬人以理。閑庭不擾，退食自公，遠覽形勢，處心淨域。乃與禪師釋智海忘言契道⑥，寓目於長平之山，援飛莖，陟峭崿⑦，削成千仞，壁立萬尋。俯觀大地，僅如集作同。棗葉；下望須彌，裁同芥子。飛流滴瀝而成集作生⑧。響，喬樹璀璨而垂榮。玉堂石室，千門相似；大殿珠毫，十方皆現。慷慨榱桷集作桷。之未立，吁嗟棟宇之莫修。不捨有為，取諸大壯。觀夫左龍角，右參旗，前太微，後營室。駢羅列以雜沓，瑟蕭條而集作以。清泠⑨，上磊落以晃朗，下泓澄而集作以。冥濛。參參差差，森森纚纚，千櫨萬栱，乍

---

① 蜀：原作"屬"，據萬曆本、庫本、朱本、鄒本及《文選》卷五六改。
② 述：原作"瓚"，據萬曆本、朱本、鄒本及《文選》改。按：公孫瓚，漢末人，與蜀無關。滅：原作"没"，據鄒本及《文選》改。
③ 劉氏：原作"李氏"，並注"勢"字。據《文選》改。按："劉氏"指劉禪，"銜璧"謂降魏。李勢則十六國成漢末主，東晉穆帝永和三年（公元三四七年）降晉。張載作此銘在西晉太康初，作"李氏勢"顯誤。
④ "惠"字下原注："集作慧。"按：此篇正文及夾注乃錄自《文苑英華》卷七八八。
⑤ 宣：原作"宜"，據萬曆本、朱本、鄒本、《楊盈川集》卷五、《文苑英華》《全唐文》卷一九一改。
⑥ 忘：原作"妄"，據上引改。
⑦ 崿：原作"嶸"，據譚校、本集、《文苑英華》《全唐文》改。崿，高峻。王維《燕子龕禪師》："插天多峭崿。"字書不見"嶸"字。
⑧ 流：原作"泣"，據譚校、本集及《文苑英華》《全唐文》改。萬曆以下各本作"湍"。按：此句指屋檐水，用"湍"字不妥。
⑨ 泠：原作"冷"，據朱本、鄒本、《文苑英華》《全唐文》改。

合乍離；蒨蒨粲粲，絢絢焕焕，六采五章，或合或散。莽如天覆，矗似雲平。金火合舍於垂珠①，日月相望於衡璧②。璇墀釦砌③，平接太階；玉户金扉，挽臨閶闔。曳紅日，舒丹霞。豐隆爲雷，砰鏗訇於軒檻④；列缺爲電，翕習霍於庭除。寒暑隔閡於牆垣，集作落。虹霓迴帶於廊廡。仰之不極，目炫炫而喪精；登之無階，心遑遑而失度。土木集作若土，是。翔九垓之表⑤，仍不逮於上榮；文集作人，是。章窮四海之間，猶未離於左城。借如梵天之宅，集作闕。釋帝集作帝釋。之宫，兩曜城池，五雲樓觀，輪王所處，純金爲説法之堂，諸佛所遊，衆香作經行之地，亦未可同年而語也。夫黄金鏤牓，曾不若四攝之門；青石爲牆，曾不若三空之舍⑥。殫百工之力，建七寶之樓，豈徒然哉，良有以也。夫何故如來神力，且觀嚴淨，導師方便，化作一城？事有古而可以質於今，言有大而可以徵於小⑦。是則毗耶四會⑧，集作繪。俱發道心；險路衆人，咸知寶所。其銘曰：

長平山兮建重閣，上穹隆兮下磅礴。紛被麗兮駢交錯，儼色集作靈。相兮冲寂寞。誰所爲兮天匠作。

三教銘⑨ （唐）張 説

劉知古，成都人。兄知新爲儒士，蓬州儀隴令；弟履徹爲桑門。知古奉道，開元天子好神仙事，召至京。懇丐西歸，願舍宅爲觀，詔從之，仍選高德道士五十人居焉。又畫三教像，兄弟各行其志⑩。

---

① 合舍：原作"含舍"，據朱本、鄒本、本集及《文苑英華》《全唐文》改。舍，星次，星宿運行所至之處。此句謂金星火星相合，有似垂珠。作"含"不可通。
② 璧：原作"壁"，據萬曆以下各本及本集、《文苑英華》《全唐文》改。
③ 釦：朱本、鄒本作"鈿"，本集作"銀"。
④ 砰：原作"枰"，下注"集作砰"。朱本、鄒本作"砰"，下注"集作碎"。《全唐文》亦作"砰"。按：作"砰"是，據改。
⑤ 句中小注，萬曆本、朱本、鄒本删去（下句小注亦同）。按：四部叢刊本《楊盈川集》亦作"土木"。
⑥ 舍：譚校、本集、《文苑英華》作"地"。
⑦ 徵：原作"衒"，據譚校、本集、《文苑英華》《全唐文》改。
⑧ 會：原作"舍"，據上引改。
⑨ 《張説之文集》卷一三、《全唐文》卷二二六題作《益州太清觀精思院天尊贊並序》。
⑩ 上引序文作："蜀山劉尊師，上清品人也。兄學儒，弟奉佛。乃畫三聖，同在此堂，焕乎有意哉，達觀之一致也。張説聞其風而樂之，作《天尊贊》。"《全蜀藝文志》此段乃楊慎按語，非原序。

正氣生神，結虛爲實①。上清尊帝②，中華首出③。華采衣裳，虛無宮室。紫氣乘斗④，赤鑪飲日。十天從化，萬靈受律。蓮花釋門，麟角儒術。法共不二，心同德一。道心惟微，守而勿失。

棧道銘 並序　　　　　　　　　　　　　　　　　（唐）歐陽詹

秦之坤，蜀之艮，連高夾深，九州之險也。陰溪窮谷，萬仞直下；集作更下。奔崖峭壁，千里無土。亘隔呀絶，巉巉冥冥，麋鹿無蹊，猿猱相望。自三代而往，蹄足莫之能越。秦雖有心，蜀雖有情，五萬年間，夐不相接。且秦之與蜀也，人一其性，物同所宜，嗜欲無餘門，集作源。教化無餘源，集作門。可寶遷，可親昵。擘坼地脉⑤，暌離物理，豈造化之意乎？天實凝清而成，地實凝濁而形。當其凝也，如鎔金下鑄，騰雲上浮，空隙有所不開，集作周。迴翔有所不合。澄結既定，竅集作竅，下同⑥。缺生乎其中。西南有漏天，天之竅缺也；於斯有兹地，地之竅缺也。天地也者，將以上覆下煮，含蓄萬靈，可通，必使而通者也；苟有可通而未通，則聖賢代其工集作功。而通之。故有爲舟以濟川，爲梯以逾山⑦。唯兹地，有川不可以舟涉⑧，有山不可以梯及。

粵有智慮，以集作念。全玄造，立巨衡而舉追氏，縋懸纑以下梓人。猿垂絶冥，鳥傍危岑。鏨積翠集作石。以全力，梁半空於木棚⑨。斜根玉壘，旁綴青泥。截斷岸以虹矯，繞翠屏而龍蜿。堅勁膠固，雲横砥平。總庸蜀之道集作通。途，繞岐雍之康莊。都邑之能步，山川之無脛。若水決防，如鴻嚮陽。南之北之，踵武湯湯。躋峨峨以自若，臨蒼蒼而不懼。繇是贄幣以遥集無此字。達，人神以集無以字。會同。稽禮樂之短長，量威力之污隆，可王者王，可公者公，而相吹以風。

或曰：受琢之石長存，可構之材無窮，易刊代蠹，斯道也未始有終。嗚呼！爲上懷來在乎德，爲下昭德在乎義。德義之如今日，則或人之言有乎；其反之，則石雖存恐不爲琢，材雖多恐不爲構。想夫往昔，有時而有，有時

---

① 虛：《張説之文集》卷一三、《全唐文》卷二二六作"氣"。
② 尊：原作"遵"，據上引改。
③ 中華：原作"中皇"，據朱本、鄒本、本集改。
④ 乘：萬曆本、朱本、鄒本作"秉"。
⑤ 坼：原作"圻"，據庫本、朱本、鄒本、《歐陽行周文集》卷四、《唐文粹》卷六六改。
⑥ 同：原作"回"，據庫本、朱本、鄒本改。
⑦ 逾：原作"諭"，據萬曆以下各本及本集、《唐文粹》改。
⑧ 涉：原作"莎"，據上引改。
⑨ 空：原作"控"，據本集、《文苑英華》卷七八八及《唐文粹》改。木棚：原作"未用"，本集作"木用"，皆誤，據《文苑英華》改。《説文》："棚，棧也。"

而無，是用惕惕。天下蚩蚩①，知聖賢創物之意之人寡，明德義固物之道之人稀。敢陳兩端之要，銘諸斯道之左，庶主德義者存今日之所履，踵武湯者荷古人之攸作②。乃爲銘曰：

天覆地煮，本亦備集作同。設，大象難全，或漏或缺。損多益寡，聖賢代工，彼雖有缺，與無缺同。惟北曰秦，惟南則蜀，地缺其間，坤維不續。斗起斷岸，集作岸斷。屹爲兩區，秦人路絶，蜀火烟孤。天實不通，賢斯有造，鑽堅剡勁，無蹊以道。若川匪舟，若陸匪車，緣危轉虛，步驟交如。構雖有功，存亦猶德③。項怫劉怒，從完以踣；隋落我榮④，自顛而植。地非革勢，材不易林，踣植之致，惠怨之心。勿謂斯道不常，集作恒。勿謂斯道可久。禮不以禮，可有而無；恭不以恭，可無而有。創之之意如彼，固之之理若茲。彼知不易，茲而易知。勒銘道左，其同我思。

梓州兜率寺文塚銘並序　　　　　　　　　　（唐）劉蛻

文塚者，長沙劉蛻復愚爲文不忍棄其草，聚而封之也。蛻愚而不鋭於用，百工之技，天不工蛻也，而獨文蛻焉。故飲食不忘於文，晦冥不忘於文，悲戚、怨憤、疾病、嬉遊、群居、行役，未嘗不以文之爲懷也。適當無事，而天下將以文爲號。文明代，生植《文粹》作殖。明晦皆效文用。一作明。故日月星辰文乎旂常，昆蟲鳥獸文乎彝器。徐方之土文於侯社，夏翟之羽文於旗一本作旌。旒⑤。登龍於章，升玉於藻。百工婦人雕鼛染練⑥，《文粹》作涂棟。以供宗廟祭祀之用。一本作文。豈獨蛻生集作固。知效用不及時文哉！然而意嘗《文粹》作常。獲助於天，而不獲助於人，故其窮，雖窮無憾也。當勤意之時不敢嚏⑦，不敢咳，不敢唾，不敢跂集作跛⑧。倚，者欲躁競忘之於心。其祗祗畏畏，如臨上帝。故有粲如星光，如貝氣，如蛟宮之水；又有黯集作瘖。如屯雲，如久陰，如枯腐熬躁之色。則有如春陽，如華川，逶逶迤迤；則有如海

---

① 蚩蚩：原作"嗤嗤"，下注："集作蚩。"按：本集、《唐文粹》俱作"蚩"是，據改。
② "湯"下原重"湯"字，據《文苑英華》删。"武湯"謂武王、商湯。
③ 以上二句，本集、《文苑英華》《唐文粹》均作"構雖在功，存亦由德"，較勝。"猶"，朱本、鄒本亦作"由"。
④ 榮：原作"營"，下注："集作榮。"按：作"榮"是，據改。又"隋"字，萬曆本、朱本、鄒本作"墮"，誤。此句謂隋朝隕落，而我大唐則代之而起，繁榮昌盛。
⑤ 旗：原作"其"，據庫本、朱本、鄒本、《文苑英華》卷七九〇改。《唐劉蛻集》卷三、《唐文粹》卷六七作"旌"。
⑥ 染：原作"梁"，據朱本、鄒本、本集、《文苑英華》改。
⑦ 當：原作"常"，據朱本、鄒本、本集、《唐文粹》改。
⑧ 集作跂：原作"集作跂"，據萬曆本、朱本、鄒本、《文苑英華》改。按：本集、《古文集成》卷四八正文作"跛"。本集"跛"字下注："一作跂。"

運，如震怒①，動蕩怪異②。夫十爲文不得《文粹》作滿。十如意，少如意則豈非天助乎？常欲使天下聞之而必行，勸《文粹》作觀。之而必蹈，散之茫洋以爲道，演之浸潤一本作淫。以及物。然後爲農文之，使風雨以時；兵文之，使戎虜以順。文於野，文於市，使得一本無此字。其所。幽隱之士以出，口者使之言，材者使之用。然而自振者無力，終知者甚稀，豈非不獲人助乎？

嗚呼！十五年矣，實得一《文粹》作二。千一百八十紙，有塗者乙者，有注掦者，有覆背者，有朱墨圍者。於是以《周易》筮之，遇《復》☷《震》下《坤》上。之《同人》☰。《離》下《乾》上。筮者曰：鳴於地中，殷殷隆隆，七日不《文粹》作而。復，復來其《文粹》作而。天下昭融乎。他日，更召龜而令《文粹》作合。之，將聽襲吉。卜於火，如秦兆，惟曰不吉；卜於水，不成乎河洛兆，則亦惟曰不吉；卜於木而悶悶；集作閟之③。土，叶吉。累累《文粹》作纍纍。爲冢，則汲之兆乎；峭峭爲壁，則魯之兆乎？且其占曰：土之文爲阿山④，一本作山河。爲華英。將不崩不竭，爲滋味而傳乎？結爲丘陵，爲其設險乎？融爲川瀆，率其朝宗乎？華爲百穀，以潔祭祀之粢盛乎？不然，使其速腐爲墟集作丘。壤，集有乎字。生芻蕘以食牛羊乎⑤？化塗泥，爲甄陶以作器用乎？將塊爲五色，而分封茅社《文粹》作茅舍分封。乎？流於樂，爲土鼓，爲凷桴⑥，以泄其和聲乎？夷爲都邑，以興宮廟乎？坎爲洿池，以澤生植一作殖。乎？祀爲壇竈乎？竁爲井墓乎？吾皆不得而知也。嘗《文粹》作當。既不爲吾用，唯速化爲百工之用。慎毋朽爲芝菌，以怪人自媚；慎毋堅爲金鐵，以作貨起爭；慎毋渳爲醴泉，以乎詔口；慎毋禱爲城社，以狐鼠憑妖；慎毋聳爲良材，以涸斵傷性；慎毋萌爲蘭茞，以佩服見褻。《文粹》作藝，非。

嗚呼！介而爲石，使之服《文粹》作能。言；舒而爲蜺，使之飲泉。既而他年游魂之未返者，亦命巫以巾五字《文粹》作"亦命巫師而弔"⑦。三招之，號曰：有几閣而來歸兮⑧，奄爲塵垢；在耳目而來歸兮，視不一作奄視。汝醜；在口吻而來歸兮，譽不汝久⑨。噫！筆絕之年，而麟見崇，文其無崇乎！唅非珠玉，歛無裙襦，後世詩禮之儒，無驚吾之幽墟。其冢也，在莽蒼之野，大

---

① 怒：原作"恕"，據萬曆以下各本及本集、《文苑英華》《唐文粹》改。
② 異：原作"意"，據上引改。
③ 閟之：原作"悶之"，據《文苑英華》改（此篇之正文及注均錄自《文苑英華》）。
④ 土：原作"王"，據庫本、朱本、鄒本、本集、《文苑英華》《唐文粹》改。
⑤ 蕘：原作"膏"，據上引改。
⑥ "凷"字下本集有小注："古塊字。"
⑦ 原本此注"五"誤作"七"，"亦"誤作"二"，據文意及《唐文粹》改。按：本集亦作"亦命巫師而弔"。
⑧ 几：原作"凡"，據庫本、朱本、鄒本及本集改。
⑨ 不：原作"而"，據朱本、鄒本、本集、《文苑英華》《唐文粹》改。

塊之丘。時有唐大中之丁卯，而戊辰之季秋①。

銘云：一本作曰。

文乎文乎，其有鬼神乎！風水惟貞，將利其子孫乎！

卜肆銘　　　　　　　　　　　　　　　　　　　　　　（唐）陸龜蒙

蜀莊之託蓍龜也，以忠孝仁義；後來之託蓍龜也，以媮佞險詖。美之使怡愉，怛之使駭畏。小人惟惡是嗜，松江本作視。惟禍是避，惟福是覬，惟瞽言二字集作聲。是媚②，曾不究得失之所自。故幽贊之蓍③，前列之龜，乃化爲庸妄集作妄庸。之器④。嗚呼成都，吾不知古爲市之地，況集作刻。君平之卜肆耶？强爲之銘，以刻其意⑤。

劍州重陽亭銘 並序　　　　　　　　　　　　　　　　　（唐）李商隱

陪臣未嘗屢睹天子宮闕，矧得舞殿墀下耶？然下國伏地讀甲乙丙丁詔書，亦有以識天子理意，尺度堯舜，不差毫撮，於絕遠人意尤在。不然者，安得用江陵令，使上水六千里，挽大小虎牙、灩澦、黃牛險，以治普安郡耶⑥？令既爲侯，講天子意，三年大理，田訟斷休，市賈平，獄户屈膝，落民不識胥吏。四方賓頗來⑦，繫馬縻牛，至樹膚不生⑧。乃大鑱險道，縆石見土，其平可容考工車四軌。建爲南北亭，以經勞餞；又亭東山，號曰"重陽"，以醉風日。南北經貫，若出平郡，無有噫□何過三年⑨，民恐即去，遮觀道路⑩，請留侯像東山⑪，實在亭下。侯蔣氏，名侑。文曰：

---

① 戊辰：原作"戊戌"，據朱本、鄒本、本集、《文苑英華》《唐文粹》改。戊辰爲唐宣宗大中二年。

② 惟瞽言是媚：《唐甫里先生文集》卷一八作"惟蠱是媚"。

③ 蓍：原作"著"，據庫本、朱本、鄒本及本集、《文苑英華》卷七九〇改。

④ "庸妄"下四字注，原作"集作庸妄"。按：正文既作"庸妄"，不當以同文爲校，據庫本、《文苑英華》改。

⑤ 以：原作"其"，據本集、《文苑英華》改。萬曆本、庫本作"具"，朱本、鄒本作"且"。

⑥ "郡耶"二字原缺，據《四川歷代石刻》頁一二六所錄原碑文補。按：此碑今仍在四川劍閣縣鶴鳴山。

⑦ 賓：原作"濱"，據朱本、鄒本、《李義山文集》卷四及原碑改。

⑧ "至"字原缺，據原碑補。

⑨ "何過"二字原缺，據原碑補。

⑩ "道路"二字原缺，據原碑補。

⑪ "侯像"二字原缺，據原碑補。

仁之爲道，隆磊英傑。天簡其勞，羨以事物。爲君之□，惟蔣是顧①。攝取不窮，如武有庫。蔣之有世，以仁爲歸。伯氏之宜，仲氏之思。厥弟承之，純而不紕②。以令爲侯，天子之德。汝侯爲理，劍有盈昃。君南臣北，父坐子伏。飲牛漚菅③，田訟以直。市正獄清，謁歸告休。朝雨滂滂，濕其帩頭④。民樂以康，願有顯庸。侯作南亭，北亭是雙。至於東山，乃三其功。推險爲夷，大石是扛。亦既三年，民走乞留。伯氏南梁，重弓二矛。古有魯衛，惟我之曹。惟仁之歸，有世在下。其據其超，尾鬣馬馬。惟蔣之融，由唐庬䰽⑤。惟是亭銘，得其麤且。

　　唐大中八年九月一日，太學博士河內李商隱撰。

鏡　銘　　　　　　　　　　　　　　　　（前蜀後主）王宗衍

　　張君房《麗情集》：蜀主宗衍幸鳳州，州將某妻嚴氏有美色，衍愛幸之，賜以妝鏡。其銘曰：

　　煉形神冶⑥，瑩質良工。當眉寫翠，對臉敷紅。如珠出匣，似月停空。綺窗繡幌，俱涵影中⑦。

蒙軒銘　　　　　　　　　　　　　　　　　　（宋）趙　抃

　　顏淵聖徒，終日如愚。伯陽亦云，深藏若虛。彼無演子，少師佛圖。翹翹秀整，籍籍名譽。下筆文采，開口詩書。大乘探賾，頻教諮諏。將墜之勢，我持我扶。有軒孰名？以"蒙"命諸。蒙久則亨，蒙養以需。如砂中金，如蚌中珠。或取或捨，聖人凡夫。蒙乎蒙乎，寧已矣乎！

---

① 此句"惟""顧"二字原缺，據原碑補。
② 純而不紕：原碑同。萬曆本、本集、《全唐文》卷七七九作"繩而不紞"，朱本、鄒本作"繩而不執"，皆誤。
③ 菅：原作"管"，據萬曆以下各本及原碑改。
④ 帩：原作"峭"，據萬曆本、朱本、鄒本、本集、原碑改。
⑤ 䰽：原作"蝦"，據朱本、鄒本、本集、原碑改。
⑥ 冶：原作"治"，據萬曆本、庫本、朱本、鄒本、《全唐文》卷一二九改。
⑦ 朱本、鄒本下有小字注："一作嚴氏自銘，見張君房《麗情集》。"按：南宋史繩祖《學齋佔畢》卷三云：此鏡"不知何代之物，而文義甚佳，惜其不見於文集，而獨見於郡志"。據此，此鏡銘並非王宗衍作。

石室銘 並序　　　　　　　　　　　　　　　　　　　　　　（宋）宋右仁①

　　昔夏禹定九州貢法，明三壤同異，山川、草木、鳥獸，戎狄土地所生，財賦所出，聲教所暨，咸悉載之，無一遺者。至於天下人性賢愚，民心善惡之所繫，則闕而不載焉。三代而下，史策所存者，咸能著之圖籍，而志其地理。迹其記録，則於天下人氏所繫之性，亦略而無聞焉。聖賢之述作，亦有所闕乎？豈聖賢之志，將有所蘊乎？意者謂人性之上下，不常於世，隨其教化而移易也。故上之教行，則民興善，上之令嚴，則民興暴，皆從其上之所爲爾。《語》曰如風之偃草，又曰若泥之在鈞者，豈虛言哉！此聖賢所以不可不筆之而傳後世者矣。

　　且蜀之開國，地遠中夏，民性怯懦，而多浮侈。迨文翁之爲守，立學校，造講堂、石室②，以備其制度，遣俊乂之士東受七經，還以教授。於是風教大行，而岷絡之地，比於齊魯。厥後相如既没，而淵、雲之徒森然繼出，兩漢之際，舉不乏賢，得人之稱，迨今攸盛。

　　於戲！蜀始以僻陋險隘，人民夸誕，古謂難治。暨文翁以儒學教導之，則其人莘莘然嚮慕於文學，而見用於當世者，得非上之教化移易於人民若是哉！覽之前記，尤美其事；觀夫遺迹，則石室猶存。雖前賢有銘其徽烈者，大率言立學興儒，而以石室珚琢，取學者磨礱之意，又欲樹功於不朽也，觀其言詞，似猶未盡賢守教化之深意，因復廣而銘之曰：

　　地有常形，民無常性。繇上之化，所從而正。維蜀之郡，在天一隅。俗尚浮侈，人希服儒。賢哉文翁，來牧兹土。爰立石室，始興庠序。俾此岷絡，儒風大行。於以兩漢，英賢踵生。降及我朝，得人侔古。家慕淵、雲，學隆鄒、魯。政教下格，文材上通。迨今蜀人，詠歌德風。

金堂南山泉銘 並序　　　　　　　　　　　　　　　　　　　（宋）蒲國寶

　　蘭陵錢治嘗作《南山泉記》，寔仁宗天聖四年，距今蓋一百二十有一年也。錢又誇大其言，以謂："陸羽作《茶經》，第水之品三十；張日新《煎茶

---

① 宋右仁：庫本題作"宋古仁"，朱本、鄒本題作"古仁"。按：各本體例，同卷中，同一朝代之作者，第一人標明朝代後，以下皆省略不注，原本及萬曆本、庫本又標"宋"字，"宋"顯爲作者之姓，非姓"古"。《成都文類》卷四八亦題作"宋右仁"。今於"宋右仁"上添朝代名。其人生平不詳。

② 石室：原作"室石"，據萬曆以下各本及《成都文類》乙。

記》，又增其七；毛文錫作《茶譜》，又增至二十有八。金堂南山泉，當不在蘭溪第二水下。"然前之三人，足迹曾不一履此地，宜皆不爲所賞鑑，故此泉湮没而無聞焉①，可歎也。先朝時，家恬户嬉，一時人士往往多以卜泉試茗，相誇爲樂事。至靖康後，天下騷然苦兵，生民困於征徭，邑中之黔憞然，方以貨泉供億縣官不給爲恐，泉之甘否，何暇議耶！

　　黄君才叔，此方之修整士也，紹興辛巳，於南山之南，手披荆棘，鋤其荒穢，卓江山景物之會，作屋十數楹，極幽居之勝。而巖竇之間，泉之湮者復達，引之庭除，其聲涓涓。遇暇日，余率二三賓朋，登君之堂，洗心滌慮，便覺煩暑坐變清凉。酌爲茗飲，則又苾甘可愛，誠如治之言者。余以是知物之廢興通塞亦自有時，何獨一泉耶。是不可不銘。銘曰：

　　峽水東注，鶴峰北峙。幽幽南山，爲國之紀。有洌彼泉，出於嵒底。清新香潔，酌之如醴。吾儕小人，豈曰知味。宜茶而甘，即爲佳水。近世錢治，蓋嘗品第。方之蘭溪，不在第二。陸羽既遠，無復爲紀。日新、文錫，兹亦已矣。今之易牙，未知孰是。一泉小物，隱而弗示。不有獎鑑，孰發其閟。勒銘山阿，以告吾類。

月巖銘　　　　　　　　　　　　　　　　　　　　　　　　（宋）冉木震②

　　黔號古郡，地居極邊。倅治倚山，其山刺天。曰有月巖，古老相傳。視事累月，遍求茫然。偶浚溝渠，巨石中填。深掘視之，厥狀巉岏。中竇一穴，透明而圓。皎如秋月，翳絶浮烟。旁輔三隙，如星之聯。扠拭細觀，古識存焉。爰命僕夫，舁置座前。負以層石，映以灣泉。日對其側，卷舒簡編，凡物遭遇，皆有夤緣。高岸深谷，知幾變遷。惟我月巖，存千萬年。

丞相張公祠堂銘並序　　　　　　　　　　　　　　　　　　（宋）田　楙

　　大丞相文忠張公，以治平三年春，初仕爲雒縣簿。其年冬十有二月，來攝華陽縣衡山鎮之征官。越明年秋八月，丁内艱而去，迄今凡九十年。鎮之護國寺有堂，舊刻公之遺詩。紹興乙亥，楙來獲觀③，景想風烈，良用慨然。乃新椽礎，以繪公像。從公之孫新叙南通守講究家傳，記其年月。嗟夫，公之大節在史官，文章在天下，勳德在生民，是區區者，亦何加損於公哉！《詩》云"高山仰止，景行行止"，意其在兹。銘曰：

---

① 焉：原作"方"，據萬曆本、朱本、鄒本改。
② 原注："通判。"
③ 獲：原作"護"，據萬曆本、朱本、鄒本及《成都文類》卷四八改。

天爲斯民，挺生賢喆。誰爲厲階，梗而莫合。偉哉文忠，岷峨之英。瑞爲鳳皇，聲爲雷霆。熙、豐、元祐，迄於崇、觀。世故多矣，金石不變。晚而來歸，舜韶一夔。豈不能從，愛莫助之。抱關擊柝，我初不屑。粲然珠璣，散落遺碣。貂衮閭閻，凌烟功勳。豈真公邪①，天壤至文②。噫！天何時復生此老，浮游汙漫，固有不朽。

有斐閣銘 　　　　　　　　　　　　　　　　（宋）王　賞

温江蘇國士企先，於東郊别墅創爲小閣，前有修竹，後有流水，予名之曰"有斐"，而爲之銘。銘曰：

淇水湯湯③，緑竹漪漪。武公之德，託興在兹。圭璧之質，琢磨成器。願子百年，惟公是似。

泮宫達泉銘並序 　　　　　　　　　　　　　（宋）柳夢弼

水供滌濯飲食之用，民不可一日無。惟古信州，上倚山，下瞰江，最苦汲負。淳熙癸卯冬，大著楊先生奉尺一來領漕事④，慨然有澄清志。越明年⑤，革鹽弊，正銓曹，平權酤，所以措澗瘵之民於安全之地者，無不用其至。猶以爲未也，知民艱於水，思得良工，相地脉，開數井濟之。聞泮宫有眢井，漯治力必省。乃命奉節令孫必益董其役。俄而及泉，新轆轤，具綆缶，嘗試噆歠，寒冽芬甘。又甃其面，屋其巔，與此邦士民爲永久莫大之利。郡文學柳夢弼請名，先生曰：學井非他比也，名"達"爲宜。蓋取孟子之説四端，若泉始達之義。先生惠顧多士，所以期待者良不淺矣。夢弼竊謂嘉量微物，盤盂小器，猶昭德記功，載在銘典；矧因民所利，與乾造同，不言之美，達則兼善，使斯民無不被堯舜之澤，可喑無一字，以紹無窮？乃爲其銘曰⑥：

水哉似道，日用巨無。夔擁山椒，雲頂酇郛，頰瞰蜀江，汲負崎嶇。無井嘆杜，無力詠蘇。悠悠何載，泮宫鑿井。水生其芹，壇對惟杏。青衿浴德，朋來造請。飲顔一瓢，慕黄萬頃。谷鮒惟何，土石邐埵。士困陸沈，學以日新。挈瓶爲知，叩户求人。

---

① 真：原作"貞"，據萬曆本、庫本、朱本、鄒本及《成都文類》改。
② 至文：原作"地文"，據《成都文類》改。庫本、朱本、鄒本作"遺文"。
③ 淇水：原作"其水"，據萬曆本、庫本、朱本、鄒本及《成都文類》卷四八改。《詩·衛·氓》："淇水湯湯，漸車帷裳。"
④ 尺一：萬曆本、朱本、鄒本作"敕"。按："尺一"亦指詔敕。
⑤ 越：原作"趣"，據上引改。
⑥ 其：上引無。

遡想西江，疇閔波臣。關西夫子，道猶四瀆。攬轡志清，恩波滲瀜。謂學有源，不遠可復。試疏導之，其達必速。乃任茂宰，俾浚其智。九軔倍深，天一中寒。面以玉甃，圍以珠欄。今之孟子，還取四端。名之曰"達"，言近旨遠。即學諸生，盍亦自反。志達而明，其流渾渾。辭達而文，其初有本。下學上達，素王是師。兼善天下，在推所爲。是聞非達，亦宜審之。愈汲愈新①，徑達聖涯。所謂達者，先王之德。已達達人，欲其同德。一字衮褒，要當默識。勒銘學宮，與道無極。

魚復扦關銘並序

(宋) 李 垍

古梁州域，實兼巴、漢、庸、蜀地，漢孝武改梁曰益。梁州總八郡。"梁"之爲言强也，"益"之爲言阨也。此昔聖賢察其風俗，按其形勢②，而爲之名也。故其人則强毅精敏，嗜義負勇；其地則山屏水塹，險介重阻。沃埜叢眞，幅員萬里。北以劍門爲限，東以魚復爲守。此二物者，蜀之襟喉扃闌也。

戰國交侵，楚肅四年，始建扦關，突在魚復。□置江關都尉③，以魚復設尉治④。東漢省尉，而關如故。《東漢志》有扦水、扦關，不言都尉治⑤。秦張儀説楚，謂下水而浮，不十日而距扦關。蜀李雄説公孫述，謂東守巴郡，拒扦關之口，皆指此。魏酈道元注《水經》，謂扦關乃廩君所置。唐章懷注范史，謂關故基在夷陵巴山縣。巴山縣，自唐天寶八年爲巴山戍，在峽州西南五十里⑥。二説皆非也。蓋魚復之有關尚矣，無事則嚴封域，察姦軌；有急則扼險要，扞凌暴，有國者所宜致謹也。

雖然，嘗考諸古劍門，以漢中、武都爲屏蔽，失漢中、武都，則劍閣不足賴矣；魚復以秭歸、夷陵爲保障，失秭歸、夷陵，則魚復不可恃矣。考秦以下以迄本朝，舉兵定蜀者凡十有三，唯秦司馬錯，漢之來歙，魏之鄧艾、鍾會，苻秦之楊安，後魏之尉遲迥，隋之梁睿，唐之高崇文，後唐之郭崇韜，

---

① 汲：原作"及"，據朱本、鄒本改。
② 按：原作"接"，據萬曆本、朱本、鄒本改。
③ "置"上原空一字，萬曆以下各本不空。按：所空字疑是"漢"字。《漢書‧地理志》："魚復，江關都尉治。"是漢於魚復置江關都尉也。
④ 設：原作"始"，據庫本、朱本、鄒本改。
⑤ 此下萬曆本、朱本、鄒本有"與此小異"四字。
⑥ 此注嘉靖本"爲巴山"下空二字，接"峽州"。庫本所空二字補作"郡界"。萬曆本、朱本、鄒本作"……爲巴山郡界，在峽州西南五十里之外"。按：萬曆以下各本所補皆非。巴山縣，隋置，在今湖北長楊縣西。《新唐書》卷四〇《地理志》四峽州下云："天寶八載省巴山入長楊。"《輿地紀勝》峽州引《元和志》："開皇五年置巴山縣。天寶八載廢縣置巴山戍。"據此，此注當作："巴山縣，自天寶八載爲巴山戍，在峽州西南五十里。"嘉靖本只缺"戍在"二字，今補。

本朝之王全斌，實出劍門、陰平道。至若吳漢，若岑彭，若諸葛亮，若桓溫，若劉敬宣①、朱齡石，以及劉光義，皆擁舟師西指，遡江扣關，麾城撕邑，易如拾芥。何者？皆以先得秭歸、夷陵也。漢昭烈襲取劉璋，既北收漢中，即東爭夷陵。嗚呼！若昭烈者，可謂能知保蜀矣，功之不遂，此天也。然而劉禪繼世，猶以苟安者，徒以與孫氏交歡也。且蜀與吳楚爲唇齒之國，兩全則固，一失則危。是以自古在昔，欲圖江南者，必先奄蜀。何者？地勢便，兵力接也。秦取楚，晉取吳，隋取陳，耀兵上游，舫船載卒，乘流而東，曾不頓一刃、折一矢②，而荊揚之區已望風褫氣矣。苻堅伐晉，亦分軍而下，不幸苻融之兵先敗於淝水，故不能成功。以此知英雄圖事，後先一揆，然則蜀之重也審矣。

自古或言蜀人嗜亂喜禍，故所以制御操切之者尤盡其術。嗚呼，何其過也！吾觀從昔亂蜀者，皆非其國之人，率由姦雄乘隙外至，因竊據焉，而蜀人莫之與抗③。蓋公孫述首禍於卒正，扶風人。劉焉蓄姦於州牧，竟陵人。鍾會兆謀於降將，潁川人。李特奮迹於流人，略陽人。程道養怨激於苛刻，枹罕人。劉季連計成於掎奪，彭城人。司馬勳出於王族，蕭紀興於帝胄，王謙起釁於易代，太原人。劉闢席亂於留後，王建發蹤於椎埋④。舞陽人。孟知祥紹難於違愎。邢州人⑤。唯東晉譙縱，本宕渠人。然縱之初起，實出逼脅。觀其倉皇赴江以逃，則知縱本庸人，初無異志，劫於群叛，不能自還。若述、焉以下數子者，則其險詭睅睨，有從來矣。彼見蜀之嶮足恃，蜀之富足資，趯然動心，逆節萌起，蓋有觀劍門之險而追笑劉禪，覽兵甲之盛而思效玄德。而蜀之人形格勢制，不能不折而從之。其間能截然自固，恥污於僞，如青衣之不賓公孫述，牂牁之不臣於李特者，類有之矣。

嗚呼！一定而不易者，地形也；難保而易變者，人心也。故地形惟所守，而人心惟所化。苟知所守，則力約而功倍，圍固而敵畏。苟知所化，則罷傲革爲勇毅，柔脆易爲信順。不知所守，則嬴氏家函谷而滅，田宗國東海而亡矣。不知所化，則暴悍踵起於江漢，姦醜接迹於洙泗矣。

魚復與劍閣，堷峻角壯，並爲西南鎮。昔有銘劍閣者，獨此缺諸⑥。江出岷山，行二千里，合蜀衆流，畢出瞿唐之口。山竦而嶒崒，水激而奔迅，天

---

① 劉敬宣：原作"劉敬"，萬曆本、朱本、鄒本作"劉毅"。按：晉代征蜀者無劉敬其人，劉毅亦未嘗伐蜀，"劉敬"當作"劉敬宣"。《晉書》卷八四《劉敬宣傳》："安帝反政，徵拜冠軍將軍、宣城內史。譙縱反，以敬宣督征蜀諸軍，假節，與寧朔將軍臧喜西伐。敬宣入自白帝，所攻皆克。"今補"宣"字。

② 矢：原作"失"，據萬曆以下各本改。

③ 蜀：原作"孰"，據上引改。

④ "蹤"原作"縱"，"椎"原作"推"，並據上引改。"發蹤"，發迹。

⑤ 邢州：原作"刑州"，據庫本改。《舊五代史·孟知祥傳》："邢州龍岡人也。"

⑥ 諸：原作"渚"，據萬曆以下各本改。

下瓌偉絕特之觀，至是殫矣，是宜有銘。琢刻磐石，以侈寡匹，以厲罔極。其詞曰：

惟梁州域，神禹所別。有歸其閫①，險肇天設。控引荆襄，枕倚牂越。罔聯嶺屬，崿岈巍崒②。洪流下瞰，澎滲蕩潏。衡潛抗高，華岱媲桀。上柱天倪，旁扼日轄。惟所屏障，則恃於峽。如戶斯闢，此爲之闌。寇來是扞，兵勢攸接。鏡考前古，棋勢輻裂。水攻陸擊，巖披谷抉。玄甲燿爛，白刃鎗鏩。雲舸倏馳，羽纛斯揭。山犇貙虓，壑漬螭蜺。水姦脫入，孰睨旋竊。虐環千里，炖人於孽。曾不逾時，宗隉祚拔。西方之人，王化所達。寧甘嗜亂，實首攸脅③。豈富是怙，忍上之觖。惟此山川，重阻複疊。德守者固，兵據者蹶。惟此黔庶，嶷嶷業業。力制則離，道懷乃協。皇帝聖武，恩被獯狁。國有至仁，九土臣妾。勒銘山阿，永彰宋烈。

主一齋銘　　　　　　　　　　　　　　　　（宋）張 栻

成都范文叔以"主一"名齋，予嘉其志，爲銘以勉之。

人之心，抑何危。紛百慮，走千歧。惟君子，克自持。正衣冠，攝威儀。瞻以整，儼若思。主於一，復何之。事物來，審其機。應以專，匪可移。理在我，寧彼隨。積之久，昭厥微。靜不偏，動靡違。嗟勉哉，自邇卑。惟勿替，日在茲。

鏡硯銘④　　　　　　　　　　　　　　　　（宋）黃庭堅

瀘川之桂林，有石黳黑。以爲硯⑤，則宜筆而受墨。唐安任君從簡之硯，面爲鏡而背三足，形駭天下，山林不若，而不得訪諸禹也。

---

① 歸：萬曆以下各本作"歸"。按：此句謂夔門巋然高峻，若大江之閘門。作"歸"爲是。
② 崿岈：原作"以岈"，據萬曆以下各本改。
③ 首：譚校"疑作有"。按："首"，本也，謂蜀人從亂，本由於被逼脅，"首"字不誤。
④ 此銘見《豫章黃先生文集》卷一三，題爲《任從簡鏡研銘》，全文如下："瀘川之桂林，有石黳黑。瀘川之人不能有，而富義有之。以爲研，則宜筆而受墨。唐安任君從簡之研，面爲鏡而背三足，形駭天下。若山林不若，而不得訪諸禹也。松煤泛之，若玄雲之過魄月而竚也。筆胥疏其上，則吾宮中之兔也。握筆之指爬沙，若蛙欲食月，不能而又吐也。"《全蜀藝文志》節略太過，以至文意不完。
⑤ "以爲"二字原無，據上引補。

古硯銘 並序 　　　　　　　　　　　　　　　　　（宋）唐　庚

硯與筆墨，蓋氣類也。出處相近①，任用寵遇相近也。獨壽夭不相近也，筆之壽以日計，墨之壽以月計，硯之壽以世計。其故何也？其爲體也，筆最銳，墨次之，硯鈍者也。豈非鈍者壽而銳者夭乎？其爲用也，筆最動，墨次之，硯靜者也。豈非靜者壽而動者夭乎？吾於是得養生焉。以鈍爲體，以靜爲用②。或曰：壽夭，數也，非鈍銳、動靜所制。借令筆不銳不動，吾知其不能與硯久遠也。雖然，寧爲此，勿爲彼也。銘曰：

不能銳，因以鈍爲體；不能動，因以靜爲用。唯其然，是以能永年。

泮池銘　　　　　　　　　　　　　　　　　　　　　　（明）黃景夔

湫作陬居，僭雍之如，誰乖厥初？藝風塞荒，士訛皇皇，言此否臧。其乖斯何，易以其差，匪以其訛。制良治堅，弓盈月弦，首事時遷。駕虹飛危，石檻雲垂，貫虛跨奇。春水沄沄，風行渙文，翠委牽芹。山英海靈，秀脉潛生，肆發光晶。士士豪豪③，氣長朋曹，德言功高。青衿忭歡，我銘緒完，列永永觀。

移建離堆山伏龍觀銘 並序④　　　　　　　　　　　　　（明）馮　伉

《夏書·禹貢》導江瀆以出岷山，秦史《河渠》鑿離堆以洩沫水。懷襄昏墊之瀰平之於前⑤，以陂九澤，以通百貢，於是乎錫圭鑄鼎，夏后以膺圖立極。潴洳湏洞之患浚之於後，以疏二江，以灌萬井，於是乎斸牛沈犀，李公以興利除害。大惠浹於黎獻，豐功遺於億萬，其極一也。與夫鄭國分渠於渭上，西門引漳於河朔，恩較其博，倍將萬矣。左思曰"指渠口以爲雲門，灑滮池而爲陸澤"，不其然乎！非夫有道之士，其孰能勇斯身，仁斯民，輝照竹帛，豐潔祠享，如此其光也！詳夫驅風雲，運神化，翦妖厲，謀疏鑿，功麽

---

① "近"字下《眉山唐先生文集》卷一六有"也"字。
② 以上二句，萬曆本、朱本、鄒本作"以靜爲體，以動爲用"，非。
③ 士士：萬曆本、庫本、朱本、鄒本及雍正《四川通志》卷四〇作"一士"。
④ 本篇原置於卷末，蓋後來補入，今據萬曆本、朱本、鄒本移於此，以合全書按文體分類編排之體例。
⑤ 瀰：朱本、鄒本作"溺"。

萬世，壽逾百歲，其在神仙之品，得非漢天師、許旌陽之徒歟？

離堆山伏龍觀者，《風俗傳》云誅邪壓怪之所，腴田沃野之會。驚湍涌雷，漱瀨飛雪，洪流滉其淡澹，迴波瀰乎溶瀜，爾其雲壁高坼，霜濤中注。靈阜嶙峋以磅礴，冲淵澎湃而瀺灂。硍硍灘澥，清振林谷。有若長蛟斷於陽羨，支祁鎖於淮泗，勿復害矣，每歲孟春，役徒萬億計，太倉爲之給粟，長吏爲之督工。築之繩之，決之防之，乘時以興，比月而息。枝分脉散，環縈糺錯，連州越郡，膏沐千里。雖密雲霾霽，愆陽蘊隆，而田原是濡，倉箱是粒。《書》不云乎，"岷嶓既藝，沱潛既導"，蓋坤維之上游，天府之陸海也。爰建福地，聿崇仙館，旌哲人之餘烈，慰生民之報德，固其宜矣。

伉嘗覽舊史，燦然神迹，式將王命，躬率偫功，歷載惟三。缺九字芟草以廣其趾，積石以增其洼，遷舊宇之翳薈，即孤山之顯敞。洪流壁轉，列峰屏合。東臨江口之關，故靈基立其左，崇功之義也。西瞻寶室之穴，故仙亭峙其右，思玄之旨也。正居太上之殿，中築朝真之壇。喬木蔽乎陽岑缺二字，激乎陰壑。石頭虎踞之狀，蓬丘鼇冠之奇，呂梁縣仞之險，吳濤逆奔之勢，羅列在目，殆非人世之景缺五字。嘯於谷風，玄鶴曲鳴於浦月①。白雲生座，上拂仙香；彩霧依巖，下傳天樂缺二字。聖上，凝命穹昊，躋人福壽。訪道以清中夏，軒轅氏之理也；望秩以遍群神，有虞氏之勤也。茲地也，名山周映，靈迹孤標，僉移集道之宮，尊爲逆釐之府。事非改作，功無用勞；不革舊名，惟崇新宇。經構輪奐之狀②，助揚穆清之化，真風奇迹，等天地久。不亦盛乎！不亦永乎！拂石刻銘，於彼山趾，其辭曰：

李公英英，日貫其誠。奇功美利，於今有靈。仙鳧屹峙，玄都景明。壇殿新制，門闈舊名。江沱泚泚，揚漣玉清。岷山峨峨，回風雪零。桂菌朝蔚，漪瀾夜渟。乘雲嘯歌，浮丘赤城。

石室贊③

(宋) 鄭藏休

自張儀諷蜀，劍路攸通。向者魚鳧，未知韰叢。詩書罔設，禮樂誰崇。征伐不休，城池屢空。爰暨有漢，是生文翁。符守此邦，鬱爲儒宗。大開庠序，匪我童蒙④。誦以八索，歌之九功。化流南蠻，德伏西戎。豈曰滇莋，亦惟巴賨。其後相如，傳之揚雄。岷峨孕靈⑤，川瀆氣融。石室猶在，金聲無窮。南臨孔門，北接玉宫。千齡萬古，永播

---

① 曲：庫本作"幽"。蓋碑文筆畫漫漶，未知本是何字。
② 輪：原作"侖"，據萬曆以下各本改。
③ 自此篇以下，朱本、鄒本分爲卷四十四下。
④ 匪：萬曆本、朱本、鄒本作"啓"。
⑤ 孕：原作"詠"，據萬曆本、朱本、鄒本、《成都文類》卷四八改。

餘風。

張尚書寫真贊

(宋)田況

九河張公詠,淳化、咸平中兩被帝選,以全蜀安危付之。時寇孽之餘,民皆傷痍散流,生不自保。軍帥復恃功橫騖,部下剽脅善良,禍甚於寇。公賞戮明果,復以其事密聞於朝,既而易帥旋師。民漸安輯,以至於治,德功茂於蜀表。噫!當救患庇民時,小爲嬐合畏顧①,則亂未涯也,非賢者處之,何以取濟哉!逮今諱日,遺老善士尚齋集於天慶觀,莫拜畫像之前。公嘗自爲真贊,俾蜀人圖於觀之仙遊閣,其首云"乖則違衆,崖不利物",遂自目爲"乖崖"。公雖外示貶損。而內有所激,故卒云:"欲明此心,罪之無斁。"此其歸也。世人隨而稱之,豈考其實耶?予恐英聲異績久而湮曖②,故作真後贊,並公之自贊刊石觀中,以永蜀人之思。時皇祐元年十二月一日序。

前 贊

乖則違衆,崖不利物。乖崖之名,聊以表德。徒勞丹青,繪寫凡質。欲明此心,罪之無斁。

後 贊

乖不離正,崖弗厲公。名雖自貶,有激於衷。衆隨而稱,孰知其功。敢明公心,以馳無窮。

府學文翁畫像十贊③

(宋)宋祁

按:吳曾《能改齋漫録》云④:蔣堂,字希魯,宜興人。仁宗時,以樞密直學士知成都,嘗召高才碩生會試府事,親較才等,勸成學者。於學之側別建西學,以廣諸生。齋室迄成,而公移蒲中。其後轉運使毀之,以增廨舍。既而常山宋公尚書至府,聞其事,嘆惜久之,且欲成公意。乃即其舊址建文翁祠祠之,內圖莊君平、鄭子真、司馬相如、揚子雲蜀士先賢凡九,及公之像而十,常山公爲之贊。

---

① 合:萬曆本、朱本、鄒本作"怠"。
② 績:原作"續",據萬曆本、庫本、朱本、《成都文類》卷四八改。
③ 按:《宋景文集》卷四七無總題,以下贊文亦僅存五篇:即一、三、四、五、十。
④ 吳曾:原作"吾曾",據朱本、鄒本、《成都文類》卷四八改。按:以下序文乃《成都文類》編者所加。

漢蜀郡太守廬江文公贊

天挺耆俊，有德有文。漢天子命公，往撫蜀人。蜀始樸蒙，公不謂然。選士詣學，歸相教言。一年而業，二年而儒①。五年大成，家詩戶書。以勤相矜，以惰相恥②。出有教父，入有順子。文如馬、揚，節如嚴、李。由公教之，聲塞天地。蜀戴公仁，世世奉祠。千五百年，惟公之思。

司馬相如安長卿贊

蜀有巨人，曰司馬氏。在漢六葉，為文章倡始。言必故訓，革戰國之弊。斲凋混茫，從神取秘。摘發厥章，日星佐華。《封禪》遺篇，意竭辭奢。武用東之，紹七十二家。行雖小訾，後帝賢嗟。

王褒字子淵贊

子淵軒軒，洵美有文。宵雅《鹿鳴》③，帝用攸聞。此盛德事，讓不克堪。頌聖得賢，戒松喬是肬。以諫大夫，數從幸巡。受詔作賦，持節迎神。未克告猷，少謝良臣。

莊遵字君平贊

君平沈冥，賣卜肆中。子以孝言，臣以告忠。日足百錢，閉門著書。十餘萬言，黃老其徒。李強牧州④，喜欲吏君。揖風而憖，嗫語於唇。還謂子雲，子誠知人。九十壽終，聲概高旻。

張寬贊

惟武嗣位，而有荒志。厥德靡升，神不妥祀。媆然靈媛，止乎渭濱。帝使走咨，何所而人。媛告七車，能為我言。君稽首對，吾祀弗蠲。帝用謝愆，改馨厥薦⑤。天人之交，自我而見。

李仲元贊

高也絕俗，雖介不通；卑也污俗，雖順不恭。淵哉仲元，內粹外渾。眾不我知，揚子識其賢。其賢奈何⑥，在通恭之間。可器有名，非行至完。彼顯在人，吾晦與天。

---

① 二年：本集作"三年"，當是。
② 惰：原作"隋"，據萬曆以下各本及本集、《成都文類》改。
③ 宵：原作"肖"，據庫本、朱本、鄒本、本集改。《成都文類》作"小"。按："宵雅"即小雅，見《禮記·學記》。
④ 李强：原作"李疆"，據本集、《成都文類》改。《華陽國志·先賢士女總贊上》："杜陵李强為益州刺史，謂（揚）雄曰。"即此人。
⑤ "馨"：原作"香"，據本集改。
⑥ "其賢"二字原不重，據萬曆本、朱本、鄒本及《成都文類》補。

天而不人，萬世其傳。

何武字君公贊

氾鄉爲人，鯁固清明。嫉惡比周，直軄安行。先問儒官，已乃事事。望侈德充，晚相天子。天子倚之，姦臣內憎。天喪道消，卒爲賊乘。玉折不撓，身沒名升。

揚雄字子雲贊

卓哉子雲，爲漢儒師。準《易》《論語》，同聖是非。百家灃淫，我獨正聲。譎怪縮藏，孔道光明。歆也致訾，謂抵醬蒙。惟譚有言，必傳無窮。《劇秦》詭辭，恨死新時。曰漢中天，果不吾欺。

後漢蜀郡太守高眹贊

顯顯若人，有政自律。摘民耳目，尊右儒術。晚漢多艱，校屋蕩焚。經生罔依，弦誦不聞。君大紹興，新堂及廡。繪帝皇以還，冠服所祖。大掖翱翔，坐復鄒魯。與文偶祠，血食千古。

宋蔣堂字希魯贊①

蔣侯挺挺，天與嚴方。健而文明，不逢不將。始治蜀人，政未及孚。讒者嫉侯，膏吻騰誣。侯政已孚，蜀人熙熙。侯坐徙官，遠近驚咨。侯始興學，紹文之餘。百堵增增，大度厥居。髦俊聿來，晝經夜史。蓋然西南，號多君子。侯既去州，右區即毀。侯惠在人，已膚而髓。子產相鄭，先謗後歌。來世視之，謂侯如何②。

蜀三賢畫像贊　　　　　　　　　　　　　　（宋）張　俞

益州中興寺有墨池院，院有前漢揚子雲③、莊君平、李仲元三賢畫像，因各贊之。來者觀像讀贊，則知三賢之道至焉。

楊子雲

子雲潛真，與聖合神。龍隱其德，鳳耀其文。譔《法》著《玄》，統貫天人。道德之首④，譚稱絕倫。

---

① 本集題作《宋樞密直學士知益州蔣堂字希魯贊》。
② 如何：原作"何如"，據庫本、朱本、鄒本、本集、《成都文類》乙。"何"與上句"歌"字協韻。
③ "院"字原不重，據萬曆本、庫本、朱本、鄒本及《成都文類》卷四八補。
④ "道德"上原有"之"字，據上引刪。

莊君平

淵淵蜀莊，至人之貌。心通蓍龜，言必慈孝。推道衍德，窮神入妙。子雲之師，孰洞其照。

李仲元

仲元何如？貌人心天。出方其隱，默愈於言。道兼夷、惠，質妙雲、淵。屈伸猶龍，物無累焉。

御製蘇軾贊 並序　　　　　　　　　　　　　　　　　　　　（宋）孝宗

成一代之文章，必能立天下之大節；立天下之大節，非其氣足以高天下者，未之能焉。孔子曰："臨大節而不可奪，君子人與。"孟子曰："我善養吾浩然之氣。""以直養而無害，則塞乎天地之間。"蓋存之於身，謂之氣；見之於事，謂之節。節也，氣也，合而言之，道也。以是成文，剛而無餒，故能參天地之化，關盛衰之運。不然，則凋蟲篆刻，童子之事耳，烏足與論一代之文章哉！故贈太師、諡文忠蘇軾，忠言讜論，立朝大節，一時廷臣，無出其右。負其豪氣，志在行其所學。放浪嶺海，文不少衰，力斡造化，元氣淋漓，窮理盡性，貫通天人。山川風雲，草木華實，千彙萬狀①，可喜可愕。有感於中，一寓之於文，雄視百代，自作一家，渾涵光芒，至是而大成矣。

朕萬幾餘暇，紬繹詩書。他人之文，或得或失，多所取捨；至於軾所著，讀之終日，亹亹忘倦，常置左右，以為矜式。信可謂一代文章之宗也歟！乃作贊曰：

維古文章，言必己出。綴詞緝句，文之蟊賊。手抉雲漢，斡造化機。氣高天下，乃克為之。猗嗟若人，冠冕百代。忠言讜論，不顧身害。凜凜大節，見於立朝。放浪嶺海，侶於漁樵。歲晚歸來，其文益偉。波瀾老成，無所附麗。昭晰無疑，優遊有餘。跨唐越漢，自我師模。賈、馬豪奇，韓、柳雅健。前哲典刑，未足多羨。敬想高風，恨不同時。掩卷三嘆，播以聲詩。

乾道九年閏正月望，選德殿書賜蘇嶠。

張丰仙像贊　　　　　　　　　　　　　　　　　　　　　　　（明）蜀惠王

若有人兮，出世匪常。曩自中土，移居朔方。奇骨森立，美髯戟張。距重陽其未

---

① 千：原缺筆作"十"，據庫本、《施注蘇詩》卷首此序改。萬曆本、朱本、鄒本作"品"。

遠，步虛靖之遺芳。飄飄乎神仙之氣，皎皎乎冰雪之腸。爰尋師而問道，歲月亦云其遑遑。既受訣於散聖，復續派於瓜王。全一真之妙理，契未判之純陽。南遊閩楚，東略扶桑。歷諸天之洞府，參化人而翱翔。曰儒曰釋，曰老曰莊。皆潛通其奧旨，乃懷玉而中藏。長縧短褐①，至於吾邦。吾不知其甲子之幾何，但見其毛髮之蒼蒼。蓋久從遊於赤松之徒，而類夫圯上之子房也。

宋朝議大夫黎公錞贊②

（明）吳薦

三傳融心，六一攸契。經術揚庭，結知英帝。學仕兼優，借留斯致③。箋簡遺言，百世爭媚。

宋右正言節愍張公庭堅贊

前人

大科傑魁，正言清秩④。諫紙數陳，侃侃無匹。惟憸弗從，三謫匪逸。節愍揚名，百世一日。

宋宣教郎畏齋游公桂贊

前人

三禮正傳，浚淵樂絕。經學有編，日星昭揭。猗我文皇，治教超越。用輔休明，大加采列。

宋少保忠定安公丙贊

前人

桓桓忠定，神發晶然。甫占仕版，經濟默全。霆掃凶逆，談笑首傳。功流秦蜀，千斯萬年。

---

① 縧：原作"條"，據萬曆本、朱本、鄒本改。
② 以下四篇，朱本、鄒本總題爲《宋四賢贊》。
③ 借：朱本、鄒本作"暫"。
④ 秩：原作"秋"，據萬曆本、庫本、朱本、鄒本改。

自贊①

(明) 吳伯通

仁之居廓然，義之路坦然。此天之所以與我者，與聖賢而同然。雖余足之履有未遍也，而其目之睹已了然。惟之死而心亦靡他，又能無適而不皆然。則位雖止乎三品，而壽亦拘乎百年。茲生也，庶乎其不徒然②。

益部方物贊③

(宋) 宋　祁

益爲西南一都會。左阻劍門，右負夷番，內坦夷數百里。環以長江，裹以複岑，川陸盛氣礴而不得東，回薄蜿蜒，還負一方，爲珍木，爲怪草，爲鳥、魚、芋、稻之饒。日暘雨雨，去聲。噓和吐妍，層出雜見，不可勝狀。殆岷精緼靈，示完富瓊瑤於茲壤也。嘉祐建元之明年，予來領州，得東陽沈立所錄劍南方物二十八種④。按名索實，尚未之盡，故遍詢西人，又益數十物，列而圖之，物爲之贊。圖視狀，贊言生之所以然。更名《益部方物略記》。凡東方所無，及有而自異，皆取之，冀裨風土聚丘之一云⑤。

椶皆襛皮，此獨自榦。攢葉於顛，鬖首披散。秋華而實，其植則罕。

右海椶大抵椶類，然不皮而榦，葉叢於杪，至秋乃實，似楝子。今城中有四株。杜子美左綿《海椶行》⑥。理緻榦堅，風雨不能撼云。

在土所宜，亭擢而上。枝枝相避，葉葉相讓。如向切。繁陰可庥⑦，美榦斯仰。

右楠蜀地最宜者。生童童若幢蓋然，枝葉不相礙，茂葉美陰，人多植之。樹甚端偉，葉經歲不凋，至春陳新相換，有花實似母丁香云。

厥植易安，數歲輒林。民賴其用，實代其薪。不棟不梁，亦被斧斤。

右檍亦得所宜⑧，民家蒔之，不三年，材可倍常，人多薪之⑨。疾種亟取，里人以爲利。杜子

---

① 原題作《皇明嘉議大夫石谷吳公伯通自贊》，其下不再標注者，今據庫本、朱本、鄒本改，以合全書體例。
② 其：原作"真"，據譚校及雍正《四川通志》卷四〇改。
③ 按：此文本名《益部方物略記》，觀原序可見，今有單行本一卷。
④ 方：原作"陽"，《益部方物略記》(以下簡稱"略記") 亦同，似不可通，今據萬曆本、朱本、鄒本、《蜀中廣記》卷九六改。
⑤ 裨：原作"禩"，據萬曆本、庫本、朱本、鄒本改。一：《略記》《蜀中廣記》作"遺"。
⑥ "杜子美"句：按：此句文意未完，疑有脫文。
⑦ 庥：原作"麻"，據萬曆本、朱本、鄒本改。庫本作"休"，《略記》作"庇"。
⑧ 得：朱本、鄒本作"蜀"。
⑨ "人多"二字原缺，據《略記》補。

美有《覓檀栽》詩。

葉與竹類，緻理如柏。以狀得名，亭亭修直。

　　右竹柏生峨眉山中。葉繁，長而澤，似竹，然其榦大抵類柏而亭直。

木榦芋葉，擁腫盤戾。農經弗載，不用治屬。

　　右海芋生不高四五尺，葉似芋而有榦，根皮不可食。方家號"隔河仙"，云可用變金，或云能止瀉。

葉圓以澤，素蘤春敷。子生莢間，纍纍綴珠。

　　右紅豆花白色，實若大紅豆，以似得名。葉如冬青，蜀人以爲果飣①。

竹生三歲，色乃變紫。伐榦以用，西南之美。

　　右紫竹蜀諸山中尤多，園池亦種爲玩。然生二年色乃變，三年而紫②。

根不他引，是得慈名。中實外堅，笋不時萌。未或下垂，苒弱綠縈。

　　右慈竹性叢產，根不外引，其密間不容笴③。笋生夏秋，閱歲枝葉乃茂。別有數種，節間容八九寸者曰籠竹，一尺者曰苦竹，弱稍垂地者曰釣絲竹。或取節修膚緻者用爲簟、笠。

葉樛身竹，族生不蔓。有皮無枝，實中而榦。

　　右樛竹性亦叢產，葉似樛，有刺，徑不三二寸，或曰桃竹，未得其詳。

竹個皆圓，此獨方形。厚倍於竅，緗節棱棱④。

　　右方竹圓衆方寡，取貴。方者差小。

碧葉素葩，厥包之珍。丹衷既披，香液飴津。

　　右柑生果、渠、嘉等州，結實垺於江南，味亦差薄云。

芋種不一，鸛芋則貴。民儲於田，可用終歲。

　　右赤鸛芋蜀芋多種，鸛芋爲最美，俗號"赤鸛頭芋"。形長而圓，但子不繁衍。又有蠻芋，亦美，其形則圓，子繁衍，人多蒔之。最下爲榑果芋。榑，接也，言可接果，山中人多食之。惟野芋人不食。《本草》有六種：青芋、紫芋、白芋、真芋、蓮禪芋、野芋。

西南所宜，柔蔓紛衍。縹穗綠實，其甘可薦。

　　右綠葡萄北方葡萄熟則色紫，今此色正綠云。

栗類尤衆⑤，此特殊味。專蓬若橡，託神以貴。

　　右天師栗生青城山中，他處無有也。似栗，味美，惟獨房爲異。久食，已風攣。

有子孫枝，不蘤而實。薄言采之，味埒蜂蜜。

　　右天仙果樹高八九尺，無花，其葉似荔枝而小，子如櫻桃，纍纍綴枝間，六七月熟，味至甘。

挺榦既修，結蘤茲白。戢外澤中，甘可以食。

　　右隈支生邛州山谷中。樹高丈餘，枝修弱，花白，實似荔支，肉黃膚甘，味可食，大若爵卵。

---

① 飣：原作"釘"，據《略記》改。飣，羅列於器皿中的蔬果肴饌。

② 三年：原作"二年"，據萬曆以下各本及《略記》改。

③ 笴：原作"笋"，據《略記》改。笴指竹杆。

④ "棱"字原不重，據《略記》補。又，"棱"字下原有"圓衆方寡取貴"六字，爲注文混入正文，今據《略記》移於後"右方竹"下原注"方者差小"四字之前。

⑤ 栗：原作"粟"，據萬曆以下各本及《略記》改。

花跗芬佟，叢刺於梗。不可把玩，艷以妍整。

　　右錦被堆花出彭州，其色一似薔薇，有刺，不可玩。俗謂薔薇爲錦被堆花，故以枝別他牡丹，詳見牡丹花下。

苒苒其條，若不自持。綠葉丹英，蔓衍紛垂。

　　右錦帶花蜀山中處處有之。長蔓柔纖，花萼間側，如藻帶然，因象作名。花開者，形似飛鳥，故里人亦號曰"鬢邊嬌"。

有苕穎然，有萼敷然。取其肖象，莫類於蟬。

　　右石蟬花始生，其苕森擢，長二三尺，葉如菖蒲。紫萼五出，與蟬甚類，綠黃相廁，蜀人因名之。又，白者號玉蟬花。

色與柏類，苒苒其莖①。冬不甚黃，故謂長生。

　　右長生草山陰蕨地多有之。修莖茸葉，色似檜柏而澤，經冬不凋損，故號長生。

翠蔓紺苕，回繚可喜。蒔之庭堂，珍以爲瑞。

　　右端草蜀人多種之庭檻。蔓延長三四尺，珍而愛之，故謂之瑞草。

蕉無中幹，花產葉間。綠葉外敷，絳質凝殷。

　　右紅蕉花於芭蕉蓋自一種。葉小，其花鮮明可喜。蜀人語深紅者謂之蕉紅，蓋倣其殷麗云。

修柯柔蔓，濃淺繁總。盛則重葩，不常厥種。

　　右重葉海棠海棠大抵數種，又皆小異，惟其盛者則重葩疊萼可喜，非有定種也。始濃稍淺，爛若錦章。北方所植，率枝強花瘠，殊不可玩，故蜀之海棠，誠爲天下之奇艷云②。

花亙四時，月一披秀。寒暑不改，似固常守。

　　右月季花此花即東方所謂四季花者，翠蔓紅葩。蜀少霜雪，此花得終歲，十二月月輒一開③。

豐粒茂苗，豆別一類。秋種春斂，農不常蒔。

　　右佛豆豆粒甚大而堅，農夫不甚種，惟園人蒔以爲利，以鹽漬食之，小兒所嗜。

自濃而淡，花則常態。今顧反之，亦反之怪。

　　右添色拒霜花生彭、漢、蜀州。花常多葉，始開白色，明日稍紅，又明日則若桃花然。

人情尚奇，賤白貴黃。厥英略同，實寡於香。

　　右黃荼蘼蜀荼蘼多白，黃者時時有之，但香減於白花。

綠實若荑，味辛香苾。投粒羹臐，椒桂之匹。

　　右艾子艾木，大抵茱萸類也。實正綠，味辛。蜀人每進羹臐，以一二粒投之，少選，香滿盂醆。或曰作爲膏尤良。按揚雄《蜀都賦》，當作藙，藙、艾同字云。

翠葩對生，甚似匹鳥。逼而觀之，勢若偕矯。

　　右鴛鴦草春葉晚生，其稚葩在葉中，兩兩相向，如飛鳥對翔。

附陽而生，垂若文綯。大概苔類，土石所交。

　　右仙人綯生大山中，與苔同種，但巖陰石隩多鮮翠。長二三尺，叢垂若綯。或言深谷有長丈

---

① 莖：原作"筮"，據萬曆以下各本改。
② 之：原缺，據《略記》補。
③ "月"字原不重，據萬曆本、朱本、鄒本補。

餘者。

翠莖纖柔，稚葉相當。逼而歌之，或合或張。

右娛美人草蜀中傳虞美人草，予以"虞"作"娛"，意其草柔纖，爲歌氣所動，故其葉至小者或動搖，美人以爲娛樂耳。

冒寒而茂，莖修葉廣。附莖作花，葉蔽其上。以其自蔽，若有羞狀。

右羞寒花蜀地處處有之，不爲人所愛。依莖綴花，蔽葉自隱，俗曰羞天花，予易爲羞寒花。按：《本草》名曰鬼白。

衆跗聚英，爛若一房。有守繪圖，厥名乃章。繁而不艷，是異衆芳。

右瑞聖花出青城山中。榦不條，高者乃尋丈。花率秋開，四出，與桃花類。然數十跗共爲一花，繁密若綴。先後相繼而開，九閱月未萎也，蜀人號豐瑞花。故程相國琳爲益之年，繪圖以聞，更號瑞聖花。然有數種，若小者號寶仙，淺紅者爲醉太平，白者名玉真。成都人競移蒔園中，以爲尤玩云。

擢穎挺挺，盛夏則榮。丹紫合英，以寶見名。

右七寶花條葉，大抵玉蟬花類也。其生叢蔚，花紫質絳云。

擢條亭亭，層層紫丹。狀若使節，方圖實刊。

右旗節花①條條華碧，皆層層而擢，正類使所持節然，故以名。見《益州圖經》。

聚葩共房，葉附華外。根不得徙②，見偉茲世。

右娑羅花生峨眉山中。類枇杷，數葩合房。春開，葉在表，花在中。或言根不可移，故俗人不得爲玩。

葩秀木顛，狀若芙蕖。不實而榮，馥馥其敷。

右木蓮花生峨眉山中諸谷。狀若芙蓉，香亦類之。木榦，花夏開，枝條茂蔚，不爲園圃所蒔。

華而無采，狀類翔鳳。么質毛輕，翩欲飛動。

右鵝毛玉鳳花本至卑，纖蓬如釵股，秋開，不蒴，而鬣狀似禽，故曰"鳳"；色白，故曰"玉"；以其分輕，故曰鵝毛③。

蔓附本生，實若椹藥。或曰浮留，南人謂之。和以爲醬，五味告宜。

右蒟出渝、瀘、茂、戎等州，即漢唐蒙所得者。葉如王瓜，厚而澤。實若桑椹，緣木而蔓。子熟時，外黑中白，長三四寸。以蜜藏而食之，辛香，能溫五藏。或用作醬，善和食味。或言即南方所謂浮留藤，取葉合檳榔食之。

植根水中，端若串珠。皿而瀹之，可以代蔬。

右真珠菜戎、瀘等州有之。生水中石上，翠縷纖蔓若貫珠。蜀人以蜜熬食之④。或以醯煮，可行數千里不腐也。

素花碧葉，浮秀波面。日中則向，日入還斂。

右朝日蓮花色或黄或白，葉浮水上，翠厚而澤。形如菱花，差大。開則隨日所在，日入輒斂而

---

① 旗：譚校"旗作旌"。
② 徙：原作"徒"，據萬曆以下各本及《略記》改。
③ "鵝"字原無，據朱本、鄒本補。
④ "以"下原有"爲"字，據朱本、鄒本、《略記》刪。

藏於葉下，若葵藿傾太陽之比。

蟬不能蛻，委於林下。花生厥首，茲謂物化。

右蟬花二川山林中皆有之。蟬之不蛻者，至秋則花。其頭長一二寸，黃碧色，治小兒瘈瘲，又能已癃。

葉能螫人，有花無實。冒冬弗悴，可以祛疾。

右燨麻自劍以南，處處有之。或觸其葉，如蜂螫人，以溺灌之即解。莖有刺，葉似花。葉或青或紫，善治風腫。按杜詩，當作蘔。

厥生在石，水蕩其液。觸梗凝體，品亞南舶。

右水硫黃出資、榮州山間。中秋潦已收，里人布茅水上，流沫擁聚，取而熱之，復投於水則成，號真珠黃。以淺黃色者為上。其用次海舶所采者。

俯堇而生，翠莖紫蕤。生蜀者良，三建則非。

右附子生綿州彰明縣者最良，有一子重及一兩者。花色紫。《本草》言：附子無正種，附烏頭而生。然則與烏頭、天雄、附子共一物耳。陶弘景以天雄、烏頭、附子皆出建平，謂之三建。唐人非之，以綿、龍二州所生者為良。今則惟彰明者佳。

條榦澤葉，結實如綴。膚解核零，可用治痹。

右石瓜生峨眉山中。樹端挺，葉肥滑如冬青，葚似桑。花色淺黃，實長不圓，殼解而子見。以其形似瓜，里人名之。煮為液，黃，善能治痹。

柔葉美根，冬不隕零。采而掇之，可糝於羹。

右芎蜀中處處有之。葉為蘼蕪，楚詞謂江離者。根為芎，似雀腦者善。成都九月九日藥市，芎與大黃如積，香溢於塵。或言其大若胡桃者不可用。人多蒔於園檻，葉落時可用作羹。蜀少寒，莖葉不萎。今醫家最貴川芎、川大黃云。

葉大莖赤，根若巨皿。治疾則多，方家所銘。章暝。

右大黃蜀大山中多有之，尤為東方所貴。苗、根皆長盈二尺，《本草》言之尤詳。藥市所見，大者治之為枕，紫地錦文。唐人以為產蜀者性和厚沉深，可以治病。形似牛舌，堅緻者善。蜀所生藥尚多，如川之巴豆，峽之椒，梓之厚朴，尚數十輩。

黃葩翠葉，圓實而澤，咀久還甘，或號庵勒。

右餘甘子生戎、瀘等州山。樹大葉細，似槐。實若李而小，咀之前澀，後歆歆有味，故號為"餘甘"。核有棱，或六或七。解硫黃毒，即《本草》所謂庵摩勒者。

長葉叢生，背點星布。高甓近識，傅疽可愈①。

右金星草生峨眉、青城山。葉似萱草，其背有點，雙行相偶，黃澤類金星，人號金星草，亦云金釵草，皆以肖似取之。今醫家以傅疽瘡，甚良。

金花之露，俗曰鳳類，綠羽纖爪，藻背翠尾。花落則隱，以是見貴。

右桐花鳳二月，桐花始開②，是鳥翱翔其間③，丹碧成文，纖觜長尾，仰露以飲，至花落輒去。蜀人珍之，故號為鳳。或為人捕置樊間，飲以蜜漿，哺以炊粟，可以閱歲，蜀士以繪扇，唐李衛公嘗

---

① 傅：原作"傳"，據庫本、朱本、鄒本改。本條注文同。
② 桐花：原作"桃花"，據萬曆本、朱本、鄒本、《略記》改。
③ 翱翔：原作"翱羽"，據朱本、鄒本、《略記》改。

爲賦。

絳體剛啄，屠黑於衿①。因網就羈，亦馴厥心。

　　右紅桐觜出永康軍山谷中。絳體若赭，惟羽間差黑，人亦畜之，然不能久也。

緇綠厠采，喜荏充胞。奮頸陪頸，矜健於咮②。里人哀貲，以佐其鬭。

　　右荏雀每歲荏且熟，是則群至，食其實。性好鬭，人捕之，裒錢使決勝負，閭里嘈觀，至一雀直數千錢。官司惡民貲聚，每下符禁叱之。

茜首黑裳，黃駮其羽。厥鳴嚶嚶，若禁若護。名而不情，盜者猶懼。

　　右護花鳥青城、峨眉間往往有之。至春則啼，其音若云"無偷花果"，髣髴人言云。

綠衣紺尾，一啼百囀。可樊而畜，爲世嘉玩。

　　右百舌鳥出蜀中山谷間③。毛采翠碧，蜀人多畜之，一云翠碧鳥。善效他禽語，凡數十種，非東方所謂反舌無聲者。往往亦矜鬭，至死不解，然捕者告罕，故惜之，不使極其聲云。

狀實猿類，體被金毳。皮以藉焉，中國之貴。

　　右狨威、茂等州、南詔夷多有之。大小正類猿，惟毛爲異。朝制：內外省以上官乘馬者，得以狨爲藉；武官則內客省使、宣徽使乃得用。

羊質而大，角繚於首。以角之珍，軀殘獵手。

　　右龍羊出吐蕃及威、茂州。形似畜羊而大。其角繚上，重八九兩，黑質而白文，工以爲帶胯，其用亂犀。

玃與猿猱，同類異種。彼美豐肌，登俎見用。

　　右玃出邛、蜀間，與猿猱無異，但性不躁動。肌質豐腴④，蜀人炮蒸以爲美味。

有足如鯢，大首長尾。其啼如嬰，緣木弗墜。

　　右魶魚出西山溪谷及雅江。狀似鯢，有足，能緣木，其聲如兒啼，蜀人養之。

二丙之穴，厥産嘉魚。鯉質鱒鱗，爲味珍脮。

　　右嘉魚丙穴在興州，有大丙、小丙山，魚出石穴中。今雅州亦有之。蜀人甚珍其味。左思所謂"嘉魚出於丙穴中"。

比鯽則大，膚縷玉瑩。以膾諸庖⑤，無異儁永。

　　右鮢魚出蜀江。背鱗黑而膚理似玉，蜀人以爲膾，味美。

黑首白腹，修體短額。春則群泳，促罟斯獲。

　　右黑頭魚形若鱓⑥，長者及尺，出嘉州。歲二月則至，惟郭璞臺前有之。里人欲怪其説，則言璞著書臺魚吞其墨，故首黑者。

長不數寸，有駮其文。淺瀬曲隈，唯沫而群。

---

① 衿：原作"矜"，據朱本、鄒本改。
② 咮：原作"昧"，據萬曆以下各本改。
③ 蜀中：原作"中蜀"，據萬曆本、朱本、鄒本乙。
④ 肌：原作"飢"，據萬曆以下各本及《略記》改。
⑤ 膾：原作"繪"，據朱本、鄒本、《略記》改。
⑥ 鱓：萬曆本、庫本、朱本作"鱓"。按：鱓同鯇，即草魚，鱓同鱔。據此注所述，當以"鱓"爲是。

右沙綠魚魚之細者。生隈瀨中，狀若鯔，大不五寸。美味，蜀人珍之。

鰍鱗么質，本不登俎。以味見錄，雖細猶捕。

右石鼈魚狀似鮀魠而小，上春時出石間，庖人取爲奇味。

蟲質甚微，翠體金光。取而橋之。參飾釵梁。

右金蟲出利州山中。蜂體，綠色，光若金，里人取以佐婦釵鐶之飾云。

緑菜贊 石刻在蘆山縣古廟中。 （宋）黄庭堅

蔡蒙之下，彼江一曲。有茹生之，可以爲蔌。蛙蠙之衣，采采盈掬。吉蠲洗澤①，不涵沙礫。芼以辛鹹，宜酒宜餗。在吳則紫，在蜀則綠。其臭味同，遠故不錄。誰其發之，班我旨蓄？維女博士，史君炎玉。

宋紹興甲戌，知縣徐閎中跋云：山谷老人《綠菜贊》，刻石於蘆山縣廟，不記歲禩，典刑儼存。贊末有"史君炎玉"之句，讀者多所未喻，蓋指言眉陽望族史氏女名琰者。琰字炎玉，髫丱資穎嗜學，蘋蘩緣績，一不經意，志業專確，乃博古、善綴文。雅安張士儀諱閎少卿出守眉陽，聞其才且賢，納爲冢嗣子履諱祺之婦。炎玉之歸子履，性素冲淡，不事鉛飾，服浣濯之衣，日遊心於編簡翰墨。平生臨覽之勝，燕笑之適，與子履詩詞酬唱，格調閑雅。久而盈篋，手自敘次，目曰《和鳴集》。善用禿筆，字體莊勁。少卿愛重之，殊不責以中饋之職。厥後，少卿幼子介卿，諱祉，擢進士第，調眉之青神尉。是時，山谷老人謫居涪城，遡流見介卿，誦親親之好。蓋少卿之室，江南黃按察諱廉之女弟，於山谷老人姑輩也。炎玉配子履，寔其親表，因騰書致綠菜爲信。山谷珍其品，以贊謝之。有曰"班我旨蓄，維女博士，史君炎玉"，猶古女校書之褒云。蘆山楊與權諱巽，先生年垂八十，炎玉宅相也，大觀間以行藝爲郡學正。每休沐，以甥禮侍見，相與窮日論文，且評課試近題，淵源端緒，不減謝媪解圍之辯②。傳播諸生，咸推仰焉。與權謂其才美秀，嘗見許於文章宗匠，慮歲久湮沉無聞，詳具本末，屬閎中記敘載石。勉從其請。

---

① 洗：原作"銑"，據《宋黃文節公全集·別集》卷三改。
② 辯：原作"辨"，據萬曆本、朱本、鄒本改。

全蜀藝文志卷之四十五

頌

浮屠頌 並序　　　　　　　　　　　　　　　　　（唐）閭丘均

法定寺浮屠者，先德僧琮始起立，周一甲子①，今而北傾②。宰君太原王公諱瓌，鑒操清能，善營福道，每聽臨必睹，惜乎時墜，勉督清衆，速於扶持。主僧釋處真，實膺堪任。及和流經久③，致法加心，柱上出與金輪相依，累虧則全，新巧便措④。岷城此製，驚壯多有，考量茲模，曾不得匹焉。處真聰英上士，談《方等》章句，辯才見稱，大勳可嗟，夫頌之而已⑤。

靈哉浮屠，岌嶪凌踊。十一其級，千楹萬栱。形比孤峭，勢如飛動。赤霞晨開，金光晝擁。清哀縣樂，音響百種。暫升精周⑥，欸高神恐。真分中閟，燈花長奉。

重宣此義而作頌云⑦　　　　　　　　　　　　　　（唐）李　巡

崇構邈矣，層甍巋然。嶷如岳立，默若雲連。仰顏滿月，危踐中天。上標銀牓，下列金仙。扶持有助，陵谷無遷。

---

① "子"字原缺，據萬曆本、庫本、朱本、鄒本、《全唐文》卷二九七補。
② 北：原作"圮"，據《成都文類》卷四八改。按："圮"義爲毀壞、倒塌，據下文云"扶持"，則此塔只是傾斜，而非倒塌。
③ 和：萬曆本、朱本、鄒本及《全唐文》作"派"。
④ "措"原作"撺"，據庫本、《成都文類》改。萬曆本、《全唐文》於此缺一字。朱本、鄒本作"日"，義亦窒礙。按：字書無"撺"字，"撺"爲"措"字之誤。
⑤ 萬曆本、朱本、鄒本下注"序文缺誤"。
⑥ 精周：萬曆本、《全唐文》作"情周"，朱本、鄒本作"情高"。
⑦ 按：此下二篇均是承前篇爲郫縣法定寺塔作頌。

續爲頌

（唐）釋履空

浮屠寶飾，靈所依兮。龍出扶護①，儼瞻歸兮。檜楹嶤嶷，欲鶩飛兮。金輪珠火，烜赫輝兮。

大唐景龍三年歲次己酉題記。

至道聖德頌 並序

（宋）劉　錫

臣聞惟王建國，闢天下以爲家；問罪弔民，執征伐而自出。禮樂興而車書混，風雨順而陰陽和。敷大信以被豚魚，露至仁而及草木。耕田鑿井，且帝力以何知；里詠途歌，唯家給而自樂。斯爲有道之朝也。

我后握圖御宇，下武承祧，契壓紐之禎祥，叶垂衣之曆數。萬方景附，百蠻子來。邊隅之禍亂已平，武庫之干戈不用。觀書乙夜，思政未央，備窺得喪之由，咸得步驟之理。躬親庶政，宵旰忘勞。得士則昌，所以崇四科而拔俊造；知人則哲，所以設千銓而較賢能。英雄盡入於彀中，寒苦詎遺於巖穴。輪輗適用，管庫皆甄。《白駒》之詠不聞，"維鵜"之刺靡作。其有霜棱肅物，直氣凜人。負謇諤之通才，蓄縱橫之逸辯。諫油衣而作瓦，止鑾輅以從橋：若此者，俾居諫署。雕龍茂異，比鶚聲華。杳冥傳江氏之毫。寤寐得丘遲之錦。賦就而文無加點，詩成而鉢未銷聲：若此者，司於文翰。默識穎悟，周才博通。指天上之石麟，咸欽異表；問省中之溫樹，不對家人：若此者，擢贊樞務。籌謀兼濟，宇量淵深。一言可以興邦，九功斯焉惟序。桑陰未革②，言從可陟於周師；箭漏纔移，行合堪登於漢輔：若此者，升之於廊廟。百職舉而萬務簡，六籍興而五教修。至若勇冠三軍，謀深百勝。蘊孫、吳之妙略，懷頗、牧之沉機。箭落酒樽，王霸端居而不動；君臨細柳，亞夫上請以徐行。有寶嬰濟衆之心，擅景舍讓功之美。劍刺而飛泉湧出，戈揮而太陽再中。識洞風雲，誠感天地：若此者，命之爲上將。則文王能官人，漢高善將將，未可同年而語耶。粵以二聖重熙，垂四十載，邇安遠肅，時和氣

---

① 出：原作"山"，據文意改。按：《宋高僧傳》卷一九《唐成都郫縣法定寺惟忠傳》載：唐天寶中，法定寺塔爲雷震，其塔心柱被震出塔外。惟忠叩訴於彌勒像。忽一日，雷震如前，有龍神送舊柱安置如故。此句所謂"龍出扶護"即指此事。

② 桑陰：原作"乘陰"，據庫本、譚校改。《戰國策》卷二一："昔者堯見舜於草茅之中，席隴畝而廕庇桑，陰移而授天下。"

清。桂海冰天，皆同尉候；鸂林鰈水①，盡入提封。四郊無多壘之虞，重門罷擊柝之備。刑措而不用，化洽於大同。

睠彼坤維，是爲益部，星分井、鬼，地接荆、揚。列肆雲羅，珠貝瑩煌於三市；居人櫛比，酋豪繁盛於五陵。俗尚嬉遊，家多宴樂。犬子、揚雄之故里，文翁石室以猶存，所以時有才名，好藏文籍。勤分務穡，俗久返於淳和；説禮敦詩②，門競成於鄒魯。既富且庶，役寡賦輕。古爲奧區，今尤壯觀。我后常矜遠服，偏示優恩，擇循吏以撫綏，去貪人之刻削。熙然無事，迄今小康。儻軍旅尚多，則仰給斯費；徵斂及下，咨怨必興。擾我蒸民，曷爲父母？所以減其戍卒，用泰兩川，務安黎庶之心，冀免侵漁之弊。

不謂災纏分野，盜起窺覦，乘虛輒構於姦謀，恃險僭稱於大號。聚徒作梗，揭木爲干③，驅脅我編甿，虔劉我郡邑。謂長安日遠，劍棧天高，竊料王師，焉能立至，稍阻瓜期之約，克成割據之謀。遂令不逞之徒，分誘順非之輩，數逾百萬，毒甚豺狼。先迫龜城，恣行犬噬。守臣敗職，共治乖方，復衆寡以相懸，遂金湯而失險。使我一城生聚，陷塗炭以何辜；三峽揚波，躍鯨魚而害物。

使車入奏，宸聽俄聞，憤兹蜂蠆之微，玷我承平之化。雷霆赫怒，貔虎徵師。先擇統帥之臣，能荷腹心之寄。授受之際，艱難責成。顧謂宣政使王繼恩曰："汝久侍冕旒，嘗親帷幄，執大節而不奪，竭忠誠而可嘉。屢從襲行，備知韜略。今以蜀民失馭，蟻聚爲祅，若火燎原，須行撲滅，如湯沃雪，暫枉師徒。必以謀臣，達於閫制，識董戎之體，知應變之方。僉曰汝諧，祗膺朕命。"繇是密承睿算，寅奉宸嚴，諭之以蕩定之期，誨之以懷柔之略。倏離景從，鳳駕星軺，仗玉節以身先，會虎賁於關右，分萬乘憂勤之意，解一隅俶擾之危。莫不倍道兼行，次於昭武。登山臨水，車殆馬煩，察彼輿情，斯亦勞止。俾之休憩，逮於浹旬，皆知秣厲之方④，盡稟甲庚之令。遽以單醪饗卒，十乘啓行。龍躍崩雲，雨施屆路。朱旗爍野，霜矛凜空。士一其心，人百其勇。過孟陽之劍閣，易若轉丸；下王濬之刀州，疾如返掌。賊首李順，閉關設拒，坐甲固存。魚游沸鼎之中，莫知攸濟⑤；梟處危巢之上，猶噉惡音。王繼恩大陣俄臨，中軍悉至，親揮白羽，競務先登⑥。萬旅齊驅，排闥而入，短兵接刃，一以當千。交鋒靡遺，應弦皆斃，類鷹鸇之逐鳥雀，若鴻毛

---

① 鸂：原作"鶺"，據《成都文類》卷四八改。《唐會要》卷七唐太宗詔："置一候於鸂林，同六爻於鰈水。"
② 説：原作"閲"，據庫本、朱本、鄒本及《成都文類》改。
③ 干：庫本、朱本、鄒本作"竿"。
④ 厲：原作"利"，據萬曆本、庫本改。
⑤ 知：原作"如"，據萬曆本、庫本、朱本、鄒本、《成都文類》改。
⑥ 競：原作"竟"，據庫本改。

之遇順風。李順力屈勢窮，藏於群寇，亂兵所害。横屍莫知①。既免載於檻車，亦幸逃於梟首。自辰至午，拯危就安，巢穴砥平，淑慝精辨。苟非我后神機獨斷，睿選當仁，遵出口入耳之言，副臨事制宜之旨，曷以立除大憝，罄剪群凶？

波静錦川，雲集闤闠，百姓胥悅，三軍肅然。禁暴戢兵，府庫秋毫而不犯；矜孤恤寡，閭閻老幼以如歸②。氛祲廓而和氣生，祅逆除而皇風扇，捷書纔奏，曲赦屢加，什一之征併從蠲宥，筦榷之利取便人民。小大之罪皆除，逋欠之徒盡釋。雷雨作解，咸與維新。於是闔境緇黄，一川士庶，扶老攜幼，攀長吏之轅，言發涕零，感大君之惠。日昨以頑愚背誕，偷竊亂常，上黷四聰，遠勞七萃，誠合瀦宫污池③，易貫移鄉，或置於魑魅之隩，或遷於成周之邑。豈謂乾坤厚施，雨露深恩，免玉石以俱焚，俾涇渭之分别。匿瑕含垢，以欲從人，生者安懷土之情，殁者遂首丘之志。下哀痛泣辜之詔，申禹湯罪己之言。地處要荒，再荷堯天之覆；年當蒲柳，重觀舜日之光。願立豐碑，請頌聖德。

知州樞密直學士張詠樂成盛事，遂其所陳，以臣漕運從軍，備覩戡定，具以衆懇，請頌徽猷。然而天地貞觀之仁，日月高明之道，豈以雕蟲末技，半豹諛聞，能歌造化之功，可紀照臨之德？井視星而無幾，螺測海以非多。内省庸虚，夫何叙致。忝爲臣子，不敢讓醉。惡殺好生，雖神竈焉知於天道；歌虞頌魯，而王褒粗曉於人心。梗概直書，謹爲頌曰：

我后繼明，膺乾御宇，道冠百王，功高萬古。越契逾繩，登三邁五，天下一家，千年真主。化臻清净，用急賢良，夷凶定難，論道經邦。往無弗剋，謀無不臧，左右前後，得人而昌。覆載之中，霜露所委，法則衣冠，混一車軌。牛馬歸牧，劍戟銷毁，萬國咸寧，四郊絶壘。西南益部，群盗狂搔，謂地之險，謂天之高，亂常作梗，憑阻興妖，窮凶極惡，自孽難逃。聲聞於天，王赫斯怒，親選帥臣，即時屆路。羽檄徵師，函關西度，十萬貔貅，會集雲霧。元戎貞律，盡禀神謨，平趨劍閣，直入成都。烏合蟻衆，席卷風驅，一日而定，百姓重蘇。渠魁既殲，脅從皆釋，宣諭安存，閭閻萬億。不獲已而，亂是用殛，斑白感泣，兒童悦懌。蠢兹巨逆，黷我一方，民罹點污，帝用盡傷。恩宥稠沓，愍念凋戕，視人如子，降福穰穰。中外緇黄，遐邇耆艾，泣告長吏，鄙俗罪大，比屋可誅，聖恩全貸，施重嵩衡，命輕草芥。請頌聖德，刊在貞珉，朝夕瞻企，蹈詠聖神。如依日月，若拜君親，長遵忠孝，用誡曾雲。

---

① 知：原作"如"，據朱本、鄒本、《成都文類》改。
② 如：原作"知"，據萬曆本、朱本、鄒本改。
③ 池：原作"地"，據庫本、朱本、鄒本改。"瀦宫污池"謂使其宫室城池成爲濁水坑。

默庵頌 　　　　　　　　　　　　　　　　　　　　　（宋）宋　祁

對言方有默，因默乃名庵。庵留默不遣①，一物遂爲三。龜掃泥中痕，正恐力弗堪。自問呵默者，了然成妄談。

解禪頌並序② 　　　　　　　　　　　　　　　　　　　（宋）司馬光

文中子以佛爲西方之聖人。信如文中子之言，則佛之心可知矣。今之言禪者，好爲隱語以相迷，大言以相勝，使學者悵悵然益入於迷妄。故予廣文中子之言而解之，作《解禪頌》六首③。若其果然，則雖中國行矣，何必西方？若其不然，則非予之所知也。謹序如左④。李公丞相嘗謂聖人設教，其道必歸於一。故作是頌，以釋未悟也。頌曰：

忿氣如烈火，利欲如銛鋒。終朝長戚戚⑤，是名阿鼻獄。其一
顔回安陋巷，孟軻養浩然。富貴如浮雲，是名極樂國。其二
孝弟通神明，忠信行蠻貊。積善來百祥，是名作因果。其三
仁人之安宅，義人之正路。行之誠且久，是名光明藏。其四
言爲百世師，行爲天下法。久久不可掩，是名不壞身。其五
道義修一身，功德被萬物。爲賢爲大聖，是名菩薩佛。其六

《解禪頌》六首，大丞相溫國文正公所作也。元祐七年，公之猶子雍爲赤水令，刻諸崖石。赤水，合郡屬邑，元季革去。縣治歷今三百餘年，石刻猶存如昔，豈天不欲没公之德也？兹特記載於志，以垂不朽云。成化丙戌，學正會稽章敬拜手謹識。

成都府學講堂頌並序 　　　　　　　　　　　　　　　（宋）張　俞

今上嗣位之年，昌黎公守蜀之五月，修文翁講學之事，乃治學館，就輿

---

① 遣：庫本、朱本、鄒本作"遺"。
② 按：此文不見於司馬光本集中，南宋人文中多有引述，均題作《解禪偈》。
③ "解之作"三字原無，據岳珂《桯史》卷八、《緇門警訓》卷六補。
④ 按：《桯史》《緇門警訓》載此文無"謹序如左"以下數句，疑是後人附入之辭。
⑤ 戚戚：原作"戚心"，據萬曆本、朱本、鄒本及《桯史》《緇門警訓》改。

诸生讲习礼文。又三月,遂大作讲堂。明年三月甲子,乃会僚佐及学官、生徒等三百人,行讲礼於堂上。是日,府县士民及四方之客迨万人,咸来观听,且谓:蜀之学远矣,肇兴於汉,历晋、唐至於战国,世世弦诵不衰,所谓周公礼殿、文翁石室,越千馀载而巋然犹存。今昌黎公复作讲堂,而穹隆厖鸿,侈於汉之殿室,自阙里及三都、四方之讲堂,未有壮乎此也。观乎炭炭煌煌,蔚有休光,其为教化之本欤。乃飏言而颂之曰:

维蜀学宫,肇於汉初。用倡庠学,盛於八区。八区洋洋,弦诵复兴。周法孔经,是缵是承。宋炳文章,与汉同风。五世寖昌,乃学之功。文武韩侯,抚我蜀都。教我子弟,一归於儒。乃严学宫,乃崇讲堂,山岌洞闢,巋然灵光。儒师学徒,翼翼群居。升堂接武,讲考诗书。所讲维何,孔门四科。若金在矿,若圭在磨。匪经弗习,匪圣弗师。群言淆乱,乃圣之疵。伊昔鲁堂,有游有夏。蜀学之兴,亦有扬、马。韩侯作藩,文以化下。扬天之声,烂於周雅。

明道二年,公父太师由枢密直学士、谏议大夫守益州,崇学尚文,振礼让之声。召拜御史中丞,遂参知国政,号为名卿。公尝自谏院迁知制诰,入翰林充学士,亦拜谏议大夫,为中丞,以亮直不迴改侍读学士,为环庆路大帅①,就加端明殿学士,移守成都,又迁给事。清德懿文,陶化旧俗,凛然穆然,声流江汉。父老咸谓:贤父贤子先後出入相继,其遗化绍功,近世未有其伦者。昔郑正公之镇兴元,创立儒宫,开设学校。其子宣公复居其位,继成前烈,殆将三百年,江汉之人诵其遗风若前日事。今韩氏亦再世镇蜀,能懋其功,比於二郑之贤,古今相照,美哉!予故书其事,以俟其子孙复有临此都者,得以观焉。

西园圆通颂 并序

(宋)赵抃

成都府西楼之西北隅,有庵曰圆通,中奉观音大士之像,乃治平初今史馆相韩公之所建也。庵左右前後,寒泉曲沼,终日潺湲,佳木修篁,四时潇洒②。予再守蜀之明年,以其庵庐编竹覆茅,岁凡一葺,完不能久,屡为风雨所挫。於是命工用梗楠瓦甓易而新之,又增饰其像而尊安之,作《圆通颂》六首,得和者一十八篇,因刻石於其右。甲寅五月一日序。

常现宰官身,肉眼何曾识。刀头剑刃上,运出慈悲力。
妙音观世音,不可以识识。量等大千界,始见圆通力。
唐相造华林,亲逢善知识。虎退提数珠,念彼观音力。

---

① 帅:原作"师",据库本、朱本、邹本及《成都文类》卷四八改。
② 潇洒:原作"萧洒",据万历本、库本、朱本、邹本、《成都文类》卷四八改。

問對朕者誰，祖師云不識。大士已渡江，勞他誌公力。
世間何爲苦，衆生有業識，聞聲悉解脱，方便神通力。
凡夫具足法，迷誤隨六識。一入自在門，不費纖毫力。

和　　　　　　　　　　　　　　　　　　　　　　　　（宋）周直孺

宰官説法時，定有何人識。一物不隨身，從來知省力。
如何是妙音，知有人方識。雙眼不曾眨①，自有擎天力。
華林有二虎，裴公自不識。更向數珠求，情知空費力。
少林面壁人，梁帝安能識。廓然無聖語，至今不得力。
祖師昔有言，皆由心意識。應須净五眼，然後得五力。
凡夫與聖同，一塵具衆識。得到無爲處，摩訶般若力。

和　　　　　　　　　　　　　　　　　　　　　　　　（宋）吴師孟

世間有幾人，見到第八識。應現無量身，方信圓通力。
一切衆生心，皆有佛見識。聞聲得圓通，豈是耳根力。
有物等虛空，問人多不識。特地納須彌，何嘗用氣力。
鎮日在眼前，昧者無緣識。欲轉大法輪，要須憑十力。
自己妙明心，却問人求識。討迹逐飛禽，奔馳徒費力。
圓通作用時，常被真如識。日轉一藏經，却得無言力。

和　　　　　　　　　　　　　　　　　　　　　　　　（宋）侯　溥

人人有圓通，人人不自識。但能觀自在，無勞運心力。
觀音十九身，顯現無人識，三千大千中，具足神通力。
比丘垢疥多，三藏不能識，直待傳心經，方識觀音力。
千眼觀世音，正眼如何識，能向此中會，還因明眼力。
無色聲香味，乃知無意識。忽然得超越，觀音妙智力。
言圓亦强名，言通未真識。無圓復無通，是大圓通力。

---

① 眨：原作"貶"，據萬曆本、朱本、鄒本、《成都文類》卷四八改。

嘉祐油水頌　　　　　　　　　　　　　　　　　　　　（宋）蘇　軾

　　熙寧元年七月二十八日，元叔設食嘉祐院，見召，謁長老，觀佛牙。趙郡蘇軾書。

水在油中，見火則起。油水相搏，水去油住。湛然光明，不知有火。在火能定，油水盡故①。若不經火，油水同定。非真定故，見火則起②。

　　僕嘗與子瞻學士會食於嘉祐長老紀公之丈室，子瞻識其行於壁，又書"水去""真定"之喻十二言于其所謂禪版者。紀曰："壁有時以圮，版有時以盡，不幸而及於此，則吾之所寶去矣。我將寶其真筆，而摹其字於石，垂之綿綿，使觀者知大賢之所存。"熙寧四年八月九日，河南侯溥書。

贈成都六祖沙彌文信頌　　　　　　　　　　　　　　　　（宋）黃庭堅

　　塵是文信，界是沙彌。積塵成世界，析界作微塵。界喻人天果，塵為有漏因。塵因因不實，界果果非真。因果皆如幻，堂堂如世人。

溫江縣二瑞頌並序　　　　　　　　　　　　　　　　　　（宋）楊天惠

　　溫江故隸成都，遠王畿三千幾百里有奇，蓋西南偏邑也。政和二年夏六月，有嘉禾產於嚴氏之圃，凡二本。是歲十二月，復有甘露降於學宮之柏③，凡三日。鄉以白縣，縣以白府，府遣從事即縣核狀，皆有實，可復不誣。輒具書若圖，上尚書省以聞。詔下其副尚書禮部藏焉。於是前縣令臣宗道馳書諭假彭山丞臣天惠。曰："盍頌諸？"臣越北闕而奏。頌曰：

於皇御極，百志惟叙。曰農而農，曰士而士。爾安乃宮，爾寧乃畝。恩詔數下，仁滂德膴。農飽以歌，士喜式舞。協氣從之，祥嘏如雨。乃產嘉禾，以慶農扈。乃降甘露，以幸士子。其慶伊何？珠穗紛舉。俾爾甌窶，戶有億秭④。其幸伊何？雲液釀滑。俾爾膏馥，濡及嬰孺。維明明后，博臨下土。相彼多禾，均此靈露。道拜稽首，

---
① "在火"二句：《東坡全集》卷九八作"在火能寶，內外淨故"。
② 則：上引作"復"。
③ 學宮：原作"學官"，據庫本、朱本、鄒本改。
④ 秭：原作"秭"，據萬曆以下各本及《成都文類》卷四八改。

誕告奔走。惠拜稽首，盱衡語語。敢獻秭官，以贊曚瞽。

寂照庵頌　　　　　　　　　　　　　　　　　　　　（宋）張　浚

信相禪老顯公，頗通易學旨要，其鄉閭宗族爲卜庵居，予名之曰"寂照"，又繫之以銘①：

太極混成，全體不露。象數既分，塵塵畢舉。夫惟寂然，乃能通故。一以知萬，一亦莫睹。寂然如斯，作佛作祖。

紹興聖德頌 並序　　　　　　　　　　　　　　　　　（宋）宇文仕

紹興二十六禩，皇帝總攬權綱，大明黜陟，注意德臣，使宅百揆。聖賢相逢，道同志合。或因或革，而庶績咸熙；一都一俞，而罔不被澤。越明年，廟堂胥議，遠暨川蜀，謂桃林放牛之後，罷褒斜流馬之役，民力未紓，其弊安在？降自外司，搜剔軍實，推其有羨，除對斛之米數，削縑直之倍估。使田夫桑婦穀其腹而絲其身。乃下詔曰："朕念四川，邈在一隅，德意志慮，懼弗克究，晝夜以思，安得一時承流宣化、觀風察俗之吏，與朕同心，使遐方絕徼，皆如畿內轂下，不亦善乎！"又曰："朕休兵息民之意，爾等固知之矣。惠在生而不傷，厚而不困，詎容煩役，久爲民患？"

於戲！德意甚大，詔旨甚功，舉全蜀五十餘郡，越小大邦，罔不精白，以承休德。凡遠所溪谷山澤之氓②，井飲田食，咸知帝力之所加。邈爾邊邑，卉服椎髻，詔下之日，悉來竦聽，尚恐未諭。微臣稽首南望，播告之曰："德莫大於生成，恩莫大於養育。方今廓天地之德，施父母之恩，却乃全其生而遂其養。有君如此，何以報之？"相視嘆呀，鼓舞而退。

是歲之彝倫攸敘，百穀用成，民有餘力，頌聲四聲。采於擊壤，帥民鳩匠，磨崖大書，上以述聖朝納民仁壽之域，下以紀齊民歸美報上之心，豈不爲萬世之休哉！謹按漢王褒作《聖主得賢臣頌》，徒出私意，而不出民謠；唐元結作《中興頌》，功雖可紀，而德無可錄。曷若方今弭兵之後，下輕徭薄賦之令，歌詠聖德，皆含哺鼓腹之民，自當過漢軼唐，增《大雅》之什矣。臣昧死再拜潤色。其詞曰：

天作炎圖，烏奕千載。累洽重熙，盛德光大。寶運中興，上下交泰。皇澤汪洋，

---

① 銘：朱本、鄒本作"頌"。
② 氓：原作"岷"，據庫本、朱本、鄒本改。

罔不霑溉。僻陬奥壤，尤託王靈。中原俶擾，獨此彌寧。天雖設險，衆心成城。抵兵捍關，下瞰三秦。靈旗或指，何征不克。皇帝神武，棄功就德。一視同仁，罔間南北。斷自淵衷，休師兩國。氈裘竦息，齊楚來盟①。弢弓束矢，不假用兵。井絡編列，迄於升平。初幼終老，獲全此生。向者雲屯。開口仰哺。流馬褒斜，暴迹於路。外府不給，犒軍加賦。雖率爾力，保爾所聚。今之講好，乃爲息民。外司過計，覆護其贏。冕旒燭遠，亟下絲綸。削縑罷糶，戒諭丁寧。惟皇建極，斂時五福。代天理物，升之當軸。都俞之間，澤被遐荒。林林總總，既生且育。仰帝之德，大矣乾坤。懷帝之賜，父母深恩。萬口附和，載之和聲。此山不朽，刻之以文。

左奉議郎、知雅州蘆山縣事、主管學事、勸農公事、兼兵馬都監臣宇文仕撰並書②。

是碑在縣城東一里佛子崖之左右壁之上，縱橫各一丈有奇，字畫徑四寸許。年久埋没於土，其暴露於外者，僅數十字而已。一日，庠生陳昂、駱琰以是告予，予往觀之，惜其壅積之厚，未易快睹。翌日③，拉縣簿李公彪暨僧會、圓傑，監生駱興、李憲、胥賢、張輔，羽士駱文品等，督命周井編氓，具畚插掘之。迄三日有成，始得全文於黄壤中。粵自紹興至今，三百七十有餘載矣，而是碑幸復得見天日，豈非好古者之難遇邪？居是鄉者，尚加愛護，勿爲牧童敲火，耕牛礪角可也④。弘治己未仲冬哉生明，忠南李一本識。

問道堂頌　　　　　　　　　　　　　　　　　　（宋）盧　瑢

生死十三，火水六七。氣周於九，道反于一⑤。戊藏兌行，巳隨震出。五賊既見，萬事云畢。得之者守，忽之者失。策參高禪，用匪車室。斂而施之，爲兵民術。

如是觀頌　　　　　　　　　　　　　　　　　　　　　前　人

不落有無，何關生滅。太虛本净，飛雲過月。流水不競，同舟去楫。實相空相，無説可説。震曜無邊，塵塵透徹。如是如是，更何差別。居士强名，丈室摩詰。

---

① 來：原作"未"，據萬曆本、朱本、鄒本改。
② "管"字原脱，"都監"原作"司監"，據宋朝官制補改。《建炎以來繫年要錄》卷一五〇：紹興十三年九月，李長民言"宣和以前應知、通、令、佐階銜並帶'主管學事'"，請依舊結銜，從之。《宋史》卷一六七《職官志》七：縣有戍兵，則知縣兼兵馬都監或監押。
③ 翌：原作"翼"，據庫本、朱本、鄒本改。
④ 耕：原缺，據萬曆本、朱本、鄒本補。
⑤ 于：原作"十"，據萬曆本、庫本、朱本、鄒本改。

全蜀藝文志卷之四十六

碑　文 上

漢故領校巴郡太守樊府君碑①

君諱敏，字叔達②。肇祖宓戲，遺苗后稷。爲堯種樹，舍潛於岐③。天顧宣甫，乃萌昌發。周室衰微，霸伯匡弼④。晉爲韓魏，魯分爲揚。充曜封邑，厥土河東。楚漢之際⑤，或居於楚，或集於梁。君纘其緒，華南西疆。濱近聖禹，飲汶茹汸。總角好學，治《春秋》嚴氏經⑥。貫究道度，無文不睹。於是國君備禮招請，濯冕題剛⑦。傑立忠謇，有夷史之直、卓密之風，鄉黨見歸。察孝除郎，永昌長史，遷宕渠令。布化三載，遭離母憂。五五斷仁，大將軍辟。光和之末，京師擾攘。雄狐綏綏，冠履同囊。投核長驅⑧，畢志枕丘⑨。國復重察，辭病不就。再奉朝聘，十辟外臺，常爲治中，諸部從事。舉直錯枉，譚思舊制⑩，彈饕糾貪⑪，務鉏民穢。患苦政俗⑫，喜怒作律，案罪殺人，不顧狺獥。告子屬孫，敢若此者，不入墓門。州里僉然，號曰吏師。季世不祥，

---

① 領校：原作"朝請"，據洪适《隸釋》卷一一改。按：此碑今尚在蘆山縣，正作"領校"，楊慎錄此碑文多誤。
② 叔達：趙明誠《金石錄》卷一八作"升達"，《隸釋》作"升達"。按：原碑作"升"。
③ 於：原作"從"，據《金石錄》《隸釋》及原碑改。
④ 霸：朱本、鄒本及《蜀中廣記》卷一四、《丹鉛續錄》卷九作"雲"。按：原碑缺筆似"雲"，《金石錄》《隸釋》均釋爲"霸"，當是。
⑤ 際：原作"陰"，據《金石錄》《隸釋》改。
⑥ 嚴氏：原作"穀氏"，據上引改。按：嚴氏指西漢嚴彭祖，見《漢書·儒林傳》。
⑦ 剛：《隸釋》同，《金石錄》作"冠"，誤，原碑作"剛"。洪适跋謂"題剛"即"題綱"。
⑧ 投核：原作"封袄"，據《金石錄》《隸釋》及原碑改。洪适跋云："投核長驅"者，以"核"爲"劾"也。按：揭發罪行爲劾，謂投書自責，棄官而去。《後漢書·范滂傳》："滂睹時方艱，知意不行，因投劾去。"與此意同。作"封袄"不可通。
⑨ 畢志枕丘：原作"卑走枕丘"，據《金石錄》《隸釋》及原碑改。"枕丘"謂高枕丘園，隱居鄉里。
⑩ 制：原作"職"，據《隸釋》及原碑改。
⑪ 饕：原作"凶"，據上引改。
⑫ 政：原作"改"，據上引改。

米巫殂虐，續蠢青羌①，姦狡並起，陷附者衆。君執一心，賴無洿恥。復辟司徒，道隔不往②。牧伯劉公，二世欽重，表擢巴郡③，後漢中。秋老乞身，以助義都尉養疾閭里，又行襃義校尉④。君仕不爲人，禄不爲己，桓桓大度，體蹈萁首⑤。當窮台絚⑥，松喬協軌。八十有四，歲在叶洽，紀驗期臻，奄㫚藏形。凡百咸痛，士女涕泠。臣子襃術⑦，刊石勒銘。其辭曰：

於戲與考⑧，經德炳明。勞謙損益，耽古儉清。立朝正色，能無撓廱。威恩御下，持滿慮盈⑨。所歷見慕，遺歌景形。《書》載俊乂，股肱幹楨。有物有則，模楷後生。宜參鼎鉉，稽建皇靈⑩。王路阪險⑪，鬼方不庭。恒戩節足⑫，輕寵賤榮。故叔天選⑬，而捐陪臣。晏嬰邲殿，留侯距齊。非辭福也，乃辟禍兮。

亂曰：渾元垂像，岳瀆冶匠兮⑭。金精火佐，寔生賢兮。豈欲救民，德彌大兮。遭遇陽九，百六會兮。當舉遐年，今遂逝兮。欷嚔悢哉⑮，魂神裕兮⑯。

建安十年三月上旬造⑰，石工劉盛，息悰書⑱。

---

① 蠢：原作"乘"，據《隸釋》及原碑改。

② 道隔不往：原作"道辭不隔不往"，萬曆以下各本作"道辭不往"，據《金石錄》《隸釋》及原碑改。

③ 擢：《隸釋》作"授"。

④ "行襃"二字原作"辟奮"，據《金石錄》《隸釋》及原碑改。

⑤ 體：原作"禮"，據《隸釋》及原碑改。

⑥ 絚：原作"齡"，據上引改。按："台絚"即"台袞"，謂當爲三公也。

⑦ 襃：原作"哀"，據上引改。按："襃術"即"襃述"。

⑧ 與：《隸釋》及原碑同，萬曆以下各本作"樊"，誤。然"與"下一字原碑不明，是否爲"考"尚可疑。

⑨ 慮：《隸釋》作"億"。

⑩ 稽：原作"再"，據《隸釋》及原碑改。

⑪ 王路：原作"出經"，據上引改。

⑫ 恒：原作"所"，據上引改。

⑬ 叔：萬曆本、朱本、鄒本作"叙"，疑是。《隸釋》此字缺。

⑭ 以上二句，"垂"原作"留"，據高文、高成剛編《四川歷代碑刻》（四川大學出版社一九九〇年版）釋文改。"冶匠"二字原碑不清，上書釋爲"浚仁"，當存疑。

⑮ 悢：原作"懷"，據《隸釋》及上引書改。此句原旁注作"嗚呼哀哉"，是也。

⑯ 裕：《四川歷代碑刻》據劉喜海《金石苑》、陸增祥《八瓊室金石補正》釋作"往"，當是。

⑰ 三月：原作"二月"，據《隸釋》及原碑改。

⑱ "劉盛息悰"四字原作"劉武良鐫"，據《隸釋》《四川歷代碑刻》改。按："息悰書"者，"息"，子也，謂此碑爲樊敏之子悰所書。

諸葛故墟立碣文①　　　　　　　　　　　　　　（晉）李　興②

　　天子命我，於沔之陽③。聽鼓鼙而永思④，庶先哲之遺光。登隆山以遠望，軾諸葛之故鄉。蓋神物應機，大器無方。通人靡滯，大德不常。故谷風發而騶虞嘯，雲雷升而潛鱗驤。摯解褐於三聘，尼得招而褰裳。管豹變於受命，貢感激以回莊⑤。異徐生之摘寶，識卧龍於深藏⑥。偉劉氏之傾蓋，嘉吾子之周行。夫有知己之主，則有佐命之良⑦。固所以三分我漢鼎⑧，跨帶我邊荒，抗衡我北面，馳騁我魏疆者也。英哉吾子，獨含天靈。豈神之祇。豈人之精。何思之深，何德之清！異世通夢，恨不同生。推子八陣，不在孫、吳。木牛之奇，則非般模。神弩之功，一何微妙！千井齊甃，又何秘要！昔在顓、夭，有名無迹，孰若吾儕，良籌妙畫？臧文既没⑨，以言見稱，又未若子，言行並徵。夷吾反坫，樂毅不終，奚比於爾，明哲守冲。臨終受寄，讓過許由，負扆蒞事，民言不流。刑中於鄭，教美於魯，蜀民知耻，河渭安堵。匪皋則伊，寧彼管、晏，豈徒聖宣，慷慨屢嘆。昔爾之隱，卜惟此宅⑩，知仁所處，能無規廓？日居月諸，時殞其夕，誰能不殁，貴有遺格。惟子之勳，移風來世，詠歌餘典，懦夫將厲。遐哉邈矣，厥規卓矣，凡若吾子，難可究已！疇昔之乖，萬里殊塗，今我來思，覯爾故墟。漢高歸魂於豐沛，太公五世而反周。想髣髴以髣髴，冀影響之有餘。魂而有靈，豈其識諸！

---

　　①　譚校："爲荆州刺史劉弘作。"鄒本取爲題注。按：《三國志·蜀志·諸葛亮傳》裴注引《蜀記》"晉永興中，鎮南將軍劉弘至隆中，觀亮故宅，立碣表閭，命太傅掾犍爲李興爲文曰"云云。
　　②　此署名原作"犍爲掾李興"，誤。李興，犍爲人，爲太傅掾，非犍爲掾。
　　③　沔：原作"漢"，據《三國志》裴注改。
　　④　鼙：原作"鞁"，據上引改。"鞁"爲馬具，與"鼙"音義俱不同。
　　⑤　以：原作"於"，據朱本、鄒本、《三國志》裴注改。回：原作"由"，據《三國志》裴注改。
　　⑥　識：《三國志》裴注作"釋"。按：作"識"似較勝，此指徐庶薦諸葛事。
　　⑦　佐：上引作"竭"。
　　⑧　漢：原作"九"，據上引改。
　　⑨　臧：原作"藏"，據朱本、鄒本、《三國志》裴注改。按："臧文"，臧文仲。《左傳·襄公二十四年》：穆叔曰："魯有先大夫曰臧文仲，既没，其言立。"
　　⑩　卜惟此宅：原作"卜此惟宅"，據《三國志》裴注乙。

益州德陽縣善寂寺碑

(唐) 王　勃

　　若夫玉繩高曜，分寶曆於皇階；金牓洞開，導璿暉於帝幄①。雖復蒼梧北望，湖湘盈舜后之歌②；緑苔西浮，江漢積文妃之頌。未有激揚煩蔭，栖妙果於香城；揮發蓋纏，樹冥基於净域。則紫房丹室，猶存燋宅之間③；朱紱瑶筐，未出塵籠之際。我國家鳳翔元氣，駕黄幄而曾飛；龍躍太虚，絶蒼根而止傃④。文皇帝以八才御曆，光升代野之榮；文德后以十亂乘時，恭贊塗山之業。握仁王之寶鏡，日月重光；驅梵帝之金輪，雷霆静祲。涅槃甘露，睿承渥而宵流⑤；般若靈音，雜祥風而曉引⑥。蛟臺蜃閣，俄交震旦之墟；月面星毫，坐照毗邪之國。

　　善寂寺者，蓋舊寺之餘址，梁武帝之所建也。爾其碧雞仙宇，分絶障於金堤；石兔遥源⑦，控長江於玉峽。封畿四會，龍坰舍衛之壇；里閈三分，鹿野徑行之地。洎蒼鵝上擊，銅馬交馳，祇園興板蕩之悲，沙界積淪胥之痛。火炎崑岳，高臺與雁塔俱平；水浸天街⑧，曲岸與猴池共盡。山川隱嶙，空傳鷲嶺之基⑨；灌莽蕭條⑩，非復鶯林之樹。

　　武德伊始，君子道亨。正皇極而撫寰中，登太階而平天下。函關雲物，更逢真聖之期；井絡星辰，重集會昌之運。雖開基撥亂，獄訟知歸；而繼絶興亡，經綸未暇。先皇統業⑪，貞觀御宸⑫，奉文物於三天，布聲名於十地。參羅上下，充橐籥於襟懷；八部神祇，薦圖書於掌握。皇寶降，地花升。含生無昏墊之虞，法衆有來蘇之望。俄

---

① 導：原作"遵"，據《文苑英華》卷八五一、《四六法海》卷一一改。《王子安集》卷一五作"道"，亦同"導"。璿：原作"嬪"，庫本、朱本、鄒本作"蠙"，據本集、《文苑英華》《四六法海》改。

② 湖湘：原作"湘亞"，下注"疑"。萬曆以下各本作"湘山"，譚校："湘山作湖湘。"《文苑英華》《四六法海》作"湖亞"，下亦注"疑"。本集作"湖湘"，據改。

③ 存：本集、《文苑英華》《四六法海》作"居"。

④ 止：原作"上"，據上引改。

⑤ 此句本集、《文苑英華》《四六法海》均作"承眷而宵流"。

⑥ 此句本集、《文苑英華》《四六法海》均作"雜祥以晝引"。

⑦ 兔：原作"光"，據萬曆以下各本及本集、《文苑英華》改。

⑧ "天街"二字原缺，據上引補。

⑨ 傳：原作"傅"，據上引改。

⑩ 莽：原作"浨"，（按：此乃"漭"字之缺筆，見《文苑英華》），下注："疑作莽。"萬曆本、朱本、鄒本、本集正作"莽"，據改。

⑪ "先皇"下原有"帝"字，據本集删。

⑫ 御：原作"仰"，下注"疑"，據萬曆以下各本及本集改。

而後庭遘癘①，椒房穆卜，六宮震恐，三靈愕眙②。馳瑤展幣，有事於羣宗③；碧劑玄針，無徵於衆術。帝乃降監迴慮，屏璧與珪④；追勝迹於靈關，事良緣於福地。爰紆聖綍，重啓禪宮，峙璇剎於將傾⑤，鎮一作"領"銀繩於已絕。絲綸既洽⑥，棟宇行周，坤德用寧，陰儀載朗。於是林衡授矩，周官詮撰日之工⑦；梓匠揮斤，荊客練成風之巧。重楹畫栱，坐出天霄；複樹文閎，俛臨霓宇⑧。

顯慶中，縣令蕭君道弘，理鉤繩於日用，憑藻繢於天成；仙官之妙匠可尋，廬舍之神模不墜。琱甍鶴翥⑨，曳珠網於星津；繡桷蚪伸，吐璚瑤於月徑。綠房丹鎖，彩綴晴霞；紫閣青疏，光含薄霧。春風瓊樹，香飄席上之蘭；秋水銀塘，影數軒中之荾⑩。晨光轉卉，翻寶字之龍花；潯露低枝，蕩真文於貝葉。天童潤色，黃珉碧玉之壇；海聖彌綸，師子龍王之會⑪。建靈幢於厚夜，琢飾年深；懸法鼓於迷津，規模歲遠。時又於佛堂東壁，畫二聖僧。丹青未畢，大啓神光。鄰玉塵之崇輝⑫，發金龕之實相。朱軒夕朗，似遊明月之宮；紺宇晨融，若對流霞之闕。

由是岷英蜀秀，攀講序以雲趨，帶燕裙鶯⑬，仰齋庭而霧合⑭。貪機大阻，淨施旁流。綺羅分解珮之因，軒蓋得捐金之所。靈妃翳日，拾翠幄於香筵；仙客停雲，落霓裳於寶地。自非冲姿密契，景應潛周，豈能照義祉於氤氳⑮，動玄機於肸蠁者也。

爰有上座弘一節並沈研，性符隱括；仁崇凝妙律於神珠⑯，肅靈椒於寶印。太昊奉樞，截苦海而橫流；風伯扶輪，歷邪山而效駕。騰燭龍於慧炬，俯鏡重昏；奏鳴鳳於天歌，下清群籟。摩珍在握，遙臨七寶之宮；正覺爲心，俯闢三乘之路。湛衢樽於忍地，品藻雞園；推水砥於言河⑰，扶持象化。縣令宇文某，河南人也，帝隋尚書之元

---

① 後：原作"往"，下注"疑"，據萬曆以下各本及本集改。
② 眙：原作"貽"，據萬曆以下各本及本集、《文苑英華》改。
③ 事：原作"馨"，《文苑英華》作"聲"，據譚校、本集改。
④ 珪：原作"球"，據朱本、鄒本、《文苑英華》改。本集作"珠"。
⑤ 璇剎：原作"斑利"，下注："疑作玉剎。"據萬曆以下各本及本集改。
⑥ 絲：原作"彩"，下注："疑作絲。"萬曆本、朱本、鄒本、本集正作"絲"，據改。
⑦ 詮：原作"銓"，據譚校、本集、《文苑英華》改。
⑧ 霓：本集、《文苑英華》作"電"。
⑨ 甍：原作"落"，據譚校、本集改。
⑩ 軒中：原作"中軒"，據萬曆以下各本及本集、《文苑英華》乙。影數：朱本、鄒本作"影散"。
⑪ 彌綸：本集及《文苑英華》作"彌縫"。龍王：原作"玉龍"，據萬曆以下各本及本集、《文苑英華》改。
⑫ 塵：原作"麈"，據朱本、鄒本、本集改。
⑬ 燕：原作"鴛"，據萬曆以下各本及本集、《文苑英華》改。
⑭ 齋：原作"齊"，據上引改。
⑮ 照：本集作"昭"。
⑯ 仁崇：本集及《文苑英華》作"仁棠"。
⑰ 砥：原作"抵"，據萬曆以下各本及本集改。

孫，皇唐侍中之令子。爾其虹旗萬里，御六氣而鵬翻；霜戟千群，擁三州而鶚視①。帝葉皇枝之重，對越乾坤；金縢石匱之功，光華宇宙。公上流提慶，中和毓祉，見鐘鼎於南鄰，奉軒寰於北闕。雲姿月步，下瑶澤而追風；雪羽霞翎②，歷珠田而矯霧。芳蘭公子，即以地業高人；幽桂王孫，即以琴樽待物。叙徽猷於禮樂，則俎豆縱橫；談賞契於林泉，則烟霞咫尺。自裁聲百里，揆化雙川③，收武城之故事④，擇中牟之令典。仁風易狎，候丹翟於春坰；惠化難經，佇青鸞於曉墅⑤。山巨源之遠量，嘯傲行藏；謝太傅之高風，從容語默。縣丞王敬，衣簪舊族，孝友名家。白虹緘抵鵲之光，紫電蓄衝牛之氣。七年高秀，拂曾漢以非遥；六月雄圖，擊長波而未遠。鄉望等少承榮緒⑥，中區勝族，門稱東別之標，地接西隅之嚮⑦。嚴君平之履道⑧，盛德家傳；秦子整之談天，風流代襲。咸以爲妙圖真諦，事出於無名；翠琰玄碑，道凝於不朽。弇州北跨，猶疏騄驥之銘；文石東區，尚勒元龜之頌。況乎玉衣流慶，事屬於仙幃；金屋延祥，福纏於梵宇。爰求勝筆，載記芳謡。

下官弱植少徒，薄遊多暇。薜蘿人事，空餘江海之心；筆札神交，尚有淵雲之氣。相如謝病，訪詩酒於臨邛；丘也栖遲，聽弦歌於單父。群公以道之存矣，思傳紀德之書；下官以文在兹乎，願展當仁之筆。其詞曰：

蜀江東漸⑨，岷山西積。月峽星橋，勝金孕碧。肸蠁靈兆，丘墟梵迹。雁塔摧基，鹿苑遺迹⑩。肅肅黄運，英英文母。配乾垂慶，儀坤握矩。寵照香城，仁沾净土。爰光大壯，聿求多祜。青牛福地，白鶴禪林⑪。重扃霧敞，複殿雲深。黿雕翠玉，刹樹黄金。龜鏡夕照，鳳鐸晨吟。蕙樓彌望⑫，花臺出没⑬。棟列長虹，窗栖明月。果脣周映，蓮眸間發。雨霽猴池，烟生龍窟。肅穆禪衆，優遊令宰。方駕天衢⑭，連舟性海。鷲岳增飾，鷄林潤彩。藻繢相

---

① 三州：原作"三川"，據本集、《文苑英華》改。
② 翎：原作"臨"，據譚校、本集改。
③ 川：本集作"州"。
④ 武城：原作"武成"，據萬曆本、朱本、鄒本、本集、《文苑英華》改。《論語·雍也》："子游爲武城宰。"又《論語·陽貨》："子之武城，聞弦歌之聲。"
⑤ 墅：原作"墜"，下注"疑"，據萬曆以下各本及本集改。
⑥ 望：本集作"者"。
⑦ 嚮：原作"響"，據庫本、朱本、鄒本、本集、《文苑英華》改。
⑧ 嚴君平：原作"嚴東平"，據譚校、本集、《文苑英華》改。
⑨ 蜀江：原作"蜀苙"，據萬曆以下各本改。本集作"蜀嶺。"
⑩ "鹿苑遺迹"四字原缺，據萬曆以下各本及本集補。
⑪ 禪：原作"祥"，據譚校、本集、《文苑英華》改。
⑫ 蕙：譚校"蕙作慧，存考"。本集作"慧"，《文苑英華》作"蕙"。按：二字皆可通。《楚辭·九懷》："菌閣兮蕙樓。"梁元帝《梁安寺刹下銘》："觀慧樓而下拜。"
⑬ 花：鄒本、本集、《文苑英華》作"化"。
⑭ 天：譚校、本集、《文苑英華》作"康"。

尋，丹青盡在。我今懷矣，窮路何之①。承風詠德，展義陳詞。百年心事，千載風期。東西南北，栖遑幾時。

梓州郪縣兜率寺浮圖碑　　　　　　　　前　人

若夫仙樓白玉，窈冥崑閬之墟；神闕黃金，寂寞蓬瀛之浦。斯則岡巒髣髴，稽鳳册而空存；島嶼憑陵，艤龍舟而罕迨。至若按皇軒於夏籙，考璿構於殷圖，周王北洛之宮，秦帝南山之閣。西京故事，下聽雷霆；東國餘基，俛臨雲雨。莫不陵遷谷變，共榛灌而丘墟；火絶烟沈，與風雲而坱莽②。其有據坤輿之寶位③，借神道之冥扶；占象緯而圖基，揆川原而宅址。蜂臺映月④，還臨舍衛之城；雁塔尋雲，即對嵯閣之嶺。成而不毀者，將斯之謂歟！

兜率寺者，隋開皇中之所建也。爾其林泉糾合之勢，山川表裏之制，抽紫巘而四絶，疊丹峰而萬變。連溪拒壑，所以控引太虛；蒸雲駕雨⑤，所以蕩洩元氣。涪江千仞，波潮將旭日爭光；都城百雉，甍棟與晴霞共色。信先造化之奇模⑥，盡登臨之妙境。丹房霧轉⑦，抗金樞於桂岊之前；紺殿星開，栖玉刹於梅林之下⑧。巖花落沼，近拂天衣；澗葉低陰，斜籠寶座。宵汀鶴警，乘鼓吹而齊鳴；曉峽猿清，挾霜鐘而赴節。若乃巡碧磴，歷玄階，瑣窗澄彩⑨，瓊鋪洞照。神姿滿月，疑臨石鏡之峰；衆馥揚烟，似對香鑪之岳。信可下清人境，上配天都，爲勝地之先鳴，執名山之右契者也。

爰有信弟子某乙等，夙袪塵網，蚤植慈根，悲梵室之未宏，悼禪居之猶褊⑩。以爲上棟下宇，河圖避風雨之災；廣榭崇臺，時令著高明之宅。是以菩提長者，競潔靈境之壇⑪；天帝人王，爭鬭仙宮之塔。則知威容下麗，群生鮮瞻仰之因⑫；材樸重珣，黎人有子來之地。乃於寺内建浮圖一所。某年月日，鄉望等兆基弘願，繼發淨因。陵鑠

---

① 之：原作"長"，下注"疑"，據萬曆以下各本改。譚校、本集、《文苑英華》作"岐"。
② 風雲：《王子安集》卷一五及《文苑英華》卷八五一作"雲雨"。坱莽：原作"映莽"，據庫本、朱本、鄒本及本集、《文苑英華》《全唐文》卷一八四改。
③ "輿"字原脱，據萬曆以下各本補。譚校、本集、《全唐文》作"靈"。
④ 蜂臺：原作"蜂薹"，據萬曆以下各本及本集、《全唐文》改。
⑤ 駕：原作"架"，據本集、《文苑英華》《全唐文》改。
⑥ 先：萬曆以下各本無，本集及《文苑英華》作"光"。按："先"字較勝。
⑦ 丹：本集作"玄"。
⑧ "梅林之下"四字原缺，據譚校、四庫本《王子安集》《全唐文》補。四部叢刊《王子安集》作"靈境之際"。
⑨ 澄：原作"登"，下注"疑"，據譚校、本集、《全唐文》改。
⑩ "居"原作"宮"，"猶"原作"尤"，並據譚校、本集及《文苑英華》《全唐文》改。
⑪ 靈境：譚校、本集作"舍衛"。
⑫ 鮮瞻仰：原作"鮮仰□"，據本集、《文苑英華》改。萬曆以下各本作"鮮悲仰"，"悲"字似於文義不合。

中天，規模大壯。高列砌架，迥浮輕軒①。直上千尋，周迴百步。占氛候景，神祇叶幽贊之功；揆墨端行，班、倕逞絕群之思。收岱宗之杞梓，聚崑山之玉石。土兼五色，金逾百煉。龍蟠萬栱，策屏翳而高驤②；鶴矯千楣，冠扶搖而獨運。重檐藹藹，雲將反覆於欞軒；洞宇寥寥，風伯栖遑於戶墉。仙娥去月，旅方鏡而忘歸；寶婺辭星，攀圓璫而未返。玄甍黮霸，若鵬飛之戾九天；丹楹聯鶱，如鳳翔之據千仞③。每至韶光煦野④，爽藹晴遙，列郊墟於四野，開雲氣於千里。風恬雨霽，烟霧藻天地之容；野曠川明，風景挾江山之助。則有珊簾繡軸，排淨域而停輪；寶騎銀鞍，指珍臺而聳轡。於是披岫幌，抵巖扃，攀翠複而三休，步玄梁而十憩。廊軒外敞，淑氣長延，陰室中開，鮮飆自激。俯環瀛而極望⑤，積蘇非遠；出雲漢而高踐，靈槎可託⑥。真福地之殊觀，香城之巨麗者乎⑦！

寺主等沈研二諦，振耀三明⑧，抵蒼璧於邪山，覽玄珠於定水。挹其流者，曲成般若之緣；承其風者，浚發菩提之願。長史河東裴某，風神朗潤，操履貞勤。蕭條江海之心，磊砢冰霜之節。下岷關而叱馭，寄切全都；臨蜀野而宣條，功深半刺。縣令衛玄，海內高流⑨，河東望族。榮高銅墨，任屈弦歌⑩。浹辰而風化大行，逾月而姦豪屏氣。陶潛彭澤，自得高人；王吉臨邛⑪，仍延重客。縣丞胡敬仁，三河舊族⑫，一代良材。提鏌鋣而願割，跼驊騮而待步。江湖秋至⑬，方懷縱壑之圖；海浪風高，未接垂天之翼。鄉望等並中和受氣，孝友承家，才稱江漢之靈，地實岷峨之秀。或以時良入選，擢迹鄉鄰；或以朝望來儀⑭，升名郡縣。並沐康衢之化，俱承比屋之封。瞻彼岸而同歸，登春臺而共樂。咸以垣墉遽覆，猶傳路寢之歌；銀鼎俄窮，尚勒靈臺之頌。況乎崇基奕奕，與天地而爭工；層搆峨峨，配山川而永固。豈可使宏規在我，空存蔽月之基；雄筆同時，不借凌雲之氣？謹聞命矣，乃作銘云：

---

① 此二句原作"□□高列，砌架浮軒"，據本集、《文苑英華》《全唐文》改。
② 驤：原作"襄"，據譚校、本集、《文苑英華》《全唐文》改。
③ 據：原作"遽"，據上引改。
④ 煦野：鄒本、《文苑英華》《全唐文》作"照野"，本集作"照湛"，譚校作"照遠"。
⑤ 望：原作"野"，據譚校、本集、《全唐文》改。
⑥ 託：原作"記"，據萬曆本、朱本、鄒本、《全唐文》改。
⑦ 香城：原作"香域"，據庫本、譚校、本集、《文苑英華》《全唐文》改。按："香城"為佛教理想之地，梁武帝《懺文》："同到香城，共見寶臺。"
⑧ 三明：本集作"三關"。
⑨ "海內高流"四字原缺，據鄒本、譚校、本集、《全唐文》補。
⑩ 任屈：原作"任渥"，據譚文、本集、《文苑英華》《全唐文》改。
⑪ 王吉：原作"王結"，據庫本、朱本、鄒本、本集、《文苑英華》《全唐文》改。按：漢臨邛令王吉與司馬相如之典故，見《史記·司馬相如傳》。
⑫ 族：原作"徹"，下注"疑"，據譚校、四庫本《王子安集》《全唐文》改。
⑬ 秋：原作"秩"，據本集、《全唐文》改。
⑭ 朝：原作"逾"，下注"疑"，據譚校、本集、《全唐文》改。

二象成紀，三才定位。開剖太虛，導引元氣。紛紛化迹，颸颸聖致。行傑趣約，歸同棄異①。法王西眷，教迹東遊。功超道茂，義冠儒流。丹青既備，棟宇旋周。梵宮霞積，香閣星浮。緬規蓬瀛，金臺迥起。曠瞻崑閬，瑤房峻峙。壯矣名都，神居攸止。大哉英服，茲峰誕紀。金繩對嶺，玉牓分岑。松扃委鬱，桂幌深沉。雲龕樹晦②，烟洞花深。重巒霧結③，複澗泉吟。肅肅禪衆，遥遥净境。鹿野經文，龍宮佛影④。梵臻金室⑤，光來石井。峽曉猿清，池矄鶴警⑥。岷峨舊族，江漢英姿。爭開法願，重峻崇基。占雲接廡，揆景分墀。天人合應，幽顯呈期。靈思孤出，神模獨涌。霧積千楹，霞張萬栱⑦。玉牖星羅，璿瑙月擁。複榭龍蟠，重甍鳳聳。峨峨峻峃，奕奕崇標。珊檐切漢⑧，寶綬凌霄。深窗閲景，洞戶流飇。銀缸夕映，珠鐸晨摇。我辭秦隴，來遊巴蜀。勝地歸心⑨，名都憇足，甫逮鄉縣，頻移灰燭。聿從良友，時尋妙躅⑩。曠望原陸，周流江汜。桃李春風，芙蓉秋水。烟霞四面，關山千里。他鄉寓目，茲焉復幾！

梓州郪縣靈瑞寺浮圖碑　　　　　　　　　前人

　　若夫神州括地，寰中分五嶽之圖；巨壑浮天，海上擢三山之秀。造化之所樞紐，靈仙之所窟宅。故得昭焯天漢，發揮雲氣。牛頭山者，即廣漢之名峰也。圓裔幾乎數里，直上逾乎百仞。若乃巖泉鐵石之什⑪，風烟草木之狀⑫，傾九圍而得雋，環四時而競爽。蒼岑隱嶙，旁分玉砌之階；碧洞逶迤，下趣金陵之苑⑬。實群聖之所托也。隋開皇中，王秀作牧益州，來窺勝地，首旌嘉號，仍疏净域⑭。因危列戶，就嶺磴之成規；

---

① 棄：原作"葉"，下注"疑"，據譚校、《全唐文》改。
② 樹：原作"菜"，下注"疑"，據譚校、本集、《全唐文》改。
③ 巒：原作"巙"，據鄒本、譚校、本集、《文苑英華》《全唐文》改。
④ 佛影：原作"拂景"，據譚校、《全唐文》改。
⑤ 金室：原作"金石"，據譚校、本集、《文苑英華》《全唐文》改。
⑥ 池：原作"地"，據上引改。
⑦ 張：原作"長"，據上引改。
⑧ 檐：原作"簾"，據譚校、《全唐文》改。
⑨ 心：原作"星"，據庫本、譚校、本集、《文苑英華》《全唐文》改。
⑩ 此二句，譚校、本集、《全唐文》作"聿從良時，仍尋妙躅"。
⑪ 鐵：《王子安集》卷一五、《文苑英華》卷八五二、《全唐文》卷一八五作"銑"。什：原作"釋"，據譚校、本集、《文苑英華》《全唐文》改。
⑫ 草：原作"卉"，據本集、《文苑英華》《全唐文》改。
⑬ 趣：《文苑英華》同。本集、《全唐文》作"掬"。按：趣，窮也，此謂此山之洞逶迤地下，直通金陵之苑也。"掬"字誤。
⑭ "仍"字原缺，據譚校、本集、《文苑英華》《全唐文》補。萬曆本、朱本、鄒本作"旁"。

跨險分榮，借岡巒之迴勢。工窮雕鏤，妙出丹青，飛棟神行，迴甍靈一作"虛"。構①。又於山頂別立浮圖。

隋運告遷②，重明首出，軒疏凋昧③，基砌埋蕪④。奄興宣榭之災，施及柏梁之燼。鄉望等馳心妙律，夙契禪居，悲梵宇之摧梁，痛珍臺之絕構，思弘法願，重緝奇功。黨且千家，集爲巨萬⑤。以爲玉樓星峙，稽閬苑之全模；金闕霞飛，得瀛州之故事。指香城而聳望⑥，臨火宅而危魂。參妙範於神明，騁良工於宇宙。飛廉按轡，定樞臬於風衢⑦；羲和頓策，揆鉤繩於日路。琱檐畫栱，龍迴紫漢之間；複雷重欒，鳳翥丹霄之外⑧。瓊扉暮敞，挂明月於金鋪；繡桷晨開，落繁星於玉砌。每至兩江春返，四野晴初，山川霽而風景涼，林甸清而雲霧絕。沙汀送暖，落花與新燕爭飛；城邑迎寒，涼葉共初鴻競起⑨。則有都人襲賞，憑紫檻而延衿；野客舒情⑩，俯丹櫺而極睇。窮百年之後樂，寫千里之長懷。信可以澡雪神襟，清疏視聽，澄機意於紛擾⑪，置懷抱於冥寂者矣⑫。

且勃旅遊岷徼，漂寓涪鄉，年晷一窮，時灰七變。王陽西上，方驚斂轡之心；王粲南征，實動登樓之思。我之懷矣，乃作頌曰：

大塊甄質⑬，名山作紀。發地龍盤，干霄鳳峙。風雪萬邑，岡巒千里。絕域天成，珍臺地起。揆刹玄嶺，圖基丹嶠。層棟崢嶸，重檐窈窱⑭。有隋紊曆，重明改照。事與時遷，迹從原燎。義均除舊，事切爲新。如或繼者，代有其人。聲飛隴蜀，望動州鄰，爭開净施⑮，競植靈因。控險裁標，循危列構。巖烟接廡，峰雲對竇。鐸運星衢，瑠懸月竇。紫軒霧合，丹梁露透⑯。暮

---

① 迴：原作"迴"，據譚校、本集、《文苑英華》《全唐文》改。
② "隋運"句：原作"隋開皇告運"，據本集、《全唐文》改。
③ 凋：原作"琱"，下注"疑"字，據譚校、《全唐文》改。
④ 埋：原作"烟"，據譚校、本集、《文苑英華》《全唐文》改。
⑤ "黨且"二句：原作"黨集且千家，爲巨萬"，據萬曆本、朱本、鄒本改。本集作"黨且千家，集惟巨萬"。
⑥ "望"字原缺，據萬曆本、朱本、鄒本補。譚校、本集、《全唐文》作"睇"。
⑦ 衢：原作"衝"，據本集、《文苑英華》《全唐文》改。
⑧ 霄：原作"青"，據譚校、本集、《文苑英華》《全唐文》改。
⑨ 初：原作"祁"，下注"疑作初"。本集、《全唐文》正作"初"，據改。
⑩ "舒"字原缺，據萬曆本、朱本、鄒本補。庫本作"娛"，本集、《文苑英華》《全唐文》作"含"，似仍以"含"字爲長。
⑪ 澄：本集、《全唐文》作"忘"。
⑫ 冥：本集、《文苑英華》《全唐文》作"真"。
⑬ 質：上引作"貿"。
⑭ 窈窱：原作"窈脩"，據庫本、朱本、鄒本、本集、《文苑英華》《全唐文》改。"窈窱"同"窈窕"，深遠也。
⑮ 净：譚校、本集、《全唐文》作"禪"。
⑯ 露：原作"雲"，據譚校、本集、《全唐文》改。《文苑英華》作"霧"。

春疏節，新秋戒序。煦滿暄郊①，氣銷寒渚。樹濃鶯亂，川長雁舉。流涕寫懷，魂馳意與。偉哉靈宇，壯矣全摹。窮高極麗，遠覽長圖。賞因時合，筆爲神驅。有情君子，誰爲捨乎！

梓州玄武縣福會寺碑　　　　　　　　　　　前　人

若夫閱龍圖而括運②，撫麟筆以傷時，天地閉而聖人隱，周孔喪而微言絕③。豈非太階無象，三辰鮮迨叙之因；滄海爲陵，百川有橫流之勢？況乎法身長往，顧糟粕以空存；化迹繁流④，仰舟航而遂遠。雖復功推八正⑤，猶迷鶴樹之談；道亞三明，未睹龍宮之籍。則有妙音難遇，瞻雪嶺而投軀；真諦希聲，仰雲山而破骨。優填企景，新雕白玉之龕；般若尋風，舊化黄金之像⑥。三千寶座，迥出天宫；八萬珍臺，遥臨凈域。非惠圖之冥感，孰能臻於此乎！

福會寺者，隋開皇中之所建也。爾其峰巒地列，東分井絡之光；樓雉雲横，西睹禹同之奧。北彌豐邑，里閈千甍；南控平江，波湖萬里⑦。擁亭皋之絕勢，尋林野之殊形⑧。肇開修竹之園，式揆旃檀之刹。法川高闞，慈宫峻敞。文瑝寶綴⑨，環日月於重廊；翠栱丹楹⑩，起虹蜺於複殿。真容俯映，法衆愛依⑪；梵筵交燭，禪房互啓。山神獻果，還栖交露之臺；天女持香，即繞飛花之閣。輪輝夜滿，抽紫焰於金山；毫相晨臨，發珠華於玉地。

爰有縣令柳邊，河東令族，大業之年，來光上邑。高人捧檄，功爲銅墨之先；令宰鳴琴，課稱弦歌之最⑫。眷香城而惻念，披道肆而驚魂⑬。示懷延奬，思宏末教⑭，乃於寺内起重閣一所。乘烟置臬，揆日端繩，層榭三休，珊檐四注。奔星挂廡，混珠

---

① 煦：本集、《文苑英華》《全唐文》作"照"。
② 閱：譚校、《王子安集》卷一四、《全唐文》卷一八五作"考"。
③ 喪：上引作"逝"。
④ 化：原作"此"，據譚校、本集、《文苑英華》卷八五三、《全唐文》改。
⑤ 推：原作"催"，據上引改。
⑥ 舊：原作"而"，下注"疑"，本集亦作"而"，據鄒本、《全唐文》改。
⑦ 波湖：譚校、本集、《文苑英華》《全唐文》作"波潮"。
⑧ 尋：本集、《文苑英華》《全唐文》作"升"。
⑨ 瑝：原作"當"，據萬曆本、朱本、鄒本、本集、《文苑英華》《全唐文》改。
⑩ 栱：原作"拱"，據庫本、本集、《文苑英華》《全唐文》改。
⑪ 法：本集、《文苑英華》《全唐文》作"福"。依：原作"衣"，據萬曆本、朱本、鄒本、本集、《文苑英華》《全唐文》改。
⑫ 稱：原作"穆"，據譚校、《文苑英華》《全唐文》改。
⑬ 驚：原作"矜"，據鄒本、本集、《文苑英華》《全唐文》改。
⑭ 思：原作"司"，下注："疑作思。"萬曆本、朱本、鄒本、本集、《文苑英華》《全唐文》皆作"思"，據改。

網而同歸；明月窺軒，雜璠璵而共貫。仍抽麗筆，俯刊貞琰。詞源迅委，振法海之波瀾；義宇宏深，接禪宮之闃奧。昔者陶潛彭澤，罔聞仁祠之風；潘岳河陽，未入菩提之域。兼其美者，著在我柳君乎！

俄而帝隋方否，三官失龍鳳之圖；皇業未昌，九野被豺狼之毒。雖復餐砂茹石，窺劍道而迴心；蜂聚梟騰①，指銅梁而革面。自非法雲西睠，潛銷火宅之氛②，慧日東來，迴廓昏衢之景，則安能冥資福地，顯沮魔軍，波清於振蟄之隅，燎息於炎崑之曲？

洎乎大鈞無事，神器有歸，清玉戶而帝寰中，轉金輪而王天下。玄場佛境，與天壤而惟新③；鶯樹雞林，共風雲而改旦。功既成矣，時既貞矣，紫宸有裕，蒼甿胥悦。都人狎至，瞻雁塔而歡心；野老相趨，尋鹿園而頓顙。或至誠冥發，爭知不盡之虛；或道恩旁流④，竟委忘緣之施。乃於寺內造菩提塑像一座，實彭氏絕群之迹。洞參瑤銑，體備丹青，得埏範之奇模⑤，盡陶甄之能事。功分實相，變入冥機，丹果長春，青蓮不染。靈儀若動，似臨王舍城中；神足疑行，即坐菩提樹下。銀床地涌，寶帳猶懸；珍木天成，金華不落。總章元年，又奉爲皇帝更造八菩薩像，成於淨境，別峻崇堂。而力寄群緣⑥，功難獨舉，遂令衆情馳騖，空懷經始之圖⑦；靈座端嚴，未得安居之地。

時有弘演上人，自丹烏下日，昌帝籙於明堂；青鶴乘霄，降仙苗於太室。軒冕將風雲交映，鐘鼎與山河共遠。法師宿持真諦，幼挺殊姿，拔五翳於長驅，登四禪於迴觀。以爲德因時建，澄、什繼踵於西都；道冀人宏，林、遠隨肩於南國。痛迷生之詭矯，悲正覺之陵夷⑧。思欲樹真氣於未萌，緒崇因於已往⑨。遍遊淨境，歷騁遐方，至總章二年，憩於兹刹。身持寶印，口出神珠，心動巴南，化行蜀右。法羅潛舉，馴鳥性於慈林；慧鏡旁開，息猿心於定水。亦有情鉤五縛，遥騰解脱之川；想瘵六塵，迥拔沈迷之域。名臣長者，裪玉佩於銀庭⑩；善女靈姬⑪，落金環於寶地。貪機霧滌，法施泉流。林衡掄杞梓之材，班匠獻鉤繩之巧。千櫟電糾，萬桷霞張。飛陸緣甍，曾構架景。瓊釭杳照，乘紺壁而宵分；珠箔重華，掩青疏而曉亂。紅葩植井，彩綴河宮；

---

① 騰：原作"勝"，下注"疑"，據萬曆本、朱本、鄒本、本集、《全唐文》改。
② 氛：原作"氣"，據朱本、鄒本、本集、《文苑英華》《全唐文》改。
③ 天壤：原作"天下"，據譚校、本集、《文苑英華》改。
④ 恩：萬曆本、朱本、鄒本作"念"，《全唐文》作"思"。
⑤ 埏：原作"延"，下注"疑作埏"。萬曆本、朱本、鄒本及本集、《全唐文》正作"埏"，據改。
⑥ "寄"下原有"於"字，據鄒本、譚校、本集、《文苑英華》《全唐文》刪。
⑦ 經：譚校、本集、《全唐文》作"更"。
⑧ 陵：原作"後"，下注"疑作陵"。萬曆本、朱本、鄒本及本集、《全唐文》正作"陵"，據改。
⑨ 緒：原作"著"，據譚校、本集、《文苑英華》《全唐文》改。
⑩ 裪：《文苑英華》同。萬曆本、朱本、鄒本作"摘"，譚校、本集、《全唐文》作"捐"。《文選》卷一七陸機《文賦》："心牢落而無偶，意徘徊而不能裪。"李善注："或爲裪，裪，猶去也。"亦捐棄之義。
⑪ 善女：原作"苦女"，據萬曆本、譚校、本集、《全唐文》改。

丹桂承梁，香交列肆。天倡梵樂，肅然忉利之天；藻蓋珊瑚，煥若摩伽之殿。豈精力之玄感，而神化之曲成乎！

直歲寺主等，州閭盛族，鵷鷺榮因，升慧圃而功成，踐魔庭而戰勝①。排四門而獨往，共極邦緣；攀十地而遐征，同趨覺路。

縣令虞洽，旌旗百代，劍履三朝，匡帝座而南征，擁台庭而北面。星象垂祉，川岳載靈，豫章七歲，麒麟千里。雄情負俗，鬱王佐之宏圖；英識邁時，得公門之逸氣②，既而拂衣華族，入天邑而觀光；列板仙臺，出靈關而作宰。泉魚狎夜，多單父之深恩；隴翟遊春，嗣中牟之善政。有條不紊，施緩政於繁縝③；斷訟有神，下高鋒於錯節。因以激揚大化，潛滋比屋之封④；光啓令圖，預積攀輪之慕。

縣丞裴休，家接朱欄，譽流丹闕，軒裳照緒，忠孝榮門。鳥鳴有伐木之歌，龍文非刈蓬之具⑤。高才列務，盛德分司，翰墨不足留神，琴樽申其徇性。十旬休沐，奄有泉林；千里邀迎，乃疲風月。青驪蹩躠，終噴玉而懸雲；素鶴徘徊，具銜珠而犯露。加以沉研有地，題橋八解之津；誘勸無方，叱馭三乘之路。故能使幽明仰德，法俗依仁，攀海祇而如歸，挹衢樽而下瞰⑥。

鄉望等龜靈高族，驥子名家，闢錦室於中堂，分綺疏於甲第。或望雄都鄙，代列歌鐘；業預雲雷，門藏璽詔。文場促席，有江漢之英靈；武觀連衡，得岷峨之銳氣。並能馳心彼岸，臨欲海而褰裳⑦；投足化城，下悲思而反袂。

下官薄遊江左⑧，旅寄城隅，懷道術於百齡，接風期於四海。依然梵宇，欣象教之將行；莞爾公庭，惜牛刀之遂屈。雖文殊辯論，妙懸解而亡言⑨；而伯喈雄管，叙真宗而罔愧。敢巡此義。乃作頌云：

金堤迥邑，玉峽長瀾。城闕紛糺⑩，江山聳盤。雲屯勝邑，霧啓禪壇。右縈層雉，左控崇巒。竹園精舍，檀山香閣。萬栱騰虬，千楣跂鶴。晚烟疏

---

① 戰勝：原作"力戰"，據譚校、本集、《文苑英華》《全唐文》改。按："戰勝"與上文"功成"對舉，當作"戰勝。"
② 逸：原作"遠"，據上引改。
③ 緩：原作"暖"，據本集、《文苑英華》《全唐文》改。
④ 屋：原作"屈"，據萬曆本、朱本、鄒本、本集、《文苑英華》《全唐文》改。
⑤ 刈：原作"制"，據萬曆本、朱本、鄒本、本集、《全唐文》改。
⑥ 下：原作"不"，下注"疑"，據萬曆本、朱本、鄒本、本集、《文苑英華》《全唐文》改。
⑦ 臨欲海：本集、《文苑英華》《全唐文》作"欲臨海"。按："臨欲海"與下文"下悲思"對舉，當是。
⑧ 江左：本集、《文苑英華》《全唐文》並作"江右"。按：江左一般指江、浙等地，江右指江西一帶，於此處均不合，俟考。
⑨ 自"之將行"至"懸解而"二十二字原脱，據本集、《文苑英華》《全唐文》補。
⑩ 闕：原作"關"，據萬曆本、朱本、鄒本、本集、《文苑英華》《全唐文》改。又"糺"（同"糾"），本集、《文苑英華》作"亂"。

翠①，朝霞泛騰。鼓奏泉流，鐘鳴霜落。時經失道，代歷交呈。神宮不撓，法衆無驚。金輪遼曉，玉鏡施明。功照佛刹，化被王城。帝圖冥運，真儀浚發。貝齒含星，流毫推月②。鳥離山扃③，龍還海闕。寶樹刑留④，天宮匠設。爰有真人，式宣慈主。發迹江甸，馳聲蜀宇。望遠連規，攀澄襲矩。力窮興道，功周廊廡。群緣肧蠁，衆福氤氳。叢楹列電，高棟銜雲。銀龕曙撫，玉座霄分。瓊璣有爛，藻繪多文。鬱彼巖邑，猗與上宰。松桂連華，鴛鸞集彩⑤。禪津有裕，至公無待。火宅可辭，舟航斯在。我之飄寓，邈矣來遊。山川俯仰，道義淹留。承風郭外，撰綴江幽。玄機勝筆，天地相周。

梓州通泉縣惠普寺碑⑥　　　　　　　　　　　　前　人

　　若夫玄機密運⑦，披睿烈於三精⑧；素鍵潛融，肇神功於萬彙。則有靈期肧蠁，龜龍負河洛之圖；帝緒氤氳，賢哲舉乾坤之策，雖功懸日月，終植軌於寰中⑨；業靜雲雷，未逃規於象外。爾其譚雉林之寶偈⑩，詮鷲嶺之貞圖，抽紫玉於禪林，朗玄珠於智水。不生不滅，光臨妙物之津；無去無來，浚發乘時之契⑪。仗三明而獨運，施洽平分；據二諦而同歸，功超邃古⑫。故能使三千法界，向風知衽席之師；百億天王⑬，聞道失巖廊之貴。非釋迦之神化，其孰能與於此乎！既而正法將隱，微言不嗣；應身既

---

① 烟：原缺，據萬曆本、朱本、鄒本補。本集、《文苑英華》《全唐文》作"星"。
② 推：譚校、《全唐文》作"耀"。
③ 山扃：原作"山面"，據譚校、本集、《全唐文》改。孔稚圭《北山移文》："雖情投於魏闕，或假步於山扃。"
④ "刑"下原注"疑"，萬曆本、朱本、鄒本、《全唐文》改作"形"。按：本集、《文苑英華》均作"刑"，"刑"與"型"通，典型、法度也。"刑"又與"形"通。
⑤ 鴛：原作"駕"，據本集、《文苑英華》《全唐文》改。萬曆本、朱本、鄒本作"鵁"，亦與"鴛"同。
⑥ 惠普寺：原作"普□寺"，萬曆本、鄒本作"普惠寺"，據《王子安集》卷一四、《文苑英華》卷八五一、《古儷府》卷八、《全唐文》卷一八乙補。
⑦ 密：本集、《文苑英華》《全唐文》作"默"。
⑧ 烈：原作"列"，據本集、《全唐文》改。
⑨ 植：原作"值"，據譚校、本集、《全唐文》改。
⑩ 雉林：本集、《文苑英華》《古儷府》皆同。"雉林"未詳，疑當作"雞林"。《王子安集》中屢用"雞林"一詞，如《益州德陽縣善寂寺碑》："鷲岳增飾，雞林潤彩。"亦以"雞林"與"鷲岳"相對。又《晚秋遊武擔山寺序》："雞林俊賞，蕭蕭鷲嶺之居。"雞林指雞園寺，阿育王所建。
⑪ 契：原作"氣"，據譚校、本集、《文苑英華》《全唐文》改。
⑫ 邃：原作"遂"，據萬曆以下各本及本集、《文苑英華》《全唐文》改。
⑬ 天王：原作"大王"，據萬曆本、朱本、鄒本、《全唐文》改。

没，遺儀間起。恒星夜掩，西天銜風霧之悲；夢日宵成，東漢肅壇場之禮。由是鹿園曾敞①，像教旁流，宣妙獎於希夷，範靈蹤於顯晦。瑤龕寶座，光華震旦之墟；鳳刹蜺裳②，斧藻閻浮之域③。

其寺蓋梁大同年中所建。地分彭蜀，嶺對岷峨，憑廣漢之遺墟，藉犍爲之舊壤。西馳峭崿。山連白雉之郊；東赴長川，江走黃牛之峽。崇墉却峙之勢，庭衢四會；勝里九曲之分，閭閻萬積。危冠袚服④，參差軒蓋之前；露渚風畦，隱軫亭一作"神"皋之望。是惟先鏡，實啓香城，煥若神明，恍疑化出⑤。紺壇烟屬，疏絕閣而三休；紫殿雲深，徹迴廊而四注。重欒複棟，霧緝霞張；繡桷琱楣，鶯伸鶴跂⑥。珍臺控景，羲和獲練轡之因；綺榭裁氛，屏翳得停鑣之所。連甍積翠，交玉鎖於星衢；洞戶流丹，綴金鋪於月竇。垂珠網露，傍傾漢浦之琛；列鐸吟飈，上合鈞天之樂。固以輪奐之美，冠真宰以先鳴；琱範之奇。告靈基而得俊。乃造彌勒下生像一座，相好端足，華姿朗備。貞觀末年，靈暉繼發。房範匜曜⑦，疑連不夜之城；戶牖皆明，似出重昏之境。自非理參幽贊，道叶冥機，宣佛鏡於無方，演慈燈於已絕，豈能寫丹青於實相，妙色長存，圖銑鋈於真容，神光不昧？

若乃時暄福地，低落照於晴暉；候肅禪房，泛初華於霽景。千千寶樹，若在雙林；一一香城⑧，仍分八味⑨。山暉俟晚，跂葉㠜而相鳴；野燕迎晨，拂花簾而自樂。松楹委蔓，曲成蘿薜之衣；砌石生蓮，直起芙蓉之座。則有施身童子，戾止巖肩；忍辱仙人，來儀磶户。都人野彦，希梵席而投裾；趙美燕餘⑩，望齊庭而繼履。莫不青㲯委貫，俱欣不捨之檀；紫貝兼明，共化無緣之力。故能使琱形畫塔，象設年滋；彩帙瑤箱，龍編月久。豈西州之道備，南國之風成者乎！

爰有寺主等，罩機色外，練迹塵間，浴甘露於心田⑪，集祥風於性宇。栖情不二，已起初地之權；授手大千，猶擁彌天之具。縣令等或公侯百代，玄貂列駟之門；或文史三冬，吐鳳迴鸞之客。銅章墨綬，任切臨人；鐵印黃簪，功宣漸陸，局一作"焉"牛烹而待價，肆蠖屈以求伸。揮鋒九折之隅⑫，作鏡雙流之外。錄事柳元等，丹軒紫綬，

---

① 鹿：原作"庶"，據萬曆本、朱本、鄒本、本集、《文苑英華》《全唐文》改。
② 裳：原作"堂"，據譚校、本集、《文苑英華》《全唐文》改。
③ 斧：原作"裳"，據上引改。
④ 袚：原作"祛"，據上引改。萬曆本、朱本、鄒本作"法"。
⑤ 疑：萬曆本、朱本、鄒本、本集、《全唐文》作"同"。
⑥ 跂：原作"鼓"，據庫本、朱本、鄒本、本集、《文苑英華》《全唐文》改。
⑦ 範：鄒本、《全唐文》作"櫳"，本集作"籠"。疑作"櫳"是。
⑧ 香城：譚校、本集、《全唐文》作"妙香"。
⑨ 分：本集、《文苑英華》《全唐文》作"清"。
⑩ 餘：本集、《文苑英華》皆同，譚校、《全唐文》作"姝"。
⑪ 心：原作"身"，據譚校、本集改。
⑫ 九折：《文苑英華》同。萬曆本、朱本、鄒本、本集、《全唐文》作"九仞"。按：作"九折"是，"九折"謂九折坂，借指蜀地；下句"雙流"亦用蜀中典故。

家傳方面之勳；驥子魚文，地列膏腴之右。

昔承隋運，屢委天書；爰自皇初，顓流帝札①。等寶渝之奉漢，類微濮之匡周。咸申白馬之盟，並受飛龍之託。故能遺風罔墜，代濟其美；望重西南，功宣法俗。咸以爲弦歌小政，猶篆德而垂芳；鐘鼎微榮，尚銘勳而作鑒。況乎神威自在，方傳宰匠之功，豈可棟宇常存，不勒山河之贊？爰託幽鄜，奉揚徽猷，敢宣此義，而爲頌曰：

天地定位，君臣作極。道在巖廊，功霑寰域。尚清皇盻，猶歌帝力。況我能仁，惟神不測。誕生迦室，利見王城。機罩有應，業會無生。長驅定境，振旅魔營。恩兼動植，勢絕隨迎。燕山傾仞，鶴林埋景②。慧日西沈，慈波東騁。競窺靈相，爭參佛影。月殿分城，雲龕動嶺。長江舊域，廣漢遺區。川分潼峽，塞接岷渝。間閻四會，亭障威紆。爰開寶地，實控名都。霞墻百雉，雲甍四注。紫闕尋烟，頹樓結霧。波流虹起，雷奔蟻步。網罩星鶉，璠栖月兔。靈機藻繢，禪室安閑。琱金範玉，舉翠浮丹。神功不夜，虛室長寒。光超有色，睍出無端。清露花徑，飛泉葉戶。磵綠苔秋，山蒼樹古。茫茫庶類，巍巍净土③。鶖鷺同歸，華夷共聚。第一義諦，寥廓法門。迹離生滅，思舉乾坤。情迷則復，道在爲尊。唯名與器，萬古長存。

彭州九隴縣龍懷寺碑

前人

粤若真元混沌，抱一氣於天門；象化童蒙，構三靈於地戶。由是金城逆順④，山河假成器之因；玉燭浮沈，風火兆流形之蘗。懸大明於日月，適滯泉宫⑤；設巨浸於雲雷，終迷熅宅。太極所以散而爲兩，洪飆所以吹而爲萬。雖復卑高異列，俱沈方内之遊；坒集橫流，共失寰中之契。豈夫涅槃深視，不背色以求真；般一作"波"。若長驅，每乘空而得静。則知一名同出，陰陽爲破道之墟；萬象皆空，天地即降魔之境。莫見其俯仰，不知其去就；至自於太虛，復歸於無物。其有建言立德，開業成務，握大柄而推造化⑥，執洪鑪而詰元始。四門幽闢，顧非相而遲迴；三駕晨嚴，臨有爲而出頓。豈不知羈孤長路⑦，終嬰旅泊之虞；舟檝中流，未釋風濤之苦。將以宅心者寂，虛室所

---

① 札：本集、《文苑英華》《全唐文》作"禮"。按：作"札"是。"帝札"與"天書"相對，此謂唐帝專降詔札予蜀。

② 景：原作"境"，據譚校、本集、《文苑英華》《全唐文》改。

③ 土：原作"山"，據庫本、朱本、鄒本、本集、《全唐文》改。

④ 金城：原作"金機"，據《王子安集》卷一三、《文苑英華》卷八五三、《全唐文》卷一八五改。

⑤ 滯：原作"至"，據譚校、本集、《文苑英華》《全唐文》改。

⑥ 握：原作"掘"，據萬曆本、庫本、朱本、鄒本、本集、《文苑英華》《全唐文》改。

⑦ 長：原作"之"，朱本、鄒本、《文苑英華》作"乏"，"之"乃"乏"之訛。然"乏路"與下句"中流"失對，兹據譚校、本集、《全唐文》改。

以合符；應物者神，明鏡由其不掩①。故能商榷宇宙，指麾權實，演群生而非其力，存庶品而非其有。千巒閉景②，似居蓬艾之間；雙闕臨空，若在江湖之上。其釋迦之冲用乎！

龍懷山者，井絡之所交會，岷隅之所控帶。攢峰北走，吐沓嶂於玄霄③；巨壑南馳，歕洪濤於赤岸。香城寶地，左右林泉；碧岫丹岑，往來烟霧。時有法會禪師者，俗姓褚氏，吴郡錢唐人也。金章錫美，河陰傳九命之尊；玉鉉乘榮，江左受三台之貴。地靈人傑，自朝野而重光；學府文宗，冠南都而獨秀。法師紫星降彩，紅雲授氣④，應積善於高門，契冥緣於累世。果浮觸引，潛圖彼岸之功，聚礫延砂，即揆爲山之業。靈樞密運，闢仁路而長鳴；慧刃高揮，斬邪關而洞照。以爲冥機體化，毫髮莫滯其真；執數逐微，乾坤不容其算。於是四禪幽觀，破銅堞而出無明；三昧雄圖，排鐵圍而泯非相。法雲自在，吐納龍宮；賢聖不仁，奔馳象域。將使三千塔廟，知真實之玄津；萬億幡幢，入虛空之秘藏。安心樂土，遁影靈關，以開皇元年，來憩兹嶺⑤。靈墟福地，已被神功；玉牓金繩，未光朝命。蜀王秀以文昭建國，帝子專征，仗巴服之尊名，裂邛荒之寶命。彤騑僭帝，躡萬騎於銅梁；皂蓋圖王，警千乘於玉宇。鏡山南望，志狹彭渝；錦水西浮，恥朝江漢。開寘沈之壁壘，嘯京叔之風塵。擁龜堞而託殊方，憑爵堂而傲天子。威權所制，勝兵數十州；雄視所臨，經塗五千里。三英賦雪，瞻秋月於梁臺；八叟吹風，傳朝雲於楚館。思弘正法，廣召名僧，振錫雲趨，乘杯霧合。禪師括囊泉石，韜迹烟霞，攀紫桂而同塵，守青蓮而向晦。衝飇蕩岳，寧移忍地之靈；烈火焚山，不撓堅林之色。王心有悟，時加優禮，順風拜道，封山謝失。發净財於廣内⑥，揆仙室於重幽。因嶂爲壁，憑崖列户。以開皇五年，始賜額爲龍懷寺。地鄰綿左，遂均綿上之恩；山似龍盤，即建龍懷之刹。

爾其崇巒經復，複磴縈迴，高丘洩雲，長林翳日。增瓊垣於下麓，揆瑶構於中巖。香闕神行，珍臺妙立。王虬銜霤，絶遊氣而負蒼天；金鳳連甍，排烈風而瞰玄圃。延緑房於累巘，上拂霞莊；蔓丹闕於重磧，下披泉户。陽開陰闔，變霜露於旋迴；蠖動螾飛，起雷霆於指顧⑦。玉堂朝亘，影襲長虹；珠殿宵浮，光含列宿。

禪師歿後，爰有孝恭法師、智開法師、弘嚮法師、寶積闍梨四上人者，並禪師之上足，而法門之領袖也。五明衢路，控引情宫，八解源流，朝宗性海。其深爲寶，投白玉於嶄巖；無礙居貞，得玄珠於罔象。住持真界，栖息妙塗，俱探寂滅之源，各證

---

① 掩：本集、《文苑英華》《全唐文》作"倦"。
② 巒：原作"欒"，據譚校、本集、《文苑英華》《文章辨體彙選》卷六六一、《全唐文》改。
③ 沓：原作"杳"，庫本、鄒本、本集、《文苑英華》作"香"。譚校："杳當作沓，《集》作香，亦誤。"《全唐文》正作"沓"，據改。
④ 授：譚校、本集、《文苑英華》《全唐文》作"受"。
⑤ "來""兹"二字原脱，據萬曆本、朱本、鄒本補。來憩：本集、《文苑英華》《全唐文》作"憩于"，亦通。
⑥ 净：原作"進"，據譚校、本集、《全唐文》改。
⑦ 以上一聯，《文苑英華》作："陽開陰闔，變霜和露。迴蠖蛇以騰飛，起雷霆於指顧。"

菩提之域。雖業定人境，照已極於無方；而道寄生成，功遂覃於有相。演中乘之奧義①，增上棟之宏規。萬栱不騫，千門有閱②。俄而帝隋大去③，皇家小往，天地閉而賢人隱，雲雷屯而巨寶衰。毒龍橫霧，四天沈暗逆之悲；醉象驅風，三界溺崩離之酷。上人慧機幽晤，定識潛融，知佛日之恒明，審王風之尚靜。芝歌商岳，揆雞嶺而同歸；茅藉磻溪，與猴江而共致。遁俗無悶，因時有待④。

洎丹陵啓秩，赤縣居尊，迦維授手，波旬革面。十千天子，新朝帝釋之宮；八萬仙人，始向毗邪之國。一音演而荒景服，三聖澄而禮樂備。由是巴方舊彥，蜀城遺老，仰慈門而知戶牖，升福田而喜耕鑿⑤。雕鞍繡轄，瞻燕崿而馳魂；繡帶綎裾，指鷲林而騖款。寶瓶宵注，潤浹堯旬⑥；玉柄晨麈，風調舜曆。咸以為假沈其性，迷生安視聽之功；動亂其心，窮子失肌膚之戀。江連巫峽，始絆心猿；山對禹同，終維意馬。

貞觀年中，積闍梨等乃宣昭遺趾⑦，發揮精舍。容成校曆，揆日用於天經⑧；隸首陳章，算神功於地籙。迴廊窈窕，自吐風飆；列榭崢嶸，坐含雲雨。圖竭宮之妙質⑨，儼廬舍之真容。寶珠周映，銀龕備色。逸多垂足，似臨兜率之天；師利分身，若赴維摩之境。靈仙可接，藻繪無施⑩；真應雖微⑪，雕鐫有寄。若乃巡積岨，歷森沈，天花照而高月落，地籟驚而幽泉湧⑫。紫蘭花徑⑬，香侵柏葉之鑪；緑草紋茵，影入芙蓉之座。真童鳳策，即踐金沙；仙女鸞衣，還窺石鏡。巖莊轉梵，杳冥松桂之墟；磵戶栖禪，寂寞藤蘿之院。法鼓奏而寒山曠，洪鐘鳴而曉壑靜⑭。頹苔翠蘚⑮，具不盡之靈衣；石乳瓊漿，入無生之妙饌。肅肅焉，遙遙焉，信調御之珠庭，而列真之甲第也。

爰有上座玄鑒法師等，並六塵無我，四諦非他，奉乾越之微言，守楞伽之奧府。

---

① 義：原作"議"，據庫本、譚本、本集、《文苑英華》《全唐文》改。
② 閱：原作"闊"，下注"疑"，據譚校、《全唐文》改。
③ 去：原作"法"，據譚校、本集、《文苑英華》《全唐文》改。
④ 有待：原作"待□"，據譚校、本集、《文苑英華》《全唐文》改、補。
⑤ 升：原作"叩"，據譚校、本集、《文苑英華》《全唐文》改。
⑥ 旬：原作"句"，據萬曆以下各本及本集、《文苑英華》《全唐文》改。
⑦ 宣：原脱，據譚校、本集、《全唐文》補。
⑧ 揆：原作"列"，據譚校、本集、《文苑英華》《全唐文》改。
⑨ 竭宮：庫本、《文苑英華》《文章辨體彙選》《全唐文》同。萬曆本、朱本、鄒本、本集作"碣宮"。按："竭宮"似指佛書中之娑竭宮。宋陳造《江湖長翁集》卷一八《喜雨》詩："招寶山鄰娑竭宮。"釋居簡《北磵集》卷九《臨海尼如奉求僧疏》："娑竭宮中奮辯，學佛威儀。"
⑩ 繪：原作"會"，據譚校、本集、《文苑英華》《全唐文》改。
⑪ 雖微：原作"南微"，據朱本、鄒本改。按：本集、《文苑英華》作"難微"，《全唐文》作"難徵"。
⑫ 湧：原作"思"，據譚校、本集、《全唐文》改。萬曆本、朱本、鄒本作"響"。
⑬ 花：原作"香"，下注"疑"，據萬曆本、朱本、鄒本、本集、《全唐文》改。《文章辨體彙選》作"幽"。
⑭ 洪：原作"溪"，據鄒本、本集、《文苑英華》《全唐文》改。
⑮ 蘚：原作"蘇"，據萬曆以下各本及本集、《文苑英華》《全唐文》改。

法雷潛吼，鼓動風烟；慧日揚明，照臨丘壑。青溪坐定，得心宅之恒靈①；丹洞行忘，覺身城之每化。須彌不動，迥鎮閻浮；闍崛安居②，下觀忉利。開四生之廣路，敘六趣之彝倫。足以遵揚真績③，恭宣來命者矣。

縣令柳公，諱明獻，字太初，河東人也。太玄降氣，中黃授彩，襲周魯之榮基④，吐河汾之靈液。四科高第，振風翻於三冬；萬室崇班，跼雲驂於百里。既而政成黎頌，道洽甿謳，假無上之幽筌，毗不言之景化。弦歌在韻，將寶偈而齊歸；銅墨成章，與梵天而共貫。瓊波湛淡，沃蕩雲霓⑤；珠灌蕭條，蔽虧烟雨。貞機罕應，良談放好事之遊；朗調多奇，高賞盡名山之曲。

下走東皐事失，南州塗窮，嘆孔席之栖遑，笑楊歧之浩蕩。薄遊兹邑，喜見高人，三接而定琴樽，七縱而擒風月。林宗有道，相期清濁之間；平叔能言，見許天人之際。從容宴語，契闊胸懷，欣性情之同冥，感形骸之共遺。雖禪都妙域，已挂於忘言，而義塾文場，竊申於知己。敢作頌曰：

妙象無倪，神功有涉。湛淡名器，崩騰事業。慧路翹車，禪河艤檝。控引群品，輪迴庶劫。縱橫宇宙，反覆山川。言因境立，道寄形詮。爰稽福也，式揆珍田。丹溪漏日，碧洞栖烟。闍都玉檻，須彌石室。榛灌溟濛，風雲蕭瑟。睟容乃卷，禪徒有謐。葉磴三休，花巖四密⑥。崇巒架殿，疊嶂營樓。千楣鳳起，萬栱鶯浮。星開紺髮，月湛青眸。神宮不夜，邃宇長秋⑦。戶臨重嶼，窗分絕嶺，半漢香浮⑧，中天梵警。鶴林聖迹，龍泉佛影。鳥思山空，猿悲峽静。森森巨柏，落落長松。月出東岫，霞生北峰。山人自狎，野老相逢。白雲屢斷，青溪幾重。彭澤之令，臨邛之客。比德山藪⑨，重規泉石。法宇成言，慈門致役。糠粃吏隱，薜蘿心迹。吾生擾擾⑩，與道皇皇。殷勤頌詠，惆悵津梁。投功翠碣，助化玄場。百年之後，苔蘚蒼蒼。

---

① 得：本集、《文苑英華》《全唐文》作"見"。
② 闍崛：原作"闍崛"，據朱本、鄒本、本集、《文苑英華》《全唐文》改。"闍崛"即耆闍崛山（鷲峰山）之省稱。
③ 遵：萬曆本、朱本、鄒本作"尊"，譚校、《全唐文》作"導"。
④ 周魯：原作"周宣"，據譚校、本集、《文苑英華》《全唐文》改。
⑤ 霓：本集、《全唐文》作"雷"。
⑥ 巖：原作"嚴"，下注："疑作巖。"萬曆本、朱本、鄒本及本集、《全唐文》正作"巖"，據改。
⑦ 宇：譚校、本集、《全唐文》作"閣"。
⑧ 漢：原作"迥"，據上引改。
⑨ 德：原作"得"，下注"疑"，據上引改。
⑩ 吾：原作"五"，下注"疑作吾"。萬曆本、朱本、鄒本及本集、《全唐文》正作"吾"，據改。

全蜀藝文志卷之四十七

碑　文下

唐左拾遺翰林學士李公新墓碑 並序　　　　　　　　　　　　　（唐）范傳正

　　騏驥筋力成，意在萬里外；歷塊一蹶，斃於空谷，唯餘駿骨，價重千金。大鵬羽翼張，勢欲摩穹昊；天風不來，海波不起，塌翅別島，空留大名。人亦有之，故左拾遺、翰林學士李公之謂矣。

　　公名白，字太白，其先隴西成紀人。絕嗣之家，難求譜牒①。公之孫女搜於箱篋中，得公之亡子伯禽手疏十數行，紙壞字缺，不能詳備。約而計之，涼武昭王九代孫也。隋末多難，一房被竄於碎葉，流離散落，隱易姓名，故自國朝以來，漏於屬籍②。神龍初，潛還廣漢，因僑爲郡人。父客，以逋其邑，遂以客爲名。高卧雲林，不求禄仕。公之生也，先府君指天枝以復姓，先夫人夢長庚而告祥，名之與字，咸所取象。受五行之剛氣，叔夜心高；挺三蜀之雄才，相如文逸。瓌奇宏廓，拔俗無類。少以俠自任，而門多長者車。常欲一鳴驚人，一飛冲天，彼漸陸遷喬，皆不能也。由是慷慨自負，不拘常調，器度弘大，聲聞於天。

　　天寶初，召見於金鑾殿，玄宗明皇帝降輦步迎，如見園、綺。論當世務，草答蕃書，辯如懸河，筆不停綴。玄宗嘉之，以寶床方丈賜食於前，御手和羹，德音褒美。褐衣恩遇，前無比儔。遂直翰林，專掌密命，將處司言之任，多陪侍從之遊。他日泛白蓮池，公不在宴。皇歡既洽，召公作序，時公已被酒於翰苑中，仍命高將軍扶以登舟。優寵如是。既而上疏，請還舊山③。玄宗甚愛其才，或慮乘醉出入省中，不能不言温室樹，恐掇後患，惜而遂之。

　　公以爲千鈞之弩，一發不中，則當摧撞折牙而永息機用，安能效碌碌者蘇而復上

---

　　①　牒：原作"諜"，據萬曆本、庫本、朱本、鄒本、《李太白文集》卷首、《唐文粹》卷五八、《全唐文》卷六一四改。
　　②　漏：原作"編"，據《文苑英華》卷九四五、《全唐文》改。
　　③　自"優寵如是"以下，《文苑英華》《全唐文》作："布衣之遇，前所未聞。公自量疏遠之懷，難久於密侍，候間上書，請還舊山。"

哉！脱屣軒冕，釋羈韁鎖，因肆情性，大放宇宙間。飲酒非嗜其酣樂，取其昏以自當①；作詩非事於文律，取其吟以自適；好神仙非慕其輕舉，將不可求之事求之，欲耗壯心，遣餘年也②。在長安時，秘書監賀知章號公爲謫仙人，吟公《烏栖曲》，云："此詩可以哭神鬼矣！"時人又以公及賀監、汝陽王、崔宗之、裴周南等八人爲酒中八仙，朝列賦謫仙歌百餘首。

俄屬戎馬生郊，遠身海上，往來於斗牛之分，優遊没身。偶乘扁舟，一日千里，或遇勝境，終年不移。時長江遠山，一泉一石，無往而不自得也。晚歲渡牛渚磯，至姑孰，悦謝家青山，有終焉之志。盤桓利居③，竟卒於此。其生也，聖朝之高士；其往也，當塗之旅人。代宗之初，搜羅俊逸，拜公左拾遺。制下於彤庭，禮降於玄壤。生不及禄，没而稱官，嗚呼，命歟！

傳正生唐代④，甲子相懸，常於先大夫文字中見與公有《潯陽夜宴》詩，則知與公有通家之舊。早於人間得公遺篇逸句，吟詠在口。無何，叨蒙恩獎，廉問宣、池，按圖得公之墳墓在當塗邑⑤，因令禁樵采，備洒掃。訪公之子孫，欲申慰薦，凡三四年，乃獲孫女二人，一爲陳雲之室，一乃劉勸之妻，皆編户甿也。因召至郡庭，相見與語，衣服村落，形容朴野，而進退閑雅，應對詳諦，且祖德如在，儒風宛然。問其所以，則曰："父伯禽，以貞元八年不禄而卒，有兄一人，出遊一十二年，不知所在。父存無官，父殁爲民，有兄不相保，爲天下之窮人。無桑以自蠶，非不知機杼；無田以自力，非不知稼穡。況婦人不任，布群糲食，何所仰給，儷於農夫，救死而已。久不敢聞於縣官，懼辱祖考，鄉間逼迫，忍耻來告。"言訖淚下⑥，余亦對之泫然。因云："先祖志在青山，遺言宅兆，頃屬多故，殯於龍山東麓，地近而非本意。墳高三尺，日益摧圮，力且不及，知如之何！"聞之憫然，將遂其請。因當塗令諸葛縱會計在州，得諭其事。縱亦好事者，學爲歌詩，樂聞其語。便道還縣，躬相地形，卜新宅於青山之陽，以元和十二年正月二十三日遷神於此，遂公之志也。西去舊墳六里⑦，南抵驛路三百步；北倚謝公山，即青山也，天寶十二載敕改名焉。因告二女，將改適於士族，皆曰："夫妻之道，命也，亦分也。在孤窮既失身於下俚，仗威力乃求援於他門⑧，生縱偷安，死何面目見大父於地下？欲敗其類⑨，所不忍聞。"余亦嘉之，不奪其志，復井稅、免徭役

---

① 當：《文苑英華》同。朱本、鄒本、《文章辨體彙選》卷六六九作"賞"，本集、《唐文粹》作"富"，胡震亨《唐音癸籤》卷六作"穢"，《全唐文》作"豪"。按：《李太白文集》乃北宋刊本，似當以作"富"爲是。

② 以上三句，《文苑英華》《全唐文》"將"下有"以"字，"欲"上有"其意"二字。

③ "利"字，萬曆以下各本及《全唐文》作"庀"，誤。《易·屯》："初九，盤桓，利居貞。"

④ 《文苑英華》"生"上有"共"字。

⑤ 上引"邑"上有"屬"字。

⑥ "言"字原重，據萬曆以下各本、本集、《文苑英華》《唐文粹》《全唐文》删。

⑦ 六里：《文苑英華》作"六十里"，當是。

⑧ 力：原脱，據本集、《文苑英華》《唐文粹》《全唐文》補。萬曆以下各本作"令"。

⑨ 敗：《文苑英華》作"求"。

而已。

今士大夫之葬必誌於墓，有勳庸道德之家，兼樹碑於道。余才術貧虛，不能兩致，今作新墓銘，輒刊二石，一實於泉扃，一表於通路，亦峴首、漢川之義也，庶芳聲之不泯焉。文集二十卷，或得之於時之文士，或得之於宗族，編輯斷簡，以行於代。

銘曰：

> 嵩嶽降神，是生輔臣。蓬萊譴真，斯爲逸人。晉有七賢，唐稱八仙，應彼星象，唯公一焉。晦以麴糵，暢於文篇。萬象奔走乎筆端，萬慮泯滅乎樽前。臥必酒甕，行惟酒船。吟風詠月，席地幕天。但貴乎適其所適，不知夫所以然而然。至今尚疑其醉在千日，寧審乎壽終百年。謝家山兮李公墓，異代詩流同此路。舊墳卑庳風雨侵，新宅爽塏松柏林。故鄉萬里且無嗣，二女從民永於此。猗歟琢石爲二碑，一藏幽隧一臨岐。岸深谷高變化時，一存一毀名不虧。

梓州射洪縣武東山陳居士碑①　　（唐）陳子昂

君諱嗣，字弘嗣，其先陳國人也。漢末淪喪，八代祖祉②，自汝南仕蜀爲尚書令，其後蜀爲晉所滅，子孫避晉不仕，居涪南武東山，與唐、胡、白、趙五姓置立新城郡，部制二縣③，而四姓宗之，世爲郡長。蕭齊之末，有太平者，兄弟三人，爲郡豪傑。梁武帝受禪，網羅英豪，拜太平爲新城郡守，尋加本州別駕④。弟太樂、太濛。《文粹》作"蒙"，下同⑤。濛爲黎州長史、督護、二字《集》作"都督護"⑥。南梁二郡太守；太樂爲本郡《文粹》作"州"。司馬，即君之高祖父也。生曾祖方慶，好道，不樂爲仕，得《墨子》、五行秘書，隱於武東山⑦。生烈祖湯，仕郡爲主簿。遇梁季喪亂，辟世不仕，生皇考廣《文粹》無此字。迴⑧。

迴早卒，君即迴之第二子也。少孤，而有純德，恭己飾二本作"飭"⑨。行，一日三

---

① "居士"下原有注："《集》作'故居士陳君'。按：'集'指《陳伯玉文集》。"
② 祉：《文苑英華》卷八七三同，《陳伯玉文集》卷五、《全唐文》卷三五作"祇"。
③ 部：《文苑英華》《全唐文》作"剖"。
④ 加：原作"如"，據庫本、朱本、鄒本、本集、《文苑英華》《唐文粹》卷七〇、《全唐文》改。
⑤ 按：《文粹》指宋姚鉉編《唐文粹》。此字本集、《全唐文》亦作"蒙"，《文苑英華》作"濛"。
⑥ "督護"，《唐文粹》作"護督"。按：作"督護"是，晉以來有督護之官。
⑦ "隱"字原脱，據《文苑英華》《唐文粹》補。本集作"而隱"。
⑧ 迴：本集、《唐文粹》《全唐文》作"迥"，當是。下同。
⑨ 二本：原作"一本"，據《文苑英華》改。按："二本"指本集與《唐文粹》，作"一本"則不知何本。以下皆同。

省。家世本以清白崇德，迨君之孤，素業空矣。君有仁兄，養母以孝。君克順至行，同勤苦節，夏不避暑，冬不避寒，烝烝服事。行年四十有五，入則孝，出則悌，謹而信，泛愛衆，而親仁，無餘力也。以是不優於道。逮親終没，春秋已高，從仕二本作"事"①。不可以養矣，乃輟干禄之學，修養生之道，山墅高居，農野永歲。雅聞漢有王丹者，放居不仕，家累千金以自奉，田稼勤者，載酒肴從之，鄉里承化，以相懲沮，乃嘆曰："彼王丹者，是以《集》無"以"字。爲政矣②，奚其爲政也？"由是始考林澤，闢良田，習山書，務農政。天道時變，地道化成，丘陵泉《文粹》作"淵"。藪，星歲雲物，靡不用心也。《文粹》無"也"字。原田苺苺，粳黍稷稷，《文粹》作"黍稷漠漠"③。汶陽之稼如雲矣。春日二本作"也"。載華，歲聿其秋，白露時降，百穀收熟，君常乘乎肩轝④，省農夫，饋田畯，刑以肅墮，悦以勞勤，若孫吴之用兵，鷙鳥之搏擊也。倬彼碩《文粹》作"甫"。田，歲取十千。倉廪實，崇禮節，恤惸寡，賑窮乏，九族以親之，鄉黨以歡之。居十餘年，家累千金矣。其鄰里有媮衣食、帶刀劍椎埋胠篋之類，鬥鷄走狗之豪，莫不靡下風，馴雅業，《文粹》作"素節"，《集》作"雅素"。曰："里有仁焉，吾何從《文粹》有"之"，字。也？遂頓浮窳之節，肅恭儉之規，修孝悌，飭一本作"飾"。廉恥，將欲效君二字，《文粹》作"效君子"。之素業也⑤。君時年已耳順，素無經世之情，林園遺老，玄默忘歲，遂保先君武東山之故居，行不由徑，非公事未嘗至於州縣也。昔襄陽有龐德公，谷口有鄭子真⑥，東海王霸，西山蜀才⑦，皆避《集》有"世之"二字。人養德，退耕《集》有一"以"字。求志，軒冕不可得而羈，憂患不可得而累。迨於我君，作者五人矣。"

　　於戲！古者至人，不利苟得，不務近貴，量腹而食，度身而衣。非其道，萬鍾不足豐也；匪二本作"非"。其榮，五鼎不足餙也。躬勤耕稼，植其杖而耘，不答子路之問者，其《集》無"其"字。豈我君之徒歟。綿綿羅網，冥冥高鴻，趯趯行竿，穆穆幽龍，其與禍敗之遼絕如胡越哉⑧！然則兩龔不免於蘭焚，二老不免於薇嘆，其近貴利耶？夫上無憂悔，下無飢寒，合《集》作"含"。道以制嗜欲，達命以順生死，仁以愛身，智以養德，俾爾耆而艾，俾爾昌而熾，君子保之，以永壽考，非我君者《文粹》無"者"

---

① 二本：《文苑英華》亦作"二本"。
② 是：庫本、《文苑英華》作"足"。《唐文粹》《全唐文》"是"下亦無"以"字。按：無"以"字是。
③ 漠漠：原作"漢漢"，據《唐文粹》《全唐文》改。
④ 乎：萬曆以下各本作"平"，《唐文粹》《全唐文》無此字。
⑤ 效：原作"較"，據萬曆本、朱本、鄒本及本集、《唐文粹》《全唐文》改。
⑥ 真：原作"貞"，據庫本、朱本、鄒本及本集、《唐文粹》《全唐文》改。
⑦ 蜀才：本集誤作"吕才"。按："蜀才"指東晉范長生，隱居青城山，著有《易注》十卷，見《顏氏家訓·書證》《經典釋文叙録》。唐太宗、高宗時有太常博士吕才，但非隱士，《新唐書》有傳。
⑧ "胡"字下原有"楚"字，下注："《集》無此字。""越"字下原有注："《文粹》作如胡越。"萬曆本、朱本、鄒本、《全唐文》亦作"如胡越"，據此刪補。

字。乎?

享年八十五,太歲壬辰五月十三日,考終厥命。誡曰:"啓余手,啓余足。我聞古人有言:珠玉而瘞之,是暴骸於中原。古者不封不樹,後代聖人易之以棺槨。吾不敢違聖人,可具棺槨而已,斂以常服,墳無丘壠。吾將庶幾以奉先人之清業也。"有子某某等①,皆能祗奉遺訓,聿從先志。長壽二年,龍集癸巳,某月某朔日②,玄月載逾,卜兆時吉③,始啓殯昭告,奉遷於舊塋武東山之陽,禮也。鄉里會葬者千餘人,皆涕泣號慕,悲純德之不見,咸曰:"君子没矣,仁《文粹》作"人"。何以名!陵壑《集》作"谷"。不朽,匪唯頌聲。"小子不敏,謹《文粹》作"請"。述鄉人之教。其辭曰:

肅肅我祖,國始於陳。中裔淪喪,泊《集》作"洎"。此江濱。山川隆鬱,旆鼎氤二本作"氛"。氲。挺生君子,《集》作"生我君子"。於鑠元真。惟孝肅悌,唯仁善鄰。樂我耕稼,忘我縉紳。芸芸二本作"茫茫"。田畝,歲也其春。農事方作二本作"農人肅事"。君子犉勤。孰爲夫子,植杖而耘。弋者何慕《集》作"篡"。鴻冥《集》作"飛"。高雲。楚狂懼世,夷、叔求仁。良圖《文粹》作"時"。終矣,不考於身。我異於是,非隱非淪。撫化隨運,安排屈伸。大一本作"天"。年既没,長夜何辰。聖達不免,宇宙同塵。桐棺三寸,豈我窶貧。自古有禮,《文粹》作"死",非。吾從聖人。嗟爾百代,子子孫孫。驕奢自咎,天道無親。思我松柏,恭儉是遵。

奉議郎張君說墓誌銘　　　　　　　　　　(宋) 無名氏

予大觀元年以維揚執事被出,廢處於家。越明年,故人君說之子瀚狀君說之行來求予銘。惟嚴君說之才④,每與士大夫談之,無不敬愛。考其平生,固有可銘者,夫何辭。

君說,張氏姓⑤,名咸,字君說,本長安人,七世祖遭晚唐衰亂,辟地於蜀,寓居成都。淳化中,曾祖徙於廣漢之綿竹,故君說爲綿竹人。曾祖諱庭堅,祖諱文矩,贈大理評事。父諱紘⑥,以殿中丞致仕,君說升朝,贈奉議郎。母趙氏贈靈壽縣太君,王

---

① 某某等:原作"某乙等",據《文苑英華》改。本集、《唐文粹》《全唐文》作"某等"。
② 某月某朔日:本集作"月日",《文苑英華》作"某月朔某日"。
③ 卜:原作"小",據鄒本、本集、《文苑英華》《唐文粹》《全唐文》改。
④ 惟嚴:疑有誤。
⑤ 張氏姓:疑當作"姓張氏"。
⑥ 紘:原作"紞",據張栻《南軒集》卷四〇《張君(椿)墓表》、朱熹《晦庵先生文集》宋浙本卷九五《張公(浚)行狀》、楊萬里《誠齋集》卷一〇六《張魏公傳》改。

氏封華陽縣太君①，未及拜命，先君三年卒。朝奉君捐館②，諸兄相繼以亡，君説年未冠，家徒四壁，伯兄之子濩、淮與其女弟煢煢無依。君説力學，一舉登元豐二年進士第③，遂攜諸孤之官，撫養教育，訖於婚嫁，視之猶君説子也。

初釋褐，除蜀州新津簿，繼遷仁壽令，再遷雅州百丈令④，改華州學教授。元祐初，詔復六科，君説慨然曰："吾先君嘗應是詔，可不終成其志邪？"於是晨夕探討披閲，寒暑饑渴，未嘗釋卷，故六藝、百家、歷代文史，無不該貫。一旦再預閣試，遂對大廷，哲宗皇帝擢居第一。改宣德郎、僉書成都節度判官廳公事⑤，轉奉議郎。

昔我宗祖分設六科⑥，以籠絡天下雄俊，故士有策名於此者，不淹歲月，遂躋華要，名卿巨相由此途出，十常三四，得人之盛，度越前世。逮神考有爲，超然遠覽，既患道德之不一，又憫士夫弊於雕蟲之習也，故一以經書造之，而詞賦與六科俱罷。及其中復，吾蜀與選者中三人，而君説與什邡王君普⑦，王君與君説亦相隨淪没。嗚呼，科舉廢興與夫人物盛衰偶相值耶？抑人事天理故有前定也？嗟乎！以君説疏敏之才，宏贍之學，與其經世之志，假之以年，則功名富貴視前人何歉！君説長於序事，稽參古今，披文相質，歷歷可取。年方齠齔，一睹弈棋，妙盡其數，士大夫罕能及之。其天資穎悟若此。

凡三娶，任氏贈仙源⑧，趙氏贈仙居，計氏封仁和，並縣君。生五子，曰澥，曰漢，曰潞，曰滉，曰浚。女二人，長適進士陳佾，次適進士王恂。孫男三人：枸、樞、椋⑨。元符二年五月初四日，以疾終於成都普福僧舍，享年五十二。大觀二年三月初十日，葬於浦閏鄉柔遠里之新水澥。編類所爲雜文二十卷，藏之於家。

銘曰：

挺妙質，馳駿聲，大廷發策超群英。胸中素蘊蟠滄溟，文采煒煒垂天星。
哀哉造物不我營，胡不假以天之齡？奄忽順化人所驚。幸聽雛鳳高岡鳴，慰

---

① "縣"字原無，據朱本、鄒本補。
② 朝奉君：上文云"贈奉議郎"，"朝奉""奉議"當有一誤。
③ 二年：原作"三年"，據萬曆本、庫本、朱本、鄒本及朱熹《張公行狀》改。按：元豐三年非開科之年。
④ 雅州：原作"睢州"，據朱本、鄒本改。按：《宋史·地理志五》，百丈爲雅州屬縣。
⑤ "廳公"二字原倒，據《張公行狀》乙。
⑥ 宗祖：似當作"祖宗"。
⑦ 以上二句似有脱誤。
⑧ 仙源：原作"仙原"，據萬曆本、朱本、鄒本改。按：《宋史·地理志一》，仙源爲襲慶府屬縣。
⑨ 枸：萬曆本、朱本作"枸"。譚校："枸，此當作枃。淳熙中，知臨安府者，魏公次子枃，定叟也。按：洪容齋《五筆》：魏公次子名枃，音進。今《宋史》作枸，刊本之誤也。"庫本、鄒本正作"枃"。按：譚校大謬。此墓誌作於大觀二年（公元一一〇八年），張枃乃張浚次子、張栻之弟，此年張浚僅十二歲，張栻、張枃尚未出生，此"枸"或"枃"乃栻、枃堂兄，不得作"枃"字明甚。惟"枸"與"枸"未知孰是。

我感慨遺芳馨。

碑久漫滅。淳熙十三年，孫朝散郎、權尚書兵部侍郎、兼知臨安軍府事、兩浙西路安撫使構得遺本於故度中①，重新謄寫。曾孫通直郎、新差知潼川府飛烏縣兼來調官，俾石立於墓下。

敷文閣學士通奉大夫致仕贈少師李文簡公神道碑　（宋）周必大

韓愈以天刑人禍歸咎史筆，柳宗元隨闢其說，後人終致疑焉。今以李文簡公驗之，何疑！且《左氏》紀諸國之事，《史記》上下數千載，是是非非，利害不專及當世。若公續司馬光《資治通鑑》爲本朝《長編》，上關國體，下涉諸臣之家，非異代比。使天刑人禍可信，安能結知明主②，見推多士，生歷清要③，没定美諡，諸子繼踐世科，歷二千石，光顯未艾，如李氏者乎？況公出入中外，見謂忠直，盡言交遊，藐視強禦，雖微作史，自當齟齬難合；然讒間不行於朝，士大夫鮮含怒者，何也？守道正，蒞職公，事上不欺，應物無心，天人交助，其在兹乎④！既没十八年，蜀多文士，其子不近求銘詩而遠屬耋老⑤，非以同朝久相知深也歟⑥？是宜序而銘之。

公諱燾，字仕甫，一字子真，係出唐曹恭王季子、右武衛大將軍偲，武后斥爲民，徙眉州之丹棱縣，遂家焉。六世孫瑜，始復屬籍，仕至長江令。公，長江十一世孫。曾祖夔。祖鳳⑦，贈奉直大夫。考中，朝奉大夫、知仙井監，累贈宣奉大夫。妣碩人史氏⑧。

公生政和乙未⑨。天資穎異，博覽經傳，獨不樂王安石學。甫冠，已著《兩漢鑑》。明年，追念靖康變故，著《反正議》十四篇，人皆奇之。紹興八年，第進士，調成都府華陽縣主簿。未上，講書本縣龍鶴山，命曰"巽巖"，自記云："子真子三卜居乃得此山，向東南，面西北，其位爲《巽》、爲《乾》。蓋處己非乾則無以立，應物非巽則無以行。《易》六十四卦，仲尼掇其九，而三陳之，起乎《履》，止乎《巽》，此講學之序也。《語》曰可與共學，未可與適道；可與適道，未可與立；可與立，未可與權。夫人各有所履，善惡分焉。惟能謙可與共學，惟能復可與適道。知所適而無以自立，

---

① 构：原作"枸"。按：此時知臨安府者爲張构，見《咸淳臨安志》卷四八，據改。
② 安能：原作"不能"，據朱本、鄒本改。周必大《文忠集》卷六六作"孰能"。結：原作"紹"，據庫本、本集改。
③ 清要：原作"清平"，據庫本、本集改。
④ 在：原脱，據庫本、本集補。
⑤ "銘詩""耋老"四字原缺，據本集補。銘詩：庫本作"銘誄"，當是。
⑥ "非以"二字原缺，據庫本、本集補。
⑦ 鳳：本集作"夙"。
⑧ "妣碩人"三字原缺，據本集補。
⑨ 生：原脱，據庫本、本集補。

則莫能久，故取諸常。恒久於其道，或損之，或益之，至於困而不改，若井未始隨邑而遷，則所以自立者成矣。雖然，吉凶禍福橫發逆起，有不可知，將合於道，其惟權乎。然非巽則權亦不可行，學而至於巽，乃可與權，此聖賢事業也。"年方二十四，其志趣學問如此。

久之，赴華陽。時宰秦檜知公名，公不與通。會詔郡國舉賢良，公攜五十策謁成都帥張燾①，不果薦。秩滿外銓，復職教授缺，公亦不就。注嘉州軍事推官。丁父憂。二十年服除，再注雅州軍事推官，作《當直司箴》諷郡守用私情、背公法者②。總領財賦符行，中屬公增簡州鹽筴，公移書力拒之，舊相張浚謂有臺諫風。

二十四年，改宣議郎，知成都府雙流縣。日坐聽事，訟至立決。前執政李文會自瀘州徙益③，府下九縣供張加倍，公用常儀，李由他道去。仕族張氏子競家貲，公曰："汝在喪，忍墜先訓，盍歸思三日！"復來，果悔過自新。大姓李雱市丘成之產業④，公以成之不白所生母，追正之。雱讕辭訴府⑤，公引經義律文致雱法⑥。豪右斂迹，邑庭如水。日繙史册，彙次國朝實事，謂司馬光修史，先為《百官公卿表》十五卷，後頗散逸，用遍求正史、實錄，傍采家集、野史，增廣門類，起建隆，迄靖康，合新舊官制書一百四十二卷⑦，其重編光者僅七之一⑧。《長編》之書，蓋始於此。

二十九年，四川制置使王剛中辟公幹辦公事。三十二年，知榮州。州因山為城，川為池，夏秋常患水溢⑨。公築坊禦之。隆興二年，除潼川府路轉運判官，入境，劾守令四人。州縣多橫斂，公選官置局，括一道財賦，列其名色，使有無相補，酌三年中數而為帳，遍示官吏，許摘不當更定⑩，名為"科約"，至今不廢。母憂，去官。

乾道三年，召赴行在，八月，入對，上《太祖故事》，乞以為法；請許六察言事⑪。又言：軍興三十年，蜀賦一錢，折變百之。願自此勿增取。況蜀兵已多，宜罷招刺，嚴揀汰，禁大將毋張虛籍，掊部曲。孝宗嘉納。除尚書兵部郎中，以父諱下行員外郎⑫、兼國史院編修官，又兼禮部。會慶節上壽，在郊禮散齋內，議權作樂，公言：

---

① 帥張燾：原作"仲□□"，據庫本、本集改、補。
② 諷：原作"奉"，"公法"二字原缺，據庫本、本集改、補。
③ 執政：原作"致政"，據本集改。李文會曾簽書樞密院事，示嘗致仕。
④ 雱：本集作"滂"，下同。
⑤ 讕：原作"詡"，據庫本、本集改。
⑥ "義"原作"議"，據本集改。"致"：本集作"寘"。
⑦ 書：本集作"成"，較勝。
⑧ 光：原作"完"，據本集傅增湘校本改。按："光"指司馬光，謂就司馬光稿重編者僅七分之一。作"完"則文義不明。
⑨ "夏秋"二字原缺，據庫本、本集補。
⑩ "許"原作"計"，"更"原脫，並據本集改、補。此句謂許官吏摘其不當者更定之。
⑪ "許六察"三字原缺，據庫本、本集補。鄒本作"增諫官"。《宋史》本傳云："乞增置諫官，許六察言事。"
⑫ 諱：原作"賦"，據庫本、朱本、鄒本、本集改。

"漢唐事天地，散齋四日，致齋三日，我藝祖初郊亦然。自崇寧、大觀法《周禮》分祭天地，故前十日誓戒。今既合祭①，宜復漢唐及本朝舊制，庶幾兩得。"詔垂拱上壽止樂，正殿爲北使權用②。十二月，正除禮部員外郎。公言：中興祭曲未備③，岳、鎮、海、瀆、先農、先蠶④、風、雲、雷師九祠，以酒脯代牲牢，近者雨暘失節，郡國水災⑤，殆或以此。詔復舊⑥。占城國入貢⑦，依崇寧五年敕書，用白背金花綾紙，貯以金鍍銀匣，公請如近例。學士院謂禮部不當預。公曰："典禮先有司部兼掌客，豈侵官耶？"《長編》卷帙漸成，蜀帥汪應辰乞下臨安府給筆札繕寫，藏秘閣，公遂進國初至治平一百八卷，特遷兩官。公患時文卑弱⑧，乞令考官取學術醇正切於世用之文，苟涉虛浮，必行黜落。明春省試，敕榜戒諭。

上方勵精爲治，事或中出，公輪對言："唐虞三代專倚輔弼，漢唐或謀卿士，今捨二途，近習必進，此治亂之機，惟聖明深慮過防。"蓋有所指也。又奏："省闈取士，本不立額，乞參皇祐四百之限，稍加裁定。舊奏名並賜出身，罕授職任，近兩榜至八百五十餘人放選注官⑨，而賢良方正則寂無應詔，當責舉者⑩。讀畢，遂言天下有變，經營北方未見可付之人。"上曰："朕當自將⑪。"公曰："聖諭及此，與真宗濟澶淵合矣⑫。"上曰："此朕家法，太祖平澤潞、取維揚⑬，太宗平太原⑭，皆是也。"公謂先自治以待時。上聽不倦，近侍跂倚。明白，諭三省議省額、特恩二事，有沮之者，乃已。

五年四月，遷秘書少監。太史言八月日當食。公上疏曰："災異所以儆戒人主。今經筵不訪問，言路罕論奏，大臣無趙普補綴奏目⑮、杜衍封還內降之風，臣恐憂不在疆埸，惟陛下進衆正，消群陰，以應天變。"是冬，擢起居舍人。

六年，雷震上元，後一日，公錄仁宗景祐三年正月甲辰求言、寬賦斂二詔以進，直前，乞刊定《徽宗實錄》之疏舛者，因言：臣方修進治平後《長編》⑯，若就加討

---

① 既：原作"記"，據庫本、朱本、鄒本、本集改。
② 北使：原作"比使"，據庫本、鄒本、本集、《宋史》本傳改。
③ 未：原作"永"，據庫本、朱本、鄒本、本集改。
④ 蠶：原作"蟲"，據萬曆以下各本及本集改。
⑤ 災：原作"利"，據萬曆本、庫本、本集改。
⑥ 復：原作"書"，據上引改。
⑦ 入：原作"人"，據庫本、朱本、鄒本、本集改。
⑧ 患：原作"意"，據本集改。
⑨ 放：原作"故"，據庫本、本集改。
⑩ 當責：原作"富貴"，據本集改。
⑪ "朕"字原脫，據庫本、本集補。
⑫ "真"下原脫"宗"字，據萬曆以下各本及本集補。
⑬ 維揚：原作"睢陽"，據本集改。
⑭ 太宗：原作"太祖"，據庫本、本集改。
⑮ "無"字原脫，據萬曆本、朱本、鄒本及本集補。
⑯ "進"字原缺，據本集補。

論，他時可助正史①。詔復開實錄院，四月，首命公爲檢討官。汪應辰進公子壆賢良詞業②，上曰："卿有子矣。"范成大除右史，升攝起居郎③；議者誤引元豐八年十月詔，欲廢二浙保正④，止存耆長；又宰相以蜀人帥蜀，工部並除二侍郎，武臣提典刑獄，皆違舊制⑤，公援證再三⑥。上曰："卿論事根據，極當朕心。"左相陳俊卿出知福州，右相虞允文既任恢復，未免更張，公言："二《典》'若稽古'，夏有'典則'，商云'成憲'，周云'舊章'，漢云'故事'，子孫莫之敢變⑦。王安石變更法度，厲階可鑒。"

時上欲除公兵部侍郎，公自攝記注，數論事，宰相頗不樂，公遂請去。六月，除直顯謨閣⑧、湖北路轉運副使。陛辭，以欲速變古爲戒⑨。又奏："《禹貢》九州，荆田第八，賦乃在三，人功即修，遂超五等。今田多荒蕪，賦虧十八。"上委公條進，至則言："創耕憚科斂，且畏爭奪。宜寬冒占，廣激勸，如太祖乾德四年許見佃者止輸舊稅，更不通檢。"詔如所請，其妄執契爭奪毋受理，守令能勸課者賞。知總賦呂游問奏計⑩，公攝其職。歲饑，發戶部大軍倉賑民，僚佐爭執，公曰："吾自任責，不以累諸君。"尋如數償之。游問歸，劾公專輒⑪，上令具析而已⑫。

七年，壆中制科。八年，以舊官趨召。會虞允文由左丞相宣撫四川，自詭北伐，疑公異議，預白上，改直寶文閣，帥潼川，兼知瀘州。首葺石門堡，置戍以扼夷人。叙州舊市羈縻，馬價頗平，比歲增其尺寸，償直不以時。公言國計邊防胥失之⑬，乞戒茶馬司市毋溢額，仍勿於夷漢禁山內伐木造舟。尋皆報可。

守邊逾歲，淳熙元年，被召，適城中火，公上章自劾。既放罪矣，提刑何熙志奏公不親至火所，併指《長編》記魏王食肥彘，語涉譏謗。上曰："此載皇宋事矣，何害？"止命成都提刑李繁體量火事。公行及國門，乞祠待辨⑭，除江西轉運副使，且許

---

① "可助"二字原脱，據庫本、本集補。
② 詞業：原作"行業"，據上引改。
③ 升：原作"外"，據上引改。
④ "廢"字原脱，"浙"原作"折"，並據上引補、改。
⑤ 違：原作"進"，據庫本、譚校、本集改。
⑥ 援：原作"後"，據庫本、本集改。
⑦ 變：本集作"廢"。按："廢"字較勝。
⑧ 直：原作"置"，據庫本、譚校、本集改。
⑨ 速：原作"通"，據上引改。
⑩ 呂游問：原作"呂游陽"，據庫本、本集、《宋史》本傳改。
⑪ 此二句原作"游問糾劾曰專輒請"，庫本作"游問歸劾公專輒請"，據本集改。《宋史》本傳云："游問返，果劾燾專，上止令具析，不之罪也。"
⑫ 析：原作"折"，據本集改。
⑬ "國"原作"同"，"胥"原作"眉"，並據庫本、本集改。
⑭ 乞祠：原作"及祠"，據鄒本、本集、《宋史》本傳改。辨：原作"辦"，據本集改。按："待辨"謂等待辨白火事也。

□□臨遺①。公進治平四年至元符三年《長編》四百一十七卷。或勸公方被讒，勿及時事。公曰：「聖主全度如此，竭忠所以報也。」遂奏近日食地震，夷狄小人不可不慮。又上《快箴》，引太祖退朝，悔乘快決事以諫。上曰：「朕當揭之坐隅。」進秘閣修撰，旋坐火後不盡書焚室貶秩一等②，而熙志以輒議史事削兩官③。公至江西，置一路財賦都簿，如潼川科約。未幾，召還，乞令本路毋以臣去廢此書，上曰：「卿不爲高論，務在便民，甚善。」擢秘書監、權同修國史、權實錄院同修撰，蓋專付公以史事④，故用侍從之禮。三年正月也。

公前數言南郊、明堂大禮自宜迭行，適轉對⑤，申前說。上令集議，嬖近謂德壽宮有嫌⑥，沮不行。及予爲禮部尚書，與諸儒議周成王宗祀文王，漢武帝陝配高祖，所謂嚴父指周公也。晉唐及本朝名臣，皆有是說，非出於燾發之耳，其議遂定。三月，除權禮部侍郎，賜服金紫。七月壬戌，雷震太廟柱，壞鴟尾，有司隨加繕治。公奏此非所以祇天變，當應以實。上諭大臣：「燾愛朕，屢有讜言。」公嘗請正太祖東鄉，條上熙寧、元符、紹興議論，其後卒行之。進《四繫錄》，記女真、契丹起滅，自紹聖迄宣和、靖康，凡二十卷。上曰：「朕可一日忘此虜哉！」九月，兼侍講。以經筵少開，錄趙師民《勸講箴》以諷，併及仇士良不欲人主讀書、近儒生之說。會改潛邸爲祐聖觀，創璿璣殿於太一宮，公密疏二千餘言，上褒答之。

四年春，駕幸太學，命公執經，特轉一官，堅辭，不聽。公自郎春官，已極論科舉及奏名，去冬又乞依紹興二十七年二月詔書，用經義、詩賦、論、策四場，如元祐時；仍采蘇軾議，量收恩科。至是力持變文體，取正學，以致人才。上袖公奏，付三省下學官議。國子司業鄭伯熊等請如公言，而老生晚學譁言不便，議遂格。

八月，真拜侍郎，仍兼工部。《徽錄》置院久，公薦呂祖謙爲秘書郎兼檢討官，審訂增刪數百條⑦，書遂成。特遷一官。或請升降兩學從祀，衆議不同，第去王雱榜⑧，用公說也。元符、靖康《長編》成，上謂公無愧司馬光。後有表云「豫席恩言⑨，比迹先正」，指此。夜直宣引，奏「近者蒙氣蔽日，厥占不肖者祿，股肱耳目宜謹厥與。」賜坐。欲起，上再留賜飲、賜茶，恩意甚寵。

尋詔監視太史，測驗天文。公爲郎時，已言乾道新曆不可用，因舉差失數十條詰

---

① 「且許」下原空二格，萬曆本同，朱本、鄒本皆注「缺二字」，獨庫本連排。本集作「且許歸遺」。《宋史》本傳云「且許臨遺」，疑無缺漏。

② 後：原作「役」，據庫本、本集改。

③ 史：原作「之」，據本集改。

④ 付：原作「傳」，據庫本、本集改。萬曆本、朱本、鄒本作「待」。

⑤ 適：原作「道」，據庫本、鄒本、本集改。

⑥ 「上令」二句：「集議嬖」三字原缺，據庫本、本集補。「宮」原作「公」，據庫本、朱本、本集改。

⑦ 訂：原作「釘」，據庫本、本集改。朱本、鄒本作「定」。

⑧ 榜：庫本、本集作「像」。按：「榜」謂神位木牌，可通。

⑨ 席：原作「帝」，據本集改。

太史局官，皆無以對。卒無知曆者①。公又參酌《開寶通禮》《政和五禮新儀》爲一書，雖下禮官，亦不能成。九月丁酉，日當夜食，公爲社壇祭告官，伐鼓禮廢②，公舉行之。

　　先是，垕入秘書爲正字，旋兼國史編修、實錄檢討，遷校書、著作，父子同典史事，縉紳榮之。公感上知，論事益切，每集議③，衆未發言，公條陳可否，有執無逢④。會近臣復舉公次子塾應科目，黜於閣試。垕適考校上舍生，發策云云⑤，爲御史所劾，語併及公。垕降一官罷，公以本官知常德府。

　　初，政和七年鼎、澧、辰、沅、靖州置營田刀弩十司⑥，給田募人開邊，范世雄、張察等附會擾民，建炎三年亟罷之。乾道末，守臣劉邦翰請復行於辰、沅、靖三州。公爲轉運，謂不當復。已而提刑尹機迫郡縣行之⑦，田不能給⑧。公至，請度田立額。事下諸司，公獨約帥臣張栻具奏，上即從之。境多茶園，異時禁切商賈，甚至交兵。公曰："官捕茶賊，豈禁茶商？"聽其自如，迄無犬吠警。

　　六年，乞閑，提舉江州太平興國宫。是秋，行明堂大禮，上以公首建議，特除敷文閣待制⑨。頃之，垕、塾繼亡，上欲公以吏事銷憂，起知遂寧府。用蔡挺涇原衙教法闢勤武堂，親閲士卒；其雜居市廛者，葺營聚之。

　　七年，史院進四朝正史，經修官在外者例減磨勘二年。宰執奏正史頗采李燾《長編》，《地里》一志又出其手，詔減年外別轉一官。公自奉議郎，年勞、賞典，積官朝議大夫⑩，避父名，遇遷秩寄理者三，於是轉通議大夫。

　　公以酒課加重，奏："榷酤起王莽，而成於德宗⑪。本朝郡釀有數，監司尚不許⑫，今乃設法勸飲，以斂民財。縱未能盡弛，猶當用買撲舊法罷去官監。"上意鄉之，而計司迫贍軍，日減三十緡而已。公節用度，停茶錢，官府肅然。

　　前，得旨⑬，《長編》或有增損，依熙寧修《三經義》法具奏，至是上四千四百五十餘條。又以一百六十八年事散九百八十卷，一覽難周，別爲《舉要》六十八卷，《總

---

① "知"字原脱，據庫本、本集補。
② "廢"字原脱，據庫本、本集、《宋史》本傳補。
③ 集：原作"業"，據上引改。
④ "執"字原脱，據萬曆本、朱本、鄒本補。此句庫本、本集作"無所避"。按："有執無逢"，謂有堅持而無迎合，可通。
⑤ 云云：原作"云□□"，據庫本、本集補正。
⑥ 政和：原作"正和"，據萬曆本、朱本、鄒本、本集改。
⑦ 尹機：原作"引機"，據鄒本、本集、《宋史》本傳改。
⑧ 田：原作"由"，據萬曆以下各本、本集、《宋史》本傳改。
⑨ "待"字原重，據上引刪。
⑩ 以上二句，"年勞賞典積"五字誤作"年涉典籍"，據本集改。
⑪ "於"字原無，據萬曆以下各本及本集補。
⑫ 監：原作"鹽"，據庫本、鄒本、本集改。
⑬ 得旨：原作"代旨"，據本集改。

目》五卷，《修撰事目》十卷①。

時召命已下②，公控辭久之，上數詢來期。十年六月，對延和殿邇英閣③。方讀陸贄奏議，公摭言切今者數十事，勸上力行，且曰："贄雖相德宗，其實不遇，今可謂千載一時。"上曰："惟不遇於當世，是以言垂後世。"公又奏："陛下即位二十餘年，志在富强，而兵弱財匱④，與'教民七年可以即戎'異矣。"上有無功業之嘆，公曰："功業見於變⑤。人事既修，天應乃至。"上曰："卿宿德耆儒，宜在左右任史職。"進敷文閣直學士、提舉佑神觀、兼侍講、同修國史⑥。

七月，久旱，公進避殿、損膳、求言故事，上亟施行，命侍從、臺諫、兩省、卿監⑦、館職實封言事。趙彥中草詔云"意者委任或非其人⑧"。公奏："陛下委任不過三四大臣⑨。神宗語富弼云：'唐太宗與魏徵議政⑩，全似爭競。'宜敕二府以魏爲法，毋若元豐王珪號'三旨相'。""三旨"者，謂上有可否⑪，珪曰"領聖旨"；諭軍國事，曰"誠如聖旨"；啓擬，曰"取聖旨"也。又謂："戶部不足，南庫有餘，請如唐建中罷瓊林、大盈庫歸左藏。"上以奏付外⑫，讀者失色。丁丑，遂雨一日，宣對，公言："外議陛下多服藥，罕御殿，宮嬪無時進見，浮費頗多。"上曰："感卿忠愛，然朕春秋已高，安得此聲？近唯李婕妤用三萬緡，他無費也。"

上憂熒惑嘗入斗，公言天道遠⑬，惟正厥事，可以彌災。類次漢元鼎至宣和四十五事以進。十一月朔，日當食心八分，公曰："心爲宋分，爲天王位⑭，潛陽將復，陰氣乘之，小人害政，夷狄窺中國之象。"復條上古今日食是月者三十四⑮。明日對延和⑯，又及晉何曾譏武帝無經國遠圖，上甚嘉奬。

是歲，公賦詩云："明年七十吾歸矣，預買北關門外舟。"至冬疾作，三省請給告十日，上曰："老者不以筋骨爲禮，可半月。"十一年春，表乞致仕，優詔不允。上數

---

① "撰"字原脱，據本集補。
② 召：原作"詔"，據本集改。按："召"謂召其來朝，不當作"詔"。
③ "閣"字原脱，據本集補。
④ 弱：原作"約"，據庫本、朱本、鄒本、本集改。
⑤ "變"下《宋史》本傳有"通"字，較順。
⑥ 同：原作"自"，據庫本、本集、《宋史》本傳改。
⑦ 監：原作"諫"，據本集改。
⑧ 云：原作"之"，據萬曆以下各本及本集改。
⑨ 任：原無，據本集補。
⑩ 太宗：原作"太祖"，據庫本、朱本、鄒本、本集改。徵：原作"證"，據萬曆以下各本及本集改。
⑪ 謂：原作"謁"，據本集改。
⑫ 付：原作"復"，據本集改。
⑬ 公：原作"宮"，據庫本、朱本、鄒本及本集改。
⑭ 王：原作"正"，據萬曆以下各本、本集、《宋史》本傳改。
⑮ 三十四：原作"二十四"，據本集、《宋史》本傳改。
⑯ 此句原作"明白付延和"，據庫本、本集改。

問宰執公疾增損何如，"萬里召來，豈容輕去？"丞相王淮曰："燾知進退，宜從所請。"上曰："脫不幸有故於道路，奈何？可諭其鄉人給事中宇文价留之。"价傳上旨，公曰："臣子戀闕，非老疾，忍乞骸骨？"因詢价時事，勉以忠蓋。聞四川制置使留正①、總領馮憲論減酒額，猶手箚贊廟堂行之。

二月，病棘。甲子，除敷文閣學士，轉一官致仕。命下，喜曰："事了矣。"口占遺表云："臣年七十，死不爲夭，所恨報國缺然。願陛下經遠以藝祖爲師，用人以昭陵爲法。"辭氣安定，俄卒。上聞嗟惻，賻銀絹三百匹兩，贈光禄大夫，令臨安治後事，沿江漕司津置歸舟。他日，語宇文价曰："朕嘗許燾大書'續資治通鑑長編'七字，且用神宗賜司馬光故事，爲序冠篇，不謂止此也。"

公孝友誠實，性無嗜好，惟潛心經史。有《易學》五卷，《春秋學》十卷。故其出處本於潔靜精微，著述則評論今古，別白善惡，得褒貶之旨。所至求奧篇隱帙，傳錄讎校，雖陰陽小説亦無遺者，家藏積數萬卷。爲文語遒而理備②。考蜀類試，參詳南省，多得名士，薦人輒削稿。前兩入朝③，適虞允文暨趙雄當路，士大夫争談兵，二公皆蜀人，雅敬公，公一無所徇。晚在經筵，人頗懷安。公爲上言："前日紛紛，今日默默，俱非自治。"其持論不隨時類此。公著《五經傳授》《尚書百篇圖》《大傳雜説》《七十二子名籍》各一卷，《文集》五十卷④，《奏議》二十卷⑤，《四朝史稿》五十卷，《通論》十卷，《南北攻守録》三十卷，《七十二候圖》《陶潛新傳》並《詩譜》各三卷，《歷代宰相年表》二十三卷，《唐宰相譜》一卷，《江左方鎮年表》六卷，《晉司馬氏本支》《齊梁本支》⑥、《王謝世表》《五代三衙將帥年表》各一卷，《本朝事始》兩卷，《建隆遺事辨》《趙普別傳》⑦《科場沿革》《集賢學士》並《賜帶典故》各一卷，迄韓、文、富、王、歐陽、司馬、三蘇及六君子年譜各三卷⑧。

明年七月乙酉，即葬巽巖之陽。

妻碩人楊氏，同邑贈朝散大夫素之孫，黄庭堅爲記大雅堂者，後公八年卒⑨，祔焉。七子：謙，早死；垕，終奉議郎、主管成都府玉局觀；㚖，今爲朝請郎、權發遣忠州；墊，終承務郎；垈，亦亡；壁、㙷皆登科⑩，壁今爲朝散郎⑪、權發遣漢州，㙷

---

① 制置使：原作"制置事"，據本集改。
② 遒：原作"道"，據朱本、鄒本、本集改。
③ "入"字原脱，據庫本本集補。
④ 文集：原作"文籍"，據譚校、本集、《宋史》本傳改。五十：原作"三十"，據本集、《宋史》本傳改。
⑤ 二十卷：《宋史》本傳作"三十卷"。
⑥ 齊梁本支：原脱，據庫本、本集、《宋史》本傳補。
⑦ 趙普：原作"趙著"，據庫本、朱本、鄒本、本集改。
⑧ 各三卷：本集作"各一卷"。
⑨ "八"字原脱，據庫本、本集補。
⑩ 㙷：原作"墮"，據庫本、朱本、鄒本、本集改。
⑪ "壁"字原在"郎"字下，據本集移。

承議郎、主管華州雲臺觀。六女：均適朝散郎、知果州曹執中；坑適朝奉大夫、知崇慶府帥祖慶①；壇適迪功郎、漢州州學教授任阜②；堹適謝純穎③，增適承議郎、充雲安軍使兼知縣事張伸；堪適朝散大夫、利州路提點刑獄公事范子庚。孫十一人：鏗，宣義郎④；錫，修職郎、彭州九隴主簿⑤；鏗、鈢、鈘、周、銷、鑪、銓、積、簡。其三今亡，鈢、周、鑪也。女三人：長馴，早夭；次真，適修職郎孫剛，亦不在；從，適迪功郎⑥、新雅州蘆山縣簿尉劉成季。曾孫十一人。公爵丹棱縣開國伯，食邑七百户。諸子升朝⑦，贈少師，而贈楊氏福國夫人。

銘曰：

《尚書》記言，《春秋》書事。經列以六，史居其二。漢太史公，儀尊相臣。我朝大典，亦歸宰庭。時政有記，起居有注。東觀石渠，諸儒所聚。設官分職，上下相維。合力纂修，猶懼闕遺。公生遐方，初筮州縣。間於朝會，屈身鉛槧。祖功宗德，業鉅事叢⑧。政有因革，論多異同。禮樂制作，夷狄叛服。原始要終，咸舉綱目。三入承明，乞用奏篇。帝擬以光，士推如遷。問胡云然？多聞諒直。舞禮文姦，視若仇敵⑨。以正事君，忠諤不欺。出而臨民，敬簡無私。赫赫榮名，番番壽耇。慶流子孫。殀則何有。螭首龜趺，刻以銘章。申勸剛者，公爲不亡⑩。

塗山古碑　　　　　　　　　　　　　　　　　（元）賈　元⑪

至正十五年三月初四日，涪陵賈易巖撰⑫。

《華陽志》云：渝郡塗山，禹后家也。古廟廢宋，至壬辰，郡守費著仍建廟。嘗考娶於塗山之説，一謂在此，一謂在九江當塗。《東漢郡志》云：塗山在巴郡江州。杜預考曰：巴國也，有塗山禹廟。又古《巴郡志》云：山在縣東五千二百步岷江東坼，高七里，周圍三十里。酈道元《水經》云：江州塗山有夏禹廟、塗后祠，九江當塗亦有

---

① 坑：原作"坑"，據朱本、鄒本、本集改。帥：本集作"師"。
② "州"字原不重，據本集補。
③ 堹：原作"典"，據庫本、朱本、鄒本改。謝純穎：本集作"薛絃穎"。
④ 義：原作"議"，據本集改。
⑤ 九隴：原作"九壠"，據朱本、鄒本、本集改。
⑥ 迪功郎：原作"功務郎"，據庫本、本集改。萬曆本、朱本、鄒本作"承務郎"。
⑦ 升朝：原作"外朝"，據庫本、朱本、鄒本及本集改。
⑧ 叢：原作"嚴"，據本集改。按："叢"與下句"同"叶韻。
⑨ "視若仇敵"四字原脱，據庫本、本集補。
⑩ 亡：原作"忘"，據本集改。
⑪ 原署作"賈易巖"，下注："考《長壽志》名元。"
⑫ 此二句朱本、鄒本置於文末。或是原碑本刻於文前，今姑仍其舊。

之。杜預所謂巴國江州，乃今重慶巴縣，則江州非九江之江州，《漢史》《蜀志》有稽。至今洞曰塗洞，村曰塗村，灘曰遮夫，石曰啓母①。

復合《帝王世紀》《蜀本紀》《華陽國志》《元和志》等書參考之，禹乃汶山郡廣柔人，其母有莘氏，感星之異，生禹於石紐廣柔。隋改廣柔爲汶川。石紐在茂州域，隸石泉軍。所生之地方百里，夷人共營之，不敢居牧，靈異可畏。禹爲蜀人，生於蜀，娶於蜀。古今人情不大相遠②，道江之役，往來必經，過門不顧，爲可憑信。先是，帝曾大父曰昌意，爲黃帝次子，娶蜀山氏，生帝顓頊。顓頊生鯀，鯀生帝，帝之娶於蜀，又有自來。又謂蜀塗山肇自人皇，爲蜀君掌塗山之國，亦一徵也。

至會諸侯於塗山。當以九江郡者爲是。《東漢郡志》云：山在當塗。杜預云：在壽春東北，今有禹會村。柳子有銘，蘇子有詩。且於天下稍向中，會同於此宜矣。《通鑑外紀》亦云：禹娶塗山之女，生子啓，南巡狩，會諸侯於塗山。如是，則娶而生子，生子而後南巡，南巡而後會諸侯。娶則在此，會則在彼，次序昭然。會稽乃致群臣之地，或崩葬之所，故有禹穴。所謂塗山，一曰棟山，一曰防山，紛紛不一。太平乃晉成帝世當塗之民徙居於此，故亦名其縣曰當塗，好事者援此以爲説，而實非塗山。世次綿遠，地名改易，煩亂傅會不足徵。況會稽塗山，在禹時未入中國，禹安得娶彼哉？今特辨而正之，庶祠廟之建，得其本真，而禹后受享於誕生之地，尤不可闕爾。

賜修蜀堰碑③

（元）揭傒斯

江水出蜀西南徼外，東至於岷山，而禹導之。秦昭王時，蜀太守李冰鑿離堆，分其江以灌川蜀，川蜀以饒。自秦歷千數百年，所過衝薄蕩囓④，大爲民害。有司歲治堤防百三十二所，役兵民多者萬餘人，少者千人，其下猶數百人。人七十日，不及七十日，雖事治，不得休息。其不役者⑤，日三緡。富屈於貲，貧屈於力，上下交病。會其費，歲不下七萬緡，毫髮出於民，十九藏於吏。概其所入，不足以更費。

今上皇帝即位之明年，僉四川廉訪司事吉當普巡行周視，得要害之處三十有二，餘悉罷之。且召灌州判官張弘計曰：「若甃之石，則役可罷。民蘇弊除，胡憚而莫之爲？」弘曰：「公慮及此，生民之福，國家之幸，萬世之利也。」弘請出私錢，試以小

---

① 石：原作「后」，據朱本、鄒本、嘉慶《四川通志》卷四〇改。《漢書‧武帝本紀》元封元年：「見夏后啓母石。」顏師古注引應劭曰：「啓生而母化爲石。」又引《淮南子》：「塗山氏往，見禹方作熊，慚而去，至嵩高山下化爲石，方生啓。禹曰：'歸我子。'石破北方而啓生。」據此，字當作「石」
② 遠：原作「還」，據庫本、朱本、鄒本改。
③ 《揭文安公全集》卷一二題作《大元敕賜修堰碑》。
④ 過：原作「置」，據本集改。朱本、鄒本作「值」。
⑤ 「其」字原在上句「不得」下，據朱本、鄒本、雍正《四川通志》卷一三上乙。本集無「其」字。

堰。堰成，水暴漲，堰不動。乃具文書會行省及蒙古軍七翼之長、郡縣守宰、鄉遂之老，各陳便宜，皆曰便。復禱於冰祠，與神約："昔鑿離堆，以富川蜀，建萬世之利，神功也。今水失其道，民失其利，吏乘其弊若此，而神弗之救，是神之惠弗終也。神克相予於治，弗予相，請與神從事。"卜之，吉。於是徵工發徒，以至元改元十有一月朔，肇事於都江堰。

都江，即禹鑿之處，分水之源也。鹽井關限其西北，水西關據其西南①，江南北皆東行。北舊無江，冰鑿以避沫水之害。中爲都江堰，少東爲大小釣魚磯，又東跨二江爲石門，以節北江之水。又東爲利民臺，臺之東南爲侍郎、楊柳二堰。其水自離堆分流入於南江，南江東至鹿角，又東至金馬口，又東過大安橋，入於成都，俗稱大皂江，江之正源也。

北江少東爲虎頭山，爲鬬雞臺。臺有水則，尺爲之畫，凡十有一②。水及其九，其民喜，過則憂；盡沒其則，則民困。乃書"深淘灘，低作堰"六字其旁，爲治水之法。皆冰所爲也。又東爲離堆，又東過凌虛、步雲二橋，又東至三石洞，釃爲二渠：其一自馬騎東流過郫縣③，入於成都，古謂之內江，今府江是也；其一自三石洞北流，過將軍橋，又北過四石洞，折而東流，過新繁，入於成都，古謂之外江，即冰所穿二江也。

南江自利民臺有支流，東南出萬工堰，又東爲駱駝④，又東爲確口⑤，繞青城而東，鹿角之北涯，有渠曰馬壩，東流至成都，入於南江。渠東行二十餘里，水決其南涯四十有九，歲疲民力以塞之。乃自其北涯鑿二渠，與楊柳渠合。東行數十里，復與馬壩渠會，而渠始安流。自金馬口之西鑿二渠，合金馬渠，東南入新津，罷藍淀、黃水、千金、白水、新興至三利十二堰。

北江三石洞之東，爲外應、顏上、五斗諸堰。外應、顏上之水皆東北流入於外江，五斗之水南入於馬壩渠，皆內江之支流也。外江東至崇寧，亦爲萬工堰，堰之支流自北而東，爲三十六洞，過清白堰，東入於彭、漢之間。而清白堰水潰其南涯，延袤二里餘，有司因潰以爲堰，堰壞，乃疏其北涯舊渠，直流而東，罷其堰及三十六洞之役。

嘉定之青神有堰曰鴻化，則授成其長吏，使底其功、應期而畢。若成都之九里堤、崇寧之萬工堰、彭之堋口、豐潤、千江、石洞、濟民、羅江、馬脚諸堰，工未及施，而詔亦責長吏農隙爲之⑥。

諸堰，都江及利民臺之役最大，侍郎、楊柳、外應、顏上、五斗次之，鹿角、萬工、駱駝、確口、三利又次之。而都江又居大江中流，故以鐵萬六千斤鑄爲大龜，貫

---

① "限其西北水西關"七字原脱，據本集及《元史》卷六六《河渠志三》補。
② "十"字原脱，據本集補。
③ 自：原作"字"，據萬曆以下各本改。"自"字下本集及《元史·河渠志三》有"上"字。按："上馬騎""下馬騎"乃堤名，見雍正《四川通志》卷一三上，疑有"上"字是。
④ "駱駝"下《元史·河渠志三》有"口"字。
⑤ 確口：原作"確石"，據本集、《元史·河渠志三》改。下同。
⑥ 詔：原作"召"，據本集改。

以鐵柱，而鎭其源，以捍其浮槎，然後即工。諸堰皆甃以山石，範鐵以關其中，取桐實之油，刀麻爲絲，和石之灰，以苴罅漏，禦水潦，岸善崩者，密築江石以護之，上植楊柳，旁種蔓荆，櫛比鱗次，賴以爲固，蓋以數百萬計。所至或疏舊渠而導其流，以節民力；或鑿新渠而殺其勢，以益民用。遇水之會，則爲石門，以時啓閉而泄蓄之。凡智力所及，無不爲也。

初，郡縣及兵家共掌都江之政，延祐七年，其兵官奏請獨任，郡縣乃以其民分治下流諸堰，廣其增修而大其役，民苦之①，至是復合焉。常歲獲水之用僅數月，堰輒壞，今雖緣渠所置碓磑、紡績之處以千萬數，四時流轉而無窮。

其始至，都江水深廣莫可測，忽有大洲湧出其西南，方可數里，人得用事其間。入山伐石，崩石已滿，隨取而足用，所向皆然。蜀故多雨，自初役至工畢無雨雪，故力省而工倍，民不知勞。若有相之者，亦其忠誠所感如此。致使天子賜酒之使相望於道，臺省勸工之檄不絕於使②，所漑六州十二縣之民咸歌舞焉。而下自郡縣、上至藩部，惡其害己，且疾且怨，或決三洞之水以灌其次，或毀都江之石以壞其成。撓之百計，不拔益固。

甫五閱月，大功告成，百一恒費，民永休饗，古未有也。而吉當普會以監察御史召，省臺上其功，詔臣谿斯紀之於碑。

臣聞水先五行，食首八政，九疇之叙，其次可觀矣。夫水者，衣食之源也。然所以爲利，亦所以爲害，在善導之而已。禹平水土，猶己溺之；后稷播種，猶己饑之，萬世有稱焉。是故爲政不本於農，不先於水，是爲不知務，是謂冥行之臣。李冰一鑿離堆③，民受其賜。吉當普一修其業，神且不違。彼失其利而欲廢之，不亦卑乎！

惟吉當普才大而德敏④，愛深而知遠，不枉其道，不屈其志，臨難忘身，爲國忘家，安於命而勇於義，而知所先務，故事可立而功可建。其任四川，請罷鹽運司，正鹽井之法以去姦利⑤；置安撫司以撫四方流寓之民，使安其耕鑿。及居臺端，知無不言，言無不合，誠國之寶也。判官張弘禪智竭慮⑥，終始克相，其志雖百折而不悔，亦今之賢有司乎！

是役也，石工、金工皆七百人，木工二百五十人⑦，徒三千九百人，而蒙古軍居其二千⑧。糧爲石千有奇，石之材取於山者百萬有奇，石之灰以斤計六萬有奇，油半之，鐵六萬五千，麻五千。最其工之直、物之賈，以緡計四萬九千有奇，皆出於民之庸積而在官者。餘二十萬一千八百緡，責灌守以貸於民，歲取其息，以備祭祀若淘灘修堰

---

① 苦：原作"若"，據萬曆以下各本及本集改。
② 勸：原作"觀"，據本集改。
③ 鑿：原作"作"，據朱本、鄒本、本集改。
④ 德敏：原作"敏德"，據萬曆本、朱本、鄒本、本集乙。
⑤ 姦：原作"好"，據庫本、朱本、鄒本、本集改。
⑥ 禪：原作"碑"，據萬曆以下各本及本集改。
⑦ 木工：原作"水工"，據本集、《元史·河渠志三》改。
⑧ 二千：原作"二工"，據本集、《元史·河渠志三》改。

之供。仍蠲灌之兵民常所繇役①，以專其堰事。

嗚呼！後之莅此土者，尚永監於兹，勿怠其政、隳其事，以爲民病，以爲國家憂。臣謹拜手稽首，而作頌曰②：

> 鑿離堆兮江勢分，川蜀饒兮民忘爲秦。秦可忘兮國有人，何後世兮忘吾民。歲伐竹兮歷巖嶙，載亂石兮堰江濤。堰無功兮民孔勞，民孔勞兮天不弔。龍伯怒兮江妃笑，豈江之爲患兮惟人自厚。龍節兮繡衣，煒皇皇兮不我遺。召龍工兮汝爲，汝詎知兮予所期。江滔滔兮廣且深，黿鼉出没兮蛟龍晝吟。下不可以極兮上若有臨，洲澶漫兮江之心。吾伐石兮石自摧，吾召民兮民子來。堰既作兮民無患災，此豈予之功兮神汝哀。神洋洋兮功既畢，堰永固矣民安佚。川蜀饒兮國之實，千萬年兮功不失，惟帝之力兮臣之職。

廣祐英惠王父子碑銘③

（元）無名氏

天一浚靈，多原於西。岷山導江，禹績可稽。民生之初，惟水利賴。夫既利之，胡忍貽害？運有推遷，事有因革。保制安危，神實任責。於穆英惠，藩屏坤維。於赫仁祐，駿烈四馳。自秦徂漢，禩以千計。維王父子，蜀境是庇。江源自蜀，王鑿其阻。蜀溉餘波，厥施乃溥。江趨而東，勢通蜀山。春夏暴漲，横潰是閑。既遏其衝，又決其支。以漫以灌，惟堰是資。昔王受命，司我芻牧。爲兹惠利，以阜我蜀。今我蜀民，作堰歲勞，殫智疲力，以捍江濤。僉憲有謀，將息斯患。王實誘之，肯遺以艱。吏籲於王，願授指教。王緰之詞，繼導之玟。詢謀允孚，百役以興。厥志無二，惟王之憑④。象鼻之漲，茫無津涯。湧爲淺瀨，有礫有沙。匠陟彼巘，言鑿其堅。山夜發洪，

---

① 繇：原作"隆"，據萬曆本、朱本、鄒本改。本集作"徭"，與"繇"通。

② 原本及萬曆本此篇至此而止，而無以下頌文。朱本、鄒本及雍正《四川通志》卷一三上直以下篇《廣祐英惠王父子碑銘》作爲此篇之頌，而删去其標題，誤，詳見下篇校記。查《揭文安公文集》原文，此篇之頌並無缺失，今據以補足。

③ 廣祐：《元史》作"廣裕"（見下）。按：作"祐"是。宋代已封李冰爲廣祐英惠王，元代只是再加字。又按：朱本、鄒本及雍正《四川通志》卷一三上直以此文作爲上篇之頌文，而删去此題，大誤。其一，上篇之頌，原文自在於揭傒斯之文集，與此文全異。其二，本文中有"於穆英惠""於赫仁祐"二語，此乃是李冰父子之封號。又云："顯允二神，作我蜀郛。聖神在祐，懷柔百神。封章來上，亟命詞臣。錫以徽稱，華以書命。以旌王功，以致朕敬。"又云："詞臣作歌，守吏眂（視）刻。"可見此篇乃是皇帝加封李冰父子封號時詞臣所作碑銘。考《元史》卷三四《文宗紀》載：至順元年正月，"加封秦蜀郡太守李冰爲聖德廣裕英惠王，其子二郎神爲英烈昭惠靈顯仁祐王"，與此篇之内容全合，可以確證此文作於元文宗至順元年（公元一三三〇），惟不知作者爲誰。而前篇揭傒斯之《修堰碑》乃作於元惠宗至元二年（公元一三三六），相隔六年，二文之内容亦不同，不得混而爲一，今分出獨爲一篇。

④ 王：原作"土"，據庫本、朱本、鄒本改。

穴不待穿。匠取彼石，既磊既砢。撝椎運斤①，惟右惟左。蜀山不雲，蜀日旦出。涉冬屆春，民就愛日。彼揵彼蕾②，昔木今石③。其崇言言，永固爾塂。民聽馨鼓④，追思往年。富民釀錢，耕者廢田。今茲永逸，孰究我圖。顯允二神，作我蜀郛。聖神在御，懷柔百神。封章來上，亟命詞臣。錫以徽稱，華以書命⑤。以旌王功，以致朕敬。渙號於庭，揭虔於祠。朕命不褻，神惟顯思。登瀛有臣，復請誄賜。俞音自天，寵命荐至。嗟彼羸民，百郡列署。惟茲蜀守，勳烈昭著。異趨殊歸，惟德與力。王初庇民，顧盡乃職。豈謂異世，猶濯厥靈。俾王初志，炳乎丹青。王不恃力，務德是勤。有偉斯績，益光前聞。詞臣作歌，守吏厎刻。江流泛泛，昭彼無極。

① 椎：原作"錐"，據萬曆本、朱本、鄒本改。
② 揵：原作"犍"，據朱本、鄒本改。《漢書·溝洫志》："隤林竹兮揵石菑。"
③ 木：原作"水"，據朱本、鄒本改。此言障水之堤堰，昔以木樁爲之，今則易之以石。
④ 馨：原作"鼜"，據庫本、朱本、鄒本改。
⑤ 書：原作"畫"，據朱本、鄒本改。

全蜀藝文志卷之四十八

論 説 辯 考 述 議

四子講德論　　　　　　　　　　　　　　　　　　　　（漢）王　襃

　　襃既爲益州刺史王襄作《中和》《樂職》《宣布》之詩，又作論①，名曰《四子講德》，以明其意焉。

　　微斯文學問於虛儀夫子曰："蓋聞'國有道，貧且賤焉，恥也。'今夫子閉門距躍，專精趨學有日矣。幸遭聖主平世，而久懷寶，是伯牙去鍾期，而舜、禹遁帝堯也。於是欲顯名號、建功業，不亦難乎！"

　　夫子曰："然，有是言也。夫蚊䖟終日經營，不能越階序；附驥尾則涉千里，攀鴻翮則翔四海。僕雖頑嚚，願從足下；雖然，何由而自達哉？"

　　文學曰："陳懿誠於本朝之上②，行話談於公卿之門。"

　　夫子曰："無介紹之道，安從行乎公卿？"

　　文學曰："何爲其然也？昔寧戚商歌以干齊桓，越石負芻而寤晏嬰，非有積素累舊之歡，皆塗覯卒遇而以爲親者也。故毛嬙、西施，善毁者不能蔽其好；嫫母、倭傀，善譽者不能掩其醜。苟有至道，何必介紹？"

　　夫子曰："咨！夫特達而相知者，千載之一遇也；招賢而處友者，衆士之常路也。是以空柯無刃，公輸不能以斲；但懸曼繒，蒲苴不能以射。故膚騰撇波而濟水，不如乘舟之逸也；衝蒙涉田而能致遠，未若遵塗之疾也。才蔽於無人，行衰於寡黨，此古今之患。惟文學慮之。"

　　文學曰："唯唯，敬聞命矣。"

　　於是相與結侶，攜手俱遊，求賢索友，歷於西州。有二人焉，乘輅而歌。倚軾而聽之，詠嘆中雅，轉運中律，嘽緩舒繹，曲折不失節。問歌者爲誰，則所謂浮游先生、陳丘子者也。於是以士相見之禮友焉。

---

①　論：《文選》卷五一作"傳"。
②　懿：朱本、鄒本作"懇"。按：《文選》李善注本作"懇"，五臣注本作"懿"。

禮文既集，文學、夫子降席而稱曰："俚人不識，寡見尠聞。曩從末路，望聽玉音，竊動心焉。敢問所歌何詩，請聞其說。"

浮游先生、陳丘子曰："所謂《中和》《樂職》《宣布》之詩，益州刺史之所作也。刺史見太上聖明，股肱竭力，德澤洪茂，黎庶和睦，天人並應，屢降瑞福，故作三篇之詩以歌詠之也。"

文學曰："君子動作有應，從容得度。南容三復'白珪'，孔子睹其謹戒；太子擊誦《晨風》，文侯諭其指意。今吾子何樂此詩而詠之也？"

先生曰："夫樂者感人密深而風移俗易。吾所以詠歌之者，美其君術明而臣道得也。君者中心，臣者外體。外體作，然後知心之好惡；臣下動，然後知君之節趨。好惡不形，則是非不分；節趨不立，則功名不宣。故美玉蘊於碔砆，凡人視之恢焉；良工砥之，然後知其和寶也。精煉藏於鑛樸，庸人視之忽焉；巧冶鑄之，然後知其幹也。況乎聖德巍巍蕩蕩，民氓所不能命哉！是以刺史推而詠之，揚君德美，深乎洋洋，罔不覆載，紛紜天地，寂寥宇宙。明君之惠顯，忠民之節究，皇唐之世，何以加茲！是以每歌之，不知老之將至也。"

文學曰："《書》云'迪一人，使四方若卜筮'。夫忠賢之臣，導主志，承君惠，攄盛德而化洪，天下安瀾，比屋可封，何必歌詠詩賦可以揚君哉？愚竊惑焉。"

浮游先生色勃眥溢①，曰："是何言歟！昔周公詠文王之德而作《清廟》，建為頌首；吉甫嘆宣王'穆如清風'列於《大雅》。夫世衰道微，偽臣虛稱者，殆也；世平道明，臣子不宣者，鄙也。鄙殆之累，傷乎王道。故自刺史之來也，宣布詔書，勞來不息，令百姓遍曉聖德，莫不霑濡。厖眉耆耈之老咸愛惜朝夕，願濟須臾，且觀大化之淳流。於是皇澤豐沛，主恩滿溢，百姓歡欣，中和感發，是以作歌而詠之也。傳曰：'詩人感而後思，思而後積，積而後滿，滿而後作。''言之不足，故嗟嘆之；嗟嘆之不足，故詠歌之；詠歌之不厭，不知手之舞之，足之蹈之也。'此臣子於君父之常義②，古今一也。今子執分寸而罔億度，處把握而却寥廓，乃欲圖大人之樞機，道方伯之失得，不亦遠乎！"

陳丘子見先生言切，恐二客慚，膝步而前曰："先生詳之。行潦暴集，江海不以為多；鯂鱧並逃，九罭不以為虛。是以許由匿堯而深隱，唐氏不以衰；夷、齊恥周而遠餓，文武不以卑。夫青蠅不能穢垂棘，邪論不能惑孔墨。今刺史質敏以流惠，舒化以揚名③，采詩以顯至德④，歌詠以董其文。受命如絲，明之如縞，甘棠之風，可倚而俟也。二客雖窒計沮議，何傷？"顧謂文學、夫子曰："先生微矜於談道，又不讓乎當仁，亦未巨過也，願二子措意焉。"

夫子曰："否。夫雷霆必發，而潛底震動；枹鼓鏗鏘，而介士奮竦。故物不震不

---

① 眥：原作"皆"，據萬曆本、庫本、朱本、鄒本、《文選》改。
② 臣子：原作"君子"，據朱本、鄒本、《文選》改。
③ 名：原作"君"，據庫本、朱本、鄒本、《文選》改。
④ "德"字原脫，據上引補。

發,士不激不勇。今文學之言,欲以議愚感敵,舒先生之憤,願二生亦勿疑。"於是文繹復集,乃始講德。

文學、夫子曰:"昔成康之世。君之德與?臣之力也?"

先生曰:"非有聖智之君,惡有甘棠之臣?故虎嘯而風寥唳,龍起而致雲氣,蟋蟀俟秋吟,蜉蝣出以陰。《易》曰:'飛龍在天,利見大人。'鳴聲相應,仇偶相從,人由意合,物以類同。是以聖主不遍窺望而視以明,不殫傾耳而聽以聰。何則?淑人君子,人就者眾也。故千金之裘,非一狐之腋;大廈之材,非一丘之木;太平之功,非一人之略也。蓋君為元首,臣為股肱,明其一體,相待而成;有君而無臣,《春秋》刺焉。三代以上,皆有師傅,五伯以下,各自取友。齊桓有管、鮑、隰、寧,九合諸侯,一匡天下。晉文有咎犯、趙衰,取威定伯,以尊天子。秦穆有王王廖、由由余、五羖,攘卻西戎,始開帝緒。楚莊有孫叔、子反,兼定江淮,威震諸夏。句踐有種、蠡、渫庸,剋滅強吳,雪會稽之恥。魏文有段干、田、翟,秦人寢兵,折衝萬里。燕昭有郭隗、樂毅,夷破強齊,困閔於莒。夫以諸侯之細,功名猶尚若此,而況帝王選於四海、羽翼百姓哉!故有賢聖之君,必有明智之臣。欲以積德,則天下不足平也;欲以立威,則百蠻不足攘也。"

"今聖主冠道德,履純仁,被六藝,佩禮文;屢下明詔,舉賢良,求術士,招異倫,拔駿茂。是以海內歡慕,莫不風馳雨集,襲雜並至,填庭溢闕。含淳詠德之聲盈耳,登降揖讓之禮極目。進者樂其條暢,怠者欲罷不能,偃息匍匐乎《詩》《書》之門,遊觀乎道德之域,咸潔身修思,吐情素而披心腹,各悉精銳,以貢忠誠,允願推主上,弘風俗,而騁太平。濟濟乎多士,文王所以寧也。若乃美政所施,洪恩所潤,不可究陳。舉孝以篤行,崇能以招賢;去煩蠲苛以綏百姓,祿勤增奉以厲貞廉;減膳食,卑宮觀,省田官,損諸苑,疏繇役,振乏困,恤民災害,不皇遊宴;閔耄老之逢辜,憐纂經之服事,惻隱身死之腐人,悽愴子弟之縲匿。恩及飛鳥,惠加走獸,胎卵得以成育,草木遂其零茂。'愷悌君子,民之父母',豈不然哉!"

"先生獨不聞秦之時邪?違三王,背五帝,滅《詩》《書》,壞禮義;信任群小,憎惡仁智,詐偽者進達,佞諂者容入。宰相刻峭,大理峻法。處位而任政者皆短於仁義,長於酷虐,狼摯虎攫,懷殘秉賊。其所臨苾,莫不肌慄慴伏,吹毛求疵,並施螫毒。百姓徵彸①,無所措其手足,嗷嗷愁怨,遂亡秦族。是以養雞者不畜狸,牧獸者不育豺,殖木者憂其蠹②,保民者除其賊。故大漢之為政也,崇簡易,尚寬柔,進淳仁,舉賢才,上下無怨,民用和睦。今海內樂業,朝廷淑清,天符既彰,人瑞又明,品物咸亨,山川降靈,神光燿暉,洪洞朗天。鳳凰來儀,翼翼邕邕,群鳥並從,舞德垂容。神雀仍集,麒麟自至,甘露滋液,嘉禾櫛比。大化隆洽,男女條暢,家給年豐,咸則三壤,豈不盛哉!昔文王應九尾狐而東夷歸,周武王獲白魚而諸侯同辭,周公受秬邑而鬼方臣,宣王得白狼而夷狄賓,夫名自正而事自定也。今南郡獲白虎,亦偃武興文

① 徵彸:萬曆以下各本及《文選》五臣注本作"怔忪"。"徵彸"與"怔忪"通。
② 殖:朱本、鄒本、《文選》作"樹"。

之應也；獲之者張武，武張而猛服也。是以北狄賓洽，邊不恤寇，甲士寢而旌旗仆也。"

文學、夫子曰："天符既聞命矣，敢問人瑞。"

先生曰："夫匈奴者，百蠻之最強者也。天性憍蹇，習欲桀暴，賤老貴壯，氣力相高。業在攻伐，事在獵射，兒能騎羊，走箭飛鏃。逐水隨畜，都無常處，鳥集獸散，往來馳騖，周流曠野，以濟嗜欲。其耒耜則弓矢鞍馬，播種則扞弦掌拊，收秋則奔狐馳兔，穫刈則顛倒殪仆。追之則奔遁，釋之則爲寇。是以三王不能懷，五伯不能綏，驚邊杭士，屢犯芻蕘，詩人所歌，自古患之。今聖德隆盛，威靈外覆，日逐舉國而歸德，單于稱臣而朝賀。乾坤之所開，陰陽之所接，編結沮顏①、燋齒梟睛、剪髮黥首、文身裸袒之國，靡不奔走貢獻，歡忻來附，婆洗嘔吟，鼓掖而笑。夫鴻均之世，何物不樂，飛鳥翕翼，泉魚奮躍。是以刺史感懣舒音而詠至德，鄙人黔淺，不能究識，敬遵所聞，未剋殫焉。"

於是二客醉於仁義，飽於盛德，終日仰嘆，怡懌而悅服。

蜀山氏紀論②

(宋) 羅 泌

嗚呼！山川設險，此天地之所以限疆界也。嗟人之生，雖聖且智，其精神固有限劑而動，地之不可極，今古同也。奈何多欲之君，谿心壑志，貪以取敗，然後百罅啓而天地閉矣。予讀揚雄《蜀紀》，而感夫蜀之所以通中國者。

夫蜀之爲國，富羨饒沃，固自一天壤也。西番東漢，北秦南廣，一障之隔，自生民以來，君君世紹，蜀不知有中國，而中國亦莫知有蜀。五帝以來，羈縻服外，蜀固不爲中國少，而中國亦不爲蜀不足也。逮安王時，蜀王貪悷，求欲無厭，故秦惠得以圖之。飾妖嬈之子③，劉怪誕之牛，以誘其衷，而後褒斜之路棧矣，以故秦人得蜀之資而遂併天下。自是蜀山不閉，莫有其有，至於今爲中州，則貪求之所致也。一自中國之有蜀也，故不可謂之無利也；然而風動之辰，常先他國而綴靈府，一或入保，則無復中國之所有者，是其爲國，固鬼神之所作也。

予既讀《蜀紀》，而感夫蜀之所以通中國者，及讀陳子昂之疏，而又幸蜀之不通於吐蕃也。夫吐蕃之於蜀，猶昔日之秦於蜀也。方其拏唐之兵，大戰則大勝，小戰則小勝，幾十載矣，未嘗亡一旅也。以薛仁貴、郭待封彪武之將，屑十萬之衆於大非之

---

① 沮：原作"阻"，據庫本、朱本、鄒本、《文選》改。

② 氏：原作"詩"。譚校："詩作氏。"按：此文爲羅泌《路史》卷四《因提紀》"蜀山氏"條之後論，文前原無標題，此題當爲楊慎所加。作"氏"是，據改。

③ 子：原作"予"，據《路史》改。庫本作"女"。

川①，一甲不歸；以李敬元、劉審禮廊廟之宰，辱十八萬衆於青海之上，竟不能俘一醜，而關隴爲虛，可謂強矣。然其垂羨全蜀之珍如是之久而不得食者②，徒以山川之阻絕，而障塞之不通也。胡爲議者欲以梁鳳巴蜒之兵開蜀道③，繇雅州以討生羌而襲吐蕃？夫羌人固未易討，而昔者東漢之所繇喪敗者也。嗚呼，其亦幸而不成歟！萬一生羌可破而蜀道遂開，則蜀之寶庫自此轉而西矣。使我而得吐蕃，其財固不足以裕國，其地固不足以穡也，而徒戮無辜之民，竭有常之帑以徇之爾。其或得之而得以穡，亦其異於釋近熟而創遠業乎④，又何異於舍己之田而芸人之田者也？況己之田舍捨，而他人之田未及芸邪！

昔者漢之武帝好大而喜功⑤，使者張騫乃反誇以西域之富，於是嘬兵以爭之⑥，四十年間，中都之財賦、夏國之生靈，略盡於西域矣。非不得其地也，得朔方之郡而自不能以耕也；非惟不能耕也，得朔方之生而棄上谷、造陽之熟以予敵矣⑦。其所以危士臣以締怨者，得大宛良馬數十而已。使齊楚之巨擘怨而交訟，所爭亦不啻是，一何默邪！嗟乎！武之轍既覆於前矣，而隋之裴矩又以西域之圖蕩煬帝之侈心；於是親出玉門，置伊吾、且末，而關右蕭然。始恃盛強，卒歸狼狽，此魏公之所以傷之者也，顧不韙歟！

予常言之：溟渤漲洋⑧，此天地之所以限東徼也；惡溪沸海，此天地之所以限南徼也；惡溪在閩，多屬毒氣，中者溫屯嘔泄，逾者脚輒腐弱，其魚多鰐。沸海常沸，尤多惡魚⑨，朔雲炎洲⑩，貢者經之。陷河、懸度之設乎西，自扇賓西行，歷大小頭痛山、赤土身熱之坂⑪。宋膺《異物志》云⑫：山皆在渠搜之東，疏勒之西。冬月過之，必有頭痛身熱吐逆之患，驢畜皆然，夏日則死。山有毒藥，氣之所爲。又有三池盤道，經三十里，又經烏秅四百里，有懸度山⑬，咫尺之路，

---

① 屑十萬之衆：原作"屑十方卜衆"，據《路史》改。萬曆本、朱本、鄒本作"覆十萬餘衆"，庫本作"屑十萬士衆"。《玉篇》："屑，碎也。"

② 垂羨：原作"羨垂"，據《路史》乙。《蜀中廣記》卷三一引《路史》作"涎垂"。

③ 蜒：原作"蜓"，據朱本、鄒本改。按："蜒"又作"蜑"，爲古代梁州一帶的少數民族。

④ 其：萬曆本、朱本、鄒本作"甚"，《路史》作"何"。按："何"字較順。

⑤ 武帝：原作"帝武"，據萬曆以下各本及《路史》乙。

⑥ 嘬：萬曆本、朱本、鄒本作"聚"。《路史》亦作"嘬"。按："嘬"字不可通，疑本作"撮"，撮亦聚也。

⑦ 敵：原作"故"，據萬曆本、朱本、鄒本改。《路史》作"胡"。

⑧ "洋"字原無，據《路史》補。此句萬曆本、朱本、鄒本作"溟江渤漲"，誤。

⑨ 魚：原作"於"，據《路史》改。

⑩ 朔雲炎洲：原作"翔雲炎淵"，據《路史》改。按："朔"指東方朔。相傳爲東方朔所著之《十洲記》云："炎洲在南海中，地方二千里。"

⑪ 赤土：原作"赤上"，據萬曆以下各本及《路史》改。

⑫ 宋膺：萬曆本、朱本、鄒本作"李膺"，誤。宋膺《異物志》，唐宋人書中（如《史記正義》《通典》《太平寰宇記》《太平御覽》等）多引之。

⑬ 有：原作"石"，庫本、《路史》作"右"，皆不可通。譚校："石作有。"據改。

下臨不測。法顯《記》①：在盤陀西南，今葱嶺。冬夏有雪，即佛書言雪山者②，道有毒龍，犯之輒颺晦飛礫，過者少全。瀚海、沙子之設乎北，此天地之所以遮西而制北者也。沙子在契丹後，彌數千里。乃者女真滅大遼③，其臣大石林牙挈其子，三晝夜逾沙子，立之數十年，粘罕莫能近。激障霧於東維，東南瘴霧，冒者多死，其病如疫而重劇，至七孔逆血。故南方有大小法場之號。今越巂有瘴氣，中之有聲④，著人人死，著木木折，曰"鬼隸"，本山瘴之氣毒也。界黑水於南極，黑水在梁、雍間，涉者則脛皆黑。泄流沙於西陲，裴矩《西域記》："自高昌東南去瓜州千三百里，並沙磧，乏水草，四面茫茫，蓋西州之柳中路也。"又有一路，自柳中縣南行，經大海之東，又東南度磧入伊州⑤，即裴所謂"伊吾路"。今使郵所至高昌，從武威西北，有捷路，度沙磧千餘里，四面茫然，不可準記。行者惟以人畜骸骨、驢駝糞爲誌⑥，大雪即不得行。或道見宮宇，忽聞歌笑，從之者多不反，蓋魑魅也。當且末西北沙中⑦，夏則熱風爲患，惟老駝知之，將作即聚鳴而擁其鼻口，不則危斃。今高昌客旅皆縣伊吾道。決弱水於北瀛⑧，此天地之所以界四維也。出陽關至于匈路，經陷河，伐檉置中乃得度⑨。弱水亦陷河之類，羽毛皆沈。今川廣之界亦惟一小河，渾濕而深⑩，今古不得度，蓋亦弱也。八荒之内，奚有奚無？八荒之外，何窮何止？古之聖人一視同仁，爲吾臣與爲狄人臣奚以異？是故人得其君則已矣。請試舉一隅以憲之。

方升明之二年，倭王奉表以條其祖之勛⑪，謂東西之所服者二百九十有六國。是固海東之國也，倭王之所服者也，其所不服者幾什伯君，其盡制歟？東毛人等五十五國，西服衆夷六十六國，渡北海北九十五國。一云二百二十六國。支顯西遊道，其所記亦數百國，此於甸以西國也，支顯之所知者也，其不知者又不知其幾也。知猛、法盛之録，曇勇、道安之傳，審至之國不下三四五百。太延西域之使⑫，魏氏四道之賓，所奏之國亦不下三四五百。此世之未嘗聞者也。是數千國者，固俱樂土也，其地可謂遠矣，而其人亦未嘗有能道天之涯、地之角者，惡乎貪而不已邪？有《海國説》，見《餘論》。

慮亂者穿其頤，志遠者刺其目。黃帝堯舜非不能服遠也，而所守者，域服之外一無所事。其在周公，亦不過曰"詰爾戎兵，陟禹之迹"而已。夫禹聲教暨於四海，而其制中國若是截也；舜投四凶于四裔：羽出乃今海州，崇山今澧州，幽州則今遼東，而三危乃今

---

① 顯：原作"頭"，據譚校、《路史》改。按："法顯《記》"指東晉高僧法顯《佛國記》。
② 言雪：原作"雪言"，據萬曆以下各本及《路史》乙。
③ 乃者：原作"乃昔"，據《路史》改。
④ 聲：原作"耳"，朱本、鄒本作"行"，據《路史》改。
⑤ 伊州：原作"伊川"，據譚校、《路史》改。
⑥ "以"原作"一"，據譚校、《路史》改。"畜"原作"蓄"，據譚校改。
⑦ 且末：原作"宜末"，萬曆本、朱本、鄒本作"宜水"，均誤，據《路史》改。且末，古代西域地名，在今新疆且末縣。
⑧ 瀛：原作"滅"，據《路史》改。"瀛"與"域"通。
⑨ 置：原作"至"，據《路史》改。此言伐檉木置於其中乃可渡。
⑩ 濕：原作"泾"，據朱本、鄒本、《路史》改。
⑪ 倭：原作"委"，據萬曆以下各本及《路史》改。
⑫ 太延：原作"大延"。按：此指北魏太武帝太延年中遣行人出使西域九國事，見《魏書》卷一〇二《西域傳》，"大"乃"太"之誤，據改。又"西域"原作"四域"，據朱本、鄒本改。

渭水之源。繇今視之，皆爲近地。齊之伐山戎，此特北平之地，而當時已識其遠伐。韓愈之貶潮陽，可謂遠陋，蕭育之守張掖①，固已窮僻，而今更爲內地，放臣遷客遂至編隸朱崖、沙門島上，猶以爲未遠②，豈堯舜之心哉！伊尹四方之令，狗國、豹胡，亦不過三十有六國。來者不可距，往者不爾追，又曷嘗勞吾萌、宣吾府而奉之哉③！

噫！先王之政教，其施於中國者蓋詳矣。推先王之政教以治中國，則禹之所制不爲少矣；不繇先王之政教，則禹之所制猶將不異於戎狄。彼以遠略誇後世，而不詳乎其內者，是豈禹之心也哉！末世之君，不知古者之所以爲國，而以貪求速敗，豈禹□惑邪④？嗚呼！其亦不聞蜀漢、隋氏之事則已矣；少有所知，有不爲之寒心哉！

八陣論　　　　　　　　　　　　　　　　　　　　　（宋）李昭玘

兵陣之事，有不可以言者，有不得不言者。衛靈公在諸侯之任，當以守法爲職，不當問陣；有不仁之資，宜以修德爲務，不宜問陣；然且問之，此孔子所以不對也，所謂不可以言者也。然孔子不對衛靈公之問，將以立教爾，至其自謂，則曰："我戰則克。"其請伐罪，則曰："以魯之衆，加齊之半，宜可克。"是則使孔子中天下而立，定四海之民，其行兵用師之際必有道矣，其不肯驅烏合無律之民以用之立死之地決矣。當是時也，兵陣之事，將習之不暇，而況於言乎！此所謂不得不言者也。世之不善講學者，恥於戎事之不知，則未嘗不以孔子關衛靈藉口。彼不知孔子之關，其旨有在，而文事必有武備，乃吾儒之所當言。戇曰："吾知道而已，兵非吾所知。"其不當問者關之以此，而當問者亦關之以此，是無乃拘而害事也哉！儒者之於天下，亦何所用也哉！

今夫古之用仁義之師者莫如武王⑤，爲王之佐者莫如太公。爲武王、太公者，疑若專以曲直老壯爲定計，凡覆殺之機，布設軍勢之事，當絕弗道；而其《六韜》之書乃有《鳥雲山兵》《鳥雲澤兵》等篇，其所以較勝負利害之際者甚詳。豈武王、太公至是而變仁義爲譎詐耶？直以爲德之不懷，則兵之必用，則凡所以禦兵制敵之道不可不講之耳。然此尚有可諉者，曰：《六韜》非太公之書⑥，蓋戰國相傾之士借太公以爲市者。至於《詩》《書》，爲帝王之遺迹，豈復有可諉者耶？而有扈之役，則曰："左不攻於左，汝不恭命；右不攻於右，汝不恭命；御非其馬之正，汝不恭命。"牧野之誓，則曰："今日之事，不愆於六步、七步，乃止，齊焉。不愆於四伐、五伐、六伐、七

---

① 守：原作"首"，據萬曆本、朱本、鄒本、《路史》改。
② 遠：原脫，據萬曆以下各本及《路史》補。
③ 宣：疑當作"空"。
④ "禹"下原缺一字，萬曆本、朱本、鄒本補作"爲"，《蜀中廣記》卷三一引此作"反"，似以"反"爲是。《路史》此句作"豈不甚惑邪"。
⑤ 如：原作"知"，據萬曆本、庫本、朱本、鄒本改。
⑥ 太公：朱本、鄒本作"聖人"。

伐，乃止，齊焉。"宣王征徐方之詩亦曰："綿綿翼翼，不測不克。"又何敦陣整旅之能廢也①？夫左治其左，右治其右，六步、七步之旅進不可不同心，四伐、五伐、六伐、七伐之擊刺不可不併力，與夫綿綿以爲奇，而使敵不測，翼翼以爲正，而使敵不克，自帝王之時已然，而《書》與《詩》載之，未嘗以爲恥，後世之士乃獨恥言之，豈非好名而不適實之弊哉！

蓋聞古之制陣，其名不一。有以三才名者：日月星辰斗杓，一左一右，一迎一背，謂之天陣；丘陵水泉亦有左右前後之利，謂之地陣；用車用馬，用文用武，謂之人陣。此三才之辨也。有以五時名者：春爲牝陣，弓爲前行；夏爲方陣，戟爲前行；季夏爲圓陣，矛爲前行；秋爲牡陣，劍爲前行；冬爲伏陣，楯爲前行。此五時之辨也。有以四獸名者：使商人爲前兵，象白虎；使羽人爲前兵，象玄武；使徵人爲前兵②，象朱雀；使角人爲前兵，象青龍。此四獸之辨也。有以五行名者：木之直，金之方，火之銳，水之曲，土之圓，此五行之辨也。

凡若是者，因類制名，固不可殫數。而八陣之名尤爲異同。若所謂一方、二圓、三牝、四牡、五衡方、六車輪、七罘罝、八雁行，是一八陣也。若所謂金、木、水、火、土、天、地、人，又一八陣也。若所謂車箱、洞當金，車上、中黃土③，鳥雲、鳥翔火，折衝木，龍騰、却月水，雁行、鵝鸛天④，車輪地，虎翼人，又一八陣也。紛紜異口，其無定論如是。至於天、地、風、雲、龍、虎、鳥、蛇，以是八物，制爲八名，兵家者流於此多歸焉，則八陣之定論亦有在矣。然是八物者，亦信其所從名之當否耳。

考其根柢，陣之所以八者，自有所祖述。蓋其法肇於黃帝，具於成周，而變化於諸葛孔明，非諸葛孔明之獨能爲是也。昔黃帝潛通八卦，而建一都之法；默會九天，而設三軍之制。是以周公則而象之，以九夫爲井，四井爲邑，四邑爲丘，四丘爲甸，四甸爲縣，四縣爲都。自九夫之井至於四縣之都，而得乎一都之法。又以五人爲伍，五伍爲兩，四兩爲卒，五卒爲旅，五旅爲師，五師爲軍。自五人之伍至於五師之軍，而合乎三軍之制。至於孔明，則又上探黃帝之微意，下采成周之遺法，因而循之，與道神之，革而化之，與時宜之，而陣法備焉。故其制爲八陣，自九夫爲井而演之，從橫皆八，而有八八六十四陣者，所以通乎八卦。立爲三軍，自五人爲伍而演之，周旋皆九，而有九九八十一陣者，所以會乎九夫也。然則孔明之所祖述者，可謂深且遠矣，非與夫古人之精神心術流通爲一者，疇能爾哉！李興曰："推子八陣，不在孫吳；木牛之奇，則非般模。"謂木牛非出於般匠之遺，其説誠是。若求八陣於孫吳之書，則孫吳之書固無有也，是不知孔明之祖述，在彼而不在此也。愚故曰肇於黃帝，具於成

---

① "之"字下原有"不"字，據萬曆本、朱本、鄒本刪。
② 徵：原作"祉"。按：前後三句以五音中之商、羽、角爲稱，則此句"祉人"亦當作"徵人"，以同音而誤，今據庫本改。
③ 車上：《太白陰經》卷六、《路史》卷四○等均作"車工"。
④ "雁行"下原重"行"字，據朱本、鄒本、《太白陰經》《路史》刪。

周，變化於諸葛孔明，非諸葛孔明之獨能爲是也①。

嗚呼！八陣之法，黃帝既以北逐獯鬻，南平蚩尤，戮黎於阪泉②，省方於崆峒，底定萬國，旁羅七曜；周公既以此誅紂伐奄，膺戎狄，懲荆舒；而孔明又以此平定南中，響震關輔，斬王雙，走郭淮，殺張郃，以成鼎足之强，則其明效大驗已可見矣。後世之言兵，孰不欲得其遺法而師承之？然昧其法者，莫如晉之桓温，明其法者，莫如唐之李靖，此又不可不知也。壘石八行，行去二丈，此其爲武侯之遺迹，真與偽皆未可知，而桓温幸僚屬之不識，遽欺之曰："此常山蛇勢也。"夫常山蛇者，在兵法謂之率然③，擊其首則尾至，擊其尾則首至，擊其中則首尾俱至。考之陣勢，特曲直一陣勢耳，烏在爲八哉！且武侯所祖在黃帝、周公，而温信於率然之説，比之李興謂"不在孫吴"者尚或有愧，故曰昧其法者莫温若也。唐太宗問李靖曰："卿所製六花陣，出何術乎？"靖曰："臣本諸葛亮八陣法也。大陣包小陣，大營包小營，隅絡鉤連，曲折相對，古制如此。"乃爲圖陣之。夫驅馳於戎馬之間，識兵形陣法者莫如太宗，而靖有六花之制，乃不知其所出，必待剖喻明白而後悟，則靖之於八陣深矣，又非守其緒餘糟粕者之比也。愚故曰，明其法者莫靖若也。

雖然，論其深妙，固未易以立談判。考其大綱，則不過奇正二字而已。蓋古之制軍，合萬二千五百人而爲軍，其爲伍者一千一百二十五，其爲兩者二百五十。十取三焉而爲奇，其餘七以爲正，四奇四正而八陣生焉。是其分陣之數有奇有正也。回旋九攢以象天，四平正列以象地，散涣邪直以爲風，前大後鋭以爲雲。天、地、風、雲四者，陣之正也。延袤綿亘以爲龍蟠④，前合後開以爲虎翼，彌蔓散合以爲鳥翔⑤，回屈包羞以爲蛇蟠⑥。龍、鳥、虎、蛇四者，陣之奇也。是其布陣之形有奇有正也。天子上將居中而不動，疑兵遊軍出没而無常，是其用陣之勢有奇有正也。乃若陣行之疏，陣戰之密，其人之列，面之相向，背之相承，陣間容陣，隊間容隊，曲間容曲，前禦其前，後當其後，左防其左，右防其右，行必魚貫，立必雁行，長以衛短，短以救長，回軍轉陣，以前爲後，以後爲前，進無速奔，退無遽走，雖絶成陣，雖散成行，四頭八尾，觸處爲首，先動爲陽，輕疾猛厲，其勢險，其節短，後動爲陰，持重固密，不動如山，其倐忽幽闇，神出鬼没，千變萬態，而不可致窮，則又所謂奇正之相生，如環之無端者。八陣之制如此。

然則爲今日計，將欲誅不庭⑦、戡亂略，可不務乎？雖王者之兵，鼓之以道德，征之以仁義，有征無戰，善師不陣也，而其不幸有頑然不服者，以是爲權謀之助，非小

---

① "非諸葛孔明"五字原脱，據庫本補。
② 阪泉：原作"叛泉"，據萬曆本、朱本、鄒本改。
③ 率然："然"字原脱，據萬曆以下各本補。《孫子·九地》："用兵者譬如率然，率然者常山之蛇也。"
④ 延袤綿亘：原作"延邪綿直"，據雍正《四川通志》卷二二中引李昭玘此論改。
⑤ 合：原作"洽"，據上引改。
⑥ 羞：朱本、鄒本作"蓋"，疑是。
⑦ 不庭：原作"王庭"，據譚校、庫本改。

補也。

嗟乎！物不終靜，故受之以動。當純坤用事，則陰疑於陽，而飛龍野戰。當大朴既散，則聖道並起，而戎馬生郊，則有力吞八荒，爭截九有，而生民之類，騷然不寧。黃帝於此，順殺氣以作兵、法文昌以命將，而又制爲陣法，以貽後代，豈得已者哉！蓋所謂生道殺民，威不軌而成文德也。而後世經生儒士爭非之，並與孔明之祖述者黜焉。一旦乘以倉卒之變，而有抗衡之事，其將若之何？

然非黃帝、孔明者既以大繆，而法之不守，德之不修，專以嗜殺自封殖爲事者，其爲生民之禍，亦豈細故耶！故鄭之魚麗、鸛鵝，魏之鶴列，晉之三行，楚之二廣、二茓①，徒以逞一己之欲，而挈赤子於肝腦塗地耳，其得罪於君子，不亦甚乎！孔子所以不對衛靈公，而孟子亦嘗闢善陣善戰爲民賊者，豈非爲此等慮者哉！

夫仁義權謀，後世不可偏廢，一於仁義則拘而不通，專於權謀則浸入於詐，而無以自反於正。區區之慮，每及乎此，故力陳武侯八陣之美，以謹後世之武備，而又闢魚麗、鵝鸛之屬，以終孔子俎豆之意焉。

八陣圖說

（宋）范蓀

夔州八陣之磧聞天下，歷千有餘年，至今存於峽口之江浦。往時每過其下，惑於傳聞，眩於目擊，終莫得其說。今蒙恩從宦於此，始得以暇日登崇臺而縱觀之。臺高而磧平，累石粲然，一一數之而無差。於是推尋其意而爲之說，曰：

陣法之大要，方圓奇正而已爾。武侯之法，前爲八者八，皆東嚮，其勢直而方；後爲十二者二，皆南北嚮，其勢曲而圓。方者，所以爲正也；圓者，所以爲奇也。夫奇者正之餘，李靖所論握奇文是也。方圓相生，奇正相救，而陣法無餘事矣。然則前爲八者八，後爲十二者二，何也？曰：此分數之法，皆以八計之，是以爲八陣也。前爲八者八，總而計之爲八八六十四；後爲十二者二，總而計之爲三八二十四。凡爲八者十一。絕長補短而三分之，以其二爲正，而以一爲奇，合爲八八矣。

古八陣之法，其別凡八，李筌《陰經》以爲常山之勢者是也。武侯之法，爲陣者一而已，非古八陣也，然而爲常山之勢者固自若，桓溫之言近之矣。若武侯之所以爲八者，未知溫能悉之否也。五人爲伍，五伍爲兩，萬二千五百人，爲隊二百五十，十取三而以爲奇者古也。武侯之法，八八六十四爲正，三八二十四爲奇，是十一取三焉以爲奇，則精於古矣。夫奇正也，方圓也，陰陽也，一而已矣。方者其陰，圓者其陽也。前爲方者八八六十四，後爲圓者三八二十四，絕長補短，大概二陰而一陽。其在《易》，二陰而一陽爲《震》；倍之，四陰而二陽爲《臨》。嗟呼，武侯之意儻取諸此乎。

---

① 茓：原作"盂"，據朱本、鄒本改。《左傳·文公十年》："宋公爲右茓，鄭伯爲左茓。"杜預注："茓，田獵陣名。"

古者用奇之法，或取於中，或列於左右，或伏於後。處於中者，李靖之握奇是也；列於左右者，淮陰侯與楚戰垓下之勢也；伏於後，則武侯之法。司馬遷書言漢與楚決勝垓下，淮陰侯自以三十萬當之，皇帝在後，孔將軍居左，費將軍居右，絳侯、柴將軍又在皇帝後。淮陰侯先合不利，却；孔將軍、費將軍縱，楚兵不利；淮陰侯復乘之，楚以大敗。史傳之紀軍陣，未有詳於此者。淮陰侯與高帝、絳侯、柴將軍所居之軍，正也；孔、費二將列於左右者，奇也。淮陰侯喜以弱致人，故其爲奇者列於左右，將佯却而後勝。武侯節制之師，使爲奇而將出於左右者，常匿於後以固其軍。正兵既有所恃，而奇兵唯無出，出將不可禦。此司馬仲達之所避而終身不敢與戰也，然武侯之法密矣。

五運六氣論

(宋) 王　炎[①]

五運六氣之説不見於儒者之六經，而見於醫家之《素問》。夫《素問》乃先秦古書，雖未必皆黄帝、岐伯之言，然秦火以前，春秋戰國之際，有如和緩、秦越人輩，雖甚精於醫，其察天地陰陽五行之用，未能若是精密也。則其言雖不盡出於黄帝、岐伯，其旨亦必有所從受矣[②]。

且夫寒、暑、燥、濕、風、火者，天之陰陽，三陰三陽上奉之；木、火、土、金、水五者[③]，地之陰陽，生、長、化、收、藏下應之。而五運行於其間，即五行之化氣也。天數中於五，戊居之；地數中於六，己居之[④]。戊己，土也。化氣必以五六，故甲己化土而居於其首。土生金，故乙庚次之；金生水，故丙辛次之；水生木，故丁壬次之；木生火，故戊癸次之[⑤]。此化氣之序也。地之三陰三陽亦五行爾，而火獨有二，五行之妙理也。蓋木王於東，火王於南，金王於西，水王於北，而土王於四維。戊附於戌而在乾，己附於辰而在巽，而未之對衝在丑，故辰戌丑未，寄王之位也。未在西南，其卦爲坤，其時爲長夏；以其處四時之中，吕氏《月令》謂之中央土，此土正王之位也。春木生火，秋金生水，冬水生木，而夏火制金，生氣絶矣。惟土王於西南，然後以火生土，以土生金，四時之序，循環不窮。然火方王於午，土遽王於未，則火氣必耗。故君火以名，其氣温而未熱；相火以位，與太陰同處未申之間，奉君令以行暑氣，於是火不耗於土，不屈於金，故丙盛則庚伏。此火所以獨分君相之位也。

[①] 王炎：原作"王當"。按：此文見於宋王炎《雙溪類稿》卷二六，題作《運氣論》，據改。按：王當，北宋眉山人，《蜀中廣記》卷四六有傳。王炎，江西婺源人。楊慎誤認此文作者爲王當而誤收入本書。

[②] "則其"二句原無，據本集補。

[③] "五"字原作"火"，據王應麟《六經天文編》改。萬曆以下各本徑删去"火"字。

[④] 己：原作"巳"，徑改。以下"己"字皆同。

[⑤] 戊癸：原作"戊巳"，據朱本、鄒本改。本集亦作"戊巳"，《六經天文編》作"戊己"，皆誤。

天氣始於甲，地氣始於子，子甲相合，命曰歲立。日行四周，而爲一紀①。天以六爲節，故氣以六期而爲一備；地以五爲制，故運以五歲而爲一周。運統一歲於四時之表，氣分六位於一歲之中。風雨燥溼寒暑，其應有候，其至有期，然用以占焉，往往不效，非《素問》之無驗，用其説者知常而不知變故也。凡物理有常，必有變。雖天地之運動往來、消息盈虚，可以逆其必然者，常也；若其變，則無所不至，可知而不可必也。

嘗試即其常而言之。五太之運，是爲太過，其至先時；五少之運，是爲不及，其至後時；惟平氣則不疾不徐，其至以時。其大略如此。火運上臨少陰，水運上臨太陽，木運上臨厥陰，金運上臨陽明，土運上臨太陰，謂之天符。木運臨卯，火運臨午，金運臨酉，水運臨子，土運臨四維，謂之歲會。五太與在泉氣同，謂之同天符；五少與在泉氣同，謂之同歲會；若是者，其氣和。土運上見厥陰，火運上見太陽，謂之天刑運；水運上見少陽②，金運上見厥陰，謂之運刑天；若是者其氣乖。此皆五運之常也。主氣各居一步，厥陰主初，少陰、少陽次之，太陰、陽明又次之，太陽主終，六位不遷。客氣與歲推移：子歲太陽之水爲初，丑歲厥陰之木爲初，迭相往來；而少陽之爲初氣③，乃在太陰之後。半歲已前，司天主之，半歲已後，在泉主之。其大略如此。

若其情則有相得不相得，其位則有順有逆。相得者，木火相臨、火土相臨之類也；不相得者，金木相臨、水火相臨之類也。父臨子則順，木居少陽之位是已；反此則寒水居金位，斯逆矣。君臨臣則順，君火居少陽之位是已；反此則相火居君火之位，斯逆矣。此皆六氣之常也。

及論其變，則有正有邪，於是有變，有勝，有復，有鬱，有發，有淫，有承。當時而行者正也，非時而行者邪也。當時而行，其過則爲變；非時而行，其至則爲勝；其救則爲復，抑而不伸則爲鬱，鬱而怒起則爲發，陵其所勝則爲淫，極而必反則爲承。假如太角之化爲啓拆，而變爲摧拉；太徵之化爲暄燠，而變爲炎烈：正化之爲變者然也。少角木氣不足，清勝而熱復；少徵火氣不足，寒勝而雨復：邪化之正復然也。寒甚而無陽燄，是爲火鬱；熱甚而無淒清，是爲金鬱：抑而不伸者然也。水鬱而發則爲冰雹，土鬱而發則爲飄驟，鬱而怒起者然也。風淫所勝則克太陰，熱淫所勝則克陽明，陵其所勝者然也④。相火之下，水氣承之，濕土之下，風氣承之，極則有反者然也。然摧拉之變，不應普天悉皆大風；炎烈之變，不應薄海悉皆燔灼；清氣之勝，不應宇宙無不明潔；雨氣之復，不應山澤無不蒸溽。鬱也，發也，淫也，承也，其理皆然。凡此者，其應非有候，其至非有期，是以可知而不可必也。其應非有候，則有不時而應者矣；其至非有時，則有卒然而至者矣。是故千里之遠，其變相似者有之；百里之近，其變不同者亦有之。即其時，當其處，隨其變而占焉，則吉凶可知。

---

① 一紀：原作"二紀"，據本集改。
② "上見厥陰"至"水運"十七字原脱，據本集、《新安文獻志》卷三一補。
③ 少陽之爲初氣：原作"少陽之氣爲初"，據本集、《六經天文編》《新安文獻志》改。
④ 然：原無，據庫本、朱本、鄒本補。

况《素問》所以論天地之氣化者，將以觀其變而救民之疾也。夫大而天地，小而人之一身，五行之氣皆在焉。天地之氣有常無變，則人亦和平而無疾①；天地之氣變而失常，則疾厲之所從出也。是故木氣勝，則肝以實病，脾以虛病；火氣勝，則心以實病，肺以虛病。此醫者所能致察，儒者不得其詳也。至於官天地、理陰陽、順五行，使冬無愆陽，夏無伏陰，春無淒風，秋無苦雨，和平之氣，行於兩間，國無水旱之災，民無妖孽之疾，此儒者所當致察，醫家未必能知也，《素問》亦略言之矣。

五行之精，是爲五緯，與運氣相應。有歲星，有畏星②，以察其行之逆順，而占其吉凶。然必曰德者福之，過者罰之，則是運氣之和平而爲休祥，有德者召之也，運氣之乖戾而爲災眚，有過者致之也。雖然，其説略而未詳，吾儒之經則詳矣。《洪範》九疇始於五行，中於皇極，終於五福、六極。聖人建極於上，以順五行之用，是以天下之民有五福而無六極。有五福，皆可以康寧矣；無六極，皆免於疾病矣。此其道固有行乎運氣之外者，是謂大順，成周之時嘗見之。《由庚》之詩作，而陰陽得由其道；《華黍》之詩作，而四時不失其和；《由儀》之詩作，而萬物各得其宜。此建皇極，順五行，使民有五福、無六極之驗也。是故《素問》，方伎之書；而《洪範》③，則聖人經世之大法也。知有《素問》，不知有《洪範》，方伎之流也；知有《洪範》，不知有《素問》，儒者何病焉？

封建論

（明）柳 稷

封建之法，諸儒論之備矣④，其大端有二：泥於古者以三代之制爲可復，達乎變者以嬴秦之法爲當守。雖有得失，要非至論也。

夫天下之不可兼得者，勢與權而已矣。勢之重者，則當損其權，而不可假借以益其勢；權之重者，則當抑其勢，而不可崇長以助其權。二者，惟人主得兼之，而他人莫可使與。在昔之明聖，所以操握天下之大分，而不可以告人者也。彼所謂封建者，或以王室之懿親，或以公家之勳閥，其勢之重，固已貳於天子而蓋夫天下者矣，乃列壤而君之，官屬惟其所制，戎賦惟其所徵，刑賞號令惟其所施。以勢若彼，以權若此，則强與亂相成，嫌與逼相屬，求其奉法守分如周之伯禽、漢之劉蒼者，固不易得也。王者制天下，顧可僥倖萬一而恃之以爲久安之計耶？余故曰二者皆未及其至也。

然則孰爲至？抑求其無弊而已矣。昔者舜之處象也，使吏代之治，而納其貢税，則優遊於富貴之樂而無憾。上之恩以浹，而下之亂自消；君之疑不生，而臣之禄有終。是非特因其不肖而爲之，抑求其無弊而全之耳。後世謂舜之處象，因其不肖而爲之也，

---

① 疾：本集、《六經天文編》《新安文獻志》均作"災"。
② 畏星：萬曆本、朱本、鄒本作"辰星"，誤。
③ 洪範：原作"範洪"，據萬曆以下各本乙。
④ 備：朱本、鄒本作"詳"。

故始以不肖望其親爲嫌①,而卒乃陷其親於大惡而不能救,周公之於管、蔡是也。向使周公之於管、蔡,如象之於有庳,則何至於殺之囚之降之也?與其殺之囚之降之而不赦,孰若不任以事之爲得也?

或者曰:王者之封建,蓋將公天下於同姓異姓之賢,使各私其民而共戴王室也;如舜之法,則賢者無所施,而周、召爲棄材矣。是不然。方周公使管、蔡之監殷也,豈不以爲,此吾之親而可依以無患者?而管、蔡亦振振然良公子,未聞有顯過者也。而卒乃挾叛人,連諸侯,以危社稷。夫人臣之惡莫大於叛逆,而管、蔡則爲之。蓋匹夫無道,惡止於殺人,而王侯犯分,必至於陵上,其權與勢使之然者。使象居管、蔡之地,又安能晏然而已耶!周、召之賢固所當用,而用之必不爲國家之禍者。然求之後世餘千百年,如周之元聖者幾人?如召之敬德者幾人?繼此復千百年,吾知求一人而不可得也。以千百年所無之一人,而以之待千百人之人,雖愚者亦知其舛也。固必如周、召之元聖敬德而後可用,如管、蔡之中材則不可用,而況如象者乎!

或者又曰:三代之君皆古聖人也,而爲法若此其弊②,何也?是又不然。蓋凡法之立而行之久也,則一利一害出焉。法之善者其利多,其不善者其害大。乘其後者乃斟酌其利害而更之,而不能無弊也;乘其後者又斟酌其利害而更之,而亦不能無弊也。屢更屢易,而後知古人之得失,而良法出焉。是非知之所不及,而謀之所未盡也,勢使然也。夫舜之法,達權與勢而行之無弊者,通乎此,豈獨可與議於封建也哉!

杜宇鼈令辨　　　　　　　　　　　　　　　　　　（宋）羅　泌

按諸《蜀記》,杜宇末年,遜位鼈令。鼈令者,荆人也。舊説魚鳧畋於湔山,仙去後,有男子從天墮,曰杜宇,爲西海君,自立爲蜀王,號望帝。徙都於郫,或瞿上。自恃功高諸王,乃以襃斜爲前門,熊耳、靈關爲後户,玉壘、峨眉爲城郭,江、潛、綿、洛爲池澤,汶山爲畜牧,南中爲園苑。時鼈令死,尸隨水上,荆人求之不得;至蜀,起見望帝。望帝以之爲相,後禪以國,去之,隱於西山,民俗思之。時適二月,田鵑方鳴,因號杜鵑,以志其隱去之期。一云,宇禪之而淫其妻,恥之,死,爲子雟,故蜀人聞之,皆起,曰:"我望帝也。"杜甫每每起嘆。

所謂杜宇曾爲蜀帝王者,據《風俗通》等,鼈令化從井出,既死,尸逆江至岷山下,起見望帝。時巫山壅江,蜀地洪水,望帝令令鑿之,蜀始陸處;以爲刺史,號曰西州。自以德不如令,從而禪焉,是爲蜀開明氏,年號萬通。生蘆保,亦號開明。時武都出五力士輔之。開明子孫八代都郫,九世至開明尚,始去帝號,稱王,治成都③。

---

① 萬曆本、朱本、鄒本無"不"字。
② 若:原作"者",據上引改。
③ 治:原作"始",據萬曆本、朱本、鄒本及《路史》卷三八改。

自開明五世開明尚，始立宗廟於蜀，則猶在五帝時。以今《蜀記》，望帝遠記周襄王①，至鱉令王蜀十一代，三百五十年，當始皇時，號蜀蘆子霸王。夫始皇時，蜀滅久矣。《記》言儀、錯伐蜀，蜀王開明拒戰不利，退走武陽，獲之。樂史云：在彭山縣。則是張儀滅之也。鱉，水名也。字一作"鼈"，音別，縣在牂柯。《集韻》音幣。而刺史乃秦官，故王充、劉知幾以子雲之記杜魄、荊尸爲妄。鱉令亦作鱉靈，墓在郫西五里。天驟，人訛爲"天迴"。

巴國考　　　　　　　　　　　　　　　　　　　　（宋）王象之

《山海經》云："西南有巴國。"又云：昔"太皡生咸鳥，咸鳥生乘釐，乘釐生后昭，是爲巴人②"。郭璞注云："巴之始祖。"事《寰宇記》③：周武王伐紂，巴蜀之屬髳、微預焉④。《尚書·牧誓》云："及庸、蜀、羌、髳、微、盧、彭、濮人。"注云："髳、微在巴蜀。"巴之名已見於此。《巴志》云："武王克殷，封其宗姬於巴，爵之以子。"春秋魯桓公九年，巴子請與鄧爲好。莊公十八年，伐楚。文公十六年，巴與秦楚共滅庸。哀公十八年，巴人伐楚，敗於鄾。又曰：庸蠻叛楚，楚莊王伐之，"七遇皆北，唯裨、鯈、魚人實逐之"。杜曰："裨、鯈、魚，庸三邑。魚，今魚復縣也⑤。"《巴志》云："戰國時，蜀既稱王，巴亦稱王⑥。"《巴志》亦云："周慎靚王五年，蜀王伐苴，苴侯奔巴⑦，巴爲求救於秦。秦惠王遣張儀、司馬錯救苴、巴，遂伐蜀，滅之。儀貪巴苴之富⑧，因取巴，執巴王以歸，置巴、蜀及漢中郡。"

蜀國考　　　　　　　　　　　　　　　　　　　　　　前　人

按《世本》《山海經》、揚雄《蜀王本紀》《華陽國志》諸書皆言：蜀之先，肇於

---

① "望帝"句疑有誤。
② 是爲：《山海經·海內經》作"是始爲"。
③ "事"字當衍。
④ 屬：原作"蜀"，據萬曆本、朱本、鄒本改。
⑤ 以上二句，"庸三邑魚"四字原作"三邑"二字，據《左傳·文公十六年》杜注改、補。又"今魚復縣"，杜注原作"魚復縣，今巴東永安縣"。
⑥ 按：此所引《巴志》指《華陽國志·巴志》。《華陽國志》原文作："戰國時，（巴）嘗與楚婚。及七國稱王，巴亦稱王。"文字與本文所引有異。
⑦ "苴"字原不重，據朱本、鄒本、《華陽國志·巴志》補。
⑧ 巴苴：原作"巴道"，據《華陽國志》改。

人皇之際。至黃帝子昌意取蜀山氏女①,生帝嚳。後封其支庶於蜀,歷夏、商、周。始稱王者縱目,名蠶叢,次曰柏灌,次曰魚鳧。其後有王曰杜宇,杜宇稱帝,號望帝。時有荊人鼈令死,其尸隨水上,荊人求之不得。鼈令至汶山下忽復生,見望帝,帝立以爲相。時巫山壅江,蜀地洪水,望帝使鼈令鑿巫山,蜀得陸處。望帝因禪位於鼈令,號開明;遂自亡去,化爲鵑鳥,故蜀人謂子鵑爲望帝。自開明而上至蠶叢,凡四千歲。自開明而下五葉,有開明尚,始立宗廟。《尚書·牧誓》所謂"庸、蜀"者即此也。《通鑑》:慎靚王五年,巴蜀相攻擊,俱告急於秦,秦使張儀、司馬錯伐蜀,滅之。貶蜀王,更號爲侯。後以其地爲蜀郡。《華陽國志》云:開明氏凡王蜀十二世。

四川風俗形勝考②   前人

利盡西海。秦司馬錯云:"利盡西海,而天下不以爲貪。"岷山之地,上爲井絡,帝以會昌,神以建福。杜宇之主,以褒斜爲前門,熊耳、靈關爲後戶,玉壘、峨眉爲城郭,江、潛、綿、洛爲池澤,汶山爲畜牧,南中爲園苑。《河圖括地象》③。巴、蜀、廣漢,土地肥美,有江水沃野、山林竹木、蔬食果實之饒。西漢《地理志》。地近秦雍,風聲氣習,本自一家。西漢《志》。國富民殷,寶貨無求於外。漢龐統說蜀先主曰:"益州國富民殷,戶口百萬④,寶貨無求於外,今權借以定大事。"蜀有自然之險。《晉書·段灼傳》。惟蜀之疆⑤,擁抱岷梁,斗絕諸夏,裂爲一方。唐王徽《羅城記》。蜀形勝之地也,南控蠻蜑,西擠戎羌。《元微之集》。蜀地闊千里,郡列五十城,戶口至多,士卒之衆可以揮汗成雨,吐氣成雲。唐胡曾《回雲南牒》。蜀之爲邦,天文:井絡輝其上;地理:岷嶓鎮其域;五岳:華山表其陽;四瀆:汶江出其徼。蕃衍三州,土廣萬里,固乾坤之靈囿。《華陽國志》。蜀之爲國,與巴同囿。《華陽國志·蜀志》⑥。井絡垂耀,江漢遵流,泉源深盛,爲四瀆之

---

① "昌"字原脫,據朱本、鄒本補。《史記·五帝本紀》:"嫘祖爲黃帝正妃,生二子……其二曰昌意,降居若水。昌意娶蜀山氏女,曰昌僕。"《華陽國志·蜀志》:"至黃帝,爲其子昌意娶蜀山氏之女。"

② 按:王象之《輿地紀勝》各府州之下均有"風俗形勝"一門,其體例乃節錄故書或前人有關本地風俗形勝之重要文句,並注明出處。以其體例觀之,《全蜀藝文志》此篇實爲《輿地紀勝》成都府"風俗形勝"門之文,但改題爲"四川風俗形勝考"。《輿地紀勝》原書成都府本有上下二卷,今本已佚。其"風俗形勝"門原文不止於此,楊慎收入時蓋有節錄,或楊氏亦未見原書,而錄自他處。

③ 河:原作"可",據萬曆本、庫本、朱本、鄒本改。

④ 百萬:原作"百里",據萬曆本、朱本、鄒本改。《三國志·蜀書·龐統傳》注引《九州春秋》:"今益州國富民強,戶口百萬。"爲本文所本,當作"萬"。

⑤ 疆:原作"彊",據朱本、鄒本改。按:《成都文類》卷二四王徽《創築羅城記》正作"疆"。

⑥ "華陽國志"下原有"引"字。按:《蜀志》爲該書內一篇,非他書他文,不當用"引"字,據朱本、鄒本刪。

首。同上。沃野千里，號稱陸海。《華陽國志》。青城、峨眉，爲坤維之巨鎮①。秦定六國，輒徙其豪俠於蜀。其卦值坤，故多斑彩文章。君子精敏，小人鬼黠。與秦同分，故多悍勇。在《詩》，文王之化被乎江漢之域，秦豳同詠，故有夏聲。同上。跨蹍犍牂，枕倚交趾。《蜀都賦》。緣以劍閣，阻以石門。同上。演以潛沫，浸以綿雒。同上。蜀之絲枲織文之富，衣被天下。歐陽公《至喜亭記》。神禹爲蜀人。江漢爲蜀望。張俞《上蜀帥書》曰："大江出蜀之西徼。禹乃生於西羌②，石紐其地也。故神禹爲蜀人，江漢爲蜀望。而明公之治蜀③，滔滔江漢，盡在土宇。"民性循柔，喜文而畏兵。田況《四蜀蕃夷圖序》④。蜀當西南陬，曰興坤。《坤》爲文爲臣⑤，故世有方正柔靜之士作⑥。意者岷峨蘊精⑦，江漢畜靈，須其時克生其人乎⑧！范鎮序。

蜀山考⑨

前　人

《金陵隨筆》云：蜀人繪蜀山，作六圖。一曰峨眉，去嘉州峨眉縣百里⑩，爲六山之最。自白水寺登山，初二十里有石磴可登。又二十里，多無路，以木爲梯，行三兩里，方著實地。又二十里，有雷洞，始到光相寺，則峨眉絶頂。其上樹木禽鳥多與平地異，天氣尤不同，九月初已下雪，應綿衣絮衾用盡，而終夜燃火。山上水煮飯不熟，飲食皆從白水寺造上。所謂光相，錦雲天燈，陰雲不見。一曰青城山，中有六道宮，丈人觀、上清宮爲最，五宮觀皆在山之麓。五里至上清，又至成都山，則爲半山。至大面山，則爲山之巔。大面山後即老人村，不可通矣。一曰錦屏，今閬州城南。五山峙立江南如屏，有浙間山川之狀。有讀書巖，乃陳堯叟兄弟讀書之地。一曰赤甲、白鹽，在今夔門灩澦之兩岸。水流其中，而兩山束之，大率如蜀之門户。一曰劍門關，古所謂劍關之險，有大劍、小劍之號。往往山皆北向，有劍鋒之狀，而道出兩山之間，有關使以司之。一曰巫山，今夔州巫山縣之東。十二峰不是一面生，江繞此山，周遭十二峰，故人繪爲一圖爾。

---

① "青城峨眉爲坤維之巨鎮"一句非《華陽國志》文，當是別引他書而脱去書名。
② "禹"字原脱，據《成都文類》卷二一張俞《上蜀帥書》補。
③ "蜀"字原脱，據萬曆本、朱本、鄒本、《成都文類》補。
④ 四蜀：上引作"西蜀"。按：似當作"西蜀"。
⑤ 爲文：原脱"爲"字，據庫本及《成都文類》卷二二范鎮《送彭學士序》補。按：此序文亦見本書卷三二。
⑥ 作：原無，據上引補。
⑦ 岷峨：原作"岷岷"，據上引改。
⑧ 其時：原作"有時"，據上引改。
⑨ "考"字原無，據庫本、朱本、鄒本補。
⑩ "州"字原脱，據萬曆本、朱本、鄒本補。譚校："峨眉縣三字衍，或龍游縣之誤。"按：譚校是。此指今樂山市，隋代曾於此置峨眉縣，後改龍游，唐宋因之；别有峨眉縣，即今峨眉縣治。

蜀水考①

前人

　　四瀆惟江最大，發於岷，徑夔、荆達揚，而入於海。此江之原也。外自蜀而言②，江之外，其水有七：出於綿之神泉曰綿水，出於什邡之章洛山曰洛水，分流於永康之湔堰者湔水③。綿水自綿竹紫巖山，徑德陽入雒④；洛水自什邡入雒；湔水徑導江、崇寧、九隴、濛陽，亦入雒。三水皆合於雒，自雒經懷安、簡、資、富順，至瀘與江水會，總曰內水。發源於江油之清川，徑綿、潼、遂，東至於合，曰涪水。發源於沔之青泥嶺，徑大安、利、閬、果，至合與涪水會⑤，曰嘉陵水。發源於小巴嶺，徑巴、蓬之伏虞，西南以至於渠，曰巴水。出萬頃池，徑明通，又至渠與巴水合，曰渠水。巴、渠二水既合，徑廣安、新明，至合與嘉陵、涪水會⑥，以達於渝，而江始大。此七水與江別合之略也。若分流出夷中，入中國，以附於江者有三：曰青衣，曰羊山，曰馬湖。青衣出崍山⑦，徑嚴道、洪雅、夾江而下。羊山出鐵豹嶺，徑漢源，至嘉定之南與青衣水合，入於江。馬湖自夷都流至敘，亦入於江。又有出於郡邑之山澤者，則自岷峨而下，沿流以至於夔，不勝其衆。其大者如盛山之萬頃池，則釃流有四，一入於渠，三入於夔。惟漢水出嶓冢，與江分流，由漢、金趨襄，至江夏大別山始與江合。此蜀裹水接連荆楚源流之大略也。

　　眉山李埴序："又按《輿地記》云⑧：洮州有《禹貢》西傾山，後名西強山。吐谷渾主阿豺常升西強山，觀墊江源，問於群僚曰：'此水東流，更有何名⑨，由何郡國入何水也？'其長史曾和曰⑩：'此水經仇池，過晉壽，出宕渠，始號墊江。至巴郡入江，度廣陵，會於海。'阿豺曰：'水尚知歸⑪，吾雖

---

① "考"字原無，據庫本、朱本、鄒本補。
② "外"字疑衍。
③ 者：萬曆本、朱本、鄒本作"曰"。
④ "入"字原無，據文意補。
⑤ 與：原作"於"，據朱本、鄒本改。按："合"指合州。
⑥ 與：原作"於"，據上引改。
⑦ 崍：原作"來"，據庫本、朱本、鄒本改。按：崍山即邛崍山。
⑧ 按：此《輿地記》即北宋歐陽忞《輿地廣記》，以下文字見於該書卷一六，而所述之事又是根據《魏書》卷一〇一及《北史》卷九六《吐谷渾傳》。
⑨ 更：原作"東"，據朱本、鄒本、《輿地廣記》《北史》改。
⑩ 曾和：原作"曾何"，據《輿地廣記》《魏書》《北史》改。
⑪ 水尚知歸：原作"水不知"三字，據朱本、鄒本、《輿地廣記》《北史》改、補。

塞表小國，而獨無所歸乎①？'遣使通宋②，獻其方物，宋少帝封爲澆河公③。西傾之北，則洮水所出，北流入河。"

山川形勝述④附　　　　　　　　　　　　　　　　　　（明）彭　韶

蜀之地，南撫蠻獠，西抗吐蕃。上絡東井，岷嶓鎮其域，汶江出其徼，以襃斜爲前門，靈關爲後户，峨眉爲城郭，南中爲苑囿，緣以劍閣，阻以石門，面越負秦，地大且要，誠天府之國也。揚子雲《益州箴》曰："巖巖岷山，古曰梁州。華陽西極，黑水南流。秦作無道，三方潰叛。義兵征暴⑤，遂國於漢。拓開疆宇，恢梁之野。列爲十二，光羨虞夏。牧臣司梁，是職是圖。經營盛衰，敢告士夫。"《集記》云："禹别九州，八曰'華陽黑水惟梁州'，'岷嶓既藝，沱潛既道，蔡蒙旅平'。又曰：'岷山導江，東别爲沱。'漢《地理志》言：'蜀郡湔氐道，《禹貢》岷山在西徼外，江水所出，東南至江都入海。過郡九，行七千六百六十里。'按岷山在茂州直西北最後蕃⑥，曰列鵝村。其村有岷山，山之右有嶺曰鐵豹，則分水之上源也。水二派，其一西南入尖囊大渡河，其一正南入溢村，至石紐，過汶川，則禹之所導江也。鐵豹一名羊膊，蓋夷語不同耳。任豫《益州記》言：江出羊膊嶺，經甘松至灌千餘里，是也。大抵蜀之山近江源者，通謂之岷山，峰連岡屬，千里不絶。今俗謂青城爲岷山者以此。"《續記》云："凡曰岷嶓，該衆山言也。凡曰沱潛，該衆水言也。蓋蜀山之居左者皆曰岷，居右者皆曰嶓。水出於岷者皆謂之江，出於嶓者皆謂之漢，或謂之漾，或謂之沔；出於江而别流、别而復合皆謂之沱，出於漢而别流、别而復合皆謂之潛。古今論岷嶓沱潛者衆矣，然參差不齊，莫得其真者，蓋由不知蜀山之居左者皆得爲岷，蜀山之居右者皆爲嶓，而獨指茂州之汶山爲岷山、金牛之嶓冢爲嶓隘矣。"今按左右之説⑦，别無考證，而嶓冢又改隸陝西，兹以成都郡内山川之可名者紀焉，其井泉池石亦附於後。

成都周公禮殿聖賢圖考　　　　　　　　　　　　　　（元）費　著

至聖文宣王廟在子城内、南門之東、前漢文翁學宫故址。後漢獻帝興平元年甲戌，

---

① 乎：原無，據《輿地廣記》《北史》補。
② 遣：原無，據上引補。
③ "帝"原作"旁"，"公"原脱，據朱本、鄒本、《輿地廣記》《北史》改、補。
④ 按：明成化間彭韶任四川按察使，修《四川成都志》，此文即該書"山川"門之序。
⑤ 義：原作"儀"，據譚校、《藝文類聚》卷六引揚雄《益州箴》改。
⑥ 按：原作"接"，據萬曆本、庫本、朱本、鄒本改。
⑦ 按：原作"接"，據上引改。

太守高朕①，音審，俗誤爲朕。距今慶元戊午凡一千四年。舊號周公禮殿。殿制甚古，低屋方柱，柱上狹下廣②，與今異制③。左柱有高朕修學舍記，凡三百四十二字。其文紀漢初平五年。按史，初平止四年，次年改爲興平，今尚云爾者，豈是時天下方亂，道梗不通，或未知朝廷改元爾。殿有板龕護先聖像，丘文播畫山水；龕後有板壁，黃筌畫湖灘。丘畫今亡，獨黃畫存。殿之壁，高下三方悉圖畫上古以來君臣及七十二弟子像，世傳晉太康中太守張收之筆，收子載，即銘劍閣者也。東晉王羲之有帖問蜀守云："知有漢時講堂，是漢何帝？知畫三皇五帝以來備有，畫又精妙，甚可觀。彼方能畫者，欲因摹取，以廣異聞④。"則此畫當在永嘉前，疑非出於張收。又按元豐郭若虛《圖畫見聞誌》："漢文翁學堂，在益州，昔經頹廢，高朕復繕立，圖畫古今聖賢之像及瑞物於壁。"抑東漢以前人物，高朕時所作，至收輩遞增益之與？嘉祐中，王公素命摹寫爲七卷，凡一百五十五人，爲《成都禮殿聖賢圖》。紹興中，席公益又摹寫於石經堂，凡一百六十八人。案《續記》，可辨識姓名者一百七十三人。今貌像宛然者一百四十九人，僅存髣髴者三十二人，姓名存者六十五人。今仍紀《續記》姓名於左：

盤古 伏羲 神農 蒼頡 沮涌 黃帝 少昊 高陽 祝融 高辛 堯 舜 禹 咎繇 稷 契 伯夷 夔 湯 伊尹 高宗 傅說 太王 王季 太伯 文王 太顛 閎夭 散宜生 南宮括 武王 太公 周公 成王 召公 仲山甫 宣王 管仲 子產 李冰 老子 孔子 顏回 閔損 冉雍 冉耕《家語》作冉有。 蘧瑗 冉求 端木賜 卜商 樂欬 仲由 有若 宓不齊 原憲 商澤 曾參 南宮韜《史記》作南宮括。 公冶長 言偃 公西箴《家語》作公西蔵⑤。 顏高《家語》作顏刻。 公西赤 樊須 宰予 高柴 任不齊 漆雕開 顏噲 冉孺 漆雕徒父《家語》作漆雕從⑥。 榮旂《家語》作榮祈。 奚容箴《家語》作奚箴。 澹臺滅明 琴牢 廉瑀 施之常 公伯寮 秦商 秦非 后處《家語》作石處。 石作蜀《家語》作石子蜀。 邽巽《家語》作邽選。 巫馬施《家語》作巫馬期。 廉潔 梁鱣 燕伋 孔忠 商瞿上《家語》作商瞿。 鄭國 曹恤 公晳哀《家語》作公西哀。 壤西赤《家語》作穰駟赤。 顓孫師 原亢籍《家語》作原亢⑦。 公肩定《家語》作公肩。 漆雕哆《家語》作侈。 曾點《史記》作蒧⑧。 公祖勾茲《家語》作公祖茲。 步叔乘 左人郢《家語》作左郢。 顏無由《家語》作顏

---

① 據文意，"高朕"下當有"造"字。
② 狹：原作"狹"，據萬曆本、庫本、朱本、鄒本改。
③ 今：原作"令"，據上引改。
④ 按：王羲之原帖，"彼方"句作"彼有能畫者不"，無"以廣異聞"句。
⑤ 蔵：原作"減"，據《孔子家語》卷九改。
⑥ 從：原作"徒"，據上引改。
⑦ 原亢籍：原作"原元籍"，據《史記·仲尼弟子列傳》改。注文"原亢"，原脫"亢"字，今補，朱本、鄒本補作"籍"，非。
⑧ 蒧：原作"箴"，朱本、鄒本作"箴"。按：《史記·仲尼弟子列傳》作"蒧"，注引《集解》："音點。"據改。

由①。　司馬耕　顏祖《家語》作顏相。　申儻《家語》作申續。　秦祖　伯虔　顏幸　鄡單《家語》作懸亶。　叔仲會　公孫龍　冉季　秦冉　公良孺　狄黑　蕭何　張良　叔孫通　陸賈　漢文帝　賈誼②　文翁　漢武帝　董仲舒　公孫宏　倪寬　司馬相如　王吉　蕭奮　戴勝　匡衡　王尊　李强　莊君平　劉向　揚雄　漢光武　鄧禹　張堪　張湛　桓榮③　劉平　鍾興　第五倫　廉范　班固　黃昌　种暠　馬融　李膺　高朕　陳寔　服虔　陳紀　鄭玄　諸葛亮　龐統　董和　費詩　譙周　鍾繇　王肅　羊祜　張華　杜預　王濬　夏侯湛　喬智明　范廣　王尊④　謝安　桓石虔⑤

楊祖識謚議　　　　　　　　　　　　　　（宋）游　桂⑥

　　故知遂寧府潼川楊公卒，蜀之士君子交相弔哭，皆失聲，門人相與私謚曰"樂行先生"。先生之道，齋心服形，修之杳冥，發於言動，施之家，以及於居官爲政，皆本乎齋心之學。自其先世，率以文行相承，抱負奇崛，恬默守道。祖回光先生，父靖安先生，蓋三世至樂行，優遊饜飫，玉潤金聲，德氣所鍾，動中武象。其爲人和而不流，中立而不倚，庸言之信，庸行之謹，不怙上以陵下，不由下以援上，正己而不求於人。其事親，冠帶而養。居家治官，喜怒不形於色。教其子，以其平居，不以言。素高於文，棄之，而專篤於行。通達於天下之故，而泯然常若不足以發。年已七十，纔得一見人主，雍容冲洽，有大臣之言。老爲童顏，居若處子，望其容貌，使人之意消。

　　"樂行"云者，取孔子、孟軻之言名之也。孔子曰："知之者不如好之者，好之者不如樂之者。"所謂"樂"者此也。孟子曰："居天下之廣居，立天下之正位，行天下之大道。得志，與民由之；不得志，獨行其道。"所謂"行"者此也。先生位不副其德，然樂乎其所自樂，行乎其所得行，稱斯謚矣。

　　桂誠不敏，無以議先生，然竊以爲先生之樂行，其發見於英華者似曾子。曾子曰："君子所貴乎道者三：動容貌，斯遠暴慢矣；正顏色，斯近信矣；出辭氣，斯遠鄙倍矣。"是言也，先生有焉。

　　先生諱祖識，世孫其字也。桂以誘生出先生之門，敢以斯議，合門人爲謚如右⑦。銘、謚皆刻之碑，傳於世。

---

① 顏由：原作"無由"，據《孔子家語》改。
② 賈誼：原作"曹誼"，據萬曆本、朱本、鄒本改。
③ 桓榮：原作"桓温"，據朱本、鄒本改。按：此處前後皆東漢人，不應忽夾入晉人。桓榮，東漢經師。
④ 王尊：朱本、鄒本作"王遵"。按：王尊乃西漢人，此處應爲東晉人，疑當作"王導"。
⑤ 桓：原作"亘"。譚校："亘作桓，宋人避諱也。"庫本正作"桓"，據改。
⑥ 原注："廣安人。"
⑦ 謚：原作"諸"，據萬曆本、朱本改。

全蜀藝文志卷之四十九

雜著一

文教詞語

即位告天文 （蜀漢）先　主

惟建安二十六年四月丙午，皇帝備敢用玄牡，昭告皇天上帝、后土神祇：漢有天下，曆數無疆。曩者王莽篡盜，光武皇帝震怒致誅，社稷復存。今曹操阻兵安忍，戮殺主后，滔天泯夏，罔顧天顯。操子丕載其凶逆，竊居神器。群臣將士以爲社稷墮廢，備宜修之，嗣武二祖，襲行天罰。備惟否德①，懼忝帝位。詢於庶民，外及蠻夷君長，僉曰天命不可以不答，祖業不可以久替，四海不可以無主。率土式望，在備一人。備畏天明命，又懼漢邦將湮於地②，謹擇元日，與百寮登壇，受皇帝璽綬。修燔瘞，告類於天神，惟神饗祚於漢家③，永綏四海！

與群下教 （蜀漢）諸葛亮

夫參署者，集衆思、廣忠益也。若遠小嫌，難相違覆，曠闕損矣。違覆而得中，猶棄敝蹻而獲珠玉。然人心苦不能盡，惟徐元直處茲不惑。又董幼宰參署七年，事有不至，至於十反，來相啓告。苟能慕元直之十一，幼宰之殷勤，有忠於國，則亮可少過矣。

又曰：昔初交州平，屢聞得失；後交元直，勤見啓誨；前參事於幼宰，每言則盡；後從事於偉度，數有諫止。雖姿性鄙暗，不能悉納，然與此四子終始好合，亦足以明其不疑於直言也。

---

① 惟：原件"雖"，據《三國志·蜀書·先主傳》改。
② 邦：萬曆本、朱本、鄒本作"室"，《三國志》本傳作"阼"，是。
③ 饗：原作"嚮"，據庫本、《三國志》本傳改。

諸葛武侯廟古柏文　　　　　　　　　　　　（唐）段文昌

是草木有異，於草木則靈。武侯祠前，柏壽千齡。盤根擁門，勢如龍形。含碧太空，散霧虛庭。合抱在於旁枝。駢梢葉之青青①。百尋及於半身，蓄風雷之冥冥。攢柯垂陰，分翠間明。忽如虬螭，向空爭行。上承翔雲，孤鸞時鳴。下蔭芳苔，凡草不生。古色天風，蒼蒼泠泠。曾到靈山，老柏縱橫。亦有大者，莫之與京。於惟武侯，佐蜀有程②。神其不昏，表此爲禎③。斯廟斯柏，實播芳馨。

誡子元膺文　　　　　　　　　　　　　　（前蜀）王　建

永平二年，漢州什邡縣獲銅牌，上有六十二字。建嗣子更名元膺，字昌美，符銅牌"膺昌"之文。建以元膺年少權重，命文士爲文誡之曰：

吾提三尺劍，化家爲國。親決庶獄，人無枉濫，恭儉畏慎，勤勞慈惠，無一事縱情，無一言傷物。故百官吏民，愛朕如父母，敬朕如天地。汝襁褓富貴，不知創業之艱難。更汝之名，上應圖讖。勿驕勿矜，勿盈勿忌，惟敬惟誠④，惟謙惟和。内睦九族，外安百姓，赤心待群臣，恩信愛士卒。刑罰，人之命也，無徇愛憎；姦邪，國之賊也，無信讒構。絕畋遊之娛，察聲色之禍。然後能保我社稷，君我民臣。吾蚤莫戒勗，恐汝遺忘，當置於几案，出入觀省。

下蜀國教　　　　　　　　　　　　　　　（後蜀）孟知祥

取威定霸，乃公侯權變之方；捨爵策勳，乃皇王叙酬之典。其或兵屯萬旅，地廣三川，周環列國之山河，奄有全蜀之封部。儻不從權而徇衆，則稽録效以報功。今禀命於中朝，得專制而行賞。但念承世家之餘慶，受旌鉞之殊榮⑤，自領成都，於兹半紀。窮奢極侈，固斷意而不爲；講武教民，在安邊而有作。往歲方勤述職，務保永圖，不幸諸藩，構成深隙。此際主兵將帥，爭陳排難之功；運策賓僚，咸展出奇之略。因

---

① 梢：原作"稍"，據庫本、朱本、鄒本、《成都文類》卷四九、《全唐文》卷六一七改。
② 程：原作"桯"，據萬曆以下各本及《成都文類》《全唐文》改。
③ 禎：原作"禎"，據《成都文類》《全唐文》改。
④ 誠：庫本、《全唐文》卷一二九作"誠"。
⑤ 鉞：原作"越"，據萬曆本、庫本、朱本、鄒本、《成都文類》卷四九、《全唐文》卷一二九改。

興武旅，分蕩渠魁，累破竹以焚枯，連開疆而拓土。其次諸司奉識，庶吏推誠，咸著勳勞，豈忘獎答。一昨聖上以顯分忠佞，遂降册封，礪岳帶河。銘大君之異寵，輅車珠冕；表列國之殊榮，仍示優崇。俾行墨制，上自藩方之任，下及州縣之官，凡黜陟幽明，許先行而後奏。自可保不僭不濫之典，賞立功立事之人。必無患於不均，庶有覬於允當。布告遐邇，咸使聞知。

錄民詞　按：此爲張忠定公詠作。　　　　　　　　　　（宋）阮昌齡

景德三年秋九月，蜀民康平。上欲天下皆如蜀也，遂召我公以歸。將行，僚吏儒士洎外學之人，咸發歌詩以稱道盛德①。而民吏謠頌，無以上達，屬邑吏陳留阮昌齡錄其民詞以獻。

國無忠貞，遐避孰禦？治非禍亂，英雄孰睹？順賊始平，焚溺無主。帝聞憫然，曰公汝處。公不宿命，臨機威撫。若凜而煬②，若旱而雨。若饑而哺，若嬰而乳。氛涼廓清，餘梟尚鼛。元戎矜功，沉吟玩侮。公氣如虹，言發樽俎。膽汗四落，再造蜀宇，迴車未停，賊燼復舉。賢臣迭治，秦竪孰愈？公在雍都，帝憂密諭。捧詔秣馬，足不入戶。炎風劍山，五日而度。

公之來尸，一從舊矩。公之至日，衛從雲委。旦驅莫警，執刃挾矢。公曰自疑，民疑何弭？擯而去之，權震千里。公至之始，獄不容質。躬詢親決，百不留一。禁倖塞姦，削枝從實③。以今方舊，年不及日。僭闕遺則，五門三闕。朝西承天，規號弗革。公爲偏署，州郡之式。盡革舊制，以斷民惑。玉壘之西，禽戎獸夷。公爵其帥④，誠而禮之。刻己削俸，以懷以綏。萬里凶醜，縻之軒墀。翹翹錯薪，歲貢霧臻。文翁遠矣，蜀秀無聞。公薦其三，張及、李畋、張逵。翩然凌雲。企慕承化，儒風大振。大會舊規，革傴被馳。公曰頓拒，民其怨咨。萬衆所集，必布姦欺。首罪一夫，路無拾遺。西戎之利⑤，星精月駟。舊貫峻嚴，千不一至。公寬其法，鵝聯鱗萃。蜀鹽奮種，葉價日聳。公教種桑，廕疇庇壠，歲不外求，歡聲四踴。豪居大宅，覆溝侵陌。輪蹄梗蔽，姦宄遁匿。公直舊繩，廓然四闢。周伯麗天，帝億宋年。訛言勃興，咫步萬傳。公誅狂魁，風清兩川。公讌賓友，弗鼓弗鐘。奕棋排星，鳴哨疊鋒。爾威爾暇，權在其中。公歸內署，弗跂弗寐。夜息晝行，集寅衙未。必躬必親，孰敢懈易。蜀腰川頭，春酎玉柄。妙音俊毫，慧點修整⑥。公堂蕭然，煉真弔影。雷足蹄金，益機眉針。奇名怪

---

① 道：原作"導"，據庫本、朱本、鄒本改。
② 煬：原作"賜"，據萬曆以下各本及《成都文類》卷四九改。
③ 枝：萬曆本、朱本、鄒本作"技"。
④ 帥：原作"師"，據萬曆以下各本改。
⑤ 西戎：朱本、鄒本作"西域"。
⑥ 點：原作"點"，據庫本、朱本、鄒本、《成都文類》改。

狀，水陸之琛。公室罄然，左書右琴。

無私於身，不欺於人。卑高無間，毫纖必均。遊之如海，視之如春，吾不知其仁。我用既給，我倉既溢。子孫孝悌，牛羊蕃息。刑不橫及，吏不相賊，吾不知其德。言發座右，事在遠夷。法成筆下，名行九圍。從權約制，不間洪微，吾不知其機。賢愚必察，親讎一平①。見始窮末，罄理盡情。若在鑑水，若經權衡，吾不知其明。

曰帝有詔，公拜以愉。爰膏其轄，爰飼其駒。曰鰥曰寡，晨不俟夜，骨立泣俟，縶公之馬。曰童曰艾，昏不俟晨，驚呼踴走，招公之轅。有曰弗可，虛席黃扉。彼濟天下，我亦隨之。兩康吾蜀，公豈弗思。公馬既逸，萬涕交頤。願繪神姿，願葺生祠。青山碧皋，願留兩碑。

錄二叟語

（宋）何　耕

立春日，通天下郡邑，設土牛而磔之，謂之班春，所從來舊矣。其說蓋微見於《呂令》，而詳於《續漢·禮儀志》，大抵先王謹農事之遺意也。

成都大都會，自尹而下，茗、漕二使者之治所在焉。將春前一日，有司具旗旄金鼓、俳優侏儒、百伎之戲，迎所謂芒兒土牛，以獻於二使者；最後詣尹府，遂安於班春之所。黎明，尹率掾屬相與祠句芒，環牛而鞭之，三匝，退，而縱民磔牛。民歡譁攫攘，盡土乃已。俗謂其土歸置之耕耰之器之上，則繭孳而稼美，故爭得之，雖一丸不忍棄。歲率以爲常。

紹興丙子，余往觀焉，見二叟立牛側。一叟撫牛而嘆曰："是孰象似汝？孰丹塈汝？孰引群吏俎豆而羅拜汝？方旗旄金鼓、俳優侏儒、百伎之戲雜然而前陳，以導汝至此，而空一府之人以觀汝也，不亦榮而甚可樂歟？俄而挺棁競進，擊者交下，而汝始碎首折骨矣。譟者奪者，負者趨者，而汝始蕩爲遊塵，散爲飄風矣。嗚呼悲哉！今夫富貴之家，高明之門，倚勢而怙寵，役物以自奉，噓吸生風雲，叱咤爲雷霆，偃然自以爲莫己若也，有不似茲牛之始至者乎？及其權移而運去，大者隕身赤族，小者觸刑抵罪，雖三尺孺子，莫不聞而哀之，有不似茲牛之既磔者乎？吾悲夫禍福之無常，而慶弔之相躡於俯仰之間也；吾又悲夫造物者之戲人，胡爲而至斯極也，吾是以嘆。"

一叟局局然笑曰："子何言之陋耶！是安從生？自土而爲泥，自泥而爲牛，土不知其爲牛也；自牛而遭磔，磔而復爲土，土不知其非牛也。彼既不知其爲牛矣，則雖象似之，丹塈之，俎豆而羅拜之，與夫旗旄金鼓、俳優侏儒、百伎之戲迎而致之，空一府而觀之，彼且何榮而何喜乎哉？彼既不知其非牛矣，則雖擊之碎之，敗之有之②，彼且何懼而何戚乎哉？牛固無所喜慍，而世之人方且認外物以爲己有。其未得也，挾術用數以致其必來；而其既去，則猶殫智極力以幸其少留也，可不爲之大哀乎？其有愧

---

① 讎：原作"酬"，據萬曆本、朱本、鄒本改。
② 有：朱本、鄒本作"負"，《成都文類》卷四九作"奪"。

於茲牛多矣？而造物者初何與焉！莊子曰：'適來時也，適去順也，安時而處順，憂樂不能入也'。子無庸嘆，嘗試以是觀之。"

余竦然異其言，迫而問之："若何爲者也？"二叟皆不告而去。佘歸而錄之。蜀固多隱君子哉！

全蜀藝文志卷之五十

雜　著二

弔文　誄　哀辭　祭文

弔紀信文　　　　　　　　　　　　　　　　　　　　（唐）盧藏用

維年月日，某官名恭弔漢忠臣、將軍紀信公曰：皇綱圮兮帝紐頹，王風悲兮霸道衰。天運促兮周以復①，秦德棄兮漢葉開②。何項王之贔屭，作驅除於雲雷。豈淵海之飛蕩，資拔山之偉才。於是左契歸楚，群雄奉職。皇矣漢祖，獨負其直。矧滎陽之圍城兮既孤而逼，偉將軍之天誘兮矯奪其識。彼見危而授命兮亦各有時，考振古以爲觀兮罔恢帝基。感將軍之發憤兮③，壯大義之在玆。仰前修以砥節兮④，顧車迴而馬遲。嗚呼！身既焚兮業既昌，楚歌絕兮漢道光。君不旌兮史不揚。功不錄兮歿不傷。奄孤墳以載葬，抑千祀而爲荒。皇周敷訓兮澤及枯骴，伊予寡德兮忝宰玆地。奉宣嘉猷兮懼尸厥位，思將軍兮允忠且義。託神交於萬古兮實獲心志，乃斲石於他山兮，式幽壙以昭賁。詞曰：

　　攝提貞歲兮奉揚仁風，跋涉草莽兮詞弔紀公⑤。善彼勇兮殺身爲忠，九原不作兮予將焉同。金石刻名兮千萬歲，魂魄光烈兮爲鬼雄。

白雲先生張少愚誄　　　　　　　　　　　　　　　　（宋）蒲　芝

高視往古，哲士實殷。施及秦漢，餘烈氤氳。挺生英傑，卓爾逸群。孰謂今世，

---

① 復：《文苑英華》卷九九九、《全唐文》卷二三八作"霸"。按：作"復"字勝。
② 葉：《文苑英華》"葉"下注"疑作業"。庫本、朱本、鄒本、《全唐文》作"業"。按：作"業"勝。
③ 發憤：原無"發"字，據《文苑英華》《全唐文》補。
④ 原無"兮"字，據上引補。
⑤ 詞：原作"祠"，據上引改。此乃弔於其墓，而非弔於其祠。

亦有其人。其人伊何，白雲隱君。嘗曰丈夫，趨世不偶。仕非其志，祿不可苟。營營末途，非吾所守。吾生有涯，少實多艱。窮亦自固，困亦不顛。不貴人爵，知命樂天。脫簪散髮，眠雲聽泉。有峰千仞，有溪數曲。廣成遺趾，吳興高躅。疏石通徑，依林架屋。麋鹿同群，晝遊夜息。嶺月破雲，秋霖洒竹。清意何窮，真心自得。放言遺慮，何榮何辱。孟春感疾，閉戶不出。豈期遂往，英標永隔。抒詞哽噎，揮涕汍瀾。人誰無死，惜乎材賢。已矣吾人，嗚呼哀哉！

張愈字少愚，益州郫人，秘書郎。辭官歸，隱居青城山白雲溪杜光庭故居，六召不應。性樂山水，遇有興，雖數千里輒盡室往。遂浮湘沅，觀浙江，升羅浮，入九疑。買石載鶴以歸，杜門著書，未就而卒。妻蒲氏名芝，賢而有文，為之誄云。

樂善郭先生誄　　　　　　　　　　　　　　　　（宋）楊天惠

孟子論士，以為入而獨善其身，則仁義忠信，樂善不倦；出而私淑諸人，則孝弟忠信，誨人不倦。如此人者，蓋古之所謂天之君子，而今之所謂鄉先生者也。以余觀於樂善先生，豈其人耶。

先生諱某，字長孺。自言本號叔後，號與郭聲相似，故轉為郭。其遷徙入蜀①，初莫詳也，今為成都人。曾祖諱某，大父諱某，世以晦德相光。迨皇考，益力學為文詞，知名於鄉。

先生幼讀父書，盡傳其學。皇考蚤世，先生執喪如成人；喪除，猶有餘戚。奉母夫人極謹，身率妻子，約衣觖食，操井臼以養，無懈時。間遇親疾，輒憂恐，縕火結帶，晨夕侍不去，疾平乃已。先生家居陋甚，然徒步出入里間，人望之，常辟易。其耆壽以先生篤於親，故多遣子弟持脯幣助給太夫人滫瀡裘葛費②。先生得之，不以一錢私妻子，悉歸親所，數奉甘脆美好物③。親欲必供，未嘗以有亡為解。親沒，先生哀毀骨立，畚土成墓，廬其旁三年，遂菜食終身。

先生鮮兄弟，獨從兄存，尤困憊，先生輟食飲饋之。比其疾革，有老父穉女在，先生趨告之曰："兄毋憂，某能為兄身任之。"即日迎館於家。既辦喪與葬竟，奉其父如父，已歿，送如禮；撫其女如子④，已長，聘以時。異時先生從祖父母及叔父母皆無後，委棺客土，先生傾所有，舉四喪，葬高原，

---

① 徙：原作"徒"，據萬曆本、庫本、朱本、鄒本、《成都文類》卷五〇改。
② 幣：原作"弊"，據上引改。
③ 奉：原作"奏"，據庫本、朱本、鄒本及《成都文類》改。
④ 其：原無，據朱本、鄒本補。

春秋奠享，必及無闋。舅有孤兒，體下不立，先生攜歸教畜，爲娶婦①，有子，母黨之祀賴以無絶。

先生氣體夷粹，侃侃似不能言，遇人無貴賤，磬折下之；然其中端挺不倚，終日劇談，無駁雜慢戲半語。故鄉人之善者親附，其不競者尊憚之。

平生惟好書，亡他嗜，丹鉛點勘，筆不去手。自經史百氏之書，浮屠黄老之教，下暨陰陽、地理、醫卜之藝，吐納煅煉之術，皆研盡其妙。有《易解》十卷，《書解》七卷，《老子道德經解》二卷，《三教合轍論》一卷，《蔬食譜》一卷，歌詩雜文十卷。以爲立身揚名莫如孝，作《孝行圖》；守節高蹈莫如隱，作《高逸圖》；善惡之應猶影響，作《陰德雜證圖》。各爲之論述，傳於其徒。

時朝廷設八行科，求篤實尤異之士，鄉老喜相語曰："吾里有人矣。"於是合千百人，狀先生美行於縣於府以十數，府縣以禮延置鄉校，將薦諸朝。會先生病卒，年若干，實某年月日也。娶張氏，生一子某，登上舍，第二女未嫁。以某年月日，葬某鄉里。

其友人楊匯曰："自古賢者没，有易名，請謚曰'樂善先生'。"而東蜀楊天惠誄以文之。凡先生之獲於人者，其斯而已矣，顧不已薄哉？然以聖可爲子，而强爲善，頗能自將，要必能起其家者，而天之報先生其亦奚薄哉！

誄曰：

嗚呼！先生肫肫於食貧而安②，矻矻於爲善而樂，若猶可及。然至其所以用貧以裕子，而親以施於人，而我皆無憾焉，是不可及已。弱無固，壯無專，老無在，死無餘，此元次山所以哀紫芝者，顧某於先生亦云。嗚呼先生，其果可以戒塗之淫佞也夫！其真可以配古之卓行也夫！

房季文誄　　　　　　　　　　　　前人

季文房氏，名彪。曾祖諱某，父諱某，偕以邁德爲成都聞家③。自予假館於其家園，季文從予學文。最開敏，有精識，然不樂效書生作應用之詞，尤羞與鄉校少年伍。予曰："子親之髮垂領矣，日望子速化，叵若何？"季文懅然起，爲一再試學官，皆異等。後三年，訪予於郫，文益工，行益峻絜。又二年，從予府城之客舍，則勝言僩僩逼人。予曰："子何自得此？"季文曰："彪比師者而友謙之，二子皆大士也，請介以交於先生。"予曰："固願之，然恐難致耳。"季文曰："彪能致之。"居有間，二子不來。予問故於原父，原父

---

① 娶：原作"聚"，據萬曆本、庫本、《成都文類》改。朱本、鄒本作"取"。
② 貧：原作"貨"，據萬曆本、朱本、鄒本、《成都文類》改。
③ 偕：鄒本作"皆"。

曰:"前一日,季文死矣。"某拊髀嘑失涕。實某年月日也。於是其母若兄,將以是歲月日葬之某鄉某里,而乞銘於予。予弗忍銘也,故誄之以遺之。季文妻某,幾歲。誄曰:

予頃疑仲尼聖之盛也,頗遺恥於少賤,既老而後集成六經;怪子雲賢之尤也,仍竊悔於少作,蓋晚而後覃經。顧顏子乃交臂於壯齒,而童烏驟談《玄》於稚齡,斯已奇矣。然造物者胡不既其實,而司命者忍復隕其英?吁嗟,季文子!予無以喭若矣,請問諸泱溔之庭。

寧 魂[①]

(宋) 張商英

熙寧元年六月壬戌,有星隕於張氏之宅。是夕也,予兄殿中侍御史次功卒。明年三月乙酉,葬於雙流縣之甘泉鄉,從父塋,禮也。

兄敏悟出於天稟,十歲通五經,善綴文。是時禄寺府君自三江之新穿,徙居於江原之金馬。有鄉先生,號爲碩儒,次功就學。歲餘,曰:"才有餘而道不足,不可以爲吾學。"府君異之,以一壚土購書千餘卷資其讀。次功閉户刻苦力學,或半歲不識肉味。年十八,鄉書送至禮部。後五年爲解頭,遂釋褐,調南平決曹掾,非其志也。乃嘆曰:"大丈夫進無竹素之功,退無千古之名,何以出人?"益發憤,而大窮古人之道。胸中所蕴,澒淪瀚渤而不能自禁,於是溢爲文采,頃刻千字。感慨以吐其憤,浩蕩以快其思,曠達以疏其情,清苦以斂其氣。至於時之理亂,民之利病,曉然洞見其本末,而計謀識慮常在人意之表。前後封章十餘上,諸公聞其名,以賢良方正科薦者五六人,以臺諫館閣薦者數十人。自南平更典秭歸獄,遷襄州穀城縣令,改東觀郎,監閬州税,遷秘省丞、太常博士。今上即位,遷田曹員外郎。以近臣薦其鯁直,有先識之明,擢爲殿中侍御史。正色言事,不顧時忌。方將大出所有以澤當世,不幸以憂去職,感疾而卒。

嗚呼!次功之名暴於天下之耳目,播於多士之詠歌,記録其章疏議論藏於秘府,其文章流落,溢於好事者之巾箱。其始終大概,具於予之行狀。今其葬也,内不瘞志,而外不揭表,次功之名亦可以萬世矣,故爲辭以寧其魂。辭曰:

遵邑門以西出兮,翁莽乎甘泉之野。甓九壤而爲室兮,閴密乎黝無晝夜。慨俊邁之永息兮,逐霜筌而奄謝。遺紛垢以探元兮,杳末窮夫上下。斂清氣以歸藏兮,貫輴車而曉駕。感湔流之噫咽兮,抱遺恨而東瀉。鴻靈頏其罔物兮,遞有無以更化。惋人世之飄遊兮,孰悲咷之自暇。砥才刃以反戕兮,彎智弧以卻射。甘大患而役形兮,高

---

① 庫本"魂"下有"辭"字。

不睹夫太華。修途邈其無隩兮，驥足憊而莫跨。太空蕩其亡限兮，鴻羽摧而已下。既明哲之是卑兮，胡壽年之弗假。盡涼宗之薄祐兮，踔百罹以予嫁。蠹五內以寸裂兮，涕浪浪而橫灑。

涕與血盡兮可奈之何，伊人往矣兮遺我實多。犖犖伊人兮其儀峨峨，冠姬服孔兮躙雄蹈軻。安貧力學兮一志無他，晨炊不紹兮恬事弦歌。鷟鶱鶴翥兮匪駕匪軻①，躩馳矍視兮弗瞷莫佳切弗蹉。剽劌譎詭兮敫相謬訛②，栖停浩氣兮剚斝太和。舍塿躋衡兮去涓泳河，鏗韶嘎鄭兮掐蘅刉莪。雄文焕爛兮乾象森羅，武庫抽鐇兮霜寒萬戈。突為層崖兮漲為巨波，呼號蕩海兮獰蛟戰鼉。堂堂勁氣兮不撓不阿，孤篁挺節兮危松擢柯。狒脣狐貌兮毅然詆訶，豪焰浮浮兮青穹上摩。妙齡升冠兮俯陟賢科，扼居下僚兮珠潛於蠃。嗤誚彼已兮胡食其禾，捐生取義兮感嘆汩羅。忠憤自許兮沽求則那，皂封瀝血兮志念時疴。議論端確兮不磷於磨，如廣指的兮如桑診瘥。名擅海內兮價重巒坡，晁劉大對兮勇過廉頗，安能俛首兮塵壒嫛婆！

熙寧之主兮軒道虞德，瘖瘝正人兮心虛席側。濯濯群公兮推挽先識，僉前允諧兮超寘言職。霜簡棱棱兮豸冠鬐鬐，言行俱危兮不訐不愎。綱憎高造兮曩謂可直，高步跨右兮烈無難色。抉開肺腑兮擇出丹臆，寧同江葦兮漩止濤偪。渾首可殊兮語不可默，一軀胡恤兮誓於報國。囊裝靡釋兮日僾南極③，虎嘯於山兮貙匿於棘④。皂鵰憂雲兮鴞鵂攝翼⑤，旦聯寶珂兮伏覲宸極。一言感悟兮天衷太息，隆棟鉅礎兮行睨厥力。謂可近侍兮獻替失得，瀟瀟素畜兮皋夔益稷。匪徒藻翰兮鈒繪絨織，方圓設施兮太噉悃愊。如丹伏蒲兮如藩批敕，噓吸淳風兮薰沐動植。浥清浣污兮拄強搛踣，布序萬曜兮躔南舍北。昂量潛白兮衡妖喪黑，惕忸勃膚兮扱衽匍匐。沒烟為疆兮朱耶就縄⑥，志遼器邈兮皎皎不惑⑦。車聲輾摧兮蘭燴香熄，笑言在耳兮音容或或，於庭於牆兮誕漫莫測。嗚呼哀哉！

母垂白兮子勝裳，死者佚兮生者傷⑧。慘聚首兮號素堂，哀聲苦兮白晝黃。魯而存兮智而亡，天乎何辜兮遘此不祥。感神祇之不妥兮，畏山岳之摧岡。馴黃螭以企舉兮，愬予懷乎彼蒼蒼。秘其冥造兮，愍予心之搶攘。假宵夢以諄諭兮，漏靈機之渺茫。呀九閎以洞闢兮，進予趾乎玉廂。曰地行之泯懵兮，徒紜紜其吾泱。三才剖而殊體兮，吾獨宰乎陰陽。蒸和融潤兮噴燠呵涼，六氣欲叶兮三辰欲光。元精遺以墮世兮，孰吾弼而還相。豈而世之寶才兮⑨，吾固亦珍乎畯良。忽形開以瘠興兮，諒神理之不荒。苟

---

① 駕：原作"駕"，據朱本、鄒本、《成都文類》卷五〇改。
② 敫：原作"剔"，據上引改。
③ 南極：原作"南殛"，據朱本、鄒本改。
④ 虎：原作"武"，據萬曆本、庫本、朱本、鄒本、《成都文類》改。
⑤ 鴞：萬曆本、朱本、鄒本作"鶚"，誤。鴞、鵂實一物，即貓頭鷹，此喻惡鳥。
⑥ 縄：原作"纏"，據庫本、朱本改。
⑦ 器：朱本、鄒本作"氣"。
⑧ 傷：原作"勝"，朱本、鄒本作"缺"字，據庫本、《成都文類》改。
⑨ 而：朱本、鄒本作"爾"。

詰施於善惡兮，奚顏短而跖長。嗚呼哀哉！

維昔吾考兮志操逸群，顛沛於善兮革家以文。質衣而餞賓客兮，市田而購典墳。門惟蓬茅而賢轍常滿兮①，廩乏甔石而義聲四聞。肆吾兄之肯構兮爲時卿雲，擎芳桂以飄縹兮，釋南畝之耕耘。嗟人事之反覆兮，何變故之糾紛。天澤方連於星驛兮，薤聲已咽於鄉枌。悲予才之短耗疏促兮，其曷以就先志而嗣清芬。念獲終於正命兮，予又烏能效宋玉之招魂。嗚呼哀哉！

世衰俗薄兮仁義不施，機巧競騖兮化爲澆漓。已乎長往兮蛻去如遺，歸如返寂兮又奚其悲。戢收精爽兮隱於大儀，媲元朴以長存兮，縱陵谷之改移。勿降而爲賢人哲士兮，憂患生乎有知。勿瑞而爲騶虞鸑鷟兮，嘷豺狼而噪鳶鴟。勿秀而爲紫芝朱草兮，山草占春以離離。勿堅而爲黃金白璧兮，繞指耀鋼而矜功矜奇。嗚呼噫戲兮萬古有畸，不知其人兮視此哀辭。

祭王岐公文　　　　　　　　　　　　（宋）范　鎮

維鎮與公，官事多同，若一臂交，常相依從。公進於朝，鎮退居窮，采十六年，公譽日充。方遂平生，奄忽以終。自予退居，人事疏絕②，侍從常僚，不復通謁。惟公每歲，遇上元節，置酒開樽，笙歌間設，樂道舊故，窮歡極悅。自顧耄耋，年七十八，苟在人世，能幾日月。今公此行，豈爲永訣，所恨老劣，不能酹別。

祭李舍人文　大臨　　　　　　　　　　前　人

惟靈諒直果敢，著於平生。於朝盡忠，於人盡誠。伊余與公，自幼相從。粵景祐中，竭來之東。同年登科，四紀於今。白首一節，金玉其心。近自去冬，詩筒見貽。三老唱酬，歡如塡篪。江山之興，共得其時。余雖勉和，計方覽窺。凶訃之來，肝腸摧悲。潁昌寓居，道遠人疲，遣致薄奠，公其鑒之。

祭范蜀公文　　　　　　　　　　　　（宋）蘇　軾

嗚呼！仁宗在位，四十二年。畦而種之，有得皆賢。既歷三世，悉爲名臣。今如晨星，存者幾人。孰如我公，碩大光明。導日而升，燦焉長庚。死生契闊，公獨壽考。天實耆之，以殿諸老。二聖嗣位，仁義是施。公昔所言，略行無遺。惟樂未和，公寢

---

① 轍：原作"輒"，據萬曆以下各本及《成都文類》改。
② 疏：庫本作"隔"，朱本、鄒本作"殊"。

不寧。樂成而薨，公往則瞑。凡百君子，願公無極。胡不萬年，以重王國。責難之忠，愛莫助之。嗟我後來，誰復似之。吾先君子，秉德不耀。與公弟兄，一日之少。窮達不齊，歡則無間。豈以閭里，忠義則然。先君之終，公時在陳。宵夢告行，晨起訃聞。先友盡矣，我亦白髮。聞公之喪，方食哽噎。堂堂我公，豈其云亡。望公凜然，猶舉我觴。

祭范蜀公文　　　　　　　　　　　　　　　　　（宋）蘇轍

公之少年①，初以賦鳴。挾策以東，氣和而平。微見圭角，人人自驚。宋氏伯仲，典司衆盟，見公所爲，屣履以迎，自毀其文，以致公名。士滿太學，莫之敢爭。公之中歲，始以諫起。堯老將傳，未有立子，羣公欲言，以目相視。公獨發之，自詭以死。帝知其忠，始怒終喜。復有繼者，實蹈公軌。公亦自信，卒老言事。公之末年，終以節聞。國有蟊賊，當之以身。力言不從，遂致爲臣。開門接士，不怨不憤。羣枉既消，衆屈當伸。有欲援之，同撫我民。公笑稱病，誓不復振。凡世之人，有一於是，翹然自名，足以爲貴，自有其三，豈不卓偉！位雖顯融，有不盡忠。崧隗之間，潁漢之側，有廬可安，有田可食。顧惟平生，篤志鐘律，樂成既上，疾亦告革。嗚呼！昔我先人，公蚤知之。白首相親，往事莫追。軾方在朝②，公舉諫官。卒以獲罪，初無一言。轍來自東，復館於門。曾患之不恤，而惟義是敦。今其云亡，無復斯人③！

代趙端明祭范蜀公文　　　　　　　　　　　　（宋）馮　山

大賢於人，景星鳳凰，不出則已，出則爲王者之嘉祥。有目者爭先睹之爲快，及其不復見也，識與不識共惜乎人之云亡。方公妙齡，起於華陽，風流文采，相如、子昂。及爲從官而慷慨論議，揚雄、李固不足以比方。使中州之豪傑視蜀青衿之子而不敢詒慢者，由公爲之主張。白首玉堂而不自知，聊卒歲而徜徉。先請老者七年，遂濯纓於滄浪。踵越相之遺風，輕二疏以粃糠。方元祐之訪落，登耆明而贊襄，凡天下之大老，雜遝至於廟堂。詔書旁午而不起，乃引禮以抗章。完始終而無虧，孤高岌如太行。袞繡在前而弗之顧，獨友乎仲元與蜀莊。嗚呼！未老而歸二十年，流輩零落者殆

---

① 此句前，《欒城集》卷二六有："維元祐四年八月十日丁未，龍圖閣學士、朝奉郎、知杭州軍州事蘇軾與弟翰林學士、朝奉郎、知制誥轍，謹以清酌庶羞之奠，致祭於故端明殿學士、贈金紫光祿大夫、忠文范公之靈。"

② 軾：萬曆本、鄒本作"轍"。按：作"軾"是。本文爲蘇轍以己與其兄名義作，故代稱"軾"。

③ 文末本集尚有"嗚呼哀哉尚饗"六字。

盡，而公方傲睨乎林泉。忽新樂之方上，梁木壞於璧田。乾坤倏其安往，騎箕尾而上天。其不發爲卿雲甘露以輝潤乎萬物，則將結爲精金美玉而發見於山川。悲夫！自昔登門，屬居某後。束書從師，公則誨誘①。義兼姻婭，子舍維友。宦遊窮年，去德滋久。謂言於公，當享上壽，杖履從公，志或可就。云何一別，遂不我有。我欲哭之，天高地厚。人亡師表，國失耆舊。江漢竭靈，岷峨隕秀。千里致奠，豆肴卮酒。言出涕隨，公其聞否？

代許內翰祭李待制文   前人

惟公金馬碧鷄，西南之珍。奮起江漢，儷蹤淵、雲。秉筆立朝，媲詞皇墳。熙寧之初，英彥戲藻。孰不紆餘，以自襮襫。公獨守官，不少低繞②。拂衣西還，便欲請老。岷山之前，有田一廛。圖史自適，樂全乎天。嗟予鼎來，冀獲親賢。須公疾間，當奉周旋。云何不淑，館舍是捐。嗚呼！性命之理，在公已通。昔生非有，去亦無從。公雖偃然，人則懷公。一樽一奠，聊與人同。

祭寶月大師宗兄文   （宋）蘇　轍

轍方志學③，從先君子，東遊故都，覽觀藥市。解鞅精舍，時始見兄。頎然如鵠，介而善鳴。宗黨之故，情若舊識。屈信臂頃④，閱歲四十。性直且剛，纖惡不容。與人盡言，口如病風。惟我兄弟，不見瑕玼。行有利病，勢有隆污。始終一意，不爲薄厚。交遊之間，蓋未始有。昔我之東，師則有言："遊宦如寄，非可久安。意適忘歸，憂患所由。亟還於鄉，泉石可求。"我志師言，未返而顛。師亦不待，與化俱遷。遣舟與榮，萬里來訃。開紙失聲，悔恨無所。彈指西望，卯塔既成。臨絶之言，求我以銘。自我竄逐，憂病相襲。緝綴清風，得一忘十。追懷曩好，徒有此心⑤。心則不忘，而病未能。收淚語舟，歸酹流水。一生一死，誠則無已⑥。

---

① 誨誘：原作"誘誨"，據庫本、朱本、鄒本乙。按："誘"與"後""友"等爲韻，作"誘誨"則失韻。
② 繞：疑當作"撓"。撓，屈服。
③ 此句前，《欒城集·後集》卷二〇有："維紹聖二年歲次乙亥十月癸亥朔十一日癸酉，降授左朝議大夫、試少府監、分司南京、護軍蘇轍因僧法舟西歸，以香茶果蔬之奠，致祭於故寶月大師宗兄之塔。"
④ 頃：原作"項"，據本集、《成都文類》卷五〇改。
⑤ 徒：原作"從"，據庫本、本集、《成都文類》改。
⑥ 文末本集尚有"嗚呼尚饗"四字。

祭白帝廟文

（宋）何逢原

白帝子陽，氏維公孫。生於西方，扶風茂陵。恥臣新莽，擊滅宗城。遂據益州，帝其民人。四七之際，赤伏再興。十二爲期，殄我金行。背城以死，允也國君。異安樂公，喪邦保身。扞關之顚，巋然古城。廟食其中，威靈具存。旄頭法駕，御如群臣。環佩結裾，繪畫錯陳。遐想盛時，文物聲明。鹽業魚鳧，豈帝之倫。我懷英風，酹以斯文。休哉白帝，千古益尊。

祭漢昭烈皇帝文

（明）蜀獻王

維洪武二十四年，歲次辛未，十二月二十八日，敢昭告於漢昭烈皇帝、漢丞相諸葛忠武侯，曰：龍興雲從，君明臣良。曠千載而一遇，何會合之不常。曰若稽古，寔惟成湯，三聘莘野，承筐是將，咸有一德，革夏爲商。歷嬴秦而兩漢，孰能襲其遺芳？偉中山之帝胄，當群雄之擾攘，噓炎燄於寒灰，時三顧於南陽。情交歡於魚水，言靡間於關張。保岷峨，控荊湘，三分天下，開拓封疆。信同心而協力，視當代而有光。予丕仰於休風，幸開國於是邦。睹閟宮之頹圮，嘆古柏之荒涼。命我將士，繚以垣牆，屹棟宇之崔嵬，煥丹青之焜煌。新規模於今日，聚精神於一堂。告厥成功，我心孔臧，遣官致祭，醴酒刲羊。惟帝與侯，神其洋洋，祐我蜀民，降福穰穰。

祭杜子美文

前　人

維洪武二十六年，歲次癸酉，十二月某日，遣官以牲醴之奠，致祭於草堂先生杜公，曰：先生距今之世，數百餘年，而成都草堂之名，至今日而猶傳。予嘗縱觀乎萬里橋之西，浣花溪之邊，尋草堂之故址，黯衰草兮寒烟。是以不能無所感也，於是命工構堂，闢地一廛。扁舊名於其上，庶幾過者仰慕乎先賢。然人之所傳者，先生之遺編也；而予之所羨者，蓋以先生一飯之頃，而忠君愛國之惓惓。雖其出巫峽，下湘川，罔不戀戀於此，而先生之精神猶水之在地，無所往而不在焉。爰矢詞於翰墨，寫予心之悁悁。臨風醴酒，尚其來旃！

祭韫玉山文

前 人

　　維洪武二十八年，歲次乙亥，八月某日，遣成都右護衛指揮同知李遵，以牲醴之奠，致祭於韞玉山之神，曰：山者石之所自出，而石者地氣之所凝結也。今欲命工匠，動雲根，分翠巘之巉巖，鑿蒼苔之磊落，以爲邦家之用，而爾神司之，用是遣使致祭，以告於兹山之靈。俾人匠之衆，陸運車輪，履險如夷，默加庇佑，式昭靈貺。伏惟神其鑒之！

全蜀藝文志卷之五十一

雜　著三

世家　傳

黃楚望先生世家①　　　　　　　　　　　　　　　　　　（元）趙　汸

　　先生諱澤，字楚望，其先長安人。唐末，有官於蜀者，知資州内江縣，曰舒藝，卒，葬資州。次子師明留居，後遂爲資州人。

　　先生生有異質，日誦數千言。年十二三，即盡通當代進士經義、論、策之學。内附國朝，年十六矣。慨然以明經學古、篤志，力行自勵。好爲苦思，屢以成疾，疾止則復苦思如故。年二十餘，始旁通古今史志、別集，詩文皆不習而能，詩尤超邁清美。久之，於周、程、張、朱之書有得，作《顔淵仰高鑽堅論》以自勉。是時，行省鉅公猶有尊賢敬學者，屢以書院山長之禄，起先生教授江之景星②、洪之東湖。考滿即歸，閉門授徒以爲養。悉取六經百氏傳注疑義千餘條，離析辯難，以致其思，不復言仕矣。

　　始，先生嘗夢見夫子，以爲適然，既而屢夢見之，最後乃夢夫子親授所校六經，字畫如新。其家無一畝之殖，而決意歸休，以六經絶學爲己任，蓋深有所感發也。時大德甲辰，先生年四十五矣。自是以來十餘年間，屢悟聖經隱賾之義凡數十處，而失傳之旨以漸可通。乃作《思古吟》十章，極言聖人德容之盛，上達於文王、周公，以致其瘝瘝不忘之意。

　　先生卒於至正六年丙戌某月某日，得年八十有七。以郡人王儀甫所歸棺斂。九江學者蓋少，先生又深自韜晦，不求聞知，唯待人接物則無貴賤長幼，一致其誠，故死之日，遠近聞者莫不哀之。

　　先生於經學，以積思自悟爲主，以自然的當、不可移易爲則。故其悟也，或得諸幽閑寂寞之餘，或得諸顛沛流離之頃，或得諸疾病無聊之日，或得諸道途風雨之中。及其久也，則豁然無不貫通。自天地定位、人物未生以前，等而下之，凡邃古之初，

---

① 按：趙汸《東山存稿》卷七作《黃楚望先生行狀》，此處所録者稍有節略，又改爲"世家"，似不確。

② 起：原作"超"，據朱本、鄒本、本集改。

萬化之原，載籍所不通具者，皆昭若發蒙，如示諸掌。然後由伏羲、神農、五帝、三王，以及春秋之末，其人倫之端，禮樂之本，皇道帝德、神化宜民之妙，井田區畫之初，封建自然之勢，鬼神祭祀之始，神物前民之用，起數立象之機，聲教文治之原，制作因革之漸，忠質文異尚之體，世變禮失之由，以力假仁之習，皆若身在其間，而目擊其事者。於是《易》《春秋》傳注之失，《詩》《書》未決之疑，《周禮》非聖人書之謗，凡歷代聚訟不決，數十年苦思而未通者，皆冰解霧釋①，怡然各就條理。蓋由專精積久而後得之，自以爲天開其愚、神啓其秘也。

其於《易》，以明象爲先，以因孔子之言，上求文王、周公之意爲主，而其機括則盡在十翼，作《十翼舉要》②。以爲《易》起於數，因數設卦③，因卦立象，因象起意，因意生辭。故孔子曰：《易》者象也，立象以盡意，居則觀其象而玩其辭。聖人言《易》之爲教如此，《易》不可廢象明矣。由象學失傳，漢儒區區掇拾凡陋，不足以得聖人之意，而王輔嗣"忘象"之説興。至邢和叔，則遂欲忘卦棄畫，雖以近代鉅儒繼作，理學大明，而莫能奪也。作《忘象辯》。有一卦之象，有一爻之象。或近取諸身，或遠取諸物，或以六爻相推，或以陰陽消長而爲象者，學者猶可求也；然有象外之象，則非思慮意識所能及矣，而況於立例以求之乎！李鼎祚綴輯於王氏棄擲之餘，朱子發後出而加密，丁易東繼之而愈詳，聖人立象之妙終不可見。作《象略》。象學既明，則因象以得意，因意以得辭。陰陽消長有一定之機，上下貴賤有一定之分，善惡吉凶有一定之則。位之當者，孔子無由獨言其非；卦與爻之小者，文王、周公固不謂之大。然後知三聖人之《易》，一而已矣。若捨象而求，則人自爲《易》，不期於異而自異。作《辯同論》。嘗曰：《易》有八卦，有六十四卦，有三百八十四爻，有大象，有小象，有《大傳》《繫辭》，有《説卦》，有《序卦》，有《雜卦》，有《河圖》《洛書》、蓍策之數。學者當隨處用工，各詣其極。至於一以貫之，而後全《易》見矣。

其於《春秋》，以事實爲先，以通書法爲主，其大要則在考核三《傳》，以求向上之工④，而其脉絡則盡在《左傳》。作《三傳義例考》。以爲《春秋》有魯史書法，有聖人書法，而近代乃有"夏時冠周月"之説，是史法與聖法俱失也，作《元年春王正月辯》。又以爲説《春秋》有實義，有虛辭。不捨史以論事，不離傳以求經，不純以褒貶泥聖人，酌時宜以取中，此實義也。貴王賤霸、尊君卑臣、内夏外夷，皆古今通義，然人自爲學，家自爲書，而《春秋》迄無定論，故一切斷以虛辭。作《筆削本旨》。又作《諸侯取女立子通考》《魯隱公不書即位義》《殷周諸侯禘祫考》《周廟太廟單祭合食説》《作丘甲辯》⑤，凡如是者十餘通，以明古今禮俗不同，見虛辭説經之無益。嘗曰："説《春秋》須先識聖人氣象，識得聖人氣象，則一切刻削煩碎之説自然退聽

---

① "霧"字原脱，據萬曆本、朱本、鄒本補。本集作"凍"。
② "作"上原衍"舉"字，據本集删。
③ 易起於數因數設卦：原作"易起於象數設卦"，據朱本、鄒本、本集改、補。
④ 求：原作"來"，據本集、《元史·黄澤傳》改。
⑤ 作丘：原作"丘作"，據朱本、鄒本、本集乙。《春秋·成公元年》："三月，作丘甲。"

矣。其但以爲實録而已者,則《春秋》乃一直史可修,亦未爲知聖人也。"

其説《易》有常、變,而《春秋》則有經、有權①。《易》雖萬變而必復於常,《春秋》雖用權而不遠於經,各以二義貫一經之旨。嘗曰:"《易》象與《春秋》書法廢失之由大略相似,苟通其一,則可觸機而悟矣。"蓋古者占筮之書,即卦爻取物類象,懸虛其義,以斷吉凶,皆自然之理,乃上古聖神之所爲也。文王、周公作《易》時,取一二立辭以明教。自九筮之法亡,凡筮人所掌者皆不可復見,而象義隱微,遂爲歷世不通之學矣。魯史記事之法實有周公遺制,與他國不同,觀韓宣子之言可見。聖人因魯史修《春秋》,筆則筆,削則削,游、夏不能贊一辭,則必有與史法大異者;然曰"其文則史",是經固不出於史也。今魯史舊文亦不可復見,故子朱子以爲不知孰爲聖人所筆,孰爲聖人所削,而《春秋》書法亦爲歷世不通之義矣。先生所謂廢失之由有相似者蓋如此。"

又懼夫學者得於創聞,不復致思,故所著書目雖多,皆引而不發,乃作《易學濫觴》《春秋指要》《經旨舉略》《稽古管見》,示人以求端用力之方。而《易》《春秋》全解則終身未嘗脱稿示人也。其辯釋諸經要旨,則有《六經補注》;詆排百家異義,則取杜牧之"不當言而言"之意,作《翼經罪言》。

其論《周禮》,以爲六官所掌,皆循唐虞夏商已行之事,雖有因革損益,或加詳密,而大體不能相遠,非周公創爲之制也。古今風俗,事體不同,學者不深考世變,而輒指其一二古遠可疑者,以爲非聖人之書,此不難辯;獨其封國之制與《孟子》不合,則所當論。蓋孟子所言,因殷之制,《周官》乃周家之制也。計武王之興,殷諸侯尚千有餘國,既無功益地,亦無罪削邑,此當仍其舊封,百里之下爲三等,如孟子之説。乃若周公、太公,有大勳勞,乃其餘功臣當封爵,與夫並建宗親以爲藩屏,豈可限以百里之法哉?自當用周制耳。諸侯惡其害己而去其籍,是書當世學者鮮得見之,則周家一代之制,雖孟子亦有不能詳也。其於官屬多寡之由,職掌交互之故,錯亂之説,發義尤精。

其祭祀之法,則兼《戴記》而考之,作《二禮祭祀述略》《禮經復古正言》。其辯王肅混郊丘,廢五天帝,併崐崘、神州爲一祭之説曰:"《祭法》,虞夏殷周皆以禘、郊、祖、宗爲四重祭。周人禘嚳而郊稷,祖文王而宗武王。禘祭天地以嚳配,即圜丘、方澤是也。郊祀上帝以后稷配,建寅之月南郊祀感生帝以祈穀也,四時祭五天帝於四郊以迎氣也。祖禘嚳以后稷配②,尊始祖之所自出也。宗祀文王於明堂以配上帝,總配五天帝也。其後則祖文王於明堂以配五帝,宗武王於明堂以配五神。凡此皆鄭氏義也,故《周禮·大司樂》注以圜丘、方澤、宗廟爲三禘。蓋天神、地祇並始祖之所自出爲三大祭,皆五年之禘也。郊次圜丘,社次方澤,宗次祖,皆常歲所舉之祭也。東遷土蹙財匱,大禮遂廢,所修唯郊、社二祭,故圜丘、方澤二禘,傳記亦罕言之,非淺聞所及矣。《周禮》有祀天旅上帝、祀地旅四望之文,天地主于一,故稱祀;上帝、四望

---

① "而春秋"三字原脱,據本集補。
② 禘:朱本、鄒本作"帝"。

非一神，故稱旅。肅欲以圜丘爲郊，可乎？《司服》：王'祀昊天上帝，服大裘而冕。祀五帝亦如之。'既曰'亦如之'，則五帝之祀與昊天上帝非一祭矣，肅欲混之，可乎？《孝經》稱'嚴父配天'，又稱'郊祀后稷以配天，宗祀文王於明堂以配上帝'①。《易·豫卦》曰：'先王以作樂崇德，殷薦之上帝，以配祖考。'上帝亦天神也，肅欲廢五天帝而以五人帝當之，可乎？崑崙者，地之頂，神州者，地之中，皆天地之所交也。地示主崑崙、神州，非是設此二祭，乃求神於二處。大地神靈莫測，不知神之在彼乎，在此乎，故求之於彼，亦求之於此也。康成以方澤主崑崙，北郊主神州。北郊不見於經，誤分爲二。王氏由此并崑崙、神州爲一祭，而遂謂北郊爲方澤，可乎？若鄭氏知樂九變之祭爲禘，而不言及嚳，又以爲禘小於祫，此則其失也。故斷之曰：鄭氏深而未完，王肅明而實淺。晉武帝，肅外孫也，故用其説，并方圜二丘而祀南郊，歷代無所因襲，而《周禮》天神、地示、人鬼極盛之祭，遂爲古今不決之疑矣。"

其辯感生帝之説，曰："姜嫄履帝武敏歆而生后稷，周人特爲立廟而祭，謂之閟宫，君子以爲聖人之生，異於常人，無異義也。況乎生民之初，氣化之始，五天之精感而爲帝王之祖，亦何疑乎！五帝感生之祀，上世流傳既久，非緯書創爲之説也。且《河圖》《洛書》、著策之數，皆緯文也，其可盡廢乎？"

其辯胡仁仲以社爲祭地，曰："二社以享水、土、穀之神，而配以句龍、稷，非祭地也。禮，天子、諸侯、群姓、百姓、大夫及庶民皆立社，故有王社、侯社、大社、國社、置社之名，其名義高下不同如此，而謂之大示之祭，可乎？殷革夏，周革殷，皆屋其社，是辱之也；旱乾水溢則變置社稷，是責之也。王者父事天，母事地而可責可辱乎②？《周禮》：王'祭社稷五祀則希冕。'以社稷下同五祀，而用第五等之服，不得與先王、先公、四望山川比，則社非祭地明矣。傳曰'戴皇天，履后土'，是后土即地也。《周禮·大祝》：大封先告后土，大師旅、大會同宜於社，又建國先告后土。則后土非社矣。《舜典》：'類於上帝，禋於六宗，望於山川。'六宗者，上下四方之神，即五天帝及地。故其祀在上帝之次、山川之前。《周禮》四望與五帝同兆於郊，又與祀地同玉，又與山川同祭服。則四望者，祀地之四方也。又有分樂所祭五土之示，祭地之禮不止於方澤矣，而欲以社當之，可乎？《周禮》以圜丘對方澤，以天神對地示，以蒼璧禮天對黄琮禮地，以祀天旅上帝對祀地旅四望。《書》及《禮記》乃多以郊對社。蓋郊祀上帝，社祭水土之神，其禮專；圜丘、方澤遍祭天神地祇，其意廣遠，分爲四祀明矣。天地之道高深玄遠，大神大祇不可煩瀆，故歲事祈之於郊；而水土之變，則責之於社。此古人立祀深意也。胡氏家學，不信《周禮》，故率意立説如此。"

大抵先生之意，以爲聖人制禮，遠近親疏、高下貴賤，皆有自然之序，必通其本原，而後禮意可得，蓋圜丘所祭者，全體圓轉之天，總南北極、黄赤道、日月星辰所麗者而言。故主北辰而曰天神皆降③，是總祀天神也。上帝者，高高在上之天，以其在

---

① 於明堂：原作"以明堂"，據庫本、朱本、鄒本、本集改。
② 而可責：原作"不可貴"，據朱本、鄒本、本集改。庫本作"其可責"，亦通。
③ 主：原作"王"，據萬曆以下各本及本集改。

上而爲主宰，故曰上帝。分主五方，故曰五帝；合上下四方而言，則曰六宗，皆天神之分祀者也。方澤所祭者，全體承天之地，總山陵川澤、極天所覆者而言，故主崑崙而曰地祇皆出，是總祀地祇也。地有四方，望其方而祀曰四望；五嶽四瀆之祀曰山川；川澤、山林、丘陵、墳衍、原隰之祀曰五土；水土之祀曰社：皆地祇之分祀者也。所謂自然之序蓋如此。

其辯趙伯循王者禘其始祖之所自出之帝於始祖之廟，以始祖配之，而不及群廟之主，曰："《大傳》：王者禘其始祖之所自出，以其祖配之；諸侯及其太祖；大夫、士有善省於其君，於祫及其高祖。此以禘與祫對言，則禘祫皆合祭，通上下文言之也。蓋諸侯之祫猶天子之禘，諸侯及其太祖，大夫、士及其高祖。是有廟無廟之主皆在，而又上及其太祖、高祖，故謂之祫。天子則於七廟及祧廟之上，更及所自出之帝，故謂之禘也。若曰禘其祖之所自出，而反不及有廟無廟之主，寂寥簡短，非人情矣。故程子曰：'天子曰禘，諸侯曰祫，其禮皆合祭也。'《爾雅》：'禘，大祭也。'非大合昭穆，何以謂之大祭乎？字書訓釋曰：'禘者諦也，審諦昭穆也。'若非合祭，何以有昭穆乎？蓋后稷有廟，郊既配；帝嚳雖配天，而無廟。不可闕人鬼之享，故五年一禘，則后稷率有廟無廟之王，以共享於嚳，所以使子孫皆得見其祖，又以世次久遠，見始祖之功德爲尤盛也。況后稷之廟，毀廟數十世之主皆藏焉，豈可當享嚳之時而屏置之乎？蓋禘祫所以相亂者，由天子、諸侯之制不明。先儒或推天子之禮以説諸侯，或推諸侯之禮以説天子。不知諸侯之禮有祫無禘，天子之禘禮必兼祫，雖其意不主合食，而率子孫以共尊一帝，自然當合食矣。《禮》曰：'天子犆礿，祫禘，祫嘗，祫烝。'則是天子祫祭隨時皆用也。"

其辯成王賜魯天子禮樂，曰："周公相成王，制禮作樂，爲天子、諸侯不易之大法。身没，而王與伯禽躬爲非禮，以享周公。成王賢王，魯公賢君，必不至是。以《魯頌》'白牡騂剛'推之，則記禮者之過也。禘者，殷諸侯之盛祭。周公定爲不王不禘之法，故以禴代之。成王以周公有大勳勞於王室，故命魯以殷諸侯之盛禮祀周公，以示不臣周公之意，故牲用白牡。白牡者，殷牲也；騂剛者，魯公之牲也。又可見魯公以下，皆合食於太廟，而禮秩初未嘗敢同於周公。又以《春秋》推之，則亦非常歲之祀。成王斟酌禮意蓋如此，而非有祭文王爲所自出之禮，如或者之云也。其禘於群公之廟，則後世始僭之。然晉亦有禘，蓋文公有勳勞於王室，欲效魯禘祭而請於天子，故得用之也。若夫東周諸侯爲所自出之王立廟，稍周廟，如魯與鄭是也，然止謂之周廟，不敢以祖廟稱之，諸侯不敢祖天子也。然則子孫亦不敢與享於廟，單祭所自出而已。祭用生者之禄，則亦用諸侯之禮而已。若魯既得禘於周公之廟，則周廟亦應用禘。禘必有配，則固宜於文王廟以周公配也。若據趙氏，則魯本無文王廟，止於周公廟祭文王，臨期立文王主與尸而祭之，此於禮意實不相似。若以爲"有文王廟，則是於文王廟迎尸以入周公廟，以父就子，以尊就卑，必不然也。魯之郊大雩，則平王之世，惠公請之，是矣。然郊祀蒼帝而三望，雖僭，而猶未敢盡同於王室也。蓋以魯有天子禮樂，爲成王賜者，本《明堂位》《祭統》；以爲惠公所請者，出《吕氏春秋》；魯、鄭周廟，晉有禘祀，見《左傳》。"

先生以經證經，而折衷百氏之説多如此。

其辯説《詩》之失，以爲古者重聲教，故采詩以觀所被之淺深。然今三百篇，有出於太師所采者，《周南》《召南》是也；有録於史官而非太師所采者，《豳風》及周大夫所作是也；其餘諸國《風》，多是東遷以後之作，率皆諸國史官所自記録。方周之盛，美刺不興，《漢廣》《江沱》諸詩雖足見諸侯之美，而風化之原實繫於周。其後天子不能統一，諸侯善惡皆無與於周，故不論美刺皆謂之"變風"，以其不繫於二《南》，而各自爲《風》也。《周禮》：王巡守，則太史、太師同車；又其官屬所掌，皆有"世繫"之説。方采詩之時，太師掌其事，而太史録其時世。及巡守禮廢，太師不復采詩，而後諸國之詩，皆其國史所自記録，以考見風俗盛衰、政治得失。若《左傳》於高克之事，則曰鄭人爲之賦《清人》；莊姜之事，則曰衛人爲之賦《碩人》，必有所據矣。故《大序》曰："國史明乎得失之迹，傷人倫之廢，哀刑政之苛，吟詠情性，以諷其上，達於事變，而懷其舊俗。"是説《詩》者不可不辯采詩之時世也。《黍離》降爲《國風》，此時王澤猶未竭也，故人民忠愛其君猶能若此。其後聽者既玩，而言者亦厭，遂與之相忘，則雖《國風》亦不可復見。至此，則書契以來文治之迹始剗絕矣。以時考之，《國風》止於《澤陂》，在頃王之世，當魯文公之時，故曰"王者之迹熄而詩亡"。故説《詩》者尚論其世也。

先生經學，自得之説爲多，以其書不大傳，故掇其關於體要者著之。

當是時，唯臨川吳文正公辯學正誼，盡通諸經，最爲知先生者。常拜集賢之命①，至揚而還，養病九江濂溪書院，見先生所著《易學濫觴》《春秋指要》，心大善之，題其卷端曰："楚望父之著經也，其志可謂善矣。《易》欲明象，《春秋》欲明書法，蓋將前無古而後無今。"又得《六經辯釋補注》觀之，謂學者曰："今人無能知黃楚望者。孟子曰'能言距楊、墨者，聖人之徒也'，楚望其人乎！"亦爲序以歸之。其略曰："楚望貧而力學，讀《易》《春秋》《周官》《禮記》爲之辯釋補注。宏綱要義，昭揭其大而不遺其小。究竟謹審，灼有真見。先儒舊説可信者拳拳尊信，不敢輕肆臆説，以相是非。用工深，用意厚，以予所見，明經之士未有能及之者也。晚年見此，寧不爲之大快乎！予嘆美之不足，因以諗於學者。蓋必於諸經沈潛反覆，然後有以見其用功之不易，用意之不苟"云。

然先生雅自慎重其學，未嘗輕與人言。以爲其人學不足以明聖人之心志，不以六經明晦爲己任，則雖與之言終日，無益也。學士李公溉之使還過九江，請先生於濂溪書院，會寓公縉紳之士，躬定師弟子禮，假館廬山，受一經之學；又將經紀先生家，爲子孫計。先生謝曰："以君之才，輟期歲之功，何經不可明？然亦不過筆授其義而已。若予，則於艱苦之餘乃能有見。吾非邵子，不敢以二十年林下期君也。"李學士爲之嘆息而去。或謂先生："幸經道已明於己②，而又閟於人如此，豈無不傳之懼乎？"先生曰："聖經興廢，上關天運，子以爲區區人力所致乎！"德化縣令王君子翼請刊《補

---

① 常：本集作"後"。按："常"通"嘗"。
② 己：原作"以"，據朱本、鄒本、本集改。

注》，藏先生家，先生猶慎重之，非其人不傳也。荐經寇亂，故宅爲墟，遺書之存者鮮矣。悲夫！先生寧使其學不傳於後，終不肯自枉以授諸人，是故能以數十年之勤，盡究諸經於闕塞之餘，而不能使聖人之心大明於天下後世，蓋其道若是也，豈非天乎！

昔者吾夫子贊《易》，刪《詩》，定《書》，正《禮》《樂》，修《春秋》，將以爲百王大典，遭秦焚書滅學，帝王經世之法遂斬然泯絕於斯時，蓋自開闢以來，宇宙橫分一大變也。鄭康成當專門固陋之世，以一家之學，纂釋群經，具著成就。孔穎達考核百家，大明鄭義，雖於聖人之道無聞，而博古窮經，斯以勤矣。自是四百餘年，習爲定論。至宋，清江劉原父始以聰明博洽之資，據經考禮，欲盡排周秦以來傳注之失。宋代經學之盛，劉公實張之，而說者日新矣。及子朱子出，而群言有所折衷，遂定於一，猶吾夫子之志也①。然朱子於《易》②，簡其辭，微其義，將使學者皆得自致於經。晚歲猶拳拳禮學，而弗克論著。其成書貴闕疑，而又深疑古今文之異體，《春秋》獨得書法廢失之由，折衷諸傳，各極其當矣。而門人學者於二經師說，不能有所發明。故君子論古今經注，以爲自朱子《詩集傳》之外，俱不無遺憾也。先生乃欲以近代理明義精之學，用漢儒博物考古之功，加以精思，沒身而止，此蓋吳公所謂前無古而後無今者也。嗚呼，其遂不傳也與！

汸始拜先生於其門，請問治經之要。先生念其遠來，不以爲不可教，告之曰："在致思而已。然不盡悟傳注之失，則亦不知所以爲思也。"請問致思之道，先生曰："當以一事爲例。禮，女有五不娶，其一爲'喪父長子'，注曰'無所授命'。近代說者曰，蓋喪父而無兄者也。女之喪父無兄者多矣，何罪而見絕於人如此？其非先王之意明矣。姑以此思之，或二三年，或七八年，倘得其說，則知先儒說經，其已通者未必皆當，其未通者未嘗不可致思也。"汸退而思之，女之喪父無兄者，誠不當與逆亂刑疾之子同棄於世。久之，乃得其說，曰：此蓋宋桓夫人、許穆夫人之類爾，故曰"無所授命"，注猶未失也。若喪父而無兄，則期功之親皆得爲主之矣。嘗以質於先生，先生曰："子能如是求之，甚善。然六經疑義，若此者衆矣，當務完養而慎思之，毋輕發也。"遂授以求《春秋》之要，曰："'楚殺其大夫得臣'，此書法也，當求之於二百四十二年之內；'夫人姜氏如齊師'，此書法也，當求之於二百四十二年之外。"汸思之經歲，不得其說。先生爲易置其語曰："'夫人姜氏如齊師'，此書法也，當求之於二百四十二年之內；'楚殺其大夫得臣'，此書法也，當求之於二百四十二年之外。"汸蓋自是始達《春秋》筆削之權，乃知先生於六經之學，以其所自得而教人者蓋如此。惟《易》所謂"象外之象"，則有不可得而盡聞者。嗚呼悲夫，有遺恨矣！

謹述先生世家、文行大概與其經學復古之功如右。伏惟立言君子，以當世斯文爲己任者，尚克表章之。至正十有二年十有一月朔，學生新安趙汸狀③。

---

① "也"字原脫，據朱本、鄒本、本集補。
② "朱子"二字原脫，據本集補。朱本、鄒本作"黃子"，誤。
③ "狀"上本集有"謹"字。

史母程氏傳

(元) 袁桷

嗚呼！余嘗得《三卯錄》讀之，蜀禍之慘，誠不忍言也①。夫朱襸孫之死而復生也，蜀民就死，率五十人爲一聚，以刀悉刺之，乃積其尸；至莫，疑不死，復刺之。襸孫尸積於下，莫刺者偶不及，尸血淋漓，入襸孫口。夜半始蘇，匍匐入林薄，匿他所。後出蜀，爲樞密使，嘗袒示人，未嘗不泣下。賀靖權成都，錄城中骸骨一百四十萬，城外者不計。嗚呼！推是考之②，益可悲者。

蜀眉州史氏，由唐吏部侍郎儼從僖宗幸蜀，因家焉，其先墓在青神，將二十世，宋世號名族。其出蜀也，今唯居湖州一房。讀其遺事，益悲之。

史母程夫人，蘇文忠公之母之族也。夫人將攜其家下峽江，以橐金腰纏之。兵暴至，伏林莽，與鄰嫗謀曰："輸金果可生；吾兒無資，不復能出蜀，史宗誠無噍類矣。縱得生，且夕兵復至，亦決死。均死，死以全史兒，誠不恨。嫗見身死，爲吾出腰中金，告兒，使速走。"須臾，兵果執母，謝以實亡金，遂遇害。翼日③，嫗語於鄰，告史氏兒。兒甫一十三，從草野得尸，如其言。窆以歸，且巫圖其象，識曰："史光母，年五十有四，嘉熙二年十月二十七日申時死兵難。"

兒遂東南來，占籍湖州，刻意自奮，以右科爲浙東兵馬鈐轄。鈐轄生子圭文，嘉定儒學教授。嘉定生子台孫、介、喜孫④。台孫儒術，通吏文，復有子幾人。而史氏繇嘉熙至於今，且四傳矣。

噫！蜀繇秦帝入中夏，至於宋，凡一千五百餘年，文物大盛，絕不知有兵革，一旦掃削殆盡。迄今百餘年，遺墟敗棘，郡縣降廢幾半，可哀也已！可哀也已！

贊曰：婦人內德不出門。房中歌廢，戰國而下俱不幸以著，非得已也。諱莫甚於死，從容反復，烈士猶難之，況士女乎！歐陽公傳斷臂婦人以愧馮道。夫人以死傳宗，承平世澤，於是乎見，作史者烏得廢諸⑤！

---

① "不"字原脱，據萬曆本、庫本、朱本、鄒本補。
② "之"字原脱，據上引補。
③ 翼：萬曆本、朱本、鄒本作"異"。
④ "介喜"字下原脱"孫"字，據朱本、鄒本補，袁桷《清容居士集》卷三四"介喜孫"三字作"某"字。按：虞集《道園學古錄》卷二〇《史氏程夫人墓誌銘》載圭文三子：台孫、介、喜孫，與此相同。
⑤ 本集下有"延祐七年十月壬子，前史官會稽袁桷撰"十六字。

皇明平蜀傳

(明) □ 彝①

江邑世隸渝郡。元末兵亂，羣雄角逐。至正十二年，全蜀爲僞夏主明玉珍所據，渝即夏都，江邑爲僞畿甸邑。未幾，珍殂，子昇嗣。歲辛亥，僞夏開熙五年，實我太祖高皇帝金陵登極之四年也，時已削平羣雄，混一疆宇，惟明氏依違弗決。正月丁亥，太祖乃命中山侯湯和爲征西將軍，江夏侯周德興爲左副將軍，德慶侯廖永忠爲右副將軍，暨平章楊璟等，率荆湘舟師由瞿塘趨重慶；潁川侯傅友德趨隆州。

五月丙辰，湯和師發夔州，攻瞿塘，以江水暴漲，駐大溪口。己未，傅友德兵至漢江，阻水未渡，造舟以濟。己卯，至漢州，欲以軍中消息達湯和，而山川縣隔，卒莫能通。適水漲，乃以木牌數千，書克階、文歲月，投漢江，順流而下。守者見之，爲之解體。

六月壬午，友德攻漢州，守將向大亨悉兵出戰，敗走，進克漢州。先是夏人聞王師將至，悉衆守三峽，及階、文失守，乃分瞿塘守兵以援漢州；及至，而城已下矣。逆戰，敗走，兩州大震。

丙戌，太祖以湯和師久逗遛，賜詔責之。廖永忠聞命奮起，率兵先進。會得木牌於江，和亦進兵。自白鹽山伐木開道以趨夔州。守將飛天張整衆逆戰，大敗，退走。而出峽水急，又阻於鐵索飛橋，舟莫可進。永忠乃密遣壯士數百人，舁小舟，踰山渡關，以出其上流，夏人不知覺也。度其將至，乃夜率精銳，分水陸爲二軍而攻之，遂克其陸寨。舁舟者出，上下夾擊，大破之，擒斬無算。遂入夔。明日，湯和兵至，乃各分兵約會重慶。丙申，永忠舟師自夔州乘勝直抵重慶。是日，次銅鑼峽。

明昇等大懼，欲奔成都。其母彭氏泣止之，曰："事勢如此，往亦無益。況此城之兵，膽破心悸，區區城守，死傷必多。不如早降，以免鋒鏑也。"乃遣使納款請降。永忠以湯和師未至，辭不受。癸卯，湯和兵至，乃合駐朝天門，昇面縛銜璧，與母彭氏及諸臣以降，東川底定。江邑遂入王朝，仍隸重慶。

七月庚申，傅友德兵圍成都。僞丞相戴壽及知院向大亨等驅象載甲士出戰。友德中流矢，益奮銳進擊，大敗其兵。會得重慶報，壽等遂請降，友德按兵入自東門。壬戌，遣兵徇下州郡未附者。八月甲子，周德興兵下保寧，蜀地悉定。

乙丑，明昇至京師，賜爵歸義侯，賞賚甚厚。九月乙未，和等班師還京，上所佩印綬，並所得蜀金印、冠冕、儀仗，及路、府、州、縣、宣慰、宣撫之數，官吏、將士、牛馬等類。太祖頒賞有差。蓋自出師至此，凡九閱月爾。

臣彝曰：大哉皇靈，其丕顯乎！古者明王伐不敬，取其鯨鯢而封之，以爲大戮。王師伐蜀，拯民水火，昭義舉哉！古者征西將士多不利，光武屢隕元戎，宋祖兩川反

---

① 此文嘉靖本、萬曆本、庫本皆不署撰人，據朱本、鄒本補。按：文中稱"臣彝曰"，知作者名彝。

覆。視今中山、潁川之師，風行電逐，無一矢隻輪之衄，誠帝王之師以全取勝哉！征伐之烈，振古所無也。薄海内外，罔不康乂，迄今用休。是皆高皇開天、列聖撫運之所被也。於戲！竇隙照者仰大明①，飲勺流者思滄海，矧我蜀人②。

韓娥傳

（明）劉惟德

娥姓韓，元四川鹽運司副使韓新澤之孫、處士韓成之女也。母王氏，生娥於元至正乙酉。娥甫三歲失怙，七歲失恃，鞠於叔父韓立。遭元季之亂，歲丙申，盜賊蜂起，劫奪貨財，擄掠婦女，無所憚。叔母杜氏度娥不能自保，密謂娥曰："我夫婦老矣。汝年十二，必遭寇手。吾不忍視汝受掠，吾製男子衣裳，汝可服之。寇知汝男，或可免。"叔父又哭曰："汝本故官之孫，吾鞠汝恤汝，願汝有家，不幸至此，時也命也！汝宜自裁。"娥受叔母教，即易其服，總其角。旦日往拜叔母，曰："而今而後，或違母訓，有死無二。豈忍不念吾叔母言，甘受寇辱求苟活耶！"

未幾，果為寇擄。問娥姓名，娥曰："我韓關保也。"遂與負戈而往。後遇萬戶王起巖，見而憐之，以與千戶羅甲。甲，蜀之叙南人也，撫之如己子。與征雲南，自雲南復歸叙南。娥在師旅中，與人和睦，或有與之嬉戲，即正色曰："韓關保不能閑戲，恐官長怪責，無益也。"每遇祁寒，未嘗怨咨，暑雨未嘗裸浴；至夜則和衣而臥，臥常後，起常先。人問其故，曰："恐家務不辦乃爾。"自是甲有軍旅之事，事無大小，娥皆勉勉為之，無斯須惰容。甲矜其勤謹，間與之酒，辭曰："關保天性不能飲，飲輒病。"甲益重之。娥尤兢兢業業，惟恐有失，而違叔母訓。出入軍中一十二年，人皆不能窺測。又善以父事甲，故甲信而不疑。甲嘗謂人曰："我之關保，榦蠱之子也。"為之婚娶，冀其成立。娥不得已，從，而百計避之。婦訴其父母，父母責娥夫婦不睦。娥猶隱諱不言。

一日，娥從王萬戶自叙南之成都計事。娥微行至城東，度緣橋，物色得叔父母，已不能識娥矣。娥具以實告，指額上刀傷痕仰天痛哭。叔父亦哀其艱苦，將以白金贖之。王萬戶謂娥叔父曰："是子羅甲之子，焉得為爾之女侄？"事聞有司，召媼視之，媼曰："室女也。"萬戶乃受白金，還之。叔父以娥歸成士馬復宗，生男一人，女二人，娥夫婦繼歿，而男女俱存。

洪武奄有全蜀，王萬戶入京，朝授禮部郎中，致仕還蜀，以聞於蜀邸。王召見，賜寶鈔五錠褒之。士君子多為詩文褒美。

永樂七年冬十二月，余使蜀，方外士韓太和，立之子、娥之弟也，以其詳詣余誦之。余喜娥之貞烈且孝③，作《韓娥傳》。

---

① 竇：朱本、鄒本、雍正《四川通志》卷四三作"窺"，當是。
② 朱本、鄒本下注"下缺"。按：文意已完，似無缺文。
③ 貞：原作"真"，據庫本、朱本、鄒本改。

劉生曰：韓娥少孤，遭時多難，受叔母一言，微服處軍中一紀，人莫辨其爲女。譬之執玉馳馬，馬驟而玉不玼，捧盈升車，車搖而盈不溢，善於執捧故也。亦由洞洞屬屬之心堅似金石，故能保其身，歸於馬氏。娥有三善焉：智也，貞也，孝也。《詩》云："既明且哲，以保其身。"娥之謂也。

清風先生傳　　　　　　　　　　　　　　　　　　前人

先生姓楊，名學可。其先世居蜀之新都邑，相傳爲關西夫子楊震之後。至處士某，其裔也。有隱隱，弗仕，惟讀書教子，鄉閭稱爲善士。先生，其子也。自卯角，好《語》《孟》書。即長就學，從鄉先生某受《詩》《書》《春秋》。三經學既通，丁元季世，海內震動，四郊多壘。先生知蜀不能居，乃遁入雲南之昆明邑。昆明士君子聞先生來，爭設皋比席以延之。先生講論六經，開陳二帝三王治天下之大經大法，且謂帝王自有真，不可僭竊，以取荼毒。由是名公貴人聞先生之言，皆守其分；大夫士服先生之訓，咸知其義。故多敬事先生，而心實忌之。先生亦知西南夷不可齊以禮，又不可屈己以從夷俗，尋歸西蜀。適遇明氏強盛，以國子助教逼之。先生辭不就職，至以法挾之，先生堅以抱疾杜門自守。

逮乎聖朝混一海宇，先生與故官宿儒計偕赴京師，訴老疾，辭歸蜀。蜀之士知先生道學之明，執經座下者無虛日。先生隨其才而教之，皆有造就。由是先生之師道益彰彰於遠近矣。未幾，蜀邸就封，崇儒重道，乃召先生爲國中士子矜式。士子多躋顯官，盡忠相國。王知先生有德，賜田宅於國之大安門外、駙馬橋北，俾先生有終身之樂；特書"流水畫橋題柱客；清風精舍讀書人"一十四字，列於先生之門。士子從學者皆稱爲"清風先生"云。吳郡顧禄篆書"清風精舍"①，扁於室，且爲文以記。大夫士歌詩褒美。

永樂七年冬十一月，余奉使來蜀，道經其門，得拜先生函丈前。入門，則喜松竹滿園，菲菲繞蹊②，有隱者之趣焉；升堂，則喜詩書盈案，琴瑟在前，有長者之風焉。又愛溫如崑山片玉者仲子也，秀若桂林一枝者季子也，茂似芝蘭玉樹者衆孫也，貴如瑚璉圭璧者諸生也。先生坐定，略見辭色，亹亹乎經史，雍雍乎禮讓。余益喜而敬，曰：先生少時奔走遐方，先難也，命也；暮年遭遇賢王，錫養老厚恩，後獲，命也。於是乎先生之清風遠矣！高節遂矣！宜夫門弟子以清風先生稱之，不誣矣。作《清風先生傳》。

劉生曰：晉徵士陶潛居柴桑里，於夏月高臥北窗，清風颯至，自謂"羲皇上人"。先生居精舍，子孫娛老，師生論道，清風徐來，焚香靜坐，陶然爲堯舜之民，視潛無愧矣。

---

① 顧禄：朱本、鄒本作"顧樂"。
② 蹊：上引作"溪"，誤，此言"入門"不當有溪。

全蜀藝文志卷之五十二

宋王象之輿地紀勝碑目

成都府碑記 　　　　　　　　　　　　　　　　　（宋）王象之

漢蜀郡太守何君造尊楗閣碑①《容齋隨筆》云：在成都。其末云"建武中元二年"。　漢王涣墓碑在新都縣北五里。涣字稚子，東漢循吏也。冢前有二石闕，其一題"漢故兖州刺史、雒陽令王君稚子闕"，其一題云"漢故先靈侍御史②、河内縣令王君稚子之闕"。　漢文翁學生題名《集古錄》不著書人名氏。文翁題名可見者凡一百十二人。碑在益州。　漢文翁石柱記《集古錄》云：漢隸，不著書撰人名氏。永初中火災被焚，惟廟内兩闕存，太守高朕重立，又於其東別築周公禮殿③。碑以初平五年立，在益州④。　殿柱記先儒謂鍾會書，非也。鍾會是晉咸熙元年始入蜀⑤，距漢興平初禩巳七十一年，不應追書也。今在禮殿。　東漢學殿歲月記《繫年錄》云：紹興六年成都教授范仲癸奏疏言："本府學殿建於東漢之初平，漢人以大隸記其修築歲月，刻於東楹，至今九百四十三年。蓋天下棟宇之古，無過於此者。"　高宗皇帝御書大成殿榜《繫年錄》云：紹興六年，上書大成殿榜賜成都府府學。　左右生題名歐陽公《集古錄》謂爲晉宋間碑。　晉益州刺史羅君碑在碑陰。　晉朱齡石刻宋高祖檄譙縱文在石室。　學館廟堂記⑥唐永徽元年賀公亮撰⑦。《集古錄》謂不著撰人名氏，不同。　州學廟堂頌唐神龍二年史壽撰。　唐太平公主出家敕在天慶觀。　孔子廟堂碑唐開元中周灝撰。　唐平蠻碑《集古錄》云：唐蕭晉用撰，開元十九年刻石紀功，在成都昭烈帝廟。又《容齋隨筆》云：成都有唐《平蠻碑》。開元十九年，南蠻爲邊患，明皇遣内常侍高守信爲南道招慰處置使以討之，拔其九城。此事新舊《唐書》及野史皆不載。

---

① 郡：原脱，據《容齋隨筆》卷六補。
② 靈：原作"零"，據四庫本《輿地碑記目》卷四、《金石錄》卷一四、《隸釋》卷二四改。
③ 築：朱本、鄒本、金華叢書本《蜀碑記》卷一作"創"。
④ 在：原脱，據《隸釋》卷二三、《六藝之一錄》卷一〇七補。
⑤ 是晉咸熙元年：朱本、鄒本、《蜀碑記》作"於季漢炎興元年"。《三國志·蜀書·後主傳》："明年春正月，艾見收，鍾會自涪至成都作亂。"此之"明年"，即晉咸熙元年，距興平元年恰七十一年。作"咸熙元年"不誤。
⑥ 學館：原作"館學"，據《集古錄》卷五、《金石錄》卷四乙。
⑦ 賀公亮：《金石錄》卷二四作"賀遂亮"。按：《大唐新語》卷八載御史賀遂亮贈韓思彥詩，疑"公"字誤。

肅宗以魚朝恩爲觀軍容處置使，憲宗用吐突承璀爲招討使，議者譏其以中人主兵柄，不知明皇用守信，蓋有以啓之也。　先主廟碑貞元四年蘇端撰，在昭烈帝廟中。　韋皋寶國寺記貞元中立①。　段文昌元和中律師銘共爲一碑，見在府學。　鹽市記韋南康文，在華陽縣寶曆寺。寺有南康像，最得其真。　武侯碑陰記《集古錄》云：唐崔備撰，元和二年武元衡刻，及其寮屬題名於武侯廟碑陰。　古柏行長慶四年段文昌文。　重寫前益州五長史真記李文饒撰，云：益州草堂寺列畫前長史一十四人，代稱絶迹。余嘗於數公子孫之家獲見圖狀，乃知草堂續事靡不造真者。余以精舍甚古，貌相將頽，乃選其功德尤盛者五人，模於郡之廳記。　資福院記《集古錄》云：唐李德裕撰，長慶二年立石②。　諸葛武侯碑在昭烈帝廟中，長慶四年裴慶撰，柳公綽書。　總管大學碑③周益州刺史、齊國公宇文憲頌德碑也。　石室贊唐維州刺史鄭藏休撰，大曆十年殿中侍御史李樞篆。　修文宣王廟碣會昌五年裴坦撰。　唐柳公權書金剛經在城嘉祐禪院。　唐僧大辯修功德碑元和十五年立，在文殊閣。　唐韋南康碑二並在大慈寺佛殿中。　石本九經在府學。《容齋隨筆》云：孟昶時所刻，其書淵、世、民三字皆缺畫，蓋高祖、太宗諱也。　龍興寺碑《容齋隨筆》云：前蜀王氏時所立，及唐諸帝名皆半平闕云④。　高駢築城記唐中和四年翰林王徽記，在城中信相院。　孟知祥修城記後唐天成二年李昊記。　唐明皇追諡孔子册文本朝太平興國五年辛仲甫立石。　十賢贊今存其七：姚崇贊冉伯牛，宋璟贊冉有，源乾曜贊閔子騫，韋抗贊子貢⑤，陸餘慶贊子路，盧從愿贊子游，裴漼贊子夏⑥。　觀政閣記秦漢至唐，領太守、刺史、節度使之職，有功績可考而畫像存焉，得二十八人，別圖於他閣，而榜曰"觀政"。呂大防《觀政閣記》，《成都志》云：畫像存焉二十有八人：李冰、文翁、王尊⑦、張堪、第五倫、廉范、种暠、李膺、高朕、諸葛亮、王濬、高儉、陸象先、蘇頲、嚴武⑧、崔寧⑨、韋皋、高崇文、武元衡、段文昌、李德裕、楊嗣復、杜悰、魏謩、牛叢、夏侯孜、高駢、陳敬瑄。　文翁等畫像十贊宋祁撰。祠之內圖文翁、莊君平、鄭子真、司馬相如、揚子雲蜀士先賢凡九，及公之像而十⑩，常山公贊。　蘇文忠公留題《成都志》云：極樂院有蘇文忠公壁間留題："至和丙申季春二十八日，眉陽蘇軾與弟蘇轍來觀盧楞伽筆迹。"今存。　成都古今前後記眉山人孫汝聽修《成都古今前後記》六十卷，見眉州《江鄉志》。　趙清獻公成都記見張有成《光福寺記》。　成都志袁說友序。

---

① 貞：原作"政"，據朱本、鄒本改。按：此乃避宋仁宗諱所改。
② 石：原作"古"，據庫本、朱本、鄒本、《蜀碑記》改。
③ 管：原作"綰"，據《六藝之一錄》卷一〇七改。《周書》卷一二《齊煬王憲傳》："武成初除益州總管……蜀人懷之，共立碑頌德。"即指此碑。
④ "名"字原無，"半"原作"平"，據《六藝之一錄》卷一〇七、《容齋隨筆》卷四補、改。
⑤ 抗：原作"杭"，據《六藝之一錄》改。
⑥ 裴漼：原作"裴璀"，據《舊唐書》卷九九、《裴漼傳》、《全唐文》卷二七九改。
⑦ 王尊：原作"王遵"，據譚校改。按《漢書》卷七六《王尊傳》，王尊漢元帝時曾任益州刺史，"尊居部二歲，懷來徼外，蠻夷歸附其威信"。
⑧ 嚴武：原作"嚴弋"，據朱本、鄒本、《蜀碑記》改。
⑨ 崔寧：原作"翟寧"，據譚校改。
⑩ 公之：朱本、鄒本作"蔣堂"。按：《輿地紀勝》此注實乃節引吳曾《能改齋漫錄》卷一二，"公"乃指蔣堂。

崇慶府碑記

蜀先主碑①在晉原縣西南二里，唐房琯文。　唐李百藥碑在江原縣之萬歲寺。文字殘缺。　唐開元碑唐天寶八年。碑在晉原常清觀，鮮于仲通文。　唐開元皇帝送趙仙甫尊師歸蜀詩碑在新津縣寶真觀。　唐樊知遷碑在江原縣淨居寺，唐顏師古文。今頗殘缺。　翠圍山碑在永康之翠圍寺。文字殘缺。　萬歲寺碑碑記具存，見萬歲寺注。　善頌堂留題見趙抃注。　范公鎮留題在太平院。范公入蜀，遊岷山，過此，紀行於寺之經閣上，云："熙寧八年三月，遊青城，間四日，趨峨眉，俱過此，與百世相見，百朋、百嘉侍行。蜀郡公記。"　法天寺留題見法天寺注。　蜀州刺史廳壁記《唐詩紀事》云②：貞元十四年皇甫澈刺蜀州時，賦《四相詩》，序云：《蜀州刺史廳壁記》云："居相位者前後四公，謨明弼諧，遷轉歷此③。顧己無取，忝迹於斯，景行遺烈，嗟嘆不足也。謹述其行事，詠其休美，庶將來君子知聖朝之德云爾。"

眉州碑記

漢刻黃龍甘露之碑在彭山之黃龍鎮。　楊洪碑漢犍爲太守楊洪碑，在今彭山縣北小板橋。楊中云：五十年前餘"洪"字，其他皆磨滅，不可考究。今"洪"字亦無矣④。　北平山碑在彭山縣之北平山。大書"北平山治之碑"，餘不可讀。碑陰書"大唐上元二年道士施仕衡"等字。　南康郡王紀功碑唐貞元十三年建。碑元在龍興寺，乃皇太子誦書。天聖五年，移在州衙門外。　唐眉州創羅城記唐大順二年盧極撰文⑤。　眉州新移彭山縣記唐會昌五年樓旦撰文。　唐丹棱縣龍鶴山成煉師植松碑唐天寶九年歲次庚寅建⑥。　城東貢院佛殿中唐碑及五代碑城東寺殿宇建於唐時，今爲貢院，中有石碑二堵。　象耳山李白留題"夜來月下臥，醒，花影零亂，滿人襟袖，疑如濯魄於冰壺也。李白書。"　杜子美兩川夔峽諸詩石刻黃庭堅書。舊見大雅堂下⑦。　夷獠誓碑《寰宇記》云：在洪雅縣市中。　大池院題去眉山縣一十里，蘇文忠公嘗過之。今柱上有手書云："自老翁井還，偶憩。治平丁未十二月七日，子瞻。"凡十八字。　州園十詠紹興間邵博

---

① 先主：原作"府主"，據《蜀碑記》卷首、四庫本《輿地碑記目》卷四及《蜀中名勝記》卷七改。

② 唐詩紀事：原作"唐紀事詩"，據朱本、鄒本、《蜀碑記》卷一改。

③ 此：原作"比"，據《唐詩紀事》卷四八改。

④ 洪：原作"三"，據四庫本《輿地碑記目》卷四改。

⑤ 二年：萬曆本、朱本、鄒本作"三年"，誤，大順無三年。

⑥ 天寶：原作"元寶"，據朱本、鄒本改。又"九年"原作"元年"，然天寶元年歲次壬午，庚寅乃九年，據改。

⑦ 舊見：萬曆本、朱本、鄒本作"見在"。四庫本《輿地碑記目》卷四"舊"作"詳"。按：疑"舊"字因與上"書"字形近而衍。"見大雅堂下"謂參見"大雅堂"條之下。

眉州古志孫汝聽編。　　通義編家安國編。　　江鄉志張伯虞編，劉光祖述。

簡州碑記

後周宇文泰紀功碑碑在本州界首。云：泰數遣都督入蜀，一治石岡縣，一治懷遠縣，見《簡池志》。　　郡守壁記名氏始唐貞觀十三年。見劉左史《折柳亭記》。　　韋南康紀功之碑在州治頒春亭側。碑甚巨，乃御製，皇太子臣誦奉敕書。　　唐乾符修城碑在州之城隍廟。　　天光觀唐碑觀在陽安縣東三十里，有唐碑，可讀者云大和初三洞道士王道賜因張文舉施地基創建①。　　羅漢院石刻在陽安縣②。有"僧繼暉斬木開基，而巖石呈露，見石鐫羅漢等像，有碑曰：唐興元年，禪師道明鐫刻，以爲禪宮。"　　靈巖院石刻在平泉縣西南二十五里院中。石刻字乃元和、長慶間。　　周文王廟碑在陽安縣西北七十五里，即後周高祖文帝之廟。舊碑題額云"大周植基碑"③，元年歲次丁丑造。元年即後周閔帝之初元也。今石刻存焉。　　北巖院碑院有唐碑，其歲月乃大曆時重修。　　聖居院碑唐中和年建。

嘉定府碑記

漢楊宗、暢墓碑墓在夾江縣東十里④。墓前兩闕，其左隸書"漢故益州太守楊府君諱宗字德仲墓道"十六字⑤，右隸"漢故中宮令楊府君諱暢字仲普墓道"十五字⑥。　　漢和帝時開道碑在夾江縣西蜀郡青衣、越嶲道界中。有永和七年、永和八年等字。　　漢靈帝時張道陵碑在洪雅縣易俗鄉。上有"熹平二年三月一日"等字⑦。　　沐川古碑唐垂拱三年玉津令馬元慶等殺馬湖夷賊紀功。今存。　　李德裕石闕舊市鎮有名灘曰墨崖⑧，其上有"唐李德裕領重兵過此"九字。　　孝女碑在

---

① 大和：原作"天和"，朱本、鄒本作"元和"，《蜀中名勝記》卷八、《六藝之一錄》卷一〇七引作"太和"，清劉文淇、劉毓崧父子所著《輿地紀勝校勘記》（以下簡稱"劉氏《校勘記》"）卷三四引《碑目》作"大和"，據改。按："天""太"均爲"大"之誤。大和，唐文宗年號。
② "縣"下朱本、鄒本、《蜀碑記》卷一有"東"字。
③ "基"原作"其"，劉氏《校勘記》："《碑目》'其'作'基'，是也。"據改。
④ 十里：《蜀碑記》卷七作"二十里"。
⑤ 諱宗字德仲：原作"諱德字仲"，據朱本、鄒本、《隸釋》卷一三改。
⑥ "右隸"至"十五字"：原無，《輿地紀勝》卷一四六亦無，據朱本、鄒本補。惟此二本"中宮令"原作"中書令"，據《通志》卷七三、《蜀中名勝記》卷一一、明趙均《金石林時地考》等改。又"十五字"原作"十四字"，徑改。《蜀碑記》"右隸"下有"書"字，無"十四字"，餘同朱、鄒二本。
⑦ 熹平：原作"嘉平"，據《佩文齋書畫譜》卷六一引《輿地碑目》改。按：漢靈帝無"嘉平"年號。
⑧ 墨崖：原作"墨崔"，據四庫本《輿地碑記目》卷四、《六藝之一錄》卷一〇七改。

犍爲清溪口楊洪山下。東漢永建初，孝女叔先雄以父泥和墜湍水，尸喪不歸，雄於父溺處自投水死。後五日與父尸相持浮江上。郡表言爲雄立碑。國朝元祐中重立。　都安王廟碑碑載隋開皇九年置青衣縣，後周保定三年置青州，宣政二年始爲嘉州。　靈鷲山碑唐貞元中，僧乾光爲其師道真，令徐宗彝撰碑，而碑刻於長慶中。　韋南康大像碑在凌雲寺大像之左。　郭璞移水記記謂世主播遷，戎羯亂華，於是優遊笑傲，放意於山水間，仍於嘉州城東百步烏尤山鑿書巖。而蘇子由詩亦指其注《爾雅》於此。史謂無入蜀之文。謹按《移水記》有"嘉州"二字，則非璞之手筆，恐後人之附會耳。蓋嘉州之名始於後周，而自周以前止曰漢嘉郡、曰龍遊縣耳，安得有所謂嘉州哉！或者後人追書，則未可知耳，當考。　張無盡沐川寨記其略云：南蠻東北接境，常挾吐蕃以爲中國患。蓋其路一出大渡河，一出沐川源，一出馬湖江等。其狹邪之徑曰榮涇①，曰八面菁，曰黑水，曰中鎮，曰賴因，曰龍水，曰陰川。而沐川之路，常爲嘯集之地。　申孝友西南會要孝友論："唐自開元之際，始有南詔之憂。蓋合六詔而南詔最強，連吐蕃而蜀患乃酷。降乃大和之際，李德裕作籌邊樓，南詔頗有所憚，而蜀賴之以安。今西南諸蕃，自祖宗以來，以迄於今，阻隔大蕃之要道②，實爲蜀郡之藩籬③，是致雲吐之三蕃，不復疥痘於中國。今邊夷近屬，雖衆且微，然而勢合則強，力分則弱。必離其黨，使不得親，分其勢，使不得不弱，斯可矣。"　嘉定志郭公益編。　續志林潔已編。　嘉州詩④岑參編。

雅州碑記

漢蜀郡太守治道記⑤其碑在榮經縣西三十里，建武中元二年立。　羊竇道碑在嚴道縣東三十里，漢永初六年碑也。　漢故檢校巴郡太守樊府君碑建安十年三月上旬建。　高孝廉墓碑在嚴道縣東二十里。按其碑年月，乃漢建安十四年。高君兄弟皆孝廉。有二大闕，其一曰"故益州太守、武陰令、上計吏、舉孝廉、諸部從事高頤字貫方"，其一曰"漢故益州太守、陰平都尉、武陽令、北府丞、舉孝廉高君實字貫光"。又一大碑，其首云"故益州太守高君之碑"。　邛崍關開路記天寶六年章仇兼瓊記。　龍興寺碑在州城外，有咸通四年再建龍興寺碑，吳行魯建。又有二蘇先生墨迹，亦在本寺。　平羌江繩橋碑在嚴道縣平羌橋。有唐咸通十年上官朴所撰碑，字亦隸體。今在江瀆廟。　兩面碑在蘆山縣南五里，與府君碑甚近。碑面與背皆有篆文。歲久訛闕不可識，或辨其文曰"蘆山縣碑"。　尊楗閣記⑥建武中元二年。其碑在榮經縣西三十里景嵛縣崖間。巽巖李燾有

---

① 榮涇：萬曆本、朱本、鄒本及《蜀碑記》作"榮經"或"滎經"。按：《輿地紀勝》《蜀中名勝記》卷一五、《六藝之一錄》卷一〇七引亦作"榮涇"，此爲小地名，非指榮經縣。
② 大：劉氏《校勘記》云："大"疑當作"入"。
③ 實：原作"賓"，據朱本、鄒本及四庫本《輿地碑記目》卷四改。
④ 嘉州：原作"嘉定"，據朱本、鄒本及《輿地紀勝》改。按：唐代只稱嘉州，岑參嘗爲嘉州刺史，其詩亦只稱"嘉州"，南宋寧宗始升爲嘉定府，作"嘉州"是。
⑤ 按：此碑與前成都府碑記中"漢蜀郡太守何君造尊楗閣碑"以及本篇下文"尊楗閣記"實皆同一碑。
⑥ 楗：原作"健"，據《隸釋》卷四改。下同。記：《蜀碑記》卷六作"碑記"。

跋以辯正年譜，且言："按《後漢紀》①，建武三十二年夏四月改爲'中元'②，無'建武'字。又按：《祭祀志》，改建武三十二年爲建武中元元年③，以此知《記》與《志》合，而《紀》失之矣。" 神水閣記在榮經縣東三十里銅山峽中。碑字磨滅，今已不復可考。故老相傳，其體大率如尊楗閣字云。李白月下帖在郡治。　楊凝式詩帖在郡治。　魯直木蘭歌帖在郡治。　魯直梁甫吟帖在郡治。　雅安志李嗣文序。

威州碑記

鼓角樓記唐維州軍事判官高測文，乾符五年十月十五日維州刺史李光置。　天寶寺碑唐咸通六年建，軍事判官陶師文。　伏波廟碑唐咸通八年左武衛兵曹參軍崔遂文。

茂州碑記

唐迴車院碑唐刺史蓋巨源撰，大中十三年立。唐刺史題梁黃唐《梁記》有寶曆元年刺史寶季餘、大中三年刺史劉成師、咸通三年刺史蓋巨源題④。　張延賞修城記按：董守愚《兩路記》載：唐大曆十四年，吐蕃大下⑤，火焚了郊館，興元元年張延賞重修。其後別駕大夫修建城宇堡壁雉堞。茂州治平寺碑寺舊在城外⑥，緣叛羌董阿丹焚，元豐初移入城。　滋茂池善應廟碑張商英無盡居士文。其神或傳姓吳，或傳姓郭，頗有異同。　西山記紹聖中茂守曹坦作。　更生閣記政和丁酉，倅貳跨鼇先生李新目擊靜州之變，記載其事甚詳。　圖經郡守史憲序。

隆州碑記

漢黃龍甘露之碑在籍縣江口。上銳下方，其狀如鐘，大書"漢黃龍甘露之碑"七字⑦，餘不可讀。其可識者，群臣將軍位號，蓋爲龍紀也。　艷陽洞石碑在洞之顔，書曰"艷陽仙洞"四字，字體

---

① 紀：原作"記"，據宋史繩祖《學齋佔畢》卷三引李燾此跋改。按：即袁宏《後漢紀》。
② 三十二年：原作"一十三年"，萬曆本、庫本、《輿地紀勝》卷一四七作"二十三年"，朱本、鄒本作"三十三年"，《蜀碑記》作"二十二年"。按：以上各本皆誤，據《學齋佔畢》引李燾跋改。《後漢記》《後漢書·光武帝紀》皆言建武三十二年四月改年爲中元，是也。
③ 三十二年：原作"二十三年"，萬曆本、朱本、鄒本、《蜀碑記》作"三十三年"，據《學齋佔畢》改。《後漢書·祭祀志》上："以建武三十二年爲建武中元元年。"
④ 題：萬曆本、朱本、鄒本、《蜀碑記》卷一〇作"撰"。
⑤ 大下：萬曆本、朱本作"天干"，鄒本作"兵下"，皆誤。
⑥ "城"字原脱，據朱本、鄒本、《蜀碑記》補。
⑦ 七：原作"文"，據朱本、鄒本、《蜀中廣記》卷八、《六藝之一錄》卷一〇七改。

兼篆，不知何代。書旁有款識，歲久磨滅。東南貴人見此碑本①，寶而藏之，以爲真漢隸也。　　唐金剛經碑在佛龕山磨崖，唐貞觀中率更令歐陽詢書。　　道超和尚精德碑在古城山平等寺，天寶四載薛兼金撰。　　開國王碑在唱車山，貞元元年貴平令王覺記。　　張天師靈廟碑元和十五年知陵州李正卿撰。　　貴平縣牟尚書墓記唐同光五年陳貴民領州事②。　　文宣王廟碑在貴平縣縣學，長慶五年刺史李正卿撰，尹泰階書。　　龍興寺大藏經碑在報恩寺，開成四年吳商撰。　　篆字心經在小大悲閣③，咸通七年仇溥撰並書。　　修大悲堂碑在小大悲閣，景福二年僧承徽記。　　黃帝書陰符經在至道觀，咸通十五年丘冲書。　　古大悲堂碑在報恩寺，乾符三年周宋莒撰。　　超覺寺記廣明二年陵州刺史蕭銑記④。　　龍華院山門路記在籍縣，天復七年立，今爲觀音院。　　唐節度使楊公墓碑隆州井研縣道旁有石刻云："唐銀青光祿大夫、檢校御史中丞、上柱國、節度使楊公墓。"其旁多楊姓，乃其子孫也。　　靈泉院碑在本寺，後唐同光三年立。　　僧曉微碑在寶林院，西蜀明德元年立。又有《顯教大師碑》，廣政四年立。　　鐵騎將軍碑在歸安鎮，孟蜀廣政二年立。　　寶峰院記在貴平縣西北四十里。院内有王義之記王氏廬墓銘。　　飛泉山碑其碑有二，並在仁壽縣東飛泉山。　　飛泉山院碑⑤唐神龍元年立，在超覺寺。　　玉堂硯銘文同與可將赴陵州⑥，孫洙巨源以玉堂大硯贈之⑦，與可屬蘇子瞻爲之銘。陵州在高山上，難得水。　　蔡君謨法帖　　東坡多心經　　文與可書千字文並在州治。

永康軍碑記

漢石刻治道記距紫屏二里許，道旁有漢石刻二，皆治道記也。其一曰建平五年者，孝哀時刻也；其一曰永平元年者⑧，孝明時刻也。在范公平磨崖之西。　　鬼界古碑在鬼城山下⑨。昔天師驅鬼於絕域，有鬼界古碑，字盡磨滅，不知年代矣。　　天師戒鬼筆迹在大龍橋側，深一十三丈，闊三十丈。　　晉塼在郡西鉢盂泉，因墾地得一塼，上有晉太康年號。　　隋薛道衡磨崖碑在玉女祠後，有磨崖

---

① 貴人：《蜀中廣記》卷八引《碑目》作"賈人"，疑是。
② 民：當作"氏"，據《蜀中廣記》卷八、《六藝之一録》卷一〇七、粵雅堂叢書本《輿地碑記目》卷四改。
③ 悲：萬曆本、朱本、鄒本、《蜀碑記》卷九作"慈"。
④ 銑：原作"銑"，據朱本、《輿地紀勝》卷一五一、《蜀碑記》改。按："銑"字書所無，當爲"銑"字之譌。
⑤ 《蜀中廣記》卷八引《碑目》無"山"字。
⑥ 與可：原作"興可"，據庫本改。
⑦ 孫洙：原誤作"縣朱"，據《輿地紀勝》《蘇文忠公全集》卷一九《玉堂硯銘·序》改。
⑧ 者：原無，據朱本、鄒本、《蜀碑記》卷一補。
⑨ 鬼城山：劉氏《校勘記》謂當作"青城山"。今按：青城山中自有鬼城山。《方輿勝覽》卷五五永康軍："鬼城山，在丈人觀西北。"《茅亭客話》卷四"劉長官"條："開寶中於青城鬼城山上結三間茅屋。"是也。

碑，云刺史薛道衡撰。或云薛曾。　唐貞元十三年韋賞作觀魚記①在軍城五里北山朝天寺。　唐崇德廟記唐李德裕鎮蜀時重建崇德廟，命段全暐爲記。　唐元和十四年寶幢院記在青城海晏寺。　唐僖宗中和年改海晏寺記在本寺。　唐觀音院記在青城縣東南九里，有乾符二年記。　青城山碑在常道觀軒轅石龕之下，隋大業七年立，太常博士陰道文。　玄宗真容碑在六時巖下。　修丈人殿祝文碣進士任磻文，在丈人觀殿上也。　置丈人觀碑徐大亨文，在丈人觀三門下②。　紀符瑞碣甘遺榮八分書，在丈人觀三門之右。　修諸觀功德記鄭敖書，在丈人觀大殿右。　延慶移觀手詔碑在延慶觀後絕峰之上石龕中，開元十二年立。　唐吳行魯碑在鬬鷄臺，有古碑尚存，但字畫磨滅。蓋唐大中十一年治隸彭州時，長史吳行魯所建碑也。　玉壘關碑唐大中十年白敏中帥蜀日建。關旁有大碑，即幕府陳可度頌功德之碑。　獠澤水石記路次石門崖壁鐫吳行魯大中七年奉使巡邊行，見《獠澤水石記》矣。　唐人徐浩書金剛經導江天宮院有《唐人徐浩書金剛經》全帙，今刻之石。　杜光庭重修冲妙觀記在青城縣一里冲妙觀也。　韓擇木八分書延慶觀靈寶真人五符幢下。其下記銘乃開元十二年立。　蜀嘉王宗壽墨迹僞蜀王建宗子嘉王宗壽與能仁院僧卯往來書劄二十餘簡存於院，墨迹宛然如新。　迎祥寺鐘樓刻字在導江縣北迎祥寺鐘樓内。有碑，不記年月，觀其有"節度""押衙"字，即爲唐末五代間刻也③。寺有老泉爲記④、東坡所書碑刻，俱存。　青城山甲記唐杜光庭編。　永唐志教授張增編。　青城山乙記范仲立編。

石泉軍碑記缺

瀘州碑記

蕭齊碑在丁公巖，磨滅難考。　唐高宗安樂山取丹經詔碑在安樂山。　唐高宗賜進經道士詔碑在安樂山⑤。　劉真人藏經碑在安樂山。　唐貞如寺碑在州北真如寺。　唐蘇公甘井碑在州城南門上，唐乾元中都督蘇元開井記。　黃太史書砥柱銘碑在高寺⑥。　大像記、醉僧圖詩碑黃太史二碑並在開福寺。　尹吉甫祠堂記許沆爲之記曰："父老相傳，周尹吉甫實生此地，

---

① "貞元"原作"貞觀"，無"賞"字。粤雅堂叢書本《輿地碑記目》有"賞"字，劉氏《校勘記》引《碑目》"貞觀"作"貞元"，"韋"下有"賞"字，皆是也。按：南宋人所作《寶刻類編》卷四著錄有唐盧文若書《龍池寺觀魚記》，注云："弟賞記，文若行書，貞元十三年四月七日立，永康。"此《觀魚記》即《輿地碑目》此處之《觀魚記》，注文"弟賞"爲"韋賞"之誤，然可見本有"賞"字；又作記時爲貞元，而非貞觀。據改。

② "下"字下原有"矣"字，據《蜀碑記》删。

③ 即：朱本、鄒本、《蜀碑記》作"知"。

④ 寺：上引作"又"。

⑤ 此條原脱，據《輿地紀勝》卷一五三、《輿地碑記目》卷四補。

⑥ "高寺"上，《蜀中廣記》卷一六引《輿地紀勝》有"瀘峰"二字。

見於圖經舊矣。陳帥損之作清穆堂以祠之。嘗觀酈道元《水經注》江陽異聞，與《華陽國志》頗類。其載揚雄《琴清英》，叙伯奇流放，並《子安之操》，附之江陽。雄，蜀人也，其説必有據。"　　**吏隱閣記**治平四年，鄧太師綰作邑於瀘川，作吏隱閣，曰："瀘之合江，邑居之南，轉清溪而上六七里曰安樂山①，世傳隋開皇劉珍先生登真之地，杜光庭爲之傳，李淑爲之記。開皇所置三觀，其一尚在。乃命道士作劉真人祠堂，因名其閣曰吏隱閣。"　　**鏡硯銘**黃太史銘曰："瀘川之桂林，有石黟黑，瀘川之人不能有之，而富義有之。以爲硯，則宜筆而受墨。唐安任君從簡之硯，面爲鏡而背三足，形駭天下，若山林不若②，而不得訪諸禹也。"　　**瀘川平夷記**熙寧中范百祿撰，今在江安縣之偶住亭。　　**劉真人傳**杜光庭撰。　　**合江縣安樂山騰清三觀記**皇祐己丑李淑撰③。　　**江陽志**教授李濬序。　　**江陽譜**永嘉曹叔遠編集。

潼川府碑記

晉雲南太守段宗仲德政碑宗仲有德政。墓在通泉縣，碑在墓下。　　**唐護聖寺鐘銘**唐龍紀二年節度使顧彥暉鑄，有銘。　　**甘泉寺誓犀碑**李雍書。　　**李義府碑**《寰宇記》：在永泰縣北。　　**馬元直開元中誥**《圖經》云：元直在唐爲滁州刺史，家有開元中誥。　　**陳拾遺與趙彥昭、郭元振題壁**《圖經》載杜甫題陳拾遺宅詩跋。　　**唐薛稷書慧普寺**稷，道衡之孫，魏鄭公之甥也，以書名天下。"慧普寺"三字徑三尺，筆畫雄健，在通泉縣壽聖寺聚古堂。　　**梓州官僚磨崖贊**武后時司法參軍楊炯作，在北崖，字十六七磨滅不可讀。　　**遊仙觀老君碑**、**田真人殿記**在中江縣集虛觀，蜀廣政六年碑。　　**王勃**、**庾信護聖寺碑**在城北護聖寺。　　**彌勒院記**李商隱書、**甘泉亭碑**李潮八分書在城北護聖寺水陸净土巖北。　　**劉蜕文冢碑**在城南長壽寺兜率院之崖壁。　　**精舍四證堂碑**　　**道興觀碑**　　**道士胡君新井碣銘**並見《李義山集》。　　**蓮花漏記**天聖中燕公肅守梓州日置，仍自爲之記。　　**梓潼古今記**淳熙間鄩令孫汝聽作④。　　**梓潼風俗譜**元祐間教授石慶嗣作⑤。　　**舊圖經**李宗諤序。　　**新潼川志**劉甲序。

---

① 六七里：原作"六十里"，據《輿地紀勝》《輿地碑記目》改。

② 不若：鄒本改作"罔兩"，非。《左傳·宣公三年》："民入川澤山林不逢不若。"杜注："若，順也。"

③ 己丑：原作"乙丑"，據《輿地紀勝》《輿地碑記目》改。按：宋仁宗皇祐年無乙丑，己丑乃其元年。

④ 孫汝聽：原作"孫汝聰"，據《蜀中廣記》卷九六改。按：前《成都府碑記》《眉州碑記》均有孫汝聽，即其人。汝聽又著有《韓文解》（見《五百家注昌黎文集》）、《三蘇年表》（見《直齋書録解題》）等。

⑤ "間教授"三字原作"授間教"，據庫本、朱本、鄒本、《輿地紀勝》卷一五四改。

遂寧府碑記

唐張九宗題記在府東崇元觀，其字圓勁①，有虞、褚風骨。　唐覺苑寺鑄鐘記在蓬溪縣覺苑寺。唐元和十二年遂州刺史張九宗撰《鑄鐘記》兼書。　唐劉篆文宣王廟碑記後唐天成四年。　唐磨崖金剛經圖在長江縣南二十里。　唐天復四年禪林碑在鶴鳴山福勝寺，李仁表文。　唐賈島詩碑在長江縣。　蜀安國寺碑在州羅城外，有蜀永平二年碑②。　後唐武信軍衙記廣政間歐陽炯文。　卞高五十六體篆字碑在小溪縣之長慶院。　蜀明德四年碑在小溪山嚮尼寺。　金地院孝童孝女碑在青石縣九節鎮。　遂寧好《閬中志》載熙寧中遂寧守向公著《遂寧好》十章寄閬守鄭公申③，鄭答以《南隆好》十章。　遂寧志馬崇文序。

順慶府碑記

漢車騎崖石刻《郡國志》云：後漢車騎將軍馮緄於此鑴崖刻石十有餘處。《寰宇記》：在流溪縣④。相如故宅石記在相如縣西南光聖佛寺，漫不可讀，父老尚知其爲唐陳子昂之文。　二良牧碑馬肩孟撰，載唐二刺史事。碑在郡治醋庫之側。　唐朱鳳山觀銘長史息袁玘文，在山上。　唐金泉山仙居述⑤唐大和五年果州刺史韋公肅文，在山上。　唐鄭餘慶詩刻在金泉山上。　唐誥刻在金泉山。　僞蜀刺史徐光溥詩刻在金泉山。　唐移縣碑在南充縣門，大中年立，文字磨滅，不可詳辨。　唐王維送楊長史赴果州詩在郡治。　唐屈突公德政碑在西充縣資福寺，河南府陸渾尉崔晟撰。　唐仙林觀碑在西充縣列真觀，唐中書侍郎趙彥昭撰。　唐程仙師蟬蛻偈皁莢碑⑥在西充縣降真觀內。　唐圭峰禪師傳法碑在西充縣金蓮院。　唐相如縣石龕佛像記在縣治，縣令陳子良撰。　僞蜀誓火碑永平五年建，在州北廣川廟。　永興節度使王彥超重建行成思堂石刻不著其姓，今附于後："作堂在姑孰，把麾來果山。⑦男子四方志，萬里如目前。振振

---

① 圓勁：朱本、鄒本、《蜀碑記》卷八作"遒勁"。
② 蜀永平：原無"蜀"字，據《輿地紀勝》卷一五五補。按：歷代以"永平"爲年號者甚多，無此字則不知指可代。"蜀永平"乃前蜀王建年號。
③ 閬中志：原作"閬守志"，據譚校及《六藝之一錄》卷一〇七、粵雅堂本《輿地碑記目》改。
④ 按：《寰宇記》卷八六載車騎崖於南充縣，王象之誤記。
⑤ 居述：萬曆本、朱本、鄒本、《蜀碑記》卷四作"述居"，誤。
⑥ 皁：朱本、鄒本、《蜀碑記》作"竃"。譚校："一作皁。"按：當以"皁"爲是。莢：原作"筴"，據《六藝之一錄》卷一〇七改。
⑦ 麾：原作"摩"，據庫本、朱本、鄒本、《輿地碑記目》卷四改。麾，用於指揮的旌旗，"把麾"喻爲節度使。

佳公子，性行純於天。既知仁有本，自應枝葉繁。宣尼語參孝，推廣十八篇。君能廣充之①，九思極其全。道行身亦立②，揚名顯其先③。回觀廬墓人，卑卑何足言。"　謝寰山靈泉碑謝真人父諱寰，所居名謝寰山，山有院名靈泉，有一唐碑，字多訛缺。　耆舊録自漢紀信以下三十六人並見學録蒲士龍所編《耆舊録》。又有趙嗣業、趙昌藻④、游問爲之贊，並繪像於鄉賢堂。又自隱逸王公宇以下一十四人在《耆舊録》外，亦繪像於鄉賢堂。又復搜訪自王綰以下二十餘士，悉繫於左，而其《遊公仲鴻傳》紀趙忠定紹熙甲寅始末甚詳。　開漢志郡守朱繁《開漢志》序云：紀將軍加封誥詞有云"實開漢業"，故建樓，命名曰"開漢"。郡志名編，亦曰"開漢"，理亦無礙。而《郡志》序云："又以開漢名郡。"象之切詳，州名皆朝廷所錫，不應擅改。今《九域志》第曰南充郡，尚朝廷所以命也。未請於朝以求改命，而自稱曰"開漢"，於理未安。

資州碑記

漢永建五年漢安修棧道記在内江縣界磨崖，字今已磨滅。　陳君德政碑陳君，失其名，漢永建五年爲漢安長，有碑在獠井壩層厓之腹。字雖磨滅，然尚可考。　隋敕改羅漢院碑隋初敕改羅漢院碑，今在法雲院。　唐開元栖神山略記在法鉢池前，刺史房涣文。　唐顔魯公書中興頌碑二一在東巖，一在北巖。　河相弘農碑在資陽縣王褒墓左⑤。　王褒墓石表西漢王褒墓在資陽縣北二十五里，碑字已磨滅。　三仙磨崖題名在資陽縣三江鎮。碑云貞元十四年十月十日杜錫、崔熊、席夔三人同遊⑥。　洗公石馬塔院記　滴水巖結界記　鄭鋼詩在北巖及寧國寺⑦。　陳圖南詩在得道山，並邵博跋。　崇壽觀碑唐天寶二年建，玄宗御書額。見有石刻，乃唐御史中丞宋渾文，已磨滅。　杜光庭醮壇山北帝院記　王師閔西巖龍潭瀑布詩　李渭北巖詩　盧並北巖詩　張公瑾北巖詩在龍水。　重修北巖記⑧唐邵泰文。　裴晉公自贊⑨在靈虛院。

---

① 廣：朱本、鄒本、四庫本《輿地碑記目》《蜀碑記》《六藝之一録》均作"擴"。按：改"擴"爲"廣"乃避宋寧宗諱。
② "立"字原脱，據庫本、朱本、鄒本、《輿地紀勝》卷一五六補。
③ 其：原作"具"，據上引改。
④ 趙昌藻：《輿地紀勝》作"越藻昌"。
⑤ 河相弘農碑：此五字文意不明，劉氏《校勘紀》疑有誤。考宋洪適《隸釋》卷一三載漢碑有"清河相張君墓道"，題云"清河相弘農太守張君墓"，下闕一字。洪氏釋云："右清河相張君墓道一碑甚火，其中但存此數字。惟'河相弘農君'五字點畫具爾。"云云。又洪適《隸續》卷七載："清河相張君墓道十一字一行，兩旁有白紋。其碑長八尺餘，闊三尺餘，此數字之下尚有三之二。"洪適未言此碑所在，然所記此碑殘存之字與王象之《輿地碑目》此碑所在，然此處所謂"河相弘農碑"正相吻合，必是同一碑。蓋張君乃資陽人，曾任清河相、弘農太守，死而葬於此。
⑥ 四庫本此下有"過此故爾題之"六字。
⑦ 寧國寺：原作"寰國寺"，據《輿地紀勝》卷一五七改。
⑧ 記：原作"詩"，據《輿地紀勝》卷一五七改。按：注云"邵泰文"，如是詩，則不應稱"文"。
⑨ 裴：原作"斐"，據庫本、朱本、鄒本、《輿地紀勝》改。

靈仙觀碑西漢王褒宅在資陽縣西駟馬里，今改爲靈仙觀，觀有碑碣，洗硯池尚存焉。　唐裴瞻墓碑記唐左僕射裴瞻墓在盤石縣北五里，有世譜、碑記，藏於寶靈院。　唐韋皋紀功碑在郡市心居民室下。紹興丁巳穴土，有碑石，太守命工取其石，重徹民屋，不果，止錄其文。仍御製紀功碑銘並序，皇太子書。碑面殘缺不全，惟碑陰乃開成元年皋從孫鋌爲本州守日紀述，其文具全。遂復覆之。　安夷軍詩碑紹興十六年內江令董昌齡移徙新市，平縣基，土中得小碑一片，有詩云："戰馬向風嘶，荒雞隔水噭。終日隨征旆，何時罷鼓鼙！"　青松亭記在州治。唐乾符四年西川節度使①、成都尹高駢記並書。　毗沙門天王贊紹興壬戌，郡守邵博得碑城北隅，唐羊士諤爲刺史撰並序。　資中志扈自中編，李折序。

普州碑記

唐栖巖山寺贊銘序唐開元戊辰，前刺史弘農楊公珪、博陵崔克讓，及刺史房公，失其名。　唐老君應見碑唐開元觀《老君應見碑》，開元二十九年安岳郡奉敕建②，大宋淳化二年重鐫。　唐紫極宮碑《集古錄》：唐樂闐撰，賈島書，樂彥融篆額。宮，玄元皇帝祠也，樂又重修，碑以會昌元年立，在普州。　唐西巖禪師受戒序普州刺史韋忠開元十年建③。　普慈志郡守楊泰之序。　郡北小千佛院記《普慈志》：在開皇十三年。　唐宣宗賜浪仙墨制在大中八年。　賈浪仙墓表字浪仙④，燕人。廣明庚子⑤，東蜀從事上谷侯圭表曰："於戲！有唐詩流賈君之墓。"　賈島墓誌《集古錄》云：唐蘇絳撰，馮賢書，碑以會昌四年立，在普州。　聶公真龕記在靈居山，軍事判官何光遠撰，廣政四年建。　茗山平寇錄見《普慈志》卷末⑥。

合州碑記

唐令長新戒在赤水縣，開元二十四年立。玄宗嘗擇縣令百六十三人，賜以丁寧之戒，其後爲縣者皆以戒刻石，《集古錄》取焉。景祐中，令重刻之，今非唐故物也。　古書巖在巴川縣，石間隱隱如篆文，不可讀。　石門彌陀像在石照縣之北巖，唐開元二十三年州別駕張釗爲刺史孫希莊作⑦。

---

① 西川：原作"四川"，據《六藝之一錄》卷一〇七、《新唐書·高駢傳》改。
② 安岳郡：原作"岳陽郡"，劉氏《校勘記》云："岳陽"當是"安岳"郡之誤。按：劉說是，宋代普州又名安岳郡，見《宋史·地理志五》。據改。
③ "韋忠"下，朱本、鄒本、《蜀碑記》卷八、雍正《四川通志》卷二七有"撰"字。
④ "字"字原作大字正文，據《輿地紀勝》卷一五八、《輿地碑記目》卷四改小字。劉氏《校勘記》云："字"上當有"賈島"二字。
⑤ "廣"上原有"島"字，據《輿地紀勝》《輿地碑記目》刪。
⑥ "末"字原脫，據《輿地紀勝》補。
⑦ 二十三：萬曆本、朱本、鄒本、《蜀碑記》卷二作"二十一"。按：《輿地紀勝》卷一五九亦作"二十三"。

祭龍多山題名 "天寶十四載十月十一日，大中大夫、守巴川郡太守、真寧縣開國男、上柱國、賜紫金魚袋韋藏鋒準制醮祭。" 涪内水石鏡題名大唐大曆十年三月三日。"此石出時，兵甲息，黎庶歸，六氣調，五種熟。刺史兼侍御史王鋌記。" 唐大曆王鋌題名①在内水石鏡之趾，大曆十三年。云："此石出時，兵甲息，黎庶歸，六氣調，五種熟，刺史兼侍御史五鋌記。" 盧舍那佛二菩薩記在石照縣之北巖，唐長慶二年刺史劉溫作。 集聖院記在赤水縣之龍多山，唐咸通間李稔②作。 季子墓銘③在巴川縣。相傳以爲孔子所書，張從申記云："舊石埋滅，玄宗命殷仲容搨本傳之，大曆中再刻。"此從申所記也，此刻未知何人所模。 濮巖銘距城三里，元祐五年郡守劉象功磨崖④。 唐孫樵龍多山錄舊刻刓闕，元祐七年劉象功再書，遒勁可喜。 龍多山鷲臺院記紹興三十二年十一月縉雲馮時行記。 將軍祠石刻在龍門東八里印土院，有將軍祠石刻，云："故唐將也，逃難山中而死⑤，葬山陰。或曰，戰國人也。歲春夏，民以車蓋迎其神至水上，張幄致祭。" 唐永泰二年石刻在化度院，在縣西五十里。石刻但云"永泰二年"。案：永泰，齊明帝、唐代宗年號。齊永泰止五月，而唐永泰二年十一月始改大曆⑥，故知爲唐無疑。 雁塔題名在赤水縣廨，宣和間柳城始刻置長安慈恩寺，蓋搨本也。 活樂鄉校記沿涪江四十里⑦，郡人度正立夫子廟，士之向學者有所依歸，又自爲之記。 墊江志郡守任逢編。

榮州碑記

大周聖德勒石文碑在州衙子城門外，長安三年立，韋絸撰。 州院碑僞蜀司倉參軍勾延慶撰⑧。 真義侯碑在本廟，唐元和二年遷。舊經云，即古獨孤、白馬蜀將二人廟也。 唐刺史薛高丘磨巖碑在榮德山，唐開元二十年刺史薛高丘磨巖碑。多載仙靈事，今字畫已磨滅。 榮隱山修道觀石碑在本山上。 榮黎山古寺碑在本山上。 唐乾符元年禱雨碑⑨在榮黎山上。 榮德山薛刺史磨巖碑⑩在山半。 靜難侯廟碑在本廟內。 圖經隆興元年李燾爲守教官勾演編。

---

① 譚校："按《王鋌題名》與《涪内水石鏡題名》大約非二，不知何故重出？若以其年月不同，不應中數語一字不易。"按：《輿地紀勝》無前一條，此處"王鋌題名"作"王鋌石鏡題名"。據此，劉氏《校勘記》亦謂單行本《輿地碑記目》前條"顯係重出之衍文"。
② 稔：朱本、鄒本、《蜀碑記》作"稽"。
③ 季子：《蜀中廣記》卷一八引《碑目》、四庫本、粵雅堂本《輿地碑記目》作"季札"。
④ "守"下原有"州"字，據《輿地紀勝》《輿地碑記目》卷四刪。
⑤ 山中：原作"山申"，據庫本、朱本、鄒本、《輿地紀勝》改。
⑥ "唐"字原脫，據《六藝之一錄》卷一〇七補。
⑦ 四十：朱本、鄒本、《蜀碑記》作"四十二"。
⑧ 勾延慶：劉氏《校勘記》引《碑目》"苟"作"勾"。按：作"勾"是。勾延慶仕後蜀，曾任榮州靈應縣令，著有《錦里耆舊傳》八卷（今存四卷），據改。
⑨ 乾符：原作"元符"，據粵雅堂本《輿地碑記目》改。按：乾符爲唐僖宗年號，元符爲宋哲宗年號。
⑩ 譚校："案，榮德山薛刺史磨巖碑與唐刺史薛高邱磨巖碑大約非二。"

昌州碑記

演教院碑在昌州舊基院，有斷碑，載唐咸通歲縣令唐允中建①。　淨土院碑在昌元縣東四十里。碑云唐大和五年建。　石佛寺記在永川縣東二十里，方舟李公石爲之記。　唐韋君碑在北山，乾寧二年靖南令胡密所作。　吳季子墓碑在北山。相傳以爲孔子書，開元中殷仲容奉詔模搨，大曆中蕭定刊之涸州，有張從申題其後。　高祖大風歌碑在北山。　古文孝經在北山。凡二十二章，與今文十八章小異。按：今文先出於漢初，而古文與《尚書》同出於孔子壞宅。今文已盛，而古文獨不得列之學官，惟孔安國、馬融爲之傳。及明皇注今文十八章，《孝經》爲古文者益微矣②。司馬光、范祖禹皆曾繳進。光謂始藏之時去古未遠③，其書最真。祖禹又爲之說，亦云古文庶得其正④。六經圖碑在郡學，郡人楊甲鼎卿所著。　六十四卦象碑在昌元縣。　畫維摩石碑紹興間北山刻，云：郡之惠因寺藏殿壁陰有水墨畫文殊詣維摩問疾一堵⑤，意全相妙，合經所說。恐浸漫滅，故石刻於此。　靖南志太守黎伯巽序⑥。

渠州碑記

雙石闕在大竹縣北一里。其一鐫云"漢謁者北屯司馬左都候沈府君"⑦，其一鐫云"漢新豐令交趾都尉沈府君"⑧。其闕上各鐫出屋宇禽獸飛走之像。又有單石闕二，相去雙石闕一里，其中鐫雕物象與此同。　三聖碑係唐睿宗御製文，今在縣南州學內。　道德經碑在城北紫極觀，唐咸通中州刺史程壽建立。　後漢車騎將軍馮緄墓誌銘墓在大竹縣古賨城雙石闕西南一丈二尺⑨。按：《後漢書》，馮緄，宕渠人也。墓誌碑尚在，碑額篆云"車騎將軍馮公之碑"⑩。碑文作隸書，字猶可辨也。

---

① "建"字原無，據朱本、鄒本、《蜀碑記》卷二補。

② 爲：朱本、鄒本作"而"。"者"字原脫，據四庫本《輿地碑記目》卷四、《六藝之一錄》卷一〇七改、補。

③ 去：原作"云"，據庫本、朱本、鄒本、《輿地紀勝》卷一六一改。

④ 庶：原作"廣"，據朱本、鄒本、《蜀碑記》改。

⑤ 詣：原作"諧"，據庫本、朱本、鄒本、《輿地紀勝》改。

⑥ 劉氏《校勘記》卷四一："《碑目》'序'作'撰'。"《宋史》卷二〇四《藝文志三》："黎伯巽《靜南志》十二卷。""靜"與"靖"同（唐宋史書均寫作靜）。

⑦ 候：原作"侯"，據《隸釋》卷一三改。按：東漢衛尉卿屬官有左右都候各一人，掌領劍戟士巡察皇宮，見《續漢書·百官志》。

⑧ "沈"字原脫，據《隸釋》卷一三補。洪適云："此蓋是一人，猶王稚子闕盡書其所歷官也。"

⑨ 賨：原作"寶"，據朱本、鄒本、《輿地紀勝》卷一六二改。二：萬曆本、朱本、鄒本作"三"。

⑩ 碑：原作"銘"，據《隸釋》卷七改。

公府建置碑開寶三年張琪記，乾德六年許允修創。　大唐渠江縣冲相寺碑碑立於會昌之後。古寶城碑《九域志》云：流江古寶城有古碑，文字磨滅。　宕渠志無編集人姓名，無郡守題名及仙釋詩章等文①。

叙州碑記

晉張麟夫人墓表在慶符縣南一百六十里。　韋南康紀功碑在江西舊州治岸溉，元和五年刺史張九宗立碑。碑陰載南康謝賜表，碑至今字畫大半磨滅。　定誇湖唐碑在城東門外，有唐碑存焉。有曰"山蒼蒼，烟際橫，波渺渺，湖水平"，其餘漫滅不可考。　唐都督戎州李通破賊碑在州南一百里。今碑字亦殘缺。　大唐南詔王碑在石門界，唐貞元七年袁滋題。　唐古戎道記在州治之西，對天蒼山崖壁間②，唐人所書，筆畫勁正。乃唐乾封二年詹君秀修復此道，而爲之記。　唐黎幹墓表在州西岸石馬溪之上。今石馬尚存。　唐張九宗修花臺寺記元和五年，張九宗書。金箱浩在宣化上流三十里。吳季成所卜築，在山之阿。有山谷老人所書《盤谷序》《虔州學記》碑刻。　山谷悟軒石刻在南溪縣資聖院。

懷安軍碑記

漢張子陽碑漢幽州刺史、牂牁太守張子陽碑，在唐化鎮沿江五里許。乃張子陽墓，東漢順帝永建四年造。　唐昌利觀記在昌利山延祥觀，開元中金堂尉沛國武犍譔③。　王頭陀塔銘在雲頂山塔院，貞元十五年薛俌撰。　如舜禪師碑銘在金堂龍槐院，唐節度使杜悰撰。　支提石塔記在三學山，唐節度使段文昌撰。　鸚鵡舍利塔記在三學山，韋皋撰。　爲八戒和尚謝復三學山精舍表李商隱譔。　放生記誓文在中江岸上，大和二年令狐絢撰。　杜光庭功德記在三學山。楊浦壽昌寺記在郎中山　三學山飛石記邑宰張西撰。　段翳故宅舊碑後漢隱士段翳故宅，今郡城內天慶觀是也。有段隱君、李真人二像。有舊碑，字畫磨滅不可辨。　金堂尉沛國武犍碑④在金堂縣東延祥觀，唐開元中立。　金淵志郡守韓植序。

---

① 釋：原作"什"，據朱本、鄒本、《輿地紀勝》改。

② 以上二句，"西"字原脫，劉氏《校勘記》引《碑目》，"對"上有"西"字，據補。朱本、鄒本、《蜀碑記》卷四亦有"西"字，然在"對"字之下，非是。又疑"對"字亦爲衍文。雍正《四川通志》卷二四宜賓縣："天蒼山，在縣西。崖壁間有唐乾封二年詹君秀修復古戎州道記。"是也。

③ 犍：《蜀中廣記》卷八引《碑目》、粵雅堂本《輿地碑記目》作"捷"，《六藝之一錄》卷八五、四庫本《輿地碑記目》卷四作"捷"。

④ 按：此與上文"唐昌利觀記"實爲一事重錄。

廣安軍碑記①

鶴栖山古碑　鶴栖山在冀都鎮，有古碑，字雖漫滅，尚髣髴可認。其大略云：唐貞元十年，歲在甲戌，果州女子謝自然白日升仙。刺史李堅以狀聞，又爲之傳。於時先有雙鶴栖宿此山，然後飛迎自然，駕之而去。自是俗呼爲鶴栖山。按：自然升仙在果州金泉山，李堅上其事，唐德宗賜詔。今刻於金泉，年月日與此碑所載不差。　故縣鎮顔魯公碑　舊傳邑宰有姓顔者，魯公之先。魯公之刺湖州也，過道院②，因有碑銘，今碑磨滅，存十四字③，曰"命除湖州刺史顔真卿勒銘於道院"。乾道中移置軍城。　龜山碑　在岳池縣東六十里，鑿池得斷碑，乃唐人經行所記。　敕賜孚惠靈應公廟碑　在晶然山④，有晉太康八年碑文。　廣安志　嘉定改元，郡守廖唐英序。

長寧軍記録文

五代僞蜀敕牒　武成三年牒淯井鎮羈縻十州五圍土都虞侯羅元審，武成三年牒淯井鎮淯井土刺史羅元楚，永平元年牒土兵馬使羅元審。　國朝所給誥劄　嘉祐三年給長寧夷人頭首斗蓋充土刺史誥。國朝所給誥劄甚多，今姑録其一。或補以官資，則誥上帶曰⑤："每年添鹽若干斤，彩若干匹，更不依《禄令》支給請受。"　祥符平夷本末　慶曆皇祐平夷略　熙寧經制諸夷本末　元豐平乞弟本末　范中書百禄誓夷文　熙寧七年平五圍蠻，作文以誓之。碑在今報恩寺。　范榮公進誓平夷文表　趙招討平晏夷賀捷表　長寧志　嘉定己卯教授賀寅東序。　小桃源銅牌　見小桃源下⑥。　梅聖俞春雪詩　《歸田録》載：蘇子瞻嘗於淯井監得夷人所賣蠻弓衣⑦，其文織成梅聖俞《春雪詩》。蓋其名重，傳落夷狄。

---

① "記"字原脱，據《輿地碑記目》卷四、《六藝之一録》卷一〇七補。
② "院"字原脱，據《蜀中廣記》卷二八補。
③ 十四：原作"十二"，據朱本、鄒本、《輿地紀勝》卷一六五改。
④ "應"字原無，粵雅堂本《輿地碑記目》"公"字作"應"。《宋會要輯稿》校點本第二册第一〇三四頁載："白崖山神祠在紹州（按：當作"潼川"）府新明縣（按：在今廣安市西）。神宗熙寧元年封孚惠侯，哲宗元祐二年四月封公，孝宗乾道八年加封孚惠靈應公。"白崖山即此之晶然，本名白崖，宋真宗改名晶然，見《清一統志》卷二九九。據此，"靈"下當有"應"字，今補。
⑤ 誥：原作"告"，據庫本、朱本、鄒本改。
⑥ 見小桃源下：朱本、鄒本無此五字，而作"在縣西冷水溪上。相傳有耕者得一銅牌，鐫曰'小桃源'，上有詩云：'綽約去朝真，仙源萬木春。要知竊桃客，定是會稽人。'"按：注云"見小桃源下"，乃《輿地紀勝》卷一六六原文，意謂參見本卷長寧軍"景物"門"小桃源"條，此處不當換易原文；況朱本、鄒本所補，亦非原書"小桃源"條之文。
⑦ 監：原作"鹽"，據朱本、鄒本、《輿地紀勝》改。

富順監碑記

漢董孝子墓表聖燈山之近有董孝子墓，墓表云"漢益州刺史、廣平郡侯董孝子"。　磨崖碑皇宋皇祐七年知監張齊古題云："西山城郭，沿灘數里。群峰重疊，一佛獨立。容相端正，真如塑出。高聳數丈，古代留迹。後倚林翠，前瞰江碧。"圖記謂"聖佛"。　中嚴普覺院碑①天禧丁丑賜院名，康定二年翰林學士李淑撰。　咸平獎諭丁處榮敕②守臣黃裳跋：章聖皇帝錄邦人丁處榮殄殲均賊之功，擢榮州長史，敕書藏其家。　石燈臺贊郡人王光明孺家舊收公用燈臺，刻《石燈臺贊》一首並序③，進士元銳撰，元和中莊伯良書，富義縣令孟公才刻④。　富順志郡守楊汝為序。

夔州碑記

漢鹽鐵盆記在巫山縣。黃太史石刻云："余弟嗣直來攝邑事，堂下有大鹽盆，有款識，蓋漢時物也，其末曰永平二年。"　晉桓溫隸字碑在巫山。有黃太史跋。嘉定癸未，漕使王觀之併黃太史跋俱徙置漕廨，王漕又作跋語，考其為晉周撫墓碑，今不存⑤。今此碑已不存。　唐夔州刺史廳壁記長慶二年五月一日，刺史中山劉禹錫撰。今見存。　夔州始興寺移鐵像記劉禹錫撰。　夔州都督府記唐會昌五年刺史李貽孫文，繆師愈書⑥，載歐陽公《集古錄》。今在漕臺。　鎖水記碑字但紀官名，有"都押衙、金吾大將軍白元曜"等字。　神女廟詩《集古錄》：唐李吉甫詩一首，以貞元十四年刻；丘玄素一首⑦，無刻石年月；李貽孫三首，會昌五年刻；敬騫一首，元和五年刻，沈幼真書。其他皆無書人名氏。在巫山。　關城白帝廟碑其一元和元年，其二長興二年，其三廣政元年。　巫山詩碑唐金吾衛、兵曹參軍沈幼真撰⑧，元和五年建。　重修大仙廟記唐寧江軍掌書記司空薰撰，同光四年建。　杜少陵詩石刻少陵遊蜀凡八稔，而在夔獨三年。平生所賦詩凡千四百六篇⑨，而在夔者乃三百六十有一。治平中，知州貫昌言刻十二石於此園。歲久字漫，建中靖國元年

---

① "碑"字原脱，據朱本、鄒本、《蜀碑記》卷四補。
② 丁處榮：原作"李處榮"。按：《輿地紀勝》卷一六七、《方輿勝覽》卷六五富順監"人物"門均載丁處榮小傳，則作"李處榮"誤，據改。注文作"丁"，不誤。譚校及《蜀碑記》不改正文，而反將注文"丁"改為"李"，是誤上加誤。
③ 刻：原作"客"，據朱本、《輿地紀勝》改。
④ 原無"刻"字，據《輿地紀勝》《蜀中廣記》卷六八補。
⑤ 今不存：四庫本《輿地碑記目》卷四無此三字，疑是。
⑥ 繆師愈：原作"繆師禹"，據四庫本《集古錄》卷六、卷九改。
⑦ 玄：原作"元"，據《集古錄》卷八改。
⑧ "幼"字原脱，據朱本、鄒本、《蜀碑記》卷五、《寶刻類編》卷四補。
⑨ "六篇"下原空二格，《輿地碑記目》卷四及《蜀中名勝記》卷二一所引均不空，今從之。朱本、鄒本、《蜀碑記》補作"可考"，庫本補作"之多"，蓋以意補。

運判王蘧新爲十碑。今碑在漕司。　　移城記景德四年丁謂撰。　　八陣圖銘舊經云，有圖銘石刻，在磧中。今不復見。蘇子由詩云："中原竟不到，置陣狹無所。"　　甃井記陳剛記云：夔惟節度府漕臺西廳有井，紹興二年井大壞，景公領使事，發地二百尺而及泉，以柟木甃之。　　夔州圖經"故相國安陽公乾曜嘗參軍事，修圖經，言風俗甚備"，見《劉禹錫集》。　　舊圖經李國緯編。　　固陵集費士戩編。　　新夔州志馬導編。

開州碑記

盛山宿雲亭記石在州西北三里，唐元和十三年刺史韋處厚詩，溫造撰記。　　盛山十二題詩唐韋處厚撰。韓文公序云①："韋侯所爲十二詩，其意方且以入溪谷②，上巖巘、追逐雲月不足日爲事。讀而詠歌之，令人欲棄百事，往與之遊。和者元稹、許康佐、白居易、李景儉、嚴武③、溫造。於是盛山十二詩與其和者廣行於時。　　唐開元刺史新宅記權德輿撰。　　盛山集商侑序④。　　圖經李宗諤編。

施州碑記

招撫蠻人盟誓碑《九域志》云：在邊上，近西高州界首。　　知保順州田承恩誓狀天聖五年刻石，在尖木寨。　　蠻人納貢物碑在儀門下，天聖五年丁卯立。　　皇宋獎諭碑轉運使王立奏："蠻人上京進奉，在路多有攪擾。今後只就施州納下貢物，支與例物。三年一度，於元定數內，十人量差三兩人上京買賣。"天聖五年五月日敕。　　蠻人向永思等誓柱文皇祐五年歲次癸巳立。略曰："皇明如日，所照不偏；睿愛若天，無遠不覆。溪洞蠻人輸忠事國，刻石設盟，謹當固草芥之命，以奉本朝；無復肆犬羊之狂，以觸憲網⑤。所有歸順蠻供納結牢、重誓款狀，鑴之用傳不朽。"他誓文皆不經，惟此可讀，故錄之。　　蠻人田思忠等受降碑文碑在寧邊寨南五里。受降立誓，元豐六年立碑，長四尺，闊一尺。　　蠻人廖萬宗等誓柱文碑在寧邊寨南五里，元豐六年立誓，刻石界首。

---

① 公：原無，清岑建功《輿地紀勝補闕》卷七云"文"下當有"公"字，今據補。

② 其意方且：原作"其詩其意"，據宋王伯大編《別本韓文考異》卷二一、宋魏仲舉編《五百家注昌黎文集》卷二一所錄韓愈《韋侍講盛山十二詩序》原文改。

③ 嚴武：譚校云"時不應嚴武尚在，'武'字誤"。按：嚴武爲肅宗時人，遠在韋處厚前，譚校所疑是。傳世宋人所編《五百家注昌黎文集》卷二一亦作"嚴武"，孫汝聽注云："元和十四年二月以商州刺史嚴譬爲黔中觀察使，長慶元年入爲秘書，卒。此言名'武'，誤。"據此，"嚴武"乃"嚴譬"之誤。然宋時已訛作"武"字，今仍其舊。

④ 商侑：原作"商有"。《宋史》卷二〇九《藝文志八》："商侑《盛山集》一卷。"可見"有"爲"侑"之誤，因改。商侑，福州福清人，孝宗隆興元年進士。又，"序"下原有"云"字，據四庫本刪。

⑤ 網：原作"綱"，據庫本、《輿地碑記目》卷四、《六藝之一錄》卷一〇七改。

達州碑記

漢車騎將軍馮緄碑《蓬州志》：在永睦縣之西八十里。緄薨於桓帝之永康元年①，其文瞭然可讀。其父煥亦有兩碑，斷裂不全，僅存大概。　漢廣漢屬國侯李翊墓銘及屬國侯夫人墓銘翊以靈帝熹平二年卒。夫人不著姓氏，疑其爲臧氏，首尾亦不刓缺②。　書字崖碑在巴渠西十里。多斷缺，不成文理，有"晉昌太守"字③。按：晉孝武方立晉昌郡④，則此必東晉以後人碑耳。　唐處士墓碑在州城北十五里楊斗壩馬腦鼻山下。乃唐景龍二年刻，字畫遒媚如歐、柳，可愛。　元稹告畲三陽神文元和十三年作⑤。通川之華陽觀。　廣福院修佛殿記在永睦之廣福院，即唐福田寺，在會昌三年王欽説《修佛殿記》。　瀘潭院鐫佛記唐通川縣東富教里岸側石上，乃唐人所鐫。傍有中和造像立姓名百餘字，餘多漫滅。瀘潭又有龍洞。　節婦碑初，節婦趙氏孀居，有凶人欲犯節婦，脅以白刃，節婦不爲動。既而誘以百端，終不可，遂刺殺之。時皇祐二年，知州薛俅茂其節⑥，爲之立碑於達州之西北山上。後邑令薛仲侃爲創祠，繪節婦於其中。　黃山谷贈通川令韓廣叔文韓廣叔赴通川日，黃庭堅以言贈之，曰："惟勤能辦公家，惟清能律貪吏。嚴而信，則吏不病民；簡而敏，則民多在野。"

忠州碑記

丁房雙闕在臨江縣巴王廟。有丁房二闕，對峙廟庭，高可二丈。上爲層觀，飛檐裒裹，四旁多刻車馬人物。在闕上爲雙扉，其一扉微啟，有美人出半面而立，皆極巧妙。其刻漫滅，有"漢丁房"等字尚可認也。　屈原碑《九域志》。　江原君石闕在州西十五里，今遷於郡庠。有"延熹二年"等十七字。　嚴孝子碑在城西十二里⑦，今遷於郡儀門。碑字半漫滅，有"延熹二年"等七八十字。　五大夫碑在梁山軍界上。字尤漫滅，然字乃漢隸。　修道碑字亦漫滅，有"建初二年"

---

① 桓：原作"威"，此乃宋人避宋欽宗諱改，朱本、鄒本又遂訛作"成"，今回改。

② 亦不刓缺：朱本、鄒本作"亦多殘缺"，《蜀碑記》卷一〇作"字迹多缺"。按：岑建功《輿地紀勝補闕》作"亦已刓缺"，當是。

③ "字"字原脱，據朱本、鄒本、《輿地碑記目》卷四、《蜀碑記》補。

④ 立晉昌：原作"上普昌"，據上引改。

⑤ 元和十三年作：原作"元和志年作"。萬曆本、朱本、鄒本、《蜀碑記》均作"元和志亦作"。按：李吉甫《元和志》作於元和八年，則《元和志》不可能載稹此事，是作"志"、作"亦"皆不可通。四庫本《輿地碑記目》此句作"元和十七年作"，按：元和僅十五年，作"十七"亦非。考元稹此文作於貶通州司馬時，稹貶通州司馬在元和十年，又文中有"我貳茲邑，星歲三卒"之語，則此文應作於元和十三年。《全唐文》卷六五五收元稹此文，正作於元和十三年，是也。蓋此句原文本作"元和十三年作"，"十三"二字相連，訛爲"志"字。今改。

⑥ 茂：朱本、鄒本、《蜀碑記》作"表"。

⑦ 城：原作"域"，據庫本、朱本、鄒本、《蜀碑記》卷二改。

等十二字。　嚴顏碑蘇東坡《嚴顏碑詩》注云：在忠州。詩曰："先主反劉璋，兵意頗不義。孔明古豪傑，何以爲此事？劉璋固庸主，誰爲死不二。嚴子獨何賢，談笑傲碪几。國亡君已執，嗟子死誰爲？何人刻山石，使我空涕淚。"　玉虛觀有唐碑四皆修建觀宇碑。　洞真觀唐明皇夢天帝降碑在本觀。　禹廟唐碑今字畫漫滅。　酆都景德觀唐碑十段丞相《修觀記》，段少監《修齋記》，《天尊石像記》，《老君石像記》，《感應碑》，張大理詩，杜光庭《石函記》，李吉甫《真人影堂記》《二真君碑》，《二仙公碑》。　唐平都二仙公碑景雲二年李虔之撰。　唐平都山二仙君銘景雲二年薛混撰。　玉石碑即景德觀《三真人碑》①，唐貞元中李吉甫修。碑刻見存，碑石瑩潤，號曰《玉石碑》。　唐平都山真人景堂記平都唐碑惟此三碑尤佳②，皆李吉甫修撰，又曰《玉石碑》。　唐土洲耆老思舊記貞元十七年段文昌記。　唐刺史房公式善狀碑在唐土洲上普寧院中，今在郡庠。　唐酆都三官堂碑唐中和元年忠州刺史陳侊撰。　唐杜光庭碑在平都山。　唐率更柘漿帖唐率更《柘漿帖》真迹藏於臨江農民瞿氏，太守王聖塗購得之③，命男宗蕐於忠之議道堂，紹聖四年七月二十四日題。後有涪翁跋。　王右軍半月橘帖在州庠，有涪翁題跋。　商比干銅盤銘唐人開元間於偃師縣掘地得商比干銅盤銘，有十六字，字畫奇壯而古甚。其釋云："右林左泉，後岡前道，萬世之銘，茲焉是寶。"得銘之地後五步乃比干墓。今碑銘復刻於平都山④。　南賓志樊漢炳序。　荔枝圖序白文公文。

涪州碑記⑤

涪陵太守闕其上書云"漢涪陵太守龐肱闕。"肱，龐士元子也，劉後主時嘗爲涪陵太守。淳熙中賢良任子宣舟過涪陵，於小民家見漢隸隱然，遂載以歸。碑在左綿任賢良家，至今猶存。此事得之夔路鈐幹馮田，乃任之甥。　唐千福院水泉記光啓中太守張濬撰⑥。　李文定公神道碑在報恩光孝禪寺，張方平撰。　普淨院記在涪陵江北普淨院，治平間校書郎傅耆記。　誓虎碑在許雄山下，廣漢縣令神道，俗傳爲誓虎碑。近碑仆，虎入城，縣官設祭復立之，虎遂止。　古書山碑去樂溫縣四十里。按山上石刻云⑦：唐大曆間有人修此山路，於石穴中得科斗書數軸，"古書"之號因此而得。　山谷碑在涪陵尉廨廳。　涪陵紀書錄紀伊川、和靖諸賢語錄。　花蘂夫人詩序"熙寧五年，臣安國奉詔定蜀民所獻書可入三館者，得花蘂夫人詩，乃出於花蘂手，而詞甚奇，與王建宮詞無異。建

---

① 按：此《三真人碑》疑即上文之《二真君碑》。道家言王方平、陰長生二仙於忠州飛升，此篇中之"二真君""二仙公""二仙君"及"真人影堂"皆是指王、陰二人，此"三真人"亦當爲"二真人"之誤。
② 三碑：四庫本《輿地碑記目》作"二碑"，當是。二碑指《二真人碑》《真人景（影）堂記》。
③ 聖涂：原作"聖深"，據《蜀中廣記》卷一九改。
④ 刻：原作"列"，據《六藝之一録》卷一〇八改。
⑤ "碑"字原脫，據《輿地碑記目》卷四、《六藝之一録》卷一〇八補。
⑥ "撰"字原脫，據朱本、鄒本、《蜀碑記》卷二補。
⑦ 云：原作"去"，據庫本、朱本、鄒本、《輿地紀勝》卷一七四改。

自唐至今，誦者不絕口，而此獨遺棄不見，甚爲可惜也。臣謹繕寫入三館而歸，口誦數篇於丞相安石。明日，與中書語及之，而王珪、馮京願傳其本，於是盛行於時。花蘂者，僞蜀孟昶侍人，事在國史。臣安國題。" 龜陵志楊興序。 新志鄭鑑序。

重慶府碑記

漢故益州刺史碑在本府。 巴郡太守張汭頌德碑漢靈帝中平五年立，事見《合州志》。今碑在府學中。 白君冢碑在巴縣，文字缺落。 禹廟碑銘《巴志》云：江州縣治塗山有禹王祠及塗后祠①，有碑銘。 豐年碑在江岸，碑謂之《義熙碑》。每水落而碑出，則年豐，人爭摹打②。數十年不一見。 蜀廣政十五碑在東陽鎮市心。 周濂溪跋彭應求詩序碑在温泉寺。 圖經李宗諤編。

黔州碑記

漢故孝廉柳莊敏碑在州廨内，字迹銷訛。 唐黔南節度使趙國珍德政碑上元二年立，在州南，隔江。 重建州衙碑在州治。 廣德元年碑《寰宇記》云：開寶四年，黔南上言江心有石魚見，上有古記云："廣德元年二月，大江水退，石魚見。"部民相傳豐稔之兆。 崔能神道碑歐陽公《集古錄》：在長慶三年③。 黃魯直留題魯直謫居，有"涪翁晚策仗，至此觀江漲，雨餘天欲涼"十五字。墨迹在州之嘉禾堂④。此外，如緑陰堂、丹泉萬卷堂，皆有魯直舊所書墨迹⑤。

萬州碑記

報恩寺漢碑《圖經》云：硤中漢刻少。今萬州報國寺有碑，高五尺，乃漢桓帝延熹間所刻石，凡百餘字，土人謂之《宜子碑》。 絕塵龕石刻"絕塵龕"三字在西山石壁，字體清勁，類晉、宋間人書。 寶像記練巖有莊修《隋朝寶像記》。 岑先生銘嚴挺之撰，開元二年立。又有段文昌銘，貞元三年四月十五日鐫。 岑公洞記在岑公洞，元和八年段文昌記。 魯直留題在岑公洞下巖寺。 聖業院碑碑在蘇溪大江之濱三生石旁，薛封，可見者"咸通三年壬午歲十一月建"⑥，如是

---

① 王：原作"主"，據庫本、朱本、鄒本、《輿地紀勝》卷一七五改。
② 打：朱本、鄒本、《蜀碑記》卷二作"搨"。按："打"亦謂搨也。
③ 三年：原作"二年"，據《歐陽文忠公集》卷一四二、《集古錄》卷九改。
④ 在：原作"有"，據《輿地紀勝》卷一七六、《輿地碑記目》卷四改。
⑤ 有：原無，據文意補。
⑥ 壬午：原作"壬子"。按：唐咸通三年爲壬午，徑改。

者十餘字爾。　大雲寺碑寺有唐僧圓澤傳及宣和間萬州守李裁書①。　冉仁才碑見"沿革"門南浦州下。　萬州廟碑乾德乙丑白廷誨爲刺史重修之，距今二百二十餘年②。碑雖存，漫滅不可讀。白刺史題名記開寶二年九月刺史白廷誨題名記③，上云"刺史白廷誨"。今本州萬利廟有碑仆草芥中，因考閱得之。字皆漫滅，獨白刺史名銜在。　靈顯王碑皇宋累封昭毅武惠靈顯王、遺愛碑碣刻於廟④。　南浦志趙善贛編。　新志王子申序。

梁山軍碑目

梁山呂保藏漢篆⑤梁山保有呂保藏⑥，在絕崖半腹，有一穴，人迹所不到。漢末赤眉之亂，有呂保藏⑦，家資巨萬，齎金寶緣木而上，鑿崖以居，盡伐崖下木，寇不能近。後舉家終焉。紹熙中，有樵夫得一券於崖側，非鐵，其聲鏗然，上有古篆云："西漢之末，赤眉邂逅。黃金千兩，阬埋而走。羔豚十祭，其財自阜。"今藏所猶存。　浮蘭碑《通川志》記梁山軍、忠州兩界舊有漢刻石，著白虎夷王姓名。今其上刻漢時官屬及白虎夷王及夷民等姓名，尚有可考，但字多磨滅。　梁山驛唐碑題云"令長新誡之記"，乃明皇御製。梁山令尹茂元得此誡於萬州守河東裴公而刻之，乃大中十年也。嘉定丁卯⑧，郡守李錫移其碑於軍治。其詞曰："我求令長，保乂下民。民之不安，必有所因。侵漁浸廣，賦役不均。使夫離散，莫保其身⑨。徵諸善理，寄爾良臣。與之革故，政在維新。調風變俗，背僞歸真。教化爲先，惠恤於貧。無小無大，以躬以親。青旌勸農，孰不攸遵。咠云被之，我澤

---

① 圓澤：原作"圓滿"，據《蜀中廣記》卷二三引《碑目》改。《輿地紀勝》卷一七七萬州"景物"門云大雲寺有"甘澤謠"所載唐僧圓澤事迹，是也。其後蘇軾據《甘澤謠》改寫爲《僧圓澤傳》，見《東坡續集》卷一二。"宣"字原誤作"年"，據《輿地紀勝》卷一七七改。按："和"上一字，庫本作"碑"，顯然不通。朱本、鄒本、《蜀碑記》卷五作"中"，無"及"字。《六藝之一錄》卷一〇八亦作"中"，有"及"字。四庫本《輿地碑記目》卷四及《蜀中名勝記》卷二三引作"元"，有"及"字，均誤。據宋莊綽《雞肋編》卷中及雍正《江西通志》卷四九，李裁，信州貴溪人，元符三年進士，曾知萬州，後又知嚴州。是李裁乃宋人，而非唐人。蓋明清人罕見《輿地紀勝》，諸本遂以意妄補。

② 二百二十餘年：萬曆本、朱本、鄒本及《輿地紀勝》《輿地碑記目》等均作"二百三十餘年"。按：王象之《輿地紀勝》作於宋寧宗嘉定間，距乾德三年乙丑應爲二百五十餘年。

③ 廷：原作"建"，據前後文及庫本、朱本、鄒本、《輿地紀勝》改。宋韋驤《錢塘集》卷一七有《白廷誨傳》，稱其以平蜀有功，拜萬州刺史。

④ 刻：原作"列"，據四庫本《輿地碑記目》卷四改。

⑤ 梁：原作"源"，庫本、朱本、鄒本作"涼"，據《輿地碑記目》卷四、《蜀碑記》卷五改。注文首句"梁"字同。

⑥ 梁山保："保"字疑當作"縣"。

⑦ 呂保藏："藏"字疑衍。上文"呂保藏"，猶言"呂保之藏（寶藏）"，作爲地名，此處人名只當作"呂保"。

⑧ 丁卯：宋寧宗嘉定年有丁丑、己卯而無丁卯，當誤。

⑨ 保：原作"關"，《輿地碑記目》《蜀碑記》作"關"，皆不可通。朱本、鄒本作"閔"，亦是以意而改。茲據《太平御覽》卷五九一、《冊府元龜》卷一五八、《玉海》卷三一引玄宗誡文改。

如春。" 舊梁山驛碑驛在軍之東四十里。者舊相傳，李唐時有白虎蛟龍爲民害，民至遷居以辟之。韓昌黎嘗按部經行，二害乃去，作碑識之。今名其地爲碑坳。碑猶存於溪側，其字漫滅①，不可復識矣。 飛練亭碑多唐人碑刻。 圖經教授黃震仲撰。

南平軍碑記

西心坎崖上隸書西心坎崖上有隸書云本初三年三月十六日②，共二十餘字，多缺，不可讀。在溱溪寨路，去軍七十餘里。本初，後漢質帝年號。 吹角壩古磨崖吹角壩有古磨崖，風雨胺削，苔蘚侵蝕，惟識其一二，曰"建安"，其他不可辨。在溱州堡③，去軍四十里。建安，漢獻帝年號。 姜維碑在吹角壩。其始有一穴開，內有碑，相傳以爲姜維碑。今已磨滅。 南州石像頌南川鎮下三里崖上有石佛像④，近歲有碑出於下，云《南州城門前石岸石像頌並序》，司法參軍、員外置同正靳豫撰⑤。乃開元十八年十二月丙戌，中大夫、使持節南州諸軍事、守南州刺史、上柱國晉昌唐虞景所造盧舍那石像也⑥。 白鵠寺鐘碑鐘記字雖磨滅垂盡，尚餘一二可識，曰"白鵠寺鐘"，處士彭城劉欣撰。 劉孝標墓銘晏殊撰。 南平志郡守趙彥邁序。

大寧監碑記

丁晉公謂夔州移城記景德三年記。太祖皇帝出師平蜀，由劍、巫峽分兵以入。而灩澦激射峻惡，樓船戰艦難進易退。步騎自襄州西山裏糧兼行，林麓無際，澗壑相接，不知道路之所從。得蜀民詣王師獻畫，由大寧路直趣夔州，平蜀之師實取道此也。

---

① 其字：原作"其側"，據《輿地紀勝》卷一七改。《輿地碑記目》《六藝之一録》卷一〇八作"其文"。

② 本初三年：漢質帝本初年號僅一年，此云三年，"三"或爲"元"之誤。

③ 溱州堡：《輿地紀勝》卷一八〇作"溱川堡"。

④ 南川鎮：原作"南州鎮"，據上引改。《輿地紀勝》本卷南平軍"古迹"門云："南川鎮，舊懷化軍南川縣，熙寧九年置南平軍，後廢爲鎮。"

⑤ "員外"下原有"郎"字，據《蜀中廣記》卷一九引《碑目》《六藝之一録》卷一〇八删。"同"原作"司"，據《輿地碑記目》卷四改。按：唐代官制有所謂"員外置同正員"之稱，意謂在編制員額之外，但待遇同於正員。《文獻通考》卷四七："唐自太宗時已有員外置，其後又有特置同正員。""員外置同正員"可省稱爲"同正"，如《資治通鑑》卷二三五有"光禄少卿同正張茂宗"是也；但"員外"下有"郎"字則爲衍文。

⑥ 唐虞景：《輿地紀勝》本卷"景物"門作"唐果"或"唐景"（粵雅堂本），疑作"唐景"是，"虞"字當爲衍文。

雲安軍碑記

周靈王符碑在栖霞宮。其文之末有"周靈王"三字。　漢處士金廣延母子碑初無文字，但有人物①。　唐雲外尊師碑②在雲升宮，唐杜光庭文。見《九域志》。今名栖霞宮。　人物碑所勒皆車馬人物，或云古者修車馬、備器械之圖也。

興元府碑記

張騫墓碑墓在城固縣西二十三里，有碑，文字磨滅不可辨。　李固基碑墓在城固縣西三十里，唐韋皋撰文。　檢玉觀碑在西縣一里，本瀘口化③。按：舊經云：昔有褒氏女并陳安民於此上升仙④。有唐會昌中鐫石題記。　重修安遠城碑在西縣城内中間門東。　漢司隸校尉楊君頌《集古錄》：隸書，不著書撰人名氏，文爲韻語。碑在興元。　漢公昉碑《集古錄》：隸書，不著撰人名氏及年月，在興元。　唐公碑在城固縣北三十里唐公廟前，碑文缺落。其略云：唐公，城固人也。有仙人與公藥，妻子犬畜倏然與之俱去。餘皆不可識。　諸葛武侯新廟碑在西縣，唐貞元十一年置⑤。　永平間石門記《洋州志》云：在今興元褒縣石門，有記云：高祖受命，興自漢中，道由子午，出散入秦。　梁蕭懿墓碑《劍南詩稿》云：興元姚節度園，以折碑爲石笋⑥，文猶可識。蓋梁蕭懿墓碑，簡文爲太子時撰。書法遒勁可愛。　褒城驛記唐孫樵撰，在雙林驛。　山南西道額李陽冰撰。　山南西道新修驛路記《集古錄》：唐劉禹錫撰，柳公權書，李陽冰篆，號"三絶碑"。開成中，山南節度使歸融自散關南至劍門，鑿山石，棧道千餘里，以通驛路。碑不著所立年月。在興元。　張將軍新廟記《集古錄》：唐李巨川撰，唐彦謙書，楊守亮重修張魯廟也。以龍紀元年立。

---

① 按：洪适《隸釋》卷一五有《金廣延母徐氏紀產碑》，云"今在雲安"。其碑尚有二百餘字可辨，與王象之所説不同，未知是否指同一碑。

② 唐：原作"廣"，據《輿地紀勝》卷一八二、《輿地碑記目》卷四改。

③ 瀘：原作"津"，據《輿地紀勝》卷一八三興元府"景物"門"檢玉觀"條改。按：瀘口化乃道教二十四化之一。杜光庭《廣成集》卷一《代陶福太保修瀘口化門額表》："瀘口化者，即二十四化之第十八也。"其地在今陝西勉縣。

④ 陳安民：《太平廣記》卷六一"褒女"條作"陳世安"。

⑤ 正文"新"原作"行"，注"貞元"原作"貞觀"，據清岑建功《輿地紀勝補闕》卷八改。按：此廟即陝西勉縣諸葛武侯廟，蜀漢始立，至唐德宗貞元十一年左僕射嚴武增修新廟。此外並無所謂"行廟"，貞觀中亦無修廟事。清孫星衍《寰宇訪碑錄》卷四載：陝西沔縣《諸葛武侯新廟碑》，沈迥撰，元錫正書，貞元十一年二月作。是也。

⑥ 折：原作"所"，據《劍南詩稿》卷四《斷碑嘆》題注改。

在興元。　魏石門碑永平二年太歲己丑，梁秦典籤王遠書，洛陽縣武阿仁鑿①。　刻武侯碑陰孫樵撰。　唐山南西道節度使廳壁記開成二年劉禹錫撰。　棧道銘歐陽詹撰。　興元新路記有石刻，凡七十字，其側曰"太康年"。案：其刻乃晉武平吳時，蓋晉由此路耳②。　文宣王廟庭松記節度使令狐楚命掌書記鄭處誨作③。處誨，餘慶之孫，澣之子也④。　圖經李宗諤編。　舊志閻蒼舒序。

利州碑記

唐南池新亭碑《劍南詩稿》云："唐長慶中《南池新亭碑》在漢高帝廟側，亭已失所在。"　唐李義山碑在籌筆驛。舊有碑，近經兵火，不存。　棧道銘歐陽詹文，有銘。　蘇頲利州北佛龕前重題⑤在佛龕。　山谷紀行碑在嘉川縣靈溪寺，元豐三年題。　圖經　寧武志鄒孟卿序，楊炎正編⑥。

閬州碑記

唐貞觀碑　王蜀咸康碑並在太霄觀。其石光瑩，前後可鑒人，號"透明碑"。　顏魯公磨崖記⑦在新政縣離堆巖下。歐陽公《集古錄》：唐顏真卿撰並書，以寶應元年立，在閬州。　元稹留題唐元稹以諫官謫通州司馬⑧，今達州也。曾遊雲臺山，書行紀於山之鐘樓枋上。　新政縣大曆碑在新政縣江崖之次，顏魯公書。旁有佛、老、孔子像，像旁又有二小記，皆大曆中所建。　王徽

---

①　"永平"原作"永記"，"王遠"原作"王遂"，"武阿仁"原作"武何仁"，並據《石門銘》原文改。此處所謂"魏石門碑"實即北魏時刻於陝西漢中褒斜道南口石門之摩崖石刻文，有序有銘。其末題："魏永平二年太歲己丑，正月己卯朔，卅日戊申，梁秦典籤太原郡王遠書，石師河南郡洛陽縣武阿仁鑿字。"

②　按：《興元新路記》乃唐孫樵所撰文，今見於四庫本《孫可之集》卷四。此處小注亦是約引文中之語。

③　處誨：原作"從誨"，據《舊唐書》卷一〇八《鄭餘慶傳》改。下句同。

④　澣：原作"幹"，據上引改。

⑤　"蘇頲"上，朱本、鄒本有"唐"字。

⑥　"圖經"以下，《六藝之一錄》卷一〇八作："《圖經》，楊炎正編。《寧武志》，鄒卿序。"考《宋史》卷二〇四《藝文志三》載："鄒孟卿《寧武志》十五卷。"則《寧武志》爲鄒孟卿編。此處云"序"，實亦含"編"之意（《輿地碑目》所載地方志，通例如此）。據此，楊炎正所編者可能爲《利州圖經》，《六藝之一錄》似不誤。"鄒孟卿"原脫"孟"字，據《宋史》補。

⑦　磨崖：原作"磨滅"，據譚校、《輿地紀勝》卷一八五閬州"景物"門、《方輿勝覽》卷六七改。

⑧　通州司馬：原作"通判司馬"，據朱本、鄒本、《舊唐書》本傳改。

留題唐僖宗朝丞相王徽未第時，曾經閬中，次南部合符寺，登高念遠①，因賦詩。　李後主書南唐李主煜尤善書。元祐二年，太守李孝直乃煜族孫也，家藏得親書李白《古風》，模勒於石，立之普通院②。　崔善德政碑王蜀武成中，崔善爲刺史，有惠政，里人爲德政碑。今在衙門之東。　鮮于氏神道碑一在三教院崖上③，一在墓田。其文與書皆出顏魯公。又有獎諭仲通碑，亦在墓田，非魯公之文，亦魯公之筆也。　裴晉公銘南部裴迪，唐丞相晉公之後，國初爲新政令，因家南部。至今尚收得晉公之像，乃屢任告身、自撰真贊、墓銘，並存焉。　唐道襲墓碑在報恩寺。　汝南令神道闕在閬中縣。郡守張晦辨云，於東面得隸字十有二，缺不可識有七。　寇萊公詩公嘗過本州新井慈光院，留《海棠詩》云：「春風花雜滿闌香④，盡日幽吟歎異常。翻笑牡丹虛得地，玉階開落對君王。」今龕於縣廳事柱上。　司馬公留題本路運使司馬池，丞相光父也，天聖九年遊台星巖，君實侍，題於崖上，末云「司馬捧硯」。　閬苑記朱涉文。　前記何求文⑤。　續記曹無忌文。　新記王震序。

隆慶府碑記

李業闕在梓潼縣西五里。舊經云：前漢侍御史李業葬此，遭赤眉毀破。二闕臨官路⑥，其碑亦漢隸⑦。　後漢趙國相雍府君墓石闕⑧在梓潼縣北二里，前有石闕、石麟，其文曰「漢趙國相雍府君之墓」。　漢沛相范皮墓石闕⑨在梓潼縣東六里。有墓闕，上有文曰：「漢沛國范伯友墓石闕」。

---

① 念：朱本、鄒本、《六藝之一錄》卷一〇八作「望」。

② 立：原作「江」，據鄒本、《輿地紀勝》卷一八五改。普通院：《輿地紀勝》作「普東院」，疑誤。

③ 三：原作「二」，據《蜀中廣記》卷二四引《碑目》、粵雅堂本《輿地碑目》改。《蜀中廣記》又云：所謂三教院即上文所云新政縣大曆碑旁有佛、老、孔子像是也。

④ 春：《方輿勝覽》卷六七、《蜀中廣記》卷二四作「暄」。

⑤ 何求：原作「何永」，據《輿地紀勝》改。劉氏《校勘記》云：「《輿地紀勝》上文『人物』門何求，注云『乃哀次書三十卷，號《閬苑記》；曹無忌，注云『嘗續何求《閬苑記》』。作『永』者非是。」按：劉說是。

⑥ 官路：原作「關路」，據《輿地紀勝》卷一八六改。

⑦ 碑：原作「破」，據上引改。

⑧ 「國相」原作「相國」，「府君」二字原脫，並據《隸釋》卷一二改、補。漢代諸侯王國皆有相，雍府君（雍勸）乃趙國之相。

⑨ 漢沛相范皮墓石闕：原作「漢沛國范伯友墓石闕」。按：宋洪適《隸釋》卷二七載無名氏《天下碑錄》，中有「漢沛相劍門范皮墓闕文」，原注云：「在劍州梓潼縣東墓前。字不甚多，記名目而已。」洪適又於《隸續》卷一三對此闕詳加考述，乃知「范君名字仲治，《圖經》誤衍『伯』字」。其後，婁機《漢隸字源》卷一亦載：「沛相范皮闕，在劍州。」此外，鄭樵《通志‧金石略》卷一也著錄「沛相范史墓闕文」，「史」當爲「皮」之誤。據以上記載，可證今本《輿地紀勝》及《碑目》此條「沛相」誤作「沛國」，「范皮」誤作「范伯友」，因改。此下注文亦同。

晉張載劍閣銘王隱《晉書》云：昔張載隨父入蜀，作《劍閣銘》①。益州刺史張敏見其文，乃表天子，刻石於劍閣焉。　魏太尉鄧公神廟記唐長慶四年劍州刺史邢册題。　鄧艾衛聖侯碑在普安縣北十五里，唐中和五年八月劍州刺史郭淮立石。　唐李商隱重陽亭銘在郡東山之陽，唐大中八年太守蔣公侑創亭，李商隱序而銘之。石刻今存。　悟本寺碑寺有唐盧照鄰所撰碑。歲月既久，其文闕焉。　清義何氏古碑在劍門縣。有登高臺，存一古碑，唐光宅中建。其間所載有名慕者②，於此生四子，孝弟義遜，家八十口不異居，儀鳳二年，敕賜清義門。　陰平縣記唐大中六年周茵撰③。　開元寺重修中和極樂院銘大順三年劉崇望記④。　唐韋表微劍閣銘　劉國均石刻在普安縣報國寺靈泉。昔唐僖宗巡幸至此，有微恙，飲其泉，頓覺清愈，因名爲"報國靈泉"，今有石刻存焉。　宣詔亭内碑以天成四年四月一日記，在本州。　郭璞縣路讖石刻⑤在武連縣。據郭璞云："縣路翠，武功貴；縣路青，武功榮。"其後青城何君琰宰是邑⑥，遂刻石于縣治之門内以詔邦人。　景福院石碑在梓潼縣北二十五里葛山之景福院⑦。　始州碑⑧有劍門縣南二十里許⑨，有一古州基。自縣至彼，攀木緣壁，至此稍平。有一豐碑⑩，字多磨滅⑪，開皇三年李德林文。土人謂之始州碑，蓋隋時以此爲始州也。

巴州碑記

唐守巴州裴禕修廨宇記會昌四年甲子歲立。今在郡廳。　唐古佛龕石刻在城南二里。有大書石刻，載唐乾元三年山南西道嚴武奏："臣頃牧巴州，其州南一里有古佛龕舊石，鑴五百餘佛⑫，望特賜洪名。"敕以"光福"爲額。　北山老君影迹詩王望山，舊名北山，山半石壁隱出老君像，唐人爲賦《北山老君隱迹詩》。　唐張禕題擊甌樓唐中和四年，尚書右丞、判户部張禕記⑬，賦在樓

---

① "銘"字原誤在下句"張敏"下，據庫本、朱本、鄒本、《輿地紀勝》移正。
② 慕：原作"墓"，《輿地紀勝》作"暮"。按："墓""暮"未見有作人名者。朱本、鄒本、《蜀碑記》卷三作"慕"，今從之。
③ 周茵：《蜀中廣記》卷九六同。《輿地紀勝》《輿地碑記目》卷四均作"郭茵"，疑"周"字誤。
④ 大順三年：大順乃唐昭宗年號，大順僅二年，"三"或爲"二"之誤。
⑤ 郭璞：原作"郭朴"，據庫本、朱本、鄒本改。下同。
⑥ 何君琰：原作"何居琰"，據《輿地紀勝》改。按：《方輿勝覽》卷六七稱"縣令何琰"，明"君"乃稱謂，作"居"非。
⑦ "北"字原無。按：《輿地紀勝》云葛山在梓潼縣北二十五里，據補。
⑧ "始"字原脱，據《輿地紀勝》補。按：西魏及唐曾置始州，後改爲劍州。
⑨ "南"字原無，據《清一統志》卷二四二補。
⑩ 豐：原作"曹"，據庫本、《輿地紀勝》改。
⑪ 多：原作"名"，據庫本、譚校改。
⑫ 佛：原作"伏"，據朱本、鄒本、《蜀碑記》卷三改。
⑬ 尚書右丞判户部張禕：原作"尚書右丞相户部張禕"，據《益州名畫錄》卷上常重胤小傳改。作"相"字則與唐代官制不合。下文"南山記"條注文同。

下。　唐巴州紫極宫記大中元年軍事判官、進士蕭珦①珦記。在迎真宫。　唐嚴將軍廟記廟在城西門内，碑在本廟，貞元元年韋曾爲廟記。　南龕題詩石刻在州南二里之廣福寺。自唐迄今，名公題詠皆刻之於石。　唐兜率寺碑在東龕，寺廢而碑存，碑字不可辨。　集州兩角山記唐集州刺史楊師謀書。今在難江縣。　集州紫極宫記唐開元二十九年兵部尚書牛仙客作②。在難江縣。　唐李繼顔誥詞刻於郡廳。唐光化三年中書舍人錢珝行。　放生潭字州東五里有一潭，潭中一石上刻"放生潭"字③，每水落石出方見，意亦唐刻也。　薛使君布政碑唐乾符年間壁州刺史裴寔辭，作石作，乾符間立④。　唐人題西龕櫻桃詩在西龕，其名磨滅。　成王李雄讀書臺石碣今在梓潼縣七曲山顯德祠中。　壁州神廟石刻在今通江縣北四十步，有元光三年制書刻於石⑤。　龍興寺碑在通江縣南一里。龍興寺，唐壁州刺史鄭凝績之父鄭畋作⑥。乾符中，鄭凝績侍養其父畋於壁時作也。　壁州山寺記大唐中和，歲次癸卯，丞相鄭畋撰。　菖蒲澗記唐開成四年。或云集州刺史蘇味道遺迹也。　石鼓峽記趙寅爲集州刺史，有《石鼓峽記》，在難江縣。　唐貞元石刻恩陽縣南渡江，登石梯數百級，上義陽舊縣治。石梯之側懸崖上有刻字云"唐貞元四年十月二十日再修此路"⑦。餘字磨滅莫辨。　隆州大牟縣界碑⑧在恩陽縣西北百里，有斷碑刻，云："南，隆州大牟縣界十里；北，集州難江縣界五里。"縣令李昱立。　唐韋蘇州詩唐韋蘇州《送令狐岫宰恩陽》詩刻石於縣之驛亭。　唐難江公山威惠廟記唐天寶改元田彦識撰。廟在難江縣，神乃漢張魯之神也。　唐嚴武乞賜山南寺表乾元三年。　南山記唐中和四年尚書右丞、判户部張禕題。　巴南新置屋宇什物石記會昌四年巴州刺史裴禕記。　孫氏園石刻在通江縣二十里東龍灘之側⑨。唐末監察御史盧重阜率壁州刺史辛巢父等六人分韻賦詩⑩，石刻在焉。　瘞麟銘淳化中，牛生奇獸於古集州山民魏臯家⑪，鹿首魚尾，魚鬣而龍鱗，四趾如玉，身有五色⑫。民以爲妖而斃之，用瘞於縣

---

① 蕭珦：原作"蕭珣"，據《輿地紀勝》卷一八七及下文改。

② 二十九年：原作"二年"，據《輿地紀勝》改。按《舊唐書·玄宗本紀》及《牛仙客傳》，仙客爲兵部尚書在開元二十七年至二十九年。

③ 中：原脱，據《輿地紀勝》補。

④ 作石作：上"作"字，四庫本《輿地碑記目》卷四作"鑿"。下"作"字，《輿地紀勝》作"亦"，《六藝之一録》卷一〇八引作"刻"。按：此句疑當作"鑿石，亦乾符間立"。

⑤ 元光：《六藝之一録》卷一〇八引《碑目》作"光化"。按：元光乃漢武帝年號，此處不應有元光制書。光化乃唐昭宗年號，疑作"光化"是。

⑥ 鄭凝績：原作"鄭凝續"，據朱本、鄒本、《輿地紀勝》及新、舊《唐書·鄭畋傳》改。

⑦ 四年：《輿地紀勝》作"十四年"。

⑧ 隆州大牟縣：原作"南隆州牟縣"。按："南"字乃因注文而衍，古無南隆州。隆州，唐玄宗改名"閬州"，即今閬中。"大"字據《蜀中廣記》卷二五補。注文同。此地古來無"牟縣"。《太平寰宇記》卷一四〇集州難江縣下云："廢大牟縣，在州西南一百一十里。（唐）武德元年分清化縣西界置大牟縣，取縣東三里大牟山以爲名，屬静州。"按：大牟縣在今南江縣西南正直鎮，其地鄰閬中，蓋先屬静州，中曾割屬隆州。

⑨ "東"字原脱，據《輿地紀勝》卷一八七巴州"景物"門補。

⑩ 盧重阜：朱本、鄒本作"盧重臯"。

⑪ 奇獸：原作"奇章"，據鄒本、《輿地紀勝》改。

⑫ "四趾"二句："如玉"原作"始生"，無"有"字，並據《輿地紀勝》改、補。

北十五步云。楊義仲爲之銘。　修路記鄭子信撰。　城牙樓記①《圖經》：李樨爲記，有舊碑二：其一僞蜀廣政己未之記，其一天聖乙丑之記。　七佛龕《圖經》：乃唐張褘扈從僖宗入蜀時經此所鐫龕。名公鉅卿題詠甚多，皆刻之於石。　沙墳渡碑在難江縣，唐集州刺史蘇味道題字②。　嚴侍御莫春五言詩③在西龕寺。　史俊寄嚴侍御楠木詩在南龕。　郗昂陪嚴使君莫春五言二首在南龕。詩甚典麗。　蕭珣建天王堂記在天王堂。　羊士諤十四詠在東龕。　折柳詩十絕嘉祐五年太守鄭淵賦柳詩十絕，刻石，其自序見折柳亭下。　流杯十四詠流觴亭④，在西龕寺上。唐乾元戊戌嚴鄭公武所創。大曆間盜起，地遂廢。開成丙辰，刺史唐元封復修。蓋取羊士諤《流杯十四詠》，以自序爲證云。　巴南十七景蘇欽以《閬中望江南》十首記郡景，別駕史彭永仍賦《巴南十七景》。　清化前志教授劉甲編。　續志教授李鈞編。

蓬州碑記⑤

干祿字碑唐顏魯公《干祿字碑》在郡治之蓬萊堂。　顏魯公書碑刻顏魯公爲蓬州長史，在蓬四年，往來新政縣鮮于氏家，爲書《離堆記》，今在縣之西南崖石間。又書《鮮于仲通里門記》，復以小字書之；又大書《磨崖碑》，廣數丈，今皆在崖石間。自書崖石，故書體尤爲精妙。　安祿山題在透明巖。"大唐先天二年，安祿山造彌勒佛一龕，祈求"云云⑥。象之按：《唐史·祿山傳》，祿山死於至德二載，年五十餘，而先天二年即開元元年歲次癸丑，下及至德二載歲在丁酉，已四十五年。以年月考之，祿山是時未及十歲，不應入蜀祈福。此可疑者一也。又《祿山傳》載張守珪爲幽州節度日，祿山以盜羊獲罪當死，守珪壯而釋之。《通鑑》開元二十年，張守珪始爲幽州節度，而開元二十四年張守珪始執祿山赴京師，不應開元元年已曾入蜀。此可疑者二也。以相傳之久，兼恐別有姓名偶同，姑兩存之。　福緣寺唐碑在蓬池縣西五十步。敘碑云唐大中七年蓬州刺史吳延述。　賈氏本支碑在蓬池縣之輯瑞院。院有古碑，字畫磨滅無餘，不可考。其題云"賈氏本支"四大字，極精明，蓬之諸賈或祖於此云。　石佛院碑在營山院之西北四十里，有古碑云："開寶六年丙子朔，蓬州朗池縣石佛院記。"　大蓬山天寶碑在良山縣之大蓬山秀立觀。元祐中何彥國詩云："誰向山陰謾刻鐫，雨淋日炙隸文全。依稀記得升平事，天寶猶題十二年。"　咸通中石刻在伏虞縣之延真觀天尊祠中，有小石，僅有"咸通中葺之"五字可辨考。　景福寺碑在良山縣南十里大蓬山上，有唐昭宗天復八年修寺碑。　方等院碑在蓬山縣。載蓬山本漢宕渠縣地，至德二載徙其縣併入營山，

---

① 城牙：劉氏《校勘記》云："牙"當在"城"上。
② 集州：原作"集有"，據朱本、鄒本、《六藝之一錄》改。按：上文亦作"集州刺史蘇味道"，不誤。
③ "詩"字原無，據萬曆本、朱本、鄒本補。
④ 觴：原作"觸"，據庫本、朱本、鄒本、《輿地紀勝》改。
⑤ 按：傳世單行本《輿地紀勝碑記》誤以《金州碑記》爲《蓬州碑記》，又誤以《蓬州碑記》爲《金州碑記》。楊慎不察，以致《全蜀藝文志》中所收《蓬州碑記》，其內容實爲《金州碑記》。今據《輿地紀勝》原書卷一八八補入《蓬州碑記》本文，而以《金州碑記》作爲附錄。
⑥ "云"字原不重，據《輿地碑記目》卷四所謂《金州碑記》補。

有古彌勒殿。按：碑云大隋創建，僞蜀廣政二十一年更新。　蜀漢閣記在樓溪觀音院，端拱元年戊子刻石①。　咸安志李曄序。

附：金州碑記②

隋蒙州普光寺碑歐陽《集古録》云："《蒙州普光寺碑》，蒙州者，漢南陽郡之育陽縣也。碑以仁壽元年建。碑無書撰人名氏，而筆畫道美，玩之亡倦。蓋開皇、仁壽以來，碑碣字畫多妙，而往往不著名氏，惟丁道護所書嘗自著之③；然碑石在者尤少，余每與蔡君謨惜之。自大業已後，率更與虞世南書始盛④，既接於唐，遂大顯。"　周萬歲通天碑報恩光孝觀在石泉縣，有周萬歲通天碑，前内供奉書手王惠元書。其石擊之清亮，全類玉音。碑陰有段文昌留題。　西天佛足碑在天聖廨院。唐僖宗碑《圖經》云：今碑子渡有唐僖宗一碑⑤，云乾符四年漢陰縣助修道施主云云。　安康志郡守家子欽序。

大安軍碑記

九井灘記"九井灘有大石三，其名魚梁、龜堆、芒鞋。觜尾參差⑥，相望於波間，操舟之人力不勝舟而輒爲石所觸，故抵於敗。誠令絶江爲長堤，度其南別爲河道，以分水勢，則北流水益減而石出矣。以火煅醯沃⑦，金錘隨擊之，宜可去。如其言治之，明年三大石不復見，而九井遂平。元祐五年，轉運陳鵬記。"　龍洞記"自三泉西二里，見有若觀闕者當其前，迫而視之，則洞也。其深七十三步，廣半之。兩旁石壁之嵌空突怒者，若目、鼻、口、鱗甲、踝肘甚具。其下皆平石爲底，水文其上，若鋪莞簟；石隨其間，若設俎豆。其兩顏皆瘦木翠蔓，附石蘿生，菱菝下覆，若綴纓絡。木蔓之間，布水之道⑧，後先交映，若垂冕旒。水落石底，其勢跳瀉，與石相鬭，若濺玉雪；其聲鏘鳴，與洞相應，若響琴筑。寒清幽邃，殆非人境。"

---

① "戊子"原在"端拱"上，據《六藝之一録》卷一〇八乙。
② 金州：原誤作"蓬州"，參見前篇校記。金州治今陝西安康，轄周圍數縣，其地已不屬蜀，不當收入《全蜀藝文志》，今改作附録。
③ "自"字原脱，據《歐陽文忠公集》卷一三八、《集古録》卷五改。
④ 始：原作"妙"，據上引改。
⑤ 碑子：萬曆本、朱本、鄒本作"碑字"，誤，"碑子"即碑，此宋時俗語。
⑥ 觜尾：原作"觜危"。劉氏《校勘記》云："《碑目》'觜危'作'嘴尾'，是也。"按："觜"與"嘴"通，"危"字當作"尾"。宋文同《嘲中條》詩云："荊山赴太華，百萬如走駝。觜尾不相殊，前後翻海波。"
⑦ 煅：萬曆本、朱本、鄒本作"煉"。
⑧ 之：《輿地紀勝》卷一九一作"十"

劍門關碑記

修關石刻在天成五年四月。又有五代敕牒甚多，皆在天成、長興、廣政間也。　唐碑在劍門山巔，有一寺曰梁山寺，產茶，亦爲蜀中奇品。東坡《南行錄·題木欞觀詩》有云"飛檐如劍寺"之語。其下注云："出劍門東望，有一寺山巔，樓閣隱隱可見。有一二碑，皆磨滅。"正唐碑也①。　劍門銘《李文饒集·劍門銘》注②："劍門當中有一岑，峻嶺橫峙，望若蕭屏③。北一峰最奇，而説者未嘗及也。"故銘云："羣山西來，波積雲屯。地險所會，斯爲蜀門。層岑峻壁，森若戈戟。萬壑奔東，雙飛高闕。翠嶺中橫，黯然黛色。樹若雄屏，以衛王國。"　唐李叔明題劍門④貞元二年張允書碑⑤，在關之內棄繻亭之南百步⑥。　唐劍門山記有碑在關之內棄繻亭之南百步。　唐盧照鄰悟本寺記在故臨津縣悟本寺。　唐劍門制置之記廣明元年立碑，在關之內棄繻亭之南百步。　唐劍閣碑李復撰。　趙清獻公留題在誌公寺。

龍州碑記

弘真觀古碑在江油縣南一百三十四里太華山之登真觀⑦。此記最古，不記撰人姓名。　牛心山靈異記在牛心山之顯濟廟⑧，即李龍遷廟也⑨。廟碑不載撰人名氏。　龍門志楊熹序。　續志宋之源序。

---

① 正：原作"止"，據朱本、鄒本、《輿地碑記目》卷四改。
② "集"下原有"云"字，據朱本、鄒本刪。
③ 蕭：原作"繡"，據《輿地紀勝》卷一九二改。蕭屏，宮室內當門之屏，又稱"蕭牆"。
④ 李叔明：原無"李"字。劉氏《校勘記》卷五二云："《碑目》'叔'上有'李'字。按注言'貞元二年'，以新、舊《唐書·李叔明傳》考之，叔明爲東川節度使，貞元二年其人猶在，《碑目》所補是也。"據補。
⑤ 張允：《輿地紀勝》卷一九二作"張沇"。
⑥ 內：原脱，據《輿地紀勝》及下文補。
⑦ 太華山：原作"太革山"，據庫本、朱本、鄒本、《輿地碑記目》卷四改。
⑧ 注文"牛心"下原無"山"字，據朱本、鄒本、《蜀碑記》卷六補。
⑨ 李龍遷：原作"李龍仙"，據《蜀碑記》改。《舊唐書》卷一七上《敬宗紀》：龍州"近郭有牛心山，山上有仙人李龍遷祠"。按：李龍遷實爲蕭梁時當地土豪，後人爲之立祠，見《雲笈七籤》卷一二二。

全蜀藝文志卷之五十三

譜

氏族譜①　　　　　　　　　　　　　　　　　　　　（宋）羅　泌

巴　《海内南經》有巴國，所謂巴、賨、彭、濮者。伏羲後生巴人。郭璞云：三巴國，今巴縣是也。隸恭州。秦漢之巴郡，本隸渝。有古巴城，在岷江之北，漢水之南，蜀將李嚴修古巴城者。《三巴記》云：閬、白二水東南，曲折三回如巴字，而故名。

䩴　儵　魚②　《左傳》：庸蠻叛楚，楚莊王伐之，七遇皆北。惟䩴、儵、魚人實逐之。杜預曰：䩴、儵、魚，庸三邑也③。魚，今魚復縣。

江水　祝庸之封地，今朱提。

泜水　玄囂國，若之下流泜水也，今蜀州。

若水　昌意國，今越巂之臺登。《盟會圖疏》以爲鄐④，故《世本》云：允姓國，昌意降居爲侯。非也。詳高陽紀。

資　《陳留風俗傳》云：資姓，黃帝後。《姓纂》云益州資中。今資州資陽有資川江，然古資陽城在簡之陽安，祁之無極有資河⑤，衞之北糾山。而潭之益陽有資水⑥出縣北⑦，流入資口，即益水。鄘云，即資水之殊目。武岡又有資水，出唐。或其派裔。

酉　即酉陽，今黔之彭水。漢酉陽也，有酉水。

---

① 此篇乃楊慎或他人輯録羅泌《路史》卷二四至卷二九中有關四川之文。
② 《路史》卷二九有魚、䩴、儵三古國，但此條非《路史》之文。
③ 庸三邑：原作"三巴"，據《左傳·文公十六年》杜預注改。
④ 鄐：原作"都"，據《路史》卷二四改。
⑤ 無極：原作"有極"，據朱本、鄒本、《路史》卷二四改。按：無極，縣名，宋景德元年前屬祁州（參《宋史·地理志二》）。
⑥ "而"字原在上文"陽安"之下，據《路史》卷二四移。
⑦ 北：原作"在"，據朱本、鄒本、《路史》卷二四改。

閭丘漆① 《從征記》：高平東陽東北有漆鄉②，漆鄉東北十里有閭丘鄉。

夔歸 熊姓，子爵。歸是楚滅之。僖二十六。《寰宇記》：夔之巫山縣，夔子熊摯治，多熊姓。今秭歸城東二十里有故夔子城。《荊州記》：秭歸西丹陽城③，即繹孫所居④。

實宗⑤ 羋姓子宗也。頃王四年，居執宗子⑥，遂圍巢。《十六國春秋》、常璩《志》云：宕渠，古寳國。《寰宇記》云⑦：故寳城，流江縣東北七十四里⑧，古寳國都。又，廣安軍渠江縣北十二里有古廢寳城⑨。即始安城。宕渠今入伏虞，寳城見存。蓬州。《中興書》云廩君後，非。

巫人 今之巫山，歸之巴東，故漢巫縣。利州其北境。

戜民⑩ 《經》有巫人、戜民，盼姓，帝俊後。《廣韻》有戜國。《集韻》音替⑪。

蜀 支子封蜀侯⑫，國自益昌西南至蜀皆其地，張儀滅之。蜀王八戰不勝而滅。赧王元年，秦惠文封公子通爲蜀王。

苴 蜀王封其弟葭萌於漢中，爲苴侯。後命其邑曰葭萌。今利州縣。一曰吐費城。

流黃 辛姓，在三巴之東。《山海經》云"廣三百里"。亦見《鴻烈》等書。

蜀⑬ 今成都。見揚子雲《蜀紀》等⑭。然蜀山氏女乃在茂。詳後妃后國。

蠶 蠶叢氏國，今彭之導江有蠶厓，而漢之蠶陵縣在翼之翼水縣，西有蠶陵山。

----

① 閭丘：原作"閭叢"，據《路史》卷二六改。下同。

② 東北：原作"北北"，據朱本、鄒本、《路史》卷二六改。然《路史》此文有誤。《左傳·襄公二十一年》："邾庶其以漆、閭丘來奔。"杜預注："二邑在高平〔郡〕南平陽縣，東北有漆鄉。"又《水經注》卷二五《洙水》先引《從征記》，接云："今按漆鄉在（南平陽）縣東北，漆鄉東北十里見有閭丘鄉。""高平東陽"當作"高平南平陽"，南平陽即今山東鄒縣。按：此條與四川無關，不應改入。

③ 丹陽城：原作"有陽城"，據朱本、鄒本改。按：《史記·楚世家》言周成王封楚之先熊繹，居丹陽。《正義》引《輿地志》云："秭歸縣東有丹陽城，周迴八里，熊繹始封也。"是也。

④ 繹孫：原作"孫繹"，據譚校、《路史》卷二六乙。按："繹孫"似謂熊繹之孫，然據《史記》，當云"熊繹所居"。

⑤ "宗"字原無，據《路史》卷二六補。

⑥ "居"字疑誤。《左傳·文公十二年》："夏，（楚令尹）子孔執舒子平及宗子，遂圍巢。"杜注："宗、巢二國，群舒之屬。"疑此"居"當作"楚"。

⑦ "記云"二字原脫，據朱本、鄒本補。

⑧ "流江"原作"江流"，"七"原作"八"，"里"字原脫，據《太平寰宇記》卷一三八乙、改、補。

⑨ "里有古廢寳城"六字原脫，據上引補。

⑩ 戜：原作"戟"。按：字書無此字，當是筆畫之誤。此字《山海經·海外南經》《大荒南經》作"戜"，《集韻》同；《廣韻·屑韻》作"戜"，《路史》卷二六作"戜"。今據《路史》改。下同。

⑪ "韻"字原脫，據朱本、鄒本補。

⑫ 子：原作"於"，據萬曆本、朱本、鄒本、《路史》卷二六改。

⑬ "蜀"下原衍"山"字，據《路史》卷二九刪。

⑭ 蜀紀：原作"蜀記"，據朱本、鄒本、《路史》卷二九改。按：《蜀紀》乃揚雄《蜀王本紀》之省稱。

導江　魚鳧治。今眉之彭山縣北，東北二里有魚鳧津①。《南北八郡志》云："犍爲有魚鳧津，廣數百步。"

胤　侯爵。《風俗通》曰："夏諸侯國。"今利之胤山，乾德三年曰平蜀。天寶元年曰胤山。出舞衣，今川錦。有胤氏、嗣氏。鄧氏云："國諱改。"

蒙山岷山　桀伐蒙山氏，即岷山氏。今蒙州蒙山郡②。非晉陽之蒙山。

庸　庸氏，伯爵，助武伐紂。今房之竹山，漢之上庸③。文十六，楚滅之。楚饑，率群蠻叛楚也。《寰宇記》：上庸故城在〔房〕州西二百五十里④。楚子爲庸浦之役者⑤。説襄十三蜀地文⑥。鄘，南夷國。《寰宇記》：金州，周庸國地，戰國時爲楚附庸，後滅之。楚使盧戢黎侵庸。有裨、鯈、魚三邑⑦。

髳　庸、蜀、羌、髳、微、盧、彭、濮，皆西南夷助伐紂者。

微

盧　盧戎也，古文作"纑"。齊之長清南五十里盧城，齊、鄭尋盧之盟者。然非此。《記》每爲盧⑧，今襄之中盧。《寰宇記》：中盧，盧戎國。文十六年楚師自廬以往者。

彭　黔之彭水縣。又有彭溪⑨，在忠之臨江，即巴、賨、彭、濮者，非蒙陽矣⑩。

---

① 東北：原作"北東"，《路史》卷二九同誤，據《太平寰宇記》卷七四乙。"二里有魚鳧"五字原脱，據《路史》補。

② 此説實誤。宋代曾一度有蒙州蒙山郡，在今廣西蒙山縣，與蜀無關。此當云今雅州名山縣。

③ 上庸：原作"山庸"，據萬曆本、譚校、《路史》卷二九改。

④ "里"字原脱，據朱本、鄒本、《太平寰宇記》卷一四三補。

⑤ 庸浦：原作"庸補"，據朱本、鄒本、《路史》卷二九、《左傳·襄公十三年》改。《左傳·襄公十三年》：楚與吴"戰於庸浦，大敗吴師"。杜預注："庸浦，楚地。"清代學者多認爲庸浦在今安徽無爲。蓋羅泌以爲庸浦即上庸。

⑥ 説襄十三蜀地文：疑有誤。其中疑"襄十三蜀地"五字本爲小字注，連上句作："楚子爲庸浦之役者，襄十三。蜀地。""襄十三"指《左傳·襄公十三年》，猶上文"文十三"指文公十三年。"蜀地"者，謂庸浦爲蜀地。至於句首之"説"字則應在"文"字上，仍爲正文。《説文解字》卷六下邑部："鄘，南夷國。"《路史》所引即此文。原文本作："《説文》：鄘，南夷國。"

⑦ 三邑：原作"三巴"，據譚校、《路史》卷二九改。

⑧ 盧：原作"盧"，據《路史》卷二九改。下句同。按：此句"記"指《寰宇記》，"爲"通"謂"。

⑨ "溪"字原脱，據朱本、鄒本、《路史》卷二九補。

⑩ "即巴賨"二句："即"下原有"咢溪"二字，無"巴"字，並據《路史》卷二九改正。查地志，臨江縣之彭溪即今雲陽縣之小江，並無"咢溪"之名。《路史》此二句意謂忠州臨江縣之彭溪，即"巴、賨、彭、濮"之"彭"，而非成都府彭州之蒙陽（有人認爲"微盧彭濮"之"彭"即成都府之彭州濛陽郡，故羅泌如是説）。朱本不明此意，乃於"巴賨"上添一"濮"字，並改"蒙陽"爲"濮陽"，以"濮，巴賨彭濮者非濮陽矣"另作一條，大誤。

氏族譜一

(元) 費 著①

前記並載人物不載氏族②，自今記。晉常璩嘗記蜀大姓，成都有柳、杜、張、趙、郭、楊、朱，郫有何、羅、郭，繁有張，新都有楊、董、汝、鄭。其他不一著列，皆可概見。是數十姓果大，曾不記人物，豈喬木之謂乎？司馬文園遺稿僅得之妻；楊墨池有子曰烏，能與《玄》文，裁七齡夭。然則人物有其傳，尤可重矣。《記》今自人物外，載氏族，不徒以補前之缺，亦以表宋朝以來世系之盛。凡第次，以起家後先而見之。今者書其名，不書其事，皆法也。

吳 氏

吳氏入蜀，以唐左武衛兵曹參軍爲始祖。四世孫藥，僞蜀時最顯。至袞六世矣，仕宋朝至太子舍人，贈都官外郎。七世孫季良，第端拱二年進士，至都官郎中，贈中大夫。九世諸孫師孟，第進士，官至左朝議大夫，門望始大。王公安石當國，謂師孟同年生也，自鳳州別駕擢爲梓州路提舉常平倉、兼農田水利差役事。師孟疏，力言法不便，寧罷歸故官。後知蜀州，又論茶法害民，繼謝事去。蘇文忠公軾刺新法書有曰："吳某乞免提舉，如逃垢穢。"至言茶病民，以"矯矯六君子"稱之，師孟其一也。子縝以世科官至左朝議大夫，知邛、蜀、洋、萬四州。子景知漢州，官至朝散大夫。景之子璘，始遷蜀州，今崇慶府。惟師孟從兄弟師益，三世猶居成都。其嘗應賢良科③，科廢，老死布衣。族最舊，子孫亦蕃，十世皆葬成都，繪於寶曆寺之水陸凡數十人，今錄其概。

范 氏

范氏自杜溫叔奔晉，四世食采於范，遂爲氏，世遠譜落。唐相履冰下十有一世曰隆。廣明間入蜀，家成都。孫紹溫，處唐季，歷王、孟僞蜀④，雖不仕，三世已能有立，爲著姓。子曰昌佑，有全德。二子曰璩、曰璨，璩贈太保公也。太保生二子，曰度、曰祥，度贈太師公也。太師生三子，長曰鎡，以進士甲科終隴城令；次曰鍇，終衛尉丞，贈太尉；季曰鎮，是爲蜀忠文公。子孫曾三世登科，曰百揆、曰祖淳、曰塤。

---

① 按：自此以下至卷五八所收譜七篇，及本書前面所收《蜀名畫記》《成都周公禮殿聖賢圖考》二篇，均題爲元費著撰。據學者研究，此九篇實爲宋袁説友所修《慶元成都志》之一部分，元末費著略加修改，收入其所撰《至正成都志》中（參見謝元魯《歲華紀麗譜等九種校釋·前言》，載巴蜀書社一九八八年版《巴蜀叢書》第一輯）。
② 並：原作"五"，據適園叢書本《成都氏族譜》改。
③ "其"下疑脱"子"或"孫"之類字。
④ 王：原作"丕"，據朱本、鄒本、《成都氏族譜》改。

塤官至左中大夫，歷使蜀，移使荆湖北路，卒。太尉有子曰百禄，位至中書侍郎，贈榮國公。

榮公有從子曰祖禹，位至翰林學士兼侍講。有從孫曰冲，位至翰林學士；曰温，位至明堂班朔郎。有曾孫曰仲苣，故爲右諫議大夫；曰仲藝，今爲中書舍人；曰黼，前爲著作郎兼禮部郎中。皆世其官。曰仲較、曰仲綸、曰仲芸，以詞章世其門，不克顯。玄孫曰子長、曰子垓，又世其科。子長今爲飛烏宰，被命召。榮公兄曰百之，不但有子如祖禹①，孫如冲、如温，而諸孫曰洞，諸曾孫曰仲圭、仲殳、仲循、仲徽、仲南，各以文學、行義、政事名。四世諸孫薈，故國子監丞。孫嘗位於朝，今知邛州。榮公之仲兄曰百朋，有子曰祖睿，諸孫曰游，諸曾孫曰仲愷、仲侃。獨不第②，三子後先登科，曰子修、子奕、子庚，典州除節矣。翁無恙，稠人中莫覺有貴子，賢德蓋相襲也。

蜀父子兄弟登科至聯四世，諸子登科，世又掌絲綸，人共推范氏。論其世德，皆有傳。大抵其積也遠，其施也博，其傳也不已。凡范氏父兄子弟，名位雖不盡皆通顯，而施爲率從厚。爲部刺史，爲郡守相，門第蓋相望。三歲一舉，中選者多，記不勝書。至以賞、以恩、以封、以贈，又略焉。他族十如其二三，號曰盛，至范氏，則人人以爲當然，寔自太保以下。而太保之弟璨，四世孫寥。寥徽宗時有功，避不以自名，官猶至右武大夫。寥從孫仲壬，武舉中第，裁八年，出知金州，今爲利路鈐轄。按譜，璨尚俠氣，鄉里敬服，故其後又以武聞云。

郭　氏

郭氏自及爲廣都令，家焉，其自叙系出子儀③。子儀六世孫甫，爲御史中丞，從僖宗幸蜀，及，其弟也，故中丞死，因以葬廣都石子山。及三孫，曰仝、介、鈴④。仝之孫震，以詩名，號漁舟先生，李畋序其詩。淳化四年，先生詣闕上書言蜀將有變。未幾，順賊作亂，先生留中原不歸，無子。皆畋云。鈴諸孫早著。鈴生貞，時孟氏納土，朝廷謂西州豪右可任，郡檄補貞吏，貞稱疾不就。子仁渥，當順賊亂，率鄉黨保别墅獲免⑤。均賊繼起，道遇害，贈職方外郎。二子：軫、輔。軫子子定、子安，皆以賞、以恩得官。孫衢亨，登崇寧上第，終宣教郎。曾孫南義，以詩名，死布衣。輔起家登天聖乙科，范公仲淹、龐公籍、韓公琦皆表其才器可任⑥，自鳳州擢知興元，平均、金、房叛卒有功，璽書褒美。繼二持節，後以梓州轉運使，皇祐二年平清井夷，死。賞延三子，中子子皋最知名。子皋知大邑，均三邑灌溉，人號爲平，歷知昌、劍、利

---

① "子"字原脱，據朱本、鄒本補。
② 按文，"獨不第"上應重"仲侃"二字。
③ 系：原作"累"，據庫本、朱本、鄒本、《成都氏族譜》改。
④ 鈴：萬曆本、朱本、鄒本作"鈴"。下同。
⑤ 鄉：原作"卒"。譚校："疑作族。"據《成都氏族譜》改。
⑥ 才：原作"半"，據朱本、鄒本改。

三州。子瑀、瑜，皆以賞得官。瑜獨顯，嘗提學京東，後知懷州。諸子曰眉壽、曰暘①，諸孫曰債、曰偉、曰俟、曰億、曰傑。眉壽、俟、億皆登第，餘以世賞，或以舉恩。惟傑在。

介諸孫轔、輯、輊、軾。轔生由儀，登慶曆第，終南浦令。由儀生忱，登元豐第，以博學名，通判恭州。年五十，會蔡京用事，忽忽不樂，丏祠，遂老。生時敏，終通直郎。進敏生晞，嘗爲大金留豫司幹辦公事，受金人所歸疆，進二秩。佐劉公錡，爲東京留守司幹辦公事，順昌之捷，不肯上功，當時韙之。從子垕、傅，皆登第，垕終通直郎。傅今從仕郎，子堪、均，皆世賞。堪終通直郎，均今從仕郎。輯曾孫綱。輊三世諸孫畋、國寶、惟肖、僅疇，四世諸孫樗年、震、湘。畋、國寶、震、湘登第，餘以舉恩，或以賞銓。又有七世孫漸，九世孫光選，皆登第。叔宜今迪功郎，光選今承議郎②。爰自廣都，散居雙流，獨成都爲多。

李 氏

李氏，唐胄也。太宗十四子③，少即曹王。五子，少即武衛大將軍偲。武氏擅政，偲入蜀，來眉丹棱，伏民間。五世孫瑜，明皇西幸，時抗表言狀，得通屬籍，尋拜長江令；卒官，歸葬丹棱。瑜四世曰遠。遠二世曰同，爲始建令，葬籍縣。同生全，始居華陽。又三世曰惟吉。惟吉三子：曰莊、曰允、曰毅。莊以學行名，毅以科第顯。又一世盛矣。莊子大厚，博學工文詞，從兄天章公大臨自謂不如。大厚及長子陞同登第；後三年，子降亦登。陞五典州，號循吏。降行義克著，范公鎮薦之朝，爲金部郎中，宣和間，提學秦鳳路。列郡刺史拜宣撫使童貫，降獨長揖④，曰："我師儒官也。"遂丏祠去，力致其仕。陪，大厚季子也⑤，有子時亮，伯父陞欲官之，辭，治命又以遺。長官之章已上⑥，會陞子從政郎時任卒，時亮亟追還，以與時任之子識。後時亮二子登第，三子以恩得官，諸孫一以舉恩得官，一登第去。

允子大臨，第進士宋朝，仕至天章閣待制，事在國史。知制誥時，繳李定詞頭，其一也。子陶、鷟。陶從司馬公光於洛，當時大老皆喜之。在錢塘，蘇公軾送之時："忠文、文正二大老，蘇、李、廣平三舍人。喜見通家賢子弟，自言得邑少風塵⑦。"其趣遠矣。鷟通達明敏，吏事有能名，尤工於書。子時雍、時敏，皆世其學。時雍高廟稱之。弟兄多顯者，賞延凡二世。

毅，嘉祐二年進士，李氏初起家者，仕至殿中丞。子大昕。大昕生公濟，公濟生

---

① 子：原作"孫"，據《成都氏族譜》改。
② 承：原作"丞"，據朱本、鄒本改。
③ 太宗十四子：原作"大唐四十子"，據《成都氏族譜》《舊唐書》卷七六改。
④ "揖"字原缺，據庫本、朱本、鄒本及《成都氏族譜》補。
⑤ 大厚：原作"太原"，據庫本、朱本、鄒本改。
⑥ 章：原作"童"，據庫本、朱本、鄒本及《成都氏族譜》改。按："章"謂薦章，作"章"是。
⑦ 自言：原作"因言"，據《蘇軾詩集》卷三二《送李陶通直赴清溪》改。

謨，謨生崧，凡四世登科。大昕學行，謨能文章。謨以下，徙導江①。族盛時②，仕者不能悉書。此其概也。

曰項者，亦出自遠，與同並世。孫丞璨，三世孫謹修、謹交、謹微、謹思，能，登進士第。謹修位至郡守，三子賞皆傳：嚴卿最顯，官至朝散大夫；鄠又與謹微子椿登第，鄠官至朝議大夫。丞炳三世孫彤，四世孫觀登第。丞哲四世諸孫象先、厚登第。象先應賢良方正科，厚位至鴻臚少卿。厚五子皆官，孫洋亦登進士第。族大，子孫衆多，近世有以世科名聞其世。

一曰，自遠而下，邵第進士，四子，樵孫、楧孫、材父今典州矣③。凡散居異邑者多，不書。

張　氏

張氏，韶州曲江人，至唐相九齡顯。九齡弟九皋，九皋子抗。抗七子，仲方、仲孚子孫在蜀，可譜。仲孚孫奉常博士，隨僖僖宗幸蜀，傳三世曰載陽，貲產鉅萬，豪待四方士。子維峻④，待士益厚，悉散之。或相戒止，笑曰："吾遺子孫者不在是也。"以子起，贈大理寺丞。起，寶元中登進士第，官至太常博士。是故族也，起家尤難如此。三子：太初、太寧、太和。太寧登治平四年第，知邠、漢、渭等州，四入爲尚書郎，三持使節，遷陝西路，爲都轉運使。二子：察、宇。察以大小篆名，入爲左司郎中，出知鼎州。宇初名犯欽廟諱，易名宇。三丞寺監，使淮西東路⑤，知濟、榮、果、合四州，娶榮國公百祿女，故其學得之范氏。子晦，侍學中原，有外家典刑，筆法尤工，歷知雅、恭、簡三州。子仲堅。是則家成都者。

太初家於崇慶之新津，太和家於眉州之眉山。仲方之後，徙漢州之綿竹，族尤大。

宋　氏

宋氏，唐季有任崇文館校書郎諱玘者，隨僖宗西幸，因家成都。玘生綿州團練副使可思，可思生太子舍人顒。顒第進士，仕唐。顒生武信軍節度推官格。格仕宋朝，生惟吉、惟亮。惟亮號無爲先生⑥，生太常博士世修⑦，世修生球。球與從兄弟璋後先登第，球終職方外郎。按《譜》，惟吉、惟亮子孫衆多，相似也，惟吉後爲盛；璋、球諸從兄弟，子孫相似也，球後爲盛。按《家傳》，無爲先生嘗授經任公玠，晚究《易》。球仕至郡守，潔身早退。子先⑧，因世賞至縣令，亦中年退休。子昌宗，典榮、

---

① 徙：原作"從"，據庫本、朱本、鄒本改。
② 族：原作"旅"，《成都氏族譜》作"派"，俱誤。據庫本、朱本、鄒本改。
③ 典：原作"興"，據朱本、鄒本改。
④ 維峻：鄒本、《成都氏族譜》作"維峻"。
⑤ 淮西東路：宋代無淮西東路，疑是"淮南東路"之誤。
⑥ "惟亮"二字原不重，據宋李流謙《澹齋集》卷一七《宋運使墓誌銘》補。
⑦ 世修：上引作"士修"。
⑧ 先：宋李流謙《澹齋集》卷一七《宋運使墓誌銘》作"光"。

資二州，將漕東蜀①。會鹽酒法弊，坐籍没者，又所在繫捕充斥，獨論列爲不可，法爲是改②；猶申言不已，由是罷歸。諸子曰訓、曰誨，諸孫曰邈、曰述、曰迨、曰運。邈、運登進士第。邈終宣教郎，餘皆至郡守。運總領財賦四川，未及卒③，蜀士爲當時惜之。

元豐末，昌宗初仕，時尚富強，名爲千者④，爲宰相執政過用，天下告病。軍興，征取析秋毫，病益痼。宋氏家法雖尚嚴，獨於民寬，如爭鹽酒法，亦一事也。故昌宗至誨，皆退居，享上壽。至曾孫復名，以祖爲行，亦多在官。非徒曰人事，其亦天理歟！

勾 氏

勾氏隸新繁、隸華陽，勾龍氏隸華陽、隸郫、隸温江⑤，皆祖勾望。孔子七十子曰井疆，三國蜀曰扶，其裔也。唐末有曰惟立，以扈衛僖宗爲將軍。二子：弇、會。王建攻彭州，弇與勇烈侯楊晟死之；會匿新繁民間，遂隸新繁。四世孫士良，登慶曆六年第，官至朝請大夫。七子，以賞以第，皆有官。第二子宗顏，官至朝奉大夫；第四子宗召，與顏之長子濤迭登進士第。濤貴在高廟時，宰相趙鼎寔薦之。鼎言："蜀有鴻儒，可充載筆之任，然姓與御名音同，臣未敢薦。"高宗曰："古之有勾龍氏⑥。"遂自涪陵召濤，而勾氏著矣。濤言事稱上意，繇郎曹間歲除給事中。大抵以薦士爲己任，士因濤薦召凡數十人，後多爲名臣。唐公文若其一也，序其《外制集》云爾。以是爲權相忌，遂出除潭州，力辭。乞祠，許之；乞歸蜀，不許，寓居秀之華亭⑦，卒。子躍，從子距、路、蹈、躒。典三州⑧，兩持使節，除職帥夔，卒。餘以賞在官，官至孫云。曰詠，登宣和第第二⑨，其子輔登紹興第，嘗爲四川類省第一，亦族子也。

隸成都者，自居體始著。三世以上，惟曰出井疆，莫可考。居體登熙寧第，官至朝請大夫。王公素使東蜀，知其賢，延請權領懷安軍事，卒懷安。居體素號鄉先生，著書爲多。諸生從之廣，多知名。九子，二以賞得官；棓獨久遊太學，以恩得官；二子昌世、昌泰，皆登第。昌世官至朝散大夫，位至郡守。昌泰爲四川類省第一，嘗除太學博士，後徙將作丞，又丞太府，兼户曹郎；出，提舉常平浙東，移節浙西，旋報罷歸。起知利州，除職帥夔，卒。從子、子皆有官。

---

① 漕：原作"曹"，據朱本、鄒本、《成都氏族譜》改。"將漕"即爲轉運使。
② 是：原作"士"，據朱本、鄒本改。庫本作"之"，亦通。
③ 未及卒：《成都氏族譜》作"及卒"。按：疑"未及"下有脫字。
④ 名爲千者：疑有誤。
⑤ 温江：原作"温温"，據朱本、鄒本改。
⑥ "龍"字原缺，據萬曆以下各本及《成都氏族譜》補。
⑦ "之"字原脫，據《成都氏族譜》補。
⑧ "典"上疑當重一"躒"字。
⑨ 第二：朱本、鄒本作"第一"。按：《文獻通考》卷三二，宣和兩科狀元爲何煥、沈晦，無勾姓者，則作"第一"誤。

即成都、温江以勾爲氏，猶曰勾惟立唐末入蜀，即其祖；亦曰避高宗諱，改爲複姓，而世次率不合。曰廉，登進士，官至朝議大夫。諸子皆有官。從子震、雱同登進士，即自郫隸成都者。温江則以中立爲祖，曰是在雍熙間以宗學名，曰中正之兄也。中正生希仲，亦世其學，以科第位至光禄卿，王公安石銘其墓曰："勾宗華陽，世實京兆①。"其援據云爾，而世亦莫可考。

又如眉之鈎，嘉、普之勾，永康、榮之勾龍，其先皆稱同族。然永康勾龍，紹興間爲御史中丞曰如淵，其複姓亦有旨。至今諸族莫能一，大抵氏族學廢，今爲甚，識之以勸來者。

常　氏

京兆常氏爲蜀人，自宥始。袞相唐，母兄偕，偕三世孫官户部郎中，扈衛僖宗駕入蜀者，宥也。謫授蜀州户掾，卒，葬江原。二子包荒、包蒙。包荒子達、選。達子延昱，負其才，雷公有終來平蜀寇，一見奇之，率從之謀。有終守蜀，數以書招致之，延昱始來，自邛家成都。卒，鄉人謚曰"廉貞先生"。子禧。禧四子：珙、琭、琮、玘皆登科。珙守三州，長子景修守彭州。景修二子：時中、執中，爲郡守相。自"景"以下，名從"中"、從"才"者爲一世，從"土"者爲一世②。城、垍，蓋珙諸曾孫。城知均州。垍有隱操，蚤與薦，以親喪不復就類省，隱居東山餘四十年。蜀人大帥欲識之，不可，聲聞於今隱然。珙弟琮之子縝③，禧弟利涉之子鎮、鍾，登崇寧二年第。

初，延昱出從雷公，選子守元留邛，其後多通顯，以隸他郡，故不書。

房　氏

房氏以重爲入蜀之祖。重，丞相玄齡八世孫也，終新都令。子謂爲蜀太常少卿。子四人，皆以"從"爲名。"從"之諸子八人，皆以"知"爲名。知之諸子亦八人，皆以"昭"爲名。曰昭應，號虚谷子，有《傳家文》《無名詩》，皆詣理。曰昭庶④，洞曉樂道學，仁宗朝以大臣爲薦，得旨賜對，特受秘書郎。今《樂書》行世，國史有傳。"昭"之諸子十八人，皆以"審"爲名。審能、審基皆舉進士。審能官至朝請大夫⑤。審權著《大樂演義》，即昭庶子也。"審"之諸子三十八人，皆以"希"爲名。希聲甫冠，與貢，常官太學。希參登元豐第，官至通議大夫。"希"之諸子六十四人，或薦、或第、若蔭、或恩、或贈，而名率不齊。其知名者五人：曰淵，太學上舍生，充太學録。曰偉，以恩得官，而博學文詞，知名西州，又審權孫也。曰璣、曰永，登

---

① 京兆：原作"兆京"，據王安石《臨川先生文集》卷九四《勾公墓誌銘》乙。
② 土：原作"士"，據朱本、鄒本改。
③ 縝：庫本、朱本、鄒本作"續"。
④ 昭庶：此人史書中只稱房庶，無"昭"字，見《續資治通鑑長編》卷一七一、《宋史》卷七一、八一等。
⑤ 朝請大夫：萬曆以下各本作"朝議大夫"。

政和、宣和第。曰時中，贈官至通議大夫。又一世，諸子逾百人，名尤不齊。曰與之、曰軹、曰子申、曰子邵、曰震仲、曰鉅，皆登科。與之視諸從弟行獨年高，宣和進士，官至中奉大夫，持節潼川路①，故諸從弟今多在。子邵典州，官至朝請郎。震仲官朝請郎。又一世，諸子逾二百人，惟大亮以典三州顯，咸以世科顯。餘子及諸孫，以賞得官者五，今在官者二，曰燾、曰壽卿。

吕 氏

吕氏自眉彭山遷成都，三世始著，曰懷玉、曰公立、曰陶，世以風節聞，陶遂爲元祐名臣。三子：傳嗣、延嗣、緣嗣。緣嗣坐黨人子，不達，終右通直郎。子焯當用給事遺奏補官，靖康多難，格不行。商隱、宜之、凝之皆登第。商隱第雖晚，以四川類省第一，與素望合。胡公元直鎮蜀，薦之禮部；侍郎李公燾以自代。召入，除國子博士，兼國史院編修。官遷宗正丞，兼史院如初。凝之以才爲茶馬使者，陳公彌作、宣撫沈公復見知，後由茂州除閬州②。入對，又以《易》學受知孝廟，留爲太府寺丞，與商隱同時。會凝之卒，商隱亦乞歸，除守崇慶，卒。子盧。宜之登第最早，所至有治聲，而坎壈率多異。除通判彭州，改辟通判茂州，移黎州。丁母憂，辟通判成州③，除知簡州。擬通判綿州、黎州、簡州，罷，非其罪。復積二年，迭聞兄弟喪，卒於綿。兄弟皆不得中壽。子孫今官學，故家聲爲不長。

---

① 潼川路：原作"潼州路"。按：宋無潼州路，惟有潼川府路（原梓州路），據改。
② "由"字原脫，據庫本、朱本、鄒本補。
③ 成州：萬曆本、朱本、鄒本作"威州"。

全蜀藝文志卷之五十四

譜

氏族譜二　　　　　　　　　　　　　　　　　　　　　　　　（元）費　著

杜　氏

杜翊世以死節顯，蜀舊守名其居曰"忠義坊"，蓋以勸也。事詳見於《先賢志》矣。因其世祖甫來依嚴武，武卒，甫旅遊衡陽，二子宗文、宗武留蜀。甫卒，葬耒陽，後返葬偃師。故元稹誌甫墓，謂孫嗣業終父志，或者其家竟莫能出蜀也。家青城，寔宗文裔。十世孫準，皇祐五年第進士，官至朝散郎，宰綿竹以卒。妻黎攜諸孤外氏，家成都。黎教子嚴，必使世其家。第二子即翊世，紹聖元年第進士，官至朝議大夫，通判懷德軍。靖康元年，虜寇作，西羌亦張，奄至城下，凡三旬，援兵不至，城陷，翊世先火其家，乃自縊死。事聞，特贈正議大夫，命官其後十人。五子：愷、忱以賞得官，孫逸老、俊老、廷老，曾孫光祖、大臨，以忠義遺澤得官。翊世歿時，愷棄官走視死所，慟幾絕，見者皆為流涕。遂以喪招母魂歸葬。餘孫自曾及玄，今為士人。指其門，猶曰忠義杜云。

宇文氏

宇文氏，望河南。自得氏以來有譜。其以史學傳自唐諫議大夫籍①。籍子從禮，為渠州司馬，因家於蜀，後徙成都。子孫又分六院：曰成都、曰雙流、曰廣都、曰綿竹、曰嚴道、曰閬中。三院隸成都。自司馬至院，莫知其世世。有從"仁"者，後可譜；再世從"元"②，又一世從"廷"從"卿"，又一世從"崇"、從"緒"、從"惟"。繼是子孫行率不類，按譜始可類耳。

雙流院自"崇"而次，始登第曰冊。冊登嘉祐第，仕郡邑間，卒，李公大臨稱為西州顏子③。子昌齡、喬齡。昌齡少年登進士甲科，神宗朝遷監察御史，詔言事如侍御

---

① 籍：原作"藉"，據《成都氏族譜》《舊唐書》卷一六〇《宇文籍傳》改。
② 從元：原作"後元"，據朱本、鄒本改。
③ "稱"字原脱，據萬曆本、朱本、鄒本、《成都氏族譜》補。

史；徽宗初，爲刑部侍郎。子常、千、宰，諸孫伋、僎、价、子震，與喬齡之孫仁皆顯。价、子震、任①、任之子扎皆第進士。子震典著作，兼爲郎，出總賦淮東，晚守潼川。价位至兵部尚書，出以徽猷學士歷典大藩。邑人見其家迭盛，凡四世，幾百年。扎今守成州②，其諸從兄弟又寖顯，賞傳至孫矣。

廣都院，自"緒"而下凡三世③，始登第曰邦彥。邦彥初名褒，登元豐第，仕至郡相，卒。子閌中、粹中、虛中迭登第。粹中第在第三，後爲尚書右丞。虛中後爲簽書樞密院事，終國信使，謚肅愍④。天下聞其謚，哀而敬之。時中賜進士第，後以直龍圖閣知潼川⑤。閌中及其子師尹、師皋，從子師申、師獻；孫紹直、紹良，從孫紹寅、紹奕。嘗爲吏部郎⑥，典三州，卒。紹節典二州，今被命。紹直自郡守參議大藩，今奉祠。紹猷、紹彭、紹莊，今方典州。子孫又多傳，視雙流亦不勝書也。

惟成都房自"崇"至降凡三世，始以子樸貴，贈官。樸登政和第。樸族弟谷、從子臨望、久望、日華、孫如石、如圭、曾孫開仲繼登第，開仲今在官。積世名位，視雙流、廣都爲顯，而科第不愧族望矣。

綿竹房亦未爲顯，然"緒"下孫之紹⑦，登第仕元豐間，年餘四十，與時論不合，致其仕，號止止先生。母舅，范公鎮也，賦詩敬之，司馬光亦敬之。程公珦後守漢州，其子顥、頤從之遊。子輝，以明經第一及第，仕至郡守。邦彥與輝同世次，視之猶兄弟。然粹中、時中亦待輝之子思忠猶同母兄弟。粹中任思忠以官，時中又任思忠之子師孟。輝從弟彬，登元豐第，仕至郡守，復自綿竹遷郫。子仔、仲。仔仕至郡相，二子猶世其賞；仲亦登第。是又隸成都矣。綿竹房率聯得書，故略。

北劉氏

唐劉再思以御史從僖宗，自蜀還京師，留其子孟溫成都，孟溫以儒學傳授成都中。三子：長璵，僞蜀廣政十年補石室教授，卒，門人共謚爲寶中先生。五世孫處厚。處厚始登第，四子靖、議、竑、翊；議、翊世其科。處安四子：竢、端、竦、竚。竢、竦亦登第。劉氏家法方嚴，長身偉貌，世世稱其家。家城北，異鄉人入北門，問劉氏，鄉人至謂之長劉。然茬民率從厚，至臨難，其方嚴始見。處厚官至左朝請大夫。范公祖禹第元祐循吏，居之第三。靖、議皆爲張公浚幕客。靖、議不合，流落州縣。議受

---

① 任：按文，此人應即上句之"仁"，否則交待不清。"仁""任"二字當有一誤。雍正《四川通志》卷三三載宇文任，紹興進士，當有所據，則作"任"是。

② 今守：原作"令中"，據萬曆本、朱本、鄒本改。成州：朱本、鄒本作"威州"。

③ 宋晁公遡《嵩山集》卷五三《宇文蜀州墓誌銘》云：宇文從禮家於益州，四傳至諱真緒，從外邑廣都，與此合。

④ 肅愍：原作"甫愍"，庫本、朱本、鄒本作"貞愍，《成都氏族譜》作"忠愍"，俱誤。《宋史·宇文虛中傳》云："淳熙間，贈開府儀同三司，謚肅愍。"據改。

⑤ 直：原作"真"，據庫本、朱本、鄒本、《成都氏族譜》改。

⑥ 按：據文意，"嘗"字前當重"紹奕"二字。

⑦ 之紹：《宋史》卷四五八本傳作"之邵"，他書亦多作"邵"字。

浚令往熙河劉惟輔軍，時惟輔軍驕，它屬莫往，獨巎往①。惟輔戰北，巎爲敵所殺。後十餘禩，河南境復，惟輔將屬米知柔等來歸，始言狀，范公成大榜其所居"節義坊"。爲此，翊、竦賞皆傳。端雖不第，士從之遊甚衆。自孟溫至是八世，今又一傳矣。鄉人以其五世不異籍，尤義之。

南劉氏

《劉氏譜》載三世名字、卒年月日耳②。四世曰惟正、曰惟盛、曰惟道，始詳。惟正之子欽，惟盛之子長源，後先登進士第。欽使湖南，官至朝議大夫；黻後賜第入館③，遷戶部郎官，官至朝請大夫。後長源紹興初爲監察御史，典州除節，官亦至朝請大夫。兩家子弟賞得官。黻弟蕤，知荊門軍，卒。子述，今典州。長源子思學，賞，今亦傳子參。惟道三世孫始登第，曰晉。或贈或賞而不年者，不書。

北郭氏

蜀郭氏衆多，而家於北城者④，人號北郭矣。其自叙，亦曰出汾陽王，有藏汾陽王丹書鐵券可證也。譜失其傳，今以積爲祖。積生承訡，承訡生希朴，博極羣書，晚精於《易》，鄉人號曰有道先生。李公畋爲作《知命錄》。希朴前知死，《知命錄》所以作也。四子：仲曰友直，蓄書。嘉祐求遺書，友直上千餘卷，皆秘閣所闕者。叔曰友諒，季曰友聞。

友聞經學⑤，鄉人號曰北郭先生。仲、叔氏子孫或家廣都，或徙唐、鄧⑥，獨北郭子孫不遷。四子：逢、通、選、迪。逢三子：行中、剛中、閎中。選、行中迭登元豐、元祐第。通七子：倫、師中、久中、大中、宜中、時中、由中。倫、久中同登崇寧第，皆居甲科。倫最通顯，初仕太子學錄，繼遷博士，出爲郡刺史，凡四十任。其提舉江南西路，忤蔡京，罷；其帥潼川，奏蠲虛額，與都轉運使不合，遂致其仕。蔭補子孫十有三。久中大觀二年召入，册定敕令，後提舉常平河北東路。嘗因星變上封事，言新開邊皆不毛地，小人邀功，肆爲誕謾。書首入邪等，罷歸吏部。後復爲郡守，爲刺史，年裁六十一，竟致其仕。大中有聲太學上舍，以釋褐，後召爲諸王府記室兼講書。守兩州，三持使節事，有異政。由中擢上舍異等，登宣和第，後給事中勾濤薦之⑦，高廟題其姓名屏間。歷守二州，一持使節。其學深，文亦高，政事自儒學出。常守簡

---

① "獨"下原衍一"靖"字，據朱本、鄒本刪。
② "年"字原無，據朱本、鄒本補。
③ "黻"上疑脫"子"字，謂欽之子。
④ 城：原作"成"，據庫本、朱本、鄒本、《成都氏族譜》改。
⑤ 友聞：原作"友文"，據庫本改。按：友聞號北郭先生，又見《宋元學案補遺》卷六。
⑥ 徙：原作"從"，據鄒本改。
⑦ 勾濤：原作"勾以濤"，據朱本、鄒本刪"以"字。按：勾濤，《宋史》卷三八二有傳，紹興間曾任給事中。又見本書前卷"勾氏"。

州①，人至今思之。選五子，勉中、美中登第。迪二子，黄中登第。三子皆有惠政，官皆轉②，而二子至大夫。餘子又多以子貴贈官。

北郭以"中"名者凡二十六人，大抵多賢也，後皆亦復名。"中"之子曰"知"，"知"之子曰"公"，"公"之子曰"仲"，"仲"之子曰"叔"，"叔"之子曰"孫"。自"中"而下，取科第、延世賞、典州郡者不乏，至以"中"爲行者亦多在官，日盛宜矣。

楊氏

楊氏自潼川徙郫，自郫徙成都，譜寔祖唐盈川令炯。炯謫梓州司法參軍，遷盈川，既卒官，還葬潼，因家焉。盈川十一世孫天惠，始家於郫，以儒學稱，自號回光居士。元符末，應詔上書，入崇寧黨籍。生伯詹。伯詹遊太學，十年不成，受世賞四十二年，以迪功郎年勞升從政郎以卒，時又謂不成。鄉人以其道不行於時，而自樂終其身，共以靖安先生易其名，其成乃如此！子祖識，家成都，登第後不樂仕，栖遲州縣間。沈公价、汪公應辰鎮蜀，聞其名，辟置幕府。自是持節典藩，視再世爲顯。蜀士論世，不稱其官，稱其德，又謚曰樂行先生。三子：韶甫第進士，諸孫叔寅以賞得官，餘皆學。

城南郭氏

自陳來成都，居來寨。郭氏曰從一③，亦祖汾陽，曰："吾蔡川司徒家。"以子貴，贈朝奉郎。子溥，登大觀第，初名將，後更今名。進士題名中寔二名也。嘗爲樞密院編修官，遷國子監丞，出守劍州，積官朝請大夫，贈至左金紫光祿大夫。四子：伸、似、儀、傳。伸登宣和第，傳登紹興第，似、儀則賞延者。伸官至朝請大夫，職直敷文閣，鎮興元，兼安撫利州。似、傳早死。金紫蓋伸、儀累贈云。伸及儀賞及世，至似、傳之子，於是三畏、三聘、三握、三接傳。又傳至諸孫，曰可道、曰德柄。今惟德柄在。子孫散居城中。城南尤顯，亦成都百年故家。

施氏

施氏謂魯施孝叔之後④。唐友諒從僖宗入蜀，不歸，居岷山下。七世孫光祚，始居成都碧鷄坊。又三世，庭臣、德修同登宣和第，從兄弟也。庭臣高宗朝爲中書舍人，晚居潭州，卒。德修嘗除將作簿，兼秘書丞，出守洋、邛二州，除簡州，卒。子次禼、

---

① 常：似當作"嘗"。
② 轉：原作"博"，據庫本、朱本、鄒本改。此句《成都氏族譜》作"官皆博士"。
③ 曰從一：原作"從曰一"，據庫本、朱本、鄒本改。
④ 孝叔：原作"李叔"，萬曆本、朱本、鄒本、《成都氏族譜》作"季叔"，均誤。《古今姓氏書辨證》卷三："魯國施氏出自姬姓，惠公之子尾字施父，生施伯，伯孫頃叔生孝叔，始以王父字爲氏。"是"李叔"乃"孝叔"之誤，據改。

次尹，皆以賞得官。次尹官至朝請大夫，今傳其子坤之。昔登紹興第曰晉卿，又德修從子也。庭臣子淵然、仲舒。登紹興第①，位至司農少卿，遷中書門下省檢正諸房文字。子棐又世其科。淵然雖不顯，以文稱於時。初，庭臣置田二頃，贍宗族之貧，徽猷閣直學士胡公寅爲之記，其族至今賴之。家遠矣，猶若未出蜀然者，此義也。

楊 氏

楊最晚出，自簡徙成都。祖慶安，至孫，始有登進士第者，四世孫承、承子景温又世科。其盛也，四世孫至同薦者十有二，是舉登進士第者四，又同堂兄弟，皆復名，以"望"爲行，蜀人號"四望"。從望、民望最顯。從望知蜀州，有子曰之言，登進士第，今知州。民望位於朝，歷左司郎中，移太常少卿，出知綿州。甫半歲，復以太府少卿總蜀賦，又移兩節，職自直秘閣加直顯謨閣。有子曰之復，今通判綿州。

民望有清名，又名文章，嘗自叙其世，自四世慶安已上，得三世墳墓，七世而上無咨考。至謂唐宋氏族之學不明，譜牒遂廢，特起者恥其初微，而不誌昭穆，甚者或求附甲族而過於傅會。近世言其先者，必自唐亶三宗西幸，或遊至蜀居焉。何古之蜀獨無人也？且以楊氏言之②，在華在蜀，皆承姓於姬，而受氏於晉。霍、楊、韓、魏皆姬姓也，儻於其支別考證未明，則不必慕他郡之盛，而必求其遷徙之故也。其説詳矣。近世以族著者，因以附見焉。

---

① "登"上疑當重"仲舒"二字。
② 言之：原作"之言"，據譚校乙。

全蜀藝文志卷之五十五

譜

氏族譜三　　　　　　　　　　　　　　　　　　　　（元）費　著

郫縣何氏

漢自何武死，後不絕，亦幸矣。子況，載武喪如北邙山瘞焉，廬其下。公孫述誅，蜀平，況以喪歸郫，葬縣東南。按史，武兄霸，弟顯，兄弟五人皆有名。按《志》，武後曰隨；顯後曰包，兄弟五人；包子攀，又皆有名。曰英、曰宗、曰祇，雖見之《志》，第曰郫人爾，莫知爲武後否也。按譜：武二世孫曰英，五世曰宗，宗子攀。然英見之《志》，在武兄弟前①，攀父曰包，又與譜異。或者譜爲未詳，不然，何氏世世有譜，當爲蜀氏族第一矣。然自漢至晉，武弟顯之後猶傳，如《志》云，亦盛也。譜遠不可盡考，或居長安，或徙江南。唐季有乾符進士②、待詔翰林知節，自謂武裔。後僖宗幸蜀，加知制誥，因歸郫，卒，葬膏澤鄉。孫偉，登太平興國進士第，嘗記景德寺，邑人推爲先生。七子，子孫散居成都、崇慶、遂、閬、彭之崇寧③，永康之導江，而武之族蕃矣。偉三世孫邦基，登元豐第，官至朝議大夫，賞及從子孫。又三世俊茂，登紹興第，徙崇寧者④。偉從子繼甫；繼甫曾孫援登大觀第，玄孫碩、頤、預又世科。而家成都者曰騰，登紹興第，至郡守，亦自郫徙云。

王氏

王氏曰簡，隨唐僖宗入蜀，因留蜀。四世坦，爲郫人，贈通奉大夫。子冕、定國、

---

① 按：此句當有誤。何武乃西漢人，何英乃東漢人（見《華陽國志》卷十上），不得云英在武前。

② 季：原作"李"，據庫本、朱本、鄒本改。

③ 崇寧：原作"崇慶"，據朱本、鄒本改。按：崇慶本蜀州，孝宗時升爲崇慶府，即今四川崇州市。彭州所屬之崇寧縣本名唐昌，徽宗時改名崇寧，即今彭州市西南唐昌鎮。此處當作崇寧。下文"徙崇寧"同。

④ 徙：原作"從"，據庫本、朱本、鄒本改。

覽。定國登治平四年第，更名覺；政和二年，以直龍圖閣知桂州，討殺溪洞蠻有功，進顯謨待制。三年，丐祠，得提舉成都玉局觀，卒，累贈特進。冕子梅，以覺蔭補將仕郎。覽補登仕郎。覺三子：曰檝①，補登仕郎，隨覺宦南方，充廣西經略司內機，法檄至邕州，染瘴卒。朝廷以檝死，特命長子煥以官。煥官至從政郎。曰權，補將仕郎；曰棣，補承務郎，累官朝奉大夫、通判巴州。棣子熹，將仕郎；熹，卒於承議郎。

邵氏

邵氏，以唐郜城令錫爲祖，燕其始封也。宋初，自丹陽聞岷山勝概，來家於岷之陽，曰慶餘。後三世曰才，始登治平第，嘗入尚書爲郎。贈其父仲良爲太中大夫②，子孫皆官。長子充，官至朝請大夫，賞又傳三子。贈才官至銀青光祿大夫。邵公溥撫蜀，帥言丹陽邵公必嘗薦洛邵公雍於神廟，溥蓋雍之孫，故溥講丹陽好，待充如兄。邵氏在蜀，於是爲故家矣。

申氏

申氏貫北京，蜀廣政中曰幹臣，始來青城，子孫居郫。幹臣四世孫曰起、曰宗。起累贈朝請大夫，有子曰祖錫、曰積中，同登元豐五年第。祖錫於朝奉大夫，積中終奉議郎、永興軍路提舉學事。祖錫子説，終宣教郎；詵，迪功郎。積中子詮，以臣僚列奏積中孝行，特受將仕郎，終於維縣丞。孫伯時，登淳熙元年進士第，終晉原主簿，宗始徙溫江。四世孫曰叔度，五世曰叔儉、叔懷，皆登進士第。

詹氏

詹氏貫邛州安仁。曰文舉，以子貴，累贈正議大夫。子曰權，登元豐進士第，終於巴州。權子廷哲③、廷碩、廷彥，自邛始遷居郫。廷哲終通直郎，廷碩終朝請郎，廷彥終從政郎。廷哲之子隸，廷彥之子籲，皆登進士第。

張氏

張氏俞隱居岷山，七被詔命不赴；賜以官，又乞回授其父。號曰白雲先生，大節見國史，事見《先賢篇》。俞二子：石民；楚民，登元豐八年進士第，官至正奉大夫。子曰吉甫，以賞終朝奉大夫。子伯振，又以賞爲青城令，卒官。石民死，子雲，從孫文、叔夏，曾孫山父。

---

① 檝：原作"檝"，據庫本、朱本、鄒本改。按下文，其弟一名權，一名棣，皆從木，又"檝"，字書所無，作"檝"是。
② 大夫：原作"夫夫"，據萬曆以下各本及《成都氏族譜》改。
③ 權：原作"推"，據庫本、鄒本、《成都氏族譜》改。

王 氏

王氏望太原，唐末避亂入蜀，居郫。曰彥，生四子。次子曰延壽，生四子。次子曰景，又生四子。以孝名，邑人號王孝子。上兩世皆絕①，而景諸子曰慶祖、慶柔、慶餘、慶宗，傳世特盛，遂散居成都、永康、資中、富順。惟慶宗之後不遷，至曾孫驚，登大觀第，位至郡守；玄孫曰樸，爲朝議大夫，賞傳至孫。他院子孫，或賞或第，大抵相似也。每歲上巳②，闔族無遠近，共修祀事於縣東之塋，人猶指爲孝子家。

楊 氏

楊氏居郫縣凡四世。至邁，始第進士，官至左朝議大夫、直秘閣、主管環慶路經略安撫司公事，累贈父叔淵光禄大夫。邁卒，累贈宣奉大夫。邁子衍，朝請大夫。邛州曰思成，儒林郎。久成。二子：蕃卿，從政郎；萃卿，修職郎。思成一子漢卿，將仕郎。

張 氏

張氏昔望崇慶之永康，門望如初；有遷於郫之犀浦鎮，其爲族望亦稱。克尚五子，第三子曰礪，即遷犀浦者③。礪之孫曰天迪、曰煥，曾孫曰汾、曰洙、曰漠④，玄孫曰嶧、曰岐，皆擢進士第。又有遷於彭之崇寧者，其後視犀浦尤顯。而犀浦院以山爲行者，今傳之曾、玄矣。諸孫尚力學，曰吾家三世登科云。

文 氏

文氏以丹淵先生同爲望。同貫潼川之永泰⑤，位雖未高，以蘇先生軾爲友，名重當時。其文號《丹淵集》。同官西川，樂岷山勝概，欲家焉，不果。子孫始來居郫，有《丹淵集》。曾孫仔，紹興丙子進士、青城尉，卒。四世，故書尚無恙。

新繁彭氏

彭氏曰景直，唐中宗時爲太常。六世孫敬先，常以左拾遺隨僖宗入蜀，家於普州。敬先孫濟民，攜二子由普徙益。長子生福，次子生乘。乘於宋仁宗朝翰林學士⑥，國史

---

① 上：原作"工"，據庫本、朱本、鄒本、《成都氏族譜》改。
② 每：原作"安"，據上引改。
③ 原無"浦"字，據朱本、鄒本補。
④ 漠：萬曆本、朱本、鄒本作"漢"，疑是。
⑤ 永泰：原作"安泰"，據譚校改。范百禄《文公墓誌銘》(《丹淵集》卷首)云："其先文翁，廬江人，爲蜀守，子孫因家焉。至立，徙巴之臨江……其後又徙梓州永泰之新興鄉新興里。"
⑥ "朝"下當有一動詞。

有傳。乘卒，三子不克歸。國史載乘爲華陽人①，繁、華陽皆隸成都，而乘實以太平興國八年生於繁，見於故待制韓公駒所爲《跨鼇先生李公新集序》②，曰"繁上則彭乘之文辭"云。福生顯行。顯行曾孫登政和二年進士第，官至左朝散大夫，知彭州。贈其父望官至朝議大夫。二子：極、材，以廕補官，卒。季子傑③，從子仁徹，同年貢於鄉，仁徹登第，官至文林郎。極子亦第進士，不待年致仕。

周氏

周氏望汝南，入蜀，家於繁。曰贇之孫頊，有隱德，號正晦先生。二子曰洙、曰淳④。洙生表權，淳生庚，庚生尹及申。表權、尹同登慶曆六年進士第，表權後知漢州。尹知梓州，蘇文忠公軾、文定公轍時皆在朝，各賦詩送之。初，李稷使蜀，榷茶爲蜀病，表權與尹論合，與稷異，爲稷誣奏，罷去。尹嘗知利州，後爲侍御史，奉使入蜀迎母，面賜五品服。還至陝，除節荆湖北路，後知眉州。丁母喪，喪除，入爲主客郎中；遷考功，兼權吏部。元祐四年，表權再知漢州，表權奏改名表臣。尹自是守梓。梓、漢相望，即此時也。兩家二大人年又高，表臣初知漢州，尹知利州，父皆及見之⑤。朱衣銀章，子所遘也。

表臣三子：克、冕、元。尹四子：禔、禧、祁、祠。元及祠後先登第，餘子以賞得官。庚弟庚，表臣弟表民，尹弟申⑥，庚之子丙、吉、平，申之子襘、祉、襮，丙之子壽松，而表民之孫夏卿，或以賞，或以恩，皆在官。獨祉典二大州，曰劍、曰漢，仕爲顯。

雙流宋氏

宋氏望京兆。隋諫官遂以直言得罪⑦，流蜀隆山，卒，葬隆山。隆山後以玄宗諱改彭山。比及四世，少長逾二百人。及琡，"譜"一作"珧"。入中朝爲正議大夫，扈僖宗駕，復還，歷眉、彭二州刺史，歸瘞彭山。子五人，號五房宋。

長子渝，生覽，一作"干"。覽生祚，始居成都之雙流。祚二子：承榮、承慶。承榮生堂，舉賢良方正，成都府府學說書，名載國史。承慶生文禮，以子右賢、右仁同登慶曆第，後贈朝散大夫。右仁生桓，桓生京，京生衍，登科聯四世。右賢孫良孺，曾孫德之，祖孫又相繼登科。德之嘗爲四川類省第一。皆文禮之後也。熙寧中，邑令

---

① 華陽：原作"萊陽"，據朱本、鄒本改。《宋史》卷二九八本傳："彭乘字利建，益州華陽人。"又探下文"繁華陽"句，作"華陽"無疑。
② 鼇：原作"鼂"，據庫本、《成都氏族譜》改。按：李新，仙井監（今四川仁壽）人，仙井有跨鼇山，因以自號。有《跨鼇集》，今存。
③ "季"上當脫"材"字。
④ 二子：原作"一子"，據庫本、朱本、鄒本改。
⑤ 父：原作"交"，據庫本、朱本、鄒本改。
⑥ 弟：原作"第"，據朱本、鄒本、《成都氏族譜》改。
⑦ 隋：原作"隨"，據朱本、鄒本改。

徐九思表其坊曰叢桂，作堂於邑東延壽院，繪五世像，號叢桂堂，邑人榮之。

有散而居汴、居大安、客歷陽、徙依政者，皆祖諫官。今居崇慶者，又自雙流徙。其居汴者，即莊惠公延渥之後。譜稱延渥後更名渥，有女孝章皇后，其後譜闕。唯彭山、雙流、依政譜可考。子孫文行聞於時者眾，獨雙流以隸成都故詳。

鄧氏

鄧氏曰元明，居梓中江，以富名。王建縣閬來圍成都，元明開帑廩，惟建取，前後數百萬計。建欲官之，元明曰："不願也，願公安輯一方，不然，兩川皆魚肉矣。"建欣納，官其子宏忠州刺史。宏生隆，孟蜀時爲資州刺史。二子曰鎔、曰釗。釗生文溥，文溥生琛①。均、順荐亂，琛又謁高賫，且諭諸富人無靳，邑人以故保全。家頓貧，徙雙流，以經學誘進後生，群聚至數百人，翕然知學。

有子曰至，學益大，號二江先生。范公鎮爲之友，榮公百祿從之遊。以子貴，至贈太師，琛亦贈太保。琛生六子，至其一也。至四子，綰、績、縝後先登科，綰試禮部爲第一。季登第時，神宗臨軒，綰爲翰林學士侍，唱名至縝，綰下殿謝。子洵仁、洵武、從子邠聯唱名，於是綰聯謝。執政因奏鄧至善教，上曰知之。於是時，鄧氏以爲寵。綰後除龍圖閣直學士，知鄧州，改知滁州。洵仁尚書右丞，洵武知樞密院，洵武子雍亦以侍從終，以故賞延子孫爲多。

凡子孫之散居者，曰成都、曰瀘、曰嘉、曰廣安、曰懷安之古城鎮、曰普、曰夔，而雙流族所未顯者，惟二江先生至之兄弟之後，亦異矣。雍子椿、機，位至郡守。椿念再世名位在宣政童、蔡間，率太息。一日，得洵武《諫伐燕疏》，亟乞蜀守汪公應辰識之，應辰曰"事具國史矣"，亦爲之跋，椿器先墓下以告。蜀土謂爲人孫如此②，皆賢之。

張氏

張氏，漢名綱之後。綱卒，瘞犍爲武陽。唐大中時，有天祺者，自武陽徙江源，卒，瘞後有白檀生墓間，號白檀張氏③。五傳至中理，舉逸民，不就，即拜將作監主簿。子曰公謹，元祐五年五經出身，累贈少師。公謹之子深，徙雙流，登崇寧第，累遷夔州路轉運判官。張丞相浚宣撫川陝，承制黜陟④，除潼川路提點刑獄，改轉運副使，遷知夔州。中書舍人勾濤論馬政，力薦深，除管川陝茶馬，繼除都轉運使。以制置使胡公世將議酒法不合，改除瀘州，因丐祠請老。子孫多以賞得官，子珏、慎，孫徽之、安之，皆郡守。

---

① 琛：原作"深"，據下文及朱本、鄒本、《成都氏族譜》改。
② 土：朱本、鄒本作"士"。
③ 白：原作"曰"，據庫本、朱本、鄒本、《成都氏族譜》改。
④ 黜：原作"出"，據朱本、鄒本改。

張　氏

張氏先世曰守珪。朝奉大夫若訥、若愚①，孫協□，再世弟兄登科。協□爲詩，有唐人風。協□終於宣議郎，其弟終茂州別駕。

郭　氏

郭氏先世曰絳，以至孝有聲州里。子印②，貢上庠，中第，官終於部刺史。秦丞相檜與印有庠序之舊，及當國，印絕弗與通。歷相三郡，家食凡十八年，晚年號亦樂居士。子皆以賞，惟明復世其科，嘗入爲宗正丞、知崇慶府，除夔州路轉運判官，未赴，卒。孫以祖賞得官，曰道子。

梁　氏

梁氏七世曰介，紹興丁丑進士第三人，爲校書郎。乞彭州，歸，遷利州路轉運判官，兼四川宣撫司參議官。改知瀘州。居歲餘，民夷便安之，詔改瀘南，兼安撫一路，以旌其能。瀘州爲一路安撫，自介始。梁丞相克家薦之，有旨，詔赴行在。道遇病，辭，得主管冲佑觀。再召，又辭，除知遂寧府，未赴，卒。二子皆得官，曰秒、曰穆。從子自類省奏名，曰梓。

李　氏

李氏系出隴西。自叙云：七世祖騏，隱五季間，聞蜀多名山，遂挈二子及宗屬自鼎、澧入蜀，遊岷峨，栖於雅州之瓦屋。世祖迪，爲儒生。其家雙流，自曾祖元義。元義生文顯，文顯生某某③，亦學道，因出遊學，放浪山水間不歸，其葬也以衣冠。三子：師尹、庚、崧卿④。庚入太學，與四方賢士交，獨於李光泰發最厚。晚樂善好施。子大年甚似之。二子嘉謀、嘉猷同登第⑤。嘉猷好學工詩文，官至宣教郎；嘉謀嘗入爲宗正丞⑥，出守二州，繼持節作牧，又典州云。

---

① "朝奉大夫"下朱本、鄒本注有"缺"字，據文意，此句當有脫誤。
② 印：原作"卯"。按：下文云"晚年號亦樂居士"，考四庫本郭印《雲溪集》卷八《雲溪雜詠》詩序，其末題"紹興甲戌二月初吉，亦樂居士郭印序"，由引可知此處"卯"爲"印"之誤。郭印，字信可，著有《雲溪集》三十卷，今存四庫輯本十二卷。其生平事迹見四庫本《雲溪集》提要、《全宋文》第七十三册卷三一三四郭印小傳。今據改。下文同。
③ 某某：原作"元義"，據萬曆以下各本改。
④ 崧卿：原作"崧鄉"，據朱本、鄒本改。
⑤ 按：魏了翁《鶴山集》卷八一《承議郎通判叙州李君墓誌銘》載李大年生六子，長嘉謀、次嘉猷。蓋因此《氏族譜》作於寧宗慶元，而墓誌銘作於理宗寶慶，餘四子乃慶元後所生，非有誤。
⑥ 正：原作"政"，據朱本、鄒本改。

廣都費氏

費氏自叙曰：大費佐禹平水土有功，今其裔也。史册費氏多賢，其入蜀，莫知何自徙①。常璩《華陽國志》贊先賢曰"節義至仁費奉君"②，貽字也。貽不仕公孫述，陽狂漆身，墓今在成都東南，則蜀有費舊矣。曰禕、曰詩，墓皆在。詩子立。孫盛《蜀世譜》云：益州諸費有名位者多。"詩之後，南宋時游爲寧蜀郡太守，墓亦在，雙石闕甚偉。廣都北有鄉曰石柱，指雙闕也③。

王氏僞蜀有曰宗陶、曰叔熊，皆爲輔佐。宗陶之後爲廣都房，叔熊之後爲沙渠鎮房。宗陶子曰順初④，順初有族子曰黄裳，舉孟蜀進士第一。孫曰韜，韜生傳誨，傳誨生得珪、得璋⑤。得珪生惟亮、惟古。惟亮生襄，舉孝廉。惟古生二子：曰策，調蒲江簿；曰求⑥，登熙寧第，官雖止眉山令，而博學，爲鄉先生⑦。求生開，開生樞、機、植、樸⑧。植子申之⑨、孫士戩、士寅、士威，皆後先登第，申之孫士寅又於四川類省第一⑩。士寅終右史⑪，士戩典州。策之子曰汝弼，孫曰安中，曾孫曰行之，玄孫曰士兗。汝弼、安中、行之、士兗亦後先登第⑫。行之常於中書門下省檢正諸房公事，終直寶文閣。

沙渠房亦蕃，登第相望，寔隸邛州。惟雙流蓋廣都别名，在漢曰廣都，隋以諱更爲雙流，唐兼存之。故雙流房曰振，舊遊太學，登紹興第。三子：太猷、太川、太臨，寔世其科。太川後爲四川類省第一，太猷典州。雖兩邑，子孫繁簡不齊，族望蓋相似也。

---

① 徙：原作"從"，據文意改。
② 節：原作"師"，據《華陽國志》卷十中改。
③ 指雙闕：原作"雙指闕"，據鄒本、《成都氏族譜》乙。
④ 子：原作"生"，據萬曆本、朱本、鄒本改。
⑤ "傳誨"二字原不重，據萬曆以下各本及《成都氏族譜》補。
⑥ 求：原作"木"，萬曆本、朱本、鄒本作"求"，與下文同，據改。
⑦ 爲：原作"於"，據朱本、鄒本改。
⑧ 植：原作"桓"，據下句改。據雍正《四川通志》卷三三，費機、費植，政和進士；費樞，宣和進士；費樸，紹興進士。獨無費桓。且宋欽宗名桓，政和中已爲太子，不應犯欽宗諱。
⑨ 植：鄒本、《成都氏族譜》改作"桓"，當誤。參上條校記。
⑩ 申之孫：譚校"孫"作"生"。按：此三字當爲衍文。上文"植子申之"當斷句，"申之"爲人名。下文云策之曾孫曰行之，正與申之同輩，皆以"之"爲行字。上文"孫士戩"云云，乃指植之孫，非謂士戩等爲申之孫。
⑪ 終：原作"於"，據萬曆以下各本改。此云"士寅終右史"，"右史"乃起居舍人之省稱，《南宋館閣續錄》卷八：慶元四年二月費士寅爲起居舍人。此亦可證此《氏族譜》作於慶元時。後來費士寅於寧宗嘉泰末、開禧初曾任參知政事兼知樞密院事，出知興元符、潼川府。
⑫ 安中行之：原作"行之安申"，據朱本、鄒本及上文次第改。

馬 氏

馬氏族七世曰捷，嘗登進士第，不克顯。曰騏，始著。騏登紹興進士第，執政楊公椿薦之高廟，有旨召。騏辭召，乃發賜對，除軍器監主簿。孝宗初元，遷起居舍人、兼侍講，權中書舍人。有旨權直學士，丐祠，除知遂寧、眉州。使權潼川路，知潼川，除秘閣修撰，奉祠。知瀘州，再知遂寧，除右文殿修撰，再知潼川，卒。有子覺，世其科，自郡守召爲太府少卿。從子興孫亦登第。故兩家子孫以賞在官者半。

張 氏

張氏族□世曰大同，登紹興進士第，嘗教授成都，解官，不復出。三奉祠禄，多著書，號淡齋先生。子敬修，從子聿修，皆登科。故邑人推爲儒家。

温江文氏

文氏自謂漢文翁裔。有龜年者，唐乾符中明經及第，至彰明令。孫曰谷，爲孟蜀侍御史。再傳曰大章，仕宋爲國子祭酒①。谷兄弟五人，一居漢州，一居梓，一居綿，一居邛，一居温江云。居温江者曰祚，有經學，邑人師之。曾孫察遂登元豐第②，積官及贈至中奉大夫。二子振道、振奇③，孫人中，族子振德、振鷺，諸從孫定中、安中、衡中、達之，繼世登第，自大觀後，或賞或恩如之。

袁 氏

袁氏以天綱爲祖。史曰："天綱，益州成都人也。温江西二十里曰淘壩鎮，有井號天綱井，其裔環居井側。有名芝者，於鎮建寺，有異應，費元量、楊徽、胡叔豹皆蜀賢大夫，爲之記載。芝子孫蕃衍，鎮莫能容，四世子昌年遂徙温江。鴻爲廣文館生，試中上游，縣爲立擢秀坊。子孫遂連取名第，自省、大才、大明、大聲、仲、午、桂，凡七人鄉舉，中選者又過倍。"

蹇 氏

蹇氏祖蹇叔④。唐有侍臣曰蹇道原，從僖宗西巡，僖宗謂曰"《蹇》不利東北"，因更氏曰"謇"。後有居懷安軍金堂曰逢，生二子，長曰綏，綏生汝明，皆登第，爲金堂聞家。次曰綰⑤，徙温江。子汝厲，迪功郎；汝能，贈承事郎。子孫皆登第者，曰克諧、曰誼、曰騏、曰寅望。

---

① 仕：原作"任"，《成都氏族譜》作"在"，據庫本、朱本、鄒本改。
② 察：萬曆以下各本作"晉"。
③ 振奇：原作"張奇"，據萬曆以下各本改。
④ 蹇：原作"謇"，據萬曆以下各本改。
⑤ 次：原作"及"，據萬曆以下各本及《成都氏族譜》改。

新都沈氏

沈氏唐末有工部郎中穆之①,隨僖宗入蜀,居新都之彌牟鎮。穆之世孫卣②,紹興進士,官至朝奉郎、知榮州。十世孫曰浚明③、曰子震、曰恪、曰樞;十一世孫曰仲巽。浚明④、子震、仲巽皆第進士。浚明、子震官至通直郎,仲巽修職郎,恪以賞,樞以恩,皆得官。樞,迪功郎。

---

① 唐末:原作"唐宋",據朱本、鄒本改。
② "世孫"上朱本、鄒本上注"缺",當脱一數字。
③ 十:原作"一",據譚校改。按:探下文"十一",此當作"十"。
④ 浚明:原作"俊民",據朱本、鄒本改。下同。按:上文作"浚明","浚明""俊民"二者必有一誤,姑統一爲"浚明"。

全蜀藝文志卷之五十六

譜

器物譜　　　　　　　　　　　　　　　　　　　　（元）費　著

玉璧、玉印各一。印文似"成信"字。雍州兵於成都縣獲之。衛瓘依周成王歸禾之義，以上之相國府。魏咸熙元年，於是司馬氏宣示百官，仍藏之府。公孫述起成都，自號"成家"，二玉之文，殆述作也①。

淳于，古禮器也。廣漢什邡人段祖以獻之益州刺史、始興王蕭鑑。高三尺六寸六分，圍三尺四寸，圓如筩。銅色如漆，甚薄。上有銅馬，以繩貫馬，令去地尺餘，灌之以水；又以器盛水於下，以芒莖當心，跪注淳于，以手振芒，則聲如雷，清響良久乃絶，古所以節樂。

古鐵鑑一。王宗壽，字永年，建族子，得之江源下，有篆文十二字。宗壽覽照，見一青衣小兒坐酒樓上，試令人訪之，青衣隨至。謂宗壽曰："何以知我？"宗壽以實對。青衣曰："吾失此百年矣。知在公處，故此盤桓。公其還我。"宗壽出而與之，青衣剖腹納，長揖而去。宗壽有辟穀吐納之術，或謂得之青衣。今載其篆文云：

龍　宮　寶　藏　神　和　子　鑄　永　年　萬　歲

銅印一。廣政十四年冬十月十五日，彭山縣副將頭楊富獲於江岸。印有六面，方各寸許，皆有篆文。兩面共通一竅，竅中三虛一實。其直可貫，其圓有規。六面篆文共八十。二十分夾其竅，六十均在四旁，各成文章。印過雕鏤，有竅面各一十字，無竅面各十五字。以印進上，嚴築作《瑞篆記》。今載其篆文於左：

---

① 二玉：原作"二五"，據朱本、鄒本改。按：此事出《三國志・蜀書・向朗傳》裴注引《襄陽記》，其末引孫盛曰："昔公孫述自以起成都，號曰成氏，二玉之文殆述所作乎。"即此文所本。

一面："天國老君生萬民，治中國、外國人和璽。"凡十五字。

又一面："虛無自然明，日月辰星光①。"凡十字。

又一面："上國仙師天師老君道成，明天地政璽。"凡十五字。

其相對一面云："老君授生輔天下，國安平，受道人長生。"凡十五字。

其相對一面云："玄女致和氣，玉女致天醫。"凡十字。

其相對一面云："上召吾，拜無爲大昊，通天下治氣同璽。"凡十五字。

古器九：崇寧元年，知府王公古修築嚴真觀。五月，於觀之西南隅，凡二日得之。丁卯，得鼎二、喜一、缶一。鼎有明水，喜有丹砂。越三日，又得喜一、缶一、虺鼎一。鼎有篆文，可考。又器一，如鼎而無文；又一如喜而小異。又五銖錢千。共得器凡九，小大異形，製作奇古，非世所常有。因刻其名物於石，開封張裕爲記。刻石具在，九器則歸諸天府矣。今摹置左方：

---

① 辰星：原作"星辰"，據庫本及印文乙。

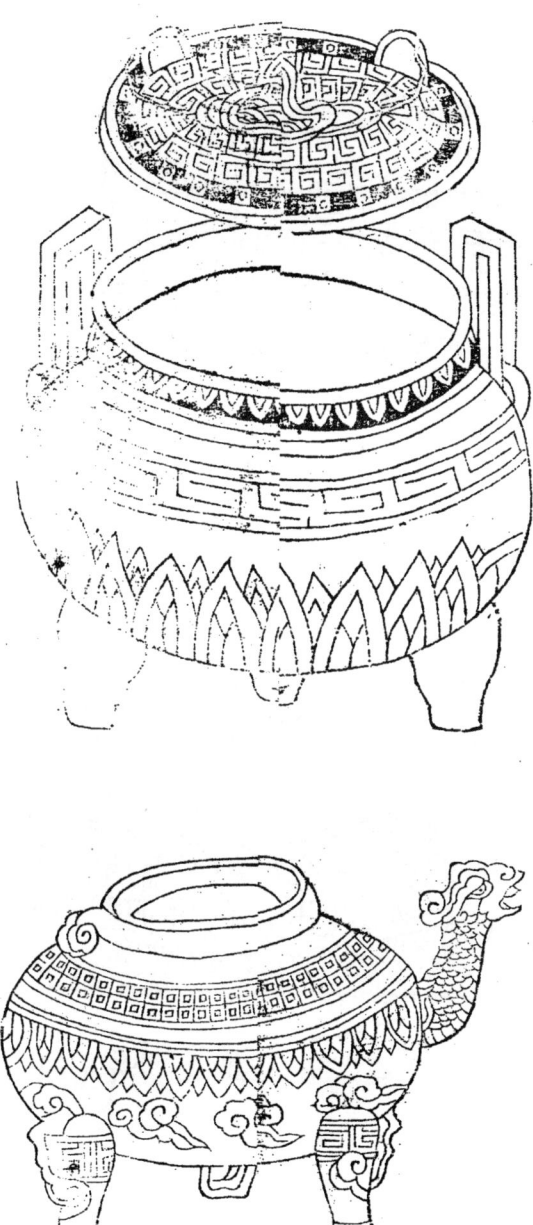

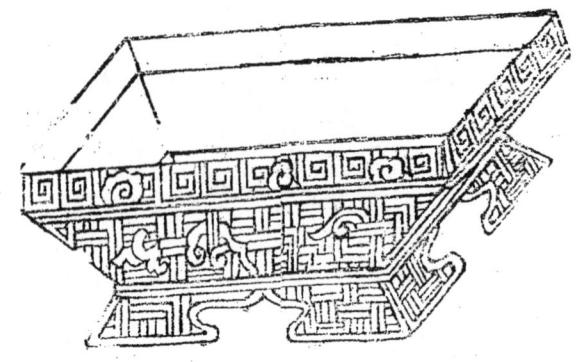

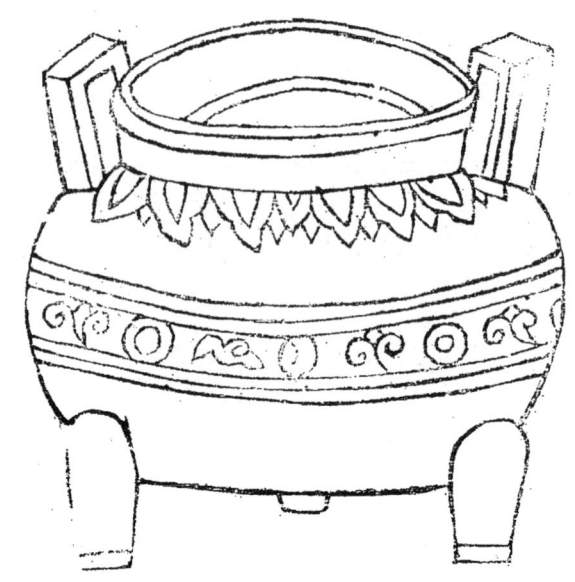

　　小金印一，建炎初，盧公法原修治羅城，役夫得之以獻。公因會鄉老，出而薄觀，有識其文者曰："漢破虜羌侯"五字。字分作三行，"漢"字居其一。公以印寄帑。紹興十年，胡公世將捷於剡家灣①，張公壽一因取送胡公。按：漢土德，故印章以五成。此先漢時物，但不知封侯者爲何人？又"虜羌"二字連稱，亦史冊所未有，疑不能明也。

　　唐鐵券二，昭宗以賜陳敬瑄、田令孜也。券形方如半甌，縱長尺餘，橫廣不及二尺，以金爲字。今在軍資庫，但金已剝落無餘，字益漫滅，間有不可識者。敬瑄以中和三年十月受賜，令孜以四年十一月受賜，僖宗猶在成都。明年，僖宗還京師。後此八年，當景福六年四月，二人俱爲王建所殺。據《新唐書》，蓋同日死。令孜與敬瑄實斲削唐室，何功之有焉！雖冒受此券，卒不可用，天道果昭昭乎！券字益就漫滅，可惜！錄其概左方：敬瑄券文："承旨樂，明龜作。"唐末之號令文章，其氣象類如此也。其略曰："烹巨鼇者鼎大於滄海，斬長鯨者劍倚於青天。既立異勳，克膺殊寵。李晟免其十死，子儀成其九功。鎮以金鏞，賜其鐵券，後來繼者，豈在他人。"又曰："致朕身安，由卿忠盡。前封公爵，後錫郡王。詢於眾情，未愜群望。今賜卿鐵券，舍卿十死。"瑄鐵券，官宰臣姓名漫滅不可復識。田令孜鐵券文，其略曰："人臣之績，古今莫儔。爵位不足以答元勳，竹帛不足以紀大節。式遵盛典，用表殊庸。宣賜駱谷扈從定難中興社稷功臣，仍恕十死。"宰臣裴澈。敬瑄、令孜與建罪等耳，敬瑄、令孜幸而不成，是以建獨曰"叛"。方中和褒敬瑄功時，曰子儀、曰晟不得專美於前，令孜又自有宦者來無此榮也。識者謂墓石猶砭石爾，無用也，鐵券其不類是乎？使無一卷史書，君子何所恃哉！

---

① 捷：原作"揵"，據朱本、鄒本改。《建炎以來繫年要錄》卷一三六：紹興十年六月辛酉，"是日，川陝宣撫司奏捷，上以親筆賜胡世將"云云，當指此捷。時世將任川陝宣撫副使。

笺紙譜

前　人

　　古者書契多編以竹簡，其次用縑帛。至以木膚、麻頭、敝布、魚網爲紙，自東漢蔡倫始。簡太重，縑稍貴，人遂以紙爲便。倫，宦者也，傳多稱其能，然受宮掖風旨，謟親貴，猶宦者態也。智足以創物，而亦足以殺身。第於文字有功，人至今稱蔡倫紙。今天下皆以木膚爲紙，而蜀中乃盡用蔡倫法。箋紙有玉版，有貢餘，有經屑，有表光。玉版、貢餘雜以舊布、破履、亂麻爲之，惟經屑、表光非亂麻不用，於是造紙者廟以祀蔡倫矣。廟在大東門雲峰院，雖不甚壯麗，然每遇歲時祭祀，香火纍纍不絕，示不忘本也。恩足以及數十百家，雖千載猶不忘如此。

　　《易》以西南爲坤位，而吾蜀西南，重厚不浮，此坤之性也。故物生於蜀者，視他方爲重厚，凡紙亦然，此地之宜也。府城之南五里，有百花潭，支流爲二，皆有橋焉。其一玉溪，其一薛濤，以紙爲業者，家其旁。錦江水濯錦益鮮明，故謂之錦江。以浣花潭水造紙故佳，其亦水之宜矣。江旁鑿臼爲碓，上下相接，凡造紙之物，必杵之使爛，滌之使潔，然後隨其廣狹長短之制以造。砑則爲布紋，爲綾綺，爲人物、花木，爲蟲鳥，爲鼎彝，雖多變，亦因時之宜。

　　紙以人得名者，有謝公，有薛濤。所謂謝公者，謝司封景初師厚。師厚創箋樣以便書尺，俗因以爲名。薛濤本長安良家女，父鄖，因官寓蜀而卒，母孀養濤。及笄，以詩聞外，又能掃眉塗粉，與士族不伴，客有竊與之宴語。時韋中令皋鎮蜀，召令侍酒賦詩，僚佐多士爲之改觀。期歲，中令議以校書郎奏請之，護軍曰不可，遂止。濤出入幕府，自皋至李德裕，凡歷事十一鎮，皆以詩受知。其間，與濤倡和者，元稹、白居易、牛僧孺、令孤楚、裴度、嚴綬、張籍、杜牧、劉禹錫、吳武陵、張祜，餘皆名士，記載凡二十人，競有酬和。濤僑止百花潭，躬撰深紅小彩箋，裁書供吟，獻酬賢傑，進謂之薛濤箋。晚歲居碧雞坊，創吟詩樓，偃息於上。後段文昌再鎮成都，大和歲，濤卒，年七十三，文昌爲撰墓誌。

　　謝公有十色箋：深紅、粉紅、杏紅、明黃、深青、淺青、深綠、淺綠、銅綠、淺雲，即十色也。楊文公億《談苑》載韓浦《寄弟》詩云："十樣蠻箋出益州，寄來新自浣花頭。"謝公箋出於此乎。濤所製箋，特深紅一色爾。僞蜀王衍賜金堂縣令張蠙霞光箋五百幅。霞光箋疑即今之彤霞箋①，亦深紅色也。蓋以胭脂染色最爲靡麗，范公成大亦愛之。然更梅潦，則色敗萎黃，尤難致遠，公以爲恨。一時把玩，固不爲久計也。濤以箋名可矣，雖良家女，乃失身爲妓，韋尹欲官之，段尹誌其墓焉，何哉？時幕府賓客多天下選，一時縱適，不少斂。大抵唐藩鎮不度，皆習然也。濤固得之，而諸公似以濤失云。

　　紙固多品，皆玉版、表光之苗裔也。近年有百韻箋，則合以兩色材爲之。其橫視

---

① 箋：原作"彩"，據朱本、鄒本、四庫本《歲華紀麗譜》附《箋紙譜》改。

常紙長三之二，可以寫詩百韻，故云。人便其縱闊，可以放筆快書。凡紙皆有連二、連三、連四售者，連四一名曰船箋。又有青白箋，背青面白。有學士箋，長不滿尺，小學士箋又半之。倣姑蘇作雜色粉紙，曰假蘇箋。皆印金銀花於上。承平前輩蓋常用之，中廢不作，比始復爲之。然姑蘇紙多布紋，而假蘇箋皆羅紋①，惟紙骨柔薄耳。若加厚壯，則可勝蘇箋也。

　　蜀箋體重，一夫之力，僅能荷五百番。四方例貴川箋，蓋以其遠，號難致。然徽紙、池紙、竹紙在蜀，蜀人愛其輕細，客販至成都，每番視川箋價幾三倍。范公在鎮二年，止用蜀紙，省公帑費甚多。且惟蜀諸司及州縣，緘牘必用徽、池紙，范公用蜀紙，重所輕也。蜀人事上，則不敢輕所重矣，此以價大小言也。余得之蜀士云：澄心堂紙，取李氏澄心堂樣製也，蓋表光之所輕脆而精絕者。中等則名曰玉水紙②，最下者曰冷金箋，以供泛使。

　　廣都紙有四色：一曰假山南，二曰假榮，三曰冉村，四曰竹絲，皆以楮皮爲之。其視浣花箋紙最清潔③，凡公私簿書、契券、圖籍、文牒，皆取給於是。廣幅無粉者謂之假山南，狹幅有粉者謂之假榮，造於冉村曰清水，造於龍溪鄉曰竹絲④，蜀中經史子集皆以此紙傳印⑤。而竹絲之輕細似池紙，視上三色，價稍貴。近年又倣徽、池法作勝池紙，亦可用，但未甚精緻爾。

　　雙流紙出於廣都，每幅方尺許，品最下，用最廣，而價亦最賤。雙流實無有也，而以爲名，蓋隋煬帝始改廣都曰雙流，疑紙名自隋始也。亦名小灰紙。

蜀錦譜

前　人

　　蜀以錦擅名天下，故城名以錦官，江名以濯錦。而《蜀都賦》云："貝錦斐成，濯色江波。"《遊蜀記》云："成都有九璧村，出美錦，歲充貢。"宋朝歲輪上供等錦帛，轉運司給其費，而府掌其事。元豐六年，吕汲公大防始建錦院於府治之東，募軍匠五百人織造，置官以蒞之。創樓於前以爲積藏待發之所，榜曰"錦官"。公又爲之記，其略云："設機百五十四，日用挽綜之工百六十四，用杼之工五十四，練染之工十一，紡繹之工百一十而後足役。歲費絲權以兩者一十二萬五千，紅藍紫茢之類以斤者二十一萬一千，而後足用。織室吏舍出納之府，爲屋百一十七間，而後足居。"自今考之，當時所織之錦，其別有四：曰土貢錦，曰官告錦，曰臣僚襖子錦，曰廣西錦，總爲六百

---

① 箋：原作"版"，據庫本、朱本、鄒本改。
② 水：萬曆本、朱本、鄒本作"冰"。
③ 清：朱本、鄒本作"精"。
④ 竹絲：原作"竹紙"，據庫本及前後文改。
⑤ 集：原作"籍"，據庫本、朱本、鄒本改。

九十匹而已。渡江以後，外攘之務十倍承平。建炎三年，都大茶馬司始織造錦綾被褥①，拆支黎州等處馬價，自是私販之禁興。又以應天、北禪、鹿苑寺三處置場織造。其錦自真紅被褥而下，凡十餘品。於是中國織文之工轉而衣被椎髻鴃舌之人矣。乾道四年，又以三場散漫，遂即舊廉訪司潔己堂創錦院，悉聚機户。其中猶恐私販不能盡禁也，則倚宣撫之力，建請於朝，併府治錦院爲一，俾所隸工匠各以色額織造。蓋馬政既重，則織造益多，費用益夥，提防益密，其勢然也。今取承平時錦院與今茶司錦院所織錦名色著於篇，俾來者各以時考之。

轉運司錦院織錦名色即成都府錦院。

  土貢錦三匹花樣

    八答暈錦

  官告錦四百匹花樣

    盤毬錦　　簇四金鵰錦　　葵花錦　　八答暈錦　　六答暈錦　　翠池

    獅子錦　　天下樂錦　　雲雁錦

  臣僚襖子錦八十七匹花樣

    簇四金鵰錦　　八答暈錦　　天下樂錦

  廣西錦二百匹花樣

    真紅錦一百匹：大窠獅子錦　　大窠馬打毬錦　　雙窠雲雁錦　　宜男

    百花錦

    青緑錦一百匹：宜男百花錦　　青緑雲雁錦

茶馬司錦院織錦名色茶馬司須知云：逐年隨蕃蠻中到馬數多寡，以用折博，別無一定之數。

  黎州

    皂大被　　緋大被　　皂中被　　緋中被　　四色中被　　七八行錦

    瑪瑙錦

  叙州

    真紅大被褥　　真紅雙連椅背　　真紅單椅背

  南平軍

    真紅大被褥　　真紅雙窠錦　　皂大被褥　　青大被褥

  文州

    犒設紅錦

細色錦名色

  青緑瑞草雲鶴錦　　青緑如意牡丹錦　　真紅宜男百花錦　　真紅穿花

  鳳錦　　真紅雪花毬露錦　　真紅櫻桃錦　　真紅水林檎錦　　鵝黃水

  林檎錦②　　紫皂段子③　　真紅天馬錦　　真紅飛魚錦　　真紅聚八

---

① 綾：原作"綖"，據朱本、鄒本改。
② 檎：原作"禽"，據上文及四庫本《歲華紀麗譜》附《蜀錦譜》和《蜀中廣記》卷六七改。
③ "段子"下朱本、鄒本有"錦"字。

仙錦　　真紅六金魚錦　　秦州細法真紅錦　　秦州中法真紅錦
秦州麤法真紅錦① 　真紅湖州大百花孔雀錦　　四色湖州百花孔雀錦
二色湖州大百花孔雀錦

紀錦裙②附錄　　　　　　　　　　　　　　　　　　　（唐）陸龜蒙

　　侍御史趙郡李君，好事之士也。因余話上元瓦官寺有陳後主羊車一輪，天后武氏羅裙、佛幡，皆組繡奇妙。李君乃出蜀錦裙一幅示余③，長四尺，下廣上狹，下闊六寸，上減三寸半，皆周尺如直。其前，則左有鶴二十，勢如飛起，率曲折一脛，口中銜荸薺葦；右有鸚鵡，聳肩舒尾，數與鶴相等。二禽大小不類④，而隔以花卉，均布無餘地。界道四向，五色間雜。道上累細細點綴，其中微雲瑣結，互以相帶，有若駁霞殘虹，流烟墮霧。春草夾徑，遠山截空。壞牆古苔，石泓秋水。印丹浸漏，粉蝶集作粉蕊。塗染。鼇絤環珮，雲隱涯岸，濃澹霏拂，靄抑冥密。始如不可辨別，及諦視之，條段斬絕，分畫一一有去處，非繡非繪⑤，縝緻柔美，又不可狀也。裏用繒彩，下製綫尚如舊。兩旁皆解散，蓋坼滅零落，僅存此故耳。縱非齊梁物，亦不下三百年矣。昔時之工如此妙耶！曳其裙者復何人焉？因筆之爲辭，繼於錦譜之後，俾善詩者賦焉。⑥

　　慎按：羅泌《國名記》云，《書》云"胤之舞衣"。胤，夏諸侯國，今利之胤山，乾德三年曰"平蜀"，天寶元年曰"胤山"。出舞衣，今川錦也⑦。由是考之，蜀錦之名，遐而尚矣。

---

　　① 麤：原作"鹿"，據朱本、鄒本、《歲華紀麗譜》附《蜀錦譜》改。按："麤"與上"細"相對，"鹿"顯爲誤刻。
　　② 紀錦裙：《甫里先生文集》卷一九作"記錦裾"，正文中"裙"亦皆作"裾"。《笠澤叢書》卷二、《文苑英華》卷三七作"紀錦裙"，正文中二"裙"字亦作"裾"。
　　③ 蜀：《蜀中廣記》卷六七同。本集及《笠澤叢書》《文苑英華》皆作"古"。幅：本集作"條"。
　　④ 二：原作"一"，據上引諸書改。
　　⑤ 非繪："非"字原脫，據本集、《笠澤叢書》《文苑英華》補。
　　⑥ 萬曆本、朱本、鄒本無"善"字。
　　⑦ 以上引《路史》卷二九《國名紀》，非盡爲原文。

天彭牡丹譜[1]

(宋) 陸 游

花品序第一

牡丹在中州，洛陽爲第一；在蜀，天彭爲第一。天彭之花，皆不詳其所自出。土人云：曩時永寧院有僧種花最盛，俗謂之牡丹院。春時賞花者多集於此，其後花稍衰，人亦不復至。崇寧中，州民宋氏、張氏、蔡氏，宣和中，石子灘楊氏，皆嘗買洛中新花以歸，自是洛花散於人間，花户始盛，皆以接花爲業。大家好事者皆竭其力以養花，而天彭之花遂冠兩川。今惟三井李氏[2]、劉村母氏、城中蘇氏、城西李氏花特盛；又有餘力治亭館，以故最得名。至花户連畛相望，莫得其姓氏也。天彭三邑皆有花，惟城西沙橋上下花尤超絶；由沙橋至堋口、崇寧之間亦多佳品；自城東抵濛陽，則絶少矣。大抵花品近百種，然著者不過四十，而紅花最多，紫花、黃花、白花各不過數品，碧花一二而已。今自狀元紅至歐碧，以類次第之。所未詳者，姑列其名於後，以待好事者。

狀元紅	祥雲	紹興春	燕脂樓	玉腰樓	金腰樓	雙頭紅
富貴紅	一尺紅	鹿胎紅	文公紅	政和春	醉西遊	迎日紅
彩霞	疊羅	勝疊羅	瑞露蟬	乾花	大千葉	小千葉

　　　右二十一品紅花

| 紫繡毬 | 乾道紫 | 潑墨紫 | 葛巾紫 | 福嚴紫 |

　　　右五品紫花

| 禁苑黃 | 慶雲黃 | 青心黃 | 黃氣毬 |

　　　右四品黃花

| 玉樓子 | 劉師哥 | 玉覆盆 |

　　　右三品白花

歐碧

　　　右碧花

轉枝花	朝霞紅	灑金紅	瑞雲紅	壽陽紅	探春毬	米囊紅
福勝紅	油紅	青絲紅	紅鵝毛	粉鵝毛	蹙金毬	間緑樓
銀絲樓	六對蟬	洛陽春	海芙蓉	膩玉紅	內人嬌	朝天紫
陳州紫	袁家紫	御衣紫	靳黃	玉抱肚	勝瓊	白玉盤

---

[1] 按：《渭南文集》卷四二有《天彭牡丹譜》一篇，其下又分三小篇，即《花品序第一》《花釋名第二》《風俗記第三》。楊慎編《全蜀藝文志》，直以第一篇冠以《天彭牡丹譜》之名，而略去小題《花品序》；以《花釋名》獨作一篇，而將第三篇直接於《花釋名》篇之後，又删去《風俗記》之小題，以致眉目不清。今仍照本集分合，並補足小題，還其原貌。

[2] 三井：原作"三幷"，據萬曆本、朱本、鄒本及本集改。

碧玉盤　　界金樓　　樓子紅

右三十一品未詳

花釋名第二

洛花見紀於歐陽公者，天彭往往有之，此不載，載其著於天彭者。

彭人謂花之多葉者京花，單葉者川花。近歲尤賤川花，賣不復售。花之舊栽曰祖花，其新接頭有一春、兩春者，花少而富，至三春則花稍多；及成樹，花雖益繁，而花葉減矣。

狀元紅者，重葉深紅花。其色與鞓紅、潛緋相類①，而天姿富貴，彭人以冠花品。多葉者謂之第一架，葉少而色稍淺者謂之第二架。以其高出衆花之上，故名曰"狀元紅"。或曰：舊制，進士第一人即賜茜袍，此花如其色，故以名之。

祥雲者，千葉淺紅花，妖艷多態，而花葉最多。花户王氏謂此花如朵雲狀，故謂之祥雲。

紹興春者，祥雲子花也。色淡佇而花尤富，大者徑尺，紹興中始傳。大抵花户多種花子以觀其變，不獨祥雲耳。

燕脂樓者，深淺相間，如燕脂染成，重跌累萼，狀如樓觀。色淺者出於新繁勾氏，色深者出於花户宋氏。又有一種色稍下，獨勾氏花爲冠。

金腰樓、玉腰樓，皆粉紅花而起樓子，黃白間之，如金玉色，與燕脂樓同類。

雙頭紅者，並蒂駢萼，色尤鮮明，出於花户宋氏。始秘不傳，有謝主簿者始得其種，今花户往往有之。然養之得地，則歲歲皆雙，不爾則間年矣，此花之絶異者也。

富貴紅者，其花葉圓正而厚，色若新染乾者。他花皆落，獨此抱枝而槁，亦花之異者。

一尺紅者，深紅頗近紫色，花面大幾尺，故以一尺名之。

鹿胎紅者，鶴頂紅子花②，色紅，微帶黃，上有白點如鹿胎，極化工之妙。歐陽公《花品》有鹿胎花者，乃紫花，與此頗異。

文公紅者，出於西京潞公園，亦花之麗者。其種傳蜀中，遂以文公名之。

政和春者，淺粉紅花，有絲頭，政和中始出。

醉西施者，粉白花，中間紅暈，狀如酡顔。

迎日紅，與醉西施同類，淺紅花中特出深紅花，開最早，而妖麗奪目，故以"迎日"名之。

彩霞者，其色光麗，爛然如霞。

疊羅者，中間瑣碎，如疊羅紋。

勝疊羅者，差大於疊羅。此三品，皆以形而名之。

---

① 鞓紅：原作"輕紅"，據本集改。歐陽修《洛陽牡丹記》："鞓紅，亦曰青州紅。"歐《記》又有"潛溪緋"，即此之"潛緋"。

② 頂：原作"領"，據朱本、鄒本、本集改。

瑞露蟬，亦粉紅花，中抽碧心，如合蟬狀。

乾花者，粉紅花而分蟬旋轉，其花亦大。

大千葉、小千葉，皆粉紅花之傑者。大千葉無碎花，小千葉則花萼瑣碎，故以大小別之。

此二十一品，皆紅花之著者也。

紫繡毬，一名新紫花，蓋魏花之別品也①。其花圓正如繡毬狀②，亦有起樓者，爲天彭紫花之冠。

乾道紫，色稍淡而暈紅，出未十年。

潑墨紫者③，新紫花之子花也，單葉，深黑如墨。歐公《記》有葉底紫，近之。

葛巾紫，花圓正而富麗，如世人所戴葛巾狀。

福嚴紫，亦重葉紫花，其葉少於紫繡毬，莫詳所以得名。按歐公所紀有玉板白，出於福嚴院。土人云此花亦自西京來，謂之舊紫花，豈亦出於福嚴耶？

禁苑黃，蓋姚黃之別品也。其花閑淡高秀，可亞姚黃。

慶雲黃，花葉重複，郁然輪囷，以故得名。

青心黃者，其花心正青。一本花往往有兩品，或正圓如毬，或層起成樓子，亦異矣。

黃氣毬者，淡黃檀心，花葉圓正，向背相承④，敷腴可愛。

玉樓子者，白花起樓，高標逸韻，自然是風塵外物。

劉師哥者，白花帶微紅，多至數百葉，纖妍可愛，莫知何以得名。

玉覆盆者，一名玉炊餅，蓋圓頭白花也。

碧花止一品，名曰歐碧。其花淺碧而開最晚，獨出歐氏，故以姓著。

大抵洛中舊品獨以姚、魏爲冠。天彭則紅花以狀元紅爲第一，紫花以紫繡毬爲第一，黃花以禁苑黃爲第一，白花以玉樓子爲第一。然花户歲益培接，新特間出，將不特此而已，好事者尚屢書之。

風俗記第三

天彭號小西京，以其俗好花，有京洛之遺風，大家至千本。花時，自太守而下，往往即花盛處張飲，帟幕車馬，歌吹相屬，最盛於清明、寒食時。在寒食前者，謂之火前花，其開稍久；火後花則易落⑤。最喜陰晴相半，時謂之養花天。栽接剔治，各有其法，謂之弄花。其俗有"弄花一年，看花十日"之語⑥。故大家例惜花，可就觀，不

---

① 魏花：本集作"魏紫"。按：魏花即魏紫，歐《記》亦稱"魏花"。
② 圓正：原作"間正"，據朱本、鄒本、本集改。
③ 潑墨紫：原脫"紫"字，據本集及上篇《花品序》補。
④ 向背：原作"間背"，據本集改。
⑤ 火後花：原無"花"字，據本集補。
⑥ "其俗有弄花"五字原脫，據本集補。

敢輕翦，蓋翦花則次年花絕少；惟花户則多植花以牟利。雙頭紅初出時，一本花取直至三十千①；祥雲初出，亦直七八千②，今尚兩千。州家歲常以花餉諸臺及旁郡，蠟蔕筠籃③，旁午於道。予客成都六年，歲常得餉，然率不能絕佳。

淳熙丁酉歲，成都帥以善價私售於花户，得數百苞。馳騎取之，至成都，露猶未晞，其大徑尺。夜宴四樓下，燭焰與花相映④，影搖酒中，繁麗動人。嗟乎，天彭之花要不可望洛中，而其盛已如此！使異時復兩京，王公卿相築園第以相誇尚⑤，予幸得與觀焉，其動蕩心目，又宜何如也！明年正月十日，山陰陸游書。

牡丹譜⑥ （宋）胡元質

大中祥符辛亥春，府尹任公中正宴客大慈精舍，州民王氏獻一合歡牡丹，公即命圖之。士庶創觀，闐咽終日。蜀自李唐後，未有此花。凡圖畫者，唯名洛陽花。僞蜀王氏號其苑曰"宣華"，權相勳臣，競起第宅，上下窮極奢麗，皆無牡丹。惟徐延瓊聞秦州董成村僧院有牡丹一株，遂厚以金帛，歷三千里取至蜀，植於新宅。至孟氏，於宣華苑廣加栽植，名之曰牡丹苑。廣政五年，牡丹雙開者十，黃者、白者三，紅白相間者四，後主宴苑中賞之，花至盛矣。有深紅、淺紅、深紫、淺紫、淡黃、鏂黃、潔白、正暈、倒暈、金含稜⑦、銀含稜，旁枝副搏、合歡重臺，至五十葉，面徑七八寸。有檀心如墨者，香聞至五十步。

蜀平，花散落民間，小東門外有張百花、李百花之號，皆培子分根，種以求利，每一本或獲數萬錢。宋景文公祁帥蜀，彭州守朱君綽始取楊氏園花凡十品以獻。公在蜀四年，每花時，按其名往取，彭州送花遂成故事。公於十種花，尤受重錦被堆，嘗爲之賦，蓋它園所無也。

牡丹之性，不利燥濕。彭州丘壤既得燥濕之中，又土人種蒔偏得法，花開有至七百葉，面可徑尺以上，今品類幾五十種。繼又有一種，色淡紅，枝頭絕大者。中書舍人程公厚倅是州，目之爲"祥雲"。其花結子可種，餘花多取單葉花本，以千葉花接之。千葉花來自洛京⑧，土人謂之京花，單葉時號川花爾。

景文所作贊，別爲一編。其爲朱彭州賦牡丹詩有"蹙金點鬢密，璋玉鏤跗紅。香

---

① 取：原作"最"，據本集改。
② "直"下，萬曆以下各本有"至"字。按：本集亦無"至"字。
③ 蔕：本集作"葉"。
④ 映：本集作"映發"。
⑤ 卿相：本集作"將相"。
⑥ 按：此文蓋胡元質所纂《成都古今丁記》之一篇。
⑦ "金含稜"下原空三格，萬曆本、朱本、鄒本不空，庫本則於"金含稜"上補"金含樓"三字。按：庫本所補不可信。《蜀中廣記》卷六二引此文亦以"金含稜、銀含稜"相連，今從之。
⑧ 洛京：原作"落京"，據萬曆本、庫本、朱本、鄒本改。

惜持來遠，春應摘後空"之句。今西樓花數欄花不甚多，而彭州所供率下品。范公成大時以錢買之，始得名花。提刑程公沂預會，嘆曰："自離洛陽，今始見花爾。"程公，故洛陽人也①。

海棠記序　　　　　　　　　　　　　　　　　　　　　　（宋）沈　立

蜀花稱美者，有海棠焉。然記牒多所不錄，蓋恐近代有之。何者？古今獨棄此而取彼耶？嘗聞眞宗皇帝御製《後苑雜花十題》，以海棠爲首章，賜近臣唱和，則知海棠足與牡丹抗衡，而可獨步於西州矣②。因搜擇前志，惟唐相賈元靖耽著《百花譜》，以海棠爲花中神仙，誠不虛美耳。近世名儒巨賢發於歌詠，清辭麗句，往往而得。立慶曆中爲縣洪雅③，春多暇日，地富海棠，幸得爲東道主，惜其繁艷，爲一隅之滯卉，爲作《海棠記》叙其大概，及編次諸公詩句於右。復率蕪拙，作五言百韻詩一章、四韻詩一章附於卷末，好事者幸無誚焉。

海棠記　　　　　　　　　　　　　　　　　　　　　　　　　　　前　人

棠之稱甚衆。若《詩》有"蔽芾甘棠"，又曰"有杕之杜"。又《爾雅·釋木》曰："杜，甘棠也。"郭璞注："今之杜梨④。""杜，赤棠；白者棠。"又《呂氏春秋》："果之美者，棠實。"又俗説有地棠，棠梨，沙棠：味如李，無核。較是數説，俱非謂海棠也。凡今草木以"海"爲名者，《酉陽雜俎》云，唐贊皇李德裕嘗言："花名中之帶'海'者，悉從海外來。"故知海櫻、海柳、海石榴、海木瓜之類，俱無聞於記述，豈以多而爲稱耶？又非多也，誠恐近代得之於海外耳。又杜子美《海櫻行》云："欲栽北辰不可得⑤，惟有西域胡僧識。"若然，則贊皇之言不誣矣。

海棠雖盛稱於蜀，而蜀人不甚重。今京師、江淮尤競植之，每一本價不下數十金，勝地名園，目爲佳致。而出江南者，復稱之曰南海棠。大抵相類，而花差小，色尤深耳。

---

① 此文之後，朱本、鄒本尚有以下一段小字附注："牡丹坪，在灌縣西南八十里大面山。自青城長平捫蘿而上，由鳥道三十里許，乃金華庵。前有平阜，樹高蔽天。花開桃紅色，莢葉十四五瓣，狀如芙蓉，香似牡丹。春深，花先長，後發葉，謂之枯枝牡丹。譙大授、李太素二先生隱居其中。范至能有詩：'十丈牡丹如錦蓋，人間姚魏敢爭春。'世傳謂三十年其花方一開。"按：雍正《四川通志》卷四六錄胡元質文之後亦有此段文字，蓋爲朱本所據，然文中稱"灌縣"，考灌縣明代始置，則此文當是《四川通志》編者所添，非胡元質原文，今不取。
② 西州：朱本、鄒本作"西川"。
③ 立：原作"至"，據宋陳思《海棠譜》卷上改。
④ 杜梨：今本《爾雅》卷九郭璞注作"杜棠"。
⑤ 辰：朱本、鄒本下注云："一作地。"

棠性多類梨，核生者長遲，逮十數年方有花。都下接花工多以嫩枝附梨而贅之，則易茂矣。種宜壚壤膏沃之地。其根色黃而盤勁，其木堅而多節，其外白而中赤，其枝柔密而修暢。其葉類杜，大者縹綠色，而小者淺紫色。其紅花五出，初極紅，如胭脂點點；然及開，則漸成纈暈；至落，則若宿妝淡粉矣。其蒂長寸餘，淡紫於葉間；或三萼至五萼，爲蕞而生。其蕊如金粟，蕊中有鬚三，如紫絲。其香清酷，不蘭不麝。其實狀如梨，大如櫻桃。至秋熟可食，其味甘而微酸。茲棠之大概也。

糖霜譜　　　　　　　　　　　　　　　　　　（宋）洪　邁

糖霜之名，唐以前無所見。自古食蔗者，始爲蔗漿。宋玉《招魂》所謂"胹鱉炮羔有柘漿"是也。其後爲蔗餳，孫亮使黃門就中藏吏取交州所獻甘蔗餳是也。後又爲石蜜。《南中八郡志》云："榨甘蔗汁，曝成飴，謂之石蜜。"《本草》亦云："煉糖和乳爲石蜜。"是也。後又爲蔗酒。唐赤土國用甘蔗作酒，雜以紫瓜根是也。唐太宗遣使至摩揭陀國取熬糖法，即詔揚州上諸蔗，榨瀋如其劑，色味愈於西域遠甚。然只是今之沙糖。蔗之技盡於此，不言作霜，然則糖霜非古也。歷代詩人模奇寫異，亦無一章一句言之。惟東坡公過金山寺作詩送遂寧僧圓寶云："涪江與中泠，共此一味水。冰盤薦琥珀，何似糖霜美？"黃魯直在戎州作頌答梓州雍熙長老寄糖霜云："遠寄蔗霜知有味，勝於崔子水晶鹽。正宗掃地從誰説，我舌猶能及鼻尖。"則遂寧糖霜見於文字者，實始二公。

甘蔗所在皆植，獨福唐、四明、番禺、廣漢、遂寧有糖冰，而遂寧爲冠。四郡所產甚微，而顆碎、色淺、味薄，比遂之最下者。亦皆起於近世。唐大曆中有鄒和尚者，始來小溪之繖山，教民黃氏以造霜之法。繖山在縣北二十里，山前後爲蔗田者十之四，糖霜戶十之三。

蔗有四色：曰杜蔗；曰西蔗；曰芳蔗，《本草》所謂荻蔗也；曰紅蔗，《本草》所謂崑崙蔗也。紅蔗止堪生啖，芳蔗可作沙糖；西蔗可作霜，色淺，土人不甚貴①；杜蔗紫嫩②，味極厚，專用作霜。凡蔗最困地力，今年爲蔗田者，明年改種五穀以息之。霜戶器用，曰蔗削，曰蔗鎌，曰蔗凳，曰蔗碾，曰榨斗，曰榨床，曰漆甕，各有制度。凡霜，一甕中品色亦自不同。堆疊如假山者爲上，團枝次之，甕鑑次之，小顆塊次之③，沙腳爲下。紫爲上，深琥珀次之，淺黃又次之，淺白爲下。

宣和初，王黼創應奉司，遂寧常貢外，歲別進數千斤。是時所產益奇，牆壁或方寸。應奉司罷，乃不再見。當時因之大擾，敗本業者居半，久而未復。

遂寧王灼作《糖霜譜》七篇，具載其説，予采取之，以廣聞見。

---

① 土人："人"字原脱，據《容齋五筆》卷六補。
② 紫嫩：原作"綠嫩"，據上引改。
③ 小顆塊：原作"大顆塊"，據上引改。

全蜀藝文志卷之五十七

譜

錢幣譜

（元）費　著

　　蜀古用銅錢，漢文帝時，賜鄧通蜀嚴道銅山鑄錢是也。公孫述據蜀，始廢銅錢，置鐵官錢，百姓貨幣不行①。其謠曰："黃牛白腹，五銖當復。"好事者竊言：王莽稱黃，述自稱白，五銖，漢貨也，言天下當還劉氏。後述雖滅，猶用鐵錢，以二當銅錢一。劉備攻劉璋，拔成都，士卒皆赴庫藏取寶貨，軍用不足，乃鑄錢一當百，平諸物價，文曰"直百"。南齊永明八年，劉悛啓帝曰：今蒙山故嚴道地，有古銅坑，可以經略。帝從之，遣使入蜀鑄錢，得千餘萬②，功費多，乃止。後周得蜀，雜用古錢交易。隋文帝時，詔蜀王秀於益州立五鑪鑄錢③，字文輕重如開通元寶之制。後王衍末年，改元咸康，又鑄咸康錢④，然不及唐舊錢遠甚⑤。孟氏廣政間，增鑄鐵錢，於外郡邊界參用，每錢千，其四百爲銅，六百爲鐵。逮至末年，流入成都，率銅錢十分雜鐵錢一分，大盈庫錢往往有鐵錢，相混莫辨，蓋鑄之精工光明與銅錢相類也。

　　孟昶失國，乾德四年，知府吕公餘慶⑥、轉運使沈公義倫奏揀銅錢，計綱以發。蜀地上行鐵錢，以千二百易銅錢千文，索銅器鑄錢附發，仍增鑄銅錢市金上供。然失於裁制，物價滋長，鐵錢彌賤，至以五千易銅錢一千。太平興國四年，詔兩稅及諸課利錢率十分輸銅錢一分。時舊銅錢已竭，民騷然以擾，北客乘時販銅錢入蜀⑦，以一錢易鐵錢十四，大利商賈。有以銅錢三五毀發古塚，剝取神像，犯刑者衆。朝廷察知，詔仍舊止輸鐵錢，人心乃安。淳化五年，詔令兩川以銅鐵錢兼行。銅錢一當鐵錢十，民頗便之。咸平三年，西京左藏庫使楊允恭言："川陝民田之税，昔輸銅錢一，今亦鐵錢

---

① 不：原作"本"，據萬曆本、朱本、鄒本改。
② 千餘萬：原作"千金萬"，據《南齊書》卷三七《劉悛傳》改。
③ "鑄"字原脱，據《隋書》卷二四《食貨志》和《蜀中廣記》卷六七補。
④ 咸康：原作"咸唐"，據萬曆本、庫本、朱本、鄒本、《蜀中廣記》改。
⑤ 唐：原作"康"，據萬曆本、朱本、鄒本、《蜀中廣記》改。
⑥ 吕：原作"宫"，據上引改。
⑦ "販"字原脱，據《蜀中廣記》補。

一。吏卒奉給,舊銅錢一,今鐵錢五①。若交易,則鐵錢十爲銅錢一。且饒、信之銅積數千萬,若舟運自荆達蜀,蜀素多銅,俾夔、益遂各置監鼓鑄,歲用均給,不及十年,悉用銅錢。"議雖未行,然自是吏卒俸給,改用十鐵錢易銅錢之一矣②。

景德二年,張公詠上言:"受詔與轉運使黃觀同裁度嘉、邛二州所鑄景德元寶大錢十③,參用甚便。"從之。三年,行用新鑄銅錢。初,益、邛、嘉、眉等州歲鑄鐵錢五十餘萬貫,同兩稅課利收市物帛上供,因李順亂,罷鑄。僅十年,又以兵火耗壞④,至是鑄大錢,民以爲利。大中祥符七年,諫議凌公策等請鑄大鐵錢⑤,每貫重一十二斤十兩,以一當十。先是,蜀中小鐵錢每十當一,貿易非便,其後別鑄大錢,貫重二十五斤,每一當小錢十。三司言:民有盜鎔大錢一千,範爲器用,鬻錢二千,故盜鎔者衆。策言錢輕則行者易齎,鐵少則鎔者鮮利,故請改鑄。嘉祐中,趙公抃任轉運使⑥,以蜀錢甚多,嘉、邛州歲科衙前以鐵,科民以炭,頗爲煩擾,奏乞罷鑄十年,以寬民力。四年,祫享赦書許之。熙寧六年五月,轉運司奏嘉、邛州罷鑄錢久,民間闕錢,乞減半鑄,與錢引相權。從之。

建炎二年,轉運司以鑄錢數多,難於流轉,造引數少,其價益高,奏乞依嘉祐四年赦文,權罷鑄錢十年,椿留鼓鑄本錢,稱提引價。不待報,遂行。自是引日益多,錢日益銷。議者以爲恐非經久相權之制。紹興三十一年,臣僚奏請復置嘉、邛二監,鼓鑄夾錫鐵。詔下制置司、總領所商搉。乃具奏,以爲嘉州所用錢係撥於眉州鐵場,其數不多,難以復置錢監,止就邛州置監鼓鑄,經久可行。利州紹興監仍歲鑄大小錢共九萬貫。尋報可。遂於邛州歲鑄折二錢一萬貫,小錢一萬貫。總領所給其費。淳熙六年,總領李昌圖奏:"利、邛州兩監所鑄錢,官費本錢倍於息,且鼓鑄有限,而民間鈺銷無窮。若不更革,錢重引輕,必壞引法。乞罷鑄兩監折一小錢,比折二錢稍增銖兩改鑄折三大錢。及將崇寧、大觀折二大錢並作折三行使⑦。"詔從其請,迄今行之,以爲利焉。

---

① 鐵錢:原作"鐵銅",據萬曆以下各本改。
② 十鐵錢易銅錢之一:原作"十小鐵錢之一",據《宋史》卷三〇九《楊允恭傳》改。
③ 按:此句有脫誤。《群書考索》卷六一引《宋會要》:"景德二年,知益州張詠上言:'受詔與轉運使黃觀同裁度嘉、邛二州所鑄景德元寶大鐵錢。今依福州鐵錢,每貫用鐵三十斤,取二十五斤八兩成,直銅錢一、小鐵錢十,相兼行用甚便。'從之。"即此文所本。疑此處"二州所鑄景德元寶大錢十"本作"二州所鑄景德元寶大鐵錢,直銅錢一、小鐵錢十。"
④ 兵火:原作"兵大",據朱本、鄒本、《蜀中廣記》改。
⑤ 凌公策:原作"凌公束",據上引改。《宋史·食貨志》下二:"大中祥符七年,知益州凌策言"云云,又下文亦作"策",是。
⑥ "運"字原脱,據萬曆以下各本補。
⑦ 折三:原無"折"字,據《蜀中廣記》補。

楮幣譜　　　　　　　　　　　　　　　　　　　　前人

　　蜀民以錢重難於轉輸，始製楮爲券①，表裏印記，隱密題號，朱墨間錯，私自參驗，書緡錢之數，以便貿易，謂之交子。凡遇出納②，本一貫取三十錢爲息③。其後，富民十六户主之，尋亦貲衰，不能相償，争訟數起。

　　大中祥符末，薛公田爲轉運使，請官置交子務，以權其出入，不報。寇公瑊守蜀，乞廢交子不用，會瑊去而田代之，詔田與轉運使張若谷度其利害。田、若谷議以廢交子爲非便，請爲置務，禁民私造，條奏甚悉。又詔梓州路提刑王繼明與田、若谷共議④，田等議如初，詔從之，始置益州交子務。時天聖元年十一月也。

　　自二年二月爲始，至三年二月終，凡爲交子一百二十五萬六千三百四十貫，其後每界視此數爲準。交子舊以二月二十日起界，清獻公爲《記》時以遷至七月也。熙寧五年續添造一界，其數如前，作兩界行使，從監官戴蒙之請也。每道初爲錢一貫至十貫，寶元二年，以十分爲率，其八分每道爲錢十貫，其二分每道五貫。若一貫至四貫，六貫至九貫，更不書放。熙寧元年，始以六分書造一貫，四分書造五百，重輕相權，易於流轉。於是蒙又請置抄紙院，以革僞造之弊。引有兩界，與官自抄紙，皆自蒙始。

　　大觀元年五月，改交子務爲錢引務。所鑄印凡六：曰敕字，曰大料例，曰年限，曰背印，皆以墨；曰青面，以藍；曰紅團⑤，以朱。六印皆飾以花紋，紅團、背印則以故事。監官一員，元豐元年增一員；掌典十人，貼書六十九人，印匠八十一人，雕匠六人，鑄匠二人，雜役一十二人，廩給各有差。

　　所用之紙，初自置場，以交子務官兼領，後慮其有弊，以他官董其事。隆興元年，始特置官一員蒞之⑥，移寓城西净衆寺。紹熙五年，始創抄紙場於寺之旁，遣官治其中⑦。抄匠六十一人，雜役三十人。

　　凡引一界滿，納舊易新，率千引取錢六十四⑧，曰"貫頭錢"。天聖初，止三十；建炎初，增八，紹興十一年，乃增今數。其納換不盡者曰"水火不到錢"。今一界所收併貫頭錢凡一百九十萬道，總領所權取，以供軍儲。

---

① 楮：原作"措"，據萬曆本、庫本、朱本、鄒本改。
② 遇：原作"過"，據上引改。
③ 本：原作"李"，據萬曆本、朱本、鄒本改。庫本無此字。《蜀中廣記》卷六七引作"季"。李攸《宋朝事實》卷一五云："街市交易，如將交子要取見（現）錢，每貫割落三十文爲利。"可見作"本"是。
④ 王繼明：萬曆本、朱本、鄒本作"王維明"，誤，《續資治通鑑長編》卷一〇二亦作"繼"。
⑤ 紅團：原作"經團"，據庫本、朱本、鄒本改。按：下文亦言"紅團"。
⑥ 特：原作"時"，據萬曆以下各本改。
⑦ 遣：原作"迄"，據萬曆本、朱本、鄒本改。
⑧ 千引：原作"千人"，據《蜀中廣記》改。

所印之數，自元豐元年兼放兩界之後，紹聖元年增一十五萬，元符元年增四十八萬道。祖額，每界以一百八十八萬六千三百四十爲額，以交子入陝西轉用故也。崇寧間，用兵陝西，開拓境土，通行引法，以助兵費。元年增二百萬；二年增一千二百四十三萬五千，四年增五百七萬五千。大觀元年，增五百五十四萬五千六百六十六。比至換界，以新引一當舊引四，引法大壞。尋有詔，自四十一界至四十三界，更不許換；四十四界止依天聖舊額，仍不得越銅錢界。

建炎二年罷鑄錢，復用元符所增之額；三年，增一百萬。紹興元年增六十萬；二年增一百四十萬，三年增五百萬；四年增五百七十萬；五年增二百萬，六年增六百萬。皆以給利、夔兩路軍費。七年，有旨不許泛印。八年，以邊報急闕，增三百萬充糴買。九年，以移屯陝西，合給糴本，及陝西六路新復州軍衣賜，增二百萬。增數既多，簽書樞密院事樓炤奉使陝西①，奏禁泛科②，始定著刑章。十年，以贍軍急闕，增五百萬；十三年，以都運司之請，增四百萬；二十九年，以增招軍兵椿辦犒賞，總領所請增一百七十萬。詔從之。自後累增五百餘萬。凡兩界，共爲錢引四千六百四十七萬二千六百八十③。紹熙二年，有旨將八十三界錢引展一界行使，增印一百九十萬，以償總領所兌引貫頭、水火不到錢之數。慶元三年，總領所奏以成都、潼川、利州三路旱傷，制置司減免民間租賦，乞增印錢引以備對補，有餘以充賑濟。詔增一百萬。逮今，合四千九百三十七萬二千六百八十道矣。

而又僞造竊行，足以亂真，引日益增，錢日益銷，子母不能相權。然有稱提之法：以錢稱提者，引價低則官出藏鏹增價，與民市引是也；以法稱提者，凡民以錢輸官，當折引，則以一貫二百八十爲限是也。蓋有錢則有引，天聖所印之數，視錢以爲準者也。自軍興增科，鑿空爲錢，天下大計，仰給於紙。猶幸守和議，引之出納有常，半藏諸司之庫，半流轉於民，維持不壞。識者有憂，其在軍旅之際乎！

---

① 樓炤：原作"樓照"，據《宋史》卷三八〇《樓炤傳》改。炤、照雖同爲一字，但人名不宜輒改。

② 科：原作"料"，據庫本、朱本、鄒本改。下文"軍興增科"同。

③ 四千六百：疑當作"四千七百"，後表第七十界（紹興三十一年）書放錢引二千三百七十三萬六千三百四十貫文，乘以二，正爲四千七百四十七萬二千六百八十貫文。

界分	年號	貼頭五行料例	敕字花紋印	青面花紋印	紅團故事印①	年限花紋印	一貫故事背印	五百故事背印	書放額數
第七十界	辛巳紹興三十一年	至富國財並	金鷄捧敕	合歡萬歲藤	龍龜負圖書	三耳卤龍文	吳隱之酌飲貪泉賦詩	王祥孝感躍鯉飛雀	書放錢引二千三百七十三萬六千三百四十貫文
第七十一界	癸未隆興元年	利足以生民	慶雲捧日	攀枝百男	寶鼎圖物	上苑太平花	天馬來西極	皮幣薦珪璧	書放錢引二千二百七十三萬六千三百四十貫文②
第七十二界	乙酉乾道元年	強本而節用	金花捧敕	蜃樓去滄海③	朽粟紅腐	堯階蓂莢	漢循吏增秩賜金	卜式上書獻家財	書放錢引二千三百七十三萬六千三百四十貫文
第七十三界	丁亥乾道三年	舊法行爲便	雙龍捧敕	方圓錦地	孟嘗還珠	六入毯路	子罕辭寶	青錢學士	書放錢引二千三百七十三萬六千三百四十貫文
第七十四界	己丑乾道五年	事序貨之源	團鳳捧敕左皋右夔	王逸超衆果荔枝	諸葛孔明羽扇指揮三軍	千葉石榴	周宣王修車馬備器械④	兩階舞干羽	書放錢引二千三百七十三萬六千三百四十貫文⑤
第七十五界	辛卯乾道七年	善治立經常	九重棒敕	川心龜紋玉連環	孟子見梁惠王	曡曡如意	書水火金木土穀惟修	唐太宗時外戶不閉斗米三錢	書放錢引一千二百七十三萬六千三百四十貫文
第七十六界	癸巳乾道九年	化國日舒長	雙龍捧敕	龍牙黃草花	祖逖中流擊楫誓清中原	百合太平花	舜作五弦之琴以歌南風	伯夷太公二老歸文王	書放錢引二千三百七十三萬六千三百四十貫文
第七十七界	乙未淳熙二年	雜幣通農商	盤龍捧敕	魚跳龍門	同律度量衡	連環萬歲藤	武侯木牛流馬運	傅說版築	書放錢引二千三百七十三萬六千三百四十貫文
第七十八界	丁酉淳熙四年	道御之而王	龍鳳捧敕	纏枝太平花	漢高帝捧玉卮爲太上皇壽	勝金鎖甲紋	文王鷄鳴至寢門問安否	百姓遮道願借寇恂	書放錢引一千三百七十三萬六千三百四十貫文
第七十九界	己亥淳熙六年	國以義爲利	金吾捧敕	金枝玉葉花	堯舜垂衣治天下	纏枝金蓮子	周宣王修車馬備器械	李德裕建籌邊樓	書放錢引二千二百七十三萬六千三百四十貫文

① 紅團：原作"紅圓"，據庫本、朱本、鄒本改。
② 二千二百：疑當作"二千三百"。據前文所述，此表格所含諸年分並未增放錢引，則各界數目均應與第七十界相同，自此以下凡不同者均當爲傳寫之誤。萬曆以下各本又多有與嘉靖本不同之處。凡此，不再一一出校。
③ 蜃：原作"唇"，據朱本、鄒本改。
④ 馬：原作"玉"，據庫本、朱本、鄒本改。
⑤ "三百"二字原脱，據朱本、鄒本補。

全蜀藝文志卷之五十八

譜

歲華紀麗譜　　　　　　　　　　　　　　　　　　　（元）費　著

　　成都遊賞之盛甲於西蜀，蓋地大物繁而俗好娛樂。凡太守歲時宴集，騎從雜沓。車服鮮華，倡優鼓吹，出入擁導，四方奇技，幻怪百變，序進於前，以從民樂。歲率有期，謂之故事。及期，則士女櫛比，輕裘袨服，扶老攜幼，闐道嬉遊。或以坐具列於廣庭，以待觀者，謂之遨床，而謂太守爲遨頭。

　　宋朝以益州重地①，嘗謀帥，以命宋公祁。宰相對曰："蜀風奢侈，祁喜遊宴，恐非所宜。宋朝不從②，卒遣之。公先奉詔修《唐書》，因以書局自隨。至成都③，每宴罷，盥漱④，闔寢門，垂簾，燃二椽燭，媵婢夾侍，和墨伸紙，望之者知公修《唐書》，若神仙焉。嘗宴於錦江，偶微寒，命索半臂，諸婢各送一枚。公視之，慮有厚薄之嫌，訖不服，忍冷以歸。舊俗傳誇，以爲談本。田公況嘗爲《成都遨樂詩》二十一章⑤，以紀其實；而薛公奎亦作《何處春遊好》詩一十章，自號"薛春遊"，以從其俗，且欲以易尹京之舊稱。公知開封府⑥，專以嚴治，人謂之"薛出油"。此皆可以想承平之遺風也。"

　　至清獻公爲《記》，乃曰："曩時宴會，皆牙校掌之，蓋榷酤之利有餘，人樂於爲役。公帑歲入亡慮千萬貫有奇。自新法頒行，酒坊爲官所鬻，牙校雖得券錢，不足自

---

① 宋朝：萬曆本、朱本、鄒本作"仁宗朝"。
② 宋朝：上引作"仁宗"。
③ 至：原作"自"，據四庫一卷本《歲華紀麗譜》（以下簡稱四庫單行本）改。
④ 盥漱：原作"盟漱"，據萬曆本、庫本、朱本、鄒本、四庫單行本改。
⑤ 嘗：原作"賞"，據上引改。
⑥ 開封府：原作"開府"，朱本、鄒本作"開封"。按：應作"開封府"，此脫"封"字。《續資治通鑑長編》卷一〇〇：仁宗天聖元年四月己亥，"以吏部郎中、龍圖閣待制薛奎權知開封府，爲政嚴敏，擊斷無所貸……俚語目爲'薛出油'。"據補。

贍。乃者議置成都市易務，方遊觀時，人情瞿然①，減常歲之半②。及浣花後，始聞罷去③，乃復朋聚遊江。今公使錢歲給三萬貫，常廩廩慮不足。譬之巨人，以狹衾寢，覆趾則露肩，擁左則闕右，甚可笑也。今盤饌比舊從省，樂優之給，亦復過殺，設遂廢之，則非天子所以付畀一隅、惠保遠人之意。而小民之鬻肴果者，且營暮供④，藉以爲養。此遊宴之不可廢也。"觀公此言，則蜀人之貧富欣戚，可以知政矣。今以元日爲始，而第其事。

正月元日，郡人曉持小彩幡遊安福寺塔，粘之盈柱，若鱗次然，以爲厭禳，懲咸平之亂也。塔上燃燈，梵唄交作，僧徒駢集。太守詣塔前張宴，晚登塔眺望焉。

二日，出東郊，早宴移忠寺，舊名碑樓院⑤。晚宴大慈寺。清獻公《記》云："宴罷，妓以新詞送茶，自宋公祁始。"蓋臨邛周之純善爲歌詞，嘗作茶詞授妓，首度之以奉公，後因之。

五日，五門蠶市，蓋蠶叢氏始爲之，俗往往呼爲蠶叢。太守即門外張宴。

上元節放燈，舊《記》稱："唐明皇上元京師放燈甚盛，葉法善奏曰'成都燈亦盛'，遂引帝至成都，市酒於富春坊。"此方外之言，存而勿論。咸通十年正月二月，街坊點燈張樂，晝夜喧闐，蓋大中承平之餘風。由此言之，則唐時放燈不獨上元也。蜀王、孟時，間亦放燈，率無定日。宋開寶二年，命明年上元放燈三夜，自是歲以爲常。十四、十五、十六三日，皆早宴大慈寺，晚宴五門樓，甲夜觀山棚變燈。其斂散之遲速，惟太守意也。如繁雜綺羅、街道燈火之盛，以昭覺寺爲最。又爲殘燈會⑥，會始於張公詠。蓋燈夕，二都監戎服分巡，以察姦盜，既罷，故作宴以勞焉。通判主之，就宜詔亭或涵虛亭。舊以十七日，今無定日，仍就府治，專以宴監司也。

二十三日，聖壽寺前蠶市，張公詠始即寺爲會，使民鬻農器。太守先詣寺之都安王詞奠獻，然後就宴。舊出萬里橋，登樂俗園亭；今則早宴祥符寺，晚宴信相院。

二十八日，俗傳爲保壽侯誕日，出笮橋門，即侯祠奠拜；次詣淨衆寺鄖國杜丞相祠奠拜，畢事會食。晚宴大智院。

二月二日，踏青節。初，郡人遊賞，散在四郊。張公詠以爲不若聚之爲樂，乃以是日出萬里橋，爲彩舫數十艘，與賓僚分乘之。歌吹前導，號小遊江，蓋指浣花爲大遊江也。士女駢集，觀者如堵。晚宴於寶曆寺，公爲詩，有曰："春遊千萬家，美人顏如花。三三兩兩映花立，飄飄似欲乘烟霞。"公鐵心石腸，乃賦此麗詞哉！後以爲故事。清獻公爲《記》時，彩舫至增數倍。今不然矣。

---

① 瞿：原作"懼"，據萬曆以下各本改。
② 減：原作"咸"，據上引改。
③ 聞：原作"開"，據朱本、鄒本改。按：據《續資治通鑑長編》卷二四八、二四九，熙寧六年始議於成都置市易務，七年正月，續命李杞研究此事。神宗慮蜀人騷亂，四月五日決定作罷。成都人以四月十九日爲浣花節（見《老學庵筆記》卷八），故此云"及浣花後始聞罷去"。
④ 且營暮供：原作"但營慕供"，據朱本、鄒本改。
⑤ 碑樓：原作"碑娄（婁）"，據萬曆本、朱本、鄒本、四庫單行本改。
⑥ 殘：原作"錢"，據萬曆本、朱本、鄒本、《蜀中廣記》卷五五改。"殘燈"謂燈會之末。

八日，觀街藥市。早宴大慈寺之設廳，晚宴金繩院。

三月三日，出北門，宴學射山，既罷後射弓。蓋張伯子以是日即此地上升，巫覡賣符於道，遊者佩之，以宜蠶辟災。輕裾小蓋，照爛山阜。晚宴於萬歲池亭，泛舟池中。

九日，觀街藥市。早晚宴如二月八日。

二十一日，出大東門，宴海雲山鴻慶寺，登衆春閣，觀摸石。蓋開元二十三年，靈智禪師以是日歸寂，邦人敬之，入山遊禮，因而成俗。山有小池，士女探石其中，以占求子之祥。既，又晚宴於大慈寺之設廳。

二十七日，大西門睿聖夫人廟前蠶市。初在小市橋，田公以禱雨而應，移於廟前。太守先詣諸廟奠拜，宴於净衆寺①，晚宴大智院。

寒食，出大東門。早宴移忠院，晚宴大慈寺設廳。曩時寒食，太守先設酒饌於近郊祭鬼物之無依者，謂之遥享。後置廣仁院，以葬死而無主者，乃遣官臨祭之。而民間上塚者，各蟻集於郊外②。天禧三年③，趙公積嘗開西樓亭榭，俾士庶遊觀。自是，每歲寒食闢園張樂，酒壚花市，茶房食肆，過於蠶市。士女從觀，太守會賓僚，凡浹旬。此最府廷遊宴之盛。近歲自二月即開園，逾月而後罷。酒人利於酒息，或請於府展其日，府尹亦許之。

四月十九日，浣花佑聖夫人誕日也。太守出笮橋門，至梵安寺謁夫人祠。就宴於寺之設廳。既宴，登舟觀諸軍騎射。倡樂導前，溯流至百花潭，觀水嬉競渡。官舫民舡，乘流上下，或幕帟水濱，以事遊賞，最爲出郊之勝。清獻公《記》云："往昔太守分遣使臣，以酒均給遊人，隨所會之數，以爲斗升之節。自公使限錢，茲例遂罷。以遠民樂太平之盛，不可遽廢，以孤其心，乃以隨行公使錢釀酒畀之，然不逮昔日矣。"

五月五日，宴大慈寺設廳。醫人鬻艾，道人賣符，朱索彩縷、長命辟災之物，筒飯角黍，莫不咸在。

六月初伏日，會監司；中伏日，會職官以上；末伏日，會府縣官。皆就江瀆廟設廳。初，文潞公建設廳，以伏日爲會避暑，自是以爲常。早宴罷，泛舟池中；復出，就廳晚宴。觀者臨池張飲，盡日爲樂。趙清獻公使限錢，但爲初伏會，今因之。

七月七日，晚宴大慈寺設廳。暮登寺門樓觀錦江。夜市乞巧之物皆備焉。

十八日，大慈寺散盂蘭盆，宴於寺之設廳。宴已，就華嚴閣下散盆。

八月十五日，中秋玩月。舊宴於西樓，望月于錦亭，今宴於大慈寺。

九月九日，玉局觀藥市。宴監司賓僚於舊宣詔堂④，晚飲於五門。凡三日⑤，官爲幕帟棚屋，以事遊觀。或云：有恍惚遇仙者。

---

① 净衆：原作"衆净"，據朱本、鄒本、《蜀中廣記》卷五五乙。按：净衆寺爲成都著名佛寺。
② 蟻：原作"曦"，據萬曆以下各本及四庫單行本改。
③ 禧：原作"僖"，據《蜀中廣記》改。
④ 堂：朱本、鄒本作"亭"。按：前文亦言"宣詔亭"，疑當作"亭"。
⑤ 三日：萬曆以下各本及四庫單行本作"二日"。

冬至節，宴於大慈寺；後一日，早宴金繩寺，晚宴大慈寺。清獻公《記》云："至前一日，前太守領客出北門石魚橋，具樽豆，觀樵已，乃即天長觀晚宴。蓋文潞公始爲之，後復罷。"

全蜀藝文志卷之五十九

跋

石經跋①   (宋) 胡元質

石經云者，以俗儒穿鑿經籍，疑誤後學而立也。漢靈帝時，博士試甲乙科，爭第高下，至有行賂，改蘭臺漆書經字者。諸儒受詔於熹平，成刻於光和，俾天下咸取則焉。碑高一丈，廣四尺。《水經》云：立石太學，其上悉刻蔡邕名。《隋志》有一字石經七種②，其論云：漢鐫七經③，皆蔡邕書。史亦稱邕自書册④，使工鐫刻。其書畫超詣，要非蔡中郎不能到也。然遺經今存者體各不同，雖中郎兼備衆體，而篇章之富未必能辦於一人之手。傳稱邕與堂溪典、楊賜、馬日磾、張馴、韓説、單颺等正定諸經。意者當時諸儒同涉筆於其間，不可知也。然歷年多，更變故久，陵遷谷變，煨燼剝蝕之餘，甚至取爲柱礎、爲炮石者。唐初，魏鄭公首訪求之，十得其一，況於今哉！茲來少城，得墜刻於一二故家，雖間斷不齊，然殘圭裂璧，亦可寶也。因以鑱之錦官西樓，庶幾補古之缺文云爾。

又   (宋) 張 縯

石經本末，丞相洪公論載於《隸釋》詳矣。洪公所未及者，今粗見於此。

唐章懷太子引《洛陽記》注范曄《後漢書》⑤，稱石經凡四十六碑。及高澄遷石經

---

① 石經跋：原題作《石經三跋》。按："三跋"指以下三篇，則作者名不得獨標爲胡元質，今删"三"字。
② 一字：萬曆本、朱本、鄒本作"大字"，誤。《隋書‧經籍志》正作"一字"。"一字"謂一種字體，即漢隸也。
③ 鐫：原作"鍋"，據萬曆本、庫本、朱本、鄒本、《隋書‧經籍志》改。
④ 書册：《蜀中廣記》卷九一引此跋作"書丹"，是。《水經注‧穀水》亦云"邕乃自書丹於碑"。按："書丹"者，以丹砂書於碑石，然後刻之。傳世《後漢書‧蔡邕傳》云："邕乃自書册於碑。""册"亦爲"丹"之誤。宋人多承其誤，下二篇亦同，是原文如此，今且仍之。
⑤ "後"字原無，據朱本、鄒本補。

於鄴，《通鑑》所書爲五十二碑①。自東漢歷魏、晉、宋，數百年間，洛陽數被兵，此碑當有毀者，其遷於鄴，乃視《洛陽記》多六焉，疑《洛陽記》未詳也。碑制高一丈，廣四尺，六經文多，必非四十六碑所能盡者。宋常山公《河南志》稱石經凡七十三碑②。常山公博物洽聞，歐陽文忠每以古今疑事諮之，河南所書，必有據依矣。後周伐齊③，毀碑以爲炮石。方高緯昏亂，兩陣勝負之頃，猶需孽婦一觀，遂以其國輸後周，復何有於石經！則此碑之殘缺亦宜也。貞觀考古④，止得石經數段，其傳於今者亦可知其無幾矣。

蔡邕本傳稱邕"自書册於碑"，不言爲何體書。今世所傳，皆爲隸體。至《儒林傳·序》則云"爲古文、篆、隸三體書法以相參檢⑤。"注言"古文"，謂孔氏壁中書。以纘考之，孔壁所藏皆科斗文字。孔安國當武帝之世，已稱科斗書無能知者；其承詔爲《尚書》五十九篇作傳，爲隸古定，不復從科斗古文。邕獨安能具三體書法於安國之後二百年哉？漢建武際，杜林避地河西，得古文《尚書》一軸，諸儒共傳寶之。一軸已爲世所珍如此，熹平距建武又幾載，乃謂六經悉能爲古文，非事情也。或者邕以三體參檢其文，而書册於碑，則定爲隸，亦如孔安國之《書傳》耶？《儒林傳·序》疑字有誤者。初，邕正定六經，與堂溪典等數人同受詔，今六經字體不一，當是時書策者亦不獨邕也。姑識其末，以俟博識之君子。

又　　　　　　　　　　　　　　　　　　　　（宋）宇文紹奕

制置給事内翰胡公以道德文章華我國家⑥，其經濟事業似唐李文饒，而風節過之。方論事上前，慷慨激烈，動寤淵聽。在玉堂瑣闥，益擴所學，神贊聖聰，訂正國是，被寵隆異，冠絶在廷。公每以天下自任，推六經精微，寓諸日用，至於屋壁所藏、殘編斷刻，收拾無遺。常嘆石經隸畫最古，旁搜博訪，合諸家所藏，得蔡中郎石經四千二百七十字有奇，以楷書釋之。又得古文、篆、隸三體石經遺字八百一十九⑦，並鑱諸石，永貽不朽。

按范曄史稱蔡邕自書册，使工鎸刻。酈道元注《水經》亦云：光和六年，立石於

---

① 五十二：原作"五十三"，據《資治通鑑》卷一五九梁武帝中大同元年改。按：下文云"視《洛陽記》多六"，益可證原作"五十二"。碑：原作"牌"，據庫本、朱本、鄒本及《資治通鑑》改。
② 碑：原作"牌"，據萬曆以下各本改。
③ 周：原作"用"，據萬曆以下各本改。
④ 考：原作"皆"，據萬曆以下各本改。
⑤ 文：原作"之"，據庫本、朱本、鄒本及《後漢書·儒林傳序》改。
⑥ 制置：原作"側置"，據朱本、鄒本改。按：胡公指胡元質，《宋史·孝宗紀二》：淳熙四年二月"戊戌，以新知荆南府胡元質爲四川安撫制置使兼知成都府"，作"制置"是。
⑦ 遺：原作"道"，據萬曆以下各本改。

太學，其上悉刻蔡邕名。則一字石經出於邕筆①，似無可疑。若夫三體石經，以《儒林傳》考之，則其書已出於東漢時，《水經》乃云刻之魏正始中，意者魏刻殆以補漢刻遺亡耳。

漢巴郡太守樊君碑跋

(宋) 趙明誠

右，漢《巴郡太守樊君碑》云："君諱敏，字昇達②。肇祖宓戲，遺苗后稷。爲堯種樹，舍潛於岐③。天顧宣甫，乃萌昌、發。周室衰微，霸伯匡弼。晉爲韓、魏，魯分爲楊。充曜封邑，厥土河東。楚漢之際④，或居於楚，或集於梁。君纘其緒，華南西靈。"又云："總角好學，治嚴氏經⑤，貫究道度，無文不睹。於是國君備禮招請，濯冕題冠⑥。傑立忠謇，有夷史之直，卓密之風。鄉黨見歸，察孝除郎，永昌長史，遷宕渠令，大將軍辟⑦。光和之末，京師擾攘，雄狐綏綏，冠履同囊。投劾長驅⑧，畢志枕丘⑨。國復重察，辭病不就。再奉朝聘，七辟外臺，常爲治中、諸部從事。"又云："季世不祥，米巫殂虐，姦狡並起，陷附者衆。君執一心，賴無涊恥。復辟司徒，道隔不往⑩。牧伯劉公表授巴郡，以助義都尉養疾閭里，又辟襃義校尉⑪。年八十有四，歲在汁洽，紀驗期臻，奄忽藏形。"其後有銘。最後題"建安十年二月上旬造"。他漢碑類多刓缺，而此碑獨首尾完好，故載其大略於此。所謂"米巫凶虐"者，謂張魯也⑫。

---

① 一字：萬曆本、朱本、鄒本亦誤改爲"大字"。
② 昇達：原作"叔達"，據《金石錄》卷一八改。按：此跋乃録自《金石錄》之跋尾，趙明誠對碑文之釋文，不論其正確與否，均當以《金石錄》爲準。此碑之全文，參見本書卷四六。
③ 舍潛於岐：原作"舍漆從岐"，據《金石錄》改。
④ 楚：原作"樹"，據上引改。
⑤ 嚴：原作"穀"，據上引改。
⑥ 冠：原作"剛"，據上引改。
⑦ 辟：原作"碎"，據上引改。
⑧ 投劾：原作"封挾"，據上引改。
⑨ 畢志枕丘：原作"卑走枕北"，據上引改。
⑩ 隔：原作"辭"，據上引改。
⑪ 襃：原作"奮"，據上引改。
⑫ 張魯：原作"張角"，據上引改。按："米巫"乃指五斗米道張魯，楊慎改作張角，大謬！

樊敏碑跋①　　　　　　　　　　　　　　　　　　　　　（宋）丘　常②

世傳《魏受禪碑》爲絶出③，而此乃建安十年所立，又在黄初之前。雖暴露中埜，而字法奇古④，其文尚可讀⑤，豈非所寓僻遠⑥，而人無知者歟⑦！然而千餘歲間⑧，霖雨之所浸，威陽之所暴⑨，有獸已倒，有闕已摧⑩，而此碑將仆，是可憫也。余因扶其既倒，植其將仆，又爲屋以庇之，庶幾永其傳也。崇寧壬午三月既望，承議郎、知縣事眉山丘常題⑪。

樊敏碑跋　　　　　　　　　　　　　　　　　　　　　　（宋）程　勤⑫

皇上勵精更化，以揚祖宗之大烈。屬當西京父老流涕太息⑬，思欲復見漢官威儀之時，而僕仕於蘆山，天下最遠處⑭，乃得建安十年巴郡太守樊君故碑於荒山榛莽間。亟作大屋覆其上，表而出之，目其顔曰"復見"。是爲聖天子恢復中原之兆，觀者宜有取焉⑮。嗚呼！碑陰所記崇寧壬午，距今五十八年，而令斯邑者皆吾鄉人⑯，扶倒植仆偶

---

① 按：此跋與下篇程勤跋刻於蘆山縣樊敏碑碑陰，今仍存。原文題爲《書雅州蘆山縣樊侯碑陰》。《全蜀藝文志》所録多有訛缺，今據高文、高成剛編《四川歷代碑刻》一書所録原碑文加以校正。
② 原注："成都人。"譚校云："據後程跋，則丘亦眉山人，非成都人。"按：譚説是，原碑文末正作"眉山丘常"。
③ 此句原作"此碑相傳爲魏受禪碑，爲世絶出"，據原碑改。
④ 字法奇古：原作"字畫醇古"，據原碑改。
⑤ 原無"其"字，據原碑補。
⑥ "寓僻"二字原缺，據原碑補。
⑦ "無"字原缺，據原碑補。
⑧ 千餘歲間：原作"千里□間"，據原碑改、補。
⑨ 以上二句，"浸威"二字原缺，據原碑補。
⑩ 闕：原缺，據原碑補。
⑪ 此二句原作"崇寧壬午知縣丘常題"，據原碑補。
⑫ 原注："眉山人。"
⑬ 西京：原作"京師"，據原碑改。
⑭ 遠：原脱，據原碑補。
⑮ "復見"以下十九字原作"巴郡太守樊侯之墓"，據原碑改。
⑯ 令：原作"人之任"，據原碑改。

相似然，豈物之廢興固自有數耶①？紹興己卯秋九月②，眉山程勤懋傳書。

跋蘆山縣樊敏碑　　　　　　　　　　　　　　　　　　（明）李一本③

右，此碑踞於道周，迨今幾千有餘歲矣。在宋以前，訛爲《魏受禪碑》。《大明一統志》云謂其字文漫滅不可考④，以故惑於聞見者不爲注目。予捧檄竊禄於兹，屢經過焉，見其荒於荊榛，蝕於莓苔，亦謂信然。越弘治己未仲冬，因偕門生白應清、駱琰、陳宣、宋萬全等訪古，偶憩其下，因束篠爲帚拂之，倏見字畫隱隱而出，皆醇古迥異。從者進曰："此商彝周鼎復出也，殆奇遇乎！"亟爲磨洗，尋其楮蠟，如法摹揭，得墨本有三。蓋以訪字畫之同異者而考正之⑤，然其模糊不可讀者亦過半矣。既而歸置軒次，遂校以隸本，參以衆目，就其可識者僅得什之九；其疑誤者，則傍爲點注，以俟博古者正焉。

載考《古文苑》所紀樊毅、樊安等碑，亦靈、獻中所作，其屬辭比事與此文勢相類，或者當時子遷之徒爲之也。夫《文選》所集，皆秦漢以來古文，而此碑獨不見録。《古文苑》又補《文選》而作，又不見載，毋乃此地僻在遐荒，而人不見知歟？抑惑於聞見之似而不及録歟？吁！是碑雖不見録於古，幸而名不泯壞，延有今日，得以附入邑志，以永其傳，亦奇矣。匪徒爲斯邑之光，實斯文之幸也。然則世之爲志者，苟徒據耳之所託，而不博歷以致審焉，則雖有石鼓之文，其不至於湮没無聞者幾希矣。

是月十一日長至，蜀忠南李一本識。此以類附，不叙時代。

何君閣道碑跋　　　　　　　　　　　　　　　　　　　（宋）洪　适

蜀郡太守《何君閣道碑》，光武中元二年刻。此碑蜀中近出。東漢八分，斯爲之首。字法方勁，古意有餘，如瞻冠章甫而衣逢掖者，使人起敬不暇，雖敗筆成冢，未易窺其藩籬也。

---

① "自"字原脱，據原碑補。
② "秋九月"三字原脱，據原碑補。
③ 原注："忠州人。"
④ "云"字疑衍。
⑤ 訪：原作"防"，據萬曆本、朱本、鄒本改。

唐夔州都督府記跋會昌五年 　　　　　　　　　　　　　　（宋）歐陽修

余嘗謂唐世人人工書，故其名堙沒者不可勝數，每與君謨嘆息於斯也。如貝靈該、繆師愈，今人尚不知其姓名，況其書乎！余以集錄之博，僅各得其一爾。

後漢文翁石柱記跋 　　　　　　　　　　　　　　　　　　　　前　人

右，《漢文翁石柱記》①，云："漢初平五年，倉龍甲戌，旻天季月，修舊築周公禮殿，始自文翁開建泮宫。"據顏有意《益州學館廟堂記》云：按一無此字。《華陽國志》，文翁爲蜀郡守，造講堂，作一無此字。石室，一名玉堂。安帝永初間，烈火爲災，堂及寺舍並皆焚燎，惟石室獨存。至獻帝興平元年，太守高眹於玉堂東復造一石室，爲周公禮殿。有意又謂獻帝無初平五年，當是興平四字一作"當如《華陽志》名興平②。"元年。蓋時天下喪亂，西蜀僻遠，年號不通，故仍稱舊號也。今檢范曄《漢書》本紀，初平五年正月改爲興平，顏說是也。治平元年六月十三日書。

後漢文翁學生題名跋 　　　　　　　　　　　　　　　　　　　前　人

右，《漢文翁學生題名》，凡一百有八人③：文學祭酒、典學從事各一人，司儀、主事各二人，左生七十三人，右生三十人。文翁在蜀，教學之盛，爲漢稱首。其弟子著籍者何止於此？蓋其磨滅之餘，所存者此耳。治平元年六月二十日書。

跋漢巴官鐵量銘此盆色類丹砂。魯直石刻云："其一曰秦刀，'巴官三百五十戊，永平七年第二十七酉。'余紹興庚午歲親見之，今在巫山縣治。韓暉仲云。" 　　　　　　（宋）趙明誠

右，《漢巴官鐵量銘》，云："巴官永平七年，三百五斤，第二十七。"前代以永平紀年者凡五：漢明帝、晉惠帝、後魏宣武、李密、僞蜀王建。惟明帝至十八年④，其他

---

① 記：原作"紀"，據萬曆本、朱本、鄒本、《歐陽文忠公集》卷一三五改。
② 名：本集作"爲"。
③ 按：下文相加共一百零九人，當有誤。
④ "帝"字原脱，據朱本、鄒本、《金石錄》卷一四補。

皆無及七年者，以此知爲明帝時物也。此銘王無競見遺。

漢王稚子闕銘跋 前　人

右，《漢王稚子闕銘》二。其一云"漢故先靈侍御史、河內縣令王君稚子之闕"；其一云"漢故兗州刺史、洛陽令王君稚子之闕"。按范曄《後漢書·循吏傳》：王渙字稚子，嘗爲溫令。而刻石爲河內令者，蓋史之誤。渙以元興元年卒，然則闕銘蓋和帝時所立也①。

唐益州學館廟堂記跋 前　人

右，《唐益州學館廟堂記》，成都縣令顏有意書。撰人題"法曹陳玉，文學、太子詹事、待詔弘文館、陵州長史"②，而姓名殘缺不可辨。《集古錄》直以爲有意撰，非也。碑陰載當時官僚姓名。後人題云此《記》賀遂亮撰，未知果是否。《記》文敘述前世遺迹，考究同異，文詞古雅，甚可喜也。

漢車騎將軍馮緄碑跋_{碑在宕渠} 前　人

右，漢車騎將軍馮緄，以范曄《後漢書》考之，史云字鴻卿，而碑云皇卿③。史云初舉孝廉，七遷至廣漢屬國都尉，拜御史中丞。順帝末，持節揚州諸軍事④，與中郎將滕撫擊破群賊。今據碑，自舉孝廉至爲廣漢屬國都尉，凡十一遷，而爲中丞與督使徐、揚二州討賊⑤，皆在爲都尉前。碑云討賊時坐迫州縣正法⑥，而史不載。又云，爲隴西太守，"坐問吏辜旬不分，去官。以羌駭動，爲四府所表，復家拜隴西太守"；而史但言"遷隴西太守"爾。史云：爲遼東太守，徵拜京兆尹，轉司隸校尉，遷廷尉、太常，拜車騎將軍⑦。以碑考之，緄爲遼東太守以前嘗爲治書侍御史，遷尚書，遂爲廷尉，未

---

① 所：原無，據《金石錄》卷一四補。
② 待詔：原作"侍詔"，據萬曆本、庫本、朱本、鄒本、《金石錄》卷二四改。
③ "云"字原脱，據朱本、鄒本、《金石錄》卷一六補。
④ 《後漢書·馮緄傳》作"以緄持節督揚州諸郡軍事"，此當脱"督""郡"二字。
⑤ 督使：原作"都使"，據《隸釋》卷七載《車騎將軍馮緄碑》原文改。
⑥ 此句原碑文爲"坐迫州郡進兵正法"。
⑦ 車騎：原作"騎車"，據萬曆本、庫本、朱本、鄒本、《金石錄》乙。

嘗拜京兆尹及司隸也。史云：振旅還京師，監軍使者張敞承宦者旨①，奏緄。會長沙賊復起，攻桂陽、武陵，緄以軍還，盜賊復發，策免。而碑云："臨當受封，以謠言奏河內太守、中常侍左悺弟，坐遜位。"史云②：復拜廷尉，時山陽太守單遷以罪繫獄，緄考致其死。遷，故軍騎將軍超之弟。中官相黨，遂共誹章誣緄，坐輸左校。而碑云"表荆州刺史李隗、南陽太守成晉"，"晉"漢史作"瑨"。太原太守劉瓆不宜以重論③，坐正法，作左校"，亦皆不合。史又云：爲河南尹時，上言："舊典，中官子弟不得爲牧人職"，帝不納。拜屯騎校尉④，復爲廷尉，卒於官。而碑云："復廷尉，奏中官子弟不宜典牧州郡，獲過左右，遜位。永康元年薨。"亦當以碑爲正。碑又云緄謚曰"桓"，而史亦不載。

余嘗謂石刻當時所書，其名字、官爵不應差誤，可信無疑；至於善惡大節，則當以史氏爲據。今此傳首尾顛倒錯謬如此，然則史之所載，是非褒貶失其實者多矣，果可盡信耶！

漢周公禮殿記跋　　　　　　　　　　　　　　　　　　　前　人

右，《漢周公禮殿記》者，今成都府學有漢時所建舊屋，柱皆正方，上狹下闊，此記在柱上刻之。靈帝初平五年立，距今蓋千年矣，而字畫完好可讀。當時石刻在者往往磨滅，此記託於屋楹，乃與金石爭壽，亦異矣。《記》有云：甲午年，故府梓潼文君增造吏舍二百餘間。按《華陽國志》有文參字子奇，梓潼人，平帝用爲益州太守，不從王莽、公孫述⑤，光武嘉之。疑此記所載即其人也。蓋光武建武十年歲次甲午云。

漢馮使君墓闕銘跋　　　　　　　　　　　　　　　　　　前　人

右，《漢馮使君墓闕銘》，云"故尚書侍郎、河南京令、豫州、幽州刺史馮使君神道"⑥。按《後漢書》，馮緄父煥，安帝時爲幽州刺史；而緄碑亦云"幽州君之元子"。此字在宕渠緄墓前雙石闕上，知其爲煥闕也。

---

① 宦者旨：原作"官者二日"，朱本、鄒本"宦"字不誤。譚校："'二日'二字疑作'旨'，一字誤分爲二。"《金石錄》《後漢書》本傳正作"宦者旨"，據改。
② "云"字原脫，據朱本、鄒本、《金石錄》補。
③ 瓆：原作"瑱"，譚校："瑱作瓆。"《隸釋》碑文正作"瓆"，據改。
④ 屯騎校尉：原作"屯騎將軍"，據《後漢書》本傳及碑文改。
⑤ 公孫述：原作"公遜述"，據庫本、朱本、鄒本、《金石錄》卷一八改。
⑥ "幽州"二字原脫。按：《隸釋》卷一三所載原闕銘"豫州"下有"幽州"二字，觀下文亦云"幽州君之元子"，據補。

跋東坡先生書

(宋) 王安中①

世學公書者衆矣。劍拔弩張、驥奔猊抉則不能無；至於尺牘狎書，姿態橫生，不矜而妍，不束而莊②，不軼而豪，蕭散容與，霏霏如零春之雨③，森疏掩斂④，熠熠如從月之星，紆徐婉轉，纚纚如抽繭之絲⑤，恐學者所未到也。

題東坡字後

(宋) 黃庭堅

東坡居士極不惜書，然不可乞，每乞書者⑥，正色詰責之，或終不與一字。元祐中鎖試禮部，每見過⑦，案上紙不擇精麄，書遍乃已。性喜酒，然不能四五龠已爛醉，不辭謝而就卧，鼻鼾如雷。少焉蘇醒，落筆如風雨，雖謔弄皆有義味。真神仙中人，此豈與今世翰墨之士爭衡哉！

題東坡墨迹

前人

東坡道人少日學《蘭亭》，故其書姿媚似徐季海；至酒酣放浪，意忘工拙，字特瘦勁，迺似柳誠懸。中歲喜學顏魯公、楊風子書，其合處不減李北海。至於筆圓而韻勝⑧，挾以文章妙天下、忠義貫日月之氣，本朝善書，自當推爲第一。數百年後，必有知余此論者。

---

① 王安中：原作"王履道"，下注"初寮"。按：王安中字履道，號初寮道人。今按本書通例只署其名。

② 不束而莊：宛委山堂本《說郛》卷二四下《後耳目志》引此跋作"不束而嚴"；《珊瑚網》卷二四下、《式古堂書畫彙考》卷二作"不束而整"。

③ "霏霏"句：《說郛》作"霏霏如既雨之雲"；《珊瑚網》《式古堂書畫彙考》作"霏霏如甘雨之霖"。

④ 掩斂：《珊瑚網》《式古堂書畫彙考》作"掩映"。

⑤ 抽繭之絲：《說郛》及上引二書作"縈繭之絲"。

⑥ 乞書：原脫"乞"字，據朱本、鄒本、《宋黃文節公全集·正集》卷二八補。

⑦ "每"下本集有"來"字。

⑧ "至"字原脫，據《宋黃文節公全集·正集》卷二八補。

跋古柏圖

(宋) 陸　游

此圖吾家舊藏。予居成都七年，屢至漢昭烈惠陵，此柏在陵旁廟中、忠武侯室之南。所謂"先主武侯同閟宮"者，與此略無小異，則畫工亦當時名手也。淳熙六年，龍集己亥，六月一日，陸某識。

跋中和院東坡帖

前　人

此一卷皆蘇仲虎尚書所藏。鑒定精審，無一帖可疑者。刻石在成都大聖慈寺中和勝相院。淳熙六年六月十七日，陸務觀題。

跋陵陽先生詩草

前　人

右，陵陽先生韓子蒼詩草一卷，得之其孫籍。先生詩擅天下，然反覆塗乙，又歷疏語所從來，其嚴如此，可以爲後輩法矣。予聞先生詩成，既以予人，久或累月，遠或千里，復追取更定，無毫髮恨迺止。則此草亦未必皆定本也。《大歇庵詩》一章，徐師川作，而先生手錄之，亦足見其無昔人爭名之病矣，故附見卷中。淳熙庚子四月二十二日，笠澤陸某書。

跋東坡問疾帖

前　人

東坡先生憂其親黨之疾，委曲詳盡如此，則愛君憂國之際可知矣。其曰"勿使常醫弄疾"，天下之至言，讀之使人感嘆彌日。淳熙九年五月乙未，甫里陸某書。

跋東坡詩草

前　人

東坡此詩云"清吟雜夢寐，得句旋已忘"，固已奇矣；晚謫惠州，復出一聯云："春江有佳句，我醉墮渺莽"，則又加於少作一等。近世詩人老而益嚴，蓋未有如東坡者也。學者或以易心讀之，何哉？淳熙九年五月二十六日，玉局祠吏陸某書於鏡湖下鷗亭。

跋三蘇遺文　　　　　　　　　　　　　　　　　　　　　前　人

此書，蜀郡呂商隱周輔所編。周輔入朝爲史官，得唐安守以歸，未至家，暴卒，可悲也！淳熙十一年正月十一日，務觀識。

跋東坡書髓　　　　　　　　　　　　　　　　　　　　　前　人

成都西樓下石刻《東坡法帖》十卷，擇其尤奇逸者爲一編，號《東坡書髓》。三十年間未嘗釋手。去歲在都下①，脫敗甚，乃再裝緝之。嘉泰三年，歲在癸亥，九月三日，務觀老學庵北窗手記。

跋關著作行記　　　　　　　　　　　　　　　　　　　　前　人

著作關公出使硤中，風采峻甚，仕者人人震慄，莫敢仰視。某以孤生，起罪籍，萬里佐州，淺闇滯拙，自期且汰去；而關公獨厚遇之，舉酒賦詩，談臺閣舊事，忘其位之重也。公免歸之明年，某以事至卧龍山咸平寺。長老惠璉言，公往有《行記》，今將刻之石，因屬某書其末。某曰：方關公之門可炙手時，此書伏不出；今公歸卧青城山中，賓客解散，形勢一變，而璉方刻其書，爲不朽計。嗟乎，足以愧士大夫矣！乾道七年七月七日②，左奉議郎、通判夔州軍州、主管學事陸某謹識。

跋先氏書巖　　　　　　　　　　　　　　　　　　　　（元）虞　集

涼國公勳業聞望著於天下，我國家蓍龜也。年七十餘，閑居金陵，又以文章學問爲吾道砥柱，其得於天而裕於人，何其盛哉！讀書巖之記，序其源委，博贍考據，鄉里晚生後進蓋有不及聞者。吾蜀百千年故家舊族若先氏巖者多有之矣，安得一一表章於大臣元老之手乎？然先氏子孫所恃以不朽者，不徒在於巖者矣。

---

① "在"字原脫，據《渭南文集》卷二九補。
② "七月"二字原脫，據《渭南文集》卷二六補。萬曆本、朱本、鄒本無"七日"二字。

跋先氏書巖

(元) 謝　端

端亦蜀人也，流離江漢間幾十餘年矣。某山某水不知幾何所，讀書巖之記，始知先氏之有賢子孫矣。端今老矣，行於四方，欲求一畝之居而不可得。吾蜀多異人異書，何時扁舟溯江而上，從書巖嵐光林影之下，求其遺書而讀之，庶幾補過，以希前修。汝礪可尚，不吾却也，其可感慨也夫！

跋宋太史楹銘

(明) 蜀獻王

"積丘山之善，尚未爲君子；貪絲毫之利，便陷於小人。"右，金華宋太史景濂《楹銘》，蓋其引年而歸田里時所作也。昔衛武公年九十，猶作《抑》詩以自警，即此意歟！其門人王紳爲予書此，予取而讀之，悚然若親見太史於前也，愓然若親聞太史之言也。所謂"雖無老成人，尚有典刑"，噫，信乎！古語云"從善如登，從惡如崩"，可不慎哉！今觀紳文章孝友，蚤有時望，誠可謂青出於藍、冰寒於水者矣。然於此銘，尤當書諸紳而弗忘，則非惟無負於太史，亦無負於己之所學也。特識數語以歸於某，且用以自勗。

跋鮮于樞書諸葛表後

前　人

鮮于太常伯機胸次無滯迹，所書漢丞相諸葛公《出師》二表真墨，筆力遒勁，韻度不凡，得妙中之妙，與趙松雪相伯仲，宜其爲世所寶。余罷朝，每每披閱，心目豁然。但恐其墨渝紙敝，不能久有於天地間，因命工勒石，以惠來學云。時成化十三年五月一日識。

跋釣魚城志後

(明) 鄒　智

予嘗觀天下之大勢矣，立國於北者恃黃河之險，立國於南者恃長江之險。而蜀寔江之上游也，敵人有蜀，則舟師可自蜀浮江而下①，而長江之險，敵人與我共之矣。由此言之，守江尤在於守蜀也。元南侵而必自蜀始，豈非有見於此歟？冉氏弟兄受知余玠，而首畫城釣魚之策；王堅、張珏且戰且守，至死不渝，豈非有見於此歟？向使無

---

①　浮：原作"涪"，據朱本、鄒本、鄒智《立齋遺文》卷二改。

釣魚城，則無蜀久矣；無蜀，則無江南久矣，宋之宗社豈待崖山而後亡哉！嗚呼！當茲城之成也，宋無西顧之憂，元無東下之路。使賈似道能用汪立信之策，陳宜中能用文天祥之策，下游與上游齊奮，內郡與外郡併力，天下事未可知矣。天時不齊，人事好乖，令人有千古不平之憤！

牟女打虎賦跋 榮縣　　　　　　　　　　　　　　　　　（明）魏　瀚①

粵王化既邈，習俗澆薄，雖父子兄弟夫婦，利害所在，不相顧藉②，甚至戕恩賊義，有難言者。余遷守茲郡，聽讞之際，凡悖倫傷恩者，靡不開其蔽而通其明，全其情而懼以法。然固有心革威懼，翻然悔悟者，而倫理尚未見厚，訟獄終未能清。豈身教之政有未至，而習染之錮未易新耶？

僉憲范公追賦《牟女打虎救母詩》，惓惓以牟女之孝為足重，而守令能旌勸為可嘉。公復以職在觀風，申諭吾民，勿使是女專美於前。公之究心扶持世教，弭息訟源，不特文字之可稱述而已。凡在吾民，獨不思牟一弱女，而孝心激烈，捍虎救母，奮不顧身，況壯而為男子者乎！又況讀書明理為丈夫者乎③！

---

① 原注："知州。"
② 顧藉：原作"顧籍"，據萬曆本、朱本、鄒本改。韓愈《上留守鄭相公啟》："不啻如棄涕唾，無一分顧藉心。"雍正《四川通志》卷四四作"顧惜"。
③ 丈夫：原作"大夫"，據庫本、雍正《四川通志》改。

全蜀藝文志卷之六十

赤牘

與周益州書 周撫爲益州刺史，在永和三年。凡八則。　　　　　　　　　　（晉）王羲之

　　足下今年政七十邪？知體氣常佳，此大慶也。想復勤加頤養。吾年垂耳順，推之人理，得爾以爲厚幸①，但恐前路轉欲逼耳。以爾，要欲一遊目汶領，非復常言。足下但當保護，以俟此期，勿謂虛言。得果此緣，一段奇事也。

　　去夏得足下致邛竹杖，皆至。此土人多有尊老者，皆即分布，令知足下遠惠之至②。

　　往在都見諸葛顯，曾具問蜀中事③，云成都城池④、門屋樓觀皆是秦時司馬錯所修，令人遠想慨然。爲爾不信，一一示，爲欲廣異聞⑤。

　　云譙周有孫，高尚不出，令爲所在，其人有以副此志否？令人依依。足下具示。嚴君平、司馬相如、揚雄皆有後否⑥。

　　省足下別疏，具彼土山川諸奇。揚雄《蜀都》、左太沖《三都》殊爲不備悉。彼故爲多奇，益令其遊目意足也。可得果，當告卿求迎⑦，少人足耳。至時示意，遲此期，真以日爲歲。想足下鎮彼土，未有動理耳。要欲及卿在彼，登汶領、峨眉而旋⑧，實不朽之盛事。但言此，心以馳於彼矣⑨。

　　知有漢時講堂在⑩，是漢何帝時立此？知畫三皇五帝以來備有，畫又精妙，甚可觀

---

① "爾"原作"此"，"以"原作"已"，據嚴可均《全晉文》卷二五改。按：嚴可均所録均據《法書要録》《淳化閣帖》等書，乃王羲之帖原文，楊升庵所録多有異同以至脱誤，今據以改正。
② "之至"二字原脱，據《全晉文》卷二六補。
③ 具：原作"見"，據《全晉文》卷二二改。
④ 池：原脱，據上引補。
⑤ "爲爾"三句原作"具示爲廣異聞"，據上引改。
⑥ 此句原誤移於"知有漢時講堂在"一則後，據上引移正。
⑦ 迎：原誤作"進"，據上引改。
⑧ 旋：原作"還"，據上引改。
⑨ 以：原作"已"，據上引改。
⑩ 在：原脱，據上引補。

也。彼有能畫者不？欲摹取①，當可得否？須具告②。

彼鹽井、火井皆有否？足下目見不？爲欲廣異聞，具示③。

與謝安書 法帖不載，蜀中舊有石刻④。 　　　　　　　　　　　　　　　　　前　人

蜀中山川，如岷山，夏含霜雹，校之所聞，崑崙之仲也。

與某帖　　　　　　　　　　　　　　　　　　　　　　　　（晉）王獻之

《益部耆舊傳》令送，想催驅寫取了，愼不可過淹留⑤。米元章釋爲"益郎"⑥。可笑，豈有《益郎耆舊傳》邪？甚矣，米風子之柺腹杜撰也！

與蕭紀書　　　　　　　　　　　　　　　　　　　　　　　（梁）元　帝

蜀中斗絕，易動難安。弟可鎮之，吾自當滅賊。
又別紙云：地擬孫、劉，各安境界；情深魯、衛，書信常通⑦。

與孫叔靜簡　　　　　　　　　　　　　　　　　　　　　（宋）蘇　軾

眉山人有巢谷者，字元修、曾應進士、武舉，皆無成，篤於風義，已七十餘矣。聞某謫海南，徒步萬里來相勞問。至新興病亡，官爲藁殯，錄其遺物於官庫。元修有子蒙，在里中，某已使人呼蒙來迎喪，頗助其路費，仍約過永而南，當更資之，但未

---

① "欲"下原有"因"字，據《全晉文》卷二二刪，《法書要錄》亦無"因"字。
② 須：原作"信"，據上引改。
③ "具示"二字原脫，據上引補。
④ 按：此書始見於宛委山堂本《說郛》卷七四下所載題爲呂祖謙所撰之《臥遊錄》，其文與此略異，云："蜀中山水，如峨眉山，夏含霜雹，碑板之所聞，崑崙之伯仲也。"明人書如《升庵集》《漢魏六朝百三家集》《益部談資》《廣博物志》等亦多引之。《升庵集》卷七七錄此篇，注云"見《輿地志》"。嚴可均《全晉文》卷二二亦加收錄，注云"疑是楊升庵依託"，似亦無據。
⑤ 宋劉次莊《法帖釋文》卷九、朱長文《墨池編》卷五、《全晉文》卷二七載此帖此下尚有數句，與蜀事無關，此乃節錄。
⑥ 以下爲楊愼注。
⑦ 常：《南史》卷五三《武陵王紀傳》作"恒"。

到耳。旅殯無人照管，或毀壞暴露。願公愍其不幸，因巡檢至其所，特爲一言於彼守令，得稍修治其殯，常戒主者保護之①，以須其子之至，則恩及存亡耳。死罪死罪。

答蜀僧幾演　　　　　　　　　　　　　　　　　　　　　　　　前　人

幾演大士：蒙惠《蟠龍集》，向已盡讀數册，迺詩迺文②，筆力奇健，深增嘆伏③。僕嘗觀貫休、齊己詩，尤多凡陋，而遇知得名，赫奕如此。蓋時文凋弊，故使此二僧爲雄强。今吾師老於吟詠，精敏豪放，而汩没流俗，豈亦有幸不幸邪？然此道固亦澹泊寂寞，非以蘄人知而鼓譽也。但鳴一代之風雅而已。既承厚貺，聊奉廣耳。

與巢元修　　　　　　　　　　　　　　　　　　　　　　　　　　前　人

日日望歸，今日得文甫書，乃云昨日始與君瑞成行。東城荒廢，春笋漸老，餠餤已入末限，聞此當俟駕邪？老兄別後想健。某五七日來，苦壅嗽殊甚，飲食語言殆廢，矧有樂事！今日漸佳。近日牢城失火，燒蕩十九；雪堂亦危，潘家皆奔避，堂中飛焰已燎檐矣④。幸而先生兩瓢無恙，四柏亦吐芽矣。

答佛印禪師　　　　　　　　　　　　　　　　　　　　　　　　　前　人

塵勞袞袞，忽得來書，讀之如蓬蒿藜藿之徑而聲欬之音，可勝慰悦！且審即日法履輕安，又重以慰也。某蒙恩擢寘詞林，進陪經幄，是爲儒者之極榮，實出禪師之善禱也。餘熱，千萬自重。

重答佛印　　　　　　　　　　　　　　　　　　　　　　　　　　前　人

人至，承誨示，知俶裝取道⑤，會見不遠，豈勝欣慰。向冷，跋涉，自愛。

---

① 主者：原作"至者"，據朱本、鄒本及四庫本《東坡全集》卷七八改。
② "迺詩"二字原脱，據《蘇文忠公全集》卷六一補。
③ 伏：萬曆本、朱本、鄒本、本集作"服"。
④ 矣：原作"天"，據《蘇文忠公全集》卷六〇改。
⑤ 取：原作"聚"，朱本、鄒本作"趣"，據《蘇文忠公全集》卷六一改。

與家復禮 復禮眉州人　　　　　　　　　　　　　　　前　人

前日辱訪別，悵戀不已。陰寒，起居佳否？送行詩別寫得一本，都勝前日書者，復納去。遠道，萬萬自重。

黔中與人簡　　　　　　　　　　　　　　　　　　（宋）黃庭堅

頃承惠香①，極清淡可喜，每與范道人同之耳。比來絕無香材，時時焚降真。甲籛淺俗②，零霍虛躁，非主人深静，不能調製此物耳。聞元叔苦瘡瘍，遂平復否？焚香何不見寄？如王所獻天女，惟我能受，可以與我，呵呵！

答唐彦道　　　　　　　　　　　　　　　　　　　　前　人

此因三家作酒皆美，以飲客，因作三頌，謾往一笑。有《金桃》《棕梠》二頌，熱倦，未暇録也。王廣道有舉業，言行有常，可喜人也。言欲遊富義，謁入關齋，欲倚公一言爲重，如何？

答從聖使君　　　　　　　　　　　　　　　　　　　前　人

此邦茶乃可飲，但去城或數日，土人不善制度，焙多帶烟耳，不然亦殊佳。今往黔州都濡月兔兩餅③，施州入香六餅，試將焙碾嘗。都濡在劉氏時貢炮也，味殊厚，恨此方難得真好事者耳。

與曹使君伯達　　　　　　　　　　　　　　　　　　前　人

再拜啓。伏承手誨，分惠荔子，色香動人眼鼻，誠與山烟溪露俱來。乃知夔峽荔

---

① 頃：原作"傾"，據庫本、朱本、鄒本改。《宋黃文節公全集·續集》卷三作"頓"。
② 甲籛：本集作"甲煎"，元刻本《山谷老人刀筆》作"甲箋"，蓋同指一物，但寫法不同。李時珍《本草綱目·介二·甲煎》："甲煎，以甲香同沈麝諸藥花物治成，可作口脂及焚爇也。"
③ 往：譚校"往，疑作得"。按："往"猶言"送去"，譚校誤。

支已勝嶺南。珍重眷與之意①，無以爲諭。

黔中與人帖 十五則，升庵臨②。　　　　　　　　　　前　人

　　庭堅頓首。竊觀鎮静足以安夷獠，清節足以服吏民。郡閣宴閑，時與僚佐歌舞以謝江山，當亦無不樂時。別後未嘗不思英對也③。

　　齋中小宴④，歌舞中更得新進否？此邦樂籍似皆勝渝、瀘，微有成都之風也。

　　餘甘乃有一種，大者如李，其質味甘脆，與常見者絶不類。或云蠻中有之。《西域傳》云，餘甘二種，大者生青熟黄，小者始終青色，蓋信然矣。

　　惠酒殊佳⑤，斤燭甚如法，弓弰、通裙亦精緻，併佩珍貺。

　　昨仲牖過此，盛稱亞室之秀惠，纖穠合度，笑語不可忘，女功尤妙。公濟來，又言作瓠羹極道地，故奉麴一石作瓠羹也。一噱。來人，索索作此，所謂草草⑥。

　　昨日舍弟荷招唤，時暑煩，二姬釵插大似不識好惡。然蒙眷與之厚，感愧不可言。有竹紙，乞數十，但恐亦竭矣。

　　承惠伊蒲之饌，感刻感刻！

　　此辱寵顧，匆匆不得款停車馬⑦，甚愧。得手字，承侍奉萬福爲慰。昨日市中已見蠟梅開者數枝矣。

　　惠紫蕈、金山豆豉⑧，皆佳物。手寒研凍，道謝不能什一。

　　笋甚奇，庭堅再拜。

　　喜承起居清安⑨，閣中、小閣皆佳勝⑩。東樓碾茶豈作堰閘處邪？尚阻參承，千萬珍重。

　　四月十三日，庭堅頓首。元長、元度等書亦是一時之傑，但鄙性不甚悦之。若有所譏評，則二公方失勢，不若不評之兩得也。盛暑，奉報草帥，悚仄悚仄！

　　望之去後，令弟必將汧國入城。其人亦肯調伏成家否？無緣會面，聊寄一笑。

---

① 珍重：原作"珍香"，據《宋黄文節公全集·續集》卷三改。
② 按：題下小注當爲劉大謨所加。據嘉靖本分段，實僅十四則，然按《山谷簡尺》，則爲十七則。又升庵所臨黄帖乃隨意節録，多非全文。
③ 英對：《宋黄文節公全集·别集》卷一四《山谷簡尺》卷上作"清對"。
④ 此則原與上則相連，據《山谷簡尺》卷上，此爲另一則中之數句，據分。
⑤ 同校記④。
⑥ "來人"以下三句原在下"輟慧中之簾"一則之首，據《山谷簡尺》卷上移正。
⑦ 停：《山谷簡尺》卷下作"佇"。
⑧ 此則原與上則相連。按《山谷簡尺》卷下，别是一則，今分。又此句"金山豆豉"，原文作"金山豉醬瓜"。
⑨ 此則原與上則相連。按：《山谷簡尺》卷下，别是一則，據分。清安：本集作"輕安"。
⑩ "閣中"下本集有"暨"字。

所喻快一時之語，好事者將以爲美談，此至言也。敬佩玉音，服之無斁。

承諭，小李數問動静，想琅琅不見問也，一噱。琅琅秀慧，清歌有出藍之聲，比得數新曲，恨未得親教耳。鄂渚亦有二三子可與娛，每至樽前，未嘗不懷清對也。王環中時得近履烏否？圓通道人，諸山之冠也，時請見接清談否？

小樂府至今未成，蓋數月不作文字，如井泥不食，徒費井綆耳。秋月晴徹，頗得淺斟低唱之樂否？恨不見小妝與嫦娥爭暉。人還，奉書草率。八月十六日，庭堅頓首，德修都監左藏仁親。

兩辱垂顧，甚惠。放逐不齒，因廢人事，不能奉詣，甚愧來辱之意。所須拙字，天凉意適，或能三二紙，門下生輒又取去。六十老人，五月揮汗，今實不能辦此，想聰明可照察也。承晚凉遂行，千萬珍愛。象江皆親舊，但盛暑，非近筆研時，未能作書，見者爲道此意。

輟慧中之簾，甚愧。孫子曰："將欲奪之，必固與之①。"此倒用司農印耳。

　　余嘗愛山谷刀筆，其蒼古如商彝周鼎，其壯健如陣馬風檣，不獨度越當時，實能凌跨往昔。今兹數帖，集中所未載。觀夫命詞醖籍，用筆遒勁，且升庵逼真之臨，風骨宛然，可不謂之"三絶"矣乎？反覆展玩，弗覺心醉神降。隋珠趙璧，恐不足爲寶矣。嗚呼！望厥影，孰若睹厥形，安得韓參將家藏真迹一寓目耶？聞已化去，莫知所在。然異物胡能自秘？斗間紫氣，試於中夜候之，容可得其珍收處也。嘉請辛丑秋日，東皋劉大謨跋。

---

① 按：此二句乃《老子》第三十六章之語，或爲作者誤記，或是"孫"爲"老"之誤。

全蜀藝文志卷之六十一

行　紀

入蜀記①　　　　　　　　　　　　　　　　　　（宋）陸　游

六日②，過荆門十二碚。皆高崖絶壁，嶄巖突兀，則峽中之嶮可知矣。過碚，望五龍及鷄籠山，嵯峨正如夏雲之奇峰。荆門者，當以險固得名。碚上有石穴，正方，高可通人，俗謂之荆門，則妄也。晚，至峽州，泊至喜亭③。峽州在唐爲硤州④，後改峽，而印文則爲陝州。元豐中，郎官何洵直建言，陝與陝相亂，請改鑄印文從"山"。事下少府監，而監丞歐陽發言湖北之陝州從阜從夾，夾從兩人。陝西之陝州從阜從夾，夾從兩入。偏旁不同，本不相亂，恐四方謂少府監官皆不識字。當時朝士之議皆是發，而卒從洵直言改鑄云。《至喜亭記》，歐陽公撰，黃魯直書。

七日，見知州、右朝奉大夫葉安行，字履道。以小舟遊西山甘泉寺。竹橋石磴，甚有幽趣。有"静練""洗心"二亭，下臨江山，頗疏豁。法堂之右，小徑數十步，至一泉，曰"孝婦泉"，謂姜詩妻龐氏也；泉上亦有龐氏祠。然歐陽文忠公不以爲信，故其詩曰："業祠已廢姜祠在，事迹難尋楚語訛。"又此篇首章云"江上孤峰蔽緑蘿"，初讀之但謂孤峰蒙藤蘿耳，及至此，乃知山下爲緑蘿溪也。又至漢景帝廟及東山寺。景帝不知何以有廟於此。歐陽公爲令時，有《祈雨文》，在集中⑤。東山寺，亦見歐陽公詩，距望京門五里。寺外一亭，臨小池，有山如屏環之，頗佳。晚群集於楚塞樓⑥，遍歷爾雅臺、錦障亭。亭前海棠二本，亦百年物。爾雅臺者，圖經以爲郭景純注《爾雅》於此。

八日，五鼓盡，解船。過下牢關。夾江千峰萬嶂，有競起者，有獨拔者，有崩欲

---

① 譚校："《入蜀記》凡六卷，乃乾道庚寅歲夔府帥王炎薦之，起爲夔州通判，自山陰赴官紀行。此其末卷也。按：《渭南文集》，以乾道六年閏五月十八日晚行，十月二十七日至夔。"
② "六日"上，譚校注"十月"二字。按：《渭南文集》卷四八節録《入蜀記》中之一部分作爲一卷，起乾道六年十月六日，至當月二十七日。《全蜀藝文志》即據《渭南文集》收録。
③ "亭"下《渭南文集》有"下"字。
④ 上"州"字原作"門"，據本集改。
⑤ 集：本集亦同。庫本及宛委山堂《説郛》本作"廟"。
⑥ 群：原作"郡"，據庫本、朱本、鄒本改。下十七日、十九日同。

壓者，有危欲墜者，有橫裂者，有直坼者，有凸者，有窪者，有罅者，奇怪不可盡狀。初冬，草木皆青蒼不凋。西望重山如闕，江出其間，則所謂下牢溪也。歐陽文忠公有《下牢津》詩云："入峽山漸曲，轉灘山更多。"即此也。繫船，與諸子及譿師登三遊洞。躡石磴二里，其巇處不可著脚。洞大如三間屋，有一穴通人過，然陰黑峻嶮，尤可畏①。繚山腹，傴僂自巖下至洞前差可行，然下臨溪潭，石壁十餘丈，水聲恐人。又一穴，後有壁，可居。鍾乳歲久，垂地若柱，正當穴門，上有刻云："黄大臨，弟庭堅，同辛紘、子大方，紹聖二年三月辛亥來遊。"旁石壁上刻云："景祐四年七月十日，夷陵歐陽永叔。"下缺一字，又云"判官丁"，下又缺數字。丁者，寶臣也，字元珍。今"丁"字下二字亦髣髴可見，殊不類"元珍"字。又永叔但曰"夷陵"，不稱令。洞外溪上又有一崩石偃仆，刻云"黄庭堅，弟叔向，子相，侄㮀②，同道人唐履來遊。觀辛亥舊題，如夢中事也。建中靖國元年三月庚寅。"按：魯直初謫黔南，以紹聖二年過此，歲在乙亥，今云辛亥者，誤也③。泊石牌峽，石穴中有石如老翁持魚竿狀，略無少異。

九日，微雪，過扇子峽。重山相掩，政如屏風扇，疑以正得名。登蝦蟆碚，《水品》所載第四泉是也。蝦蟆在山麓，臨江，頭鼻吻頷絕類，而背脊皰處尤逼真，造物之巧有如此者。自背上深入，得一洞穴，石色綠潤，泉泠泠有聲，自洞出，垂蝦蟆口鼻間，成水簾，入江。是日極寒，巖嶺有積雪，而洞中溫然如春。碚洞相對，稍西有一峰，孤起侵雲，名天柱峰。自此山勢稍平，然江岸皆大石堆積，彌望正如浚渠積土狀。晚，次黄牛廟，山復高峻。村人來賣茶菜者甚衆。其中有婦人，皆以青斑布帕首，然頗白皙，語音亦頗正。茶則皆如柴枝草葉，苦不可入口。廟靈感神封"嘉應保安侯"，皆紹興以來制書也。其下即無義灘，亂石塞中流，望之可畏，然舟過乃不甚覺，蓋操舟之妙也。傳云神左夏禹治水有功，故食於此。門左右各一石馬，頗卑小，以小屋覆之，其右馬無左耳，蓋歐陽公所見也。廟後叢木，似冬青而非，莫能名者。落葉有黑文，類符篆，葉葉不同，兒輩亦求得數葉。歐詩刻石廟中。又有張文忠一贊，其詞曰："壯哉黄牛，有大神力。輦聚巨石，百千萬億。劍戟齒牙，磥砢江側。壅激波濤，險不可測。威脅舟人，駭怖失色。刲羊醻酒，千載廟食。"張公之意似謂神聚石壅流以脅人，求祭饗。使神之用心果如此，豈能巍然廟食千載乎？蓋過論也。夜，舟人來告，請無擊更鼓，云廟後山中多虎，聞鼓則出。

十日早，以特豕壺酒祭靈感廟，遂行。過鹿角、虎頭、史君諸灘，水縮已三之二，然湍險猶可畏。泊城下，歸州秭歸縣界也。與兒曹步沙上，回望正見黄牛峽廟後山，如屏風疊，嵯峨插天。第四疊上有若牛狀，其色赤黄，前有一人如著帽立者。昨日及今早雲冒山頂，至是始見之。因至白沙市慈濟院，見主僧志堅，問地名"城下"之由，云：院後有楚故城，今尚在。因相與訪之。城在一岡阜上，甚小，南北有門，前臨江

---

① 尤：原作"元"，據庫本、本集改。萬曆本、朱本、鄒本作"甚"。
② 㮀：原作"徼"，據本集改。按：黄庭堅子侄輩名皆從"木"。
③ 譚校："辛亥在三月下，記日也，非記歲也，故不誤。"

水，對黃牛峽。城西北一山，蜿蜒回抱，山上有伍子胥廟。大抵自荆以西，子胥廟至多。城下多巧石，如靈壁、湖口之類。

十一日，過達洞灘。灘惡，與骨肉皆乘轎陸行過灘。灘際多奇石，五色粲然可愛，亦或有文、成物象及符書者。猶見黃牛峽廟後山。太白詩云："三朝上黃牛，三暮行太遲。三朝又三暮，不覺鬢成絲。"歐陽公云："朝朝暮暮見黃牛，徒使行人過此愁。山高更遠望猶見，不是黃牛滯客舟。"蓋諺謂"朝見黃牛，暮見黃牛，一朝一暮①，黃牛如故"，故二公皆及之。歐陽公自荆渚赴夷陵，而有《下牢》《三遊》及《蝦蟇碚》《黃牛廟》詩者，蓋在官時來游也。故《憶夷陵山》詩云"憶嘗祇吏役，鉅細悉經覩"；其後又云"荒烟下牢戍，百仞塞溪漱。蝦蟆噴水簾，甘液勝飲酎。亦嘗到黃牛，泊舟聽猿狖"也。晚，泊馬肝峽口。兩山對立，修聳摩天，略如廬山。江岸多石，百丈縈絆，極難迴。夜，小雨。

十二日早，過東瀼灘，入馬肝峽。石壁高絕處，有石下垂如肝，故以名峽。其旁有獅子巖，巖中有一小石，蹲踞張頤，碧草被之，正如一青獅子。微泉泠泠自巖中出，舟行急，不能取嘗，當亦佳泉也。溪上又有一峰，孤起秀麗，略如小孤山②。晚抵新灘，登岸，宿新安驛。夜，雪。

十三日，舟上新灘。由南岸上，及十七八，船底為石所損。急遣人往拯之，僅不至沈；然銳石穿船底，牢不可動，蓋舟人載陶器多所致。新灘兩岸，南曰官漕，平聲。北曰龍門。龍門水尤湍急，多暗石；官漕差可行，然亦多銳石，故為峽中最險處，非輕舟無一物不可上下。舟人冒利以至此，可為戒云。遊江瀆北廟，廟正臨龍門。其下石罅中有溫泉，淺而不涸，一村賴之。婦人汲水，皆背負一全木盎，長二尺，下有三足，至泉旁，以枓挹水，及八分，即倒坐旁石，束盎背上而去。大抵峽中負物率著背，又多婦人，不獨水也。有婦人負酒賣，亦如負水狀；呼買之，長跪以獻。未嫁者，率為同心髻，高二尺，插銀釵至六隻，後插大象牙梳，如手大。

十四日，留驛中。晚，以小舟渡江南，登山，至江瀆南廟。新修未畢。有一碑，前進士曾華旦撰，言：因山崩石壅成此灘，害舟不可計。於是著令，自十月至二月禁行舟。知歸州、尚書都官員外郎趙誠聞於朝，疏鑿之，用工八十日，而灘害始去。皇祐三年也。蓋江絕於天聖中，至是而復通，然灘害至今未能悉去。若乘十二月、正月水落石盡出時，亦可併力盡鑱去銳石。然灘上居民皆利於敗舟，賤買板木，及滯留買賣，必搖沮此役；否則賂石工，以為石不可去。須斷以必行，乃可成。又舟之所以敗，皆失於重載，當以大字刻石置驛前，則過者必自懲創。二者皆不可不講，當以告當路者。

---

① 一朝一暮：萬曆本、庫本及《渭南文集》《入蜀記》並同。朱本、鄒本改作"三朝三暮"。《太平御覽》卷五三引盛弘之《荆州記》云："行者歌曰：朝發黃牛，暮宿黃牛，三日三夜，黃牛如故。"酈道元《水經注·江水》引作"故行者謠曰：……三朝三暮，黃牛如故。"然唐代以後書中亦多引作"一"者，今不改。

② 山：原作"舟"，據本集改。

十五日，舟人盡出所載，始能挽舟過灘，然須修治，遂易舟。離新灘，過白狗峽，泊舟興山口。肩輿遊玉虛洞，去江岸五里許，隔一溪，所謂香溪也。源出昭君村，水味美，録於《水品》，色碧如黛。呼小舟以渡。過溪，又里餘①。洞門小，纔丈，既入則極大，可容數百人，宏敞壯麗，如入大宫殿。中有石成幢蓋、幡旗、芝草、竹笋、仙人、龍虎、鳥獸之屬千狀萬態，莫不逼真。其絶異者，東石正圓如日，西石半規如月，予平生所見巖竇無能及者②。有熙寧中謝師厚、岑巖起題名③。又有陳堯咨所作記，叙此洞本末，云：唐天寶中，獵者始得之。比歸，已夜，風急，不可秉燭炬，然月明如畫。兒曹與全師皆杖策相從，殊不覺崖谷之險也。

十六日，到歸州，見知州右奉議郎賈選子公④、通判左朝奉郎陳端彦民瞻。館於報恩光孝寺，距城一里許，蕭然無僧。歸之爲州，纔三四百家，負卧牛山，臨江，州前即人鮓甕⑤，城中無尺寸平土⑥。灘聲常如暴風雨至。隔江有楚王城，亦山谷間，然地比歸州差平，或云楚始封於此。《山海經》：夏啓封孟涂於丹陽城⑦。郭璞注云：在秭歸縣南⑧。疑即此也。然《史記》，成王封熊繹於丹陽，裴駰乃云在枝江縣，未詳孰是。

十七日，群集於望洋堂、玩芳亭，亦皆沙石犖确之地⑨。賈守云，州倉歲收秋夏二料，麥粟秔米共五千餘石，僅比吴中一下户耳。

十八日，初得艣船，差小，然底闊而輕，於上灘爲便。

十九日，群集於歸鄉堂，欲以是晚行，不果。訪宋玉宅，在秭歸縣之東，今爲酒家。舊有石刻"宋玉宅"三字，近以郡人避太守家諱去之，或遂由此失傳，可惜也。

二十日早，離歸州。出巫峽門⑩，過天慶觀，少留。觀唐天寶元年碑，載明皇夢老子事，巴東太守劉瑫所立，字畫頗清逸。碑側題當時郡官吏胥姓名，字亦佳。又有周顯德中荆南判官孫光憲爲知歸州高從讓所立碑。從讓蓋南平王家子弟。光憲亦知名，國史有事迹。蓋五代時，歸、峽皆隸荆渚也。殿前有柏，數百年物。觀下即吒灘，亂石無數。飯於靈泉寺，遂登舟。過業灘，亦名灘也。水落舟輕，俄頃遂過。

二十一日，舟中望石門關，僅通一人行，天下至險也。晚，泊巴東縣。江山雄麗，大勝秭歸；但並邑極於蕭條，邑中纔百餘户，自令廨而下皆茅茨，了無片瓦。權縣事、

---

① "里餘"二字原作"至魚"，似以"又至魚洞"爲句，然此處所記乃玉虛洞事，别無所謂"魚洞"。蓋"里"以形訛作"至"，"餘"以音訛作"魚"，今據本集改。

② 竇：原作"寶"，據萬曆本、朱本、鄒本、本集改。

③ 起：萬曆本、朱本、鄒本作"記"，誤，岑巖起即岑象求。

④ "公"字原重，據庫本、朱本、鄒本、本集删。按："公"字下萬曆本空一格，朱本、鄒本注"缺"字。譚校："《渭南文集》無缺字。"是。賈選字子公，文意本順。

⑤ 州：原無，據本集補。

⑥ "平"字原脱，據本集補。按：此謂無平地，不可謂無尺寸土。

⑦ 孟涂：原作"孟除"，據朱本、鄒本、《山海經·海内南經》改。

⑧ 按：今本《山海經》郭璞注云丹陽城在秭歸縣東七里，蓋陸游誤記。

⑨ "石"字原脱，據萬曆以下各本及本集補。

⑩ 巫峽門：本集作"巫峰門"。

秭歸尉、右迪功郎王康年，尉兼主簿、右迪功郎杜德先來，皆蜀人也。謁寇萊公祠堂①，登秋風亭②，下臨江山③。是日，重陰微雪，天氣颼飄，復觀亭名，使人悵然，始有流落天涯之嘆。遂登雙柏堂、白雲亭。堂下舊有萊公所植柏④，今已槁死。然南山重複，秀麗可愛。白雲亭則天下幽奇絕境。群山環擁，層出間見；古木森然，往往二三百年物；欄外雙瀑瀉石澗中，跳珠濺玉，冷入人骨。其下是爲慈溪，奔流與江會。予自吳入楚，行五千餘里，過十五州，亭榭之勝無如白雲者，而止在縣廨廳事之後。巴東了無一事，爲令者可以寢飯於亭中，其樂無涯；而闕令動輒二三年，無肯補者，何哉？

二十二日，發巴東。山益奇怪。有夫子洞者，一竇在峭壁絕高處，人迹所不可至，然髣髴若有欄楯。不知所謂"夫子"者何也。過三分泉，自山竇中出，止兩派。俗云三派有年，兩派中熟，一派或絕流，饑饉。泊疲石。夜，雨。

二十三日，過巫山凝真觀，謁妙用真人祠。真人，即世所謂巫山神女也。祠正對巫山，峰巒上入霄漢，山腳直插江中，議者謂太華、衡、廬皆無此奇。然十二峰者，不可悉見。所見八九峰，惟神女峰爲最纖麗奇峭，宜爲仙真所託。祝史云，每八月十五夜月明，時有絲竹之音往來峰頂上，峰頂上猿皆鳴⑤，達旦方漸止。廟後山半，有石壇平曠，傳云夏禹見神女，授符書於此。壇上觀十二峰，宛如屏障。是日，天宇晴霽，四顧無纖翳；惟神女峰上有白雲數片，如鸞鶴翔舞徘徊，久之不散，亦可異也。祠舊有烏數百，送迎客舟，自唐夔州刺史李貽孫詩已云"群烏幸胙餘"矣⑥。近乾道元年，忽不至，今絕無一烏，不知其故。泊清水洞。洞極深，後門自山後出，黮闇⑦，水流其中，鮮能入者。歲旱祈雨頗應。權知巫山縣、左文林郎冉徽之，尉、右迪功郎文庶幾來。

二十四日早，抵巫山縣。在峽中，亦壯縣也，市井勝歸、峽二郡。隔江南陵山極高大，有路如綫，盤屈至絕頂，謂之一百八盤，蓋施州正路。黃魯直詩云"一百八盤攜手上，至今歸夢繞羊腸"，即謂此也。縣廨有故鐵盆，底銳，似半甕狀，極堅厚，銘在其中，蓋漢永平中物也。缺處鐵色光黑如佳漆，字畫淳質可愛玩。有石刻魯直作《盆記》，大略言"建中靖國元年，予弟叔向嗣直自涪陵尉攝縣事。予起戎州，來寓縣廨。此盆舊以種蓮，余洗滌乃見字"云。遊楚故離宮，俗謂之細腰宮。有一池，亦當

---

① 祠：原作"詞"，據萬曆以下各本及本集改。
② 登：原作"發"，據庫本、朱本、鄒本、本集改。
③ 下：原無，據本集補。
④ 以上二句，"白雲亭堂"四字原脫，據本集補。
⑤ "往來"至"皆鳴"十一字：本集作"往來峰頂，山猿皆鳴"。
⑥ 夔州：原作"幽州"，據本集改。李貽孫：原脫"孫"字。按：宋陳思《寶刻叢編》卷一九引《金石錄》："《唐神女廟詩》，唐李貽孫撰。會昌五年九月。"又引《集古錄目》："《唐（夔州）都督府記》，唐夔州刺史李貽孫撰，會昌五年十一月立。"可見唐夔州刺史爲李貽孫，非李貽，今據補。此處所引詩句當即指其《神女廟》詩。其《夔州都督府記》見本書卷三四。
⑦ "黮"上，本集有"但"字。

時宮中燕遊之地，今堙沒略盡矣。三面皆荒山，南望江山奇麗。又有將軍墓，東晉人也。一碑在墓後，趺陷入地①，碑傾前欲壓，字纔半存。

二十五日哺後，至大溪口泊舟。出美梨，大如升。

二十六日，發大溪口，入瞿唐峽。兩壁對聳，上入霄漢，其平如削成，仰視天如匹練然。水已落，峽中平如油盎。過聖姥泉，蓋石上一罅，人大呼於旁則泉出，屢呼則屢出，可怪也。晚，至瞿唐關。唐故夔州與白帝城相連，杜詩云"白帝夔州各異城"，蓋言難辨也。關西門正對灩澦堆，堆碎石積成，出水數十丈。土人云，方夏秋水漲時，水又高於堆數十丈。肩輿入謁白帝廟，氣象甚古，松柏皆數百年物。有數碑，皆孟蜀時立②。庭中石筍有黃魯直建中靖國元年題字。又有越公堂，隋楊素所創，少陵爲賦詩者，已毀；今堂，近歲所築，亦甚宏壯。自關而東即東屯，少陵故居也。

二十七日早，至夔州。州在山麓沙上，所謂魚復永安宮也。宮今爲州倉，而州治在宮西北、甘夫人墓西南，景德中轉運使丁謂、薛顏所徙。比白帝頗平曠，然失關險，無復形勢。在瀼之西，故一曰瀼西，土人謂山間之流通江者曰"瀼"云。州東南有八陣磧，孔明之遺迹，碎石行列如引繩。每歲江漲，磧上水數十丈；比退，陣石如故。

---

① 趺：原作"跌"，據萬曆本、朱本、鄒本改。
② "立"上，本集有"所"字。

全蜀藝文志卷之六十二

行　紀

吳船録①　　　　　　　　　　　　　　　　　　（宋）范成大

　　石湖居士以淳熙丁酉五月戊辰離成都，泊舟合江亭下。合江者，乃岷江別派，自永康離堆入成都及彭、蜀諸郡，合於此，下新津。緑野平林，烟水清遠，極似江南。亭之上曰芳華樓，前後植梅甚多②，蜀人入吳者皆從此登舟。其西則萬里橋，諸葛孔明送費禕使吳，曰"萬里之行始於此"，後因以名橋。杜子美詩曰"門泊東吳萬里船"，此橋正爲吳人設。余在郡時，過此橋，輒爲之慨然。

　　六月己巳朔，發家屬舟下眉州彭山縣泊。單騎轉城，過東、北門，又轉而西，自侍郎堤西行，走岷山道中，五十里至郫。觀者塞途，嚴妝盛飾，帟幕相望，蓋自來無制帥行此路。

　　庚午，至永康軍。崇德廟在軍城西門外山上，秦太守李冰父子廟食處也。

　　辛未，登城西樓，其下岷江，對江即岷山，最近者曰青城，其尤大者曰大面山，大面之後皆西戎山矣③。西門名玉壘關。將至青城，當再渡繩橋。長百二十丈，分爲五架。橋之廣，十二繩排連之，上布竹笆。攢立大木數十於江沙中，輂石固其根。每數十木作一架④，挂橋於半空。大風過之，掀舉幡幡然，大略如漁人曬網、染家晾彩帛之狀⑤。又須舍輿疾步，從容則震掉不可立，同行者失色。郡人云，稍迂數里⑥，有白石渡，可以船濟，然極湍險也。晚，至青城，山門曰"寶仙九室洞天"⑦。夜宿丈人觀，

---

① 按：范成大《吳船録》二卷，爲出蜀入吳之遊記，今有多種單行本。《全蜀藝文志》所録大體乃據宛委山堂《説郛》本，此本於原文已多所節略，而本書更有所删改，以致不可一一對校。今惟不可通處及重要異文出校。
② "後植"二字原脱，據《吳船録》説郛本及知不足齋叢書本（以下簡稱"知不足齋本"）補。
③ "岷江"至"大面之"二十四字原脱，據説郛本補。
④ 數十木：説郛本作"數木"，當是。
⑤ 晾：原作"凉"，據庫本、朱本、鄒本、説郛本改。
⑥ 迂：原作"遷"，據説郛本、知不足齋本改。
⑦ "門"字原脱，據知不足齋本補。

觀在丈人峰下①，五峰峻峙如屏。觀之臺殿上至巖腹。丈人自唐以來號"五岳丈人儲福定命真君"，傳記略云姓甯名封，與黃帝同時②，帝從問龍蹻飛行之道。本朝賜名會慶建福宮。

癸酉，自丈人觀西登山，五里至上清宮。在最高峰之頂，以版閣插石作堂殿。下視丈人峰，直牆堵耳。岷山數百峰悉在欄檻下，如翠浪起伏，勢皆東傾。一軒對大面山，一上六十里，有坦夷曰芙蓉坪，道人於彼種芎，非留旬日不可登；且涉入夷界，雖羽衣輩亦罕到。雪山在西域，去此不知幾千里③，而瞭然見之，則其峻極可知。上清之遊，真天下偉觀哉！夜有燈出四山，以千百數，謂之"聖燈"。所至多有，說者不能堅決，或云古人所藏丹藥之光，或謂草木之靈者亦有光，或又以謂神龍山鬼所作，其深信者以謂仙聖之所設化也。

甲戌，下山五里④，復至丈人觀。二十里，早頓長生觀，范長生得道處也。

乙亥，十五里，發青城縣。

丙子，二十里，早頓周家莊。十里，至蜀州。郡圃內西湖極廣袤，荷花正盛。呼湖船泛之，繫纜修竹古木間。景物甚野，為西州勝處。湖中多小菱，菱至此始見之。

丁丑，三十里，早頓江原縣。四十里，宿新津縣。成都及此郡送客畢會邑中⑤，借居合派於此僦舍皆滿⑥，市人以為盛。成都萬里橋下之江與岷江合派於此⑦。

戊寅，為送客住一日。飯罷發遣，令各歸，留者尚十五六。

己卯，以小舟至彭山，與家屬船會，即解維。午後至眉州。城外江即玻璃江也，冬時水色如此，方夏潦，怒濤漲，皆黃流耳。

辛巳，招送客燕於眉館⑧，與叙別。

壬午，發眉州。六十里，午後至中巖，號西州林泉最佳處，相傳為第五羅漢諾距那道場，又為老慈姥龍所居。凡五里，至慈姥巖，前即寺也。

甲申，早，出山至嘉州⑨，日未晡。自眉至嘉百二十里，中巖其半塗也。

乙酉，泊嘉州。

壬寅，食後發嘉州。僅行二十里，至王波渡宿。蜀中稱尊者為波，祖及外祖皆曰波；又有所謂天波、日波、月波、雷波者，皆尊之之稱。此王波，蓋王老或王翁也。

---

① "在"字原脱，據知不足齋本補。
② "與"字原脱，據上引補。
③ "千"字原脱，據上引補。説郛本作"萬"。
④ "山"字原脱，據上引補。
⑤ 此：原作"比"，據朱本、鄒本、知不足齋本改。
⑥ 居：原作"店"，據知不足齋本改。
⑦ ：上引作"正派合於此"。但此句所述於地理不合，成都萬里橋下之江即錦江，錦江南流至彭山始與岷江正流相會。
⑧ 招：原作"朝"，據上引改。
⑨ 嘉州：原作"嘉定"，據上引改。下條同。按：宋寧宗慶元二年乃改嘉州為嘉定府，淳熙中未有此稱。

宋景文嘗辨之，謂當作"嶓"字。魯直貶涪州別駕，自號涪嶓，或從其俗云。

癸卯，發王波渡。四十里，至羅護鎮。百里，至犍爲縣，過縣二十里，至下壩宿。

甲辰，發下壩。百里，至叙州宣化縣。百二十里，至叙州，纜亭午。叙，古戎州也。山谷謫居在小寺中，號大死庵，後人遂作祠堂。

乙巳，發叙州。十五里，南廣江來合大江。通百二十里，至南溪縣。四十里①，至瀘州江安縣。百二十里，至瀘州，方申時。近城有渡瀘亭，不知諸葛孔明的從何處渡。或云，叙州正對馬湖江，馬湖入諸夷路②，當自彼渡也。

戊申，發瀘州。百二十里，至合江縣。

己酉，發合江。二百四十里，至恭州江津縣。二十里，過漁洞，宿泥培村。

庚戌，發泥培。六十里，至恭州。自此入峽路。大抵西川至東川，風土已不同，至峽路益陋矣③。

辛亥，發恭州。嘉陵江自利、閬、果、合等州來合大江。百四十里，至涪州樂溫縣。蒲氏墨舊出此縣，大韶死久矣，其族猶賣墨，不復能大佳，亦以價賤故也。七十里，至涪州排亭之前。波濤大洶，潰淖如屋④，不可稍船。過州，入黔江泊。此江自黔州來合大江⑤。大江怒濤⑥，水色黃濁，黔江乃清泠如玻璃，其下悉是石底。自成都登舟至此，始見清江。涪雖不與蕃部雜居，舊亦夷俗，號爲四人，四人者⑦，謂華人、巴人及廩君與盤瓠之種也⑧。

壬子，發涪州。百二十里，至酆都縣，遊仙都觀。數十里，至竹平宿。

癸丑，發竹平。七十里，至忠州。百三十里⑨，至萬州宿。

甲寅，發萬州。六十里，至開江口。水自開、達來合大江。四十里，至下巖。四十里，至雲安軍。又十餘里，風作水涌，泊舟宿。

乙卯，行。百四十里，至夔州。余前年入蜀，以重午至夔，魚復方漲，八陣在水中；今來，水更過之，六十四磧不復得見，頗有遺恨。峽江水性大惡，飲輒生癭，婦人尤多。前過此時，婢子輩汲江而飲，數日後發熱，一再宿，項頸腫起，十餘人悉然。至西川月餘，方漸消散。

丙辰，泊夔州。早，遣視瞿塘水，僅能漫灩澦之頂，盤渦散出其上，謂之"灩澦撒髮"。人云："如馬尚不可下，況撒髮邪！"是夜水忽驟漲，潯及排亭。及明，走視灩

---

① 四十里：知不足齋本作"四十五里"。
② "馬湖"下原有"夷"字，據上引刪。
③ 路：原無，據上引補。
④ "波濤"二句：原作"波濤大洶湧如屋"，據上引改、補。
⑤ 黔州：原作"黔江"，據上引改。
⑥ "大江"二字原不重，據上引補。
⑦ "四人"二字原不重，據上引補。
⑧ 廩君：原作"禀君"，據朱本、鄒本、知不足齋本改。
⑨ 百三十里：原作"百十里"。按：據知不足齋本，竹平七十里至忠州，又五十里至萬州武寧縣，又八十里至萬州宿，是忠州至萬州一百三十里。此處合而言之，當云"百三十里"，據補。

溮，則已在五丈以下，或可以僥倖入峽，而夔人猶難之。

丁巳，水漲未已，遂決解維。十五里，至瞿塘口。水平如席，獨灩澦之頂猶渦紋瀠潏。舟拂其上以過，搖櫓者皆汗手死心，面無人色。蓋天下至險之地，行路極危之時，旁觀者蓋皆神驚。余已在舟中，一切付之自然，不暇問；據胡床坐招頭處，任其蕩兀。每一舟入峽數里，後舟方續發，水勢怒急，恐猝相遇不可解拆也。帥司遣卒執一旗，次第立山之上，下一舟，平安，則簸旗以招後船。舊圖云："灩澦大如襆，瞿塘不可觸。灩澦大如馬，瞿塘不可下。"此俗傳"灩澦大如象，瞿塘不可上"，蓋非是也，後人立石辨之甚詳。峽中兩岸，高巖峻壁，斧鑿之痕皴皴然；而黑石灘最號險惡，兩山束江驟起，水勢不能平。余來此，水勢適平，免所謂"茶槽"者①。又水大漲，浄没草木，謂之"青草齊"，則諸灘之上水寬少浪，可以犯之。余之來此，水未能盡漫草木，但名"草根齊"，亦不可涉；然犯難而行，不可回首也。十五里，至大溪口，水稍闊，山亦差遠夔峽之險紓矣②。七十里，至巫山縣宿③。縣人云：昨日水大漲，灩澦恰在船底，故可下夔峽；巫峽則不能，却須水退十丈乃可。是夕水驟退數丈，同行者皆有喜色。

戊午，乘水退，下巫峽。灘瀧稠險，湍流洄洑④，其危又過夔峽。三十五里，至神女廟。廟前灘尤洶怒⑤。十二峰俱在北岸，前後映帶，不能足其數。十二峰皆有名，不甚切事，不足錄。所謂陽臺、高唐觀，人云在來鶴峰上，亦未必是神女之事。據宋玉賦，本以諷襄王，後世不察，一切以兒女褻之。今廟中石刻引《墉城記》：瑤姬，西王母之女，稱雲華夫人，助禹驅神鬼，斬石疏波，有功見紀。今封妙用真人，廟額曰"凝真觀"。廟有馴鴉，客舟將來，則迓數里外，船過亦送數里，土人謂之神鴉。二十里，至東奔灘。高浪大渦，巨艑掀舞，不當一葉，或爲渦所使，如磨之旋。三老挽招竿叫呼，力爭以出渦。二十里，過歸州巴東縣。九十里，至歸州。未至州數里，曰吒灘，其險又過東奔。接連新城下大灘，曰人鮓甕。

己未，泊歸州。

八月戊辰朔，發歸州。五里，至白狗峽⑥。三十里，至新灘，此灘惡名豪三峽。八

---

① 免：原作"俗"，據知不足齋本改。知不足齋本云："黑石灘最號嶮惡。兩山束江驟起，水勢不及平，兩邊高而中窪下，狀如茶碾之槽，舟楫易以傾側，謂之'茶槽齊'，萬萬不可行。余來，水勢適平，免所謂茶槽者。"本書據說郛本，刪節過甚，以致文義不明。

② "山""紓"二字原脱，據說郛本、知不足齋本補。

③ 巫山：原作"夾山"。據萬曆本、朱本、鄒本、知不足齋本改。

④ 湍流：知不足齋本作"潰淖"。

⑤ 怒：原作"恕"，據萬曆以下各本及知不足齋本改。

⑥ 白狗峽：原作"白狗灘"，據知不足齋本改。按：自唐以下，文獻均稱白狗峽，陸游《入蜀記》亦稱白狗峽，無稱"白狗灘"者。《明一統志》卷六二："白狗峽，在歸州東一十五里，兩巖如削，白石隱起，狀如狗。"可見此爲峽，而非灘。說郛本《吳船錄》作"灘"，不知是字誤，抑或妄改，本書從之，非也。

十里,至黃牛峽。上有洺川廟,黃牛之神也,亦云助禹疏川者①。廟背大峰②,峻壁之上有黃迹如牛,一黑迹如人牽之,云此其神也。順流而下,黃牛峽盡,則扇子峽。過此,則峽中灘盡矣。三十里,得南岸平地曰平善壩,出峽。舟至是,皆相慶如更生,舟師、篙工皆有犒賜。

己巳,發平善壩。三十里,至陜州③。

---

① "禹"下原有"所"字,據知不足齋本刪。
② 背:原作"在",據上引改。
③ 陜:此即"峽"字,"大"兩旁從"人",與陝西之"陝"從"入"不同,非誤字。

全蜀藝文志卷之六十三

行　紀

峨眉山行紀① （宋）范成大

　　峨眉有三山，爲一列，曰大峨、中峨、小峨。中峨、小峨昔傳有遊者，今不復有路。惟大峨一山，其高摩霄，爲佛書所記普賢大士示現之所。自郡城出西門②，濟燕渡，水洶湧，甚險。此即雅州江，其源自嶲州邛部③，合大渡河，穿夷界千山以來。過渡，宿蘇稽鎮。

　　壬辰，早，發蘇稽④。午，過符文鎮。兩鎮市井繁遄，類壯縣。符文出布，村婦聚觀於道，皆行而績麻，無素手者。民皆束艾蒿於門，然之發烟，意者熏祓穢氣，以爲候迎之禮。午後，至峨眉縣宿。

　　癸巳，發峨眉縣。出西門，登山，過慈福、普安二院，白水莊、蜀村店。十二里，龍神堂。自是澗谷春淙，林樾雄深。小憩華嚴院。過青竹橋、峨眉新觀路口、梅樹埡、兩龍堂，至中峰院。院有普賢閣，回環十數峰繞之，背倚白崖峰。右傍最高而峻拔者曰呼應峰，下有茂真尊者庵，人迹罕至。孫思邈隱於峨眉，茂真在時，常與孫相呼相應於此云。出院，過樟木、牛心二嶺，及牛心院路口，至雙溪橋。亂山如屏簇，有兩山相對，各有一溪出焉，並流至橋下。石塹深數十丈，窈然沈碧，飛喘噴雪。奔出橋外，則入岑蔚，中可數十步，兩溪合爲一，以投大壑⑤，淵渟凝湛，散爲溪灘。灘中悉是五色及白質青章石子，水色麹塵，與石色相得，如鋪翠錦，非摹寫可具。朝日照之⑥，則有光彩發溪上，倒射巖壑，相傳以爲大士小現也⑦。牛心寺三藏師繼業自西域歸，過此，將開山，兩石鬭溪上，攬得其一。上有眉目⑧，以爲寶瑞，至今藏寺中；此

---

① 按：此文乃《吳船錄》之一部分。
② 此句前萬曆本、朱本、鄒本有"辛卯"二字。按：原書此二字在上文。"郡城"指嘉州。
③ 其：原作"自"，據知不足齋本《吳船錄》改。
④ "蘇稽"下朱本、鄒本有"鎮"字。
⑤ 以：原作"似"，據知不足齋本改。
⑥ "之"下原有"前"字，據上引删。
⑦ 小現：朱本作"示現"。
⑧ 上有眉目：知不足齋本作"上有一目，端正透底"。

水遂名寶現溪。自是登危磴，過菩薩閣。當道有榜，曰"天下大峨山"。遂至白水普賢寺。自縣至此，步步皆峻阪，四十餘里，然始是登峰頂之山脚耳。

甲午，泊白水寺①。大雨，不可登山，謁普賢大士銅像，國初敕成都所鑄。有太宗、真宗、仁宗三朝所賜御製御書百餘卷②，七寶冠、金珠瓔珞、袈裟、金銀瓶鉢、奩爐、匙筯、果罍、銅鐘、鼓、鑼、磬、蠟茶塔、芝草之屬；又有崇寧中宮所賜錢幡及織成紅幡等物甚多。内仁宗所賜紅羅紫繡袈裟，上有御書發願文曰："佛法長興，法輪常轉，國泰民安，風雨順時，干戈永息，人民安樂，子孫昌盛，一切衆生，同登彼岸。嘉祐七年十月十七日，福寧殿御札記。"次至經藏，亦朝廷遣尚方工作寶藏也③。正面爲樓闕，兩傍小樓夾之④，釘鉸皆以瑜石⑤，極備奇靡，相傳純用京師端門之制。經書造於成都，用碧硾紙銷銀書之。卷首悉有銷金圖畫，各圖一卷之事，經簾織輪相鈴杵器物及"天下太平""皇帝萬歲"等字於繁花縟葉之中⑥，今不復見此等織文矣。次至三千鐵佛殿，云普賢居此山，有三千徒衆共住，故作此佛。冶鑄甚朴拙⑦。是日設供，且禱於大士，丐三日好晴以登山。

乙未，大霽，遂登上峰。自此至峰頂光相寺七寶巖⑧，其高六十里，大略去縣中平地不下百里；又無復蹊磴，斫木作長梯釘巖壁，緣之而上。意天下登山，險峻無此比者。余以健卒挾山轎強登，以山丁三十三曳大繩行前挽之⑨；同行則用山中梯轎。

出白水寺側門，便登點心山，言峻甚，足膝點於胸云，過茅亭嘴、石子雷、大小深阬、駱駝嶺、簇店。凡言"店"者，當道板屋一間，將有登山客，則寺僧先遣人煮湯於店，以俟蒸炊。又過峰門、羅漢店、大小扶挌、錯喜歡、木皮里、胡孫梯、雷洞平。凡言"平"者，差可以托足之處也。雷洞者，路左深崖萬仞，磴道缺處則下瞰，沈黑若洞然。相傳下有淵水，神龍所居。凡七十二洞，歲旱則禱於第三洞。初投香幣，不應，則投死彘及婦人弊履之類以振觸之⑩，往往雷風暴發。峰頂光明巖上所謂兜羅綿雲，亦多出於此洞。

過新店、八十四盤、娑羅平。娑羅者，其木葉如海桐，又似楊梅，花紅白色，春夏間開，惟此山有之。初登山半即見之，至此滿山皆是。大抵大峨之上，凡草木禽蟲，悉非世間所有者，昔固傳聞，今親驗之。余來以季夏，數日前雪大降，木葉猶有雪漬爛斑之迹。草木之異，有如八仙而深紫，有如牽牛而大數倍，有如蓼而淺青。聞春時

---

① 泊：知不足齋本作"宿"。
② 御書：上引無"御"字，四庫本《吳船録》有。按：有"御"字是，"御書"謂皇帝所書。
③ "寶"字原缺，據萬曆本、朱本、鄒本、知不足齋本補。
④ 夾：原作"使"，據知不足齋本改。
⑤ "鉸"原作"校"，"瑜"原作"逾"，並據上引改。
⑥ 簾：原作"兼"，據上引改。
⑦ "冶"字原脱，據上引補。
⑧ 至：原作"登"，據上引改。
⑨ 三十三：上引作"三十夫"。
⑩ 弊：原作"彝"，據上引改。

異花尤多，但是時山寒，人鮮能識之。草葉之異者，亦不可勝數。山高多風，木不能長，枝悉下垂；古苔如亂髮，鬖鬖挂木上①，垂至地，長數丈。又有塔松，狀似杉而葉圓細，亦不能高，重重偃蹇如浮圖，至山頂尤多。又斷無鳥雀，蓋山高，飛不能上。

自婆羅平過思佛亭、軟草平、洗腳溪，遂極峰頂光相寺。亦板屋數十間，無人居，中間有普賢小殿。以卯初登山，至此已申後。初衣暑綌，漸高漸寒，到八十四盤則最寒②。比及山頂，亟挾纊兩重，又加氁衲、駝茸之裘，盡衣笥中所藏，繫重巾，躡氈靴，猶凜慄不自持，則熾炭，擁爐危坐。山頂有泉，煮米不成飯，但碎如砂粒。萬古冰霜之汁不能熟物，余前知之，自山下攜水一缶來，財自足也。

移頃，冒寒登天仙橋，至光明巖，炷香小殿上。木皮蓋之。王瞻叔參政嘗易以瓦，爲雪霜所薄，一年輒碎；後復以木皮易之，翻可支二三年。人云："佛現悉以午，今已申後，不若歸舍，明日復來。"逡巡，忽雲出巖下傍谷中，即雷洞山也③。雲行勃勃如隊仗，既當巖，則少駐。雲頭現大圓光，雜色之暈數重，倚立相對，中有水墨影，若仙聖跨象者。一碗茶頃，光沒，而其傍復現一光如前。有頃亦沒，雲中復有金光兩道，橫射巖腹，人亦謂之"小現"。日暮，雲物皆散，四山寂然。乙夜，燈出巖下遍滿，彌望以千百計。夜寒甚，不可久立。

丙申，復登巖眺望。巖後岷山萬重。少北則瓦屋山，在雅州；少南則大瓦屋，近南詔，形狀宛然瓦屋一間也。小瓦屋亦有光相，謂之"辟支佛現。"此諸山之後，即西域雪山，崔嵬刻削，凡數十百峰。初日照之，雪色洞明，如爛銀晃曜曙光中④，此雪自古至今未嘗消也。山綿延入天竺諸蕃，相去不知幾千里，望之但如在几案間。瑰奇勝絕之觀，真冠平生矣！

復詣巖殿致禱⑤。俄氛霧四起，混然一白，僧云："銀色世界也。"有傾，大雨頃注，氛霧辟易，僧云："洗巖雨也，佛將大現。"兜羅綿雲復布巖下，紛郁而上，將至巖數丈輒止，雲平如玉地。時雨點猶餘飛，俯視巖腹，有大圓光偃臥平雲之上，外暈三重，每重有青黃紅綠之色。光之正中虛明凝湛，觀者各自見其形，現於虛明之處，毫釐無隱，一如對鏡⑥，舉手動足，影皆隨形，而不見傍人。僧云："攝身光也。"此光既沒，前山風起雲馳。風雲之間復出大圓相光，橫亙數山，盡諸異色，合集成采，峰巒草木皆鮮妍絢蒨，不可正視。雲霧既散，而此光獨明，人謂之"清現"。凡佛光欲現，必先布雲，所謂"兜羅綿世界"，光相依雲而出；其不依雲，則謂之"清現"，極難得⑦。食頃，光漸移，過山而西。左顧雷洞山，復出一光，如前而差小。須臾，亦飛

---

① "鬖"字原不重，據知不足齋本補。
② 最：上引作"驟"。
③ "中即"二字原倒，據上引乙。
④ 曙：原作"暑"，據上引改。萬曆本、朱本、鄒本作"著"，庫本作"晨"，皆非。
⑤ "殿"字原無，據知不足齋本補。
⑥ 鏡：原作"境"，據萬曆以下各本及知不足齋本改。
⑦ 極：原作"則"，據知不足齋本改。

行過山外，至平野間，轉徙得得，與巖正相直。色狀俱變，遂爲金橋，大略如吳江垂虹，而兩紀各有紫雲捧之①。凡自午至未，雲物净盡②，謂之"收巖"，獨金橋現，至酉後始没。同登峰頂者，幕客簡世傑伯雋、楊光商卿、周傑德萬③、進士虞植子建，及家弟成績。今日復有同年楊愗伯勉、幕客李嘉謀良仲自夾江來，甫至而光現。

丁酉，下山。始登山時，雖躋攀艱難，有繩曳其前，猶險而不危；下山時，雖復以繩縋輿後，梯斗下④，輿夫難着脚，既險且危。下山漸覺暑氣，以次減去綿衲。午，至白水寺，則絺綌如故。聞昨暮寺中大雷雨；峰頂夕陽快晴，元不知也。幕客范蓍季申⑤、郭明復中行、楊輔嗣勳皆自漢嘉來會，而不及余於峰頂。食後，同遊黑水，過虎溪橋，奔流激湍，大略似雙溪而小不及。始，開山僧自白水尋勝至此，溪漲不可渡，有虎蹲伏其旁，因遂跨之，亂流而濟⑥，故以名溪。黑、白二水皆以石色得名。黑水前對月峰，棟宇清潔。宿寺中東閣。

秋七月戊戌朔，離黑水，復過白水寺前，渡雙溪橋，入牛心寺。雨後斷路，白雲峽水方漲，碧流白石，照入肺肝，如層冰積雪中⑦，籃輿下行峽淺處以入寺⑧。飛濤濺沫，襟裾皆濡，境過清⑨，毛髮盡竦。寺對青蓮峰，有白雲、青蓮二閣最佳。牛心本孫思邈隱居，相傳時出諸山，寺中人數見之。小説亦載招僧誦經、施與金錢，正此山故事。有孫仙煉丹竈，在峰頂。又淘朱泉，在白雲峽最深處，去寺數里，水深不可涉，獨訪丹竈。傍多奇石，祠堂後一石尤佳，可以箕踞宴坐，名"玩丹石"。寺有唐畫羅漢一板，筆迹超妙，眉目津津，欲與人語。成都古畫，浮圖像最多，以余所見，皆出此下。蜀畫胡僧，惟盧楞迦之筆爲第一，今見此板，乃知楞迦源流所自。餘十五板亡之矣。

此寺即繼業三藏所作。業姓王氏，耀州人，隸東京天壽院。乾德二年，詔沙門三百人入天竺求舍利及貝多葉書，業預遣中。至開寶九年始歸。寺所藏《涅槃經》一函四十二卷，業於每卷後分記西域行程，雖不甚詳，然地理大略可考，世所罕見，録於此，以備國史之闕。

① 紀：庫本作"旁"，蓋以意改。知不足齋本作"圯"，元人所著《東南紀聞》卷三引此文亦作"圯"。按：圯即橋，垂虹如橋，"兩圯"或是指其兩端。
② 盡：原無，據知不足齋本補。
③ 周傑德萬：知不足齋本作"周傑德俊萬"，四庫本《吳船録》作"周傑德俊"。
④ "斗"字原脱，據知不足齋本補。
⑤ 范蓍：原作"范譽"，據上引改。按：范蓍又見本書卷三四《分弓亭記》、卷四〇《砌街記》。
⑥ "而"字原空格，據萬曆以下各本補。知不足齋本作"以"。
⑦ 知不足齋本無"中"字。
⑧ 下：原作"不"，據知不足齋本改。按：此句謂乘籃輿向下游峽淺處以渡。
⑨ 境過清：此句疑有脱誤。

業自階州塞西行，由靈武、西涼①、甘、肅、瓜、沙等州入伊吳、元用此吳字。高昌、焉耆、于闐、疏勒、大石諸國。度雪嶺，至布路州國。又度大葱嶺雪山，至伽濕彌羅國。西登大山，有薩埵太子投崖飼虎處②。遂至健陁羅國③，謂之中印土。又西至庶流波國，及左欄陁羅國④，有二寺。又西過四大國，至大曲女城，南臨滔牟河⑤，北背洹河，塔廟甚多，而無僧尼。又西二程，有寶階故基。又西至波羅柰國，兩城，相距五里，南臨洹河。又西北十許里，至鹿野苑，塔廟佛迹最夥。業自云"別有傳記"，今不傳矣。南行十里，渡洹河，河南有大浮圖。自鹿野苑西至摩羯提國，館於漢寺。寺多租入⑥，八村隸焉，僧徒往來如歸。南與杖林山相直，巍峰嶷然。山北有優波掬多石室及塔廟故基。西南百里孤山，名鷄足三峰，云是迦葉入定處。又西北百里，有菩提寶座城，四門相望，金剛座在其中，東向。又東至尼連禪州⑦，東岸有石柱，記佛舊事。自菩提座東南五里，至佛苦行處。又西三里，至三迦葉村及牧牛女池。金剛座之北門外，有師子國伽藍⑧。又北五里，至伽耶城。又北十里，至伽耶山，云是佛說《寶雲經》處。又自金剛座東北十五里，至正覺山。又東北三十里，至骨磨城。業館於鰕羅寺，謂之南印土，諸國僧多居之。又東北四十里，至王舍城。東南五里，有降醉象塔。又東北，登大山，細路盤紆，有舍利子塔；又臨澗有下馬迎風塔。度絕壑，登山頂，有大塔廟，云是七佛說法處。山北平地又有舍利本生塔。其北山半曰鷲峰，云是佛說《法華經》處。山下即王舍城。城北山址有溫泉二十餘井。又北有大寺及伽蘭陁竹園故迹。又東有阿難半身舍利塔。溫湯之西有平地。直南登山腹，有畢鉢羅窟，業止其中，誦經百日而去。窟西復有阿難證果塔。此去新王舍城八里，日往乞食會。新王舍城中有蘭若，隸漢寺，又有樹提迦故宅城。其西有輪王塔。又北十五里有那爛陁寺，寺之南北各有數十寺，門皆西向。其北有四佛座。又東北十五里至烏顛頭寺。東南五里有聖觀自在像。又東北十五里至伽濕彌羅寺⑨，寺南距漢寺八里許。自漢寺東行十二里，至却提希山。又東七十里，有鴿寺。西北五十里，有支那西寺，古漢寺也。西北百里至花氏城，育王故都也。自此渡河，北至毗耶離城，有維摩方丈故迹。又至拘尸那城⑩，及多羅聚落。逾大山數重，至泥波羅國，又至磨逾里。過雪嶺，至三耶

---

① 西涼：原作"西梁"，據知不足齋本改。按：西涼，即古涼州也。宋初以涼州武威郡爲西涼府，見《讀史方輿紀要》卷六三"涼州衛"條。
② 薩埵：原作"薩瑤"，"處"字原缺，並據知不足齋本改、補。薩埵，菩提薩埵之簡稱，即菩薩。
③ 至：原作"王"，據上引改。
④ 欄：上引作"爛"。
⑤ 滔：上引作"陷"。按：四庫本《吳船錄》及《文獻通考》卷三三八引此文均作"滔"。
⑥ 租：原作"祖"，譚校："祖作租。"按：《文獻通考》正作"租"，據改。
⑦ 州：知不足齋本作"河"。按：四庫本《吳船錄》及《文獻通考》亦作"州"。
⑧ 伽：原作"迦"，據知不足齋本、《文獻通考》改。下"伽耶""伽蘭陀"同。
⑨ 十五里：上引作"十里"。
⑩ 尸：原作"文"，據上引改。按：拘尸那城參見玄應《一切經音義》卷二一。

寺。由故道自此入階州。

太祖已晏駕，太宗即位，業詣闕進所得梵夾、舍利等，詔擇名山修習。登峨眉，北望牛心，衆峰環翊，遂作庵居，已而爲寺。業年八十四而終。

出牛心，復過中峰之前，入新峨眉觀。自觀前山開新路，極峻斗。下，冒雨以遊龍門。竭蹶數里，欲至一處，澗溪自兩山石門中涌出，是爲龍門峽也。以一葉舟棹入，石門兩岸千丈巖壁，色如碧玉，刻削光潤。入峽十餘丈①，有兩瀑布，各出一巖頂，相對飛下。嵌根有盤石承之，激爲飛雨，濺沫滿峽②，舟過其前，衣皆沾灑透濕。又數丈，半巖有圓龕，去水可二丈，以木梯升之，即龍洞也。峽中紺碧無底，石寒水清，非復人世。舟行數十步，石壁益峻，水益湍，亟回棹。舟人云，前去更奇。以雨大作，加飛瀑沾濡，暑肌起粟，骨驚神慄，凛乎其不可以久留也。昔嘗聞峨眉雙溪不減廬山三峽，前日過之，真奇絕③；及至龍門，則雙溪又在下風。蓋天下峽泉之勝，當以龍門爲第一。要之遊者自知，未之遊者必以余言爲過。然其路嶮絕，亂石當道，將至峽，必舍輿，躡草履，經營頤步於槎牙兀臬中，方至峽口。蓋大峨峰頂，天下絕觀，蜀人固自罕遊；而龍門又勝絕於山間，遊峨眉者亦罕能到，非好奇喜事、忘勞苦而不憚疾病者不能至焉。復尋大路出山。初夜，始至縣中。

己亥，發峨眉。晚，至嘉州。

---

① 十：原作"千"，據知不足齋本改。
② "滿"字原脱，據知不足齋本補。
③ 絕：原作"綺"。譚校："綺作絕。"按：四庫本《吳船錄》正作"絕"，據改。

全蜀藝文志卷之六十四

行紀　題名鈐記、簡版附

朐䏰縣鈐記　　　　　　　　　　　　　　　　　　　　　（漢）扶　嘉

前漢扶嘉，朐䏰人也。初，嘉母於湯溪側遇龍，後生嘉。巧發奇中。高祖爲漢王，與嘉相遇，獻定三秦策。高祖以其志在扶翊，賜姓扶氏，爲廷尉。臨終有言云云，今刻於石。

三牛對馬嶺，不出貴人出鹽井。

流江縣紀功題名　　　　　　　　　　　　　　　　　　　（蜀漢）張　飛

漢將張飛率精卒萬人，大破賊首張郃於八濛，立馬勒石。

新都縣真多山題名

王方平采藥此山，童子歌《玉鑪三澗雪》，信宿乃行。

鶴鳴山銘記① 李膺《益州記》

張道陵爲蝮蛇所吸，門人以爲登仙矣。

---

① 銘：萬曆本、朱本、鄒本作"鈐"。按：作"銘"是，見《太平寰宇記》卷七五。

眉山象耳山題名 舊有石刻，今亡。　　　　　　　　　　　　　　　　　　（唐）李　白

夜來月下臥，醒，花影零亂，滿人襟袖，疑如濯魄於冰壺也。李白書。

渠州冲相寺題名　　　　　　　　　　　　　　　　　　　　　　　　　（唐）崔　塗

中原黃賊扇亂，前進士崔塗避地於渠州。春日獨遊冲相寺，由此登眺，翌日北歸①。

赤水縣龍多山唐人刻字 在今合州

此山高明窈深，變態萬狀，下視涪水如帶，烟雲出没，山之偉觀也。

流溪縣鐵冠仙人鈐記

大洲連小洲②，此地出公侯。

黎州西林寺壁間題

回道人日行一千五百里，謁全庵上人，不遇而去。

摩圍山唐人石刻 土人謂天曰"圍"。

巴黔路途闊遠，亦無館舍，凡至宿泊，多倚溪巖，就水造餐，鑽木出火。

---

① 北：原作"此"，據庫本、《蜀中名勝記》卷二八改。萬曆本、朱本、鄒本作"乃"，蓋臆改。
② 洲：朱本、鄒本作"州"，非。

嘉州舊市鎮石闕九字 　　　　　　　　　　　　　　　　　　　（唐）李德裕

　　唐李德裕領重兵過此。

峨眉山普賢殿簡版 　　　　　　　　　　　　　　　　　　　　　（宋）太　宗

　　天真皇人論道之地，楚狂接輿隱迹之鄉。

閬中台星巖題名 　　　　　　　　　　　　　　　　　　　　　　（宋）司馬池

　　本路運使司馬池，天聖九年遊台星巖，司馬光捧硯。

下巖行記 　　　　　　　　　　　　　　　　　　　　　　　　　（宋）蘇　軾

　　子瞻、子由與倪師至此，院僧以路惡見止。不知僕之所歷，有百倍於此者矣。丁未正月二十日書。

香山寺行記 　　　　　　　　　　　　　　　　　　　　　　　　（宋）黄庭堅

　　太守高仲本率南昌黄魯直、墊江譚處道同來。遠水喬木，僧房高下，景物清絶，爲夔路第一。建中靖國元年二月庚申微雨中來。庭堅書。

卧龍行記① 　　　　　　　　　　　　　　　　　　　　　　　　　　前　人

　　天水張茂先世京②、南昌黄庭堅魯直、弟叔向嗣直，建中靖國元年三月丁卯同來。時左綿道人思順開法席於此山，道俗歸心，荆棘草萊，化爲金碧。新雨晚晴，同登中

---

① 《宋黄文節公全集·別集》卷七題作《題固陵寺壁》。
② 世京：本集作"世家"，當誤。

閣①，觀白鹽之崇崛，想杜少陵之風流②，嘆《大雅》之不作，裴回久之。魯直書。

石筍上行記　　　　　　　　　　　　　　　　　　　　　　前　人

江通濟道、呂珣東玉、黃庭堅魯直同來。建中靖國元年三月。

卧龍行記　　　　　　　　　　　　　　　　　　　　　（宋）劉均國

潁川劉均國邀古雍李紹隆、雒陽邢仲時、陽翟衛師房、黃山韓次阮遊卧龍山咸平院，歸至天寧寺，謁長老忍禪師。建炎四年十月晦日。均國之子瓛侍。

  涪翁以文學名世，學徐浩書而婉美。一時名士從之遊者③，皆文義卓然，間有得其筆法之妙者。涪翁死三十年矣，今人見其翰墨及從之遊者，莫不欣然景慕之。都運徽猷久從涪翁遊，而文學翰墨皆造其妙，步趨之相若，模範之相承，譽望之相繼，輝映炳燿，卓乎其能肖也。後之人苟未知涪翁之賢，請觀於公可知矣；苟有未知公之賢，請觀於涪翁可知矣。樂是師友之道，光華之因，書于留題之後④。建炎五年正月日，門生從政郎、夔州奉節縣令、主管勸農公事王行謹跋。

龍脊灘留題　　　　　　　　　　　　　　　　　　　　（宋）馮時行

建炎戊申正月上巳日，判官李造道、司戶趙執、權知縣冊邱元望、縣尉馮當可陪郡侯謁武烈公祠，遂泛江而下，散步此磧。老杜詩云："元日到人日⑤，未有不陰時。"議者謂天寶之季，此詩盡之。今日天宇清明，江國熙然，太平之期指日可俟，又獲與諸公偕遊，所謂人日也。馮當可書。

---

① 中閣：本集作"鐘閣"，當是。
② 本集無"杜"字，當是。
③ "從"字原脫，據朱本、鄒本補。
④ 于：原作"予"，據上引改。
⑤ 到：原作"逢"，據朱本、鄒本改。按：《集注杜詩》卷三三《人日兩篇》正作"到"。

香積院行記

(宋) 蔡 懌

東萊蔡懌樂道出帥瀘南，子興雅侍行。兄郡守惇元道、弟安度子憲、橥松年、侄興宗伯世、興詩仲志、興禮仲圭、興邦嘉言，潁川趙昌弼子俊作別於此。建炎戊申四月九日。

祥雲寺行記

(宋) 劉 昉

紹興戊辰正月中澣①，出郊勸耕，至東屯，因落少陵故居祠堂之成。聞祥雲寺之後有瑞石，歸路就往觀之。策杖行山澗亂石間，逾里許，石果異也。事無大小，必先難而後獲。是日，自東屯還，過瞿唐，已將暮，任賓僚之去留。其同至者趙沂詠道、文定國公才、鄧高叔誼、王鼎子新、李驥元駿、家茂秀實、張聿述之、朱齊卿醇甫、李宗臣元慶、楊譽時美。真勝賞也！劉昉方明書。

報恩寺行記

(宋) 唐文若

紹興歲丙子七月，峽中久不雨，秋暑熾甚。己巳晦，連夕霧霈，水復大漲。余繫舟瀼中，杖策同二子輅、輊來遊。道人定觀迎謁欣然，乃漢中舊識②。憩食方丈，登佛牙閣，愛其江山鮮明，草木秀潤，頓失三峽之陋。寺本晉鐵佛院，距今八百禩，屢易而不廢，良有以也。聞方丈、法堂、輪藏皆創建，始事者曉公禪師，曰道隆、曰永璘嗣成之，三傳餘卅載③，金碧鼎新。觀嘗相其事，至是欲余爲記，惜方行役，未暇也。曉、隆實傳法師資，而璘、觀及曉皆漢中人。鐵佛像以中更神霄，徙他所。觀主寺事，既修三門，方營建東西挾閣，議復迎置故處云。充朝散郎、新除光祿寺丞眉山唐文若記。

臥龍行記

(宋) 王十朋

永嘉王龜齡、少城周行可、海陵查元章載酒來遊。時凍雨初霽，風日清美，山谷

---

① 戊辰：原作"戊申"。按：紹興間無戊申年，兹據朱本、鄒本改。戊辰爲紹興十八年。
② 識：原作"職"，據萬曆本、朱本、鄒本改。
③ 卅：原作"世"，據庫本、朱本改。

明秀照人，道傍雜花盛開，籃輿徐行，應接不暇。寺有荼蘼，羅絡松上如積雪。崇蘭數百本，秀發巖石間，微風透香，所至芬郁。東榮牡丹大叢，雨前已開，道人植蓋護持，留以供客。飲罷，縱步泉上，淪茗賦詩而歸。乾道丙戌，清明前四日。

瞿唐關行記　　　　　　　　　　　　　　　　　　　　　（宋）關耆孫

乾道庚寅中元日，關耆孫約李時雨、陳彥、岳建壽、宋嵩、李普、張徽之、雍大椿飲於三峽堂。晚，攜餘觥下瞿唐關，訪夔刺史舊治。客曰："今之司關者之居是也。"遂飲於此。茂林修竹間，小亭縈紆。客曰："此唐劉夢得故址也。"夢得遺墨舊有石，好事者取去。飲關上高齋，誦少陵"薄雲巖際宿，孤月浪中翻"之詩，嘆此老具眼如此。夔江山元麤惡，惟少陵所紀處獨異①，高齋其一也。高齋故基在，屋隘而陋。予惜之，方欲爲太守王君言，客陳彥、辛景賢出席，願出力董役更築之。僕謂不可隘而陋，亦不可侈而大，此少陵誅茅避世意也，併書以告二子云。景賢，今司瞿唐關者，是日後至之客也。

曲水留題　　　　　　　　　　　　　　　　　　　　　　（宋）李　燾

或言雲安之西三十里許，有自然曲水。閏月甲午朔，泊舟橫石灘上，攜子垕、壡、塾、俀、壁、聖，及劉甥卞子、道子步訪之。水極峻急，不可流觴。巖顔有永和三年及六年刻字十五六行，剥落，已不可讀。細辨其文，但昔人捐金以事仙佛②，識金數於石爾，殆非禊飲處也，好事者因年號，遂增飾之。當時必置屋廬象設，今變滅無餘。然水石要可喜，姑取酒酌其旁，賞晤良久，乃去。乾道九年，眉山李燾書。

三峽堂行記　　　　　　　　　　　　　　　　　　　　　（宋）呂商隱

商隱被命赴闕。大卿李先生實帥夔門，作三峽堂成，而未考也，因相率置酒作樂其上。同來者：商隱及郡僚張悦之、陳子長、員仲文、謝邦彥。堂據峽口，俯瞰洪流，震搖灎澦，真爲偉觀。歲淳熙己亥八月二十三日，成都呂商隱周父書。

---

① 所：原作"新"，據朱本、鄒本改。
② 但：朱本、鄒本作"俱"。

侍郎閻公運使張公同遊卧龍紀行　　　　　　　　　　（宋）閻蒼舒

　　余初自宣威幙府送季長奏事北闕，入道山爲學士。後三年，余始被命造朝，遂玷論思之列。今丐祠得請而歸。會季長護漕夔門，相與道舊故，握手驚嘆，蓋闊別已十年矣！辱通家燕款，浹辰亡倦。最後遊卧龍山。松風肅爽，雲日蔽虧，千載英靈，恍若來下。晚趨躍馬城。赤甲、白鹽，峻極天半，晴光返照，潰浪帖伏。慈明行酒，道韞誦詩，至大醉而去。不圖天涯爲樂之至於斯也！淳熙九年三月癸巳①，唐安閻蒼舒才元書。

高齋題灧澦水則　　　　　　　　　　　　　　　　　（宋）成　鏞

　　開封成鏞子韶寄瞿唐關，懷安蹇澇澤民、成都郭公臨舜卿東去，過高齋，覽形勝。遣人撑舟，垂繩墜石，則灧澦之水約八十四丈。子韶曰："夏中江漲，灧澦上水猶三十餘丈，可想見矣。"澤民之子慶冑侍。淳熙乙巳正月二十五日。

古書巖留題　　　　　　　　　　　　　　　　　　　（宋）楊　輔

　　夔州守楊輔去官，過萬戶驛故朐忍縣治，泊舟遊古書巖。見刻石滿其上，意當時或有像設屋室，蓋縣人常所往來之地。縣徙歲月不復可考，而石刻亦漫闕就盡，說者但爲臆創。乃屬雲安大夫劉甲遍摹巖上下石刻②，試考詳之③，庶幾其猶有獲也。同來者：雲安大夫鄭邦基，郝奚仲④，從侄有聲。淳熙十五年八月十六日。

紀　異　　　　　　　　　　　　　　　　　　　　　（宋）單　夔

　　神怪之事，聖人所不語，而"獲麟""退鶂"之書，聖人亦不廢，然天壤之間容

---

① 三月：萬曆以下各本作"二月"。按：作"三月"是。是年二月壬寅朔，無癸巳日；三月辛未朔，癸巳爲三月二十四日。

② 劉甲：《蜀中名勝記》卷二三同，庫本、朱本、鄒本作"劉申"。按：《宋史》卷三九七有《劉甲傳》，四川龍游（治今四川樂山市）人，淳熙二年進士。然未載其曾宦雲安，或本傳未詳。本文之劉甲即其人。

③ 原無"之"字，據《蜀中名勝記》補。

④ "奚仲"下原有"作"字，據上引刪。

有此理耶？部使者揚舲東下，而有若鱗蟲之異。予翌日語別江干，猶復見之。豈使者新節光華，江神世情，出靈怪以護舟楫歟？不然，當與信心而不信目者評之。題名後一日，錢唐單夔書。

州學留題　　　　　　　　　　　　　　　　　　　　　　　　　前 人

郡守錢唐單夔，全漕使瀵澤張玠，以紹熙元年六月初吉祇謁先聖先師①，因延肄業之士。別駕漢嘉張子震、郡文學三山柯甲皆在，施、萬②、大寧文學掾錢塘李廷光、九華湯巖起、三衢毛憲寔與焉。遂會食明道堂。規模一新③，見國子錄范仲黼經營之美。啜茗於共學④，觀《三峽圖》，聽水琴⑤，清話久之，翛然忘暑。遐想詠歸之風，名教之樂，其有既耶！

臥龍行紀　　　　　　　　　　　　　　　　　　　　　　　　　（宋）李 垍

眉山李季允同漢嘉王申父、襄陽旻亞夫來遊⑥。時春陽驟驕，風埃四起，酌泉松石間，意頗愜。無何，雷雨忽至。晚登寺閣，望赤甲、白鹽，山色如洗。相與舉酒，樂甚。遂留宿山房。季允書此，紀歲月。慶元六年五日⑦。

江月亭留題　　　　　　　　　　　　　　　　　　　　　　　　（宋）何 異

癸亥燈夕前一日，臨川何異同叔招王鈐轄飯⑧。次日，當用故事，邀漕使鉅野李誠之訛同至江月亭。鈐轄錄示梅溪舊題，預有所請，方辭以老罷，無復強綴語言，姑許記歲月云。是夕五鼓，形於夢寐，得二十字，其詞曰："月湖湖上月，到處有光輝。既解

---

① 先聖：原脱，據《蜀中名勝記》卷二一補。
② 萬：原作"方"，據上引改。按："施、萬、大寧"指施州、萬州、大寧監。
③ 模：原作"撫"，據朱本、鄒本改。按："模"即"模"字。新：原作"所"，據《蜀中名勝記》改。
④ "共學"下，朱本、鄒本有"亭"字。按：亭非共學之所，此當是臆補。《蜀中名勝記》"啜茗"上有"因"字，無"於共學"三字。
⑤ "琴"下《蜀中名勝記》有"聲"字。
⑥ 旻：朱本、鄒本作"晏"，誤。《蜀中名勝記》卷二一亦作"旻"。旻音緩。旻淵字亞夫，祖籍襄陽，後徙居涪州，為蜀人。受學於朱熹，著有《孟子注》。見《蜀中廣記》卷一八、卷九一。
⑦ 六年五日：疑脱月份，或"日"為"月"之訛。
⑧ 飯：萬曆本、朱本、鄒本作"飲"。按：《蜀中名勝記》卷二一亦作"飯"。

相隨出，當須照我歸。"覺而甚喜，歸日可期。既登兹亭，水月相得，愈切刀頭之夢，故併書以遺之。鈐轄名光遠，字宏父，是爲江月主人。

卧龍紀行

（宋）黃人傑

　　帥帳跨鼇陳損之、繡衣具茨王璆聯轡登卧龍，置酒高會，賓客從者十有六人。是日，金虎嘯風，丹雲蔽日，凉生尊俎，興在江山。獻酬賡唱之餘，挹大士泉，訪海仙像，塵慮息而神情清①。瞿唐晝漏垂盡乃去，真勝游也！慶元己未七月十有四日，魯齋黃人傑書。

---

① "情清"二字原脱，據《蜀中名勝記》卷二一補。

引用書目

經　部

周易（簡稱"易"）　　中華書局影印十三經注疏本
尚書　　中華書局影印十三經注疏本
詩經（簡稱"詩"）　　中華書局影印十三經注疏本
周禮　　中華書局影印十三經注疏本
禮記　　中華書局影印十三經注疏本
春秋左傳（簡稱"左傳"）　　中華書局影印十三經注疏本
論語　　中華書局影印十三經注疏本
孝經　　中華書局影印十三經注疏本
爾雅　　中華書局影印十三經注疏本
孟子　　中華書局影印十三經注疏本
尚書大傳　　（漢）伏勝撰，四部叢刊本
大戴禮記　　（漢）戴德撰，四部叢刊本
六經天文編　　（宋）王應麟撰，《玉海》附，江蘇古籍出版社、上海書店一九八七年影印清光緒九年浙江書局刻本
説文解家（簡稱"説文"）　　（漢）許慎撰，中華書局一九六三年據清同治十二年陳昌治刻本縮印本
説文解字注　　（清）段玉裁撰，上海古籍出版社一九八一年影印經韻樓原刻本
釋名　　（漢）劉熙撰，四部叢刊本
重修玉篇（簡稱"玉篇"）　　（宋）陳彭年等重修，文淵閣四庫全書本
廣韻　　（宋）陳彭年等重修，北京市中國書店一九八二年影印張氏澤存堂本
尚書帝命期　　（清）殷元正原輯，（清）陸明睿增訂，《緯書》本

史　部

史記　　（漢）司馬遷撰，中華書局標點本
漢書　　（漢）班固撰，中華書局標點本
漢書補注　　（清）王先謙撰，中華書局一九八三年影印光緒二十六年虛受堂刻本

後漢書　　　（劉宋）范曄撰，中華書局標點本
三國志　　　（晉）陳壽撰，中華書局標點本
晉書　　　　（唐）房喬等撰，中華書局標點本
宋書　　　　（梁）沈約撰，中華書局標點本
南齊書　　　（梁）蕭子顯撰，中華書局標點本
梁書　　　　（唐）姚思廉撰，中華書局標點本
南史　　　　（唐）李延壽撰，中華書局標點本
北史　　　　（唐）李延壽撰，中華書局標點本
魏書　　　　（北齊）魏收撰，中華書局標點本
隋書　　　　（唐）魏徵等撰，中華書局標點本
舊唐書　　　（後晉）劉昫等撰，中華書局標點本
新唐書　　　（宋）歐陽修等撰，中華書局標點本
舊五代史　　（宋）薛居正等撰，中華書局標點本
新五代史　　（宋）歐陽修撰，中華書局標點本
宋史　　　　（元）脫脫等撰，中華書局標點本
宋史翼　　　（清）陸心源輯撰，中華書局一九九〇年影印光緒三十二年初刻本
元史　　　　（明）宋濂、王褘等撰，中華書局標點本
明史　　　　（清）張廷玉等撰，中華書局標點本

東都事略　　（宋）王偁撰，文淵閣四庫全書本
登科記考　　（清）徐松撰，中華書局標點本
資治通鑑　　（宋）司馬光撰，中華書局標點本
續資治通鑑長編　　（宋）李燾撰，文淵閣四庫全書本
竹書紀年　　今人范祥雍編《古本竹書紀年輯校訂補》本，新知識出版社一九五六年版
建炎以來繫年要錄　　（宋）李心傳撰，文淵閣四庫全書本
三朝北盟會編　　（宋）徐夢莘撰，上海古籍出版社一九八七年影印光緒三十四年許涵度刻本

國語　　　　（吳）韋昭注，上海古籍出版社一九八七年標點本
戰國策　　　（漢）高誘注，商務印書館國學基本叢書本
湘山野錄　　（宋）釋文瑩撰，中華書局一九八四年點校本

吳越春秋　　（漢）趙曄撰，今人周生春《吳越春秋輯校彙考》本，上海古籍出版社一九九七年版
華陽國志　　（晉）常璩撰，劉琳《華陽國志校注》本，巴蜀書社一九八四年版
大唐新語　　（唐）劉肅撰，文淵閣四庫全書本

幸蜀記　　　（唐）宋居白撰，宛委山堂《說郛》本
錦里耆舊傳　　　（宋）句延慶撰，文淵閣四庫全書本
蜀檮杌　　　（宋）張唐英撰，文淵閣四庫全書本
十國春秋　　　（清）吳任臣撰，中華書局一九八三年點校本
北宋經撫年表　　　（民國）吳廷燮撰，中華書局一九八四年點校本

神仙傳　　　（晉）葛洪撰，文淵閣四庫全書本
古今姓氏書辨證　　　（宋）鄧名世撰，守山閣叢書本
益州名畫錄　　　（宋）黃休復撰，文淵閣四庫全書本
續高僧傳　　　（唐）釋道宣撰，上海古籍出版社一九九一年影印《高僧傳合集》本
宋高僧傳　　　（宋）釋贊寧撰，上海古籍出版社影印《高僧傳合集》本
唐才子傳　　　（元）辛文房撰，文淵閣四庫全書本
宋元學案補遺　　　（清）王梓材、馮雲濠輯，四明叢書本

水經注　　　（北魏）酈道元撰，王國維《水經注校》本，上海人民出版社一九八一年版
宋本方輿勝覽（簡稱"方輿勝覽"）　　　（宋）祝穆撰，上海古籍出版社一九九一年影印本
輿地紀勝　　　（宋）王象之撰，粵雅堂叢書本
元豐九域志　　　（宋）王存等撰，中華書局一九八四年點校本
輿地廣記　　　（宋）歐陽忞撰，文淵閣四庫全書本
茅亭客話　　　（宋）黃休復撰，文淵閣四庫全書本
益州方物略記　　　（宋）宋祁撰，文淵閣四庫全書本
剡錄　　　（宋）高似孫撰，文淵閣四庫全書本
路史　　　（宋）羅泌撰，文淵閣四庫全書本
吳船錄　　　（宋）范成大撰，知不足齋叢書本、宛委山堂《說郛》本
太平寰宇記　　　（宋）樂史撰，文淵閣四庫全書本
咸淳臨安志　　　（宋）潛說友纂修，中華書局《宋元方志叢刊》一九九〇年影印清汪氏振綺堂刻本
成都氏族譜　　　（元）費著撰，適園叢書本
歲華紀麗譜　　　（元）費著撰，文淵閣四庫全書本
蜀錦譜　　　（元）費著撰，香艷叢書本
古杭雜記　　　（元）李有撰，武林掌故叢編本
蜀藻幽勝錄　　　（明）傅振商撰，萬曆刊本
蜀中廣記　　　（明）曹學佺撰，文淵閣四庫全書本
蜀中名勝記　　　（明）曹學佺撰，粵雅堂叢書本
滇略　　　（明）謝肇淛撰，文淵閣四庫全書本

讀史方輿紀要　　（清）顧祖禹撰，中華書局一九五五年據國學基本叢書重印本
新安文獻志　　（明）程敏政撰，文淵閣四庫全書本
行水金鑑　　（清）傅澤洪撰，文淵閣四庫全書本
大清一統志　　文淵閣四庫全書本
（雍正）四川通志　　文淵閣四庫全書本
（嘉慶）四川通志　　嘉慶二十一年刻本
（雍正）江西通志　　文淵閣四庫全書本
（光緒）內江縣志　　光緒三十一年刻本
粵西叢載　　（清）汪森撰，文淵閣四庫全書本

唐摭言　　（南漢）王定保撰，文淵閣四庫全書本
唐會要　　（宋）王溥撰，文淵閣四庫全書本
通志　　（宋）鄭樵撰，中華書局一九八七年據萬有文庫十通本影印本
宋朝事實　　（宋）李攸撰，文淵閣四庫全書本
宋朝事實類苑　　（宋）江少虞輯，上海古籍出版社一九八一年點校本
文獻通考　　（元）馬端臨撰，中華書局一九八六年據萬有文庫十通本影印本
宋代職官辭典　　今人龔延明撰，中華書局一九九四年版

集古錄　　（宋）歐陽修撰，文淵閣四庫全書本
金石錄　　（宋）趙明誠撰，四部叢刊續編本
蜀碑記　　（宋）王象之撰，金華叢書本
輿地碑記目　　（宋）王象之撰，文淵閣四庫全書本
法帖釋文　　（宋）劉次莊撰，文淵閣四庫全書本
寶刻類編　　（宋）佚名撰，文淵閣四庫全書本
隸釋　　（宋）洪适撰，中華書局一九八五年據清洪氏晦木齋刻本影印本
石刻鋪敘　　（宋）曾宏父撰，文淵閣四庫全書本
四川歷代碑刻　　今人高文、高成剛編，四川大學出版社一九九○年版

子　部

孔子家語　　（魏）王肅注，四部叢刊本
老子道德經　　舊題（周）李耳撰，魏王弼注，上海古籍出版社一九八五年影印二十二子本
莊子　　（周）莊周撰，清郭慶藩《莊子集釋》本，中華書局一九六一年標點本
列子　　（周）列禦寇撰，今人楊伯峻《列子集釋》本，中華書局一九七九年版
孫子　　（周）孫武撰，上海古籍出版社影印二十二子本

管子	（周）管仲撰，上海古籍出版社影印二十二子本
韓非子	（周）韓非撰，上海古籍出版社影印二十二子本
晏子春秋集釋	撰人不詳，今人吳則虞集釋，中華書局一九六二年版
呂氏春秋	（秦）呂不韋撰　（漢）高誘注，上海古籍出版社影印二十二子本
法言	（漢）揚雄撰，上海古籍出版社影印二十二子本
山海經	（晉）郭璞傳，上海古籍出版社影印二十二子本
墨客揮犀	（宋）彭乘撰，文淵閣四庫全書本
太白陰經	（唐）李筌撰，文淵閣四庫全書本

海棠譜	（宋）陳思撰，文淵閣四庫全書本
本草綱目（簡稱"本草"）	（明）李時珍撰，文淵閣四庫全書本
法書要錄	（唐）張彥遠輯，文淵閣四庫全書本
圖畫見聞誌	（宋）郭若虛撰，人民美術出版社一九六三年校點本
墨池編	（宋）朱長文撰，文淵閣四庫全書本
聲畫集	（宋）孫紹遠輯，文淵閣四庫全書本
竹譜	（元）李衎撰，文淵閣四庫全書本
書畫題跋記	（明）郁逢慶撰，文淵閣四庫全書本
珊瑚網	（明）汪砢玉撰，文淵閣四庫全書本
式古堂書畫彙考	（清）卞永譽撰，文淵閣四庫全書本
六藝之一錄	（清）倪濤撰，文淵閣四庫全書本
淳化閣帖釋文	清乾隆三十四年敕撰，文淵閣四庫全書本

東坡志林	（宋）蘇軾撰，華東師範大學出版社一九八三年校注本
西溪叢語	（宋）姚寬撰，中華書局一九九四年點校本
老學庵筆記	（宋）陸游撰，上海書店一九九一年影印宋人小說本
容齋五筆	（宋）洪邁撰，四部叢刊續編本
學齋佔畢	（宋）史繩祖撰，文淵閣四庫全書本
丹鉛續錄	（明）楊慎撰，文淵閣四庫全書本
古書疑義舉例	（清）俞樾撰，中華書局一九五六年標點本

册府元龜	（宋）王欽若等撰，文淵閣四庫全書本
群書考索	（宋）章如愚撰，文淵閣四庫全書本
玉海	（宋）王應麟撰，江蘇古籍出版社、中國書店一九八七年據光緒九年浙江書局刊本影印本
類說	（宋）曾慥撰，文淵閣四庫全書本
駢字類編	清康熙五十八年敕撰，文淵閣四庫全書本

十洲記　　　（漢）東方朔撰，文淵閣四庫全書本
西京雜記　　（晉）葛洪撰，文淵閣四庫全書本
山海經　　　（晉）郭璞傳，清郝懿行《山海經箋疏》本，巴蜀書社一九八五年據光緒
　　　十二年還讀樓校刊本影印本
世説新語　　（劉宋）劉義慶撰，上海古籍出版社據光緒十七年思賢講舍刻本影印本
還冤記　　　（北齊）顏之推撰，宛委山堂《説郛》本
雲溪友議　　（唐）范攄撰，文淵閣四庫全書本
鑑誡録　　　（後蜀）何光遠撰，文淵閣四庫全書本
太平廣記　　（宋）李昉等撰，文淵閣四庫全書本
卧游録　　　（宋）吕祖謙撰，宛委山堂《説郛》本
雞肋編　　　（宋）莊綽撰，中華書局一九八三年校點本
後耳目志　　（宋）龔豐撰，宛委山堂《説郛》本
桯史　　　　（宋）岳珂撰，中華書局一九八一年校點本
過庭録　　　（宋）范公偁撰，稗海本
墨莊漫録　　（宋）張邦基撰，四部叢刊三編本
游宦紀聞　　（宋）張世南撰，中華書局一九八一年校點本
分門古今類事　　（宋）委心子撰，中華書局一九八七年校點本
東南紀聞　　（元）佚名撰，守山閣叢書本
睽車志　　　（元）歐陽玄撰，宛委山堂《説郛》本

法苑珠林　　（唐）釋道世撰，四部叢刊本
真誥　　　　（梁）陶弘景撰，正統道藏本
雲笈七籤　　（宋）張君房撰，正統道藏本

藝文類聚　　（唐）歐陽詢撰，上海古籍出版社一九六五年排印本
太平御覽　　（宋）李昉等撰，中華書局一九八五年據商務印書館影宋本縮印本
北堂書鈔　　（唐）虞世南撰，光緒十四年南海孔氏刻本
記纂淵海　　（宋）潘自牧撰，文淵閣四庫全書本
全芳備祖　　（宋）陳景沂撰，文淵閣四庫全書本

集　部

楚辭　　（漢）王逸編，四部叢刊本
楚辭集注　　（宋）朱熹撰，四部叢刊本
楚辭補注　　（宋）洪興祖撰，四部備要本

蔡中郎文集	（漢）蔡邕撰，四部叢刊本
諸葛亮集	（蜀漢）諸葛亮撰，中華書局標點本
鮑氏集	（劉宋）鮑照撰，四部叢刊本
劉庶子集	（梁）劉孝威撰，漢魏六朝百三名家集本
幽憂子集	（唐）盧照鄰撰，四部叢刊本
褚亮集	（唐）褚亮撰，武林往哲遺著本
楊盈川集	（唐）楊炯撰，四部叢刊本
駱賓王文集	（唐）駱賓王撰，四部叢刊本
駱臨海集	（唐）駱賓王撰，清陳熙晉箋注，上海古籍出版社一九六一年影印本
王子安集	（唐）王勃撰，四部叢刊本
陳伯玉文集	（唐）陳子昂撰，四部叢刊本
陳拾遺集	（唐）陳子昂撰，文淵閣四庫全書本
張說之文集	（唐）張說撰，四部叢刊本
王右丞集箋注	（唐）王維撰，（清）趙殿臣注，文淵閣四庫全書本
李太白文集	（唐）李白撰，（宋）宋敏求等編，巴蜀書社影印北宋蜀刻本
李太白詩集注	（清）王琦撰，文淵閣四庫全書本
岑嘉州詩	（唐）岑參撰，四部叢刊本
劉隨州文集	（唐）劉長卿撰，四部叢刊本
高常侍集	（唐）高適撰，四部叢刊本
新刊校定集注杜詩（簡稱"集注杜詩"）	（唐）杜甫撰，（宋）曾噩編，中華書局一九八一年影印南宋寶慶元年刊本
杜工部集	（唐）杜甫撰，中華書局一九五七年影印玉鈎草堂排校本
九家集注杜詩	（宋）郭知達撰，文淵閣四庫全書本
杜詩詳注	（清）仇兆鰲撰，中華書局一九七九年標點本
集千家注杜工部詩	（元）高楚芳輯，文淵閣四庫全書本
錢考功集	（唐）錢起撰，四部叢刊本
錢仲文集	（唐）錢起撰，文淵閣四庫全書本
孟東野詩集	（唐）孟郊撰，人民文學出版社標點本
盧戶部詩集	（唐）盧綸撰，唐詩百名家全集本
唐張司業詩集	（唐）張籍撰，四部叢刊本
王司馬詩集	（唐）王建撰，四部叢刊本
權載之文集	（唐）權德輿撰，四部叢刊本
歐陽行周文集	（唐）歐陽詹撰，四部叢刊本
呂和叔文集	（唐）呂溫撰，四部叢刊本
呂衡州集	（唐）呂溫撰，文淵閣四庫全書本
華陽集	（唐）顧況撰，文淵閣四庫全書本
武元衡集	（唐）武元衡撰，唐百家詩本

臨淮詩集	（唐）武元衡撰，唐詩百名家全集本
白氏文集	（唐）白居易撰，四部叢刊本
元氏長慶集	（唐）元稹撰，四部叢刊本
五百家注昌黎文集	（宋）魏仲舉輯，摛藻堂四庫全書薈要本
劉夢得文集	（唐）劉禹錫撰，四部叢刊本
劉賓客文集	（唐）劉禹錫撰，文淵閣四庫全書本
李文饒文集	（唐）李德裕撰，四部叢刊本
賈浪仙長江集	（唐）賈島撰，四部叢刊本
昌谷集	（唐）李賀撰，文淵閣四庫全書本
李賀詩集	（唐）李賀撰，今人葉蔥奇編訂，人民文學出版社一九五九年標點本
薛濤詩	（唐）薛濤撰，文淵閣四庫全書《薛濤李冶詩集》本
姚少監詩集	（唐）姚合撰，四部叢刊本
雲臺編	（唐）鄭谷撰，文淵閣四庫全書本
鄭守愚文集	（唐）鄭谷撰，四部叢刊續編本
鮑溶詩集	（唐）鮑溶撰，唐詩百名家全集本
張處士詩集	（唐）張祜撰，唐詩百名家全集本
樊川文集	（唐）杜牧撰，四部叢刊本
孫樵集	（唐）孫樵撰，四部叢刊本
甫里先生集	（唐）陸龜蒙撰，四部叢刊本
劉蛻集	（唐）劉蛻撰，四部叢刊本
李義山詩集	（唐）李商隱撰，四部叢刊本
玉溪生詩集箋注	（唐）李商隱撰，（清）馮浩箋注，上海古籍出版社一九七九年標點本
李義山集箋注	（唐）李商隱撰，（清）朱鶴齡注，文淵閣四庫全書本
甲乙集	（唐）羅隱撰，四部叢刊本
羅昭諫集	（唐）羅隱撰，文淵閣四庫全書本
溫庭筠詩集	（唐）溫庭筠撰，四部叢刊本
張喬詩集	（唐）張喬撰，唐詩百名家全集本
浣花集	（前蜀）韋莊撰，文淵閣四庫全書本
廣成集	（前蜀）杜光庭撰，文淵閣四庫全書本
乖崖先生文集	（宋）張詠撰，續古逸叢書影宋本
華陽集	（宋）王珪撰，文淵閣四庫全書本
石曼卿詩集	（宋）石延年撰，兩宋名賢小集本
宋景文集	（宋）宋祁撰，文淵閣四庫全書本
徂徠石先生文集	（宋）石介撰，中華書局一九八四年標點本
歐陽文忠公集	（宋）歐陽修撰，四部叢刊本
范蜀公集	（宋）范鎮撰，兩宋名賢小集本

樂全集　　　（宋）張方平撰，文淵閣四庫全書本
丹淵集　　　（宋）文同撰，四部叢刊本
淨德集　　　（宋）呂陶撰，叢書集成初編本
蘇老泉先生全集　　（宋）蘇洵撰，明刊本
臨川先生文集　　（宋）王安石撰，四部叢刊本
錢唐韋先生文集（簡稱"錢唐集"）　　（宋）韋驤撰，武林往哲遺著本
蘇文忠公全集　　（宋）蘇軾撰，明萬曆茅維刊本
東坡全集　　（宋）蘇軾撰，文淵閣四庫全書本
蘇軾文集　　（宋）蘇軾撰，中華書局一九八六年點校本
經進東坡文集事略　　（宋）蘇軾撰，四部叢刊本
施註蘇詩　　（宋）施元之撰，文淵閣四庫全書本
蘇軾詩集　　（宋）蘇軾撰，清王文誥輯注，中華書局一九八二年點校本
欒城集　　（宋）蘇轍撰，上海古籍出版社一九八七年校點本
范太史集　　（宋）范祖禹撰，文淵閣四庫全書本
宋黃文節公全集（又名"山谷全書"）　　（宋）黃庭堅撰，光緒二十年義寧州署刻本
豫章黃先生文集　　（宋）黃庭堅撰，四部叢刊本
山谷內集詩註　　（宋）任淵撰，武英殿聚珍本
山谷簡尺　　（宋）黃庭堅撰，文淵閣四庫全書本
山谷老人刀筆　　（宋）黃庭堅撰，元刻本
淮海集　　（宋）秦觀撰，四部叢刊本
陵陽集　　（宋）韓駒撰，文淵閣四庫全書本
眉山唐先生文集　　（宋）唐庚撰，四部叢刊三編本
初寮小集　　（宋）王安中撰，兩宋名賢小集本
跨鰲集　　（宋）李新撰，文淵閣四庫全書本
捫膝集　　（宋）俞汝礪撰，兩宋名賢小集本
梅溪王先生文集　　（宋）王十朋撰，四部叢刊本
梅溪集　　（宋）王十朋撰，文淵閣四庫全書本
雲溪集　　（宋）郭印撰，文淵閣四庫全書本
大隱居士集　　（宋）鄧深撰，宋人集甲編本
誠齋集　　（宋）楊萬里撰，四部叢刊本
劍南詩稿　　（宋）陸游撰，文淵閣四庫全書本
渭南文集　　（宋）陸游撰，四部叢刊本
石湖居士詩集　　（宋）范成大撰，四部叢刊本
范成大佚著輯存　　今人孔凡禮輯，中華書局一九八三年版
晦庵先生文集　　（宋）朱熹撰，四部叢刊本
東塘集　　（宋）袁說友撰，文淵閣四庫全書本

嵩山居士集（簡稱"嵩山集"）　　　（宋）晁公遡撰，文淵閣四庫全書本
灊山集　　（宋）朱翌撰，知不足齋叢書本
南軒集　　（宋）張栻撰，文淵閣四庫全書本
重校鶴山先生大全文集　　（宋）魏了翁撰，四部叢刊本
四六標準　　（宋）李劉撰，文淵閣四庫全書本
澹齋集　　（宋）李流謙撰，文淵閣四庫全書本
雙溪類稿　　（宋）王炎撰，文淵閣四庫全書本
棣華館小集　　（宋）楊甲撰，兩宋名賢小集本
方舟集　　（宋）李石撰，文淵閣四庫全書本
文忠集　　（宋）周必大撰，文淵閣四庫全書本
文山先生全集　　（宋）文天祥撰，北京市中國書店一九八五年影印本
趙孟頫集　　（元）趙孟頫撰，浙江古籍出版社一九八六年校點本
揭文安公全集　　（元）揭傒斯撰，四部叢刊本
吳文正集　　（元）吳澄撰，文淵閣四庫全書本
清容居士集　　（元）袁桷撰，四部叢刊本
道園學古錄　　（元）虞集撰，四部叢刊本
道園遺稿　　（元）虞集撰，文淵閣四庫全書本
東山存稿　　（元）趙汸撰，文淵閣四庫全書本
明太祖文集　　（明）太祖撰，文淵閣四庫全書本
誠意伯文集　　（明）劉基撰，文淵閣四庫全書本
懷麓堂集　　（明）李東陽撰，文淵閣四庫全書本
立齋遺文　　（明）鄒智撰，文淵閣四庫全書全
空同集　　（明）李夢陽撰，文淵閣四庫全書本
對山集　　（明）康海撰，文淵閣四庫全書本
大復集　　（明）何景明撰，文淵閣四庫全書本
太白山人漫稿　　（明）張元一撰，文淵閣四庫全書本
白沙集　　（明）陳獻章撰，文淵閣四庫全書本

文選　　（梁）蕭統編，（唐）李善注，中華書局一九七七年影印本
六臣注文選　　（梁）蕭統編，（唐）李善注、五臣注，四部叢刊本
玉臺新詠　　（陳）徐陵編，（清）吳兆宜注，成都古籍書店影印本
樂府詩集　　（宋）郭茂倩編，中華書局一九七九年標點本
瀛奎律髓　　（元）方回輯，文淵閣四庫全書本
文苑英華　　（宋）李昉等編，中華書局一九六六年影印本
古文集成　　（宋）王霆震輯，文淵閣四庫全書本
歷代賦彙　　（清）陳元龍等輯，文淵閣四庫全書本
古文苑　　（宋）章樵注，四部叢刊本

全上古三代漢三國六朝文　　　（清）嚴可均輯，中華書局一九八五年影印本
文章辨體彙選　　　（明）賀復徵輯，文淵閣四庫全書本
四六法海　　　（明）王志堅輯，文淵閣四庫全書本
唐文粹　　　（宋）姚鉉輯，四部叢刊本
全唐文　　　（清）董誥等編，中華書局一九八三年縮印清內府刊本
國朝二百家名賢文粹（簡稱"二百家名賢文粹"）　　　宋刊本
五百家播芳大全文粹　　　（宋）魏齊賢、（宋）葉棻輯，文淵閣四庫全書本
皇朝文鑑　　　（宋）呂祖謙輯，四部叢刊本
宋文選　　　（宋）佚名輯，文淵閣四庫全書本
成都文類　　　（宋）扈仲榮等編，文淵閣四庫全書本
宋元詩會　　　（清）陳焯輯，文淵閣四庫全書本
乾坤清氣集　　　（明）偶桓輯，文淵閣四庫全書本
元音　　　（明）孫原理輯，文淵閣四庫全書本
元文類　　　（元）蘇天爵輯，文淵閣四庫全書本
補續全蜀藝文志　　　（明）杜應芳輯，明萬曆刻本
才調集　　　（後蜀）韋縠輯，四部叢刊本
中興間氣集　　　（唐）高仲武撰，文淵閣四庫全書本
唐百家詩選　　　（宋）王安石輯，文淵閣四庫全書本
衆妙集　　　（宋）趙師秀輯，文淵閣四庫全書本
萬首唐人絕句詩　　　（宋）洪邁輯，文淵閣四庫全書本
忠義集　　　（元）趙景良編，文淵閣四庫全書本
唐詩鼓吹　　　（金）元好問輯，文淵閣四庫全書本
唐音　　　（元）楊士宏輯，文淵閣四庫全書本
唐詩品彙　　　（明）高棅輯，文淵閣四庫全書本
三家宮詞　　　（明）毛晉輯，文淵閣四庫全書本
滄海遺珠　　　（明）沐昂輯，文淵閣四庫全書本
石倉歷代詩選　　　（明）曹學佺輯，文淵閣四庫全書本
全唐詩　　　（清）彭定求等編，上海古籍出版社一九八六年影印本
宋詩鈔　　　（清）吳之振輯，文淵閣四庫全書本
歲時雜詠　　　（宋）蒲積中輯，文淵閣四庫全書本
先秦漢魏晉南北朝詩　　　今人逯欽立輯校，中華書局一九八三年版
谷音　　　（元）杜本輯，四部叢刊本
槜李詩繫　　　（清）沈季友輯，文淵閣四庫全書本
竇氏聯珠集　　　（唐）褚藏言輯，四部叢刊三編本
西崑酬唱集　　　（宋）楊億編，（清）周楨、王圖煒合注，上海古籍出版社一九八五年影印本

唐詩紀事	（宋）計有功撰，今人王仲鏞《唐詩紀事校箋》本，巴蜀書社一九八九年版
苕溪漁隱叢話	（宋）胡仔撰，人民文學出版社一九六二年校點本
詩話總龜	（宋）阮閱輯，文淵閣四庫全書本
唐音癸籤	（明）胡震亨撰，文淵閣四庫全書本
庚溪詩話	（宋）陳巖肖撰，文淵閣四庫全書本
竹坡詩話	（宋）周紫芝撰，文淵閣四庫全書本
竹莊詩話	（宋）何溪汶撰，文淵閣四庫全書本
後村詩話	（宋）劉克莊撰，文淵閣四庫全書本
豹隱紀談	（宋）周遵道撰，宛委山堂《說郛》本
宋詩紀事	（清）厲鶚撰，上海古籍出版社一九八三年標點本
宋詩紀事補遺	（清）陸心源撰，潛園總集本

東坡樂府	（宋）蘇軾撰，彊村叢書本
片玉集	（宋）周邦彥撰，彊村叢書本
放翁詞	（宋）陸游撰，文淵閣四庫全書本
松坡詞	（宋）京鏜撰，彊村叢書本
書舟詞	（宋）程垓撰，文淵閣四庫全書本
花間集	（後蜀）趙崇祚輯，文淵閣四庫全書本
尊前集	（宋）無名氏輯，彊村叢書本
花庵詞選	（宋）黃昇輯，文淵閣四庫全書本
花草粹編	（明）陳耀文輯，文淵閣四庫全書本
碧雞漫志	（宋）王灼撰，詞話叢編本
御定詞譜	文淵閣四庫全書本